VALABLE POUR TOUT OU PARTIE DU DOCUMENT REPRODUIT

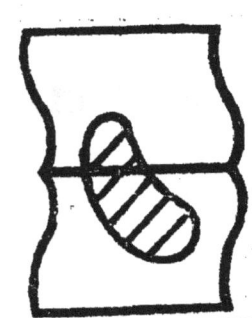

lisibilité partielle

Début d'une série de documents en couleur

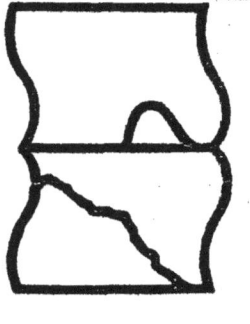

Page déchirée — reliure défectueuse
NF Z 43-120-11

INVENTAIRE SOMMAIRE
DES
ARCHIVES DÉPARTEMENTALES
ANTÉRIEURES A 1790

Rédigé par M. Armand BÉNET, archiviste

CALVADOS

ARCHIVES ECCLÉSIASTIQUES

SÉRIE H
TOME PREMIER
ABBAYE D'ARDENNES
Articles 1-659

EN

MPRIMEUR-LIBRAIRE

RE, 34

Caen. — Imp. Henri DELESQUES, rue Demolombe, 34.

Fin d'une série de documents
en couleur

COLLECTION

DES

INVENTAIRES SOMMAIRES

DES

ARCHIVES DÉPARTEMENTALES

ANTÉRIEURES A 1790

Publiée sous la direction du Ministère de l'Instruction Publique et des Beaux-Arts

INVENTAIRE SOMMAIRE
DES
ARCHIVES DÉPARTEMENTALES
ANTÉRIEURES A 1790
Rédigé par M. Armand BÉNET, archiviste

CALVADOS

ARCHIVES ECCLÉSIASTIQUES

SÉRIE H
TOME PREMIER
ABBAYE D'ARDENNES
Articles 1-659

CAEN
HENRI DELESQUES, IMPRIMEUR-LIBRAIRE
RUE DEMOLOMBE, 34

1905

ERRATA

H 1., p. 1, col. 1, lig. 14. solam. — Lire solutam.

H 181., p. 100, col. 2, lig. 22, 1461. — Lire 1361 et rétablir le paragraphe relatif à la procédure contre le Roi de Navarre avant l'aveu du fief des « Fougères ».

DÉPARTEMENT DU CALVADOS

INVENTAIRE SOMMAIRE

DES

ARCHIVES DÉPARTEMENTALES ANTÉRIEURES A 1790

SÉRIE H.

Clergé régulier.

ABBAYE D'ARDENNE

H. 1 (Liasse.) — 4 pièces, parchemin ; 1 pièce, papier.

1138-1667. — *Fondation.* — Charte de Richard, évêque de Bayeux, fils de Robert, comte de Gloucester, fils du Roi d'Angleterre, faisant connaître qu'il a dédié, « in territorio quod ab antiquis Ardena appellatur, ecclesiam in honorem Sancte Marie, quam Aiulfus de Foro, concedentibus filiis suis, Willelmo de Baron, Oelardo de Hermenvilla, Guarino, Waltero monacho, constituit, ibique, Dei et eorum consensu, regulares canonicos..... perpetuo constituimus, anno ab incarnatione Domini M.C.XXX.VIII. Eodem tempore conventio facta est inter canonicos de Ardena et sacerdotem de Sancto Germano de Alba Herba hujusmodi : concessit autem presbyter canonicis de Ardena curiam suam habere solam et quietam de decimis et redditibus, et omnibus consuetudinibus predicte ecclesie Sancti Germani pertinentibus, decimas etiam et omnes consuetudines totius campi qui extenditur usque ad viam que est juxta terram Willelmi Crassi et suorum antecessorum, et ex altera parte usque ad capita terrarum Cad., excepta una acra que est juxta murum curie ; concessit etiam predictus presbyter canonicis decimas et consuetudines illius acre ubi fovea est juxta domum Willelmi Coronati, et decimas et consuetudines unius acre que est inter viam Bajocensem et viam Francavilla. Hoc autem futurum esse ratum et firmum adhibuerunt canonici et Matheus presbyter Sancti Germani... Concessit presbytero Sancti Germani tota decima heredum Aiulfi de Foro in Franca villa et in Ardena. Teste Willelmo Crasso, ante quem hec conventio firmata est, et Stephano presbytero de Maton, et Anschetilo de Auisseio presbytero, et Helia presbytero de Hamara, et Roberto Marten, et Rogero de Hamara, et Stephano canonico, et Hugone de Montibus, et Willelmo filio Poline, et magistro Morello, et Ranulfo, presbytero de Columbellis, et Hamone, filio comitis Glovestrie, et Silvestro filio Pagani, de Baron, et filiis Aiulfi, Willelmo de Baron, Oelardo de Hermenvilla, et Guarino, et Waltero monacho, qui predicti Aiulfi filii concesserunt hec omnia predicta canonicis et presbytero de Sancto Germano. Preter hec etiam dederunt ecclesie Sancte Marie de Ardena unum campum juxta viam Bajocensem, et alium campum ex altera parte vie. Dedit autem et

Robertus, Regis filius, Silvestris consul, pro anima patris sui in eleemosinam perpetuo unam de prebendis profectura Cadomensis. Nichi quidem reddidit Oslardus de Hermenvilla totam unam decimam de suo proprio dominio in Hermenvilla, et ego, pro Dei amore, dedi ecclesie et canonicis S. Marie de Ardena. Test. Matheo archidiacono, et magistro Unfrida et Richario canonico, testibusque predicti Aiulfi filiis, qui cum sua matre concesserunt, ea videlicet conditione, ut si quis temeraria ausu venerande matri ecclesie concessa beneficia subripere temptaverit persistendo, orthodoxorum communitate careat, iram omnipotentis Dei anathema factus perpetuam incurrat. Dedit autem Willelmus de Baron ecclesie et canonicis III sextaria frumenti et totidem ordei per singulos annos. Teste Johanne, cognato prioris Gislebertii, et Rogero, fratre ejus. Concessit quoque Willelmus Crassus... unam acram terre que est juxta puteum Ardene. Teste Gaufrido Carnefoi, et Johanne cognato G. prioris, et Rogero fratre suo, et Waltero Anglico et Willelmo Coronato. Dedit et Oslardus de Bilot ecclesie et canonicis dimidium campum qui est inter Bilot et Ardenam, pro fratre suo qui canonicus fuit in eadem ecclesia... Dederuntque filii Hamelini ecclesie et canonicis unam acram terre que est juxta campum Odardi. Teste Roberto de Aquellis et uxore et Henrico filio earum, qui pro Dei amore concesserunt hos duos campos canonicis... Dedit... Willelmus de Baron... unam acram in Varenda longa. ...Paganus de Baron dedit... III virgatas terre in Varendamlongam, qui et sepultus est in eadem ecclesia. Teste Silvestro, filio suo, qui hoc concessit, ... Dedit autem et Silvester, filius predicti Pagani... unum campum qui est inter terras de Bilot de feudo Aiulfi de Foro. Teste Gaufrido de Baron, et Willelmo filio Hueline, et Torgisio filio ejus, et Johanne cognato G. prioris, et Rogero, fratre ejus. Deditque Robertus Domellus ecclesie et canonicis III virgatas terre super ecclesiam S. Germani... Dedit etiam Gaufridus de Opido ecclesie et canonicis II acras inter Calomum et Ardenam.... Dedit et Henricus filius Herberti II campos super Sanctum Germanum. Teste Rogero nepote ejus, et Waltero filio Aiulfi, et Adam de Francavilla. Dederunt etiam filii Adiulfi I domum in foro Cadumi juxta furnum Ricardi de Croleio. Teste Johanne cognato prioris, et Rogero fratre ejus ». Confirmation par Hugues, archevêque de Rouen. « Hanc cartam in capitulo Bajocensi coram personis et minoribus recitatam confirmat etiam totus conventus Bajocensis, verbo et sui impressione sigilli. » Original, copies de 1319 (v. s.) et 1667. — Confirmation par « Willelmus de Baron » des donations de ses ancêtres qui fondèrent l'abbaye d'Ardennes (s. d.).

H. 2. (Liasse.) — 2 pièces, parchemin.

1190. — Privilèges. — Charles de Richard-Cœur-de-Lion, roi d'Angleterre, duc de Normandie, etc., adressées à ses justices (justicia), vicomtes, baillis, ministres et fidèles : accordant aux chanoines d'Ardennes exemption « de omni tholoneo et passagio, et de omni alia consuetudine et exactione seculari per totam terram nostram citra mare et ultra mare, per terram et per aquam, in nundinis et castellis et villis, et in omni alio loco » ; « T. Willelmo de Sancto Johanne, VII die april., ap. Banfront » ; — prenant en sa main, garde et protection l'abbaye et les chanoines, leurs biens et possessions ecclésiastiques et laïcs ; « T. Willelmo de Hum., constabl. [Guillaume du Hommet, connétable], apud Danfrunt, VIII die aprilis ». Orig... aux. Les deux pièces sont de 1190 : Richard est le 6 avril à Argentan (Gallia, XI, instr. 169), et le 8 à Domfront (Arch. Nat., JJ. 66, n° XIIII, f° 7 r°; Coll. Rousseau, n° 2031).

H. 3. (Liasse.) — 3 pièces, parchemin ; 6 pièces, papier.

1448-1759. — Privilèges. Université de Caen. — Mandement de sauvegarde et de franchises adressé par Richard Harington, chevalier, bailli de Caen, commissaire et conservateur général donné et député de par le Roi aux maîtres, régents et écoliers étudiant en l'Université de Caen, au premier sergent royal requis, en faveur de Robert, abbé d'Ardennes, écolier étudiant en la faculté de décret sous Rogier d'Estampes, docteur ès loix et en décret, lisant l'ordinaire en lad. faculté de décret, pour le faire jouir des privilèges royaux octroyés à l'Université et à ses suppôts (1447, 28 février). — Donation par l'abbaye à l'Université d'une rente de 45 l. t. sur le domaine de Bayeux (1583). Cf. Inventaire de la série D, tome II, p. 107, D. 410. — Confirmation par Louis XIV des privilèges de l'Université (1672). Placard imprimé. Cf. ibid., t. I, pp. 60 et 61, D. 43. — Lettres de « Guilelmus Pyron, rector Academiæ Cadomensis », constatant que les abbé, prieur et religieux d'Ardennes sont « supposita seu immatriculatos nostræ Universitatis, a prima ipsius institutione, et hoc titulo in congregationibus generalibus ejusdem Universitatis appellatos fuisse, eosque hoc anno 1672 comparuisse : his de causis, quantum in nostra potestate situm est, consentimus Regiis privilegiis et ab Augustissimis

regibus nostris, et novissime a Christianissimo Rege
nostro Ludovico XIV, Universitati nostrae concessis,
frui possa » (1673). Sceau du recteur. — Autres certificats : du même (1673) ; de Pierre Cally, licencié en
chacun droit, professeur de philosophie au collège du
Bois, recteur (1674-1677), sceau ; de Thomas-François Le
Cuay, licencié en chacun droit, membre de l'Académie
des Belles-Lettres de Caen, professeur de philosophie
au collège du Bois, recteur (1758), sceau ; ce dernier
acte est suivi de mandement au premier huissier ou
sergent royal requis, par Jean-Pierre-Nicolas-Anne
Du Moustier de Canchy, archidiacre et chanoine de
Bayeux, conseiller en la Grand Chambre du Parlement
de Normandie, lieutenant général aux bailliage et siège
présidial de Caen, juge conservateur des privilèges
royaux de l'Université, ordonnant de mettre à exécution.

H. 4 (Liasse.) — 9 pièces, parchemin ; 33 pièces, papier.

1140-1689. — Bulles et brefs des papes : Innocent
II, portant exemption de dîmes en faveur des religieux, 1140, Latran, 12 des calendes de janvier, copie
informe ; — Lucius II, accordant à « Gislebertus »,
prieur de l'église Notre-Dame d'Ardennes, et aux
frères, présents et futurs, professant la vie régulière,
la protection du St-Siège, et confirmant les donations
de l'église de St-Germain-la-Blanche-Herbe, « totam
decimam de proprio dominio Gelardi in Hermeville »,
« unam acram terre de feodo Willelmi Crassi ante
puteum Ardene », divers fonds à Bitot, « in Varenda-
longua, ad Burum, de feodo Aiulfi, in Ardena, inter
Sanctum Germanum et domum infirmorum », « totam
decimam de dominio Adam de France villa, unam
prebendam Baiocis de decem denariis de helemosina
Regis, aliam Cadumo de septem denariis, unam domum
Cadumo liberam et quietam de omnibus consuetudinibus in foro, et aliam domum in burgo Abbatisse
Cadumi, et duas domos in burgo Abbatis Cadumi in
novo Bure », etc, 3 des ides de mai, indict. 7, 1144 ;
original ; — Lucius III, pour l'ordre de Prémontré,
6 des ides de mars, 1183 ; extrait collationné de la
Bibliothèque de Prémontré en 1635 ; — Clément III,
à Hugues, abbé de Prémontré ; calendes d'avril, 1188,
copie authentique de 1626, « ex libro papyreo ma-
nuscripto copia privilegiorum ordinis Praemonstratensis » ; — Grégoire IX, pour Prémontré (3 des
ides de mars 1228 et veille des ides de janvier, an VII,
1234) ; — Alexandre IV, pour Prémontré (8 des cal.
d'août, an 2, 1256 ; copie collationnée sur l'original
inséré dans la Bibliothèque de Prémontré par André de
Gaumont, religieux secrétaire de l'abbaye de « Lis-
ledieu » (1680) ; — Urbain IV, pour Prémontré (8
des ides de décembre, an 1, 1261) ; — Jean XXII,
exemption de dîmes pour l'ordre de Prémontré (nones
de janvier, 1317) ; — Alexandre V, exemptant les
religieux de Prémontré du paiement de toutes sortes
de procure ; — Paul V, « indulgentiae omnibus ordinis
Praemonstratensis professoribus concessae », 10 oct.
1609 ; imprimé « Mussiponti, apud Melchiorem Ber-
nardum, Serenissimi Lotharingiae Ducis et Universitatis Mussipontanae typographum », 1607 ; — Paul V,
pour la confirmation de la réforme de Prémontré (1617, 15
des cal. d'août). — Grégoire XV, confirmation de la congrégation de St Norbert (1621, 15 des cal. de mai) ; —
Urbain VIII, concernant la réforme de l'abbaye d'Ardennes ; accordant des indulgences (1628) ; — Innocent X, confirmant le pouvoir déjà concédé aux réguliers
pour entendre les confessions des séculiers, même
durant la quinzaine de Pâques (1645), Paris, Guillaume Sassier ; « super extinctione et suppressione
parvorum conventuum eorumque reductionem ad
statum saecularem et bonorum applicationem, ac pro-
hibitione erigendi nova loca regularia in Italia et
insulis adjacentibus », (1652 ; à la suite, liste des
petits couvents supprimés en Italie par lad. bulle :
326 d'Augustins, 222 de Carmes, etc. ; total 1573 ; —
Alexandre VII, « ad episcopum Audegavensem, una
cum decreto ejusdem Pontificis », portant condamnation de propositions (1659) ; Angers, Pierre Avril,
imprimeur du Roi et de l'évêque, 1659, 8 p. in-4° ;
— Clément IX, « extensio declarationis ab Alexandro
VII circa altaria privilegiata perpetua editae, ad
altaria ejusmodi privilegio temporaneo, nec omnibus
hebdomadae diebus decorata (1669), 6 p. in-4° ; —
Clément X, « in qua regularium privilegia quoad
praedicationem Verbi Dei et Sacramenti Poenitentiae
administrationem declarantur » (1669, lire 1670, 11
des cal. de juillet, an 1.) ; Romae, ex typographia Rev.
Camerae Apostolicae », 1670. — Clément X, « quo prohi-
betur monachis congregationis Sancti Mauri ne ad
alios ordines seu congregationes sub quacumque pra-
textu transire praesumant » (1672) ; accordant des indulgences à l'abbaye d'Ardennes (1673), etc.

H. 5 (Liasse.) — 3 pièces, parchemin ; 4 pièces, papier.

1523-XVIIIe siècle. — Extrait des registres du Parlement de Rouen concernant l'entérinement des lettres
patentes du Roi, relatives aux concordats faits avec le
pape Léon X (1540). — Indulgences octroyées par le

pape Clément VIII à l'instance de Michel de Chiers, « abbé de S. Jodex au Bois, dit Dom-Martin, les Heulio « en Arthois », ordre de Prémontré, diocèse d'Amiens, le 13 juin 1603, aux couronnes, croix, médailles et images; placard imprimé à Douai, chez Bogard. — Formulaire des indulgences concédées par le pape aux chapelets, rosaires, médailles, croix, etc. (1607). — Indulgences octroyées par le pape Grégoire XV aux chapelets, rosaires, images, croix et médailles faites à l'instance des procureurs de la canonisation des saints Isidore, Ignace, Xavier, Thérèse et Philippe, l'an 1622, etc.

(H 6 (Liasse.) — 20 pièces, parchemin, 14 pièces, papier.

1122-1678. — Abbés. — Liste depuis « f. Gilbertus, primus prior, 1122 » et « f. Garinus, primus abbas filius Adulphi, 1160 », jusqu'à « f. Guill. de Galloidey, 1614-1627 ». — Lettres testimoniales accordées par les recteur et Université de Paris à Robert, abbé d'Ardennes, étudiant en la faculté de décret sous « Johannes Huberti » (1427-1435). — Assignation par le vicaire général de Zanon, évêque de Bayeux, contre Jean, abbé d'Ardennes, qui, contre les droits dud. évêque, n'a pas comparu au synode paschal (1437). — Mandement au bailli de Caen concernant la contestation de l'abbaye d'Ardennes entre Jean Dupont, pourvu de lad. abbaye depuis 16 ans, et Jean Turgis, l'abbé de Prémontré, disant faire le cours de la visitation des abbayes dud. ordre, étant venu à Ardennes accompagné de grand nombre de gens qui s'y étaient tenus par long espace de temps, aux dépens dud. Dupont et à la charge de l'abbaye, en s'efforçant de le faire résigner pour en disposer à son plaisir, et pour le refus dud. Dupont, fut par led. abbé de Prémontré, ou autres de sa compagnie, parlé à aucuns des religieux d'Ardennes pour donner consentement à le destituer de son abbaye, ce qu'ils ne voulurent faire, et depuis par frère Jean Turgis, que l'on dit être religieux de l'ordre de Prémontré, ont été obtenues en la chancellerie à Paris des lettres portant que l'abbé de Prémontré l.. vait conféré lad. abbaye, sous ombre de ce qu'il disait contre vérité que led. Dupont, par faiblesse ou débilité de sa personne, ou autrement, était inhabile à désormais régir et gouverner l'abbaye, etc. (Tours, 12 décembre 1477). — Commission de Louis XI au bailli de Caen pour recevoir le serment de fidélité de Richard, abbé d'Ardennes, détenu de maladie de goutte et hors d'état d'aller à pied ou à cheval pour faire en personne led. serment au Roi à cause de la temporalité de son abbaye; réception dud. serment par Jean Deshaus, lieutenant général de May de Montfort, écuyer, seigneur de Hamars et de Vienne, bailli de Caen (1478). — Provisions de Pierre de Laval, curé de N.-D. de la Rochelle (diocèse d'Avranches), à l'abbaye d'Ardennes, vacante par la résignation de Richard de Laval (1507). — Lettres patentes de Henri II ordonnant au bailli de Caen de saisir et mettre en la main du Roi le temporel de l'abbaye vacante par le trépas de Marguerin de La Bigne, pour la conservation des droits du Roi et de celui qu'il a nommé au pape pour être pourvu de lad. abbaye (1557). — Calcul et distribution des biens meubles dud. de La Bigne, officiel et chanoine de Bayeux, abbé d'Ardennes, par Guillaume de Vaucelles, souschantre, et Augustin Ravachier, doulatés en l'église de Bayeux, chanoines, commissaires délégués par le chapitre, dans sa maison de S.-Sauveur de Bayeux : « Magistro Petro Petitquen, doctori medico, Magistro Petro Rampan, apothecario, Egidio Truffault, tonsori et chirurgico, Magistro Petro Ibeys, etiam chirurgico, M. Jacobo Radul, nuper curato de Cahengnollys, Stevenodo de Meharenc, nuper servitrici dicti defuncti », etc. — Brevet contenant la nomination, par le feu Roi, de Baptiste de Villemor, à l'abbaye d'Ardennes, vacante par le trépas dud. de La Bigne (1559). — Lettres patentes de François II commettant François Richard, s.d'Hérouvillette, et Richard Blondel, prêtre, au gouvernement et administration des biens et revenus de l'abbaye, en attendant que l'abbé ait recouvré de Rome ses bulles et provisions apostoliques (1559). — Bulle de Pie IV (1560); serments de Baptiste de Villemor et de Pierre de Villemor, abbés. — Procès-verbal de la prise de possession de l'abbaye par Guillaume de Galloidé, en présence de Jacques Le Maistre, chanoine en l'église cathédrale d'Avranches et « primario collegii Sylvani in Academia Cadomensi », M. Abraham Regnault, curé de Ste-Suzanne, diocèse de Coutances, Étienne Loisney, écuyer, « Jullinano de Fierville, chirurgo jurato in ead. Cadomensi Academia », etc. (1614). — Certificat accordé au sr de Chambruslé, abbé d'Ardennes, par Bonis de Vandes, écuyer, docteur en médecine et professeur ordinaire en l'Université de Caen, et Jean Rapelet, mr apothicaire juré en la ville et Université de Caen, portant qu'en septembre 1619 ils ont assisté de conseils et de remèdes led. abbé « contre une toux, crachement et vomissement de sang procédant de veine intérieurement ouverte » et dont il est encore quelquefois travaillé (1622). — Permission par François, archevêque de Rouen, à Georges Sallet, de la paroisse de St-Lo de Rouen, fils de Georges Sallet, procureur général du

Roi au Parlement de Normandie, et de Philippe Froger, de recevoir la tonsure cléricale de l'archevêque d'Auch; lettres y relatives de Dominique, archevêque d'Auch, « in oratorio aedium ejusdem domini Salet, procuratoris generalis » (1637). — Bulle du pape Urbain VIII accordant l'abbaye aud. Sallet, en remplacement de Guillaume de Galladé, qui s'est démis (1637). — Constitution de procureurs par Louis Gosselin, nommé par le Roi à l'abbaye par résignation faite en sa faveur par Guillaume Galladé (1638). — Lettres de Louis de Guyard, chanoine de Paris, vicaire général de Jean-François de Gondy, archevêque de Paris, concernant la collation des ordres mineurs du diaconat et du presbytérat à Georges Salet, abbé d'Ardennes, par Étienne Puget, « Banholmensis episcopus » (1638). — Procès-verbal de la prise de possession par Jacques Dubot, bourgeois de Caen, nommé économe de l'abbaye en attendant qu'Antoine de Moranvilliers, doyen de l'église collégiale de St-Melon de Pontoise, nommé par le Roi, en remplacement de feu Georges Salet, ait obtenu ses bulles (1641) ; serment dud. abbé (1642). — Bulles du pape Clément X, accordant à Louis de Fourbin de La Marthe, clerc du diocèse de Marseille, « ac militi militiae hospitalis Sancti Joannis Hierosolimitani », l'abbaye d'Ardennes tenue en commende par feu Henri L'Aisné (1671). — Procuration de Joachim Faultrier, clerc du diocèse d'Auxerre, licencié en droits, pourvu en commende de l'abbaye d'Ardennes, pour prendre possession de lad. abbaye (1673).

H. 7. (Liasse.) — 3 pièces, parchemin, 1 pièce, papier.

1581-1605. — Prieurs. — Nomination comme prieur conventuel de Jean Du Moncel, docteur en chacun droit, régent et professeur en la faculté des lois de l'Université de Caen, religieux profès et chanoine régulier d'Ardennes, par « Martinus Bourlier, religiosus professus monasterii Amburiareum, ord. Prem., prior collegii Scholarum ejusdem ordinis Lutetiae Parisiorum, ad visitandum et reformandum tam in capite quam membris omnia et singula ejusdem ordinis monasteria, a... Joanne de Praetis, sacrae theologiae professore, Chr. Galliarum Regis consiliario et eleemosinario, incliti monasterii Sancti Joannis Baptiste Premonstratensis, Laudunensis diocesis, abbate, et ejusdem ordinis capite et reformatore generali commissus.... subjuncto diplomate regio de data a. D. 1571, mensis vero januarii die 27 » (1581). — Lettre du prieur du collège de Prémontré à Jean Du Moncel, docteur en droit à Caen, l'informant qu'il a baillé institution de prieur au fr. Louis Oger jusqu'à la prochaine visite ou ordre contraire de M. de Prémontré ou du chapitre général, led. Du Moncel ne résidant pas au monastère et ne portant pas l'habit, deux choses le rendant incapable dud. office, est, non déposé, mais suspendu jusqu'aud. temps ou preuve du contraire (1587). — Nomination par les religieux d'Ardennes de Jean de La Croix comme prieur claustral, sous le bon plaisir de l'ordre de Prémontré et de l'abbé Baptiste de Villemor (1595). Confirmation et nouvelle institution par l'abbé de Prémontré (1605).

H. 8. (Liasse.) — 13 pièces, parchemin, 12 pièces, papier.

1560-1701. — Religieux. — Certificat par Jean Muleau, chanoine de Bayeux, vicaire général de l'évêque Charles de Humyères, de l'ordination en 1562 de Richard Martin, de Cheux (1560). — Ordinations : par Louis Du Molinet, évêque de Sées (1594-1598) ; Jean Du Chastel, chanoine de Bayeux, vicaire général, le siège vacant (1594-1597) ; René de Raillon, évêque de Bayeux (1589) ; Jacques, évêque d'Évreux (1612), etc. — Institution par Jacques Morise, docteur en théologie, vicaire de l'abbé de Prémontré en Normandie, de Jacques Marie, comme prieur claustral de Belle-Étoile (1601). — Congé et obédience accordés par Franciscus a Longo Prato, abbé de Prémontré, à Guillaume Denis, religieux d'Ardennes, pour aller étudier en l'Université de Paris (1608). — Extrait du registre du papier baptismal de l'église de la Trinité de Falaise, concernant le baptême de François, fils d'Alexis Bodard, avocat au siège de Falaise, et de Graville, et de Françoise Esnault, en 1611. — Assemblée capitulaire devant Jean de La Croix, prieur claustral, concernant l'absence de Marc Sarrazin, novice, qui, parti de Belle-Étoile, n'est pas arrivé à Ardennes, et s'est comporté fort insolemment, se riant et moquant de toutes les actions régulières, refusant d'obéir, passant son temps à peindre pour autrui dans la ville de Caen où il était pour étudier, courant de part et d'autre hors la ville en lieux distants de 5 et 6 lieues, sans congé, portant ordinairement un manteau de couleur diverse de l'habit et profession de Prémontré (1612 : ordre de demeurer au cloître ; confirmation par François Troussey, abbé de Blanchelande, vicaire général de l'ordre en Normandie, 1613). — Nomination par Pierre Gosset, abbé de Prémontré, de Jacques Marie, religieux d'Ardennes, aux fonctions de prieur claustral de Silly (1623). — Profession de fr. Norbert Dutertre en l'abbaye de Silly 1625). — Permission donnée par « fr. Petrus Morillandus », prieur de

St-Jean de Falaise, à François Rodard, novice, de faire profession à Silly (1626). — Profession de Dominique Briant à Silly (1627). — Arrêt du Parlement, ordonnant sur sa demande qu'Augustin de Bures, novice d'Ardennes, rentrera en l'abbaye et lui sera son habit rendu pour faire profession de religieux, laquelle profession il fera devant l'abbé en présence des religieux bénéficiers et autres, qui pourront faire telles protestations qu'ils verront bien (1628). — Lettres de bachelier en droit canon accordées par les doyen et collège des docteurs de la faculté de droit canon régents en l'Université de Paris à Germain Lempereur, Prémontré (1629). — Obédience demandée à l'évêque de Bayeux par Michel Nické, prieur de Belle-Étoile (1632). — Professions d'Abraham Fort (1636), de Gilles Cochon (1638), etc. — Renonciation du chapitre à la succession de Marc Sarrazin, religieux, prieur du Mesnil-près-Briouze et de St-Vincent de ?...ixey. Signatures des religieux. Sceau plaqué (1653). — Extrait du registre de St-Jean de Caen, concernant le baptême de Pierre-Thomas Laceret (1714). Extrait de L. Pensions, Laceret, prieur de Segrie, Prémontré d'Ardennes. — Ordinations : de Louis Le Pelletier, Prémontré, par François-Armand de Lorraine, évêque de Bayeux (1727); par César Le Blanc, évêque d'Avranches (1730). — Extrait des registres des vêtures, noviciats et professions de l'abbaye d'Ardennes pour 1783, concernant la profession de Louis-Michel Favrel, de Tortisambert; extrait délivré en 1791 par Le Munier, cellérier.

H. 9. (Liasse.) — 15 pièces, papier.

1617-1662 — Prieurs et religieux. Correspondance. — Lettres : de Le Tirant, à Denis, religieux d'Ardennes (1617); — de l'abbé de Justemont, à Robert Du Hamel, sous-prieur, accusant réception de sa lettre du 17 juin par laquelle il écrit avoir envoyé les vers de la vie de St Norbert au prieur de Prémontré, concernant sa production de pièces au P. vicaire « pour la justification de vostre clef du coffre », etc. (Nancy, 28 juin 1635) ; — de « f. Artus Du Moustier, prédicateur Recolect » (auteur du *Neustria Pia*) au même : « Le Gallia Christiana des sieurs de Ste-Marthe
« est un vray farrago et omnium novatorum ac criti-
« corum peripsema : vous verrez en peu de temps
« combien il sera combattu et abbatu : il fault que je
« marche des premiers en l'attaque, estant des pre-
« miers enroulez contre telle Gallia spuria et pseudo-
« christiana. Je l'ay leu entièrement ligne pour ligne
« et quand à ce qui est de vostre abbaye, comme en
« tout plein d'autres de nostre province, je trouve que
« vous avez raison : d'autant qu'en toute instance, le
« premier décoré est le possessoire. Je seray ravy de
« recevoir ce qu'il vous plaira m'envoyer, et tiendray
« à honneur de produire en public ce qui sortira de
« vos archives, que je n'aurois encores veu, ou obmis;
« mais je vous suplie de me donner les propres mots
« copiez de vos originaux, en leur langage, respec-
« tivement, comme ils ont parlé, ainsy que tous les
« autres m'ont faict, comme peut le tesmoigner le
« sieur de La Rocque loy à Paris, où j'ay affaire à des
« antagonistes et opiniastres critiques, lesquels me
« relanceroy de terrible sorte, si je n'estoys bien
« muny de deffensives à l'espreuve. Je vous prye de
« me donner l'épitaphe de Robert Le Chartrier, abbé
« d'Ardenne, qui florissait l'an 1420, 1430, etc., qui a
« composé le chartrier de vostre illustre abbaye,
« comme aussy des autres que vous pourrez avoir.
« Il y a en vos quartiers un St-Supplice qui est fort
« révéré : mandez moy ce qui en est, son église et ses
« reliques », etc. « Je prendray la hardiesse de vous
« importuner de ceste mienne demande : que si vous
« voyez Mr Halay, professeur en l'Université de Caen,
« de me mander de santé et comme il se porte, car
« c'est un personnage que j'honore fort. » (Du couvent des Récollets du faubourg St-Martin à Paris, 23 décembre 1656) ; — du même au même : il a déjà vu entièrement tout ce qu'il lui a envoyé, quand il fut chez eux en 1641, où il fut accueilli très « bénigne-
« ment » et vit toutes leurs chartes, conférant avec les religieux. « Je suis marry du décedz du R. P. prieur Jean de La Croix : c'estoit un supérieur bien religieux, modeste et charitable, mais il fault tous mourir. Je ne manqueray de mettre le tout en très bon ordre, Dieu aydant. Je requiers très humblement vos stes prières, à ce que Sa divine bonté m'assiste en un si grand travail, car la vieillesse me presse », etc. (Paris, 10 février 1657) ; — de Modeste Pihan, religieux, au vicaire de toute la congrégation de St-Norbert, à Ardennes : fontaine de Joyenval où, selon la tradition et l'histoire de France, les trois fleurs de lys ont été apportées ; aussi l'abbaye porte de France pour ses armes, et titre de maison royale, et reconnue pour telle des rois de France qui en font leur hôtellerie ordinaire quand ils vont à la chasse, qui est la plus belle qu'ils aient; la maison est située dans le milieu de leurs plaisirs ; il n'y a que 3 petits quarts de lieue à St-Germain-en-Laye, une lieue à Poissy, autant à Abbecourt, toutes promenades ordinaires des religieux, ainsi que dans les bois du Roi, « agréables au possible » ; tout

le monde s'étonne que cette maison ne soit pas un palais bâti de jaspe et de marbre, vu l'affection et la « familiarité » que les deux derniers Rois y avaient, et même la Reine d'à présent, avant qu'elle eut des enfants, n'en partait pas pour prier S¹-Barthélemy, dont le corps bien certain et avéré est dans l'abbaye, ce qui lui a si bien réussi qu'elle a avoué que c'est par ses mérites qu'elle a eu des enfants; aussi le Roi actuel, le sachant, envoya récemment deux évêques pour savoir au vrai de cette relique et des fleurs de lys miraculeuses, mais les religieux n'ayant aucun des titres les renvoyèrent à l'abbé qui les a tous. L'abbé a toujours agi fort honorablement avec les religieux, sans les molester ; si le vicaire pousse l'affaire à bout, il l'emportera ; la reine aime fort l'abbé, et, comme il est entreprenant et qu'à présent ils l'ont choqué, il fera l'affaire. Il y a fort peu de temps que le Roi et la cour étaient sur le point d'y mettre des Feuillants ou des Minimes, à cause de la chasse qu'ils considèrent beaucoup ; on représentant au Roi que ce sont des réformés de l'ordre qui ne mangent point de chair, et la Reine étant toujours portée pour les réformés, l'affaire est quasi faite. Revenu des religieux ; il y a longtemps qu'il n'y a eu dans la maison que 4 ou 6 moines débauchés et chasseurs ; le revenu monte à 24.000 francs avec les plus beaux droits qui se puissent, mais l'abbé en jouit seul ; concordat fait par l'abbé seul ; trois religieux, dont un fantasque, « picard au possible », au reste habile homme, et qui prendrait peut-être la réforme s'il était de bonne humeur ; deux novices qu'on a été quérir au noviciat commun ; il n'y a que deux bénéfices, une chanoinie à Poissy, et l'autre en Normandie ; approvisionnements, quantité de toutes sortes de bons fruits, tous propres pour les collations, là où les autres en font de bon argent. Voila ce qu'il y a pu connaître en dix mois et demi de résidence ; « c'est d'abord de tout Paris pour faire dire des messes de S¹ Barthélemi, qui sans doute donna la vie au Roy dans sa dernière maladie, comme nous dismes quantité de neufvaines pour luy et pour de bonnes pistolles. » La sacristie vaut 1.000 écus de rente, etc. (La Luzerne, 10 novembre 1659) ; — de f. Gilles Le Tan au prieur d'Ardennes, vicaire général de la congrégation de l'ancienne rigueur de Prémontré, à Paris, concernant la réforme (Le Luzerne, 27 mars 1660) ; — de f. Baptiste Even, prieur de Jard, au même, concernant l'arrivée à Jard, la veille au soir, du P. Le Tan : « L'impatience où je suis de voir un bon ordre establi dans nostre pauvre maison ne me donna pas le loisir de luy permettre le temps de se reposer sans m'informer de vos volontés sur le subject de celle que nostre communauté vous a escript » ; ils ont travaillé tous deux à un accommodement avec les religieux, etc. (abbaye de Jard, 4 avril 1660) ; — de Le Tourneulx au P. Vincent Renard, religieux de l'ancienne rigueur de S¹-Norbert, à Paris : « Je suis depuis ma maladie dans ma chambre que j'ay trouvé toute brisée et tout ravagé ; des pirattes n'en auroient pas faict davantage ; ils m'ont voulu faire saisir par des prevost en Jard pour me tenir prisonnier, sur la certitude qui disaient avoir que je ne voulais obéir qu'à vous autres et non à Thibaud, ny à Joseph ny à Brehand et Norbert, qui sont les quatres chiens au grand colier du logis ; ils ont eu une espouvante la semaine dernière d'un examp qui estoit en Jard assisté d'un provost d'Angers, mais leur voiage estoit pour une petite gabelle qu'ils ont délaissée ; chacun bénissoit Dieu, croiant qu'ils estoient pour vous introduire de la part de la Reigne ; on estoit prest à vous ouvrir les portes, comme l'on est encore maintenant, ayant vostre arest en main », etc. Revenu : les vignes de l'abbaye sont très belles ; il croit qu'il y aura bien 80 pipes de vin qui sera vendu plus de 60 livres le tonneau, d'autant qu'il n'y en a point partout ailleurs, etc. (26 août 1661) ; — du même au P. Renard, procureur de la congrégation de S¹-Norbert, ou au premier religieux en son absence : reproches sur son silence après les dangers qu'il « encourus pour maintenir ses droits, « Je ne croy pas vous avoir donné occasion de me mespriser absolument puisque pour vostre service et par vos ordres, après avoir saisy la pluspart du revenu de la maison, pour se venger de cet affront vos ennemis et les miens, après avoir brisé et rompu ce que j'avois dans ma chambre et mis tous mes meubles au pillage, on fist party pour me saisir et enlever de la maison de M¹ le curé qui m'avoit donné sa maison pour refuge, afin de me séquestrer entre quatre murailles jusqu'à la venue de M. le général. Je me transportai à Fontenay pour en faire mes plaintes au présidial ; on tascha de me gagner sur l'assurance que ma pension me seroit continuée jusqu'à vostre retour », etc. « Depuis, on m'a voulu chasser honteusement, et f. Pierre fut assez imprudent, après plusieurs parolles diffamantes, de m'interdire les entrées de la maison, me fermant toutes les portes, et toutes ces promptitudes pour ne vouloir pas donner mon consentement à toutes leurs manutations contre vostre congrégation », etc. « N'est-ce pas un subject digne de larmes de dire qu'une fameuse maison comme le Jard est sans aucun service ? » (De Jard, 7 octobre 1661) ; — du même au P. Gilles Le Tan, religieux de Prémontrés à l'abbaye de la Luzerne, à « Avrange » (en revoi de Paris) : « Je croy estre obligé de vous escrire une affliction très grande qui m'est arrivée il y a trois jours : frère Pierre et frère Joseph ayant surpris une de vos lettres se donnèrent à dix mil diables sy je bevois et mangois jamais en la maison; c'est ce qui m'obligea, après avoir pris des tesmoins, de sortir et venir à Thiré où M⁰ le prieur m'a receu avec grande charité. Je vous en donne advis affin que vous pressiez vostre retour, veu que vous n'avez personne qui estudie les actions de nos ennemis communs; c'est la troisiesme fois que ce malheur m'est arrivé, et toujours avec danger de ma vie. Tous les habitans de Jard, qui sçavent cette saillie d'esprit, m'ont tesmoigné leur ressentimens, avec protestation de battre le toquesin en Jard et saisir nos adversaires, qui sont disgraciez absolument de tout le monde. Pressez donq M⁰ nostre général affin d'y apporter le remède : il ne ce faict plus de service en Jard, Dieu n'y est plus : il ne peu pas y retourner sy vos vertus ne luy rapelle », etc. (Thiré, 12 novembre 1661), etc.

H. 10. (Liasse.) — 3 pièces, parchemin.

1634-1635. — Oblats. — Contrat devant les notaires de Cairon, portant réception d'un oblat, qui volontairement et sans contrainte a très humblement supplié les prieur et religieux d'avoir agréable et favoriser le désir qu'il a de servir Dieu et le recevoir en lad. condition, s'obligeant de servir fidèlement et s'employer soigneusement à toutes les charges, offices et ministères qui lui seraient enjoints par les supérieurs, en quelque monastère de la communauté qu'il soit envoyé, de se contenter de la nourriture et vêtement qu'il plaira auxd. supérieurs lui donner; il ne pourra aliéner aucune chose du monastère ni avancer aucun de ses parents, ni retourner dans le siècle, ni disposer de sa personne en aucune manière, et même ne pourra prétendre aucun salaire pour son travail, mais seulement sa nourriture et entretien; si par ci-après il tombait au péché de la chair, en quelque impudicité, larcin, infidelité, ivrognerie, inobédience, incorrigibilité, ou quelque notable scandale, les supérieurs demeureront libres de le renvoyer sans salaire (1634); autres contrats d'oblats, de Pierre Le Clerc, de Coupesarte (1635), etc.

H. 11. (Cahier.) — Moyen format. 14 feuillets, papier.

1612-1613. — « En-suivent les choses qui ont esté conclues et arrestées conventuellement et cappitulairement en l'abbay Nostre-Dame d'Ardaine durant l'absence du révérend père prieur fr. Jean de La Croix, estant allé en Lhorraine en commission ». — 1612, 20 juin, arrêté, par provision et en attendant le retour du prieur, que l'on fera une chambre à frère Marc Sarrasin pour achever cette année aux études, et, d'autant qu'on ne peut lui faire porter son haire et manger, on lui donnera toutes les semaines 20 s. t., comme à ceux de Belle-Étoile qui étudient à Caen; — 1ᵉʳ juillet, conformément aux statuts portant qu'il faut user de chemises de laine, arrêté qu'on achetera de la « carge » de Caen pour en faire, et chacun en portera « fors et réservé le bon père », en laissant la confirmation au prieur; — 10 juillet, réception à profession d'Augustin Panier, du consentement de frères François Liant, Guillaume Denis, Jean Auber, Laurent de Vechy et Marc Sarrasin, témoins, fr. Guillaume Le Turc, prieur de St-Germain, Pierre Le Chevalier, prieur de Coulombs, et nobles personnes Antoine d'Escramotot, chantre en la grande église de Bayeux, et Louis Castey, prêtres; — 6 août, attestation par Jacques Marie, religieux profès en l'abbaye d'Ardennes près Caen, supérieur en l'absence et sous l'autorité de Jean de La Croix, prieur claustral, portant qu'il y a un an fr. Jean Onfray, prieur de Blay dépendant de l'abbaye, se présenta à lui et l'interpella, vertu de signature obtenue en cour de Rome par la résignation que lui en aurait faite Richard Onfray, son oncle, de lui donner l'habit, pendant l'année de probation duquel il n'a été reconnu aucune chose en ses mœurs et vie pouvant l'empêcher d'être profès et posséder led. benefice, sinon le trouble que lui a fait en sond. bénéfice fr. Olivier Cornet, dont led. Jacques Marie attend l'issue pour procéder en lad. profession, lad. attestation baillée pour aller plaider contre led. Cornet à Rouen; — 29 août, arrêté que les matines seront chantées à minuit, les religieux souperont à cinq heures après midi, à huit heures précisément chacun sera couché, à cinq heures précisément on réveillera les religieux et on portera du feu si besoin est pour se lever, et seront sonnées primes un quart d'heure après, etc. — 1613, 13 septembre, arrêté par le prieur claustral J. de La Croix et les religieux, sous le bon plaisir du supérieur de l'ordre, de recevoir comme frères convers Gilles Le Bas et Rémy du Lorencery, tailleurs couturiers.

H. 12. (Liasse.) — 1 pièce, parchemin; 3 pièces, papier.

1230-1639. — Église. — Extrait du nécrologe ou livre mortuaire de l'abbaye, au 23 février : « Commemoratio R. Patris Domini Nicolai abbatis et viginti quinque canonicorum hujus monasterii, qui simul cum dictis viginti quinque religiosis sibi subditis oppressus et occisus fuit, ex ruina et collisione templi, anno 1830. » — Acte de la consécration par « Robertus Berthelot, episcopus Damascenus », de l'église d'Ardennes, de ses quatre autels, dont deux « in navicula ecclesiæ extra chorum existentia », et des reliques; concession d'indulgences (1609). — Consécration par permission de Jacques d'Angennes, évêque de Bayeux, par « Franciscus Fouquet, episcopus Baionensis », de l' « altare majus ecclesiæ monasterii Ardenensis una cum eadem ecclesia ab ill. et rev. d. Roberto Berthelot... alias consecratum... hoc anno demolitum, tum vero magnificentius extructum, adhibitis videlicet columnis opere subtili elaboratis, imaginibus hinc inde sanctorum Augustini et Norberti ad vivum expressis, ceterisque sculpturæ ornamentis, nova consecratione indigebat » (1639).

H. 13. (Liasse.) — 2 pièces, parchemin; 10 pièces, papier.

1372-1639. — Visites: de « manerium nostrum de Socreto Fonte, per fratrem Robertum Le Prison, priorem dicti loci, gubernatum, cujus quidem manerii status talis erat: ea quæ debet dictum manerium...; ea quæ dicto manerio debentur...; animalia dicti manerii: unus equs, quinque boves, VII vaccæ, duæ juvencæ duorum annorum cum uno tauro, tres juvencæ unius anni, tres vituli de anno presenti; item, relicta Johannis de Bray duas vaccas cum uno vitulo ad mediclatum; item, in dicto manerio sunt XXXII porci cum XIII parvis porcellis; in labore crescunt IX acre vel eo circa pro toto; dicta domus stophata est in bladis, carnibus et siceris sufficienter usque ad nova; utensilia dicti manerii sicut in visitatione de anno LXVIII continetur, et cum hoc duæ culcitræ plumeæ de novo acquisitæ » (1372); — de « manerium nostrum Sancti Nicholay super Oulnam per fratrem Matheum Jourdain, priorem dicti loci, gubernatum, ... utensilia dicti manerii ut in precedentibus visitationibus, excepto calice argenteo qui furatus fuit a predonibus » (1372); — de « manerium de Mesnillo prope Braiosam per fratrem Rad. de Mathone, priorem dicti loci, gubernatum » (1372); — dud. manoir du Mesnil près Briouze (1373); — de « manerium nostrum de Cueyo, per fratrem Robertum Magistri » (1373). — Accord entre Robert, abbé, et les religieux, « super administracione vestiarii et calciamentorum necnon almuciorum pelliciorum, candellarum pro studendo, pinguedum unguendo calciamenta, et aliis hujus vitæ necessa-

riis », pour lesquels l'abbé paiera à chaque prêtre 7 livres 1/2 tournois et à chaque novice 75 s. t. (1463); confirmation par Guillaume, abbé de Mondaye, visiteur et commissaire en cette partie de Symon, abbé de Prémontré, faisant la visite de l'abbaye d'Ardennes accompagné de Jean, abbé de Belle-Étoile, en vertu de sa commission, y insérée, pour visiter lad. abbaye (1463). — Annonce de la visite de Jean de La Vallette, professeur de théologie, prieur claustral de Mondaye, prieur-curé de Juaye, visiteur et réformateur général de l'ordre de Prémontré au duché ou « circaria » de Normandie (1595). — Visite de l'abbaye per Philippe Troussey, « monasterii Sti Nicholai de Blancalanda, ordinis Premonstratensis, humilis religiosus, prior Sti Jacobi in Longa Valle, vicarius substitutus R. P. Francisci Troussey, predictorum monasterii et ordinis in utriusque Normaniæ provincia abbatis ac generalis vicarii »; suspension des Fr. Jean Auber et Jacques Marie, d'Ardennes, « a celebrandarum missarum officiis, propter inobedientias, rebelliones et contumacias ab ipsis in nostræ visitationis cursu factas, usquedum super iisdem vel per dominum abbatem de Blancalanda, prefati ordinis Premonstratensis in dicta Normaniæ circaria vicarium generalem, vel per nos, provisum seu dispensatum fuerit », lesd. Auber et Marie, qui s'étaient plaints à l'abbé de Blanchelande de Jean de La Croix, prieur claustral, étant trouvés diffamateurs (1610). — « Relictum » de « Nicolaus, Regis consiliarius et eleemosynarius, juris utriusque doctor, Dei et Sanctæ Sedis Apostolicæ gratia inclyti monasterii Sti Martini apud Laudunenses humilis abbas, et totius Premonstratensis ordinis pater primarius ac vicarius generalis, nec non in circariis Franciæ, Pontivi, utriusque Normaniæ visitator, capituli generalis authoritate constitutus », après sa visite d'Ardennes, où il a été reçu par le prieur Jean de la Croix et 14 religieux (1620). Sceau plaqué. — Confirmation par Gosset, abbé de Prémontré, général de l'ordre, desd. ordonnances de visite canonique (1621). Sceau plaqué. — Semblable « relictum » de la visite d'Ardennes par Pierre Desbans, docteur en théologie, prieur de St-Paul de Verdun, vicaire général sous l'abbé de Prémontré dans la communauté de l'Antique rigueur ou congrégation de St-Norbert (1629). — « Ordinationes relictæ in visitatione monasterii S. M. de Ardena die tertia martii anno ab inc. d. 1632 a R. P. Petro Desbans, sacræ theologiæ doctore, monasterii S. M. Majoris Mussipontanæ abbate nec non sub R. D. Premonstratensi in communitate Norbertina antiqui rigoris vicario. » Sceau plaqué. — Autre visite par le même (1639).

H. 14. (Liasse.) — 1 pièce, parchemin ; 1 pièce, papier.

1298-1582. — Charité. — Traduction informe du vidimus par Guillaume, abbé, et le convent d'Ardennes, d'« un escript o seans de bonne mémoration de Renoul, jadis abbé, et du chapitre du dict nostre monstier séelé », contenant l'acte de « fraternité » des favres de Caen, et l'octroi par l'abbé Robert et le convent de leur reception en frères pour participation à leurs oraisons pour le regard de charité tant de leur abbaye que de toutes les autres de l'ordre, etc. « En temps Regnoul, abbé d'Ardaine, feirent les dis fouvres ce présent escrit renouveler à l'instance et petition d'iceux le devant dict abbé et le chapitre d'Ardaine à ce présent escrit mistront leur seaus en l'an de grace 1298, el mois de décembre. » Admission à lad. confrérie de personnes de tous métier, état et condition (Concile général de l'ordre de Prémontré, 1304). Confirmation par Pierre, abbé d'Ardennes (1409). — Acte de la donation par Toussaint de Vaulx, religieux d'Ardennes, prieur de St-Contest, à la charité de la Trinité et de la Passion érigée en l'église des Carmes de Caen, pour son association ; Liénart Vincent, sr de Morville, bourgeois de Caen, échevin, Pierre de La Rocque, prévôt de lad. charité, bourgeois de Caen, déclarent avoir mis aud. acte le sceau de franchisseur, ont dont ils ont accoutumé user et fait faire signer au clerc collecteur des deniers de la charité (1582). Sceau enlevé.

H. 15. (Liasse.) — 6 pièces, papier.

XVIIe siècle. — Notes liturgiques ; prières. — Notes sur les persécutions des empereurs romains. — Table de notes des Mémoires du Clergé de France.

H. 16. (Volume.) — Petit in-4°, 85 et 42 pages.

1630. — Ordre de Prémontré. — « Status strictioris reformationis in ordine Præmonstratensi institutæ. » « Ad Reverendos admodum ordinis Præmonstratensis abbates supplicatio communitatis (quam vocant) antiqui rigoris. » — Sur un feuillet de garde, note manuscrite : « Cet ouvrage est de Desbans (Pierre) ; il fut imprimé à Pont-à-Mousson en 1630. »

H. 17. (Plaquette.) — In-4°, 50 pages, papier.

XVIIe siècle. — « Esclaircissement des deux réformes qui sont en l'ordre de Prémontré, et des difficultez qui s'y rencontrent ». — « Première partie, où est monstrée la convenance ou peu de différence qui est entre les deux réformes de l'Ordre de Prémonstré quant à la façon de vivre ». — Correspondance entre le P. Raguet et l'évêque de Laon, Philibert de Brichanteau. — « Briefves annotations sur les articles qui establissent la réforme de Saincte Marie ». — « Seconde partie. Déclaration de la différence véritable qui est entre les réformez de l'ordre de Prémonstré et ceux de Saincte-Marie du Pont-à-Mousson en Lorraine ». — « Examen des moyens de régime que la Congrégation de Saincte-Marie a inventez pour se maintenir ». — Etc.

H. 18. (Liasse.) — 66 pièces, papier.

1682-1683. — Ordre de Prémontré. — États, pour 1682-1683, présentés au chapitre de Prémontré, tenu à Ardennes, en 1683, des biens et revenus des monastères de : Belle-Étoile, Belval, Bonfay, Bucilly, L'Estanche, Estival, Flabemont, L'Isle-Dieu, Jouvilliers, Mont-Calvaire, Notre-Dame de Justemont, Notre-Dame du Perray-Neuf, Rengéval, Ressons, Rieval, St-Jean de Falaise, St-Joseph de Nancy, St-Nicolas de Marcheroux, St-Otthille, St-Sacrement de Paris, St-Sauveur de l'Estoile, Ste-Marie-Major de Pont-à-Mousson, Salival, Sery, etc. — Abbaye de L'Isle-Dieu : fermes de Landegouin, Bois-Guillaume, La Colombière, dîme de St-Denis, hôtellerie de La Crosse, à Rouen, rapportant 200 livres, etc. Revenu, 2158 livres ; recettes, du 1er avril 1682 au 1er avril 1683, 1883 l. 13 s. 6 d., emplettes ordinaires 865 l. 14 s. 4 d., emplettes extraordinaires, 1218 l. 4 s. 10 d., notamment cuillères et fourchettes d'argent pour la chambre d'hôte, etc., au total 2083 l. 19 s. 2 d., etc. — Lettres conventuelles adressées aud. chapitre de Prémontré par lesd. monastères en dépendant, notifiant l'élection de députés. Sceaux.

H. 19. (Liasse.) — 3 pièces, parchemin ; 19 pièces, papier.

1721-1723. — « Pièces concernant les Prémontrés de la Croix Rouge à Paris. » — Conventions entre lesd. Prémontrés et Léonard Dourdy et Pierre Chamaron, maîtres maçons à Paris, concernant les ouvrages que lesd. religieux veulent faire construire pour convertir leur église en boutique et logements pour des particuliers (1721). — Résultat de la conférence tenue en l'abbaye de Rengéval, de la congrégation de l'étroite observance de l'ordre de Prémontré, le 29 janvier 1722, pour délibérer sur l'état spirituel et temporel de la maison du St Sacrement de Paris, de lad. congrégation

Collation sur l'original demeuré en l'abbaye de St Jean de Falaise, signé : Morel, prieur et définiteur. — Constitution par Jean-Baptiste Rosée, chanoine de Prémontré, demeurant dans la maison du St Sacrement établie à Paris, proche la Croix Rouge, faubourg St Germain, fondé de procuration des prieur et religieux d'Ardennes, passée en présence de François le Lorrain, abbé de Salival, vicaire général de la congrégation des Prémontrés réformés, de Marie-Anne Havet, veuve de Jacques-Claude Guillebon, marchand à Rouen, ancien prieur juge consul, de 1134 l. de rente moyennant 22,680 livres, au denier 20, remboursables 14 ans après, comme deniers pupillaires, en espèces d'or et d'argent, sans aucuns billets, de quelque nature et sous quelque prétexte que ce soit, lad. somme destinée à construire une maison au faubourg St Germain, rue Cherche-Midi, appartenant aux religieux de la maison du St-Sacrement (1722). — État général des revenus actuels de lad. maison du St Sacrement et des recettes et dépenses du 1er avril 1722 au 30 mars 1723. — Confirmation dud. emprunt par le chapitre général de la congrégation de l'ordre de Prémontré de l'étroite observance séant en l'abbaye de Cuissy, diocèse de Laon (1723). — Consultation de Jolivet, à Caen, sur led. contrat, portant qu'un débiteur peut rembourser toutes fois et quantes ; remboursement (1723).

H. 20. (Liasse.) — 1 pièce, parchemin ; 13 pièces, papier.

1154-1689. — Abbaye de Blanchelande. — Copie informe de la charte de fondation par « Richardus de Haya et Matildis, uxor ejus », de l'abbaye de Blanchelande, ordre de Prémontré, par la main de Richard, évêque de Coutances, de l'assentiment de Guillaume de Vernon, de Richard, son fils, et de « Radulpho de Haya, nepote nostro ». Parmi les témoins : Gautier, abbé de Montebourg, Raoul, prieur de Lessay, etc. (1154). — Bulle du pape Lucius III, confirmant les donations faites à lad. abbaye (1183). — Assignation de la dîme « de Hotevilla Laverette » par Guillaume Auber, abbé de Blanchelande, « in perpetuum convertendum in viva ad procurationem conventus in diebus triginta et septem obituum solemnium in quorum omnibus diebus conventus debet plenarie procurari per redditus ad hoc assignatos conventui et collatos a deffunctis quorum hii triginta et septem sunt obitus, prout in martyrologio plenius continetur » (janvier 1265, v. s.) ; confirmation par « Thomas Fabius », abbé de Blanchelande, son successeur, en 1275 ; le même, en 1277, assigne à la pitance du couvent « integrales decimas de Sancto Georgio in Baptesio et de Crotevilla ». « Anno Domini 1277, mense aprilis, R. P. Guillelmus, abas St-Judocii in nemore, confirmavit et aprobavit conventiones et concordata facta inter abatem et conventum de Blancalanda futuris temporibus valitura ». En 1292, confirmation par Guillaume, abbé de Prémontré. Confirmation par Adam, abbé de Prémontré, et le chapitre général des abbés de l'Ordre, des conventions faites entre Robert, abbé de St-Nicolas de Blanchelande, et son couvent (1309). — « De octoginta tunicis et quadraginta capuciis quolibet anno pauperibus irrogandis ». Copie de charte de « Thomas dictus de Insulis », abbé de Blanchelande (1404). — Accord entre les prieur et religieux et Gilles Le Prieur, sr des Courrières, avocat au Conseil, intendant des affaires du cardinal Grimaldi, abbé, pour régler les charges comme aumônes, entretien de l'église et de la sacristie, etc. (1647). — Transaction devant Laurent Ernouf, tabellion royal en la vicomté de Carentan au siège de Baupte, et Antoine Caignon, tabellion à la Haye-du-Puits, pris pour adjoint, entre Jean-Vincent de Tulles, conseiller au Parlement de Toulouse, évêque de Lavaur, abbé commendataire de St-Nicolas de Blanchelande, et les religieux de l'abbaye (1666). — Procédure devant les syndics et députés du Clergé de France au diocèse de Coutances entre les prieur et religieux de l'abbaye de Blanchelande et Jean-Baptiste de Boyer, abbé commendataire (1681). — Lots et partages, etc.

H. 21. (Cahier.) — Grand format, 14 feuillets, papier.

1620-1640. — « Ordinationes in capitulis annuis communitatis antiqui rigoris ord. Præmonstrat. editis », de 1620 à 1625, avec notes marginales jusqu'en 1640.

H. 22. (Liasse.) — 7 pièces, parchemin ; 26 pièces, papier.

1336-1618. — « Hæc sunt statuta anno Domini « 1336. » « Statutum editum anno Domini 1342 in « capitulo generali ». « Statuta edita in capitulo gene- « rali Premonstr. anno Domini 1375 ». « Constitutiones « capituli generalis in monasterio Præmonstratensi « 8 maii 1605 celebrati », contenant des extraits des chapitres généraux de 1498, 1518, 1526, etc. — Ordonnance du Parlement de Normandie, requête de Guillaume Le Turc, religieux d'Ardennes, procureur du général de l'ordre en Normandie, enjoignant à frères Nicolas de Pierre, prieur-curé de Chaigny, Jean Le Roy, curé de St-Lambert, et Charles Guiard, prieur-curé du Bourg, tous religieux de l'abbaye de Silly, et autres religieux négligents de faire résidence sur leurs bénéfices et de porter leur habit de religion, laissant tomber en ruines les maisons et édifices de leurs bénéfices, au grand scandale d'un chacun, de garder et curieusement observer l'ordonnance et règlement fait par Jacques Morise, grand vicaire (1601). — « Constitutiones capituli generalis in monasterio Premonstratensi 8 maii 1605 celebrati ». — Nomination par « Franciscus à Longo Prato », abbé de Prémontré, d'Olivier Cappey, religieux profès et sous-prieur de Silly, comme prieur claustral de lad. abbaye, en remplacement de Michel de St-Julien, démissionnaire pour cause de santé (1608). — Ordonnance du Parlement permettant à François Troussey, abbé de Blanchelande, nommé par François de Longpré, abbé de Prémontré, chef et réformateur général de l'ordre, pour procéder aux visitations et réformations des monastères de l'ordre en la province et circuit de la haute et basse-Normandie, et à Guillaume Le Turc, prieur de St-Germain-la-Blanche-Herbe, son substitut, de procéder auxd. visitations et réformations (1610). — Confirmation de la réforme par l'abbé de Prémontré (1611). — Extrait des registres du Grand Conseil, pour les prieur et religieux d'Ardenues, ordonnant l'élargissement de François Regnault, l'un d'eux, des prisons épiscopales de Paris, où il a été emprisonné à la requête de fr. Jean Le Page, docteur en théologie, et défenses à lui et à tous autres de plus faire emprisonner led. religieux, f. Jean de La Croix, prieur, f. Guillaume Denis, procureur, ni aucun d'eux (1611); factum du procès des religieux d'Ardennes, appelant comme d'abus, contre François de Longpré, abbé et général de l'ordre, intimé aud. appel et demandeur et complaignant pour raison du prétendu trouble à lui fait en la possession en laquelle il se dit être d'instituer et destituer les prieurs claustraux en lad. abbaye, et fr. Jean Le Page, défendeur à lad. requête, et encore lesd. religieux demandeurs en requête du 26 août 1611, afin que les visiteurs qui ci-après seront députés pour visiter lad. abbaye, ou pour le moins l'un deux, soient pris de la circarie de Normandie : l'origine de ce procès provient de ce que Jean de la Croix, prieur claustral, a fait condamner l'abbé commendataire de Villemor à rétablir les ruines de l'église, cloître et dortoir des religieux, et en a fait doubler le nombre ; en haine desd. poursuites, M. de Villemor a attiré à lui, par plusieurs gratifications, fr. Jean Le Page, qui se dit procureur général de l'ordre ; fr. Guillaume Le Turc, religieux d'Ardennes, prieur-curé de St-Germain-la-Blanche-Herbe, à l'entière dévotion dud. de Villemor, voulant visiter lad. abbaye comme substitué par l'abbé de Blanchelande, vicaire dud. général, les religieux proposèrent plusieurs pertinentes causes de récusation qui furent déclarées pertinentes par led. abbé de Blanchelande, par sa sentence de décembre 1609, cassant tout ce qui avait été par lui fait ; visite de Philippe Troussey, prieur de St-Jacques de Longval, en mars 1610, continuation du f. de La Croix en lad. charge ; ordonnance, dont est appel, extorquée par led. de Villemor du général, portant que led. Le Turc a destitué led. de La Croix, et institué fr. Jean Aubert, que led. de La Croix ayant par brigues et menées pratiqué son rétablissement, se retirera à Belle-Étoile, etc. ; opposition de l'abbé de La Luzerne, père immédiat de l'abbaye d'Ardennes, et de l'abbé de Blanchelande, à l'exécution de lad. sentence, comme très pernicieuse à tout l'ordre et obtenue par surprise ; led. Jean Le Page a de sa propre autorité fait enlever fr. François Regnault du palais épiscopal, où, par le congé de son prieur claustral, il était en habits sacerdotaux pour prendre les ordres.—Arrêt du Parlement de Paris entre frères Jean Le Paige, prieur du collège de Prémontré, procureur syndic de l'ordre, appelant comme d'abus de l'élection de l'intimé pour coadjuteur et successeur à l'abbé, Pierre Du Rieu, Prémontré, intimé, et François de Longpré, abbé et général de l'ordre, intervenant ; la forme prescrite est que, lors du décès de l'abbé ou de sa démission pour infirmité, on convoque les abbés de St-Martin de Laon, Floreffe et Cuissy, entre les 4 premiers abbés de filiation, pour, avec les religieux, procéder à l'élection, qui ne se peut faire qu'en deux façons, par la voie du St-Esprit ou par compromis ; l'abbé ayant désiré un coadjuteur perpétuel et futur successeur, ce qui n'est loisible, led. coadjuteur, curieux d'être nommé par les religieux, leur a fait signer une requête ; puis, acte nul devant notaires, contenant autre élection vicieuse : a été dit par la Cour qu'il a été mal, nullement et abusivement procédé, nommé et élu, etc. (1612). — Ordre du prieur de La Croix aud. Le Turc de restituer le concordat fait entre l'abbé et les religieux dont il s'est emparé, ce à quoi il n'a voulu obéir, et condamnation à restitution à peine de prison, ce qu'il a promis faire (1612).—« Articuli reformationis monasterii novi Sanctæ Mariæ Majoris Mussipontanæ, ad quos per professionem vel ejusdem renovationem fratres intendunt sese obligare » etc. (1614).—Bulle du pape Paul V pour l'abbaye de Justemont ; mense séparée (1615, 17 des calendes de juillet). — « Establissement de la réforme et confirmation du Rᵈᵐᵉ Père Général de Prémonstré pour la congrégation de St-Norbert, du 4ᵉ juin 1616. »—Examen des articles de la réforme de S¹-Norbert par l'évêque de Verdun, député par le pape, commissaire de la sacrée congrégation des réguliers à Rome (1617). — Arrêt du Parlement de Rouen, sur requête des prieur et religieux d'Ardennes, pour l'exécution des chapitres généraux tenus à Prémontré en 1520, 1533 et 1574, décidant que tous les titulaires et pourvus aux bénéfices et prieurés dépendant dud. ordre mettront aux chartriers des abbayes, dont dépendent lesd. bénéfices et prieurés, les originaux des titres concernant les droits et possessions, dont il leur sera délivré copie dûment approuvée, afin d'empêcher par la mutation des titulaires la perte desd. titres ; que là où les revenus seront trouvés par les visiteurs et réformateurs suffire pour la nourriture et entretien de deux religieux, il y sera pourvu de deux, qui résideront actuellement, etc.; présentation, admission et profession des novices, etc.; permission au prieur claustral de mettre à exécution, pendant que l'abbaye sera en commende, lesd. articles et règlements par l'avis des religieux capitulairement assemblés, appelés les bénéficiers, et enjoint à tous les fermiers du revenu et autres d'apporter au chartrier les originaux des titres concernant les droits et possessions, etc. (1617). — « Extractum ex registris capituli generalis ordinis Premonstratensis a. d. 1618 »; ordonnances du chapitre général de Prémontré portant permission d'embrasser la réforme (1618). Sceau plaqué. — « Relictum » de l'abbé de Floreffe après visite de l'abbaye de S¹-Josse-au-Bois « vulgo Bon-Martini » (1618).

H. 23. (Cahier.) — Moyen format, 28 feuillets, papier.

1620-1621. — Inventaire des pièces et écritures dont s'aident et font clausion au greffe civil de la Cour les religieux, prieur et couvent d'Ardennes, afin de faire condamner Jean de La Bellière, abbé religieux de la Trinité de la Luzerne, de rapporter un arrêt par lui surpris en la chambre des vacations le 5 novembre 1609, par lequel il prétend avoir été déclaré père supérieur immédiat de l'abbaye d'Ardennes, à cause de sad. abbaye, et en cette qualité lui avoir été permis faire la visite, réforme et correction canonique et monacale, ordonner des pensions, nombre des religieux, pourvoir aux réparations et tous autres droits concernant le spirituel et le temporel, au préjudice des fondations, titres et possessions que lesd. d'Ardennes ont au contraire, par lesquels il appert que lad. abbaye est mère ou matrice de celle de la Luzerne. L'abbaye d'Ardennes peut véritablement dire à toutes les autres abbayes de Prémontré de la Normandie ce que dit S¹-Paul « Ego vos genui in Christo », étant certain que fr. Gislebert assembla anciennement et premièrement à Ardennes de bons et parfaits religieux, y établissant la première compagnie de Prémontré dans la province; il envoya à La Luzerne deux religieux pour y établir une seconde famille et augmenter l'ordre. Histoire de l'abbaye d'Ardennes; fondation par « Aiulphus du Marché, citoyen de la ville de Caen », en 1121; l'église et le monastère achevés en 1138 et consacrés par Richard, évêque de Bayeux, etc. La Luzerne ne commença d'être bâtie qu'en 1143 et confirmée en 1163, etc.

H. 24. (Liasse.) — 5 pièces, parchemin; 20 pièces, papier.

1620-1626. — Établissement de la réforme de Prémontré en l'abbaye de S¹-Paul de Verdun (1620). — Permission par Gosset, général de l'ordre, aux couvents et religieux de Prémontré, de prendre la réforme de la congrégation de S¹-Norbert (1620). — Lettres patentes autorisant le général de Prémontré à mettre en toutes les maisons de l'ordre la réformation de S¹-Norbert (1620). — Fulmination par l'évêque de Toul de la bulle de Grégoire XV concernant la réforme (1621). — « Modus celebrandi capitulum annuum communitatis antiqui rigoris a Rdᵒ Dno. Petro Gossetio, abbate Præmonstratensi, totius ordinis generali reformatore, institutæ in monasterio Sanctæ Mariæ Majoris Mussipontanæ anno 1620, et a Summo Pontifice confirmatæ anno 1621, in capitulo annuo ejusdem communitatis in monasterio antiquo Sanctæ Mariæ ad Nemus instituto die 28 septembris 1621 a diffinitoribus editus, et dicto Rdᵒ generali confirmatus 4 decembris 1621 ». — Procès avec l'abbaye de La Luzerne concernant le droit de paternité spirituelle, de visitation, correction et direction de la discipline régulière et monastique de l'abbaye d'Ardennes (Cf. H. 23). — « Decretum capituli congregationis Sancti Norberti anni 1623 pro fratribus defunctis in communitate ». — Mandement de Pierre Gosset, abbé de Prémontré, à Pierre Langevin, prieur claustral de S¹-Pierre-lez-Selincourt, diocèse d'Amiens, « nec non circariæ Vasconiæ visitatori », pour le rétablissement dans ses fonctions de François Érisson, prieur claustral de Notre-Dame de la Capelle, diocèse de Toulouse, suspendu pour poursuites en raison de crime d'homicide par empoisonnement sur Pierre Galland, prêtre dud. monastère, provisoirement remplacé par Claude Lambert, dud. monastère, et relâché (1623). — Procès-verbaux de visites des abbayes de Lahonce, diocèse de Bayonne, et de la Case-Dieu, diocèse d'Auch, par Pierre Langevin, prieur claustral de l'abbaye de Selincourt, diocèse d'Amiens, et Guillaume Denis, religieux d'Ardennes, visiteurs députés en la circarie de Gascogne par Pierre Gosset, chef et général réformateur de Prémontré (1629) ; procès-verbal desd. Visiteurs, portant que s'étant présentés à la porte de l'abbaye de la Case-Dieu pour lad. visite, le portier aurait fermé la porte et refusé l'entrée, néanmmoins, après beaucoup de semonces, s'en serait allé dans le cloître donner avis de leur arrivée aux prieur et religieux, lesquels, une heure après, seraient sortis et n'auraient voulu obéir, disant qu'ils ne pouvaient recevoir autre vicaire que celui qui était depuis 25 ans environ, l'abbé du St-Jean, sans la volonté duquel ils ne pouvaient ni devaient les recevoir en qualité de visiteurs, mais comme hôtes seulement, sur lequel refus lesd. visiteurs se seraient retirés dans la ville de Marciac, plus proche de l'abbaye, où arrivés, ils auraient fait leur plainte dud. refus et réquisition aux consuls, juge et lieutenant de leur donner main-forte conformément aux privilèges du Roi et arrêt du Parlement de Toulouse, à quoi a été répondu que les abbé, prieur et religieux de lad. abbaye étant co-seigneurs avec le Roi de lad. ville, ils ne pouvaient sans une plus expresse commission du Roi et du Parlement leur donner main-forte ; le lendemain, sortant de célébrer la messe au couvent de St-Dominique de Marciac, seraient arrivés « les seigneurs vicomtes de La Batut Sauvaignac, baron de Lengros et de La Serre », qui leur auraient dit que ce n'était le mauvais naturel du prieur ni désobéissance qu'il voulut rendre au général, mais que c'était la défense expresse faite par l'abbé du St-Jean de La Castelle de les recevoir ni reconnaître, pour n'y avoir autre vicaire général que lui, et qu'ainsi ils ne devaient être mal satisfaits contre lui, ce qu'ont assuré le prieur et un religieux venus à Marciac ; auraient dit en outre que led. religieux, s'entretenant avec un religieux de l'abbaye de La Chapelle, du même ordre, lui aurait, par plusieurs prières, persuadé de la part de l'abbé du St-Jean de vouloir quitter et dérober le vicariat auxd. visiteurs, et que, s'il voulait l'entreprendre, il obligerait grandement led. abbé, qui, en récompense, le protègerait contre eux et lui ferait de grands biens, que, s'il voulait le faire, il ne viendrait jamais plus de visiteurs étrangers dans la province, et que, par même moyen, il se pourrait décharger de la chemise de laine de la réforme qu'ils l'avaient contraint à prendre, à quoi il aurait répondu qu'il ferait son possible de contenter led. abbé, mais qu'il y aurait de la difficulté de dérober leur vicariat, attendu qu'ils se

couchaient au lit avec leurs « caleçons », dans lesquels ils le tenaient ; retour à La Casa-Dieu ; protestations du prieur qu'il les recevait sans conséquence, disant qu'il n'appartenait qu'à un abbé de la province de le visiter et non aux étrangers, et que l'abbé du St-Jean en avait une bulle du pape ; ayant pris leurs bonnets carrés et capuchons, les visiteurs entrèrent dans le cloître, et trouvèrent les religieux à la porte ; entrée à l'église en procession, etc. ; le lendemain, voyage à l'abbaye de St-Jean de la Castelle, où ils heurtèrent la porte l'espace d'une heure, après quoi ils furent reçus par quelques religieux, entrèrent dans le cloître et dans l'église, et demandèrent la conduite vers la chambre de l'abbé, à quoi fut répondu par les religieux qu'il sortait de souper et était dans sa chambre avec un gentilhomme ; où s'étant acheminés, et arrivés dans la salle et porte d'icelle, aucuns des religieux leur auraient dit ne pouvoir voir led. abbé, étant en occupation dans sa chambre, mais tout incontinent aurait été donné le souper ausd. visiteurs, « après lequel et auparavant yceluy led. s^r abbé aurait fait entrer par troys ou quatre foys dans sa chambre led. père prieur de Lacazadieu, pendant l'absence duquel lesd. religieux et gentilhomme rioit et murmuroit en gascon, disant qu'onas apprendroit aux estrangers de venir visiter la province dont il avoit un abbé régulier, et après avoir longuement devisé et fait mille chymagrées, nous auroient conduicts et amenés dans une chétive chambre de troys pas de largeur et quatre de longueur, sans porte ny fenestre, et après leur avoir donné le bon soir nous serions mis au lict. Et arrivé le lendemain 22 dud. moys d'aoust, nous estans levés de grand matin pour nous disposer à célébrer la s^{te} messe et donner le bon jour aud. père abbé, [à] la sortie de nostre chambre seroit arrivé led. père prieur de la Cazadieu, nous proposant qu'il avoit receu une lettre des pères prieurs de la province, pleine de reproches de nous avoir donné l'entrée de l'abbaye de la Cazadieu, nous disant que, conform[ém]ent à la bulle du pape Innocent et de l'ordonnance faicte par Odo, évesque de Tusculo, et par la résolution des pères prélats et prieurs de la province, il nous prioit de nous abstenir et n'entreprendre point la continuation de nostre visite en la circarie de Gascoigne, auquel ayant respondeu de nous bailler en main lad. bulle et lettre des pères prieurs pour les tout conférer avec les statuts de l'ordre et voir sy ceste prétendue bulle et lettre auroit plus de vertu et efficase que le pouvoir et auctorité de nostre révérendissime général et pères du chappittre général, de la part desquelz nous sommes commis dans lad. province, pendant ceste responce, à mesme instant, seroit entré frère Alexandre Relongue, grangier de Vie, accompaigné de deux ou trois religieux du S⁺ Jean, nous auroit dict avec toute irreverance que nous devions nous despartir de la visite que prétendions faire, et qu'il falloit nécessairement nous retirer, que toute la province nous révoquoit, et qu'autrement il s'en parleroit à bon escient, et que ce n'estoit pas à nous à faire la visite où il y avoit deux abbés, ce qu'ayant entendu nous aurions respondeu avec toute modestie religieuse, sy nous estions en maison d'asseurance pour disputer les privilèges et auctorités de nostre révérandissime général et pères du chappittre général, et que, sy cella n'estoit point, qu'on nous laissat en liberté pour nous retirer en la ville et cité d'Ayre pour là estant faire voir le pouvoir de nostre commission, à quoy led. grangier auroit respondeu non, non, car il faut plustost parler avec M⁺ l'abbé quy vous arrestera, puis que vous n'entendés les raisons quy vous sont proposées, et à mesure led. prieur, grangier et religieux nous auroient conduicts comme prisonniers dans la chambre du père abbé, lequel, ne nous ayant pas donné le loysir de le saluer et donner le bon jour, nous auroit dict avec toute arrogance : mais pères, j'entens que vous ne voulés pas vous arrester sur l'interest que la province a de vous empêcher de continuer vostre visite, puis que de courtoysie vous ne voulés vous en abstenir, je vous arresterai de sy court que vous ne pourrés disposer de vous mesmes, et m'estone grandement que vous ayés esté sy impudans d'accepter la commission de ceste province pour la visiter, sçachant tres bien que j'y estois abbé, c'est une entreprinse que messieurs les abbés de Blanchelandre et de La Luserne ont refusé pour ma consideration, et inconsideremment vous l'avés acceptée, car M⁺ de Prémonstré m'a escript vous avoir envoyés en deffaut d'en trouver d'autres, de quoy je vous apprends vostre mestier et vous conseille pour bien faire de ne passer outre », etc.; réponse qu'ils ont exécuté les ordres, venant de leurs maisons, de 2 à 300 lieues; « sur quoy led. s⁺ abbé auroit brusquement respondeu qu'il nous en empêcheroit, et pour cest effect nous déclaroit qu'ilz nous constituoit prisonniers pour demeurer dans son abbaye jusques à tant qu'il auroit fait entendre les griefs et privilèges de la province à M⁺ de Prémonstré, ce qu'ayant entendeu, veu la tirannie et excés d'hostilité et de l'empêchement qu'il porte à l'exécution de nostre commission pour le bien et réformation de la province, nous l'avons, de l'authorité de nostre révérandissime général et des pères du chappittre général, et conformément à ce quy est porté dans les statutz et chappittre « de visitatoribus »,

excommunié et déclaré tel devant le père prieur de la Cazedieu, grangier de Vie, et tous ces religieux, et néanmoins fait entendre d'en dresser nostre procés-verbal pour nous en plaindre à nostre révérendissime général et pères du chapittre général, et mesmes de le produire et faire nostre plainte de ce tirannie et hostilité au Roy nostre sire de ce qu'au préjudice et authorité des privilèges qu'il a donné aud. révér⁺ général de visiter et reformer son ordre, il nous retient prisonniers, ce qu'ayant entendu led. père abbé se seroit aucunement arresté, arrestant son haut discours, non toutesfois sans dire que M⁺ de Prémonstré lui avoit fait grand tort de les avoir envoyés à son préjudice, et mesmes qu'en l'année que led. révér⁺ général avoit esté esleu général de l'ordre, estant dans Paris, luy auroit dit qu'il vouloit envoyer le R⁺ père Le Paige dans ceste mesme province pour la visiter et reformer, et qu'en présence de M⁺ S⁺⁺ Marien, abbé, et dud. père Le Paige, il luy avoit respondeu qu'il le prioit de ne le faire pas, que s'il y venoit, il le mettroit pour six mois en prison, et y donneroit cent coups de fouet, à quoy led. général luy auroit respondeu qu'il ne croyoit pas qu'il le fist, quand ce ne seroit que pour l'amour de luy, à quoy led. abbé du S⁺ Jean dict luy avoir respondeu : se fait, M⁺, s'il y vient, car je ne puis estre révoqué que par un chappittre général quy m'a délégué, et tout plain d'autres discours insolens et injurieux à l'authorité dud. général », et toujours en s'appaisant nous auroit fait un meilleur visage, nous tesmoignant par quelque discours n'entendre plus de nous tenir ny arrester prisonniers, non toutesfois qu'il ne fondit et fit prier par le grangier dud. Vie et autres de ses religieux à frère Raymond La Lièvre, religieux de La Capelle, qu'avions pris pour nous conduire, de nous quitter et se despouiller de la chemise de laine, luy offrant une de toylle, estimant que par ce moyen nous troverions personne pour nous conduire aux autres abbaïes, et mesmes le prier aussi qu'estant revenus aud. La Cazedieu il nous desrobat nostre vicariat, et néanmoins nous faisant bon visage et fort contraint, nous auroit pressés à prendre le dîner et passer la journée avec lui dans son abbaïe, ce que lui ayant refusé par plusieurs foys, seroit venu à nous led. père prieur de la Cazedieu qui nous auroit prié de ne nous souvenir dud. emprisonnement et que led. abbé n'entendoit pas nous retenir, attendu l'excommunication que nous avions contre lui laschée, et que nous ne vouleussions nous en souvenir ny en dresser nostre plainte, auquel aurions respondeu que l'offense estoit trop grande à l'authorité du R⁺ général, laquelle ils ne pouvoit cacher pour estre trop grave et importante à tout l'ordre », etc.; led. prieur ayant refusé de les ramener à la Case-Dieu, « craignant qu'en cest affreux et désert pays nous feust fait quelque tord et injure, avons esté contrainte lui accorder le séjour dud. jour, ce qu'avons fait avec beaucoup de douleur et tristesse, voyant que de telles impiétés feussent exercées par un abbé qui devoit maintenir l'authorité de son général. Desquelles avons dressé nostre présent procès-verbal, dans lad. abbaïe de St-Jean, la nuict, à la chandelle, ce 22 d'aoust 1622. » — « Relatum » desd. visiteurs après visite de lad. abbaye le 2 septembre 1622, ouïs les prieur et couvent, ensemble l'évêque de Lombez, abbé commendataire. — Procès-verbal d'information sur l'enlèvement des reliques de St-Laurent en l'abbaye de Combelongue (1623). — Requête au général et au chapitre général de Prémontré par Bernard Du Mont, religieux en l'abbaye de Bubiette, circaire de Gascogne, remontrant que le 12 ou 13 mars 1623 fr. Jean de Bannemaison, prieur de lad. abbaye, lui auroit envoyé requête et commission pour la signifier à Jean de Lompagles, abbé de St-Jean de La Castelle, et lui bailler assignation à comparoir devant led. général, pour quoy il étoit partie de Bubiette le 16 mars et seroit arrivé en l'abbaye de St-Jean le lendemain avec notaire royal et témoins, que, ayant passé le moulin situé auprès de lad. abbaye il en seroit sorti 15 ou 16 hommes, les deux à cheval armés de pistolets et les autres d'arquebuses, carabines et hallebardes, ensemble 3 ou 4 religieux et novices, l'un des religieux armé et monté sur un cheval de 200 écus, « lesquels d'une grande furie auroient entouré le supplt et l'ayant abordé, l'auroyent prins par le collet, le trayné par terre et dans la boue comme à ung chien et luy disant telz motz : Monsr le hardy, vous estes icy, vous le payerés bien ; et à coupz de pied l'auroient mené dans l'abbaye où led. sr abbé se seroit présenté et tout forcené de colère auroiet dict : Et bien, vilain, vous estes là bien gras ; et, parlant à ses gens : voilà ung vilain bien gras et capable de souffrir la pénitence, allés, allés le mettre dans le cachot, et parlés à luy, en luy disant : Je le feray brusler, pendart, quaud le Roy en parleroit ; tellement que à l'instant on l'auroiet esté mettre dans une prison obscure en laquelle on le tourmente tous les jours de tant de coupz de fouetz qu'il n'espère rien que le jour de sa mort, sy par vostre bénigne prudance il ne luy est promptement pourveu, estant à craindre que la cruauté luy face entrer en quelque désespoir à cause de l'inhumanité qu'on exerce sur luy ». — Permission aux religieux de Silly de recevoir quatre novices après un an de probation,

nonobstant les nouveaux statuts qui exigent deux ans, lad. abbaye étant réduite à si peu de religieux profès qu'il n'y a moyen de satisfaire aux offices nécessaires (1623). — Extrait des actes et définitions du chapitre général de Prémontré concernant la séparation de la mense entre l'abbé et le couvent de L'Estanche (1623). — « Extractum ex capitulo generali », concernant la réforme (1623). — Relation, par « f. Gasparus a Questenburg », abbé de l'abbaye de Strahow, à Prague, de la translation des reliques de St-Norbert. « Grande Premonstratensibus gaudium » (1630).

H. 23. (Liasse.) — 6 pièces, parchemin; 78 pièces, papier.

1627-1680. — Commission donnée par Pierre Gosset, général de l'ordre, à l'abbé de Mondaye, d'informer, sur la requête de frère Adrien d'Aumalle, prieur du collège de Paris et syndic de l'ordre, de l'indiscipline et des actions scandaleuses à la religion que commettent certains religieux de St-Jean de Falaise, sortant sans congé de nuit et de jour, buvant et mangeant aux tavernes et y séjournant plusieurs jours avec des personnes scandaleuses, faisant des querelles et batteries, introduisant des séculiers à manger au dortoir, contre la défense expresse du prieur, et s'opposant au rétablissement de l'observance régulière, même qu'il s'est commis plusieurs larcins dans l'abbaye, entre autres choses 5 chapes de laine, deux potées de beurre et autres denrées, au scandale du voisinage, davantage que led. religieux ont fait des violences à la profession d'un novice, tant dans le chapitre qu'en l'église, enfermant led. novice dans la sacristie lorsque le prieur était à l'autel, célébrant la grande messe, au grand scandale du peuple y assistant; mandement pour exécution de François Brochard, éc., lieutenant civil et criminel du bailli de Caen en la vicomté de Falaise (1627). — Articles de la réformation de la congrégation de St-Norbert, ordre de Prémontré, pour l'abbaye d'Ardennes. « Articuli reformationis congregationis Sancti Norberti, juxta antiquum et primævum ordinis Præmonstratensis rigorem per Reverendissm prædicti ordinis generalem examinati et approbati, authoritate etiam apostolica confirmati, quibus sese subjiciunt religiosi prior et conventus Beatæ Mariæ de Ardena, alias d'Ardaine, ejusdem ordinis, canonici, florentissi Galliæ regni incolæ. Art. 1. Communitas victus et vestitus; art. 2, statutorum ordinis Præmonstraten. observatio in quantum statuta illa continent ea quæ videntur substantialia ejusdem ordinis, id est ea sine quibus vita regularis in eodem ordine vix stare potest; art. 3, abstinentia perpetua a carnibus, et jejunium ab exaltatione Sanctæ Crucis usque ad Pascha quamdiu non impediant erectionem congregationis reformatorum », etc., fuit, constitutiones lectæ et acceptæ au chapitre d'Ardennes le 12 novembre 1627. « Signati, F. Joannes de La Croix, prior, F. Guillelmus Denis, subprior, F. Bernardus Le Comte, sacrista, F. Franciscus Myffunt, F. Bonaventura Le Fèvre, cirator, F. Josephus Des Champs, magister novitiorum, F. Andreas Le Roy, proviseur, F. Robertus Du Hamel, F. Petrus Le Roux, F. Jacobus Merigan, F. Norbertus Le Roy, F. Baptista Jean, F. Gilles Lebaut, F. Antoine Fournier, F... (blanc). Et scellé du sceau du couvent où plaquart de cire rouge, sur lequel est empreint Sigillum Conventuale Beatæ Mariæ de Arden... » — Arrêt du Conseil d'État pour les Mathurins réformés contre le général de l'Ordre (1627). — Lettre de « F. Hermes a Ponte, abbas Castri prope Mauritaniam » (Bruxelles, 21 avril 1627, adressée « R. P. ac R. Abbatibus ac Prælatis insignis ordinis Præmonstratensis in capitulo ejusdem ordinis generali Præmonstrati congregatis, dominis meis observandissimis ». « Si qua unquam ulla casu lata est sententia quæ variis nullitatibus noteri potuerit, ea certe est quæ mense julio anni 1626 per R. abbatem Florettensem sub nomine R. D. Generalis ordinis Præmonstratensis contra R. D. Abbatem Castelli Mauritaniæ promulgata reperitur, qua ille monasterio suo ac prelatura privatus ac dejectus est ». « Et ita de jure censeo esse ego Claudius Antonius Buzon I. V. D. Consiliarius Ill. Archiepiscopi Bisuntini, et in Curia ipsius Archiepiscopali ficci Advocatus, Bruxellis, die 21 Aprilis 1627 » Imprimé : « Bruxellis, apud Joannem Pepermannum, Bibliopolam juratum, Typographumque Civitatis, sub Bibliis aureis, 1627. » Sur la couverture : « Les noms des abbez qui estoient au chapitre général à Premonstré le 2 may 1627 : premièrement les François, Mon. de Premonstré, général de l'ordre, Mon. de S.-Martin, premier père, Mon. de Cuissy, trois. et dernier père, Mon. de Bussilly, Mon. de Blanchelande, Mon. de S.-Paul, Mon. de Beaulieu, Mon. de La Chapelle, Mon. de S.-Marie (ou S.-Marian), Mon. d'Ardeine ; abez de Loraine, Mon. de Justemont, Mon. de Flabemont, coadjuteur ; abbez de Flandre, Mon. de Floref, second père de l'ordre ; Mon. du Parc, Mon. de Ninove, Mon. de Furne, Mon. de S.-Augustin, Mon. de Vicougne, Mon. de Chasteau l'Abbaye, Mon. de Bonne Espérance ; abbez de Vestefallie, Mon. de Schenechtede, Mon. de Wedinchuse, Mon. de Schede, Mon. de Heusseberge ; abbez de Suisse, Mon. de Bellelaye. » — Lettre de recommandation au cardinal Barberini à Rome, pour les deux Prémontrés qui vont à Rome afin d'obtenir confirmation de la réforme introduite en l'abbaye d'Ardennes (1627). — « Acta capituli provincialis communitatis antiqui rigoris ordinis Præmonstratensis in celebri S. Mariæ Majoris Nussipontanæ cœnobio die 21 et sequentibus mensis maii anni 1628 celebrati. » — Mandement pour l'exécution des statuts, bulles et articles de la réforme de la congrégation de S.-Norbert en l'abbaye d'Ardennes (1629). — Actes et définitions du chapitre provincial tenu à S.-Paul de Verdun (1629). — Lettre de Servais de Lairuels, abbé de S.-Marie, au cardinal de Bérulle, demandant la continuation de son assistance à la réforme, aujourd'hui tant combattue : « Nos confrères de Normandie sont fort travaillés par nos adversaires qui s'opposent puissamment à leur bien et union » (Pont-à-Mousson, 31 août 1629). — « Relatum » de Pierre Bestans, prieur de S.-Paul de Verdun, après sa visite à Belle-Étoile (1630). — Union de l'abbaye de Silly-en-Gouffern à la congrégation de la réforme de Prémontré (1630). — Signification requête des prieurs et couvents d'Ardennes, Belle-Étoile et Silly en Normandie, et des autres prieurs et couvents de la congrégation de S.-Norbert ou communauté de l'antique rigueur, ordre de Prémontré, stipulé par Guillaume Denis, Pacifique Allez et André Le Roy, sous-prieurs et proviseur desd. abbayes, « à Nicolas Le Sage, abbé de S.-Martin de Laon, vicaire général de l'ordre, en son hôtel faubourg S.-Germain-des-Prés lez Paris, Guillaume de Gathois, abbé d'Ardennes, Adrien Gosset, prieur de Prémontré, occupant au collège dud. ordre à Paris pour le syndic de l'ordre, etc., de décision, décret et ordonnance données » en la Rote à Rome », par « Amatus Dunozet SS. D. n. Papæ capellanus, et ipsius sacri Palatii Apostolici causarum auditor, judexque commissarius causæ et causis, ac partibus infra tactis, apostolica auctoritate specialiter deputatus », concernant la réforme, avec défenses de les troubler en l'exercice, propagation, augmentation et progrès de lad. réforme et congrégation (1630). — Par devant le lieutenant criminel de la ville, prévôté et vicomté de Paris ont été amenés, par le commissaire Sallé, Guillaume Denis et André Le Roy, religieux profés d'Ardennes, et Paul Lhermitte, religieux profés de Silly, prieur claustral de l'abbaye S.-Jean de Falaise, sur requête de Martin Rageot, chanoine régulier de l'abbaye de Joyenval, lequel Rageot a dit être porteur de commissions de Gosset, abbé de Prémontré, pour faire exprès commandement auxd. religieux de comparaître en lad. abbaye, sinon, qu'il eût à implorer l'aide et assistance du bras séculier et les faire prendre au corps pour être conduits sous bonne garde en l'abbaye de Prémontré pour répondre sur les troubles et désordres depuis naguères advenus en quelque abbaye de Normandie et en celle de Silly; réplique desd. religieux qu'ils ont été envoyés comme procureurs pour défendre contre le général, l'abbé de St-Martin de Laon et autres dud. ordre, l'abbaye d'Ardennes et autres religieux et couvents ayant été incorporés à lad. réforme par bulle du pape, lettres patentes du Roi et arrêts du Conseil d'État, etc. (1630). — Procès-verbal de Guillaume Brossant, éc., s' des Erables et de la Péraudière, lieutenant ancien civil et criminel du bailli d'Alençon en la vicomté d'Argentan et Exmes, sur requête d'Adrien d'Aumalle, religieux de St-Jean d'Amiens, syndic et prieur du collège de l'ordre de Prémontré en l'Université de Paris, et Marc Sarrazin, prieur-curé du Mesnil près Briouze, de leur donner main forte en l'abbaye de Silly pour l'exécution de la commission du chef de l'ordre pour la visitation et réformation de l'abbaye, permis exécuter par le Parlement de Rouen, sur le refus et désobéissance qu'ils ont dit leur avoir été commis en lad. abbaye; Gilles Marivint, prieur, en voyage à Carrouges vers l'abbé de Silly; Pacifique Allais, sous-prieur, prieur-curé de Silly; sentence desd. d'Aumalle et Sarrazin, députés du chef de l'ordre pour informer aux abbayes de Silly, St-Jean de Falaise, Belle-Étoile et Ardennes, des moyens, pratiques, violences, entreprises et attentats commis par Pierre Desbans, religieux de l'abbaye de Ste-Marie de Pont-à-Mousson, coadjuteur de Servais de Lairuelz, abbé de lad. abbaye, et leurs consorts, auteurs et fauteurs d'une prétendue congrégation qu'ils appellent de l'antique rigueur de St-Norbert, sous prétexte de laquelle ils veulent se soustraire de l'ordre et secouer le joug de l'obéissance due au général, chapitres généraux et provinciaux, et leurs députés, destituant Marivint, prieur claustral, et le remplaçant par Jacques Marie, religieux d'Ardennes, ci-devant prieur claustral de Silly, etc. (1630). — « Declaratoria capituli generalis anni 1630 contra f. Petrum Thienville, monasterii Beatæ Mariæ Mussipontanæ canonicum presbyterum, super gestatione capparum ipsi prohibita Romæ certo monitorio... » — Sentence d'excommunication contre les officiers de Silly pour avoir pris la réforme. — Extrait des actes et définitions du chapitre général de Prémontré, après enquête faite au monastère de Silly par Adrien d'Aumalle, prieur du collège de Paris et syndic de l'ordre, vu les contrats faits entre f. Charles Guyard et f. Marivint, alors prieur de Silly, du consentement de Pierre Desbans et Simon Raguet, et entre f. Guillaume Malvène, Dominique Briant et Norbert du Tertre, et lad. Marivint, et la supplique présentée aud. d'Aumale par Dominique Briant, François Hodart, Charles Guyard, Norbert Rotertes et Guillaume de Malvène, chanoines profès de Silly, déclarant lesd. Desbans et Raguet convaincus d'avoir exercé une juridiction indue et les privant des honneurs et prééminences de l'ordre; appel dud. Desbans, prieur de St-Paul de Verdun et vicaire de la communauté de l'antique rigueur de Prémontré; « significatio mandati de manutenendo et inhibitionis collatis facta Rdo Pri abbati Sancti Martini Laudunen., vicario generali ordinis Præmonstratensis » 1630. — Sentence de François, cardinal de La Rochefoucauld, grand aumônier de France, commissaire du pape Urbain VIII pour la conservation de la réforme introduite dans l'abbaye d'Ardennes. — Dépositions de François de Lecoste, chevalier, seigneur du Hou et de Sieulon, intendant général de la maison du comte de Carrouges, abbé de Silly, de Guillaume Le Rouyer, curé de Notre-Dame et chanoine de Carrouges, etc. — Déclaration devant les tabellions en la vicomté de Vire pour la sergenterie de Vassy, à l'abbaye de Belle-Étoile, par Guillaume Marie, bourgeois de Caen, qu'ayant été prié par les prieurs d'Ardennes, Belle-Étoile et Silly d'aller à Silly pour voir si Pacifique Allais, sous-prieur de Silly, avait été pris et emprisonné à main armée avec plusieurs outrages, tant par certains religieux que séculiers, comme le bruit était, qu'arrivé à lad. abbaye il rencontra une dame avec deux filles, qui lui demanda s'il n'allait pas pour le sujet du P. Pacifique, et puis après lui raconta qu'il était prisonnier et qu'il avait été battu et outragé lors qu'il fut pris, et lui témoigna avoir beaucoup de ressentiment de son emprisonnement, d'autant qu'il était honnête homme et homme de bien, et qu'il n'avait jamais fait faute qui méritât la prison et d'être traité de la sorte, que, se promenant dans les jardins de l'abbaye, il le vit par une fenêtre ayant deux manières de soldats de ses deux côtés qui le gardaient; qu'un des soldats lui demanda s'il ne venait pas apporter des lettres aud. Allais de la part du prieur de Belle-Étoile et dit: que ne tenons-nous ce bougre-là avec celui qui est en prison, de deux ou trois mois il ne verrait ni lune ni soleil, il est cause de tout le mal; que le jour du St-Sacrement, sur la plainte que faisaient les paroissiens de ce qu'on tenait injustement leur prieur en prison, il s'excita dans l'église un grand bruit et sédition, en sorte qu'il y eut plusieurs coups de pierre tirés contre le balustre; autre déclaration de Pierre Quesnel, prêtre, originaire de S¹-Jean-le-Blanc, concernant lesd. emprisonnement et mauvais traitements. Sentence de Jean de La Bellière, abbé de La Luzerne, et Marc Sarrazin, prieur claustral de l'abbaye de S¹-Jean-de-Falaise, commissaires députés du chapitre général de l'ordre pour visiter les abbayes de Normandie, assistés de François de La Bellière, prieur-curé de Tourville, et Paul l'Ermite, prieur-curé de Bailleul, déclarant led. Allais atteint et convaincu de conspirations, infamations, rébellions, parjures, excès et outrages par lui attentés, commis et perpétrés contre ses supérieurs et confrères, et le condamnant à subir la peine d'émission dans l'abbaye de La Luzerne pour trois ans entiers, où il sera soumis aux peines de grièfve coulpe l'espace de 40 jours, cela fait, tiendra prison perpétuelle, etc. — Arrêt du Conseil privé, requête de Pierre Desbans, vicaire général de la congrégation de S¹-Norbert, et des prieurs et religieux d'Ardennes, Belle Étoile et Silly, led. Allais etc., cassant la sentence desd. d'Aumalle et Sarrazin, ordonnant que les prieurs et autres officiers établis par la communauté de l'ancienne rigueur de S¹-Norbert continueront la fonction de leurs charges, et renvoi au cardinal de La Rochefoucault, sur les autres points, pour avis. — Articles que rend à justice Michel Niobé, prieur de Belle-Étoile, contre lesd. de La Bellière et Sarrazin ; enquête : Adrien Gauquelin, doyen de Condé, Robert de S¹-Germain, s' d'Entremont, Jean de Turgot, s' des Moulins, Éléazar de Prépetit, procureur fiscal à Condé, etc. — Signification de l'arrêt du Conseil privé pour la délivrance dud. Allais. — « Acta et definitiones capituli annui communitatis antiqui rigoris ordinis Premonst. (quam nonnulli congregationem Sancti Norberti nuncupant) in celebri Sancti Pauli Virdunensis cœnobio diebus 23 et sequentibus mensis novembris anni 1630 auctoritate apostolica celebrati. » — « Examen succinct de l'objection que font les adversaires de la congrégation Sainct Norbert que l'establissement de ladicte congrégation préjudicie à l'auctorité du général de Prémonstré résident en France, et de suyte à la prééminence du Royaume. » En 1611, se commença une réforme de l'ordre au monastère de S¹⁰-Marie de Pont-à-Mousson, approuvée par le général François de Longpré, etc. 7 p. in-4°. S. l. n. d. — Mémoire aux cardinaux de La Rochefoucault et de Bérulle sur les intérêts que l'ordre de Prémontré pourrait recevoir au jugement qui interviendra tant des différends mus entre l'abbé d'Ardennes et partie des religieux, d'une part, le prieur claustral et aucuns religieux, d'autre, que d'une prétendue congrégation sous le nom de S¹-Norbert poursuivie par led. prieur et consorts, par lequel mémoire il se verra que tous les novateurs de l'ordre n'ont rien de la rigueur ancienne des premiers pères et qu'ils pervertissent tout-à-fait l'établissement spirituel et temporel de l'ordre. S. l., n. d. — Articles de la réforme ou observance régulière, qui depuis plusieurs années a été introduite et est encore en parfaite vigueur dans l'abbaye de Prémontré, chef de l'ordre. S. l. n. d.

H. 26. (8 cahiers.) — Grand format, 40 feuillets, papier.

1631. — Inventaire servant d'avertissement qu'baillent par-devers le Roi et son Conseil frère Pierre Desbans, religieux de Balleve, près Reims, naturel françois et vicaire général de la congrégation de S¹-Norbert, les prieurs et religieux des abbayes d'Ardennes, Belle-Étoile et Silly, frères Guillaume Denis, André Le Roy et Pacifique Allais, sous-prieurs et proviseur d'Ardennes et Silly, demandeurs en exécution de l'arrêt du Conseil et en condamnation de dépens pour les violences faites à l'exécution dud. arrêt, contre Pierre Gosset, abbé, chef et général de Prémontré, frères Paul Lhermitte, curé de Bailleul, dépendant de l'abbaye de S¹-Jean de Falaise, et François Godard, concernant l'exécution d'arrêts, bulles, brefs, sentences et lettres patentes, relatifs à l'union desd. abbayes à lad. congrégation ; autre inventaire pour les mêmes contre led. Lhermitte, à ce qu'il soit dit que les arrêts des 26 juillet 1630 et 21 avril 1631 seront entièrement observés, et que l'abbaye de Silly demeurera unie à lad. congrégation.

H. 27. (Liasse.) — 3 pièces, parchemin ; 61 pièces, papier.

1631-1637. — Procès entre lesd. Desbans et joints et Lhermitte, prieur claustral de Silly, et les religieux. — Arrêt du Conseil concernant la réformation du grand couvent des Augustins de Paris ; défenses de rentrer, sans le consentement du prieur, aux religieux envoyés hors dud. couvent (1631). — Absolution par Ambroise Le Gauffre, docteur aux droits, chanoine et trésorier de l'église de Bayeux, vicaire général de l'évêque de Bayeux, « et in sede Cadomensi ad infra scripta judex et executor a venerabili officiali Tullensi privilegiorum congregationis Sancti Norberti seu antiqui rigoris Ordinis Premonstratensis apostolico conservatore specialiter commissus et deputatus », de l'excommunication portée par l'abbé de Prémontré et le chapitre général contre Gilles Marivint, Pacifique Allais et François Myffant, moines de Silly (1631). —

« Sententia supremi Rotæ Romanæ tribunalis super validitate institutionis congregationis Norbertinæ antiqui rigoris » (1631). — Placard inscriptaire de « Servatius du Laicuela, cœnobii S. Mariæ Majoris Mussipontanæ præsul, Francisci Longo-Pratensis et Petri Gozzotti ordinis Præmonstratensis principum vices functus », etc. (1631). — Moyens d'intervention que le chapitre général de l'ordre de Prémontré met en l'instance pendante au Conseil du Roi contre frère Paul Lhermitte, religieux de Silly, et les religieux tant claîtrés que ruraux de lad. abbaye (1632). — Requête à Jean de La Rollière, abbé de La Luzerne, et Marc Le Queustre, prieur de Braine, commissaires députés du général de Prémontré, par Gilles Marivint, prieur claustral de Silly, Pacifique Allais, sous-prieur, François Miffant, proviseur, Norbert Le Roy, cellerier, et autres religieux, demandant de superséder à l'exécution de leur commission ; ordre desd. visiteurs auxd. Marivint, Allais et Miffant de satisfaire aux sentences du chapitre général qui les ont déclarés avoir encouru l'excommunication, déclarés privés de voix active et passive et de tous offices et obédiences, déposant Marivint de l'office de prieur, etc. (1632). — Causes et moyens de récusation que proposent et baillent les prieurs et couvent de Belle-Étoile et religieux visiteurs, aux fins qu'ils s'abstiennent de la visite en leur abbaye (1632. — « Acta et definitiones Capituli annui communitatis antiqui rigoris, ordinis Præmonstratensis... in celebri Sancti Pauli Virdunensis cœnobio decima et aliis sequentibus mensis aprilis diebus anni 1633 celebrati », auquel assistaient Pierre Desbans, abbé de Ste-Marie de Pont-à-Mousson, vicaire de l'abbé de Prémontré, Simon Raguet, prieur de St-Paul de Verdun, Pierre Thieuville, prieur de Salival; Jean de La Croix, Michel Niobé et Gilles Marivint, prieurs d'Ardennes, Belle-Étoile et Silly, excusés. — « Literæ executoriales trium sententiarum rotalium conformium in favorem communitatis antiqui rigoris Ordinis Præmonstratensis concessæ » (1633) ; lettres patentes et commission pour enregistrement et vérification desdites sentences de Cour de Rome à la rôte, obtenues par Pierre Desbans, vicaire général en la communauté de l'ancienne rigueur de Saint-Norbert, et les prieurs, religieux et couvents de ladite communauté et réforme, confirmant les bulles de Paul V et Grégoire XV pour la confirmation de l'ordre, que le général de l'ordre et chapitre auraient accusés de subreption (1634). — « Acta et definitiones annui capituli communitatis antiqui rigoris ordinis Præmonstratensis, in celebri Beatæ Mariæ Bellæ Vallis in Argona cœnobio 29 et aliis sequentibus aprilis et maii mensium diebus anni

1634... celebrati ». — Requête au lieutenant du bailli de Caen à Falaise, par Guillaume Fossart, prieur claustral de l'abbaye Saint-Jean de Falaise, et les autres religieux de la réforme, contre Philippe Troussey, abbé de Blanchelande, se disant visiteur du chapitre général, qui serait entré accompagné de plusieurs hommes portant armes et par force et violence, aurait fait passer une partie de ses gens par dessus les murailles de l'enclos régulier de l'abbaye, et fait plusieurs commandements à ses soldats de se saisir d'eux et les emprisonner ; et d'autant que le procureur du roi, étant venu en lad. abbaye, les aurait vus renversés par terre les uns par dessus les autres dans le cloître, et même leurs chambres toutes rompues et leurs habits, livres et autres choses, emportés, et aurait entendu plusieurs menaces que l'on faisait de détruire la réforme ; avis du procureur du Roi que les parties ont été renvoyées au Conseil privé et le juge ordinaire pris à partie, etc. ; autre requête desd. prieur et religieux contre led. abbé qui par force et violence aurait voulu faire une visite dans leur abbaye, où il aurait introduit grand nombre de séculiers, entre autres le sr Du Moncel, lieutenant du prévôt d'Alençon, assisté de plusieurs archers et gens portant armes à feu, et de Du Buisson, parent du Marescot, abbé de l'abbaye de St-Jean, conduits par Jean Le Normand, procureur dud. abbé, du solliciteur de ses affaires et de son fermier, pour les enlever par violence, ce qui les aurait obligés de se retirer dans la tour de l'église de l'abbaye ; ayant entendu desd. abbé, prévôt et ses complices, qu'ils allaient mettre le feu dedans et y faire un étrange carnage, auraient été contraints de descendre le dimanche au soir, étant même contraints par la faim ; led. abbé lut une sentence par lui rendue contre lesd. religieux par laquelle il les condamnait à sortir de l'abbaye et en même temps, bien qu'il fût une heure de nuit, commanda qu'ils eussent à sortir, ce que refusant lesd. religieux lui remontrèrent qu'il ne serait raisonnable de détruire ainsi la réforme, etc. ; led. Du Moncel, assisté de ses archers, se saisit d'eux, et les mena paroisse de Guibray, en l'hôtellerie où pend pour enseigne le Grand Coq, etc. ; led. abbé a dit publiquement être avoué du cardinal de Richelieu de détruire lad. réforme, ce qui lui serait faire tort signalé, étant le protecteur ou plutôt restaurateur des réformes religieuses, titre et qualité qui ne lui peuvent être déniés que par personnes mal affectionnées à son service et à la religion ; pour rendre lad. réforme plus odieuse, ils auraient fait courir par la ville le bruit que lesd. religieux auraient fait contrat de ne recevoir aucun enfant de la ville et de 6 lieues à l'entour pour être religieux en lad. abbaye, etc. ; plainte que rend en justice Jean Prime, oblat en l'abbaye d'Ardennes, contre les violences des serviteurs et complices dud. abbé de Blanchelande, croyant qu'il était encore saisi des arrêts et priviléges concédés auxd. religieux ; certificat y relatif de Jean Boisard et François Angot, chirurgiens jurés en la ville et vicomté de Falaise (1635). — Frais soutenus par les maisons d'Ardennes, Belle-Étoile, Silly et Mondaye en la poursuite du rétablissement de la maison de St-Jean de Falaise (1636). — Sentence du Conseil du cardinal de Richelieu, abbé de Prémontré, entre Guillaume Fossard, prieur claustral de l'abbaye St-Jean de Falaise, Norbert Le Roy, sous-prieur, Polycarpe Lainé, circateur, et autres religieux et officiers de lad. abbaye, unis à la communauté et réforme et ancienne rigueur de l'ordre de Prémontré, opposant à la visite de l'abbé de Blanchelande et demandeurs en exécution d'arrêt du Conseil du 3 mars 1639, et encore demandeurs en réintégrande, et fr. Gontier, Maurice Le Maine, Joseph Belin, Pierre Labbé, curé d'Avaines, Bonaventure Hardy, curé de Fougy, Pierre Malerbe, curé de Beauvais, soi disant aussi tous religieux de lad. abbaye, défendeurs à lad. réintégrande, René Marescot, aumônier de la Reine, camérier d'honneur du pape, abbé commendataire, intervenant : ordonné que led. prieur et autres religieux de la réforme seront rétablis en tous les droits, charges et offices qu'ils avaient en lad. abbaye avant lad. visite, et que tous les meubles emportés seront restitués, que le religieux d'Ardennes emmené par l'abbé de Blanchelande sera par lui renvoyé en l'abbaye de sa profession sous huitaine pour tout délai, avec défenses aud. abbé de Blanchelande et tous autres de rien attenter par ci-après ni faire aucune visite aux monastères réformés dud. ordre, sans permission expresse de l'abbé de Prémontré (1636, 10 juin) ; mandement d'exécution ; — procès-verbal de Charles de Bonenfant, éc., s' du Breuil, lieutenant civil et criminel du bailli de Caen en la vicomté de Falaise, et Charles Du Mesnil, éc., s' de Mesley, procureur du Roi en lad. vicomté, constatant que, suivant ordonnance rendue le même jour à la réquisition de Michel Niobé, prieur de Belle-Etoile, et André Le Roy, sous-prieur en l'abbaye d'Ardennes, ils se sont transportés à la grande porte de l'abbaye de St-Jean, où se sont présentés lesd. Niobé, Le Roy, et Guillaume Fossard, prieur claustral de lad. abbaye, qui ont représenté pour exécution la sentence rendue par le cardinal de Richelieu, général de l'ordre de Prémontré, qu'ils ont vainement fait frapper longtemps à la porte, bien que voyant des personnes dans la cour, malgré les injonctions faites au nom du Roi d'ouvrir les portes ; affichage de lad. sentence ; acte aux religieux réformés de leur offre de payer les pensions de Gontier et consorts, etc. ; « les portes de l'entrée de lad. abbaye estoient barricadées de bois et de pierre jusques au hault, et tellement disposées qu'elles seroient tombez sur la teste de ceux qui en auroient tasché faire l'ouverture » ; « led. Gontier et consorts, grand nombre de personnes, au nombre de environ deux cents, dont partie avoient des verges blanches, ayants en faignants d'avoir la peste, et mesme de ce qu'ils auroient faict plusieurs cris et proféré plusieurs injures, jettant leurs verges parmy nous pour empescher que nous ny lesd. religieux réformez ne peussions entrer dans lad. abbaye... qui acquipole à une vraye rébellion faicte à justice et mespris de la volonté de Sa Majesté et de Son Éminence » ; mise en possession desd. réformés en leurs charges et dignités, et en possession du temporel de l'abbaye, à charge de continuer par eux les pensions des autres religieux non réformés ; « attestons que nous estant transportez en lad. abbaye pour l'exécution dud. jugement, nous avons trouvé la porte d'icelle abbaye bordée et investie d'une multitude de peuple jusques à 40 ou 50, tant hommes, femmes, que petitz enfants, la plupart desquelz avoint des verges blanches en leurs mains, qui est la marque ordonnée par la police de la ville estre portée par les personnes qui sont affligées de la maladie de peste et qui sont dans l'inconvénient de lad. maladie, lesquelz, quelque commandement que nous leurs ayons faict, ne se sont voulu retirer de devant lad. porte, au contraire se sont efforcez à faire plusieurs crys et menaces contre les relligieux de la réforme qui estoint avec nous, les termes desquelles menaces nous n'avons peu discerner à cause du grand bruict qu'ilz faisoint confusément, nous ayant mesme aucuns d'iceux jetté leurs verges blanches sur nous et lesd. relligieux réformez, et présumons, comme il est bien probable, que cet amas de personnes avoit esté practiqué par lesd. relligieux non réformez pour nous empescher d'approcher de l'entrée de lad. abbaye », etc. (1636, 25 juin) ; copie sur l'original représenté par Robert Duhamel, religieux d'Ardennes ; rétablissement des religieux réformés suivant accord fait devant M. des Yveteaux, maître des requêtes ; itératif jugement du cardinal de Richelieu (1636). — Actes et définitions du chapitre annuel de la communauté de S'-Norbert célébré à S' Marie-Major de Pont-à-Mousson (1637).

H. 22. (Liasse.) — 1 pièce, parchemin; 68 pièces, papier.

1611-1677. — Arrêt du Conseil privé du Roi, portant règlement touchant les anciens religieux des ordres de St-Benoît, Cluny, Cîteaux et Prémontré (1641). 4 p. in-4°. Impr. à Paris par Denys Langlois, au mont St-Hilaire. — « Moyens et causes pour lesquels Sa Majesté doit, non seulement refuser son brevet, sur l'eslection faite à Prémonstré le 29 janvier 1643 d'un abbé général de tout l'ordre, mais encore le faire déclarer nulle. » « Nullitez et inconvéniens qui se rencontrent dans la prétendue eslection du P. F. Simon Raguet, faite en l'abbaye de Prémontré le 29 janvier 1643. » « Copie litterarum R. Patris Coomans, prioris collegii S. P. Norberti ordinis Præmonstratensis institutoris in Urbe fundati, et in curia Romana omnium tam abbatum quam religiosorum Præmonstratensium totius Germaniæ, Hispaniæ et Belgii procuratoris generalis » (1643 et 1644), concernant lad. affaire. Led. Raguet, étranger de nation, natif du village de Fontenoy, ancien domaine des ducs de Lorraine, et profès de l'abbaye Ste-Marie de Pont-à-Mousson, source d'une nouvelle congrégation qui s'élève en l'ordre contre l'autorité du général et du chapitre général, a été en 1630 déclaré incapable de tenir aucune charge dans l'ordre, etc. — Extrait des registres du Conseil d'État concernant l'élection d'Augustin Le Scellier, prieur de l'abbaye du Chartreuse, en la charge et dignité d'abbé de l'abbaye de Prémontré et général de tout l'ordre, en conséquence du décès de Raguet et du désistement de Pierre Desbans, abbé de Cuissy, dont l'élection a été cassée par arrêt du Conseil, auquel Le Scellier les brevet et lettres du Roi à ce nécessaires seront expédiés pour la poursuite des bulles de confirmation de son élection (1646). — Commission donnée par frère Pierre Thienville, abbé de Ste Marie-Majeure de Pont-à-Mousson et vicaire en la congrégation de l'ancienne rigueur de l'ordre de Prémontré, à Jean de La Croix, Guillaume Fossard et Dominique Fauvel, prieurs claustraux des abbayes d'Ardennes, St-Jean de Falaise et Mondaye, de nommer pendant son absence de Normandie aux bénéfices vacants dépendant des cinq abbayes de la province unies à lad. congrégation, etc. (1647). — Arrêt du Conseil privé, entre Augustin Le Scellier, aumônier du Roi, abbé de Prémontré, chef et général de l'ordre, et Adrien Bertrand, Gilles Pichelin et consorts, religieux de la congrégation de l'antique rigueur de St-Norbert de Prémontré, défendeurs, Frédéric Payen, prieur de l'abbaye de Cuissy, Pierre Le Febvre, Anselme Foissier, religieux de lad. abbaye, Pierre Thienville, abbé de Ste-Marie-Majeure, vicaire de la congrégation de l'ancienne observance, et Isidore Amour, prieur de Cuissy, nommé à lad. abbaye par le Roi, partie intervenante : ordonné que led. général pourra, toutes foiset quantes, visiter les monastères de l'antique rigueur avec un adjoint d'icelle tel qu'il voudra choisir du nombre de 6 qui lui seront présentés par lad. communauté, lequel aura voix consultative seulement, que led. général se transportera en lad. abbaye de Cuissy pour faire sa visite et instituer led. Amour en lad. charge de prieur, etc. (1651). — Ordonnance dudit Le Scellier, abbé de Prémontré, sur requête de Robert Du Hamel, sous-prieur d'Ardennes, en révocation du décret fait par led. général en l'assemblée du chapitre tenu en l'abbaye de Sery, ordonnant que les clefs du coffre commun seront gardées, une par le prieur, et les deux autres par ceux des religieux élus par le couvent, ce qui est contraire à la séparation de la mense de leur abbaye autorisée par Gosset, prédécesseur dud. général, et confirmée par bulle d'Urbain VIII, etc. (1655). — Arrêt du Parlement de Rouen entre les abbés, prieurs et religieux d'Ardennes, Silly, St-Jean de Falaise et Belle-Étoile, demandeurs en requête pour être reçus partie intervenante au procès entre François Rouxel de Médavy, évêque de Séez, demandeur pour le droit de déport sur les prieurés-cures dépendant dud. ordre, et frères Robert Désert, prieur-curé du Bourg, Norbert Bodard, prieur-curé de St-Hilaire, et Norbert Le Roy, prieur-curé du Mesnil près Briouze (1655). — Contrat concernant l'union à la congrégation de St-Norbert de l'abbaye du Lieu-Dieu en Jard ; Augustin Guillard, prieur d'Ardennes, vicaire général en lad. congrégation d'Augustin Scellier, chef de l'ordre (1660). — Requête présentée aux P. de Lorraine, définiteurs du chapitre de la congrégation de St-Norbert de l'ancienne rigueur qui se tient en l'abbaye de Belval, par f. Norbert « de Ville », ou « de Villers », ancien religieux de St-Martin de Mondaye, profès avant que lad. congrégation ait été établie en lad. abbaye, demandant de déclarer sa profession de nulle obligation et être remis à sa première liberté, représentant qu'il a été fort mal assisté en ses infirmités et maladies, voire qu'il a été maltraité des religieux et particulièrement de Dominique Fauvel, prieur de lad. abbaye, qui était son plus jeune de religion et profession et lui eût dû porter quelque respect et amitié, et a néanmoins conceu contre led. Norbert dès son noviciat une certaine aversion qu'il a témoignée par effet jusqu'à présent, etc. (1661) ; réplique de fr. Robert Du Hamel et Dominique Fauvel à lad. requête de Norbert « Villé ». — Déclaration en la maison d'Ardennes, une des principales de la congrégation, devant Nicolas Guinet, abbé de Ste-Marie-Majeure de Pont-à-Mousson, vicaire général de la congrégation de St-Norbert, et Hilarion Rampant, abbé d'Estival, premier définiteur et adjoint de visite, par Guillaume Fossard, prieur d'Ardennes, Robert Du Hamel, prieur de St-Jean de Falaise, Cyprien Le Mercier, prieur de Belle-Étoile, Anselme Labbé, prieur de La Luzerne, Alexis Chastel, prieur de Silly, et Gilles Le Ton, circateur de Mondaye, remplaçant Dominique Fauvel, prieur de Mondaye, malade, et Joseph Scelles, sous-prieur d'Ardennes, qu'ils ne trouvent pas à propos de se joindre au nouvel établissement d'une maison de la congrégation à Paris et d'y participer et contribuer ; donation par la maison d'Ardennes de cent pistoles, et par chacune des autres maisons de Normandie de douze pistoles pour aider à la construction de la chapelle de lad. maison (1663). — Factum pour les religieux réformés de l'abbaye de Notre-Dame du Lieu-Dieu en Jard, de la congrégation de l'ancienne rigueur de St-Norbert, contre fr. Grégoire Du Crocq, religieux de l'abbaye de Prémontré, faisant voir que les demandeurs sont canoniquement établis en lad. abbaye, qu'outre l'abstinence perpétuelle il y a plusieurs autres observances distinguant les réformés du reste de l'ordre, dont il n'a pas été valablement dispensé, que son but a été de s'emparer du revenu de la manse conventuelle pour forcer les demandeurs à quitter l'abbaye. — Frais de la construction de la maison de Paris (1661); acte du vicaire général de lad. congrégation portant qu'en 1600, au chapitre célébré à St-Paul de Verdun, l'établissement d'une résidence à Paris fut approuvée, que la reine mère avait donné 10.000 livres, etc. ; délibération capitulaire d'Ardennes y relative, concernant le paiement de 25.000 livres pour le tiers de l'acquêt des maisons où est la résidence des religieux de la réforme au faubourg St-Germain de Paris, etc. (1664). — Arrêts des Conseils du Roi portant révocation au cloître des prieurs curés grangers et autres bénéficiers de l'ordre de Prémontré (1669 - 1677). — Extrait des registres du Parlement concernant l'enregistrement de la permission donnée par le Roi aux chanoines réguliers de la réforme de Prémontré de s'établir au faubourg St-Germain de Paris (1671). — Actes d'opposition, appellation et récusation de la part du vicaire général, joint le substitut du procureur syndic, abbés, définiteurs, supérieurs, religieux et couvents de la congrégation de l'étroite observance de l'ordre de Prémontré, contre certaines ordonnances du général de l'ordre, entreprises et innovations qui vont à la ruine de lad. observance (1673). — Factum touchant le pouvoir du général de l'ordre de Prémontré sur la congrégation de l'étroite observance dud. ordre, pour faire connaître les nullités des dispositions, changements et institutions qu'il aurait faits depuis peu au préjudice du régime de lad. congrégation (1673). — Remontrances présentées par l'abbé de Ste-Marie du Pont-à-Mousson, vicaire général de la congrégation de l'étroite observance de l'ordre de Prémontré, pour l'établissement et le progrès de la réforme en quelques maisons où elle pourrait être facilement reçue, à Michel Colbert, chef et général de l'ordre. Nancy, Charles Charlot, imprimeur et libraire (1673. — Arrêt du Conseil défendant aux fr. Épiphane Louis et Nicolas Guinet de faire des visites dans les monastères des provinces de France et de Normandie et hors de la circarie ou province de Lorraine (1673). — Jugement rendu par l'archevêque de Paris, commissaire nommé par le Roi, avec Jean Ferrier, confesseur du Roi, et Benoît Brachet, premier assistant du général de la congrégation de St-Maur, entre les abbés, religieux prieurs et couvents des maisons et abbayes réformées de l'ordre de Prémontré, et Michel Colbert, chef général de l'ordre de Prémontré (1673). — Actes de la conférence tenue en l'abbaye de Prémontré le 18 octobre 1673 ; règlements que proposent et demandent à Michel Colbert, abbé de Prémontré, les Pères députés des provinces de France et de Normandie, pour terminer les différends qui se rencontrent dans les monastères de leur communauté de l'antique rigueur de Prémontré. — « Mémoire sixiesme. Relation de l'abbé de Saincte-Marie aux Révérends abbez, supérieurs, religieux et convents de l'estroitte observance de l'ordre de Prémontré, de ce qu'il a faict avec les Revérends abbés de Jovilliers, de Rangeval, d'Estival et Salival, et les Pères Prieurs de St-Paul et de Belval, en la conférence tenue à Prémoustré le 18 octobre et jours suivants 1673. » — Traité devant les notaires de Paris entre Michel Colbert, général de l'ordre, et les P. de la congrégation, Nicolas Guinet, abbé de Ste-Marie-Majeure de Pont-à-Mousson, vicaire général dud. général, Épiphane Louis, abbé d'Estival, procureur général, etc., par lequel led. général consent que lesd. réformés jouissent à perpétuité des droits qui leur sont légitimement acquis, et dont ils ont prouvé la possession et l'usage (1674). — Arrêt du Parlement de Rouen portant homologation du règlement fait au chapitre de Cuissy, par lequel les religieux de Normandie ne pourront être envoyés hors les maisons de la province, sinon en cas fort extraordinaires, et après avoir demandé l'avis de trois supérieurs de Normandie, etc. (1675).

H. 29. (Liasse.) — 1 pièce, parchemin ; 21 pièces, papier.

1680-1772. — Billet de faire part du décès de « Theophorus Maîtresse, congregationis strictioris observantiæ ordinis Præmonstratensis senior, in monasterio Beatæ Mariæ Bellævallensis » (1682). — Ordonnance du prieur de Cuissy, vicaire général de la congrégation, concernant La Luzerne (1683). — « Varii actus spectantes Normaniam in capitulo 1685 ». Assemblée capitulaire d'Ardennes sur les torts et griefs faits aud. chapitre tenu à Sery aux prieurs et conventuels des maisons de la circarie de Normandie, injustement exclus du définitoire sans qu'il y en ait eu un pour soutenir les droits de la province, quoique la province compose le tiers de la congrégation (1685). — Réponses que met devant l'abbé de Prémontré Nicolas Guinet, visiteur général, en la cause de récusation portée par Joseph Bourgeois, prieur de Belval (1689). — « Capitulum sexagesimum septimum congregationis antiqui rigoris ordinis Præmonstratensis, in monasterio venerabilis Sacramenti ejusdem congregationis in urbe Parisiensi celebratum anno 1691. » — Requête adressée au Roi par Nicolas Guinet, vicaire général, Corbel, Siméon, Montier, définiteurs, et Jean Etheart, procureur général, pour obtenir la confirmation des élections, institutions, décrets et actes concernant la congrégation de l'étroite observance (1692) ; arrêt confirmatif du Conseil d'État (1692). — Arrêt du Grand Conseil servant de règlement pour Charles Crolot, procureur général de l'étroite observance de l'ordre de Prémontré, adjugeant aux maisons de l'ordre le pécule ou cote-morte de ses curés chanoines réguliers, au sujet de celui de Norbert Du Saussey, prieur-curé du Breuil (1712). — Arrêt du Grand Conseil maintenant l'ordre de Prémontré dans les privilèges à lui accordés par bulles des Papes et lettres patentes des Rois, pour tous les bénéfices de sa dépendance (1713). — Arrêt du Conseil privé rendu en faveur de l'ordre de Prémontré, renvoyant procéder au Grand Conseil sur les contestations pour les cotes-mortes des religieux-curés dud. ordre, sur procès entre Nicolas Le Juge, procureur général de l'ordre, et les marguilliers de l'œuvre et fabrique de St-Germain d'Amiens, etc. (1713). — Procuration donnée par Charles Crolot, procureur général de l'ordre de Prémontré, à Thomas Desplanches, prieur de l'abbaye d'Ardennes, pour recevoir sa part de la somme de 712 livres contenue dans l'exécutoire obtenu au Grand Conseil (1714). — Procédure au Grand Conseil entre Jean Thomas, procureur général de la congrégation, et François de Christot Néel, évêque de Seez, concernant le droit de déport prétendu sur les curés régulières de l'ordre de Prémontré situées dans l'étendue de son diocèse (1758). — Chapitres de 1763 et 1764. — Extrait des délibérations du chapitre général des chanoines réguliers de la congrégation de France tenu en 1772 dans l'abbaye Ste Geneviève du Mont, à Paris. Paris, impr. Ph.-D. Pierres.

H. 30. (Liasse.) — 41 pièces, papier.

1576 - XVIIIe siècle. — Copie de documents, concordats, arrêts, mémoires, bulle de Paul V, etc., concernant diverses abbayes, partage de la mense, lots, procès entre plusieurs pourvus, règlements et statuts pour le vivre et le vestiaire des religieux, produits dans les procès de l'abbaye d'Ardennes ; St-Jean d'Amiens, Bellosanne, Bucilly, Clairefontaine, Cornœul, Cuissy, L'Étoile, l'Ile-Dieu, Longué, La Luzerne, Marmoutiers, Mont-Saint-Michel, Marcheroux, Plène-Selve, St-André-en-Gouffern, St-Jean-des-Vignes de Soissons, St-Paul de Verdun, Salival, la Val-Dieu, Valsery, prieuré de l'Artige, etc. — Arrêt du Parlement, portant règlement entre les religieux et les abbés sur les lots et partages des revenus des abbayes. Paris, Michel Blageart, 1631. — Mémoires : pour les religieux de La Luzerne contre Valentin Bigore, abbé commendataire, concernant la jouissance, en exemption de charges, du lot affecté à la mense conventuelle ; pour les religieux du Perrœuf, contre René, marquis de Savonnières, seigneur de Rousson (André Knapen, impr.).

H. 31. (Liasse.) — 18 pièces, parchemin ; 24 pièces, papier.

1560-1631. — Procès et affaires Villemor. — Représentations faites par François Richart, conseiller au présidial de Caen, procureur de l'abbé Baptiste de Villemor, à Simon Du Vivier, Guillaume Du Bailleul, Jean Du Moncel, et autres religieux d'Ardennes, sur les nombreuses réparations dont ont besoin les bâtiments (1560). — Sentence interlocutoire de Guérin de Villy, lieutenant du bailli de Caen, entre Bertault de La Grange, soldat par ci-devant sous la charge du sr de la Rocque, chevalier du Roi, commandeur au régiment du sr de Cossé, maréchal de France, porteur de lettres patentes contenant don et octroi d'une place de religieux

[tai] en l'abbaye d'Ardennes, pour récompense de ses bons et agréables services au fait de gendarmerie, et l'abbé Baptiste de Villemor, soutenant que l'abbaye n'était point de fondation royale, ducale ou comtale, et produisant copie de plusieurs chartes témoignant qu'elle avait été fondée par « ung Arnoult du Marché », de S*-Sauveur de Caen ; mention d'autres lettres octroyées par le Roi en 1566 à Robert Le Perruquier, autre soldat ; provision aud. de La Grange de 50 livres par an à prendre sur le revenu de l'abbaye (1570). — Procès en Parlement entre frère Jean Du Moncel, docteur régent aux droits en l'Université de Caen, prieur claustral, et Baptiste de Villemor, abbé commendataire, concernant l'appel par l'abbé de sentence rendue par Jean Vauquelin, lieutenant général du bailli de Caen, maintenant led. Du Moncel en possession dud. office : confirmation (1587). — Procurations : devant Pierre Bénart et Christophe Aubert, tabellions à Caen, par Baptiste de Villemor, aumônier du Roi, abbé commendataire d'Ardennes (1587) ; devant Jean Le Gabilleur et Pierre Pauger, tabellions au siège de Vaucelles de Caen, par Baptiste de Villemor à Théophile Auvray, procureur en la Chambre des comptes de Normandie, notamment pour consentir, avec ses cohéritiers, la vente de maisons à Paris, paroisse S*-Jacques de la Boucherie, rue de la Vieille-Monnaie, jouxte le long de la venelle du petit Marivaux, etc. (1596). — Mandement du Parlement pour l'exécution de la permission accordée à Jacques Morise, docteur en théologie, vicaire général député par le général de Prémontré, de visiter et réformer les abbayes et monastères dud. ordre en la province de Normandie (1597) ; autre mandement de la Cour concernant l'exécution des statuts et ordonnances faits par led. Morise pour l'abbaye d'Ardennes, vu, entre autres, le procès verbal dud. Morise faisant la visite de lad. abbaye contenant l'empêchement à lui donné, injures et paroles scandaleuses dites par l'abbé de Villemor : saisie du revenu total (1600). — Procuration devant les notaires au Châtelet de Paris par Pierre de Villemor, conseiller au Parlement de Paris, pourvu de l'abbaye d'Ardennes, pour en requérir possession réelle et corporelle, en vertu de ses provisions (1601). — Procédure devant Jacques Blondel, écuyer, lieutenant du bailli de Caen, pour les prieur et religieux d'Ardennes, arrêtant sur les deniers provenant des fermages de l'abbaye pour assujettir l'abbé Pierre de Villemor à faire les réparations requises et fournir des ornements : adjugé à Laurent de La Planque 44 écus pour avoir fait quatre grandes vitres tout de neuf en l'abbaye, et à Poret 36 écus pour avoir quis et ferré tout de neuf lesd. quatre fenêtres (1602). — Homologation en Parlement, sur défaut de l'abbé, du concordat fait entre l'abbé Pierre de Villemor et les religieux devant les tabellions de Caen, le 11 juin 1602 ; texte dud. concordat par lequel l'abbé accorde aux prieur et religieux 100 écus sol par an pour les livres, cahiers, ornements, linge, réparations, vitres du dortoir, chapitre, cloitre, réfectoire, couvent, chaises, et toutes autres choses nécessaires pour la décoration de l'église et lieux claustraux, non compris l'entretien de couverture volante, de laquelle somme ils rendront compte au général de leur ordre ou à son commis ; 50 écus par an pour l'entretien du luminaire en l'église, cire, chandelle, pain et vin pour célébrer les messes ; 2.050 livres tournois réduites à 683 écus 1 tiers sol par an, payables sur le plus clair bien et revenu de l'abbaye par les quatre quartiers de l'an, pour tous les vivres, vestiaires et choses quelconques que tous les religieux, en tel nombre qu'ils sont et pourraient être, pourront prétendre pour eux. les novices et leurs serviteurs, nourriture et gages d'iceux et tous ustensiles nécessaires à la communauté, pour les frais et gages des médecins, apothicaires, barbiers, et ce qui en dépend, réception des « survenants » et parents des religieux, nourriture et gages d'iceux ; pour le chauffage, l'abbé a promis huit cents de fagots, pour la bûche, ils en prendront à l'entour de l'abbaye seulement et non ailleurs, au moins de dommage que faire se pourra, sans en abuser ; les prieur et religieux ne seront pas tenus payer les droits ni réception des visiteurs, taille de l'ordre ni pension du frère lai. etc. — Arrêt du Grand Conseil condamnant Pierre de Villemor à payer à Léonard Esmoing, prieur de Vaublanche, 2.400 livres de pension (1604). — Procédures contre Jean de Mouchy, chanoine de Bayeux (1606). — Procuration de l'abbé Pierre de Villemor, pour résigner l'abbaye en faveur de Guillaume Le Gallodé, clerc du diocèse de S*-Brieuc, son neveu, sous réserve d'une pension annuelle de 600 écus (1613) ; au dos, insinuation en 1615, instance de l'abbé de Gallodé. — Procédures : entre les prieur et religieux et led. Pierre de Villemor concernant la prétention des religieux de retirer, pour les unir à leur mense, les moulins d'Ardennes assis sur l'Odon à Bretteville-la-Pavée, Louvigny et Éterville, fonds aud. lieu, la dime de S*-Manvieu, biens et droits aud. lieu et à Mathieu, précédemment aliénés (1613) ; sommation requête des prieur et religieux, aud. abbé, de retirer, suivant l'édit du Roi, le fief noble d'Ardennes sis paroisse de S*-Croix-Grand'Tonne, le fief noble de Jurques, la

ferme de Poussy, les blés et terres de Bény, les terres de Villiers-le-Sec, Le Manoir, Vienne, Basenville, Anguerny, etc., vendus aux ventes ecclésiastiques, et, pour son refus de les leur remettre; assignation (1614); — entre Guillaume de Gallodé, abbé commendataire d'Ardennes, et Pierre de Villemor, conseiller au Parlement de Paris, ci-devant abbé, concernant le paiement de la pension de 1.800 livres due aud. de Villemor par suite de sa résignation, et sa demande de rentrer en possession de l'abbaye (1623); opposition dud. de Villemor à la profession dud. de Gallodé qui a depuis peu pris l'habit régulier de lad. abbaye sans avoir acquitté ses dettes, et qui doit plusieurs années d'arrérages de lad. pension, et autres frais et dépens (1624); — au bailliage de Caen devant Hercule Vauquelin, écuyer, sieur des Yveteaux, lieutenant général, entre Pierre de Villemor, ci-devant abbé commendataire, et François Minfant, prieur de S¹-Germain-la-Blanche-Herbe, concernant le remboursement de 45 livres avancées à Lecomte, archidiacre de Bayeux (1631).

H. 32. (Liasse.) — 5 pièces, parchemin ; 59 pièces, papier.

1586-1621. — Procès et affaires Gallodé. — Procédure aux jours nouveaux du duché de Penthièvre au siège de Moncontour, devant le sénéchal, entre Lancellot Le Gallodé, sieur du Champ Brûlé, garde naturel des enfants par lui procréés de feu Gillette Le Nepveu, et Antoine Le Nepveu, sieur du Bourg-Neuf, tuteur et garde des enfants de Jean Le Nepveu, sieur de la Court, pour paiement d'arrérages de rente (1586). — Accord entre Jacques Le Moine, s¹ de la Touche La Hazais, etc., Antoine Esmée, s¹ du Fretay, Antoine Le Nepveu, sieur du Bourgneuf, parents de Guillaume Le Gallodé, s¹ de Champbrulé, et Perronnelle Le Gallodé, sa sœur, femme de Jean Chauvel, s¹ de la Rivière, héritiers de Gillette Le Nepveu, dame de Champbrulé, concernant le partage de la succession de Catherine Le Moine, leur grand'mère (1606). — Promesse devant les notaires du Châtelet de Paris par Guillaume Gallodé, écuyer, sieur de Champbrulé, à Baptiste de Solly, éc., s¹ de Romainville, de le faire recevoir par le comte de Soissons, grand maître de la maison du Roi, en son lieu et place, en l'état de gentilhomme servant de la bouche du Roi, moyennant 2.000 livres tournois (1607). En marge : « M⁴ de Chambrulé, à présent abbé d'Ardaine ». — Extrait y relatif des registres des Requêtes du Palais (1612). — Reconnaissance devant Guillaume Herbin et Nicolas Robinot, notaires à Paris, par Guillaume Le Gallodé, écuyer, sieur de Chambruslé, demeurant à Caen, du prêt de 600 livres tournois à lui fait par Pierre Le Charron, sieur de Plaisance, trésorier général de l'extraordinaire des guerres (1610); copie de 1624 pour les religieux d'Ardennes. — Bulles du pape Paul V, pour l'abbé de Gallodé (1613). — Vente devant Nicolas Rocque et Gilles Polier, tabellions à Caen, par Étienne Lesné, écuyer, et Julien de Fierville, bourgeois de S¹-Sauveur de Caen, à Isaac Thiment, receveur général des présidiaux de Caen et Cotentin, de la rente due par l'abbé d'Ardennes, d'après une note marginale (1614). — Procès: au bailliage de Caen, entre les religieux d'Ardennes stipulés par Guillaume Denis et Marc Sarrazin, religieux, et Guillaume de Gallodé, abbé commendataire, concernant les réparations de la grande église, dortoir, cloître, réfectoire, grande salle, goutières et dépendances de l'abbaye (1616); procès-verbal de visite faite par Jacques Blondel, écuyer, lieutenant particulier du bailliage de Caen, assisté de François Malherbe, procureur du Roi, et de divers entrepreneurs, des réparations nécessaires à l'église et édifices du manoir abbatial (1617); — au Conseil privé du Roi entre frère Jean Le Page, docteur en théologie, prieur du prieuré et collège de Prémontrés à Paris, procureur syndic de l'ordre, et l'abbé Guillaume Gallodé, concernant le paiement d'une taxe de 4 contributions sur les abbayes de l'ordre pour la réfection du collège (1618); — entre l'abbé et les religieux, pour le paiement de leur pension (1618-1620); requête dud. abbé contre les religieux, envers lesquels il a usé de tous les bons traitements à lui possible, et auxquels il a fait des conditions plus avantageuses qu'aucun abbé précédent, souffrant plusieurs entreprises par eux contre lui faites, etc. (1619); appréciée à 10 l. 10 sols le cent de grands fagots de Cinglais (1619-1620); saisie-arrêt sur les fermiers de l'abbé; sentences de Guillaume Vauquelin, lieutenant général au bailliage de Caen, portant, sur la demande des religieux, que l'abbé fera faire les armoires et a bles nécessaires au chartrier (1620); portant que l'abbé et les religieux travailleront de deux jours en deux jours à faire faire l'inventaire des lettres et chartes de l'abbaye (1620). — Significations à l'abbé de Gallodé de la visite que doit faire Nicolas Le Sage, abbé de S¹-Martin de « Lan », second père et vicaire général de l'ordre de Prémontré (1620). — Copies collationnées pour lesd. procès: extrait d'un livre relié en cuir noir intitulé le livre des commémorations de l'abbaye d'Ardennes concernant Thomas Boutevilain, chanoine de ladt. église, prieur de S¹-Germain, Gilles de Cœuret, chanoine, prieur de S¹-Germain-la-Blanche-Herbe, etc., cla présentation de Michel Fleury au bénéfice de Berjou (1584), présentations aux bénéfices de Valjouas (Sancti Andreæ de Valle Juda), Lebisey, St-Contest, la nomination de Jean Auber à l'office d'aumônier (1604); la nomination de Jacques Marie, sous-prieur de l'abbaye, au prieuré de St-Gervais et St-Prothais, diocèse de Séez (1611), nominations et élections aux offices de sous-prieur, chantre, sacriste, etc.; collation sur led. registre représenté par fr. Jacques Marie et Guillaume Denis, religieux d'Ardennes, par Jacques Truffault, notaire apostolique à Caen, nonobstant la non comparence de Guillaume de Gallodé, abbé commendataire, assigné pour voir faire lad. collation par sentence du présidial de Caen (1620).

H. 33. (Liasse.) — 10 pièces, parchemin; 68 pièces, papier.

1621-1622. — *Procès Gallodé.* — Suite des procès entre l'abbé et les religieux concernant l'entretien des bâtiments, les réparations, la rente due à Robert Le Compte, archidiacre de Caen en l'église cathédrale de Bayeux, le partage des biens, la choisie des lots, la remise au grenier d'aumône de l'abbaye de 400 boisseaux de blé moitié de froment et moitié d'orge, pour être distribués aux pauvres par l'un des religieux, la succession et les meubles des religieux décédés, la présentation et réception des novices, la présentation aux bénéfices, la garde des clés du chartrier, etc. — Procès au bailliage de Caen pour l'abbé Guillaume de Gallodé, chargé du fait de Pierre de La Fontaine, son procureur solliciteur, ayant étendu clameur de haro sur Jacques Marie, Guillaume Denis et Jean Gilles, religieux, pour enlèvement de serrures de partie des huis de la maison où l'abbé demeure à Caen, et ouverture et « enfondrement » par eux fait, à l'assistance d'un serrurier, d'aucuns des coffres dud. abbé (1622). — Mandement du Grand Conseil pour faire mettre en possession de l'abbaye François Cauchon, nommé par le Roi au Pape, dont il aurait obtenu ses bulles, pour les irrégularités et incapacités de Guillaume Gallodé (1622); inventaire de production dud. Gallodé; attestation de Louis Raoulin, licencié aux droits, curé de St-Sauveur de Caen, que Guillaume de Gallodé a presque continuellement habité sa paroisse, principalement depuis 1614, époque à laquelle il prit possession de l'abbaye d'Ardennes, où il a toujours vécu cléricalement et honorablement, faisant le devoir de bon chrétien, etc. (1622). — « Factum pour les religieux prieur et convent de l'abbaye Nostre-Dame d'Ardaine, Ordre de Premonstré soubz la règle de S. Augustin, demandeurs, contre M°. Guillaume de Gallodé, Abbé commendataire de ladicte Abbaye, deffendeur, et encore entre Rmd Père en Dieu F. Pierre Gussot, abbé de Prémonstré, chef et général dudit ordre, demandeur en requeste d'intervention. » Demande au Conseil de cassation d'un arrêt du Parlement de Rouen du 27 août 1621, obtenu par ledit de Gallodé « par les menées et sollicitations de six des conseillers de la grand chambre de ladicte cour qui possèdent des abbayes en commande ». Par le premier chef il est ordonné que les biens délaissés après le décès des religieux de l'abbaye pourvus de bénéfices, seront appliqués aux églises de leurs bénéfices, ce qui est directement contraire aux décrets, statuts de l'ordre, fondation et bulles des annexes desd. bénéfices, et de droit comme du couvent ils tiennent leur habit, leur nourriture et institution; les églises dont ils sont bénéficiers ont leur fabrique, et les paroissiens sont obligés de les entretenir, ainsi ce qu'ils laissent à leurs décès doit revenir au monastère; pour montrer que le couvent est maître des biens des bénéfices, tous les ans ils viennent en l'abbaye au chapitre, et apportent un fidèle état de leur pécule et des choses qu'ils ont de revenu de leurs bénéfices, et de ce qu'ils doivent, reconnaissant qu'ils n'en sont que possesseurs fiduciaires pour le couvent. Production de chartes et titres de « Vvillelme de Humetot Connestable de France l'an de 1198 », d'Henri, évêque de Bayeux (1199), confirmée par bulle d'Alexandre III, d'un acte capitulaire de Robert, abbé, exécuté de temps en temps par sentences des juges des lieux en l'an 1323, de P., évêque de Bayeux, en 1331, par tous lesquels titres les biens des bénéficiers décédés ont été adjugés au couvent, ce qui a été jugé par arrêt du Parlement de Paris en 1519, et par arrêt du Parlement de Rouen au profit des demandeurs, au préjudice de Baptiste de Villemor, abbé commendataire, en 1595, pour la succession de Jean du Moncel, prieur de Coulombs; les pères dud. ordre assemblés aux chapitres généraux de 1605 et 1618 ont ordonné que de la succession des religieux bénéficiers décédés, leurs dettes, après les réparations, charges et obsèques, payées, ce qui restera sera appliqué par le couvent aux bibliothèques et infirmeries des abbayes d'où dépendent les bénéfices. Le 2e chef dud. arrêt ordonne que les dépouilles des religieux décédés dans l'abbaye seront appliquées pour avoir des ornements, ce qui est contraire formellement à la règle et aux statuts de l'Ordre, et va à détruire entièrement toute la discipline régulière, les demandeurs, vivant en parfaite communauté, n'ont rien de particulier à eux, et les choses dont ils se servent vivants et mourants appartiennent à la communauté ; les statuts de l'Ordre portent que si un religieux dans le couvent est trouvé propriétaire de la valeur de 20 sols, qu'il soit chassé et envoyé en une autre abbaye, que, s'il décède en propriété, il soit privé de sépulture chrétienne. Le 3e chef adjuge la présentation des novices au défendeur ; il est indubitable que l'abbé commendataire, qui ne sait la règle, ne peut connaître ceux qui y sont propres, le choix et l'épreuve s'en doivent faire par le prieur et tout le couvent, qui ont intérêt de connaître et choisir ceux qui veulent user leurs vies avec eux, le défendeur n'y mettrait par forme de récompense que des personnes à sa dévotion, lesquelles, comme dit Salvien, « non tantum professionem moribus suis infamarent, sed potius ipsum ordinem monasticum moribus suis impugnarent ». C'est à l'abbé et aux religieux ensemble à choisir et admettre les novices quand l'abbé est de l'Ordre, d'autant qu'il a la correction sur les religieux. Mais l'abbé commendataire n'ayant point la correction sur les religieux, la présentation des novices ne lui appartient point, elle se doit faire par les supérieurs de l'Ordre ou par le prieur claustral avec le couvent, et cela s'est toujours ainsi pratiqué en l'ordre de Prémontré, comme en tous les autres qui sont sous chef d'ordre, et même aux abbayes en commende qui se mettent en congrégation. Les demandeurs justifient leur possession par sentence du 20 juin 1587, donnée au préjudice de l'abbé commendataire, confirmée par arrêt dud. Parlement le 16 septembre 1587, sur l'appel interjeté de lad. sentence par led. de Villemor; autre arrêt de lad. Cour de 1597, confirmatif des ordonnances des Pères de l'ordre, lesquels, procédant à la réformation de l'abbaye, avaient confirmé le prieur claustral « cum potestate presentandi et admittendi Novicios, tam ad habitum, quam ad professionem », confirmé par autre arrêt du 17 août 1600, et par sentence du bailli de Caen du 15 février 1603 ; le même Parlement de Rouen, vérifiant les statuts et définitions faites par les Pères de l'Ordre assemblés aux chapitres généraux, procédant à la réformation d'icelui, a ordonné par arrêt du 5 juin 1617 que le prieur claustral, pendant que l'abbaye sera en commende, fera la présentation et admission des novices avec les religieux capitulairement assemblés ; depuis, par autre arrêt du 17 juillet suivant, a ordonné que le précédent du 5 juin sera exécuté, ce qui fait la contrariété. Au 4e chef, l'arrêt adjuge la présentation et mission aux bénéfices de l'abbaye au défendeur seul, ce qui est contre les décrets, qui ne permettent que les religieux soient envoyés aux bénéfices « nisi monastici preesulis missu », c'est-à-dire par l'abbé étant régulier, sinon par le prieur claustral, car l'abbé commendataire séculier, comme il n'a la correction, ni la puissance sur les religieux, aussi il ne peut les envoyer, ni nommer seul aux bénéfices, la nomination ou présentation sans la puissance de les pouvoir envoyer autrement serait inutile. Jean XXII a ordonné que les religieux d'Ardennes qui seront présentés à l'évêque pour titulaires auxd. bénéfices, le seront « per abbatem et conventum » ; avons rendus aux Rois par l'abbé et le couvent en 1390 et 1420, portant que la présentation des bénéfices appartient à l'abbé et couvent conjointement ; 78 présentations faites de 1213 à 1620, de tous lesd. bénéfices, par les abbé et couvent de lad. abbaye capitulairement assemblés, dont il y en a plus de douze par le couvent seul, l'abbaye pour lors étant vacante, et plus de 30 avec les abbés commendataires, depuis que l'abbaye est en commende, ce qui démontre la possession paisible et continuelle des demandeurs ; la même question a été jugée par le même Parlement au profit du présenté des religieux de St-Étienne de Caen, qui fut maintenu à la cure d'Allemagne au préjudice du présenté de l'abbé commendataire le 24 avril 1571 ; les religieux du Plessis-Grimoult et du Mont-St-Michel furent également maintenus au droit de présenter conjointement à tous les bénéfices avec l'abbé commendataire. Au 5e chef, led. arrêt a ordonné qu'il n'y aura que deux clefs au chartrier, l'une pour l'abbé, l'autre pour le prieur. Cela est au préjudice du couvent, qui est le vrai propriétaire et garde des titres, plutôt que l'abbé commendataire, qui est « extraneus in familia », d'ancienneté ledit chartrier a été toujours fermé, comme il est encore de présent, de 3 serrures, et les clefs gardées par l'abbé, le prieur et un des religieux choisi par le chapitre, pour empêcher la perte des titres, autrement il serait facile à un abbé commendataire, avec lequel le prieur serait « intelligent », de détourner et perdre la plupart des biens de l'abbaye. Ledit de Gallodé allègue l'ordonnance qui défend de se pourvoir par requête pour faire casser les arrêts, mais par les voies de droit, et conclut à fin de renvoi au Parlement. A cela on répond que la cassation de l'arrêt est fondée sur le fait et faute des juges, ayant été donné par les menées et sollicitations de six conseillers de la grande Chambre qui possèdent des abbayes en commende, pour quoi le renvoi en lad. Cour ne serait raisonnable, et que led. arrêt est directement contraire aux statuts de l'ordre, etc.

H. 84. (Liasse.) — 19 pièces, parchemin; 82 pièces, papier.

1608-1627. — Suite des procès Gallodé, de 1623 à 1627: contre les religieux, concernant le droit de réception des novices et profès, maintenu à l'abbé par plusieurs sentences du bailliage de Caen, malgré lesquelles les prieur et religieux, par attentat, ont introduit au couvent de l'abbaye quatre personnes inconnues à l'abbé et leur ont baillé l'habit de religieux sans lui en avoir communiqué, contre son gré, l'ayant contraint de quitter le service pour éviter au scandale qui eut pu arriver, s'il eut voulu s'opposer à leurs attentats, et le même jour ont aussi reçu deux novices à faire profession, sans lui en avoir communiqué, etc.; demande de nullité et d'expulsion d'un oblat reçu sans le consentement de l'abbé, etc.; contre les religieux, au sujet de la profession dud. abbé, mandement de Pierre Gosset, abbé de Prémontré, chef et général réformateur de l'ordre, sur opposition des religieux à la profession de l'abbé Guillaume de Gallodé, auquel Gosset a capitulairement donné l'habit de l'ordre après examen, pour quoi il leur aurait commandé le reconnaître pour leur abbé régulier, à quoi ils auraient fait réponse afin que le changement d'habit ne les put préjudicier, car, encore qu'ils aient un grand désir d'avoir un abbé de leur ordre, vivant religieusement, lequel ils puissent imiter, cependant, à cause des procès et discordes du passé, du grand nombre des dettes de l'abbé et du peu d'expérience qu'il a eu la vie religieuse, ils ont sujet de craindre que, sous l'autorité d'abbé religieux, il ne veuille user de vengeance et de mauvais traitements envers eux, apporter du changement en l'observance de la discipline monastique introduite en l'abbaye, et prétendre l'administration entière du revenu, au préjudice des règlements et division de biens faits entre l'abbé et le couvent, vu qu'il serait par ce moyen libre, comme il le prétend, de payer ses dettes des deniers de leur mense conventuelle et du revenu destiné aux charges, d'amoindrir le nombre des religieux, etc.; il veut changer le prieur claustral Jean de La Croix pour le remplacer par quelque autre à sa dévotion, afin de jouir plus librement du revenu de l'abbaye, ce qui pervertirait et ruinerait la discipline monastique, etc. (1623); faits et articles d'interrogatoire dud. abbé : il a été promu au sacerdoce sans science ni examen, ignorant du tout la langue latine, n'y ayant jamais étudié; il a été conseillé de se rendre abbé régulier pour venir à bout de ses religieux et empêcher l'exécution des arrêts qu'ils avaient obtenus contre lui, et, croyant ce conseil, il a pris l'habit de religion sans autre vocation; il a menacé de chasser le prieur et tous les religieux qui lui ont résisté, ses dettes, etc.; interrogatoire dud. abbé par led. Gosset sur lesd. faits et articles; avertissement en forme d'inventaire des pièces et écritures produites vers l'évêque de Sées par les religieux pour leur opposition; — contre led. Cauchon, pour a par dévolution de l'abbaye d'Ardennes : inventaire des pièces produites au Grand Conseil par led. de Gallodé (1624); copies de pièces : brevet accordant à François Cauchon, prévôt en l'église métropolitaine de Reims, fils du sr de Treslon, conseiller au Conseil d'État, et neveu du sr de Sillery, chancelier de France, l'abbaye de Long-Vé, diocèse de Reims, ordre de Prémontré (1608); bulles de Paul V (1608), etc.; arrêt du Conseil maintenant Gallodé, à charge de se faire promouvoir dans les neuf mois à l'ordre de prêtrise (1624); — au Conseil privé, contre le syndic de l'ordre de Prémontré et les religieux d'Ardennes, concernant les statuts et privilèges de l'ordre, le nombre des religieux, leur entretien et nourriture, le partage de la mense, etc. — Décret ou statut de Pierre Gosset, général de l'ordre, sur requête des prieur et religieux d'Ardennes, à ce qu'en considération de la suppression des élections et changements fréquents qui se font au royaume de France des abbés de règle en commende, pour conserver et augmenter la discipline régulière et réforme introduite en lad. abbaye, y entretenir le nombre de religieux, à ce qu'ils ne soient à l'avenir consommés en frais au changement de chaque abbé pour poursuivre nouveau règlement tant pour le nombre des religieux que pour leur entretien et nourriture, il lui plût de confirmer aux religieux leur mense conventuelle; le second lot leur a été adjugé, savoir la terre d'Ardennes, compris l'enclos de l'abbaye et le fief Youf, excepté la maison abbatiale et la moitié du colombier, les fiefs, dîmes, terres, moulins, rentes, etc., à St-Germain-la-Blanche-Herbe, St-Nicolas de Caen, Ste-Croix-Grand Tonne, Audrieu, Venoix, Bretteville-la-Pavée, Louvigny, Le Valjuas, Éterville, St-Louet, St-Germain de Guye, Carpiquet, Lion, Lasson, Ouistreham, Segrie, etc.; confirmation (1627. — Parmi les pièces justificatives: dettes de l'abbé: alleu ou marché comme François Greslier, serviteur domestique de Guillaume de Gallodé, a été alloué avec feu Julien de Fierville, bourgeois de Caen, pour apprendre l'art de chirurgie, au moyen de 90 livres que led. de Gallodé s'est soumis payer (1611); autre marché comme Guillaume Crestien a été alloué avec led. défunt pour lui apprendre son

métier de bahtier, moyennant 20 écus (1612); obligation devant François Le Mayne et Jacques Parque, notaires au Châtelet de Paris, par Guillaume de Galhadé, abbé commendataire d'Ardennes, et Sébastien Milleton, marchand, bourgeois de Paris, envers André Le Jariel, banquier expéditionnaire en cour de Rome, de le rembourser de la dépense faite pour l'expédition des bulles du Pape concernant l'abbaye (1623); procuration de Jean de La Croix, prieur claustral, à Guillaume Denis, sous-prieur (1626). Sceau plaqué: [illegible]
— « Factum pour les religieux, prieur et couvent de l'abbaye Nostre Dame d'Ardaine, Ordre de Premonstré, intimez, contre messire Guillaume de Galladé, abbé de ladite abbaye, appellant comme d'abus tant de la sentence donnée par Révérend père en Dieu messire François de Rouillanne, abbé de Mondée, délégué par le Révérendissime père général de l'Ordre, que de tout ce qui s'en seroit esté fait par ledit général que par ledit délégué. » Ledit sieur abbé d'Ardaine ne se contentant à la possession qu'il a des deux tiers de l'abbaye, après avoir en qualité d'abbé commendataire dissipé le revenu d'icelle, délaissé en ruine les maisons, édifices et fermes dudit monastère, et contracté plus de vingt-deux mil livres de debtes, outre six cents écus de pension annuelle qu'il doibt au sieur de Villemur son résignant; il a pris l'habit de l'Ordre pensant sous ce prétexte avoir seul le régime du spirituel et temporel du monastère, et rentrer en la possession d'un tiers en fonds que la Cour, pour éviter aux grands procez, peines, fraiz et coustages que lesdits religieux avoient à estre payez de leurs pensions, leur a adjugé (avec les biens qu'ils ont retirez par leur bon mesnage) pour le vivre et vestiaire de vingt religieux, réglez sur leur mense conventuelle par le général dudit ordre, espérant par ce moyen ledit sieur Abbé payer ses debtes aux despens du couvent et réduire lesdits religieux en si petit nombre qu'il adviseroit bien par l'authorité absolue qu'il prétend obtenir sur eux. Ledit sieur Abbé est venu résider en ladite abbaye après avoir pris ledit habit, et trois sepmaines après sa venue a chassé trois novices d'icelle, et en eust encor chassé quatre autres n'eust esté que le Conseil luy a défendu, prétend que tout luy appartient, et veut tout renverser l'estat du monastère sans avoir esgard aux arrests et réglements donnez entre luy et lesdits Religieux. » Les religieux, voyant que l'abbé ne se souciait de se rendre capable de la profession qu'il prétendait faire après sa probation, et qu'il se voulait servir de ce changement d'habit pour subtilement payer ses dettes et amoindrir le nombre des religieux, se sont déclarés opposants à la profession dudit de Galladé, et se sont adressés au général de l'Ordre le 16 décembre 1623, afin qu'il lui plût apporter remède convenable pour éviter l'entière ruine de la discipline monastique, avec tant de temps et de peine rétablie en l'abbaye. L'abbé étant assigné devant ledit général pour procéder sur ladite opposition, et voyant que par les statuts il ne pouvait être admis à ladite profession et qualité d'abbé régulier, à cause des dites dettes et ignorance en la langue latine, présenta requête à la Cour pour lui attribuer la connaissance de lad. opposition, estimant que par son changement d'habit la Cour le maintiendroit en qualité d'abbé régulier, et lui adjugeroit le revenu de la mense conventuelle. L'abbé obtint de la Cour défenses aux religieux de poursuivre leur opposition devant le général, et commission pour faire appeler les religieux en lad. Cour pour procéder. Mais lesd. défenses et commission ayant été signifiées aux religieux, ils en firent plainte au Conseil, sur quoy led. Conseil, après avoir vu les pièces, lad. commission de la Cour, et l'opposition formée à la profession dudit abbé par ledit de Villemur pour être payé de six à sept mil livres qu'il lui doit, renvoya la connaissance et jugement de lad. opposition audit général de l'ordre, avec défenses à lad. Cour d'en connaître, par arrest du 15 mars 1624. « Vertu de cet arrest, ledit sieur abbé a esté assigné devant ledit sieur abbé de Premonstré, général dudit ordre, pour procéder sur ladite opposition, néantmoins ledit sieur de Galladé a pratiqué tant de subterfuges que depuis le 16 décembre 1623, que ladite opposition fut formée, il n'a point respondu sur les causes de ladite opposition jusques au 3 juillet 1624. Auquel jour ledit sieur abbé n'ayant recongneu par son interrogatoire qu'environ deux mil livres de debtes, et lesdits religieux s'estans submis de prouver l'outre-plus, ledit général ordonna que lesdits religieux feroient preuve de leurs faicts, et à ceste fin, pour soulager les parties de frais, il a adressé commission audit sieur Abbé de Mondée, dudit ordre, proche voisin de ladite abbaye d'Ardaine, pour sur le lieu informer de la vérité desdits faicts, et instruire ladite opposition, pour le tout fairt estre reporté, pour en juger ainsi que de raison. Et cependant défenses faictes audit sieur abbé, durant le procez, de faire profession dudit ordre en main d'autre prélat ou ecclésiastique que dudit général, sur peine d'inobédience et de nullité. Ledit sieur abbé prévoyant la preuve de ces excessives debtes, et craignant qu'elles

ne l'empeschassent de parvenir à son dessein, il a falot venir un rescript de Rome sans exposer ladite opposition formée à sa profession, les causes d'icelle ny les défenses de professer à luy faictes par ledit général, par lequel rescript il luy est permis après six mois de probation de se faire recevoir à profession par le convent d'Ardaine, aut ab aliis ad id facultatem habentibus. Vertu de ce rescript obtenu pendente lite et sans avoir exposé le faict, ledit sieur abbé se présente pour se faire recevoir à profession audit général de Premonstré, qui salva ad id facultatem de jure habere consevit, dont il est refusé par ledit général, attendu le procès pendant sur ladite opposition. Néantmoings ledit sieur de Galladé, au mespris des défenses dudit général, par attentat, inobédience, et au préjudice de l'opposition desdits religieux, il s'est addressé au sieur abbé de Blanchelande, abbé dudit Ordre, lequel n'a aucun pouvoir ny jurisdiction sur ladite abbaye d'Ardaine, et prétend avoir esté receu profez par ledit sieur abbé de Blanchelande. Depuis, sur ce que lesdits religieux ont poursuivy l'information des debtes dudit sieur de Galladé devant ledit sieur abbé de Mondée, commissaire dudit général, en ceste partie, ledit sieur de Galladé, abbé, s'est porté pour appellant comme d'abus tant dudit sieur abbé de Mondée que dudit général, espérant que la Cour favorisera son attentat et entreprise, et qu'elle luy donnera moyen de secouer le joug de l'obeyssance qu'il doibt au général dudit ordre ; et en ce faisant qu'il aura toute l'entière disposition du spirituel et temporel dudit monastère d'Ardaine, par le moyen de quoy il payera ses debtes, amoindrira le nombre de religieux, changera et transferera iceux, enfin couppera, trenchera et disposera de la mense conventuelle destinée pour le vivre et vestiaire desdits religieux, qu'il prétend pour satisfaire au payement de ses debtes, ce qui pervertiroit tout l'estat du monastère et l'observance de la discipline régulière. Voilà les motifs qui ont porté ledit sieur abbé à appeller comme d'abus, faute de meilleure défense, pour empescher le jugement du général dudit ordre, et penser couvrir la preuve de ses debtes, néantmoins lesdits religieux en font voir litéralement à la Cour pour dix neuf mil livres, outre trois à quatre mil livres dont il a empesché la preuve par sondit appel, sans en ce comprendre lesdits 1,800 livres de pension annuelle qu'il doibt audit sieur de Villemor. Pour faire juger par ledit sieur abbé ledit prétendu abus, il faudroit qu'il monstrast que ledit sieur général fust juge incompétent, ou qu'il eust jugé contre les sainctz décretz, ordonnances des Roys, ou arrests des Cours souveraines, etc. « La décision et le jugement n'en peut appartenir qu'au supérieur de l'ordre, aussi il a esté ainsi jugé par ledit arrest du Conseil, 15 mars 1624, et partant ce seroit une impertinence de révoquer en doute la compétence du général dudit ordre de Prémonstré. Mais plustost il importe à l'honneur, et à la justice, du Roy, et du Parlement, de conserver audit général de Prémonstré, qui est François, et demourant en France, ce qui luy appartient de jurisdiction, autrement les religieux des Royaumes estrangers ne se submettroient plus doresnavant aux loix de la jurisdiction dudit général, et la chercheroient bien tost ailleurs, et dans leur pays..... La nullité de la prétendue profession dudit sieur de Galladé est apparente, comme ayant esté faicte contre les défenses dudit général, pendente lite, et entre les mains dudit sieur de Blanchelande, qui n'a aucun pouvoir ny jurisdiction sur ladite abbaye d'Ardaine... Ledit sieur abbé voyant la preuve de ses debtes, et qu'il ne peut eviter d'abus, pensant couvrir son attentat et empescher le renvoy devant son général, il offre bailler caution, et à ce moyen qui luy soit adjugé toute l'administration du revenu de ladite abbaye, mais ce n'est que pour jetter de la poudre aux yeux desdits religieux, et pour parvenir indirectement à son but et à son dessein, car n'ayant aucuns biens de son patrimoine, ny d'ailleurs, que de ladite abbaye, pour satisfaire à ses créanciers ou descharger et indemniser lesdites cautions, supposé qu'il luy soit permis d'avoir la jurisdiction et disposition du temporel dans le monastère, comme abbé régulier et profez qui est ce qu'il prétend, il payera ses debtes aux despens de la mense conventuelle, et ses créanciers luy fourniront bien tost d'un sergent pour recevoir la caution de son laquais, et eux-mesmes en tout cas s'y mettroient pour retirer ce qui leur doibt, et durant ces procès lesdits religieux pourroient bien tout quiter et abandonner, car autrement ledit sieur abbé les emprisonneroit, opprimeroit, excommunieroit, et leur desnieroit toute obédience et deniers pour poursuivre lesdites cautions et faire leurs légitimes plaintes, ce seroit l'effect des discours et des menaces que ledit sieur abbé d'Ardaine faict il y a long temps. Ceste offre de caution n'est qu'un artifice pour luy faciliter l'entrée, et puis après disposer de tout à sa volonté nonobstant les arrests de la Cour, comme il a faict depuis peu des bénéfices de ladite abbaye, lesquels il a donnez à religieux d'autres abbayes, au mespris de l'arrest de la Cour 27 aoust 1621, qui luy avoit enjoint d'y présenter des religieux de ladite abbaye d'Ardaine, conformément aux fondations desdits bénéfices, ce qui est clos au procès. Et si ledit sieur abbé avoit une fois ceste entière disposition, il supposeroit des aliens de légères réparations à grand prix, prendroit des vins et advances des baux à ferme qu'il bailleroit à vil prix pour payer ses debtes, laisseroit ruiner les fermes du Tiers, et moulins que lesdits religieux ont retirés, qui avoient esté vendus comme ruinez, lesquels leur ont cousté à restablir plus de huict mil livres, et un abbé commendataire ou autre succédant audit sieur de Gallodé pour s'exempter desdites réparations quitteroit auxdits religieux leur mense conventuelle, et en ce faisant ils recevroient un notable préjudice de ceste confusion de mense. Lesdits religieux ont tousjours déclaré, comme ils déclarent, qu'ils n'empeschent pas audit sieur abbé d'Ardaine la jouyssance qu'il a des deux tiers de ladite abbaye, qui luy ont esté adjugez par les arrests de la Cour desdits 27 aoust 1621 et 19 février 1622, pourveu qu'ils demeurent aussi maintenus dans leur part en ce qui leur a esté laissé et destiné par les mesmes arrests, pour le vivre et vestiaire de vingts religieux reglez sur leur mense conventuelle par le général de l'ordre. La Cour void bien l'interest desdits religieux, ils procèdent d'une saincte et louable intention, pour empescher la ruine d'un monastère qu'ils ont restably avec de grands soins et travaux, depuis l'an 1605 que frère Jean de la Croix, prieur claustral de ladite abbaye, fut e-leu audit office, lors il trouva l'église et lieux réguliers prophanez et ruinez, et seulement deux religieux destituez de toutes commoditez, et peu à peu a restably la discipline monastique, faict réparer et orner l'église de vitres, chaires, autels, tableaux, calices, croix et encensoir d'argent, ornements, et orloge, construict tout de neuf une bibliothèque, et icelle fournie de plus de douze cents escus de livres, faict un dortoir de vingt-trois chambres, et retiré plusieurs biens aliénez du temporel de ladite abbaye, et iceux unis et incorporez en la mense conventuelle pour l'augmentation du nombre de religieux en icelle contre les desseins dudit sieur abbé, lequel jusques à présent leur a monstré les effects d'une inimitié presque capitale... Si l'affaire desdits religieux d'Ardaine estoit maintenant en estat de juger à ladite Cour sur le principal, dont elle est suppliée renvoyer la cognoissance audit général de l'Ordre, par sa prudence si elle admettoit ledit sieur abbé à la jurisdiction, elle l'obligeroit bien plus estroitement à prendre l'advis susdit en considération particulièrement de ce qu'il ignore du tout la langue Latine, règle et statuts de l'Ordre, et des grandes inimitiez qu'il a contre lesdits religieux pour les procez

d'entr'eux, car il ne seroit raisonnable d'obliger lesdits religieux à soubs-mettre leurs ames, leurs corps, et leurs biens à la discrétion, passion et vengeance dont l'appétit pourroit tomber en la puissance absolue que ledit sieur abbé voudroit avoir sur eux, le désir de vengeance estant un des plus violents et indomptables appétits qui soit en la nature. Et par ces moyens lesdits religieux soustiennent que ledit sieur abbé d'Ardaine doit estre declaré non recevable en ses appellations comme d'abus, et que les parties doivent estre renvoyées procéder par devant ledit sieur général de l'ordre sur l'opposition formée par lesdits prieur et religieux contre la profession dudit sieur abbé pour pourvoir auxdites parties suivant les saincts décrets, constitutions de l'Église, règle et statuts de l'Ordre de Premonstré, ainsi qu'il appartiendra, ledit sieur abbé condamné aux interests et dépens de l'indeue vexation ou autres meilleures fins remises à l'arbitration de la Cour. » « Monsieur de la Rocque Hue Rapporteur. »

H. 33. (Liasse.) — 13 pièces, parchemin; 42 pièces, papier.

1628. — Suite des procès Gallodé concernant la réception des novices, les lots du revenu, etc. — Bref du pape Urbain VIII et lettres patentes de Louis XIII pour la séparation de la mense abbatiale et du couvent pour 25 religieux en l'abbaye d'Ardennes. — Délibération capitulaire sur la proposition de l'abbé de Gallodé, disant qu'il entendait que Jean de Bures, ayant été dépouillé de l'habit religieux et rejeté hors de l'abbaye avec trois autres novices, suivant sentence du bailliage de Caen, les quatre novices dernièrement reçus en l'abbaye seraient dépouillés par les religieux et expulsés, en exécution de l'arrêt du Parlement de Rouen, soutenant led. abbé que led. de Bures, l'un des novices expulsés, devait rentrer en l'abbaye, et qu'il le représentait tout de nouveau comme étant en sa liberté de représenter tels desd. novices ou autres nouveaux qu'il voudrait selon led. arrêt; réponse des religieux que led. de Bures est incapable de la religion, vu ses défauts, tant de corps que d'esprit, que, s'il le voulait représenter, cela ne pourrait leur ôter la liberté de le dépouiller de l'habit religieux et expulser, si dans le temps de sa probation il ne se corrigeait. etc. — Sentence de Jacques Camus, évêque de Séez, déclarant bonne et valable la profession religieuse faite par l'abbé de Gallodé. — Arrêt du Parlement enjoignant aux prieur et religieux de reconnaître led. de Gallodé pour leur abbé régulier, lui porter honneur et obéissance, etc., ordonnant qu'il fera toutes fonctions en l'abbaye pour ce qui dépend de sa qualité d'abbé, tant en la réception des novices qu'autrement. — Ordonnance d'Hercule Vauquelin, s' des Yveteaux, lieutenant général au bailliage de Caen, commissaire du Parlement de Rouen en cette partie, portant qu'il se transportera à l'abbaye d'Ardennes pour l'exécution des arrêts et sentence rendus et informer du trouble et empêchement donné aud. abbé et à Germain Lempereur, religieux profès, pourvu par l'abbé de l'office de chantre; — délibération capitulaire portant que les frères Denis et Le Febvre ont rapporté avoir montré aud. Vauquelin le bref du pape commettant les cardinaux de La Rochefoucault et de Bérulle pour juger tous leurs différends avec l'abbé de Gallodé, ensemble les patentes du Roi leur en attribuant toute juridiction, avec interdiction d'en connaître au Parlement de Rouen et à tous juges, qu'ils auraient prié led. lieutenant général d'avoir agréable qu'il les lui fissent signifier par un huissier, de quoi il les avait refusés et rudement rebutés, que le même jour ils lui avaient envoyé jusqu'à cinq sergents les uns après les autres pour les lui signifier, mais il leur avait toujours défendu de le faire, et avait ordonné, bien qu'il ne soit que juge civil, qu'il viendrait informer sur les plaintes de l'abbé de Gallodé pour prétendues violences et irrévérences, bien que, vu la qualité de prêtre et religieux, le lieutenant général civil soit du tout incompétent d'en connaître, mais les juges ecclésiastiques; ces plaintes supposées ne sont faites par l'abbé au lieutenant général, son ami intime, qu'à dessein de décliner et « illuder » le jugement desd. cardinaux et entreprendre sur lesd. bref, patentes et commission, pour renvoyer le tout au Parlement, sous l'espérance que led. de Gallodé a de la faveur et protection de quelques seigneurs du Parlement; procuration au frère Denis pour appeler de la sentence du lieutenant général et proposer contre lui diverses causes de récusation, qu'il est fils de Guillaume Vauquelin, président au bailliage, particulier ami dud. de Gallodé, et si intime qu'avant qu'il prit l'habit de religieux ils étaient continuellement à la chasse ensemble, tant à la terre dud. président qu'à Tesnières, appartenant aud. de Gallodé, auquel lieu ils couchaient en un même lit, buvaient et mangeaient journellement ensemble, et quand le président n'y pouvait aller, l'abbé lui envoyait tout le gibier qu'il prenait, laquelle amitié led. président a continuée et continue encore aud. abbé, venant le visiter et manger avec lui en l'abbaye; que led. de Gallodé a donné aud. président, pour son fils le lieutenant, une paire d'armure dorée complète valant plus de 500 livres, que led. de Gallodé a tenu sur les fonds et nommé, en 1615, Gabrielle Vauquelin, fille dud. président, que l'abbé de Gallodé, alors encore séculier, a monté en sa maison à Caen aud. lieutenant général à tirer et faire des armes et autres exercices d'honneur et d'amitié, en reconnaissance de quoi led. lieutenant général a souvent visité led. de Gallodé, et ils vivent avec tant d'amitié qu'il se porte pour led. de Gallodé comme en son propre fait et cause, à raison de quoi les religieux n'en pourraient espérer aucune bonne justice; — procès verbal y relatif dud. Vauquelin, assisté de Thomas Hénard, procureur du Roi au bailliage, et Robert Beausieu, commis principal au greffe, à la requête dud. de Gallodé, abbé régulier, concernant les irrévérences, violences et mépris contre lui commis ou fait commettre par le prieur claustral, ses confrères, religieux et novices de l'abbaye, contre l'honneur de Dieu et désobéissance dud. abbé. — Procès verbal par Jean Fossard, clerc, notaire apostolique, demeurant à S‑Étienne de Caen, portant que les prieur et religieux ont déclaré à l'abbé persister à l'opposition qu'ils ont faite le matin dans le chapitre touchant la profession de Jean de Bures, ci‑devant novice, rejeté par acte capitulaire, qu'ils ont interpellé l'abbé de faire sortir frères François Regnauld, prieur‑curé de S‑Contest, Marc Sarrazin, prieur‑curé du Mesnil près Briouze, et autres qui n'ont pas voix en chapitre, et n'ont connaissance de la capacité ou incapacité dud. de Bures, etc.; autre procès‑verbal du même concernant la profession dud. de Bures, avec protestations de nullité des religieux, en présence du lieutenant général et autres; l'abbé et les religieux « siens obéissants » disent que le monastère et convent est composé de quatre sortes de religieux, qui tous ensemble ne font qu'un corps, savoir, l'abbé, chef des autres, les « seniers » et bénéficiers, les simples « cloustriers » et les frères convers; le prétendu convent, au nom duquel parlent les opposants, est composé de 12 personnes, dont 2 convers, 4 novices non profès et Jean de La Croix, religieux profès de Belle‑Étoile et prieur bénéficier de S‑Sauveur de l'Hermitage, dépendant d'Ardennes, Guillaume Denis, prieur bénéficier de S‑Thomas de Lion, François Minfant, prieur‑curé de S‑Germain‑la‑Blanche‑Herbe, Bonaventure Lefebvre, prieur de S‑Nicolas‑sur‑Orne, tous bénéficiers de la maison, et qui veulent néanmoins avoir voix décisive et exclure les autres bénéficiers qui ne sont pas de leur faction; de autre côté sont l'abbé et les anciens religieux et bénéficiers, etc. ; le parti de l'abbé soutient que lesd. anciens religieux bénéficiers doivent être convoqués au chapitre quand il plaira à l'abbé, et avoir voix décisive en leur rang et ordre de réception ; les novices et convers n'ont aucune voix au chapitre, pour n'être les convers que pour servir les autres, etc.

H. 34. (Liasse.) — 16 pièces, parchemin; 11 pièces, papier.

1629-1638. — Suite des procès Gallodé. — Arrêt du Conseil d'État, sans avoir égard aux jugements du lieutenant général de Caen et du Parlement, renvoyant les différends entre l'abbé et les religieux par-devant les cardinaux de La Rochefoucault et de Bérulle, conformément au bref du pape (1629). — Attestation de Bernard Le Comte, religieux d'Ardennes, qu'il n'adhère pas aux poursuites de l'abbé de Gallodé contre le prieur et couvent, et que son nom a été emprunté contre son intention pour faire nombre en la prétendue profession de Jean de Bures ; « et afin que ledit sieur abbé ne se puisse prévaloir de quelques unes lettres que je luy ay escrites par honnesteté et compliment civils, je révoque tout ce que j'ay peu dire ou faire par où il pourroit prétendre quelque droit sur moy, me déclarant sa partie avec le reste de la communauté » (1629). — Reconnaissance devant les notaires de Paris par l'abbé de Gallodé, assisté de Marc Sarrasin, prieur du Mesnil de Briouze, religieux de l'abbaye, et Guillaume Denis, sous-prieur, et André Le Roy, proviseur de l'abbaye, au nom des religieux, prieur et couvent, de la juridiction des cardinaux de La Rochefoucault et de Bérulle pour leur donner règlement, suivant les brefs du pape Urbain VIII (1629) ; requête des religieux auxd. cardinaux, portant qu'il y a 30 ans et plus qu'ils ont rétabli l'ancienne discipline de l'ordre en leur monastère et depuis vécu sous la réforme de leur règle avec une telle édification que leur général en a tiré plusieurs religieux envoyés en diverses abbayes pour y rétablir la même réformation, mais l'abbé de Gallodé a fait ce qu'il a pu pour renverser lad. réformation : demande en nullité de la profession de l'abbé, etc. ; brève réponse à la requête de l'abbé. — Appel au St-Siège par l'abbé de trois prétendus brefs subrepticement obtenus par le prieur et aucuns religieux (1629). — Extrait des registres des cardinaux de La Rochefoucault et de Bérulle, commissaires du pape, portant que les religieux prieur et couvent d'Ardennes demeureront unis et incorporés à la communauté de l'antique rigueur de St-Norbert, avant faire droit, tant sur la validité de la profession de l'abbé de Gallodé qu'autres différends, que les Pères de l'ordre de Prémontré qui seront assemblés au prochain chapitre général, donneront avis sur les points contentieux ; lettres de pareatis (1629). — Sentence de Jacques Blondel, écuyer, sieur et châtelain de Tilly, lieutenant particulier du bailli de Caen, entre l'abbé de Gallodé et les religieux, portant prélèvement sur les deniers de la dîme de St-Contest et sur le fermage du moulin de Gémare, au profit de Thomas Quetteville, maçon, pour relever la côtière de la grange de l'abbaye, etc., et autres ouvriers (1629). — Sentence du cardinal de La Rochefoucault cassant ce qui a été fait par suite de commission obtenue par astuce par l'abbé de Gallodé du général de l'Ordre, adressée à Adrien d'Aumale, prieur du collège de Prémontré, syndic général de l'Ordre, et à Marc Sarrazin, prieur-curé du Mesnil, dont l'abbé de Gallodé a été assisté pour empêcher la réforme, lad. commission pour informer des moyens pratiqués par Pierre Deshaus, vicaire général de la communauté, et autres, pour se soustraire à l'obéissance du général, suivant laquelle le prieur d'Ardennes auroit été suspendu, remplacé et interdit a divinis avec autres religieux ; ordonné que le prieur et autres officiers établis par la communauté continueront la fonction de leurs charges, etc. (1630). — Notification à la requête de l'abbé de Gallodé aux religieux d'un jugement capitulaire arrêté au chapitre général de l'ordre de Prémontré du 20 avril 1630, etc. — Extrait des registres du Conseil privé du Roi, sur requête des religieux, demandeurs en cassation des lettres de relief d'appel interjeté comme d'abus par l'abbé de Gallodé des brefs du pape, de l'acte d'acceptation de la réforme par les religieux, des sentences desd. cardinaux et de la visite faite en l'abbaye par le vicaire de lad. congrégation, etc. : assignation dud. Gallodé, et surséance de toutes poursuites en Parlement de Paris (1631). — Bref d'Urbain VIII, adressé à François, cardinal de La Rochefoucault, sur requête de Jean de La Croix, prieur, Guillaume Denis, sous-prieur, André Le Roy, Bonaventure Le Febvre, et des autres religieux d'Ardennes, des prieurs et sous-prieurs de Silly, Belle-Étoile, et des chanoines réguliers réformés de Prémontré, portant que « cum ipsi gubernio monasteriorum eorum congregationis reformatæ vacarent, a prætensis visitatoribus Adriano Daumal et Marco Saraceno et aliis commissariis, ac superioribus ejusdem ordinis, non tamen reformatis, absque legitima causa, et in odium dumtaxat dictæ reformationis respective suspensi a divinis, excommunicati, et in perpetuum eorum officiis, ac voce activa et passiva privati, et carcerati, ablatisque illis eorum scripturis, multisque aliis modis male tractati fuerunt cum publico scandalo », etc. : enquête (1631, 10 oct.). — Protestation de nullité par l'abbé de Gallodé de la visite de l'abbaye d'Ardennes par Pierre Desbans, abbé de Ste-Marie, vicaire du général de l'ordre de Prémontré en la communauté de l'ancienne rigueur, visiteur suivant les bulles du Pape et les lettres patentes du Roi et arrêts de ses Conseils (1632). — Procédure au Conseil privé concernant la séparation de la mense abbatiale (1633). — Extrait du registre du greffe du bailli de Caen concernant la plainte adressée à Nicolas de Cairon, écuyer, sieur de Cardonville, lieutenant général criminel, par David Savary, de la paroisse de Villy, pour « assassinat en aguet de chemin », excès et outrages à lui faits à coups d'épée et de baton par Guillaume de Gallodé, abbé d'Ardennes, Guillaume du Port, écuyer, sieur du Val, ayant épousé l'une des filles bâtardes dud. abbé, Gervais Besnard, Marin Le Maistre dit le Soldat, Jean Ruel et autres leurs complices (1636); procédure y relative.

H. 37. (Liasse.) — 6 pièces, parchemin; 61 pièces, papier.

1616-1638. — Suite des procès Gallodé. — Traité entre l'abbé de Gallodé et Louis Gosselin, s^r d'Anisy, clerc du diocèse de Bayeux, étudiant à Paris, pour résignation de l'abbaye sous réserve de pension annuelle de 2,000 livres; procuration y relative; brevet confirmatif; prise de possession à charge d'obtenir les bulles (1637). Autre résignation dud. Gallodé en faveur de Georges Sallet; lettres à Sallet, procureur général au Parlement de Rouen; brevet confirmatif de la résignation à Georges Sallet, sous réserve de 2,000 livres de pension à l'abbé de Gallodé, copie de bulles d'Urbain VIII pour Georges Sallet (1637). Procès au Grand Conseil au sujet du possessoire de lad. abbaye entre led. de Gallodé et led. Gosselin, prétendant droit à lad. abbaye, led. Sallet partie intervenante, led. Gallodé ayant révoqué lad. procuration, « ayant recogneu avoir esté surpris par la finesse de ses parties »; faits et articles pour interrogatoire, affaire Savary, Guillaume Le Pert, dit Le Val, époux d'Andrée Gallodé, qu'il loge avec leur famille à Tesnières, etc.; mémoires et pièces diverses de procédure. Mémoire de ce qu'il faut exposer en Cour de Rome pour obtenir du pape, sur résignation de Guillaume de Gallodé, des provisions en commende de l'abbaye d'Ardennes à Louis Gosselin (de la main de Gallodé): il fut pourvu en commende en 1618, par résignation de Pierre de Villemor; après qu'il eut joui huit ans de l'abbaye sans se faire promouvoir aux ordres sacrés à cause de quelque infirmité, l'abbaye fut impétrée par dévolu fondé sur le défaut desd. ordres, mais son excuse fut trouvée légitime, et, par arrêt du Grand Conseil de 1633, il fut maintenu, et depuis ce temps non seulement il prit tous les ordres sacrés, mais obtint un bref de juillet 1626 portant indult de prendre l'habit et faire profession de l'ordre de Prémontré, et néanmoins voulant retenir lad. abbaye; lorsqu'il se présenta à lad. profession, les religieux s'y opposèrent, nonobstant laquelle opposition ayant été reçu à la profession par l'abbé de Blanchelande, le pape commit les évêques de Bayeux, Lisieux et Séez, ou l'un d'eux, pour connaître desd. différends, et, après la récusation des deux premiers, l'évêque de Séez donna sentence confirmative de lad. profession, dont les religieux ont interjeté appel, soutenant la profession nulle pour n'avoir led. Gallodé fait l'année de probation sous aucun supérieur, mais ayant toujours demeuré dans l'abbaye, et pour avoir été reçu à la profession contre la prohibition expresse du général de l'ordre et autres causes contenues en certain rescrit apostolique de 1626, par lequel les cardinaux de La Rochefoucault et de Bérulle furent commis pour connaître tant de la validité de lad. profession que de l'introduction de la réforme que les religieux voulaient faire pour déposséder Gallodé. Celui-ci n'a pu faire terminer le procès, tant à cause du décès du cardinal de Bérulle, qui contraignit les parties à obtenir autre rescrit commettant le cardinal de La Vallette, que pour les difficultés et impossibilités de faire assembler lesd. cardinaux distraits en diverses occupations et lieux fort éloignés, et, se voyant Gallodé fatigué par les religieux qui ont procédé jusqu'à cette témérité de l'excommunier, et doutant aussi de la validité de sa profession pour les susd. défauts, il désire résigner ou céder la commende lad. abbaye, qui semble n'être pas entrée en règle, attendu que Gallodé n'a été pourvu en commende et que sa profession n'a été approuvée que par lad. sentence, dont l'effet est suspendu par l'appel et la députation desd. cardinaux, et n'en a jamais joui en communauté avec les religieux, mais séparément ainsi qu'il faisait pendant la commende. Copie de l'acte de baptême, à St-Pierre de Caen, dud. Louis Gosselin, fils de noble homme Gaspard Gosselin, s^r de Villons, et de Barbe de La Cour; p., Louis de La Cour, s^r du Buisson, vicomte de Caen (1616).

H. 38. (Liasse.) — 8 pièces, parchemin ; 40 pièces, papier.

1628-1659. — Suite du procès Gallodé-Gosselin-Sallet.—Factums, productions, etc.—Prise de possession par François Barbier, vicaire de St-Germain-l'Auxerrois, procureur de Georges Sallet, clerc du diocèse de Rouen, abbé d'Ardennes, en vertu de l'arrêt du Grand Conseil permettant aud. abbé de prendre possession de lad. abbaye et de l'une des chapelles de l'église St-Germain ; serment dud. Sallet devant Adrien de La Faye, official de Rouen et juge métropolitain ; mise en possession de lad. abbaye par Guillaume Quentin, greffier de la cour ecclésiastique de Caen, notaire apostolique au diocèse de Bayeux, requête dud. Sallet, représenté par Isaac Le Conte, doyen de la collégiale du Sépulcre, juge conservateur des privilèges apostoliques en l'Université de Caen et ordinaire en l'officialité dud. lieu ; désistement dud. Gosselin (1638). — Lettre d'Étienne, évêque de Dardanium, à Sallet, procureur général au Parlement de Normandie, père de l'abbé (1639). État des terres et dîmes du premier lot de l'abbaye dont jouissait feu Georges Sallet, protonotaire apostolique et abbé commendataire d'Ardennes, baillé par Nicolas Magdelinne, sieur de la Vallée, procureur d'Alexandre Sallet, sieur de Colleville et Quilly, héritier dud. abbé, à Jacques Buhot, économe de lad. abbaye (1641). — Procédure au bailliage de Caen devant Jacques Pennier, écuyer, sieur d'Angerville, conseiller, exerçant la juridiction du bailli, entre dom Guillaume de Gallodé, ci-devant abbé d'Ardennes, et Marcel du Mesnil, écuyer, sieur de Vaux, Jean Mallet, Vigor Fort, Guillaume Sanxon, Jean Frestel, Jacques Pestel et Jean Le Varignon, écuyer, pour affirmation de deniers à fin de paiements des 2,000 livres de pension annuelle due aud. Gallodé sur les fruits et revenus de l'abbaye (1643). — Lettre de frère Charles Chrestien, procureur d'Ardennes, à Des Aulnes Le Fessier, bourgeois d'Argentan, concernant procès avec les fermiers de MM. de Séez (1659), ayant servi de chemise aux pièces de la procédure Gosselin.

H. 39. (Liasse.) — 2 pièces, papier.

1641-1648. — Copie de bulle d'Urbain VIII pour Antoine de « Morenviller », doyen de la collégiale de St-Melon de Pontoise, nommé à l'abbaye d'Ardennes, vacante par le décès de Georges Sallet (1641). — Accord entre Antoine de Moranvilliers, stipulé par Jacques Buhot, bourgeois de Caen, et les religieux, stipulés par Robert Du Hamel, sous-prieur, concernant l'obligation prise par les religieux de décharger l'abbé des charges ordinaires de l'abbaye, consistant en dévoirs ordinaires de l'abbaye et de St-Germain-la-Blanche-Herbe, montant ensemble à 200 livres par an, aumône et cuisson du pain d'icelle, pain et vin pour la messe, chandelle, encens, blanchissage du linge de la sacristie, cordes des cloches, entretien de l'horloge et réveil, luminaires en cire et huile, droit d'hospitalité, entretien des bâtiments et maisons dans l'enclos de l'abbaye, vitres et couvertures volantes sans comprendre les vitres de la grande salle, à présent ruinées, ni les ruines qui pourraient arriver à cause des grands vents, foudres ou autres accidents, de payer et fournir les aumônes dues aux abbayes de St-Étienne de Caen et de St-Martin de Séez, la rente due au trésor de Carpiquet, les pensions dues aux prieurs de St-Contest (120 livres), de St-Germain (150 livres), à l'archidiacre de Bayeux (8 livres, avec son droit de visite en l'église de St-Germain), la pension du soldat appelé « le moyne lay », à raison de 60 livres par an, les gages de l'avocat et procureur au siège présidial de Caen, montant à 33 livres, l'entretien du puits et du pressoir de l'abbaye, etc., moyennant paiement annuel aux religieux de 200 boisseaux de froment et 200 boisseaux d'orge, mesure d'Arques, pour faire lad. aumône, en déduction duquel nombre de grains l'abbé consent que les religieux reçoivent les rentes et fermages en grains dus au lot destiné à faire les charges, revenant à 264 boisseaux de froment et 89 d'orge, etc. (1643).

H. 40. (Liasse.) — 2 pièces, parchemin ; 14 pièces, papier.

1670-1672. — Procès entre Louis-Anne Aubert Villeserain, abbé commendataire, et les religieux, concernant sa demande de nouveaux lots et partages de tout le revenu de l'abbaye, dont l'un sera pour lui, l'autre pour les religieux et le 3e pour les charges de l'abbaye, dont il aura l'administration. — Factum pour les religieux : « Contre laquelle assignation, lesdits prieur et religieux se sont pourvus audit Parlement de Normandie, comme à leur juge naturel, et attendu que tous les arrêts et règlemens, touchant la partition dudit revenu, sont émanés dudit Parlement, et d'ailleurs que ledit de Villescrain n'a aucun droit ni qualité pour les évoquer audit Grand Conseil, puisque son titre d'abbé commendataire ne lui est pas contesté par lesdits religieux, pour lequel seul le Grand Conseil est juge, et non pas des autres différens qui arrivent journellement entre les abbez et religieux pour le temporel de leurs abbayes; de laquelle assignation ils ont été déchargez par arrêt dudit Parlement, avec mandement à eux accordé pour y faire assigner ledit sieur de Villeserain, et pour y procéder sur ses demandes et prétentions, en date du 21 juillet dernier 1670, et signifié le 9 de septembre audit an 1670, avec assignation à comparoir au prochain jour plaidable d'après la S. Martin. Contre laquelle ledit sieur de Villeserain a obtenu commission au Privé Conseil en règlement de juges le 21 septembre 1670, et fait signifier le 2 de novembre 1670, pour y comparoir dans deux mois. Lesdits religieux soutiennent que ledit sieur de Villeserain ne peut les évoquer audit Grand Conseil, n'aiant aucun droit ni aucune qualité de ce faire, conformément aux dernières ordonnances du Roi, par lesquelles il a défendu telles évocations, comme vexations indeues, préjudiciables à la justice et au repos de ses sujets. 2° Parce qu'il ne s'agit pas du titre de ladite abbaye. 3° D'autant qu'il y a cinquante ans que la partition du revenu de ladite abbaye d'Ardeine a été faite en vertu de deux arrêts du Parlement de Rouen, des 27 d'aoust 1621 et 19 février 1622, comme le juge naturel auquel seul apartient d'en juger. 4° Que ladite partition et lesdits arrêts ont été confirmez par l'arrêt du Privé Conseil du 30 de mars 1627, et que Sa Majesté a aussi confirmé le décret du général dudit Ordre de Premontré, par lequel le nombre de trente religieux est réglé dans ladite abbaye, tant sur leur tiers, que sur les améliorations et augmentations par eux faites depuis ladite partition; par ses lettres patentes du mois de novembre 1654, et adressées au Parlement et Chambre des Comptes de Rouen, où elles ont été vérifiées. Et il n'est pas vrai, sous correction, qu'il y ait une évocation générale audit Grand Conseil pour l'Ordre de Prémontré, ainsi que l'a faussement exposé ledit sieur de Villeserain, dans ladite commission du Privé Conseil, mais seulement pour le regard des dixmes qui lui pourroient être demandées ou déniées. Et partant soutiennent lesdits religieux, qu'ils doivent être renvoiez au Parlement de Rouen, leur juge naturel, suivant l'intention de Sa Majesté, avec dépens. » Autre factum pour les religieux, rappelant les lots et partages sous l'abbé Gallodé; ses trois successeurs, Georges Sallet, Antoine de Moranvilliers et Henri Laisné, résignant dud. de Villeserain, ont toujours, comme lui, joui du premier lot, de plus grande valeur, et contenant la baronnie de Tesnières, grandement propre pour se retirer et se divertir, et la grande maison de Caen pour se loger; l'abbé prétend faire faire un nouveau partage parce qu'il voit que les religieux ont amélioré et augmenté le revenu de leur lot, de près de moitié, etc. — Copie de la prise de possession dud. abbé et des lettres y relatives (1670). — Procuration devant les notaires du Châtelet de Paris par led. Louis-Anne Aubert de Villeserin à Abraham Le Chanoine, bourgeois de Caen, d'administrer le revenu temporel de l'abbaye (1671). — Procuration devant Jean Ollivier et Jean Rougon, tabellions à Caen, par frères Grégoire Bonhomme, prieur, Damase Dafrance, sous-prieur, François Minfant, Alexis Du Chastel, Pierre Le Conte, Thomas Lastelle, Vincent Gallet, Jacques Gougeon, Norbert Le Haribel, Pierre Yvon, Norbert du Saussey, Joseph Brière, Martin Laugeois, Ambroise de St-Rémy, Claude Poutrel, Thomas Desplanches, Antoine Fournier, Alexis Lefebvre, Guillaume Despreux et Edmond Grenet, tous religieux profès et officiers de l'abbaye, à Robert Duhamel, vicaire de M. de Prémontré en la province de Normandie, de les représenter au procès avec led. Auber, ci-devant abbé commendataire, et Louis de Fourbin de La Marthe, abbé actuel (1672).

H. 41. (Liasse.) — 5 pièces, papier.

1671-1672. — Prise de possession de l'abbé Louis de Fourbin de la Marthe, chevalier des ordres de St-Jean de Jérusalem, major des gardes du corps du Roi, clerc du diocèse de Marseille, pourvu par brevet du 4 avril 1671 sur résignation dud. Auber, sr de Villeserin; lettres y relatives 1671). — Mandement au premier huissier ou sergent requis de sauvegarder aud. abbé d'Ardennes et major des gardes du corps du Roi, étant à cause de ce en sa protection, les sommes à lui dues et d'assujettir les débiteurs à les payer (1671 ; à la suite, assignation commise aux religieux, prieur et couvent, de comparaître devant les maîtres des Requêtes de l'hôtel pour y voir recevoir led. Fourbin opposant à l'arrêt de deniers par eux fait, etc. (1672). — Signification par Sigismond Ledars, premier huissier audiencier au bailliage de Caen, requête des religieux, à l'abbé Louis Fourbin de la Marthe, du mauvais état de la charpente de l'église, etc. (1672). — Inventaire des pièces produites au Conseil du Roi par les religieux d'Ardennes contre led. abbé, en règlement de juges (1672).

H. 42. (Liasse.) — 8 pièces, parchemin; 61 pièces, papier.

1630-1684. — Procès Faultrier. — Lettre de Faultrier, abbé d'Ardennes, à Bonhomme, prieur de l'abbaye:

« ... Ce seroit de prendre tout le revenu de l'abbaye, y compris les pâturages, dont le procès est au Conseil, avec la maison abatiale, et voir ce que vous me voulez donner quitte de toutes charges et réparations, c'est-à-dire en bon françois à quelle prix vous voulez entrer mes m°°, et que je devienne vostre pensionnaire. Vous voyez bien que ce n'est pas là faire l'abbé au pied de la lettre, et que sy l'on parloit dans l'ordre de Sinnorbert comme dans celuy de Malte, vous ne devriez plus m'appeler que frère servant, mais il n'importe : pour servir le Roy en repos il y a rien que je ne fasse... » (1675). — Obligation devant les notaires de Caen par Isaac Lamy et Sébastien Noury, maîtres charpentiers à Caen, envers led. Faultrier, stipulé par Abraham Le Chanoine, contrôleur au grenier à sel de Caen, son receveur, de faire les réparations de l'église Notre-Dame d'Ardennes moyennant 1400 livres (1677). — Procès entre les religieux et Joachim Faultrier, abbé commendataire, secrétaire général de l'artillerie de France, en règlement de juges et concernant les réparations et les charges. — Arrêt du Conseil commettant Méliand, intendant de Caen, sur requête présentée par led. abbé, qu'ayant été pourvu de l'abbaye en octobre 1672, il apprit des religieux qu'il y avait un partage fait en 1622 entre eux et l'abbé Gallodé, que sur la portion de l'abbé, composé des deux tiers, ils devaient prendre 2500 livres pour lesquelles ils s'étaient obligés d'acquitter de toutes charges ordinaires, excepté des réparations des bâtiments, et que les aumônes qu'ils faisaient consommant toute cette somme, ils portaient la perte du reste pour vivre en bonne intelligence avec les abbés, et comme la réforme que les religieux professent ne lui pouvait pas permettre de douter de leur parole, et qu'en effet il voyait par les comptes rendus aux précédents abbés qu'ils exigeaient d'eux cette somme, il compta pour une grande grâce la remise qu'ils offrirent de lui faire de partie desd. 2.500 livres, n'ayant pu depuis ce temps s'instruire de la vérité des choses sur les lieux, l'honneur qu'il a eu de suivre le Roi et de demeurer même pour son service dans les places conquises ne lui ayant pas permis de faire un voyage à lad. abbaye, quelque intérêt qu'il eut de connaître l'usurpation qu'il a trouvée depuis, etc.; ayant examiné si les religieux n'avaient pas abusé des biens de l'abbaye, de l'absence des abbés et de la confiance même qu'on a eue pour eux à cause de leur titre de réformés, il croit avoir trouvé qu'il n'y en a pas dans toute l'église qui aient plus contribué à la ruine de leur abbaye que ceux-là; il faut empêcher que les religieux n'achèvent de rendre inutile le titre de l'abbaye; affaire Gallodé; avantage pour les religieux du partage avec cet abbé, etc. (1677). — Traité entre Joachim Faultrier, conseiller du Roi en son Conseil d'État, intendant de Hainaut, abbé commendataire d'Ardennes, demeurant au château de l'Arsenal, et Henri Lainé, ci-devant abbé d'Ardennes, concernant les réparations : Faultrier ayant été nommé par le Roi à lad. abbaye en octobre 1672, a trouvé que de Fourbin, qui en avait été pourvu avant lui et l'a possédée un an et quelques mois, en avait fait visiter l'église et les bâtiments, et que les experts avaient trouvé pour plus de 15.000 livres de réparations, à quoi il n'avait pu faire condamner les abbés précédents, n'ayant pas possédé l'abbaye assez longtemps, etc. (1678). — Factum pour les religieux, requêtes à Méliand, etc. — État des biens donnés aux religieux depuis 1613, à charge d'obits, messes et services, unis et incorporés à la mense conventuelle. — Copies de pièces depuis 1630, collationnées par Sigismond Ledars, premier huissier au bailliage et siège présidial (1678). — Constat de l'enlèvement journalier par les religieux du vieux bois provenant de la démolition de la charpente de l'église (1678). — Protestations de Faultrier contre la transaction entre lui et les religieux (1680). — « Factum pour les religieux, prieur et couvent de l'abbaye d'Ardène, de l'étroite observance de l'Ordre de Prémontré, diocèse de Bayeux, deffendeurs. Contre messire Joachim Faultrier, abbé commendataire de ladite abbaye, demandeur en l'Instance pendante au Conseil du Roy. » Leurs contestations ont été pleinement instruites en 1678 et 1679, par-devant Méliand, maître des Requêtes, alors commissaire départi en la généralité de Caen, à ce député par arrêt du Conseil rendu sur requête de Faultrier le 26 novembre 1677. Son avis, expédié le 12 septembre 1680, et rapporté en fin du mémoire, contient que Faultier doit être débouté de ses demandes : Le premier chef tend à faire subsister les traités prétendus faits avec lui le 26 septembre 1679, par lesquels les religieux doivent administrer ses revenus, moyennant 5,500 liv. qu'ils sont tenus de lui payer annuellement. Ces actes ne sont que des projets de concordats à passer, et qui n'ont point été passés ; la somme de 5,500 livres est excessive ; ces prétendus traités ont été cassés et déclarés nuls, par arrêt du Conseil d'État rendu le 21 février 1684 sur la requête de Faultrier. Le second chef de demandes de Faultrier tend à fin de nouveau partage. Le partage fut fait en 1622, en exécution d'arrêt contradictoire du Parlement de Rouen du 27 août 1621, et confirmé par d'autres arrêts contradictoires, tant du

Privé Conseil du 30 mars 1627 que du Grand Conseil du 17 février 1628, par décrets du général de l'Ordre du 25 novembre 1627, par bref d'Urbain VIII du 16 février 1628, par lettres patentes du 24 octobre de la même année, confirmatives desd. décrets et bref, vérifiées au Grand Conseil le 27 octobre 1628, et le tout paisiblement exécuté pendant plus de 60 années; au moyen de quoi les religieux, qui ont fait valoir par leurs mains le second lot qui leur est échu en partage, l'ont amélioré et augmenté notablement, ce que les fermiers et receveurs de la mense abbatiale n'ont point fait à l'égard du premier et du troisième, qui sont les deux lots dont l'abbé jouit. Serait-il juste, en confondant aujourd'hui ces trois lots et en procédant à de nouveaux, de faire profiter les abbés de l'économie des religieux et souffrir ceux-ci du peu de ménage des abbés? Faultrier demande en troisième lieu les deux tiers des biens acquis et retirés par les religieux, et de ceux qui leur ont esté donnés ou aumônés, ce qu'il fait monter à 4000 livres de revenu annuel, laquelle somme il prétendait par sa requête insérée en l'arrêt du Conseil du 14 mars 1689, lui devoir être adjugée, pour raison desdites acquisitions et donations, et à quoi il conclud à présent pour ses successeurs et non pas pour lui. Mais cette proposition ne peut être admise, n'étant fondée que sur la prétendue nullité de l'ancien partage, et sur une compensation imaginaire de certains biens qu'il suppose avoir été usurpés sur la mense abbatiale par les religieux. Cette question a été décidée entre les abbé et religieux, au profit des religieux, par arrêt contradictoire du Parlement de Rouen du 27 août 1621. D'ailleurs c'est une jurisprudence établie par tout le Royaume qu'un abbé commendataire voulant avoir une part d'abbé, c'est-à-dire les deux tiers des biens acquis et retirés par des religieux, n'y peut être reçu qu'en les remboursant actuellement en un seul paiement des deux tiers des sommes principales et des frais, loyaux coûts, impenses et augmentations par eux faites, auxquelles conditions les religieux ne refuseront point de partager leur acquisitions avec les successeurs de Faultrier, s'ils en font demande. C'est encore pour eux qu'il demande que les bâtimens et jardins de l'abbaye soient partagés, et que les abbés aient une maison et des jardins convenables à leur qualité. Il prétendait ci-devant pour lui et pour ses successeurs un grand corps de logis qui a ses vues sur la grande cour de l'abbaye. Les religieux ont justifié que ce corps de logis, qui leur sert à recevoir et loger les hôtes à la décharge des abbés, fait partie des lieux réguliers, et qu'il leur est absolument nécessaire,

attendu qu'il remplit un des côtés du cloître, et que c'est par là seulement qu'on y entre. De plus, on sépara les maisons et jardins de l'abbaye par les partages de 1632, on réserva à l'abbé la maison abbatiale dit le Billet, avec les jardins adjacents enclos de murailles où est placé le colombier. Les abbés n'ont jamais eu dans l'enclos d'autre maison que celle-là, et le corps de logis ci-devant prétendu est un des lieux claustraux et réguliers, occupé de tout temps par les religieux. Le cinquième chef de demandes de Faultrier tend à fin de réduction des charges ordinaires à proportion du nombre des religieux qu'il prétend ne devoir être que de huit seulement, quatre novices et un maître, comme on était en l'abbaye en 1587. On a répondu que les charges ordinaires consistent en décimes, pension de « Moinclay », aumônes, hospitalité, entretien de la sacristie, réparations des églises, lieux claustraux et bâtiments dans l'enclos et autres, ne se règlent point suivant le nombre des religieux, mais selon le revenu du lot affecté pour les charges; on a justifié que ce lot est d'environ 3.500 livres, que les abbés précédents ont toujours baillé 2.000 livres aux religieux pour acquitter lesd. charges et quelquefois davantage. Il reste encore 2.500 livres provenant dud. lot des charges, tant pour le don gratuit que pour réparations des bâtiments de ce même lot, à quoi 4 ou 500 suffisent par année, et le surplus, 1.000 livres, au profit de l'abbé: d'où il s'ensuit qu'il n'est point lésé et qu'il n'a pas raison de vouloir faire de réduction à l'égard de ce qu'il laisse pour les charges ordinaires. Le nombre des religieux fut réduit en 1587 à huit prêtres, quatres novices et un maître, à cause que partie de leurs biens fut aliéné aux ventes ecclésiastiques; mais depuis qu'ils ont retiré ces biens aliénés, ce petit nombre s'est augmenté jusqu'à 18, puis jusqu'à 20 par arrêt du Conseil du 15 mars 1624, et comme leurs revenus se sont augmentés, partie par donations à charge d'obits, partie par acquisitions au moyen de leurs épargnes et bonne économie, leur communauté s'est pareillement augmenté et a été fixée à trente religieux par ordonnances consécutives de deux généraux de l'Ordre, confirmées par lettres patentes vérifiées au Grand Conseil le 27 octobre 1628. S'ils étaient forcés de continuer à Faultrier la provision de 5500 livres qu'il leur demande, ils seraient bientôt réduits au même état qu'en 1587, vu qu'ils ont été déjà contraints de retrancher leur communauté, qui n'est à présent que de 22, et qui se montait à 35 avant que les religieux fussent obligés de payer aud. abbé ce prix excessif de ses revenus. Le sixième chef tend à ce que les religieux soient condamnés de faire casser l'échange prétendu fait par eux le 24 octobre 1644, d'un fief dit de Brebeuf, pour un domaine appelé Putot, et de garantir Faultrier et ses successeurs pour raison de ce de tous droits, dépens, dommages et intérêts. Ce fief de Brebeuf, faisant partie de la mense abbatiale, fut échangé en 1644, non point par eux, mais par l'homme d'affaires et suivant les ordres du s' de Moraineviliiers, abbé commendataire. Le septième chef de demandes de Faultrier, tend à ce que les religieux soient condamnés, en procédant à nouveau partage pour ses successeurs, de rendre les bâtiments tant des églises qu'autres lieux dépendant de l'abbaye en bon état de grosses et menues réparations, avec obligation de les entretenir à sa décharge aussi longtemps qu'il sera abbé. Le huitième chef tend à ce que les religieux soient déboutés des demandes qu'ils ont faites à l'abbé, l'une de les rembourser de 6111 livres qu'ils ont payée et avancée à son acquit, pour réfection à neuf de la voûte entière de l'église, ensemble les frais de justice et les intérêts de cette somme, l'autre de les rembourser pareillement des sommes par eux déboursées pour le don gratuit et autres charges extraordinaires suivant les quittances qu'ils en rapporteront. L'abbé se plaint de vices de forme dans les procédures y relatives, mais fallait-il tant de formalités en un si grand danger, surtout dans une église où l'abbé et 25 religieux furent écrasés sous les ruines d'une partie de la même voûte en 1230? Il accuse les religieux de la ruine de la voûte, tant à cause qu'ils ont, dit-il, ébranlé les murs de l'église en bâtissant deux chapelles à côté, que parce qu'ils ont employé à bâtir ces chapelles une somme de 2100 livres, qu'un de ses prédécesseurs leur avait baillée pour réparer la voûte. Ils ont répondu à cette accusation par deux pièces, extrait de procès-verbal du 16 août 1672, à la diligence de Fourbin, abbé, contenant que les deux chapelles bâties hors œuvre servent d'appui et fortifient le mur du même côté, acte passé devant notaires le 2 juillet 1662, entre Laisné, abbé, et les religieux, par lequel ceux-ci s'obligèrent à réparer le bas côté de l'église au septentrion, ensemble la charpente et couverture du cloître moyennant lad. somme. Les autres abbés commendataires de l'Ordre de Prémontré acquittent les taxes entières du don gratuit, et par arrêt du Conseil du 26 mai 1662, rendu entre l'abbé de St-Jean des Vignes à Soissons, et les religieux, l'abbé a été condamné de payer entièrement led. don gratuit; et par autre arrêt rendu au Grand Conseil le 30 septembre 1680, pour l'abbaye de Lyre, a été ordonné que l'abbé paiera toutes les décimes tant ordinaires qu'extraordinaires, don gratuit et autres taxes. Extrait de l'avis de Claude Méliand, chevalier, conseiller du Roi en ses Conseils, maître des Requêtes ordinaire de son Hôtel, Intendant de justice, police et finances en la généralité de Caen, commissaire député en cette partie, en faveur des religieux, estimant, sous le bon plaisir du Roi, que, sans avoir égard à la demande de l'abbé, les arrêts du Parlement de Rouen des 27 août 1631 et 19 février 1633 seront exécutés selon leur forme et teneur ; ce faisant, que l'abbé continuera de jouir du premier lot des anciens partages, et les religieux maintenus en la possession et jouissance du second lot, et que le troisième demeurera à l'abbé pour les charges, etc. En ce qui concerne la demande de l'abbé d'un nouveau partage des bâtiments qui sont dans l'enclos de l'abbaye, et que ceux qui font face sur la grande cour lui soient adjugés, outre la maison abbatiale, cour et jardin d'icelle, avis de le déclarer non recevable aud. nouveau partage et demandes, qu'en ce faisant il soit ordonné que les religieux demeureront en possession de ceux à eux échus par l'arrêt du Parlement de Rouen, et qu'ils soient maintenus en la jouissance desd. bâtiments ayant leur vue sur la grande cour, comme faisant partie de leurs lieux réguliers à eux adjugés par led. arrêt; mais, d'autant que la maison abbatiale est dans un lieu dont l'accès est incommode et difficile, il y aurait lieu d'obliger les religieux à faire bâtir et construire de neuf un autre logis abbatial de pareille existence et contenance, proche le « Puys » de l'abbaye, dont la cour fera face sur la grande cour vis-à-vis de la nouvelle porte et avenue de l'abbaye, et de fournir à icelui un jardin clos de murs au derrière et joignant lad. maison, de pareille grandeur que celui de la maison abbatiale, et à ce moyen l'ancienne maison demeurera aux religieux, et sera jointe à leurs lieux et enclos régulier, et pourront se servir de matériaux pour la construction de la nouvelle maison, lieux, cour et jardin d'icelle. Sur le surplus des demandes de l'abbé, touchant l'état des charges et aumône ordinaire de l'abbaye, laquelle aumône il demande être fixée à 300 livres par an, et être lad. somme donnée à l'hôpital général de Caen, avis que lad. aumône doit être faite en la manière accoutumée, et distribuée par un des religieux à la grande porte de l'abbaye, et que Faultrier doit rembourser les religieux des sommes par eux avancées pour les charges ordinaires de l'abbaye, à raison de 2,000 livres, et continuer à l'avenir lad. somme par chacun an, si mieux il n'aime faire et payer les charges ordinaires et extraordinaires en nature, ainsi qu'elles sont désignées dans les accords faits entre les abbés et les religieux les 14 novembre 1638 et 27 avril 1643. Fait à Caen le 12 septembre 1680. S. l. r. d. 8 p. in-f°. — Lettres de Faultrier au P. Éthéar : « J'escris à M. le Marquis de Chasteauneuf, par la seulle raison que vous le souhaittez, car j'ay peur qu'il ne se défile de nostre inteligence, s'il la connoist ; il ne se contenta pas de ce que je luy dis, quand j'ou l'honneur de le voir à Valencienne, où il me témoigna beaucoup de difficultez, à cause qu'il dit que le Roy ne se rend presque jamais aux sollicitations concertées entre un abbé et des religieux pour empescher l'effet des contre-lettres, ainsi il faut prendre garde à ne pas faire naitre des soupçons par les empressemens qu'on témoigne à mon égard ; je feray tout ce qu'on voudra, pour confirmer tout ce que j'ay fait, car je n'y entend point de finesse, souvenez-vous, je vous prie, d'escrire à vos pères, que je compte sur le revenu d'Ardenne pour ma subsistance et que je les prie de donner ordre que je sois payé régulièrement à chasque terme. » — Constitution devant les mayeur et échevins de la ville du Quesnoy par Joachim Faultrier, intendant en la province du Hainault et pays entre Sambre-et-Meuse, abbé commendataire de l'abbaye d'Ardennes, d'Edme Prat, procureur au Parlement, pour passer tous actes nécessaires en exécution des accommodements faits entre lui et les religieux (1681). — Mainlevée pleine et entière du revenu temporel de l'abbaye, tant du lot à lui appartenant que du lot du tiers des charges, à Faultrier, après son serment de fidélité ; déclaration baillée au Roi dud. temporel par Faultrier (1681). Procédures entre led. abbé et Abraham Le Chanoine, ci-devant son fermier général, et François Michel, sous-fermier de la terre de Putot, (1682). — Extrait des registres du Conseil d'État concernant la transaction faite entre l'abbé Faultrier et les religieux (1684).

H. 43. (Liasse.) — 2 pièces, parchemin ; 74 pièces, papier.

1685-1697. — Suite des procès de l'abbé Faultrier contre les religieux concernant les partages, les réparations de la voûte de l'église, le refus par Faultrier de payer les 2,000 livres annuelles pour l'acquit des charges, etc. — Lettre de Faultrier au P. Fournereau, concernant l'exécution de l'arrêt du Conseil et la taxe du don gratuit (1685). — Procuration donnée devant les mayeur et échevins de la ville de Maubeuge, par Faultrier à Laurent de Thais, sieur de La Tour, conseiller du Roi en ses Conseils, maître ordinaire en sa Chambre des Comptes, à l'effet de poursuivre les religieux en paiement des revenus de l'abbaye sur le pred de 5,500 livres par an, suivant la transaction de 1679 (1685). — État de ce qu'il a coûté aux religieux pour les réédifications des dortoirs faites en 1687. — Extrait par Éthéart, prieur d'Ardennes, d'arrêt du Grand Conseil entre le cardinal d'Estrées, abbé d'Anchin, et les religieux, du 30 septembre 1688. — Mémoires, requêtes, etc. — Arrêt du Conseil d'État, servant de règlement pour les partages entre les abbés commendataires et les religieux, rendu entre Faultrier, abbé d'Ardennes, demandeur, et les religieux, du 3 juillet 1692. Vu : l'arrêt du Conseil du 21 février 1684, portant que lesd. religieux paieront à Faultrier, de six mois en six mois, 5,500 livres par an par provision, moyennant quoi ils jouiront, aussi par provision, de tous les biens, jusqu'à ce que par le Roi ait été prononcé sur le partage demandé ; l'arrêt du Parlement de Rouen du 27 août 1621, portant que les religieux jouiront en essence du tiers du revenu de l'abbaye, dont sera fait trois lots par les religieux, pour en être l'un choisi par l'abbé, un autre par les religieux pour leur vivre, vestiaire et entretènement, exempt de toutes charges, fors et réservé les réparations des bâtiments des fermes qui écherront en leur lot hors l'enclos de l'abbaye, et l'autre lot restera à l'abbé pour satisfaire aux charges, en ce non compris ce qui a été retiré par les religieux, sauf, où l'abbé voudrait rembourser les deux tiers des deniers et frais déboursés, à les partager entre eux comme dessus, et que l'abbé fournira le blé pour les aumônes ; l'arrêt dud. Parlement du 11 février 1622, portant entre autres choses qu'après la déclaration de l'abbé de Gallodé, qu'il prend le second lot, le premier est adjugé aux religieux, sans préjudice de la moins value du troisième lot, dont estimation sera faite par gens à ce connaissants dont les parties conviendront par devant le juge des lieux, pour le procès-verbal rapporté être ordonné ce qu'il appartiendra ; l'arrêt du Parlement de Rouen du 19 février 1622, rendu du consentement dud. de Gallodé et des religieux, dans lequel sont transcrits les trois lots des biens de l'abbaye, par lequel arrêt est dit que sans s'arrêter à la choisie des lots faite par l'arrêt du 11 dud. mois de février 1622. Gallodé est envoyé définitivement en la possession du premier lot, et les religieux du second lot, et le troisième demeure aud. Gallodé pour les charges de l'abbaye, au surplus les parties hors de cour sans dépens ; le plan de l'abbaye fait par un peintre nommé d'office par Méliand ; la requête de Faultrier du 10 janvier 1690, par laquelle il réduit toutes les conclusions par lui prises par ses précédentes requêtes, savoir qu'il lui soit donné acte de ce qu'il consent pour lui seulement, tant qu'il sera abbé, que, conformément à l'avis de Méliand, il soit débouté de ses prétentions et demandes en partage, aux conditions de la transaction et contre-lettres faites entre lui et les religieux, sauf au Roi à pourvoir aux droits de son patronage, et que pour l'intérêt du Roi il soit reçu opposant à l'exécution des arrêts du Parlement de Rouen des 27 août 1621 et 19 février 1622, ce faisant que chaque lot portera ses charges réelles et réparations de ses bâtiments, comme aussi opposant à l'arrêt du Conseil du 30 mars 1627, à la fulmination des bulles du Pape du 16 février 1628, lettres patentes du 28 août aud. an, et arrêt du Grand Conseil d'enregistrement d'icelles du 27 octobre suivant, que les religieux seront déboutés de leur opposition aux arrêts du Conseil des 21 février 1684 et 14 mars 1689, en conséquence qu'il sera fait nouveau partage, et pour n'avoir été donné par les religieux déclaration des biens de l'abbaye, contenant le revenu et les charges, au désir desd. arrêts du Conseil, qu'ils seront condamnés à 2,000 livres de nouvelle provision au profit de l'Hôpital général de Caen, que tous les biens acquis, aumônés, donnés, ou retirés par les religieux, seront compris dans le partage, sinon que les religieux seront condamnés à restituer les loyers des maisons et jardin abbatial, les charges réelles de leur lot qu'ils ont fait payer à l'abbé, l'entretien des bâtiments de la ferme d'Ardennes, les fruits de dix acres de pré de la Prairie de Caen, de la dîme de Saint-Germain, de la moitié du colombier, de la maison du Billet, du tiers des bois taillis de Tesnières et de la façon d'iceux, et de l'excédent des charges ordinaires, sur le pied de la modération qui en sera faite, et les 200 livres de supplément de la moins value du troisième lot, depuis 1622, que les bâtiments de l'abbaye seront partagés selon la qualité des parties, etc.: l'extrait d'un livre de l'abbaye nommé Nécrologe, où est fait mention qu'en mil deux cent trente l'abbé et vingt-cinq religieux furent tués par la chute de l'église; le marché fait par les religieux le 11 novembre 1686 avec un charpentier, à 3,200 livres, pour refaire à neuf les arcades de la voûte de l'église; autre marché fait le lendemain avec un autre charpentier pour démolir la voûte de lad. église, avec quittance de 585 livres, marché fait avec deux maçons le 2 février 1687 pour la réfection de lad. voûte, moyennant 135 livres, etc.: le bail fait le 20 juin 1620, par Gallodé, abbé, de la maison et ferme d'Ardennes, moyennant 2,000 livres; le décret du général de Prémontré du 25 novembre 1627, portant qu'il y aura vingt-cinq religieux dans le couvent, savoir seize sur les biens à eux échus, et neuf sur ceux par eux retirés ou légués, autre décret dud. général du 18 août 1651, portant réunion des biens acquis par les religieux à leur mense conventuelle, à la charge de nourrir trente religieux; le traité fait le 16 octobre 1666 entre l'abbé de Blanchelande et ses religieux, pour raison des aumônes, entretien de la sacristie, et autres charges et réparations; la copie d'un arrêt du Grand Conseil du 30 septembre 1680, rendu entre l'abbé et les religieux de Notre-Dame de Lire, qui ordonne le partage des biens de lad. abbaye par tiers, dont l'un est pour les charges, ordonne que l'abbé paiera sur le lot des charges les décimes, don gratuit et autres taxes, le luminaire et autres dépenses de la sacristie et de l'église pour la desserte du service; la copie de la requête de Faultrier du 2 janvier 1691, à ce que les religieux soient condamnés à l'acquitter de la demande contre lui faite par les chanoines de Lisieux pour raison du domaine de Putot; le procès verbal du lieutenant général de Magny, du 27 mars 1691, contenant son transport en la maison de Louis Bacquet, praticien, dépositaire des minutes de défunt Louis Bacquet, notaire à Bangu, sur le réquisitoire de Michel Bonté, comme procureur et ayant charge de Faultrier, lequel Bacquet a représenté la minute d'un acte de ratification faite par le sieur de Morinvilliers du contrat d'échange du fief de Brébeuf, dont a été tiré copie figurée transcrite dans led. procès-verbal, datée du 20 novembre 1644, etc. Le Roi étant en son Conseil, faisant droit sur le tout, a reçu et reçoit les religieux opposants à l'exécution de l'arrêt du Conseil du 21 février 1684, en ce qu'il ordonne qu'il sera fait trois lots de tous les biens de l'abbaye, tant de la portion de l'abbé, que de tous les autres dont les religieux jouissent en vertu de partage, acquisitions, donations, ou à eux aumônés, déboute Faultrier de sa demande en partage desd. biens, sauf néanmoins aux abbés de pouvoir rembourser aux religieux les deux tiers du prix des biens par eux retirés, et des impenses, améliorations, frais et loyaux coûts, pour en ce cas être lesd. biens retirés, partagés entre l'abbé et les religieux, décharge les religieux de l'assignation à eux donnée aux Requêtes de l'Hôtel à la requête de Faultrier, et de ses demandes afin de faire par eux casser l'échange du fief de Brébeuf avec le domaine de Putot, et de l'acquitter de la prétention du chapitre de Lisieux sur led. domaine, et en conséquence déclare la procédure faite contre les religieux nulle, comme attentatoire, sauf à Faultrier à continuer les poursuites de son chef pour raison de ce, contre led. chapitre et les acquéreurs dud. fief, ainsi qu'il avisera bon être, condamne Faultrier payer aux religieux 6,111 livres pour les réparations faites à la voûte de l'église et autres endroits de l'église au sujet de la voûte, sinon l'estimation desd. réparations au dire d'experts, décharge les religieux des réparations par eux faites en exécution du traité fait avec Faultrier le 6 décembre 1679, si mieux n'aime Faultrier les faire visiter par experts, pour savoir si elles ont été bien et dûment faites, lesquelles estimation et visite d'experts seront faites aux dépens de qui il appartiendra, ordonne que Faultrier paiera aux religieux 1800 livres pour les charges ordinaires qu'ils ont ci-devant acquittées en conséquence des traités faits avec les précédents abbés, et qu'ils continueront d'acquitter à l'avenir moyennant lad. somme, ou mieux aime Faultrier les acquitter lui-même, et en cas de contestation pour raison desd. charges et pour l'exécution du présent arrêt, renvoi des parties par devant les juges qui en doivent connaître; les religieux compteront avec Faultrier de la jouissance de ses revenus jusqu'au jour de St-Michel prochain sur le pied des traités faits entre eux le 26 septembre 1679, lesquels demeureront nuls pour l'avenir en conséquence de l'arrêt du 21 février 1684, duquel jour de St-Michel prochain Faultrier jouira des lots de l'ancien partage à lui appartenant, et les religieux déchargés de l'administration d'iceux, et sur le surplus des demandes, oppositions, fins et conclusions de Faultrier, les parties mises hors de Cour; Faultrier condamné aux dépens envers les religieux de la présente instance, et ceux faits au bailliage de Caen, Requêtes du Palais, et devant Méliand, alors intendant de Caen, où lad. instance avait été commencée. S. l. n. d. 11-25 p. in-4°. — Accord fait devant les notaires du Châtelet de Paris entre Joachim Faultrier, abbé commendataire, et André Fournereau, prieur régulier de l'abbaye, au nom de la communauté, en conséquence de l'arrêt du Conseil du 3 juillet 1692 (1697).

H. 44. (Liasse.) — 5 pièces, parchemin ; 24 pièces, papier.

1709-1731. — Procès Fogasse de La Bastie. — Copie du procès-verbal de mise en possession, par Barnabé Jean, s' des Coursières, notaire royal et apostolique au diocèse de Bayeux, immatriculé au bailliage et siège de l'officialité de Caen, en présence du prieur, de frères Olivier Jahouel, Clément Pichon, Guillaume Raoult, Gaspard Haribel, Claude Prévost, Raphaël Néel, Jean-Baptiste Rosé, procureur, Joseph Guerty, Augustin Canmont, religieux d'Ardennes, de Gaspard de Fogasse de La Bastie, prêtre du diocèse d'Avignon, docteur de Sorbonne, grand vicaire de l'église de Chartres, pourvu par le Roi de l'abbaye à commende de Notre-Dame d'Ardennes, vacante par la mort de Joachim Faultrier (1709); à la suite, signification requête de Louis-Jacques-Joseph Le Chanoine, docteur en théologie, chanoine de l'église collégiale du Sépulcre de Caen, receveur général de Faultrier, ci-devant abbé d'Ardennes, à Norbert du Saussay, prieur de la paroisse de N.-D. du Breuil, dud. procès-verbal d'installation, avec défenses d'attenter à la dame de l'année (1709). — Accord sur procès entre led. abbé Gaspard de Fogasse de La Bastie, Jean Baptiste Pinard, conseiller au bailliage d'Auxerre, héritier en partie de Joachim Faultrier, pour lui et ses cohéritiers, led. Louis-Jacques-Joseph Le Chanoine, en son nom et comme fondé d'Abraham Le Chanoine, son frère, et Gilles Le Chanoine, sieur du Manoir, avocat au Parlement de Paris, enfants et héritiers d'Abraham Le Chanoine, secrétaire en l'hôtel-de-ville de Caen, et de défunte Louise de Vernay, leur mère, et les religieux d'Ardennes, concernant les réparations à faire aux maisons et édifices de l'abbaye (1709). — Procédure au bailliage de Caen devant Nicolas du Moustier, écuyer, seigneur de Coutranville, lieutenant général, etc., entre les religieux d'Ardennes, stipulés par frère Jean-Baptiste Rosé, procureur, et led. abbé, concernant le bâtiment abbatial de l'abbaye. — Procès entre Gaspard Fogasse, abbé commendataire, et Jean-Baptiste Pinard, conseiller au présidial d'Auxerre, époux de Jeanne Faultrier, Jacques-Eusèbe Faultrier d'Alpin, écuyer, maître de la garde-robe de feu M⁵⁰ la Dauphine (puis sa veuve), Pierre-Joseph Faure, maître des comptes, époux d'Anne Faultrier, héritiers de l'abbé Faultrier, concernant les réparations de l'abbaye. — Transaction devant les notaires de Paris entre Pierre-René de Brizay, chevalier, seigneur comte de Denouville, baron du Pais et seigneur d'Avesnes, lieutenant général pour le Roi au gouvernement du pays Chartrain, brigadier des armées du Roi, procureur de Gaspard de Fogasse de La Bastie, abbé commendataire d'Ardennes, et Jacques Morel, prieur de l'abbaye, pour terminer leur procès au Grand Conseil, concernant la pension congrue due au prieur de St-Germain-la-Blanche-Herbe (1726), etc.

H. 45. (Liasse.) — 4 pièces, parchemin ; 23 pièces, papier.

1753-1768. — Procès de La Croix. — Procédure entre Jean-Claude de La Croix de Chevrière de St-

Vallier, vicaire général de l'évêque de Rodez, abbé commendataire d'Ardennes, et les prieur et religieux chanoines réguliers de lad. abbaye, concernant le paiement de 4,050 livres par an, réclamé aud. abbé pour l'acquit des charges ordinaires du tiers lot, et l'offre par lui faite de ne payer que 1.800 livres; accord entre le vicomte de St-Vallier, héritier par moitié de l'abbé de St-Vallier, abbé d'Ardennes, tant pour lui que pour le comte de St-Vallier, héritier de l'autre moitié des biens dud. abbé, leur frère, et Jean-Baptiste Du Petit-Bosq, prieur de l'abbaye, concernant les réparations (1765). — Procès-verbal de visite à la requête de Nicolas-Amédée de La Croix de Chevrière, comte de St-Vallier, et Paul-Charles de La Croix de Chevrière, vicomte de St-Vallier, par Buisard et Drost, experts, des réparations de l'orgue, colombier, tours de l'enclos, etc., de l'abbaye (1766). — Copie délivrée par Giraudeau et Rondy, notaires à Paris, de la quittance donnée par Jacques Bertrand, procureur général de l'ordre de Prémontré, stipulant les prieur, sous-prieur et religieux d'Ardennes, à Nicolas-Amédée de La Croix de Chevrières, comte de St-Vallier, de 5.405 livres 13 sols pour partie des réparations de l'abbaye (1768).

H. 40. (Liasse.) — 1 pièce, parchemin; 3 pièces, papier.

1768-1770. — Procès Booth. — Assignation par Bénigne Gautier, huissier à cheval au Châtelet de Paris, requête des religieux d'Ardennes, à Édouard Booth, grand vicaire de l'archevêque de Narbonne, abbé commendataire, à comparaître au Grand Conseil du Roi, pour y reprendre l'instance entre lesd. religieux et feu Jean-Claude de La Croix de Chevrières de St-Vallier, abbé commendataire, concernant le règlement des charges de l'abbaye (1768). — Obligation devant Lefèvre et Ganivet, notaires à Soissons, par Jacques Chevallier, prieur de l'abbaye d'Ardennes, étant en l'abbaye de Prémontré où se tient actuellement le chapitre national de l'Ordre, pour les religieux d'Ardennes, envers Henri-Robert de La Vigne-Deschamps, bourgeois de Paris, fondé de procuration d'Édouard Booth, vicaire général de Narbonne, abbé commendataire d'Ardennes, et en présence d'Arthur-Richard de Dillon, archevêque et primat de Narbonne, président né des États généraux de la province de Languedoc, commissaire nommé par le Roi aud. chapitre national, frère Jean-Baptiste Godard, abbé de Bucilly, vicaire général de Prémontré réformé, et frère Jacques Bertrand, procureur général de l'Ordre, de rendre nulles toutes actions et procédures intentées aud. Booth, suivant les conventions arrêtées entre eux; conventions (1770).

H. 41. (Liasse.) — 11 pièces, parchemin; 25 pièces, papier.

1441-1671. — Procès Jembelin. — Extrait du grand chartrier de l'abbaye d'Ardennes concernant l'enquête faite aux pleds de la ville et banlieue de Caen, par Fralin de Soubamont, lieutenant général de Jean Rudolph, vicomte, par 17 hommes de la paroisse de St-Contest, sur la clameur des religieux d'Ardennes, contre Jean de Basly, de biens sis à St-Germain-la-Blanche-Herbe (1441., lad. extrait collationné par Germain Champion, sergent royal à Louvigny, sur le registre représenté par frère Jean Gires, religieux (1627). — Mandement aux pleds de la ville et banlieue de Caen, tenus par Guillaume Le Grand, écuyer, lieutenant général du vicomte, concernant la jurée faite faire par Martin Jembelin, concernant paiement de rente (1528, v. s.) — Extrait des registres du greffe de la vicomté de Caen, concernant le décret requis par Germain Jembelin, prêtre, « facturyer » de la confrérie de St-Nicolas fondée en l'église de St-Germain-la-Blanche-Herbe, des biens d'un débiteur de rente (1556). — Extrait du papier terrier de l'abbaye d'Ardennes rendu par Clément de Vaulx et Jacques Adam, fermiers de l'abbaye, concernant les paiements faits par Martin et Germain Jembelin, prêtres, et la veuve de Hervieu Jembelin, héritiers de Michel Jembelin, représentant Jean de Basly, de 6 boisseaux de froment mesure ancienne de Caen, etc. (1598), led. extrait collationné par Germain Champion, sergent royal à Louvigny, sur le papier terrier représenté par Jean Gires, religieux de l'abbaye (1627). — Procédure entre Mariette (al. Marguerite) Gaugain, veuve de Jean Flambart, Martin Jembelin, prêtre, et Robert Morin, écuyer, sieur d'Ecajeul, conseiller au présidial de Caen, en paiement de rente. — Extrait du registre du tabellionnage de Caen concernant la décharge donnée par Georges Sallet, sieur de Quilly, Cintheaux, et de La Héraudière, avocat en Parlement de Normandie, héritier à cause de sa femme de Jean Froger, avocat au présidial de Caen, à Charles, Gilles et Robert Jembelin, fils de feu Jacques Jembelin, héritier de Martin et Germain Jemblin, bourgeois de Caen, de 29 années d'arrérages de 3 boisseaux 1/2 de froment de rente foncière (1631); autre extrait du registre du tabellionnage de Caen concernant la fieffe faite par Martin Jembelin, prêtre, de St-Germain-la-Blanche-Herbe, à Germain Boisard, du hameau de Franqueville, d'une pièce de terre, maison et jardin aud. lieu (1588). — État de distribution devant Jean de La Court, écuyer, sieur du Buisson, vicomte de Caen, des deniers provenant du décret des biens de Cardin Jembelin, héritier de Germain Jembelin et Marin Jembelin, requis par Suplix Quondeville, bourgeois de Caen (1591). — Procédure au présidial de Caen entre Jean Brunel, fermier de l'abbaye d'Ardennes, et Jacques Jembelin, pour paiement d'arrérages de rente (1595). — Quittance devant Richard Martin et Mathieu de La Londe, tabellions à Caen, par Gratien Jembelin, bourgeois de St-Ouen de Caen, pour lui et Margueria, son frère, fils et héritiers d'Hervieu Jembelin, à Cardin Jembelin, bourgeois de Caen, de 12 l. t. pour rachat de 24 sols de rente restant de 30 livres de rente à eux donnés par Germain Jembelin, prêtre (1608). — Procédure au bailliage et présidial de Caen devant Guillaume Vauquelin, écuyer, président et lieutenant général, entre frère Guillaume Le Turc, religieux d'Ardennes, prieur de St-Germain-la-Blanche-Herbe, et Jacques Jembelin, bourgeois de Caen, concernant la possession de diverses pièces de terre (1612); mandement pour led. Le Turc contre Charles Jembelin et ses frères, bourgeois de Caen, héritiers de Jacques Jembelin (1620). — Procès entre Raoul Le Sauvage, bourgeois de Caen, ci-devant fermier de l'abbaye, et Charles, Gilles et Robert Jembelin, frères, héritiers dud. Jacques Jembelin, en paiement d'arrérages de rentes (1621-1626). — Extrait du registre des baptêmes faits en la religion prétendue réformée à Caen en 1621, concernant celui de Gilles, fils de Gilles Jembelin et de Marie Osmont, led. extrait délivré par Guillaume Morin, bourgeois de Caen, garde dud. registre, et admis par les ministres de lad. religion pour en délivrer des extraits (1675).

H. 68. (Liasse.) — 9 pièces, parchemin; 40 pièces, papier.

1627-1647. — Procès Jembelin. — Procédures au bailliage de Caen : entre les religieux d'Ardennes, stipulés par frères François Miffant et Jean Gires, et Robert Jembelin et ses cohéritiers en la succession de leur père, pour paiement de 6 boisseaux de froment, mesure ancienne. 4 sols 2 gélines et 20 œufs de rente foncière (1627); devant Hercule Vauquelin, écuyer, s' des Yveteaux, lieutenant général au bailliage de Caen, entre les religieux d'Ardennes et Robert Jembelin, tuteur des enfants de feu Gilles Jembelin et Marie Osmont, sa veuve (1629); inventaire des pièces produites par les religieux contre Robert Jembelin (1629); information de témoins faite par Archange Ruel, enquêteur en la vicomté de Caen, et Pierre Le Mercier, adjoint ordinaire aux enquêtes, concernant lad. procédure (1649); suite de lad. procédure en la juridiction des privilèges de l'Université de Caen tenus par Jacques Blondel, écuyer, sieur et châtelain de Tilly, lieutenant particulier du bailli de Caen (1630), etc. — Extrait du registre du tabellionage de Caen concernant l'acquêt par Robert Jemblin, sieur du Mesnil, bourgeois de Caen, de maison ou maisons, cour, puits et jardin, de la succession d'Isaac Morin, sis au hameau de Cusay (1637). — Ventes devant : Michel Le Sueur et Jean Crestien, tabellions à Caen, par Charles Jemblin, bourgeois de Caen, à Guillaume Jemblin, bourgeois, de 1/2 vergée de terre au hameau de Franqueville (1637); Mathieu de La Londe et Michel Le Sueur, tabellions à Caen, par Charles Jemblin, bourgeois de Caen, à Guillaume Jemblin, bourgeois de Caen, de 6 vergées de terre à Franqueville (1640). — Procédure au bailliage de Caen devant Jacques Blondel, écuyer, sieur et châtelain de Tilly, lieutenant particulier civil et criminel, entre Jean de Baillehache, sieur de Beaumont, cidevant receveur du domaine en la ville et vicomté de Caen, et Robert Jemblin, concernant le paiement du 13e de la vente à lui faite par Charles Jemblin, son frère, d'une pièce de terre (1641). — Déclaration des biens sis à St-Contest et St-Germain-la-Blanche-Herbe ayant appartenu à Charles Jemblin, requête de Jacques de Vaux, commissaire établi au régime desd. biens (1642). — Sommation à la requête de Robert Jemblin, marchand, bourgeois de Caen, à Nicolas Madeline, sieur de la Vallée, de lui rendre à droit de sang et ligne, clameur et marché de bourse, 6 acres de terre à St-Germain-la-Blanche-Herbe (1642). — Procédures : entre Alexandre Sallet, écuyer, sieur de Quilly, et Charles Jemblin, fils de feu Jacques Jemblin, concernant le paiement d'arrérages de rente ; entre les religieux et Gilles Jemblin, bourgeois de Caen, pour paiement d'arrérages de 6 boisseaux de froment ; entre les religieux, fondés au droit d'Alexandre Sallet, écuyer, sieur de Colleville, et Gilles Jemblin, bourgeois de Caen, pour paiement de 10 boisseaux 1/2 de froment de rente.

H. 69. (Liasse.) — 8 pièces, parchemin; 45 pièces, papier.

1648-1701. — Procès Jemblin. — Procédure en la vicomté de Caen devant Gilles Hue, écuyer, s' de Luc, vicomte, entre Jacques Jemblin et Robert Jemblin, sieur du Mesnil, son père, pour paiement de 5 années d'arrérages de 400 livres de rente qu'il lui avait promises par son traité de mariage reconnu en 1638 (1645). — Quittance par Guillaume Jembelin, bourgeois de Caen, à Alexandre Sallet, conseiller au Parlement de Normandie (1649). — Procédure au Parlement de Rouen entre Robert Jembelin, sieur du Mesnil, marchand, bourgeois de Caen, et Marguerite Fresnel, femme civilement séparée de Pierre Demories, concernant le remboursement d'une obligation souscrite (1651). — Compromis entre les religieux d'Ardennes, stipulés par frères Robert du Hamel, sous-prieur, et Basile Gombert, procureur, et Nicolas Jacques et Thomas Nauger, frères, bourgeois de Caen, concernant le transport devant les tabellions de Caen, ausd. religieux, sous leur nom ou celui de Richard Brière, marchand, bourgeois de Caen, de 3,323 livres 17 sols à eux dus par Charles Jembelin (1652). — État de distribution par Siméon de Fontaines, écuyer, sieur de Neuilly, vicomte de Caen, des deniers provenant du décret des biens de Charles Jemblin, sis à St-Sauveur, St-Martin et St-Nicolas de Caen, St-Germain-la-Blanche-Herbe, St-Contest et Authie, requis par Michel Le Cocq, sieur du Verger, bourgeois de Caen, pour les arrérages de la rente dotale de défunte Marie Jemblin, épouse dud. Le Cocq, sieur dud. Charles (1653). — Procédure au Parlement de Rouen entre les religieux d'Ardennes et Robert Jembelin, bourgeois de Caen, redevable pour héritages dont ils ont été dépossédés au décret des biens de Charles Jembelin (1653). — Mémoire de ce qui est dû aux religieux d'Ardennes par Robert Jembelin. — Procédure devant Siméon de Fontaines, écuyer, sieur de Neuilly, vicomte de Caen, entre Anne Jembelin, fille de Charles Jembelin, et Anne Le Queru, femme de Charles Jembelin, concernant la clameur de 3 pièces de terre faisant partie de son lot à douaire et adjugées par décret à Richard Brière, marchand, bourgeois de Caen (1654). — Procédure devant Pierre Blouet, écuyer, seigneur et patron de Than, ancien conseiller au bailliage et siège présidial, entre les religieux d'Ardennes et Gilles Jembelin, bourgeois de Caen, concernant le paiement du treizième de la vente à lui faite par Charles Lamy (1680). — Procédure au bailliage de Caen devant Nicolas du Moustier, écuyer, sieur de La Motte, lieutenant général, entre les religieux d'Ardennes et Jean Debleds et autres débiteurs de 9 boisseaux demi tiers de froment (1682). — Brevet donnant à Hue et « Jamblin », de Franqueville, l'administration et les revenus des biens de Jean « Jamblin », ministre de la R. P. R., lequel est dans les pays étrangers, et dont ils sont les plus proches héritiers, à

charge de payer les charges et dettes (1690). — Envoi en possession par Claude de Fontaines, écuyer, sieur de Neuilly, vicomte de Caen, au profit de Gilles Jembelin, sieur de Franqueville, et Jean Hue, écuyer, des biens de Jacques et Pierre Jembelin, frères (1690), collation sur l'original représenté par Proffichet, religieux, procureur de l'abbaye, par d'Esterville, huissier audiencier en vicomté de Caen (1701).

H. 64. (Liasse.) — 6 pièces, parchemin; 23 pièces, papier.

1685-1790. — Procès Jembelin. — Extraits de pièces pour les prieur et religieux d'Ardennes (1685-1765). — Extrait du registre du notariat royal de Caen concernant le partage des biens de Jacques, Marie, Madeleine et Anne Jembelin, dont Jean Hue, écuyer et Gilles Jembelin, sieur de Franqueville, ont été envoyés en possession (1692) — Mainlevée accordée par l'intendant Foucault, seigneur et marquis de Magny, à Gilles Jembelin, sieur de Franqueville, catholique, ayant servi le Roi dans ses armées en qualité de capitaine, de la saisie de son lot des biens de Jean Jembelin, ministre de la R. P. R., sorti du Royaume, dont l'administration lui a été donnée par brevet du Roi (1693). — Déclaration du Roi permettant à ceux sortis du Royaume pour la R. P. R. et qui y reviendront, de rentrer dans leurs biens en satisfaisant aux dispositions contenues en lad. déclaration (1688), imprimé à Caen, chez Jean Cavelier, 4 p. in-4°, et placard imprimé à Paris par Pierre Ferrand et Jacques Besongne. — Adjudication faite aux plaids des sergenteries de la ville et banlieue de Caen par Louis Le Bas, écuyer, seigneur et patron de Baron Tourmauville, vicomte de Caen, des biens de Jean Hue, écuyer, sieur de la Vercainière, décrétés à la requête de Jacques de Paulmier, chevalier, seigneur de Vendeuvre, et Marguerite Du Mesnil, son épouse (1701); envoi en possession desd. biens par led. Le Bas, au profit des religieux d'Ardennes, subrogés au droit de Samuel Le Sueur, écuyer, sieur de Colleville, conseiller au Parlement de Normandie, adjudicataire desd. biens (1701); état de distribution faite par Louis Le Bas, écuyer, seigneur de Baron Tourmauville, vicomte de Caen, en présence du s^r du Quesney, prêtre, conseiller rapporteur, des conseillers et de Vérel, procureur du Roi, des deniers provenant du décret des maisons et rentes de feu Hue, écuyer, tant au droit de la succession de la d^{elle} Asselin de Sigoville de Mercadey, que de l'envoi en possession des maisons de Jean-Jacques et Pierre Jemblin, frères, et leurs sœurs, religionnaires et fugitifs (1701). — Extrait des registres du Conseil d'État, envoyant en possession Jean-Jacques Bacon de Précourt des biens de Gilles « Jamblin », ministre de la R. P. R. à Caen, sorti du royaume en 1685, dont il est le plus proche héritier (1741). — Procédure au bailliage de Caen, devant Mathurin-Charles-Louis Couture de la Figacière, écuyer, seigneur et patron de Troismonts, lieutenant particulier ancien civil et criminel du bailli de Caen, assesseur criminel et lieutenant particulier, entre Jean-Jacques Bacon, sieur de Précourt, écuyer, seigneur de St-Manvieu, contrôleur général des finances, domaines et bois de la généralité de Caen, et les religieux d'Ardennes et Deschamps-Piéplu, greffier au consulat de Caen, concernant l'entérinement des lettres de loi apparente obtenues par led. de Précourt (1746). — Extrait des registres du Conseil d'État, entre Louis-François et Bernard-Baptiste Le Neuf, frères, de St-Martin-de-Sallen, et Bacon de Précourt, concernant la succession de feu Jemblin, ministre de la R. P. R. (1759 ss.); griefs et moyens d'appel pour les prieur et religieux d'Ardennes, contre lesd. Le Neuf, Bacon de Précourt et Élisabeth Piéplu-Deschamps, veuve et héritière de Sébastien Blot, professeur en médecine, tutrice de leurs enfants. Rouen, impr. Jacques Dumesnil, 1765, 27 p. in-f°, etc. — Extrait de la loi du 15 nov. 1790, concernant les religionnaires.

H. 51. (Liasse.) — 9 pièces, parchemin; 82 pièces, papier.

1489-1668. — Procès Dethan. — Vente devant Pierre Hamelin et Samson Camail, clercs, tabellions ès mettes des sergenteries d'Ouistreham et Bernières, par Geoffroy de Than, de Bény, à Philippe de Than, d'une vergée de terre à Bény en la delle de la Maladerie, au mont de Reviers (1488, v. s.). — Extrait du papier journal du revenu de la maison-Dieu de Caen, concernant la rente due par les héritiers Jean Dethan, de Bény (1551 ss.). — Fieffe devant François Paris et Christophe Aubert, tabellions à Caen, par Jacques Caignard, bourgeois de Caen, à Robert de Than, bourgeois de Caen, de terre à Bény (1585). — Vente devant Christophe Aubert et Raoul Caillot, tabellions à Caen, par Jean-Pierre et Robert Girard, père et fils, de Bény, à Robert de Than, bourgeois de Caen, d'une maison et jardin à Bény (1586). — Procédure en Parlement entre Philippe de Than, bourgeois de Caen, et Marin de Than, concernant les fieffes faites par Philippine Allais, leur mère; procédure au bailliage de Caen entre Philippine Allais, veuve de Robert de Than, Philippe de Than, son fils aîné, et Pierre de Morets, sieur et châtelain de Moulineaux et Bény, concernant faisance de rente. — Reconnaissance par Jean Barbullée, de Bény, du bail à lui fait par Philippe de Than, fils aîné de feu Robert de Than, de terre à Bény (1600). — Transaction devant Richard Martin et Mathieu de La Lande, tabellions à Caen, entre Philippine Allais, veuve de Robert de Than, et son fils Philippe, sur leurs procès (1606). — Extrait du registre hérédital du greffe de la vicomté de Caen, concernant 2 lots de rentes et sujettions dues par Philippe et Marin de Than, à cause tant de la succession de Robert de Than, leur père, que de l'avancement à eux fait par Philippine Allais, leur mère (1609). — Signification par Pierre Blondel, sergent royal à Caen, à la requête de Lanfranc Bigot, sieur de Thibermesnil, chanoine de Rouen, à Marin et Philippe de Than, frères, enfants et « dimissionnaires » de Philippine Allais, héritière de Charles Le Brethon, sieur de la Prayse, que le décret du fief de Beauville et autres héritages appartenant à Guillaume de Thollemer, écuyer, sr de Branville, se passera devant le bailli de Rouen ou son lieutenant au siège de Pont-l'Évêque (1610). — Procédure au bailliage de Caen entre Jacques Godes, sr d'Amblie, et Philippe de Than, bourgeois, représentant sa mère par avance de succession, concernant le paiement d'arrérages de rente. — Donation devant André Heuste et Marin Costel, tabellions à Caen, par Marin de Than, fils de feu Robert de Than et de Philippine Allais, demeurant à St-Pierre de Caen, à l'abbaye d'Ardennes, d'une maison ou maisons et terres pour la fondation de 2 obits (1613). — Requête au chapitre général de Prémontré par frère Norbert de Than, religieux non profès, en l'abbaye d'Ardennes, pour ordonner qu'il sera reçu à sa profession ou que tous les biens par lui donnés lui seront rendus (1619); procédures y relatives; transaction entre Marin de Than, prêtre de la congrégation de l'Oratoire, chapelain de l'hôpital St-Louis de Rouen, et les religieux d'Ardennes, sur leurs procès concernant la remise de certains biens. — Extrait du registre des tutelles et délibérations de la vicomté de Caen, concernant la réunion de famille des parents et amis des mineurs de feu Philippe de Than, devant Gilles Hue, écuyer, sieur de Luc, vicomte (1643). — Procuration devant Bourdon, notaire à Saumur, par Marin de Than, prêtre de la congrégation de l'Oratoire établi en la chapelle N.-D. des Ardilliers de Saumur, au P. Pierre Verrier, de lad. congrégation, de recevoir des frères Tison, marchands à Caen, 200 livres formant 2 années d'arrérages de rente (1645). — Quittance donnée devant Thomas Le Sueur et Guillaume de La Porte, tabellions à Caen, par Pierre Bence, fils Thomas, marchand orfèvre à Caen, aux religieux d'Ardennes, stipulés par Mathieu Trosseille, de 160 livres pour décharge de 4 boisseaux de froment de rente dus à Jean Achey, sieur du Mesnil-Vité, représentant Jacques Godes, écuyer, sieur d'Amblie et de Bény, lesd. religieux cédés aux droits de Marin de Than (1663).

H. 53. (Liasse.) — 6 pièces, parchemin; 27 pièces, papier.

1564-1664. — *Procès Planchon.* — Copie de la vente faite devant les notaires du Châtelet de Paris par Guillaume de Marle, prévôt des marchands, et les échevins, en suite de cession du Roi sur les biens temporels des bénéficiers et communautés du ressort du Parlement de Paris (1564), à Philbert Barjot, seigneur d'Orval et de Marchefroy, maître des Requêtes et président au Grand Conseil, de 350 l. t. de rente, lad. copie collationnée par Le Sueur et Bougon, tabellions à Caen, sur l'original représenté par frère Mathieu Trosseille, procureur de l'abbaye d'Ardennes (1664). — Copie d'accord à Gaillon devant Jacques Gilles, tabellion en la vicomté d'Andely, et Thomas Razin, écuyer, avocat, son adjoint, entre Philippe de Roncherolles, chevalier, seigneur et baron de Heuqueville et du Pont-St-Pierre, gentilhomme ordinaire de la chambre du Roi, et André de Bourbon, seigneur de Rubempré, capitaine de 50 hommes d'armes des ordonnances du Roi, procureur de Christophe de Mayencourt, écuyer, seigneur du lieu et d'Orval, et Jeanne de Roncherolles, son épouse, concernant les conventions de leur mariage (1566), lad. copie collationnée par lesd. tabellions sur l'original représenté par Mathieu Trosseille, procureur de l'abbaye d'Ardennes (1664). — Vente devant François Croizet et Pierre Du Tot, notaires au Châtelet de Paris, par Hilaire Le Chevalier, receveur de la baronnie du Pont-St-Pierre, fondé de Philippe de Roncherolles, baron de Heuqueville et du Pont-St-Pierre, à Guillaume Planchon, docteur régent en la faculté de médecine en l'Université de Paris, absent, Marguerite Fabie, sa femme, présente, de 350 livres t. de rente appartenant aud. baron, au droit de Christophe de Mayencourt, écuyer, époux de Jeanne de Roncherolles (1566), lad. copie collationnée par lesd. tabellions sur l'original représenté par frère Mathieu Trosseille, procureur de l'abbaye d'Ardennes (1664). — Vente devant les tabellions à Bayeux, par Pierre de Sailen, écuyer, avocat de Bayeux, et Madeleine Samson, son épouse, à Philbert Planchon, écuyer, avocat au Parlement de Paris, époux de Denise Vinot, de 25 livres t. de rente (1612). — Donation pour services religieux devant Nicolas Rocque et Gilles Potier, tabellions à Caen, par led. Philbert Planchon, pour lui et Denise Vinot, son épouse, pour eux et Nicolas Planchon, leur fils, entré à l'abbaye d'Ardennes, à lad. abbaye, stipulée par Jean de la Croix, prieur claustral, Augustin Panyer, sous-prieur, Jacques Marye, Guillaume Denis, Jean Auber, Jean Honorey, François Regnault, Laurent Véchy, Marc Sarrasin, religieux profès, frères Pierre Cramoisy, Norbert de Thaon, clercs, Gilles Le Rault, Rémy de Lorancery, Antoine Fournier, convers non profès et novices, de la somme de 2,850 livres, pour fondation d'obits (1614). — Reconnaissance par Planchon aux religieux d'Ardennes de la somme de 320 livres à lui prêtée (1614). — Procédure au Châtelet de Paris entre Denise Vinot et Philbert Planchon, son mari, concernant leur séparation de biens (1614). — Bail fait devant Claude Le Vasseur et Jean Chapellain l'aîné, notaires à Paris, par Philbert « Planson » et Denise Vinot, sa femme, à Nicolas Soudart, hôtelier, de maisons, cours et jardins sis à Boissy-St-Léger (1615). — Extrait du registre de la geôle et prisons du Roi en la vicomté de Bayeux, portant que Hébert et Jean dits Martin, père et fils, ont été constitués prisonniers à la requête de Claude Planchon, chanoine de Bretteville (1615). — Procédure en la vicomté de Bayeux, devant Jacques Le Bedey, écuyer, sieur de Vaux Méautis, vicomte, entre Philbert Planchon, frère et héritier de Claude Planchon, chanoine de Bretteville, et les frères Lantrin, pour paiement de fermages (1616). — Donation devant Nicolas Rocque et Richard Martin, tabellions à Caen, par Philbert « Planson » avocat en la cour de Parlement, aux religieux d'Ardennes, de 250 livres de rente faisant partie de 350 livres à prendre sur les deniers communs de l'hôtel-de-ville de Paris et sur le Clergé de France (1616). — Procédure en la vicomté de Bayeux devant Jacques Le Bedey, écuyer, sieur de Vaux, entre Philbert Planchon et Hébert Martin, pour paiement de sommes dues à feu Claude Planchon, chanoine de Bretteville (1618). — Donation devant Germain Ribout et Martin Picquerel, tabellions en la sergenterie d'Ouistreham, par Philbert Planson, avocat au Parlement, bourgeois de Paris, à l'abbaye d'Ardennes, de 100 livres de rente à avoir et prendre sur le Clergé de France et l'hôtel-de-ville de Paris (1625). — Vente devant les notaires du Châtelet de Paris, par Philbert « Planson », avocat au Parlement de Paris, et Denise Vinot, son épouse, à Robert Aubry, conseiller du Roi en ses Conseils d'État et privé, président en la Chambre des Comptes à Paris, de terre en vigne à Brevannes (1631).

SÉRIE H. — ABBAYE D'ARDENNES.

H. 53. (Liasse.) — 10 pièces, parchemin ; 99 pièces, papier.

1631-1684. — Procès Planchon. — Renonciation devant Étienne Paysant et Jacques Parque, notaires au Châtelet de Paris, par Denise Vinot, femme de Philibert Planchon, à la succession de Jacques Vinot, son frère, contrôleur des guerres, en faveur de Jean-Baptiste Langlois, écuyer, sieur des Brières, de Catherin Henry, procureur en la Cour, époux d'Anne Langlois, de Georges Masselin, bourgeois de Paris, époux de Marie Guyonnet (1631). — Procuration devant les notaires du Châtelet de Paris par Philibert Planchon, avocat au Parlement, au frère Jacques Lhonneur, procureur de l'abbaye d'Ardennes, de recevoir les arrérages de rentes à lui dûs (1637). — Procès verbal d'apposition de scellés par Nicolas Pastour, commissaire et examinateur au Châtelet de Paris, à la requête de Denise Vinot, par suite du décès dud. Philibert Planchon, son mari (1638). — Inventaire par Thomas Lorimier et Nicolas Nourry, notaires à Paris, des meubles, effets et titres de feu Philibert Planchon, avocat au Parlement, rue Galande, à la requête de Denise Vinot, sa veuve, en présence de Barthelemy Auroux, avocat, procureur de Claude de Gatian, veuve de François de Riautz, chevalier, seigneur de Villeray, tutrice de ses enfants, habiles à se porter héritiers dud. Planchon, et de Germain Souflot, substitut du procureur du Roi au Châtelet pour l'absence de Nicolas Planchon, fils unique et présomptif héritier dud. Philibert, en pension à l'abbaye d'Ardennes depuis 17 ans, parce qu'il est aliéné et en démence d'esprit : 2 petits tableaux où est dépeint un Crucifix et un *Ecce homo*, prisés ensemble 12 s., etc. (1638). — Opposition des religieux d'Ardennes, signifiée à Nicolas Pastour, commissaire et examinateur au Châtelet de Paris, sur l'or et l'argent déposés entre ses mains lors du décès de Philibert Planchon (1638). — Procédure entre les religieux d'Ardennes et Denise Vinot, veuve Planchon, concernant donation à eux faite par led. Planchon. — Accord devant Charles de Henaut et Michel Groyn, notaires à Paris, entre frère Robert Du Hamel, sous-prieur de l'abbaye d'Ardennes, stipulant les autres religieux, et Catherin Henry, secrétaire du Roi, maison et couronne de France et de ses finances, époux d'Anne Langlois, Jean-Baptiste Langlois, écuyer, sieur des Bruières, commissaire ordinaire de l'artillerie de France, demeurant à Noiseau, André Dacolle, procureur en la Cour de Parlement, époux de Marie Langlois, Pierre Brunet, bourgeois de Paris, et Marie Guionnet, son épouse, stipulant Denise Vinot, veuve de Philibert « Planson », sur leur procès concernant la donation faite par Planchon (1639). — Lettre de « Desbruibres » à Du Hamel, sous-prieur et procureur des religieux de l'abbaye d'Ardennes, l'avisant du décès de sa cousine « Plancon » (1643). — Procuration devant les notaires du Châtelet de Paris par Olivier de Beauregard, soldat estropié et religieux laï en l'abbaye d'Ardennes, à Guillaume Grouse, avocat en la Cour de Parlement, pour faciliter le paiement des arrérages de 350 livres de rente constituée sur le Clergé appartenant aux religieux de lad. abbaye, qu'il a fait saisir pour sûreté de 100 livres de pension viagère à lui due sur le revenu de l'abbaye (1660). — Assemblée capitulaire d'Ardennes constituant Paul Le Terrier, abbé nommé par le Roi à l'abbaye de la Grâce-Dieu, Gilles Le Than, sous-prieur de l'abbaye de Mondaye, et Jérôme Du Mont, procureur de l'abbaye de La Luzerne, comme procureurs pour recevoir le principal et arrérages de 470 livres perçues sur le Clergé de France et hôtel-de-ville de Paris (1684).

H. 54. (Liasse.) — 3 pièces, parchemin ; 14 pièces, papier.

1546-1650. — Procès Morin. — Procédures aux pleds de la ville et banlieue de Caen, tenus par Charles Le Fournier, écuyer, lieutenant général du vicomte, entre les religieux, stipulés par Simon Du Vivier, prieur de St-Germain-la-Blanche-Herbe, et Raoul Le Hérichon, prêtre, Gilles Morin, héritiers de Thomas Morin, etc., concernant le paiement de rente (1545, v. s.). — Extrait des cahiers des pleds et gage-plèges du fief, terre et seigneurie de Venoix et Montenay, appartenant à Robert de la Ménardière, sieur du lieu, Courbespine, Belocuvre et Venoix, abbé de Ste-Coulombe, Ste-Barbe-en-Auge, tenus par Gilles Le Putois, sénéchal, en présence de Baptiste Le Mesle, procureur au présidial, instance de Geffroy Belamy, procureur et receveur de la sieurie, concernant la déclaration par Isaac Morin de sa vavassorie (1593), copie collationnée par Bouchard, sénéchal, à l'instance de Jean Le Neuf, sieur de Montenay, lieutenant en la vicomté de Caen (1643) : autres copies d'extraits des pleds de lad. seigneurie appartenant à Pierre Le Neuf, seigneur de Montenay et Venoix, tenus par François de Cairon écuyer, sénéchal, concernant le défaut donné contre Guillaume Le Maistre et héritiers Morin pour non déclaration d'une vavassorie (1603). — Procédure en la vicomté de Caen entre Jacques Morin, bourgeois de Caen, fils et héritier en partie de Michel Morin, et les frères Boisard, pour paiement de rente. — Copie d'extrait des pieds du fief terre et sieurie de Venoix dit Montenay, appartenant à Pierre Le Neuf, tenus par Jean Le Mesle, sénéchal, assisté de Jean-François Auvray, concernant la déclaration à faire par Jacques Morin d'une vavassorie (1631). — État de distribution par Gilles Hue, écuyer, sieur de Luc, vicomte de Caen, des deniers provenant du décret requis par Nicolas Huet, bourgeois de Caen, des biens de Jacques Morin (1643); procédure au bailliage de Caen entre les religieux, Noël Morin, fils Jacques, et Le Neuf, sieur de Montenay, concernant lad. distribution.

H. 55. (Liasse.) — 8 pièces, parchemin; 8 pièces, papier.

1632-1658. — Procès Le Mesle. — Procédure au bailliage de Caen entre Guillaume de Gallodé, abbé d'Ardennes, et Jean Le Mesle, avocat, et Jean-Baptiste Le Mesle, huissier, frères, en paiement d'arrérages de rente; autres procédures aux pieds de la juridiction des privilèges royaux de l'Université, tenus par Jean Le Blais, écuyer, sieur du Quesney, lieutenant général de Caen, etc., entre Jean-Baptiste Le Mesle, sieur de Juvigny, contrôleur du taillon en la vicomté de Caen, et les abbé, prieur et religieux d'Ardennes, en paiement de rente (1638-1639). — Obligation de Guillaume Lefebvre, bourgeois de Caen, envers les religieux, pour la rente due par les héritiers de Jean-Baptiste Le Mesle (1658).

H. 56. (Liasse.) — 10 pièces, parchemin; 117 pièces, papier.

1720-1727. — Procès Ledars. — Copie du bail fait par Jacques Blessebois, sieur de la Garenne, bourgeois de Caen, fondé de Richard Mancel, bourgeois de Caen, à Gilles Ledars, receveur des tailles à Caen, du revenu temporel de la mense abbatiale de l'abbaye de St-Étienne (1720), lad. copie délivrée aux religieux d'Ardennes par led. Blessebois et Lefebvre, receveurs généraux de l'abbaye de St-Étienne (1727). — Procédure au bailliage de Caen entre les religieux d'Ardennes, Gilles Ledars, les Jésuites, les économes des abbayes de St-Étienne et du Mont-St-Michel, les prêtres et obitiers de St-Nicolas de Caen, de Montaigu, Mourdrac, Faye, Caillot, Pierre Carel, etc., concernant le curage de l'Odon (1720-1722); avis de Néel, avocat, ayant vu le bail fait par M. de la Trémouille à Ledars, qu'il n'est pas obligé de réparer le cours d'Odon (1722); autre avis contraire de Cochin, avocat (1722). — Procédure au Grand Conseil du Roi entre les religieux d'Ardennes et Gilles Ledars, concernant l'appel de la sentence obtenue par Ledars (1725). — Mémoire des religieux d'Ardennes demandant d'être dispensés du paiement des droits de 16 deniers pour livre de la somme de 15,000 livres de dépends, dommages et intérêts à eux dus par Gilles Ledars, ex-fermier des revenus de la mense abbatiale de St-Étienne de Caen (1725). — Quittance donnée par Dumont au P. Omo de 18 livres pour frais contre Ledars (1725). — Requête au Grand Conseil par les religieux d'Ardennes, créanciers sur Gilles Ledars pour dégradation aux moulins de Gémare, pour faire condamner Robillard, secrétaire du Roi à Caen, débiteur dud. Ledars, en paiement de lad. somme comme n'ayant pas satisfait à l'arrêt du Conseil de 1725 par eux obtenu (1726).

H. 57. (Liasse.) — 14 pièces, parchemin; 122 pièces, papier.

1727-1728. — Suite des procès Ledars. — Procédures au Grand Conseil pour les religieux d'Ardennes, contre Jean Oursin, écuyer, receveur général des finances, et Robert Viel, substitut du procureur général de l'hôtel de la monnaie, etc., ayant, comme créanciers de feu Gilles Ledars, fait arrêts de deniers entre les mains de Marie-Madeleine Ledars, veuve de Michel de Courcy, Jean Le Boullanger et autres fermiers et débiteurs dudit Ledars, led. Ledars, fermier des revenus de la mense abbatiale de St-Étienne de Caen, ayant été condamné en dommages et intérêts en raison des dégradations par lui commises dans les biens de l'abbaye d'Ardennes.

H. 58. (Liasse.) — 1 rouleau de 25 pièces, parchemin, et 1 pièce, papier; 33 pièces, parchemin; 2 pièces, papier.

1310-1552. — Procédures diverses: aux assises de Caen, devant le bailli, entre les religieux d'Ardennes, l'abbaye de la Trinité, et Guillaume de Briecourt, chevalier (cf. Louvigny) (1310); — contre Gervais de Larchamp, sous-doyen et chanoine de Bayeux, devant l'official de Bayeux; témoins, Eustache Quenivet, clerc, Guillaume Le Picart, avocat du Roi à Caen, Michel Lévêque, procureur du Roi au bailliage de Caen, etc. (1437); — contre les chanoines d'Écouis (1442); — aux pleds des sergenteries d'Ouistreham, Bernières et Creully, tenus par Jean Richart, lieutenant général du vicomte de Caen, entre les religieux, stipulés par fr. Pierre Poitevin, bailli de l'abbaye, et Geffroy de Mangneville, écuyer, procureur de Jean de Maugneville, écuyer, pour paiement de rente (1481); — en la vicomté de Bayeux, devant Jean Artur, écuyer, lieutenant général, entre les religieux d'Ardennes et Alain Gouyon, écuyer, sire de Villers, bailli de Caen, et Girard Nollent, écuyer (1487); — aux pleds de S¹-Gabriel, tenus par Jean Le Maire, lieutenant du vicomte dud. lieu, pour les religieux, stipulés par Pierre Du Vivier, abbé commendataire, contre Jean de Montizengler, époux de feu Guillemette Vippart (1514-1515); — entre Pierre de Grevilly, procureur des religieux, et Jean de Nollent, chevalier (1523); — contre divers redevables. — Mandement de Jean, seigneur de Foleville, chevalier, garde de la prévôté de Paris, commissaire et gardain donné et député de par le Roi aux maîtres, régents et écoliers étudiants en l'Université de Paris, au premier sergent royal requis, de faire défense au vicomte de Bayeux de connaître du procès entre Mathieu, abbé de l'église N.-D. d'Ardennes, écolier et étudiant en lad. Université en la faculté de décret, et le couvent, et Pierre de Villiers, écuyer, et autres, chargés de garantie pour Thomas Le Berruier, etc., combien que led. écolier, par le moyen et à cause de sondit étude et scolarité, soit personne si privilégiée qu'il ne puisse ni doive être aucunement trait en cause hors des murs de Paris ni devant autre juge que led. commissaire et gardain en son auditoire du Châtelet, en demandant ou défendant (1399). — Sauvegarde accordée à Jean, abbé d'Ardennes, par Thomas Sever, bailli de Caen (1463). — Mandement de May de Houllefort, écuyer, seigneur de Hamars et de Vienne, bailli de Caen, au premier huissier requis, de mettre à exécution les lettres obtenues du Roi par Jean Dupont, abbé d'Ardennes (1477). — Procuration de l'abbé et couvent de Belle-Étoile (1453). — Nominations de procureurs par l'abbé et le chapitre d'Ardennes pour les représenter et soutenir leurs intérêts.

H. 59. (Liasse.) — 29 pièces, parchemin; 62 pièces, papier.

1554-1616. — Procédures diverses contre divers redevables, notamment : en la vicomté de Bayeux contre Guéroult, pour paiement d'arrérages de rente (1553 v. s.); — en la vicomté de Caen, devant Louis Le Vallois, vicomte, contre Charles de Bitot, s^r du lieu, et François de Gron, etc.; — au bailliage de Caen entre les religieux et Jacques Brasset, trésorier de France à Caen, chargé de garantie de Jean Le Terrier, sieur des Carreaux, pour paiement de 40 écus 5 sols 8 deniers de rente (1601 ss.); — contre divers redevables : Allain, Artur, Cairon, Debleds, Delaunay, Fernagu, Froger, Godefroy, Graindorge, Hermerel, Le Masurier, Guillaume de Chaumontel, écuyer, Le Varignon, s^r de Putot, etc.; ventes de meubles. — Nominations de procureurs. — Ordonnance des gens tenant le siège présidial de Caen sur la complainte judiciairement faite en faisant l'appel des sergents de la vicomté de Caen par Richard Blondel, avocat en cour laie, par les abbé et religieux d'Ardennes, à l'encontre de Thomas Potier, sergent en la sergenterie de Villers, que, combien qu'il n'était permis aux sergents faire exploits ni recevoir cautions de personnes autres que celles rèsséantes du ressort et district de leurs sergenteries, cependant il avait exploité une appellation ou doléance pour Jeanne Cretinel, veuve d'Étienne Fernagu, et Jean Godefroy, son fils, auxd. d'Ardennes, et reçu une caution de personne non solvable et inconnue auxd. d'Ardennes, qui est de François Cretinel, fils de famille, qui n'a ni ne possède aucuns biens, etc. (1566).

H. 60. (Liasse.) — 5 pièces, parchemin ; 26 pièces, papier.

1617-1629. — Procédures diverses : au bailliage de Caen, entre : Jean Le Chanteur, bourgeois de Caen, et les religieux, stipulés par frère Marc Sarrazin, concernant la remise des récépissés ou mémoires des deniers par eux remis au receveur des consignations de la ville de Caen (1617); — Élisabeth de S¹-Simon, femme séparée de biens de Guillaume de Couvert, écuyer, sieur de Sottevast, frère Pierre Le Chevallier, prêtre, prieur-curé de Coulombs, Guillaume de Gallodé, abbé d'Ardennes, les religieux de l'abbaye, Pierre et David de Vaussy, Jean Graffart et Christophe Laval, maçons, pour réparations de maisons (1621); — Raoul Le Sauvage, sieur de Bitot, bourgeois de Caen, fermier de l'abbaye, et Guillaume Hermerel, receveur des tailles à Bayeux, auquel procès Le Sauvage a fait intervenir Guillaume de Pierrepont, sieur du lieu, concernant le paiement d'arrérages de rente (1621); — les religieux de l'abbaye et Pierre de Manneville, Marie Lamendey, veuve de Jacques Orenge, et ses enfants, pour paiement d'arrérages de rente (1622); — en la juridiction des privilèges de l'Université entre les religieux et Marin Dupont, écuyer, sieur de Brécy, contrôleur général des finances au bureau établi à Caen, concernant le remboursement de somme avancée pour satisfaire aux charges de l'abbaye (1627); — entre Guillaume Denis, prieur de S¹-Germain-la-Blanche-Herbe, et Nicolas Hamon, tuteur des mineurs Gabriel Hamon, concernant la déclaration des réparations faites à une maison (1628), etc.

H. 61. (Liasse.) — 14 pièces, parchemin; 35 pièces, papier.

1630-1650. — Procédures diverses: au bailliage de Caen, entre les religieux et Jean Le Picard, écuyer, pour paiement de rente (1630); — en la vicomté de Caen, entre François Malherbe, s' du Bouillon, trésorier de France à Caen, au droit de Marie Auger, sa mère, et Jean Le Fauconnier, concernant le paiement de rente; — les religieux et Toussaint de La Ruelle, adjudicataire de l'imposition sur le Clergé de France, concernant le paiement de leur taxe, à Bayeux, en la maison de Charlotte Dacher, veuve du vicomte de Caen, ou chez M. de Villons, conseiller du Roi, en la paroisse S¹-Étienne de Caen (1641); — en la vicomté de Caen, entre Alexandre Sallet, écuyer, sieur de Quilly, fils et héritier de Georges Sallet, procureur général au Parlement de Normandie, héritier à cause de son épouse de Thomasse Flambart, dame d'Albray, et Simon Gibert, tuteur des enfants de Julien Daniel, pour paiement de rente hypothèque (1642); — en la juridiction des privilèges entre les religieux et Guillaume Besnard, tabellion à Cérisy, tuteur des enfants de Charles de Montailly, écuyer, pour paiement de rente (1642); — en lad. juridiction entre les religieux et Guérin Bourguaise, héritier en partie à cause de sa femme du s' de La Brasserie, pour paiement d'arrérages de rente (1643); — en la vicomté de Caen entre Jean, Jacob et Thomas Le Paulmier et les religieux, représentant Alexandre Sallet, écuyer, sieur de Colleville, conseiller au Parlement de Rouen, concernant la clameur en retrait de 23 boisseaux d'avoine et 2/3 de chapon de rente (1644); — au bailliage de Caen entre les religieux et Jean Le Neuf, écuyer, sieur de Montenay, lieutenant du vicomte de Caen, pour paiement d'arrérages de rente (1650); — contre divers fermiers et redevables.

H. 62. (Liasse.) — 8 pièces, parchemin; 35 pièces, papier.

1651-1783. — Procédures diverses : contre Michel Feron, sieur des Motteaux, Julien de Bourrien, écuyer, sieur de Semilly, et Jacques Le Bas, avocat, sieur du Molley, pour paiement d'arrérages de rente foncière et seigneuriale ; — contre Jean Blondel, tavernier à S¹-Germain-la-Blanche-Herbe, faisant profession de la religion prétendue réformée, pour contravention aux règlements en servant à boire et des œufs à manger le jour et fête de l'Annonciation-Notre-Dame, et pour avoir baillé à boire pendant le service divin (1658); — en la vicomté de Caen entre François Litehare, fils de feu Mardochée Litehare et de Jeanne Le Hériohon, ayant renoncé à la succession de son père, et Suzanne Le Hériohon, femme de Jean Hurel, bourgeois de Caen, héritière de Julien Le Hériohon, procureur aud. siège, son frère, et Marguerite Trenchevent, veuve dudit défunt, pour paiement d'arrérages de rente (1660-1664); — au grenier à sel de Caen, devant Philippe de Piédoue, sieur de Norval, président et grénetier, entre Nicolas Saunier, avocat général des gabelles de France, et les religieux d'Ardennes, concernant la livraison du sel nécessaire à leur maison (1676); — au bailliage de Caen entre les religieux, stipulés par frère Mathieu Trosseille, et Jean Julien, sieur « Desmesnil », pour paiement d'arrérages de rente (1681); — en la vicomté de Caen entre les religieux et les héritiers de Jean Crevel, procureur en l'Élection de Caen, pour paiement d'arrérages de rente (1693); — entre les religieux et le receveur des décimes, concernant le paiement de leur taxe (1693); — entre Jean Blessebois, sieur de la Garenne, banquier à Caen, et Jean Lefèvre, officier de feu M™ la Dauphine, receveurs généraux des revenus de la mense abbatiale de S¹-Étienne de Caen, et les religieux d'Ardennes, pour paiement d'arrérages de rente (1725); — contre divers redevables : Adeline, Desbleds, Leterrier, etc. — Signification faite aux religieux d'Ardennes d'un arrêt du Grand Conseil obtenu par le prieur et chanoines réguliers de l'abbaye de S¹-Euverte d'Orléans, concernant la cote-morte de Delauney, religieux prémontré (1783). — Factum imprimé pour les prieur et religieux d'Ardennes, à eux joint le prieur de St-Contest et Louise de Vernay, pour elle et ses cohéritiers en la succession d'Abraham Le Chanoine, secrétaire et greffier en chef de l'hôtel-de-ville de Caen, acquéreurs de la d¹¹º de Fosses, contre les Carmélites de Caen, Louis du Mouchet, les représentants du sieur de Plénemare, etc.

H. 63. (Registre.) — Moyen format, 290 feuillets, 1 pièce intercalée, papier.

1618-1721. — Comptabilité. — Enregistrement des sommes payées pour fermages, fieffes, dîmes et obits, par : de Bittot, qui doit pour la ferme d'Ardennes, en 1618, 2.000 livres pour les pensions des religieux, s'il n'y a exception ou autre empêchement; de Gron, fermier de la dîme de S¹-Contest; Gondouin, fermier de la dîme de Cuye; Charles de La Haye, co-fermier de la dîme de Cuye; Mathieu Robillard, à Bretteville (entre autres redevances, deux gâteaux aux Rois); Jean Du Thou, éc., s' du Quesné, à Brotteville; Pierre Le Marchand, écuyer, s' de S¹-Manvieu, à S¹-Manvieu; Nicolas Guillouet, à la caution de Jacques Daléchamps, éc., à Poussy; Jean et Guillaume dits Le Terrier, à Allemagne; Louis Le Herpeur, pour la dîme de Coulombs; Thomas Mouillard, à Secqueville; Étienne et Gilles Nicolle, à présent Thomas Nicolle, à Amblie; le baron de Creully, héritier de René de Sillans, chevalier, décédé le 20 novembre 1617; le Clergé de France (rente pour obit de la donation de Philibert Plançon, avocat à Paris, par contrat à Caen du 22 juillet 1616); Pierre de Than, dit la Thannerie, à Bény; Jean Buhourt, à Angueray; Jean Gires, à Villons; Richard Aubert, fermier de M⁻ Le Bas, à Biéville; Christophe Castel, de Périers, à Mathieu; M. des Champs, pour terre au Mesnil, près Mathieu; Jean Martin, fermier de la dîme de Cambereou, dépendant de S¹-Nicolas-sur-Orne, dont est prieur frère Guillaume Denis, 9 l. (1618); Jean Méritte, à Lesson; Thomas Heutte, à Gruchy; Marin Lamy, à Lion-sur-Mer, pour fermage du prieuré S¹-Thomas de Lion, Gilles Vippart, chevalier, s' de Silly, à S¹-Croix-Grand'-Tonne, etc. — Mémoire des charges à quoi est sujet Simon Berthes, fermier de l'abbaye, par le bail qu'il en a fait aux religieux, de 1627 à 1634; mémoire des recettes du fermage de la ferme d'Ardennes, reçus dud. Berthes. — Mémoire de l'argent mis dans le coffre de la communauté: 1633, 12 nov., f. Bonaventure Le Febvre, proviseur, a rendu ses comptes et réunis dans le coffre 1527 l. 10 s. 3 d. etc., jusqu'en 1718; — 1673, 5 février, a été apporté un ornement de velours façonné, fond blanc et les fleurs rouges, fait faire à Paris, coûtant tous frais compris, 2396 l. 15 s.; 1699, franchissement de rente due par le s' de Grandchamp Simon, avocat du Roi au bureau des finances de Caen. — De l'autre côté du registre, mémoire de l'argent retiré du coffre de la communauté, de 1633 à 1721. 1641, 800 l. pour bailler aux religieux de Belle-Étoile pour retirer leurs maisons de Caen, à charge d'en quitter la jouissance aux religieux d'Ardennes à proportion de leurs deniers; acquêts: de terres à Cussy, de Pierre Du Buisson, éc., s' de Cristot (1650), à S¹-Germain, de Jean-Lanfranc Dupont, s' de Brécy (1650), à S¹-Germain, de Robert Jembelin, s' du Mesnil (1651), etc.; constitution de rente au s' de Malfillastre (1652); 7001. envoyées à Rome pour satisfaire aux affaires de la congrégation (1658); réparation de l'église; constitution de rente aux religieuses de la Visitation de Caen, au denier 20 (1680), etc. — Nombreux feuillets blancs.

H. 64. (Registre.) — Moyen format. 125 feuillets, papier.

1700-1718. — « Registre des journaliers » employés aux travaux de l'abbaye. — A la suite, « remarques utiles » : 1° sur les décimes; paiements avant 1693; don gratuit de 12 millions en 1690, 5 seulement furent payés et 7 empruntés, pour quoi on constitua sur l'église Gallicane 444.444 l. de rente; cette somme ayant été répartie sur tous les diocèses, les syndics de Bayeux partagèrent tellement l'imposition du diocèse que les communautés se trouvèrent extrêmement chargées; la mense conventuelle de S¹-Étienne fut imposée à 1400 livres, mais, après un long procès, cette somme fut réduite à la somme raisonnable de 300 l.; la communauté d'Ardennes fut imposée en 1693 à 220 l., l'abbé à 20 l. seulement; en 1702, la communauté paie 274 l. et l'abbé 74 livres, à cause des nouveaux emprunts faits depuis 1693, etc.; — 2° sur l'aumône : autrefois on faisait l'aumône générale à tous les pauvres qui se présentaient trois fois par semaine; en 1699 on a changé de méthode : on a fait un catalogue exact des plus pauvres familles où la maison a du bien, comme S¹-Germain, La Maladrerie de S¹-Nicolas, La Folie de S¹-Martin, S¹-Contest, S¹-Manvieu, Authie; on donne à chaque famille un billet contenant le nombre des personnes ne pouvant gagner leur vie; on ne donne rien aux grands garçons et aux grandes filles; don de quantité de pain proportionnée au nombre et aux besoins; cette manière de faire l'aumône a paru très utile aux pauvres et avantageuse à la maison : les pauvres ne perdent point de temps à attendre leur pain, au lieu qu'autrefois on voyait de grands garçons, de grandes filles et femmes attendre quelquefois plus de trois heures et passer ce temps à dire des contes, à médire, à faire plusieurs actions peu honnêtes; dans l'aumône générale, on était obligé de donner à tous ceux qui se présentaient, et il s'en trouve plusieurs qui prennent le pain des pauvres; on ne donne principalement qu'aux pauvres des paroisses où la maison a du bien; lorsqu'on assemble une si grande quantité de pauvres, ils pillent insolemment la campagne, dans la multitude il se trouve plusieurs fripons inconnus qui volent, on évite cet inconvénient en donnant l'aumône par billets; dans une année de disette il est dangereux d'assembler un si grand nombre de pauvres, dont plusieurs sont insolents et assez disposés à piller la maison; le lundi des fêtes de la Pentecôte 1699 les pauvres se mutinèrent, voyant qu'on ne voulait pas leur donner ce jour-là, et voulurent forcer la grand' porte St-Norbert; ils firent tant d'efforts qu'ils firent plier les barres de fer; on pourrait encore ajouter que dans une année de cherté il faut une quantité extraordinaire d'orge pour fournir à l'aumône générale ; — 3°, sur la nécessité de payer toujours comptant les marchandises livrées: on est mieux servi, on est pas trompé par de faux mémoires où il se trouve des doubles emplois, et on achète les marchandises leur juste prix ; — 4°, sur les rentes faites par la communauté à: l'abbé de St-Étienne, l'abbesse de la Trinité, la baronnie d'Authie, le trésor de Carpiquet, pour le droit de pâturage dans les plaines, les obitiers de St-Étienne-le-Vieux, le prieur de St-Contest, le Roi pour la fieffeferme de Franqueville, tenue par les religieux moyennant 13 l. 4 s. par an : il faut avoir soin de renouveler le bail de temps en temps, et ne pas souffrir qu'une autre personne prenne cette terre, « car elle est trop à notre bien-séance ; il n'est pas même à propos qu'on en connoisse les jouxtes et les bornes » (acquisition de la fieffeferme en 1703) ; rentes payées au Roi par les paroissiens de St-Germain, par les détenteurs de la fieffeferme de Buron (le sr des Champs le jeune, de Mathieu, les religieux, le prieur de St-Contest, les Carmes, la veuve et héritiers de Vincent, avocat, etc. ; — observation qu'il ne faut jamais recevoir du meunier la farine au poids, comme on avait coutume, mais à la mesure, on a remarqué une différence en moins de plus de 600 boisseaux de froment par an: les meuniers ont l'adresse de coucher par terre un sac de farine dans un lieu humide, ce qui le rend plus pesant de plus de 80 livres. — Frais de réparations de St-Manvieu, etc.

H. 65. (Registre.) — Grand format, 244 feuillets, 2 pièces intercalées, papier.

1770-1790. — Sommier du paiement des « domestiques ». De Prébois, avocat ; Fleury, bourrelier ; Jean Louis, grand berger, aux gages de 54 l. et 6 l. de vin en 1771 ; en 1780, Charles Philippe, 50 livres et 12 moutons ; François Collet, petit berger, 24 livres de gages (1778) ; Louis Le Carpentier, cuisinier, aux gages de 150 livres et 6 livres de vin (en correction de 100 livres, à condition qu'il n'aura pas les vins) ; Noury, aide de cuisine, aux gages de 48 livres sans vin ; Charles, garçon d'écurie, aux gages de 69 livres et 6 livres de vin ; 3 « hoctons » dont 2 aux gages de 15 livres et le 3e 18 livres (puis 4e « hocton »); Coty, jardinier, aux gages de 120 livres et 6 l. de vin ; intercalé, traité entre le procureur de l'abbaye et Marin Varin, jardinier (1785) ; Robert Poulain, infirmier, 50 livres de gages et 6 l. de vin ; de Banneville, médecin ; Hubert, procureur ; La Pommeraye, premier portier, gages 100 livres ; Mathurin, second portier, gages 40 livres ; Marie La Los, servante, gages 45 livres et 3 l. de vin ; Jacqueline La Comtesse, gages 45 livres et 3 l. de vin ; Madeleine Onfroy, gages 45 livres et 3 l. de vin ; Nicolas Gaude, tailleur, gages 50 livres ; le taupier, gages 22 livres ; Charles Le Couvreur, premier valet de harnais, gages 69 livres et 9 livres de vin ; Jean Le Comte, 2e valet de harnais, gages 69 livres, 6 livres de vin, 1 paire de souliers et 3 aunes de toile ; Gilles Le Comte, 3e valet, gages 69 livres et 6 livres de vin ; Jean Hequet, petit valet du 1er harnais, gages 45 livres et 3 livres de vin ; Philippe Lamy, petit valet du 2e harnais, gages 45 livres et 3 livres de vin ; Jacques Valette, petit valet du 3e harnais, gages 45 livres et 3 livres de vin ; Gilles Le Sage, garçon à tout faire, gages 85 livres, 6 livres de vin et 1 « blaude » de toile ; Louis Jardin, boulanger, gages 120 livres et 6 livres de vin ; François Bougy, boucher de Caen, fourniture de bœuf, veau, mouton, à 6 s. 6 d. la livre, et deux entrées par cent livres (1772), deux veaux, 24 l. (1772), 1 veau, 27 l. (1773) ; Foucher, boucher à St-Contest, 4 s. la livre et deux entrées par cent livres (1772-1773), 5 s. 6 d. la livre et une entrée par 25 livres, les autres de surplus à 9 s. (1780) ; Thomas Vincent, garde chasse, gages 100 livres et 6 livres de vin ; depensier ; charpentier, 12 s. par jour ; Le Cocq, de La Délivrande, vitrier ; organiste, Jean Renault, de la paroisse de St-Germain de Lisieux, entré le 1er février 1781, gagne pour la première année 72 livres, « et vu qu'il se prête à faire les barbes, commissions, etc., luy est accordé en outre par chacun an 36 livres » ; demeurant chez luy, il gagne par an 350 livres à commencer le 1er décembre 1786 ; paiements aud. Renault jusqu'en 1788 ; Alexis Richard, ramoneur de St-Martin des Allus près St-Pierre des Moutiers en Savoie, pour ramoner toutes les cheminées de l'abbaye deux fois l'an, 6 livres (1780-1787), etc.

H. 66. (Registre.) — Grand format, 354 feuillets, papier.

1784-1788. — Sur le plat : « Registre des receptes et des mises, à commencer au 1er avril 1784 ». Avril 1784, au marchand d'huitres, pour solde, 49 livres, à Néel, garde-chasse, 48 livres, le 29 pour 5 sacs d'orge, 106 livres, pour poisson et moules pendant le mois, 165 livres 4 sols, pour le voyage du chapitre, 228 livres; mai, à Mme Le Vervieux, mde de beurre, 1000 livres à compte, au petit Langlois, « hocton »,

6 livres; juin, à l'abbé Daniel, pour le procès du bénéfice de l'Hermitage, 1000 livres, pour du tabac, 20 l. 8 s.; juillet, à Philippe Lami, pour conduite d'un cheval à La Luzerne, 3 livres, pour 1 pot de miel, 2 livres 18 sols, pour 1 pot d'eau-de-vie de vin, pour M. Lepley, 3 livres; août, aux sœurs de St-Clair, 3 livres, aux cueilleuses de chennevières, 48 livres 16 s.; septembre, pour les décimes de Belle-Étoile, 875 l. 3 sols, au P. Alexandre pour aller à l'ordination à Bayeux, 6 livres, à un infortuné, 12 sols; octobre, au marchand de vin, pour être quitte, 1185 livres 5 sols, pour 1 baromètre, 48 livres; novembre, pour 1 paire de bas pour le frère Louis, 3 livres, 2 pièces de vin, 200 livres 3 sols; décembre, pour le pain de la sacristie, 12 l. — Janvier 1785. Le 1er, au bedeau, 6 livres, au garçon maréchal, 3 livres, aux enfants de chœur, 3 livres; pour des Étrennes Mignonnes, 12 livres; au curé de St-Julien, pour rente, 210 livres; février, à Perisol, facteur d'orgues, 72 livres; pour une rente à l'Université, 168 livres; mars, à l'organiste, 18 livres; avril, pour la souscription du plan de Caen, 12 livres; pour 1 sac de lentilles, 53 livres 10 sols, pour 2 barils de morue et hareng, 320 livres; mai, à un incendié, 1 livre 4 sols; juin, pour 1 clochette et 2 mouchettes, 5 livres, réparations du presbytère de Villequier, 300 livres, 1 cordon pour la clochette de la salle, 1 l. 16 s., 1 couteau, 3 livres, à 1 médecin, pour une vache, 2 livres 6 sols; juillet, pour 6 boisseaux de pois, 42 livres; août, à des matelots naufragés, 1 livre 4 sols; septembre, pour des desserts, 12 livres; octobre, pour des aiguilles anglaises pour les frères, 4 livres 17 sols; novembre, à l'organiste, pour un « caparaçon », 24 livres, au taupier, 1 livre 10 sols, au prieur de Brocottes pour du cidre, 123 livres; décembre, 1 paire de souliers pour le portier, 4 l., au curé de St-Germain-la-Blanche-Herbe, pour fin de paiement d'un billet, 216 livres, à Herier, vitrier, pour « position » et fourniture de 336 carreaux, 75 livres 12 sols, pour marrons, 2 livres 12 sols. — 1786, janvier, pour 1 pièce de vin blanc, 105 livres, peaux de moutons pour doubler des culottes, 30 livres 14 sols; février, 1 culotte de cuir pour le portier, 8 livres 10 sols; mars, pour 1 rampe, 288 livres, confection d'un plan géométrique, 74 livres; avril, voyage du chapitre, 403 livres; mai, pour 2 tire-bouchons anglais, 2 livres 8 sols, 1 culotte de daim pour le portier, 21 livres, aux religieuses d'Alençon, 3 livres; juillet, pour le pain béni de St-Germain, 6 livres; août, pour « un mil » de pavés, 40 livres, 1 tabatière, 22 livres, au P. maître pour conduire les jeunes à Silly, 18 livres; octobre, pour l'inscription des Universitaires, 37 livres 10 sols, aux domestiques de l'évêque de Bayeux, 3 livres, pour 1 tonneau de cidre, 244 livres; novembre, à l'organiste, 120 l., pour des Étrennes Mignonnes, 13 l. 16 s.; décembre, pour une natte, 7 livres 10 sols. — 1787, février, à l'Université pour rente, 168 livres, pour 1 place dans la carriole revenant de Rouen, 24 l. 16 sols, au maître de pension des jeunes, 200 livres; mars, abonnement de la feuille de Caen 6 livres, pour coquillage 1 livre 6 sols. — 1788, janvier, pour les impositions du bailliage et rivière, paroisse de St-Contest, 22 l. 4 s. 6 d. etc. S'arrête à avril 1788. A la suite, nombreux feuillets blancs. — « Receptes à commencer au deux avril 1784 », jusqu'à avril 1788. — Nombreux feuillets blancs. — Recettes des bestiaux vendus depuis le 2 avril 1784; 1784, 5 juin, un cheval « bay », 288 l.; 30 juin, pour 200 toisons de laine 925 livres; 15 août, un cheval et une jument 1000 livres; 29 sept., pour un taureau 160 l.; 5 oct., pour une vache 105 l.; 23 oct., pour 106 moutons 3200 l.; 28 déc., pour une pouliche 80 l.; 1785, 6 février, pour 5 chevaux 4,800 l., etc.; mises des bestiaux depuis le 2 avril 1784.

H. 67. (Registre.) — Grand format, 232 feuillets, papier.

1788-1790. — Registre de recettes et dépenses. Mai 1788, à Fabulet, md de vin, 73 livres 12 sols; à la couturière 26 livres 8 sols; — juin, pour poulets et canard 20 livres, pour poisson pendant le mois 201 livres 17 sols; juillet, aux soldats pour être quitte avec eux 30 livres, au prieur de Brocottes pour une jument 63 livres, aux écoliers de Caen pour leurs lettres de maîtres ès arts 72 livres, aux mêmes pour leur pension, 350 livres; août, pour 2 pièces de vin 270 livres, à l'abbaye de Belle-Étoile 541 livres; sept., à l'organiste 50 livres, impôt territorial de la rivière 71 l. 3 s.; oct., pour un cheval 400 livres; déc., pour pommes 469 livres. — Janvier 1789, « un mil » de bouteilles 350 livres, février, pour décimes 925 livres, mars, pour eau de vie vinaigre, 92 livres 5 s.; aux pauvres de Lébisey 6 l.; avril, vin de Malaga 147 livres 10 sols, pour les pauvres du jeudi 6 livres, 1 paire de souliers pour le pourvoyeur 6 livres; pour 6 calottes, 6 ceintures, 3 chapeaux, 112 livres; mai, à M. de Prébois, « notre avocat » 96 livres : juillet, pour intérêts de 3,000 livres, 75 livres : sept., au prieur de St-Germain pour sa pension 175 livres, pour la récolte du blé et d'avoine 96 livres, pour sel 14 livres 8 sols; oct., au dentiste 6 livres, pour une feuillette d'eau de vie 108 livres 16 sols; nov., pour une redingole 30 livres ; déc., aux garçons maréchaux pour leur fête, 3 livres, pour 1 perruque, 15 livres. — Janvier 1790, pour plusieurs gâteaux 12 livres ; février, à l'Abbaye-aux-Dames pour rentes, 3 livres; mars, pour frais de l'ordination, 100 livres, pour 1 cable pour le puits, 31 l. 7 sols; avril, pour 2 livres 1/2 de tabac à fumer, 9 livres; pour la récréation de M⁰ Germain, 28 livres 16 sols, pour 200 de tuiles, 6 livres, etc. S'arrête à juillet. — Nombreux feuillets blancs. — Recettes depuis le 1ᵉʳ mai 1788. Les recettes générales du 1ᵉʳ mai 1788 au 1ᵉʳ juillet 1790 s'élèvent à 64.703 livres 11 sols 6 deniers et les dépenses à 67.253 livres 6 sols 3 deniers; le procureur a emprunté pour payer d'anciennes dettes et faire travailler tant au bâtiment qu'à différents autres ouvrages. — Recettes de juillet 1790.

H. G. (Cahier.) — Grand format, 18 feuillets, papier.

1743-1748. — Compte rendu à Jean-Claude de la Croix de Chevrières de S¹-Vallier, abbé d'Ardennes, par Jean-Baptiste-François Le Boursier, prêtre, porteur de sa procuration, des recettes et dépenses des deniers dont il a eu le maniement, du 21 août 1743 au 21 juillet 1748. Recettes : de Colleville, fermier général des revenus de l'abbaye, etc. Dépenses : frais de change de sommes envoyées à l'abbé; 80 livres au prieur de Noyers pour aider à la décoration de l'église; 120 livres à Quendeville et Boisard, experts, pour vacations d'expertise de réparations; frais contre les paroissiens de Lonlay et du Breuil; fieffe à M. de Canteil de la maison de S¹-Sauveur de Caen; procès entre l'abbé et les religieux, au sujet des dîmes ; 3 livres pour le contrôle de cinq attestations prouvant que les églises dépendant de l'abbaye sont fournies d'ornements, vases, livres, etc.; 10 l. 7 s. 6 d. pour achat d'un panier de volailles envoyé à l'abbé ; 18 l. 2 s., dépenses de pâtisserie pour faire une politesse à Bayeux, ingénieur du Roi à Caen, qui avait fait plusieurs voyages à S¹-Contest pour la conservation de la voûte de l'église; à Briand, maître maçon, notamment 50 livres, pour réparation de la rosette de dessus la grande porte de l'église de l'abbaye ; à Mutel, menuisier et entrepreneur; 192 livres à Le Piperel, peintre, pour avoir blanchi la voûte de l'église de l'abbaye (1745) (perte considérable par lui faite sur le marché); à Guéroult de la Pallière, menuisier, pour réparations à l'abbaye ; 241 livres 10 s. aux Le Coq, vitriers, pour avoir raccommodé les vitraux de l'abbaye et ceux du chœur de l'église de Coulombs, y compris 20 livres de récompense, eu égard à la perte considérable qu'ils ont faite ; 60 livres à Le Fèvre, facteur d'orgues de Rouen, pour un voyage fait exprès de Rouen à l'abbaye et à Bayeux, parce que l'abbé pressait, et cependant il n'a pu être fait de marché avec lui, attendu qu'il demandait trop (1745) ; 250 livres à Parizot, autre facteur, à-compte sur le marché de la réparation de l'orgue (pareille somme payée par les religieux) (1745); 15 livres à Voisvenel, prêtre, organiste de la cathédrale de Bayeux, pour visite dudit orgue, y compris le loyer et la nourriture de son cheval pendant deux jours; 13 l. 10 s. à Louizet, peintre, pour avoir raccommodé le tableau de la chapelle S¹-Sulpice (1744), plus 3 livres pour faire reporter led. tableau de Bayeux à S¹-Sulpice, 18 livres à Lair, autre peintre, pour réparation de la contretable de lad. chapelle (1744-1745); à Le Barou, libraire à Caen, 7 l. 7 s. pour le tiers du prix d'un missel par lui fourni à l'église d'Épron ; réparations à l'église et grange de S¹-Contest, grange de Buron et moulin de Gémare, Tesnières, Coulombs, Blay, Épron, Lonlay, Mesnil-Briouze; frais judiciaires; honoraires du comptable, 150 livres, puis 400 livres par an. Ledit compte reçu et approuvé par l'abbé de S¹-Vallier, à Paris, le 6 août 1748 ; recette, 17.701 livres 7 sols 1 denier, dépense, 17.229 livres 17 sols 4 deniers.

H. G. (Cahier.) — Grand format, 8 feuillets, papier.

1748-1752. — Compte rendu au même par le même. Observation préliminaire que les biens de l'abbé ont été jusqu'à présent affermés à des fermiers généraux, qui ont rendu leurs comptes particuliers. Recettes : 15 l. 9 s. 8 d. des religieux de St-Vigor près Bayeux, gros décimateurs pour un tiers de la paroisse de Coulombs, à cause des réparations faites au chœur de l'église; pots de vin des baux particuliers nouvellement faits des revenus de l'abbaye. Remboursé par le comptable, un cérémonial de Paris, 5 l., un cérémonial Romain, 3 l. (1749). Dépenses. 300 livres à l'administration de l'hôpital général de Bayeux, pour y faire recevoir Joseph Michel ; 20 aunes de serviettes encore jaunes, 50 l.; consultations d'avocats ; 48 livres au prieur de S -Contest pour les pauvres de sa paroisse ; 12 louis d'or ou 288 livres au P. Omo, prieur d'Ardennes, le 11 septembre 1749, pour la cérémonie de la bénédiction d'une des cloches de l'abbaye ; 36 livres pour une douzaine de serviettes envoyées à l'abbé à Paris ; 25 livres à Parizot, facteur d'orgues, restant de son marché pour la réparation de l'orgue de l'abbaye (1749) ; 357 livres 17 sols 6 deniers à Charles Le Coq, vitrier, pour travail aux vitres de l'abbaye ; dépense, 3878 livres 16 sols 9 deniers, recette, 2459 livres 16 sols 11 deniers.

H. 70. (Cahier.) — Grand format, 12 feuillets, papier.

1752-1754. — Compte rendu aud. abbé par lod. Le Boursier, chanoine à Bayeux, du revenu des 1ᵉʳ et 3ᵉ lots de l'abbaye. Recettes de fermages ; 40 livres à Coignard et Boudet, imprimeurs à Paris, pour 2 psautiers Romains ; 300 livres au supérieur du séminaire de St-Louis ; diverses sommes aux pauvres de diverses paroisses ; 90 livres 13 sols 4 deniers à Le Maître, ancien prieur du Mesnil-de-Briouze, pour réparations au chœur de l'église. Ledit compte reçu et approuvé par l'abbé de St-Vallier, recette 13651 livres 11 sols 10 deniers, dépense et sommes versées à l'abbé 8682 livres 3 sols 8 deniers.

H. 71. (Cahier.) — Grand format, 8 feuillets, papier.

1753-1755.—Semblable compte pour 1753.—Recettes, 350 livres pour fermages de pièces de terre à Lantheuil et Secqueville, baillées à Jacques de La Fontaine, curé de Cully ; 350 pour fermages de la chapelle St-Sulpice, à Livry, avec les maisons et terres adjacentes, baillées à Louis Rivière, ancien curé d'Orbois ; 3850 livres pour fermages de la dîme de St-Contest. Dépenses, 1150 livres 1 sol pour les décimes de l'abbé, y compris l'oblat, pour l'année entière, composée des termes de février et octobre, 4.500 livres aux religieux pour l'acquit des charges de l'abbaye pour 1752, 1753 et la moitié de 1754, en conséquence de l'arrêt du Grand Conseil du 6 juillet 1754 ; travaux à la ferme de St-Sulpice. Recette, 17789 livres, dépense, 17554 livres 3 sols 7 deniers.

H. 72. (Cahier.) — Grand format, 10 feuillets, papier.

1754-1759. — Semblable compte pour 1754. Recettes, 1620 livres pour fermages de la baronnie et terre de Tesnières à Noyers, baillées à Anne Paris, veuve de Pierre Collet, et à Jean Collet, son fils ; 1450 livres pour loyer des moulins de Gémare et maisons en dépendant ; 102 livres pour 9 vergées dans la prairie de Caen baillées à Thomas Chardin, 3850 livres pour fermage de la dîme de St-Contest, baillée à François Milon et Pierre Hamelin. — Dépenses, 6 livres pour port de 1200 livres envoyées à l'abbé par le carosse à Paris, 1108 livres 16 sols 2 deniers au procureur de l'abbaye pour les charges claustrales de l'abbaye ; 46 livres 4 sols au supérieur du séminaire de St-Louis de Rouen ; 8 livres 12 sols pour envoi à l'abbé, à Paris, de poires de Colmart et pommes de Reinettes ; frais occasionnés au bureau des finances en 1754 et au commencement de 1755 contre « un sieur de Beausire », se disant avoir traité pour les fieffermes du Roi et en être engagiste pour la paroisse de Noyers, et réclamant la baronnie et ferme de Tesnières au droit de son engagement, faute par l'abbé de justifier les titres de donation, inféodation ou propriété. Recette, 14586 livres 11 sols 11 deniers, dépense, 9870 livres 17 sols 2 deniers.

H. 73. (Cahier.) — Grand format, 10 feuillets, papier.

1755-1756. — Semblable compte pour 1755. Recettes, 1100 livres pour l'année de fermages de la ferme et terres de Putot, baillées à Philippe Ludouet, notaire à Caen. — Dépenses, 1150 livres 1 sol pour les décimes et autres impositions du Clergé dus par l'abbé, y compris l'oblat ; charges claustrales ; 7 l. pour une neuvaine de messes à la chapelle de Notre-Dame de la Délivrande, à la recommandation du comptable, en conséquence des ordres de l'abbé ; réparations à la grange de dîmes et au chœur de l'église de St-Contest ; 197 livres 18 sols pour réparations aux « vittrages » de l'abbaye, à Dominique Le Coq, vitrier.

H. 74. (Cahier.) — Grand format, 12 feuillets, papier.

1757-1759. — Semblable compte pour 1757. Recettes, fermages des terres d'Asnelles, dîme de Blay ; 160 livres pour une année de rente foncière due par M. de Canteil de St-Laurent, écuyer, seigneur de Condé-sur-Seulles, pour fieffe de maison place St-Sauveur de Caen ; rente sur l'hôtel-de-ville de Caen à cause du pré de l'abbaye pris pour aider à faire le « Cours de la Reine », à raison de 30 livres l'acre, suivant délibération de ville du 15 octobre 1691 ; 65 livres du trésor et paroissiens de Lonlay, jouissant d'un trait de dîme en lad. paroisse, pour leur part des réparations du chœur et chancel de l'église et de la grange, dont l'abbé a fait en partie les avances. — Dépenses, 120 livres pour une année de pension du prieur de St-Contest ; réparations au chœur de l'église de Coulombs, aux vitres du chœur et de la sacristie du Breuil. Recette, 20,029 livres 4 sols 10 deniers, dépense et envois à l'abbé 11,848 livres 16 sols 4 deniers.

H. 75. (Cahier.) — Moyen format, 49 feuillets, papier.

1610-1644. — Comptabilité. — Mémoire des sommes reçues et dépensées par le prieur et frère Denis pour la poursuite du procès au Grand Conseil entre Mgr. de Prémontré et les religieux; départ d'Ardennes le 30 octobre 1610, dîner 6 s., bu au Merisier 2 s., souper à Pont-l'Évêque 10 s. 6 d.; le 31, deux « masetes » pour aller à Pont-Audemer 12 s., dîner aud. lieu 12 s., deux « masetes » pour aller à La Bouille 16 s.; un petit bateau, au défaut du grand, pour aller à Rouen, 4 s.; couché à Rouen et pour leurs gîtes 2 s.; nov., 1er, dîner à Rouen 10 s., soupé et couché à Rouen et pour leurs gîtes 12 s., etc.; dîner à Magny, 9 s. 6 d.; consultation de La Bouteiller pour la seconde fois et pour avoir vu les pièces tout au long, 3 l. 4 s.; à M. de St-Marthe, leur avocat, pour communiquer au parquet des gens du Roi, 64 s.; dîner à Pontoise 6 s.; dîner à Rouen 5 s.; pour passage de la chaussée de Varaville 1 s.; « acheté des vieux souliers à Paris, les miens estoient tous rompus », 16 s.; dîner à St-Germain-en-Laye, où le prieur de Joyenval était, et un homme qu'il avait avec lui, 26 s.; au greffier du Conseil pour avoir été mettre frère François Regnauld hors de la prison, selon l'arrêt, 64 s., etc., etc. — Dépenses de bouche et diverses pour la maison.— Mémoire des dépenses faites par le prieur au voyage qu'il a fait à Pont-à-Mousson, y menant frère François pour étudier, partis de Paris le 24 septembre 1644.

H. 76. (Liasse. — 3 pièces, parchemin; 30 pièces, papier.

1560-1651. — Comptabilité. — Quittances données par : Philippe Didato, banquier à Paris, à Raoul de Villemor, lieutenant général des eaux-et-forêts du Royaume, de la somme de 200 écus d'or pistolets pour solde des 300 promis pour l'expédition des bulles de l'abbaye d'Ardennes au nom de Baptiste de Villemor, son fils, etc. (1569); — Dupont, commis en la vicomté de Caen au recouvrement des deniers de l'imposition faite pour l' « abbreviation » des procès, aux abbé et religieux 1566). — Mémoire des médicaments fournis en 1623 au P. Denis. — Quittances par Jean Jemblin, Pierre Blondel, Jacques Boizard, etc., aux religieux, de leurs vacations comme témoins dans le procès Robert Jemblin (1629). — Lettres de l'abbé d'Ardennes : au frère Bonaventure, de lui avancer 3 pistoles « pour quelque petit voyage que je suis obligé de faire » (1632), etc. — Mémoire des avances faites par la communauté d'Ardennes pour les affaires de la congrégation de St-Norbert (1632-1633). — Quittances : de l'abbé de Gallodé au prieur, de 18 l., avec 6 l. t. qu'il lui avait envoyées par son laquais (1633); de frère Hilarion Blavette, proviseur en l'abbaye de St-Jean de Falaise, à André Le Roy, sous-prieur d'Ardennes, par les mains de frère Jean de La Croix, prieur d'Ardennes, de 67 livres 7 sols 6 deniers pour la quote-part de lad. abbaye de la pension de 2 religieux d'augmentation, par ordonnance de leurs supérieurs, en lad. abbaye de St-Jean, pour le terme de St-Jean (1647). — Note de répartition de la somme de 300 livres sur 56 religieux entre les abbayes d'Ardennes pour 25 religieux, Belle-Étoile pour 11, Silly pour 7 et Mondaye pour 13. — État de la dépense faite par les religieux d'Ardennes en 1641 et 1642 pour planter et former une pièce de terre nommée le clos à pommiers, adjacente à l'enclos de l'abbaye ; id. en 1642, 1643 et 1644, pour former de murailles et labourer en sainfoin une pièce de terre en non valeur, jouxte le clos neuf et le grand chemin de Bayeux. — Extraits des registres de comptes de l'abbaye en 1648. — Mémoires de travaux à La Cambe, etc. — Quittance par P. Roberge de 75 livres le 28 avril 1654, à la suite de l'engagement suivant : « Moy soupsigné m'oblige de paindre le desain de l'ordre d'architecture composite sur le bout de la chapelle de St-Vinson de Lobisey moienant la somme de sinq quante et cus que me doit donner le révéren père prieur de l'abaie d'Ardaine, la moitié en commensant ledit ouvrage et l'autre moytié en le finisant et luy promes mon ouvrage à la fin du mois de may comme nous sommes convenus en semble et luy promes ausy luy paindre le devant de l'ostel et les gradins avec le tableau dudit contre table quy sera de la nativité de Nostre Sauveur. Fet se six de marst mil six sent cinq cante et quatre. P. Roberge. »

H. 77. (Liasse.) — 31 pièces, papier.

1662-1693. — Comptabilité. — Quittance de Paul Le Terrier, chanoine régulier de la résidence de Paris et procureur général de la réforme de Prémontré, aux religieux d'Ardennes, de 1000 livres de contribution au bâtiment de la chapelle du St-Sacrement de Paris (1662). — Compte et regard entre les prieur et religieux et Gabriel Yver, sr de La Garenne, receveur général de l'abbé, pour une année de 1100 livres qu'il leur paie annuellement suivant les concordats, etc. (1666, ss.). — Quittances données par: Étienne Jehannot, sieur de Bartillat, garde du trésor Royal, aux religieux, de 3600 livres montant de leur taxe pour le droit de nouveaux acquêts sur le pied d'une année du revenu de leurs nouveaux acquêts et échanges non amortis, etc. (1675) ; — Robert Jouenne, aux religieux, de la somme de 250 livres pour fourniture d'une meule au moulin de Gémare (1680) ; — François Lhomme, maçon, de Missy, Thomas et Robert Queudeville, charpentiers, à fr. Mathieu Trosseille, procureur, de 60 livres pour travaux aux moulins de Gémare (1680) ; — Prat, procureur au Parlement, fondé de procuration de l'abbé Fautrier, intendant du Hainaut, aux religieux, pour frais de réception de la déclaration et dénombrement des biens de l'abbaye en la Chambre des Comptes de Rouen (1681) ; — Etienne Le Magnen, plâtrier, pour travaux à la galerie allant du dortoir aux lieux communs de l'abbaye (1681) ; — Charles Chrestien, prieur de Blay, aux religieux, de la somme de 200 livres pour leur part de la réédification de la grange des dîmes de la paroisse (1682) ; — Guillaume Couard, maître menuisier, bourgeois de Caen, aux religieux, stipulés par frère Nicolas Boscain, procureur de l'abbaye, de la somme de 60 livres pour avoir fait un marche-pied à l'autel de la chapelle St-Sulpice, avec 2 piédestaux pour supporter les 2 anges placés des deux côtés de l'autel et pour avoir fait un grand cadre de 7 pieds de haut sur 5 de large avec l'escarcie supportant le tableau, y avoir accommodé des planches pour peindre dessus une espèce de contretable (1683) ; — Jacques Dupont, peintre, bourgeois de Caen, aux religieux, de 120 livres, pour avoir peint dans la chapelle de St-Sulpice de Livry et y avoir fait un grand tableau de la descente du St-Esprit sur les apôtres, haut de 6 pieds et demi et large de 5, plus pour une espèce de contretable peinte sur des ais autour du tableau avec des gradins et étoffé des anges de sculpture et autres ornements 1683) ; — Pierre Picard, de Noyers, à Jean Pavy, fermier des religieux, de 85 livres 15 sols pour fourniture de 180 livres de fer en barreaux attachés à la maison de l'abbé, etc. (1684). — Mémoire de dépenses faites pour la chapelle St-Sulpice par Georges de Vaussy, curé de Livry, acquitté par le procureur de l'abbé d'Ardennes (1684) ; quittances : dud. de Vaussy, de 178 livres 7 sols 6 deniers pour réparations faites à la chapelle St-Sulpice (1686) ; — de Pierre Simon, du Mesnil de Briouze, à Yves Moulin, sieur des Vaux, fermier des religieux, de 80 livres pour le travail de fossés desd. religieux (1687) ; — de N. du Saussey, prieur-curé du Breuil, de 150 livres à la décharge de l'abbé pour sa taxe comme possédant le tiers des grosses dîmes de la paroisse, pour la réparation du chœur de l'église (1687) ; — de Hélie Auber, m⁰ charpentier de Caen, de 3.200 livres pour la construction des voûtes de l'église de l'abbaye, sans comprendre sa nourriture et celle de ses ouvriers (1688) ; — de Faultrier au P. Fournereau, pour les religieux, de 2000 livres à compte sur celle de 5.816 livres qu'ils lui doivent (1683).

H. 76. (Liasse.) — 85 pièces, papier.

1787-1791. — Comptabilité. — Reconnaissance de prêt de 6.000 livres fait par l'abbé Le Clerc de Beauheron, ancien recteur de l'Université, professeur de théologie, chanoine de Rouen (1787). — Autorisation donnée par Le Meunier, prieur, Luc Paynel, sousprieur, et Morel, chanoine de l'abbaye de Belle-Etoile, à Vimont, leur procureur, d'emprunter jusqu'à concurrence de 5.000 livres pour les besoins de l'abbaye (1788) ; à la suite, engagement dud. Vimont de payer le 9 juin 1789 à Morice ou à son ordre la somme de 3.075 livres. Mémoire de fournitures faites à l'abbaye par : Pierre Heseulle le jeune, fayencier à Caen, 2.000 bouchons flus à 13 livres le 1000, 20 douzaines d'assiettes anglaises à 3 l. 10 sols la douzaine, 2 douzaines de verres à vin à 3 livres la douzaine, 1 soupière anglaise ovale 5 l. 10 s., 2 paires de salières de cristal à 1 livre 10 sols la pièce (1788-1789). — Billets à ordre du procureur à la veuve de Vernieux pour valeur reçue en marchandises (1789). — Quittance de Jouanne au procureur de l'abbaye de la somme de 12 livres pour fourniture de pain à chanter (1789). — Billet à ordre de 200 livres tiré de Falaise par Jouenne sur Hebert, prieur de l'abbaye (1789). — Lettre d'envoi de Lisieux par Millières de 3 demi-pièces de vin, adressées au procureur de l'abbaye (1789). — Facture envoyée de La Lande-Patry par Dumesnil-du Buisson pour fourniture aux religieux d'Ardennes de 200 livres d'ardoise fine à 10 sols la livre et de 300 de 3 l. à 8 s. 9 d. la livre (1789). — Billet à ordre tiré de Beaune par Masson Marmelat sur Alexandre, procureur de l'abbaye, pour paiement à Collette, négociant à Rouen, de 300 livres pour fourniture de 3 pièces de vin : une feuillette Volnay 120 l., une pièce Pouilly 2⁰, 110 l., une pièce Beaune 2⁰, 110 l. (1790). — Quittances données par : Desbordeaux, curé de St-Julien de Caen, aux religieux, de la somme de 250 livres de rente que l'abbaye est obligée de faire aux pauvres de sa paroisse, de la fondation de feu Quedrue (1790) ; — le régisseur du temporel de l'abbaye de St-Etienne de Caen pour l'archevêque de Narbonne, au procureur de l'abbaye d'Ardennes, de 207 livres 10 sols 3 deniers à valoir sur les rentes foncières et seigneuriales dues en 1789, pour dix boisseaux de froment évalués à 5 l. 12/6 et 85 boisseaux d'orge à 43 sols (1790) ; — par Tostain, pour rentes à l'abbaye de la Trinité à St-Germain (1790) ; — Brion, collecteur de la taille de la paroisse de St-Contest, de la somme de 24 livres pour l'imposition de la taille en 1790 ; — Desaores, serrurier (1790) ; — Le Clerc, curé de St-Germain, de la somme de 175 livres pour un quartier de sa pension canonique (1790) ; — de 105 livres 12 sols pour une charretée et 10 poches de chaux (1790) ; — par le collecteur principal de St-Germain-la-Blanche-Herbe de 683 livres pour la taille de l'abbaye en lad. paroisse, plus 63 livres 16 sols 6 deniers pour l'impôt du bailliage et territorial (1791).

H. 79. (Liasse.) — 8 pièces, parchemin ; 36 pièces, papier.

1782-An III. — Mense abbatiale. Liasses comprenant des pièces antérieures et postérieures à 1790, dont le classement a été respecté. — Liasse 1, « qui constate le montant de la dixme et de la répétition de l'impôt de 1790 des sous-fermiers de la mense abbatiale de la ci-devant abbaye d'Ardaine, dont les hrs Dudouet, fermiers généraux, doivent tenir compte en sus de leurs fermages » — Reconnaissances devant les notaires de Caen par Philippe Dudouet, ancien notaire à Caen, porteur de pouvoirs d'Édouard Booth, docteur en théologie, vicaire général du diocèse de Narbonne, abbé commendataire de l'abbaye, des baux de biens à Authie, St-Nicolas de Caen, St-Aubin d'Arquenay, Secqueville-en-Bessin, etc. — Quittances des collecteurs de Bretteville-l'Orgueilleuse, Sts-Croix-Grand'Tonne, etc. — État du produit de la dime et répétition de la taille et suite de 1790 payé aux héritiers Dudouet, fermiers généraux de la ci-devant mense abbatiale d'Ardennes, par une partie de leurs sous-fermiers, pour les années 1791 et 1792, les autres ayant été dépossédés par les acquéreurs, et dont ils doivent compte à la République aux termes de la Loi (an III).

H. 80. (Liasse.) — 3 pièces, papier.

1792-An III. — Mense abbatiale. Liasse 2. — Quittance par le receveur des domaines nationaux à Duval Dudouet, fermier général de la c. d. mense abbatiale (1792). — Bordereau des quittances des impôts fonciers à la charge de la ci-devant mense abbatiale, payés par les héritiers Dudouet, fermiers généraux, lesquelles ont été remises à Le Bas, receveur des biens nationaux, et dont ils demandent récompense, à St-Germain-la-Blanche-Herbe, Noyers, St-Contest, Lantheuil, St-Aubin d'Arquenay, Norrey, Langrune, Biéville, Blay, Secqueville, Caen, Le Breuil, Ste-Croix (refonte d'une cloche), Colleville, Brouay, Épron, Coulombs, Potot (an III).

H. 81. (Liasse.) — 7 pièces, papier.

1791-1792. — Mense abbatiale. Liasse 3. — Quittances de répétition de pots de vin payées pour les dîmes de Blay, Le Breuil, Coulombs, Mesnil-Brieuze, St-Contest, avec bordereau récapitulatif.

H. 82. (Liasse.) — 19 pièces, parchemin ; 68 pièces, papier.

1781-An III. — Mense abbatiale. Liasse 4, « à l'appui des indemnités que réclament les hrs Dudouet pour non jouissances des terres vendues dépendant de la ferme générale de la mense abbatiale. » — État des fermages non perçus par les héritiers Dudouet, fermiers généraux, des sous-fermiers, pour cause de biens vendus et dont ils demandent d'être indemnisés (an III) ; à l'appui, baux devant les notaires de Caen par Philippe Dudouet, ancien notaire, fondé d'Édouard Booth, abbé commendataire, à : Catherine Beziers, veuve de Simon Hue, et à Marie Le Bouteiller, veuve de Claude Mériel, de terres à St-Aubin, moyennant 55 livres de fermages et une belle et bonne raie bouclée (1781) ; Jean Le Couturier, de biens à Asnelles (1783) ; Anne Delauney, de 2 vergées 1/2 de terre à Lantheuil moyennant 16 livres et 1 poulet gras (1783) ; devant lesd. notaires par Catherine-Charlotte Dudouet, fondée d'Édouard Booth, abbé commendataire, à : Michel Marais et à Pierre Letulle, de terres à Putot (1783), etc. ; d'autres biens à Bretteville-l'Orgueilleuse, Noyers, ferme de Tesnière, etc. — Sommations aux locataires desd. biens vendus par la Nation de payer leurs fermages, etc.

H. 83. (Liasse.) — 4 pièces, papier.

1791-An III. — Mense abbatiale. Liasse 6. — Quittance donnée par A. Marc, de St-Contest, à Justin Marc, à l'acquit de Le Courtois, de 19 boisseaux de blé, mesure de Caen, 1 chapon, 1 géline, 25 œufs et 40 sols de rente (1791). — Reconnaissance de Desmoueux, que Bazire, fondé des héritiers Dudouet, lui a remis l'acte de reconnaissance de 10 boisseaux de froment par lui acquis devant Jean-Jacques Bénard et François Le Danois, notaires à Caen, le 3 avril 1766 (1792). — État des rentes vendues ou amorties, dépendant de la ci-devant mense, dont les héritiers Dudouet demandent les indemnités comme faisant partie de celles comprises en leur bail général (an III).

H. 84. (Liasse.) — 1 pièce, parchemin ; 70 pièces, papier.

1766-An III. — Mense abbatiale. Liasse 7, « concernant les indemnités que réclame les héritiers Dudouet ». — État des rentes refusées aux héritiers Dudouet, fermiers généraux des biens et revenus de la ci-devant mense abbatiale d'Ardennes, faute de titres, en vertu de la loi supprimant les rentes féodales, dont ils demandent une indemnité en déduction de leurs fermages; redevables : M. de Sallen, conseiller au bailliage de Caen, seigneur de Monts ; M. de Cussy, etc. — Nouvelle reconnaissance devant Jean-Jacques Bénard et Guillaume Fontaine, notaires à Caen, par Nicolas Dubreuil, époux de Catherine Le Brethon, et Jean Travers, pour lui et ses frères, à l'abbé d'Ardennes, stipulé par Pierre-Charles Colleville, ex-fermier général des rentes de l'abbaye, de six boisseaux de froment de rente (1766). — A l'appui, compte de chaque redevable et sommations de paiement.

H. 85. (Cahier.) — Grand format, 16 feuillets, papier.

1686-1689. — Bâtiments. — Procès-verbal de visite par Jean Le Chappelain et Michel Brodon, maîtres maçons, bourgeois de Caen. Sébastien Nourry et Élie Aubert, maîtres charpentiers, concernant les réparations de l'église (1686); ordonnance de visite de l'abbé de L'Estanche, vicaire général de la congrégation de l'étroite observance de Prémontré, concernant la voûte de l'église qui menace une ruine prochaine (1686); lettre de l'abbé ; marché avec Hélie Aubert, maître charpentier, bourgeois de St-Pierre de Caen, pour construire tout de neuf dans l'église de l'abbaye 7 arcades, etc. (1686); quittances, pièces diverses concernant lesd. travaux; inventaire des pièces, marchés et alleus par les religieux pour la réception des ouvrages par eux faits pour la réédification des voûtes de l'église par devant Gohier, lieutenant particulier au bailliage ; certificat de deux peintres, estimant la peinture des voûtes à 400 livres; état de ce qu'il a coûté aux religieux pour les réédifications des dortoirs, commencées en juin et finis en novembre 1687: pour une « figure » pour le dortoir, 36 l. 10 s., etc. ; état de ce qu'il a coûté aux religieux pour l' « abbat » des anciennes voûtes de l'église, pour la construction de celle de bois commencée en novembre 1686 et finie en septembre 1687 : aux sculpteurs qui ont fait les culs-de-lampes, 36 l., et 20 l. pour la nourriture, etc.

H. 86. (Cahier.) — Grand format, 10 feuillets, papier.

1709. — Bâtiments. — Mémoire des articles contenus dans le procès-verbal de visite des réparations à faire dans les bâtiments de l'abbaye et lieux en dépendant : Mesnil de Briouze, Lonlay-le-Tesson, St-Contest, Caen, Putot, chapelle St-Sulpice, chœur de l'église de Blay, ferme de Tesnières, Coulombs, Épron, etc.

H. 87. (Cahier.) — Moyen format, 86 feuillets, papier.

1765-1766. — Bâtiments. — Procès-verbal et devis estimatif des réparations des églises, maisons, fermes et biens dépendant de la mense abbatiale, étant à la charge de la succession de l'abbé de St-Vallier, dernier titulaire, dressé par P. Deros et Boisard, experts, en exécution d'une sentence rendue au bailliage de Caen, entre Édouard Booth, vicaire général de Narbonne, abbé commendataire de l'abbaye, stipulé par Philippe Dudouet, notaire, et Jean-Baptiste-Paul-Charles de La Croix de Chevrière, vicomte de St-Vallier, tant pour lui que pour son frère.

H. 88. (Cahier.) — Moyen format, 48 feuillets, papier.

1767. — Bâtiments. — Procès-verbal dressé par Pierre-François Friley, greffier du bailliage de Caen, assisté de Pierre Deros, architecte en la paroisse St-Julien de Caen, et de Morice Voisin, architecte en la paroisse St-Gilles d'Évreux, en présence de Jean-Baptiste-Paul-Charles de La Croix de Chevrières, vicomte de St-Vallier, maître de camp de cavalerie, chevalier de St-Louis, et Édouard Booth, vicaire général de Narbonne, abbé commendataire de l'abbaye, stipulé par François Hély, prédicateur ordinaire du Roi, des réparations faites et restant à faire aux bâtiments dépendants de la mense abbatiale.

H. 89. (Rouleau.) — 0.87 sur 0.22, parchemin

S. d. — Rentes. — « Rotulus obituum monasterii Beate Marie de Ardena de anno LV°. » Au dos: « Herbagia locata aput Breteville super Odonem ». Ste-Honorine, Bitot, Cussy, Rosel, Tilly, Canon, Ranville, etc.

H. 90. (Rouleau.) — 2=21 sur 0,24, parchemin.

S. d. — Rentes. — Fontenay-le-Pesnel, Bretteville-l'Orgueilleuse, Rots, Authie, Marcelet, Cardonville, Putot, Brouay, Mesnil-Patry, Christot, Audrieu, Ducy, Loucelles, Carcagny, le Breuil, Jurques, Missy, Tournay, Mouen, Tesnières, Landelles, Sourdeval, Vendes, Juvigny, Coulombs, etc. — Incomplet du commencement.

H. 91. (Liasse.) — 4 pièces, papier.

1227-XVIIe siècle. — Rentes d'obits. — « Mémoire de quelques messes et obits de fondation en l'abbaye d'Ardaine, tirez du grand chartrier d'icelle. » — Fondateurs : Jean Le Flamant, éc., de Carpiquet ; Raoul Danot, curé de St-Louet-sur-Seulles ; le s^r de Lasson ; Gaultier Restoult, de St-Germain-la-Blanche-Herbe ; Hamon Chaucebœuf, éc. ; Charles d'Hermanville, s^r du lieu, etc. — « Déclaration de ceux qui ont donné à Dieu et à l'église de céans pour y avoir messes, obits ou sépulture » : René Le Coutelier et Luce de Mitry, sa femme (1307) ; « Berthe de Prunlay et Villeme de Gauvruz », sa femme (1280) ; d^{lle} George de Colombières et Philippe, son fils (1260) ; Jeanne, veuve de Guillaume d'Avenay (1260). — Autres notes sur les fondations d'obits : de Pierre de Juvigny, « Aceline de Hermenville », Jean de Tilly, écuyer, (1288) ; Guillaume de Tilly et Julienne de Tilly, son épouse (1268) ; « Philipine, fame de Unfroy de Caron » (1272) ; Guillaume de Cabourt, éc., (1339) ; Mathieu de Caudecote, éc. (1316) ; Guillaume de Guernet, curé de Colleville (1303) ; « Guillermus de Asneriis, decanus et canonicus Lexoviensis », dime d'Ouistreham (1259) ; Jean Gondouin, curé de Berjou ; Guillaume Le Brethon, chevalier, bailli de Caen, natif d'Angleterre, et Jeanne du Neufbourg, sa femme ; Jeanne de Trisiguidy, veuve de Guillaume d'Hermanville, etc.

H. 92. (Liasse.) — 19 pièces, parchemin.

1320-1462. — Rentes. — Reconnaissances et cessions de rentes : devant Henri Le Gay, garde du scel de la vicomté de Caen, par Robert de Mondreville, écuyer, de 3 setiers de froment, mesure de Caen, envers l'abbaye, « en recompenssation de la livroison que ont donnée les dix relig. à Katerine, fame du dit Robert », etc. (1320) ; — par Denis Doitsouef, de St-Étienne de Caen, envers l'abbaye, de 45 sols 1 chapon et 15 œufs de rente (1355). — Cession à l'abbaye par Guillaume de Granchie et Thomasse, sa femme, de St-Germain-la-Blanche-Herbe, de trois setiers et une mine de froment, la mine de froment pour leur obit et les trois setiers pour ce que les religieux seront tenus payer d'annuelle pension pendant leur vie à Thomasse chaque jour 4 miches, 2 pains bis et 1 pot de cervoise ou de boire commun tel que led. couvent userait, et à Guillaume chaque jour 6 miches 2 pains bis, 1 galon de cervoise ou dudit boire commun et pitance telle que les communs confrères séculiers de l'abbaye prendront ; seront tenus les religieux lui payer chacun an 30 s. t. pour son août ; et sera tenu led. Guillaume faire l'office de messier, à son pouvoir, ou autre tel comme il plaira aux religieux office honnête, etc. (1348, mars). — Donation par Thomas de La Barre, de St-Germain-la-Blanche-Herbe, à l'abbaye, de 2 boisseaux de froment de rente (1378, février). — Reconnaissance devant Jean Quatrans par Guillaume Vaudry, de St-Étienne de Caen, à l'abbaye, de 12 sols tournois de rente assise en lad. paroisse (1385). — Vente devant Michel Valemont, clerc, tabellion ès mottes des sergenteries d'Argences, Troarn et Varaville, par Colin Noel et Fleurie, sa femme, demeurant paroisse St-Sauveur de Caen, à Jean de Blary, prieur de St-Germain-la-Blanche-Herbe, religieux d'Ardennes, de 12 boisseaux de froment, mesure de Caen, moyennant 12 écus d'or et 10 s. t. pour vin (1414). — Vente devant Jean Desmaires, clerc, tabellion à Caen, par Jean Alain, trésorier de l'église de St-Germain-la-Blanche-Herbe, Jean Berthelot et Jamot Alain, pour les paroissiens dud. lieu, à l'abbaye, de 2 boisseaux de froment, mesure de Caen, moyennant 60 s. t. et 5 s. t. de vin (1432 v. s.). — Quittance d'amortissement devant Jean Desmaires, tabellion à Caen, par Jean Salley, de St-Nicolas de Caen (1435). — Donation devant Jean Richart, tabellion à Caen, par Jean Berou, de St-Étienne, à l'abbaye, de 1 setier de froment de rente, mesure ancienne de Caen, pour être mis, ainsi que Bellote, sa femme, et leurs amis, parents et bienfaiteurs, « eu matrologe dudit hostel » (1435). — Vente devant Guillaume Caudebec, clerc, tabellion à Caen, par Étienne de Missy, bourgeois de Caen, aux religieux, de 4 livres tournois de rente (1442). — Vidimus par Eustace Quenivel, lieutenant général de Girard Bureau, vicomte de Caen, de lettres d'obligation de rente par Jean Alain, de St-Germain-la-Blanche-Herbe, vers Guillaume « Le Trechie », dud. lieu (1406, janvier), et de la donation à l'abbaye par Jean « de Trechie », curé de « Quatre Maires », de rente sur Jean Alain l'aîné (1410) ; adjudication par décret aux pieds de la ville de Caen tenus par led. lieutenant à

Pierre Poytevin, bailli, au nom des religieux, des héritages sujets à lad. rente (1457). — Vente devant Jean Le Briant, tabellion à Caen, par Olive d'Anneville, veuve de Guillaume Gondouin, écuyer, aux religieux, de 60 sols de rente (1463).

H. 93. (Liasse.) — 12 pièces, parchemin; 12 pièces, papier.

1506-1599. — Rentes. — Vente devant Pierre Le Poutrel et Lucas Delalande, tabellions à Caen, par Colin Vymart, de St-Aubin d'Arquenay, à Pierre Dudoit, de St-Gilles de Caen, de 11 boisseaux de froment et 1 géline de rente à prendre sur Sandret Robert et Perrette, sa femme, d'Authie (1505, janvier). — Vente de lad. rente par Dudoit à Gieffroy Sevestre, curé de Villeberge, demeurant en l'abbaye de la Trinité de Caen (1506). — Transport devant François de Verson et Jean Vaultier, tabellions en la sergenterie de Cheux, par led. Sevestre à Germain Le Tellier (1506). — Transport par Simon Le Tellier, de Carpiquet, à Gilles Cuyret, prieur de St-Germain-la-Blanche-Herbe (1530). — Reconnaissance de rente par Philippin et Pierre Briant, bourgeois de Caen (1569). — Déclaration des rentes en deniers dues à l'abbaye qui sont à exposer en vente pour subvenir aux cotisations et taxes de deniers levés par le Roi sur l'abbaye : sur Michel de Bretheville, éc., sr de Thaon, sur Guillaume Hélix, bourgeois de Caen, sur le moulin de Tocqueville en Cotentin, etc. (1577). — Quittance devant François Paris et Guillaume Caillot, tabellions à Caen, par Pierre Lamy, de St-Germain-la-Blanche-Herbe, et Marie Nourry, sa femme, à Marin Nourry, père de lad. Marie, de 1 écu 1/3 pour amortissement de 3 boisseaux de froment de rente (1582). — Quittances par : Jacques Adam, receveur de l'abbaye, à Guillaume Le Poitevin, de 5 boisseaux de froment de rente (1583) ; Clément de Vaux et Jacques Adam, à l'abbé Baptiste de Villemor (1584). — Vente devant François Parys et Pierre Pauger, tabellions royaux en la vicomté de St-Sylvain et Le Thuit pour le siège de Vaucelles de Caen, par Nicolas Bellet, bourgeois de St-Ouen, à Jean Barbey, de 1 écu 1/3 sol de rente à prendre sur tous ses biens (1590). — Vente devant Pierre Bénart et Abraham Langlois, tabellions à Caen, par Guillaume Boysard, à Jean Froger, avocat, bourgeois de Caen, stipulé par Jacques Bonnet, de 1 écu sol de rente (1587). — Extraits du journal et papier des rentes et recettes de l'abbaye faites par Jean Brunet, fermier et receveur général de l'abbaye (1597-1599).

H. 94. (Liasse.) — 53 pièces, parchemin, 43 pièces, papier.

1601-1768. — Rentes. — Extrait des registres du tabellionage de Caen, concernant la quittance d'arrérages de rente donnée par Jean de la Croix, prieur claustral, et Antoine Grandjean, religieux d'Ardennes, pour les religieux, à Jacques Brasset, ci-devant trésorier général de France à Caen, en l'acquit de Jean Le Terrier, sieur des Carreaux (1601). — Testament de René de Sillans, sieur d'Hermanville, en son lit malade, paroisse de St-Pierre de Caen, au Vaugueux, portant qu'il sera inhumé dans l'église d'Ardennes avec obsèques et funérailles honorables selon sa qualité ; donation de 60 livres t. de rente pour fondation de 4 obits ; donations : à Marie, sa fille naturelle, sortie d'Anne, demeurant à Hermanville, de l'usufruit de 100 l. t. de rente sur Jacques Durvie, sr de « Laçon et de Sainct-Vast », par contrat de 1615 ; à Noel Douesnel, son serviteur, 30 l. t. une fois payée ; exécuteur dud. testament, le baron de Creully, son frère (1617), présent François de Sillans, religieux de St-Étienne de Caen, frère du testateur ; ratification devant Jacques de Gastebled, écuyer, et Olivier Le Masurier, tabellions en la sergenterie de Creully, par Antoine de Sillans, chevalier, seigneur et baron de Creully, Le Bréau, Chatinonville, Hermanville, etc. (1620). — Mandement de Guillaume Vauquelin, écuyer, sr de la Fresnaye, président au siège présidial de Caen, au premier huissier, de contraindre Chaumontel, écuyer, et autres, au paiement d'arrérages de rentes dues à l'abbaye (1621). — Vente devant les tabellions de Caen par Jacques et Daniel Prevel, frères, bourgeois de Caen, à Marc Sarrazin, religieux profès en l'abbaye d'Ardennes, prieur-curé de Notre-Dame du Mesnil près Briouze, pour lui et les prieur et couvent d'Ardennes, stipulés par Guillaume Denis, prieur de St-Nicolas-sur-Orne et procureur de l'abbaye, de 15 l. de rente dont l'usufruit sera touché par Pierre Le Turc, religieux profès en l'abbaye de Belle-Étoile, prieur de St-Germain-la-Blanche-Herbe dépendant d'Ardennes (1622). — Quittance par Pierre de La Fontaine, procureur de l'abbé d'Ardennes, donnée à Marin Dupont, écuyer, sieur de « Bresy », de 28 boisseaux de froment de rente (1624). — Obligations de Nicolas d'Ollendon, de la paroisse d'Esquay, et d'Étienne Le Cornu, de St-Ouen de Caen (1630). — Vente devant Mathieu de La Londe et Jean Crestien, tabellions à Caen, par Jacques de Chennevière, écuyer, sieur de Courdavy et de Pointel, demeurant aud. lieu de Pointel, vicomté de Falaise, procureur de Jacques de Harcourt, seigneur de Hardemeourt et de Lignou, héritier en partie de Françoise de Harcourt, sa sœur, aux prieur et couvent d'Ardennes, représentés par frères Jean de La Croix, André Le Roy et Robert Du Hamel, prieur, sous-prieur et procureur, de parties de rentes de l'obligation de Gilles de Mautailly, sieur du Bosc, à la caution de Raphael de Gouye, Thomas Godefroy, chanoine de Bayeux en la prébende de Vaucelles, Louis de Manvieux, sieur de Tracy, vers François de Manvieux l'aîné, sieur de Montebourg, son frère, Antoine et Richard Hélyes, père et fils, sieur du Muterel et de Housteville, et Guillaume Hélyes, écuyer, sieur de la Fosse, Gabriel Bunel, sieur de Tessy, Jean Le Chevallier, sieur de la Barre, Jacques Le Maigre, sieur de Fumichon, Pierre Hélyes, sieur des Castelets, etc. (1635). — Ventes devant les mêmes ; par Gabriel Busnel, écuyer, s' de Tessy, et Germain Du Hamel, écuyer, s' de Rubercy, lieutenant du vicomte de Bayeux, aux religieux, de 50 livres de rente hypothèque moyennant 700 l. t. (1636) ; par Jacques Bardon, bourgeois de Caen, maitre tailleur d'habits de la Reine d'Angleterre, aux religieux, de 200 livres de rente au denier 14, de l'obligation de Pierre Barbé, contrôleur pour le Roi en l'Élection de Caen, et Jean Le Picard, conseiller secrétaire du Roi, demeurant à Caen (1636) ; par la veuve de Gilles Le Putois, avocat à Caen, et Noël Le Putois, son fils, à Guillaume Vauquelin, seigneur de la Fresnaye-aux-Sauvages, de 21 livres 8 sols 6 deniers de rente (1640) ; transport de lad. rente par led. Vauquelin, seigneur de la Fresnaye-au-Sauvage et d'Hermanville, conseiller du Roi en son Conseil d'État et maître des requêtes de la Reine (1641). — Donation devant Mathieu de La Londe et Michel Le Sueur, tabellions à Caen, par Nicolas Madeline, sieur de la Vallée, bourgeois de Caen, procureur et intendant des affaires de Philippe Froger, veuve de Georges Sallet, seigneur de Quilly, Cintheaux, Cauvicourt, La Hérandière, etc., procureur général au Parlement de Normandie, et d'Alexandre Sallet, seigneur de Colleville et desd. terres, son fils, aux religieux, stipulés par frères Jean de La Croix, prieur claustral, Robert Du Hamel, sous-prieur, François Minfant, Paoul Rivière, Gilles Marivint, Pierre Le Roux, Baptiste Jean, Dominique Hullin, Mathieu Trousseille, Bernardin Boisard, Gilles Le Baut et Antoine Fournier, religieux profès, de 100 livres tournois de rente hypothèque rachetable par 1400 livres, pour fondation et pour avoir lesd. dame et son fils, ainsi que leur famille, droit de sépulture dans le « cavot » et sépulcre de 16 pieds de long et 9 de large bâti par Georges Sallet, abbé d'Ardennes, fils de lad.

dame, dans une des chapelles du côté de soleil levant, dédiée à St-Aubin et St-Norbert, où led. procureur fut inhumé le 20 octobre 1639 et led. abbé, son fils et de lad. Froger, le 17 septembre 1641, avec faculté de faire augmenter lad. chapelle sur le jardin des religieux, pour l'ornement et embellissement de l'église (1641). — État des rentes transportées aux religieux par Alexandre Sallet, s' de Colleville, Quilly, etc. (1642). — Amortissement de rente par les religieux à Alexandre Sallet, éc., seigneur et patron de Quilly, Cintheaux, Bretteville-sur-Laize et Cauvicourt, conseiller au Parlement de Normandie, (1647). — Constitution de 60 livres de rente pour les religieux moyennant 840 livres, par « Hellie » de Malfillastre, écuyer, avocat au bailliage et siège présidial de Caen (1652) ; arrêt de blés, grains et bestiaux reposés en la maison dud. de Malfillastre à Ste-Honorine-du-Fay ; intervention de Gaspard de Morel, seigneur de Secqueville, pour lui et Marie Hélouin, son épouse, autres créanciers, et de Pierre Bérard, fermier (1656-1658). — Transport par led. Alexandre Sallet aux religieux de rentes à prendre notamment sur Jacques Jourdain, éc., sieur de Launey, demeurant à St-Germain d'Ectot ; témoin, Georges de Mauduit, éc., s' de la Croix, commissaire examinateur en la vicomté de St-Sylvain (1654). — Quittance devant Jacques Le Danois et Guillaume Jolivet, notaires à Caen, par Marie Debleds, veuve de Guillaume Adeline, du consentement de Philippe Guillaume et Jean Debleds, frères, aux religieux, stipulés par frère André Fournereau, procureur, de 125 livres pour amortissement de 8 livres 18 sols 6 deniers de rente (1685). — Reconnaissance par Lefebvre, bourgeois de Caen, de rente due aux Carmes déchaussés de Rouen, dont son père s'était chargé envers les religieux d'Ardennes (1726), etc.

H. 95. (Liasse.) — 12 pièces, papier.

1770-1789. — « Liasse 22. Extraits informes de relevés de contrats de ventes passés devant les notaires de Caen, conservés pour les rentes que les acquéreurs sont chargés d'acquitter envers ladite abbaye d'Ardennes. » — Extraits sur les relevés aux insinuations pour ceux qui doivent des treizièmes ou qu'on présume qui doivent en relever : Pierre-François Le Marinier, Julien Tillard, des Étables, à St-Contest, acquéreur de Hue de Prébois, Jean-François Le Bert, etc. — Relevés du registre du centième denier étant au bureau du contrôle des actes à Caen : Jean-Robert de Cussy, Jean-Jacques Le Bas, seigneur de Plumetot, Jacques Hue de Prébois, Gabriel des Étables, Marie de Than, veuve

Jean Cahaigne, et Jean Cahaigne, son fils, Pierre et Étienne Tubœuf, frères, les frères Delarue, Pierre André des Pommerais, président au bureau des finances de Caen, Lefèvre de Malanhert, Mme de Fontenay, Guillaume-Thomas Fouhert Despallières, Marin-François de Malherbe, Pierre-Alexandre Aubrée, sieur du Taillis, Philippe Maltillastre, Michel-Simon de Gournay, Louis-Armand d'Amayé, Simon-François Le Torey, sieur des Jardins, François Thiboult, etc.

H. 96. (Liasse.) — 20 pièces, parchemin ; 8 pièces, papier.

1325-1576. — Biens et droits. — Lettres de Jean de Linière, clerc du Roi, et Jean Boulenger, bailli de Caen, commis de par le Roi en la baillie de Caen sur le fait des finances des acquêts faits par les gens d'église en fiefs, arrière-fiefs, alleux et censives, et par personnes non nobles en fiefs nobles, contenant extrait de lettres dud. Roi données à Paris le 13 février 1325 ; acquêts de l'abbaye d'Ardennes, etc. (1326). — Aveu des « sieuries » et patronages de l'abbaye, rendu au Roi par les abbé et couvent (1390). — Déclaration faite aux commissaires à ce délégués par le Roi par les religieux d'Ardennes des biens et rentes à eux donnés et aumônés depuis 50 ans (1395). — Déclaration des rentes, héritages, dons, aumônes et acquisitions non amortis, faite par les religieux à Pierre Desplantes, examinateur de par le Roi au Châtelet de Paris et commissaire dud. seigneur au bailliage de Caen sur le fait des nouveaux acquêts (1409). — Mandement de Jean Anzeré, vicomte de Caen, commissaire en cette partie de MM. des Comptes du Roi en la duché de Normandie, sur présentation par l'abbé et les religieux de lettres patentes du Roi données devant Falaise le 2 février an 5 du règne, et de mandement desd. gens des Comptes donné à Caen le 7 juillet suivant 1418, pour faire jouir les religieux de leur temporel, réservé au Roi à avoir dud. abbé le serment de féauté et le dénombrement à cause desd. temporel et revenus (1418). — Aveux rendus au Roi du revenu, terre, sieuries et patronages de l'abbaye (1420-1463). — Extrait du registre du greffe du bailli de Caen, concernant la déclaration des religieux des bénéfices dépendant de l'abbaye : cures ou prieurés de St-Contest, St-Germain-la-Blanche-Herbe, St-Vigor de Coulombs, St-Pierre de Blay, Notre-Dame du Breuil, Segrie, Mesnil-près-Briouze, Cuye ; chapelles ou prieurés de St-Vincent de Lebisey, St-Nicolas-sur-Orne, Ste-Trinité de l'Hermitage, St-Pierre de Lion-sur-Mer, St-Sulpice, etc. (1547). — Vidimus devant Étienne Du Val, écuyer, sieur de Mondrainville, garde général des sceaux pour les contrats et obligations de la vicomté de Caen, par Pierre Bacon et Jean Le Gabilleur, tabellions à Caen, du bail passé en 1550 pour 7 ans par Marguerin de La Bigne, abbé commendataire, à Christophe Poterin, prieur de Coulombs, et à Jean Du Moncel, religieux, du revenu de l'abbaye, etc. (1576).

H. 97. (Liasse.) — 16 pièces, papier.

1563-1641. — Procès-verbal de « visitation des ruynes, demollicions, degrademenz et pilleryes » faites en l'abbaye et maisons de l'abbaye, suivant la commission du Roi, par Charles d'Auberville, sire et baron de Cantelou, du Verbosc, et bailli de Caen, et Tanneguy Sorin, écuyer, docteur en chacun droit, premier conseiller du Roi au siège presidial de Caen (1563) ; autre procès-verbal y relatif (1572). — Relevé des terres labourables de l'abbaye, suivant les baux faits pour 7 ans devant Hugues Étienne et Jacques Pigache, tabellions à Caen, le 15 juin 1563. — Papier touchant le revenu de l'abbaye pour le fait de la recette d'icelui, fait le 9 mai 1565. — Aliénations faites par l'abbaye à : Guy de Bricqueville, sieur de Ste-Croix, d'un fief aud. lieu ; à André de Lonchamps, de la ferme de Poussy ; à Étienne Du Val, sieur de Mondrainville, de pièces de terre et moulins sis à Éterville, Bretteville et Louvigny ; à Thomas de Cussy, sieur de Lif, de 12 boisseaux de froment à prendre sur Pierre Mouillard, de Secqueville ; à M. de Matignon, du fief et terre noble de Jurques (1563-1587). — Déclarations : des terres, rentes, dîmes, moulins, donnés à ferme par Baptiste de Villemor, aumônier ordinaire du Roi, abbé commendataire, à Pierre Hallé, de la paroisse de Bazenville, à présent demeurant à Hérouville, lequel s'est soumis d'en passer bail devant tabellions ou en justice (1570) ; des dîmes, fiefs nobles, domaines non fieffés et terres roturières dépendant de l'abbaye ; extraits des déclarations tant du revenu total de l'abbaye que du revenu à terroir de la ferme et métairie du lieu d'Ardennes, faites par les abbé, prieur et religieux, à plusieurs fermiers (1570-1641). — Déclaration des terres labourables, dîmes, fiefs nobles, moulins, prairies, maisons et autre domaine non fieffé, plus les rentes en deniers, grains, volailles, poulailles, œufs, encens, poivre et harengs, concernant le revenu total de l'abbaye, faite par Baptiste de Villemor, abbé commendataire (1571). — Extrait de l'état des ventes des biens des ecclésiastiques concernant l'abbaye : Villons, Cairon, Biéville, Anguerny, etc.

(1575). — Inventaire de baux à ferme baillés par l'abbé Baptiste de Villemor à Clément de Vaulx, fermier de lad. abbaye, pour opérer le recouvrement des fermages (1578).

H. 98. (Liasse.) — 4 pièces, parchemin ; 7 pièces, papier.

1591-1622. — Bail fait par Baptiste de Villemor, abbé d'Ardennes, à Jean Brunet, bourgeois de Caen, du revenu de lad. abbaye pour 7 ans, avec déclaration dud. revenu de l'abbaye faite par led. abbé aud. Brunet (1591). — Déclaration du revenu tant en terres que dîmes, prairies, rentes en grains, volailles et œufs, donné à ferme par Baptiste de Villemor, aumônier ordinaire du Roi, abbé d'Ardennes, à André Bourdon, bourgeois de St-Nicolas de Caen, lequel s'est soumis d'en passer bail devant tabellions ou en justice (1599). — Bail devant Richard Martin et Nicolas Roque, tabellions à Caen, par l'abbé Pierre de Villemor, à André Bourdon, du revenu de l'abbaye pour 7 ans (1606). — Bail par M. de Champbrullé à Raoul Le Sauvage, sieur de Bitot, du revenu de l'abbaye pour 7 ans (1612). — Baux de biens de l'abbaye à Périers, Le Manoir, Mathieu, Bény, Anguerny, Biéville, etc. — Accord entre Mathieu Robillard, fermier des moulins d'Ardennes, et les prieur et couvent, concernant un procès mu entre eux devant le bailli de Caen ; — procuration donnée devant Jacques de Gastebley, écuyer, et Jean Bayeux, tabellions en la sergenterie de Creully, par Jean de La Croix, prieur claustral, Jacques Marie, Guillaume Denis, Pierre Cramoisy, Bernard Le Corte, François Miffant, Gilles Le Bault et Antoine Fournier, religieux d'Ardennes (1622).

H. 99. (Liasse.) — 4 pièces, parchemin; 30 pièces, papier.

1623-1671. — Déclaration des paroisses mentionnées au petit chartrier et état du revenu de l'abbaye en chacune (1623). — Déclaration que baille Simon Barthes des terres, dîmes et revenu de la ferme d'Ardennes dont il a joui suivant son bail passé devant les tabellions d'Ouistreham en 1627 (1633). — Bail par Bonaventure Lefebvre et Robert Du Hamel, religieux, procureurs des prieur et couvent, à Simon Berthes, pour 7 ans, du revenu de l'abbaye leur appartenant (1633). — « Coppie de l'État ou pancarte de l'évaluation du revenu de l'abbaye de Notre-Dame d'Ardeine, partagé en trois lots, contenus en l'arrêt de la Cour du Parlement de Rouen du 19 février 1622, faite et écrite de la propre main de Messire Guillaume de Gallodé, lors abbé commendataire de ladite abbaye, et par lui reconnu telle, pardevant Monsr. le bailly de Caen, ou son lieutenant, à l'instance de Messire Louis Gosselin, son résignataire de ladite abbaye, le 23 d'avril 1638, ainsi qu'il ensuit ». 1er lot : la terre de Tesnières, 1000 l.; la grande maison de Caen, 150 l.; les terres de la Maladrerie, que tient Poulain, 200 l.; les terres ou dîme de Blay, 150 l. ; la terre et dîme de Coulombs, 800 l.; Lantheuil, 65 l.; Norrey, 20 l.; Langrune, 40 l.; Cully et Secqueville, 40 l.; Asnelles, 30 l.; St-Aubin d'Arquenay, 12 l.; Épron et Biéville, 50 l.; trois acres de pré à Caen, 100 l. ; sur le magasin à sel de Caen, 20 l. ; St-Sulpice, 30 l.; Le Preuil, 20 l. : 2727 livres. Rentes bien paiées du premier lot à Lantheuil, Cully, Noyers, Mouen, Grainville, Brécy, Putot, Gavrus, Esquay, Baron, Sainte-Honorine, Le Manoir de Vienne, Fontaine-Henry, Brouay, Saint-Sauveur de Caen, Petiville, St-Pierre du Mont : 220 b. froment, 30 b. d'orge, 13 l. 10 s., 6 chap., 13 gelin., 70 œufs. Rentes en mauvaise paie du premier lot, à Mouen, Mesnil-Patry, Fontenay-le-Pesnel, Saint-Aubin d'Arquenay, Lantheuil, Épron, Vaussieu, Putot, Bretteville l'Orgueilleuse, Baron, Brouay, Ducy, Évrecy, St-Jean de Caen : 87 b. froment, 9 b. d'avoine, 2 l. 12 s. 6 d., 2 chap. 3 gelin. et 60 œufs. Second lot : La terre d'Ardaine, 1900 l.; la petite maison de Caen, 50 l. ; la dîme de Cuye, 400 l. ; St-Louet, 16 l. ; Thaon, Camilly et Le Fresne, 7 l. ; Bény, 18 l. ; Cresserons, Lion et Rosel, 62 l.; Ouistreham, 150 l. ; St-Martin, 30 l. ; Cairon, 20 l.; la dîme de Venoix, 12 l. : 2665 l. Rentes bien paiées du second lot, à Saint-Germain-la-Blanche-Herbe, Saint-Nicolas de Caen, Venoix, Louvigny, Éterville, Saint-Manvieu, Loucelles, Authie, Bény, Cresserons, Les Loges-Saulces, Saint-Étienne de Caen, Cairon : 248 b. froment, 23 l. 13 s 4 d., 13 chap., 17 gel., 365 œufs, une liv. de poivre, 12 b. d'orge. Rentes en mauvaise paie du second lot, à Saint-Germain, Saint-Nicolas, Venoix, Louvigny, Éterville, Cairon, Rosel, Loucelles, Authie, Bény, Cresserons, Lasson, Ouistreham, Périers, Hérouvillette, St-Pierre de Caen, Allemagne : 90 b. froment, 14 l. 9 s., 5 chap., 6 gel., 110 œufs. Troisième lot, terres de St-Contest, 100 l. ; rentes dudit lieu, 200 l.; la dîme du même lieu, 1500 l.; le Mesnil de Briouze, 400 l.; Gémare, et les maisons de devant, 400 l. ; Hermanville et Colleville, 20 l.; deux acres de pré, 60 l. : 2680 l. Rentes bien payées du premier lot, à Hermanville, Mathieu, Colleville, Rots, Cambes, Villons, Les Buissons, Douvres, Bernières sur la mer, Saint-Gilles de Caen, Colomby, Courseulles, Amayé-sur-Orne : 161 b. froment, 40 b. d'orge, 4 l.

4 chap, 3 gel. et 90 œufs. Rentes en mauvaise paie du troisième lot, à Plumetot, Colleville, Cambes, Villons, Bernières, Saint-Gilles de Caen, Tailleville, Le Port Malvoisin, Basly, Colomby, Soliers : 88 b. froment, 8 b. et demi d'orge, 10 chapons, 8 gelines, 50 œufs. Au dos, reconnaissance du 23 avril 1638 par Guillaume de Gallodé, ci-devant abbé d'Ardennes, instance de Louis Gosselin, pourvû de l'abbaye, stipulé par Pierre Le Normand, devant Jacques Blondel, sieur et châtelain de Tilly, lieutenant particulier civil et criminel du bailli de Caen, commissaire du Grand Conseil en cette partie. — Déclaration des héritages que Georges Sallet, seigneur de Quilly, Cintheaux, Cauvicourt, Jacomesnil et Colleville, procureur général au Parlement de Normandie, donne à ferme à Thomas Deblais (1639). — Déclaration baillée par les religieux des terres, droits et libertés de la ferme d'Ardennes, à Guillaume Challes, bourgeois de Caen, pour en jouir suivant son bail (1641). — État des terres et dimes du 1er lot de l'abbaye dont jouissait feu Georges Sallet, abbé commendataire, que baille Nicolas Madeline, sieur de la Vallée, procureur d'Alexandre Sallet, chevalier, sieur de Colleville et Quilly, héritier dud. abbé, à Jacques Buhot, econome de l'abbaye (1641). — Déclaration faite par Alexandre Sallet, écuyer, seigneur de Colleville, aux religieux, des biens et rentes qu'il leur a vendus (1642). — Requête adressée à l'évêque de Bayeux et aux syndics et députés du clergé du diocèse par le prieur et couvent de l'abbaye, afin d'obtenir une modération sur le montant de leur taxe pour le tiers du bien de l'abbaye dont le revenu, avec quelques autres biens par eux unis à leur mense, n'est que de 3872 livres (1646). — Bail devant Thomas Lesueur, tabellion, et Pierre Lair, greffier, par Pierre Cahier, avocat au Parlement de Paris, procureur d'Henri Laisné, abbé commendataire de l'abbaye, à Gabriel Yver, sieur de la Varande, des premier et troisième lot du revenu temporel de l'abbaye, moyennant 6,500 livres de fermages (1667). — État imprimé de la valeur des 3 lots du revenu et ancien domaine de l'abbaye partagé en 1622 (1671).

H. 100. (Liasse.) — 6 pièces, parchemin; 21 pièces, papier.

1671-1705. — Bail devant Jean Le Chanteur et Jean Carnot, notaires au Châtelet de Paris, par Louis-Anne Aubert de Villeserin, aumônier et prédicateur ordinaire du Roi, abbé commendataire de l'abbaye d'Ardennes, à Abraham Le Chanoine, bourgeois de Caen, stipulé par Augustin de Varnay, docteur en théologie à Paris, du revenu temporel de lad. abbaye, en ce qui lui appartient, pour 9 ans, moyennant 7,500 livres de fermages (1671), avec copie rapportée par Jacques de Charpentier, seigneur de la Haute-Maison, conseiller maître d'hôtel du Roi, ayant charge de Louis de Fourbin de la Marthe, chevalier de l'ordre de St-Jean de Jérusalem, ex-abbé d'Ardennes, aud. Carnot, notaire, avec la ratification d'Honoré de Jordany, procureur dud. de Fourbin, et dud. Le Chanoine, fermier (1673). — Approbation dud. bail devant Louis Pillault et Étienne Thomas, notaires à Paris, par Joachim Faultrier, abbé commendataire (1674). — Articles à ajouter à la déclaration faite au greffe de l'intendant Chamillard, par les religieux, en 1674. — État et déclaration des biens retirés par les religieux de l'abbaye d'Ardennes et unis à leur mense conventuelle par arrêt du Parlement de Rouen du 27 août 1621 (1678). — Déclaration faite au Roi par les religieux de l'abbaye du revenu temporel de leur mense conventuelle, tant à St-Germain-la-Blanche-Herbe qu'autres paroisses (1679). — Vérification par les gens des Comptes des lettres de serment de fidélité obtenues par Joachim Le Faultrier, abbé commendataire, pour raison du revenu du temporel de l'abbaye (1679). — Journal du revenu annuel de l'abbaye (1679-1681). — Déclaration des biens que prétendent réunir à leur fief les religieux d'Ardennes, faute d'aveux, devoirs seigneuriaux rendus et rentes payées (1680). — Extrait des registres de l'abbaye concernant les recettes faites par les religieux et procureur du revenu des lots appartenant à l'abbé (1680-1691). — Déclaration faite au Roi par Joachim Fautrier, abbé commendataire, du revenu temporel, tant du lot lui appartenant que du lot du tiers des charges dont il jouit 1681). — État du revenu annuel de la mense conventuelle (1683). — Déclaration des biens et charges, prieurés de St-Germain-la-Blanche-Herbe, St-Vincent de Lebisey et la Trinité de l'Hermitage, en exécution de l'arrêt du Conseil d'État du 18 mars 1692. — Déclaration faite par les prieur et religieux, à Floissac, des biens aliénés par l'abbaye depuis 1555, conformément aux déclarations du Roi signifiées aux religieux le 24 avril 1705.

H. 101. (Liasse.) — 3 pièces, parchemin; 9 pièces, papier.

1709-1793. — Relevé de l'ancien registre des fermages, indiquant les paroisses, la contenance des pièces de terre et maisons de l'abbaye. Une acre de terre à Authie, bornée en partie par les représentants du s' de La Fosse Bouchard, Olivier Nicole, sieur de la Martinière; maison et jardin à Cussy, bornés en partie par les chanoines d'Écouis et M. de Cauvigny ; maison à Cussy, bornée par la dame de Sorteval ; 9 acres de terre à St-Germain, bornées par l'abbaye de St-Étienne et l'hôtel-Dieu de Caen; 1 pièce de terre dans la prairie de Caen, bornée par les prêtres de St-Pierre de Caen, l'abbaye de St-Étienne et M. de Louvigny, etc. — Baux du temporel par les abbés. — Mandement de la Cour des Comptes, aides et finances de Normandie, au bailli de Caen, concernant le serment de fidélité des religieux d'Ardennes, en raison du revenu de leur mense conventuelle (1723). — Mémoire concernant la transaction passée entre Gaspard Fogasse de la « Bastide », abbé commendataire, et les religieux de l'abbaye, par laquelle il a délaissé pendant sa vie aux religieux tous les biens, dîmes, rentes, bois, prés et droits et prérogatives affectés à la mense abbatiale, moyennant 3,800 livres de rente annuelle, outre les charges imposées (1739). — État du revenu de l'abbaye de la Luzerne, distingué en trois lots, présenté au chapitre de la congrégation tenu en l'abbaye d'Ardennes en 1764. — État des sous-baux du revenu de la mense abbatiale (1783-1793).

H. 102. (Registre.) — Grand format, 92 feuillets, papier.

1577-1579. « Registre de coppies de ce qui ha esté baillé à Clément des Vaulx soubz son seing et meret pour l'année commen. au jour St-Michel 1578. » — Bail général d'Ardennes à lui fait ; état des noms des officiers, gages et étrennes ; déclaration générale du revenu ; copie des baux à ferme de lad. déclaration (antérieurs à 1578) ; autre déclaration des rentes de la vicomté de Bayeux et bailliage de Cotentin baillée à recueillir au fermier de la dîme de Blay suivant son bail ; inventaire des baux à ferme baillés aud. Clément de Vaulx ; copie d'accord ; état des rentes, tant en grains, deniers, poules, œufs, baillés à recueillir au même ; inventaires des meubles, huis, fenêtres, serrures, etc., des moulins de Gémare, trouvés lorsque led. de Vaulx y est entré, etc.

H. 103. (Registre.) — Grand format, 96 feuillets, papier.

1594. — Papier terrier déclaratif de certains héritages dépendant du temporel de l'abbaye, sis tant dans l'enclos que dans diverses paroisses, dont ont joui Clément de Vaux et Jacques Adam, fermiers, lad. déclaration par eux baillée à Baptiste de Villemor, abbé commendataire. — A la fin, table alphabétique.

H. 104. (Registre.) — Grand format, 59 feuillets, papier.

1594-1623. — Copie du papier terrier des héritages dépendant du temporel de l'abbaye, dont ont joui Clément de Vaux et Jacques Adam, ensemble des rentes et revenu d'icelle, donné à Baptiste de Villemor, abbé de lad. abbaye (1594), collationnée par les tabellions au siège de Cairon ; à la suite, mandement de Guillaume Vauquelin, écuyer, président et lieutenant général au bailliage et siège présidial de Caen, conservateur des privilèges de l'Université, au premier huissier ou sergent requis, de contraindre les redevables de fermages et rentes portés aud. papier terrier au paiement des sommes dues (1623).

H. 105. (Registre.) — Grand format, 70 feuillets, papier.

1594-1628. — Copie du papier terrier des héritages dépendant du temporel de l'abbaye, dont ont joui Clément de Vaux et Jacques Adam, ensemble des rentes et revenu d'icelle, donné à Baptiste de Villemor, aumônier du Roi, abbé de lad. abbaye : St-Germain, Venoix, St-Louet, Cairon, Rosel, Norrey, Lantheuil, Secqueville, Langrune, Lion, Colleville, Colombelles, Livry, Biéville, Asnelles, Bény, Thaon, Le Breuil, Cussy, Ouistreham, Franqueville, Louvigny, Cambes, St-Contest, Authie, Éterville, Mouen, Grainville, Baron, Esquay, St-Manvieu, Putot, Brouay, Loucelles, Brécy, Lantheuil, Cully, Buron, Bitot, Villons, Bény, Bernières, Douvres, Cresserons, Hermanville, Colleville, Colomby, Fontaine-Henry, Coursaulles, Amayé, Ste-Honorine-du-Fay, Noyers, Thaon, Petiville, Couvrechef, Gavrus, Brouay, Mesnil-Patry, Bretteville l'Orgueilleuse, Vaussieu, Venoix (1594) ; à la fin, mandement de Guillaume Vauquelin, lieutenant général au siège présidial de Caen, à la requête de Guillaume de Gallodé, abbé d'Ardennes, incorporé à l'Université, au premier huissier requis de contraindre les redevables de fermages et rentes portés audit papier terrier au paiement des sommes dues (1621) ; semblable mandement d'Hercule Vauquelin, sieur des Yveteaux, lieutenant général (1628).

H. 106. (Registre.) — Grand format, 170 feuillets, papier.

1330 - XVIe siècle. — « Ce présent registre ou matrologe... faict cotter et marquer et augmenter de plusieurs articles de rentes deues à lad. abbaye, lesquelles n'avoyent point encore esté mises en ce présent registre, par le commandement de noble et discrepte personne M⁰ Baptiste de Villemor, conseiller et aumosnier ordinaire du Roy et abbé de l'abbaye Nre-Dame d'Ardayne » (1593). — XVᵉ siècle. Additions du XVIᵉ. — Sur le feuillet de garde : « Petit chartrier du revenu de l'abbaye Nostre-Dame d'Ardaine. » — F° 1. Déclaration et dénombrement des rentes et revenus en deniers, grains, poulailles, œufs, cens, hommages, devoirs seigneuriaux, dus à l'abbaye, avec les analyses et dates des titres. Redevables : à Cussy, Simon Moulley ; à Venoix, « Missire Jehan et Martin dicts du Londel », Richard Vaultier, curé du Nombril-Dieu ; à Mouen, Girard de Verson, écuyer, seigneur de Mouen, Jean de Verson, chevalier, sʳ du lieu ; à « Mayé-sur-Oulne », Richard Ruault, éc., à cause du flef et four à ban dud. lieu d' « Amayé », aud. écuyer appartenant ; à Tourville, les hoirs Jean Le Moigne ; à Grainville, Raoul Massienne ; à Maltot, Roger et Philippin Bénard ; à Louvigny, Simon Falloize ; à Vendes, les héritiers Philippot Sochon ; à Sourdeval, les hoirs Pierre Le Breton ; à Noyers, Jean Ozenne, prêtre ; à Monts, Jean Martine, Jean Larchamp ; à Putot, Richard Varignon ; à Audrieu, Hugues Anzeray, écuyer ; Mᵉ Jean Delamote ; à Bernières en Bocage, Richard et Jean Delahaye ; à Carpiquet, Denis Gondouin ; à St-Manvieu, les hoirs Thomas de « Nouray », Benest et Colin Le Prestre ; à Bretteville l'Orgueilleuse, Raoulin et Nicolas Lair ; à St-Contest, Geffroy Douesnel ; à Bitot, Charles Le Fauconnier ; à Buron, Pierre Gardenbas ; à Épron, Laurent Rondel ; à Periers, Guillemin Quesnel ; à St-Aubin d'Arquenay, Jean et Thomas de Colleville ; à Colleville-sur-Orne, Vigor Delaporte, prêtre ; à Lion-sur-Mer, Jean de La Perrelle ; à Sommervieu, Guillaume Genas ; au Manoir, le seigneur de Creully, etc. — F° 105. Copie de pièce de 1330 (Lonlay-le-Tesson, Mesnil-Briouze, etc.). — F° 107. « Poulailles et œufz deubz ausd. sʳˢ d'Ardaine ainsi qu'il ensuit. » — Fo 115 vo. Copie de charte de Guillaume, évêque de Séez (Lonlay) (1330). — Fo 117. « Aultres rentes en deniers deubz ausd. sʳˢ d'Ardaine ainsi que cy après sera plus a plain déclaré par les singulières parties. » — Fo 147. « Rentes en deniers deubz en la ville et faubours de Caen à Messʳˢ les abbé, religieux et couvent de Nre-Dame d'Ardaine. »

H. 107. (Registre.) — Grand format, 293 feuillets, papier.

XVᵉ-XVIᵉ siècles. — Copie du précédent, avec additions. — Déclaration et dénombrement des rentes et revenus en deniers, grains, poulailles, œufs, cens, hommages et autres charges, appartenant aux abbé et religieux d'Ardennes. Redevables : à Franqueville, Jean Maheust, Jean et Nahiel Jambelin ; à Venoix, Thomas Tallebot ; à Caen, Pierre Le Moustardier ; à Soliers, Jean Lebel ; à Éterville, Pierre Barbey ; à Esquay près Évrécy (Esquay-Notre-Dame), Jean Hodo, dit Le Bourrelier ; à Baron, Raoul Desmonceaulx, prêtre ; à Noyers, « Missire » Sandres Mesnil et Raoul de Dures ; à Brouay, « Missire » Richard Néel ; à Putot, Richard Varignon et « Missire » Robert Varignon ; à Audrieu, Hugues Anzeray, écuyer ; à Loucelles, Mᵉ Girard Cingal, Pierre Crestien, écuyer ; à Cristol, Robin Nicolle ; à Gavrus, appointement de Jean de Castillon, chanoine dud. lieu, en 1438 ; à Rosel, Geffroy Litchaire ; à Bitot, les hoirs Richard de Bitot, éc. ; à Malon, Jean Le Cavelier ; à Cambes, Jean Marie, Richard de La Rue, Jean Costart, éc., Guillaume de La Pommeraye ; à Fontaine-Henry, Jean Le Fèvre ; au Fresne, Pierre Girard, prêtre ; aux Buissons, Guillaume Sevestre ; à Mathieu, Michel de Cahaignes, Jean Marot ; au Londel, les hoirs de Guillaume de la Bigne ; à Stᵉ-Honorine, Laurent Liégard ; à Ouistreham, les abbesse et religieuses de l'abbaye de la Trinité de Caen ; à Colleville-sur-Orne, Vigor Delaporte, prêtre ; à Lantheuil, Jean de Cussy ; à Cully, Richard Le Bidet ; à Coulombs, Jean Penon, prêtre ; à Brécy, Henry Labbé, prêtre ; à Martragny, Jamot Aze ; à Stᵉ-Croix-Grand'Tonne, Jean Penon, prêtre ; au Manoir, le sʳ de Creully ; à Maisons, Messire Guillaume Monstier, Pierre Normandie ; aux Loges-Saulces, Jean Duport, dit Cornaille, Gabriel de Vassy, écuyer, sieur de la Forêt-Auvray, etc. — A la fin, table des paroisses contenues en ce livre.

H. 108. (Registre.) — Grand format, 120 feuillets, papier.

1622-1656. — Fᵉ 1. Journal des rentes du 3ᵉ lot de l'abbaye, destiné pour faire les charges d'icelle (1622). — Fᵉ 9. Journal abrégé du tiers destiné à faire les charges (1628). — Fᵉ 13. Semblable journal selon les arrêts du Parlement du 19 février 1622 et du Grand Conseil du 17 février 1628, pour l'année échue à la Sᵗ-Michel 1628. — Fᵉ 31. État des recettes du tiers des charges pour 5 années commençant à la Sᵗ-Michel 1629. — Fᵉ 55. « Mémoire des emploittes pour les charges de l'abbaye Nre-Dame d'Ardaine, commenceant à la Sᵗ-Michel 1634. » — Fᵉ 73. Mémoire du blé reçu du tiers des charges depuis la Sᵗ-Michel 1637, etc. — Fᵉ 86. Papier des recettes en blé faites de l'abbé et du iers des charges, 1638 et suiv. — F° 110. Papier journal de la recette des rentes foncières et seuriales appartenant à l'abbé d'Ardennes, faite par Jacques Duhot, commençant à la S¹-Michel 1642. — Redevables : à Amayé, Noel Auber, s' des Becquets, représentant M. do Fierville; à Cambes, Nicolas Rocque, tabellion à Caen ; à Colleville, Sébastien de La Rue et ses frères, les représentants Richard de Caen et Étienne Jodon; à Colomby, le ministre Baudart ; à Douvres, Nicolas Desmoueux, prêtre, de Caumont ; à Mathieu, Noël et Jacques de Cahaignes; Robert Delaporte; Charles Denis, sieur du Martel ; de S¹-André ; M¹¹⁰ de Christot (1618); Guillaume de La Londe; M¹¹⁰ de Juvigny, etc.

H. 109. (Registre.) — Grand format, 41 feuillets, papier.

1629-1682. — Déclaration des rentes possédées par les fermiers d'Ardennes, échues au 1ᵉʳ des 3 lots du revenu de l'abbaye. Redevables : à Buron, Jean Thomas et Étienne Desmoueux ; à Caen, le magasin à sel ; à Coulombs, la dime dud. lieu, dont jouit M™ᵉ de Sottevast sous le nom de ses fermiers, Michel Le Febvre, avocat, et Jean de Verson, le luminaire de Notre-Dame de Coulombs; Jacques Gastebled, écuyer; au Manoir de Vienne, le sieur de Beuvron, etc. — F° 20. Journal abrégé du revenu du 3ᵉ lot de l'abbaye destiné pour faire les charges. Redevables : à Amayé-sur-Orne, Noël Auber, sieur des Becquets ; à Douvres, Nicolas Desmoueux, prêtre ; à Mathieu, Noël et Jacques de Cahaignes; à S¹-Contest Malon, Marin Du Pont, s' de Brécy, Pierre de Caumont, écuyer ; à S¹-Contest Gallemanche, Mathieu Delalonde, tabellion à Caen, à S¹-Contest Buron, Simon Gardembas ; à S¹-Contest Couvrechef, Marin Du Pont, s' de Brécy, etc.

H. 110. (Registre.) — Grand format, 285 feuillets, 7 pièces intercalées, papier.

1675-1698. — Registre des fermages de la mense conventuelle. Sommier par paroisses. Redevables : André Chemin, Augustin Briand, Charles Bompain, Charles Heuzey, Christine Le Monnier, Denis Godedefroy, François Le Guay, François Lamy, François Le Boulanger, Gabriel Hue, Gilles Dubois, Guillaume Duprey, Guillaume Briand, Guillaume Le Terrier, Guillaume Frémont, Guillaume Le Terrier, les héritiers du curé d'Éterville, Jacques Taupin, Jacques Boisard, Jacques Bernières, Jacques Aubin, Jacques Niart, Jean Le Sénécal, Jean Blin, Jean Guillot, Jeanne de La Gohanne, veuve de Jean Dubosq, Jean d'Éterville, Marguerite Faucon, Marie Tinart, Mathieu Marie, Michel Basin, Nicolas Manderville, Nicolas de Brébeuf, prieur de Venoix, Norbert Haribel, Pierre Blondel, Pierre Deslandes, Roland Blin, Toussaint Nourry, etc. — En tête, table de redevables.

H. 111. (Registre.) — Grand format, 94 feuillets, papier.

1680-1711. — Registre des recettes du 1ᵉʳ lot de l'abbaye. Sommier par paroisses. A Asnelles, Julien Boivin ; à Blay, Charles Chrestien, prieur de lad. paroisse ; au Breuil, Pierre Le Roux, prieur de lad. paroisse ; à Caen, maison de S¹-Sauveur, affermée aux s™ de Longuemare et les Costils ; à Coulombs, Ambroise Des Landes, prieur-curé ; à Langrune, Jacques Le Masurier ; à Lantheuil, Sébastien Regnard ; à Livry, Georges de Vaussy, curé de Livry, à cause de la maison, bruyère, oratoire, etc., dite « S¹-Suply », à lui affermée pour 7 ans en 1679 ; à Secqueville, Jean Planchon ; à Tesnières, Jean et Michel Paris ; à Baron, Abraham Hubert, Jeanne Hallée, veuve d'André du Mesnil ; à Brouay, Jean Guillot ; à Bernières-Bocage, Olivier Bellet, vicomte d'Évrecy, Michel Vautier ; à Cully, François Bougy ; à Esquay, Michel d'Ollendon ; à Fontaine-Henry, Guillaume Hélie, Richard d'Audeville, Alexandre Cousin ; à S¹-Honorine-du-Fay, Richard Lefebvre ; à Grainville, de La Cour Grainville ; à Maisons, M. de Rotot ; au Manoir de Vienne, les représentants François de Sillans, marquis de Creully ; à Mouen, Jean Mahias, écuyer, sieur de Mouen ; à Noyers, Pierre Roger ; à Petiville, Robert Marais ; à Putot, Pierre Le Varignon, écuyer, sieur de Languersy ; à S¹-Pierre-du-Mont, Louis de Scelles, écuyer, sieur de Létanville ; à S¹-Sauveur de Caen, le trésor de l'église ; à Tocqueville, Louis et Pierre de Hennot, écuyers, sieurs d'Enneville et « Salnelle », fils de Guillaume Hennot, écuyer, etc.

H. 112. (Registre.) — Grand format, 99 feuillets, 1 pièce intercalée, papier.

1681-1711. — Registre des recettes du tiers des charges de l'abbaye. Sommier par paroisses. A Caen, Michel d'Auvergne, la veuve de Gaston Dobiche, Simon Crevel, sieur de la Fontaine ; à Colleville, Robert Paisnel, Charles Gentil ; à S¹-Contest, Le Chanoine, Pierre Hue, Thomas Tostain, François Le Guay, Jean Lance ; à Gémare, François et Pierre Friley, frères ; au Mesnil-Briouze, Yves Moulin, sieur des Vaux ; à

Hermanville, Louis Pain ; à Amayé-sur-Orne, La Fontaine Assolin, veuve de Noël Auber, écuyer, sieur des Boquets ; à Bernières-sur-Mer, Louis Artur, tuteur des enfants de Pierre Artur, son frère ; à Cambes, M. de Semilly, Philippine Le Courtois, veuve de Nicolas de la Roque, et Pierre Roque, sieur de Forge ; à Colleville, héritiers Germain Lucas et Pierre de La Porte ; à Colomby, Daniel Baudard, écuyer ; à Courseulles, Pierre, Nicolas et Michel Milon, frères ; à Hermanville, Jean Poutrel, Jean Carel et Roger Sarazin, trésorier de France à Caen ; à Mathieu, Pierre et Denis Le Grand, Jessé Le Canu, sieur de La Croix, de St-Germain Fresnel ; Antoine Fresnel, sieur de St-Ouen ; à Rots, Du Désert ; à St-Contest Môlon, Gilles Le Coq, avocat au présidial à Caen, Pierre Regnault, dit Cardonnel, Charles de Caumont, écuyer ; à St-Contest Galmanche, Mathieu de La Londe, tabellion à Caen ; à St-Contest Buron, Guillaume de La Porte ; à St-Contest Bitot, Charles Sauvage, sieur de Ste-Croix, etc. En tête, table alphabétique par prénoms des redevables.

H. 113. (Registre.) — Grand format, 68 feuillets, 1 pièce intercalée, papier.

1716-1758. — Enregistrement des comptes des fermiers et redevables, avec mentions de leurs paiements. Du Douet, Louis Gyot, Guillaume Varignon, Jacques-Antoine Tocqueville, Nicolas Du Mesnil Tiremois, Noël Bouvier de La Gonnière, François Maizeret, fermier des moulins de Brettoville, Germain Lance, veuve François Blin, Germain Le Pelletier, Pierre d'Éterville, Pierre Samson, Archange Lance, Jacques Lamy, Jacques Noury, Marin Noury, Guillaume Violette, Jean Gaugain, Robert et Germain de Basly, Charles Le Petit, Michel Noury, Jacques Élie, Robert Massieu, Claude Briand, veuve Fabien Garnier, etc.

H. 114. (Registre.) — Grand format, 34 feuillets, 1 pièce intercalée, papier.

XVIIIᵉ siècle. — « Registre de la manse conventuelle composant le second lot » Chapelle St-Vincent de Lébisey dans Hérouville, dîmes et terres affermées à Siméon Faucon ; Authie, Cussy, Rots et St-Louet, St-Germain, prairie de Caen, St-Nicolas et St-Martin de Caen, Cairon, Anguerny, Éterville, Louvigny, Lion, Manoir de Vienne, Mathieu, Poussy, St-Aubin d'Arquenay, St-Contest, Venoix, Villons, etc. — Fo 18 : Revenus du 1ᵉʳ lot, appartenant à l'abbé. aux paroisses d'Asnelles, Blay, Caen, Colomby, Épron, Langrune, Lantheuil, St-Sulpice, Putot, Secqueville-en-Bessin, Noyers, etc. — Fº 20. Revenus du 3ᵉ lot, composant le lot des charges : Caen, Colleville, St-Contest, Lonlay-le-Tesson, Mesnil-Briouze, etc.

H. 115. (Registre.) — Grand format, 290 feuillets, papier.

1765-1790. — Registre des rentes dues aux religieux, tant seigneuriales que foncières et hypothèques, commencé en 1765. — Sommier par paroisses. Redevables : à St-Germain, Thomas et Pierre de Bled, fils et héritiers de Gilles de Bled ; au hameau de Cussy, Jacques Lanse et François Hue, Catherine Le Bonhinier veuve de Charles Houtes, M. des Pallières représentant à cause de sa femme Gilles Pillet ; à Authie, Pierre Houel, Guillaume Tostain ; à St-Nicolas, hameau de la Maladrerie, le prieur de St-Germain, Jean et Jacques Le Sénécal frères, etc. ; à Venoix, Germain-Philippe Lanse ; à Louvigny, les sʳˢ Desprès de Caen ; à St-Martin de Caen, les Carmes déchaussés de Rouen ; à St-Étienne de Caen, Jeanne Vechy, veuve de François Homo ; à St-Contest, hameau de Bitot, Eury ; à Rosel, hameau de Gruchy, Jean Lefebvre ; à Secqueville en-Bessin, Germain et Jean Collet ; à St-Vincent de Lebisey et Biéville, François Harel ; à Lion, hameau de Cresserons, le marquis de Lion ; à Poussy, de Bernières ; à St-Manvieu, Bacon de Précourt bourgeois de Caen, Nicolas Ricard ; à Amblie, Michel, Jean Jacques, Pierre et Augustin Porée ; à Ouistreham, les religieuses de l'abbaye de la Trinité de Caen ; à Thaon et Le Fresne, M. de Mondrainville, écuyer, seigneur du Fresne ; à Bény, l'abbé de Montmorel, les curés de la 1ʳᵉ et 2ᵉ portions de ladite paroisse ; à Bény, M. de Montamy ; aux Loges-Saulces, le marquis de St-Germain de Possey ; à Sully-lès-Bayeux, de Cerrés, au droit d'Héroûville, représentant Antoine Fumée, sieur de Montaʳᵃˡ ; à St-Sauveur de Caen, Canteil ; à Cairon, Charles Marie ; à Louvigny, Mottelay, bourgeois de Caen ; à Caen, prairie, les échevins de la ville ; l'hôtel-de-ville de Paris, etc.

H. 116. (Registre.) — Grand format, 480 feuillets, papier.

1780-1790. — Registre des fermages, commencé le 1ᵉʳ sept. 1780. — En tête, notes pour l'intelligence du plan de St-Germain-la-Blanche-Herbe, de celui de Rots. — Sommier des redevables. Germain Le Peltier à Authie ; à Bretteville-sur-Odon, Louis Maizeret, Charles Marie ; à Cairon, Pierre Lecerf ; à St-Contest, Jean

Lamy ; à Anguerny, Anne Hardi ; à St-Germain, Robert Hassieu, Laurent Le Peltier, Charles de Bieds, Pierre Le Roy, Michel Chouquet, François Perrette, Archange Leterrier, Pierre d'Éterville, etc. ; à Léblsey, Louis Giot ; à St-Martin de Caen, François Gosselin ; à Mathieu, Nicolas Costil, Marie Le Provost, veuve de Jacques Levée ; à St-Nicolas de Caen, Catherine, fille de Fabien Garnier, et Françoise-Catherine Garnier, veuve de Claude Briand ; prairie de Caen, Michel Lequesne ; à Rots, Gilles Duval ; à Venoix, Jacques de Bieds, Marie-Anne Sauvage, veuve de François Le Petit, Gilles des Sillons ; à Villons, François Le Monnier, etc.

H. 117. (Registre.) — Grand format, 11-401 feuillets, parchemin.

XIIe-XVIIe siècles. — Cartulaires. — F° 11. « Grand chartrier de l'abbaye Nostre-Dame d'Ardaine. ». Note de Pierre de Grevilly, qui a fait relier « ce présent lyvre ». - Copies collationnées Le Sage. St-Germain, Franqueville, Venoix, Louvigny, Authie, St-Contest, Duron, Cairon, Bitot, « Queuvrechie », Caen, St-Croix Grand'Tonne, Brisy, Coulombs, « Quesnet », Mondrainville, Tournauville, Tourville, Grainville, Mouen, Évrecy, « Mayé-sur-Orne », Éterville, St-Honorine-du-Fay, Noyers, Monts, Tournay, Livry, Maisons, Carcagny, St-Marguerite de Ducy, le Mesnil-Patry, Brouay, Loucelles, Rots, Bretteville l'Orgueilleuse, Bernières-Bocage, Secqueville, « Groucy », Rosel, Martragny, Sommervieu, Tracy-sur-Mer, Lasson, Cambes, Biéville, Herouvillette, Plumetot, Lion, Cresserons, Les Buissons-Villons, Fontaine-Henri, Anisy, Le Breuil, Mathieu, Hérouville, Hermanville, Colleville, Ouistreham, St-Aubin d'Arquenay, Audrieu, Colomby, etc. — F° 249. « Sequntur articuli sumpti et extracti de quodam facto contrario seu quibusdam rationibus pro parte religiosorum et honestorum virorum dominorum abbatis et conventus monasterii Beate Marie de Ardena, ordinis Premonstratensis, deffensorum, traditis in scriptis ante publicacionem testium pro parte religiosorum etiam et honestorum virorum dominorum abbatis et conventus monasterii Sancti Stephani de Cadomo,... in quadam causa mota et pendente Cadomi inter ipsos coram ven^{li} et circumspecto viro domino ac magistro Thoma Basin, utriusque juris doctore, canco Rothomagen. ac officiali Baiocen., judice delegato seu commissario una cum nonnullis collegis suis,... super jure percipiendi decimas ex fructibus exerescentibus in campis, terris et agris duarum peciarum terre in territorio Burgiabbatis », etc. « Attestationes, dicta et depositiones testium », etc. (1449). — F° 273. Caen, St-Étienne. — F° 280 v°. « Froide Rue, en la grant Rue. » F° 281 et 290. Privilège de Jean, comte de Mortain. « T. Rogero de Amundevill., dapifero meo, apud Lore » ; chartes de Henri II, duc de Normandie, d'Aquitaine, comte d'Anjou (antérieure à son avènement au trône d'Angleterre), de Richard-Cœur-de-Lion et de Jean-Sans-Terre, analysées à l'inventaire. — F° 282. « Ternières. Les landes de Montbroc ». — F° 290 v°. Moulins d'Ardennes, St-Pierre, Gémare, St-Sauveur, etc. — F° 308. « L'extrait du chartrier, auquel sont incorporées les lettres faisantes mencion et desclairacion des rentes et revenues appartenantes aux religieux abbé et couvent du moustier Nostre-Dame d'Ardaine, en tant qu'il en y a en la ville et fausbourgs de Caen, l'an 1435. » Rues « du Bicoquet, de Friboix, Bretaigne », paroisse St-Nicolas ; St-Martin ; rue « Videou », paroisse St-Sauveur ; marché ; rues « es fourmages », Escuyère, paroisse St-Étienne-le-Vieux ; « Cathehoulle », paroisse St-Pierre, etc. — F° 316. « Le chartrier des lettres, chartres et roulles faisantes mencion et desclairacion des lieux, seigneuries, demaignes, terres, rentes, chens, revenues et possessions quelconques que ont et à eulx appartiennent les religieux abbé et couvent de N^{re}-Dame d'Ardaine hors la ville, fausbourgs et terrour de Caen, icelluy chartrier ordonné estre fait par Révérend père en Dieu R., par la permission divine humble abbé d'icelluy lieu d'Ardaine, en l'an mil IIIIe XXXII, et icelluy collationné par moy Michiel Valemont, tabellion du Roy, nre. siro ès mottes des sergenteries d'Oystrehan et de Bernières, en l'an dessus dit, le IIIIe jour du mois d'octobre. » St-Germain-la-Blanche-Herbe, Cussy, St-Contest, Bitot, Franqueville, Couvrechef, Cambes, Colleville, Périers, Mathieu, Caen, etc. — F° 348. Semblable chartrier fait en 1432 par ordre dud. abbé par led. Valemont, pour la ville et faubourgs de Caen. — F° 356. « Le chartrier des lettres faisantes mencion des dons fais et omosnés aux religieux abbé et couvent de N^{re}-Dame d'Ardaine et auxy des conquests et acquisicions faictes par Révérend père en Dieu Robert, par la permission divine humble abbé d'icelle abbaye, depuis l'eslection d'icelluy abbé ». Collations par led. Valemont. Note de Pierre de Grevilly, procureur de l'abbaye, qu'il a fait relier ce livre en 1519, et qu'il en coûta 25 s. t. — F° 382. Autres copies collationnées Valemont. St-Étienne-le-Vieux, St-Sauveur. — F° 384 et 389. Copies ultérieures concernant St-Gervais et St-Prothais de Cuye et le Mesnil près Briouze. « Sainct Gervais et St Prothais de Cuye. » Concession par

Sylvestre, évêque de Séez, à l'abbaye d'Ardennes, de l'église « Sanctorum Gervasii et Protasii de Cueyo » (s. d.); confirmation de lad. donation par « Joannes, prior, et capitulum canonicorum Sagiensis ecclesiæ, Sanctorum Gervasii et Prothasii » (s. d.); extrait d'un livre relié écrit en parchemin intitulé « Parvum chartularium abbatiæ Ardenæ »: donation par Jean de « Tillie », chevalier, seigneur de Cuye et de « Fontaines-la-Henri », à l'abbaye, des droits que possédaient ses prédécesseurs, et spécialement l'église de Cuy (1330); collation à Jacques Marie, religieux profès d'Ardennes, dud. prieuré-cure, vacant par le décès et la fuite ou mort civile de Pierre Labbé, dernier prieur-curé, led. Marie présenté par Pierre de Villemor, abbé, et le chapitre d'Ardennes (1611); sentence aux assises d'Argentan entre les religieux abbé et couvent de St-Martin de Séez et l'abbé d'Ardennes (1644); procès verbal constatant que Jacques Le Liepvre, curé d'Arquenay, procureur des abbés et religieux d'Ardennes, est venu à Séez pour collationner certains extraits dans l'affaire de St-Martin de Séez. « Le Mesnil près Briouze. » Donation à l'abbaye d'Ardennes par « Radulphus de Quesneio, miles, dominus de Mesnillo juxta Brayosam », de l' « ecclesiam B. M. de Mesnillo ac feodum loci, cum duabus garbis omnium decimarum antiquarum et novalium ad me pertinentium in Mesnillo », plus, « molendinum meum de Bosquis et decem acras terræ vacuas ibidem sitas inter pagum de Bullo et bosquum de Hay... », que Jean Pilon tenait de lui à ferme; il donne en outre le droit qu'il avait « ad dictum pagum de Bullo » (1208); confirmation par Guillaume de Briouze, chevalier, seigneur du lieu, à l'abbaye d'Ardennes, de toutes les donations, terres, fiefs, dîmes, revenus, prés, moulin, que donnèrent Raoul, Hugues et Robert « de Quesneio » et autres (8 février 1212, v. s.), etc. — F° 400 v°. « Le vendredy XVI™ jour de mars l'an 1519, fit ung tems piteux, lequel fit touplain de mal, abatit les arbres et rompit les croix et découvrit et abatit les maisons de la grant tourmente qu'il faisoit, la mer surmonta toult plain de navires péris et fut estimé ung déluge et raporté par aucuns qui la virent bouler toult que le monde souspris que toult et mervillyé du piteux tens qu'il faisoit, lequel fut une chose innestimable du dommage qui fut parmy le monde et la chose une muervelle dont Dieu nous gart d'aver plus de tel piteux tens. Fait par moy Pierres de Grevilly, pour lor procureur en l'abbaye d'Ardaine et aussy procureur en l'abbaye de Sainct-Estiene de Caen et faisant leur cervyse desd. deux procurations sous noble et discrète personne Mons' Maistre Pierre Du Vivier, abbé dud. lieu d'Ardaine, et de Mons' de Castres, abbé dud. lieu de Sainct-Estiene. P. de Grevilly. »

H. 118. (Cahier.) — Grand format, 20 feuillets, papier.

XVIII° siècle. — « Nomenclature du cartulaire... » Table contenant les dates des actes, les noms des fieffants ou vendeurs, ceux des fieffataires ou acquéreurs, les noms des paroisses où les fonds sont situés, la quotité des rentes.

H. 119. (Cahier.) — Moyen format, 13 feuillets, parchemin, recouvert de 2 feuillets de manuscrit.

XIII° et XIV° siècles. — Donations faites à l'abbaye (incomplet du commencement). — Histoire de l'abbaye: fondation de l'abbaye par « Atulphus »; bienfaiteurs. Desinit, f° 4 v°: « Et hec de principio Ardene et de acquisitione possessionum predictarum et ecclesie Sancti Germani secundum opinionem nostram lectoribus diligentibus ad presens scripta sufficiant ». — Note postérieure, au f° 4 v°: « Anno Domini 1314 obiit papa Clemens in fine maii, apud Carpentas, et multum gravavit ecclesias tempore quo vivebat: anno V° obiit Philippus rex Francie, et fuerunt tempestates et nimia angustia inter christianos tempore sui regiminis; eodem anno ob. dominus Fulcaudus de Merula, tunc marescallus Francie, et dominus Enguerranus de Marignie, qui suis meritis exigentibus in patibulo Parisiensi deviavit vigill. Ascensionis Domini ». — F° 5. « He sunt igitur elemosine Beate Marie de Ardena, ne a memoria labantur in scriptum redacte »: St-Germain-la-Blanche-Herbe, Venoix, Cussy, Demouville, Bray, Tilly, Sallenelles, Louvigny, Bretteville, Authie, Éterville, Esquay, Évrecy, Gavrus, Mouen, Grainville, Mondrainville, Missy, Tesnières, Laudelles, Villy, Tessel, Juvigny, etc. — F° 13, charte de confirmation de Briouze par Jean-sans-terre (Rouen, 4 février an 4 du règne) (addition).

H. 120. (Rouleau.) — 2=30 sur 0.24, 1 pièce annexée, parchemin.

XV° siècle. — « Cy après ensuivent les omosnes, dons et acquisitions faix aux religieux abbé et convent de Nostre-Dame d'Ardaine, de l'ordre de Prémonstré, du diocèse de Baieux, depuis la prinse de la ville de Caen. » De messire Guillaume Breton, chevalier, bailli de Caen, natif du pays d'Angleterre, le manoir de « Quevrechie » assis en la paroisse de St-Contest, « en hamel de Quevrechie » (Couvrechef); de d°"° Jeanne de Trisiguiny, veuve de Guillaume d'Hermanville, écuyer, 30 boisseaux de froment à prendre sur les fiefs de Montenay, pour son obit; « de la vente de Messire Simon et Guillaume dix les Danos, ung hostel » assis à S¹-Contest; « du don de Messire Auvré Durant, prestre, personne de Fontaines le Henry », 14 vergées 1/2 de terre à Buron, des fiefs de S¹-Contest; de la vente de Guillaume de Bitot, écuyer, de S¹-Contest, 7 setiers de froment de rente, etc. Y joint, mandement de la Chambre des Comptes de Rouen (1448, v. s.).

H. 121. (Cahier.) — Moyen format, 18 feuillets, 2 pièces intercalées, papier.

1629. — Pleds de gage-plège élection de prévôt de la sieurie et fief Thiouf appartenant aux religieux de l'abbaye d'Ardennes s'étendant aux paroisses de S¹-Germain-la-Blanche-Herbe, S¹-Martin et S¹-Étienne de Caen, Venoix, Louvigny, S¹-Contest, Malon, Couvrechef, Cambes, Rots, Authie, Lantheuil, Bretteville et environs, tenus au village de Cussy en la maison de Jean Perrelle, par Pierre Hébert, licencié en lois, sénéchal, en la présence de frère Bonaventure Lefebvre, procureur de l'abbaye, et Germain Riboult, tabellion en la sergenterie d'Ouistreham, pris pour greffier et adjoint. — Mandements dud. sénéchal; attestations de François Myffant, prieur-curé de S¹-Germain-la-Blanche-Herbe, Gilbert Javalet, curé de Cambes, François Rognauld, prieur-curé de S¹-Contest, Gilles Dudouyt, prieur-curé de Venoix, Gilles Daniel, curé de Louvigny, Jean Debled, Jacques Eudes, Abraham Deblod, hommes tenants de lad. sieurie, de la publication de la tenue des. pleds.

H. 122. (Cahier.) — Moyen format, 60 feuillets, papier.

1630. — Mandement de Pierre Hébert, sénéchal de la terre et seigneurie du fief Thioult appartenant aux religieux de l'abbaye d'Ardennes, au prévôt ou premier des hommes et tenants sur ce requis, de publier la tenue des pleds, gage-pleds et élection de prévôt de lad. sieurie, en la maison de Jean Perrelle, à Cussy. — Pleds de gage-plège de lad. terre, tenus par led. sénéchal, en présence de Germain Riboult, tabellion en la sergenterie d'Ouistreham, pris pour greffier, et des frères Bonaventure Lefebvre et Joseph Deschamps, religieux de lad. abbaye. — Ensuit pour déclaration plusieurs héritages assis en la paroisse de S¹-Germain-la-Blanche-Herbe au hameau de Cussy, mouvant et dépendant du fief, terre et seigneurie Thioult, etc. — Tenants: à Venoix, Laurent Du Thon, conseiller au présidial de Caen; à Buron, Jean Lemesle, avocat, Jean-Baptiste Lemesle, huissier, les obits de S¹-Germain; à Cambes, Jacques Deschamps, acquéreur de Thomas Du Thon, Marin de Basly, au droit de Tassin Loyson, etc.

H. 123. (Cahier.) — Moyen format, 4 feuillets, papier.

1630-1665. — Sentence rendue aux pleds de la terre et seigneurie du fief Thiouf, appartenant aux religieux de l'abbaye d'Ardennes, par Pierre Hébert, avocat au présidial de Caen, sénéchal, portant réunion après les formalités prescrites, au corps du domaine non fieffé de lad. sieurie, des biens saisis à la requête de Georges Bourdon, prévôt de lad. terre et sieurie, pour défaut de devoirs rendus, de fonds à Cussy, Franqueville (hamel Cocu), etc., lad. sentence collationnée par Ledars, premier huissier à Caen, sur l'original représenté par frère Norbert Molinel, procureur de l'abbaye d'Ardennes (1665).

H. 124. (Cahier.) — Moyen format, 4 feuillets, papier.

1631. — Extrait des pleds de gage-plège et élection de prévôt du fief et sieurie Thiouf, etc.

H. 125. (Cahier.) — Moyen format, 32 feuillets, papier.

1632. — Mandement de Pierre Hébert, sénéchal de la terre et sieurie du fief Thiouf appartenant aux religieux d'Ardennes pour publication, issue de messe paroissiale, de la tenue des pleds. — Pleds de gage-plège et élection de prévôt de la terre et sieurie du fief Thiouf, tenus au village de Cussy, en la maison de Jean Perrelle, par Pierre Hébert, sénéchal, en présence de Germain Riboult, tabellion en la sergenterie d'Ouistreham et Bernières, pris pour adjoint et greffier, et de frères Bonaventure Lefebvre et Robert Duhamel, religieux. — Attestations de publications issues de messes paroissiales de la tenue desd. pleds. Tenants: à S¹-Germain, frère François Myffant, prieur-curé, Barbe Fouquet, veuve de Jean Le Crosnier, Claude du Buisson, sieur de Cristot, le curé d'Authie, de S¹-Louet. écuyer; à Venoix, Martin Du Londel, Laurent Du Thon, sieur du Quesnay; à Malon et Cambes, Pierre de Caumont, etc.

H. 126. (Cahier.) — Moyen format, 48 feuillets, papier.

1634. — Pleds de gage-plège et élection de prévôt

SÉRIE H. — ABBAYE D'ARDENNES.

de la terre et sieurie du fief Thiouf, tenus par Pierre Hébert, avocat au siège présidial de Caen, sénéchal, en présence de Germain Riboult, tabellion en la sergenterie d'Ouistreham et Bernières, pris pour adjoint et greffier, et de frère Robert Duhamel, procureur de lad. abbaye. Tenants : frère François Miffant, prieur-curé de St-Germain ; Jean-Michel Pidoue, à cause de sa femme, fille et héritière de Marie Le Maistre ; Cardin Jemblin et Guillaume, son fils ; le curé d'Authie ; M. de St-Louet ; Jacob Barquet et les héritiers de Jean Mandeville ; Pierre Barbé, sieur des Pallières ; Martin du Londel, Laurent Du Thon, sieur du Quesnay ; Mardochée Litehare ; Jacques Deschamps, conseiller en l'Élection de Caen, Catherine de Fierville, veuve de Romain Hardy, Mathieu de La Londe, tabellion, Pierre de Caumont, Marin de Basly, etc.

H. 127. (Cahier.) — Moyen format, 38 feuillets, papier.

1635. — Pleds de gage-plège et élection de prévôt de la terre et sieurie dud. fief, tenus par Pierre Hébert, avocat au siège présidial de Caen. Tenants : à St-Germain, les représentants Thomas Le Herichon, Barbe Fouquet, veuve de Jean Le Crosnier, Jacques Mallard, les mineurs de feu Marin Dupont, au droit de Charles Varin ; Claude du Buisson, sieur de Cristot, les héritiers de Jacques Jemblin ; à St-Martin de Caen, Jean Le Picard ; à Venoix, Guillaume Gost, les héritiers de Pierre Asselin ; à Louvigny, Laurent Du Thon, sieur du Quesné, les représentants Pierre Novince, au droit de Jérôme Le Picard ; à Malon et Cambes, Vincent Le Chevalier, avocat, Isaac du Quesney, Marin de Basly, Martin et André Le Bas fils Michel, etc.

H. 128. (Cahier.) — Moyen format, 24 feuillets, 4 pièces intercalées, papier.

1639. — Pleds, gage plège et élection de prévôt de la terre et sieurie du fief Thiouf appartenant aux religieux d'Ardennes, dont le chef est assis à St-Germain, tenus au hameau de Cussy en la maison de Jean Perrelle, par Vincent Le Chevalier, avocat en la vicomté de Caen, sénéchal, assisté de Jacques Regnouf, praticien, pris pour greffier, en présence de frère Robert Duhamel, sous-prieur et procureur de l'abbaye. Tenants : à St-Germain, les représentants Thomas Le Herichon, Marin Boisard, les mineurs de feu Marin Dupont, au droit de Charles Varin, Cardine Caignard veuve de Jean Briant, Jean Le Neuf, écuyer, Jean Le Paulmier, sieur de St-Louet ; à Venoix, les héritiers de Pierre Asselin ; à Louvigny, les représentants Jean Mondeharo, la veuve et héritiers Germain Champlon, huissier ; à Malon et Cambes, Jacques Deschamps, conseiller en l'Élection de Caen ; à Cambes, Pierre Roque, sieur de Forges, conseiller au présidial de Caen, Jean Delaporte, etc. — Attestations des curés de St-Germain-la-Blanche-Herbe, Venoix, St-Contest, que la tenue desd. pleds a été publiée issue de leurs messes paroissiales.

H. 129. (Cahier.) — Moyen format, 52 feuillets, papier.

1641. — Pleds, gage-plège et élection de prévôt de la terre et sieurie du fief Thiouf, appartenant aux religieux d'Ardennes, dont le chef est assis en la paroisse de St-Germain, avec extension à St-Étienne, St-Martin et St-Nicolas de Caen, Venoix, Louvigny, Rots, Authie, St-Contest, Buron, Malon, Cambes et environs, tenus en la maison de Jean Perrelle, au hameau de Cussy, par Vincent Le Chevalier, sénéchal, en présence de Robert Madeline, praticien, pris pour greffier, et de frère Robert Duhamel, sous-prieur et procureur de l'abbaye. Tenants : à St-Germain-la-Blanche-Herbe, frère François Miffant, prêtre, prieur-curé, obitier et trésorier dud. lieu, Jean-Michel Pidoue, à cause de sa femme, fille et héritière de Marie Le Maistre, les représentants Thomas Le Herichon, Jean et Abraham Debleds, Marin Boisard, Philippine Froger, veuve de Georges Sallet, procureur général au Parlement de Normandie, Claude du Buisson, écuyer, sieur de Cristot, Guillaume Jemblin, le curé d'Authie, Jean Le Paulmier, fils Pierre, bourgeois de St-Martin de Caen, Robert Jemblin, sieur du Mesnil, tuteur des mineurs de Gilles Jemblin, à présent Gilles Jemblin, Jean Le Neuf, écuyer, sr de Montenay, Pierre Blondel, fils Abacuc ; à St-Étienne de Caen, Jacob Barquet et les héritiers Jean Mandeville ; à Venoix, Pierre Barbé, sieur des Pallières ; à Louvigny, Laurent Du Thon, au droit de Pierre Novince et d'Hiérosme Le Picard ; à Buron, Jean Le Mesle, avocat ; à St-Contest Malon, Jacques Deschamps, conseiller en l'Élection, Catherine de Fierville, veuve de Romain Hardy, Mathieu de La Londe, tabellion, au droit d'André Le Bas, Isaac Du Quesné, Laurent Bonnel, sieur de la Roullière ; à Cambes, Philippine Le Courtois, héritière de Richard et Hiérosme Le Courtois, etc.

H. 130. (Cahier.) — Moyen format, 46 feuillets, papier.

1642. — Pleds, gage-plège et élection de prévôt de la terre et sieurie du fief Thiouf, appartenant aux religieux de l'abbaye d'Ardennes, tenus en la maison de Jean Perrelle, au hameau de Cussy, par Vincent Le Chevalier, sénéchal. Tenants : à St-Germain, Alexandre Sallet, Catherine Le Poitevin, Samuel et Jacques Briant, Jean Perrelle, les mineurs de feu Marin Dupont, au droit de Charles Varin, Baptiste Coignard, le curé d'Authie, Jean Le Paulmier, sieur de St-Louet, président en l'Élection de Caen, Pierre Blondel, tuteur des mineurs de Marin Blondel; à St-Martin de Caen, les représentants Robert Thomin, Pierre Barbé, sieur des Pallières, Salomon Asselin, les veuve et héritiers Champion; à Buron, Jean-Baptiste Le Mesle; à St-Contest Malon, Jacques et Pierre Ménard, Pierre Le Cavelier, Marin Dupont, les représentants Robert et Jean Gardembas, Isaac Du Quesné, Pierre de Caumont, écuyer, les héritiers Gilles Le Cavelier; à Cambes, Jacques Le Bas, Nicolas Feron, au droit de Jean et Giot Allain, Jacques Le Bas, Guillaume Le Normant et Martin Le Bas, au droit de Vincent Cardot, etc.

H. 131. (Cahier.) — Moyen format, 46 feuillets, papier.

1648. — Pleds, gage-plège et élection de prévôt de la terre et sieurie du fief Thiouf tenus au manoir sieurial dud. lieu par Vincent Le Chevalier, avocat, sénéchal de lad. sieurie, en présence de Gabriel Drugeon, pris pour greffier, et de frère Robert Duhamel, sous-prieur de l'abbaye. Tenants : à St-Germain-la-Blanche-Herbe, frère François Miffant, prieur-curé, obitier et trésorier dud. lieu, les religieux représentant le droit d'Alexandre Sallet, écuyer, sieur de Colleville, conseiller en la Cour de Parlement, Jacques Eudes, Claude du Buisson, sieur de Cristot, Jean-Baptiste Le Melle, au droit de Jean Halley, Jean Le Paulmier, fils Pierre, bourgeois de St-Martin de Caen, Abraham Le Tellier, tuteur des enfants mineurs de feu Thomas Le Tellier, les héritiers de Jacques Morin ; à Venoix, Pierre Barbé, sieur des Pallières, Salomon Asselin, Laurent Du Thon, au droit de Marin Londel, les veuve et héritiers de Germain Champion, huissier à Caen ; à Buron, Guillaume Jemblin, les héritiers Eustache Onfroy ; à St-Contest Malon, Jacques Deschamps, Catherine de Fierville, veuve Romain Hardy, Mathieu de La Londe, tabellion, Isaac Du Quesné, Laurent Bonnet, sieur de la Roullière, au droit de Du Quesné et de Jacques Buhot, Pierre de Caumont, écuyer, Guillaume Le Normand ; à Cambes, Jacques Le Bas, etc.

H. 132. (Cahier.) — Moyen format, 44 feuillets, 1 pièce intercalée, papier.

1647-1665. — Pleds, gage-plège et élection de prévôt de la terre et sieurie d'Ardennes nommée le fief Thiou dont le chef est assis en la paroisse de St-Germain, avec extension à St-Contest, Cambes, Venoix, Louvigny, St-Étienne, St-Martin, St-Nicolas de Caen, Rots, Authie et environs, audit fief joint et compris l'étendue du fief de Venoix dit Montenay, dans la paroisse de St-Germain, réuni au fief d'Ardennes par lettres patentes de juillet 1646, tenus par Vincent Le Chevalier, sénéchal, en présence de frères Robert Duhamel, sous-prieur, et Chrysostôme Touraine, procureur de l'abbaye, pris pour greffier Jean Le Febvre, tabellion royal à Creully, en la court des maisons de Charles Jemblin, bourgeois de Caen, au hameau de Franqueville, où lecture a été faite du contrat d'échange devant les tabellions de Caen entre lesd. religieux et Jean Le Neuf, écuyer, sieur de Montenay, autorisé par lesd. lettres patentes. Tenants : à St-Germain, Horace Meserey, Zacharie Briant, Robert Jemblin, sieur du Mesnil, Charles Lamy, Michel Lair, Cardine Caignard, veuve de Jean Briant, Jean et Jacob Le Paulmier frères, Germain Le Tellier, avocat au Parlement de Rouen, les curé, prêtres, clercs et obitiers de la paroisse d'Authie, Abraham Le Tellier, prêtre ; à Venoix, Pierre Barbé, sieur des Pallières ; à Louvigny, les représentants Jean Mondchare, Guillaume Hodierne ; à St-Contest Malon, Guillaume et Jean Ménard, Guillaume Le Normand à cause de sa femme, etc. Extrait desd. pleds collationné par Ledars, premier huissier à Caen, sur le cahier représenté par frère Norbert Molinet, religieux et procureur de l'abbaye (1665).

H. 133. (Cahier.) — Moyen format, 39 feuillets, papier.

1649. — Pleds, gage plège et élection de prévôt de la terre et sieurie d'Ardennes nommée le fief Thiou, tenus par Vincent Le Chevalier, avocat à Caen, sénéchal de lad. sieurie, en présence de frères Robert Duhamel, sous-prieur, et Chrysostôme Touraine, procureur de l'abbaye, et de Marc Le Brethon, avocat, pris pour greffier, devant la maison de Thomas Le Hérichon, à Cussy. Tenants : Robert Le Marignier, les héritiers Jean Perrelle, les héritiers Jacques Morin fils Jacques, les héritiers Marin Dupont, les héritiers de St-Louet, Marie Blondel, le prieur et obitier de St-Germain,

Pierre Fauel, à cause de sa femme fille et héritière d'Isaac Morin, Jean Le Paulmier, mesureur, Abraham Le Tellier prêtre, Daniel Prevel, les héritiers Robert Geffroy, Jacques Deschamps, écuyer, conseiller en l'Élection de Caen, Pierre Cavelier, les représentants Robert et Jean Gardembas, Henri Regnault, Michel Feron au droit de Jean et Girot Allain, Jean Gois fils Jean, les représentants Denis Lantier, Laurent Du Thon, au droit de Pierre Novince et de Jérôme Le Picard, etc.

H. 131. (Cahier.) — Moyen format, 16 feuillets, papier.

1650. — Pleds, gage plège et élection de prévôt de la terre et sieurie d'Ardennes nommée le fief Thiou, tenus par Vincent Le Chevalier, sénéchal, en présence de Jean Lefebvre, tabellion en la haute justice de S¹ Gabriel, pris pour greffier, et de frères Robert Duhamel, sous-prieur, et Bazile Gombert, procureur de lad. abbaye. Tenants: Horace Meseray, Jean et Jacques Debleds, Marin Boisard, Robert Jemblin, sieur du Mesnil, les héritiers de Jacques Morin et de Noël Morin, son frère, les héritiers du s¹ de S¹-Louet, Jean Debleds, fils Thomas, à cause de sa femme, Raulin Le Berger, à cause de Philippine Gibert, sœur de Jacques Gibert, fils et héritier de Gillette Blondel, Geffroy Le Pelletier au droit par engagement de Jean Blondel, Abraham Le Tellier, prêtre, représentant Thomas Le Tellier, les religieux d'Ardennes, représentant Jean Malet par échange, Pierre Marc, Jean Hardy, fils Robert, Isaac Du Quesné, Pierre de Caumont, écuyer, Henri Regnault, les héritiers de Philippine Le Courtois héritière de Richard et Jérome Le Courtois, Michel Féron, Jacques Le Bas, Guillaume Le Normand et Martin Le Bas au droit de Vincent et Cardot Le Bas, Martin et André Le Bas fils Michel, Pierre Barbé, sieur des Pallières, les représentants Jean Mondehare, Jacob Barquet et les héritiers Jean Mandeville, etc.

H. 135. (Cahier.) — Moyen format, 40 feuillets, papier.

1651. — Pleds, gage plège et élection de prévôt de la terre et sieurie d'Ardennes, nommée le fief Thiou, tenus par Vincent Le Chevalier, avocat à Caen, sénéchal, assisté de Marc Le Breton, avocat à Caen, pris pour greffier, en présence de frères Robert Duhamel, sous-prieur, et Bazile Gombert, procureur de l'abbaye, en la maison de Philippe Debleds, hameau de Franqueville. Attestation de la publication faite aux issues de messes paroissiales par Nicolas Lair, vicaire de S¹-Contest, et Javalet, curé de Cambes, etc. Tenants : à S¹-Germain, Jacques Eudes, Jean et Jacques Debleds et les héritiers d'Abraham Debleds, Guillaume Lance, représentant par acquêt Zacarie Briant, Pierre Perrelle et les héritiers de Jean Perrelle, Robert Jemblin, sieur du Mesnil, représentant Isaac Morin, Charles Lamy, Martin Noury, Jean Debleds fils Robert, Jacques Gibert, héritier de Cardine Caignard, les héritiers Jacques Morin et Jean Debleds fils Thomas, Geffroy Le Pelletier au droit de Jean Blondel, Guillaume Jemblin, au droit de Jean et Jacob Le Paulmier, Jean Le Paulmier, mesureur, Germain Le Tellier, avocat au Parlement de Rouen, les héritiers de Baptiste Caignard, les religieux d'Ardennes, représentant Marie Blondel, veuve de Michel Lair ; à Rots, Gilles Jemblin ; à Buron, Robin Trubert, Michel Morin, héritier à cause de sa femme de Jean Le Mesle ; à S¹-Contest Malon, Pierre Niard, au droit de Marin Dupont, Pierre Le Cavelier, les héritiers de Mathieu Delalonde au droit d'André Le Bas, Le Bas, au droit de Jeanne Hardy ; à Venoix, les représentants Robert Chemin, etc.

H. 136. (Cahier.) — Moyen format, 47 feuillets, papier.

1653. — Pleds, gage plège et élection de prévôt de la terre et sieurie d'Ardennes nommée le fief Thiou, tenus par Vincent Le Chevalier, avocat à Caen, sénéchal, assisté de Marc Le Brethon, avocat, pris pour greffier, en la maison d'Horace Meserey, à Cussy. Attestation de publication desd. pleds aux messes paroissiales, par Michel Regnault, prieur-curé de S¹-Contest, Javalet, curé de Cambes, frère Jean, prieur de S¹-Germain, Tenants : à S¹-Germain, Robert Le Marignier, Antoine Boisard, Simon Eudes, Jacques Mallard, les héritiers Noël Morin, Guillaume Jemblin, Philippe Debleds, Charles Lamy, Pierre Langlois et ses frères, héritiers de Marie Blondel, le prieur et obitier de S¹-Germain, Jean et Jacob Le Paulmier, les héritiers de Baptiste Caignard, les religieux d'Ardennes, représentant Marie Blondel veuve Michel Lair ; à Buron, Michel Morin, écuyer, à cause de sa femme, de Jean Le Melle, avocat ; à S¹-Contest Malon, Jacques Deschamps, écuyer, conseiller en l'Élection de Caen, Catherine de Fierville, veuve de Romain Hardy, Pierre Marc, les héritiers de Marin Dupont, Laurent Bonnet, sieur de la Roullière, au droit de Du Quesné, les héritiers de Mathieu Delalonde, tabellion, Henri Regnault, Michel Féron au droit de Jean et Gilles Allain ; à Venoix, les représentants Robert Chemin, Salomon

Asselin, Laurent Du Thon, au droit de Martin Blondel ; à Louvigny, les représentants Jean Mondehare, etc.

H. 137. (Cahier.) — Moyen format, 44 feuillets, papier.

1651. — Pleds, gage plège et élection de prévôt de la terre et sieurie d'Ardennes nommée le fief Thiou, y compris l'étendue du fief de Venoix dit Montenay, tenus par Vincent Le Chevalier, avocat à Caen, sénéchal de lad. sieurie, en présence de frères Robert Duhamel, sous-prieur, et Athanase Delacourt, procureur de l'abbaye. Tenants : à St-Germain, Simon Eudes, Guillaume Lance, représentant Zacharie Briant, Marin Boisard, Guillaume Joubelin, Anne Le Quérn, Jean Charles et Gilles Lamy, fils et héritiers de Germain Lamy, les héritiers de Jacques Morin, Pierre Faure à cause de sa femme, fille et héritière d'Isaac Morin, les veuve et héritiers de Noël Morin, Jean Le Paulmier, mesureur, Germain Le Tellier, avocat au Parlement de Rouen, frère et héritier du sr de Lespine Le Tellier, Abraham Le Tellier, prêtre ; à Buron, Louis Niard, représentant Jean-Baptiste Le Mesle ; à St-Contest-Malon, Catherine de Fierville, veuve de Romain Hardy, les héritiers de Marin Dupont, les représentants de Robert et Jean Gardembas, Isaac Du Quesnay, les héritiers de Mathieu Delalonde, tabellion, Pierre de Caumont, écuyer, Henri Regnault ; à Cambes, les héritiers de Philippine Le Courtois ; à Venoix, Jean Gotz fils Jean, les héritiers de Pierre Barbé, sieur des Pallières ; à Louvigny, Guillaume Hodierne, etc.

H. 138. (Cahier.) — Moyen format, 40 feuillets, papier.

1658. — Pleds, gage plège et élection de prévôt de la terre et sieurie d'Ardennes nommée le fief Thiou, tenus en la maison de Robert Le Marignier, au hameau de Cussy, par Vincent Le Chevalier, avocat à Caen, sénéchal, et Hippolyte Grimoult, greffier de l'abbaye de la Trinité de Caen, pris pour greffier, en présence des frères Guillaume Fossard, sous-prieur, et Charles Chrestien, procureur de l'abbaye. Attestations de la publication desd. pleds aux messes paroissiales, par Javalet, curé de Cambes, frère Michel Regnault, prieur de St-Contest, Guillaume Castillon et Charles de Vaux, paroissiens de Venoix, Noël de Gaallon, curé de St-Nicolas de Caen. Tenants : à St-Germain, Simon Eudes, les héritiers de Jean Debleds, Judith Huet, veuve de Noël Morin, et héritiers dud. Morin, Marguerite Fresnot, épouse de Pierre Morice, fille et héritière d'Isaac Morin, Jacques Gibert, héritier de Car- dine Caignard, Abraham Le Tellier, prêtre, les héritiers de Baptiste Caignard ; à Rots, Gilles Jemblin ; à Buron, Daniel Prevol et les héritiers de Robert Geffoy, Michel Morin, écuyer, héritier à cause de sa femme de Jean Le Mesle, avocat ; à St-Contest Malon, Pierre Niard, Jacques Deschamps, écuyer, conseiller en l'Élection de Caen, Jean Hardy, Nicolas Adam ; à Cambes, Michel Féron, au droit de Jean et Gilles Allain, etc.

H. 139. (Cahier.) — Moyen format, 44 feuillets, papier.

1668. — Pleds, gage plège et élection de prévôt de la terre et sieurie d'Ardennes nommée le fief Thiou, tenus en la maison des religieux d'Ardennes sise à Franqueville dont est fermier Guillaume Le Terrier, par Philippe Bouchard, avocat à Caen, sénéchal, Gilles Hébert, procureur au bailliage, pris pour adjoint, en présence de frère Norbert Molinet, procureur de l'abbaye. Attestations de la publication desd. pleds aux messes paroissiales par : de Brébeuf, prieur-curé de Venoix, etc. Tenants : à St-Germain, Denis Tostain, Jacques Briant, Charles Lamy, les religieux d'Ardennes, représentant Jacques Blondel, Germain Le Tellier, avocat au Parlement de Rouen, frère et héritier du sr de Lespine Le Tellier ; à Buron, Daniel Prevel, les héritiers Robert Geffroy ; à St-Contest Malon, Catherine de Fierville, veuve de Romain Hardy, Pierre Le Cavelier, les héritiers de Pierre Duval, par acquêt de Georges Du Quesney, Laurent Bonnet, sieur de la Roullière au droit de Jacques Buhot, Pierre de Caumont, écuyer, Jean Morice, époux de la fille et héritière d'Isaac Du Quesney ; à Cambes, Julien de Bourrenne, écuyer, sieur de Semilly, époux de la fille de Nicolas Rocque, Philippine Le Courtois et la veuve Charles Le Faulconnier ; à Venoix, les héritiers de Pierre Barbey, sieur des Palières ; à St-Martin de Caen, Jean Le Piequart, etc.

H. 140. (Cahier.) — Moyen format, 22 feuillets, 1 pièce intercalée, papier.

1674. — Pleds, gage plège et élection de prévôt de la terre et sieurie d'Ardennes nommée le fief Thiouf, tenus en la maison de Pierre Morin, au hameau de Cussy, par Jean Le Courtois, docteur aux droits, avocat au siège présidial de Caen, sénéchal de ladite terre, présence de Gilles Hébert, procureur au présidial, greffier, de frère Norbert Moulinet, curé de St-Germain, procureur de l'abbaye. Tenants : à St-Germain, Denis

Tostain, représentant Horace Mezeray, Pierre Morin au droit de Marguerite Fresnel, femme de Pierre de Morière, fille héritière d'Isaac Morin, Marin Lamy, le s' de Cauvigny Beau-Amis, Pierre-Louis Langlois et ses frères dits les Lair, héritiers de Marie Blondel leur mère, Pierre Fanet, à cause de sa femme ; à Buron Louis Niard, par acquêt de Guillaume Jemblin, Robin Trubert, Charles Picquot ; à S¹-Contest Malon, Jacques Deschamps, écuyer, conseiller en l'Élection de Caen, les représentants Guillaume Ménard, la veuve Jean Hardy, les héritiers de Mathieu Delalonde, au droit d'André Le Bas; à Cambes, Claude Legrand, curé de S¹ Julien ; à Venoix, Jean Gosset, Salomon Asselin, Laurent Du Thon, au droit de Martin Blondel, etc. Mandement du sénéchal aux prévôts ou hommes requis de publier la tenue des pleds de lad. sieurie.

H. 141. (Cahier.) — Moyen format, 10 feuillets, papier.

1675. — Pleds, gage plège et élection de prévôt de la terre et sieurie d'Ardennes nommée le fief Thiouf, tenus en la maison de Guillaume Nicolle par Jean Le Courtois, docteur aux droits, avocat au siège présidial de Caen, sénéchal, en présence de Gilles Hébert, procureur aud. siège, greffier de lad. sieurie, et de frère Louis Basset, procureur de l'abbaye. Tenants : à S¹-Germain, Jean Julienne dit des Mesnils, Pierre Hue, Guillaume Nicolle au droit de Guillaume Jemblin, Judith Mallet, femme séparée de biens de Jean Dehleds, Judith Mallet, héritière de Luc Morin et les héritiers de Jacques Morin, Pierre Fanet à cause de sa femme ; à Buron, le s¹ de St-Martin ; à St-Contest Malon, les représentants Guillaume Ménard, les héritiers de Marin Dupont, Pierre de Caumont, écuyer, Jean Morice, époux de la fille et héritière d'Isaac Du Quesney; à Cambes, Martin et André Le Bas ; à Venoix, les héritiers de Pierre Barbey, sieur des Pallières, Salomon Asselin, Laurent Du Thon, au droit de Martin Blondel ; à St-Étienne de Caen, Jacob Barquet et les héritiers Jean Mandeville, etc.

H. 142. (Cahiers.) — Grand et moyen format, 92 feuillets, papier.

1680. — Pleds, gage plège et élection de prévôt de la terre et sieurie d'Ardennes nommée le fief Thiouf, y compris l'étendue du fief de Venoix dit Montenay et l'extension des fiefs de Brucourt et de Crépon, tenus en la maison des sieurs Blouet prêtres et curés, au hameau de Franqueville, par Jean Le Courtois, docteur aux droits, sénéchal, en présence de Gilles Hébert, greffier, et de frère Mathieu Trosseille, procureur de l'abbaye. Attestations de la publication faite issues des messes paroissiales par Jean Le Sénécal à S¹-Germain, Thomas Tostain à S¹-Contest, Pierre Hue à Cambes, Gilles Lodars, sergent, à Venoix et Louvigny. Tenants: à S¹-Germain, les fils et héritiers d'Augustin et Jacques Briand, au droit de Samuel Briand, Laurent et Pierre Blonet, prêtres, et Jacques Blouet, droguiste à Caen, les religieux de S¹-Étienne de Caen, Jacques Jemblin, le prieur de S¹-Germain ; à Rozel, Guillaume Cousin; à S¹-Contest Gallemanche, les héritiers de Mathieu Delalonde, les représentants Guillaume Ménard ; à Couvrechef, Gilles Le Coq, avocat ; à Bitot, les héritiers de Jacques Le Petit ; à Cambes, les héritiers de Claude Legrand, curé de S¹-Julien le Caen, adjudicataire par décret des biens de Michel Féron, les représentants Richard Colin, les héritiers de Laurent Du Thon au droit de Martin Du Londel ; à Louvigny, les héritiers Du Thon par acquêt de Croismare ; à S¹-Pierre de Caen, Guillaume Porel, etc. Suit la déclaration des biens dont les religieux prétendent la réunion à leur fief, faute d'aveux non rendus, rentes non payées et devoirs seigneuriaux non faits.

H. 143. (Cahier.) — Grand format, 23 feuillets, papier.

1684. — Pleds, gage plège et élection de prévôt de la terre et sieurie d'Ardennes, nommée le fief Thiouf, tenus sous la principale porte du manoir abbatial de l'abbaye par Jean Le Courtois, sénéchal, en présence de Gilles Hébert, greffier, et de frère André Fournereau, procureur de l'abbaye. Attestations de la publication desd. pleds faites issues de messes paroissiales par: Pierre Frémont à Venoix, S¹-Nicolas, S¹-Martin et S¹-Étienne de Caen, Jean Frémont à S¹-Germain, Pierre Hue à S¹-Contest et Cambes. Tenants : à S¹ Germain, Jean Julien, au droit de Simon Eudes, Jacques Jemblin, fils Gilles, Pierre Fanet et ses fils, Gilles Jemblin, fils Charles, la représentation de Mᵐᵉ de Cauvigny, fille de Siméon Paulmier, sieur de St-Louet, les héritiers de Jean Hardy représentant Guillaume Meheust, Anne Le Queru, veuve de Charles Jemblin, Jean et Gilles Le Paumier, héritiers de Jean et Jacob Le Paumier, Germain Le Tellier, avocat au Parlement de Rouen, frère et héritier du s¹ de Lespine Le Tellier, Jacques Berger, fils de Philippine Gibert, les représentants Guillaume Cousin ; à Rosel, Jean Marin ; à S¹-Contest Buron, Louis Niard, par acquêt de Guillaume Jemblin, fils Chardin, Guillaume Delaporte, par acquêt de Thomas Le Mesle, Michel Morin par de St-Martin, époux de l'une des filles de feu de Boisroger; à St-Contest Malon, Desbans à cause de sa femme, fille de feu Pierre Niard, Pierre Deschamps, sieur de St-Marc, Jacques Deschamps, écuyer, l'abbesse de la Trinité de Caen, Jacques de Caumont, avocat en la Cour, fils de Pierre de Caumont, écuyer, de St-Laurent Cantel; à Cambes, Georges Le Bas, écuyer; à St-Pierre-du-Mont, Louis de Scelles, écuyer, sieur de Létanville, tenant un fief qui s'étend aux paroisses de St-Pierre-du-Mont, Englesqueville, Létanville, etc., à charge de payer 7 l. 10 s. de rente seigneuriale, etc.

H. 144. (Cahier.) — Grand format, 36 feuillets, papier.

1686. — Pleds, gage-plège et élection de prévôt de la terre et sieurie d'Ardennes, nommée le fief Thioult, tenus sous la principale porte du manoir abbatial par Jean Le Courtois, sénéchal, en présence de Gilles Hébert et de frère André Fournereau, procureur de l'abbaye. Attestations de la publication desd. pleds issues de messes paroissiales par Pierre Frémont à Venoix, Jean Frémont à St-Germain, Pierre Hue à Cambes et St-Contest. Tenants: à St-Germain, Guillaume Lance, représentant Zacharie Briand, Jean Desbled, fils Thomas, les enfants Michel Lair, Anne Le Queru, veuve de Charles Jembelin, Germain Le Tellier, avocat au Parlement de Rouen, les religieux de St-Étienne de Caen, la maladrerie de Beaulieu, les veuve et héritiers de Pierre Frémont l'aîné, Pierre Frémont le jeune; à Cairon, les représentants Robin Allez; à St-Contest Gallemanche, les héritiers Mathieu Delalonde; à St-Contest Malon, Laurent Bonnet, sieur de la Roulière, au droit de Jacques Buhot, Pierre Deschamps, sieur de St-Marc, l'abbesse de la Trinité de Caen, Pierre Le Cavelier; à St-Contest Bitot, les héritiers Jacques Le Petit; à Cambes, Julien de Bourenne, écuyer, sieur de Missy, époux de la fille de Nicolas Roque et Philippe Le Courtois, à présent le sr de Mosle, son fils, tant en son nom que par acquêt du sr du Mesnil-Patry, fils Charles Le Fauconnier, éc., sr de Cristot, à cause d'Élisabeth de La Rocque, sa mère; à Venoix, les représentants Thomas Taillebot; à St-Pierre-du-Mont, Louis de Scelles, écuyer, sieur de Létanville, etc.

H. 145. (Cahier.) — Grand format, 25 feuillets, papier.

1689. — Pleds, gage plege et élection de prévôt de la terre et sieurie d'Ardennes nommée le fief Thiouf tenus en la maison de Le Picard en la paroisse de St-Martin de Caen, par Jean Le Courtois, sénéchal, en présence de Gilles Hébert, procureur au présidial, greffier, et de frère André Fournereau, procureur de l'abbaye. Attestations de la publication desd. pleds, issue des messes paroissiales, par Jean Frémont, à St-Germain, Pierre Frémont à St-Martin de Caen, Pierre Hue à St-Contest, Pierre Briand à Venoix, Pierre Hue à Cambes. Tenants: à St-Germain, Thomas et Pierre Tostain, fils Denis, Jacques-Jean Blin, fils Gilles, les religieux d'Ardennes au droit par acquêt du baron de Crépon, Jacques Gosselin, à cause de Thomasse Caignard, et Guillaume Cayel à cause de Marie Caignard; à Rozel, les représentants Guillaume Cousin; à St-Contest, Louis Niard, par acquêt de Guillaume Jemblin, Abraham Gardembas, fils Simon, Guillaume et Jean Ménard, l'abbesse de la Trinité de Caen, les représentants Pierre et Thomas Du Thon, Jacques de Caumont, écuyer, Jean Julien, sieur des Mesnils; à Venoix, Jean Gost, représentant Philippe Allain, les veuve et héritiers Caillot au droit des héritiers Laurent Du Thon, écuyer; à St-Martin de Caen, Jacques Herman, huissier au bureau des finances, par acquêt des héritiers Jean Le Picart, les représentants Simon, sieur de Grandchamp, et Gonfrey, docteur aux lois, etc.

H. 146. (Cahier.) — Grand format, 28 feuillets, papier.

1697. — Pleds et gage plège et élection de prévôt de la terre et sieurie d'Ardennes nommée le fief Thiout, tenus sous la grande porte du manoir seigneurial par Robert Le Tremançois, écuyer, docteur aux lois en l'Université de Caen, avocat au bailliage et vicomté dud. lieu, sénéchal des fiefs appartenant aux religieux d'Ardennes, en présence de Gilles Hébert, greffier, et de frère Louis Profichel, procureur de l'abbaye. Attestations de la publication desd. pleds faite issues de messes paroissiales par Pierre Frémont à St-Germain, Pierre Hue à St-Contest, Jacques Lamy à St-Martin et St-Étienne de Caen, Pierre Hue à Cambes, Jacques Lamy à Venoix et Louvigny. Tenants: à St-Germain, les veuve et héritiers de Guillaume Lance, les religieux de St-Étienne de Caen, Anne Blanchard, veuve de Jacques Blondel, et Gilles, son fils, le prieur de St-Germain, la maladrerie de Beaulieu; à Cairon, les représentants Robin Alain; à St-Contest-Buron, Osmont La Mindelle, au droit de Louis Niard, Gardembas; à St-Contest Gallemanche, Le Grand, au droit des héritiers de Mathieu Delalonde; à St-Contest Malon, Catherine de Fierville, veuve de Romain Hardy, les héritiers de St-

H. 147. (Cahier.) — Grand format, 36 feuillets, papier.

1714. — Pleds, gage-plège et élection de prévôt de la terre et sieurie d'Ardennes nommée le fief Thiouf, tenus sous la grande porte du manoir seigneurial par Moisson d'Urville. Tenants: à St-Germain, Pierre et Charles Boisard, fils Pierre, Gilles Le Paulmier, au droit de Jean Le Paulmier, St-Jore, représentant Pierre Fanet, les sieurs St-Jore, au droit par acquêt d'Élie Le Grand, héritier de Louis Fanet, les religieux de St-Étienne de Caen, Robert St-Jore, fils Jean, au droit de sa femme, fille et héritière d'Isaac Morin, Jean Fouques, procureur au bailliage et siège présidial, héritier de Germain Le Tellier, avocat au Parlement de Rouen, Charles Le Sénécal, au droit du trésor de St-Germain, Pierre Fromont le jeune et Richard Guillouel; à Rosel, Martin Violette, Jean Violette, Jacques Houel, les représentants Guillaume Cousin; à St-Contest Buron, François Delaporte, représentant Pierre Du Thon, fils Richard, les héritiers de Vincent, avocat, François Jean, représentant de St-Martin, époux d'une des filles de feu Du Boisroger; à St-Contest Malon, Guillaume Le Rebours, curé de St-Pierre de Caen, Catherine Bonnet, veuve de Pierre Deschamps, écuyer, sieur de St-Marc, Basly, avocat au Parlement, représentant Jean Morin, époux de la fille et héritière de Jean Du Quesné; à St-Contest Bitot, M. de Cambes, par acquêt de la veuve et héritiers d'Henri Renault; à Cambes, Julien de Boran, écuyer, sieur de Semilly, époux de la fille de Nicolas de la Roque, Jacques Le Grand, conseiller au présidial, héritier de Claude Le Grand, curé de St-Julien de Caen; à Venoix, les représentants Thomas Ollivet, la veuve de Richard Gost, sieur des Longchamps, belle-mère de Desmares, Jean Scelles, droguiste, rue de Geôle, à Caen; à Louvigny, Charles Du Thon, écuyer, sieur de Moncarville; à St-Pierre du Mont, Michel Toustain, écuyer, sieur de Fontenelles, lieutenant colonel d'un régiment de dragons, fils de M. de Fontenelles, assesseur à Bayeux, etc.

H. 148. (Cahier.) — Grand format, 84 feuillets, papier.

1719. — Pleds, gage-plège et élection de prévôt de la terre et sieurie d'Ardennes nommée le fief Thiouf. Tenants: à St-Germain, Pilet, bourgeois de Caen, Thomas Deblods au droit de Claude Hardy, héritier de Jean Hardy, Gilles Blondel, fils Jacques, Jean Deblods, à cause de Judith Mallet, sa femme, Pierre Blouet au droit de Guillaume Jemblot, Jean Lance, fils Denis, fils Abel, et Archange et Jean Lance, fils Jean, Gilles Marin; à Cairon, les représentants Robin Alain; à St-Contest Buron, Pierre Prevel, sieur des Varendes, François et Guillaume Delaporte, François Jean, représentant de St-Martin, époux d'une des filles de feu Du Boisroger, Abraham Gardembas, fils Simon; à St-Contest Malon, Catherine Bonnet, veuve de Pierre Deschamps, écuyer, sieur de St-Marc, au droit de Le Bourgeois, écuyer, fils et héritier de Marie Viard, Le Coq, avocat, à la représentation des héritiers de Marin Dupont, les héritiers de St-Laurent Canteil, au droit de Jacques Caumont, écuyer; à Cambes, Georges et Martin Le Bas; à Venoix, Henri Blouet, gendre de Richard Chrétien, Guillaume Le Chandellier, Jacques Delamotte, l'hôtel-Dieu de Caen, la veuve de Richard Gost, sieur des Longchamps, belle-mère de Desmares; à St-Étienne de Caen, de Grandchamp, etc.

H. 149. (Cahier.) — Grand format, 31 feuillets, papier.

1751. — Pleds, gage-plège et élection de prévôt de la terre et sieurie d'Ardennes nommée le fief Thiouf, dont le chef est assis en la paroisse de St-Germain-la-Blanche-Herbe, avec extension à St-Contest, Cambes, Cairon, Rosel, Venoix, Louvigny, St-Martin, St-Étienne, St-Nicolas, St-Pierre de Caen, Rots, et aux environs, y compris l'étendue du fief de Venoix de Montenay, à St-Germain, et l'extension des fiefs de Précourt et de Crépon, tenus au manoir seigneurial de lad. abbaye sous la grande porte d'icelle par Charles Le Creps, avocat au bailliage et siège présidial de Caen, sénéchal desd. seigneuries, en présence de Pierre Hébert, greffier. Tenants: à St-Germain Cussy, les veuve, fils et héritiers d'Archange Tostain, Gilles Pilet, bourgeois de Caen, Lomboy, bourgeois de Caen; à St-Germain Franqueville, le prieur de St-Germain, les abbé et religieux de St-Étienne de Caen, Gilles Degron, par acquêt du s^r de La Houssaye, la maladrerie de Beaulieu, à présent l'hôtel-Dieu de Caen; à Rosel Gruchy, Marguerite Heline, veuve de Michel Paulin; à St-Contest Buron, Dufour, orfèvre, au droit d'Osmond de la Mindelle, le s^r de La Vallée Monnier, époux de la fille de Mr de Baillehache, le s^r de La Porte Belval; à St-Contest Galmanche, les héritiers ou représentants Durel, avocat; à St-Contest Malon, M. de Beaumont de Sallen, époux d'une des filles de St-Marc.

l'abbesse de la Trinité de Caen, des Pallières, Basly, avocat au Parlement, la fille de Nicolas Le Cavelier, fugitif; à St-Contest Bitot, Louis Le Marinier, par acquêt du s' de Grandmont Le Petit, le s' de Cambes; à St-Contest, de la Briandière, le s' de La Mare Julien au droit de Jean Julien, sieur du Mesnil; à Venoix, Laurent Monfrais; à Louvigny, Charles Du Thon, écuyer, sieur de Hancarville; à St-Martin de Caen, les Carmes déchaussés de Rouen représentant Jacques Herman, huissier au bureau des finances, par acquêt de Jean Le Picard; à St-Étienne de Caen, le s' de Grand-Champ, le fils et héritier de Ganfray, au droit duquel est présentement Piédoue, vicomte d'Évreux; à Maion, l'abbaye de la Trinité de Caen; à Authie, François Longe au droit de Jean Fauron, fils Simon, etc.

H. 150. (Registre.) — Grand format, 78 feuillets, papier.

1534-1579. — Registre des copies de baux, de lettres et contrats de rentes, etc. Redevables: Clément de Vaux, de la paroisse de Louvigny. Philippin et Pierre Brinot, père et fils, bourgeois de St-Nicolas de Caen, Étienne Fort et Thomas Lefebvre, de la paroisse de Coulombs, Nicolas Le Fauconnier (dîme de St-Contest), Guillaume Gondouin l'aîné (dîmes de Cuy près Argentan), Marin Gondouin et Colas Carrel (dîme du Mesnil-Briouze). Hugues Le Fauconnier (terre sise à Caen, delle de la croix de pierre), Louis de Gron (clos du Calmanche), Pierre Collet (moulins de Gémare à St-Pierre de Caen), Richard Haustin, écuyer (terres dépendant de la baronnie de Tesnières), Jean Taltebot (terres à Venoix); rente de l'aumône de Guillaume de « Boufvillier », écuyer, seigneur du Manoir (1594), etc.

H. 151. (Registre.) — Moyen format, 53 feuillets, papier.

1559-1564. — Copie de baux des biens de l'abbaye, par: François de Gron et Félix Fremin, de la dîme de St-Contest; Jean Lecoq, prêtre, de la dîme du Mesnil-Briouze; Jacques Langlois, de la dîme de Blay; Robert Jemblein, de la dîme de St-Germain-la-Blanche-Herbe; Jacques de La Court, de la dîme de St-Manvieu; Jean du Moncel, prieur de Coulombs et Lebisey, des dîmes d'Épron; Julien Rogier, de la dîme de Thaon; Guillaume Lefort à Coulombs; Laurent Litehard à Rosel; la veuve Colas Le Couturier, à St-Nicolas de Caen; Florent Auber, de la paroisse de Colleville; Fremin Perrelle, au hameau de Cussy; Jacques de Basly, à St-Martin de Caen Laurent Poignant, à Noyers, Jean

Manil, fils Jean, à Mathieu. — Accord entre Jean Rantal, religieux d'Ardennes et prieur de St-Contest, et François Richart, sieur d'Hémonvillette, procureur de l'abbé Baptiste de Villemer, concernant la récolte du clos d'Ardennes, etc.

H. 152. (Liasse.) — 13 pièces, parchemin; 8 pièces, papier.

XIII° siècle-1451. — Biens et droits. Affaires générales et collectives. — Charte d'Henri, évêque de Bayeux, énumérant les donations faites à l'abbaye: par Philippe, évêque de Bayeux, l'église de St-Germain-la-Blanche-Herbe; par Richard, évêque de Bayeux, la dîme « de dominio Osbarti in Hermonvilla »; par Barthélemy de Vaubadon, à Ste-Croix; à Buron, Bitot, etc. — Confirmation par Robert, évêque de Bayeux, à l'abbaye, des églises de « Blô, de Brailio et de Columbo » (s. d.). — Confirmation par Jean-Sans-Terre de la donation faite à l'abbaye par Richard Cœur-de-Lion du bois de Livey (« bruillium de Lyveroye ») et du moulin de Gémare à Caen (« molendinum quod rex Ricardus feutar noster habuit apud Cadomum in Gaimara »), « et totam terram quam idem rex Ricardus habuit apud Noyers juxta montem de Manbrov, scilicet Taysnerias » (Barfleur, 6 février an 1 du règne, 1200). Original et copies, notamment vidimus devant Girard Bureau, vicomte de Caen (1481), de vidimus par Regnault de la Maire, bailli de Caen (1342). — Confirmation par « Rogerus Rachon, miles, dominus de Moleto » (1207, « die martis ante festum Sancti Nicholai hyem. »). — Confirmation par Roger, abbé, et le couvent de St-Ouen de Rouen, des donations faites à l'abbaye d'Ardennes dans leurs fiefs à Venoix, St-Germain-la-Blanche-Herbe et Franqueville (1220); charte y relative de R., abbé d'Ardennes, revêtue du sceau de l'abbé (1220). — Charte de Jean, abbé d'Ardennes, concernant le manoir et le moulin de Bretteville-sur-Odon, les rentes de lad. paroisse et de Louvigny, « ratione feodi Aiulphi de Faro », la dîme de Venoix, les vignes de Canon, etc. (1297). — Cession par « Guill. du Plessois, chevalier, seigneur de Damigny », à l'abbaye, en échange de rentes, de fonds sis à Cuverville, Hérouvillette et Ste-Honorine (1308). — Confirmation par « Gieffroy de Caligniy, escuier, seigneur de la dite ville », des terres et rentes possédées par l'abbaye en tous ses fiefs (1328, v. s.). Sceau.

H. 153. (Liasse.) — 14 pièces, parchemin; 14 pièces, papier.

1379-1614. — Ventes devant: Robert Bérenger,

clerc, tabellion sous Girart du Temple, garde du scel des obligations de la vicomté de Caen, par Martin et Jean Bérart, frères, à Sandret Le Clerctier, d'Authie, de rentes sur leurs héritages à Authie, St-Germain-la-Blanche-Herbe et St-Contest (1379); — Michel de La Salle, clerc, tabellion à Caen sous Michel Fuller, garde du scel des obligations de la vicomté de Caen, par Simon Le Pleart, bourgeois de Caen, et Agnès, sa femme, à Raoul Davot, prêtre, de leurs biens à St-Contest, aux Ruissaux, « Longronne et illec environs » (1400). — Donation devant Colin de Vernay, clerc, tabellion sous Gilles Gosselin, garde du scel des obligations de la vicomté de Caen, par Robert Ernouf, de « Cahongnes », aux religieux d'Ardennes, de biens à St-Germain-la-Blanche-Herbe, Authie et environs, à charge de services religieux (1404). — Ventes devant : Michel Valemont, clerc, tabellion ès mettes des sergenteries d'Argences, Troarn et Varaville, par Colin Noël et Fleurie, sa femme, aux religieux d'Ardennes (1414); — Guillaume Caudebec, clerc, tabellion à Caen sous Nicolas Bourgeois, garde du scel des obligations de la vicomté de Caen, par frères Simon Davoult, prieur de Ste-Croix de Caen, Richard Anquetil, sous-prieur, Jean Muriel, Bertrand et Jean Helouin, Michel Ruetin, Guillaume Leboeuf, Guillebert Tombettes, Jean Binet, Jean Baudouin, Pierre Hérault, Jean Caron, etc., religieux dud. prieuré, à l'abbé et couvent de N.-D. d'Ardennes, de rente assise à Authie et à Rosel (1443). — Transport devant Guillaume Morant, tabellion ès mettes des sergenteries d'Ouistreham et Bernières, par Charles d'Hermanville, aux religieux d'Ardennes, de ses droits sur biens sis à Baron, Mouen, Tourville et Mondrainville, à charge de services religieux, en exécution des volontés de Jean d'Hermanville, curé d'Hermanville, et Jeanne de Tresiguydy, veuve de Guillaume d'Hermanville, seigneur d'Hermanville (1444). — Reconnaissance devant Pierre Le Bourgeois, écuyer, lieutenant en la vicomté de Caen du bailli dud. lieu, par Guillaume Yon et Pierre-Gabriel Lejeune, du bail à eux fait par Thomas, abbé d'Ardennes, de terres sises à Bretteville, Louvigny et Éterville (1538). — Échange devant Lucas Delalande et Denis Delahaye, tabellions à Caen, entre Philipin Flambart, bourgeois de Caen, et Jeanne, veuve de Thomas Lefèvre, bourgeoise de Caen, de terres sises à Cheux, Secqueville-en-Bessin et Vernon, contre le droit de condition retenu dans plusieurs ventes faites aud. Flambart (1538). — Reconnaissance par Girard Le Maistre, d'Esquay-sur-Seulles, du bail à lui fait par les religieux d'Ardennes de terres sises au Manoir et à Baronville (1555). — Extraits du registre du greffe des insinuations des actes et provisions ecclésiastiques du diocèse de Bayeux, concernant les bénéfices des paroisses d'Anisy, St-Contest d'Athis et Clairefougères. — Choix de lots fait en présence d'Étienne Moriette et de Marguerite Le Bourgeois, bourgeois de Caen, par Jean Noël et Hélène, sa femme, au précédent veuve de Jean Barbey, et Guillaume Barbey, fils et héritier dud. Barbey, tant pour lui que pour ses frères, des biens, rentes et revenus dud. Jean, sis à Caen, Venoix, Verson, etc. (1571). — Aveu rendu au Roi par Mathurin de Savigny, héritier de Marie de La Quellende, sa mère, de la terre, baronnie et sieurie de Crépon, s'étendant à Meuvaines, Colombiers-sur-Seulles, Reny et environs (1572). — Extrait de l'état des ventes de biens temporels des ecclésiastiques faites à Bayeux, à André Mare, bourgeois de Caen, François Le Petit, bourgeois de Caen, Jean Le Bas, sieur de la Londe, Guillaume Le Grand, écuyer, Thomas de Cussy, sieur de Lif (1575-1576). — Avis de la mise en vente par les religieux d'Ardennes de deux moulins, l'un à froment et l'autre à orge, et de pièces de terre sises à Louvigny, Bretteville-sur-Odon et Éterville (1577). — Extrait de la première partie des biens portés sur l'état des deniers provenant du décret requis par Louis du Touchet, sieur de Bénouville, tuteur de Jeanne, sa fille, sur Philippe et Guillaume Viel, frères, et tenu par Jean de La Court, écuyer, sieur du Buisson, vicomte de Caen (1598). — Reconnaissance devant Richard Martin et Mathieu Delaloude, tabellions à Caen, par Nicolas Roque, tabellion à Caen, stipulant Nicolas de Croismare, sieur de la Pincelière, conseiller en la Cour de Parlement, époux d'Élisabeth Novince, de la vente faite à Jean Du Thon, sieur du Quesnay, de biens sis à Bretteville-sur-Odon, Verson, Éterville, Louvigny et Venoix (1610). — Vente devant André Heuste et Gilles Lesueur, tabellions à Caen, par Jean Guillebert, fils de feu Vigor Guillebert, à Abraham Graffard, de son droit en la succession dud. Vigor sur biens, tant à Coulombs qu'ailleurs (1612).

H. 154. (Liasse.) — 9 pièces, parchemin; 21 pièces, papier.

1618-1652. — Procédure au bailliage de Caen devant Jacques Blondel, écuyer, lieutenant particulier civil et criminel, entre les religieux d'Ardennes, stipulés par frères Jacques Marie et Guillaume Denis, et Pierre de Villetmor, conseiller en la Cour de Parlement, abbé commendataire d'Ardennes, concernant le retrait, suivant l'édit du Roi, des moulins d'Ardennes assis sur la rivière d'Odon dans les paroisses de Brotteville-la-Pavée, Louvigny et Éterville, et de 6 vergées de pré et 4 acres de terre en labour (1613). — Vente par Jean Du Thon, écuyer, sieur du Quesnoy, aux religieux d'Ardennes, stipulés par frères Guillaume Denis, Laurent Vésly et Marc Sarrazin, de deux moulins et pièces de terre à Louvigny, Brotteville-sur-Odon et Éterville (1614). — Bail devant Mathieu de La Lande et Michel Lesner, tabellions à Caen, par l'abbé de Gallodé, sieur de Chambrôté, à Bertrand Le Rouge, de maisons, jardins et pièces de terre à St-Germain-la-Blanche-Herbe, St-Nicolas de Caen et Venoix (1620). — Adjudication faite par Jacques Blondel, écuyer, sieur de Tilly, lieutenant particulier civil et criminel du bailli de Caen, des rentes tant en deniers que grains et volailles appartenant à Guillaume de Gallodé, abbé d'Ardennes, dans les paroisses de Coulombs, Rucqueville, Martragny, etc. (1628). — Extrait du registre du tabellionnage de Caen concernant la vente faite par Jean et Richard Poulain, bourgeois de Caen, à Annibal de Morel, bourgeois de Caen, de pièces de terre à St-Nicolas de Caen et St-Germain-la-Blanche-Herbe (1629). — Donation par Alexandre Sallet, écuyer, sieur de Colleville, aux religieux d'Ardennes, stipulés par Robert Duhamel, sous-prieur, de biens à Authie, St-Contest, St-Germain, St-Louet et Rosel, à charge de services religieux (1642). — Déclaration des biens tant vendus que donnés par Alexandre Sallet, écuyer, sieur de Colleville, aux religieux d'Ardennes (1643). — Extrait du registre de tabellionnage de Cheux concernant le partage des biens de feu Jacques Deblets entre Jacques Jean et Philippe, ses fils (1646). — Distribution faite par Jacques Le Bourgeois, écuyer, sieur de la Varende, lieutenant général du vicomte de Caen, des deniers provenant du décret des biens de feu Thomas Le Tellier, sis à St-Nicolas de Caen, Authie, St-Germain et Carpiquet (1652).

H. 138 (Liasse.) — IV pièces, parchemin; 33 pièces, papier.

1652-1788. — Décharge devant François de La Porte et Thomas Lesueur, tabellions à Caen, par frère Robert Duhamel, sous-prieur, et Bazile Gombert, procureur de l'abbaye d'Ardennes, à Gilles Jemblin, fils Gilles, bourgeois de Caen, de la faisance de rentes à cause de biens sis à St-Germain-la-Blanche-Herbe et Rots (1653). — Distribution faite par Siméon de Fontaines, écuyer, sieur de Neuilly, vicomte de Caen, des deniers provenant du décret requis par Michel Le Coq, sieur du Verger, bourgeois de Caen, des biens de Charles Jemblin (1653). — Inventaire des contrats d'acquisitions faites par les religieux d'Ardennes de biens dans diverses paroisses, arrêté par Robert Duhamel, sous-prieur (1654). — Choix de lots devant Jean Caumont et Thomas Du Rozier, tabellions en la sergenterie de Cheux, par Jacques Cosselin et Thomasse Caignard, sa femme, Guillaume Martin et Marie Caignard, sa femme, de biens à elles échus (1658). — Vente devant Jean Rougon et Guillaume de La Porte, tabellions à Caen, par Robert Le Marignier, bourgeois de Caen, tant pour lui que pour Marguerite Le Marignier, veuve de Jean Le Paulmier et au précédent de Thomas Le Hérichon, à Martin Cravel, bourgeois de Caen (1664). — Procédure en l'Élection de Caen entre Charles Le Hunnois, Thomas Godefroy et les religieux d'Ardennes, concernant l'imposition de la taille des moulins de l'abbaye sis à Éterville et Brotteville-sur-Odon (1663). — Vente devant Guillaume de La Porte et Jean Rougon, tabellions à Caen, par Martin Cravel, bourgeois de Caen, aux religieux (1666). — Distribution faite par Siméon de Fontaines, écuyer, sieur de Neuilly, vicomte de Caen, des deniers provenant du décret de biens sis à St-Contest et St-Germain qui furent à Simon Eudes (1670). — Ordonnance de l'intendant Méliand déchargeant les religieux d'Ardennes de la somme de 300 livres montant de leur taxe pour pièces de terre et moulins sis à Éterville, Brotteville et Louvigny (1678). — Déclaration devant Jean Baptiste, notaire royal apostolique à Caen, garde du scel des titres ecclésiastiques du diocèse de Bayeux, par les religieux d'Ardennes, en conformité de l'édit portant création de greffiers des domaines des gens de main morte, du fief d'Ardennes, anciennement nommé Thiouf, s'étendant dans les paroisses de St-Germain, Authie, St-Louet, Cambes, Venoix, Louvigny, St-Martin, St-Nicolas et St-Étienne de Caen (1692). — Reconnaissances devant : François Le Sénécal, notaire à Évrecy, par Jean Bonpain, du bail à lui fait par les religieux stipulés par frère Louis Protichel (1697) ; — Jacques Caumont, notaire à Cheux, par le même, du bail à lui fait par Jean Madelinne (1704) ; — Thomas-François Le Sénécal, notaire à Évrecy, par Guillaume Lamy (1718) ; — le même, par Anne Faucon, veuve Gilles d'Éterville, bourgeois de Caen (1721). — Rétrocession devant Thomas Gouye et Jacques Faguet, notaires à Caen, par Claude Maiseret à François Maiseret, son frère, du bail à lui fait par les religieux d'Ardennes des 2 moulins et pièces de terre (1723). — Reconnaissances devant : François Le Danois et Thomas Gouye, notaires à Caen, par François Maizeray, du bail à lui fait par frère Pierre Lacerel, religieux d'Ardennes, des 2 moulins d'Ardennes et pièces de terre (1767) ; — les notaires de Caen, par le procureur de l'abbaye, du bail fait à Robert et François Massieu, père et fils, de diverses pièces de terre (1768) ; — Guillaume Fontaine, notaire à Caen, par frère Gabriel Arundel, du bail fait à Robert Massieu de pièces de terre (1769) ; — le même, par frère Jacques-Aimebert Alliot, du bail fait à Thomas Le Bardinier, stipulé par Madelaine Lamy, son épouse, de maison et pièces de terre (1763) ; — le même, par frère Michel Bourget, à François Renouf, de pièces de terre (1767) ; — les notaires de Caen, par frère Isaac Lesage, à Gilles Laconte, de pièces de terre (1770) ; — les mêmes, par led. frère Lesage, à Jacques Noury et à Pierre Le Pelletier, son gendre, de pièces de terre (1771). — Remise devant les notaires de Caen par Pierre Houste, aux religieux d'Ardennes, du bail à lui fait par frère Isaac Lesage, de pièces de terre (1773). — Baux devant les notaires de Caen par: frères Alliot, prieur, Jean-Baptiste-Charles Le Poutrel, Jean Pellerin et Isaac Lesage, religieux, à Robert et Antoine Massieu, père et fils, de pièces de terre (1777) ; — Isaac Lesage, religieux, à Michel Chouquet, de pièces de terre (1779) ; — frère Louis-Marin de Linchamps à Charles Dablel, de pièces de terre (1781) ; — le même, à Marie-Madeleine Jeanne, veuve d'Archange Le Bardinier, de maison, jardin et pièces de terre (1781) ; — frère Jacques Mottelay à Jean Le Brethon, de pièces de terre (1784) ; — frères Marin Hébert, prieur, Michel Olivier, sous-prieur, maître des novices et auditeur des comptes, Jean-Baptiste-Michel Alexandre, cellérier, et Jacques Mottelay, procureur de l'abbaye, à Antoine Massieu, de pièces de terre (1783) ; — Marin Hébert, prieur, et Jean-Baptiste-Michel Alexandre, procureur de l'abbaye, à Michel Chouquet, d'une maison et pièces de terre (1788).

H. 150. (Liasse.) — 25 pièces, parchemin; 3 pièces, papier.

XIIIe siècle-1634. — **Allemagne.** — Donation à l'abbaye par « Robertus de Fontibus, miles... ad pitantiam fratrum in die obitus mei », de « totum tenementum quod Philippus de Campis tenebat de me ad firmam feodalem per tres minas frumenti in annuo reddito », sis « apud Alemanniam » (s. d.). Au dos: « Alemeigne, carta IIIe ». — Procédure aux plaids des sergenteries Morant et Bart, tenus par Thomas Noël, lieutenant général de vicomte de Caen, concernant le paiement de rentes dues à l'abbaye (1394, v. s.). — Accord devant Jean Le Bouteiller, garde du scel des obligations de la vicomté de Caen, « comme le Roy nostre sire la commande », entre les religieux d'Ardennes, représentés par Thomas Jamet, prieur, et Jean de La Ferté et Jeanne de « Garenchières », sa femme, représentés par Garin Auber, leur procureur, pour paiement de rentes à prendre sur la vavassorie appelée le fief de la Pommerée et autres héritages assis « en la ville d'Alemaigne » et aux environs (1401). — Mandement de Jean, sire de Tonneville, chevalier, chambellan du Roi et son bailli de Caen, au sergent du bailliage requis, à la requête des abbé et convent d'Ardennes, de se transporter avec les religieux en la paroisse d'Allemagne « et ailleurs où de la part d'iceulx religieux l'en vous vouldra mener », pour leur vale prendre la possession et saisine de certains héritages, avec les blés dessus, qu'ils disent leur appartenir, et en ce les garder de force et de violence ; et en cas qu'empêchement leur soit mis et clameur de haro, entre de placer la chose litigieuse en la main du Roi (1403). — Reconnaissance devant Guillaume Gaudelare, clerc, tabellion à Caen, par Noël Roullant, demeurant paroisse St-Pierre de Caen, de la prise à fieffe des religieux d'Ardennes de leur droit sur 2 vavassories ou tènements appelés la vavassorie Bertran et la vavassorie de Fontenay, sis aux paroisses d'Ifs et Allemagne, tenus de Vaultier, seigneur de « Hungueford », chevalier, à cause de la terre et seigneurie de Fontenay-le-Marmion (1442, v. s.). — Procédures aux plaids des sergenteries Morant et Bart, tenus par Robert de La Hogue, lieutenant général du vicomte de Caen, concernant un décret d'héritages sis à Allemagne, sujets à la rente dud. Roullant (1491. n.s.) ; autres procédures en la vicomté de Caen, devant Guillaume Le Grant, écuyer, licencié en lois, lieutenant général du vicomte, entre les religieux représentés par frère Gilles Guyrot, religieux et bailli de l'abbaye, et Jean Le Vallois, écuyer, comparant par Henry Le Vallois, écuyer, son fils, ou par Robert de St-Jean, Robert Le Fournier, écuyer, etc. (1530,). — Prise à fieffe par Jean Le Sauvage, natif d'Allemagne, demeurant paroisse St-Pierre de Caen, au moulin de Gémare, de Thomas Chauvey, abbé d'Ardennes, et de Gilles Courot, religieux et bailli de l'abbaye, de fonds sis à Allemagne, delle du Champ Salleren, delle des Harettes, etc. (1530. v. s.). Copie authentique de 1634. — « Sy ensuit par déclaration les terres et héritages assis en la paroisse de Almeigne sur lesquieulx les religieux d'Ardaine prennent cinquante sols de rente avesquez ung chapon, yceulx héritages faix jurer par le sieur de Caneley et la damoiselle » : delles du Ballet,

H. 137. (Liasse.) — 87 pièces, parchemin; 44 pièces, papier.

1286-1681. — Amayé-sur-Orne. — Donation à l'abbaye par « Berta, filia domini Gilleberti de Pranlai, uxor quondam nobilis viri domini Willelmi de Gouviz, penitus atque marito, in viduitate mea », de deux pièces de terre « apud Maeium, videlicet duas acras de Traversain, super quas cultura des Marleis vertit, et unam peciam terre en Lacore, pro qua Johannes de Pescorvilla reddit singulis annis feodaliter unam minam ordei », lesd. terres achetées par elle « in viduitate mea » de vénérable homme Robert de « Gouviz », lad. donation servira à l'obit dud. Guillaume qui sera fait tous les ans, « in vino et in pisciblus » (1218, mai, « tertia die proxima post Inventionem Sancte Crucis »). — Donation par « Robertus de Gouviz, miles », à l'abbaye d'Ardennes, d'une rente de 15 quartiers d'orge à prendre chaque année au mois de septembre « in furno meo de Mac super Orno » (1227). M. Hippeau, dans son Dictionnaire topographique du département du Calvados, p. 184, suivant en cela l'opinion de Lechaudé d'Anisy (Extraits de chartes, etc., t. I, p. 16, Ardennes n° 135), attribue cette charte à May-sur-Orne : il s'agit d'Amayé, comme le prouvent les cotes mises au dos de la charte, comme le prouvent également les autres documents de cette liasse. Amayé est d'ailleurs souvent écrit Mayé. — Vidimus devant Colin de Vernay, tabellion à Caen, le 21 novembre 1413, d'un acte de Jean de Verretot, bailli de Caen, concernant le procès des religieux d'Ardennes contre dame Aubrée de Gouviz et Raoul de Troismonts, son fils, au sujet de lad. rente (1408). — Décret aux plaids des sergenteries d'Évrecy et Préaux (1429); appel de Raoul Ruault, curé d'Amayé, propriétaire dud. fief d'Amayé, cours, maisons et appartenances; accord devant Guillaume de Vernay, tabellion à Caen, portant reconnaissance (1435, v. s.). — Promesse devant Pierre Le Sénéchal, lieutenant du bailli de Caen, gardien et conservateur général donné et député par le Roi aux maîtres régents et écoliers étudiant à l'Université de Caen, par Guillaume Ruault, écuyer, fils de Richard Ruault et demeurant avec lui en communauté de biens, de payer à Richard, abbé de la Trinité de la Luzerne et d'Ardennes, étudiant en l'Université de Caen, les arrérages de lad. rente (1495, v. s.). — Extrait du papier ou journal de Jean Besnard, sergent royal en la sergenterie d'Évrecy, concernant la vente d'un pot et d'un plat d'étain saisis sur Jean Vasray, à la requête de Gilles Cuyret, procureur de l'abbaye (1527, v. s.). — Mandement de Jean Malherbe, lieutenant général du bailli de Caen, au premier huissier requis, concernant le paiement de lad. rente (1529). — Déclaration des levées sur certains héritages situés paroisse de « Mahieu », appartenant aux enfants de feu Regnault Ruault, arrêtées à la requête de l'abbaye pour paiement de lad. rente. — Acte de comparution par les religieux d'Ardennes en la vicomté de Caen, pour être présents au décret des héritages de feu Richard Ruault, écuyer (1584, v. s.). — Procédure au bailliage de Caen pour lesd. religieux contre Laurent Halley, par ci-devant leur fermier, et Clément de Vaux, fermier du revenu temporel de l'abbaye, concernant le paiement de 16 années d'arrérages de la rente de 15 quartiers d'orge revenant chaque quartier à 3 boisseaux, mesure d'Amayé-sur-Orne, et contre François Le Hériey, chevalier de l'ordre du Roi, sr de Creullet, tuteur des enfants de feu Charles Le Hériey, sieur de Fierville et de l'honneur d'Amayé, et lesd. mineurs (1584-1588); — défaut contre Charles Le Hériey, écuyer, sieur de Fierville, concernant l'appréciedesd. 15 quartiers d'orge de rente (1591). — Demande de Jean Brunet, fermier de l'abbaye pour les années 1613-1619, d'être compris à l'état des deniers provenant des biens de Le Hériey, sieur de Fierville. — Procédures pour lesd. religieux contre Noël Auber, écuyer, sieur des Hucquets, tuteur des enfants de Charles Le Hériey, sieur de Fierville, et de feu Claude de Sillans, en paiement de 45 boisseaux d'orge, mesure d'Amayé, pour les arrérages de lad. rente (1624-1632); — contre Jeanne Auber, veuve d'Isaac Asselin, sieur de La Fontaine, fille de feu Noël Auber (1677-1681); le 1er octobre 1681, défaut au procureur de Joachim Faulcrier, abbé d'Ardennes, intendant pour le Roi dans les Pays-Bas conquis.

H. 138. (Liasse.) — 11 pièces, parchemin; 13 pièces, papier.

1347-1725. — Amblie. — Donation devant Antoine Bertin, tabellion commis par Aubry de Crépon, garde du scel des obligations de la vicomté de Bayeux, par Mathieu, Thomas et Lucas Robart, frères, de la paroisse d'Amblie, à Catherine, leur sœur, en accroissement de son mariage, d'une mine d'orge de rente assise sur 3 vergées de terre et une vergée de terre à Amblie (1347, mercredi après St-Barnabé; donation de lad. mine de rente à l'abbaye par Guillaume Hardi et Catherine, sa femme, d'Amblie (1348, vendredi après la Chandeleur). — Extrait du registre de Guillaume

Le Gouverneur, tabellion à Caen, concernant la saisie faite par Raulin Linérin, écuyer, de St-Laurent-du-Mont, à Savestre Nicolle, d'Amblie, de 3 vergées de terre aud. lieu jouxte les héritiers Jean de Fontaine (1609). — Obligation passée devant Louis de La Lande et son adjoint, tabellions à Caen, par Colin Nicolle, d'Amblie, de payer à Jean Morin, écuyer, sieur d'Écajeul, la somme de 4 livres tournois pour être quitte de 3 années de rente de 3 boisseaux de froment, mesure ancienne de Caen (1631); pièces diverses et procédures concernant lad. rente. — Vente devant François Paris et Fleury Rénard, tabellions royaux en la vicomté de St-Sylvain et le Thuit pour le siège de Vaucelles de Caen, par Pierre Morin, écuyer, sieur de Monteville, à Robert de Thun, bourgeois de Caen, de 10 boisseaux de froment, 2 chapons, 15 œufs et 40 sols t., 2 poules et 20 œufs de rente foncière à prendre sur Gilles Nicolle et autres habitants d'Amblie, Bavent et Lasson, hameaux de Bray et de « Neufmaisil », et Leblizey, moyennant 66 écus deux tiers d'or sol valant 200 l. t., avec un écu sol de vin (1578). — Procédure au bailliage de Caen, devant Hercule Vauquelin, sieur des Yvetaux, lieutenant général, entre les religieux et Thomas Nicolle pour paiement d'arrérages de rente (1628). — Procédure au bailliage de Caen, devant Jean Le Blais, sieur du Quesnay, lieutenant général, conservateur des privilèges royaux de l'Université, entre les religieux incorporés au corps de l'Université et Gilles Chapelle, époux de Catherine Nicolle, fille dud. Thomas, défunt, pour paiement de 5 années de la rente de 3 boisseaux de froment (1640). — Rétrocession devant les tabellions royaux en la vicomté de St-Sylvain et le Thuit pour le siège de Cairon et Fontaine-Henri par Gilles Jean, d'Amblie, à « Eschius » Fallet, sieur de la Varengère, bourgeois de Caen, de la ferme de 3 vergées de terre à lui faite par led. religieux (1601). — Reconnaissance devant Thomas-François Le Sénécal, notaire à Évrecy, par Pierre Porée, demeurant à Amblie, représentant par feffe Jacques-Emmanuel Le Prévost, seigneur et patron d'Amblie, en faveur des religieux, de 2 boisseaux 1/2 de froment, mesure de Caen, à quoi se trouvent revenir les 3 boisseaux mesure ancienne de Caen, 1 chapon et 1 denier de rente foncière (1725).

H. 130. (Liasse.) — 8 pièces, parchemin; 16 pièces, papier.

1216-1779. — Anguerny. — Donation par Thomas d'Anguerny, « Thomas de Aguern., miles », à l'abbaye, de demi-acre de terre aud. lieu « in via fossa Bernardi, juxta terram Normanni » (1216) ; autre donation sans date, par le même, de demi-acre de terre aud. lieu, « apud les wendis des Quareaux ». — Extrait du registre des ventes et aliénations de partie du temporel des ecclésiastiques du diocèse de Bayeux concernant la vente à Bayeux, en présence de Germain Du Val, grand doyen de Bayeux, Louis Huuel, abbé de Longues, et Charles Marguerie, prieur de St-Vigor-le-Grand, députés pour les ecclésiastiques du diocèse, pour satisfaire au paiement de 1600 l. t., en quoi l'abbaye d'Ardennes a été cotisée pour sa part de 25,000 l. t., ordonnées être levées sur les ecclésiastiques du diocèse, faisant partie d'un million et demi de livres accordées au Roi, de terre sise à Anguerny, adjugée à Guillaume Le Grand, écuyer (1575). — Reconnaissance par Thomas Le Hagunis, receveur des consignations de la vicomté de Caen, du garnissement et dépôt fait par les religieux d'Ardennes de 34 livres 4 sols pour frais de remboursement d'héritages par eux clamés sur Guillaume et Jean Le Grand, écuyers, ordonnée par sentence du bailliage de Caen (1614) ; — remise à fin d'héritage devant Nicolas Rocque et Gilles Pottier, tabellions à Caen, par Jean Le Grand l'aîné, écuyer, sieur de Cheux, demeurant à Douvres, en présence et du consentement de Jean Le Grand, son neveu, fils de feu Guillaume Le Grand, sieur « d'Anerville », aux religieux d'Ardennes, de 2 pièces de terre comprises ausd. ventes ecclésiastiques (1615) ; procédures y relative. — Baux : devant André Heuste et Gilles Lesueur, tabellions en la sergenterie de Creully, par les religieux d'Ardennes, stipulés par Guillaume Denis et Marc Sarrasin, à Jean Buhourt, d'Anguerny, de la moitié de 5 vergées (1615) ; — à Jean Buhourt (1627) ; — devant Germain Riboult et Jean Lefebvre, tabellions à Bernières pour le siège de Cairon, à Thomas Buhourt, fils Jean (1635) ; — devant Abraham Adeline et Costil, tabellions en la sergenterie d'Ouistreham, à César Houard, d'Anguerny (1644) ; — devant Pierre Desoulle et Jacques Picquerel, tabellions en la vicomté de St-Sylvain et le Thuit pour les sièges de Cairon et Fontaine-Henry, à César Houard (1649) ; — à Jean Douelle, dud. lieu, en présence de Jean-Gilles Le Gras, éc., s' de St-Louis (1657) ; — devant Jacques Gaumont et Nicolas Barbey, tabellions pour la sergenterie de Cheux, à Étienne Douelle, d'Anguerny (1681) ; — devant les notaires de Caen à Isaac Le Manissier, d'Anisy (1726) ; — à Olivier Le Manissier, fils Isaac (1733) ; — à Jean Buhour, fils Jean, d'Anguerny ; par Louis-Charles Gautier, religieux (1751) ; — devant Guillaume Fontaine, notaire à Caen, par Charles Alliot, prieur, et Gabriel

Arondel, procureur de l'abbaye, à Jean Duhour (1700) ; — à Augustin Percerf, par Isaac Lesage, religieux (1768) ; — devant Jacques-François-Hyacinthe Letourny, notaire à Caen, à Anne Hardy, veuve d'Augustin Percerf, par Louis-Marie Dellachamps, religieux et procureur de l'abbaye (1779).

H. 160. (Liasse.) — 8 pièces, parchemin; 1 pièce, papier.

XIIIe siècle-1418. — **Anisy.** — Donation par « Aalos de Anizelo », à l'abbaye, d'une pièce de terre à Anisy, « in via des Quarreaux, juxta molendinum », contenant 3 vergés, S. d., « Testibus his Willelmo Duncan, milite, filio Duncan, Bernardo filio Huberti, Vitale Fabro, Alexandro filio Ric., Ric. Levillain, Gondoino Oi. Rad., et pluribus aliis. » — Donation par « Johanna La Brete, in viduitate mea », de deux acres de terre « apud foxam Draelin », d'une acre « in masura juxta terram Johannis de Moveine, quas terras Ric. de Plumetot, miles, tenebat de me ad firmam feodalem », sous la rente de 2 setiers de froment et 2 deniers à Pâques, ainsi que de la terre que « Ric. Ricouf tenebat de me apud Authie », etc. (1228). — Donation par « Guisla, filia Vitalis Beloste, de Anizelo », de deux gerbes de dime de 2 acres de terre, situées, une pièce « al Roils, la 2e » ad domum Filoe », et la 3e « in crotis de Anizelo » (1228). — Procédures : en la vicomté de Caen entre Guillaume Goula, prêtre, représentant Richard d'Anisy, et Raoul de Grouchie, religieux : obligation par led. prêtre de rente pour fiefs (1307) ; aux pieds d'Anisy, tenus par Michel Jourdain, sénéchal, entre les religieux et Guillaume Duchemin (1375) ; — au bailliage de Caen entre les religieux d'Ardennes et Guillaume Du Quemin (1417, v.s.). Fragment du grand scel aux causes du bailliage de Caen.

H. 161. (Liasse.) — 2 pièces, parchemin.

1260-1442. — **Annebey.** — Donation par « Henricus, dominus de Coulombières », chevalier, à l'abbaye, de rente sur son moulin d'« Asnebee » (1260, avril). — Vidimus par Jean Le Briant, tabellion à Caen (1442), d'une lettre missive de M. de Scalles à Richard de Coursy, écuyer, capitaine de Colombières, et Guillaume Vaultier, curé de Bricqueville, procureur et receveur audit lieu, ordonnant le paiement aux religieux de 30 sous de rente sur led. moulin, par don d'Henri, seigneur de « Coulombières », dont ils ne peuvent avoir paiement. « Escript à Caen, le second jour de janvier. »

H. 162. (Liasse.) — 10 pièces, parchemin ; 8 pièces, papier.

1542-1549. — **Asnelles.** — « Liasse première... relatives à plusieurs pièces de terre ayant appartenu à la cy devant abbaye d'Ardennes dans ladite paroisse d'Asnelles, dont les abbé et religieux... s'en rendirent adjudicataires par décret du 7 may 1555 sur Nicolas et Henry Vaussi, auxquels ils les avoient fieffés en 1542 par 20ll de froment, une géline et 10 œufs de rente foncière. » — Remise devant Roger Sauvegrain et Nicolas Le Vieul, écuyer, tabellions à Bayeux, par Ursin Penon, prêtre de la paroisse de St-Croix-Grand-Tonne, de diverses pièces de terre par lui acquises au décret requis par l'abbaye, et bail à fieffe desd. fonds (1542). — Procédures : en la vicomté de Bayeux, entre led. Penon, représentant les religieux d'Ardennes, et Colin Vauxy, en paiement d'arrérages de rente foncière (1543) ; — aux pieds des sergenteries de Briquessart et Graye et en la vicomté de Bayeux devant Raphaël d'Escrametot et Charles Artur, vicomtes, Thomas Desmarés, François de La Rivière, lieutenants généraux, contre Colin Vauchys ou Vaussy ; décret d'héritages du débiteur (1547-1555) ; suite dud. procès au bailliage de Bayeux, notamment devant Philippe Blondel, lieutenant à Bayeux du duc d'« Aubmalle », bailli de Caen, pour les religieux, stipulés notamment par Philippe Caillet et Jean Hélyes, écuyer, leurs procureurs, contre Philippe Crestien, écuyer, sr d'Asnelles, et Françoise Marguerie, dame du fief, terre et seigneurie d'Asnelles (1557-1559).

H. 163. (Liasse.) — 5 pièces, parchemin ; 19 pièces, papier.

1562-1676. — **Asnelles.** — 2e liasse. — Baux devant : Guillaume Fregier et Jacques Picquache, tabellions à Caen, par Jean Du Monceel, prieur de Coulombs, religieux bailli et gouverneur d'Ardennes, à Pierre Desestables, d'Asnelles (1562) ; — devant Jean Le Maistre et Pierre Bacon, tabellions à Caen, par l'abbé Baptiste de Villemor à Jean de Launey, bourgeois de Caen, procureur commun au présidial (1568) ; — devant Richard Martin et Pierre Bénart, tabellions à Caen, par Clément de Vaulx et Jacques Adam, fermiers de l'abbaye, à Pierre Vauquelin, d'Asnelles (1587) ; — devant Marin Costil et Jean Le Forestier, tabellions en la sergenterie de Graye, par Jean Brunet, fermier de l'abbaye, bourgeois de Caen, à Pierre Vauquelin (1592) ; — devant Philippe Le Mercier et Pierre Le Danois, tabellions en la vicomté de St-Sylvain et Le Thuit au siège de Vaucelles de Caen, par l'abbé Pierre de Villemor à Fleury

Tostain, d'Asnelles (1600); — par de La Fontaine à Thomas Jeanne, dit Blanchard, d'Asnelles (1610); — devant Pierre Le Cat et Pierre Dalalande, tabellions ès mottes de la sergenterie de Villers et Évrécy au siège de Vendes, par l'abbé Guillaume de Gallodé à Guillaume Le Jeune, sieur de La Brèche, de Tracy-sur-mer (1634); — par Georges Sallet, protonotaire apostolique, abbé commendataire, stipulé par Nicolas Madelino, sieur de La Vallée, son procureur, à Jean Goubault, de Ver (1639); — devant Thomas Habout et Robert Le Forestier, tabellions en la sergenterie de Graye, par Jacques Bahot, secrétaire de la maison et couronne de France, économe pourvu par le Roi au bien et revenu temporel de l'abbaye, à Martin Desestables, Jean Tostain, Jean Desmaresqs, Charles Desestables, Catherin Gudeberge, Jean Malherbe fils Jean, Philippe Le Maignen, etc., d'Asnelles (1644); — devant Étienne Jourdan et Robert de Crouilly, tabellions en la sergenterie de Graye, par Gabriel Yver, bourgeois de Caen, procureur receveur de l'abbé, à Jacques Guillot (1661); — devant Martin Gervais et Gabriel Hue, tabellions en lad. sergenterie, par led. Gabriel Yver à Guillot (1668); — par Abraham Le Chanoine, contrôleur au grenier à sel de Caen, procureur de l'abbé, à Jacques Henry (1676).

H. 161. (Liasse.) — 1 pièces, parchemin; 13 pièces, papier.

XIIe siècle-1635. — Athis. — Parchemin du XIIIe siècle, contenant copie des huit pièces suivantes: 1°, donation par « Rogerius de Coisneriis », à l'abbaye d'Ardennes, de l'église de St-Contest « de Asteia » (s.d.); 2°, confirmation par « Thomas de Coisneriis »; 3°, confirmation par Henri, évêque de Bayeux (1198); 4°, pièce d' « Arnulfus de Curia Ferandi », bailli de Caen, dont l'analyse suit; 5°, remise à l'abbaye par Guillaume « de Coisneriis » (voir la pièce précédente) des droits de patronage des églises de St-Contest d'Athis et de St-Vigor de « Colomp » (126..); 6°, pièce de 1231, dont l'analyse suit; 7°, acte de « H., cantor, G. et S., archidiaconi. et J. de Bellomonte, canonicus Bajocenses », concernant led. patronage (s. d.); 8°, collation par Th., évêque de Bayeux, de lad. église vacante par la mort de « Thomas de Agnellis » (avril 1234). — Réception par Guillaume « de Tanquarvilla », sous-doyen, et Mre Guillaume « de Vi », official de Bayeux, de l'autorité de Guillaume, évêque de Lisieux, et Th., doyen de Rouen, coadjuteurs de R., évêque de Bayeux, à la présentation de l'abbé et couvent d'Ardennes, patrons de l'église, de « Gocelinum dictum Abbatem », clerc, à lad. église de St Contest d'Athis (1231, « die veneris proxima post dominicam qua cantatur Misericordia Domini »). — Accord sur procès devant « Arnulfus de Curia Ferandi, miles, baillivus domini Regis apud Cadomum », entre lesd. abbé et couvent et Guillaume « de Coisneriis », chevalier, au sujet du droit de patronage de lad. église, que led. chevalier abandonne aux religieux (1263, « in ass Cadam., die jovis ante Ramos Palmarum, mense martio »). — Lots entre Bertrand Hurtin, d'Athis, et Robin Hurtin, frères, de la succession de Charles, leur père (5 avril 1459). — Procédure en la juridiction des privilèges royaux de l'Université de Caen entre Baptiste de Villemor, abbé d'Ardennes, et Guillaume Le Lièvre, chanoine de Bayeux, curé de St-Contest d' « Athy », au sujet des réparations du manoir et maison presbytérale dud. bénéfice (1571). — Collation par Jean Du Chastel, trésorier et chanoine de Bayeux, vicaire général dud. évêque, à Richard Martin, de lad. église vacante par la résignation de Gervais Le Chevalier (1580). — Ratification par Jacques Houxel, pourvu en la cure et bénéfice de la paroisse d'Athis, de bail à ferme par Jean Du Moncel, docteur régent en la faculté des droits de l'Université de Caen, prieur de Coulombs, du revenu appartenant aud. curé (1581), présent Gervais Le Chevalier, curé de St-Sauveur de Caen; semblable ratification par Jean Sanxon, curé de St Contest d'Athis (1581). — Procès au bailliage de Caen entre Roulland de Parfouru, sr d'Athis, et l'abbé Baptiste de Villemor, pour la réparation dud. manoir presbytéral, approchés au procès « Beuardin de Sainct-François », évêque de Bayeux, et Germain Du Val, grand doyen de Bayeux, exécuteur du testament dud. Guillaume Le Lièvre, et Jean Sanson, curé d'Athis (1582). — Copies en 1620, à la requête de l'abbaye, d'actes de présentations et collations de lad. église, extraits du registre des présentations et collations de bénéfices dud. évêché (1519-1581). — Vente à Philibert Planson, avocat au Parlement de Paris, demeurant à Bayeux, de rente assise à « Atye », delle de l'Épine d'Éterville (1621). — Sommation requête de Jean Regnauld, licencié et maître ès arts, gradué en l'Université de Paris, à Guillaume de Gallodé, abbé d'Ardennes, en son manoir et baronnie de Tesnières à Noyers, pour obtenir présentation de la cure d'Athis, vacante par la mort de François Jean (1632), etc. — Donation devant Germain Riboult et Jean Le Febvre, tabellions royaux en la sergenterie de Bernières au siège de Cairon, par Philibert Planchon, avocat au Parlement de Paris, pour lui et Denise Vinot, son épouse, à l'abbaye, pour fondation pieuse, de 50 livres t. de rente à prendre sur Bertrand et Michel Le Rouge et Jean Le Tellier, lad. rente affectée sur pièce de terre à « Athio », delle de l'Epine d'Escrville (1634), etc.

H. 165. (Liasse.) — 23 pièces, parchemin ; 7 pièces, papier.

XII° siècle-1629. — Audrieu. — Fieffe par « Herbertus, filius Rogeri de Brucia », « Lucæ Pincerna », de terres et tènements tenus de lui à Audrieu et Loucelles, du consentement de Guillaume Le Breton, etc. (s. d.). — Donation à l'abbaye par « Robertus de Audreio, miles », d'une pièce de terre « in territorio de Audrei, apud Carlos Quarrellos, quam Johannes de Puteo tenebat de me », sous rente (1217). — Donation par « Sello Sansonis, de Broo », de deux pièces de terre aud. lieu et deux autres au territoire de Brouay, « in valle de Mesnilio » ; confirmation par « Radulfus Sansonis, de Broo », son frère (mai 1232). — Remise à l'abbaye d'Ardennes et à ses chanoines par Guillaume Bréart, d'Audrieu, d'une pièce de terre qu'il tenait d'eux aud. lieu, « sitam in Blancha Herba » (octobre 1232). — Donation par Guillaume Guérart, « de Broo, filius Alheredo de Broo », d'une pièce de terre à Audrieu, aboutant à la terre de Jean de Putot (janvier 1239, v. s.). — Cession par « Gaufridus Gangnut », à Geoffroi « Le Compère, pro suo servicio et homagio et pro sex lib. tur. », d'un setier de froment, un pain, une géline et dix œufs « cum uno homagio, que predicta mihi faciebat annuatim Lucas Le Monnier de una pecia terre sita in territorio de Audreio apud vallem de Tilleio », etc. (1272, décembre). — Extrait des assises du bailliage de Caen concernant le procès au sujet de la mise en la main du Roi, sur l'abbaye, de la court et usage d'Audrieu : remise de la saisine, sauve la question de la propriété, après information en présence de Guillaume Jupin, procureur, Robert Recouchon, chevalier, Geoffroy de « Ruppalay », conseiller du duc, et Jean Du Moustier et Roger de La Motte, avocats du duc, et de plusieurs autres sages étant aud. assises (1339 ; suite du procès devant « Guy de Bessonsson », bailli de Caen, après enquête, contenant vidimus de charte s. d., y relative, de « Ranulfus Brito, filius Willi. Britonis », reconnaissant que « Yon Le Breton », chevalier, avait cour et usage du lieu, que sa succession était venue à Guillaume Le Breton, son fils, puis aud. Renouf, qui avait fait led. don, etc. (1344). — Remise à l'abbaye, devant Jean Le Brebenchon, tabellion en la vicomté de Caen, par Jean Bon Ami, d'Audrieu, des tènement et fieffement qu'il tenait d'elle (1370, 10 mars). — Bail à fieffe devant Jean Quatrans, tabellion à Caen, par les religieux à Henri Vimbolet, d'Audrieu, d'une acre de terre, tant en ménage qu'en jardin, located en partie par Etienne de Loucelles et aboutant au chemin du Roi (1380). — Remise devant Jean Closier et Oudart Bataille, notaires au Châtelet de Paris, par Martin d'Audrieu, de la paroisse de Fontenay-le-Pesnel, aux religieux, d'une vergée 1/2 de terre aud. lieu (1400, 12 janvier). — Fieffe devant Colin de Vernay, par les religieux à Jean Nibto de 3 vergées de terre (1409). — Procédures et décrets d'héritages pour paiements de rentes : aux pieds des sergenteries de Villers et Cheux, entre les religieux et Jean Le Tellier, d'Audrieu, pour paiement d'arrérages de rente (1453, dernier février) ; — aux pieds des sergenteries d'Odaistreham, Bernières et Creully, entre Pierre Poictevin, bailli et religieux, et Pierre Boliart (3 avril 1450, avant Pâques). — Lots faits devant Robert Le Briant et Jean de La Lande, tabellions à Caen, par Hugues Auzeray, écuyer, et Marguerite Du Mont, sa femme, fille de Philippine Du Mont, dame d'Audrieu, de la succession de lad. dame, à « Benoit Millan », écuyer, à cause d'Hélène de La Mouche, fille de Jean de La Mouche, écuyer, et de Marie Du Mont, fille de lad. Philippine (1492, pénultième février). Annexée, note s. d. portant que depuis l'acquisition faite par Guillaume de Soran du fief de la Motte et châtellenie d'Audrieu, les seigneurs d'Audrieu ont prétendu que le moulin de « Taillebaut » relevait de leur fief, comme représentant Guillaume Du Mont et Philippine Du Mont, son héritière ; aujourd'hui la propriétaire dud. moulin l'a fieffé et déclaré de la tenure des héritiers du s' de la Motte « Cottar », auquel, en 1515, les religieux d'Ardennes vendirent ou échangèrent un fief nommé d'Ardennes, duquel fief les s" « Cotar » réclament la tenure dud. moulin, etc. — Echange entre Marguerin de La Bigne, licencié en chacun droit, abbé commendataire et administrateur perpétuel de la charité apostolique de l'abbaye et monastère de N.-D. d'Ardennes, official de Bayeux, Simon Du Vivier, bailli et procureur, prieur de St-Germain-La-Blanche-Herbe, et Jean Bardel, prieur de St-Contest, religieux de lad. abbaye, et Nicolas Costart, s' de La Motte et de Cristot, d'un fief ou membre de fief à court et usage, vulgairement appelé le fief d'Audrieu, avec rentes, notamment sur un moulin à eau assis à Audrieu, sur la Seulles, appartenant à Jean Le Hériché, s' de Creuliot, appelé le moulin de Taillebosq, contre diverses rentes (1542) ; procédures pour paiement desd. rentes. — Saisie sur

H. 106. (Liasse.) — 18 pièces, parchemin.

1219-1395. — Authie. — Donation, moyennant 7 l. t., par « Robertus de Mallon, filius Unfridi de Mallon », à l'abbaye, d'une acre de terre « in territorio de Auteia sitam ante portam ejusdem abbatie » (1219). — Donations de terres aud. lieu : par « Robertus Gohier, de Auteia » (décembre 1238); par « Robertus de Alteia, presbyter » (1250). — Confirmation par « Mabilia, uxor Johannis de Campis », d'Authie, de la vente d'une 1/2 vergée de terre faite par son mari à « Radulphus dictus Bescheron » (1270). — Vente par « Gaufridus Martel » à « Radulfus Bescheron », moyennant 11 s. t., de la quatrième partie d'une vergée de terre « in territorio de Auteia, in dela quo vocatur la Maliere » (octobre 1281). — Vente aud. « Bescheron », par « Ranulphus de Fossa », de terre aud. lieu (octobre 1286). — Donation à l'abbaye par « Thomas de Auteia » de rente de froment assise aud. lieu (1299). — Vente par « Galterus dictus de Mallone », à Martino, veuve de « Michael, dictus Varrot », de Cussy, de terre sise à Authie, « aput decem acras » (1300). — Donation à l'abbaye, par « l'erconnele degerpie Johan Pile Oisel », d'un setier de froment de rente, mesure d'Authie (1308). — Reconnaissance devant Henri Le Goy, pour le vicomte de Caen, par Hélie Féré, de St-Contest, de la cession par lui faite à Jean Piloisel et à Péronnelle, sa femme, d'une « masnage » à Authie (1314). — Donation par Mathieu de La Porte à l'abbaye de 1/2 acre de terre sise au terroir d'Authie, au Londel (1335). — Reconnaissances : devant Robert Le Monnier, tabellion à Caen, par Henri Flory, d'Authie, de rente à cause d'un manoir (1373) ; — devant Guillaume Le Couvreur, tabellion à Caen, par Guillaume Le Hérichon, de Cussy, à Jean Le Briant, de rente assise à Authie (1395).

H. 107. (Liasse.) — 31 pièces, parchemin ; 10 pièces, papier.

1403-1526. — Authie. — Reconnaissances devant : Colin de Vernay, tabellion à Caen, par Raoul Tribouesne, de la fieffe à lui faite par les abbé et couvent d'Ardennes de fonds à Authie, moyennant rente de 17 boisseaux de froment, 2 gélines et 20 œufs (1403); — Jean de La Fontaine, tabellion à Caen, par Jean Le Briant, de St-Germain-la-Blanche-Herbe, de la fieffe à lui faite par les religieux de fonds aud. lieu (1407). — Accord sur procès devant Guillaume Le Couvreur, tabellion à Caen, entre Jean Le Briant et Fleuris, sa femme, veuve de Thomas Guillebert, et Guillaume d'Authie (1424). — Copie sous le scel de la vicomté de Paris du mandement de Henri VI au bailli de Caen, du 8 mars 1425, concernant lad. fieffe à Raoul « Tribouesne », dont les héritiers refusent paiement, disant que par lettres scellées de l'ancien abbé et du couvent la rente a été transportée aud. « Tribouesne », ce que les abbé et religieux disent n'avoir pu être fait sans le consentement de l'abbé de La Luzerne, qui est leur « père abbé », avec le chapitre général de l'ordre de leur religion, les biens de l'église ne pouvant être aliénés sans cause, et les religieux n'ayant pu s'opposer à la volonté de l'abbé d'alors, Pierre, « et que l'on dit que aucunes fois ils se saisissent des seaulx du couvent, par quoy il povoit sceller ce qu'il lui plaisoit », lad. vente étant faite sans urgente nécessité ; ordre de faire jouir les religieux de lad. rente, en rendant le prix qu'elle lui couta, nonobstant les lettres dud. transport, qui n'auront effet, et nonobstant la possession qui s'en est suivie, pourvu que, selon la coutume du pays, prescription ne soit accomplie. Procès y relatif au bailliage de Caen ; évocation en la prévôté de Paris par Robert, abbé d'Ardennes, comme écolier à Paris et usant des privilèges de l'Université dud. lieu ; accord avec les héritiers devant Raoul Le Couvreur, tabellion à Caen (9 janvier 1429). — Fieffe devant Desmares, tabellion à Caen, par Colin Le Tellier, de Carpiquet, à Sandret Robert, d'Authie, de 7 vergées de terre à Authie (1435). — Démission de biens devant Guillaume de Vernay, tabellion à Caen, par Guillaume d'Authie, à Jacques Michel et Jean d'Authie, ses fils, en raison de son âge (1438). — Procédure aux pleds de la ville et banlieue de Caen devant Fralin de Soubzmons, lieutenant général du vicomte, entre les religieux et Jean Gasnier, pour paiement de rente (1442, v. s.). — Reconnaissance devant Jean Le Briant, tabellion à Caen, par Jean Gasnier, d'Authie, de la fieffe à lui faite par Jean Le Hérichon, de St-Contest, de fonds à Authie, delle de devant Ardennes, butant sur les fossés d'Ardennes, etc. (1443, v. s.). — Donation devant Jean Le Briant, tabellion à Caen sous Raoul Le Couvreur, par Perrette, veuve de Sandret Robert, d'Authie, reconnaissant « soy estre donnée et rendue du tout son corps, biens meubles et héritages où qu'ilz soient, présens et avenir, aveques Raoul Le Bailli, dudit lieu d'Authie, son compère, et est ce fait pour ce que la dicte femme veoit et consideroit que desormais elle estoit stable et d'ancien aage, pour la bonne amour, affinité et singulière confidence qu'elle disoit avoir à son dit compère, et par le moien de ce que icelluy Raoul, à ce présent, la conseilli et se charge et promist lui trouver, quérir et administrer tous ses necessaires de boire, mengier, chausser, vestir, lit, feu, demeure, et autrement généralement en toutes choses, et la garder, saine et malade, sa vie durant, et en la fin de ses jours la faire mestre en sépulture humaine, et y faire dire et célébrer le service qui y appartient bien et devoement » (1459). — Vente devant Jean et Richard dits Le Briant, tabellions à Caen, par Richard Frigot, d'Authie, à Thomas Le Marchant, de Rosel, de 4 boisseaux de froment de rente, moyennant 4 l. t. et 3 sols pour vin (1465). — Lots devant Jean de Cauvigny et Samson Camail, tabellions en la sénéchaussée d'Argences, entre Robert Durant et Isabelle, sa femme, Jean Colecto et Rubine, sa femme, Jean Frigot et Pérette, sa femme, d'Authie, des biens de Raoul Le Bailly, père desd. femmes (1483). — Procédure aux pieds de la ville et banlieue de Caen devant Jean Richart, écuyer, lieutenant général du vicomte, entre les religieux et Guillaume d'Authie, pour paiement d'arrérages de rente (1486). — Délai accordé devant Nicolas Corpadoray et Jean de Cussy, tabellions ès mettes des sergenteries d'Ouistreham et Bernières, par Regnault Caignart, de St-Nicolas de Caen, à Marin Nourry, d'Authie, de se libérer dans 6 ans d'une rente sur biens par lui vendus à Authie (1510, v. s.). — Vente devant Lucas de La Lande et Robert Le Saunier, tabellions à Caen, par Richard Le Paulmier et Caroline, sa femme, d'Authie, à Philippin Flambart, de St-Nicolas de Caen, de 1/2 acre de terre à Authie, moyennant 9 l. t. (1513). — Vente par messire Jean Clavel, d'Authie, à Philippin Flambart, bourgeois de Caen, d'une vergée de terre à Authie, delle de La Maslière, moyennant 4 l. 5 s. t. et 5 s. t. pour vin (1519, v. s.). — Retrait à droit de sang et lignage de « Messires Fremyn d'Autye, Jehan Clavel, Fremyn Clavel, et Maistre Symon Onffroye, tous pbres., partans aux rentes et obitz de l'église de St-Vigor d'Authye », pour eux et leurs successeurs, par Jean Le Petit, de 15 s. t. de rente (après 1519). — État des biens sis à Authie mis en jurée, en défaute de biens meubles, à la requête de Pierre de Bourgueville, bourgeois de Caen, pour paiement de rente (1521). — Vente par Thomas Mario, de Rosel, à Philippin Flambart, de St-Nicolas-de-Caen, de 5 vergées de terre pour 20 l. t., 7 s. 6 d. t. de vin (1522). — État et affinement devant Guillaume Le Grand, lieutenant général du vicomte de Caen, de la jurée faite faire par led. Pierre de Bourgueville, pour rente assise à Authie (1523). — Vente par Michel Le Petit à Philippin Flambart, bourgeois de Caen, de 1/2 acre de terre à Authie, delle du « Fossey Traversain », jouxte les srs d'Écouis, pour 100 s. t. et 5 s. t. de vin (1520).

H. 152. (Liasse.) — 21 pièces, parchemin ; 12 pièces, papier.

1528-1578. — Authie. — Vente devant Guillaume Aufrie et Pierre Raoul, tabellions en la vicomté de St-Sylvain et Le Thuit, par Robert Brunet et Colas Allain, d'Authie, « demeurans en commonge biens », à Philippin Flambart, bourgeois de St-Nicolas de Caen, d'une acre de terre aud. lieu, jouxte le chemin tendant à La Délivrande, butant sur « le moullin à vouesde » desd. Brunet et Allain, moyennant 23 l. t. et 7 s. t. de vin (1527, v. s.). — Ventes par Michel Le Petit, d'Authie, à Gilles Cueuret, prieur de St-Germain-La-Blanche-Herbe, de fonds à Authie (1527, v. s.) ; — autres acquêts par led. prieur, notamment de Philippin Flambart (1529, v. s.). — Procédure en la vicomté de Caen, devant Guillaume Le Grant, lieutenant général, entre Gilles « Cuyret », religieux, bailli et procureur de l'abbaye, et Jean Dessillons, prêtre, concernant le paiement de rente de l'obligation de Jean Le Briant (1523-1530, n. s.). — Reconnaissance par Gilles « Cuiret », prieur de St-Germain-La-Blanche-Herbe, de bail fait à Colas Allain, d'Authie, de fonds aud. lieu (1534). — Vente devant Lucas de La Lande et Denis de La Haye, tabellions à Caen, par Guillaume Le Hérichon, demeurant à N.-D.-de-Froiderue de Caen, à Philippin Flambart, bourgeois de St-Nicolas de Caen, de 1 acre de terre, tenue des fiefs d'Écouis (1542). — Procédure aux pieds du fief, terre et seigneurie de Venoix, pour Jean Ménard, seigneur de la Ménardière, de Courbépine et de Venoix, l'un des cent gentilshommes du Roi et commissaire de toutes les morte-payes de Normandie, tenus à St-Julien de Caen par Jean Le Liepvre, écuyer, sénéchal, entre Gilles Morin, prêtre, vavasseur et aîné de la vavassorie Raoul Jembellin, et les curé et prêtres de St-Vigor d'Authie (1551) ; appointement entre Michel Morin, bourgeois de St-Nicolas de Caen, et frère Jean Bardel, curé d'Authie, prieur de St-Contest, etc. (1552, v. s.). — Échange devant Guillaume Cueuret et Nicolas Deslandes, tabellions à Caen, entre frère Simon Du Vivier, prieur de St-Germain-La-Blanche-Herbe, et Michel Morin, de pièce de terre sise à Authie, contre fonds à St-Germain (1553). — Bail devant Martin Boullaye et Michel Capon, tabeltions en la sergenterie d'Ouistreham et Bernières, par Jean Bardel, curé d'Authie et prieur de St-Contest (1560, v. s.). — Vente devant Hugues Étienne et Jean de La Haye, tabellions à Caen, par Guillaume et Thomas Le Febvre, frères, « soiz disans demeurer en communité de biens en la parroisse de Cairon le Vieil », à Jean Barbey, de St-Nicolas de Caen, de 2 boisseaux 1/2 de froment de rente foncière, moyennant 40 l. t. et 40 s. t. de vin (1566). — Reconnaissance devant Pierre Bacon et Étienne Becoq, écuyer, tabellions à Caen, par Guillaume et Jean dits Froger et Robert Marin, d'accord sur procès concernant fonds à Authie (1571). — Accord devant les mêmes entre les religieux d'Ardennes, Abel « Dabladz » et Thomas Guillebert, d'Authie, concernant le paiement de 11 années d'arrérages de 6 boisseaux de froment, 12 boisseaux d'orge, 1 chapon et 15 œufs (1573).

H. 169. (Liasse.) — 19 pièces, parchemin ; 37 pièces, papier.

1575-1641. — Authie. — Vente devant Pierre Marie et Jacques Mauger, tabellions en la vicomté de St-Sylvain et Le Thuit au siège de Vaucelles près Caen, par Guillaume de Rilly, de Rots, à Michel et Pierre dits Briant, de St-Nicolas de Caen, de fonds à Authie, delle de devers Franqueville, jouxte les chanoines d'Écouis et les chapelains de St-Aignan de Lisieux (1574, v. s.). — Vente devant Jacques Collette et Jean Adeline, tabellions aux sergenteries d'Ouistreham et Bernières, par Abel de Bledz, d'Authie, à Guillaume de Reviers, sieur de Bény et d'Anisy, de 3 vergées de terre assise à Authie, tenues des fiefs de la baronnie d'Authie appartenant aux doyen et chanoines de N.-D. d'Écouis (1588). — Vente par Abel de Bledz, d'Authie, à Pierre Le Cavelier, bourgeois de Caen, de 1/2 acre de terre pour 16 écus et 1/2 sol, et 10 s. de vin (1589). — Extrait du papier terrier rendu en l'abbaye d'Ardennes par Clément de Vaux et Jacques Adam, fermiers de l'abbaye, le 1er octobre 1594, concernant le paiement fait par Abel Desbledz et Thomas Guillebert, à cause de sa femme, de 12 boisseaux d'orge, 6 boisseaux de froment, mesure ancienne de Caen. — Adjudication devant Jean de La Court, écuyer, licencié aux lois, sieur du Buisson, vicomte de Caen, à la requête de Jean Barbey, bourgeois de Caen, des récoltes de Noël Gabriel, bourgeois de St-Julien de Caen, sises à Authie (1596). — Vente devant Horace Le Forestier et Richard Martin, tabellions royaux à Caen, par Jean Le Hérichon, bourgeois de St-Nicolas de Caen, au hameau de la Maladrerie, à Thomasse Flambart, veuve de Jean Froger, bourgeois de Caen, de 1/2 acre de terre sise à Authie, aboutant au chemin du Fresne, tenue des fiefs d'Écouis sous reliefs et treizièmes, moyennant 25 écus sol de principal et 5 s. de vin (1606). — Aveu rendu au Roi par Georges Sallet, s^r de Quilly et de Cintheaux, pour lui et Philippe Froger, sa femme, fille et seule héritière de défunts Jean et Guillaume Froger, ses père et oncle, et Thomasse Flambart, veuve dud. Jean Froger, avocat et bourgeois de Caen, mère de lad. Philippe, de pièces de terre à Authie (1607). — Vente devant Richard Martin et Mathieu de La Londe, tabellions royaux à Caen, par Simone Marin, veuve de Paul Belyer, à Thomasse Flambard, veuve de Jean Froger, stipulée par Nicolas Madelino, son procureur, d'une vergée de terre sise à Authie, moyennant 30 l. t. (1609). — Cession devant Richard Martin et Mathieu de La Londe, tabellions royaux à Caen, par Jacques Le Vavasseur, sieur de Cristot, lieutenant du Grand Prévôt général de Normandie au bailliage de Caen, représentant feu Guillaume de Reviers, écuyer, sieur d'Anisy, à Jacques Morin, bourgeois de Caen, du conquêt fait par led. d'Anisy d'Abel Debledz, de 3 vergées de terre à Authie (1610). — Lettre de M. de Cristot à M. de La Vallée, concernant la bannée de 3 vergées de terre [1612] (date ajoutée en tête). — Déclaration par Georges Le Bas, sergent, des récoltes de Richard Faucon, Abel Lance et Jean Le Crosnier, assises à Authie, faites bannir par Georges Bourdon, procureur receveur de l'abbaye d'Ardennes (1612). — Reconnaissance par Eve Eude, femme civilement séparée quant aux biens de Jean Anfrie, d'Authie, du bail à ferme à elle fait par Guillaume de Gallodé, abbé d'Ardennes, de 1/2 acre de terre, moyennant 3 boisseaux de froment de fermage (1620). — Bail fait par led. abbé à Denis Briant de fonds aud. lieu (1620). — Reconnaissance devant Jean Drouet et Guillaume Gires, tabellions royaux en la sergenterie de Bernières pour le siège de Cairon, par Denis Briant, d'Authie, du bail à lui fait par les religieux, prieur et couvent d'Ardennes, d'une acre de terre, moyennant 9 l. t. de ferme par an (1622). — Vente devant Mathieu de La Londe et Michel Le Sueur, tabellions royaux à Caen, par Jean et Pierre dits Le Cavelier, frères, bourgeois de Caen, à Robert Jemblin, bourgeois de Caen, de 1/2 acre de terre à Authie, moyennant 90 l. t. (1627). — Procédure au bailliage et siège présidial de Caen devant Hercule Vauquelin, écuyer, sieur des Yveteaux, lieutenant général, entre les religieux d'Ardennes et Jacques Morin, Robert Jembelin, bourgeois de Caen, Jacques Le Vavasseur, écuyer, sieur de Cristot, approché par led.

Morin, Jean et Jacques Le Cavelier, chargés du fait de garantie de Robert Jembelin, concernant le paiement de rente foncière, envoi en possession desd. religieux (1629-1630). — Prise à ferme par Thomas Busnel, d'Authie, pour 6 ans, de Georges Sallet, sieur de Quilly, Cintheaux et Cauvicourt, conseiller du Roi en ses Conseils d'État et privé, et son procureur général au Parlement de Normandie, de 6 vergées de terre à Authie, jouxte Jean Le Paulmier, écuyer, sieur de St-Louet (1635). — Prises à ferme par : Gabriel Hue, des religieux d'Ardennes, de 1/2 acre de terre, delle de la Mare, moyennant 110 s. t. et 2 douzaines d'œufs de ferme par an (1636); Jean Mallet, bourgeois de St-Nicolas de Caen, d'Esther Gabriel, veuve de Gilles Le Putois, bourgeois de Caen, de fonds sud. lieu (1641); Antoine Gobert, des religieux d'Ardennes, de 1 acre de terre, delle du Terrier, moyennant 12 l. t. de fermage (1641), etc.

H. 170. (Liasse.) — 22 pièces, parchemin; 108 pièces, papier.

1642-1785. — **Authie.** — Quittance par Pierre Barbé, sieur des Pallières, contrôleur et élu en l'Élection de Caen, à Esther Gabriel, veuve de Gilles Le Putois, de 4 années d'arrérages de 8 boisseaux 1/2 de froment de rente sur biens sis à Authie (1642). — Vente devant Mathieu de La Londe et Jean Crestien, tabellions royaux à Caen, par lad. Esther Gabriel, aux religieux d'Ardennes, stipulés par Jean de La Croix, prieur, et Robert Du Hamel, sous-prieur et procureur, de 4 pièces de terre à Authie (1642). — Prise à ferme de fonds par Guillaume Dubocq, de Bully, des religieux d'Ardennes (1646). — Obligation devant Mathieu de La Londe et Jean Crestien, tabellions royaux à Caen, par Julien Le Hérichon, procureur commun en la vicomté de Caen, bourgeois de Caen, envers Alexandre Sallet, écuyer, sieur et patron de Quilly, Cintheaux, Bretteville, Cauvicourt et Jacobmesnil, conseiller au Parlement de Normandie, stipulé par Robert Du Hamel, sous-prieur de l'abbaye, de l'acquitter et décharger de la rente de 2 boisseaux 1/2 de froment, mesure ancienne de Caen, par lui dus comme héritier de Thomasse Flambart, son aïeule, du nombre de plus grande rente à Thomas Morel, procureur du Roi en l'Election de Bayeux, époux de Jacqueline de Boistart, sœur et héritière de Jacques et Nicolas dits Boistart, écuyers, à cause de fonds sis à Authie, décretés sur Guillaume Hignault, etc. (1647). — Quittance devant Michel Lesueur et Jean Crestien, tabellions royaux à Caen, par Jean Aubert, bourgeois de Caen, administrateur et receveur du bien et revenu de la Maison-Dieu de Caen, aux religieux d'Ardennes, stipulés par Robert Du Hamel, sous-prieur, et Basile Gombert, procureur de lad. abbaye, de la somme de 904 livres 18 sols 2 deniers, notamment pour raquit de 10 boisseaux 1/2 de froment, transportés à lad. Maison-Dieu par Pierre Barbey, sieur des Pallières, dûs à Caen, etc. (1650); procédure y relative en la vicomté de Caen entre Esther Gabriel, veuve de Gilles Le Putois, les administrateurs de la Maison-Dieu et les religieux de l'abbaye d'Ardennes (1650). — Bail à fieffe devant Pierre de Soulé et Jacques Jouvin, tabellions royaux en la vicomté de St-Sylvain et Le Thuil aux sièges de Cairon et Fontaine-Henry, par Jean et Nicolas Gilbert, père et fils, à Jean Houet, de Verson, de fonds tenus de l'abbaye (1654). — Procédure aux plaids de la ville et banlieue de Caen, devant Siméon de Fontaines, écuyer, sieur de Nouilly, vicomte, et décrets d'héritages à St-Julien-de-Caen, pour les religieux d'Ardennes, demandeurs, en paiement d'arrérages de rente à cause de biens sis à Authie (1662). — Vente devant Jean Bougon et Jean Olivier, tabellions royaux à Caen, par Jean Hurel, marchand, bourgeois de Caen, et Suzanne Le Hérichon, sa femme, héritière de Julien Le Hérichon, procureur commun en vicomté à Caen, son frère, aux prieur et religieux d'Ardennes, stipulés par le P. Norbert Molinet, d'une vergée de terre, delle de la Fosse-au-Baron (1670). — Prise à ferme devant Jacques Caumont et Nicolas Barbey, notaires pour la sergenterie de Cheux, par Gabriel Hue, d'Authie, pour 6 ans, des prieur et re'igieux d'Ardennes, stipulés par les PP. Grégoire Bonhomme et Mathieu Trosseille, prieur et procureur, de 1/2 acre delle de la Mare, moyennant 7 l. t. de ferme par an (1679). — Signification par Gilles Pennel, huissier audiencier en la vicomté de Caen, à la requête des religieux d'Ardennes, à Jean Faucon, d'un contrat de vente par lui faite en 1698 à François Lance, d'Authie, de 10 vergées de terre à Authie, etc., avec assignation à comparaître au bailliage de Caen, juridiction des privilèges de l'Université, pour voir réformer la vente desd. fonds faite comme dépendant des fiefs d'Écouis, et dépendant réellement des fiefs desd. religieux (1700). — Vente devant Jacques Andrey et François Boullin, notaires à Caen, par Jacques Vassel, bourgeois de St-Nicolas de Caen, à François Harel, bourgeois de St-Nicolas, de 6 vergées de terre (1714). — Bail devant Thomas-François Le Sénécal, notaire à Évrecy, par Jean-Jacques-Philippe Cauchard de La Houssaye, prieur de St-Germain-La-Blanche-Herbe, à Madeleine Violette, veuve de François Blin, et à son fils François, de Rosel, hameau de Gruchy, d'une acre de terre, delle de la Mare (1730). — Baux, procédures pour rentes, etc. • Mandement de François-Jacques Picard de Préhois, avocat en Parlement de Paris, postulant au bailliage et siège présidial de Caen, sénéchal des fiefs, terre et seigneuries d'Ardennes, au premier des hommes et tenants desd. fiefs et seigneuries nommés le fief Thioul ou d'Ardennes, pour tenir les plaids et gage-plèges dud. fief qui seront tenus le 8 juillet devant la maison abbatiale; signification à l'issue de la messe paroissiale d'Authie (1785).

H. 171. (Liasse.) — 12 pièces, parchemin; 3 pièces, papier.

1407-1545. — Avenay. — Quittance donnée par « Nicole Du Bosc », évêque de Bayeux, à Jean Cochet, clerc, procureur et receveur général de Charles, seigneur et baron d'Ivry, du treizième de la vente du fief, terre et seigneurie d'Avenay, tenu dud. évêque, faite par lod. procureur à Raoule de Cahaignolles, veuve de Guillaume Le Rabestent, demeurant à Caen, moyennant 2530 livres et 10 livres t. de vin (1407). — Vente devant les tabellions ès mettes des sergenteries de Villers et Évrecy, par Jean Esthenart à Guillaume Basset, pour 6 l. t. et 5 s. t. de vin, de 5 vergées de terre à Avenay (1420, v. s.) — Sentence interlocutoire d'Eustache Quenivel, lieutenant du vicomte de Caen, aux plaids des sergenteries d'Évrecy et Préaux, concernant la poursuite de Jean Le Monnier, attourné Jean de La Place, prêtre, meneur des enfants sous-âgés de Jean Le Costonneur, contre Jean Le Herichié, écuyer, pour lui porter fait de garantie vers Jean de Rabestenc, écuyer, s' d'Avenay (1452). — Aveux à Jean de Rabesten, écuyer, s' d'Avenay (1453-1466, v. s.). — Vente devant Robert Guillemin, tabellion auxd. sergenteries, par Guillaume Parquier, et Marie Baussain, sa femme, à Jean Beaugendre l'aîné, d'une portion de jardin à Avenay (1456). — Vente devant led. Guillemin, tabellion ès mettes de la sergenterie de Préaux, par Étienne Le Cotonnour à Rogier Le Cotonnour, son frère, des biens par lui acquis de Jean Cabuel et Perrette, sa femme (1460). — Lots faits devant le même entre les frères Le Cotonnour, des biens de leur défunt père (1460). — État de distribution des deniers provenant du décret de biens sis à Avenay (1545), etc. — Liasse portant au dos la cote de l'abbaye d'Ardennes.

H. 172. (Liasse.) — 9 pièces, parchemin; 1 pièce, papier.

1214-1687. — Baron. — Donation par « Will. de Gouvix », chevalier, d'un champ de terre « in territorio de Baron in valle de Escaio perlevermus Baron », contenant 4 acres (1214, octobre.) Au dos : « Tormauville, IIIᵉ carta »; et (moderne) « commune de Baron, 4ᵉ liasse. ». — Condamnation par défaut prononcée en la juridiction des privilèges de l'Université de Caen, par Jean Blondel, écuyer, seigneur châtelain et patron de Tilly, lieutenant particulier civil et criminel au bailliage et siège présidial de Caen, conservateur desd. privilèges, contre Jean Mahias, écuyer, s' de Nouen, représentant François Mahias, sieur du lieu, et Jean de Verson, chevalier, envers les religieux d'Ardennes, du paiement de 5 années d'arrérages de 6 boisseaux de froment et 6 boisseaux d'orge, à cause du vieux moulin de Tourmauville, sur la rivière d'Odon, suivant accord passé en 1390 entre led. Jean de Verson et l'abbaye, sentence du 1ᵉʳ mars 1526 contre led. François Mahias, etc. (1687). — Présentation des abbé et religieux à l'état des deniers provenant du décret des immeubles de feu Jean de Mahias, écuyer, sieur de Nouen, décrétés instance de M. d'Anisy-Villons aux assises d'Évrecy (s. d.).

H. 173. (Liasse.) — 12 pièces, parchemin.

1203-1515. — Basly. — Donations : par « Richart Du Marchi » et Jeanne, sa femme, à « Nostre-Dame d'Ardaine et ès chanoignes », de terres à Basly en la delle des Carreaux, en la voie de l'Orme, en la voie de Barbières, etc., pour faire une livre d'encens à Noël. 1202, le samedi de Pâques fleuries ; à Basly, en présence de l'abbé d'Ardennes, de Martin, abbé de Longues, et de Marc, son prieur, de Robert de « Comlonbie, » etc. (copie) ; — par Richard de Rosel, fils de Guillaume de Rosel, chevalier, à l'abbaye, de terre sise « in territorio de Basle in campo Belerin » (1238) ; — par « Johanna, relicta Gaufridi dicti Regis », du tènement que « Ricardus de Baslie » tenait d'elle en fief « apud Baslie » (mars 1250) ; — par « Petronilla dicta Regina, relicta Willelmi Le Sor », d'un setier de froment, mesure de Basly, à prendre aud. lieu (novembre 1251) ; — par « Gocelina, uxor Guillelmi Laurentie de Basileio », d'une rente de froment aud. lieu (août 1276) ; — devant Colin Du Vernay, tabellion à Caen, par Jean Poisson, aux prêtres et clercs de l'église de Basly, de fonds aud. lieu (1414. v. s.) ; lacération. — Extrait de l'état et distribution des deniers provenant du décret d'héritages sis à Basly, fait par Robert de La Hogue, écuyer, lieutenant général du vicomte de Caen, pour paiement de rente de l'obligation de Jean Le Perrier (1515).

H. 174. (Liasse.) — 9 pièces, parchemin; 14 pièces, papier.

XIII° siècle-1777. — Bayeux. — Donation à l'abbaye, par « Johanna de Sables, vidua, post mortem Ricardi de la Valée », son mari, de ce qu'elle possédait « in masura que fuit Willelmi filii Jordani Archidiaconi apud Baioc., in porta Arborea », de telle sorte que Jeanne, sœur dud. Guillaume, ou ceux à qui elle donnerait ou vendrait lad. masure, la tiendraient de l'abbaye sous la rente annuelle d'une livre de poivre (s. d.). — Permission par Mathieu, abbé d'Ardennes, et le chapitre, à Jean Hilaire, prieur de Blay, de recevoir le don fait par Robert Le Mière, de la paroisse de S‑Pierre de Blay, au prieur de Blay, d'une maison sise à Bayeux, paroisse S‑André, « en la rue qui va de la porte Saint-Andreu droyt au chastel », butant sur lad. rue et les abbé et couvent de Longues; obligation y relative dud. Hilaire, prieur (1399, v. s.). — Accord devant Allain Hardy et Thomas Artur, tabellions royaux en la ville et banlieue de Bayeux, entre Jean Cousin, prieur de Blay, et Catherine, veuve de Colin Dixins, au sujet d'une maison édifiée par Jean et Denis Dixins, prêtres, auprès de celle appartenant aud. prieur, à S‑André de Bayeux (1471, v. s.). — Quittances à Noël Le Prévost, à la décharge du prieur de Blay, de la somme de 10 sols 6 deniers dus aux chapelains de S‑Nicolas-des-Courtils de Bayeux (1528-1530). — Signification faite par Jacques Le Brethon, sergent, à la requête des religieux d'Ardennes, stipulés par Norbert Du Saussey, l'un d'eux, à Gilles Crestey, fils de feu Phili.., de la paroisse de la Madeleine de Bayeux, d'un accord fait entre eux et Gilles Hunot, contenant transport de rente à prendre sur ledit Crestey (1673). — Renonciation devant Isaac Le Bedey, écuyer, licencié aux lois, sieur de Vaux et d'Asnelles, vicomte de Bayeux, par Françoise Philippe, veuve de Gilles Crestel, et Jacques Crestel, son fils, à la succession dud. (1675). — Vente devant Jean Caumont, tabellion à Cheux, et Thomas Du Rozier, ex-tabellion aud. lieu, pris pour adjoint, par Denis Godefroy, bourgeois de S‑Martin de Caen, aux religieux d'Ardennes, représentés par Louis Bassel, leur procureur, de 35 livres 4 sols de rente à prendre sur les biens de feu Robert de « Butthonne », écuyer, sieur de Bois-Geffray (1676); procédure en la juridiction des priviléges de l'Université de Caen, entre les religieux d'Ardennes et Hervé-Charles Hébert, écuyer, sieur d'Angleville, demeurant à Orbois, représentant Robert de « Buthune », sieur de Bois-Geffray, pour paiement de rente (1743-1753). — Reconnaissance par forme de titre nouveau devant Charles-François Duhamel de Vailly, avocat au Parlement de Normandie, et Thomas François Mallet, notaires à Bayeux, par Jean-Louis-Jean de La Marre et François Bertauld, mds, bourgeois de Bayeux, aux religieux d'Ardennes, de partie de rente due par led. Hervé-Charles Hébert, défunt (1777).

H. 175. (Liasse.) — 1 pièce, parchemin.

1425. — Beaucoudray. — Donation devant Guillaume Le Couvreur, tabellion à Caen, par Guillaume Le Varignois, de la paroisse de S‑Contest, aux religieux d'Ardennes, de 8 sols t. de rente à prendre au droit de Richard Le Varignois, son père, dont 5 sols sur les biens de Raoul Lorete, et 3 sols sur les héritiers de Geffroy Leprestre, de la paroisse de Beaucoudray.

H. 176. (Liasse.) — 19 pièces, parchemin; 5 pièces, papier

1268-1545. — Bény-sur-Mer. — Vente par « Petrus de Lu » à « Radulfus de Mellento », chevalier, de rentes assises « apud Benolum », etc. (oct. 1268). — Reconnaissance devant Henri Le Gay, garde du scel de la vicomté de Caen « en la main le Roy », par Roger Anquetil et Laurence, sa femme, de Bény, de la vente par eux faite à Mathieu Le Paumier et à Guillaume Le Paumier, son neveu, de terre sise à Bény (1309). — Vente devant Colin Le Nouvel, tabellion en la sergenterie de Graye, par Germain Le Graveron, demeurant à « Coulomby, », à Guillaume de Thaon, demeurant à Bény, moyennant 47 s. 6 d. t. et 5 s. de vin, d'une vergée et demie de terre à Bény, du fief du Roi (1424, v. s.). — Fieffe par Jean Torel, de « Bléville-sur-Ouine, à Guillaume de Thaon, de Bény, de 3 vergées de terre au terroir de « Bénis », à la voie de Bernières, d'une vergée, delle du Pummeret (1433). — Fieffe devant les tabellions d'Ouistreham et Bernières, par Cardin Bense à Raoul, Cardin et Perrin dits Billeheust, frères, de Bény (1474). — Vente devant Pierre Hamelin et Samson Camail, tabellions royaux ès mettes des sergenteries d'Ouistreham et Bernières, par Geffroy de Than, de Bény, à Olivier Le Bedel, curé de Contremoulins, de 3 vergées 1/2 de terre à Bény, en la petite voie de S‑Ursin et en la delle de la Maison

Brière, aboutant sur le chemin de Bény à Bernières, moyennant 7 l. t.; présent, Guillaume Le Sens, écuyer (1488, v. s.). — Vente devant Jean de Cussy et Jean Le Pelley, tabellions ès mottes desd. sergenteries, par Toussaint Chapron, bourgeois de Caen, à Philippe de Than, de Bény, du fonds aud. lieu, dolle de la Couture ès Forres, etc.; présents, Jean Le Badal, curé de Bény, n. h. Noël Le Sens, s^r de « Villeodon » (1505). — Vente devant Pierre Fouquieu et Jean Gast, pour l'absence de Pierre des Essarts, écuyer, tabellions ès mottes de St-Gabriel, par Jean de Than l'aîné, de Bernières-sur-Mer, à Robert Le Feyvre, de Courseulles (1509). — Renonciation devant Guillaume Le Grant, lieutenant général du vicomte de Caen, par Marion, veuve de Robin de Than, de Bény, à sa succession (1521). — Procédure au bailliage de Caen, devant Jean Malerbe, lieutenant général, entre les abbé et religieux d'Ardennes, stipulés par Gilles Cairel, l'un d'eux, Thomas Sallemaigne, fermier de leur dîme de Bény, et Georges Hélie, vicaire de la grande portion de Bény, concernant les dîmes de la paroisse (1537). — Échange devant Adrien Gosseaulme, écuyer, notaire à Caen, entre Marguerin de La Bigne, licencié en chacun droit, abbé commendataire et administrateur perpétuel, de l'autorité apostolique, de l'abbaye d'Ardennes, et official de Bayeux, Simon Du Vivier, bailli, religieux et procureur de l'abbaye, prieur de St-Germain-La-Blanche-Herbe, Jean Bardel, prieur de St-Contest, religieux, avec Nicolas Cottart, sieur de La Motte et de Cristot, du fief d'Audrieu, sis en lad. paroisse, y compris 6 setiers d'orge de rente, mesure d'Audrieu, à prendre sur le moulin de Taillebosq, sis en lad. paroisse, appartenant à Jean Le Hérioy, sieur de Creullet, etc., contre 36 boisseaux de froment, mesure d'Arques, de l'obligation de Perrin de Than, à présent François Cousin, de Bény, et 4 boisseaux de froment sur Billeheust, de lad. paroisse, etc. (1545). Présents Gilles de Foullongnes, sieur du Londel, Jacques Radulp, curé de Cabagnolles, etc. — Actes divers concernant la famille de Than.

H. 177. (Liasse.) — 19 pièces, parchemin; 8 pièces, papier.

1546-1585. — Bény. — Vente devant Guillaume Parisy, notaire à Caen, par Pierre Deslandes, de « Beguy », à Guillaume Le Grand, de Mathieu, de 20 sols de rente, moyennant 10 l. t. (1546). — Vente devant Nicolas Rainfroy et Pierre Raoul, tabellions pour le trait de Cairon et aux environs, par Jean Le Grand le jeune, à Robert de Thaon, demeurant à St-Jean de Caen, de 20 sols de rente sur Guillaume Deslandes, de Bény (1561/2). — Fieffe devant Jean Desplanques et Jean Ferrant, tabellions ès mottes de St-Gabriel en la sergenterie d'Amblie, par Gilles Goddes, s^r d'Amblie, de Bény, et du fief de la Ferrière, assis à Ryes, à Robert de Than, natif de Bény, demeurant à St-Jean de Caen, des biens de feu Robin Sallemaigne, de Bény, décrétés requête dudit Goddes (1562). — Obligation de Jean Sallemaigne, fils Jean, de Bény, vers François Richard, sieur d'Hérouvillette, conseiller au siège présidial de Caen, pour demeurer quitte envers lui des terres et dîmes appartenant à l'abbaye d'Ardennes à Bény (1564). — Déclaration des héritages de Robert de Than, bourgeois de Caen, sis à Bény, qu'il tient nûment du Roi, sergenterie de Bernières (1564, v. s.). — Signification par Sigismond Le Bars, premier huissier au bailliage de Caen, requête des prieur et religieux d'Ardennes, représentés par Mathieu Trosseville, l'un d'eux, leur procureur, à Louis de Mieux, curé de la 1re portion de Bény, et à Julien Guillebert, curé de la 2e portion, d'un mandement par eux obtenu pour le paiement de la somme de 87 livres 8 sols pour apprécie de 36 boisseaux de froment d'arrérages de 12 boisseaux de rente, mesure d'Arques, que les religieux prennent sur les grosses dîmes de Bény (1565). — Inventaire et vente des biens demeurés du décès de Benoît de Than, de Bernières, par Jean Douesnel, sergent royal aud. lieu, en vertu du mandement de Guillaume Artur, s^r d'Amayé, vicomte de Caen, etc. (1568). — Aveu rendu à Antoine de Marcillac, seigneur baron de Courseulles, Bernières, Bény, « Quesnet » et Maisons, par Robert de Than, à cause de sa noble terre et seigneurie de Bény, de pièces de terre aud. lieu (1571). — Quittance par Rougren à Robert de Than, bourgeois de Caen, de 3 s. 10 d. t. à quoi il a été taxé pour le relief par lui dû au Roi à cause de biens sis à Bény (1571). — Vente devant Jean Le Sueur et Richard Costil, tabellions en la sergenterie de Graye, par n. h. Léon Fallet, sieur de « Quaisnel » et du Manoir, à Robert de Thaon, bourgeois de Caen, de 35 sols t. de rente que lad. s^r prenait sur les biens de Jean de Thaon, père dud. Robert (1571). — Vente devant Pierre Bacon et Étienne Bercou, tabellions à Caen, par Cardine de Than, veuve de Jean Le Marignier, de Bény, fille et héritière de Jean de Than l'aîné, de Bény, à Robert Alleels, bourgeois de Caen, de 6 sols tournois de rente de l'obligation de Robert de Than, bourgeois de Caen (1572). — Charge des chapons et gélines de rente dues à Antoine de « Marchilac », sieur et baron de Courseulles, Bernières et Bény, pour le terme de Noël 1576, et les cens à Pâques, en la verge et seigneurie de Bény. — Arbitrage entre André Le Bedel, écuyer, Georges et Charles dits Bansa, pour rente due à l'abbaye de Montmorel (1586). — Vente devant Christophe Aubert et Pierre Rénart, tabellions à Caen, par Jean Girard, d'Anisy, à Robert de Thaon, bourgeois de Caen, de 20 sols t. de rente, moyennant 3 écus 1/3 (1586). — Fieffe devant François Paris et Christophe Aubert, tabellions à Caen, par Jacques Gaignard, bourgeois de Caen, à Robert de Thaon, bourgeois de Caen, d'une vergée de terre en la delle du Berquet, terroir de Bény, tenue des fiefs de Courseulles, moyennant 20 s. t. de rente (1586).

H. 178 (Liasse.) — 14 pièces, parchemin; 13 pièces, papier.

1586-1604. — Bény. Vente de rente devant Pierre Corbet et Nicolas Le Monnier, tabellions en la sergenterie de Bernières, par Martin Le Febvre, de Courseulles, à Robert de Thaon, bourgeois de Caen (1586). — Ordonnance de Jacques Blondel, écuyer, lieutenant du bailli de Caen, autorisant les religieux d'Ardennes à retirer, suivant permission à eux donnée par le Roi par ses édits, 36 boisseaux de froment, mesure d'Arques, et 40 sols tournois de rente foncière aliénée de l'autorité du Roi, devant le bailli de Caen, commissaire du Roi au fait des aliénations et ventes ecclésiastiques, le 18 janvier 1588 (v. s.), à feu noble et vénérable personne Jean Godes, sieur de « Lanthieux », en remboursant le prix de 200 livres et autres loyaux coûts de lad. vente, à Jacques Godes, sieur d'Amblie, neveu et héritier dud. Jean (1587). — Vente devant Guillaume Caillot et Richard Martin, tabellions à Caen, par Nicolas Le Monnier, de Lesnault, vicomte de Vire, aud. Robert de Thaon, de fonds à Bény, jouxte Jacques Godes, écuyer, tenus des fiefs de Moulineaux (1588). — Vente par les commissaires députés par le Roi et par les délégués du Pape Sixte-Quint, subdélégués au diocèse de Bayeux pour l'aliénation de 8.063 écus du temporel du clergé du diocèse de Bayeux, sa part de 500.000 écus à aliéner du revenu et temporel du clergé de France, accordés au Roi pour demeurer quittes de 50.000 écus de rente accordés au Roi par le Pape, par sa bulle du 30 juillet 1587, de 36 boisseaux de froment et 40 sols t. de rente à prendre en la paroisse de Bény, présentés par Jacques Du Moulin, receveur des tailles à Bayeux, procureur des abbé et religieux d'Ardennes, pour satisfaire à la somme de 260 écus sol en laquelle ils ont été taxés pour leur part de lad. somme (1589). — Vente devant Horace Le Forestier et Richard Martin, tabellions à Caen, par Pierre Gaignard, bourgeois d'Avranches, à Geoffroy Le Rampeur, de rentes sur Colas Macquerel et Robert de Thaon (1594). — Procédure au bailliage de Caen entre Jacques Huet et Jacques Lambert, curés de la première et seconde portions de la paroisse de Bény, et André Couzin, fermier d'un trait de dîme appartenant à l'abbaye d'Ardennes sur 14 acres de terre dépendant de la vavassorie Barbenchon (1592). — Extrait du chapitre des rentes appartenant à l'abbaye à Bény, baillées à ferme par l'abbé Baptiste de Villemor, aumônier du Roi, à Jean Brunet, pour 7 années commençant en 1592. — Extrait du papier terrier de l'abbaye rendu à icelle le 17 octobre 1594 par Clément de Vaulx et Jacques Adam, fermiers. — Vente devant Jacques Culletée et Jean Adeline, tabellions aux sergenteries d'Ouistreham et Bernières, par Charles Renée, de Bény, à Robert de Thaon, de 1/2 acre de terre à Bény, moyennant 11 écus 1/3 et 10 sols et 16 sols de vin (1594). — Charge baillée à Robert de Thaon, prévôt, des rentes de la terre et siourie de Bény, appartenant à Jean de « Morès », seigneur et baron de Bény, Secqueville et autres lieux, pour le terme St-Michel 1595. — Vente devant Jean Le Gabilleur et Pierre Pauger, tabellions royaux en la vicomté de St-Sylvain et Le Thuit au siège de Vaucelles de Caen, par Geoffroy Le Rampeur, bourgeois de Caen, représentant par transport le droit de Pierre Gaignard, à Léonard Retout, bourgeois de Caen, de 20 sols t. de rente de l'obligation de Robert de Thaon (1598). — Aveu rendu à Pierre de « Morès », sieur et châtelain de Moulineaux et Bény, par Philippine Allais, veuve de Robert de Thaon, tutrice de ses enfants, en sa terre de Bény. — Remise par Pierre Noyneys, sieur d'Aubigny, Esquay, Cahnigues, baron de Crépon et de Sullers, président et ancien trésorier général de France à Caen, à Philippine Allais, veuve de Robert de Thaon, de 5 écus sol de rente hypothèque, en quoi ladite veuve s'était obligée, transportée aud. s[r] d'Aubigny (1602). — Procédures pour rentes, etc.

H. 179 (Liasse.) — 6 pièces, parchemin; 47 pièces, papier.

1603-1620. — Bény. — Quittance donnée devant les tabellions royaux en la sergenterie de Cerisy par Thomas Le Vigneron, de Crouay, et Guillemette Lucas, sa femme, héritière de Charles Le Brethon, écuyer, sieur de la Prairie, à Charles Le Coq, marchand, de Brucourt, vicomté d'Auge, de 55 livres pour la moitié d'une année de fermage (1603). — Quittances de Marie Lucas, veuve de Robert Pastey, de Crouay, à Philippine Allais, veuve de Robert de Thaon, pour arrérages de rente (1600). — Prise à ferme par André Cauvin, de Bény, pour 7 ans, d'André Beaudoin, bourgeois de Caen, procureur et économe de l'abbé et religieux d'Ardennes, de 9 vergées 1/8 de terre en 4 pièces, à Bény (1605). — Procédures entre Pierre Le Sueur et Marin de Thaon, bourgeois de Caen, concernant l'affirmation par Marin des deniers par lui dus à Thomas Le Vigneron et Pierre Le Marois, pour eux et leurs femmes (1611-1612). — Quittance de rente par Jean Le Cahilleur, à Marin de Thaon, sieur de La Prairie (1611). — Donation devant André Bouste et Marin Coulil, tabellions en la vicomté de Caen pour le siège et sergenterie de Creully, par Marin de Thaon, fils et héritier de Robert de Thaon et de Philippine Allais, sa mère, aux religieux d'Ardennes, de maisons et pièces de terre à Bény, et diverses rentes, pour fondation de 2 obits (1618). — Procédures pour retrait des 80 boisseaux de froment et 40 s. de rente funèbre à prendre sur les héritages à Bény qui furent à Perrin de Thaon, vendus à Jean Gisles en 1504/5, retirés par les abbé et religieux en 1587, revendus aux ventes ecclésiastiques en 1580 (1616, ss.). — Quittance de Pasquette Giratte, fille de Guillaume, de Courseulles, aux religieux, de 4 livres tournois pour 2 années d'arrérages de rente foncière à la décharge de Marin de Thaon, novice non profès (1617). — Remise devant Mathieu de La Londe et Michel Le Sueur, tabellions à Caen, par Marie Cousin, femme de Jean Foucher, bourgeois de Caen, aux prieur et religieux d'Ardennes, à la stipulation de Guillaume Denis, prieur de St-Nicolas-sur-Orne, l'un desd. religieux, desd. 30 boisseaux de froment et 40 sols de rente (1620). — Procédures pour rentes, etc.

H. 180. (Liasse.) — 18 pièces, parchemin; 42 pièces, papier.

1621-1765. — Bény. — Procédures diverses et saisies en paiement de fermages et rentes, entre autres contre Jean et Pierre Osmont, Marie Cousin, épouse de Jean Foucher, Jean Billeheust, etc. — Reconnaissance devant Mathieu de La Londe et Michel Le Sueur, tabellions à Caen, par Jacques Deslandes, fils Pierre, de Bény, envers les religieux, stipulés par Bonaventure Le Febvre, religieux, procureur de l'abbaye, d'une rente de 22 sols due aux obits de l'abbaye, au droit de la donation de Marin de Than (1628). — Signification par Robert Vautier, sergent royal à Caen, requête de Philippin de Tham, bourgeois de Caen, à Adrien Restout, qu'il renonce à la jouissance de terre sise à Bény, prise en fieffe par Robert de Than, son père, de feu Jacques Caignard (1632). — Bail pour 9 ans devant Germain Rihoult et Jean Le Febvre, tabellions en la sergenterie de Bernières pour le siège de Caïren, par les prieur et couvent, stipulés par Bonaventure Le Febvre, religieux, à Jean Cauvin, de Bény, de 10 vergées en 4 pièces à Bény, moyennant 91 boisseaux de froment, mesure d'Arques, et autres charges (1633). — Vente par Jacques Le Gardeur, écuyer, sr de Grainville, d'Amblie et autres terres, demeurant à Caen, héritier de Jacques Godes, écuyer, sieur d'Amblie, à Marc de La Mausardière, sieur de Caserville, Fontenay, Escots et autres lieux, demeurant à Giberville, de la terre, seigneurie et fiefs nobles de Bény et Bénouville à lui appartenant de la succession dud. feu sr d'Amblie, lesd. fiefs relevant, celui de Bény des fiefs du Roi en sa vicomté et châtellenie de Caen, et celui de Bénouville du sieur du Port, à cause de sa terre du Port, moyennant 10800 l. t. (1635). — Reconnaissance de bail par Nicolas Bachelier (1636). — Vente, sur saisie, des récoltes de Marie Cousin, veuve de Jean Foucher, requête des religieux, pour paiement de fermages (1643). — Compte entre les religieux et les frères Foucher, fils de Jean et de Marie Cousin, d'arrérages de rente (1660). — Fieffe devant Thomas Gauyo et Jacques Faquet, notaires à Caen, par Claude Guilbert, élu à Caen, héritier de Marie-Madeleine Foucher, sa mère, à Guillaume Le Courtois de Montagny, ancien élu, demeurant à Caen, de maisons, jardin et pièces de terre; et a été dit par led. Guilbert qu'il y a 3 seigneurs en la paroisse de Bény, M. de Missy, conseiller en la Cour, M. de « Montecrire », à cause de sa femme, et les héritiers de Me de Touchet, seigneur de Moulineaux, mais qu'il ne sait duquel les héritages relèvent, qu'ils ne sont sujets à aucune rente seigneuriale, mais seulement aux devoirs seigneuriaux; lad. fieffe faite moyennant 30 boisseaux de froment, mesure d'Arques, et 40 sols de rente foncière due à l'abbaye d'Ardennes (1783). — Reconnaissance de rente par Charles Billeheust pour l'abbaye (1785). — Titre nouveau passé devant François Boullin et Florent Le Quesne, notaires à Caen, par Nicolas-François Turpin, curé d'Authie, fondé de procuration de Jean-Baptiste-Antoine de Brancas, des Comtes de Forcalquier, archevêque d'Aix, abbé de Montmorel, André de Vassel et Augustin de Vendes, curés des 2 portions de Bény, de 12 boisseaux de froment aux religieux d'Ardennes, stipulés par Jean Calimache, religieux, procureur, à cause du trait de dîme que les prieur et religieux ont droit de prendre à Bény, sur la vavassorie Barbanson, suivant sentence de 1663 (1741). — Procédure pour les religieux, en bailliage de Caen, devant Mathurin-Charles-Louis Couture, écuyer, sieur de la Pigeolère, lieutenant particulier, contre les héritiers de Charles Billeheust, pour paiement d'arrérages de rente (1745). — Eaux divers devant Michel Bourgueise, notaire au siège de Rány, à Jean d'Écorville (1737), Jacques Petit (1761). — Reconnaissance de rente par Jacques Aubrée, fils Jacques, de l'obligation de son père. — Autre reconnaissance par Jean-Guillaume-Pierre Noël Le Courtois, sieur de Montamy, receveur de l'hôtel de ville de Caen, pour lui et Louis-Jacques-Guillaume Le Courtois, sieur de Mézières, son frère, de la rente de 30 boisseaux de froment, mesure d'Arques, et 40 sols (1765).

H. 191. (Liasse.) — 17 pièces, parchemin; 10 pièces, papier.

XIIe siècle-1648. — Berjou. — Confirmation par « Rad. de Berjou, filius Willelmi de Berjou », à l'abbaye d'Ardennes, de la donation faite par son père, savoir du droit que lui et ses ancêtres avaient sur le patronage de l'église de Notre-Dame de Berjou, à l'exception de la dîme du blé qu'il possédait féodalement dans lad. paroisse (s. d.). — Autre confirmation du droit de patronage par Hugues, archidiacre de Bayeux (s. d.). — Collation par Robert, évêque de Bayeux, de lad. église à « Willelmus de Aties », clerc, sur la présentation des abbé et chanoines d'Ardennes (février 1210, v. s.). — Collation par Thomas, évêque de Bayeux, de lad. église à « Willelmus de Floriaco », en remplacement dud. « Willelmus de Aties », à charge par lui de la pension annuelle de 10 s. t. aux chanoines d'Ardennes (novembre 1239). — Accord sur procès aux termes duquel « Radulfus de Berjou, Robertus Bartholomei, Robertus Builbon et Radulfus de Curia » reconnaissent que le patronage appartient à l'abbaye. « Actum apud Conde-super-Nigram-Aquam in assisia Domini Regis, anno Domini 1245, mense januarii ». — Donation à l'abbaye par « Radulfus de Berjou » de la tierce gerbe de toute la dîme des vavassories de « Cambercol » (1240, juillet). Collation sur l'original existant à l'abbaye d'Ardennes, délivré à Pierre Le Comte, prieur de St-Nicolas-sur-Orne, membre dépendant d'Ardennes, et prieur de l'abbaye de St-Jean de Falaise, par Athanase de La Court, sous-prieur d'Ardennes (1685). — Mandement de « Johannes de Fago », chanoine de Bayeux, commissaire ou subdélégué de G..., évêque de Bayeux, « executore a domino papa dato super provisione faciende Johanni Jordani, pauperi clerico Baiocen. dioc., de beneficio ecclesiastico competenti », etc., au doyen de Condé-sur-Noireau, portant ordre de le mettre en possession de lad. église vacante par la mort de Martin « Chiarebrun » (1314). — Aveu des abbé et couvent d'Ardennes, tenant en la vicomté de Condé-sur-Noireau, paroisse de Berjou, une franche vavassorie ou ténement nommé la fief des « Feugerez », s'étendant sur lad. paroisse et St^e-Honorine-la-Chardonne, valant par année commune 17 s. 0 d. t., 5 chapons, 9 gélines et 20 œufs, en plus, la droiture du patronage de lad. église, etc., le tout tenu par prières et oraisons; constitution de frère « Girez Le Veneur », chanoine dud. monastère, comme attourné et procureur pour bailler led. dénombrement (2 janvier 1401, v. s.); réception de l'aveu et dénombrement par Jean Du Tertre, vicomte de Condé-sur-Noireau, sauf le droit de « Mons. Messire Pierre de Navarre » (8 avril 1402, après Pâques). — Extraits, concernant la cure de Berjou, des registres des présentations et collations de bénéfices de l'évêché de Bayeux (1460, 1511, 1512, 1553). — Procédure aux assises de Mortain, tenues par Simon de Venoix, bailli de Cotentin pour le Roi de Navarre, pour l'abbaye, contre Geffray des Ylles, au nom dud. seigneur, réclamant led. patronage (1461). — Présentation à l'évêque de Bayeux par l'abbé Baptiste de Villemor et le couvent, de Michel Fleury, prêtre d'Avranches, à lad. église vacante par le décès de François Bourget (1584); procédures en Parlement de Rouen entre led. Fleury, appelant du bailli de Mortain ou son lieutenant à Tinchebray, et Thomas de La Chèse, prétendant droit aud. bénéfice, et Antoine Gresille, se disant patron de lad. cure. — Extrait d'un livre relié couvert de cuir noir, nommé le livre des commémorations de l'abbaye: présentation et nomination aud. bénéfice de Georges Fleury, prêtre d'Avranches, en remplacement dud. Michel, décédé (1608). — Déclaration aux abbé et religieux du revenu dud. bénéfice par led. Georges Fleury, pour satisfaire à l'ordonnance du synode dernier tenu par l'évêque de Bayeux (1614). — Renonciation à prétendre droits à la présentation de lad. église par Robert Gresille, fils aîné de feu Antoine Gresille, écuyer, s^r de la terre et sieurie des « Feugerolz », sise à Berjou, en faveur des religieux (1620). — Prise à ferme par Pierre Fleury, curé de Berjou, de Robert Du Hamel, prieur de St-Nicolas-sur-Orne, membre dépendant de l'abbaye d'Ardennes, d'un trait de dîme au hameau de Cambercoul, paroisse de Berjou, moyennant 10 l. de fermage par an; accord y relatif entre lesd. parties, les religieux de Lonlay intervenants, en présence de Guillaume Beiteau, prieur de Rapilly, etc. (1674).

H. 192. (Liasse.) — 1 pièce, papier.

1648. — Bernesq. — Sommation à la requête des religieux d'Ardennes, incorporés en l'Université de Caen, représentés par Richard Briére, leur procureur, par Jacques Ruette, sergent royal au bailliage et vicomté de Caen, sergenterie de Creully, à Gabriel Pinchon, sieur de la Fontaine, de Bernesq, de payer 70 livres 10 sols 6 deniers d'arrérages de rente, avec assignation audit Pinchon d'être présent à la vente de ses biens sur lui saisis, etc.

H. 193. (Liasse.) — 11 pièces, parchemin; 8 pièces, papier.

1320-1766. — Bernières-sur-Mer. — Vidimus en 1489 (v. s.) par Jean de La Fontaine, tabellion du Roi ès mettes des sergenteries de Cheux et de Creully, de la donation par Raoul de « Moullens », chevalier, s' de Courseulles, pour son salut et ceux de défunts Jeanne, sa femme, et Raoul, son fils, aux religieux d'Ardennes, de 1/2 muid de froment de rente mesure de « Bernières-sur-la-mer », à prendre sur Jean « Mauferas » et divers, à l'usage des obits du monastère (1320). — Note lacérée sur les redevables du don dud. Raoul de « Mellens » (XVe siècle). — Fieffe devant Robert Le Briaut et Jean de La Lande, tabellions à Caen, par Pierre Le Poitevin, religieux de l'abbaye, procureur, suivant la procuration y insérée, de 1483, de Richard, abbé de la Trinité de La Luzerne, diocèse d'Avranches, et de N.-D. d'Ardennes, prieur de Segrie-Fontaine, au diocèse de Bayeux, et du couvent, aud. Le Poitevin, à Pierre Le Bourgeois, Guillaume dit Guerart, Robert Ihulle et Jean Pourel, prêtres, frères et religieux d'Ardennes, Guillaume de Verson, Simon Le Cronier, Thomas Alain, Jean Bénard, Guillaume Gresille, Thomas Pelotin, Pierre Moges, Jean de Foullongue, Richard Tardif, Pierre Le Poutrel, Jean Richard le riche, Martin Le Mare et Geffroy Le Long, écuyer, à Jouen Gambier, de Courseulles, de 2 acres de terre au terroir de Bernières, moyennant 4 boisseaux de froment de rente, mesure d'Arques (1486). — Reconnaissance devant Jean de Cussy et Pierre Ramelin, tabellions ès mettes de la sergenterie de Creully, par Jean Corbin, dit Guillet, de la fieffe à lui faite par les abbé et couvent d'Ardennes d'un « masurage » assis à Bernières, en la rue « ès Maillotz », jouxte le s' de Courseulles, moyennant 2 boisseaux de froment de rente, mesure de Caen (1515, v. s.) — Ratification devant Nicolas Rainfroy et Jean Couesnon, tabellions aux sergenteries d'Ouistreham et Bernières, par les frères Artur, de Bernières, de lots faits entre eux (1583). — Procédure au présidial de Caen, entre Jean Bruuet, fermier de l'abbaye, et la veuve François Artur, en paiement de rente (1598); autres procédures diverses, notamment en la juridiction des privilèges royaux de la ville et Université de Caen, tenue par Jean Anzeray, écuyer, sieur de Bourguébus-La Hogue, ancien conseiller du Roi au bailliage et siège présidial, exerçant la juridiction du bailli de Caen pour son absence et de ses lieutenants général et particulier, conservateur desd. privilèges, entre les abbé et religieux d'Ardennes, incorporés en lad. Université, et Étienne Le Coq, bourgeois de Caen, pour lui et ses frères, héritiers de Jean Le Coq, leur père, pour paiement de 20 années d'arrérages d'un boisseau 1/2 de froment, mesure d'Arques, de rente foncière à cause de maisons et héritages à Bernières qui furent aux Artur (1644); entre lesd. religieux et Michel et Étienne Le Coq, fils et héritiers de Jean Le Coq. — Reconnaissance devant François Delaporte et Jean Crestien, tabellions royaux à Caen, par Étienne Le Coq, marchand, bourgeois de Caen, aux religieux, représentés par frère Robert Duhamel, sous-prieur (1654). — Procédure en la juridiction des privilèges royaux de l'Université de Caen, tenue par Jean Blondel, écuyer, sieur et châtelain de Tilly, lieutenant particulier civil et criminel au bailliage et siège présidial, pour les abbé, prieur et religieux d'Ardennes, ayant requis et fait faire l'exécution des biens de Michel de Morice, écuyer, sieur du « Manoucr », tuteur des enfants d'Étienne Le Coq, en paiement d'arrérages de rente (1659). — Titre nouvel devant Jean-Jacques Bénard et Guillaume Fontaine, notaires à Caen, par Marguerite Bosquain, veuve de Thomas-Philippe Blacher, marchande à Caen, fille et héritière de feu Pierre Bosquain, marchand à Caen, à l'abbé d'Ardennes, stipulé par Pierre-Charles Colleville, ancien receveur des rentes de lad. abbaye, demeurant à Balleroy, de 4 boisseaux de froment, mesure d'Arques, de rente foncière dont led. Bosquain était chargé envers l'abbaye par le contrat de fieffe à lui passé en 1702 par Jacques Coltée, sieur du Carel, bourgeois de Paris, de maisons et héritages à Bernières (1766). Porte en tête la mention suivante: à présent Busnel, secrétaire de l'Université de Caen, gendre de lad. dame.

H. 194. (Liasse.) — 11 pièces, parchemin; 16 pièces, papier.

1385-1659. — Bernières-Bocage. — « Liasse unique... relative à six boisseaux de froment, mesure de Bayeux, de rente foncière due à la ci-devant abbaye d'Ardennes à cause d'héritages situés paroisse de Bernières-Bocage, district de Bayeux... » — Transaction sur procès entre les abbé et religieux d'Ardennes et Jean, Thomas et Pierre de La Hale et Étienne Darras, concernant le paiement de lad. rente (1685.) — Procédures y relatives : en la vicomté de Bayeux devant Thomas Desmares, lieutenant général, pour Marguerite de La Bigne, abbé commendataire et administrateur perpétuel de l'abbaye ; dépositions de Jacques Renault et Gilles du Val-Jouas, religieux de Montaye, Richard Flambart, écuyer, demeurant à Bernières près Bondaye, etc. (1588) ; — en lad. vicomté, devant Charles Le Mercier, écuyer, sieur de Saint-Germain et du Mesnil, lieutenant ancien civil et criminel du bailli de Caen en la vicomté de Bayeux, entre Pierre et Jean Poitevin, fermiers du bénéfice de l'abbé d'Ardennes en sa dîme assise à Blay et autres fermages, et Jean de Vechy, écuyer, possesseur des héritages de Robert de La Haye assis à Bernières-Bocage (1609) ; — en lad. vicomté, devant Thomas Le Mercier, écuyer, sieur du Mesnil, lieutenant ancien civil et criminel, entre Guillaume Dolley et Michel Le Vautier, pour eux et leurs femmes, filles et héritières de Marguerite Vechy, et Pierre Scelles, avocat, tuteur des mineurs de Richard Scelles, héritiers de Guillaume Scelles, leur grand père, contre François Brazard, sieur de la Champagne (1681), etc.

H. 183. (Liasse.) — 4 pièces, parchemin

1306-1414. — Beuville. — Confirmation devant le bailli de Caen aux religieux d'Ardennes, par « noble homme Mon Seignor Nichole de Bucsville, chevalier, seignor de Bucsville », des terres et rentes à eux aumônées aux fiefs dud. chevalier à Beuville et à Thaon par Geffroy de Beuville, Simon de Beuville, Jean de « Cabore », chevalier, et Henri, « filz Mon Seignor Robert, prestre » (1306). — Procédure aux pleds de la sergenterie d'Ouistreham devant Robert Le Marchant, pour le vic. de Caen, entre lesd. religieux et Jean Le Devin pour paiement de rente (1345). — Lots et partage faits devant Jean Guignart, tabellion ès mettes des sergenteries d'Ouistreham et Bernières, entre Crestien Delille, écuyer, époux de Jeanne de Camilly, Collette et Laurence de Camilly, sœurs, des biens de Robert de Camilly, leur père (1405). — Vidimus par Michel Valemont, tabellion royal ès mettes des sergenteries d'Argences, Troarn et Varaville, de lad. charte de 1306 (1414).

H. 184. (Liasse.) — 6 pièces, parchemin ; 3 pièces, papier.

1594-1737. — Biéville. — Reconnaissance de rente passée devant Renouf Picot, tabellion juré en la ville et vicomté de Caen, par Thomas Le Jublier, de Cambes, aux religieux d'Ardennes, de rente assise à « Buyville » (1594). — Bail à Renolt Basonnière, d'Épron (1654). — Adjudication par Siméon de Fontaines, écuyer, sieur de Neuilly, vicomte de Caen, requête de Robert Bouller, bourgeois de Caen, commissaire établi au régime des biens de Pierre et Richard du Hasten, père et fils, assis à Biéville, décrétés requête de Robert Du Hamel, prêtre, prieur de Saint-Vincent de Lobisay ; extrait y relatif des pleds des sergenteries d'Ouistreham, Bernières et Creully, tenus par led. Siméon de Fontaines, concernant le décret desd. biens (1668). — Baux par l'abbaye de fonds à Biéville, notamment par l'abbé Gaspard de Fogasso de La Bazile, grand archidiacre et vicaire général de Chartres (1737).

H. 187. (Liasse.) — 22 pièces, parchemin ; 3 pièces, papier.

1220-1502. — Bitot. — Donation de terres par « Philippus de Aguolh, miles » (1228, v. s., janvier). — Confirmation par « Philippus du Agnis », chevalier, de la donation faite à l'abbaye par Robert, fils Hugues, de Bitot, d'une demi-acre de terre sise au territoire de Bitot, vers Cussy (1229). — Donation par « Robertus de Mallou » de rente assise à « Bitoth » (1235). — Donation par « Ricardus Tanetin », de Bitot, d'un quartier de froment de rente « in mesura mea de Bitot » (12.., date lacérée). — Vente par « Aymeril » de La Palu, écuyer, demeurant à St-Contest, à Robert Le Court, sergent, de 5 vergées de terre au terroir de Bitot, delle de la Campagne (1377, v. s.). — Donation devant Jean Quatrans, tabellion à Caen, par Jean Le Briant, de St-Germain-la-Blanche-Herbe, à l'abbé et couvent d'Ardennes, de fonds aud. lieu (1384). — Reconnaissance de rente foncière par Richard de Bitot, écuyer, (1390, v. s.). — Échange entre Simon Le Fèvre, de Rosel, et led. Richard de Bitot (1402, v. s.). — Vente de rente devant Guillaume Caudebec, tabellion à Caen, par Raoulet de Bitot, écuyer, demeurant paroisse de St-Contest, hameau de Bitot, à Guillaume Le Couvreur, bourgeois de Caen (1425). — Fieffe devant Guillaume Caudebec, tabellion à Caen, par Richard Balargent, bourgeois de Caen, à Thomas Frontin, de St-Contest, de terre à Bitot, bornée par les religieuses de Cordillon (1440 v. s.). — Fieffe par Guillaume « Bittot », écuyer, s⁰ du lieu (1460). — Ratification devant Robert Le Prieur et Jean de La Lande, tabellions à Caen, par Jean Richart, écuyer, seigneur d'Héronvillette, de la contre-lettre souscrite en 1470 par Jean Richart, bourgeois de Caen, que son acquisition de Raoulin de Bayeux de 40 sols de rente à prendre sur les hoirs Raoulet de Bitot a été faite des propres deniers de Jean, abbé d'Ardennes (1492). — Échange devant Pierre Hamelin et Nicolas Curpaderoy, tabellions en la vicomté de St-Sylvain et Le Thuit, entre Gilles Nollant, chevalier, s⁰ de St-Contest, Échauffour et Bombanville, et frère Jean Quesnel, prieur de St-Contest, de 10 vergées de terre au terroir de Bitot, dette de l'Hôpital, contre une pièce de terre à St-Contest (1509). — Vente devant Adrien Gosseaulme, écuyer, notaire à Caen, par Jean Le Faulconnier le jeune, de St-Contest, hameau de Bitot, à Jacques Coqret, bourgeois de Caen, de 3 vergées de terre jouxte Gilles de Gaumont, écuyer, moyennant 10 l. t. et 6 s. de vin (1545). — Lots devant Jean Bouestel et Richard Quesnel, tabellions ès sergenteries d'Ouistreham et Bernières, entre les frères Niard, des biens de leur mère (1549). — Procédures pour paiement de rentes, etc.

(I. 184. (Liasse.) — 6 pièces, parchemin; 33 pièces, papier.

1563-1770. — Bitot. — Vente devant Jacques Piguche et Hugues Étienne, tabellions à Caen, par Guillaume Trenche, bourgeois de Caen, et Jacqueline, sa femme, fille de feu Jacques Cocuret, bourgeois de Caen, à Guillaume Frogier, bourgeois de Caen, de 2 pièces de terre (1582, v. s.). — Procédure en la vicomté de Caen devant Jean de La Court, écuyer, sieur du Buisson, vicomte, entre les religieux d'Ardennes et Charles de Bitot, écuyer, s⁰ de Bitot, pour paiement de rente (1581). — Lots devant Germain Ribout et Jean Le Febvre, tabellions en la sergenterie de Bernières pour le siège de Cairon, entre Jeanne Le Faulconnier, veuve de Laurent Laisné, et Jean Godefroy et Marguerite Le Faulconnier, sa femme, des biens de feu Guillaume Le Faulconnier, de Bitot (1632). — État de distribution faite par Siméon de Fontaines, écuyer, sieur de Neuilly, vicomte de Caen, des deniers provenant du décret requis par Jacques Deschamps, élu à Caen, des maisons de Laurent Le Sauvage (1652). — Remise devant François Delaporte et Jean Crestien, tabellions à Caen, par Jacques Deschamps, élu à Caen, aux religieux d'Ardennes, stipulés par Robert Du Hamel, sous-prieur, et Basile Gombert, procureur, de l'adjudication par décret à lui faite des biens de Raoul et Laurent Le Sauvage, père et fils, de Bitot (1652). — Présentation faite à Michel de Barberie, écuyer, seigneur du fief et alœurie de St-Contest, par frères Augustin Goillard, prieur, Robert Du Hamel, sous-prieur, Baptiste Jean, Hyacinthe Touraine, Ambroise Des Landes, Athanase de La Court, Bernard Cally, Hugues Barbey, Simon Formage, Augustin Bourdon, Paul Lhermitte, Paul Le Terrier, Antoine Fouenier, Gilles Le Rault et Jean Le Broc, religieux d'Ardennes, de Pierre Le Clerc, de la paroisse de Saint-Germain-La-Blanche-Herbe, pour acquitter leurs devoirs seigneuriaux, à cause de leurs biens sis à Bitot (1654). — Lots et partage faits entre Pierre-François Le Sauvage, sieur de Bitot, Guillaume Le Sauvage, sieur de Rocquemont, Jean-Michel Le Sauvage, curé de Touffréville, et Charles Le Sauvage, frères, de biens de leur père et d'Olivier Le Sauvage, prêtre, leur oncle, chargés de rente envers l'abbaye (1665). — Accord entre Guillaume Fossard, prieur, François Myffant, sous-prieur, Mathieu Teusseille, Alexis Chastel, Joseph Thorel, Pierre Bouchard, Nicolas Lanquetot, Thomas Lastelle, Norbert Molinot, procureur, Jacques Huterel, Jacques Le Bon, Norbert Le Haribel, Eustache Vatier, Martin Laugée, Hilaire Pagny, Antoine Fournier, Jean Le Brocq, Alexis Le Febvre de Danville, Aymon Guernetot et Fabien Garnier, religieux d'Ardennes, et Michel de Barberie, chevalier, seigneur de St-Contest, conseiller du Roi en ses conseils d'État et privé, maître des requêtes ordinaire de son hôtel, concernant le droit de patronage honoraire de l'église de St-Contest, dont ils lui accordent le maintien, moyennant décharge qu'il leur accorde du droit d'indemnité, mouvance et sujétion de bailler homme vivant, mourant et confisquant, et de tous autres devoirs sieuriaux à cause de leurs biens de Bitot, etc. (1666). — Reconnaissances de baux de biens à Bitot : par Pierre-François Le Sauvage, bourgeois de St-Martin de Caen (1669); par Jean Niard, devant Jean Caumont, tabellion à Cheux, et Jean Maugier, sergent, pris pour adjoint (1671). — Vente par Jean Laisné, de Troarn, à Pierre-François Le Sauvage, sieur de Bitot, bourgeois de St-Nicolas de Caen, d'une petite maison menaçant ruine à Bitot (1681). — Vente devant Jacques Le Danois et Guillaume Jolivet, notaires à Caen, par Pierre-François Le Sauvage, sieur de Bitot, aux religieux d'Ardennes, stipulés par Hyacinthe Touraine, prieur claustral, et André Fournereau, procureur, d'une pièce de terre (1684). — Reconnaissances de baux : par Michel Marie, devant François Le Sénécal, notaire à Évrecy, et Jacques Caumont, ex-notaire à Cheux, pris pour adjoint (1691); par Louis Mériotte, devant les notaires de Caen (1744). — Baux de maisons et jardins : devant les notaires de Caen par Louis-Charles Gontier, religieux et procureur de l'abbaye, à Louis Mériotte (1765); devant Guillaume Fontaine, notaire à Caen, par Charles Alliot, prieur, et Gabriel Arondel, procureur de l'abbaye, à Louis Mériotte (1761). — Sommation et saisie, requête d'Édouard Booth, abbé commendataire d'Ardennes, stipulé par Philippe Dudouet, notaire royal et apostolique à Caen, sur Pierre Houel, représentant Jacques Gervais, sieur de St-André, pour paiement de rente (1770). — Plan de terres à Bitot. — Fieffes, procédures, etc.

H. 189. (Liasse.) — 8 pièces, papier.

1615-1675. — Blagny. — Copies: de fieffe par Jacques Crestey, bourgeois de Fraide-Rue de Caen, à François Goral, sergent royal, de la paroisse de Brieuqueville, demeurant à Blagny, de partie de maison à Blagny, pièce de terre à Notre-Dame de Blagny, nommée La Sablonnière, autre pièce de terre à St-Martin de Blagny, etc. (1615); de titre nouveau passé par Jules Crestey, bourgeois de Bayeux, héritier de Philippe Crestey, pour Gilles Hunot, sr des Coursons, époux de Françoise Crestey, et Nicolas Surirey, sieur du Manoir, époux de Jeanne Crestey, sœurs, créancières de feu Jacques Crestey, leur père, lesd. srs des Coursons et du Manoir représentant le droit de Jean Blanche-cappe, bourgeois de St-Nicolas de Caen, héritiers dud. Jacques Crestey, de 15 livres de rente foncière pour lad. fieffe; présent Jacques d'Hérouville, avocat en Élection, etc. (1669). — Reconnaissance par Hunot de la remise à lui faite par Louis Basset, religieux et procureur de l'abbaye d'Ardennes, desd. deux contrats par lui transportés aux religieux (1675).

H. 190. (Liasse.) — 5 pièces, parchemin ; 4 pièces, papier.

Fin du XIIe **siècle-1678.** — Blay et le Breuil. — Lettres de Robert, abbé d'Ardennes, et le couvent, faisant connaître que Guillaume Bacon du Molay, « Will. Bachun de Moleio, vir venerabilis et nobilis », a donné à l'abbaye, par la main et de l'assentiment d'Henri, évêque de Bayeux, « duas ecclesias suas, scilicet de Broillo et de Ble », « et nos prefati abbas et canonici, secundum permissionem et pactionem nostram inter nos et ipsum Wilm. antefatam, tres pbros. canonicos in abbatia nostra, quando fructus ecclesiarum predictarum in proprios usus nostros convertentur,

assignare tenemur, qui de bonis ipsarum sustentati pro eodem Wllo. et uxore sua et filio pro remedio animarum suarum orationes et missas in perpetuum celebrabunt ; et interim, donec hoc idem acciderit, unus sacerdos pro eis missas celebraturus a nobis fideliter constituetur »; « promisimus etiam hoc idem a Henrico Baioc. episcopo et a generali capitulo tocius ordinis nostri et ab universis abbatibus nostris in Normannia constitutis diligenter concedi et confirmari. Test. his, domino H.. Baioc. episcopo, Rogero Bouet, cancellario suo, Henr., precentore Baioc., Johanna de Sancto Laudo, phro., Gauf., magistro scolarum Baiocen., Hamone Crasso, milite, Simone Blundel, et aliis pluribus. » Fragment de sceau. — Confirmation par Henri, évêque de Bayeux, en faveur de l'abbaye, « accipiendo annuatim a Joanne, persona earumdem ecclesiarum, quoad vixerit, ex illis ecclesiis, nomine pensionum, viginti candelas....; cum vero idem Joannes, domino disponente, decesserit, vel alio modo cesserit, volumus et concedimus quod iidem canonici omnes decimas bladi predictarum ecclesiarum sine contradictione percipiant et in proprios usus suos convertant », etc. Copies de 1652 et 1678, la dernière concernant frère Pierre Le Roux, prieur-curé de N.-D. du Breuil. — Confirmations par « Rogerus Bacon, miles, dominus de Moleto », de lad. donation de Guillaume Bacon, son aïeul, desd. églises de Notre-Dame du Breuil et St-Pierre de Blay, « excepta capella de Moleto » (1260, *die mercurii proxima post Aununtiationem dominicam*); autres lettres y relatives dud. Roger Bacon, sur procès entre feu Guillaume Bacon, son père, et lui, et l'abbaye, sur les droits de patronage de la chapelle St-Nicolas du Molay et desd. églises. — Ordonnance de P., évêque de Bayeux, concernant lesd. églises, la présentation des titulaires, les droits à payer, etc. (1301, *die veneris post exaltationem sancte crucis*); extrait y relatif d'un livre relié, écrit sur parchemin, intitulé *parvum chartularium abbatie Ardene*.

H. 191. (Liasse.) — 15 pièces, parchemin.

1238-1348. — Blay. — Réception par Richard Boistart, archidiacre de Bayeux, de Pierre de Loucelles, clerc, à l'église de Blay, vacante par la mort de Jean de St-Ló, à la présentation des abbé et couvent d'Ardennes, patrons (1238, *in crastino Omnium Sanctorum*). — Procès devant le bailli de Caen en l'assize de Bayeux, entre l'abbaye et Robert Le Potier, de Blay, qui délaisse « la siute d'un brief de patronage que il portoit sus l'abbé et sus le convent d'Ardaine de l'église de Saint-Pierre de Bló », et renonce aud. patronage; Guillaume Cordelé, chanoine et official de Bayeux; collation par P., évêque de Bayeux, à Garin « de Poncayo », chanoine d'Angers, de l'église de Blay, vacante par la mort de Robert « Boran » (1298, v. s.). — Itérative renonciation dud. Le Potier en l'assise de Caen, tenue en 1300, le mardi après la fête St-Jacques et St-Christophe. — Renonciation devant le vicomte de Bayeux par Guillaume Bacon, chevalier, au procès concernant le patronage de Blay, et reconnaissance du droit des religieux (1301, mercredi jour de fête de St-Nicolas d'hiver). — Nomination par Pierre, évêque de Bayeux, à la présentation de l'abbé d'Ardennes, patron, du consentement de « Garinus de Ponceto, canonicus Andegavensis, nostre curie Bajocensis sigillifer, rector ecclesie Sancti Petri de Blado », de « fr. Philippus dictus Tabernarius », chanoine d'Ardennes, comme vicaire de Blay, « qui nomine dicte vicarie et cure ecclesie predicte percipiet et habebit omnes minutas decimas, jura funeralia, et omnes alios redditus et obventiones spectantes ad altalagium ecclesie memorate, una cum quadam pecia terre sita prope ecclesiam supradictam, necnon et manerium dicte ecclesie, excepta grangia, que dicto rectori ad reponendum grossos fructus decimarum dicte ecclesie, et ad alios usus ejusdem rectorie remanebit, quas decimas idem rector cum quibusdam minutis redditibus aliis « predictis dicto vicario assignatis quamdiu vixerit percipiet et habebit nomine et ratione personatus et rectorie ecclesie supradicte, et dictus vicarius in divinis ipsam ecclesiam officiet », etc.; « post decessum dicti rectoris dicti decima grangia et redditus dictis religiosis remaneant una cum vicaria supradicta »; en raison de la longue distance entre les églises de Blay et d'Angers « in qua ratione prebende sue idem rector residenciam teneretur facere personalem, al. dicta prebenda seu quasi inutilis sibi esset... dictum rectorem ab eisdem cura et vicaria penitus absolventes », etc. (1301). — Prise à ferme et achat par l'abbaye dud. Garin, « persona et rectore ecclesie de Blado », des dîmes et autres fruits lui appartenant « ratione personatus et rectorie », sa vie durant, pour 100 livres t. de rente annuelle. Fait à Caen, dans le manoir de P., évêque de Bayeux, « juxta capellam Sancti Ludovici » (1302); présents, « Magistro Petro de Cintrayo, canonico Sancti Hylarii Pictavensis, Johanne de Noeriis, Johanne, audienciario Cadomen., Damiano de Bauto, priore dicti monasterii », etc. Acte intitulé au nom de l'official de Bayeux; « Robertus de Mareseiis, clericus, dicte Baiocen. dioc. publicus sacrosancte Romane ecclesie auctoritate notarius ». — Donation par « Richart Ami », de Crouay, de deux pièces de terre à Blay, dont l'une entre le manoir de l'aumône et le bieu du moulin, et une pièce de pré aud. lieu (1307). — Renonciation aux assises de Bayeux, tenues par Guillaume Marie, pour le bailli de Caen, le mercredi après la St-Grégoire en mars, 1329, par Jean d' « Aingneaux », chevalier, seigneur dud. lieu, des droits par lui prétendus sur led. patronage, qu'il confirme à lad. abbaye, etc.

H. 192. (Liasse.) — 30 pièces, parchemin; 2 pièces, papier.

1364-1506. — Blay. — Donation devant Jean Le Brebenchon, tabellion en la vicomté de Caen, par Jean et Colin « Guaret », frères, de Blay, pour l'âme de Robert « Guaret », jadis prieur de Blay, de 1/2 acre de terre jouxtant le presbytère et 1 vergée de terre jouxtant le cimetière de l'église de Blay (1363, v. s.). — Vente à l'abbaye par « Potet Le Pelei », de Crouay, d'une pièce de terre contenant 1/2 acre à Blay, « sous le moustier », jouxte le chemin du Roi, moyennant 50 sols de tournois en florins d'or de bon poids, pour 30 sols tournois la pièce, et 1 pot de vin (1371). — Vente par « Andrieu Le Miduat », du Breuil, à l'abbaye, de 1/2 acre de terre en la paroisse de Saon, « es prés de Blei », jouxte le seigneur et le prieur, moyennant 60 s. t. (1371, v. s.). — Vente de rente devant Jean Le François, juré commis et député de Jean Léveque, prêtre, garde du scel des obligations de la vicomté de Bayeux, par Robert de « Thuneguie » et Jeanne, sa femme, de Blay, à Philippot de Saragosse (1372, v. s.). — Vente de fonds devant Yon Guérout, tabellion en la vicomté de Bayeux, par Jean Le Carpentier, de Blay, aux religieux (1375, v. s.). — Échange devant Jean La Chape, tabellion en la vicomté de Bayeux, entre Richard Le Cousturier et les religieux (1377). — Vente par Jean Le Clerc, de « Listrie », aux religieux, d'une pièce de terre en pré contenant 1 vergée, paroisse de Blay, aux prés de Blay, jouxte les prieur et frères de la maison Dieu de Bayeux, moyennant 60 sols t. et 2 pots de vin (1378). — Donations de pièces de terre : par Robert Le Mière (1378, v. s.); par Robert Orieust (1380). — État des donations, legs, aumônes et acquêts en lad. paroisse, depuis 50 ans, baillé au Roi par Laurent Anguier, prieur (1395). — « Cy ensuient les dons et osmonnes, acquests, faiz, donnés, osmonnés et acquis au prieur de l'église paroissial de Bley... Item, ensuient les acquisitions faictes par le dit prieur et ses prédécesseurs en la vicomté de Baieux » depuis 40 ans. Baillé à Jacques Le

Benvoisie, vicomte de Bayeux, par Jean Ylaire, prieur (1404, v. s.) — Acquêts devant Guillaume de Tour, tabellion, par Jean Hillaire, prêtre, prieur de Blay (1404, v. s.-1405). — Vidimus par « Radulphus Episcopi », notaire apostolique (1415), de bulle de Benoît XIII, du 3 des nones de Janvier an 12 (1406), nommant led. Jean (le nom lacéré), prieur de Blay, son chapelain et du St-Siège, avec tous les privilèges y relatifs. — Donation aud. prieur par Jean Sohier et Jean Levon, de Campigny, et par Alix, déguerpie de Richard Potier, de Blay (1411, v. s.). — Donation devant Jean Desmares, clerc, tabellion à Bayeux, par Jean Archon, de Blay, à Nicole de La Marre, prieur de Blay, d'une pièce de terre (1420). — Accord devant Thomas Ogier, clerc, tabellion à Bayeux, entre Jean Hallebon et led. prieur de Blay, concernant les réparations par lui faites à la maison aumônée par Robert Le Mière (1433, v. s.). — Accord entre led. prieur et Jouenne, veuve de Martin Revel, et Jean Le Tourneur, de Blay, qui s'engage, avec sa femme, moyennant la cession de ses biens, à nourrir, vêtir, etc., lad. veuve, et à faire ou faire faire un voyage ou pèlerinage à Notre-Dame de La Fontaine, que led. Revel avait promis faire, etc. (1436). — Vente devant Pierre de Taneguy, clerc, tabellion en la sergenterie de Cerisy, par Jean Le Poitevin l'aîné, de Blay, aud. prieur, d'une vergée de terre moyennant 50 sols tournois et 2 sols 6 deniers de vin (1446, v. s.). — Procuration devant Richart Lonbart, bailli de la terre et haute justice de Barbeville, par François de Beaumont, sieur de Beaumont et du Molay Bacon, à Gaultier La Gouelle, Robert Quetil, Alain de Chaumontel, écuyer, Christophe Férard, prêtre, Eustache de Beaumont, etc., de soutenir ses intérêts (1489). — Procédures en vicomté de Bayeux, sergenterie de Tour et Cerisy : pour Guillaume Carrel, prieur de Blay, contre led. François de Beaumont, concernant l'enlèvement d'une charetée de foin sur un pré appartenant à la paroisse (1491-1493) ; aux assises de Bayeux entre Roger Le Bret, prieur de Blay, et Jean de Beaumont, s. du Molay Bacon (1501-1502). — Vente devant Richart et Pierre dits Le Canu, tabellions en la sergenterie de Tour, par Jacques Le Poitevin à Simon Legras, moyennant 60 s. t. et 2 s. 6 d. t. de vin, de 1/3 d'acre de terre, delle du pré Videquin (1502, v. s.)

H. 193. (Liasse.) — 13 pièces, parchemin ; 17 pièces, papier.

1503-1756. — Blay. — Vente devant Pierre Lermite et Pierre Langlois, tabellions en la sergenterie de Cerisy, par Jacques Le Poitevin l'aîné, de Blay, à Julien et Pierre Pastey, frères, dud. lieu, moyennant 6 livres 8 sols de 1/2 acre de terre aud. lieu, « en la delle du bouil du cueur de l'église » (1507, v. s.). — Acquêts de fonds par Roger Le Bret, prieur de Blay (1509-1512, v. s.). — Procuration devant Jean Desprès et François Tostain, tabellions en la sergenterie de Cerisy, par Guillaume Lebret, de Blay, à Jeanne, sa femme, Léger d'Escageul, écuyer, Nicolas Le Visul, Henri Douesnel, Robin Le Bret, etc. (1518). — Déclaration des terres appartenant au prieuré de Blay, bannies issue de la grande messe paroissiale (1532). — Accord entre Baptiste de Villemor, abbé commendataire de l'abbaye d'Ardennes, et Louis Benoist, héritier de Jean de Mathieu, chanoine de Bayeux, sur le bail à lui fait par led. abbé de la dîme des blés de Blay pour 1562, « à cause des ravaiges estants en ce pays de Normandye » (1563). — Ratification devant... (lacération) et Denis Erhodes, tabellions à Caen, par Baptiste de Villemor, abbé, et les religieux d'Ardennes, et Charles Legras, du bail fait aud. Legras par led. abbé, de la dîme de la paroisse de Blay moyennant 100 l. t. (1569). — Présentation à l'évêque de Bayeux par Jean de La Croix, prieur claustral d'Ardennes, et le couvent, de Jacques Marye, sous-diacre, religieux profès d'Ardennes, à l'église paroissiale ou prieuré-cure de Blay, vacante par la mort de Jean Du Fayel, dernier possesseur, et par l'injuste intrusion et incapacité de fr. Richard Du Fayel, se disant religieux profès de l'ordre de St-Benoît (1600). — Mandement de Jean de La Croix, prieur claustral de l'abbaye d'Ardennes, sur la plainte de son procureur contre Jean Onffroy, religieux profès d'Ardennes, prieur-curé de St-Pierre de Blay, dépendant de l'abbaye, vivant licencieusement contre sa profession et les statuts de l'abbaye, « ne portant aucunement la chemise et rabat de sarge ny son capuche », ayant négligé d'apporter la charte contenant et déclarant tout son revenu, biens meubles et héritages, « pour fuir et esviter le péché de propriété, que led. Onffroy venant en cesed. abbaye en estoit sorti plusieurs foys sans congé de celuy qui estoit mis par moy pour supérieur à ma place, que led. frère Onffroy va boire aux tavernes, passe les jours aux tavernes et aussi demeure de nuict aux banquetz et tavernes, tant à sa paroisse qu'en la ville de Bayeux, en laquelle il demeure trop longtemps, qu'il porte des hault de chauses et gertières de couleur et battans sur la jambe à la façon de ceux du monde », etc. : ordre de porter sans discontinuer la chemise et le rabat de serge, sans quitter pour aucune occasion que ce soit, sauf réserve qu'il fût au lit malade, auquel temps il pourra, selon les statuts, prendre des chemises de linge; défense d'aller aux tavernes et banquets pour s'enivrer et y passer les nuits et faire des débauches; quand il ira à Bayeux, ordre de se retirer chez son oncle à St-Nicolas de la Chesnée, ou en quelque honnête maison pour y prendre ses repas et au plutôt retourner à sa paroisse sans y demeurer inutile, etc. (1613). Sceau conventuel, plaqué Signification. — Continuation du bail de la dîme de Blay, avec engagement de remise de déclaration et de toutes les pièces baillées par Guillaume « Le » Gallodé, sieur de Chambrulley, à charge de le faire ratifier à M. de Villemor, abbé d'Ardennes (1614). — Déclaration des biens étant au prieuré de St-Pierre de Blay, possédés par frère Jean Ouffroy, religieux profès d'Ardennes, prieur; mobilier; rentes dues à cause du prieuré 27 l. au Roi pour décimes, 30 l. à fr. Richard Du Faiel, religieux à Royal-Pré, pour pension, 6 l. à M. de Bayeux, pour pension, plus droits de l'archidiacre, visite de l'église, visite du doyen rural; rente d'une poule et demie et 15 œufs à la châtellenie du Molay (1621). — Lots et partage faits devant Lucas Blanquerman et Jacques Le Mierre, tabellions en la sergenterie de Cerisy au siège de Campigny, entre Pierre et François Dupont, des biens leur revenant de la succession de Nicolas Dupont leur père, du Blay (1624). — Procédures devant Richard Héliès, écuyer, sieur de Sables, lieutenant général civil et criminel du bailli de Caen à Bayeux, pour Jean Ouffroy, prieur, demandeur au paiement de dîme d'herbages (1661). — Reconnaissance par Charles Chrestien, religieux profès d'Ardennes, prieur de Blay, du bail à lui fait pour 6 ans par Gabriel Yver, sieur de La Garenne, bourgeois de Caen, procureur receveur de l'abbé, de la dîme de lad. paroisse (1669); semblable reconnaissance du même (1682). — Arrêt du Grand Conseil pour Louis-Etienne Basset, chanoine régulier de Prémontré, pourvu du prieuré-cure de Blay, appelant comme d'abus des provisions en commende dud. prieuré, contre Jacques Le Berryer, prétendant droit à lad. cure de Blay (1736). — Baux par le prieur Etienne Basset (1753-1756), entre autres devant Pierre Colleville, notaire pour le siège de Noron, à François Le Mainier, garde de l'herbage de Saon, du droit d'herbage attaché aud. prieuré-cure de faire pâturer chaque année sans discontinuation une vache dans l'herbage de Saon appartenant au duc de Chaulnes, héritier du feu seigneur de Bosnier, en tant qu'il en est situé à Blay, moyennant 45 livres et 2 canards gras de ferme par an (1756).

H. 194. (Liasse.) — 7 pièces, parchemin; 6 pièces, papier.

1277-1620. — Bois-d'Elle. — Mandement de J. Le Boucher, archidiacre en l'église de Bayeux, au doyen de Lamberville, de mettre en possession de l'église « Sancti Quintini de Ala » Étienne Pasturel, sur présentation de l'abbé et couvent d'Ardennes (1276, v. s.). — Mandement de Richard Haryngton, chevalier, bailli de Caen, commissaire et conservateur général donné et député par le Roi aux maîtres, régents et écoliers étudiant en l'université de Caen, au premier sergent royal requis, requête de Michel Lescuyer, curé de St-Quentin des Baldelle, écolier étudiant en lad. Université en la faculté de décret sous Raoul Julivet, docteur en lois et licencié en droit canon, lisant l'ordinaire en lad. faculté de décret (1458); procédures entre led. Lescuyer et Raoul Martin, se disant curé de lad. cure. — Extraits des registres de présentations et collations de bénéfices de l'évêché de Bayeux concernant lad. cure; collation à Michel Lescuyer, de lad. église « Sti Quintini de Nemoribus Alis », en remplacement de N. Martin, décédé (1436, v. s.); résignation par Raoul Froslet, curé d'Aignerville, procureur de Benoît Eudelin, curé dud. lieu, et son remplacement par Laurent Eudelin (1588), etc. Copies de 1620 sur le registre représenté par Pierre Taron, sieur de Lhoumeau, suivant compulsoire d'Ambroise Le Gaufre, docteur aux droits, trésorier et chanoine de la cathédrale de Bayeux, vicaire général en spirituel et temporel de l'évêché, led. Taron saisi du registre pour l'absence de l'archidiacre des Vez, son frère, secrétaire de l'évêché de Bayeux, par Jacques Denis, notaire apostolique, instance de Marc Sarrazin, religieux d'Ardennes. — Présentation à l'évêque Charles de Humières, par Baptiste de Villemor, abbé, et le couvent d'Ardennes, de Benoît Eudelin, de Berigny, en remplacement de Jean Bouffey (1567), etc.

H. 195. (Liasse.) — 14 pièces, parchemin; 1 pièce, papier.

1307-1587. — Brécy. — Reconnaissance devant Laurent Nicolas, garde du scel de la vicomté de Bayeux, par Jean de La Croix, de Vaux-sur-Seulles, de la vente par lui faite aux religieux d'Ardennes d'une vergée de terre à « Brechy » (1307). — Reconnaissance devant Richard de Reviers, clerc, tabellion en la sergenterie de Creully, par Thomas Corbel, de la fieffe à lui faite par Guillaume Morel, d'une maison et jardin (1423). — Vente devant Guillaume de Vernay, clerc, tabellion à Caen, par Guillaume Morel, fils de Thomas Morel, à Thomas Morel, son neveu, d'une maison et jardin (1486). — Procédure en la sergenterie d'Ouistreham, Bernières et Creully, entre Thomas Morel et Thomas Corbel (1458). — Lots faits devant Pierre Hamelin et Jean Le Moullinier, tabellions à St-Gabriel, entre les frères Enguehart, de Brécy (1480). — Vente de rente devant Lucas Delalande et Denis Delahaye, tabellions à Caen, par Guillaume Nicolle, aux religieux d'Ardennes (1542). — Vente devant Médard Hébert et Gilles Castil, tabellions à Creully, par Raouletle Baudouin, veuve de Guillaume Nicolle, de Brécy, à François Le Mayre, sieur de Varembert, du droit de condition retenu lors de la vente à lui faite d'une pièce de terre (1587).

H. 196. (Liasse.) — 4 pièces, parchemin; 8 pièces, papier.

1413-1682. — Bretteville l'Orgueilleuse. — Bail devant Colin de Vernay, clerc, tabellion à Caen, par les religieux d'Ardennes, à Jean Lair, d'une vergée de terre sise au bout du clos Carbonnel (1413). — Adjudication devant Charles Le Fournier, écuyer, lieutenant général du vicomte de Caen, tenant les pleds des sergenteries de Villers, de récoltes décrétées requête des religieux, stipulés par Simon Du Vivier, l'un d'eux, pour paiement d'arrérages en grains dus par les représentants de feu Jean Lair (1546). — Vente devant Pierre Honorey et Jean Desobeaulx, tabellions ès mettes des sergenteries d'Ouistreham et Bernières, par Jean « Dargenchia », prêtre, de Bretteville-l'Orgueilleuse, à Charles de Guierville, de terre au bout de la ruette aux Maugiers (1546, v. s.). — Extrait de l'état tenu devant le vicomte de Caen des deniers du décret requis par Sallet, procureur général au Parlement de Normandie, des biens de Regnaud Eudes, Denis, Jacques-Jean et Jacques, ses enfants (1636). — Requête au bailli de Caen par Alexandre Sallet, écuyer, seigneur de Quilly, conseiller au Parlement de Normandie, pour être reçu partie intervenante au procès entre les religieux d'Ardennes et Jean d'Arclais, écuyer, sieur de Montamy, époux de Marie Le Coustellier, et Élisabeth Le Coustellier, filles de Jean-Jacques Le Coustellier, sieur de Beaumont, concernant la possession de 2 pièces de terre à Bretteville (1674). — Échange entre François de Cairon, écuyer, sieur de Cardonville, et les religieux (1682).

H. 197. (Liasse.) — 2 pièces, parchemin.

1219-1245. — Bretteville-sur-Bordel. — Donation à l'abbaye par « Will. de Landell, », fils de Guillaume, du tènement que « Gervasius de Arbore » tenait de lui « apud Bordel » (1219). — Donation de rente par « Hug. de Arbore, de Bordel » (1245, mars).

H. 198. (Liasse.) — 15 pièces, parchemin, 23 pièces, papier.

XIIIᵉ siècle-1697. — Bretteville-sur-Odon. — Donation à l'abbaye par « Willelmus Lecort et Rogerus, frater meus, de Bretevilla... apud Brettevillam in valle Quarreriarum » de « totam quarreriam nostram in tota terra nostra in francho et villano lapide sive in bonis subterraneis sive in discoopperturis factis vel faciendis (s. d.). — Inventaire des pièces et écritures mises par les religieux d'Ardennes au greffe des présidents trésoriers généraux des finances à Caen, contre Nicolas-Claude Morant, écuyer, sieur de Courseulles et d'Éterville, et Du Thon, écuyer, sieur de Montcarville; analyses de pièces (1317-1697). — Vidimus par Jean de La Fontaine, tabellion, d'accord fait en 1317 entre l'abbesse de la Trinité et les religieux d'Ardennes concernant le moulin de Bretteville (1431, v. s.). — Extraits d'un registre relié en bois couvert de cuir rouge, appartenant à l'abbaye de St-Étienne de Caen (1490), délivrés à l'abbé d'Ardennes par Calbric en 1619. — Procédure en la vicomté de Caen entre Guillaume Sanxon et Raullet Sochon. — Signification imprimée par Charles d'Auberville, bailli de Caen, des lettres patentes concernant l'aliénation des domaines des évêchés, abbayes, communautés et commanderies, jusqu'à la somme de 2.000 écus de rente, au diocèse de Bayeux (1563). — État de la vente de partie du temporel de l'abbaye d'Ardennes : à François Richart, sieur d'Hérouvillette, pour et au lieu d'Étienne Du Val, sieur de Mondrainville, de 2 moulins à blé à Éterville et Bretteville, etc. (1563). — Extrait du compte de Jean Ribault, receveur commis par les syndics et délégués du clergé du diocèse de Bayeux, concernant les cotisations de l'abbaye d'Ardennes; de François Malherbe, sʳ d'Igny, 31 l. t. pour la vente à lui faite par Olivier de Brunville de 30 s. de rente sur Jean Thiout ; autres recettes de Guy de Bricqueville, Marin Benoist, éc., etc. (1564). — Publication par Jean Morant, sergent royal de la vicomté de Caen, de la bannie des moulins d'Ardennes (1577). — Quittances données par Jean Dumont, commis du receveur des décimes du diocèse de Bayeux, à Pierre Novince, du montant des taxes de l'abbaye (1577). — Procédure en la vicomté de Caen entre Marguerite Bellet, veuve de Marin Du Viquet, docteur en médecine, Pierre Colette, dit Calais, et Pierre Novinco, général en la généralité de Normandie, établi à Caen (1580). — Extrait de la déclaration des rentes et revenu de la baronnie, terre et sieurie de Bretteville-sur-Odon, appartenant aux religieux du Mont-St-Michel (1581). — Procédure entre la dame d'Aubigny, chargée du fait de M. de Croismare, les religieux d'Ardennes et Jean Du Thon, écuyer, sieur du Quesnay, concernant la fieffe de 7 vergées de terre (1585). — Extrait du registre de feu Raoul Pellevey, greffier des ventes ecclésiastiques de l'évêché de Bayeux (1587).

H. 199. (Liasse.) — 15 pièces, parchemin; 40 pièces, papier.

1610-1619. — Bretteville-sur-Odon. — Bail par Jean Du Thon, sieur du Quesnay, acquéreur de M. de Croismare, conseiller au Parlement de Rouen, à Mathieu Robillard, des moulins d'Ardennes (1610). Sommation, requête des religieux d'Ardennes, stipulés par Guillaume Denis, à Du Thon, sieur du Quesnay, de leur rendre les moulins d'Ardennes et 6 vergées de terre (1613). — Procédure entre les religieux et la veuve d'Adrien Novinco, sieur d'Aubigny, tutrice de ses enfants, et Robert du Vicquet, premier avocat général au Parlement de Rouen, concernant le retrait des moulins (1613). — Caution donnée par Isabelle, dame de la Reine, veuve d'Adrien Novince, sieur d'Aubigny, trésorier de France, auxd. religieux, de la somme de 2280 livres pour les augmentations des deux moulins par eux clamés (1614). — Remise par Jean Du Thon, sieur du Quesnay, aux religieux, stipulés par frères Guillaume Denis, Laurent Vechy et Marc Sarrazin, des moulins d'Ardennes (1614). — Procédure devant Charles de Verney, écuyer, sieur de Christot, lieutenant général des eaux-et-forêts à Caen, concernant une planche à mettre par les religieux au cours d'eau étant au chemin passant devant leurs moulins (1615). — Procès-verbal de visite faite par Guillaume Vauquelin, écuyer, sieur de la Fresnaye, lieutenant général au bailliage de Caen, des héritages contestés par Jean Du Thon, sieur du Quesnay, aux religieux, acquis de Pierre Novince, sieur d'Aubigny (1615-1617). — Procédure au siège présidial de Caen entre la veuve d'Adrien Novince, sieur d'Aubigny, et les religieux, concernant la récompense de la somme de 760 écus pour les réparations faites par feu Pierre Novince, père dud. d'Aubigny, aux deux moulins par lui acquis en 1577 aux ventes ecclésiastiques et retirés par les religieux en vertu de la permission à eux donnée par édit du Roi (1616). — Adjudication faite par Jacques de Cauvigny, sieur de Viéville, trésorier général de France et lieutenant du grand voyer, de la réédification du pont d'Ardennes dans la paroisse de Bretteville-sur-Odon (1617). — Procès-verbal de visite des réparations du pont d'Ardennes faite par Balthazar Catherine et Fleury Bresson, maçons, Marin Le Chartier et Martin Le Corsu charpentiers (1617). — Nomination par lesd. religieux et Jean Du Thon de Jean Le Chevalier, conseiller en la vicomté de Caen, et Samson Le Coustelier, écuyer, sieur de Beaumais, avocat au siège présidial de Caen, comme arbitres afin de terminer à l'amiable leur procès (1618). — Plan des abords des moulins (1619).

H. 200. (Liasse.) — 8 pièces, parchemin; 45 pièces, papier.

1620-1669. — Bretteville-sur-Odon. — Ordonnance de Blondel, lieutenant général au siège présidial de Caen, prescrivant le dépôt au greffe du procès-verbal des lieux descordables entre Germain et Laurence Du Thon et les religieux d'Ardennes (1620). — Quittance de Thomas de Troismonts, conseiller au bailliage de Caen, aux religieux d'Ardennes, de 25 livres pour moitié de 50 livres à lui taxées pour le rapport du procès entre eux et Du Thon (1621). — Inventaire des pièces produites au greffe du bailliage de Caen par les religieux contre Du Thon (1621). — Quittance devant Delalonde et Le Sueur par François de La Barrière, de St-Contest, à Gaspard Morant, trésorier et receveur général des ponts et chaussées et autres ouvages publics du Royaume, de 150 livres pour la réédification du pont d'Ardennes en la paroisse de Bretteville (1621). — Procédure entre Robert Du Vicquet, sieur d'Esquay, premier avocat général au Parlement de Normandie, et les religieux d'Ardennes, concernant une usurpation de partie de pré et jardin (1632). — Défenses faites par Pierre Gardembas, sergent, requête de Robert Du Vicquet, sieur d'Esquay, aux religieux, de faire travailler à la réfection de la chaussée des moulins (1634). — Requête au Parlement par les religieux pour faire défenses aud. Du Vicquet de connaître et conclure dans leur cause avec Bonaventure Hardy, religieux de l'abbaye de Silly (1637). — Commandement requête de Jean Du Port, bourgeois de Paris, chargé par le Roi du recouvrement du revenu de tous les domaines, etc., à l'abbé d'Ardennes, de payer l'année du revenu des moulins d'Ardennes (1654). — Bail par Guillaume Fossard, prieur, et Mathieu Trosseille, procureur de l'abbaye, à Charles Le Hommaye, de Verson, des 2 moulins et pièces de terre (1662). — Envoi en possession, prononcé en vicomté de Caen, de la femme

Robillard, du 3ᵉ lot des biens de Robert Robillard, saisis en décret par les religieux (1669).

H. 201. (Liasse.) — 17 pièces, parchemin; 89 pièces, papier.

1667-1779. — Bretteville-sur-Odon. — Procédure devant Siméon de Fontaines, écuyer, sieur de Neuilly, vicomte de Caen, entre les religieux d'Ardennes, ayant requis le décret des héritages de Robert Robillard pour paiement de fermages des moulins d'Ardennes, et Marie Cœuret, sa femme, opposante aud. décret (1670). — Copie du bail fait en 1667 devant Jean Caumont, tabellion à Cheux, et Jean Mauger, sergent, pris pour adjoint, par Norbert Molinet, stipulant les religieux, à Marie Le Chevalier, veuve de Thomas Godefroy, des moulins d'Ardennes et dépendances, pour 6 ans, moyennant 700 livres de fermages; renouvellements du bail, notamment devant Jean Bougon et Jean Olivier, tabellions à Caen, par les religieux stipulés par Grégoire Bonhomme, prieur, et Louis Basset, prêtre, procureur, à lad. veuve Godefroy. — Procès-verbal de visite par Jean Blascher, sergent, en présence de Gohier et Lesueur, de la chaussée du moulin de l'Arbre (1673). — Bail devant Jacques Caumont, notaire à Cheux, et Nicolas Darbey, sergent, pris pour adjoint, par Pierre-Hyacinthe Tourniane, prieur, et Louis Basset, procureur, à Roland Blin, bourgeois de Caen, desd. moulins (1678). — Sous-bail devant Jacques Le Danois et Guillaume Jolivet, notaires à Caen, par Roland Blin, du consentement des religieux d'Ardennes, stipulés par frère André Fournereau, à Charles Bonpain, des moulins de Bretteville appelés les moulins d'Ardennes, avec les dépendances (1686). — Bail devant Jacques Caumont, notaire à Cheux, par les religieux, à Jean Bonpain, desd. moulins (1704); — autre bail devant François Le Sénécal, notaire à Évrecy, par les religieux, stipulés par Guillaume Du Bois, prêtre, à Jean Castillon (1708). — Transaction entre Pierre Oger et Jean Bonpain, fermier des moulins d'Ardennes, concernant la saisie de ses meubles, requête des religieux (1708). — Bail devant Jacques Faguet et François Boullin, notaires à Caen, par les religieux, stipulés par David Le Compte, prêtre, à François Maizeret, desd. moulins (1714). — Bail devant les notaires de Caen par Gilles Héroult, l'un des religieux d'Ardennes, à André Le Peintre, de 1/2 vergée de terre (1722). — Renouvellement devant François Le Sénécal, par Michel Pilon, prêtre, du bail fait à François Maizeret, des 2 moulins sis à Bretteville (1736). — Baux par: Jean Callimache, prêtre, religieux d'Ardennes, à Gillette Goret, veuve d'André Le Peintre, de 1/2 vergée de terre (1741); — Louis-Charles Gontier, prêtre, religieux, à ladite Gillette Goret (1751); — led. Gontier, devant Michel Bourguaise, notaire au siège de Bény, à François Maizeret, des 2 moulins et dépendances (1757); — Gabriel Arondel, prêtre, religieux, à Louis Brion, de 1/2 vergée de terre (1761). — Renouvellement devant les notaires de Caen, par Isaac Le Sage, prêtre, religieux, aud. Brion (1770). — Bail devant Jacques-François-Hyacinthe Létourmy, notaire à Caen, par Louis-Marin de Linchamps, prêtre, religieux, à Louis Maizeret, de 3 pièces de terre (1779).

H. 202. (Liasse.) — 5 pièces, parchemin.

XIIIᵉ siècle-1316. — Breuil (le). — Donation par Guillaume Bacon du Molay (« Willa. Bacon de Moleto »), à l'abbaye, de « servitium quod faciebat mihi Johannes de Sancto Laudo de duabus acris terre quas tenebat de me in parrochia de Brolio apud Planchan juxta domum Engerranni, scilicet duos capones annuatim ad Natale » (s. d.). Sceau de Guillaume Bacon, cire verte. — Cession devant le vicomte de Bayeux par Guillaume de Magneville, « fix Mons' Eustace de Mesons, chevalier », à l'abbaye, de son droit de patronage à l'église du Breuil (1301). — Traité entre l'abbaye et « Laurentius de Lochis, quondam rector ecclesie parrochialis Beate Marie de Brolio »; ordonnance y relative de Guillaume, évêque de Bayeux (1316).

H. 203. (Liasse.) — 20 pièces, parchemin; 21 pièces, papier.

1384-1650. — Breuil (le). — Reconnaissance devant Jean Le Bachelor, clerc, tabellion en la vicomté de Bayeux, par André Le Midout, du Breuil, de la fieffe à lui faite par Thomas Pipet, curé de N.-D. du Breuil, et les autres clercs de l'église, d'une pièce de terre, aud. lieu (1384). — Vente devant Félix Passet et Guillaume Legras, clercs, tabellions en la sergenterie de Cerisy, par Richard Le Norrichel et Guillemette, sa femme, fille de feu Guillaume Lefevre dit Le Goullu, du Breuil, aux prêtres et clercs du Breuil, de 5 sols tournois de rente (1471, v. s.); — autre acquêt de rente devant Jean Le Painteur et Pierre Lermite, clercs, tabellions à Cerisy, par les prêtres et clercs du Breuil (1487, v. s.). — Vente devant Lermite et Dumesnil, tabellions en la sergenterie de Tour, par Michel Collibert aux prêtres et clercs de l'église du Breuil, de 6 sols tournois de rente (1487). — Vente devant Pierre Lermite et Jean Le Painteur, tabellions à Cerisy, par

Jean Collibert, fils Berthin, du Breuil, à Guillaume Le Nourrichel, de 8 sols 6 deniers tournois de rente (1494). — Donation de rente par Thomas Le Nourrichel aux prêtres du Breuil (1501). — Copie d'extrait d'information faite du domaine non fieffé et revenu de la terre et châtellenie du Molay, concernant une requête adressée en 1502 à la Cour des Comptes par Roulette du Chastellier, veuve de Jean de Beaumont, écuyer, seigneur du Molay-Bacon, lad. copie collationnée par Michel Hellyne, sergent à Cerisy, à la requête de frère Laurent de Vechy, prieur du Breuil (1630). — Fieffe devant Thomas Du Mesnil et André Primault, tabellions en la sergenterie de Cerisy, par Thomas Le Prévost, du Breuil, à Jean de Mottes, d'une pièce de terre (1514). — Donation par Colin Le Nourrichel, du Breuil, aux prieur et clercs du Breuil, de 5 sols tournois de rente (1515). — Ratification devant Jean Desprois et Guillaume Le Gorgu, tabellions en la sergenterie de Cerisy, par frère Guillaume de Quernel, prieur du Breuil, et Jean de Quernel, écuyer, Louis Le Nourrissel et Jean Collibert, tous participants aux obits dud. lieu, de la fieffe faite par Guillaume Le Nourrissel, leur procureur (1517, v. s.). — Ratification devant Jean Desprois et François Toustain, tabellions en la sergenterie de Cerisy, par Philippine, épouse de Thomas Le Nourrissel, de la donation faite aux prêtres et clercs du Breuil de la somme de 5 sols tournois de rente, par son mari (1518). — Échange entre Jean Le Nourrichel, prêtre, de la paroisse du Breuil, et Guillaume Le Chevallier (1531). — Vente devant Jean Rogier et Thomas Sauvegrain, tabellions en la sergenterie de Cerisy, par Richard Le Boullanger, de Litry, à Colin Le Nourrichel, de 10 sols tournois de rente (1539). — Procédure aux pleds des sergenteries de Briquesard et Graye, devant Raphaël d'Escrametot, écuyer, vicomte de Bayeux, pour les religieux d'Ardennes, en paiement d'arrérages de rente (1546). — Bail par frère Pierre Le Brun, prieur du Breuil, à Jean Le Nourrichel, prêtre, l'aîné, et Pierre Le Mydou, des fruits et revenu de son bénéfice (1550). — Copie d'aveu rendu à Louis de Beaumont, seigneur du Molay-Bacon et Blay, par Pierre Le Midou, du fief Cateaubré, au Breuil (1550). — Reconnaissance de Jean Mathieu, prêtre, du bail à lui fait pour 3 ans par Marguerin de La Bigne, abbé commendataire d'Ardennes et official de Bayeux, des dîmes des blés et lainages de la paroisse du Breuil (1552). — Reconnaissance par Pierre Travers, prêtre, du bail à lui fait par Pierre Le Brun, prieur du Breuil, pour 3 ans, du revenu de son bénéfice (1555). — Fieffe devant Mathurin Le Forestier, clerc, tabellion à

Cerisy, et Richard de Tournières, son adjoint, par Chirot de Moslés et Collette, sa femme, du Breuil, à Nicolas et Pierre Le Chevalier, d'une pièce de terre (1556, v. s.). — Bail par Pierre Le Brun, prieur de N.-D. du Breuil, religieux de l'abbaye d'Ardennes, pour 3 ans, à Joachim de Mantailly, prêtre, du revenu du bénéfice du Breuil (1559). — Vente devant Richard Herbeline et Pierre Le Guellinel, tabellions en la sergenterie de Cerisy, par Robert de Saon, sieur de Longeau, à Ravon Hamon, d'un bois taillis sis au Breuil (1560, v. s.). — Bail par Toussaint des Vaulx, prieur du Breuil (1560, v. s.). — Bail par Du Moncel, prieur de Coulombs, gouverneur de l'abbaye d'Ardennes, de la dîme des blés de la paroisse du Breuil, au prieur Toussaint des Vaulx, religieux de l'abbaye (1560, v. s.). — Vente devant les tabellions de Cerisy, par Allain de Cramon, sieur de La Couture, Claude de Cornilly, sieur de La Houssaye, et Pierre de La Haye, sieur de la Pivardière, à Jean de La Haye, de la levée de 2 taillis sis au Breuil (1561). — Procédure en la juridiction des privilèges de l'Université devant Charles de Bourgueville, écuyer, lieutenant du bailli de Caen, entre l'évêque de Bayeux et Toussaint des Vaulx, prieur du Breuil, concernant le paiement de 4 livres de pension (1563).

H. 201. (Liasse.) — 10 pièces, parchemin; 67 pièces, papier.

1564-1626. — Breuil (le). — Extrait du registre de Christophe Toustain et Richard Le Tellier, tabellions en la sergenterie de Cerisy, concernant le partage fait entre Christophe Le Nourrichel, fils Jacques, Martin et François Le Nourrichel, fils François, des biens de feu Christophe Le Nourrichel, de la paroisse du Breuil (1564). — Suite de la procédure entre l'évêque de Bayeux et T. des Vaulx, prieur du Breuil, concernant les 4 livres de pension (1564-1568). — Vente devant Thomas Langlois et Richard Le Tellier, tabellions en la sergenterie de Cerisy, par Jacques Le Nourrichel, fils Guillaume, pour lui et son frère, à Pierre Le Chevallier, de la condition et faculté de reméré réservée par son père dans la vente faite à Julien Bailleul (1569). — Vente devant Thomas de Percy, écuyer, et Jean Goullu, tabellions en la sergenterie de Tour pour le siège de Formigny, par Raven Hamon, sieur de Fallaize, à Jean Hamon, écuyer, d'un bois taillis (1572). — Remise devant Guillaume Genas et Nicolas Tappin, tabellions à Bayeux, par Ravend Hamon, sieur de Falaise, demeurant à Crouay, à Robert de Saon, sieur de Longeau (1573). — Bail par Toussaint de Vaulx, prieur et curé du Breuil, pour 6 ans, à

Thomas Le Hagays, prêtre, du bénéfice dud. lieu (1577). — Bail par Baptiste de Villemor, abbé d'Ardennes, à Toussaint de Vaulx, curé de N.-D. du Breuil, du tiers de la dîme de lad. paroisse (1578). — Quittance par Mallay, fermier de l'abbaye d'Ardennes, à Toussaint de Vaulx, prieur du Breuil, pour fermage de la dîme de lad. paroisse (1579). — Déclaration des biens de Colin Le Mydou, sis au Breuil, où sont plusieurs récoltes bannies requête de Jean Le Paulmier, procureur des religieux d'Ardennes, pour paiement d'arrérages de rente. — Aveu rendu à Antoine d'Espinay, capitaine de cent hommes d'armes des ordonnances du Roi, père et gardien légitime et naturel de François d'Espinay, son fils, seigneur de Beaumont au pays de Bretagne, seigneur et châtelain du Molay, Quetteville, Saon, Rây, Le Breuil, La Champaigne, La Verderie et Paterie du Molay, par Pierre Le Chevallier, héritier de Jean Le Nourrichel, d'une pièce de terre en bois taillis au Breuil (1580). — Échange devant Jean Duhamel et Jean Leruite, entre Guillaume du Carnet, sieur de la paroisse du Breuil, et Pierre Le Chevallier, de pièces de terre aud. lieu (1587). — Aveux à François d'Espinay, seigneur de Beron, Beaumont, châtelain du Molay, Le Breuil, Saon, etc., notamment par Guillaume Le Mido, écuyer, sieur de la Percelle, pour terre au Breuil (1593). — Extrait du registre du greffe des insinuations ecclésiastiques du diocèse de Bayeux concernant la résignation de Guillaume Le Midou, prieur-curé du Breuil (1604). — Bail devant Noël Brandacier et Lambert Jean, tabellions au siège de Magny, par Jean Lochard, prieur du Breuil, à Louis Belot, prêtre, de Planquery, des grosses et menues dîmes de lad. paroisse (1607). — Note sur le fief ou tènement Catheaubré et ses tenants, notamment le prieur de Breuil (1607). — Extrait du papier terrier et gage-pleds de la terre et châtellenie du Molay, tenus par Robert Le Breton, avocat à Bayeux, lieutenant du sénéchal et verdier du Molay, concernant le tènement du petit parc tenu par le s' de Carnet en la paroisse du Breuil (1608). — Engagement pris devant Noël Braudassier et Guillaume Le Maroys, tabellions au siège de Magny, par Michel Le Roy, maçon, de St-Laurent, faubourg de Bayeux, et Nicolas Duval, m' charpentier et menuisier, de la ville de Bayeux, envers Lochard, religieux de St-Vigor-le-Grand et prieur du Breuil, de réparer un gable au bout du pressoir du presbytère du Breuil, de vilain mortier, etc. (1611). — Collation par Jacques d'Angennes, évêque de Bayeux, dud. prieuré-cure en faveur de Laurent Vechy, religieux d'Ardennes (1612). — Procédure en la juridiction des privilèges de l'Université de Caen devant Guillaume Vauquelin, écuyer, président lieutenant général au bailliage et siège présidial de Caen, entre les prieur et religieux d'Ardennes et Louis Dallot, prêtre, concernant les fermages du prieuré de N.-D. du Breuil (1613). — Bail par « Raul » Le Sauvage, sieur de Ritot, bourgeois de Caen, à frère Laurent de Vechy, prieur de N.-D. du Breuil, d'un trait de dîme sis en lad. paroisse, dépendant de l'abbaye d'Ardennes (1613). — Quittance par Georges Bourdon, ex-fermier d'Ardennes, à Laurent Vechy, prieur du Breuil, à la décharge de Jean Lochart, ex-prieur, de 9 livres pour fermage d'un trait de dîme (1615). — Procédure au bailliage de Bayeux devant Pierre Patier, écuyer, lieutenant général, entre frère Laurent Vechy, curé et prieur du Breuil, et Julien Quetil, concernant le paiement de la dîme d'un herbage (1616-1617). — Imprimé d'arrêt du Parlement pour Guillaume Le Vendengeur, grand archidiacre au diocèse de Sées, curé de Versainville, demandeur en dîme (1620). — Reconnaissance d'Isaac du Carnet, écuyer, envers Laurent Vechy, prieur du Breuil, d'accord concernant la dîme (1621). — Quittance par Guillaume Le Moigne et Pierre Le Gay, maçons, Jean et Louis Sanxon, charpentiers, Nicolas Pallecoq et Louis Sanxon, fils Thomas, couvreurs de « glieu », à Claude Langlois, de la visitation par eux faite de la grange du prieur du Breuil (1621). — Accord entre Laurent de Vechy, prieur-curé du Breuil, et Isaac du Carnet, écuyer, sieur du lieu, concernant le paiement des dîmes tant en laines, agneaux, pommes et poires (1623). — Procédure au bailliage de Bayeux devant Pierre Potier, écuyer, sieur de Bapaume, lieutenant général, pour Laurent de Vechy, prieur du Breuil, et Nicolas Porée, demandeur en paiement de dîme (1624). — Ratification devant Germain Riboult et Martin Picquerel, tabellions en la sergenterie d'Ouistreham, par Guillaume de Gallodé, abbé régulier d'Ardennes, du bail fait par François Regnauld, prieur de St-Contest et procureur de l'abbé d'Ardennes, à Claude Langlois, bourgeois de Bayeux, du tiers des dîmes du Breuil (1626).

H. 805. (Liasse.) — 9 pièces, parchemin ; 86 pièces, papier.

1627-1667. — Breuil (le). — Quittance par l'abbé de Gallodé à Jean de Ric, à la décharge de Claude Langlois, de 18 livres t. et un couple de chapons pour fermage de la dîme du Breuil (1627). — Extrait des papiers terriers de la terre et châtellenie de Molay pour 1614 et 1615, concernant les tènements d'Isaac du Carnet en la paroisse du Breuil (1620). — Vente devant Dujardin et Pary, tabellions à Bayeux, par Jacques Hébert, écuyer, sieur de la Motte, demeurant à Bayeux, à Jean Auber, bourgeois de Bayeux, de tout le bois, tant haute futaie, taillis, que « toutures » des haies croissant sur ses biens sis au Breuil, Blay, Saon et Litley (1630). — Requête aux trésoriers généraux de France à Caen, par les paroissiens en commun du Breuil, pour obtenir une diminution sur leurs tailles, taillon et autres impositions établies sur leur paroisse, de petite étendue et de mauvais terroir (1636). — Vente devant Toussaint Vincent, tabellion en la sergenterie de Cerisy, et Léonor Le Barbier, ex-tabellion en lad. sergenterie, pris pour adjoint, par Jean de fils, du Breuil, à Nicolas Le Gras, de Blay, des vignots croissant sur les biens dont il jouit sous le s' de la Motte Taillebois, sis au Breuil (1636). — Pièce devant Julien Quetil et Germain Jenne, tabellions en la sergenterie de Cerisy pour le siège de Trévières, par Aguon de fils à Jean de fils, son frère, d'une maison et pièce de terre au Breuil (1637). — Procédure au bailliage de Bayeux devant Pierre Potier, écuyer, sieur de Rapaume, lieutenant général, entre frère Laurent de Vechy, prieur du Breuil, et Nicolas Le Gras, concernant le paiement de la dime des vignots par lui coupés (1638). — Quittance de rente par Madeline, au nom de l'abbé d'Ardennes, au prieur du Breuil, par les mains de Claude Langlois (1640). — Reconnaissance devant Jean Crestien et Michel Le Sueur, tabellions à Caen, par Laurent de Vechy, prieur-curé du Breuil, du bail à lui fait pour 6 ans par Georges Sallet, abbé commendataire d'Ardennes, stipulé par Nicolas Madeline, sieur de la Vallée, bourgeois de Caen, de la tierce partie des dîmes de lad. paroisse (1640). — Arrêt du Conseil d'État portant que les dîmes seront payées aux ecclésiastiques, des fruits qui se cueillent sur les terres où ils ont coutume de les lever, bien que lesd. terres soient chargées de lin, chanvre ou autres grains, ou qu'elles aient été changées de terre labourable en vignobles (1641). Rouen, David Du Petit-Val et Jean Viret, impr. du Roi, 1642. — Quittances par Buhot, procureur de l'abbé d'Ardennes, à Laurent de Vechy, curé du Breuil, pour rente. — Extrait du registre du greffe de la vicomté de Bayeux concernant l'état de distribution des deniers provenant du décret des biens de Guillaume Le Bidou, écuyer, sieur de la Perrelle, et Jacques Hébert, écuyer, son petit-fils, sis au Breuil et à Blay, requis par Jeanne Quesnel, veuve de Raphaël Le Charton, et Jacques Le Charton, son fils, led. état tenu aux plaids de Tour et Cerisy à Bayeux, devant Duhamel, lieutenant particulier du vicomte de Bayeux (1645). —

Bail devant Mathieu de La Londe et Michel Lesueur, tabellions à Caen, par Jacques Buhot, prêtre, économe de l'abbaye d'Ardennes, à Laurent de Vechy, religieux de lad. abbaye, curé et prieur de lad. paroisse, de la tierce partie des dîmes, pour 6 ans (1646) ; à la suite, reconnaissance par Pierre Le Roux, prieur-curé de lad. paroisse, de la prise des dîmes mentionnées aud. bail pour 6 ans (1648). — Minute de présentation par les religieux, en raison de l'absence d'Antoine de Morenvillier, abbé, quoiquement absent de la province de Normandie, de Pierre Le Roux, chanoine d'Ardennes, en remplacement de Laurent Vechy, décédé, pour led. prieuré-cure (1648[?]). — Renonciation devant Isaac Le Bedey, écuyer, sieur de Vaux, vicomte de Bayeux, par François Hourdan, de la paroisse du Breuil, à la succession de Gilles Hourdin, son père (1649). — Subrogation par Michel Le Tellier, de Saon, à Louis Ravend, du Molay, de son droit par bail à la recollection de la tierce gerbe de dîme de la paroisse N.-D. du Breuil, appartenant à l'abbé d'Ardennes (1654). — Aveu rendu à Louis d'Espiney, chevalier, seigneur et châtelain du Molay, Le Breuil, Blay, Saon, Longues, etc., par Philippe de Bechevel, seigneur et châtelain de la Motte Blany et du Carnet, du fief ou tènement de la Vauquerie dépendant de sa terre du Carnet, assis au Breuil, Le Molay, Saon et Blay (1655). — Quittance par Le Breton, au prieur du Breuil, de rente par lui due à la châtellenie du Molay (1656). — Déclaration du Roi, ordonnant que la dîme des terres changées de culture de grains en prairies, herbages et pâturage, et même des revenus nouveaux, sera payée aux ecclésiastiques qui la percevaient avant le changement (1657). — Conclusions de Pierre Le Roux, prieur du Breuil, pour faire condamner Robert Gonard, sieur de la Perruque, à signer l'aveu rendu à la châtellenie du Molay comme aîné de la vavassorie Catembray (1660). — Procédure au bailliage de Bayeux devant Pierre Suhard, écuyer, sieur de St-Germain et de St-Amador, puis en Parlement, entre Pierre Le Roux, prieur du Breuil, et Daniel de Bechevel, écuyer, sieur du Carnet, ayant pris le fait et cause de Jean et Henri Bidot, père et fils, Christophe Bidot et Olivier Raoul, ses fermiers, concernant le paiement de la dîme ; inventaire des pièces dont a'aide et fait clausion au greffe de lad. Cour dom Pierre Le Roux, curé de Breuil, etc. — Mémoire de dépenses.

H. 2/6. (Liasse.) — 7 pièces, parchemin ; 195 pièces, papier.

1668-1768. — Breuil (le). — Suite du procès entre

Pierre Le Roux, prieur du Breuil, et Daniel de Bacheval, écuyer, sieur du Carnet, concernant le paiement de la dîme des herbages qu'il possède en lad. paroisse. — Mémoire ou dénombrement des héritages possédés par Daniel de Bacheval, écuyer, sieur du Carnet, dans la paroisse de Breuil, et sujets à la dîme envers Pierre Le Roux, prieur (1683). — Copies de pièces de procédures concernant le curé de Ligubres et le prieur de Chastaval. — Quittances par Le Chanoine, receveur de l'abbé d'Ardennes, au prieur du Breuil. — Lettre du prieur de Breuil à Dumont l'aîné, procureur au Parlement de Rouen, concernant le paiement des dîmes (1680). — Procédure entre Pierre Le Roux, prieur du Breuil, et Michel Regnault, sieur du Raveut, concernant les droits de dîme (1681). — Collation par l'évêque de Nesmond pour Norbert Du Saussey, en remplacement de Pierre Le Roux, résignant (1683). — Accord entre le prieur du Breuil et Noël Quellenat, de Littry, sur leur procès concernant la dîme de 2 pièces de terre (1684). — Contre-lettre délivrée par Pierre Le Conte, sous-prieur, Norbert Maliset, prieur de St-Germain, André Faucneveau, procureur, faisant fort pour Hyacinthe Touraine, prieur, absent, et par son ordre et son gré, concernant la somme à payer par Norbert Du Saussey, prieur du Breuil, pour les meubles à lui fournis par la communauté (1685). — Extrait du registre des délibérations de la paroisse du Breuil concernant l'augmentation et la décoration du chœur de l'église, conformément au mandement de l'évêque, portant consentement qu'on achève de démolir le reste des vieilles et fort anciennes mesures sises au lieu appelé St-Jean, qu'on dit être les restes d'une ancienne chapelle fondée en l'honneur de St-Jean, sans revenu, dont l'autel a été transporté depuis fort longtemps dans l'église du Breuil, pour en employer les matériaux à l'augmentation du chœur ; fiefs de la place où sont les ruines (1686). — Bail devant Georges Collet, notaire aux sergenteries de Tour et Cerisy, résidant à Saon, par Jacques de Bechevel, écuyer, seigneur du Carnet, demeurant au Breuil, à Regnée Le Moigne, femme séparée de biens d'André Thieurry, d'un herbage nommé la Courmorette (1687). — Permission par l'évêque de Bayeux à Norbert Du Saussey, prieur du Breuil, de bénir le chœur de l'église par lui fait rétablir, lad. bénédiction faite par led. Du Saussey, assisté du doyen de Campigny, des prieurs de Blay et de Saon, des curés de Barbeville, Crouay et autres (1688). — Constitution de rente devant Georges Colibert, notaire aux sergenteries de Tour et Cerisy, résidant à Saon, par Michel de Montrosty, fils Michel, pour le trésor du Breuil (1688). — État des noms de tous les possesseurs d'héritages situés en la paroisse du Breuil ; parmi les exempts, dom Norbert Du Saussey, prieur, Jacques de Bacheret, écuyer, Jeanne de Molles, veuve de Jacques de Rainville, écuyer, Michel Renault, écuyer, François de Tallavast, écuyer ; chapitre de Caen demeurant dans d'autres paroisses qui font valoir des héritages au Breuil : Georges Crespel, prêtre, à Douvres, Louis d'Épinay, chevalier, marquis du lieu, demeurant en sa terre du Molay, Antoine Bachelor, écuyer, de Saon, François Eudes, sieur de Lesliar, de Trévières, Jean Le Carpentier, bourgeois de St-Lô, Laurent Hélie, écuyer, de Barbeville, etc. (1688). — Bail par Jean Bénard, écuyer, s' de la Luzerne, tuteur de son fils, à dom Norbert Du Saussey, prieur du Breuil, d'une pièce de terre sise au Breuil (1690). — Engagement par Pierre Chédeville, maître menuisier à Bayeux, envers le prieur, de revêtir le chœur de l'église de menuiseries tout autour, suivant le dessin dressé par M. de Manganville, avec tous les ornements portés aud. dessin, plus, de fournir un pupitre avec un aigle, etc. (1698). — Bail devant Jean Chappel, notaire en la sergenterie d'Isigny pour le siège de Ste-Marguerite, par Marie-Anne d'Auteville, héritière de Jacques de Bechevel, écuyer, sieur de la Motte du Carnet, à Laurent de la Mare, de la terre du Carnet, sise au Breuil et à Saon (1699). — Déclaration que baille et fournit Norbert Du Saussey, prieur du Breuil, à Louis d'Espinay, chevalier, seigneur et marquis dud. lieu, seigneur et châtelain du Molay, Le Breuil, etc. (1701). — Quittances au prieur pour la dîme. — Procès-verbal d'installation par Robert Tostain, notaire royal et apostolique en la ville et diocèse de Bayeux, de frère Alexandre Harpin, chanoine régulier de Prémontré, pourvu du prieuré du Breuil en remplacement de feu Norbert Du Saussey (1711). — Procédures au bailliage de Bayeux : entre Charles Crolot, procureur général de la Congrégation réformée de l'ordre de Prémontré, stipulé par frère David Lecomte, procureur de l'abbaye d'Ardennes, Nicolas Bidot et Pierre de Royville, écuyer, concernant le paiement de condamnations prononcées au grand Conseil ; entre Alexandre Harpin, prieur du Breuil, et Jean Bailleul, concernant paiement de la dîme ; entre Jacques Le Prévost, prieur de Blay, et Alexandre Harpin, prieur du Breuil, et Guillaume Perrée, concernant la dîme des laines et agneaux dud. Perrée. — Requête au bailli haut-justicier du Molay, sénéchal du prince de Lambesc, seigneur dud. lieu, par Constance de Bechevel, épouse et non commune en biens de Joseph de Fez, chevalier de St-Louis, commandant pour le Roi en la citadelle de Metz, aux qualités qu'elle possède les biens qui furent Jacques de Bécherel, etc. (1720). — Déclaration que donne à l'assemblée générale du Clergé qui sera tenue en 1750, et au bureau du diocèse de Bayeux, frère Raphaël Noël, prieur-curé de N.-D. du Breuil, des biens et revenus de lad. cure. — Procès-verbal d'installation par Michel-François Duhamel, notaire royal et apostolique de la ville et diocèse de Bayeux, du frère Louis Le Pelletier, chanoine régulier de l'ordre de Prémontré résidant au prieuré de Luceau, diocèse du Mans, en remplacement de feu Raphaël Noël (1751); correspondance y relative. — « Renseignement des contrats et titres concernant les revenus du bénéfice du Breuil » (analyse de titres). — Bail par Nicolas Bidot, fermier du marquis d'Espinay, à Philippe Havenel, de 2 maisons et pièces de terre au Breuil (1743). — Promesse par Hudenet de passer bail pour 6 ans au prieuré du Breuil de la portion de dîme de lad. paroisse appartenant à l'abbé d'Ardennes, moyennant 40 livres et 15 petits pots de beurre de Cotentin par an (1744). — Extrait des registres des présentations du Grand Conseil du Roi concernant le défaut obtenu par Jean-Claude de La Croix de Chevrières de St-Vallier, abbé commendataire d'Ardennes, contre Jean-Baptiste Bidot, sieur de Launay, et autres paroissiens du Breuil (1747). — Procès-verbal de visite des réparations nécessaires au prieuré et dépendances du Breuil (1760). — Accord entre Louis Legros et Michel Le Nourichel, trésoriers de la paroisse du Breuil, et les prieur et religieux d'Ardennes, sur leur procès concernant la répétition d'un 6e dans les rentes dues au trésor (1755).

H. 207. (Liasse.) — 8 pièces, parchemin; 2 pièces, papier.

1610-1645. — Brocottes. — Vente devant Richard Martin et Mathieu de La Londe, tabellions à Caen, par Jacques Goddes, sieur d'Amblie, Bény et autres terres et sieuries, à Michel Piédoue, bourgeois de Froide-rue de Caen, de 200 livres de rente à prendre sur tous ses biens (1610), copie collationnée par Crestien, tabellion à Caen, en 1642. — Vente devant Mathieu de La Londe et Michel Le Sueur, tabellions à Caen, par Jean Brunel, bourgeois de Caen, et Claude Le Cointe, sa femme, à Michel Piédoue, sieur de la Moissonnière, bourgeois de Caen, d'un herbage à Brocottes (1622). — Remise à droit d'héritage devant Mathieu de La Londe et Jean Crestien, tabellions, par Michel de La Cayne, élu en l'Élection de Caen, Catherine Le Cointe, veuve de Pierre Le Sauvage et Laurent Varembault, procureur au siège présidial de Caen, héritiers en partie de Claude Le Cointe, veuve en dernières noces de Jean Brunel, à Jean-Michel Piédoue, sieur des Mets, substitut de procureur général en la Cour des Aides, et à Marie Du Moustier, sa femme, demeurant à Caen, de 100 livres de rente transportée par Michel Piédoue, sieur de la Moissonnière (1643). — Quittance devant les mêmes par Jean-Michel Piédoue, et sa femme, à Renée Onfroy, veuve de Daniel Bernard, et à Henri Berthes, de la somme de 700 livres tournois pour amortissement de 50 livres de rente, dont ils se seraient soumis acquitter les religieux d'Ardennes envers elle et cde de la Moissonnière (1645).

H. 208. (Liasse.) — 17 pièces, parchemin.

1212-1298. — Brouay. — Donation par « Rad. Laguedon, de Lorell., et Will. filius meus », à l'abbaye, de la pièce de terre nommée « campus de Chemiret, in terraria de Bros, juxta terram Cachonel »; « testibus his, Rad., clerico de Potot, Alano, pbro. de Bros », etc. (lacéré, s. d.). — Ratification par « Aales et Oxana de Cusse, ensores quondam Achon de Cusse defuncti », de la donation par lui faite à l'abbaye, de terres à Brouay (1212). — Donation de deux pièces de terre par « Johannes Sirois, de Bros » (1220). — Confirmation par « Wills. Manchon, de Bros », par « Rogerus Larchier », son frère, de la donation d'une masure aud. lieu qu'il tient de l'abbaye (1220, octobre). — Remise par « Johannes Sirois », de Brouay, de la pièce qu'il tenait à rente de l'abbaye, « sitam in Calloc, ante ostium Rogeri Le Tirant », etc. (1230). — Donation de terres et tènements par : « Gaufridus de Bros, filius Gaufridi de Cruce, de Bros » (1233, janvier, v. s.); « Marinus Le Prévost de Ville » (1233, mars); « Magr. Petrus de Locellis » (1242, janvier); « Johannes Guerart de Bros » (1245, janvier), etc. — Remises de terres et tènements : « in territorio de Broio in magno campo », par « Magister Petrus de Broio », à l'abbaye (1233); « apud Broeium » par « Petrus de Potot de Broeio » (1257). — Remise à l'abbaye par « Will. Godefridi de Potot » de « quicquid juris advocationis ac reclamationis ego et heredes mei habebamus et habere poteramus in quadam masura sua sita apud Broei », jouxtant le chemin du Roi (1258). — Donation de terre par « Johanna de Quevrech », relicta domini [...]rée de Cheus, militis, tempore viduitatis mee »; échange entre elle et « Lucas dictus de Bavent », du consentement de « Dyonisia », sa femme (1285). —

« charte française de « Johan Froont, de la paroisse de Broie », portant qu'il a baillé, octroyé et mis en contreplége à l'abbé et au couvent d'Ardennes pour une mesure qu'ils avaient à « Broe », laquelle ils lui ont baillée en fief et en héritage pour un setier de froment à la mesure de Brouay au mois de septembre, une géline à Noël et 10 œufs à Pâques, d'annuelle rente, avec hommage, etc. (1297, avril; scesu). — Vente à l'abbaye par « Rollo Beauvallet de Broe » de 9 manceaux de rente sur une pièce de terre à Brouay, « juxta terram Michaelis de Scon, pbri. de Broe, etc. (1308).

H. 909. (Liasse.) — 28 pièces, parchemin; 1 pièce, papier.

1328-1526. — Brouay. — Reconnaissances devant : Jean d'Esquetot, garde du scel des obligations de la vicomté de Caen, par Thomas Le Tirant, « de Broye », envers les religieux d'Ardennes, de 3 setiers d'orge à la mesure de Brouay, 2 gélines et 20 œufs de rente (1323); — Guillaume Marie, tenant les assises de Caen pour le bailli, par Alain de Loucelles, de Brouay, aux religieux, de la cession du fieffement qu'il tenait d'eux (1337, jeudi après la Chandeleur). — Délaissement fait à l'abbaye devant Thomas de Garville, tenant les pleds d'Évrecey pour le vicomte de Caen, par « Johan de Broye, Mich. et Thomas dis de Broye et Guillemete de Broye, menée quant à ce par ledit Joh., son frère, de la paroisse de Broye », d'un ménage et jardin (1343). — Reconnaissances devant : Guillaume Du Toil, garde du scel des obligations de la vicomté de Caen, par Guillaume Jugan, d'Audrieu, de vente de fonds à « Mahen de La Porte », de St-Germain-la-Blanche-Herbe (13..?); — le même, par « Philippe de Broie » à « Macieu de La Porte » de 1½ acre de terre (1344). — Cession devant Jean Le Brebenchon, tabellion juré en la vicomté de Caen, par Pierre Damas, de Putot, aux religieux, d'une acre de terre (1380). — Vente devant Jean Quatrans, tabellion à Caen, par Henri Pilegrain aux religieux (1388). — Reconnaissances : devant Guillaume Le Couvreur, tabellion à Caen, par Ricart Huey, clerc, de Brouay, de la fieffe à lui faite par les religieux de la moitié de 5 vergées de terre sises au val du Mesnil (1396); — devant le même, par Girot et Jean Huey, frères, de la fieffe à eux faite par lesd. religieux (1398); — devant Colin de Vernay, tabellion à Caen, par Simon Nécl, écuyer, demeurant paroisse de « Brouay », de la fieffe à lui faite par les religieux (1403); — devant Jean Desmaires, clerc, tabellion à Caen, par Goret Jouin, de Fontenay-le-Pesnel, de la fieffe à lui faite par les religieux, d'une vergée de terre dite du Mont de Brouay (1432). — Procédure aux pleds des sergenteries de Villers et Cheux entre Pierre Poitevin, religieux et bailli de l'abbaye d'Ardennes, et Geffray Go dit Le Chandier, concernant le paiement d'arrérages de rente. — Reconnaissances devant : Richard Du Broyl, tabellion en mattes des sergenteries de Cheux et Creully, par Jean Castel, de la fieffe à lui faite par les religieux de pièce de terre (1461); Colin de Vernay, tabellion à Caen, par Guillaume Le Conte, des religieux, d'une maison et jardin (1490). — État de distribution faite par Robert de La Hogue, écuyer, lieutenant général du vicomte de Caen, des deniers de biens décrétés requête des doyen et chapitre de l'église collégiale du Sépulcre de Caen, pour paiement de 25 boisseaux de froment de rente de l'obligation de Pierre Pillegrain (1517, v. s.).

H. 910. (Liasse.) — 10 pièces, parchemin; 5 pièces, papier.

1527-1765. — Brouay. — Extrait du registre des états des juntes faites aux pleds des sergenteries de Villers et Cheux, concernant la distribution des deniers des héritages décrétés requête des religieux d'Ardennes en paiement de rente de l'obligation de Jean Castel (1527). — Vente au marché aux namps de Caen, requête des religieux, d'un pot d'étain salé chez Collas Philippe, etc., pour paiement de rente (1550). — Procédure en la vicomté de Caen, entre les religieux, stipulés par Jean de Moncel, prieur de Coulombs, et Gervais Le Huey et Nicolas Philippe, pour paiement de rente (1560-1561); entre lesd. religieux et Jean Lamendey pour paiement de rente (1565). — Ordonnance de Pierre Turgot, écuyer, conseiller au présidial de Caen, exerçant la juridiction du bailli de Caen, pour son absence et celle de ses lieutenants et des autres plus anciens conseillers du Roi aud. siège, déclarant bonne la saisie faite requête d'André Bourdon, fermier général du revenu de l'abbaye d'Ardennes, des récoltes de feu Richard Philippe, pour paiement de rente (1610). — Procédure devant Jacques Blondel, écuyer, sieur de Tilly, entre Guillaume de Gallodé, abbé, et Jean Hué, bourgeois de Caen, pour paiement d'arrérages de rente (1632). — Reconnaissance devant Guillaume Fontaine et Jean-Jacques Bénard, notaires à Caen, par Hervé-Charles de Baudre, écuyer, sieur de Marcelle, garde du corps du Roi, capitaine de cavalerie et pensionnaire du Roi, demeurant à Brouay, époux d'Henriette de Grengue, petite-fille de Jean Guillot, sieur des Champs, au nom des héritiers dud. Guillot, aux religieux d'Ardennes, de 7 boisseaux de froment, mesure ancienne de Caen, revenant à 6 boisseaux dans tiers et demi mesure actuelle, 2 poules et 20 œufs de rente fonsière, créée pour fieffe d'héritages à Bunnay (1763).

H. 211. (Liasse.) — 25 pièces, parchemin; 18 pièces, papier.

XIII° siècle-1763. — **Buissons (les).** — Fragment de charte du XIII° siècle en mauvais état de conservation, portant au dos: « Les Buissons, N° et ». — Reconnaissance de rente foncière devant Jean Quatrans, clerc, tabellion à Caen, par Denisot Denis, de Cairon, demeurant au hameau des Buissons, envers Jean Blondel, écuyer, de la paroisse St-Pierre de Caen (1380, v. s.). — Reconnaissances devant: Guillaume Robert, tabellion en la vicomté de Caen, par Thomas Denis et Alips, sa femme, de Cairon, de la fieffe à eux faite par Gervais de Larchamp, chanoine de Bayeux, de son droit aux héritages à lui délaissés par Andrieu Le Prévost (1401); — Jean de La Fontaine, tabellion à Caen, par Guillaume Le Fieu, de la paroisse des Buissons, de la fieffe à lui faite par les religieux d'Ardennes, de terre (1403). — Copie de reconnaissance devant Colin de Vernay, clerc, tabellion à Caen, par Raoul Crestien, de Cairon, hameau des Buissons, de la fieffe à lui faite par Henri Fleury, d'Authie (1413, v. s.). — Vidimus par Michel Valemont, notaire aux sergenteries d'Argences, Troarn et Varaville, de la vente faite en 1399 devant Michel de La Salle, clerc, tabellion à Caen, par Jean de La Pallu, écuyer, demeurant à St-Contest, à Simon Le Picart, bourgeois de Caen, de terre sise aux Buissons (1414). — Copies de la reconnaissance devant Guillaume Le Couvreur, clerc, tabellion, par Denis Sevestre, de la fieffe à lui faite par les religieux d'Ardennes (1429), de l'ordonnance de Jean Vauquelin, écuyer, président au siège présidial de Caen, rendu entre les religieux d'Ardennes, Jacques Adam et Clément de Vaulx, ex-fermiers de l'abbaye, et Pierre Allain, écuyer, sieur de la Mare, concernant la restitution de lettres de possession de rentes en grains sur les biens de Marin Sevestre (1594). — Vidimus par Jean Brinkeley, garde du scel des obligations de la vicomté de Caen, de l'échange fait en 1429 devant Jean Desmaires, clerc, tabellion à Bayeux, entre Gervais de Larchamp, sous-doyen de Bayeux, et Pierre Rémon, bourgeois de Caen, de rente sur Thomas Denis, de Cairon, contre rente à prendre sur Henri d'Oystreham (1433). — Ventes devant Jean Desmaires, clerc, tabellion à Caen: par Pierre Roillart, bourgeois de Caen, à l'abbaye, de terre dette de l'Épine; par Pierre Labbé, de la paroisse de Mesnil-Patry, à l'abbaye, de terre, dette du Grand Camp, jouxte la voie de Buron (1483). — Vente de rente devant Guillaume Caudebec, tabellion à Caen, par Jeanne, veuve de Guillaume de Saus, de St-Vigor d'Authie, fille aînée de feu Henri Fleury, aux religieux d'Ardennes (1443). — Vente de terre devant Jean Le Briant, tabellion à Caen, par Thomas Le Verrier, de Colomby, à l'abbaye (1443). — Reconnaissance devant Jean de Cussy et Nicolas Corpuderay, tabellions ès mettes des sergenteries d'Oistreham et Bernières, par Pierre Sevestre, demeurant au hameau des Buissons, paroisse de Cairon, de la fieffe à lui faite par Richard Le Courtois, prêtre, et Jean Le Courtois, son frère, de Cambes, d'une maison et jardin (1504). — Extrait des 1re et 2e parties de l'état tenu par Jean Le Bouchier, lieutenant du vicomte de Caen, d'une jurée faite faire par Christophe Hardouin pour paiement d'arrérages de rente de l'obligation de Pierre Sevestre (1589). — Extrait du papier et journal de Guillaume Clérembault, sergent, concernant la vente d'une robe en drap saisie sur les héritiers Jean Sevestre, requête de Jean Herodes, stipulant l'abbaye (1550). — Procédure aux pleds des sergenteries d'Ouistreham, Bernières et Creully, tenus par Charles Le Fournier, écuyer, lieutenant général du vicomte de Caen, entre les religieux d'Ardennes et les prêtres et clercs de St-Pierre de Caen, concernant le décret requis de biens sis aux Buissons (1555). — Vente devant Guillaume Le Gras et Nicolas Le Lou, tabellions au siège de Vaucelles de Caen, par Marin Sevestre et ses frères, à Jean Vaussard, bourgeois de Caen, d'héritages aux terroirs de Cairon les Buissons et hameau de Villons (1603 v.s.). — Consentement par Robert Geffroy, de St-Julien de Caen, à Abel Harel, son fermier du hameau des Buissons, de payer à sa décharge aux religieux d'Ardennes 8 boisseaux de froment mesure du tripot de Caen, pour une année de fermages (1636). — Bail devant Guillaume Fontaine, notaire à Caen, par Jacques-Aimobert Alliot, prieur, et Gabriel Arondel, procureur de l'abbaye d'Ardennes, à Charles Marie, de Cairon, hameau des Buissons (1763).

H. 212. (Liasse.) — 1 pièce, parchemin.

1321. — **Bully.** — Donation devant Henri Le Gay, garde du scel de la vicomté de Caen, par Nicole Le Mière, de la paroisse de Clinchamps, aux religieux d'Ardennes, en pure aumône, pour un obit annuel « et pour avoer cestui jour en la dite abbaye, tant comme il vivra tant seulement, quatre pains blans et deux bis, et treis quartes de cervese, potage et pitance peir à un des garçons de l'ostel, chaucéure et vesteure bien et souffisamment segon son estat », de rentes à prendre sur biens en la paroisse de « Bullie », « Caen fut fet l'en de grâce mil trois cenz et vint, le lundi après la feste Nostre Dame en mars. »

H. 213. (Liasse.) — 11 pièces, parchemin.

1198-1809. — Buron. — « Cirographum. » Accord entre R., abbé, et le couvent d'Ardennes, et « Rio. de Thaun », sur pratis « super regardis et serviciis de toto feodo quod Rad. de Thaun tenuit apud Buron de Waltero filio Aiulfi, et ego Rio. tenui de abbate jamdicto ». Ardennes, 1198, présents « Gregorio de Ros, Rob. de Thaun. presbiteris », etc. — « Ecce redditus et donationes quas abbas et conventus B. M. de Ardena habent apud Buron « fundamento ecclesie predicto: de dono Villelmi de Buron; Pagani de Buron; Silvestri Pagani; Valtori filii Aiulphi; Ran. nepotis Nigilli, Rio. de Thaone; Magistri Thome de Marione. Apud Buron de novo acquisitis: de dono Guillelmi Sapientis (1204); Guillelmi Feron, de Bitot (1274); Matildis relicte Onfredi de Karon (1275); Johanne Regine uxoris Rogeri dicti Regis, de Bitot (1272); Richardi Formentin (1273); Johanne dicte La Corte (1273) », etc. — Procédure aux assises de Caen entre Henri Le Gay, procureur du Roi aud. bailliage, au nom de Robin de « Quevrechie », mineur en la garde du Roi, à cause de son fief, l'abbé d'Ardennes et Philippe Gervaise, procureur pour le couvent, concernant le droit de patronage des chapelles de St-Nicolas de « Quevrechie » et de St-Pierre de Buron (1328, v. s.). — Vente devant Guillaume Du Teil, clerc, garde du scel de la vicomté de Caen, par Robert de La Porte, de St-Contest, à l'abbaye, de terre à Buron (1353). — Donation devant Jean Le Brebenchon, tabellion à Caen, par Alix, déguerpie Guillaume Auberée, de St-Contest, aux religieux, de terre à Buron à charge de services religieux (1368). — Vente devant led. Jean Le Brebenchon par Robert de La Porte, de St-Contest, à Guillaume Le Conte, de rente sur biens à Buron (1371). — Vente devant Oudart Paisant, clerc, juré commis et établi en la ville et banlieue de Caen, par Giret Le Cordier, écuyer, demeurant à Louvigny, à l'abbaye, d'une vergée et demie de terre à St-Contest, hameau de Buron, moyennant 15 sols tournois (1388, v. s.). — Reconnaissance de rente assise à Buron, devant Robert Le Monnier, tabellion à Caen, par Guillaume Le Glaçeour, aux religieux d'Ardennes (1390, v. s.). — Remise devant Colin de Vernay, tabellion à Caen, par Jean Harenc et Andrieu Hardi, à l'abbaye, de 3 vergées de terre, dalle de la Fosse Ronde dit la Fosse és Patris, ne voyant pas leur profit à les tenir plus longtemps pour en payer les rentes (1399).

H. 214. (Liasse.) — 20 pièces, parchemin; 22 pièces, papier.

1417-1592. — Buron. — Vente devant Guillaume Le Couvreur, tabellion à Caen, par Pierre de La Palu, écuyer, demeurant à St-Contest, à Jean de « Quevrechy », écuyer, demeurant à St-Gilles de Caen, de rente assise à Buron (1418, v. s.). — Reconnaissance devant le même par Jean Bertellot, d'Authie, de la fieffe à lui faite par Michel Dubosc (1420, v. s.). — Fieffe devant Raoul Le Couvreur, tabellion à Caen, par Alexandre Boyenel, prêtre, de la paroisse de St-Contest, à Jean Dauguet, de terre à Buron (1430). — Echange devant Raoul Le Couvreur, tabellion à Caen, entre Jean Dauguet et Pierre de La Porte (1430, v. s.). — Vente devant le même par Alexandre Decesnel, prêtre, à Jean Dauguet, de rente (1432). — Ventes de terres à l'abbaye devant Guillaume Caudebec, tabellion à Caen : par Jean Le Hérichon, de St-Contest (1442, v. s.); par Jean Dauguet (1443). — Reconnaissances ; devant Jean Le Briant, tabellion à Caen par Robin Trabert, de la fieffe à lui faite par Guillaume Dauguet (1454, v. s.); devant Jean et Richard Le Briant, tabellions à Caen, par Pierre Gardenbas de la fieffe à lui faite par les religieux d'Ardennes (1463). — Lots et partage faits devant Pierre Hamelin et Sanxon Camail, tabellions ès mettes des sergenteries d'Ouistreham et Bernières, entre Cardin et Raulin Le Besjare, de St-Contest, des biens de leur père sujets en rente vers l'abbaye (1487). — Echange devant Jean de Cussy et Nicolas Corpsderoy, tabellions aux sergenteries d'Ouistreham et Bernières, par Christophe du « Monchéel », prieur de Lébisey et du Mesnil-Briouze, bailli de l'abbaye et procureur des abbé et couvent, à Thomas Gardembas et Jean de Cussy, pour le trésor de St-Contest, de rente à prendre sur Richard Le Besjare, du hameau de Buron; frère Jean Quemel, prieur de St-Contest (1512). — Vente de rente par Fleury « Quiesdeville » et Jeanne, sa femme, à Laurent du Vivier, s' du Prey (1512). — Adjudication aux pleds de la vicomté de Caen devant Charles Le Fournier, écuyer, lieutenant général, à la requête des religieux de l'abbaye d'Ardennes, des biens de Rogier et de Jean Le Besjare sur eux décrétés (1550). — Procédure aux assises de Caen, entre les religieux d'Ardennes, le procureur du Roi et le receveur des domaines, concernant le treizième des biens de Robert Trobert par eux décrétés (1582). — Fieffe devant Guillaume Cueurot et Nicolas Le Lou, tabellions à Caen, par Jean Du Monceel, prieur de Coulombs et Lebisey, bailli de l'abbaye, Jean Bardel, prieur de St-Contest, Simon du Vivier, prieur de St-Germain, Guillaume de Bailleul, prieur de Cuy, Robert Hélie, prieur de Lion, Toussaint de Vaulx, prieur du Breuil, et Robert du Rozel, religieux, à Robert Richard (1584). — Procédure au bailliage de Caen entre Baptiste de Villemer, abbé d'Ardennes, et Nicolas Le Fauconnier, bourgeois de Caen, concernant les réparations de la porte d'entrée de la cour de la grange de Buron (1587). — Vente par les commissaires députés pour la vente du domaine du Roi, à Jean Le Terrier, sieur des Carreaux, de la flefferme de Buron (1591).

H. 213. (Liasse.) — 12 pièces, parchemin; 47 pièces, papier.

1593-1651. — **Buron.** — Aveu rendu à Baptiste de Villemer, abbé commendataire d'Ardennes, à cause de sa terre et sieurie Thieuf, par Marin Halley, de terre au hameau de Buron (1593). — Note des dépendances de la flefferme de Buron, vendue par les commissaires députés par le Roi, à Jean Le Terrier, sieur des Carreaux (1593). Vente devant Horace Le Forestier et Richard Martin, tabellions à Caen, par François Bouchard, conseiller assesseur en la vicomté de Caen, et Luce Callix, sa femme, à Étienne Onfroy, docteur régent en la faculté de médecine en l'Université de Caen, d'un fief noble sis au hameau de Buron, appelé le fief de St-Vaast ou de Buron, quart de fief de haubert (1594). — Extrait du registre du tabellionage de Caen concernant le partage fait entre Étienne Onfroy, sieur de Buron, et Richard Duthon, receveur des aides et quatrièmes à Caen, suivant l'accord fait entre eux (1596). — Procédure au bailliage de Caen devant Guillaume Vauquelin, écuyer, lieutenant général, entre : Pierre Brunet, ex-fermier d'Ardennes, et Baptiste Lemesle et Pierre de Mondehare, pour paiement d'arrérages de rente (1604) ; André Bourdon, fermier du revenu d'Ardennes, et Jean Paumier, fermier des biens de Blaise Mondehare (1609). — Extrait du registre du greffe de la vicomté de Caen concernant le partage en 3 lots des biens de feu Marin Halley (1614). — Soutiens des religieux d'Ardennes que le treizième des biens décrétés sur Marin Halley leur appartient (1615). — Accord entre l'abbé de Gallodé, stipulé par Pierre de la Fontaine, son procureur, et Siméon Gardembas, fils Raoul, pour paiement de dépens adjugés (1619). — Procédure au bailliage de Caen devant Guillaume Vauquelin, écuyer, président et lieutenant général, entre Guillaume de Gallodé, abbé d'Ardennes, et Jean Le Mesle, pour lui et ses frères, concernant paiement de rente (1623); autres procédures devant Jacques Blondel, écuyer, lieutenant (1628), devant Guillaume Rouxel, écuyer, sieur de Janville, conseiller au siège présidial, exerçant la juridiction du bailli absent (1629), devant Hercule Vauquelin, écuyer, sieur des Yveteaux, lieutenant général (1630), etc. — Lots de la succession de Baptiste Le Mesle, avocat à Caen, entre Jean Le Mesle, sr de La Guèrre, avocat et bourgeois de Caen, Jean-Baptiste Le Mesle, huissier collecteur des finances au bureau établi à Caen, et Jacques Le Mesle, sr du Clos, frères (1623). — Lots de la succession d'Eustache Onfroy, contrôleur au magasin à sel de Caen, faits par Claude Du Buisson, éc., sieur de Christot, tuteur des enfants mineurs d'Anne Onfroy, procureur du Roi au bailliage de Caen (1636). — Procédure entre les religieux d'Ardennes et Pierre Roger, écuyer, sieur de la Pierre, ayant fait décréter les récoltes de Guillaume et Daniel Prevel ; Jean-Baptiste Le Mesle, contrôleur du taillon en la vicomté de Caen, Jeanne de Maimbeville, veuve de Pierre de Caumont, procureur du Roi au bailliage de Caen, et Pierre de Caumont, éc., sr du lieu, ayant renoncé à la succession dud. de Caumont (1638). — Transport devant Jacques Valentin et Pierre Bernard, tabellions au siège de St-Martin-des-Bois, par Jean Onfroy, écuyer, sieur de Buron, à Élisabeth Onfroy, sa tante, de rente sur les héritiers Jean Boullaye (1645). — Ordonnance de Thomas Le Picard, écuyer, conseiller au bailliage de Caen, commissaire subdélégué par M. du Tronchay, intendant de Caen, pour l'exécution des déclarations et arrêts du Conseil privé du Roi, prescrivant que la somme de 34 livres due à Philippe Buscain, ex-commissaire à la régie des levées de la flefferme de Buron, et ayant requis l'exécution des biens de Jean-Baptiste Le Mesle, sieur de Juvigny, sera portée par privilège sur les fermages de lad. flefferme (1646). — Collocation par Gilles Hue, écuyer, sieur de Luc, vicomte de Caen, à l'état des deniers provenant du décret requis par Élisabeth Onfroy, épouse séparée de biens de Georges d'Eschalou, écuyer, des biens de feu Anne Onfroy, écuyer, sieur de Buron, fils et héritier d'Étienne Onfroy, écuyer, docteur en médecine, et de Madeleine de Gueron, ses père et mère (1646). — Aveu rendu aux religieux d'Ardennes par Thomas Le Marinier (1646). — Procédure au bailliage de Caen, entre les religieux d'Ardennes et André Duthon, ayant requis le décret des biens de Pierre et Thomas Duthon, fils et héritiers de Richard Duthon, concernant les droits de treizièmes dus pour plusieurs articles dud. décret (1650). — Extrait des assises de Caen, tenues par Blondel, lieutenant particulier, concernant l'adjudication du fief noble de Buron, maisons et héritages roturiers sis paroisses de St-Contest, St-Nicolas et St-Ouen de Caen et Putot, ayant appartenu aux enfants mineurs de Jean-Baptiste Le Mesle, décrétés à la requête de Michel Morain, écuyer, sieur de Boisroger, époux de Marguerite Le Mesle, fille et héritière de Jean Le Mesle, avocat à Caen (1651).

H. 376. (Liasse.) — 4 pièces, parchemin; 47 pièces, papier.

1652-1680. — Buron. — Extrait du cahier de l'état d'ordre et distribution faite aux assises de Caen par Jean Blondel, écuyer, sr de Tilly, lieutenant particulier au bailliage, des deniers provenant du décret du fief de Buron qui fut à Jean-Baptiste Le Mesle, requis par Michel Morain, écuyer, sieur de Boisroger (1652). — Extrait du registre des recettes de l'abbaye d'Ardennes concernant le paiement du treizième d'une pièce de terre sise en ½ cour du Mesle (1652). — Ordonnance de Louis de Vendes, écuyer, lieutenant général du bailli-vicomtal de la haute justice d'Argences et St-Gabriel, tenue à Ste-Paix, envoyant Eustache Onfroy, écuyer, sieur de Pleinemare, au droit de Marie Anzeray, en possession du 2e lot de la succession de Jeanne Ourdel, veuve en premières noces de David Onfroy, écuyer, sieur de Noyers, et en 2e de Pierre Anzeray, écuyer, sieur de St-Laurent (1653), copie collationnée à la requête des religieux d'Ardennes (1657). — Publication à l'issue de la messe paroissiale de St-Contest par Jean Jumel, vicaire, d'un contrat de vente devant Thomas Lesueur et Jean Crestien, tabellions à Caen, par Jean Hadibert, bourgeois de Caen, et Madeleine Le Mesle, son épouse, à Guillaume De La Porte, avocat et tabellion à Caen, (1655). — Aveu rendu au Roi par Guillaume Deschamps, écuyer, sieur du Mesnil, conseiller au présidial de Caen, de biens faisant partie de la fieffeferme de Buron (1657). — Note sur le montant du décret des biens d'Anne et Jean Onfroy, écuyers, tenu en la vicomté de Caen en 1658. — Inventaire des pièces dont s'aident le prieur et religieux d'Ardennes contre la requête présentée au vicomte de Caen par Eustache Onfroy, écuyer, sieur de Pleinemare (1658). — Extrait du registre du tabellionage de Caen, concernant la reconnaissance par Élisabeth Onfroy, veuve de Georges « de Deschalout », écuyer, sieur de Fossé, demeurant à Buron, de la vente par elle faite aux religieux d'Ardennes, stipulés par Guillaume Fossard, sous-prieur, et Joachim de St-Jean, procureur, de maisons sises au hameau de Buron (1658). — Bail devant Pierre Desoulle et Jean Regnouf, tabellions aux sièges de Cairon et Fontaine-Henri, par les religieux d'Ardennes, stipulés par frères Guillaume Fossard, prieur, et Mathieu Troseille, religieux, procureur, à Jacques Le Munier et Guillaume Le Liepvre, de maisons, cour et jardin sis à Buron, leur appartenant au droit d'Élisabeth Onfroy (1663). — Procédure en la vicomté de Caen devant Urbain Dauphain, lieutenant général, pour Charles Malherbe, écuyer, seigneur du Bouillon, président au bailliage et présidial de Caen, héritier de François Malherbe, son père, en paiement de rente sur Onfroy (1663). — Requête à la Cour des Comptes par Guillaume Deschamps, écuyer, sieur du Mesnil, conseiller au bailliage et siège présidial de Caen, propriétaire de moitié de la fieffeferme de Buron (1665). — Réponses des religieux d'Ardennes, aux droits de la veuve de Montenay Le Neuf et d'Élisabeth Onfroy, veuve du sr de Fossés Deschallou, à la requête présentée au vicomte de Caen par Eustache Onfroy, écuyer, sieur de Pleinemare, l'un des 7 héritiers d'Eustache Onfroy, écuyer, contrôleur au magasin à sel de Caen, concernant sa reprise de 1900 livres faite des mains de Charles de Malherbe, écuyer, sieur du Bouillon, président au siège présidial de Caen (1668). — Procédure en la juridiction des privilèges de l'Université de Caen, devant Jean Blondel, écuyer, seigneur de Tilly, lieutenant particulier au bailliage de Caen, entre les religieux d'Ardennes, incorporés au corps de l'Université, et Guillaume Delaporte, tabellion, acquéreur des biens de Thomas Le Mesle, sieur des Parcs, et de Jean Hadibert, sieur du Manoir, pour paiement de rente (1669). — Extrait de la déclaration faite par les religieux d'Ardennes au greffe de Chamillard, intendant, commissaire du Roi pour le recouvrement du droit de franc-fief et nouveaux acquêts, des biens par eux acquis de 1641 à 1672 (1675). — Procédure en la vicomté de Caen entre Jacques Buisson, fermier des domaines de France, les Carmélites de Caen, M. de St-Contest, maître des requêtes, Deschamps, conseiller au présidial, la veuve Pierre Vincent, Abraham Le Chanoine, Guillaume Delaporte, Augustin Osmont, les religieux d'Ardennes, etc., concernant le paiement d'arrérages de rentes (1679). — Aveu rendu au Roi à cause de la fieffeferme de Buron par frère Mathieu Troseille, stipulant les religieux d'Ardennes, de 5 pièces de terre (1679).

H. 217. (Liasse.) — 5 pièces, parchemin ; 83 pièces, papier.

1592-1782. — Buron. — Procédure au bailliage de Caen, entre les religieux d'Ardennes, Michel Regnouf, prieur de St-Contest, et Charles de Malherbe, écuyer, sieur du Bouillon, Jacques du Mouchet, époux de Marie Coulard, Jeanne Onfroy, veuve de Charles Le Sueur, écuyer, et les Carmélites, etc., concernant le paiement de 400 livres de rente due à M. de Malherbe sur les biens d'Anne Onfroy, écuyer, sieur de Buron, et Eustache Onfroy, écuyer, sieur de Noyers (1680). — Extrait de l'adjudication faite en 1592 par les commissaires du Roi, à Jean Le Terrier, sieur des Carreaux, de la fiefferme de Buron, transportée à Étienne Onfroy et Richard Duthon (1682). — Procédure au bailliage de Caen devant Jean Gohier, lieutenant, entre Charles de Malherbe, écuyer, sieur du Bouillon, président aud. siège, et les Carmélites, Jacques du Mouchet, bourgeois de Caen, les religieux d'Ardennes, le prieur de St-Contest, Abraham Le Chanoine, contrôleur au magasin à sel, Jacques de Courcy, écuyer, sieur de Vieux-Fumé, major de la ville et château de Caen, Jeanne Onfroy, veuve de Charles de Choux, écuyer, Marie Moisson, veuve de Jacques Vincent, concernant paiement de rente (1684). — Procédure en la Juridiction des privilèges de l'Université de Caen devant Nicolas Du Moustier, écuyer, sieur de la Motte, lieutenant général au bailliage de Caen, entre les religieux d'Ardennes et Guillaume de La Porte, bourgeois de Caen, concernant le paiement de la somme de 76 livres 10 sols restant des apprécies d'arrérages de 16 boisseaux du froment 1 poule et 10 œufs de rente (1684). — Aveu rendu aux religieux d'Ardennes par François Delaporte, fils et héritier en partie de Guillaume Delaporte, de biens sujets en 12 boisseaux de froment, 1 poule et 10 œufs de rente (1689). — Copie de quittance de 20 livres 6 sols, acompte de ce qui est dû au domaine de la vicomté de Caen, donnée aux paroissiens de Buron par les mains des religieux d'Ardennes, de Le Chanoine, etc., par Lefebvre (1690). — Bail devant François Le Sénécal, notaire à Évrecy, par les religieux d'Ardennes, stipulés par le P. Louis Prolichet, à Laurent Massieu, de maisons et jardin (1696). — Requête à l'intendant Foucault par les possédants de la fiefferme de Buron, pour obtenir une réduction sur le montant de leur taxe arrêtée au Conseil (1696). — Réponse de Louise de Vernay, veuve d'Abraham Le Chanoine, secrétaire et greffier en chef de l'hôtel de ville, à la requête des religieux d'Ardennes et du prieur de St-Contest, et aux mémoires produits par M. de Verneuil, époux de la fille du président du Bouillon Malherbe, d'Anneville-Ucellet, les Carmélites et Louis Du Mouchet (1698). — Vente devant Charles Foron et Jacques André, notaires à Caen, par Guillaume de La Porte, sieur de Balcal, à Quentin Le Marignier, de 10 vergées de terre au hameau de Buron (1710). — Requête au bailli de Caen, par les religieux d'Ardennes, ayant acquis la fiefferme de Buron, pour être autorisés de faire assigner les fermiers de lad. fiefferme pour passer leurs affirmations des deniers par eux dus, afin d'être payés des rentes dues depuis leur acquisition (1717). — Inventaire des titres dont se servent le prieur et religieux d'Ardennes pour réclamer la mouvance de plusieurs pièces de terre sises à Buron dont jouit Iles Étables, bourgeois de Caen (1718). — Mémoire sur la rente de 9 livres 8 sols due au domaine du Roi sur la fiefferme de Buron acquise par les religieux d'Ardennes le 27 7bre 1708. — Reconnaissance devant les notaires de Caen par Marie Hue, veuve de François Le Guay, du bail à elle fait pour 9 années par les religieux d'Ardennes, stipulés par le P. Gilles Héroult, de 6 vergées de terre (1722). — Extrait de l'état des rentes dues au domaine concernant la taxe de l'abbaye d'Ardennes comme propriétaire en partie de la fiefferme de Buron, arrêté par l'intendant de Vastan, avec sommation d'en payer le montant dans huitaine (1738). — Avis d'avocats sur la transaction passée entre les religieux d'Ardennes et le nouvel abbé, concernant la reconstruction de la grange de Buron (1739). — Requête imprimée au Conseil du Roi par les religieux d'Ardennes, Jean Dudoucet, prieur et curé de St-Contest, les Carmes, Pierre Deschamps, écuyer, Jacques Le Bourguignon, écuyer, procureur du Roi au bureau des finances de Caen, François de La Porte et Jean de La Porte de Belleval, bourgeois de Caen, prenant le fait et cause de Gabriel des Étables, Jacques du Buisson, md à Caen, Michel-André Vincent, curé du Mesnil-Oger, Jacques Courant, md à Caen, tous propriétaires de terres et héritages à St-Contest, pour rapporter l'adjudication faite à François-Dominique de Barberie, seigneur de St-Contest, de la fiefferme de Buron (1746). — Reconnaissance devant les notaires de Caen par Charles Boutrais du bail à lui fait par les religieux d'Ardennes, stipulés par le P. Louis-Charles Gontier (1755). — Bail devant Jean-Israël Hubert, notaire au siège de Cerisy l'abbaye, par led. Boutrais, à Pierre Paris, de maisons, jardins et terres à Buron (1756). — Mémoire instructif sur la rente de 9 livres 8 sols due au domaine du Roi sur la fiefferme de Buron, acquise par les religieux d'Ardennes (1757). — Lettre de Desétables au P. procureur de l'abbaye d'Ardennes, concernant la désignation des pièces de terre possédées par La Porte Belval, fils de François de La Porte, bourgeois de Caen (1780). — Quittance devant les tabellions de Caen par Henri-Louis de Barberie de St-Contest, seigneur de la Chataigneraye, intendant de la province de Champagne, tuteur honoraire de Claude-François de Barberie, seigneur de St-Contest, son neveu, fils et héritier de Dominique-François de Barberie, seigneur de St Contest, ministre et secrétaire d'État, stipulé par Bénédic-Olivier Marie, avocat au Parlement de Paris et au bailliage de Caen, ancien avocat aux Conseils du Roi, aux religieux d'Ardennes, stipulés par dom Gabriel Arondel, de 495 livres 12 sols 6 deniers, pour 2 années 12 jours de jouissance de biens de la Refferme de Buron (1761). — Aveu rendu aux religieux d'Ardennes par M. de Tierceville, époux d'Agnès de Baillehache (1767). — Baux devant les notaires de Caen par : le P. Isaac Lesage, procureur de l'abbaye d'Ardennes, à Charles Boutrais (1772) ; le P. Gabriel-Simon Bottey à Pierre Boutrais (1782).

H. 218. (Liasse.) — 20 pièces, parchemin ; 1 pièce, papier.

XII° siècle-1751. — Caen. — Charte sans date d'Henri, évêque de Bayeux, concernant les dernières volontés de « Walterum, filium Aiulfi », concernant la confirmation des donations de son père, qui commença à édifier le monastère « ante tempora nostra » ; donation de « furnum quem habebat apud Cadomum, et terram de Montignie et terram de Louvignie et terram de Rochemont, salvo hominibus vadio suo quod habebant in furno et terris illis. Et si consideraret sancta ecclesia et misericordia domini nostri Henrici regis Anglorum quod posset sibi facere heredem Deum et ecclesiam illam de Ardena, dedit eis totum residuum terre sue et omnium bonorum suorum in Anglia et in Normannia, tali usus ratione ut aiebat, pater suus divisit terram suam inter illios suos, Walterus vero pro parte que eum contingebat tantum dedit fratribus suis de suo quod ipsi affidaverunt ei et reliquerunt partem suam quietam ut posset inde facere voluntatem suam. Testibus his, magistro Rann. cancellario, Stephano cantore Baioc., Hug. Acharin », etc. Au dos : « Caen LXVI. » — Accord sur procès « in curiis domini Regis et episcopi Baioc. », entre Paul de Baron et l'abbaye, « super toto feodo et tenemento quod habuit Aiulfus de Foro », etc. « Actum est hoc apud Rothom. in claustro Sancti Gervasii, anno ab incarnatione Domini 1191 in curia Regia, his presentibus W. senescallo Normannie et Rob. filio ejus, W. abbate de Mortuomari », etc. ; chartes y relatives d'H., évêque de Bayeux, de Paul de Baron, sa femme et ses fils (1191). — Donation par « Philippus filius Rob. filii Bernardi », et sa femme, de « totam domum que fuit Johannis Goifferii, in tribus estagiis », pour l'entretien d'une lampe sur le grand autel (1198). — Donation par « Gillibertus de Foro, filius Gillib. de Foro », de ce qu'il avait au tènement que Guillaume Le Roux tenait de lui, « scilicet terram nominatam feodi mei quo est retro perrignum meum in vico Oximino, scilicet de tercio pilario matherie Philippi de Sarragocia usque ad herberragium Galfridi Taupin », etc. 1206, « apud Cadomum, coram Willelmo de Cellario, majore, et paribus communie ». — Donation de rente assise à Caen par « Petronilla, uxor quondam Ric. filii Henr. » (1214, janvier). — Prise à fieffe par Jean d'Anisy, de l'abbaye, de « unam masuram apud Cad. sitam juxta furnum suum qui dicitur furnus Morandi, sicut protenditur in latum a pilariis magne domus mee usque ad domum predicti furni, et in longum a latere private camere dicte domus mee usque ad ruam Escuiere », moyennant la rente de 18 s. t. et un chapon (1228). — Fieffe par Jean de « Gouviz » à « Willelmo filio Bone », bourgeois de Caen, de sa part d'un ménage « quod fuit Roberti de Sancta Pace, soceri nostri, siti in vico Gilleberti de Foro » (1238) — Fieffe par « Aelicia, filia Ricardi Grasse-fesse, vidua, et Matillis, soror mea », à Guillaume d'Épron, bourgeois de Caen, de « unum masnagium situm apud Cadom., in vico qui vocatur Valguec » (1252) ; fragment de sceau. — Donation par Guillaume Binart, bourgeois de Caen, de rente à prendre « in domo Roberti Loubleier, que sita est in vico qui dicitur La Machacre, inter domum Johannis Le Feutrier et domum Johannis Le Forboor » (1257). — Reconnaissance par « Guill. Goelon », bourgeois de Caen, envers M° Roger dit « Gardeembas », de rente pour laquelle le créancier pourra faire sa justice « in omnibus domibus meis novis sitis in vico qui dicitur Lenganerie, inter domum Alexandri Machue et domum quam teneo de priore et fratribus domus Dei de Cadomo » (1270). — Donation à l'abbaye et au couvent des frères Prêcheurs de Caen par « Thomas de Villon », prêtre, de ce qu'il pouvait avoir « in quodam masnagio sito in villa Cadom. in vico de Cathehoule » (1276). Au dos : « Pour Quatranz ». — Fragment de reconnaissance par Pierre « Vayret » pour Robert « Mauvoisin », bourgeois de Caen, de rente assise à Caen. — Accord entre Simon, abbé de St-Étienne, et

SÉRIE H. — ABBAYE D'ARDENNES.

Jean, abbé d'Ardennes, concernant la justice d'un manoir sis près la petite léproserie de Caen, paroisse St-Nicolas (1317). — Procédure au bailliage de Caen entre les religieux d'Ardennes, stipulés par Raoul de Groucie, leur attourné et procureur, et la déguerpie de Guillaume Vimont, concernant le paiement d'arrérages de rente sur une maison sise aux marché, paroisses St-Sauveur et St-Étienne-le-Vieux; Robert Recuchon, chevalier, bailli de Caen (1318). — Chartes diverses : de « Henricus filius Henrici filii Herberti », portant don à l'abbaye de « quicquid Symon de Escuria et pater ejus tenuerunt de me et de antecessoribus meis apud Cadomum », presents Samson, abbé de Caen, « Wllo. Poignart, tunc vicecom. Cad., Wllo. Sachespée, Rad, de Tribus Montibus, Odone, canonico de Ardena », etc.; de « Rad. Beleth » (s. d.); — de « Radulfus de Falesia », bourgeois de Caen (1277, avril); de « Petrus Porte », bourgeois de Caen (1312, avril), etc. — Déclaration donnée au bureau des receveurs et contrôleurs généraux des domaines du Roi de la généralité de Caen, par les religieux, de leurs biens et fonds sis au territoire de la ville et faubourgs de Caen; addition à lad. déclaration en conséquence de l'état de recouvrement arrêté au Conseil le 5 août 1692 (1751).

H. 219. (Liasse.) — 18 pièces, parchemin; 2 pièces, papier.

1257-1766. — Caen. Paroisse Notre-Dame de Froide-Rue — Donation par Guillaume Binart, bourgeois de Caen, à l'abbaye, pour son anniversaire, de « totum masnagium meum quod habebam justa Freide Rue, inter masnagium Roberti dicti Regis et masnagium Radulphi de Mutrechie... Testibus his : Mich. Le Canevachier, Willelmo de Versone, Rob. Hai, Petro de Contrières, Josel L'Estaimier, Willelmo Moisson, Rob. de Saint Servin, Petro des Carières, Roberto Le Rei, Symone de Falesia, et pluribus aliis » (1257, décembre). — Vente par « Radulfus de Mesnillo, armiger », à Guillaume dit « Bruisemare », bourgeois de Caen, moyennant 10 l. tournois, de 12 s. t. 2 chapons et 30 œufs de rente qu'il percevait sur le ménage de l'acquéreur, sis à Caen, « in frigido vico, inter masnagium prioris et fratrum domus Dei de Cadomo, et masnagium Thome Le Torneor » (1277, avril). Sceau : S. RAVAL DV MESNIL. — Vente devant Jean Carville, garde du scel de la vicomté de Caen, par Robert *Duchelter*, de la paroisse de Notre-Dame de Froide-Rue de Caen, à « Ric. de Rie », bourgeois de Caen, pour 14 l. t., « pour la parpaie de gregnour somme d'argent en quoy il estoit tenu et obligé audit bourg, par lettre de Roy », de 20 s. t., 1 chapon et 15 œufs à prendre sur son manoir sis en lad. paroisse, jouxte Bertaut « Duchelier » et la déguerpie Raoul de Fontaines (1308, jeudi après *Letare Jerusalem*). — Reconnaissance par « Mestre Jaques de Contrières », bourgeois de Caen, de la paroisse de N. D. de Froide-Rue, devant Guillaume Du Teil, garde du scel de la vicomté de Caen, envers l'abbaye, de la rente de 15 s. t. qu'elle prend sur son manoir assis en lad. paroisse jouxte Andrieu de Buron et l'abbaye du Val ; les religieux d'Ardennes pourront faire leur pleine justice pour lad. rente « par l'entrée de la porte dudit manoir et par toute la sale devant » ses appartenances, du chemin du duc nostre sire jusques au gable du celier par devers la dicte sale » (1335, mardi jour de la fête St-Grégoire en mars). — Procédure aux plaids de la ville et banlieue de Caen, tenus par Guillaume Rouxel, lieutenant général de Jean Randulf, vicomte de Caen, entre l'abbaye et Pierre Le Grant, « meneur et gardain par justice » aux causes et querelles des enfants mineurs de Jean de « Foulloigne », fils et héritier aîné d'Enguerrand de Ste-Marie, dit de « Foulloigne », pour paiement des arrérages depuis 1417 de 15 s. t. de rente en vertu de la pièce précédente sur une maison à Caen butant « sur le pavement de la grant rue » ; transport de rente (1435, v. s.). — Prise à fieffe devant Jean Le Briant, clerc, tabellion à Caen, par Julien Heuzé, bourgeois de Caen, pour lui et « Aliz », sa femme, de Louis de Cantelou, écuyer, de Cormolain, pour lui et Guillaume de Cantelou, écuyer, son père, et Me Pierre de Cantelou, son frère, d'un manoir à deux combles, l'un butant sur la rue de Froide-rue jouxte les hoirs Jean Boisset et les hoirs de Thomas d'Aubigny, prêtre, l'autre comble de maison jouxte les hoirs dud. prêtre et led. Julien Heuzé, butant sur les hoirs dud. Boisset et sur le jardin de Me Thomas Le Cloutier, moyennant 7 l. t. de rente, 6 l. t. d'entrée, 10 s. pour vin et 4 l. pour les dépens, façons de lettres et écriture qu'avait coûté le décret dud. héritage (1452, v. s., 27 février). — Désistement aux plaids des sergenteries de la ville et banlieue de Caen, tenus par Girard Bureau, écuyer, vicomte de Caen, par Jean et Guillaume dits Cecille, pour eux et Robine, déguerpie de Jean Esnault, leur mère, qui avait mis opposition à l'encontre d'une exécution ou jurée d'une maison sise en lad. paroisse où demeurait Henri Gode, pour lequel lad. venve était chargée de garantie, jouxte Pierre Nicolle, à cause de « l'ostel des Bachins », butant par devant sur la grand'rue et par derrière aux murs de la ville, qu'avaient commencé à faire et passer par décret les religieux d'Ardennes, pour arrérages de 12 s. t. de rente de l'obligation de Philippot Couespel (1484 v. s.). — Échange devant Jean Le Briant, tabellion à Caen, entre Robert, abbé d'Ardennes, et frères Jean Preudomme, prieur, Robert Doulley, Philippe Cauu, Guillaume Gabriel, Pierre Poitevin, et M⁰ Michel Le Fauconnier, religieux, et Louis de Cantelou, écuyer, demeurant à Cormolain, des droits de l'abbaye en un fief ou membre de fief nommé le fief d'Ommay, sis à Livry, acquis par eux en 1437 d'Olivier de Vacy, chevalier, seigneur de la Forêt-Auvray, en retenant 5 s. t. de rente retraits par seigneurie et marché de bourse de Robin Eudes, de Livry, contre 7 livres tournois de rente à prendre sur Julien Housey, de Froide-rue, pour fieffe dud. manoir butant sur la rue de Froide-rue, bornée en partie par feu Thomas d'Aubigny, prêtre (1459). — Vente aux pleds de la ville et banlieue de Caen, tenus par Jean Richart, lieutenant général du vicomte, de lad. maison, pour paiement d'arrérages de rentes dus à Jean Le Sens, écuyer, de l'obligation de Julien Heuzé, et à Geffroy Le Bon, héritier à cause de sa femme de feu Pierre Dyonis, à Noel Le Sens, écuyer, pour 80 l. t. ; octroi à Guillaume de Verson, procureur desd. religieux, de mémorial concernant la rente à eux due (1475). — Vidimus par Samson Camail et Jean Dieulegard, tabellions à Caen, le samedi 13 avril, vigile de Pâques 1475, de l'obligation prise devant Michel de La Salle, tabellion à Caen, par Jean Le Boulanger, de la paroisse de Cambes, envers Jean de Cantelou et Robine, sa femme, de Cormolain, de 8 livres de rente sur la maison et jardin par lui pris en fieffe, assis en la paroisse N. D. de Froide-rue, du franc-fief Thiout (1394), et d'un acte y relatif de Jean Tardif, vicomte de Caen (1401). — Procédure aux pleds de la ville et banlieue de Caen, tenus par Jean Richart, lieutenant général du vicomte, entre frère Pierre Poitevin, religieux et bailli de l'abbaye, et Louis de Cantelou, écuyer, concernant la rente due à l'abbaye (1476). — Procédure en la vicomté de Caen entre les religieux, stipulés par frère Gilles Cœuret (al. Cuyret), et Guillaume Le Maitre, pour paiement d'arrérages de rente de l'obligation de Julien Heuzé (1529). — Titre nouvel passé devant Jean-Jacques Bénard et François Le Danois, notaires à Caen, par Guillaume-Pierre Hue, marchand serrurier, paroisse N. D., en faveur de l'abbé d'Ardennes, stipulé par Philippe Dudouet, notaire royal et apostolique, de 15 sols de rente sur une maison sise grande rue, à lui fieffée en 1762 par feu Michel Loude, licencié aux lois en l'Université de Caen (1766).

H. 220. (Liasse.) — 23 pièces, parchemin ; 9 pièces, papier.

XII⁰ siècle-1393. — Caen. Paroisse St-Étienne. — Vidimus devant Jean Brinkelé, garde du scel des obligations de la vicomté de Caen, le 10 janvier 1420 (v. s.) par Jean de La Fontaine, tabellion royal ès mettes des sergenteries de Cheux et de Creully, de mandement de Henri II, duc de Normandie et d'Aquitaine, comte d'Anjou (antérieur par conséquent à son avènement au trône d'Angleterre), adressé « Roberto filio Bernerii et hominibus de Cadomo », et donné à Caen, en présence de Richard du Hommet, prescrivant de laisser le prieur d'Ardennes tenir paisiblement sa maison de Caen, conformément à la charte qu'il en a dud. duc. — Cession par « Hylaria, filia Albini Carrol, de Cadomo », veuve, à Thomas « Pyogier », bourgeois de Caen, de rente sise « in quodam meo masnagio sito in villa Cadomi in parrochia Sancti Stephani Veteris de Cadomo super aquam que dicitur Oudon » (1271, janvier, v. s.). — Vente par « Petrus Juliani, de parrochia Sancti Stephani Veteris de Cadomo », à « Jacobo Anglico », bourgeois de Caen, pour 65 s. t., d'une maison « in vico Escuière, inter masnagium Guillelmi Cabot et masnagium Guillelmi de Anisolo » (1286, février, v. s.). — Reconnaissance devant le vicomte de Caen par « Sevestre Loyne », bourgeois de Caen, et sa femme Perronnelle, de la donation faite à Thomas Fagues, clerc, quand il épousa Roherge, leur fille, « c'est assavoir la grant meson que le dit Sevestre avoit ou marchié de Caen, assise joste la meson as hers Jehan de Bretheville, d'une part, et la petite meson audit Sevestre, d'autre part », laquelle petite maison led. Sevestre octroia que led. Thomas l'ait et tienne 4 ans, et fait lad. grande maison 15 s. t. 2 chapons et 30 œufs de rente ; plus lui donnèrent en pur mariage 2 setiers de froment de rente, mesure de Caen, à prendre à Bernières-sur-la-mer sur 3 pièces de terre que « Guillame Le Météer et Nich. Guerbout » tiennent en fief dud. Sevestre aud. lieu (1296, « le joesdi devant la Saint Gire »). — Amortissement à Jean Le Boidre, bourgeois de Caen, par Guillaume Piogier, chanoine du Sépulcre de Caen, de rente assise sur une maison paroisse St-Étienne-le-Vieux (1310, mercredi après Pâques fleuries). — Assignation par Henri Roussel, sergent du Roi commis à ce, « à Colin « Champdavaine », au nom des religieux d'Ardennes, pour défaut de paiement de rente due par « Guillame Le Boydre et Thomas Crestien, clerc, et Crestien Le Tainturier, Robert Le Boydre et Agnès, sa fame », de la paroisse St-Étienne de Caen, de deux maisons assises à Caen, paroisse St-Étienne le Vieux, jouxte « Estienne Le Boydre et Sevestre de La Barre », « lesquelez mesons ledit serjant fist jurer et apresagier empres les bans et les preconizacions fez, si comme coustume requiert, à soixante et dix souldées de rente, par dessus dix souls que il font au Roy nostre sire, par le serement des proudes hommes cy empres nommez : premièrement Raoul Baille Hache, Jouh. Housebroc, Thomas Le Roy, Guillame Bel Oste, Nich. Le Villain, Henr. de Busquet, Rog. Rouel, Symon Le Gascoing, Guillaume Colbin, Gayffroy Le Chevalier, Petit Villa le Talatarier, Estiemble Le Lou et Joh. de Noeray, apelez et jurez à cen, et mistrent les dix jurez en doute vint et deux souls de rente que Renouf du Castel preut sus les dites mesons, si comme l'en dit; et se autres rentes y estoient deues, dont les dix jurez ne savoient se euls y estoient, euls serolent rabatues sus les soixante et dix souldées de rente dessusdit, quer les dix jurez distrent que euls valoient quatre livrées de rente tant soulement,.... à tenir, à avoir et à per droit héritage à poursëer la dite jurée,..... as dix religious », etc. Raoul Aligot, garde du seel de la vicomté de Caen (1311). — Vente devant Henri Le Gay, garde du seel de la vicomté de Caen, par Raoul de « Feuguières », de la paroisse N.-D. de Froide Rue de Caen, à Pierre Fromont, pour 110 s. t., de 10 s. t. de rente sur une maison sise paroisse St-Étienne, en la grande rue (1315). — Reconnaissance devant Richard « Corsdomme », vicomte de Caen, tenant les assises du lieu pour Robert Recuchon, chevalier, bailli de Caen, à frère Raoul de Grouey, attorné et procureur des religieux, par Sevestre Loine, de rente due à l'abbaye (1317). — Procédure en l'assise de Caen devant Richard Godefroy, prêtre, pour le bailli de Caen, entre les religieux d'Ardennes et Simon de « Maally » et sa femme, et « Jehanot deu Castel » et « Johan Caperon, son meneur donné lui de justice par conseil d'amis », concernant rente sur des héritages sis au marché de Caen (1319). — Délaissement fait en l'assise de Caen devant Guillaume Marie, pour le bailli du lieu, par Sevestre, Richard et Guillaume dits « Loines », d'un lieu assis à Caen, paroisse St-Étienne le Vieux, jouxte Simon de « Malie » et Pierre Mallart, dont ils ne veulent plus payer la rente : acceptation dud. délaissement par frère Nicole de Caux, attourné et procureur de l'abbé et couvent (1327). — Accord devant Henri Le Gay, tenant pour le bailli de Caen les assises dud. lieu, entre Nicole Agoulant, attourné des religieux d'Ardennes, et Michel Manchon, concernant une rente à prendre sur le « four au Pacey », assis rue

« Escuière », à Caen, délaissé auxd. religieux moyennant 10 l. t., aud. Michel, qui paiera les amendes (1339). — Vente devant Le Gloy, clerc, commis par Guillaume Du Teil, clerc, garde du seel de la vicomté de Caen, par Guillaume Caritot et Martine, sa femme, de la paroisse St-Étienne le Vieux, auxd. religieux, d'un ménage sis grande rue (1349); lacéré. — Vidimus par Michel Valemout, tabellion royal ès mettes des sergenteries d'Argences, Troarn et Varaville, en 1414, d'une sentence obtenue de Robert Le Marchault, vicomte de Caen, aux plaids du lieu, par les religieux d'Ardennes contre Hélies Garnier, pour paiement d'arrérages de rente sur une maison sise rue Écuyère (1350). — « Comme pour cause de la guerre des Englois nos annemis et pour la mortalité que Dieu a envoiée naguères sur son peuple les mesnages de la ville de Caen et les autres héritages sont apetichiés en revenue et demourez gastés et wides places et plusieurs tournez à non valoir », et spécialement un ménage assis en la paroisse St-Étienne-le-Vieux, rue Écuyère, que Guillaume Le Forestier a tenu au temps passé de l'abbaye d'Ardennes en fief et héritage, moyennant la rente de 30 s. t., 4 chapons et 60 œufs de rente, « tant pour les causes devant dites comme pour ce que le dit mesnage estoit trop chargé de rentes ledit Forestier eust yceli mesnage délessé se relasche ne l'en euste esté faite, si comme il disoit », accord portant que la rente sera réduite de 6 sous 2 chapons et 30 œufs (1352). — Reconnaissance par Thomas Vincent et Jeanne, sa femme, de la paroisse St-Sauveur, à Thomas de Cormelles, écuyer, et à Perronnelle, sa femme, de Cormelles, de 35 sols tournois, un chapon, 2 « et les oes a ce appartenans », de rente, pour fieffe d'un « hébergage » sis paroisse St-Étienne le Vieux, au marché, jouxte les hoirs Guillaume de Fierville et les religieux d'Ardennes (1353, v. s.). — Vente devant Michel Le Poitevin, clerc, juré commis de Guillaume Du Teil, garde du seel de la vicomté de Caen, par Guillaume, déguerpie « Talebot » et à Jeanne, sa femme, de son droit en un manoir sis au marché de Caen, jouxte Roger de La Balle, prêtre, et Colin Rabot, moyennant 20 sols tournois de rente (1356). — Vente devant Jean Le Brebenchon, tabellion juré sous Raoul Roillart, garde du seel des obligations de la vicomté de Caen, par Robert Talebot, de Venoix, à Jean Acarin et à Guillemette, sa femme, pour 6 francs d'or de bon poids et 1 galon de vin, de son droit sur un manoir jouxte Roger de La Balle, prêtre, et Jean Rabot, dit Brasil (1363, v. s.). — Remise devant le même de lad. vente par Jean Acarin et sa femme aux religieux d'Ardennes (1383, v. s.). — Vente devant Robert Béranger, tabellion, par Pierre Le Vavasseur à Jean Balargent, de 20 sols de rente à prendre sur une maison bornée en partie par Colin de Monchamps (1382). — Vidimus par Jean Le Briant, tabellion à Caen, en 1443, de la vente faite devant Robert Béranger, tabellion, par Colin Heuillet, de St-Étienne le Vieux, à Martin Caillet, bourgeois de Caen, de rente à prendre sur la maison de Pierre Valet dit Becquemie, assise en la grande rue, devant la croix du carrefour (1387). — Justice faite à la requête des doyen et chapitre du Sépulcre de Caen » sur une maison assise au marché, paroisse St-Étienne, pour arrérages de rente, en 1389; procès avec l'abbaye d'Ardennes; lettres de frère Macien, abbé d'Ardennes, et du couvent, établissant Pierre Collin pour attourné et procureur général aux querelles mues et à mouvoir contre tous leurs adversaires et en particulier pour led. procès (1391); vidimus par Aubry Lévêque, lieutenant général du vicomte de Caen, le 31 décembre 1390, de lettres royaux données à Paris le 11 octobre 1390, concernant les procès de l'abbaye, qui seront reçus par procureur ou attourné ; aux pieds de la ville et banlieue de Caen du 26 juin 1385, reconnaissance de la rente due au Sépulcre remise de 1568». — Reconnaissance devant Renault Pront, clerc, tabellion à Caen, par Philippot Gospel, de la paroisse N. D. de Froide-Rue, aux religieux, de 12 sols tournois de rente pour un pré sis paroisse St-Étienne, appelé le pré d'Ardennes, jouxte le fossé du cours de l'Odon (1393).

H 220. (Liasse.) — 24 pièces, parchemin ; 6 pièces, papier.

1410-1459. — Caen. St-Étienne. — Extrait d'un registre écrit en parchemin, relié et couvert de bois et cuir, intitulé le grand chartrier de l'abbaye d'Ardennes, concernant la prise à fieffe devant Colin d'Eterville, clerc, tabellion à Caen, par Jean Pommier, de St-Étienne, des religieux, d'une maison jouxtant Jean « Corpsdomme », écuyer 1410. — Vente devant Colin de Vernay, tabellion à Caen, par Ameline, déguerpie de Jean Alexandre, de la paroisse St-Étienne, à Thomas Letellier, de lad. paroisse, d'une maison en la grande rue, et une autre maison à deux combles, moyennant 60 livres t. et 40 sols t. de vin, lad. Ameline se réservant sa vie durant quelques pièces, sous charge de rentes, notamment à l'abbaye d'Ardennes (1414). — Cession devant Jean Levavasseur, tabellion à Caen, par Robine Le Conte, veuve de Robin Dajon, fille et héritière aînée de feu Robert Le Conte, aux religieux d'Ardennes, de son droit sur une place sise en la grande rue, jouxte les hoirs Mons. Jourdain Le Carpentier (1419). — Rentée par Raoul d'Étampes, vicomte de Caen, à l'abbaye, d'une place et jardin mis en la main du Roi « pour ce qu'on disait qu'elles appartenaient à gens misant », les religieux ayant prouvé par enquête leur possession (1423). — Prises à fieffes : devant Guillaume Le Couvreur, tabellion à Caen, deux religieux, par Jean Desmoulins, de la paroisse St-Étienne, d'une place « en la rue ès Fourmages » (rue Formage), moyennant 4 sols de rente (1425) ; devant le même par Jean Aubert, Anglais, demeurant paroisse St-Étienne, d'une maison sise grande rue, moyennant 20 sols tournois 2 chapons et 30 œufs de rente (1426). — Vendue et jurée aux pieds de la vicomté de Caen, tenus par Guillaume Hyote, vicomte, et Jean de Saint-Fromont, son lieutenant général, requête de Colin Hautevillain, écuyer, d'un hôtel sis paroisse Saint-Étienne, au marché, « devant le couppe teste », jouxte les religieux d'Ardennes et Jean de Manchamps, prêtre, pour paiement de 20 années d'arrérages de 35 sols et 1 chapon de rente de l'obligation de feu Thomas Vincent et sa femme; adjudication à l'abbaye, dont le procureur réclame led. hôtel comme lui appartenant ; renonciation par led. Colin à son procès avec l'abbaye (1428). — Vente devant Raoul Le Couvreur, tabellion à Caen, par Raoulin Patrisse, de la paroisse St-Étienne le Vieux, à Jean Balargent, bourgeois de Caen, de 20 sols tournois de rente à prendre sur une maison et jardin en la rue des Prés, aboutant par derrière sur les murs de la ville, moyennant 15 l. t. et 5 s. de vin (1429, v. s.). — Prise à fieffe des religieux par Robin Lahache, « natif de la ville de Beuzeville en Auge » et demeurant paroisse d'Athis, d'un manoir à deux combles où il y a un four nommé Dortsoulel, «paroisse St-Étienne, jouxte Jean Corpsdomme, écuyer, aboutant la rue de la « Tainturie », et la grand'rue (1433). — Procès aux assises de Caen, devant Eustache Quenivet, lieutenant général du bailli, pour Pierre Fumée, prieur et attourné des abbé et couvent d'Ardennes, chargé de garantie pour Guillaume Rouxel, attourné pour la veuve de Jean Regnault, fille et héritière de feu Jean Desmoulins, contre Michel Lévêque, procureur du Roi, et Jean Convers. adjoint, à cause de l'adjudication de certaine portion d'héritage assis paroisse St-Étienne, rue Écuyère, fieffée par la Chambre des Comptes de Normandie à Pierre Trophardi et réclamée par lad. veuve (1442-1444, n. s.). — Vente devant Jean Le Briant, tabellion à Caen, par Jean Caillet, bourgeois de Caen, à Robert, abbé, et aux religieux, du droit lui appartenant en une maison et jardin (1453, v. s.). — Accord devant Raoul Le Couvreur, tabellion à Caen, par lequel Robin Hache, auquel les religieux avaient baillé la maison baillée à Jean Pommier en 1410, ce dernier s'étant absenté hors du pays de Normandie « et pour sa loyauté garder « s'en était allé demeurer dans les pays soumis au roi de France, la remet à Pommier « en obéissant aux ordonnances royales sur ce faites », consentant qu'il la tienne comme il faisait lors de la descente des Anglais (1451). — Accord entre Jean de La Fresnaye, écuyer, seigneur de St-Aignan, fils et héritier aîné de Jean de La Fresnaye, et les religieux, au sujet de la jurée Caillet (1457, v. s.). — Prise à bolle devant Raoul Le Couvreur, tabellion à Caen, de Jean Alain l'aîné, par Thomas Brémont, d'un hôtel et dépendances jouxte la rue des Prés (1457, v. s.). — Procédure aux pleds de la ville et banlieue de Caen, entre les religieux et Nicolas, Jean et Guillaume Hallarçent, concernant l'exécution et jurée sur un pré pour paiement de 10 sols de rente (1457, v. s.). — Vente devant Jean Le Briant, tabellion à Caen, par Jean Alain l'aîné, de St-Étienne, et Perrine, sa femme, à Étienne Millier, bourgeois de St-Jean de Caen, et à Thomine, sa femme, « en nom et en la ligne d'icelle Thomine », de 18 sols tournois de rente à prendre sur Thomas Brémont pour héritages sis rue des Prés (1459). — Extrait du grand chartrier de l'abbaye concernant la vente devant Jean Le Briant, tabellion à Caen, par Jean de La Fresnaye, écuyer, s' de St-Aignan de Cramesnil, aux religieux, de rente à prendre sur une maison sise paroisse St-Étienne, grande rue, jouxte la rue du Goullet, butant par derrière sur la rue des Prés (1459).

H. 231. (Liasse.) — 13 pièces, parchemin; 15 pièces, papier.

1467-1573. — Caen. St-Étienne. — Prise à bolle devant Thomas Feron et Richard Le Couvreur, tabellions à Caen, des religieux d'Ardennes, par Marie Lafaitteur, de St-Étienne le Vieux, d'une place ville rue Écuyère (1467). — Reconnaissance devant Pierre Le Sénescal, tabellion à Caen, par Martin et Jean Caillet, bourgeois de Caen, auxd. religieux, de 15 sols t. de rente à cause d'un « aguillon et portion de leur prey assis ès prés dessus le Catillon » (1472). — Vente devant Robert Le Briant et Jean de La Lande, tabellions à Caen, par Georges Millier, bourgeois de Caen, à Guillaume Morin, bourgeois de Caen, de 18 sols tournois de rente à prendre sur une maison jouxte la rue des Prés (1483). — Accord sur procès entre Richard, abbé d'Ardennes, Raoul Le Courtoys, prieur, Robert Balley, sous-prieur, Pierre Le Bourgeois, prieur de St-Germain-la-Blanche-Herbe, Roger Lebret, bailli, Richard de Laval, prieur du Mesnil, et les religieux, et Guillaume Morin, au sujet d'arrérages de rentes (1487). — Procédure aux pleds de Caen, devant Robert de La Haye, lieutenant général du vicomte, entre Richard de Laval, procureur des religieux, et Jean de Mauny, au sujet d'héritages mis en jurée à la requête de ce dernier (1493-1494). — Accord entre lesd. religieux et Jean Queseul, bourgeois de Caen, concernant le paiement d'arrérages de rentes assises à St-Étienne (1492). — Procédure au bailliage de Caen pour les religieux d'Ardennes contre Pierre d'Estouteville, licencié en chacun droit, prieur commendataire et administrateur perpétuel du prieuré de St-Gabriel dépendant de l'abbaye de Fécamp, pour le forcer à recevoir l'amortissement d'une rente de 21 s. t. due au prieuré sur une maison sise paroisse St-Étienne jouxte les fours de Bureau, butant sur le marché de Caen et sur l'Odon; amortissement devant Jean Gast et Christophe Dupuis, tabellions et nottes de St-Gabriel (par Jean Le Prévost, sous-prieur, Jean Remond, secrétaire du prieuré de St-Gabriel (1542). — Fieffe devant Guillaume Parizy, notaire à Caen, par Marguerin de La Bigne, licencié ès droits, alibé commendataire et administrateur perpétuel, de l'autorité apostolique, de l'abbaye d'Ardennes, official capital de l'évêché de Bayeux, Guillaume Moysot, prieur conventuel, Jean Bardel, prieur de St-Contest, Simon Du Vivier, prieur de St-Germain-la-Blanche-Herbe, Pierre Lebrun, prieur du Mesnil, Christophe Pottevin, prieur de Coulombs, Guillaume de Bailleul, chantre, Jean Le Sauveur, sacristain, prêtres, et Jean du Monchel, diacre, tous religieux et profès de lad. abbaye, d'une portion de maison ou masure menaçant de tomber en ruine sise devant le marché près le Pilori, jouxte les lodes de feu Girard Bureau, écuyer, à Gilles Martin, couvreur, de St-Étienne, moyennant 45 sols de rente (1544). — Échange devant Pierre Bacon et Jean Delahaye, tabellions à Caen, entre Baptiste de Villemor, aumônier ordinaire du Roi, abbé commendataire d'Ardennes, et Michel Morin, bourgeois de St-Martin de Caen, de 30 boisseaux de froment, 1 géline et 10 œufs de rente foncière, contre 2 corps de logis paroisse St-Étienne (1573). — Ratification devant les mêmes dud. échange par Jean Du Moncel, écuyer, licencié en droit canon, prieur de Coulombs, Robert Hélies, prieur de Lion, Toussaint de Vaulx, prieur de St-Contest, religieux de lad. abbaye (1573).

H. 223. (Liasse.) — 9 pièces, parchemin; 24 pièces, papier.

1574-1785. — Caen. St-Étienne. — Extrait du registre du tabellionnage de Caen concernant la vente faite par Robert Quesnel à Robert Le Paulmier, procureur au siège présidial de Caen, de plusieurs maisons, cour et jardin, sis près la Belle croix (1576). — Extrait de l'appointement fait avec Jean Martin d'une clameur révocatoire qu'il avait obtenue pour une petite maison par lui vendue en 1573 à Michel Morin; renonciation par led. Martin à la propriété de lad. maison assise paroisse St-Étienne en la place du vieux marché (1583). — Arrêt du président de Caen au profit de Jean Bruné, fermier de l'abbaye, de 3 années 1/2 d'arrérages de 40 sols 1 chapon et 15 œufs de rente contre Guillaume Bacquet et Jean Mandeville, tenant le fonds affecté à lad. rente (1602). — Bail par Guillaume Denis, religieux, procureur de l'abbaye, à Chatelin Pichon, tailleur de l'abbaye de St-Étienne, d'une petite boutique, chambre et grenier, aboutant au marché du Pilori, moyennant 15 livres par an (1624). — Reconnaissance par Pierre de Villemeur, cy-devant abbé commendataire d'Ardennes, du bail à lui fait par les religieux, d'une salle, chambre et grenier, moyennant 20 livres par an (1625). — Reconnaissance par Michel Tostain, du bail à lui fait par Jean Gires, l'un des religieux de l'abbaye, de partie de maison, moyennant 20 livres par an (1626). — Procédures devant Hercule Vauquelin, écuyer, sieur des Yveteaux, lieutenant général du bailliage et siège présidial de Caen, conservateur des privilèges royaux de l'Université, concernant le bail de Jean Derray (1626). — Sommation par Germain Champion, sergent, requête de Bonaventure Lefebvre et Jean Gires, religieux de l'abbaye, à Jacob Bacquet et Jean Mandeville, de payer 3 années d'arrérages de 40 sols 1 chapon et 15 œufs de rente, et sentence dud. Vauquelin, en lad. juridiction des privilèges, en faveur de l'abbaye (1627). — Extraits du Grand Chastelet pris en 1630, concernant la rente à percevoir sur la maison de Jean Paulmier, sr de St-Louet. — Bail devant Mathieu de La Londe et Michel Le Sueur, tabellions à Caen, par Bonaventure Lefebvre, religieux de l'abbaye, à Jean Le Roy, de deux petits corps de logis jouxte la grande maison de l'abbé de lad. abbaye et le jardin appartenant aux héritiers de Nicolas Le Fauconnier, écuyer, sieur du Carcel (1632). — Aveu rendu aux prieur et religieux en leur noble terre et sieurie nommée le fief Thioult, dont le chef est assis à St-Germain-La-Blanche-Herbe, et s'étend aux paroisses de St-Étienne, St-Martin et St-Nicolas de Caen, Venoix, Louvigny, Rots, Authie, Ste-Contest, Cambes et autres paroisses circonvoisines, par Jacob Bacquet et Gillette Villart, veuve de Jean Mandeville, et ses filles, de 9 maisons sises à St-Étienne de Caen, bornées par Jean Le Paulmier, sieur de St-Louet, et la rue Foucerat (1633). — Bail par les religieux, stipulés par Robert Duhamel, l'un d'eux, à Jean Le Roy, de 3 petits corps de logis vis à vis le pilori, jouxte la grande maison et jardin de l'abbé, moyennant 60 livres par an (1648). — Bail dud. 3 corps de logis à Gilles Rufola, au même prix (1650). — Condamnation en la juridiction des privilèges de l'Université contre Pierre Mandeville, fils et héritier de Jean Mandeville, pour paiement de 18 livres 20 chapons et 400 œufs d'arrérages de 40 sols 1 chapon et 15 œufs dus aux religieux de l'abbaye (1667). — Reconnaissance devant Jean Caumont, tabellion à Cheux, et Jean Mauger, sergent royal aud. lieu, pris pour adjoint, par Gilles Rufola du bail à lui fait par Norbert Malinet, religieux de l'abbaye, de d. 3 corps de logis, avec cour et jardin, moyennant 60 livres par an (1671). — Signification par Sigismond Le Bas, premier huissier au présidial de Caen, à la requête des religieux de l'abbaye, stipulés par Norbert Du Saussey, d'un jugement présidial condamnant Pierre Simon, sieur de Grandchamp, avocat en l'Élection de Caen, au paiement de 40 livres pour arrérages de 20 années de 40 sols de rente foncière, 1 chapon et 15 œufs, comme représentant Jacob Bacquet (1672). — Aveu aux religieux, propriétaires du grand fief « Thioult », par Marc Moulins, de partie de maison paroisse St-Étienne, bornée en partie par Godefroy, docteur aux droits (1689). — Mandement de Jean Le Courtois, docteur aux droits et professeur royal de droit français en l'Université de Caen, sénéchal du grand fief « dit Youf » et autres fiefs appartenant aux abbé et religieux d'Ardennes, pour la réunion au domaine seigneurial de la maison de la rue St-Étienne, faute de devoirs seigneuriaux (1689). — Aveu rendu devant Jacques Faguet et François Roullin, notaires à Caen, auxd. religieux, par Jacques Homo, de partie de maison rue Écuyère (1726).

H. 224. (Liasse.) — 6 pièces, parchemin; 1 pièce, papier.

1482-1766. — Caen. St-Gilles. — Fieffe devant Raoul Le Couvreur, tabellion à Caen, par Robin de Barre, bourgeois de Caen, demeurant à St-Gilles, à Jean Beaujour, de Bénouville, d'un jardin sis en lad. paroisse, basse rue de Calix, jouxte Benoît Le Coutellier et la venelle « Foureuse », butant sur Colin du

Val et Rivart Paisant (1639). — Prise à fieffe de l'abbaye par Jean Ménart, de St-Contest, de 3 vergées de terre assises au terroir de Caen, paroisse St-Gilles, en la delle de la Culture, jouxte Jean Nollant et les religieux de la Trinité, butant sur M. de « Cullis », 3 vergées aud. terroir, delle du « pis de chien », 3 vergées, en lad. paroisse, delle de dessous la Perrelle, butant sur l'hôpital de Caen, 3 vergées en la paroisse St-Pierre, en la delle dessus le Val, jouxte Philippot de Maupeuville, écuyer, moyennant une rente de 15 boisseaux de froment, mesure de Caen ancienne, 1 géline, 10 œufs et un hommage (1457); avec une copie collationnée par Jacques de Castelhay, écuyer, tabellion à Creully, sur la représentation faite par frère Guillaume Roul, religieux (1620). — Procédure devant Jean Blondel, écuyer, châtelain et patron de Tilly, lieutenant particulier, civil et criminel au bailliage et siège présidial de Caen, entre l'abbaye et Jacques Chasles, bourgeois de Caen, fils de feu Guillaume Chasles, fils Romain, auquel l'abbaye réclame 8 années d'arrérages de 4 livres 2 chapons et 30 œufs de rente, suivant les sentences obtenues contre Jonathas et Romain Chasles, père et fils, en 1580, 1592 et 1620, tous religieux représentant feu Jean Castard, écuyer, sieur de Cambres; condamnation du débiteur (1638). — Reconnaissance devant Jean-Jacques Bénard et Guillaume Fontaine, notaires à Caen, de 4 livres 2 chapons et 30 œufs de rente à l'abbaye d'Ardennes, par Guillaume Duprey, couvreur à Caen, paroisse St-Gilles, hameau de Couvrechef, fils de feu Guillaume, fils François, qui avait acquis de Charles Lefebvre, sieur des Jardins, bourgeois de Caen, héritier de Jacques Chasle, son oncle, 3 portions de terre dont 2 sises au terroir St-Gilles de Caen, sujettes envers l'abbaye à rente seigneuriale (1766).

H. 23. (Liasse.) — 2 pièces, parchemin; 3 pièces, papier.

1388-1613. — Caen, St-Jean. — Cession à l'abbaye par Geffroy de Mondreville, écuyer, pour lui et ses frères et sœurs, de 5 vergées de terre, assises au terroir de Caen, « en delage de la mare touz y boivent », jouxte le prieur et les frères de l'hôtel-Dieu de Caen et « le quemin du duc nostre sire », « et est eu lieu dudit nostre sire le duc », en échange de cinq mines de froment de rente, « comme Robert de Mondreville, escuier, eu temps que il vivoit, fust tenu et obligié à assier à relig. hommes l'abbé et le couvent d'Ardaine trois sextiers de fourment à la mesure de Caen pour une livraison que Katerine, jadiz fame dudit escuier, prent

en l'abbaye des dis relig. à sa vie » (1388). — Reconnaissance et ratification devant Guillaume Caudebec, tabellion à Caen, par Jean Parie et Charlotte, sa femme, demeurant à Ardennes, du bail et héritage fait à Richard Vaultier, demeurant à Varaville, de maisons et héritages sis rue Guillebert, en se réservant la chambre de la maison derrière du grand grenier de lad. rue (1654). — Accord entre Jean Richart, écuyer, s¹ d'Hérouvillette, et Richard de Laval, religieux, procureur d'Ardennes, concernant les arrérages de 20 sols de rente à prendre sur la maison sise rue Guilbert ayant appartenu à Vaultier (1697). — Arrêt fait à la requête des religieux entre les mains d'André Le Bourgeois, s¹ de La Vaccole, lieutenant général du vicomté de Caen, de deniers par lui dus à Jean Grégoire, bourgeois de Caen, à cause du fermage de sa maison de la rue St-Jean, pour avoir paiement de 8 années d'arrérages de 40 sous et ⅓ v. M. C. de rente hypothéqué par eux acquise de Jean Le Terrier, sieur des Carreaux, Guillaume Le Terrier, Jean de Longé, et Jean Grégoire, bourgeois de Caen, par contrat de 1580, des deniers provenant de la succession de frère Jean du Monchel, prieur claustral de l'abbaye, pour être moitié de lad. somme affectée à deux obits et l'autre distribuée par le prieur aux pauvres, le jour des obits, à la porte de l'abbaye, conformément à l'arrêt du Parlement de Rouen donné le dernier juin 1595 entre l'abbé d'Ardennes, les prieur et religieux, et le syndic de l'Université de Caen (1613).

H. 24. (Liasse.) — 12 pièces, parchemin; 4 pièces, papier.

1271-1712. — Caen, St-Julien. — Donation par Pierre Guérart, bourgeois de Caen, à l'abbaye, d'une mine de froment de rente « in quadam petia terre sita in territorio de Cadomo es Sablons, inter queminum vicarum et queminum de Quevrecein », en échange d'une rente de 5 s. t. que l'abbaye prenait « in mansagio meo sito apud Cadomum in vico qui vocatur Gilbert » (1271, décembre, « coram parrochiano Sancti Juliani de Cadomo »). — Vente par « Ranulfus de Trungeio », clerc, à « Roberto Anglico », bourgeois de Caen, pour 10 l. t., de 3 vergées de terre « in territorio Cad. supra montem de Quevrechein, inter terram heredum Johannis de Hantone et terram heredum Nicholai Pertecastri » (1292, août). — Procédure aux assises de Caen, devant le bailli, entre les religieux d'Ardennes et Guillaume Gervaise, pour paiement de 10 sols 2 chapons et 30 œufs de rente sur une maison sise rue Vitaine; délaissement du fonds par Gervaise et acceptation par frère « Raoul de Gènesle », attourné et procureur des religieux (1317, v. s.). — Reconnaissance par Jean de Banvou, bourgeois de Caen, de la donation par lui faite à l'abbaye, de 3 s. t. de rente à prendre au terme St-Michel en septembre sur 7 vergées 1/2 de terre au terroir de Caen, devant le moulin au Roi, sur laquelle terre il reconnoît lui devoir 6 s. 8 d. t. d'ancienne rente (1353). — Vente devant Guillaume Le Couvreur, clerc, tabellion à Caen, par Colin Terraguane et Guillemette, sa femme, de la paroisse St-Julien, aux religieux, de leur droit en 9 s. t. de rente à prendre sur une maison sise au marché de Caen, « jouxte la rue Vidine » et Robert Le Saunier, moyennant 50 s. t. (1391, 28 mars) ; seel et contre-seel des obligations de la vicomté de Caen. — Vente devant Michel de La Salle, clerc, tabellion à Caen, par Jean Hertin, de St-Pierre de Caen, à Jean Salles, bourgeois de Caen, moyennant 12 s. t., de 7 vergées de terre bornées en partie par « le moulin le Roy » (1404). — Procédures devant Eustache Quénivet, lieutenant général de Girard Bureau, écuyer, vicomte de Caen, pour exécution de fonds devant le moulin au Roi, en paiement de rente (1452, v. s.). — Vente par Marie Le Putois, fille de feu Gilles Le Putois, avocat, bourgeois de Caen, et d'Esther Gabriel, bourgeoise demeurant à St-Julien de Caen, à Jacques Le Quérn, sieur de Valompray, avocat, bourgeois de Caen, d'une maison paroisse St-Julien, rue Calibourg, franc-alleu du Roi et bourgeoisie de Caen, bornée par la d[i]te de La Lande Guerville, Hervé Fossey, conseiller assesseur en la vicomté de Caen, moyennant 2.500 l. t. et 60 s. de vin (1630). — Quittance devant Jacques Le Danois et Guillaume Jolivet, notaires royaux à Caen, par Philippe, Jean et Gilles Deblois, frères, de la paroisse St-Julien, aux religieux d'Ardennes, représentés par le P. André Fourneceau, procureur de l'abbaye, de 312 livres 10 sols restant de celle de 650 livres du prix de la vente d'héritages par eux faite auxd. religieux (1686). — Prise à louage pour 5 ans par les religieux, stipulés par le frère François Fleuriel, leur procureur, de Deschamps, bourgeois de Caen, greffier en vicomté, demeurant paroisse St-Julien, d'une salle du nombre du corps de logis qu'il occupe avec une écurie et le petit grenier dessus, moyennant 20 livres par an, avec promesse de ne pas emporter les clefs de la salle et de l'écurie, afin qu'il puisse s'en servir en l'absence des religieux ; au dos : « bail de la chambre et de l'écurie et du grenier de la porte de St-Julien » (1707). — Quittance devant Pierre Cauvet et Charles Féron, notaires à Caen, par Charles Bertault, prêtre,

demeurant à Cheux, Louis et Pierre Bertault, frères, demeurant paroisse St-Julien, aux religieux d'Ardennes, stipulés par Olivier Jaheaul, prieur, de 180 l. pour amortissement de 7 livres 2 sols 10 deniers de rente à eux due par Marie Viel, veuve d'Adam Boulbé (1710). — Quittance devant François Le Sénécal, notaire à Évrecy, par Guillaume Hellouin, religieux, procureur des prieur et religieux, à Jacques Tostain, m[archan]d, bourgeois de St-Julien de Caen, de 1.800 l. t., pour le capital de 90 livres de rente de son obligation à cause de la vente d'une maison, paroisse St-Julien, « grande rue aux Lys » (1711) ; copie collationnée par Robert Gautmont, notaire à Cheux (1712).

H. 287. (Liasse.) — 23 pièces, parchemin ; 14 pièces, papier.

1318-1589. — Caen, St-Martin. — Vente devant Henri Le Gay, clerc, garde du scel de la vicomté de Caen, par « Guill. de Quevrochis et Leticha, sa femme », de St-Martin, à « Nicole Champ davaisne », pour 40 s. t., du droit, propriété, seigneurie, etc., leur appartenant en la lettre annexée (en déficit) (1318). — Procédures en paiement de rente foncière assise à St-Martin, aux pieds de la ville et banlieue de Caen, devant le vicomte du lieu (1350, v. s.). — Reconnaissance par Guillaume Le Galois, de St-Jean de Caen, de 1[?] sols tournois de rente envers les religieux d'Ardennes sur une maison sise en lad. paroisse, par lui prise à fieffe, etc. (1350, lundi après la Chandeleur). — Reconnaissance par Robert Le Prévost et Thomasse, sa femme, de St-Martin, envers les religieux, de 25 s. t. de rente à prendre sur une maison sise rue St-Martin, aboutant aux murs du Roi et au chemin, par eux prise à tieffe (1353). — Vente devant Jean Quatrans, clerc, tabellion à Caen, par Thomas Haquelin, dit Séguin, et Jeanne, sa femme, de St-Sauveur, aux religieux, de 30 s. t. 2 chapons et 30 œufs de rente, avec un hommage, « par raison d'une pièce où il souloit avoir une maison et jardin », paroisse St-Martin, « jouxte le clos qui fut aux frères de Sainte-Croix de Caen, que tient à présent Thomas Pallet, d'une part, et Pierre Lorfèvre, d'autre, abut. des deux bous aux chemins du Roy », par eux prise en fieffe, à charge d'amendement de 10 l. t. (1389). — Prises à fieffe : par Pierre Lescuyer, de St-Sauveur, d'une maison et jardin ; par Richard Le Coute d'une maison et jardin moyennant 20 sols t., 1 chapon et 15 œufs de rente avec un hommage (1410). — Vidimus par Michel Valemont, tabellion ès mettes des sergenteries d'Argences, Troarn et Varaville, en 1414, de lad. reconnaissance passée devant Blesel de

Léon, clerc, garde du scel de la vicomté de Caen, en 1530 (v. s.). — Ordonnance de Michel Lévesque, lieutenant général de Raoul d'Étampes, vicomte de Caen, pour la vente d'héritages, en paiement des rentes de l'obligation de Pierre Lécuyer, dont les arrérages sont dus « depuis la descente faicte par feu le Roy nostre souverain seigneur » (1435). — Fieffe devant Guillaume Le Couvreur, clerc, tabellion à Caen, par les religieux à Jean Turquetil, de St-Sauveur, d'un clos et jardin assis devant la porte « Paistourongnie », qui fut jadis Pierre Lescuyer (1426, v. s.) ; à la suite d'une copie, copiée, en 1627, de diverses pièces : aveu à l'abbaye par Guillaume Viel, bourgeois de St-Martin, pour une pièce de terre, susd. paroisse, nommée les « Carrels » d'Ardennes, aboutant sur le chemin des fossés de Caen tendant à St-Julien, baillé aux plaids tenus le 16 février 1540 (v. s.) par Jean Le Lièvre, écuyer, sous-sénéchal de la seigneurie d'Ardennes ; bannie de la prévôté de lad. seigneurie aux plaids, gage-plèges, et élection de prévôt du fief, terre et seigneurie de Thyault pour les abbé et religieux d'Ardennes, tenus par François de Cairon, écuyer, licencié aux lois, sénéchal (1593) ; extrait du papier terrier rendu à l'abbaye le 1er octobre 1594, concernant Pierre de Cahaignes, acquéreur par décret des maisons et héritages qui furent Guillaume Viel assis à St-Martin, joutant Thomas Le Gabilleur, sieur de La Cammune, etc. — Fieffe à Guillaume Trubert, de St-Martin, d'une place avec le jardin, auquel il y a un puits, susd. paroisse, au fief « Tiouf » (1437. v. s.). — Vidimus par Guillaume Denis, tabellion ès mettes des sergenteries d'Argences, Troarn et Varaville, de la vente faite en 1431 (v. s.) devant Jean de La Fontaine, tabellion ès mettes des sergenteries de Cheux et de Creully, par Jacques Perruquier et Jeanne, sa femme, demeurant paroisse St-Martin, à l'abbaye, de 6 livres tournois de rente à prendre sur 2 maisons paroisse St-Martin, au bourg l'Abbé, moyennant 60 salus d'or, chacun de 25 s. 10 d. t. (1432, v. s.). — Remise « par bourse et par seigneurie », devant Jean Le Briant, tabellion à Caen, par Mahieu Hue, de St-Contest, à l'abbaye, de 20 s. t. de rente par lui acquise en 1440 de Pierre Poulou, moyennant 10 l. t. et 5 s. t. de vin (1442). — Fieffe devant Guillaume Caudebec, tabellion à Caen, par Guillaume Trubert dit « Coullesvaulx » le jeune, de St-Martin, à Jean Durant, de Maizet, de la moitié d'un ménage ou place et du jardin lui appartenant, moyennant 30 sols t. de rente et 32 salus d'or d'entrée (1443). — Donation devant Richard Le Briant et Richard Le Couvreur, clercs, tabellions à Caen, par Guillaume Trubert, dit « Court les Vaulx », de la paroisse St-Martin, aux religieux, de 4 sols tournois de rente, moyennant que Jean, abbé, Pierre Le Poitevin et Thomas Le Fauconnier, religieux, au nom des autres religieux, promirent, après le trépas de Trubert, aller ou envoyer deux religieux en l'église où il sera en sépulture, pourvu que ce soit en la ville et banlieue de Caen, et là dire deux messes de Notre-Dame, le second ou troisième jour après son trépas, pour une fois seulement ; vente par le même à l'abbaye de rente sur les biens dud. Durant, de Maizet (1449). — Consentement devant Robert de La Hogue, lieutenant général du vicomte de Caen, à l'état et « voydement » des deniers provenant d'une exécution ou jurée faite faire par Pierre de Roussigny d'héritages pour rente de l'obligation de Louis Havy, par led. de Roussigny, aux abbé et religieux, de prélever 30 sols 9 deniers d'arrérages de rente de l'obligation de Jean « Auquetil », dud. décret (1516). — Prise à ferme de Pierre Du Vivier, abbé (1521). — Lots faits devant Guillaume Beaudoulx et Jean de Foulloygne, tabellions à Caen, entre Guillaume et Pierre dits de « Bailly », demeurant au hameau de La Folie, des biens de feu Jean de « Bailly », dit lu Fils, bourgeois de St-Martin, leur père (1536, v. s.). — Vente devant Adrien Gosseaulme, écuyer, notaire à Caen, par Guillaume Blondel, de St-Germain-la-Blanche-Herbe, à Caroline, veuve de Philippin Flambart, de St-Nicolas, de 30 sols de rente, moyennant 10 l. t. et 5 s. de vin (1540). — Procédure devant Charles de Bourgueville, écuyer, licencié en lois, lieutenant du bailli de Caen, entre l'abbaye et Thomas Ménart, sr de La Ménuchière (1549, v. s.).

H. 221. (Liasse.) — 16 pièces, parchemin ; 18 pièces, papier.

1530-1622. — Caen. St-Martin. — Titre nouvel devant Adrien Gosseaulme, écuyer, et Guillaume Cueuret, tabellions à Caen, par Pierre de « Bailly », dit Dupuys, de St-Martin, hameau de La Folie, pour lui et Guillaume, son frère, de 12 boisseaux de froment, mesure ancienne de Caen, envers les religieux (1550 ; procédure et décret relatif. — Prise à ferme devant Jean Denis et Nicolas Le Lou, tabellions à Caen, par Jacques de « Baally », de l'abbaye (1561) ; obligation vers Jean Du Monceel, prieur de Coulombs, bailli de l'abbaye, par Pierre de Baally l'aîné, concernant le paiement de lad. rente, devant Guillaume Artur, sr d'Aunay, vicomte de Caen (1564) ; prise à ferme par Jacques de Baally de l'abbé Baptiste de Villemor (1566). — Déclaration des lettres, pièces et écritures, concernant 30 boisseaux de froment, 1 poule et 10 œufs dus aux religieux par Michel Murin, bourgeois de St-Martin de Caen, et quittance à l'abbé Baptiste de Villemor, aumônier ordinaire du Roi, après amortissement (1573). — Aveux rendus à l'abbaye par Guillaume Viel de pièces de terre tenues du fief Thiouf (1577-1587). — Remise par Hugues Le Paulonnier, bourgeois de Caen, fils de feu Nicolas, à l'abbé commendataire Baptiste de Villemor, de l'acquisition faite par son père, de l'abbé, de 7 acres de terre, delle de la Croix de Pierre, 3 acres, delle du Champ aux pucelles, etc. (1577). — Lettres d'André Le Blanc, bourgeois de St-Martin de Caen, échevin et garde des sceaux de la charité fondée en l'église St-Martin, savoir faisant que devant Guillaume du Rocher, prêtre, vicaire de lad. charité, Toussaint de Vaulx, prêtre, religieux d'Ardennes et prieur de St-Contest, a été immatriculé au nombre des frères et sœurs reçus au catalogue de lad. charité, moyennant 30 s. t. présentement baillés à scientifique personne Me François Madoline, bachelier en théologie, curé dud. lieu, scribe général de l'Université de Caen (1582). — Partage devant Gires et Boullaye, tabellions en la sergenterie de Bernières pour le siège de Cairon, par Pierre Niard, de St-Martin, hameau de la Folie, Pierre Jouenne et François Niard, tuteurs de Marguerite, fille de feu Jean Niard, sieur dud. Pierre, des biens dud. Jean Niard (1588). — Extrait de l'état des deniers provenant du décret requis par Louis Du Touchet, sieur de Beneauville, tuteur de sa fille Jeanne, de maisons sises en la paroisse St-Martin, appartenant à Philippe et Guillaume Viel, frères (1593). — Extrait du papier terrier rendu en 1594 à l'abbaye d'Ardennes par Clément de Vaulx et Jacques Adam, fermiers de lad. abbaye, concernant la rente due par Pierre de Calaignes, acquéreur par décret des biens de Guillaume Viel à St-Martin (1594). — Échange devant Nicolas Rocque et Gilles Potier, tabellions à Caen, entre Pierre, Guillaume et Paul Viel, frères, de St-Martin, led. Paul se portant pour âgé et pour le doute de son bas âge plégé par ses frères, et Jean Le Picard, secrétaire de la chambre du Roi, receveur du domaine à Caen, de maisons sises grande rue St-Martin (1615). — Bail par l'abbé de Gallodé à Laurent Larcher de 2 acres de terre moyennant 33 livres tournois de fermages (1620). — Autre bail devant Mathieu de La Londe et Michel Lesueur, tabellions à Caen, par les prieur, religieux et couvent, stipulés par Jean Gires, l'un d'eux, procureur du couvent, aud. Larcher (1622).

H. 823 (Liasse.) — 5 pièces, parchemin; 53 pièces, papier.

1628-1694. — Caen. St-Martin. — Vente devant Mathieu de La Londe et Michel Lesueur, tabellions à Caen, par Anne Viel, veuve de Guillaume Lefebvre, bourgeois de St-Pierre, à Aimée Amiré, veuve de Guillaume Boussigny, et à Louis Durel, son neveu en loi, bourgeois de St-Martin, de maisons sises en lad. paroisse, hors la ville, faubourg l'Abbé (en marge: la maison du Bras d'Or) (1628). — Sommation requise des religieux stipulés par fr. Bonaventure Lefebvre et Jean Gires, à Jean Le Picard, conseiller et secrétaire du Roi, receveur du domaine en la vicomté de Caen, de payer 3 années d'arrérages de 22 sols 6 deniers, 1 chapon et 15 œufs de rente seigneuriale et foncière, comme représentant Guillaume Viel (1627); procédure y relative en la juridiction des privilèges royaux de l'Université avec Jean Lefebvre, écuyer, sieur des Mares, et Jacques Lefebvre, sieur des Lignerye, frères, approchés en garantie (1627-1630). — Vente par led. Jean Le Picard, éc., sr de Norrey, Michel Le Picard l'aîné, Thomas Le Picard, écuyer, fils dud. Michel, conseiller au bailliage et siège présidial de Caen, à Jean Le Gardeur, éc., sr de La Vallée, de la paroisse de Cesilles, de 200 l. t. de rente hypothèque, moyennant 2.800 l. (1630); à la suite, procédures relatives: devant Charles de Matherbe, éc., sr du Bouillon, lieutenant général au bailliage de Caen, pour Guillaume Le Gardeur, éc., sr de La Vallée, lieutenant général criminel aud. bailliage, créancier dud. Jean Le Picard, contre Auguste Le Picard, écuyer (1654); devant Nicolas Du Moûtier, éc., sr de La Motte, lieutenant général, entre led. Guillaume Le Gardeur et Jean Le Picard, éc., sr de Norrey, et Marie Baudouin, veuve d'Isaac de La Bouespe, tutrice de leurs enfants (1669); devant Olivier Bellet, sr de Gournay, vicomte d'Évrecy, entre Madeleine Gedouin, femme d'Auguste Le Picard, éc., sr de Norrey, séparée de biens, et led. Guillaume Le Gardeur; remboursement aud. Le Picard qui avait requis en décret la terre de Norrey (1676). — Requête à l'intendant de La Poterie, par Jean Le Picard, écuyer, sieur de Norrey, afin de faire approcher les religieux d'Ardennes pour être déchargé de la taxe de 120 livres pour droit de franc alleu d'une maison tenu de leurs fiefs (1642). — Vente par Jean Le Neuf, éc., sieur de Montenay, lieutenant en la vicomté de Caen, à Jacques Deschamps, élu en l'Élection de Caen, des héritages qui lui avaient été baillés en échange par les religieux d'Ardennes spécifiés au bail par eux fait à Clément de

Basly, de St-Martin (1640). — Procédure au bailliage de Caen entre les religieux et Jean Le Picard, s' de Norrey, pour paiement d'arrérages de lad. rente (1656). — Bail devant Desaulle et ... (blanc), tabellions au siège du Cairon et Fontaine-Henry, par les religieux à Louis Alexandre, bourgeois de Caen, de 6 vergées de terre à St-Martin, moyennant 33 livres de fermage (1657). — Procédure en la vicomté de Caen entre Jean Le Picard, écuyer, sieur de Norrey, et Bon Burel, bourgeois de Caen, concernant l'écoulement des eaux pluviales sur sa propriété, etc. (1661). — Vente par led. Jean Le Picard à Pierre Michel, éc., s' de St-Michel, représenté par Anne Le Picard, sa femme, d'un tènement de maisons et jardins à St-Martin, tenu en rente envers l'abbaye (1668). — Reconnaissances devant: les tabellions de Caen, par Jean Lalué et Jacques Bernières, du bail à eux fait par les religieux de 3 acres 1/2 de terre, delle des Vaux, moyennant 100 livres de fermages (1671); J. . Caumont, tabellion à Cheux, et Jean Mauger, sergent royal, pris pour adjoint, par Louis Alexandre, bourgeois de Caen, du bail à lui fait par les religieux stipulés par le P. Norbert Du Saussey, leur procureur, de 6 vergées de terre, delle de « Hullegatte », moyennant 35 l. t. de fermages (1674); François Le Cointe, tabellion en la sergenterie d'Ouistreham, et Charles Meurdrac, sergent royal, pris pour adjoint, pour Jacques Niart, fils Georges, bourgeois de St-Martin, hameau de La Folie, du bail à lui fait par les religieux, stipulés par Grégoire Bonhomme, prieur, et Mathieu Trousseille, de 5 vergées de terre, moyennant 27 l. 10 s. t. de fermage (1677); Jacques Caumont et Nicolas Barbey, tabellions à Cheux, par Marguerite Basly, veuve de Romain Alexandre, bourgeois de St-Martin de Caen, hameau de La Folie, du bail à elle fait par les religieux, stipulés par le P. Mathieu Trosseille, leur procureur, de 6 vergées de terre, moyennant 40 l. t. de fermages (1680). — Procédures contre Pierre Lefebvre, sieur des Mares, etc. (1682).

H. 230. (Liasse.) — 9 pièces, parchemin; 76 pièces, papier.

1645-1786. — Caen. St-Martin. — Bail par les religieux à Marie Hardy, veuve de Jacques Niart, de 5 vergées de terre delle de la Malière (1683). — Procédure en la juridiction des privilèges de l'Université, tenus par Nicolas Du Moustier, écuyer, sieur de la Motte, lieutenant général au bailliage et présidial, entre les religieux d'Ardennes, incorporés en lad. Université, et Anne Le Picard, veuve de M. de St-Michel, concernant le paiement de 29 années de 22 sols 5 deniers 1 chapon et 15 œufs de rente sur les maisons ayant appartenu à Jean Le Picard, en présence de François Burel, s' de St-Martin (1683). — Reconnaissance devant Guillaume Jolivet et Antoine Ilaize, écuyer, notaires à Caen, par François-Charles Michel, écuyer, sieur de Chambert, et Jacques Hermant, huissier au bureau des finances, de la vente par Anne Le Picard, veuve de Pierre Michel, écuyer, sieur de St-Michel, de maisons et jardins pour lesquels led. Michel se désiste de la clameur à droit de sang et ligne qu'il avait intentée (1687.; copie collationnée requête des Carmes déchaussés de Rouen (1703). — Bail devant Jacques Caumont et Nicolas Barbey, tabellions à Cheux, par les religieux, stipulés par le frère Denis Blin, leur procureur, à Pierre Du Pré, bourgeois de St-Martin de Caen, de trois vergées de terre (1684); led. bail transporté par Fournereau, religieux et procureur de l'abbaye, à Pierre Le Butler, bourgeois de St-Martin (1687). — Procédure entre les religieux et Jacques Hermant, concernant le treizième des maisons et jardins par lui achetés. François-Charles Michel, écuyer, sieur de Chambert, tant pour lui que pour Anne Le Picard, sa mère, veuve de Pierre Michel, écuyer, sieur de St-Michel, Auguste Le Picard, écuyer, sieur de Norrey, pour lui et Madeleine Gedouin, son épouse, François Burel, s' de St-Martin, bourgeois de Caen, et Pierre Lefebvre, s' des Mares, fils de feu Jean Lefebvre, fils et héritier d'Anne Viel (1688-1693). — Bail devant François Le Sénécal, notaire à Évrecy, et Jacques Caumont, ex-notaire royal, pris pour adjoint, par les religieux, stipulés par le P. Thomas Desplanches, à Marie Hardy, veuve de Jacques Niart, et Georges Niart, son fils, de 5 vergées de terre, delle de la Maslière, moyennant 27 l. 10 sols de fermages (1691). — Bail devant Baptiste Varin et René Moitié, notaires royaux apostoliques à Caen, par led. Desplanches à André Dantar, bourgeois de St-Nicolas, de 3 acres 1/2 de terre, delle des Vaux, moyennant 100 l. de fermage (1693). — Requête dud. Jacques Hermant, huissier du bureau des finances, à l'intendant Foucault, pour être déchargé de la taxe de franc-alleu de ses maisons et jardins; avis de Gouville de Pontoger, procureur du Roi et de la ville de Caen, concluant au rejet de lad. demande; modération à 50 livres (1694). — Ratification par f. Hellouis de la cession faite par Jean-Jacques Guesdon à Louis Le Baron de son bail de 2 pièces de terre appartenant à l'abbaye (1711). — Procuration par Raphaël de St-Michel, définiteur provincial, Benoist de l'Assomption, sous prieur, et les religieux du couvent des Carmes déchaussés de Rouen, à Pierre-Marie de St-Thomas, prieur, pour faire les devoirs seigneuriaux dus aux religieux d'Ardennes à cause de leurs biens relevant de leur fief de Thiout (1713). — Consentement par fr. Jean Du Roqet, procureur de l'abbaye, à Thomas Hantart, fils et héritier d'André Hantart, de jouir pendant 6 ans de 3 acres 1/2 de terre moyennant 50 livres par an (1719). — Aveu rendu aux abbé, prieur et religieux d'Ardennes, à cause de leur noble fief de Thiout, par frère Dominique de Ste-Thérèse, religieux du couvent des Carmes déchaussés de Rouen, nommé homme vivant, mourant, et confiscant, de maisons cour et jardin à St-Martin (1720). — Reconnaissance devant Jean-Baptiste Le Page, notaire au siège d'Ouistreham, par Pierre-François Lefebvre, sieur des Marcs, et Robert-François Lefebvre, sieur du Hamel, fils et héritiers de Pierre-François Des Marcs Lefebvre, fils de Pierre Des Marcs Lefebvre, demeurant à Caen, de présent en leur terre de Périers-en-Bessin, aux Carmes déchaussés de Rouen, de 22 sols 6 deniers 1 chapon et 15 œufs de rente seigneuriale envers l'abbaye d'Ardennes (1765). — Aveu rendu aux abbé, prieur et religieux d'Ardennes par fr. Dominique de l'Annonciation, prieur desd. Carmes; lettre y relative dud. prieur à Bailleul, feudiste de l'abbaye d'Ardennes (1765). — Lettre de fr. Calliste de St-Théodose, prieur desd. Carmes déchaussés, à Bailleul l'aîné, feudiste et géomètre à Caen, concernant le paiement des arrérages de la rente de 22 sols 6 deniers 1 chapon et 15 œufs de rente, impayée depuis 1705 (1785). — Bail devant les notaires de Caen par Jacques Motteley, prieur, à Georges Yvonet, du hameau de La Folie, de 2 pièces de terre (1786). — Baux divers de fonds appartenant à l'abbaye.

H. 231. (Liasse.) — 44 pièces, parchemin; 12 pièces, papier.

1269-1598. — Caen. St-Nicolas. — Vente de rente assise à Caen, « in Reculeio de la Crapondière », par « Petrus de Balleio, de Cadomo », à « Willelmo dicto Personne », bourgeois de Caen (1269). Sceau de Pierre de Basly. — Reconnaissance devant Jean Carville, garde du scel de la vicomté de Caen, par Guillaume de Buron, bourgeois de Caen, à Pierre Porte, bourgeois de Caen, de 20 sols, 1 géline et 10 œufs de rente, pour une maison et le clos derrière, paroisse St-Nicolas, jouxte les hoirs Blanc Mouton et la Reine, à lui baillée « en fay et en héritage » par led. Pierre par lad. rente, plus la rente due « as chevex seignors », sous garantie d'une pièce de terre à Buron (1302). —

Vente par Geoffroy Clément, de St-Nicolas, à Laurent et Agnès, sa femme, pour 7 l. t., de 12 s. t., 9 chapons et 80 œufs de rente assise sur plusieurs maisons à Caen en la rue Paroise, paroisse St-Nicolas (1307). — Reconnaissance par Jean de St-Nicolas, clerc, bourgeois de Caen, envers l'abbaye, de 4 s. t., 2 chapons et 30 œufs de rente, « ratione cujusdam masnagii siti in parrochia Sancti Nicolai Cadomensis, in vico qui vocatur Friboise, jouxtant le manoir « Radulphi Germain, al. Engoulevant », lad. maison à lui baillée en fieffe par les religieux (1313). — Procédure devant Robert Recuchon, chevalier, bailli de Caen, entre l'abbaye et les hoirs Jean Besoigne, mineurs, pour paiement d'arrérages de 5 sols 2 chapons et 30 œufs de rente ancienne et de celle du don dud. Pierre Porte, sur une maison sise en lad. paroisse: condamnation des débiteurs (1317). — Cession devant Jean Le Gluy, clerc, commis de Guillaume Du Teil, garde du scel de la vicomté de Caen, par Thomas Le Foulon et Roberge, sa femme, de St-Gilles, aux religieux, de leur droit sur un ménage susd. paroisse, devant le cimetière, par eux pris à fieffe de l'abbaye, pour ne plus payer la rente assise sur lad. fonds (1343). — Vente devant Pierre Le Sénécal, commis et député dud. Du Teil, garde dud. scel, pour « noble fame » Perronnelle, déguerpie feu Pierre d'Escageul, écuyer, à Colin et Raulin Maugier, dits Les Douces, pour 35 l. t., « flourins au mouton de fin or et de bon et loyal poix de chinquante et deux au marc et du coing du Roy nostre sire pour vint et cinq soulz tour. la pièce », et 5 s. pour vin, de 10 vergées de terre assises au terroir de Caen, au fief du Roi, franches et quittes de toutes rentes et redevances que nul y puisse demander, et de franche disme, en 3 pièces, la première contenant 5 vergées, assises « ou fonz du Val de Caen, jouxte... le costil », la seconde contenant 1/2 acre, aud. Val, et la 3ᵉ, contenant 3 vergées, assise jouxte la terre aux frères et sœurs de la confrairie St-Ouen de Willers établie en son église (1355, 3 avril). — Reconnaissance par Jean Glenchart, de St-Nicolas de Caen, à l'abbaye, de 6 s. t. et 1 chapon de rente par raison d'un masnage assis susd. paroisse appelé « le masnage à la Franchoise », jouxte les hoirs Guillaume de Mondrainville, par lui pris à fieffe des religieux, avec obligation de mettre amendement de 100 s. t. dans 2 ans (1355, 8 juillet). — Reconnaissance de 100 s. t. 2 chapons et 30 œufs de rente, à l'abbaye, par « Jehan Symon, dit d'Estoupefour », de St-Nicolas, par raison d'un manoir « en la rue Esquière, de la rue jusques à Oudon », par lui pris à fieffe sous lad. rente, et obligation de mettre amendement de 20 l. t. dans 2 ans (1358). — Cession par Thomas Pihen, demeurant à Douvres, aux abbé et couvent, de la fieffe qu'il tenait d'eux au Bourg l'Abbé, rue de « Friboiz », pour ce qu'il ne voit pas que ce soit son profit de tenir davantage led. fieffe ni en faire les rentes (1358, 14 avril). — Fieffe devant Colin de Vernay, tabellion à Caen, par les religieux à « Ricart Norman », d'un clos borné par les malades de Beaulieu, la rue « du Bicoquet », etc (1399, 22 mars, v. s.) ; y joint vidimus en 1414 par Michel Valemont, tabellion ès mettes des sergenteries d'Argences, Troarn et Varaville. — Fieffe devant led. Colin de Vernay, par l'abbaye à Jean de Vendes, de St-Nicolas, d'un jardin rue « du Bicoquet » (1404, 21 avril). — Fieffe devant Guillaume Le Couvreur, clerc, tabellion à Caen, par l'abbaye, à Thomas Vaultier, de St-Nicolas, d'« unes masures » et jardin « en la rue de Friboiz », devant l'église de St-Nicolas, moyennant rente de 6 s. t., 2 gélines, 20 œufs, avec un hommage, quand le cas s'offrira, sur lesquels héritages lesd. religieux lui ont relâché 2 s. t. de la rente qu'ils percevaient auparavant « pour ce que lesd. héritages estoient tourn. en ruyne pour les guerres et mortalitez qui encore sont présent » (1425, v. s.). — Procédure aux assises de Caen tenues par Eustache Quenivet, lieutenant général de Richard Huringthon, chevalier, bailli du lieu, entre Michel Lévesque, procureur du Roi aud. bailliage, et Jean Randulf, vicomte pour le Roi à Caen, et Pierre Roillart, procureur et attourné dûment fondé pour l'abbé et couvent d'Ardennes, concernant un petit jardin « rue de Bicoquet », et un hôtel et jardin devant l'église St-Nicolas, jouxtant les malades de Caen et les religieux de Carisy, un autre petit jardin assis au bout du Bourg l'Abbé, par devers la Maladrerie, sur lesquels les religieux et le Roi prétendent rente, d'où arrêt sur les biens des religieux : enquête de 12 hommes de la paroisse St-Nicolas, et déclaration qu'ils n'ont jamais oui parler que sur le-d. héritages le Roi eut droit de percevoir lad. rente, qu'ils ne croient pas que lesd. religieux tiennent au Bourg l'Abbé, en la rue Bavoise, héritages sujets à lad. rente envers le Roi, etc. (1443, v. s.) — Extrait du registre du tabellionnage de Caen concernant la vente faite par Geffroy Le Court, de St-Clair d'Hérouville, hameau d'Épron, Jacquet Leprestret et Philippine, sa femme, sœur légitime dud. Geffroy, à Étienne Millier, écuyer, sieur du Torp, bourgeois de Caen, d'un clos et jardin moyennant 6 livres t. et 20 sols de vin, à charge de rente de 3 s. 4 d. à l'abbaye d'Ardennes (1444. v. s) — Vente devant Jean et Richard Le Briant, tabellions à Caen,

par Colin Ango, de St-Pierre de Caen, à Guillaume Jean, dud. St-Nicolas, de 30 sols tournois de rente de l'obligation de Pierre de Pontis, frère de mère dud. Jean, moyennant 15 l., 15 s. t. et 7 s. 6 d. de vin, avec transport des arrérages (1464). — Fieffe devant Samson Cauvel et Jean Dieuloyard, tabellions à Caen, à Raoul Le Fauconnier, de St-Nicolas, par l'abbaye, de 5 vergées de terre, delle de la « quarte cousture », aboutant sur le terroir de Venoix, moyennant 6 boisseaux de froment de rente (1478). — Arrêt de deniers fait par Richard Poullain, sergent royal en la ville et banlieue de Caen, requête des religieux, entre les mains de Jean Le Fauconnier, sur ce qu'il peut devoir à Louis Le Sens, écuyer, pour paiement de 8 années d'arrérages de 3 sols.. 1 chapon et 15 œufs de rente (1525). — Reconnaissance par Guillaume et Jean Le Baillif, frères, bourgeois de St-Martin, du bail à ferme pour trois ans à eux fait par Guillaume Desobeaulx et Louis Doucenel, représentant Étienne Du Val, sieur du Mont, héritier de défunte Marie Du Val, sa sœur, de 3 acres de terre nommée « le Camp ès pucelles », 5 vergées et 1/2 acre en lad. delle, 3 vergées au Val, par 42 boisseaux de froment, mesure d'Arques, payables en l'abbaye d'Ardennes à la décharge des bailleurs (1550). — Reconnaissance de Suzanne, veuve de Colas Le Cousturier, de St-Nicolas, du bail à ferme à elle fait par les religieux de 17 vergées de terre, moyennant 23 boisseaux de froment et 14 boisseaux d'orge, mesure d'Arques (1561, v. s.). — Procédure en la vicomté de Caen, devant Guillaume Artur, sr d'Amayé, vicomte, entre les religieux d'Ardennes et Richard Vaultier, concernant le paiement d'arrérages de 6 s. t. 2 gélines et 20 œufs de l'obligation de Thomas Vaultier (1561). — Vente devant Denis Erhodes et Étienne Becooq, écuyer, tabellions à Caen, par Baptiste de Villomor, aumônier du Roi, abbé d'Ardennes, pour lui et les religieux, à Nicolas Le Fauconnier, bourgeois de Caen, de 7 acres de terre, delle de la Croix de Pierre, 3 acres et 5 vergées, delle du « Camp aux pucelles », 1/2 acre, jouxte la maison-lieu, 3 vergées « delle des vaulx d'Arques », les 1. terres présentement baillées à ferme à Jean Le Fauconnier, fils de Raullet, moyennant 104 boisseaux de froment, mesure d'Arques, et 200 d'estrain par an, pour 6 ans, commençant à la St-Michel 1566, 6 boisseaux de froment de rente, mesure ancienne de Caen, et 1 géline de rente sur led. acheteur, comme représentant Jean Tallebot, à cause de deux acres de terre « derrière les meurs des mallades », suivant fieffe de 1407, 2 s. 2 gélines de rente sur led. Faulconnier, comme représentant « Missire Richard Malezars », pour retour de contrechange par lettre de 1517, moyennant 1.000 l. t. que l'acheteur s'oblige payer dans quinzaine en la ville de Rouen entre les mains du receveur des deniers provenant de l'aliénation du temporel des ecclésiastiques ordonné être vendu par le Pape et le Roi jusqu'à 50.000 écus de rente au denier 24, suivant le département fait par les députés du Clergé de France (1569, présent [Richard Blondel, avocat au siège présidial de Caen); suit copie des « lettres de commission, instruction et subdélégation pour procéder à la vente du temporel de l'église pour les cinquante mil escus de rente par Messieurs les Commissaires et subdelley establis en la Chambre du trésor à Paris ». Ratification de lad. aliénation et autres, pour la part de l'abbaye à lad. cotisation, par Jean Du Moncel, prieur de Coulombs et de Lébisey, Robert Hélix, prieur de St-Thomas de Lion, et Toussaint de Vaulx, prieur de St-Contest, religieux profès de l'abbaye, pour eux et les autres religieux, à l'abbé Baptiste de Villemor (1569). — Reconnaissance par Guillaume Gybert, de St-Nicolas, de 36 boisseaux de froment mesure ancienne de Caen, 3 d. t. de relaehe, envers Baptiste de Villemor, abbé d'Ardennes (1569). — Baux par l'abbé Baptiste de Villemor : devant Jean Le Maistre et Richard Martin, tabellions à Caen, à Hugues Le Faulconnier, bourgeois de Caen (1577); devant Jean Le Maistre et Pierre Bénart, tabellions à Caen, à Nicolas Le Faulconnier, bourgeois de St-Étienne de Caen (1582); devant Raoul Caillot et Horace Le Forestier, tabellions à Caen, à Marguerin Le Saige, bourgeois de St-Étienne (1589 et 1594), ce dernier à la caution de Jean Le Faulconnier, receveur des tailles en l'Élection de Caen. — Quittance par Germain Le Tellyer et Jacques Quetissens, échevin et prévôt de « la Charité Monsieur Saint Nicolas de Caen », à Toussaint de Vaulx, religieux d'Ardennes, prieur de St-Contest, de 30 s. t. pour être franc du denier courant que les frères et sœurs de lad. charité ont de coutume payer et être associés et immatriculés à icelle pour jouir et participer aux prières, suffrages, oraisons, aumônes et autres biens qui y sont faits pour le salut des vivants et le repos des trépassés, et afin que quand il plaira à Dieu faire son commandement, qu'il ait l'ordonnance de lad. charité et que son corps soit convoyé au lieu de sa sépulture par les chapelains, échevin et frères servants, avec la bannière, croix et luminaire à ce accoutumés, pourvu qu'il décède en la ville ou aux faubourgs, et que le service soit honorablement dit et célébré en l'église dud. lieu, ainsi qu'il est porté par le statut, et aussi comme on fait aux autres payant leurs deniers ordinaires (1582).

Fragment de sceau plaqué. — Extrait du registre du tabellionnage de Caen, concernant la choisie des lots faits entre Jacques Bosnain et Louise Vaultier, sa femme, Olive Vaultier, Robert Moulin, sergent, bourgeois de Caen, et Michelle Vaultier, sa femme, toutes trois sœurs, des biens de Pierre Vaultier, bourgeois de Caen (1595). — Lots des héritages qui furent à Jean Caignard, de la paroisse St-Nicolas, hameau du Nombril-Dieu (1598).

H. 22. (Liasse.) — 15 pièces, parchemin; 43 pièces, papier.

1600-1650. — Caen, St-Nicolas. — Extrait du cahier de l'état tenu devant Jean de La Court, éc., licencié aux lois, sieur du Buisson, vicomte de Caen, des deniers provenant des fermages des maisons, terres et héritages appartenant aux enfants mineurs de Jean Le Faucconnier, concernant les arrérages de la rente due à l'abbaye (1600). — Baux faits par Pierre de Villemor, conseiller en la cour de Parlement de Paris, abbé d'Ardennes : à Michel et Jean Poullain, frères, et Denis et Jean Mallet, frères, bourgeois de St-Nicolas, de pièces de terre, delles de la croix de pierre, du champ aux pucelles, etc. (1602); devant Richard Martin et Nicolas Rocque, tabellions à Caen, à Michel et Jean Poullain, frères (1608). — Arrêt de deniers fait par Jean Le Tellier, sergent royal général au bailliage de Caen, requête des religieux, stipulés par Guillaume Denis et Marc Sarrasin, entre les mains de Michel Poullain, demeurant à la Maladrerie, sur les deniers par lui dus à cause de fermages de terres de l'abbaye à Guillaume de Gallodé, abbé commendataire de lad. abbaye, pour appliquer les fermages à la restauration et réparation de l'abbaye, suivant arrêts du Parlement (1617). — Bail à Jacques Vernon, de St-Nicolas, par Bertrand Le Rouge, bourgeois de Caen, fermier de l'abbaye, d'une acre de terre en la « delle de courtz careaulx », moyennant 25 l. 10 s. de fermages par an (1621); ratification devant Mathieu de La Londe et Michel Le Sueur, tabellions à Caen (1634). — Procédure devant Hercule Vauquelin, éc., sieur des Yveteaux, lieutenant général au bailliage et siège présidial de Caen, entre les prieur et couvent et Jean Le Faulconnier, sieur du Mesnil-Patry, et Nicolas Le Faulconnier, sieur de Carrel, frères, en paiement d'arrérages de rente (1629). — Prise à ferme par Noël Lefebvre, pour 7 ans, de 1 acre de terre « delle des Cour Carriaux », moyennant 29 l. de fermages par an (1630). — Extraits du greffe du bailli de Caen : le 4 octobre 1631, déclaration de Pierre de Maslon et

Guillaume Le Sauvage, mesureurs jurés au tripot et halle à blé, que le boisseau de froment a valu, du 17 septembre à ce jour, 34, 32 et 28 sols, orge, 20, 18 et 16 sols, avoine, 14, 12 et 11 sols ; semblables mercuriales en 1632, 1633, 1634. — Baux : par Georges Sallet, sieur de Quilly et de Cintheaux, conseiller du Roi en ses Conseils d'État et privé, son procureur général au Parlement de Normandie (1637) ; par Alexandre Sallet, chevalier, seigneur de Collaville, Quilly, Cintheaux et Cauvicourt, conseiller au Parlement de Normandie (1642-1643). — Présentation des religieux, pour rente, à l'état des deniers provenant du décret requis par François Malherbe, éc., sieur du Bouillon, trésorier général de France à Caen, de maisons et héritages ayant appartenu à feu Jean Le Fauconnier l'aîné (1638). — Bail devant Mathieu de La Londe et Jean Chrétien, tabellions à Caen, à Jean Mallet, bourgeois de St-Nicolas, par Jacques Buhot, économe de l'abbaye (1642). — Vente par Charles d'Esterville à Guillaume Hunot, chirurgien, bourgeois de Caen, de deux pièces de terre aboutant Pierre Barbey, sieur des Pallières, etc. (1643). — Vente devant Georges de Mauduit et Charles Le Bourgeois, tabellions royaux en la vicomté de St-Sylvain et Le Thuit au siège de St-Aignan de Cramesnil, par Jacques Deschamps, élu en l'Élection de Caen, à l'abbaye, stipulée par Robert Duhamel, sous prieur, de 3 vergées de terre delle de la Maslière, moyennant 140 l. t. (1647). — Baux par l'abbé Guillaume de Gallodé ; procédures ; familles Beauvoir, Brière, Daniel, Le Fauconnier, Mondehare, Potier, Viel, etc.

H. 233. (Liasse.) — 18 pièces, parchemin ; 103 pièces, papier.

1652-1700. — Caen. St-Nicolas. — Extrait du registre du tabellionage de Caen, concernant la vente faite par Louis Fanet, bourgeois de Caen, pour lui et son père Pierre, à Philippe Hodierne, avocat au bailliage, de la condition par eux retenue lors de la vente à Jean Mallet, bourgeois de St-Nicolas, de 3 pièces de terre (1654). — Vente devant Jacques Le Marignier, tabellion en la vicomté de St-Sylvain et Le Thuit pour le siège d'Airan, et Jean Desmonts, tabellion royal en lad. vicomté, pris pour adjoint, par Clément Le Nepveu à Jean Hamel, sergent, bourgeois d'Argences, de 1/2 acre de terre, pour 150 l. de principal et 100 s. de vin (1657). — Assignation par Jean Blascher, huissier, requête d'Antoine Halley, chapelain de la chapelle du Nombril-Dieu, aux religieux, pour voir ordonner l'apposition de devises entre leurs propriétés, paroisse St-Nicolas (1659). — Vente par Pierre-Louis Langlois, bourgeois de Caen, à Guillaume Maheult, sieur de La Mare, bourgeois de Froide-Rue de Caen (1660). — Fieffe devant Jean Caumont et Thomas Du Rozier, tabellions royaux en la sergenterie de Cheux, par Guillaume Fossard, prieur, Damase de France, sous-prieur, François Myfant, prieur de St-Germain, Paul Lhermitte, Augustin Le Corzonnois, Mathieu Trosseille, François Hébert, cellérier, Charles Chrestien, procureur, Pierre Le Compte, Bernardin Belleteste et Norbert Le Moullinet, religieux profès en l'abbaye, à Pierre et Jean Fremont, frères, de 1/2 acre 1 quartier 1/2 à raison de 18 pieds la perche, de 12 pouces au pied, au hameau de la Maladrerie, jouxtant la muraille de l'église de St-Germain-la-Blanche-Herbe (1660). — Bail à ferme devant Jacques Le Marignier et Jean Desmonts, tabellions en la vicomté de St-Sylvain et Le Thuit pour le siège d'Airan et Moult, par Jeanne Chouesne, veuve de Jean Hamel, sergent, bourgeois d'Argences, et Robert Du Hamel, sieur de Blancheporte, son fils, à Guillaume Briant, de St-Nicolas, de maison, jardin et pièces de terre (1663). — Fieffe devant Pierre Desoulle et Jean Regnouf, tabellions royaux en la vicomté de St-Sylvain et Le Thuit aux sièges de Cairon et Fontaine-Henry, par Guillaume Fossard, prieur, François Miffant, prieur de St-Germain, Mathieu Trosseille, procureur, Alexis Chastel, Bonaventure Désert, Jean-Baptiste Le Moyne, Pierre Bouchard, Luc Hommais, Robert Le Moulinet, Jacques Huterel, Jacques Le Bon et Robert Haribel, religieux profès et officiers de l'abbaye, à Richard Poullain, bourgeois de St-Nicolas, hameau de la Maladrerie, de fonds auql. lieu (1664). — Contrats entre les religieux et Robert Du Hamel, sr de Blancheporte, bourgeois d'Argences : constitution devant Thomas Le Sueur et Jean Bougon, tabellions à Caen, par Du Hamel à Pierre Massieu, huissier, bourgeois de Caen, de 34 livres 1 sol 8 deniers t. de rente hypothèque ; reconnaissance par Massieu que lad. rente appartient aux religieux, n'ayant fait que prêter son nom ; vente devant Pierre Desoulle, tabellion au siège de Cairon, et Jean Regnouf, aussi tabellion, pris pour adjoint, par led. Du Hamel à Massieu de 5 vergées de terre (1666). — Donation devant Guillaume de La Porte et Thomas Le Sueur, tabellions à Caen, par led. Pierre Massieu aux religieux, stipulés par fr. Norbert Mollinet, leur procureur, desd. 5 vergées (1667). — Vente par Richard Bertot, md. bourgeois de Caen, à Richard Brière, bourgeois de Caen, de 2 pièces de terre (1668) ; transport de lad. vente par Richard Brière, aux religieux, stipulés par Robert Du Hamel, prieur, et Norbert Molinet, procureur (1669). — Vente devant Jean Caumont et Thomas Du Rozier, tabellions en la sergenterie de Cheux, par Gilles Hunot, sieur des Coursons, bourgeois de St-Martin, aux religieux, de pièces de terre (1670). — Vente devant Jean Bougon et Jean Ollivier, tabellions à Caen, par Robert Du Hamel, bourgeois d'Argences, à François Le Nepveu, d'une maison et jardin sis au hameau de la Maladrerie (1671). — Procédure pour les religieux, en paiement d'arrérages de 9 livres 7 sols 6 deniers de rente de l'obligation de Robert Du Hamel, sieur de Blancheporte, assise au hameau de la Maladrerie (1673). — Reconnaissance devant Jacques Caumont, tabellion à Cheux, par Jacques Le Tellier, bourgeois de St-Nicolas, du bail à lui fait par les religieux, stipulés par Louis Basset, religieux, leur procureur, de pièces de terre (1674). — Déclaration que baille par foi et hommage à l'abbé et aux religieux Catherine Hubie, veuve de Pierre Frémont l'aîné, de ses biens à St-Nicolas mouvant et relevant de leur fief, terre et sieurie d'Ardennes nommé le fief Thiouf (1680). — Signification par Richard Vauquelin, sergent royal à Caen, requête des religieux, à Jean Crevel, sieur de La Guaire, procureur en l'Élection et grenier à sel de Caen, d'un contrat de constitution de 100 livres de rente de son obligation, et saisie de ses meubles, faute de paiement de lad. rente (1689) ; procédure au bailliage de Caen entre les religieux et Nicolas Lebrethon, avocat à Caen, tuteur des enfants de feu Jean Crevel (1691) ; mémoire du bien de feu Jean Crevel, procureur en l'Élection et grenier à sel de Caen, que baillent en augmentation les prieur et religieux, devant les notaires de Caen, à Anne Busnel, veuve de Siméon Le Sens, et à Jacques Le Sens, son fils, pour les décréter suivant sentence du vicomte de Caen de 1693, etc. — Fieffe devant François Le Sénécal, notaire à Évrecy, et Philippe Pigache, notaire à Noyers, pris pour adjoint, par Jean Frémond, à Norbert Molinet, prieur-curé de St-Germain-la-Blanche-Herbe, d'une pièce de terre au hameau de la Maladrerie (1695). — Requête des prieur et religieux dans leur procès contre François Le Petit, docteur professeur aux droits en l'Université de Caen, et Guillebert Le Vavasseur. — Extrait du registre du greffe de la vicomté de Caen : déclaration des héritages sis paroisse St-Nicolas, saisis réellement sur Gilles Hunot, sergent royal à Caen, instance de Philippe de La Basonnière, écuyer, sieur de Bellefontaine, demeurant à Vouilly, vicomté de Bayeux, ayant épousé Esther de Marcadey, sœur et héritière de Louis de Marcadey, écuyer, sieur de Sigoville, ayant les droits cédés des héritiers de Marie Asselin, veuve d'Antoine de Marcadey, etc. (1698) ; délibération de MM. de Chaumontel et Du Touchet touchant les droits de l'abbaye (1699). — Baux divers.

H. 211. (Liasse.) — 12 pièces, parchemin ; 70 pièces, papier.

1701-1780. — Caen. St-Nicolas. — Fieffe devant François Le Sénécal, notaire à Évrecy, par les religieux, stipulés par « le sieur Révérend père » Guillaume Du Bois, leur procureur, à Simon Briand, Antoine de La Porte, Jean Aubin, Jean Blot et Simon Le Roy, bourgeois de Caen, hameau de la Maladrerie, d'une pièce de terre, delle des Mazures, contenant 5 vergées 1/2 et 1/2 quart ou environ, mesure de 18 pieds la perche, jouxte la terre du Nombril-Dieu et l'avenue tendant à l'église de St-Germain (1708). — Reconnaissance de Pierre Le Sénécal, Guillaume Guillouet, Richard Frémont, Richard Guillouet, Jean et Thomas Duval, bourgeois de St-Nicolas, tant pour eux que pour Philippe Cauchard de La Houssaye, prieur-curé de St-Germain-la-Blanche-Herbe, représentant le feu P. Norbert Molinet, de 10 livres et 2 poules de rente foncière et seigneuriale, due aux religieux d'Ardennes (1725). — Prise à ferme par Noël Briand et Jacques Debleds, demeurant paroisse St-Nicolas, de Gaspard de Fogasses de La Bastie, docteur de Sorbonne, abbé commendataire d'Ardennes, grand archidiacre et vicaire général de Chartres, stipulé par Michel Pilon, religieux et procureur d'Ardennes, pour lui et les prieur et religieux, de 5 acres et 2 vergées de terre, à St-Nicolas, et 9 vergées de pré dans la prairie de Caen, aboutant le Cours-la-Reine, moyennant 300 livres de fermages par an (1726). — Vente devant François Boullin et Jacques Faguet, notaires à Caen, par Pierre Mallet à Jean Bayeux, d'une grange, cour et jardin (1733). — Requête au lieutenant général du bailliage de Caen par Dupont Rocher, procureur de l'abbaye, pour être autorisé à cultiver une portion de terre fieffée à feu Delaporte, dont les enfants mineurs ne peuvent assurer la culture (1744). — Transaction devant Jean-Jacques Le Vigneur et André Diguet, notaires à Caen, entre Jean et Jacques Le Sénécal et les religieux, concernant la mouvance et relevance de 10 perches de terre fieffée par feu Jean Frémond à feu Pierre Le Sénécal (1751). — Aveu aux prieur et religieux en leur noble fief, terre et seigneurie d'Ardennes, nommé le fief Thyouf, auquel sont réunis le fief de Venoix de Montenay, le fief de Précourt et le fief de Crépon, par lettres patentes de juillet 1646, par Nicolas Briand, Charles de La Porte, etc. (1754). — Aveu rendu aux abbé, prieur et religieux par Jean et Jacques Le Sénécal, Robert et Jacques Guillouet, Pierre Barrière, Richard Frémond, Germain-Philippe-Michel Lanse, Jeanne Duval, Archange Briard, Jean Guillouet et Richard Guillouet; tant pour eux que pour François Pain, prieur-curé de St-Germain (1765), — Baux divers, entre autres par Jacques Mottelay, religieux, procureur, à Jean Vergy, aubergiste à l'image St-Jean, paroisse St-Julien, de 2 pièces de terre (1785). — Procédures en paiement de rentes et fermages, etc.

H. 235. (Liasse.) — 1 pièce, parchemin; 5 pièces, papier.

1620-1678. — Caen, St-Ouen. — Lots et partage des biens de Pierre Godefroy, bourgeois de St-Ouen, faits entre Grégoire, Jean, Pierre et Robert, ses enfants (1620). — Vente par Philippe Paris, de St-Contest, héritier, à cause de Guillemette de Gron, sa mère, de feu Jean Onfroy, écuyer, s' de Buron, légataire universel aux meubles et tiers des conquêts d'Eustache Onfroy, contrôleur au magasin à sel de Caen, à Élisabeth Onfroy, femme de Georges d'Eschallon, écuyer, s' de Fossé, de 4 pièces de terre à St-Ouen (1648). — Échange devant Jean Bougon et Jean Ollivier, tabellions à Caen, entre Gaspard et Nicolas Coeuret, fils de feu Robert Coeuret, bourgeois de St-Ouen de Caen, et Denis Godefroy, bourgeois de St-Martin, de 35 livres 4 sols de rente, à prendre sur les héritiers de Robert Lebrethon, écuyer, sieur de Boisgeffroy, contre deux maisons et jardins paroisse St-Ouen, en la grande rue tendant à Bretteville (1671). — Prise à ferme par Jean Robillard, des religieux, stipulés par le P. Louis Basset, leur procureur, d'une portion de maison à St-Ouen, proche la dernière barricade (1671). — Reconnaissance par Guillaume Dunis, bourgeois de Caen, du bail à lui fait par le P. Louis Basset d'une chambre moyennant 100 sols de quartier en quartier (1677); semblable reconnaissance de Pierre Le Marchand, maréchal (1678).

H. 236. (Liasse.) — 19 pièces, parchemin; 2 pièces, papier.

1317-Vers 1451. — Caen. St-Pierre. — Reconnaissance par « Robert Malvoisin, bourgeis de Caen », aux abbé et couvent d'Ardennes, d'un millier de harengs de rente à prendre en carême, sur sa maison assise à Caen, « en la nueve rue », jouxte « Andrieu du Pontaudemer », lad. rente donnée à lad. abbaye par « Pierres Lengloys, jadis bourgeis de Caen » (1317, vendredi après la St-Laurent). — Reconnaissance devant Guillaume Du Teil, garde du scel de la vicomté de Caen, par Jean Martin, dit Le Télier, de St-Pierre, à l'abbaye et couvent, de 4 sols et 1 géline de rente « par reson d'une plache vieude ass, en la dite parr. on Val Goe » (Vaugueux), d'eux prise à fieffe par lad. rente (1338). — Procédures en la vicomté de Caen devant Aymar Bourgeois, vicomte, et Robert Vymont, lieutenant, entre l'abbaye et les hoirs d'Andrieu Quatrans, mineur, en raison d'une justice faite par l'abbaye sur un manoir assis paroisse St-Pierre, rue de Cathehoulle, jouxte Guillaume de Secqueville, Philippot Scelle, dit Hamon, etc., pour 20 s. de rente ; reconnaissance au profit de l'abbaye (1341-1343). — Procédures devant Guillaume Mauvinet, chambellan du Roi et son bailli de Caen, entre l'abbaye et Jehannin Mauvoisin, mineur, « o son conduit », pour le paiement de lad. rente d'un millier de harengs « roux » à prendre en la première semaine de carême ; mandement y relatif de Michel Jourdain, lieutenant général du bailli de Caen, au premier sergent requis (1388). — Fieffe devant Colin de Vernay, tabellion à Caen, par Messire « Noradas » de Rouville, chevalier, seigneur du lieu, à Jean Du Mont, de St-Pierre, d'un petit manoir « au pis de la mercherie », aboutant sur les murs de la clôture de Caen (1404). — Procédures entre l'abbaye et Pierre des Maretz, dit Clairey, écuyer, seigneur de la Poterie en Auge, et Catherine de Paris, sa femme, veuve de Raoul de Guiberville, chevalier, héritière de Pierre Saffray et Moricette de Paris, sa femme, sœur de lad. Catherine, pour paiement de lad. rente d'un millier de harengs ; déclaration devant Michel Lévesque, lieutenant général de Raoul d'Estampes, vicomte de Caen, par Pierre Édouart, Pierre Pépin et Raoul Auvroy, « marchans sur ce fait de hareng », qu'un cent de harengs, tels qu'ils sont contenus auxd. lettres, valaient la première semaine de carême 12 s. 6 d. (1423). — Arrêt du « Conseil lay », donné à Paris le 21 juin 1424, adressé aux gens tenant le Conseil en Normandie, concernant la requête de Jean Dumont, portant que, ayant pris à rente du seigneur de Rouville une maison paroisse St-Pierre de Caen nommée le puis de la Mercerie, il en a été dépossédé par Henri « Vorselay », anglais, lieutenant ou connétable du château et ville de Caen, qui a obtenu lettres de don desd. heritages et possessions dud. de Rouville, que led. « Vorselay », sous couleur dud. don, vint en l'hôtel où demeurait le suppliant, prit et emporta par force toutes ses denrées et marchandises et tous ses meubles, valant bien 800 livres tournois, mit le suppliant avec sa femme à la porte dud. hôtel, fit mettre le suppliant en prison au chastel, où il fut en la fosse l'espace de huit jours, auquel lieu l'un des gens dud. de « Vorslay » lui ôta 40 livres tournois qui étaient en sa « bougè »; par force il fut contraint de renoncer aud. héritage; la femme du suppliant fut battue par aucuns de ses gens et en fut malade 9 jours environ; ils durent se retirer à Honfleur, etc.; procès. — Saisies sur lad. Catherine de Paris, veuve de Pierre « Alacre » dit Des Mareaqs, écuyer, s[r] de la Paterie, pour paiement de lad. rente (1433-1435, v. s.); apprécie du cent de harengs « sor » pour la première semaine de carême 1432 (v. s.), 6 s. 5 d, t.; en 1435 (v. s.), led. millier évalué 7 livres; procuration passée devant Colin de Sauques, tabellion ès mettes des sergenteries d'Ouistreham et Bernières, par lad. Catherine de Paris, à Robert de Varinières, écuyer, Jean Cinxal, Pierre Roillart, Jean Nollant, Roger de la Vallotte, Jean Bénart, Jean Regnier, Guillaume Rogier et Ricart Loublier (1437, v. s.). — Donation devant Guillaume Morant, tabellion ès mettes des sergenteries d'Ouistreham et Bernières, par Jean Dumont, de présent demeurant à Rouen, à l'abbaye, de sa maison paroisse St-Pierre, nommée « le puis de la mercherie », jouxte les hoirs Herviou Le Beo, etc., que lui, sa femme, et sa fille Guillemine, tiendront leurs vies durant (1443). — Obligation de lad. Catherine de Paris au paiement de lad. rente (1444). — Requête à l'Echiquier par Cardine, veuve de Jean Dumont, Roger Le Huc et sa femme, fille et héritière dud. Dumont, concernant lad. tieffe de 1404 dont Dumont et sa veuve ont joui « jusques à la descente des anciens ennemis et adversaires de ce Roiaume les Anglois, qui se partirent de ce pais de Normendie et se retrairent en l'obéissance du Roy nostre sire, où ils furent par certain temps, et aprez, pour ce qu'ilz n'avoient de quoy vivre, s'en estoient retournez aud. lieu de Caen afin de y trouver moien de vivre parmi leurs parens et amis, aprez lequel retour ilz avoient par le Roy d'Angleterre, lors occupant ce pais de Normendie, esté restituez en leurs biens et héritages, et par ce moien avoient voulu jouir dudit manoir et autres héritages, ce qui leur avoit esté contredit par Henry Wrslay, anglois, qui en disoit avoir don du Roy d'Angleterre pour l'absence de Monsr Pierres de Rouville, chevalier, lors prisonnier ausd. adversaires en Angleterre, auquel il avoit dit iceulx héritages appartenir, et lequel Wrslay, qui lors estoit lieutenant ou connestable du chastel dud. lieu de Caen, avoit usé de grosses menaches sur iceulx Dumont et veufve, qui estoient simples et povres gens, et s'en saisirent d'iceulx héritages et de plusieurs biens meubles appartenans ausd. mariez, et, qui pis est, par

force et violence contraingny led. Dumont à soy raenconner et à racompcher ausd. héritages »; depuis, Dumont, se voyant du tout désert et exilé, trouva moyen de faire convenir led. « Wrslay » en la juridiction du Conseil qui lors était tenu par les Anglais à Rouen, où il y eut très grand procès entre eux, où lesd. mariés « feraîerent tout leur vaillant », et tant firent qu'ils obtinrent sentence à leur entente, déclarant qu'ils seraient ressaisis de leurs héritages, et que « Wrslay » leur paierait 200 l.t. pour la réparation desd. excès et 84 l. 6 s. 4 d.t. de dépens, laquelle sentence ils n'ont pu mettre à exécution, obstant ce que lors d'icelle « Wrslay » était trépassé et ses enfants en la garde du Roi d'Angleterre, et si ne pouvait-on recouvrer aucuns biens meubles à eux appartenant, aussi que led. « Wrslay » avait transporté lesd. héritages à un nommé Herviou Leboo, homme de grande puissance et très fort porté et favorisé à Caen, lequel en avait toujours joui jusqu'à la réduction de Caen à l'obéissance du Roi; lesd. mariés ont obtenu du Grand Conseil des lettres patentes adressées au bailli de Caen lui mandant que, s'il lui apparaissait desd. choses, les suppliants fussent ressaisis desd. héritages; mais ils n'ont pas encore été ressaisis et sont tenus en plus grands procès que devant par les héritiers Leboo, de très grande puissance et très fort favorisés, et n'ont de quoi les poursuivre, mais sont en termes de choir en mendicité et d'être à toujours deshéritez et exilés; demande d'ajournement à l'Echiquier (vers 1451).

H. 237. (Liasse.) — 10 pièces, parchemin; 6 pièces, papier.

1453-1653. — Caen, St-Pierre. — Ventes devant Jean Le Briant, tabellion à Caen, par: Jean Du Fay, bourgeois de Caen, du St-Pierre, à l'abbaye, de 100 sols tournois de rente à prendre sur un manoir où pend l'enseigne de l'Ours, sis en lad. paroisse, devant l'église, moyennant 50 l. t. et 20 s. t. de vin (1453); par Pierre de Pontis, de St-Pierre, à Colin « ngo », de lad. paroisse, de 30 sols de rente à prendre sur son hôtel sis devant l'église, « jouxte l'ostel de l'Ours » (1456, v. s.). — Vente devant Jean Eude, tabellion au siège d'Argences, par led. de Pontis à Jean Amyot, bourgeois de Caen, de 20 sols de rente, moyennant 10 l. t. et 5 s. t. de vin (1456, v. s.). — Exécution sur l'hôtel de l'Ours pour paiement de lad. rente (1457, v. s.). — Quittance devant Jean et Richard Le Briant, tabellions à Caen, par Guillaume Jean, aux religieux, stipulés par le frère Pierre Poitevin, religieux et bailli, de la somme de 15 livres pour le principal de 30 s. t.

de rente et 12 livres pour arrérages dus, plus 22 s. 6 d. pour le vin, et façon de lettres, sur la moitié d'une maison sise à St-Pierre, jouxte l'hôtel de l'Ours et l'hôtel de la Contrefaite, adjugée à l'abbaye moyennant 80 l. t. (1463). Vente par noble dame Catherine de Paris et « Elaore des Mareseqs », écuyer, seigneur de La Poterie en Auge, demeurant à « Cistrehan-sur-Ouine », à Thomas Le Chandelier et à Guillaume Poullain, chaussetier, bourgeois de Caen, demeurant paroisse St-Pierre, « acquisiteurs par moictié », d'un manoir nommé « l'ostel de la Barge », als said, paroisse, en la grande rue, jouxte les hoirs à feu Guillaume de La Bigne et « l'ostel de La Housse Guillot apartien. à présent à Maistre Loys Toustain », butant sur les murs de la ville, moyennant 750 l. t. et la charge de lad. rente d'un millier de harengs à l'abbaye d'Ardennes et 18 deniers au Roi, plus 10 l. t. de vin, etc. (1471, v. s.). — État de la jurée faite devant Guillaume Le Grant, écuyer, licencié en lois, lieutenant général du vicomte de Caen, par l'abbaye, d'héritages assis à St-Pierre, près le Moulin au Roi, pour paiement de 29 années d'arrérages de rente (1520). — Procédure entre Philippe « Desbuatz », s' de Fourches, pour lui et sa femme, héritière en partie du Jeanne Mellissent, et l'abbaye, concernant le paiement de rentes pour une maison sise rue de Cathehoulle (1553). — Vente par Guillaume de La Bigne, écuyer, bourgeois de Caen, fils et héritier en partie de Jean de La Bigne, écuyer, sieur du Londel, et du consentement de Charles de Bourgueville, licencié en lois, sieur de Bras, juge magistrat au siège présidial à Caen, et Marguerite de Bourgueville, veuve dud. de La Bigne, mère dud. Guillaume, à Marie Du Val, veuve de Nicolas Le Vallois, sieur d'Escoville, demeurant à Caen, de maison ou maisons à plusieurs combles, cours, allées, jardin et jeu de paume, vulgairement nommés la maison de la Barge, assis au franc-alleu du Roi, paroisse St-Pierre, en la grande rue, jouxtant Jean de La Bigne, écuyer, au droit de Nicolas Le Gallois, représentant le droit de Charles de La Bigne, butant d'un bout, par devant, sur lad. grande rue, et d'autre, par derrière, sur la muraille de la ville, moyennant 2.000 l. t. et 40 écus sol de vin, sous charge de lad. rente et d'un millier de harengs sors (1558, v. s.). — Quittance par Jean Du Moncel, écuyer, religieux d'Ardennes et prieur de Coulombs, ci-devant fermier, procureur et receveur du bien et revenu de l'abbaye, de Marguerite Le Petit, veuve de Pierre de Cahaignes, docteur en médecine, pour elle et ses enfants, de 14 années d'arrérages de rente sur sa maison de la rue de Cathehoulle, jouxtant « la venelle du fort Quatrevans » etc. (1560). — Procédure devant Charles de Bourgueville, lieutenant général du bailli de Caen, concernant le paiement de lad. rente de 1.000 harengs, pour Baptiste de Villemor, abbé, contre François Le Petit, les religieux ayant refusé lesd. harengs comme trop petits, et le débiteur exhibant un panier plein de harengs, refusés: une enquête sera faite « par marchands et gents congnoissants à telle marchandise », etc. (1570). — Extrait du registre des ventes et aliénations de partie du temporel des ecclésiastiques du diocèse de Bayeux faites devant le bailli de Caen, concernant celle faite en la présence Germain Du Val, grand doyen de l'église cathédrale, député du chapitre, Louis Houel, abbé de Notre-Dame de Longues, député pour les abbés, et Charles Marguerie, prieur de St-Vigor-le-Grand, pour les prieurs et autres bénéficiers, d'un millier de harengs sans de rente sur une maison rue du Tripot à Caen, ci-devant nommée le manoir de la Barge, appartenant à François Le Petit, adjugés aud. Le Petit moyennant 150 livres (1575). — Amortissement par Jean Le Neuf, s' de Montenay, lieutenant en la vicomté de Caen, aux prieur et couvent, du corps et faisance de 8 boisseaux de froment, mesure ancienne de Caen, 2 poules et 20 œufs de rente, foncière et seuriale qu'il leur avait baillée en échange, par contrat de 1646, et de 6 années d'arrérages de lad. rente sur les représentants Richard Le Petit, par la cession de 10 l. t. de rente à prendre sur les héritiers Jean Foucher, à cause d'une maison sise « en la montoir de la Poissonnerie », et de 5 années d'arrérages, etc. (1651). — Procédure en la juridiction des privilèges royaux de l'Université de Caen, tenue par Jacques Pennier, écuyer, s' d'Angerville, conseiller ancien au bailliage de Caen, pour l'absence des lieutenants général et particulier du bailli de Cotentin, conservateur desd. privilèges, entre les prieur et religieux, stipulés par Basile Gombert, et Antoine Fournier, religieux, et Pierre et Nicolas Foucher, frères, fils de feu Jean Foucher, concernant le paiement de la somme de 50 livres t. pour 5 années d'arrérages de 10 livres de rente foncière à eux transportée par Jean Le Neuf, écuyer, s' de Montenay, à prendre sur eux à cause d'une maison sise « au montoir de la Poissonnerie » de Caen (1653).

H. 238. (Liasse.) — 18 pièces, parchemin; 13 pièces, papier.

1282-1503. — Caen. St-Pierre. Gémare. — Fieffe par « Gaufridus dictus Miles », chanoine du Sépulcre de Caen, à « Thomas dictus Lepeletier », moyennant

50 s. t., 4 chapons et 60 œufs de rente, d'une maison sise « in Guemaria, inter domum Petri dicti Militis, ex una parte, et furnum de Lapole, ex altera » (1282, avril). — Donation à l'abbaye par « Thommas Le Palatier », « pour avoir plenière parchonnerie en tous les biens espirituels qui sont fais et seront fais doresenavant en la dite abbaye et en l'ordre de Prémonstré », d'une maison et appartenances qu'il avait à Caen, « en Guimaire », jouxte le four de Lapole », et tous ses autres biens meubles et héritages présents et à venir, quelque part qu'ils soient, en telle manière que lesd. religieux seront tenus à faire doresenavant en leur moustier l'obit de Thomasse, sa femme, et le sien (1303, jeudi après *Judica me*). — Devant Pholipe Goudein pour la vicomté de Caen », le jeudi devant la St-Michel 1305, « Robert deu Fou » reconnaît avoir délaissé aux abbé et couvent, à tiltre d'héritage, deux maisons assises à Caen, « en Guemaire », près le manoir desd. religieux, et promet leur faire 20 s. de rente en son grand manoir de « Catchoule », jusqu'à ce qu'il les ait assis suffisamment à Caen, par ce que lesd. religieux ne pourront jamais lui demander aucune rente sur sa maison « en Catchoule »; notre lettre y relative devant Jean du Castel, garde du seel de la vicomté de Caen (1305). — Vente par « Stephanus dictus Le Chevalier », clerc, bourgeois de Caen, à l'abbaye d'Ardennes, « pro sua amore et pour 68 l.t., de 25 s.t. 4 chapons et 60 œufs de rente qu'il percevait « in quadam domo sita satis prope molendinum de Guemare, juxta furnum de La Pole et domum Ricardi Anglici » (1306, « die mercurii post festum Sancti Martini hyemalis »). — Accord entre Nicole, abbesse de la Trinité de Caen, et le couvent, et l'abbaye d'Ardennes, sur ce que les religieuses avaient fait mettre gage-plège que lesd. religieux faisaient « maeure », là où ils ne pouvaient ni ne devaient en faisant un moulin à eau à Bretteville-sur-Odon, sur leur reclamation de la cour et usage de 13 acres de terre à Malon, etc.; constitution de rente par les religieux en échange de l'abandon des prétentions des religieuses, en rabattant de lad. rente celle que les religieux prennent sur le moulin de Gémare, appartenant aux religieuses (1317, mardi avant la St-Gilles); au dos, copie de l'acte de 1440, analysé plus loin. — Bulle du pape Clément VI, autorisant les abbé et couvent à construire une chapelle ou oratoire en leur maison « in vico de Guymara », paroisse de St-Pierre de Caen, et à y célébrer solennellement les offices divins, sur leur requête exposant qu'à cause des guerres ils ont dû s'y retirer, etc. Avignon, 10 des calendes de juillet, an 9 (1350).

— Reconnaissance devant Pierre Le Seneschal, clerc juré et commis sous Raoul Rouillart, garde du scel des obligations de la vicomté de Caen, par Jean Le Blant dit Patrin, de Démouville, à l'abbesse et couvent de la Trinité de Caen, de 60 s. t. de rente avec un hommage pour une maison avec le siège d'un moulin à eau sis paroisse St-Pierre en la rue de « Guymaire », au dessus du pont et du moulin d'Ardennes, jouxte le cours d'Odon, par lui pris à fieffe sous lad. rente, laquelle maison et moulin il est tenu refaire et rééfifier et tenir en état dorénavant (1368, 11 avril). — Copie sous le scel des obligations de la vicomté de Caen, de lettres de « Nicolas Lesenel », prêtre, garde du scel des obligations de la vicomté de Vire, faisant connaître que devant « Richart Le Maingne », clerc à ce commis pour « Jehan Johan », clerc à ce commis juré et établi, Étienne Rault et Jeanne, sa femme, demeurant paroisse Notre-Dame de Vire, ont donné et transporté pour 6 ans à Pierre Colin, demeurant à St-Pierre de Caen, époux de Guillemette, leur fille, en accomplissant le traité de mariage entre eux fait, un manoir assis « en Guimare », en faisant 20 s. de rente par an aux religieux d'Ardennes; autres promesses de mariage, 20 francs d'or du coin du Roi, vêtir et « accrer » lad. Guillemette selon son état et lui livrer lit et linge à ce appartenant, etc. (1372, v. s.). — Relation de « Rogier Du Hest » (il signe *Duvel*), sergent ordinaire du Roi en la ville de Caen, portant que le vicomte de Caen lui ayant baillé en charge les abbé et couvent d'Ardennes de 13 s. t., pour rente et arrérages de deux années de 6 s. que lesd. vicomte disait lesd. religieux devoir par an « compteur » du Roi, il était allé en un hôtel assis à Caen « en Giemare » appartenant auxd. religieux, sous lequel passe le cours d' « Ouldon », et dans led. hôtel avait fait exécution et exploit de sergent en prenant une « ginte » d'étaim pour lesd. arrérages, et que les religieux lui avaient dit ne rien devoir de lad. rente, « et si disaient que led. hostel estoit leur pure aumosne, exempt de jurisdiction temporelle, et que je n'y povoie ne devoie faire aucun exploit, voullant que je les réparasse denement. Je me suys sur ce informé à plusieurs des voisins et autres gens créables et dignes de foy en très grant nombre, et pour ce que j'ay trouvé que de vérité led. hostel est lieu d'aumosne de tout temps, et y souloit avoir et demourer religieux, et encores y est une chappelle moult notable, et qu'il n'estoit mémore que aucun exploit de sergent en temps passé y eust esté fait, ne que ledit hostel fust subget à ladicte rente, j'ay réintégré et remis lad. guite et biens par moy prins dedens lad, hostel, franchement et quietement, comme d'exploit fait à tort et contre raison, en ressaisissant lesd. religieux de leur droit, procession et saisine », etc. (1428, 13 avril, après Pâques). — Reconnaissance sur procès devant Jean Le Briaut, tabellion à Caen, par Raoul Patrixe, de St-Pierre, aux religieux d'Ardennes, moyennant le versement de 20 saluts d'or et 8 s. t. de vin, de 10 sols 1 denier t. de rente sur un moulin à eau assis à St-Pierre sur le cours d'Oblon, au long des Croisiers, d'une part, et le jardin et place qui furent aux religieuses de la Trinité de Caen, d'autre, duquel moulin Patrixe est tenant propriétairement, ledit accord en présence de Guillaume Le Picart, avocat du Roi, et Guillaume Du Val (1440). — Adjudication aux pieds de la ville et banlieue de Caen, tenus par Jean Bénard, lieutenant général du vicomte de Caen, aux religieux d'Ardennes, d'une maison et moulin à eau par eux mis en jurée pour paiement de plus de 18 ans de 40 sols de rente de l'obligation de Raoul Patrixe (1457). — Quittance par Guillaume Tardif, prêtre, receveur de l'abbaye et couvent de la Trinité de Caen, aux abbé et religieux d'Ardennes, de 40 livres t. pour arrérages de 48 sols et 1 hommage de rente au précédent du décret fait par lesd. religieux, d'une maison et place de moulin à tan en Gémare, qui fut Raoul Le Mont, dit Patrixe, baillées à Jean Le Mont, dit Patrixe, par les religieuses (1460). — Fiefs devant Pierre Le Pontel et Lucas de La Lande, tabellions à Caen, par Jean Castart, seigneur de Cambes et Audrieu, à Pierre Legrant, « plommier », d'une maison et cour rue Gémare, chargés de rente envers l'abbaye (1503).

H. 20. (Liasse.) — 20 pièces, parchemin ; 40 pièces, papier.

1551-1600. — Caen. St-Pierre. Gémare. — Bail à ferme par Marguerin de La Bigne, abbé commendataire d'Ardennes, à Étienne Fernaqu, des moulins de Gémare (1554). — Procès devant Charles de Bourgueville, conseiller au siège présidial et lieutenant du bailli de Caen, entre l'abbé Baptiste de Villemor et Étienne Fernaigu, avocat en cour laye (1560) ; accord (1565). — Bail à Pierre « Vosvenel, du mestier de monnyer », par François Richard, sr d'Hérouvillette, stipulant l'abbé Baptiste de Villemor, des moulins de « Gyemare » (1561, 21 mars). — Copie de bail par Thomas Ernault, prieur, et les Croisiers, d'une maison, cour, jardin, etc., aboutant sur le moulin de « Jemayre » (1562). Porte au dos la cote de l'abbaye d'Ardennes. — Procédure entre Baptiste de Villemor, abbé commendataire de l'abbaye d'Ardennes, et Jeanne Cretinel, en premières noces femme de Rauollet Godeffray, et Jean Godeffray, son fils, etc. (1560, etc.). — Arrêt du Parlement de Rouen pour Baptiste de Villemor, abbé d'Ardennes, et Pierre Boisbeaulx, fermier et receveur général de l'abbaye, contre François Le Royal, grand vicaire et procureur général du cardinal de « Farnaise », abbé de St-Étienne de Caen, appelant du bailliage de Caen, concernant les réparations de « la muraille du dit douve » passant le travers du fossé de l'enclos de la ville, afin que le cours d'eau appelé le petit Oblon put fluer sans perte ni diminution et entrer dans la ville de Caen, lequel fait moudre deux moulins a été appartenant à l'abbaye d'Ardennes appelés les moulins de Gémare (1572 ; autre procédure devant Guérin de Villy, lieutenant du bailli de Caen (1574). — Procédure devant Jean Vauquelin, lieutenant général du bailli de Caen, entre Thomas Goubault, maître voyeur des passages et bâtiments au bailliage de Caen, et les abbé et religieux, concernant la démolition demandée par led. voyer du gable d'une maison près les moulins de Gémare, joutant la rue du Tripot, lequel gable était de fort ancienne construction et menaçait ruine, afin d'éviter au péril et danger qui en pourrait advenir, en cas qu'il tombât, et sa rééditification en pierre de taille et mortier de chaux, en se retranchant et retirant à la droite ligne du pied de fondement dud. gable ; sentence conforme (1581). — Baux par Baptiste de Villemor, abbé d'Ardennes ; pour 5 ans, à Pierre Collet dit Callais, des moulins de Gémare, sauf la maison ancienne des vieux moulins, moyennant 72 écus d'or sol par an, plus les charges énumérées (1585) ; pour 3 ans, à Jacques Varin, de la maison des vieux moulins de Gémare, moyennant 7 écus 1/2 par an (1589) ; pour 3 ans, de lad. maison à Pierre Gastey, moyennant 10 écus sol par an (1589). — Procédure contre l'abbaye de St-Étienne en dommages et intérêts pour chômage des moulins de Gémare, faute d'avoir réparé, curé et entretenu le cours d'Oblon, bordages et chaussées d'icelui, même le canal appelé « le douslacne », par lequel led. cours d'eau est transporté au travers des fossés et murailles de la ville (1589, ss.). — Baux divers par l'abbé Baptiste de Villemor ; procédures concernant lesd. moulins, constructions élevées par les voisins, etc.

H. 240. (Liasse.) — 40 pièces, parchemin ; 67 pièces, papier.

1601-1668. — Caen. St-Pierre. Gémare. — Procédure au bailliage en la conservation des privilèges de l'Université, entre les prieur et religieux, stipulés par frère Antoine de Grandjean, et Goutinot, son procureur, et David Caval, procureur et agent de l'abbaye, et de la Noe, procureur, concernant l'arrêt fait par lesd. religieux entre les mains de Jean Brunet, lieutenant pour le Roi en l'Amirauté de France pour les sièges de Caen, Dives et Cabourg et les environs, sur les deniers dus par André Bourdon, Pierre Callais et Guillaume Coustances, fermiers de l'abbaye, pour paiement de la somme de 204 écus 10 sols pour leurs vivre, pension et vestiaire du quartier de la marcheque (1601); vente par Robert Beaussieu, sergent, d'un pot d'étain saisi sur Pierre Callais, fermier des moulins de Gémare (1601). — Procédure au bailliage de Caen entre Gilles Porel, serrurier, et Laurent de La Planche, vitrier, ayant fait saisir les biens de Pierre Callais, fermier des moulins de Gémare appartenant aux religieux, pour paiement de travaux faits, et ledit Callais, opposant à lad. saisie (1602). — Procédures contre l'abbaye de St-Étienne (1605, 1608, etc.). — Bail pour 5 ans par l'abbé Pierre de Villemer, stipulé par David Caval, à Pierre Callais, bourgeois de Caen, du métier de meunier, des moulins de Gémare, à la réserve de la maison ancienne des vieux moulins, moyennant 84 écus d'or sol valant 252 l. t., et 6 chapons gras par an (1609). — Obligation dud. Callais de décharger l'abbé d'Ardennes envers les religieuses de la Trinité, pendant la durée de son bail, de la somme de 60 sols de rente à elles due sur la maison des moulins de Gémare (1606). — Arrêt fait par François Onfroy, huissier au siège présidial de Caen, requête de frère Guillaume Denis, pour les religieux, entre les mains de Pierre Callais, fermier desd. moulins, sur les deniers par lui dus, pour assujettir l'abbé d'Ardennes à faire les réparations de l'abbaye (1616). — Bail par Guillaume de Gallodé, abbé commendataire, à Pierre Callais, des moulins de Gémare moyennant 324 livres et 6 chapons gras et la faisance de 60 s. de rente à l'abbaye de la Trinité, par an (1619). — Sentence de Jacques Blondel, écuyer, sieur et châtelain de Tilly, lieutenant particulier civil et criminel du bailli de Caen, condamnant Pierre Callais, fermier des moulins de Gémare, à payer à Guillaume Denis, religieux d'Ardennes, prieur-curé de St-Germain-La-Blanche-Herbe, 175 livres pour sa pension à lui due pour avoir desservi aud. prieuré, échue à Noël dernier (1620). — Bail devant Mathieu de La Londe et Jean Crestien, tabellions à Caen, par Guillaume de Gallodé, abbé, en présence de François Myffaut et Robert Duhamel, religieux, à Pierre Callais, desd. moulins, moyennant 330 livres par an et la rente à l'abbaye de la Trinité (1635). — Requête au bailli de Caen par led. Callais pour faire ordonner que la quantité d'eau prise dans l'Odon et écoulée par un goulet étant en la petite rue de la Froide rue, pour la commodité de la ville, sera diminuée au profit de ses moulins et du public, ses moulins ne pouvant plus fonctionner. — Bail devant Mathieu de La Londe et Jean Crestien, tabellions à Caen, par Jacques Ruhot, économe de l'abbaye par commission du Roi, en présence de frères Robert Duhamel, sous-prieur, et Antoine Fournier, religieux, député en conformité de l'arrêt du grand Conseil de 1635, à Jean Outardel, des moulins de Gémare moyennant 400 livres par an, et lad. rente (1642). — État de lieux des 2 maisons des moulins de Gémare, baillé par Jacques Ruhot, économe de l'abbaye pourvu par le Roi (1643). — Bail devant Mathieu de La Londe et Michel Lesueur, tabellions à Caen, par led. Ruhot, en présence de Robert Duhamel, sous-prieur, et Antoine Fournier, religieux, à Jean James, desd. moulins, moyennant 430 livres de fermages par an (1643). — Procédure au bailliage entre Antoine de Moranvilliers, abbé commendataire, et Laurent Azire et Jean Outardel (1643). — Signification au fermier des moulins de Gémare de l'arrêt du Conseil du 14 octobre 1654, ordonnant le paiement d'une année de revenu par tous les engagistes, possesseurs et détenteurs de ses domaines, greffes, aides, et tous autres jouissant de droits domaniaux, etc., le Roi ayant déjà dû retrancher les gages et droits de ses officiers, même des cours souveraines, et les rentes, pour subvenir aux dépenses extraordinaires de la guerre, et ayant différé de demander un pareil secours aux engagistes de ses domaines et aux propriétaires de droits domaniaux, etc., dans l'espérance que par la conclusion d'une bonne paix la nécessité publique cesserait dans peu, mais ses ennemis, fortifiés de la rébellion d'aucuns de ses sujets, s'étant opiniâtrés à la continuation d'une guerre qu'ils ne pouvaient plus soutenir, le Roi a résolu de faire un notable effort pour conserver les avantages remportés sur les ennemis aux dernières campagnes et les réduire à consentir à la paix, etc. — Obligation de Raphael Morin, bourgeois de Caen, de payer 300 livres de rentes par an à Gabriel Yver, sieur de La Garenne, procureur receveur de l'abbé, pour le bail du moulin de Gémare à lui fait pour 7 ans, en présence de Mathieu Trosseille et Charles Crestien, religieux à ce députés (1661). — Sommation par Ravend Le Flaguais, sergent, requête des Croisiers, aux abbé, prieur et religieux d'Ardennes, en réparations, afin de pouvoir réédifier le gable de leur dortoir (1662);

procès y relatif et en démolition d'une muraille des Croisiers qui empêche que l'eau ne coule sur la roue d'un des moulins d'Ardennes; transaction (1668).

H. 211. (Liasse.) — 16 pièces, parchemin; 78 pièces, papier.

1669-1788. — Caen. Gémare. — Bail devant Jean Bougon, tabellion à Caen, et Gaspard Dufour, contrôleur des titres à Caen, pris pour adjoint, par Gabriel Yver, sieur de la Garenne, procureur receveur général du revenu de l'abbé d'Ardennes, à Raphaël Morin, bourgeois de St-Pierre de Caen, des moulins et maisons de Gémare, pour 7 ans, moyennant 900 livres par an, et la rente à l'abbaye de la Trinité (1669). — Requête à M. du Breteuil, lieutenant des eaux et forêts en la maîtrise de Caen, par Louis de Fourbin de la Marthe, chevalier des ordres de St-Jean de Jérusalem, major des gardes du corps du Roi, abbé commendataire d'Ardennes, en cette qualité propriétaire des moulins de Gémare, pour obtenir la démolition d'un pont construit sur le cours d'Odon par André Dumont (1671). — Bail devant Jean Bougon et Jean Ollivier, tabellions à Caen, par Abraham Le Chanoine, procureur receveur de l'abbé d'Ardennes, à Nicolas Duhamel, pour 4 ans, des moulins et maisons de Gémare moyennant 900 livres et le paiement de la rente à la Trinité (1674). — Promesse d'Abraham Le Chanoine, contrôleur au grenier à sel à Caen, stipulant Prat, procureur au Parlement de Paris, agent de Faultrier, abbé d'Ardennes, de passer bail à François et Pierre Frillay, frères, à la caution de François Frillay, leur père, des maisons et moulins de Gémare, pour 9 années, moyennant 920 livres et 6 chapons gras par an (1679). — Procédure au bailliage, contre led. Le Chanoine, ci-devant trésorier et fermier général de l'abbé, qui a fait bail des moulins et maisons de Gémare, dépendant du 3e lot des charges de l'abbaye, aud. Duhamel, et, outre le prix du bail, en a reçu 500 livres, qui, sous fait privé, a reçu des vins notables d'autres fermiers sous promesse de bail, etc. (1680). — Copie signifiée aux prieur et religieux de signification faite par Jean Le Prévost, sergent royal à Caen, requête de Joachim Faultrier, abbé d'Ardennes, stipulé par Abraham Le Chanoine, secrétaire de l'hôtel de ville de Caen, à Étienne Texier de Hautefeuille, grand prieur d'Aquitaine, ambassadeur près le Roi pour l'ordre de St-Jean de Jérusalem, lieutenant général des armés du Roi, abbé commendataire de l'abbaye du Mont St Michel, concernant le détournement du cours de l'Odon faisant moudre les moulins de Gémare

(1682). — Bail devant Thomas-François Le Sénécal, notaire royal à Évrecy, à Thomas « Guernier », bourgeois de St-Pierre de Caen, pour 9 ans, des prieur et religieux, fondés de procuration de Gaspard de Fogasso de La Bastie, abbé commendataire, représenté par Jacques Morel, prieur, et Michel Piton, religieux, procureur de l'abbaye, des moulins de Gémare, avec les chambres, étables et greniers en dépendant, y compris la maison de l'autre côté de la rue, à charge par le preneur d'entretenir lesd. moulins de toutes choses quelconques, à la réserve seulement des meules et masses, et fournira, quand besoin sera, à ses frais, roues, rouets, mouvants, tournants et autres merrains de moulin et toutes choses y requises, entretiendra aussi le cours des eaux et « bieux » de curage, et le fera faire aux religieux de St-Étienne de Caen, suivant les chartes de la ville et arrêts du Parlement rendus contre lad. abbaye, qui est sujette de faire led. curage, sans que les bailleurs en soient aucunement inquiétés, même pour le « chommement » desd. moulins, et s'il est besoin de meules neuves, le prieur les fera charrier, amener, percer et monter à ses dépens, entretiendra lesd. maisons en couvertures volantes et menues réparations de vitres, clefs et serrures, ensemble fera vider et curer tous les ans les ordures et fanges qui seront dans l'Odon à l'équipollent et largeur de la maison du marché appartenant à l'abbaye, et de faire donner ouverture pour les faire tirer de l'Odon, en tant que l'abbaye y peut être sujette à cause de lad. maison, etc.; si le preneur est dépossédé desd. moulins par la mort de l'abbé, il ne pourra pour cela demander dédommagement ni désintéressement ; 1500 livres de fermages par an payables par quartier par avance, et 500 livres de vin ; si le preneur est « morosif » de payer lesd. termes d'avance, il sera à la liberté des religieux de rebailler lesd. moulins à qui bon leur semblera, 15 jours après, sans aucune forme de procès (1727); renouvellement dud. bail par les prieur et religieux, fondés de procuration dud. abbé, aud. Thomas « Grenier », desd. moulins, auxd. conditions, avec diminution de la charge de curage de l'Odon, l'abbé ayant disposé de ce qui lui en appartenait, par fieffe, et du prix, réduit à 1300 livres de fermages par an (1736). — Bail pour 9 ans par Philippe Dudouet, ancien conseiller du Roi, notaire à Caen, y demeurant place Royale, porteur des pouvoirs d'Édouard Booth, docteur en théologie, vicaire général du diocèse de Narbonne, abbé commendataire de l'abbaye royale de Notre-Dame d'Ardennes, à Michel et Alexandre Duval, père et fils, de Fresney-le-Puceux, des moulins de Gemare, « faisants de blef farine », et les maisons en dépendant, tant celles où sont lesd. moulins que celles vis-à-vis, à charge par eux d'entretenir les moulins de meules, meules, arbres, etc., et de toutes réparations quelconques, sauf l'entretien des murs qui restent à la charge de l'abbé, avec 2250 livres de fermages, 6 journées de cheval, pour porter ou pour étaler, une douzaine de poulardes et 6 poules dindes, le tout gras, plus 600 livres à payer en espèces sonnantes (et papier actuelle) », ayant cours, pour vin du bail (1783). Pièce réintégrée du bureau d'enregistrement de Caen, successions et domaines, 1893. — Procédures, notamment avec l'abbaye de St-Étienne et le fermier, baux, etc. — Cf. H. 248.

H. 242. (Liasse.) — 32 pièces, parchemin.

1270-1397. — Caen, St-Sauveur. — Vente par « Bertinus dictus Le Moiste, burgensis de Cadomo », à « Galterus de Venoiz », bourgeois de Caen, pour 7 l. ½ tournois, de 10 s. t. de rente « in mea mesnagio sito apud Cadomum, in faro Domini Regis, ex una parte Henrici Pais Maisnie et mesnagium magistri Roberti de Marrigale ex altera, in quo mesnagio dictus Galterus habebat prius viginti solidos turon. annualis redditus... de venta mea » (1270). — Donation par « Johannes dictus Letart et Thomassin uxor mea », à Jean dit « Rosencamp, quando contraxit matrimonium cum Aelicia filia nostra », d'une maison à Caen aboutant à la maison « Mabille relicte Blasii Le Caucoctier » (1273). — Vente devant Jean Du Castel, clerc, garde du scel de la vicomté de Caen, par Pierre Binet, de St-Martin de Bayeux, pour lui et Eustache Binet, son frère « empolli sage », à « Durant Lenglois », bourgeois de Caen, pour 10 l. t. de forte monnaie, de 15 sols t. de rente à prendre sur une maison sise en lad. paroisse jouxte l'Odon (1307, mercredi après la St-Michel au Mont Gargan). — Lettre de Regnaut de La Mare, bailli de Caen, sur ce qu' « Eustace », fille et héritière de feu Guillaume Quesnel, bourgeois de Caen, avait délaissé à l'abbaye le manoir qu'elle avait au marché de Caen, paroisse St-Sauveur, qu'elle possédait sous charge de rente anxd. religieux de 16 s. 2 chapons et 30 œufs de rente, lad. renonciation agréée par Nicole Agoulant, attourné et procureur des religieux, non pas qu'il en voulut avoir saisine, jusqu'à ce que les trésoriers de l'église de St-Sauveur de Caen eussent renoncé à la rente qu'ils disaient prendre, au cas où ils ne voudraient recueillir led. manoir, sous charge de lad. rente à l'abbaye, sur quoi ajournement desd. trésoriers aux assises, led. manoir demeurant en main du duc de Normandie par lad. renonciation ; aux assises qui furent à Caen tenues par led. bailli le mardi après la Nativité Notre-Dame 1341, la rente des abbé et procureur d'Ardennes étant « ainsnée » de celle desd. trésoriers, accord portant que l'abbaye délaissera 4 s. de sa rente et les trésoriers recueilleront led. manoir à charge de 12 s. 2 chapons et 30 œufs de rente à l'abbaye. — Procédure pour rente à St-Sauveur, « en la rue Vidiout » (au dos : « in ruella Vidiou ») devant Robert Le Marchant, vicomte de Caen, le samedi après la « Typhaine » 1350. — Échange entre Raoul Roillart et l'abbaye d'Ardennes d'une maison sise « rue Vidiou », contre 6 s. t. 2 chapons et 30 œufs qu'il fait à l'abbaye en raison de sa maison sise à Caen « en Guyomare » (1353, le mardi fête de St-Barnabé apôtre). — Rétablissement devant Henri Hay, alors juré commis de Guillaume Du Teil, garde du scel de la vicomté de Caen, pour décharge de rente y assise, d'une maison à St-Sauveur, « eu marché » (1355). — Reconnaissance de rente sur une maison à St-Sauveur jouxte « la venelle Vidiou » (1355). — Prise à fieffe par Guillaume « Talebot » et Jeanne, sa femme, de Bretteville-sur-Odon, de l'abbaye, d'un manoir assis au marché de Caen jouxte Roger de La Ballo, prêtre (1330, samedi après la « Nativité Nostre Segneour »). — Vente devant Pierre Le Sénescal, clerc juré et commis de Raoul Rouillart, garde du scel des obligations de la vicomté de Caen, par Thomas de Valentino, de St-Étienne-le-Vieux, à Guillaume Legris l'aîné, pour 20 francs d'or du coin du Roi et 1/2 franc pour vin, d'une maison assise au marché de Caen, devant St-Sauveur, sujette à 5 s. et 2 chapons de rente (1361). — Reconnaissance devant Jean Le Brebenchon, tabellion à Caen, par « Estasse » Le Prévost, de St-Sauveur, aux religieux d'Ardennes, de 60 sols 2 chapons 30 œufs de rente à prendre sur une maison sise « rue Vidiou, jouxte la venelle allant à Odon », etc. (1372). — Procédure pour rentes devant Guillaume de Ste-Croix, lieutenant du vicomte de Caen (1372). — Vente devant Robert Bérenger, tabellion à Caen, par Samson et Jean Rabot dits Brasil, de Tessel, à Denis Morin, de St-Sauveur, pour 25 livres tournois franc d'or du coin du Roi pour 20 s. t. la pièce et 1 galon de vin, d'une maison assise au marché de Caen, paroisse St-Sauveur, jouxtant lesd. religieux et le manoir de Bataille qui est à présent Thomas Pallet, à charge de 6 l. t. de rente (1378, v. s.). — Mandement de Jean Le Grant, vicomte de Caen, ordonnant, pour paiement à l'abbaye de rente sur une maison au marché, jouxte la rue « Vidéon », mise en la main du Roi pour cause d'une certaine clameur de haro, dont procès est pendant aux pieds de la ville et banlieue de Caen, la location pour un an de lad. maison (1380, 30 mars) ; mémorial de Jean Lacoque, lieutenant du vicomte de Caen, du 4 avril, concernant lad. adjudication. — Reconnaissance devant Jean Deslandes, tabellion à Caen, par Richard d'Anisy, de St-Martin de Caen, de 30 sols de rente envers Guillaume de Blon et Jean d'Anisy, à cause d'une maison sise en lad. paroisse devant l'église « jouxte la rue Vidiot », chargée de rente envers l'abbaye (1388). — Échange devant Jean Quatrans, tabellion à Caen, entre Guillaume Le Landois, bourgeois de Caen, et Garin Auber, écuyer, de 12 sols t. de rente à prendre sur un manoir sis au marché St-Sauveur, contre son droit en 42 s. t. de rente sur un manoir paroisse St-Pierre, en la neuve rue, jouxte Jean du « Pontinaudemer », écuyer, et sur le manoir dud. bourgeois assis au bout du manoir devant dit, « yssant sur la rive de Caen » (1388). — Cession de lad. rente à l'abbaye par led. Garin Auber (1388, v. s.). — Confirmation devant Guillaume Le Couvreur, tabellion à Caen, par Guillaume de La Haulle dit « Longlois », « Percinot » et Jean dit de La Haulle, ses frères, fils de feu Michel, de la donation que Michel de La Haulle, leur père, avait intention et volonté de faire de son vivant de 20 sols t. de rente sur une maison et jardin appartenant aux religieux, paroisse St-Sauveur, jouxte Jean du « Monchamps », à charge de services religieux (1396).

(H. 243. (Liasse.) — 29 pièces, parchemin.

1401-1472. — Caen. St-Sauveur. — Cession devant Colin de Vernay, tabellion à Caen, par Cassot Le Prévost et Jeanne, sa femme, de St-Sauveur, aux religieux, d'une maison rue « Video », jouxte la venelle allant à l'Odon, pour ne plus payer les rentes y assises (1401). — Fieffe par les religieux à Colin Guillebert dit « Vin Aigre », de St-Sauveur, d'une maison jouxtant la rue « Vydiou » (1402) ; mandement de Raoul d'Estampes, vicomte de Caen, à Simon de Vernay, garde des écrits et registres de Colin de Vernay, naguères tabellion en la ville et banlieue de Caen, concernant la réfection desd. lettres « perdues par fortune par le fait de ces présentes guerres ou autrement » (1420). — Cession devant led. Colin de Vernay, par Denis Vastel et Jeanne, sa femme, veuve de Denis Morin, de St-Étienne de Caen, à Pierre de Hotot et Denise, sa femme, de St-Sauveur, de « tout tel douaire, viage,

ou conquest » appartenant à lad. veuve en une maison sise au marché, jouxte les religieux d'Ardennes et le manoir de la Bataille, aboutant sur le cours d'Odon (1402). — Vidimus par Henri d'Esquay, garde du scel des obligations de la vicomté de Caen (1435, v. s.), d'un échange entre Pierre, abbé, et l'abbaye, et Enguerrand de St-Marie dit de Poullorgne, bourgeois de Caen, de 15 s. t. de rente sur lui, à cause d'une maison paroisse Notre-Dame de Froiderue, en la grand rue, contre 12 boisseaux de froment, mesure de Caen (1405, v. s.). — Vente par « Clérisse », veuve de Jean Blzet, dit Le Jeanne, à Richard de « Beaussuy », de 20 sols tournois de rente sur un manoir aboutant sur le marché, par devant, et d'autre sur le cours d'Odon (1410). — Fieffe devant Guillaume Le Couvreur, tabellion à Caen, par Thomas Le Rupille, « meneur et gardain » des enfants de feu Denis Isabel dit Le Flament, etc., à Michel Lesquier, prêtre, de St-Sauveur, d'une maison assise devant l'église St-Sauveur, « soubz les porches, jouxte l'ostel Renouf Le Goulu et la venelle alant à Ouldon, butant d'un bout sur le marché » (1428). — Fieffe par Robert, abbé d'Ardennes, et le chapitre, à Durant Pougnon, fils Jean, de Grengues en Auge, d'une maison qui fut Thomas Pallet, paroisse St-Sauveur, « au marché de Caen », moyennant 25 s. t. 2 chapons de rente et 1 hommage (1430). — Procédure aux pieds de la ville et banlieue de Caen devant Jean de St-Fromont, lieutenant général de Guillaume Biote, vicomte, entre Guillaume Langlois dit de La Haulle et Colin Boutevillain, écuyer, concernant 35 sols tournois et 1 chapon de rente sur héritages à St-Sauveur sujets à rente envers l'abbaye (1430). — Reconnaissance de rente de l'abbaye par Jean Trophardi, maître ès arts, bachelier en théologie, curé de Litteau, meneur et gardain des enfants de Laurent d'Éterville, qui, avec son frère Guillaume, avait pris à fieffe une place vide ou masures en la rue « Vidiot » (1440) ; Eustache Quenivet, lieutenant général de Richard Harington, chevalier, bailli de Caen. — Reconnaissance devant Jean Le Briant, tabellion à Caen, par Michel Lescuier, prêtre, de la paroisse de St-Sauveur, aux religieux, de 20 sols de rente (1443). — Abandon par Colin Le Landeiz, écuyer, sr d'Hérouville, de ses droits sur le décret d'une maison sise paroisse St-Sauveur, « eu marché aux porcs », pour arrérages de rente (1443). — Vente par Jean de Bray, de la paroisse St-Martin d'Allemagne, aux religieux, de 6 livres t. de rente à prendre sur un hôtel paroisse St-Sauveur (1454). — Procédure aux pieds de la ville et banlieue de Caen devant Eustace Quenivet, lieutenant général de Girard

Bureau, douyer, vicomte de Caen, entre les religieux représentés par Pierre Le Petevin, religieux, et Guillaume Quenivet, pour paiement des arrérages de rente de l'obligation de Michel Lescuier, prêtre (1463, v. s.). — Désistement devant Samson Camail et Robert Le Briant, tabellions à Caen, par Guillaume Quenivet et Jean Yvon, de leur droit sur les héritages décrétés requête des religieux pour paiement de rentes de l'obligation dud. Michel Lescuier (1473).

H. 244. (Liasse.) — 9 pièces, parchemin ; 83 pièces, papier.

1548-1768. — Caen. St-Sauveur. — Bail par Marguerin, abbé commendataire d'Ardennes, à Adrien Darevie, prêtre, licencié en droit, « tenant tutelle d'enfants en l'Université de Caen », de maisons, cour et jardin sis à St-Sauveur, pour 3 ans, moyennant 25 livres t. par an (1548, v. s.). — Bail à Robert Taupin par Jean Du Moncel, religieux d'Ardennes, prieur de Léhizey, des maisons, cour et jardin à St-Sauveur, « près le marché aux bestes », moyennant 25 l. t. par an, à charge, entre autres, de fermer la porte de la St-Michel à Pâques de 7 à 8 h. du soir et l'ouvrir à 6 h. du matin, et de Pâques à la St-Michel l'ouvrir à 5 h. du matin et clore de 8 à 9 h. du soir (1563, 15 mars) ; reconnaissances dud. bail devant M. de Brunville, lieutenant, le 20 avril 1564. — Reconnaissance par Jean « Vymare » du bail à lui fait pour 2 ans par Robert « Taulpin », bourgeois, de la maison, cour et jardin appartenant aux religieux sis paroisse St-Sauveur au marché aux bêtes, « prez la coppe teste », pour en jouir suivant le bail fait à ce dernier par Jean Du Moncel, prieur de Coulombs (1564). — Quittance par Pierre de La Fontaine, procureur-receveur de l'abbé d'Ardennes, aux héritiers de Jacques d'Harcourt, bourgeois de Caen, de 15 sols t. pour une année d'arrérages de rente foncière payée par Marin de La Rue (1623). — Bail par Guillaume de Gallodé, abbé d'Ardennes, à Jacques de Guerville, écuyer, sieur de Colombiers et de Troismonts, de la grande maison de l'abbaye, susd. paroisse, avec la cour, l'écurie, le jardin et les droitures, dignités et libertés en dépendant, jouxte les héritiers de Nicolas Le Faulconnier, écuyer, sieur du Carel, butant sur la rue du vieux marché, moyennant 200 livres par an (1635). — Reconnaissance par Samuel Lemière, écuyer, sieur des Goudiés, élu en l'Élection de Caen, du bail à lui fait pour 6 ans, de la grande maison de l'abbaye sise à St-Sauveur, jouxte la maison du Jeu de Paume, par Georges Sallet, protonotaire apostolique, abbé commendataire d'Ardennes, stipulé par Nicolas Madelaine, sieur de la Vallée, bourgeois de Caen, moyennant 200 livres par an (1639). — Inventaire après sommation de paiement de loyers fait par Claude Fabien et Charles Boullard, sergents royaux à Caen, des meubles de « Claude d'Escajeul, espouze de messire Nicolas de Ciresme, sieur de Coullombiers » (Colombiers-sur-Seulles), trouvés dans la maison de St-Sauveur appartenant à Antoine de Moranvilliers, abbé commendataire d'Ardennes : « ung habict de camelot de Hollande de coulleur de brun à usage de femme, auquel il y a de la dentelle d'or et d'argent ; ung vieil cort de sattin verd à usage de femme avecq une juppe de la mesme coulleur, à laquelle il y a de la dentelle d'or et d'argent ; une chemizette de ratyne rouge à laquelle il y a de la dentelle d'argent à usage de femme ; ung vieil cort avecq les manches de sattin en fleur de coulleur de verd avecq de la dentelle d'argent ; ung quacquetoir ou grande bancelle servante de lict de camp, garny d'un petit mathelatz, ung petit oriller et ung petit tappis dessus ; six vieilles paires de soulliers accommodez de vieille dentelle de soye et d'argent en partye avecq une vieille paire de galloches, le tout à usage de femme ; ung pourtraict où est figuré la teste et le corps d'une femme ; une petitte cassette de bois, dans laquelle a esté trouvé deux grandz peygnes asçavoir l'un de bouys et l'autre d'escaille de tortue rompu ; trois cornettes de thoille fines à dentelle avecq ung devanthau de mesme ; huict morceaux de droguet servants à tapisser le cabinet estant dans lad. maison ; une petitte médaille avec un cachet jeauline », etc. ; enlèvement par Clément de Montigny, Laurence Loy « et leurs associés du mestier de porteurs hault brouetteurs en la ville de Caen », desd. meubles, portés en la maison de François Le Héricy, prêtre, demeurant paroisse St-Jean, pour éviter aux dégats, larcins et accidents qui auraient pu arriver, la servante ayant refusé de garder lesd. biens en sa garde (1647). — Procédure en la juridiction des privilèges royaux de l'Université de Caen devant Jean Blondel, écuyer, sieur et châtelain de Tilly, lieutenant particulier civil et criminel, et Jacques Pennier, écuyer, sieur d'Angerville, ancien conseiller au bailliage et siège présidial de Caen, entre lad. Claude d'Escageul, femme séparée de biens de Nicolas de Ciresme, sieur de Colombiers, et Antoine de Moranvilliers, abbé commendataire d'Ardennes, demandeur en déguerpissement de lad. dame et en paiement des loyers de lad. maison par elle occupée (1648). — Adjudication par Siméon de Fontaines, écuyer, sieur de Neuilly, vicomte de Caen, à Anne Lequera, épouse de Charles Jemblin, de deniers sur le décret des biens de son mari requis par les religieux, à charge de les employer à faire le retrait, au nom de ses enfants, des maisons de St-Sauveur comprises aud. décret (1658). — Remise devant Thomas Le Sueur et Guillaume de La Porte, tabellions à Caen, par André Morin, sr de la Prairie, bourgeois de Caen, ayant été envoyé en possession des maisons assises à St-Sauveur décrétées sur Charles Jemblin, à Anne Lequeru, au nom de Gilles et Anne Jemblin, ses enfants, desd. maisons, moyennant le remboursement à lui fait de la somme de 4000 livres de principal et 12 livres 15 sols pour frais d'acte, plus 287 livres pour intérêt, dont partie fournie par l'abbaye (1658). — Bail devant Thomas Lesueur et Jean Crestien, tabellions à Caen, par Gabriel Yver, sr de la Garenne, bourgeois de Caen, procureur et intendant de l'abbé d'Ardennes, à Gilles de Cardonnay, écuyer, sieur de Barqueville, des maisons, cour et jardin sis vis-à-vis la place du Vieux marché, comme en jouissait Daniel Morin, écuyer, sr du Martray (1689); renouvellement pour 6 ans (1693). — Reconnaissance par Jacques Le Touzé, écuyer, sieur de Longuemare, du bail à lui fait par Louis Blin, religieux, procureur des abbé et couvent (1681). — Adjudication au bureau de la police tenu par Jean Gohier, lieutenant particulier civil et criminel au bailliage de Caen, des réparations d'un puits auquel les voisins devront contribuer (1681). — Procédure en paiement d'arrérages de rente, contre le trésor de St-Sauveur, par suite de donation en 1583 par Siméonne Guérard, veuve de Guillaume Hamelin, à charge de rente à l'abbaye; signification de la prise à fieffe par Jacques Varignon, curé de Giberville, de l'abbaye, en 1472, d'une maison paroisse St-Sauveur (1683). — Bail à Pierre Michel, sr de St-Michel, maître en fait d'armes, bourgeois de Caen, de la grande maison de St-Sauveur, moyennant 150 livres par an (1689); sommation en paiement de 236 livres 10 sols de loyers échus (1692). — Bail par les religieux stipulés par Louis Proffchet, l'un d'eux, à Jean-Abraham Le Petit, prêtre, de 3 petits corps de logis sur la grande place St-Sauveur, butant d'un côté sur la place du marché neuf et de l'autre sur l'Odon (1697). — Reconnaissance par Nicolas Geslin, prêtre, professeur au collège des Arts, du bail à lui fait par « Gaspart Forgasse » de la Bastie, abbé d'Ardennes (1709); continuation en 1718. — Bail devant les notaires de Caen par les prieur et religieux, stipulés par Michel Pillon, l'un d'eux, leur procureur, à Anne Poisson, veuve de Pierre Roussel, d'un manoir manable dit la petite maison d'Ardennes, place du Marché, paroisse St-Sauveur, consistant en trois corps de logis, avec l'usage de l'Odon, moyennant 65 livres de ferme par an, pour 9 ans (1732). — Transaction devant Philippe Du Bouet, notaire royal et apostolique au diocèse de Bayeux, reçu et immatriculé au bailliage et officialité de Caen, entre Jean-Claude de La Croix de Chevrière de St-Vallier, licencié en théologie de la faculté de Paris, abbé commendataire, stipulé par Jean-Baptiste-François Le Roucier, prêtre, secrétaire du chapitre de Bayeux, les prieur et religieux stipulés par le P. Pierre Lacroi, leur procureur, et Vincent de Canteil, écuyer, seigneur et patron de Condé-sur-Seulle, demeurant paroisse St-Sauveur (1747). — Reconnaissance devant Guillaume Fontaine et François Le Danois, notaires royaux à Caen, par Charles Marie, marchand corroyeur, aux religieux, de 25 sols et 2 chapons de rente foncière, au droit de Maria Thouroude, représentant le trésor de St-Sauveur, pour fieffe à lui faite d'une maison en lad. paroisse (1766).

H. 215. (Liasse.) — 17 pièces, parchemin; 17 pièces, papier.

XIIIe siècle-1598. — Caen. Prairie. — Vente à l'abbaye par Geoffroy Lebret, M., sa femme, et ses fils, de « quicquid juris et reclamationis et dominii habebamus apud Cadomum, in parvis pratis de Castellione, in pratis, in viis, in fossis et in aquis, cum omnibus eorumdem pratorum libertatibus et pertinentiis ». « Actum est hoc primo apud Ardenam, hiis presentibus Roberto tunc abbate ejusdem loci et conventu, Ansgot, abbate de Lucerna, Gauf., canonico Sancti Judoci, Willelmo de Viana, milite, Rad. de Starvilla, Philipo de Bolonia, Ric., Rogero de Putot, fratribus, et aliis multis; deinde hoc idem recitatum est apud Cadomum, in plena communa, et tunc Robertus, abbas de Ardena, et canonici, michi Gauf. Lebret prefato et filiis meis supradictis supradictam peccuniam gratanter persolverunt » (commencement du XIIIe siècle). — Vente devant Raoul Aligot, garde du scel des obligations de la vicomté de Caen, par Garnier Marchand, bourgeois d' « Argenches », à l'abbaye d'Ardennes, moyennant 15 l. t., d'un « mullon » de foin de rente qu'il prenait « en fenesons en prey as diz religious apeley le prey Tesson assis deriere les frères de Saint Jaques sus la rive d'Oulne » (1309, jeudi devant la St Pierre, en février). — Ratification devant Richard Godefroy pour le bailli de Caen, par Julienne, dégaerpie de Thomas Desjardins, bourgeois de Caen, de la donation par lui faite à l'abbaye d'un pré « assis ès prez nostre aire le Roi, jouxte le pré à l'évesque de Baieux, d'une part, et le pré es dix religieux, d'autre », qu'il avait acquis pendant son mariage, moyennant rente viagère de 10 l. t. (1310). — Lettres de Vincent Michel, bailli de Caen, concernant la déclaration de Jean Le Boulenger, sur une lettre faite pendant qu'il était bailli de Caen (1326, v. s.). — Vidimus en 1414 par Michel Valemont, tabellion royal aux siège et terres d'Argences, Troarn et Varaville, de la reconnaissance en 1372 devant Pierre Le Sénescal, clerc, juré et commis sous Raoul Rouillart, garde du scel des obligations de la vicomté de Caen, par Martin et Jean Caillot, bourgeois de Caen, aux religieux, de 15 s. t. de rente à cause d'un « aguillon » et portion de leur pré assis « ès prels dessus le Catillon », par eux pris en fieffe de l'abbaye sous lad. rente. — Clameur de gage-plège de la part des abbé et religieux contre toutes saisies que voudrait faire Roger Le Chevallier, écuyer, sur les récoltes d'un pré en la prairie de Caen (1488). — Procédure au bailliage de Caen entre les religieux et Antoine Le Chevallier, écuyer, sr de Venoix, maréchal de la prairie de la ville de Caen, puis Jacqueline de Ste-Marie, sa veuve, tutrice de ses enfants, concernant la récolte du pré de la Mare d'Ardennes (1545-1554) ; défenses à Mathieu Dupont, sénéchal de la maréchaussée du sr de Venoix, de connaître de lad. affaire (1546), etc. — Baux de prés par François Ricbart, sr d'Hérouvillette, frère en loi et procureur de l'abbé (1564) ; par Baptiste de Villemor, abbé d'Ardennes, (1567-1598), etc.

H. 246. (Liasse.) — 11 pièces, parchemin ; 49 pièces, papier.

1621-1780. — Caen. Prairie. — Procédure au bailliage de Caen entre Guillaume de Gallodé, abbé, et Pierre de Bernières, écuyer, sieur et baron de Louvigny, al., sieur d'Acqueville, président et trésorier général de France à Caen (1621-1630). — Reconnaissance par Jean Le Bourgeois, fils François, du bail à lui fait par Pierre de Villemor, ci-devant abbé commendataire, stipulé par Nicolas Durand, son solliciteur, de 3 acres de pré en la grande prairie de Caen, moyennant 66 l. par an (1629) ; autre reconnaissance par Thomas Le Hérichon, pour 1/2 acre de pré en la prairie de Caen, delle de la Hache (1630). — Reconnaissance par Julien Le Cointe et Pierre Corbin, du bail à eux fait par les prieur et religieux stipulés par frère Robert Duhamel, leur procureur, de 3 acres de pré jouxte les Jésuites et le trait St-Griboult sur le bord de la rivière d'Orne, moyennant 80 l. t. de ferme (1635). — Baux : devant Mathieu de La Londe et Michel Lesueur, tabellions royaux à Caen, par les prieur et religieux, stipulés par frère Jacques Lhonneur, à Pasquet Dufour, de 3 acres de pré (1638) ; à Jean Frastel et Jacques Pitrel, par Georges Sallot, abbé commendataire, stipulé par Nicolas Madeline, sr de la Vallée, bourgeois de Caen, de 3 acres de pré, moyennant 120 l. de fermages (1640) ; devant Thomas Lesueur et Jean Crestien, tabellions à Caen, par les prieur et religieux, stipulés par frère Charles Crestien, à Étienne Pillet, sieur de Verterue, bourgeois de St-Nicolas, de 7 acres de pré, nommés la mare d'Ardennes, moyennant 470 l. de ferme (1659) ; par Joachim Faultrier, abbé commendataire (1680) ; par le P. Mathieu Trosseille, au nom des abbé, prieur et religieux, à Simon Trevel, sieur de la Fontaine, demeurant paroisse St-Pierre, basse rue, sur la rivière, de 1/2 acre de pré, moyennant 12 l. par an (1680). — Signification requête d'Anne Blouet, veuve de Jean-Baptiste de Bernières, écuyer, sr de Vaubénard, tutrice de leurs enfants, contre les entreprises du fermier d'Ardennes sur la voie St-Michel, appartenant à sesd. enfants (1707). — Baux : par les religieux, stipulés par le P. Isaac Le Sage, leur procureur, à Michel Lequesne, marchand aubergiste à Caen, paroisse Notre-Dame de Froiderue, en l'auberge où pend pour enseigne les Trois Rois (1775) ; devant Jacques-François-Hyacinthe Létourmy, notaire à Caen, par le P. Louis-Marin Delinchamps, religieux et procureur de l'abbaye, aud. Lequesne, de 2 pièces de terre en pré dans la prairie de Caen, appartenant aux prieur et religieux, l'une contenant 7 acres, nommée la mare d'Ardennes, bornée par l'évêque de Bayeux et les curé et prêtres de St-Pierre de Caen, l'abbaye de St-Étienne, M. de Louvigny, etc., la 2e de 9 vergées, faisant partie de 6 acres appartenant tant à l'abbé qu'aux prieur et religieux, bornée par les ci-devant Jésuites, le cours fieffé à la ville de Caen, la voie aux Cailles, etc., moyennant 450 l. de fermage par an (1780).

H. 247. (Liasse.) — 3 pièces, parchemin ; 7 pièces, papier.

1423-1589. — Caen. Odon. — « Pour le cours de la rivière d'Odon à Caen ». Lettres patentes de Henri VI, roi de France et d'Angleterre, à la relation du duc de Bedford, régent, contenant comme par certains livres et anciennes écritures il lui est apparu qu'en Normandie, anciennement, soulait avoir un officier appelé le sénéchal du prince, ordonné pour garder les lois et coutumes dud. pays, et ce qui était fait injustement par les baillis corriger, et déterminer des plaintes qui souvent lui venaient des sujets dud. pays, les malfaiteurs et délinquants et les serviteurs et officiers du prince corriger, etc., voir et visiter de 3 ans en 4 ans toutes les paroisses et villages dud. pays, s'y enquérir très diligemment des excès et délits qui s'y faisaient, tant de larcins, ravissements de femmes, meurtres, incendies que tous autres crimes et délits, lesquelles inquisitions faites, led. sénéchal ordonnait incontinent raison en être faite; désirant justice être maintenue et gardée comme il appartient, et considérant led. office être très profitable à la seigneurie et à la chose publique dud. duché, le Roi le rétablit sous la souveraineté de l'Échiquier, et y nomme Richard Wydeville, écuyer, s' de Préaux, par l'avis du duc de Bedford, régent, aux gages de noble et demi et demi noble de regard par jour et aux autres droits, profits, honneurs et prérogatives, etc. Donné à Rouen le 11 mars 1422. Vidimus de lad. commission par Jean « Seynt », écuyer, lieutenant général dud. grand sénéchal du duché de Normandie, capitaine des château et ville de Caen, contenant que des plaintes ayant été apportées devant le grand sénéchal que ceux en la prairie de Caen avaient plusieurs empêchements qui étaient en la destruction de la prairie et du bien public, et aussi au deshonneur et contre la fortification de la ville de Caen, que le cours d'Odon depuis la « Planque Marie » jusqu'aux murs de la clôture avait été et était si empêché que l'eau ne pouvait avoir son plein cours, que le pont de « Belendac », assis en lad. prairie, était démoli et en décadence, ainsi que le pont des Champs et même le pont du « Maresoq » de Venoix en perdition, par quoi la prairie était en péril au dommage de la ville et de la chose publique, lesquelles choses les religieux de St-Étienne de Caen étaient tenus et avaient accoutumé de faire et tenir en état convenable : une enquête ayant prouvé les obligations desd. religieux, le 12 août 1423, appelé avec lui Louis « Bourgoise », chevalier, président de la Chambre des Comptes pour le Roi à Caen, Yves de « Boisdevast », Benoît Le Coutelier, écuyer, conseillers et assistants pour le Roi en lad. Chambre, le greffier, et plusieurs autres notables personnes, Guillaume, abbé de St-Étienne, Robert de La Motte, religieux et trésorier de l'abbaye, et Jean de La Noe, procureur pour tout le couvent, avec plusieurs autres religieux, sur réquisition du procureur du Roi qu'ils étaient tenus de tenir en état lesd. ponts, faire curer le cours d'Odon depuis la « Planque Marie » jusqu'aux murs de la ville, faire ôter les empêchements de la prairie, reconnaissent lesd. obligations et s'engagent à les remplir, sauf pour les ponts autres que le premier, que l'abbé déclare être au profit et à la charge des paroisses prochaines et non de son abbaye, etc.; mandement de contrainte contre les religieux pour exécution. Copie authentique de copie par Jean Le Briant, tabellion à Caen (1452); autre copie par Jean Desmares (1424); copie informe de copie à la requête des bourgeois jurés de Caen, de l'ordonnance d'Eustache Canivet, lieutenant général de Richard Harlington, bailli de Caen; autre copie de 1520 (v. s.), sur le livre et ancien chartrier de la maison de ville de Caen, à la requête de Georges Sallet, abbé d'Ardennes (1638). — Remise par Charles de Bourgueville, lieutenant du bailli de Caen, de la bannie et adjudication du curage de l'Odon (1563); mandement du procureur du Roi au premier sergent requis de publier à son de trompette par les carrefours de la ville la bannie et adjudication des ouvrages ; relation y relative de Robert Lesmerey, sergent royal à Caen (1563). — Ordonnance d'Olivier de Brunville, écuyer, lieutenant général du bailli de Caen, prescrivant, requête du procureur du Roi, une information contre ceux qui ont détourné le cours de l'Odon (1565). — Copie informe du bail par François Royal, vicaire et procureur général du cardinal de « Frenaize », abbé de St-Étienne de Caen, à Jacques Pigache, bourgeois de Caen, du revenu de lad. abbaye, à charge, entre autres, de rendre l'eau de l'Odon passant dans lad. abbaye, depuis la Planche Marie jusqu'aux murs de la ville où est assis le canal appelé le « Doxdasne », lequel a été en la plus grande partie réédifié nouvellement et mis en bonne et due réparation, que le preneur devra réédifier, réparer et entretenir pendant la durée du bail; entretien de bac à Athis, etc. (1573). — Vidimus devant Pierre de Bernières, écuyer, trésorier général de France au bureau des finances de Normandie établi à Caen, garde hérédital des sceaux des obligations de la vicomté de Caen, par Nicolas Roque et Richard Martin, tabellions royaux en la vicomté et banlieue de Caen (1596), d'un arrêt du Parlement de Rouen concernant le détournement des eaux de l'Odon, fait par les fermiers de la baronnie de Bretteville dépendant de l'abbaye du Mont-St-Michel, par quoi les « infinies immondices » dont la ville était purgée demeurent à sec, dont la peste est ordinairement causée à Caen, où présentement le péril et danger en est inévitable, etc. Led. arrêt donné à Caen, en Parlement, le 23 juillet 1589. Copie collationnée à la requête des religieux d'Ardennes.

H. 248. (Liasse.) — 41 pièces, papier.

1684-1724. — Caen, Odon. — Procédures diverses concernant le curage de l'Odon, où figurent l'abbaye de St-Étienne, les curé et prêtres de St-Nicolas de Caen, Thomas Du Moustier, sieur de Mirebel, Pierre de Bernières, éc., s' d'Acqueville, François Malherbe, éc., s' du Bouillon, l'abbaye du Mont St-Michel, les Capucins, etc. (copies pour l'abbaye d'Ardennes). — Visite de travaux par Étienne Gondouin, maître des ouvrages et voyer pour le Roi au bailliage de Caen (1639). — Procédures, adjudications, etc., concernant led. curage, requête de l'abbaye et des fermiers du moulin de Gémare. — Copie du bail fait devant les notaires du Châtelet de Paris par Jean-Baptiste Colbert, conseiller du Roi en ses Conseils, fondé de procuration générale du cardinal Mazarin, abbé de St-Étienne de Caen, à Pierre Fontaine, bourgeois de Paris, stipulé par Germain Herbin, receveur et payeur des gages des officiers de la prévôté générale des monnaies et maréchaussées de France, du revenu temporel de l'abbaye, non compris la terre de St-Léonard de Vains, pour 9 années, moyennant 37500 l. tournois, 1380 boisseaux de froment et 24 boisseaux d'orge de fermage annuel, et diverses charges, entre autres de curer les grand et petit Odon, aux endroits où l'abbaye est tenue de le faire (1653). — Mémoire des pièces communiquées par l'abbaye de St-Étienne concernant le curage de l'Odon. — Copie du bail par Antoine-François de La Trémouille, duc de Noirmoutiers, stipulant le cardinal Joseph de La Trémouille - Noirmoutiers, abbé commendataire de St-Étienne, à Gilles Le Dars, receveur des tailles à Caen, du revenu temporel de lad. abbaye, sous lad. charge (1710). — Procédure entre le cardinal de la Trémouille, archevêque de Cambray, abbé commendataire de St-Étienne de Caen, et les religieux des abbayes d'Ardennes et du Mont St-Michel, concernant les réparations et curage de l'Odon. — Procès verbal des réparations du cours de l'Odon, dressé en conséquence de sentence provisoire, par Thomas Du Moustier, écuyer, seigneur et patron de Canchy, conseiller honoraire au Parlement de Rouen, lieutenant général au bailliage de Caen, en présence d'André de Gouville, écuyer, seigneur et patron du Mesnil-Patry et de Tourville, procureur du Roi, assisté de Nicolas Bidard, commis au greffe dud. siège, pour exécution de sentence entre Gilles Le Dars, receveur des tailles à Caen, les économes généraux de l'abbaye de St-Étienne, les abbé, prieur et religieux d'Ardennes, en présence des économes de l'abbaye du Mont-St-Michel, des prêtres de St-Nicolas de Caen, Thomas Feya, Gilles Caillot, le sieur de Montaigu, Pierre Carel, les Jésuites de Caen, les trésoriers de St-Ouen et le sieur de la Closture-Langlois (1720); pièces relatives aud. procès et soumission dud. Gilles Le Dars, ci-devant fermier général de l'abbaye de St-Étienne, de faire faire dans 2 mois les réparations et le curage de l'Odon depuis la planche Marie jusqu'aux murs de la ville. — Cf. H. 239, 241.

H. 249. (Liasse.) — 12 pièces, parchemin; 2 pièces, papier.

XIII° siècle-1554. — Cahagnolles. - Donation par « Johannes de Putot, filius Eudonis de Putot », à l'abbaye d'Ardennes, de la moitié d'une masure « apud Verqurol, in parrochia de Kahaignoles, » etc. (s. d.) (lacérations). — Accord sur procès « in assisia domini Regis apud Baioc. », entre « Willelmus dictus Julione » et l'abbaye, concernant ses possessions « in parrochia de Cahaignoles »; remise par led. Guillaume en lad. assise, « de consilio Johannis dicti Le Saunier, tunc temporis baillivi domini Regis, et militum in eadem assisia assistentium, et Christiani Cambellani tunc temporis vicecomitis Cadomi », etc., de tout le droit qu'il réclamait sur lesd. terres, moyennant 40 l. t. que lui donna l'abbé Guillaume, etc. (1269). — Reconnaissances: devant Jean Le Brebenchon, tabellion en la vicomté de Caen, par Robert Ernouf, de Cahagnolles, envers Ricart de Cartelou, écuyer, seigneur de Verquereul, qu'il est tenu de faire hommage à cause de biens que les religieux d'Ardennes ont au fief dudit seigneur, etc. (1377); devant Robert Le Monnier, tabellion à Caen, par Jean Barate et Guillaume de Rouxeville, demeurant paroisse de « Cahainouillez », de la fieffe à eux faite par les religieux d'Ardennes, de toutes les rentes et redevances leur appartenant dans lad. paroisse (1391). — Vidimus par Michel Valemont, tabellion aux sergenteries d'Argences, Troarn et Varaville, de la reconnaissance faite en 1404 devant Colin de Vernay, clerc, tabellion à Caen, par Jean de Canteloup et Robert Ernouf, de la fieffe à eux faite par les religieux d'Ardennes, de 30 acres de terre en lad. paroisse, « eu fieu de Verquereul, nommé le fieu d'Ardaine » (1435). — Reconnaissance de rente devant Jean Le Briant, tabellion à Caen, par Barate, aîné de la vavassorie aud. fief (1460). — Proclamation aux pleds des sergenteries de Briquessart et Graye, devant Jean Artur, lieutenant général du vicomte de Bayeux, de la vente des biens de Lorin Barate, requise par Jacques

Cornet, écuyer, pour paiement d'arrérages de rente (1475). — Copie d'aveu à Jordain de Dampierre, chanoine de Bayeux, seigneur du fief, terre et seigneurie de Verqueroul à Cahagnolles, par Colin Guéroult, du fief d'Ardennes, contenant 30 acres (1524). — Procédure aux pieds de la vicomté de Bayeux, devant Thomas Desmaires, écuyer, lieutenant général, entre Thomas Guéroult et les religieux d'Ardennes, concernant le paiement d'arrérages de rente (1532); autre procédure en lad. vicomté entre lesd. religieux et Colin Guéroult, tenant le fief d'Ardennes, pour paiement d'arrérages de rente (1534). — Extrait du registre de Pasques Du Désert, sergent royal en la sergenterie de Briquessard, concernant la vente faite aux namps de Bayeux, d'une robe de drap rouge à usage de femme, saisie sur Colin Guéroult, de la paroisse de Cahagnolles, à la roquête des religieux, créanciers (1534). — Cf. H. 651.

H. 250. (Liasse.) — 24 pièces, parchemin ; 43 pièces, papier.

1285-1630. — Cainet. — Confirmation par « Johannes Boissel, de Quernet », de la donation faite à l'abbaye par Raoul, son père, de rente à prendre aud. lieu (1285). — Vente par « Richart Lemor, clerc, borgeis de Caen », à « Hue Le Blaier, du Fraisne », pour 12 l. t., de 3 vergées de terre « el terreor de Quernet » (1297); sceau. — Vente devant le vicomte de Caen par Simon Delacroix, de « Quernet », et Jeanne, sa femme, aux religieux d'Ardennes, de 5 vergées de terre (1298). — Donation par « Magister Guillelmus de Querneto », curé de Colleville-sur-Mer, pour fondation d'obit, d'une vergée de terre sise aud. lieu (1303, « die jovis in festo Sancti Gregorii, mense marcii » ; fragment de sceau. — Cession faite en l'assise de Caen devant le bailli, par Simon Alex., de « Quernet », aux religieux d'Ardennes, de 3 quartiers de terre (1317). — Reconnaissances : devant Jean de Rouge Douyt, tabellion sous Guillaume du Teil, garde du scel de la vicomté de Caen, par Germain Nichole et Thomasse, sa femme, de la donation par eux faite aux religieux d'Ardennes d'une pièce de terre, delle des Londeles (1352); devant Jean Remon, tabellion ès mettes des sergenteries d'Ouistreham et Bernières, et Jean Vauldry, son adjoint, par Étienne de Condé, de « Quesnet » de la fieffe à lui faite par les religieux de plusieurs pièces de terre (1492, v. s.). — Extrait des registres de Louis des Essars, écuyer, et Jean Gast, son adjoint, tabellions à St-Gabriel, concernant la vente faite par les frères Gires à Léon Fallet, d'Amblie, à présent demeurant à « Saincte Croix de Grant-

honne », de maisons, jardins et pièces de terre (1534). — Défaut prononcé par Charles Le Fournier, écuyer, lieutenant général du vicomte de Caen, au profit de Jean Du Moncel, bailli de l'abbaye d'Ardennes, contre Jean Le Mestaier, de « Quesnet » (1537). — Procédure au bailliage de Caen, en la juridiction des privilèges royaux de l'Université, devant Jacques Blondel, écuyer, s' et châtelain de Tilly, lieutenant civil et criminel, Guillaume Vauquelin, écuyer, président et lieutenant général, Hercule Vauquelin, écuyer, sieur des Yveteaux, lieutenant général, etc., entre les religieux et Jean Blouet, sieur de Cainet, Michel de Bretteville, s' de Thaon, François de Guerville, s' de la Londe, etc., pour paiement de 100 sols de rente (1623-1630).

H. 231. (Liasse.) — 28 pièces, parchemin ; 10 pièces, papier.

1303-1785. — Cairon. — Donation devant Jean de Senlis, clerc, garde du scel des obligations de la vicomté de Caen, par Colin de Rengnie, écuyer, et Pierre de Gourney, aux religieux d'Ardennes, de rentes sur la terre qui fut Ricart Verney (1303). — Vente de rente devant Geoffroy Le Honnestre, juré commis de Guillaume du Teil, garde du scel de la vicomté de Caen, par Guillaume Le Suour et Mabire, sa femme, à Thomas de Larbre, et à « Raole », sa femme, d'un setier de froment de rente (1358). — Ventes de terres : devant Henri Hay, clerc, juré commis de Geffroy Le Clerc, garde du scel de la vicomté de Caen, par Guillaume Le Suour à Thomas de Larbre (1359, v. s.) ; — par Guillaume de « Ballie », aux religieux d'Ardennes (1366.) ; — par Guillaume Le Verrier, de Cairon, à Guillaume Leir, dit Le Queu (1370, v. s.) ; — devant Philippot Le Berseur, tabellion sous Raoul Rouillart, garde du scel des obligations de la vicomté de Caen, par Jean Morant, à Guillaume Leir, dit Le Queu (1371) ; — devant Jean Le Brebenchon, tabellion en la vicomté de Caen, par Guillaume Ler dit Le Queu, et Jeanne, sa femme, aux religieux d'Ardennes (1375, v. s.). — Reconnaissance devant Robert Le Monnier, tabellion en la vicomté de Caen, par Ricart Morel, envers Guillaume Le Suour, de rente de froment (1378, v. s.). — Cession devant Jean Quatrans, clerc, tabellion à Caen, par Guillaume Le Suour, aux religieux d'Ardennes, de 4 boisseaux de froment de l'obligation de Ricart Morel (1386, v. s.). — Vente devant Guillaume Robert, tabellion ès mettes des sergenteries d'Ouistreham et Bernières, par Pierre Pantouf et Jean Samson, de Cairon, à Ricart de Bitot, écuyer, d'une fosse où l'on souloit rouir les lins (1396).

— Partage de lots fait devant Colin de Vernay, tabellion à Caen, entre Jean Berthelot, le jeune et l'aîné, fils Jean, et Philippot Berthelot, frères, d'Authie, et Henri Fleury, et Robine, sa femme, de biens sis à Cairon (1413). — Vente devant Guillaume Le Couvreur, tabellion à Caen, par Guillaume Vincent aux religieux d'Ardennes de rente (1425, v. s.). — Extraits des pleds des sergenteries d'Ouistreham, Bernières et Creully, tenus par Jean Bénard, lieutenant général du vicomte de Caen, concernant la vente de biens décrétés pour paiement d'arrérages de l'obligation de Jean Delafosse (1466). — Procédure aux dits pleds entre les religieux d'Ardennes et Guillaume Sevestre, pour paiement d'arrérages de rente (1483, v. s.). — Lots faits devant Jean de Cussy et Nicolas Corpsderoy, tabellions ès mottes des sergenteries d'Ouistreham et Bernières, entre Pierre Sevestre, Jean Sevestre et Pierre Delalonde, de Mathieu, au droit de Nicole Sevestre, prêtre, des biens de Pierre Sevestre (1505, v. s.). — Procédure devant Robert de la Hogue, lieutenant général du vicomte de Caen, pour les religieux, comparant par Gervais Le Moulinet, l'un d'eux, bailli et procureur de l'abbaye, contre Perrin Sevestre, débiteur (1545). — Distribution par Charles Le Fournier, écuyer, lieutenant général du vicomte de Caen, de deniers provenant de la vente des biens Sevestre (1543). — Reconnaissances par : Jacques Jouyn, de St-Contest, demourant au hameau de Buron, du bail à lui fait pour 7 ans par Jean Brunet, bourgeois de Caen, fermier général de l'abbaye d'Ardennes, de 3 vergées de terre à Cairon, dite de « Lorguaye » (1593); — Pasquet Le Varignon, du bail à lui fait par Guillaume de Gallodé, abbé d'Ardennes, stipulé par Pierre de La Fontaine, son procureur, de 14 vergées de terre (1620). — Communication par Daniel de Cardonnel, marchand à Morlaix, ayant requis la vente de récoltes à Cairon, sur Germain Lefebvre, pour paiement de rente, aux religieux d'Ardennes, de l'obligation de Jean et Germain Lefebvre, père et fils, envers Marguerite Le Coq, sa mère (1665). — Échange entre Jean-François Le Courtois, conseiller et procureur du Roi en la vicomté de Caen, et les religieux d'Ardennes (1719). — Baux : devant Pierre-Charles-Thomas Mériel, notaire à Douvres-la-Délivrande, et Jean-Antoine Outtin, sergent à Bernières, pris pour adjoint, par frère Louis Goutier, procureur de l'abbaye, à Charles Marie, d'une vergée et demie de terre, dalle des dix acres (1757); — devant les notaires de Caen par Louis-Marin Delinchamps, religieux, procureur de l'abbaye, à François Marie l'aîné, fils Charles (1781). — Mandement de François-Jacques Picard de Prébois, sénéchal des fiefs, terre et seigneurie d'Ardennes, au premier des hommes et tenants, de publier à Cairon la tenue des pleds et gages pleds pour le 5 juillet 1785.

H. 252. (Liasse.) — 9 pièces, parchemin; 2 pièces, papier.

1383-1537. — Cairon. — Ventes : devant Robert Bérenger, tabellion sous Girart du Temple, garde du sceol des obligations de la vicomté de Caen, par Thomas Le Blear, de St-Pierre d'Hérouville, à Jean Le Franc, écuyer, de la paroisse de « Mathoen », du quart du siège d'un moulin à eau sis à Cairon le jeune (1383, v. s.); — devant Guillaume Robert, tabellion ès mottes des sergenteries d'Ouistreham et Bernières, par Michel Le Feyvre, de Rosel, à Ricart de Bitot, écuyer, de son droit sur le petit moulin de Cairon le jeune jouxtant Jean de « Vassié », écuyer (1394); — devant Colin de Vernay, clerc, tabellion à Caen, par Guillaume Le Prévost, dit Cousin, de Thaon, Guillaume Le Prévost le jeune, Pierre Pauchon et Guillaume Clarel, à Richard de Bitot, écuyer, de 2 boisseaux de froment de rente (1403, v. s.). — Accord devant Colin de Vernay, tabellion à Caen, entre Raoul de Bitot, écuyer, et Guillaume Dumont, concernant la rente d'une livre de poivre à prendre sur le moulin de Cairon (1413). — Vente devant Jean Richart, clerc, tabellion juré commis aux Raoul Le Couvreur, clerc, tabellion à Caen, par Guillaume de Bitot, écuyer, seigneur du lieu, aux religieux d'Ardennes, d'un moulin à blé à Cairon nommé le moulin Bitot (1453). — Reconnaissance devant Robert Le Briant et Sanxon Camall, tabellions à Caen, par Thomas Boetard, bourgeois de Caen, de 8 livres et 1 livre de poivre de rente, aux religieux d'Ardennes, à cause du moulin de Cairon (1472 v. s.). — Saisie d'un cheval faite par Richard Letélier, sergent royal en la sergenterie de Bernières, à la requête des religieux d'Ardennes sur Thomas Le Monnier pour paiement d'arrérages de 8 livres et une livre de poivre de l'obligation de Jean Delafosse (1537).

H. 253. (Liasse.) — 6 pièces, parchemin; 2 pièces, papier.

1238-1434. — Cambes. — Donation à l'abbaye par « Radulfus Vairon, de Cambis », d'un setier de froment de rente sur une pièce « apud Les Fossetes in territorio de Camb. »; « presentibus hiis, Roberto, tunc presbitero de Camb., Roberto de Cadomo, Willelmo de Sol., Ricardo de Camb., canonico de Ardena », etc. (1238). — Confirmation par Guillaume de Baron, fils de Guillaume de Baron, chevalier, à l'abbaye, de la vavassorie sise à Cambes qu'ils ont eue depuis la fondation de l'abbaye du don de ses ancêtres, qui fondèrent lad. abbaye (mars 1260); copies de 1663. — Donation par « Symon de Sancto Martino de Cadomo » d'une rente de froment assise à Cambes (1283). — Ventes de terres: devant Ricart du Busquet, pour le vicomte de Caen, par Gires Laurent dit Delormel, de Cambes, à l'abbaye (1347); — devant Jean du Teil, clerc, commis par Guillaume du Teil, clerc, garde du scel de la vicomté de Caen, par Rogier Lenglois, à Ricart Lenglois (1350). — Rôle contenant copies: de la reconnaissance devant Michel Valemont, clerc, juré commis ès mettes des sergenteries d'Argences, Troarn et Varaville, sous Colin de Vernay, tabellion, par Jean Michel, de Cambes, de la fieffe à lui faite par les religieux d'Ardennes, (1399); de la déclaration des biens faits mettre en jurée par Colin Le Landois, écuyer, pour paiement de rente de l'obligation de Jean Michel (1339); de la reconnaissance devant Jean Richart, tabellion ès mettes des sergenteries d'Ouistreham et Bernières, par Samson Le Conte, de Cambes, à Jean Nourry, de Lion, de 6 boisseaux de froment de rente (1407); de la vente devant le même par led. Nourry aux religieux d'Ardennes desd. 6 boisseaux de froment de rente (1409 v. s.); de la reconnaissance devant Simon de Vernay, clerc, tabellion ès mettes des sergenteries d'Argences, Troarn et Varaville, par Samson Le Conte de la fieffe à lui faite par Jean Heudegot, « maistre en ars » demeurant à Caen, de 6 vergées de terre à Cambes (1414), etc.

H. 254. (Liasse.) — 18 pièces, parchemin; 14 pièces, papier.

1405-1578. — Cambes. — Ventes devant: Jean de La Fontaine, tabellion à Caen, par Jean Auberée, de Lion, à Enguerren de St-Marie, dit de Foullongne, bourgeois de Caen, de 12 boisseaux de froment acquis de Jean Michel, de Cambes (1405 v. s.); — le même, par led. de St-Marie, aux religieux d'Ardennes, desd. 12 boisseaux de froment (1405 v. s.); — Guillaume Le Couvreur, clerc, tabellion à Caen, par Jean Le Brun et sa femme, à Raoul Le Riche, écuyer, de Mathieu, de 6 boisseaux de froment de rente (1408). — Fieffe par les religieux à Jean Parey (1410), avec vidimus par Michel Valemont, tabellion aux sergenteries d'Argences, Troarn et Varaville (1414). — Aveu rendu aux religieux par Andrieu Ménart, à cause de leur seigneurie de Cambes, d'une vavassorie contenant 7 acres de terre (1453). — Reconnaissance de rente devant Guillaume Morant, tabellion ès mettes des sergenteries d'Ouistreham et Bernières, par Jean Aze, curé de Cambes, envers les religieux d'Ardennes (1444). — Accord devant Raoul Le Couvreur, tabellion à Caen, entre Robin Du Fayel et demoiselle Agnès, sa femme, de la paroisse de Cahagnolles, et les religieux d'Ardennes, concernant la possession d'une terre (1450). — Reconnaissance devant Jean Le Briant, tabellion à Caen, par Jean Aze, curé de Cambes, et Tiirat Aze, son frère, de la fieffe à eux faite par les religieux d'Ardennes de 6 vergées de terre delle de la Vallée Dorey (1460). — Lots et partage faits devant Samson Camail et Guillaume Héribel, tabellions en la sénéchaussée d'Argences, entre Cardot Allain et Pierre Allain, frères, des biens de la succession de Guiot Allain et de Guillemette, sa femme, héritière de Laurent Parey, de Cambes (1493). — Extraits du registre du tabellionnage de Caen, concernant: la vente faite par Jean et Nicolas Patrice, frères, pour eux et Guillaume Patrice, bourgeois de Caen, leur père, à Richard et Hugues Le Courtois, prêtres, et à Jean Le Courtois, leur frère, de la paroisse de St-Martin de Cambes, d'un setier de froment, mesure ancienne de Caen, de rente (1494); l'échange entre Richard Le Courtois, prêtre, pour lui et ses frères, avec les religieux d'Ardennes, stipulés par frère Richard de Laval, bailli de l'abbaye, d'un setier de froment sur Jean de Bitot contre une pièce de terre à Cambes, en la rue des Trois maisons (1494). — Fieffe faite par les religieux devant Jean Vauldry et Guillaume Le Sage, tabellions ès mettes des sergenteries de Villers et Évrecy, à Richard Le Courtois, prêtre, de Cambes, pour lui et ses frères, de terre (1498). — Saisie de grains à la requête des religieux d'Ardennes stipulés par Pierre de Grevilly, leur procureur, pour paiement de 14 boisseaux de froment de l'obligation de Thomas Jabelier (1518). — Aveu rendu aux religieux d'Ardennes par Jean et Gyot Allain, frères (1540. v. s.).

H. 255. (Liasse.) — 12 pièces, parchemin; 16 pièces, papier.

1541-1602. — Cambes. — Extrait du registre du tabellionnage de Caen, concernant la vente faite par Jean Allain à Thomas Rogier, sieur de Cambes, de 3 pièces de terre (1541, v. s.). — Aveu rendu aux abbé et religieux par Gilles Le Courtois pour un tenement sis à Cambes (1548). — Distribution faite en la cohue et auditoire de Caen par Charles Le Fournier, écuyer, lieutenant général du vicomte, des deniers provenant du décret requis par Gilles Le Courtois des biens de Pierre Le Cavelier (1555, v. s.). — Procédure en la vicomté de Caen devant led. Charles Le Fournier, entre les religieux d'Ardennes et Robert et Gilles Allain pour paiement de rente; accord devant Étienne Du Val, sieur de « Mondreville », garde du scel des obligations de la vicomté de Caen (1559, v. s.). — Lots et partage faits devant Gilles Vastine et Antoine Cordroy, tabellions ès mettes de la vicomté de St-Sylvain pour le trait de Bessin au siège de Cairon, entre Jean, Gilles et Robert Allain, frères, des biens de Jean Allain, leur père (1566). — Reconnaissance par Gilles, Robert et Gilles Allain de l'accord fait entre eux et Baptiste de Villemor, abbé d'Ardennes, concernant la rente de l'obligation de Jean Paré (1573). — Aveu rendu aux religieux d'Ardennes par Richard Le Courtois, fils Gilles, de partie d'un tènement sis à Cambes (1570). — Reconnaissance par Jeanne, veuve de Contest Le Mayne, du bail à elle fait par Guillaume Roger, bourgeois de St-Pierre de Caen (1579). — Vente devant Richard Martin et Raoul Caillot, tabellions à Caen, par Robert Faisant, de Beuville, demeurant à Anisy, hameau de Villons, à Richard Le Courtois, bourgeois de Caen, d'une acre de terre delle des Ruettes (1588). — Extraits du registre du tabellionnage de Caen concernant : l'échange fait entre Gilles Allain l'aîné, et Jérôme Le Courtois, docteur aux droits, de pièces de terre, delle des petites Varendes et sur la Vallée (1590) ; la vente faite par led. Allain à Guillaume Criquet, greffier du bailli de Caen, de 2 acres de terre (1593). — Extrait du papier terrier rendu par Adam et Clément de Vaulx, fermiers de l'abbaye, concernant le paiement de rente fait à Caen par Gilles Allain l'aîné, Robert et Gilles Allain et leurs cohéritiers, Cauvet et Lelièvre (1594). — État des biens de feu Jean Paré, de Cambes, mis en décret par Jean Brunet, fermier et receveur de l'abbaye d'Ardennes, stipulé par Jean de Cahaignes, sur Robert Allain fils Giot, Gilles Allain fils Jean, Gilles et Gilles Allain et Robert Allain, pour paiement de rente (1596). — Procédure au présidial de Caen devant Jean Vauquelin, écuyer, président, entre led. Brunet et Michel et Colas Le Bas, pour paiement de rente (1597). — État de la distribution faite par Jacques Blondel, écuyer, lieutenant du bailli de Caen, des deniers provenant du décret des biens de Jacques Le Dars, requis par Abraham Jollain, ci-devant échevin de la Charité des Carmes de Caen, où est compris Jean Brunet lieutenant au siège de l'Amirauté de Caen, ex-receveur de l'abbaye d'Ardennes, pour arrérages de rente (1602).

H. 256. (Liasse.) — 11 pièces, parchemin; 43 pièces, papier.

1603-1644. — Cambes. — Adjudication faite par Jacques Blondel, écuyer, lieutenant du bailli de Caen, à la requête d'André Bourdon, procureur receveur de l'abbaye d'Ardennes, des récoltes saisies sur Gilles Allain, Jean Cauvet et Jean Le Lièvre, héritiers de Robert Allain, fils Guyot, pour paiement d'arrérages de rente (1603). — Procédure au bailliage de Caen entre André Bourdon, fermier général de l'abbaye d'Ardennes, et la veuve Criquet, chargée de garantie pour Jean Lioult, sieur de la Morrelière, pour paiement de rente (1604). — Extrait du registre du tabellionnage de Caen concernant la vente par Geoffroy et Jacob Allain, frères, héritiers de Gilles Allain l'aîné, de Cambes, à Nicolas Roque, tabellion et bourgeois de Caen, de 3 quartiers de terre, delle de la Brecque Riboult (1606). — Fieffe devant Richard Martin et Mathieu Delalonde, tabellions à Caen, par Jacques Le Dars, bourgeois de St-Julien de Caen, à Martin Le Mayne, de 11 vergées de terre (1609). — Extrait du registre du tabellionnage de Caen, concernant le choix de lots fait entre Abraham Bazin tant en son nom que comme tuteur de Charlotte Le Bas, sœur de Marie Le Bas, sa femme, Georges Le Bas, tant en son nom que comme tuteur du fils de Jean Le Bas, etc., en présence de Jacques Lefebvre, fils Thomas, et Guillaume Delaporte, bourgeois de Caen, des biens de feu Nicolas Le Bas, bourgeois de Caen (1614). — Quittance par Guillaume Nyard, serviteur domestique de Raoul Le Sauvage, sieur de Bitot, bourgeois de Caen, procureur et receveur du revenu de l'abbaye d'Ardennes, à Martin Le Mayne, de Cambes (1615); autres quittances dudit receveur des rentes de l'abbaye. — Procédure devant Guillaume Vauquelin, écuyer, sieur de la Fresnaye, président et lieutenant général au bailliage et siège présidial de Caen, entre Martin et Gilles Le Mayne, père et fils, et Raoul Le Sauvage, bourgeois de Caen, fermier général de l'abbaye d'Ardennes, concernant la reconnaissance de 24 boisseaux de froment de rente (1622). — Procédure devant Hercule Vauquelin, écuyer, sieur des Yveteaux, lieutenant général aud. bailliage, entre Guillaume de Gallodé, « abbé claustral » d'Ardennes, et Thomas La Basle, fermier de Cauvet, concernant le paiement de 5 années d'arrérages de 20 boisseaux de froment, 1 chapon et 15 œufs de rente (1625). — Procédure en la juridiction des privilèges royaux de l'Université de Caen, devant Jacques Blondel, écuyer, sieur et châtelain de Tilly, lieutenant particulier civil et criminel du bailli de Caen, entre les religieux d'Ardennes, stipulés par frère Bonaventure Lefebvre, et Philippine Le Courtois, veuve de Nicolas Roque, tutrice de ses enfants, pour paiement d'avances pour faire les charges de l'abbaye (1628). — Aveu rendu aux religieux d'Ardennes par Martin Le Mayne, de 6 vergées de terre (1631). — Procédure au bailliage de Caen, devant Hercule Vauquelin, sieur des Yveteaux, lieutenant général, entre les religieux d'Ardennes et lad. Philippine Le Courtois, Jacob Allain et Jean Cauvet, pour paiement d'arrérages de 20 boisseaux de froment, 1 chapon et 15 œufs de rente (1632) ; autre procédure devant : Jacques Blondel, écuyer, sieur et châtelain de Tilly, lieutenant particulier (1635) ; Jean Le Blais, écuyer, sieur du Quesnay, lieutenant général (1637). — Autre procédure devant : le même, entre les religieux d'Ardennes et Martin Le Mayne pour paiement de 36 boisseaux de froment d'arrérages de 3 années de 12 boisseaux (1640) ; Jacques Blondel, écuyer, sieur et châtelain de Tilly, entre les religieux d'Ardennes, Louis Anzeray, écuyer, sieur de Durcel, conseiller du Roi en son Conseil, et Jean Chamberlan, curé de St-Gilles de Caen, fondé au droit de Pierre Étienne, concernant le paiement de la somme provenant de l'adjudication des récoltes de froment et chennevière excrus sur 3 acres de terre, ayant appartenu à Martin Le Maine, au droit de Jacques Le Dars (1641). — Vente par Esther Gabriel, veuve de Gilles Le Putois, avocat à Caen, à Jacques Le Bas, sr du « Molley », avocat à Caen, de terres à Cambes (1640). — Articles sur lesquels les religieux d'Ardennes demandent que Georges Bourdon, bourgeois de Caen, ex fermier général de l'abbaye, soit interrogé (1642). — Désistement devant Mathieu Delalonde et Michel Lesueur, tabellions à Caen, par Marie Le Putois, de la clameur faite contre les religieux d'Ardennes pour retirer des biens vendus par sa mère (1643). — Procédure au bailliage de Caen devant Jean Anzeray, écuyer, sieur de Bourguebus-la-Hogue, ancien conseiller au bailliage et siège présidial de Caen, exerçant la juridiction du bailli, pour son absence et de ses lieutenants, entre les religieux d'Ardennes et Marie Le Bas, veuve de Robert Le Sage, héritière en partie de Thomas Le Bas, curé de Vaucelles de Caen, et de Pierre Le Bas, pour paiement de 10 boisseaux 1/2 de froment de rente, à cause de biens sis à Cambes (1644).

H. 257. (Liasse.) — 13 pièces, parchemin ; 43 pièces, papier.

1645-1785. — Cambes. — Procédure en la juridiction des privilèges royaux de l'Université, devant Anzeray, conseiller au présidial de Caen, entre les religieux d'Ardennes et Marie Le Bas, veuve Robert Le Sage, concernant l'arrêt de grains et blés fait entre les mains de Thomas de Jurques, pour paiement de 24 boisseaux de froment pour sa quote part de 7 années d'arrérages de 7 boisseaux de froment (1645). — Vente devant Jean Crestien et Michel Le Sueur, tabellions à Caen, par André Le Bas, fils Michel, bourgeois de St-Pierre de Caen, à Jacques Le Bas, sieur du Molley, avocat, bourgeois de Caen, de 11 vergées de terre delle d'entre deux clos (1647). — Extrait du registre du tiers des charges de l'abbaye d'Ardennes : Cambes (1650-1684). — Attestation de Jacques Allain, sieur de la Mare, fils, bourgeois de Caen, que sur le nombre de 143 boisseaux de froment livrés par Simon et Guillaume Le Maine à Jacques Le Bas, il y en a 30 à sa décharge (1651). — Extraits du registre du tabellionage de Caen, concernant : le partage en 3 lots des biens de Pierre de La Rocque, sieur des Forges, conseiller au bailliage, et de Philippine Le Courtois, sa mère, échus à Élisabeth de La Rocque, veuve de Charles Le Fauconnier, écuyer, seigneur et patron du Mesnil-Patry, et Julien de Bouren, écuyer, sieur de Semilly, époux de Jeanne de La Rocque (1652) ; la vente par Pierre Cauvet, bourgeois de St-Gilles de Caen, hameau de Couvrechef, et Louis Cauvet, son frère, à Gilles Allain, de Cambes, de 3 quartiers de terre (1656). — Reconnaissance devant Richard Lizoray et Jacques Jouvin, tabellions au siège d'Escoville, vicomté de St-Sylvain et le Thuit, par Michel Feron, sieur des Motteaux, élu en l'Élection de Caen, de la vente par lui faite à Julien de Bouren, écuyer, sieur de Semilly, de 13 vergées de terre (1657). — Extrait du registre du contrôle des titres de la ville et la vicomté de Caen, concernant la vente faite devant Gilles Buhours et Pierre Gast, tabellions en la seigneurie de Bernières, par Jean Allain, fils Gilles, à Jacques Le Bas, sieur de Cambes, de 1/2 acre de terre à Cambes (1657). — Obligation devant Thomas Lesueur et Jean Crestien, tabellions royaux à Caen, par Georges Bouet, bourgeois de Caen, envers Jean Deslandes, d'acquitter à Louis Anzeray, seigneur de Durcel, jouissant du droit du Roi de la fieferme de Cambes, 19 boisseaux de froment de rente (1659). — Extrait du registre du tabellionné de Caen concernant le partage entre Jacques et François Allain, frères, des biens de Jacques Allain, sieur de la Mare, bourgeois de Caen, leur père (1664). — Instruction baillée par les religieux d'Ardennes à Georges Bouet, adjudicataire des récoltes de Guillaume Le Maine, aux fins de leur remettre la somme de 65 livres montant de son adjudication (1664). — Procédure au bailliage de Caen, devant Pierre Blouet, écuyer, sieur de Than, conseiller, pour l'absence des lieutenants, entre les religieux d'Ardennes et Julien de

Bourreu, écuyer, sieur de Semilly, pour paiement de la somme de 248 livres 10 sols 6 deniers pour l'apprécis des arrérages de 20 boisseaux de froment (1665). — Vente devant Pierre Desoulle et Jean Regnouf, tabellions aux sièges de Cairon et Fontaine-Henri, par Guillaume Le Maine, fils Simon, aux religieux d'Ardennes, des récoltes étant sur 5 vergées de terre (1665). — Déclaration des maisons et héritages assis à Cambes, qui furent à défunt Michel Feron, sieur des Moutteaux, saisis en décret instance du sieur de Brieux (1667). — Reconnaissance devant Pierre Desoulle, tabellion au siège de Cairon, et Gilles Bahour, tabellion, pris pour adjoint, par Élisabeth de La Roque, veuve de Charles Le Fauconnier, écuyer, sieur du Mesnil-Patry, envers les religieux d'Ardennes, stipulés par frère Norbert Molinet, de 13 boisseaux de froment, 1 chapon et 15 œufs de rente (1668). — État de distribution par Siméon de Fontaines, écuyer, sieur de Neuilly, vicomte de Caen, des deniers provenant du décret requis par Jacques Moisant, écuyer, sieur de Brieux, conseiller au Parlement de Metz, des biens de feu Michel Feron à Troismonts et Cambes (1668). — Vente devant ... (blanc) Olivier et Jean Bougon, tabellions à Caen, par Pierre Le Fauconnier, écuyer, sieur du Mesnil-Patry, à Jeanne de la Rocque, veuve de Julien de Bourren, écuyer, sieur de Semilly, de maisons, jardin et pièces de terre (1670). — Procédure en la vicomté de Caen, devant Siméon de Fontaines, écuyer, sieur de Neuilly, vicomte, entre Jacques Buisson, fermier général des domaines de France, et Georges Le Bas, écuyer, seigneur et patron de Cambes, conseiller secrétaire du Roi, maison et couronne de France et de ses finances, concernant le paiement du 13º de partie des biens vendus par Pierre Delalonde à Jacques Legrand, conseiller au bailliage (1682). — Quittance devant Antoine Basire, écuyer, et Guillaume Jolivet, notaires à Caen, par le P. Thomas Desplanches, procureur de l'abbaye, à Guillaume André, sieur des « Pommerés » et à Jacques Le Normand, bourgeois de Caen, de 10 boisseaux 1/2 de froment pour arrérages de rentes seigneuriales (1693). — Reconnaissance de rente par Le Normand, Jacques Audrey, fils Guillaume, pour lui et Jean, son frère, envers les religieux d'Ardennes (1712). — Reconnaissance devant Jacques Bénard et François Le Danois, notaires à Caen, par Germain Durel, md cartier, au droit de Pierre Lancesseur, envers les religieux d'Ardennes, de 4 boisseaux de froment, mesure ancienne, et 1 denier de rente foncière, revenant à 3 boisseaux 1/3, mesure actuelle de la halle à blé de Caen (1765). — Aveux rendus aux religieux d'Ardennes, par : Luce-Jeanne-Madeleine Le Bon, veuve Blouet, au droit d'Alexandre Legrand, conseiller au présidial de Caen, de 2 pièces de terre (1765); Dominique-Joachim de Périers, curé de Cambes (1766); Philippe-Gilles-Charles Marc, maître particulier honoraire en la maîtrise des eaux et forêts, et ancien premier échevin électif de l'hôtel de ville de Caen, du tènement Courtois (1767). — Mandements de François-Jacques Picard du Prébois, avocat en Parlement, sénéchal du fief et seigneurie Thiouf, appartenant aux religieux d'Ardennes, au premier homme et tenant ou huissier requis, de publier issue de la messe paroissiale de Cambes la tenue des plaids dud. fief (1772 et 1785).

H. 252. (Liasse.) — 7 pièces, parchemin.

1226-1804. — Canon. — Donations : par « Robertus de Bruillo », fils Jean, à l'abbaye, d'une pièce de vigne « in territorio de Canun, sitam juxta vineam Ricardi de Cruce et vineam Radulfi Louvel » (s. d.); — par « Johannes de Airam » (d'Airan), « apud Canun », de « quinque virgatas vinee... juxta vineam Hervei Lami de Cavingneio... et... vineam Auveredi Le Draper » (s. d.); — par « Alveredus Le Drapier, de Canon », de 5 vergées aboutant à la vigne de l'abbaye, moyennant 15 manceaux et 1 chapon (1226); — par « Willermus de Mirebel, miles », de « unam masuram aput Canun » et une vergée de pré « aput Canon » (1244). — Cession par « Laurentius de Mirebel, armiger », moyennant 60 s. t., à l'abbaye, de la moitié de 5 vergées de vigne « sit. in vineis apud Canun, juxta vineam que fuit Roberti Gillain ex una parte et vineam Roberti Leconte ex altera » (1274, mars). — Fragment, lacéré, de cession de vignes par « Ph. de Mierebel, esc., seigneur de Canon » ([130]4, « le lundi jour de l'exaltation Saine... »; fragment d'autre texte dud. acte, permettant de compléter la date « Sainte Croix ».

H. 253. (Liasse.) — 1 pièce, parchemin; 1 pièce, papier.

1395-1470. — Carcagny. — Accord entre Nicole, évêque « à présent » de Bayeux, et « Macieu », abbé, et le couvent d'Ardennes, pour éviter un procès concernant la réclamation par l'abbaye de 17 setiers 6 boisseaux d'orge mesure de Carcagny, valant, mesure de Bayeux, 9 setiers 6 boisseaux 1/2, de rente sur le moulin de « Carquegney », naguères acquis par l'évêque des hoirs messire Durant de Fontaines (1395). — Analyse d'obligation de 1469 (v. s.).

H. 260. (Liasse.) — 2 pièces, parchemin.

1233-1248. — **Cardonville.** — Donation par « Thomassa, quondam uxor domini Willelmi de Patot, militis, in viduitate mea », d'une vergée 1/2 de terre « in territorio de Cardunvill. sitam » (1233, septembre). — Constitution de rente assise aud. lieu au terme de la foire du Pré, « ad feriam prati ». donnée à l'abbaye par « domina Thomasia », veuve dud. Guillaume (1248).

H. 261. (Liasse.) — 6 pièces, parchemin; 33 pièces, papier.

1426-1768. — **Carpiquet.** — Donation devant Guillaume Le Couvreur, clerc, tabellion à Caen, par Jean Gondoin, curé de N.-D. de Berjou, aux religieux d'Ardennes, de 3 vergées de terre à Carpiquet, delle de la Sacte (1425 v. s.). — Vente devant Richard Dubruyl, tabellion ès mettes de la sergenterie de Cheux, par Raoul Le Couvreur, bourgeois de Caen, de la paroisse Notre-Dame de Froide-rue, aux religieux d'Ardennes, de rente assise à Carpiquet (1459). — Donation devant Robert Le Briant et Sanxon Camail, tabellions à Caen, par Thomas Maucoys, écuyer, demeurant à Carpiquet, aux religieux d'Ardennes, de 6 boisseaux de froment de rente (1471 v. s.). — Échange devant Henri Gast et Gieffroy Odart, tabellions royaux en la sergenterie de Creully, par Richard de Laval, prieur du Mesnil près Briouze et de Lébisey, procureur de l'abbaye, en présence de Jacques Cauvet, prieur de l'abbaye, Pierre Bourgeois, prieur de St-Germain, Jean Le Marchant, sous-prieur de l'abbaye, et Michel Le Roy, religieux de l'abbaye d'Ardennes, selon la procuration passée en 1492 par Richard, abbé de la Trinité de la Luzerne et d'Ardennes, prieur de Segrie-Fontaine, et du couvent d'Ardennes, à Pierre Le Poitevin, Roger Le Bret, Richard de Laval, Richard Le Besyvre, Jean Le Marchant, Jean Le Poyen, Thomas La Bourse, Michel Raisin, religieux, et autres (1496 v. s.). — Accord devant Jean de Verdun, garde du scel des obligations de la vicomté de Caen, entre les religieux d'Ardennes et les paroissiens, manants et habitants de Carpiquet et Venoix, pour éviter un procès entre eux, au sujet « d'une commune ou pasture assis ès brières ou communes vulgayrement appellées les communes de Carpiquet », que les abbé et religieux d'Ardennes disaient leur appartenir, etc. (1510). — Procédure au bailliage de Caen, devant Jacques Blondel, écuyer, sieur et châtelain de Tilly, lieutenant particulier civil et criminel, entre Jean Le Guay et Florend Larcher, se disant messiers de la paroisse de Carpiquet, pour eux et leurs confrères, et les religieux d'Ardennes prenant le fait de Simon Barthus, leur fermier, concernant l'emparquement de 195 bêtes à laine lui appartenant ; délivrance desd. bêtes aux religieux, par défaut sur lesd. messiers (1632). — Procédure au bailliage de Caen devant Charles de Malherbe, écuyer, sieur du Bouillon, lieutenant général, entre Jean de La Verge, contrôleur du domaine, et les religieux d'Ardennes, concernant une usurpation de terrain dans la plaine et commune de Carpiquet, prétendue faite par les religieux (1653). — Bail par Jacques Regnault, directeur du domaine... de la vicomté de Caen, à Archange Larcher, laboureur de Carpiquet, des terres dépendant de la Refferme de Franqueville sises à Carpiquet (1698). — Quittance par Morin, trésorier de lad. paroisse, au procureur de l'abbaye d'Ardennes, de 4 livres 10 sols pour arrérages de 3 années de droit de paturage dans la commune de Carpiquet (1724) ; autres quittances données par Le Sénécal (1737) et Duprey (1735-1740), trésoriers. — Procédure au bailliage de Caen et au grand conseil, entre les religieux et Jean Jeanne dit Le Brun et Jacques Vauquelin, bergers, et les paroissiens, habitants et possédants fonds de Carpiquet, concernant l'emparquement de 195 bêtes à laine appartenant au fermier de l'abbaye, les habitants voulant ravir à l'abbaye le droit de paturage qui lui appartient de possession immémoriale (1740-1741). — Repliques des prieur et religieux d'Ardennes aux lettres de clameur de loi apparente que les paroissiens, tréfonciers et habitants en général de Carpiquet leur ont fait signifier, pour être maintenus en propriété et rétablis en possession de 6 acres de terrain qu'ils supposent leur avoir été usurpés par lesd. prieur et religieux ; délibération des paroissiens de Carpiquet (1757). — Procuration par Charles Alliot, prieur, Jacques Alliot, sous-prieur et maître des novices, Joseph Ponfoul, circateur, Philippe Roger, secrétaire, François Pain, prieur-curé de St-Germain-la-Blanche-Herbe, Jean-François Davy, cellérier, Isaac-Mathurin Le Breton, bibliothécaire, François Féron, infirmier, et Jean-Pierre Marescot, sous-maître des novices, tous religieux profès d'Ardennes, au frère Gabriel Arondel, procureur de l'abbaye, pour soutenir leur procès contre les habitants de Carpiquet (1760) ; transaction entre les religieux et lesd. habitants sur leur procès au sujet d'une portion de la commune que les religieux avaient labourée comme faisant partie de leur terroir (1768) ; plan.

H. 262. (Plan.) — 1m 42 sur 0m 48c, papier.

XVIII° siècle. — **Carpiquet.** — Plan géométrique faisant voir l'ancienne et la nouvelle route de Caen à Bayeux ainsi que la contestation d'entre les religieux d'Ardennes et les paroissiens de Carpiquet, dressé par Noël, à Caen.

H. 263. (Plan.) — 1m 45 sur 0m 67c, papier.

1788. — **Carpiquet.** — Plan des paroisse et terroir de Carpiquet, dressé par Angot.

H. 264. (Liasse.) — 1 pièce, parchemin.

1574. — **Cléville.** — Échange devant Étienne Becooq et Pierre Bacon, tabellions à Caen, entre Marin et Jean Le Terrier, frères, de Méry, et François Le Petit, bourgeois de Caen, de la condition et faculté de rachat d'une portion de pré sis à Cléville, au hameau de Gournay, contre 20 sols de rente foncière sur biens sis aud. hameau (1573, v. s.). Au dos: « On ne scait la teneure ».

H. 265. (Liasse.) — 28 pièces, parchemin; 16 pièces, papier.

1248-1621. — **Colleville.** — Donation par « Aelidis de Perrela, de assensu et voluntate Rogeri Vernei mariti mei », à l'abbaye, de « medietatem Longi Campi sitam in territorio de Colevilla super Labrahole, versus mare » (1247, mars). — Ratification par « Johannes Acyre, de Lu », de la donation faite à l'abbaye par « Aalicia de Perrella » (1250). — Reconnaissance devant Jean Carville, garde du scel des obligations de la vicomté de Caen, par Guillaume Gueroaume, d'Hermanville, de la vente par lui faite à Henri d'Hermanville, « persone de Gotranville », pour 9 l. t., de 5 quartiers d'orge de rente à la mesure de Colleville, à prendre sur le ménage Laurent Selles assis en la paroisse de « Coleville sur la mer » (1302). — Donation devant Guillaume du Teil, garde du scel des obligations de la vicomté de Caen, par Thomas de Bavent, bourgeois de Caen, à Ricart Le Prévost et à Jeanne, sa femme, fille dud. Thomas, de 15 livres de rente (1341). — Reconnaissances devant Colin de Vernay, tabellion à Caen, par Colin Poubelle et Guillaume Burgevin, de Colleville-sur-Orne, envers Guillaume Malherbe, curé de Hamars, de rentes pour terres fieffées aud. Colleville (1404). — Vente devant Colin de Vernay, tabellion à Caen, par Raoul de Cahaignolles, bourgeois de Caen, à Robert de Cahaignolles, aussi bourgeois de Caen, de 48 boisseaux de froment acquis de Guillaume Malherbe, prêtre, « personne » de Hamars, et de Pierre Malherbe, écuyer, son frère, procureurs de leurs père et mère (1405). — Vente devant le même dud. 48 boisseaux de froment par Robin de Cahaignolles à Guillaume d'Hermanville, écuyer, seigneur du lieu (1406). — Ventes devant Jean Guignart, tabellion ès mettes des sergenteries d'Ouistreham et Bernières : par Jean Le Roux, de la paroisse de Démouville, à Colin Fouquier, de fonds (1406) ; — par Jean Fouquoul, de Colleville, à Guillaume d'Hermanville, écuyer, seigneur du lieu, écuyer d'écurie du Roi, de rente (1407). — Ventes devant Colin de Vernay, tabellion à Caen : par Jean Herviou l'aîné, de Périers-en-Bessin, à Nicolas Potier, bourgeois de Caen, de rente (1412) ; par Henri Marie et Jeanne, sa femme, à Nicolas Potier, bourgeois de Caen, de rente (1414 v. s.). — Transaction devant Guillaume Le Couvreur, tabellion à Caen, entre Thomas de Bavent, de Caen, Jean Poréo, Jean Scelle, et leurs femmes, sur une clameur de haro faite entre eux, concernant biens à Colleville et à Hermanville (1426). — Vente devant Jean Desmaires, tabellion à Caen, par Jean Scelle et Jeanne, sa femme, à Jean Porée, d'Hermanville, d'une vergée de terre du fief du Roi à Colleville (1434). — Reconnaissance devant Robert Le Briant et Jean de La Lande, tabellions à Caen, par Richard Roulland, de St-Aubin-d'Arquenay, de la fieffe à lui faite par Richard de Laval, religieux et procureur de l'abbaye d'Ardennes, de 3 vergées de terre (1493). — État des biens sis paroisse de « Colleville-sur-Oulne », mis en jurée à la requête des religieux d'Ardennes pour paiement de rente de l'obligation de Robert Varin (1495). — Reconnaissance devant Jean Vauldry et Guillaume Le Sage, tabellions ès mettes des sergenteries de Villers et d'Évrecy, par Jean Thomas, de Colleville, de la fieffe à lui faite par Richard de Laval, religieux et procureur de l'abbaye (1497). — Procédure en la vicomté de Caen devant Jean de La Court, écuyer, sieur du Buisson, vicomte, pour les religieux d'Ardennes, pour paiement d'arrérages de rente, de l'obligation de Jean Thomas (1584). — Extrait du registre du tabellionage de Caen, concernant la vente faite par Jean Thomas à Robert Angot, bourgeois de Caen, de fonds à Colleville (1591). — Reconnaissance par Guillaume Seigneurie, d'Hermanville, du bail à lui fait par Jean Brunet, fermier de l'abbaye d'Ardennes (1593). — Extrait des registres du greffe du bailli de Caen, con-

SÉRIE H. — ABBAYE D'ARDENNES.

cernant la bannie requise par Jean Brunet, lieutenant au siège de l'Amirauté ex-receveur de l'abbaye d'Ardennes, de récoltes, pour paiement de 4 années d'arrérages de 13 boisseaux de froment dus par Guillaume Delaporte et Richard Le Cousturier, son tuteur (1603). — Vente devant Nicolas Rocque et Gilles Pothier, son adjoint, tabellions à Caen, par Cardine Thomas à Jean Trouchement, bourgeois de Caen (1614). — Bail par Pierre de La Fontaine, procureur de l'abbé d'Ardennes, à Noëlle Hamelin, femme civilement séparée quant aux biens de Jean Jouen, de St-Aubin-d'Arquenay (1621). — Autres baux à Thoinette de Brieux, veuve de Jean Paisant, et Charles Paisant, son fils, de Colleville (1621), Charles Labaye et Jean Le Blays (1621); procédures en paiement. — Généalogie de la famille Thomas et des tenanciers de la terre sujette à rente, depuis 1497.

H. 266. (Liasse.) — 14 pièces, parchemin ; 132 pièces, papier.

1622-1680. — Colleville. — Sommation par Germain Champion, sergent royal à Louvigny, à la requête de Raoul Le Sauvage, sieur de Bitot, ex-fermier receveur général de l'abbaye d'Ardennes, à Bastien de La Rue, bourgeois de Caen, et cohéritiers, en paiement de rente (1622). — Procédure au bailliage de Caen, entre les religieux et Laurent Lieusl, fils Sanxon, pour paiement de rente (1623). — Procédure au bailliage de Caen, devant Guillaume Vauquelin, écuyer, sieur de la Fresnaye, entre Guillaume de Gallodé, abbé d'Ardennes, et Jean Le Nepveu, héritier de Jean et Thomas Le Nepveu, pour paiement de rente (1624). — Lots et partage devant Jacob de la Perrelle et Martin Picquerel, tabellions en la sergenterie d'Ouistreham, entre Bastien, Pierre et Marin de La Rue, frères, de bien et revenu à Colleville (1624). — Procédure au bailliage de Caen, devant Jacques Blondel, écuyer, lieutenant, entre Raoul Le Sauvage, sieur de Bitot, ex-fermier receveur général de l'abbaye d'Ardennes, et Bastien de La Rue, bourgeois de Caen, pour paiement de rente de l'obligation de Richard de La Rue (1625) ; autre procédure devant Hercule Vauquelin, écuyer, sieur des Yveteaux, lieutenant général (1628). — Procédure au bailliage de Caen, devant Jacques Blondel, entre les religieux d'Ardennes et les enfants mineurs de Germain Lucas, stipulés par Jean Le Paulmier, leur tuteur, pour paiement de rente (1630-1632). — État de distribution par Jacques Le Bourgeois, écuyer, sieur de la Varende, lieutenant général du vicomte de Caen, aux pieds des sergenteries d'Ouistreham, Bernières

et Creully, des deniers provenant du décret requis par Jean Canu, sieur de La Chaussaye, des maisons sises à Colleville et Hermanville, qui furent à Sébastien Pierre et Marin de La Rue, fils et héritiers de Richard de La Rue (1631). — Reconnaissances devant : Mathieu Delalonde et Michel Lesueur, tabellions à Caen, par Laurent Sanxon, du bail à lui fait par les religieux d'Ardennes, de 5 vergées de terre (1633) ; Isaac Vasnier et Pierre Moustier, tabellions en la sergenterie d'Ouistreham, par Charles Le Lubois et Clément Le Blais, du bail à eux fait par les religieux d'Ardennes, de 3 vergées de terre (1634). — Taxe de dépens faite par Laurent Du Thon, écuyer, sieur du Quesnay, conseiller au bailliage et siège présidial de Caen, au profit des religieux d'Ardennes, contre Jean Le Paulmier, tuteur des mineurs de Germain Lucas (1645). — Reconnaissances par : Laurent Sanxon, du bail à lui fait par les religieux d'Ardennes, de 5 vergées de terre (1643) ; Jean Le Lubois, fils Charles, de 6 vergées de terre (1648) ; Pierre de La Porte, du bail à lui fait par les religieux de 5 vergées de terre (1649) ; le même, de 3 pièces de terre (1656) ; Jean et Jacques Piéplu, de 10 vergées de terre (1667) ; Jean Tesson, de 6 vergées de terre (1668). — Reconnaissance devant Jacques Caumont et Nicolas Barbey, notaires à Cheux, par Jean Tesson, du bail à lui fait par les religieux d'Ardennes, stipulés par frère Mathieu Trosseille, de 3 vergées de terre (1680).

H. 267. (Liasse.) — 3 pièces, parchemin ; 3 pièces, papier.

1293-1652. — Colombelles. — Accord devant le vicomte de Caen entre « l'abé de Nostre Dame de Ardene et Guillamme Fresnel, proculator au convent de cel meisme ley, de une part, et Guillamme de Columbeles, autrement Bouchart, et Richart de Kevrechie, son menour, de autre », concernant la réclamation des religieux auxd. Guillaume et Richard, « en la cort monseignor le conte de Alencon », de rente pour raison de terres assises à Colombelles (1293). — Vente de rente devant Robert Le Briant et Jean de La Lande, tabellions à Caen, par Michel Gardembas de Colombelles, à Robert Le Marchant, de Rosel (1548). — Reconnaissances devant : les tabellions de Caen, par Martin et Robert Fossé du bail à eux fait par les religieux d'Ardennes des terres de Colombelles (1560) ; — Jean Le Maistre et Pierre Bacon, tabellions à Caen, par Robert Fossé du bail à lui fait par les religieux (1567). — Procédure en Parlement entre frère Simon Halley, prieur-curé de Colombelles, et frère Louis Le Cocha,

prieur du Plessis-Grimault, concernant la possession et jouissance d'un trait de oime, jardin et navales (1604).
— Bail devant Richard Martin et Nicolas Rocque, tabellions à Caen, par Pierre de Villamer, abbé commendataire de l'abbaye, à Jean Le Coustellier, sieur de la Garenne, procureur du Roi en la vicomté de Caen, de terres à Colombelles et autres lieux (1610).
— Sur la couverture, notes concernant paiements (2 feuillets de registre).

H. 263. (Liasse.) — 16 pièces, parchemin.

1246-1279. — **Colomby, Colombières.** — Donations de terres et de rentes y assises faites à l'abbaye par « Georgia, domina de Columberes », ou « de Colombières », ou « de Columbiis », veuve (1246-1253 et s. d.); au dos, « Colomby », « Coïlomby » et « Colombières ». — Confirmations par « Philippus de Columberes » et « Henricus de Columberiis », chevaliers, desd. donations de leurd. mère (1251-1253). — Donation par « Wlls. de Colombeio, presbiter », à l'abbaye d'Ardennes, de « dimidiam acram terre sitam in territorio de Colombeio ad fossam Suixte, juxta terram Wlli. Le Graverent et terram Eudonis Le Boteillier, de Aguerneio » (1250). — Donation par « Aelicia de Villon, uxor Guillelmi dicti Camille », de terre sise « in territorio de Columbeio, in dela de quemino de Ulmo, inter terram Rogeri Cornelle et terram Roberti Hamelin » (1273, avril). Parmi les témoins : « Domino Johanne de Villon, presbytero, fratre Rogero de Burun et fratre Petro de Baioc., canon. de Ardena, Matheo de Camilleio, clerico », etc. — Donation par « Philippus, dominus de Colomberiis, miles », à l'abbaye, de 30 s. t. de rente en échange de 30 s. t. que les religieux percevaient « in molendino de Asnebec ex dono Henrici de Colombières, militis, patris mei » (1273); au dos : « Colomby ». Cf. supra, p. 88, H. 161. — Reconnaissance par « Henricus Rogeri, de Columbeio », en faveur de l'abbaye, de 10 quartiers et 2 boisseaux de froment de rente en septembre, une géline à Noel et 10 œufs à Pâques, pour 2 pièces de terre dont l'une est située « in dela campi Sancti Vigoris juxta terram Eudonis Le Boteller et terram Guillelmi Le Gravelene », et l'autre « in dela de magnis campis juxta terram Roberti Hamelin et terram predicti Henrici » (1275). — Donation d' « Henricus Le Boutellier, de Colombeio », et confirmation de « Thomas de Praeriis, armiger, dominus de Columbeio » (1277). — Reconnaissance de rente devant le bailli de Caen par « Henri Rogier, de Colombie » (1279).

H. 264. (Liasse.) — 8 pièces, parchemin ; 50 pièces, papier.

1343-1766. — **Colomby.** — Donation devant Guillaume Du Teil, garde du scel de la vicomté de Caen, par Roger Le Boutelier, de « Coulombie », à l'abbaye, de 1 setier de froment de rente (1342). — Procédure aux pleds de la sergenterie de Bernières tenus à Caen, devant Thomas de Carville, lieutenant du vicomte de Caen, entre les religieux d'Ardennes et les héritiers Richard Roger, pour paiement d'arrérages de rente (1343). — Extrait du grand chartrier concernant la reconnaissance devant Jean et Richard Le Briant, tabellions à Caen, par Jean Hodierne, de Colomby, de la flette à lui faite par les religieux d'Ardennes de 19 vergées de terre (1463). — Procédure en la vicomté de Caen, devant Guillaume Le Grant, lieutenant général, pour les religieux d'Ardennes, en paiement de rente de la création dud. Odierne (1532). — Extrait du papier terrier ou journal rendu à l'abbaye, par Clément de Vaux et Jacques Adam, fermiers généraux, concernant les paiements faits par Roger Vimont, puis par Jean Vimont et Pierre Baudart, écuyer, sr de Laulney, de 11 boisseaux d'orge de rente (1594). — Sommation par Jean Fanot, sergent royal en la sergenterie de Bernières, à la requête de Jean Brunet, fermier et receveur général de l'abbaye d'Ardennes, à Robert Baudart, écuyer, sieur de Laulney, fils et héritier de Pierre Baudart, de payer ou livrer 12 boisseaux d'orge, 2 poules et 20 œufs pour arrérages de rente (1595) ; procédure y relative devant Jacques Blondel, écuyer, lieutenant au bailliage de Caen. — Lots faits entre les héritiers Vimont. — Procédure au bailliage de Caen, devant Hercule Vauquelin, écuyer, sieur des Yveteaux, lieutenant général, entre les religieux d'Ardennes et Robert et Guillaume Vimont et Jean Le Grant, époux de Jeanne Vimont, pour paiement d'arrérages de rente (1630). — Transaction devant Hébert Louys et Jacques Seigle, tabellions en la sergenterie de Bernières, entre les religieux d'Ardennes, Guillaume et Robert Vimont, frères, Jean Le Grand, héritier à cause de Jeanne Vimont, sa femme, de Nicolas Vimont, et Daniel Baudart, écuyer, tous de Colomby-sur-Than, sur leur procès pour paiement d'arrérages de rente. — Procédure au bailliage de Caen, devant Jean Le Blais, écuyer, sieur du Quesnay, lieutenant général, entre les religieux d'Ardennes et Guillaume Vimont, pour paiement de rentes (1646). — Procédure en la juridiction des privilèges de l'Université de Caen, devant Jean Blondel, écuyer, sieur et châtelain de Tilly, lieutenant particulier civil et criminel au bailliage et siège présidial de Caen, entre les religieux d'Ardennes et Jeanne Suleau, veuve de Robert Riboul, bourgeois de Caen, pour paiement d'arrérages de rente (1659). — Reconnaissance par Jolivet de Colomby, envers l'abbaye d'Ardennes, de 3 boisseaux d'orge de rente, à cause de biens à Colomby vendus à son père par M. de Beauvais (1763). — Reconnaissance de rente, devant Jean-Jacques Bénard et Guillaume Fontaine, notaires à Caen, par Pierre-Jean-Nicolas Jolivet, seigneur et patron de Colomby-sur-Than, « Bally », Préaux et autres lieux, maître ordinaire en la Cour des Comptes, aides et finances de Normandie, demeurant à Rouen, et Gervais-Pierre-François Riboult, docteur en médecine en l'Université de Caen, représentant François Bodard, écuyer, sieur de Beauvais, et Pierre Riboult, commissaire enquêteur examinateur à Caen, au droit par acquêt des Vimont, envers les religieux d'Ardennes (1768).

H. 270. (Liasse.) — 1 pièce, parchemin.

1320. — Cossesseville. — Reconnaissance passée devant Jean Berengier, garde du scel de la vicomté de Falaise, par Philippe Du Jardin, de « Caucesseville », qui confesse être « tenu à aler, obéir et entendre à la court et à l'usage et à la seignorie de hommes relig. l'abbé et le couvent de Nostre Dame d'Ardane, toutes foyz que les cas s'offreront et appartendra, à cause de fieu, par la reson des fieus et des tenemenz que iceli Ph. tient des diz relig. en la parroisse de Caucesseville », etc.

H. 271. (Liasse.) — 23 pièces, parchemin ; 14 pièces, papier.

1198-1390. — Coulombs. — Donation par Guillaume du Hommet, connétable du Roi, à l'abbaye d'Ardennes, « pro anima Rogeri de Coisneriis », de « totam ecclesiam de Columbo cum omnibus pertinentiis suis, et confirmasse predictis ecclesie de Ardena et canonicis quicquid juris prefatus Rogerus habuerat in predicta ecclesia de Columbo, et terram valentem dimidium modium frumenti in eadem villa, et ex alia parte unum sextarium frumenti ab antiqua donatione » (1198. « apud insulam Andely »). Copies modernes. — Copie ancienne de 3 pièces : 1° Accord sur procès entre « Radulfus de Percie, miles », et Nicole, sa femme, et l'abbaye d'Ardennes, sur le droit de patronage de l'église de St-Vigor de Coulombs ; leur désistement en faveur de l'abbaye. « Actum apud Cadomum, in assisia domini Regis », 1279. — 2° Acte par le bailli de Caen du désistement de Robert « de Perci » à ses prétentions sur led. patronage, en l'assise de Caen tenue en 1292. — 3° Lettres de désistement dud. « Robertus de Perceio » (1292). — Donations : par « Johannes Maminot, de Sancta Cruce », d'une pièce de terre « in territorio de Colump » (1237) ; — par « Stephanus Vigan, de Columbo, » d'une pièce de terre sise « apud Columbum, juxta monasterium » (1230). — Autres donations de fonds et rentes par « Ric. Wigan, de Colump » (1242), « Ricardus Gallac, de Colump » (1245), « Margarita Ollac, de Columbo, quondam uxor Roberti Tustini » (1246), « Yvo Ricardi, de Bretevilla Superba » (1249), « Rogerus Le Blont, filius Willelmi Le Blont, de Colump » (1251). — Donation par « Ric. de Cambrayo, persona de Pratellis, in libero et quieto maritagio Juliane de Chantepie, filie Reginardi de Chantepie, cum Willelmo de Mondrevilla, filio Roberti de Mondrevilla », de 20 s. t. à prendre sur son moulin sis paroisse de « Colump » (1254, janvier).

Donation ou vente par le même aux religieux d'Ardennes, « pro servitiis que mihi fecerunt et pro trecentis quadraginta et tribus libris turonensibus quas mihi proinde donaverunt », de « totam masuram meam de Colomp cum terris adjacentibus, et molendinum meum de Colomp cum omnibus pertinentiis et liberis consuetudinibus suis, et totum feodum quod habebam et habere poteram in parrochiis de Colomp, de Quernet et de Brecio, quod dicebatur feodum de Braibos », etc. (1259). Copies modernes sur l'original. — Donation par « Renaudus dictus Le Véel, de Colump », à « Willelmo de La Coture, de Ros, pro suo servicio et pro quatuor libris et quinque sol. tur. », d'un setier de froment de rente, mesure du lieu, sur une terre sise à Coulombs (1261). — Vente par « Petrus Nicholai, de Colump », à « Gueroudo Touse Mosque, presbytero de Quernet », d'une ½ acre de terre sise « in territorio de Colump », « in dela que vocatur La Tuilose », moyennant 45 s. t. (1263). — Confirmation par « Vuillelmus de Coisneriis, miles », à l'abbaye, de ses droits de patronage des églises de St-Contest d'Athis et St-Vigor de Coulombs, qu'elle possédait du don de ses prédécesseurs, et de tout ce qu'elle a acquis « in feodo meo apud Coulomp » (1264). Copies modernes sur l'original. — Vente à l'abbaye par « Ricardus de Sancta Cruce, de Coulump », de rente assise aud. lieu (1265). — Donation à l'abbaye par « Andreas Nicolai, de Colump », moyennant 4 l. t., d'un setier de froment de rente « in quadam pecia terre quam habeo apud Colomp, de feodo dictorum canonicorum, sita in dela que vocatur le Roil » (1270). — Lettres de l'official de Bayeux au doyen de la Chrétienté de Caen et au curé « de Asteia », concernant le procès intenté à l'abbaye « coram ballivo Cadomensi, in foro laicali », par « Robertus de Percheio, miles », concernant le patronage de l'église de Coulombs; ordre de défendre au bailli, sous peine d'excommunication, de contraindre les religieux à répondre aud. chevalier, etc. (1272). — Donations à l'abbaye par « Robertus de Mares, Willelmus, Thomas et Philipus, fratres, filii Guidonis Desmares, militis » (1273), et par « Odelina, filia Roberti Le Vëel » (1273), de fond sis aud. lieu. — Donation par « Gueroudus Tosemasque, rector ecclesie de Querneto,... ad anniversarium meum singulis annis faciendum », de « dimidiam acram terre sitam in territorio de Coulomp, in dela que vocatur Latilose » (1274, janvier). — Accord sur procès devant le bailli de Caen entre l'abbé et couvent d'Ardennes et Raoul de Combray, chevalier, « par la raison d'un quart d'un fieu de haubert ass. en la parroisse de Coulomb que ledict chevallier demandoit ausd. religieux, lequel fieu mon Seigneur Richard de Combray, prestre, oncle jadis dud. chevallier, lor vendi que il tenoit par la reson de la male coustume de Normandie » ; lod. chevalier se desiste moyennant 70 l. t. ; les religieux seront tenus de faire chaque année l'obit de son père et de sa mère, le sien et celui de sa femme, ainsi que celui de Guillaume de Combray, personne d'Avenay (1276). Collation sur l'original en parchemin, 1620. — Vidimus par Henri Le Gay, garde du scel de la vicomté de Caen (1314, « le joesdi avant la Tyfphaine », de lettres du bailli de Caen, sur procès entre « monseigneur Robert de Percie, chr. », et les abbé et couvent d'Ardennes, sur ce que led. chevalier demandait aux religieux le patronage de l'église de Coulombs, affirmait avoir meilleur droit droit à le demander, etc. : en l'assise de Caen, le lundi après la St-Aubin 1292, désistement dud. chevalier, après avoir vu les lettres que les religieux avaient de ses ancêtres ; copies modernes de vidimus par Auberi Lévesque, garde du scel des obligations de la vicomté de Caen (1300, 21 mai), de lettres de « Robertus de Perceio, miles », concernant lad. renonciation (même date 1292). — Ventes à l'abbaye : par « Thomas Bonvallet, de Sancto Eligio », pour 3 l. t., de 2 setiers de froment de rente assis sur deux terres sises aud lieu (1295); — par « Johannes dictus Marinde, de Colomp », de 4 d. t. et un hommage sur un « masnagium » à Coulombs, etc. (1295). — Octroi et délaissement par « Lorenz de Val, de Colump », aux abbé et couvent, d'un setier de froment qu'il avait en leur fief à Coulombs (1293, « le vendredi empres Pasques, eu mes de avril »).

H. 272. (Liasse.) — 57 pièces, parchemin.

1301-1414. — Coulombs. — Reconnaissances devant Jean Carville, garde du scel de la vicomté de Caen, par: « Joeres du Val, de Coulomp », à l'abbaye, de 10 muids d'orge et 2 muids de froment à la mesure de la grange dimeresse de Coulombs pour le louage de leur disme des blés de Coulombs à cet août prochain venant (1301); le même, de la vente par lui faite aux religieux de partie de masure (1302). — Donation par « Georgius de Valle, de parrochia de Columbo », à l'abbaye, « ad usus suorum obituum, pro suo servicio et pro sex libr. tur. et decem solid. », d'une vergée ½ de terre sise aud. lieu « in dela que vocatur sua la forge » (1302); sceau dud. donateur. — Vente par « Jehan Nich., dit Enguerram », et Jeanne, sa femme, de « Collomp », à l'abbaye, pour 13 l. t., d'un setier de froment de rente « sus deux masnages ass. en la ville de Collomp » (1304). — Donation par « Thomas de Coisneriis, armiger, ac dominus de Coisneriis », de rente sur « Johan La Capeleine » (1306). — Reconnaissance de rente devant Raoul Aligot, garde du scel de la vicomté de Caen, par Jean Le Veel, de Coulombs, de vente de rente à l'abbaye (1310). — Vente devant Laurent Nicolas, clerc, garde du scel de la vicomté de Bayeux, par Robert Restout, clerc, de Coulombs, à Guillaume Colombel et sa femme, de terre aud. l'eu (1310). — Reconnaissances devant Henri Le Gay, garde du scel de la vicomté de Caen, par : « Jouhan Le Daneys, de la parr. de Carquenie ». de la vente faite aux religieux d'Ardennes de vergée 1/2 de terre (1315, v. s.) ; Jean Adan dit Petit Clerc, et Jeanne, sa femme, de la vente faite aux religieux d'Ardennes de terre (1316). — Vente de rente à l'abbaye par « Richart de Rouvenchestre, escuier, seignor de Sainte Marie Ernaut », et Nicole, sa femme (1316). — Reconnaissance de « Benest Le Veel, de la parroisse de Coulomp » (1318). — Donation devant Jean d'Esquetot, prêtre, garde du scel de la vicomté de Caen, par « Ric. Rual, de Coulomp », à l'abbaye, de fonds aud. lieu (1326). — Reconnaissance devant Laurent Nicolas, garde du scel des obligations de la vicomté de Bayeux, par Jean Lami, de la paroisse de « Croilie », de l'échange fait avec Pierre Andrieu, de rentes contre pièces de terre (1326). — Procédures devant Guillaume Marie, lieutenant de Vincent Michel, bailli de Caen (1329). — Vidimus par Jean d'Esquetot, prêtre, garde du scel de la vicomté de Caen (1330), de lettres par lesquelles « Nicole Graffart, de la parroisse de Coulomp, détenu en prison eu une jaole, et ses biens meubles et heritages arrestez en main de Roi pour souspechon de la mort Robert Guerart dit Berteaume, dont icelui Nicole, Guill. Graffart, son fils, et Jourdain Hue sont accouseiz, et lequel Guill. Graffart en est en gages de bataille vers Katerine, jadis femme dudit mort, et vers Germain Gueraon, homme et champion d'icelle, lesquiex gages sont et ont esté jugiez et certain terme prefix et assigney en eschiquier por els combatre », et après que led. Nicole eut requis autorisation de vendre de son héritage pour la nécessité de faire en lad. besogne, tant pour lui que pour son fils, ce qui de nécessité était à faire, ce qui lui a[été octroyé par le conseil de plusieurs sages, vend à Jean de Vaux, de Rucqueville, pour 13 l. et 10 s. t., deux pièces de terre à Ste-Croix Grand'Tonne et Coulombs (1329, dimanche avant la St-Pierre en février); cession devant led. d'Esquetot par led. de Vaux à l'abbaye, de lad. terre à Coulombs (1330). — Vidimus en 1414, par Michel Valemont, tabellion ès mettes des sergenteries d'Argences, Troarn et Varaville, de la vente faite en 1332, devant Guillaume Du Teil, garde du scel de la vicomté de Caen, par Jean et Richard Duval frères, à l'abbaye, de rente. — Reconnaissance devant Jean Le Breybenchon, tabellion à Caen, par Thomasse, déguerpie de Jean Nicole dit Le Vavasseur, de Coulombs, à l'abbaye, de rente sur leur ménage aud. lieu (1332). — Vente par Robert de Thaon et Jeanne, sa femme, de Trévières (1335). — Don par « Nicole Pachie, de la parroisse de Couloump, fils et hoir ainzné de Raoul Pachie, mort », à l'abbaye, d'une mine d'orge de rente assise aud. lieu (1335). — Échange devant Aubry de Crépon, garde du scel de la vicomté de Bayeux, entre Rémy Rual et Guillaume Coulombel, clerc (1343, « le samedi avant la Tyffaigne »). — Reconnaissance de rente par Michel de Broye envers Macieu Delaporte, clerc (1344). — Reconnaissances devant Guillaume Du Teil, garde du scel de la vicomté de Caen, par : Engerren Le Marcheant, aux religieux d'Ardennes, de rente (1345); Thomas Grafart, aux religieux, de rente (1345); Robert Gervaise, aux religieux, de rente (1345); par Engerren Le Véel, de la vente faite auxd. religieux de terre (1346). — Vente devant Michel Poitevin, clerc, commis de Guillaume Du Teil, garde du scel de la vicomté de Caen, par Guillaume Coulombel le jeune, auxd. religieux, de rente (1347). — Procédure au bailliage de Caen, devant Jean de Brieux, lieutenant général, entre les religieux d'Ardennes et Richard de Rouvenchestre, chevalier, seigneur de Ste-Marie de Lanaut, concernant le droit de patronage de l'église de St-Vigor de Coulombs; renonciation dud. chevalier (1348). — Procédure devant Jourdain de Vaux, lieutenant, pour le vicomte de Caen, entre les religieux d'Ardennes et Philippot Fortin, pour paiement de rente (1350). — Échange devant Jean de Rouge Douyt, tabellion sous Guillaume Du Teil, garde du scel de la vicomté de Caen, par Robert Graffart, « meneour et conditeur » de Jean « Andruy », à Pierre « Andruy », de terres (1352). — Reconnaissance devant Gieffroy Le Honnestre, juré commis dud. Du Teil, par Robert Sanson, à l'abbaye, de 7 boisseaux de froment de rente (1353).

H. 273. (Liasse.) — 38 pièces, parchemin; 2 pièces, papier.

1354-1421. — Coulombs. — Reconnaissances : devant Gieffroy Le Honnestre, juré commis de Guillaume Du Teil, garde du scel de la vicomté de Caen, par Jean Le Marchant, de Coulombs, envers l'abbaye, de rente (1354); par Guillaume Pouchin et Gillette, sa femme, de la vente par eux faite à Jean Symon dit d'Estoupefour, pour 12 florins d'or à l'écu du coin du Roi Jean, notre sire, d'un setier de froment mesure de Caen (1355 v. s.); devant Jean Lachape, clerc, commis et député de Jean Le Bouchier, garde du scel des obligations de la vicomté de Bayeux, par Jamet et Jean Durant, de Bayeux et de Sommervieu, de la vente par eux faite à Jean Restout, de 1 mine de froment, mesure de Bayeux (1364). — Donations devant : Jean Delon, tabellion commis sous Raoul Paien, garde du scel des obligations de la vicomté de Bayeux, par Jean Restout, de Coulombs, aux religieux d'Ardennes, de 3 vergées de terre, à charge de services religieux (1381); Jean Quatrans, clerc, juré commis et établi au nom de Robert Bérengier, clerc, tabellion en la ville et banlieue de Caen, par Robert Paterne, de Coulombs, à l'abbaye d'Ardennes, de 3 vergées de terre à charge de services religieux (1381); le même, tabellion à Caen sous Aubery Lévêque, garde du scel des obligations de la vicomté, par Henri Des Preis et Jeanne, sa femme, aux religieux, de terre à charge de services religieux (1388). — Fieffe devant Oudart Paisant, clerc, juré commis en la ville et banlieue de Caen sous Auberi Lévêque, garde du scel des obligations de la vicomté, par Thomas Moullart, de St-Étienne de Caen, à l'abbaye, des biens pour lui acquis de Colin et Pierre de Maisoncelles (1388 v. s.). — Donation devant Robert Le Monnier, tabellion à Caen, par Philippe, déguerpie de Jean Lebret, de la paroisse de « Quesnet », à l'abbaye, de 4 boisseaux de froment de rente à charge de services religieux (1390 v. s.). — Reconnaissances devant : Robert Le Monnier, tabellion à Caen, sous Michel Potier, garde du scel des obligations de la vicomté, par Guillaume de Coulombs, à l'abbaye, de cens (1393) ; Guillaume Le Couvreur, tabellion à Caen, par Jean Le Clerc et Jourdaine, sa femme, aux religieux d'Ardennes, de rente (1397) ; Pierre Taillebois, clerc, tabellion ès mettes de la sergenterie de Creully sous Guillaume Potier, garde du scel de la vicomté de Caen, par Pierre Paterne, de la fieffe à lui faite par les religieux d'Ardennes (1404 v. s.) ; Michel de La Sale, tabellion à Caen, par Bertin Moulin, de la fieffe à lui faite par les religieux (1405) ; Jean de La Fontaine, tabellion à Caen, par Pierre Paterne, de la fieffe à lui faite par les religieux des biens qui furent aux Yons (1406) ; Colin Le Nouvel, tabellion en la sergenterie de Graye sous Jean Callochy, garde du scel des obligations de la vicomté de Bayeux, par Robert Fort, de la fieffe à lui faite par Pierre Paterne (1407). — Aveu rendu aux abbé et couvent d'Ardennes par Richard Pachie, de la vavassorie Coulombel (1408). — Reconnaissances devant : Jean de La Fontaine, tabellion ès mettes des sergenteries de Cheux et de Creully, par Robert Fort, de la fieffe à lui faite par Guillemette, déguerpie de Ricart Cairon, de Brouay, d'une maison et jardin (1410 v. s.) ; Jean Fardene, tabellion à Caen, par Bénart Michielle de la fieffe à lui faite par les religieux (1410) ; Colin de Vernay, tabellion à Caen, par Jean Le Fèvre, de la fieffe à lui faite par lesd. religieux (1410) ; Colin Le Nouvel, tabellion en la sergenterie de Creully, par Bertin Moulin, de la fieffe à lui faite par les religieux (1412) ; Colin de Vernay, tabellion à Caen, par Ricart Dauverne l'aîné, de la fieffe à lui faite par lesd. religieux (1412). — Aveu rendu à l'abbaye par Raoul Pachie d'un tènement appelé la vavassorerie Coulombel (1413). — Reconnaissance devant Guillaume Le Couvreur, tabellion à Caen, sous Garin Auber, garde du scel des obligations de la vicomté, par Richard Dauverne envers les religieux d'Ardennes de la somme du 70 sols t. pour cause de 21 boisseaux de froment, mesure de Caen, de ferme et de rente (1417). — Acquêt devant Guillaume Morel, clerc, tabellion sous Richard de Reviers, clerc, tabellion en la sergenterie de Creully, par Jean Yon, de terre (1420). — Extrait de l'aveu rendu au Roi par les abbé et couvent, concernant le quart de fief appelé le fief de Brébeuf ou Combray, assis à Coulombs, et s'étendant aux paroisses de Brécy, « Quesnel » et Cully, au droit duquel leur appartient le patronage de l'église de Coulombs, desservie par un des religieux, etc. (janvier 1420). Copie de copie de 1620, par Jacques Gastebloy, écuyer, tabellion royal à Creully (1620). — Cession faite aux plaids des sergenteries d'Ouistreham, Bernières et Creully, tenus par Michel Lévêque, lieutenant général du vicomte de Caen, par Jean Yon, aux religieux d'Ardennes, par bourse et seigneurie, de l'acquêt par lui fait de Jean Maidon ou Meisdon en 1420, devant Guillaume Morel, clerc, tabellion sous Richard de Reviers, clerc, tabellion en la sergenterie de Creully (1421).

H. 271. (Liasse.) — 87 pièces, parchemin ; 4 pièces, papier.

1422-1502. — Coulombs. — Reconnaissance devant Pierre Valeren, tabellion à Caen, par Jean Guillebert, de la fieffe à lui faite par les religieux d'Ardennes du clos des Vignes (1426). — Vente devant Raoul Le Couvreur, tabellion à Caen, par Pierre Caron, de Brouay, aux religieux d'Ardennes, de rente (1430, 26 mars). — Échange devant Richard de Reviers, tabellion ès mettes de la sergenterie de Creully, entre Robert Fort et Richard Hébert, de Brécy, de pièces de terre à Brécy et Coulombs (1431). — Vente devant Raoul Le Couvreur, clerc, tabellion à Caen, par Geffroy Pouchin aux religieux, de rente (1431). — Fieffe devant Jean Desmaires, clerc, tabellion à Bayeux, par Pierre Barbey, de St-Martin de Buyeux, à Jean et Perrin Fort, d'une maison et jardin à Coulombs (1436, v. s.). — Vente devant Guillaume de Vernay, tabellion à Caen sous James Dryland, écuyer, garde du scel des obligations de la vicomté de Caen, par Geffroy Pouchin, aux religieux d'Ardennes, de rente (1437). — Vente devant Guillaume Caudebec, clerc, tabellion à Caen, par Henri Paterne, aux religieux d'Ardennes, de rente (1440). — Reconnaissance devant Richard Dubruyl, tabellion ès mettes des sergenteries de Cheux et de Creully, par Henri Bénard à Guillaume Le Beauvoisien, écuyer, sr et baron de « Coulomp », de rente (1460). — Vente devant Thomas Carrat et Jean Baudet, tabellions en la sergenterie de Creully, par Jean Guillebert l'aîné, à Jean Costelle (1466). — Quittance par Pierre Poitevin, religieux d'Ardennes, prieur dud. lieu, à Robert de Barbières, prêtre, de Cully, d'arrérages de rente (1467, v. s.). Partage devant Thomas Blancet et Guillaume Maresq, tabellions en la sergenterie de Creully, entre les héritiers de Pierre Fort (1470). — Reconnaissance devant Sanxon Camail et Robert Le Briant, clercs, tabellions à Caen, par Olivier Lebret, de la fieffe à lui faite par les religieux d'Ardennes (1471, v. s.). — Partage de vant Guillaume et Jean Le Moullinier, clercs, tabellions ès mettes de St-Gabriel sous Girard Bureau, écuyer, bailli et garde du scel des obligations de la terre et haute justice d'Argences et St-Gabriel, entre Guillaume et Geffroy de Magneville, frères, de Coulombs, des biens de leurs père et mère (1475, v. s.). — Reconnaissance devant Robert Le Briant et Jean de La Lande, clercs, tabellions à Caen, par Guillaume et Jacques Quinéleville, frères, de la fieffe à eux faite par Colin Surirey, de St-Martin de Caen (1481). — Défaut prononcé par les élus de Caen sur le fait des aides ordonnées pour la guerre, contre les paroissiens de St-Vigor de Coulombs, envers frère Guillaume de Mallepance, religieux d'Ardennes : délivrance aud. religieux des biens du prieuré de Coulombs, dépendant du monastère, en ajournant de rechef les paroissiens en forme de commun pour venir dire les raisons de la prise desd. biens ; procédure devant Richard Bellot et Roger Crestien, lieutenants des élus à Caen pour le fait des aides ordonnées pour la guerre, entre frère Guillaume de Mallepance et Henri Le Conte dit Bougniaulx et Jean Graffart l'aîné, établissant pour les autres paroissiens de Coulombs : remise jusqu'à la venue de l'abbé d'Ardennes (1482). — Bail à fieffe à Jean Burel par Jacques Cauvet, prieur de Coulombs, Pierre Le Fèvre et Louis Guillebert, clerc, tous « partans » aux rentes et obits fondés en l'église dud. lieu (1487). — Transaction entre les religieux d'Ardennes et Jean Le Bouchier, de St-Pierre de Caen, sur leur procès concernant rente (1489). — Aveu aux abbé et couvent d'Ardennes, en leur noble fief, terre et seigneurie de Coulombs, par Pierre Le Fèvre (1491). — Procédure devant Robert de La Hogue, l[ieutenant] g[énéral] de Louis de Fougières, vicomte de Caen, entre les religieux d'Ardennes et Pierre Paterne, pour paiement de rente (1492). — Reconnaissance devant Robert Le Briant et Jean Delalande, clercs, tabellions à Caen sous Richard de Verdun, procureur en l'audience du Roi, garde du scel des obligations de la vicomté de Caen, par Jean Dauphin, de Coulombs, du désistement de ses prétentions sur terre appartenant à l'abbaye, et prise à fieffe (1492). — Extraits des pleds du fief, terre et seigneurie de Coulombs, pour les abbé et couvent d'Ardennes, tenus par Martin Lemaire, écuyer, sous-sénéchal ou lieutenant de Pierre Le Sénéchal, sénéchal desd. religieux (1493, 1494, etc.). — Échange devant Jean Vaudry et Raulin Pouchin, tabellions en la sergenterie de Cheux, entre Nicolas Le Fauconnier et Henri Le Conte (1493, v. s.). — Amendes faites et gagées aux pleds du fief, terre et seigneurie de Coulombs, pour l'abbaye d'Ardennes (1494-1495). — Procédure en la vicomté de Caen devant Robert de La Hogue, lieutenant général, entre Pierre Le Beauvoisien, écuyer, seigneur et baron de Courtaumer, et les religieux d'Ardennes, concernant les réparations de la chaussée du moulin (1495, s.). — Transaction devant Richard de Verdun, garde du scel des obligations de la vicomté de Caen, entre Thomas Graffart et Pouchet Graffart, sur leur procès concernant le paiement de rente (1496). — État des biens à Coulombs mis en jurée à la requête des religieux d'Ardennes pour paiement de 18 boisseaux de froment, 1 chapon et 15 œufs, de rente, de l'obligation de Jean Costeley (1498, v. s.). — Reconnaissance devant Jean Vauldry et Guillaume Lesage, clercs, tabellions ès mettes de la sergenterie de Cheux, par Pierre Lefeyvre, de la fieffe à lui faite par les religieux d'Ardennes de 3 acres de terre (1499). — État des biens à Coulombs mis en jurée par les religieux d'Ardennes pour paiement de 30 boisseaux de froment, 2 chapons et 30 œufs, de rente, de l'obligation de Pierre Paterne (1501, v. s.).

H. 275. (Liasse.) — 48 pièces, parchemin ; 10 pièces, papier.

1502-1554. — Coulombs. — Procédure devant Hugues Bureau, lieutenant général, et Richard Bellot, lieutenant du bailli de Caen, entre Richard Le Besivre, religieux d'Ardennes, prieur du prieuré de Coulombs, membre dépendant de l'abbaye, et Thomas Graffart, Raulin Dauffin, et Perrin Le Feivre, « clers et partans aux rentes d'obits de la parroisse de Coulomp », poureux et les autres prêtres et clercs dud. lieu (1502, s.). — État de distribution par Robert de La Hogue, lieutenant général du vicomte de Caen, de la jurée requise par les religieux d'Ardennes, de biens pour paiement de 18 boisseaux de froment, 1 chapon et 10 œufs de rente de l'obligation de Jean Costeley (1505). — Vente par Jacquet et Thomas Yon, demeurant au pays de Caux, à Pierre Dauphin, prêtre, demeurant à Coulombs (1505, v. s.). — Transport devant Pierre Le Quest et Raulin Pouchin, tabellions ès mettes de St-Gabriel, sous Hugues Bureau, écuyer, sénéchal et garde du scel des obligations de la terre et haute justice de St-Gabriel, par Jean Yon à Henri Fort, de son droit de condition retenu dans la vente faite à Pierre Dauphin (1506). — Échange devant Jean Vaultier et Raulin Pouchin, tabellions en la sergenterie de Creully, entre Guillaume Le Beauvoisien, s[eigneu]r et baron de Courtomer et seigneur de Coulombs, et Jean Le Révérend, prieur de Coulombs (1511). — Procédure aux pleds des sergenteries d'Ouistreham, Bernières et Creully, devant

Robert de La Hogue, lieutenant général du vicomte de Caen, entre les religieux d'Ardennes, stipulés par frère Gervais Le Moulinel, bailli et procureur de l'abbaye, et Robin Guillebert, fils Raul, pour paiement de rente (1514, v. s.). — Procédure devant Jean de Cheux, écuyer, et devant Jean Le Bouchier, lieutenants du vicomte de Caen, etc., entre fr. Gilles Cuyret, bailli et procureur de l'abbaye d'Ardennes, et Jean Graffart, pour paiement d'arrérages de rente (1528, v. s.-1533). — Procédure en la vicomté de Caen, devant Jean Le Bouchier, lieutenant, entre les religieux d'Ardennes, stipulés par frère Gilles Cuiret, et Jean et Étienne Fort, pour paiement d'arrérages de rente (1533). — Reconnaissance devant Guillaume Desabeaux et Jean de Fouloigne, tabellions à Caen, sous Nicolas Le Vallois, écuyer, garde du scel des obligations de la vicomté de Caen, par Raullet Enguehart, de la fieffe à lui faite par les religieux d'Ardennes (1535). — Fieffe devant Pierre des Essars, écuyer, et Jean Gast, tabellions ès mettes de St-Gabriel, par Jean Costart, seigneur de la Motte d'Audrieu et de Cristot, à Thomas Fort, d'une maison et jardin (1535, v. s.). — Procédure devant Pierre Le Bourgeois, lieutenant en la vicomté de Caen du bailli dud. lieu, entre Thomas Chauvay, abbé d'Ardennes, frère Richard de La Hache, prieur de S-Nicolas-sur-Orne, l'un des religieux, d'une part, et Jean Le Révérend, prieur de Coulombs, l'un des religieux de lad. abbaye, concernant les dîmes (1538). — Reconnaissance devant Jean Gast et Christophe Dupuis, tabellions ès mettes de St-Gabriel, par Pierre Lefeyvre le jeune, de la fieffe à lui faite par les religieux d'Ardennes (1540). — Lots et partage devant Thomas Gast et Alexandre Fouquieu, tabellions en la sergenterie de Creully, entre les frères Queudeville des biens de feu Guillaume Queudeville, leur grand père (1541). — Procédure aux pleds de la terre et sieurie de Coulombs, appartenant aux religieux d'Ardennes, devant Robert de St-Jean, écuyer, sénéchal, entre : Ursin Penon, prêtre, procureur de l'abbaye, et Étienne Fort, pour paiement d'arrérages de rente (1542); frère Pierre Le Brun, bailli de l'abbaye, et Gabriel Lefebvre, pour paiement d'arrérages de rente (1544). — Vente devant Bertrand Jehanne, notaire du Roi à Caen, par François Voisin, prieur conventuel, Simon Du Vivier, prieur de St-Germain-la-Blanche-Herbe, Guillaume Moynet, prieur de Lion-sur-Mer, Guillaume de Bailleul, chantre de l'abbaye, Jean Le Savoureux, Pierre Le Brun, prieur du Breuil, et Jean Du Monchel, secrétain, tous religieux d'Ardennes, stipulant Marguerin de la Bigne, abbé « conventuère » de lad. abbaye et official de Bayeux, à Louis Danine, d'une pièce de terre et de la place d'un moulin à eau (1545). — Reconnaissance par Jean et Thomas Fort de la fieffe à eux faite par les religieux d'Ardennes (1547 v. s.). — Lots et partage faits devant Louis des Essars, écuyer, et Jean Gast, tabellions en la terre et haute justice de St-Gabriel, entre Gabriel Pierre Jean et Robert Lefebvre, frères, des biens de Pierre, leur père (1548). — Bail à ferme par Marguerin de La Bigne, chanoine et official de Bayeux, abbé d'Ardennes, à « Christophoro Poterin », religieux d'Ardennes, prieur de Coulombs, et Pierre Lefèvre, des deux tiers de la dîme de Coulombs, appartenant aud. abbé (1549). — Reconnaissances de prises à ferme par Jean Guillebert (1549), par Gabriel Le Febvre (1549), Pierre Le Feyvre (1550), etc.

H. 376. (Liasse.) — 28 pièces, parchemin; 41 pièces, papier.

1551-1600. — Coulombs. — Procédure devant Charles de Bourgueville, lieutenant du bailli de Caen, entre les religieux d'Ardennes et Jean Thioult, écuyer, pour paiement d'arrérages de rente (1551). — Extrait de l'état d'une jurée faite faire par Nicolas Costart, de l'obligation de Louis Le Febvre (1551, v. s.). — Reconnaissances de baux à ferme par : Raulin Quiédeville et Perrine, veuve de Jean Quiédeville, de « Cristofle Poterin », prieur de Coulombs, et Jean Du Moncel, prieur de Lion, religieux et fermiers de l'abbaye d'Ardennes (1551); Raoullin Graffart, de Jean Du Moncel, prieur de Coulombs, bailli de l'abbaye (1552); Robert et Guillaume « dicts de Fort »(1554). — Aveu rendu aux abbé et religieux d'Ardennes par Jean, Raullin et Fromond dits Graffard, frères, d'une vavassorie (1556). — Reconnaissances de baux : par Robert et Philippin Bellier, frères (1560, v. s.); devant Henri Labbey et Jean Le Sueur le jeune, tabellions royaux en la sergenterie de Creully sous Étienne Du Val, écuyer, garde du scel des obligations de la vicomté de Caen, par Raullin Graffard (1560); par Jean Guillebert (1562). — Accord entre François Richard, seigneur d'Hérouvillette et d'Escaqueton, procureur de Baptiste de Villemor, abbé commendataire de l'abbaye de N.-D. d'Ardennes, son frère en loi, et Jean Du Moncel, prieur de St-Nicolas de « Colomb », fermier, gouverneur et administrateur d'icelle par bail à lui fait par led. sr d'Hérouvillette le 14 juin 1560, « voyants les degrademenz et ruynes faictes au temple, maisons et édifices d'icelle abbaye, telles et sy grandes que en l'estat que sont lesd. maisons et édifices, de présent sont inhabitables, et sont tellement endommagés que les volleurs, brigantz et larrons n'y ont lessé huys, fenestres, serreures, ferremenlz, gonlz, barreaux, vitres ny aulcunes utensilles que lesd. brigands ont pillez et desrobez et emportez, avec toutes les provisions estantes en lad. maison, pour réparer lesquelles n'y suffiroyt le revenu de vingt années de ladicte abbaye, et que il n'estoyt possible d'y pouvoir donner ordre promptement, pour éviter à la rigueur et afin de concorder avecques ledict prieur de Colomp en toute bénignité, ont convenu ensemble et accordé les choses qui ensuyvent » : led. prieur, pour demeurer quitte de ce en quoi il pourrait avoir été redevable envers l'abbé à cause dud. bail d'une obligation faite le même jour de l'appréciation des harnais et blés à lui délaissés par le défunt abbé d'Ardennes, a remis aux mains dud. s' d'Héronvillette tout et tel droit qu'il pourrait prétendre à l'avenir au bien et revenu de l'abbaye à cause dud. bail, aux clauses y portées (13 mai 1563). — Lots et partage devant Pierre Le Parsonnier et Étienne Penon, tabellions ès mettes de la sergenterie de Choux, entre Jacques et Jean Guillebert, des biens de Robert Guillebert, leur père (1565). — Procédure au bailliage de Caen devant Charles de Bourgueville, lieutenant, entre Baptiste de Villemor, abbé commendataire, pour lui et les religieux, et les fermiers de Jean Salle, sieur de Lestanville, concernant la démolition d'une muraille construite sur un chemin ou voie publique tendant au cimetière, presbytère et grange de dime de Coulombs (1566). — Transaction entre Nicolas Rivière, au droit de Denis Daulne, et les religieux d'Ardennes, sur leur procès concernant la possession d'un moulin à eau et de 5 acres (1566). — Aveux rendus aux abbé et religieux d'Ardennes par Robert Fort, de Coulombs (1567), Robert Le Febvre (1568), Jacques et Jean Guillebert (1568, etc. — Procédure aux pleds de la seigneurie de Coulombs, tenus par Laurent Liégard, sénéchal, entre les religieux d'Ardennes et Étienne Fort l'ainé et Étienne Fort, fils Thomas, pour paiement de 16 années d'arrérages de 5 boisseaux de froment (1568-1569). — Bail devant Jean Bougon et Jean Ollivier, tabellions à Caen sous Thomas Morant, seigneur et baron du Mesnil-Garnier, garde du scel des obligations de la vicomté de Caen et d'Évrecy, par Gabriel Yver, sieur de la Garenne, bourgeois de Caen, procureur receveur général des abbé, prieur et religieux d'Ardennes, à Ambroise Deslandes, des 2/3 de la grosse dime de Coulombs (1569). — Aveux rendus aux religieux d'Ardennes par Louis Enguehart, prêtre, Jacques Burel, Jean Le Febvre, etc. (1570). — Reconnaissance par Thomas Le Febvre et Guillaume Denis, du bail à eux fait par Baptiste de Villemor, aumô-

nier ordinaire du Roi, abbé commendataire d'Ardennes, de pièces de terre (1570). — Reconnaissance de rente pour Jean Du Moncel, prieur de Coulombs (1577). — Lots et partage devant Robert Viel et Guillaume Vaultry, tabellions en la sergenterie de Choux, entre Vigor et Christophe Guillebert, des biens de Jacques Guillebert, leur père (1579); présent Blaise de Launey, curé de Bréey. — Reconnaissance devant Pierre Le Neuf, lieutenant du vicomte de Caen, par Laurent Fort et Étienne Graphart, du bail à eux fait par Jean Du Moncel, docteur régent en la faculté des droits en l'Université de Caen, prieur-curé de Coulombs, du revenu du bénéfice dud. lieu (1586). — Procédure en la juridiction des privilèges royaux de l'Université de Caen tenue par Jacques Blondel, écuyer, lieutenant du bailli, entre Pierre Buret et Jean Du Moncel, docteur aux droits et professeur ordinaire en lad. Université, prieur de « Coullon », pour paiement de rente 1590). — Procès-verbal des réparations à faire à la maison presbytérale de Coulombs occupée par feu Jean Du Moncel, docteur en l'Université et prieur dud. lieu, dressé par le curé de Rucqueville, doyen de Maltot, à la requête de Baptiste de Villemor, abbé d'Ardennes (1594); inventaire des lettres et écritures dud. Du Moncel, dressé par Simon Berot, sergent, à la requête dud. abbé d'Ardennes (1594). — Collation du prieuré de Coulombs pour François Osmont, religieux d'Ardennes (1594). — Procédure en Parlement entre Baptiste de Villemor, abbé commendataire d'Ardennes, les religieux et le procureur syndic de l'Université de Caen, concernant la succession de Jean Du Moncel, prieur de Coulombs, prieur claustral de l'abbaye: ordonné que les titres respectifs seront remis, les uns à l'abbaye, les autres à l'Université (1595). — Aveu rendu à « Elienor de Beauvoisien, vefve de feu missire Artur de St-Simon », chevalier de l'ordre du Roi, sr de Beuzeville, dame et « baronnesse » de Courtaumer et de la terre et sieurie de Coulombs, « du fief de Cardanville » et autres sieuries, par Thomas et Toussaint Le Febvre, fils Louis, Frémont et Yvon Le Febvre, fils Richard, etc. (1596). — Procédure en l'Élection de Caen devant Gervais Allain, Jean Beaullard, Thomas de la Rivière, Jean Le Paulmier et Cyprien de Cahaignes, écuyers, élus, entre Jean Queudeville, Louis Dauphin et Jean Fort, assiéteurs collecteurs de la taille de Coulombs, requérant de vendue de blés et grains étant en la grange de dime de Coulombs comme appartenant à Salomon de Bouessel, écuyer, Jacques Dupare, fermiers, pour paiement de la taille, et Pierre de Villemor, conseiller en la cour de Parlement de Paris, frère et héritier de Baptiste de Villemor, abbé d'Ardennes (1600). — Pleds, gage-plège et élection de prévôt de la terre et sieurie de Coulombs, appartenant aux abbé et religieux d'Ardennes, baux, etc.

H. 977. (Liasse.) — 17 pièces, parchemin; 44 pièces, papier.

1601-1620. — Coulombs. — Extrait du papier journal de Salomon Du Rozier, sergent royal à Creully, concernant la remise d'un manteau de drap par Étienne Bayeux, pour éviter son incarcération, requête de Marin Fresnel, fermier « suslocataire » des dîmes de Coulombs dépendant de l'abbaye (1601). — Lots et partage faits devant Richard Martin et Nicolas Rocque, tabellions royaux à Caen sous Pierre de Bernières, écuyer, garde hérédital des sceaux de la vicomté de Caen, entre Catherine Le Febvre, femme de Jean Guillebert, et Jean Ruot et Michelle Le Febvre, sa femme, des biens de feu Thomas Le Febvre, de Coulombs (1602). — Signification à Pierre Le Chevalier, religieux d'Ardennes, prieur de Coulombs, de mandement de Guillaume Vauquelin, lieutenant général du bailli de Caen, sur requête de Guillaume de Couvert, sieur et patron de « Sottevast, Audreville et Coullomb », ayant droit de « coullombier vollant et four à ban » en lad. paroisse de Coulombs, contre plusieurs particuliers qui ont construit plusieurs « trve ou fuye à pigeons » et voudraient faire plusieurs fours pour leur commodité (1607); procédure y relative. — Reconnaissance par Jean Buret l'aîné, de Coulombs, du bail à lui fait par les prieur et religieux d'Ardennes d'une acre de terre, de lad. du Grand Chemin (1610). — Procédure au bailliage de Caen, devant Jacques Blondel, écuyer, lieutenant particulier civil et criminel, entre Jean Graffart, ci-devant fermier de la terre et sieurie de Coulombs dépendant d'Ardennes, et l'abbé Pierre de Villemor, Pierre Duthon, Pierre Bayeux, la veuve de Guillaume Piedpelu, Pierre Blouet, écuyer, Nicolas Dufour et Jean de Verson, pour paiement d'arrérages de rente (1611). — Autres procédures concernant les réparations du moulin de Coulombs, celles de l'église paroissiale, contre divers redevables, etc. — Extrait du registre d'Olivier Orenge, sergent royal en la sergenterie de Creully, concernant la vente de vaches et génisses saisies sur Mathieu Fort et la veuve d'Henri Graffart, à la requête des religieux d'Ardennes, stipulés par frère Laurent Véchy, pour paiement de fermages de la terre de Coulombs (1613). — Inventaire des pièces produites devant la Cour en la Chambre de l'Édit par Pierre de Villemor, abbé d'Ardennes, contre Jean Buret, Nicolas Cottard, sieur de la Motte, Salomon Bouessel, Mathieu Fort et Henri Graffart (1614). — Procédure au bailliage de Caen, devant Guillaume Vauquelin, entre les prieur et religieux et frère Jean Honorey, aumônier de l'abbaye, par Couillard, leur procureur, sollicité par frères Guillaume Denis et Marc Sarrasin, religieux, et Guillaume de Gallodé, abbé commandataire, concernant le paiement des arrérages de 120 livres 5 sols 8 deniers de rente dus par Jean Grégoire et ses cohéritiers (1615). — Opposition par Guillaume de Bully, premier huissier au bailliage de Caen, à la requête de Louis Le Herpeur, à l'arrêt des religieux d'Ardennes sur les grains engrangés en la grange des dîmes de Coulombs (1617). — Échange devant André Heuste et Jean Bayeux, tabellions pour le siège et sergenterie de Creully, entre frère Pierre Le Chevalier, prieur-curé de Coulombs, et Élisabeth de St-Simon, dame de Sottevast et de Coulombs, épouse séparée de biens de Guillaume de Couvert, sieur et patron de Sottevast et de Coulombs, de pièces de terre contre les fiefs de « Rouencestre dict Tancarville et Cardonville », sis à Coulombs (1617). — Décharge donnée par Guillaume de Gallodé, abbé commendataire d'Ardennes, aux héritiers de Jean Graffard et à Henri, son fils, et à Jean et Mathieu Fort, ex-fermiers de la terre de Coulombs (1618). — Marché de Pierre et David Vaussy, Jean Graffard fils Pierre et Christophe Laval, maçons, demeurant à Coulombs, pour réparer la voûte du chœur de l'église (1620). — Factum pour les abbé et religieux d'Ardennes, seigneurs et patrons de Coulombs, et frère Pierre Le Chevalier, prieur dud. lieu, défendeurs, contre Élisabeth de St-Simon, femme séparée du s' de Sottevast (6 p. in-f°); la décision du procès dépend d'un seul point, savoir lequel d'entr'eux est propriétaire et possesseur du fief et de la glèbe du patronage de Coulombs. La demanderesse, qui possède en lad. paroisse le fief de Cardonville, et un autre petit membre de fief nommé Rouencestre, nouvellement acquis par elle du sieur de la Motte Costart, n'a justifié aucuns titres du patronage. Les défendeurs ont produit les aveux par eux rendus au Roi de leur fief et terre noble de Coulombs, fief de haubert, à cause duquel ils sont seigneurs et patrons, ont court et usage, droit de moulin et autres droitures, dont ils sont en possession depuis la vente qui leur fut faite dud. fief avec ses appartenances, par Richard de Combray, il y a plus de trois cents ans. Chartes de donations et ventes par le connétable Guillaume du Hommet (1195), Richard de Combray (1259); désistement de Robert de « Perchie » en 1292, sur ses prétentions au patronage, etc. Lorsque le fief ou la glèbe tombent en la main des ecclésiastiques, lesquels « ratione dignitatis et officii » ont les honneurs et préséances en l'église, alors lesd. droits honoraires sont anéantis, caduques et sans effet en la personne des ecclésiastiques, qui néanmoins ne les peuvent jamais céder à personnes laïques, sinon avec l'université du fief ou de la glèbe dud. patronage, ce qui a été jugé par deux arrêts de la Cour donnés en cas formels à la question prescrite, au profit des patrons ecclésiastiques, le premier du 26 mars 1607, au profit de Madame de Caen, patronne de l'église de Vaux-sur-Seulles, contre les s^{rs} de Grimouville, de Vaux, et d'Écajeul, gentilshommes possédant fiefs nobles en lad., et soi disantis issus des patrons, le second du 14 mai 1607, au profit des abbé et religieux de Savigny, patrons de l'église de Moulines, contre Mahé et Duhamel. Les prédécesseurs de lad. dame n'ont pu, dans quelques contrats faits avec des paysans, se qualifier sieurs de Coulombs sans l' « adjection » à cause du fief de Cardonville en Coulombs. » Ont aussi justifié plusieurs sentences et autres pièces, par lesquelles il se voit que iceux abbé et religieux ont tousjours esté reputés et qualifiés seigneurs temporels et spirituels, seigneurs et patrons de la paroisse de Coulomb, à cause de leur dit fief, auquel non seulement le patronage est annexé, mais aussi les dixmes sont inféodées, qui faict bien juger qu'ils possèdent le chef et principal fief de la dicte parroisse... Dont estant irritée elle les a indeuement vexés en procez, pour diverses choses, et particulièrement ledict Le Chevalier prieur aux droicts de four, de fuye, des dixmes et autres droictures à eux appartenans en ladicte parroisse, dont la demanderesse a eu si peu de contentement, comme y estant mal fondée, qu'elle en a tousjours perdu sa cause en ce siège et par appel en la Court, ce que ledict Le Chevalier, prieur de Coulomb, a justifié en ce procez. Et continuant la demanderesse au désir d'avoir ledict patronnage, et n'en pouvant venir à bout, elle s'advise, après qu'elle veid l'église de Coulomb repavée de neuf à la diligence dudict prieur, de l'attaquer en procez, l'accusant d'avoir violé les sépulchres de ses prédécesseurs, et a faict escrire des termes tant injurieux, et ensuite articulé des faicts si calomnieux contre luy, qu'en fin la preuve en estant defferée à la demanderesse, par les signatures, elle a esté contraincte de s'en départir comme elle a faict, par l'acte d'appointement en droict; en quoy faisant, elle recognoist suffisamment la calomnie de ses discours injurieux, et faits affermés, et à proprement parler elle acquiesse au procez », etc. — Procédures y relatives.

H. 279. (Liasse.) — 20 pièces, parchemin; 68 pièces, papier.

1621-1631. — Coulombs. — Accord devant Jacques de Castebloy, écuyer, et Olivier Le Mazurier, tabellions royaux en la sergenterie de Creully, entre Pierre Le Chevalier, prieur curé de Coulombs, et Elisabeth de St-Simon, dame de Coulombs, femme séparée de biens de Guillaume du Couvert, sieur et patron de Sottevast, pour éviter à la taxe et liquidation des dépens adjugés aud. prieur en Parlement (1621), témoin, Guillaume Plessart, sieur et patron de St-Martin, procureur du Roi en la vicomté de Valognes. — Suite dud. procès. — Poursuites contre redevables de rentes; apprécies de 1621 à 1625. — Inventaire des pièces produites au greffe du bailliage de Caen, par Pierre Le Chevalier, prieur, et les paroissiens de Coulombs, contre lad dame, les abbé et religieux d'Ardennes, etc. (1626). — Reconnaissance devant Mathieu Delalonde et Michel Lesueur, tabellions royaux à Caen, par Éléazar Graffard, du bail à lui fait par les religieux d'Ardennes, stipulés par frères Bonaventure Le Febvre et Jean Giros, d'une acre de terre, moyennant six boisseaux de froment, mesure d'Arques, de rente (1627). — Procédures au bailliage de Caen, devant: Hercule Vauquelin, écuyer, sieur des Yveteaux, lieutenant général, entre les religieux d'Ardennes et Jean Fort, pour paiement d'arrérages de rente (1629); Guillaume Rouxel, écuyer, sieur de Janville, conseiller, entre les religieux d'Ardennes, stipulés par frères Bonaventure Le Febvre et Robert Duhamel, et Jacques Graffard, concernant paiement de rentes (1630) - Transport devant Mathieu Delalonde et Michel Lesueur, tabellions à Caen, par Guillaume de Gallodé, abbé d'Ardennes, aux religieux, stipulés par Bonaventure Le Febvre, des rentes et treizièmes qu'il a droit de prendre à Coulombs (1630).— Procédure en la juridiction des privilèges de l'Université devant Hercule Vauquelin, sieur des Yveteaux, lieutenant général au bailliage, entre les religieux d'Ardennes et Mathieu Fort, ancien fermier de l'abbaye, concernant la remise du papier terrier déclaratif des terres et rentes de l'abbaye (1630). — Obligation de frères Marc Sarrazin et Bonaventure Le Febvre, religieux d'Ardennes, de payer à Buret père et fils la somme de 20 livres pour réparations du moulin à blé de Coulombs, dont ils jouissent (1631). — Quittance par Pierre Le Chevalier, prieur-curé de Coulombs, aux abbé et religieux d'Ardennes, de la somme de 15 livres pour réparation de la porte de leur grange de dîme de Coulombs (1631). — Procédures:

devant led. Hercule Vauquelin, lieutenant général du bailliage de Caen, entre les religieux d'Ardennes et Guillaume Dauphin, pour paiement de rente (1631); en Parlement, entre les religieux et Mathieu Fort et Jacob Graffart, héritier d'Henri Graffart, fermier avec led. Fort de la terre et sieurie de Coulombs, concernant la remise du papier terrier des rentes de l'abbaye (1632). — Aveu à Guillaume de Gallodé, abbé d'Ardennes, par Pierre Relier le jeune, bourgeois de Bayeux, de terre à Coulombs, delle du Rouy (1632). — Procédure au bailliage de Caen devant led. Hercule Vauquelin, entre les religieux d'Ardennes et Pierre Bonnel, sieur de la Carbonnière, pour Louis Le Prevost, son fermier, pour paiement d'arrérages de rente (1632). — Copie en 1632 de décharge donnée en 1611 devant Nicolas Rocque et Richard Martin, tabellions à Caen, par Jean Guillebert, boulanger, bourgeois de Caen, à Robert Guillebert, son neveu, de la somme de 150 livres qu'il avait promis payer pour la cession à lui faite du droit d'adjudication par décret d'une maison et jardin sis à Coulombs. — Mémoire des amendes et défauts de la sieurie de Coulombs (1632). — Inventaire du mobilier dud. Pierre Le Chevalier, prieur de Coulombs, décédé (1633); procédure au bailliage de Caen devant Jacques Blondel, écuyer, sieur et châtelain de Tilly, lieutenant particulier civil et criminel, entre Jean Le Chevalier, docteur aux droits, conseiller en la vicomté de Caen, Vincent Le Chevalier, son frère, avocat à Caen, et Guillaume de Gallodé, abbé d'Ardennes, héritier des meubles de Pierre Le Chevalier, prieur de Coulombs, concernant l'arrêt de deniers fait entre les mains de Pierre Graffard, adjudicataire des levées demeurées au décès dud. prieur. — Extrait du cahier des pleds de la sieurie de Coulombs, appartenant aux abbé et religieux d'Ardennes, pour 1634.

H. 279. (Liasse.) — 2 pièces, parchemin ; 61 pièces, papier.

1635-1748. — Coulombs. - Procédure au bailliage de Caen, devant Jacques Blondel, écuyer, sieur et châtelain de Tilly, entre les religieux d'Ardennes et Jacques Graffart, fils de feu Abraham Graffard, et héritier d'Éléazar Graffard, son frère, et Jean Guillebert, fils Jean, pour paiement de 4 années d'arrérages de 8 boisseaux de froment, mesure ancienne de Caen, 2 poules et 20 œufs de rente foncière et « sieurialle » (1635). — Reconnaissance par Jacques Fort, fils Laurent, du bail à lui fait par les religieux d'Ardennes (1636). — Procédure au bailliage de Caen, devant led. Blondel, entre les religieux d'Ardennes et les héritiers d'Étienne Renauld, héritier de Philippe Renault, prêtre, pour paiement de 3 années d'arrérages de 5 boisseaux de froment, 1 chapon et 15 œufs de rente (1638). — Extraits en 1639 et 1641 des registres du greffe du bailliage de Caen, concernant le procès entre Élisabeth de St-Simon, femme de Guillaume de Couvert, sieur et patron de Sottevast, Coulombs, Auderville et autres terres, et les religieux d'Ardennes, pour le remplacement de 3 tombes de ses prédécesseurs étant sur le pas d'oraison devant et à côté de l'autel de l'église de Coulombs, et pour être lad. dame maintenue définitivement aux droits honoraires de lad. église comme descendue et possédant le fief du donateur du patronage de lad. église, etc. — Extrait du registre du tabellionnage de Caen concernant la vente faite par Alexandre Sallet, écuyer, seigneur de Colleville, Quilly, Cintheaux, Cauvicourt et Jacobmesnil, conseiller au Parlement de Normandie, à Jacques Delancey, d'Hyéville, vicomté de Carentan, demeurant à Coulombs, du fief de Brébœuf, sis à Coulombs, à lui baillé par échange par les religieux d'Ardennes, à la réserve dud. fief et moulin en dépendant, vendus à Jean-Antoine de Couvert, chevalier, s' de Coulombs (1644). — Échange devant Pierre Jourdain et Pasques Guillot, tabellions royaux en la sergenterie de Creully, entre frère Jean Lhonorey, prieur-curé et obitier de Coulombs, pour lui et les autres obitiers, et Jean-Antoine de Couvert, seigneur et patron de Sottevast, Auderville et Coulombs (1647). — Inventaire des pièces baillées aud. Antoine de Couvert par les abbé et religieux d'Ardennes en conséquence des contrats faits entre led. seigneur de Coulombs et Alexandre Sallet, seigneur de Quilly, conseiller au Parlement de Normandie, et lesd. abbé et religieux (1647). — Déclaration des jardinages et terres novales sur lesquels le prieur a droit de dîme. — Accord sur procès aux Requêtes de l'Hôtel entre François de Nesmond, évêque de Bayeux, Jean-François de Gaillard, archidiacre de Caen, d'une part, et Ambroise Deslandes, prieur du prieuré-curé de St-Vigor de Coulombs, concernant le droit de déport sur led. prieuré vacant par la mort de frère Jean-Baptiste Jean (1664). — Bail devant Jean Bougon et Jean Olivier, tabellions royaux à Caen, par Gabriel Yver, sieur de la Garenne, receveur général des abbé et religieux d'Ardennes, à Ambroise Deslandes, prieur de Coulombs, des 2/3 de la grosse dîme de lad. paroisse, pour 7 ans (1669). — Quittance devant Jacques Caumont et Nicolas Barbey, tabellions à Cheux, pour réparations de la grange dimeresse de Coulombs. — Collation à Georges Hébert du prieuré-cure de Coulombs (1688). — Reconnaissance devant François Le Sénécal, notaire à Évrecy, et Thomas Foucher, sergent royal pris pour adjoint, par Robert Le Prévost et Robert Le Febvre, du bail à eux fait par les religieux d'Ardennes des 2/3 des grosses dimes de Coulombs (1689). — Engagement par Georges Hébert, prieur-curé de Coulombs, envers lesd. religieux, de ne rien prendre sur la dime du sainfoin pendant qu'ils seront fermiers de l'abbé Faultrier (1689). — Déclaration de son bénéfice par led. Hébert, devant Variu et Moitié, notaires royaux apostoliques et gardescel des titres ecclésiastiques à Caen : il jouit des menues dimes ou verdages de la paroisse, les 2/3 de la grosse dime appartenant à l'abbé d'Ardennes et 1/3 au prieur de St-Gabriel, etc. (1692). — Reconnaissances de baux des deux tiers des grosses dimes : par Charles Poisson, prieur de Coulombs, de Marin Bouquerel, bourgeois de Caen, procureur de l'abbé d'Ardennes (1709) ; — par Antoine Pyron, prieur, des prieur et religieux d'Ardennes, fermiers généraux de Gaspard de Fogasse de la Bastie, abbé commendataire, stipulé par Jahouel, prieur (1710) ; devant Robert Caumont, notaire à Cheux, par Guillaume André et Jacques des Maréchaux, marchands, bourgeois de Caen, des religieux d'Ardennes, stipulés par Guillaume Hellouis, prieur (1712) ; — devant les notaires de Villers et Évrecy, par Jacques des Maréchaux, sieur de la Fontaine, bourgeois de Caen, desd. prieur et religieux, fermiers généraux de l'abbé commendataire Gaspard de Fogasse de la Bastie (1719). — Renonciation par Étienne Moulin, de Coulombs, et Guillaume Beaussy, de Rucqueville, envers les religieux, à une indemnité pour non jouissance de 2/3 des novales employées dans le bail des dimes de la paroisse de Coulombs (1726). — Bail devant Paul Le François, notaire royal à Creully, par frère Michel Pilon, procureur de l'abbaye et fondé de Gaspard de Fogasse de la Bastie, abbé de lad. abbaye, archidiacre de Chartres, vicaire général de l'évêque dud. lieu, à Étienne Moulin, des 2/3 des grosses dimes et des novales de Coulombs, avec la grange dimeresse (1738). — Vente de mobilier et bétail d'Étienne Moulin (1739). — Procédures contre Étienne Moulin et saisies pour paiement de fermages. — Généalogie Guillebert et Graffard. — Pièces diverses sans dates antérieures à 1635, entre autres déclarations des terres que Mme de Sottevast tient de la sieurie de Coulombs appartenant aux abbé et religieux d'Ardennes.

H. 280. (Liasse.) — 7 pièces, parchemin ; 21 pièces, papier.

1431-1765. — Courseulles. — Reconnaissances devant : Raoul Le Couvreur, tabellion à Caen, par Guillaume Vigor, de Courseulles, de la fieffe à lui faite par les religieux d'Ardennes d'une pièce de terre, en la delle de « Becquegrain » (1431) ; Thomas Carrat, tabellion en la sergenterie de Graye, par Guillaume Vigor, de Graye, de la fieffe par lui faite à Richard Caillouay, de Courseulles (1457). — Cession par suite de clameur de retrait par marché de bourse, devant Lucas de La Lande et Robert Patry, tabellions à Caen, par Allain de La Brecque, prêtre, de Courseulles, à Pierre Lucas l'aîné, d'une acre de terre en lad. delle (1510). Lots faits devant : Louis de Camilly et Guillaume Belasne, son adjoint, clercs, tabellions en la vicomté de Caen ès mottes des sergenteries d'Ouistreham et Bernières, entre Michel, Guillaume et Robert Millon, frères, de Courseulles, des biens de leurs père et mère (1558) ; — Richard Costel et Jean Lesueur, tabellions en la sergenterie de Graye, entre Raoul et Robert Lucas, des biens de Richard Lucas, leur aïeul (1560) ; — Pierre Corbel et Nicolle Le Monnier, tabellions ès mottes de la sergenterie de Bernières, entre Henri Lefebvre, pour lui et Jeanne Bourgaise, sa femme, Pierre Leroux, tuteur de Judic, fille de Jacques Allain et Martine Bourgaise, fille de Pierre Bourgaise, Jean Boscher, pour lui et Perrine, sa femme, etc., des biens de feu Pierre Bourgaise (1597). — Extrait du registre héridital du greffe de la vicomté de Caen, concernant la déclaration des biens et rentes qui furent à Jean Lucas (1603). — Extrait du registre du tabellionage de Caen, concernant la vente faite par Abraham et Pierre Lucas, à Jacques Allain, bourgeois de St-Julien de Caen, de 10 vergées de terre à Courseulles (1607). — Extrait du journal de la recette faite par Guillaume et Georges Bourdon, fermiers et receveurs généraux de l'abbaye d'Ardennes, concernant les paiements annuels de 9 boisseaux d'orge faits par Jean et Allain Millon, Jacques Lefebvre, Pierre Lucas et Jean Massé, sr de Louvetel, à cause des terres qu'ils tiennent à Courselles (1615). — Procédure au bailliage de Caen, devant Hercule Vauquelin, écuyer, sieur des Yveteaux, lieutenant général, et Jacques Blondel, écuyer, sr et châtelain de Tilly, lieutenant particulier, entre les religieux d'Ardennes, stipulés par frères Bonaventure Lefebvre et Gilles Lebault, et Pierre Millon et cohéritiers, pour paiement de 29 années d'arrérages de 9 boisseaux d'orge, mesure ancienne de Caen, et 1 plat de poisson de rente (1680, ss.). — Extrait en 1681 du registre du tabellionage de Caen, concernant la vente faite en 1645 par Pierre Millon, bourgeois de Caen, à Nicolas Osmont, bourgeois de Caen, de maison, cour et pièces de terre sises à Courseulles, chargées de rente envers l'abbaye d'Ardennes (1681). — Procédure au bailliage de Caen, entre les religieux d'Ardennes, stipulés par frère Nicolas Bosquain, et Nicolas Osmont, de Courseulles, pour paiement de 3 boisseaux d'orge et 1 plat de poisson de rente (1682). — Reconnaissance de lad. rente devant Guillaume Fontaine et François Le Danois, notaires royaux à Caen, envers les religieux, par Jean-Baptiste Eustache, sieur du Val, marchand à Caen, acquéreur de Jacques-Nicolas et Jean-Pierre Osmont, frères, de biens sis à Courseulles sur la mer (1785).

H. 281. (Liasse.) — 21 pièces, parchemin; 10 pièces, papier.

1217-1667. — Couvrechef. — Donation à l'abbaye par « Robertus de Longa Aqua », gendre de « Rogerus de Agnellis », miles », et par sa femme Matilde, d'une mine de froment promise à l'abbaye par led. Roger pendant sa vie, et son assignation sur une terre « apud montem de Kevrecio », que Pierre de La Folie tenait de lui (1217) (au dos: « Kevrecie, IIII [e] carta »). — Accord devant Jean Quatrans, clerc, juré commis et établi en la ville et banlieue de Caen sous Auberi Lévesque, clerc, garde du scel des obligations de la vicomté de Caen, entre Robert Le Gras, bourgeois de Caen, et « Johan Guillemet, de Villie », sur le procès « espéré à mouvoir » entre eux pour une acre de terre paroisse de St-Contest, au terroir de « Queuvrechie » (1385). — Reconnaissances devant: Guillaume Le Bacheler, clerc, juré commis et établi ès mettes de la sergenterie de Graye sous Jean Calochy, garde du scel des obligations de la vicomté de Bayeux, par Jean Alain, de St-Contest, hameau de « Queuvrechy », de la fieffe à lui faite par Guillaume de Belin, écuyer, de Villers-le-Sec, d'une maison, jardin et pièces de terre (1402 v. s.); Colin de Vernay, clerc, tabellion à Caen sous Guillaume Poilier, garde du scel des obligations de la vicomté de Caen, par Simon Le Picart, de St-Pierre de Caen, de la fieffe à lui faite par Macien Letarin d'une maison avec jardin (1410 v. s.); Guillaume Le Couvreur, tabellion à Caen sous Jean Brinkellé, garde du scel de la vicomté, par Jean Lesclenquier, curé de St-Pierre de Bolleville, du bail à fieffe par lui fait à Jacques Ménart, de maison, jardin, colombier et pièces de terre (1428); Raoul Le Couvreur, tabellion à Caen,

par Jacques Ménart, de la fieffe à lui faite par les religieux d'Ardennes de maison et jardin (1430). — Vente devant le même par Pierre de « Bailly », de St-Contest, à Simon Davot, prêtre, demeurant à St-Louet-sur-Seulles, de 1 quartier de terre, delle de dessus le mont de « Quevrechie » (1430). — Donation par Guillaume Breton, chevalier, bailli de Caen, aux religieux d'Ardennes, de ce qu'il possédait à Couvrechef, à charge de services religieux pour lui, Jeanne du Neubourg, sa femme, et ses ancêtres (1434, v. s.). — Acte de la présentation par les abbé et couvent d'Ardennes à Eustache Quenivet, lieutenant général de Richard Haringthon, bailli de Caen, desd. lettres scellées du scel d'armes de feu led. Breton; déclaration de la sincérité desd. sceaux; « et estoit l'empreinte du scel dont il usoit, mesmes que en l'église de St-Pierre de Caen estoient empainture les armes dud. chevalier semblables de celles qui estoient oud. scel, et les avoit fait paindre en son vivant ès voultes de la nef de ladicte église », etc. (1438). — Extraits du registre ou chartrier en parchemin couvert de bois et cuir noir. — État des héritages mis en jurée à la requête de Jean de Semilly, bourgeois de Caen, pour paiement de rente de l'obligation de Guillaume Baullart. — État de distribution faite par Robert du La Hogue, écuyer, lieutenant général du vicomte de Caen, des deniers provenant du décret requis par Jean de Semilly pour paiement d'arrérages de la susd. rente (1510). — Aveu rendu aux abbé et religieux d'Ardennes, en leur fief et noble seigneurie de Cambes, Couvrechef, St-Contest et autres lieux, par Guillaume et Jean Ménart, de terres sises à Couvrechef (1512). — Renvoi fait aux pleds de la ville et banlieue de Caen, tenus par Pierre Richard, écuyer, lieutenant général en la vicomté de Caen, des biens décrétés sur Jean et Guillaume Ménart, jusqu'à la nomination des tuteurs au mineur Jean Ménart (1533). — Copie de la vente devant les tabellions de Caen, par François et Jacques Niard, pour eux et Jean et Louis, leurs frères, fils et héritiers de Bazin Niard, à Étienne Niard, leur cousin, de terre à Couvrechef (1577), lad. copie collationnée par De La Londe, tabellion royal à Caen (1629). — Aveu à Baptiste de Villemor, aumônier ordinaire du Roi, abbé d'Ardennes, par Gilles Touroude (1580), copie informe de copie collationnée par Vautier, sergent royal (1629). — Procédure entre Jean Brunet, fermier de l'abbaye d'Ardennes, et Romain Challes, pour paiement de 3 années d'arrérages de 4 livres 2 chapons et 30 œufs de rente (1596-1597). — Extraits des registres du tabellionage de Caen concernant la vente par Pierre Hardy, fils Rouland, à Marin Dupont, receveur des deniers communs de la ville de Caen, de 1/2 acre de terre avec maison et jardin, et l'échange entre led. Dupont et Jacques et Pierre Niard, frères (1609). — Instruction baillée par Catherine de Pillon, veuve de Marin Dupont, sieur de Brécy, contrôleur général des finances en la généralité de Caen, à Jean Niard, des motifs pour lesquels elle l'a approché au procès pendant au bailliage de Caen entre elle et les religieux d'Ardennes (1631). — Procédure au bailliage de Caen devant : Hercule Vanquelin, écuyer, sieur des Yveteaux, lieutenant général, entre les religieux d'Ardennes et Marin Dupont, sieur de Brécy, pour paiement de 18 boisseaux de froment, 6 livres tournois, 2 chapons, 2 poules et 50 œufs d'arrérages de rente (1632); Thomas de Troismonts, écuyer, sieur de La Mare, ou de Feuguerolles, conseiller au présidial, exerçant la juridiction du bailli en l'absence des lieutenants, entre les religieux d'Ardennes et Jacques Niard, pour paiement d'arrérages de rente (1632). — Titre nouvel passé devant Thomas Le Sueur et Jean Bougon, tabellions à Caen, par Jean Niard, fils Pierre, bourgeois de Caen, pour les religieux d'Ardennes, stipulés par frère Pierre Bouchard, de 4 boisseaux de froment de rente foncière et « seuriale », pour une pièce de terre avec maison et jardin, paroisse St-Contest, hameau de Couvrechef ou Maslon (1667).

H. 282. (Liasse.) — 6 pièces, papier.

1572-1665. — Crépon. — Aveu rendu au Roi à cause de son duché de Normandie par Mathurin de Sevigny, héritier à cause de Marie de Quellenée, sa mère, de la terre, baronnie et sieurie de Crépon, s'étendant à Meuvaines, Colombiers-sur-Seulles, Rény et environs, dont sont tenus un fief de chevalier entier appelé le fief de Gray en lad. paroisse, le fief du Quesnay, appartenant aux enfants mineurs de Jacques Le Blais, etc. (1572). lad. copie collationnée à la requête de Jacques de Novince, chevalier de l'ordre de St-Jean de Jérusalem, seigneur baron et châtelain de Crépon (1665) — Assignation commise par Gabriel Hue, huissier et bourgeois de Caen, homme et tenant de la baronnie de Crépon, à la requête d'Adrien de Novince, seigneur baron et châtelain de Crépon, Aubigny et autres terres, conseiller au Parlement de Rouen, aux abbé et religieux d'Ardennes, parlant à fr. Mathieu Trosseille, à comparoir aux pleds de la baronnie de Crépon, pour apporter aveu et dénombrement de leurs biens relevant de lad. baronnie, etc. (1662) ; semblables assignations par Pierre Blault,

homme et tenant de lad. baronnie (1663). — Signification par Jean Duvey, huissier au bailliage de Caen, à la requête des religieux, stipulés par fr. Mathieu Trosseille, à Jacques de Novince, seigneur et baron de Crépon, parlant à Jacques Le Cordier, sr des Varendes, d'offres de la rente par eux due (1665). — Mandement de Jacques de Tallevast, écuyer, avocat à Bayeux, sénéchal de la terre, seigneurie, baronnie et châtellenie de Crépon, appartenant aud. Jacques de Novince, chevalier de l'ordre de St-Jean de Jérusalem, au prévôt ou premier des hommes et tenants de lad. baronnie, de saisir pour être réunis au domaine non fieffé d'icelle les biens dont les aveux n'ont pas été rendus (1665).

H. 283. (Liasse.) — 8 pièces, parchemin ; 2 pièces, papier.

1258-1788. — Cresserons. — Donations à l'abbaye : par « Rogerus Martini, de Crisseron », d'un setier de froment de rente annuelle assise aud. lieu « super le Ruel, inter terram Laurentie relicte Leonardi de Mara et terram Willelmi Neel de Ingronia » (1258, « coram parrochia de Lion ») ; par « Robertus Martini, filius Rogeri Martini, de Crisseron », d'une pièce de terre aud. lieu « in valle Broher » (1261). — Cession par « Robertus Malbuisson, de Crisselont », à Robert Mabon, « pro suo servicio », et moyennant 50 s. t., d'une mine de froment, mesure du lieu, qu'il lui faisait par an, « de quodam masnagio sito apud Crisselont » (1268). — Donation à l'abbaye par « Sanson dictus Baudoin, de Crisselont, moyennant 110 s. t., d'un setier de froment de rente que lui faisait « Alexander dictus Mabon », dud. lieu (1272). — Reconnaissance devant Henri Le Gay, clerc, garde du scel de la vicomté de Caen, par Denis « Pasin » et Thomasse, sa femme, de la vente de terre par eux faite aux religieux d'Ardennes (1317) ; lettres d'attache de Guillaume du Teil, clerc, garde du scel de la vicomté de Caen (1346). — Reconnaissance devant Jean de Cussy et Nicolas Corpsderoy, tabellions ès mettes des sergenteries d'Ouistreham et Bernières, par Robin Sautel, de la fieffe à lui faite par Michel Le Roy, prieur de Lebisey, procureur des religieux d'Ardennes, de 2 acres de terre à Cresserons (1503). — Signification par Bellamy, huissier en l'Amirauté de Caen, à la requête des religieux d'Ardennes, à Pierre Lecerf, fils Michel, de la paroisse de Cresserons, d'un bail à lui fait, avec sommation de payer les fermages échus à raison de 500 livres et 20 aunes de toile ; saisie (1788).

H. 284. (Liasse.) — 8 pièces, parchemin; 6 pièces, papier.

1234-1767. — Cully. — Donation à l'abbaye par

« Johannes de Culleio, miles, pro salute... Aelidia quondam domine de Taon », d'un setier de froment de rente sur son moulin de Cully, « qui vocatur Heluet » (1334). — Reconnaissance devant Thomas Feron et Richard Le Couvreur, tabellions à Caen sous Adam Rolant, garde du scel de la vicomté de Caen, par Robert de Barbières, prêtre, de la paroisse de Cully, de la fieffe à lui faite par les religieux d'Ardennes, de 3 vergées de la terre delle de dessus les rues du mont de Cully, etc. (1468, v. s.). — Échange devant Jean de Cussy et Pierre Hamelin, tabellions ès mettes de la sergenterie de Creully, entre Raoul Jean, de Cully, et Guillaume Jean, curé de Fierville-la-Campagne, « meneur » des Blezot », mineur, fils légitime et en mariage dud. Guillaume et de défunte Fleurie, sa femme, de 20 sols tournois de rente à prendre sur Jean Robert, contre une maison et jardin sis à Cully (1515, v. s.). — Bref mémoire des terres à Cully vendues devant les tabellions de St-Gabriel, par Henri Jourdain, prêtre, Guillaume Jourdain, son frère, à Jacques et Jean Guillebert. — Extrait du registre de Guillaume Jean et Marin Thouroude, tabellions à Creully, concernant les lots faits entre Guillaume et Louis Jean, frères, de Cully, des biens de Gilles Jean, leur père (1577). — Remise devant Raul Caillot et Pierre Baron, tabellions à Caen, par Guillaume Bayeux, adjudicataire par décret des biens d'Alexis, Guillaume et Louis Jean, à Jean Bougys, de vergée 1/2 de terre sise au hameau du grand Vey (1587). — État de distribution par Jean de La Court, écuyer, sieur du Buisson, vicomte de Caen, des deniers provenant du décret requis par Pierre Saullet, ci-devant tuteur de la fille de Simon de Gron, de biens sis à Cully qui furent aux Jean (1589). — Procédure au bailliage de Caen, devant Jacques Blondel, écuyer, lieutenant, entre les religieux d'Ardennes, Jean Graffart et Pierre Buret, leurs fermiers, et Philippe Bayeux, concernant le paiement d'arrérages de rente (1592). — Reconnaissance devant Paul Dudouet Duval et Guillaume Fontaine, notaires royaux à Caen, par Anne Deslongchamps Girouard, veuve de Raphael Bougy, bourgeois de Caen, tutrice principale de Jacques-Raphael et de Jacques-Joseph, ses enfants, maître cordonniers, rue de Geôle, héritiers de leur père, fils de Robert, de 3 boisseaux de froment, mesure ancienne de Caen, envers les religieux d'Ardennes, pour fieffe de 3 vergées de terre sise à « Culley », delle de dessus les rues du Mont vers « Quesnay » (1767). — Une pièce portant au dos la cote de l'abbaye : Cully, concerne une rente acquise par Raoul Davot, curé de St-Louet-sur-Seulles, de Thomas de La Rivière, assise sur une pièce de terre à Billy, hameau du Busquet, delle du Fournel (1409, v. s.).

H. 285. (Liasse.) — 10 pièces, parchemin.

1262-1307. — Cussy. — Donation par « Ranulfus de Karon » à « Roberto filio Magistri de Cusseio, pro servicio suo et hominagio et pro quatuor libr. et dimidia turon. », de 40 manceaux, 3 chapons et 30 œufs de rente à lui dus par divers « ad feriam prati » et autres termes, « de quodam feodo sito apud Cusseium, quod vocatur feodum Willelmi de Bernières » (1262, avril). — Donation par « Acardus dictus Colevilla, de Cusseio », à l'abbaye, d'un setier de froment de rente à percevoir « in propria masura mea de Cusseio et in una acra terre sita in campis de Bitot... et in dimidia acra terre sita in territorio de Cusseio versus Cadom. », etc., qu'il tient du fief desd. religieux (1262, octobre). — Renonciation devant l'official de Bayeux par « Philippa, uxor Radulfi dicti Baudri, de Cadomo », à ses droits sur la vente faite par son mari à Guillaume Le Roussel, de Cussy (1274). — Vente par « Thomas de Mara, de Cusseio », à Nicolas de Coleville, d'un quartier de froment de rente (1275, février). — Vente par « Nicholaus dictus Berart » à « Johanni dicto Puero, pro suo servicio et pro quinquaginta solid. turon. », de sa part d'une maison qu'il avait à Cussy, à cause de sa femme (1284). Sceau dud. Berart. — Renonciation devant le bailli de Caen par lad. « Dyonise, femme Nicolas Berart », d'Authie, à cause de lad. vente à Jean « Lesfant » (1284). — Vente par « Johannes Theobaldi » à l'abbaye d'une mine de froment de rente, mesure de Cussy, à prendre « in quodam masnagio sito inter feodum heredum Roberti de Mallon et masnagium Thome de Mara », moyennant 40 s. t. (mars 1293). — Donation par « Martinus dictus Legier, de Colum_b », à l'abbaye, d'une mine de froment de rente par lui achetée de Guillaume Berart (mars 1307, v. s.). — Charte lacérée de vente à « Selloni dicto Anglico », de terre à Cussy.

H. 286. (Liasse.) — 41 pièces, parchemin; 1 pièce, papier.

1315-1432. — Cussy. — Reconnaissance devant Henri Le Gay, clerc, garde du scel de la vicomté de Caen, par Guillaume « Le Caretier, de Cuchye en près Ardeinne », de la vente par lui faite à Nicolas « Champ davoinne », moyennant 6 l. t., d'une vergée de terre « ass. eu terrour de Cuchie » (1315, jeudi fête Notre-Dame en mars). — Bail à fieffe devant Guillaume Du

Teil, « commis et députey de justice pour oir la confession des obligacions des lettres de Roy » de la vicomté de Caen, par Th. Vaullart, de Rots, à Th. Anquetil et Emme, sa femme, d'un « masuage » à « Cussie », paroisse de St-Germain-la-Blanche-Herbe, « jouste la carière as Fourniers et la carière as hers Robert Vincent », et d'une pièce de terre aud. terroir, « as Crontes », pour 12 s. t. d'annuelle rente, une géline et un hommage franchement et quittement venant aud. Vaullart (1326, dimanche après la St-Denis). — Donation devant Jean d'Esquetot, prêtre, garde du scel de la vicomté de Caen, par Raoul Godefroy, « de Cusie » en lad paroisse, aux religieux d'Ardennes, pour services religieux (1326, mercredi fête de l'Annonciation Notre-Dame). — Reconnaissance par Thomas Le Quartier, de St-Germain-la-Blanche-Herbe, de rente envers l'abbaye, assise au « hamel de Cursy » (au dos : Cussy) (1336, mercredi après la Chandeleur). — Ventes et fieffes par Henri Le Creste (al. Crestey), de Cussy, à Henri Le Briant (1337-1340, v. s.). — Reconnaissance devant Jean Du Teil, clerc, commis de Guillaume Du Teil, garde du scel de la vicomté de Caen, par Thomas Le Quartier, de St-Germain-la-Blanche-Herbe, et Julienne, sa femme, envers l'abbaye, de rente assise à Cussy (1349, lundi avant la Typhaine). — Reconnaissances devant : Gieffroy Le Honnestre, juré de Guillaume Du Teil, clerc, garde du scel de la vicomté de Caen, par Jeanne, déguerpie Gabriel Berart, de St-Germain-la-Blanche-Herbe, aux religieux d'Ardennes de rente (1353); — Pierre Le Sens, clerc, juré de Guiffroy Le Clerc, garde du scel de la vicomté de Caen, par Émery Lappallu, écuyer, de la vente par lui faite aux religieux d'Ardennes de ½ acre de terre (1359); — Jean Le Brebenchon, tabellion commis et établi sous [Raoul Roillart, bourgeois de Caen, garde du scel des obligations de la vicomté dud. lieu, par Guillaume Paris et Guillemette, sa femme, aux religieux d'Ardennes, de rente (1365); — le même, par Michel de La Halle dit Lengleix, de St-Nicolas de Caen, de la vente per lui faite à Jean Le Briant de 2 pièces de terre (1370); — le même, par Jean Le Briant le jeune de la vente faite à Jean Le Briant l'aîné, d'une pièce de terre (1373); — le même, par Alexandre Quesnet, et Jeanne, sa femme, de Noyers, de la vente par eux faite aux religieux d'Ardennes d'une pièce de terre (1375 v. s.); — Jean Quatrans, clerc, juré et commis sous Auberi Lévesque, clerc, garde du scel des obligations de la vicomté de Caen, par Guillaume Gabriel dit Berart, envers Maciot Vincent, de St-Jean de Caen, de 18 boisseaux de froment de rente pour fieffe de maison et jardin (1383 v. s.); — Robert Le Monnier, tabellion à Caen sous Michel Potier, garde du scel des obligations de la vicomté de Caen, par Pierre Le Fauconnier, de St-Germain, envers les religieux d'Ardennes, de 15 boisseaux de froment, 2 chapons et 30 œufs de rente (1385 v. s.); — Guillaume Le Couvreur, tabellion à Caen, par Drouet Cadot, de St-Jean, du transport fait auxd. religieux de 6 boisseaux de froment de l'obligation de Guillaume Gabriel (1396); — le même, par Guillaume Berart dit Gabriel, du transport fait auxd. religieux de 6 boisseaux de froment (1396, v. s.); — le même, par Étienne de La Rivière, de St-Germain-la-Blanche-Herbe, de la fieffe à lui faite par les religieux, d'une maison et jardin (1397); — le même, par Étienne de La Rivière, envers les religieux, de 20 sols, 2 chapons, 30 œufs, 1 journée de corvée en temps de fenaison et un hommage de rente (1397 v. s.). — Fieffe devant Guillaume Le Couvreur, tabellion à Caen, par Michel Alain à Jean Alain (1398). — Reconnaissances devant : Michel de La Sale, tabellion à Caen, par Jean Davot, de la fieffe par Pierre, abbé, et les religieux d'Ardennes, d'une maison avec jardin (1405 v. s.); — Colin de Vernay, clerc, tabellion à Caen, par Jean Alain le jeune, de la fieffe à lui faite par les religieux d'Ardennes (1414). — Adjudication par décret faite aux pleds de la ville et banlieue de Caen par Michel Lévesque, lieutenant général de Raoul d'Estampes, vicomte, aux religieux d'Ardennes, d'une maison sise à Cussy pour paiement de 5 années d'arrérages de 10 boisseaux de froment de l'obligation de Guillaume Paris (1423). — Aveu d'Étienne Le Fauconnier (1428). — Reconnaissance devant Raoul Le Couvreur, clerc, tabellion à Caen, par Jeanne, veuve de Robin Le Drenc, et Guillaume, son fils, de la fieffe à eux faite par les religieux d'Ardennes d'une maison avec jardin (1429). — Fieffe devant le même par Macieu Peluquet et Jeanne, sa femme, de St-Jean de Caen, à Jean Alain, de St-Germain, d'une maison avec jardin au hameau de Cussy (1431, v. s.).

H. 287. (Liasse.) — 30 pièces, parchemin ; 22 pièces, papier.

1432-1580. — Cussy. — Accord devant Jean Desmaires, tabellion à Caen, entre les frères Berthelot et l'abbaye, sur leur procès en la Cour de Ste-Geneviève à Paris, concernant 6 boisseaux de froment de rente (1432 v. s.). — Lots faits devant Jean Le Briant, tabellion à Caen sous James Dryland, écuyer, garde du scel de la vicomté, entre Michel d'Authie, de la paroisse d'Authie, Jean d'Authie, son frère, de Caen, Mary de Caen, d'Ouistreham, et Rémonne, déguerpie de Jean Corbin, de Venoix, des biens de Guillaume d'Authie (1439). — Aveux rendus aux religieux d'Ardennes par Michel Gabrieul (1453) et Jean Le Fauconnier (1466, v. s.). — Reconnaissance par Richard Le Petit de la fieffe à lui faite par Girard Bureau, écuyer, seigneur de Venoix, d'une maison et jardin, etc. (1470), copie collationnée à la requête de Pierre Le Neuf, sieur de Montenay (1633). — Aveu rendu à Jean Bureau, archidiacre de Coutances et de Senlis, seigneur du noble fief, terres et seigneuries de Venoix, appelé le fief de Montenay, assis aux paroisses de Venoix, St-Germain-la-Blanche-Herbe, St-Martin et St-Julien de Caen, Franqueville, Cussy, la Folie, etc., par Richard Le Petit, aîné de la vavassorie qui fut au Briant et Jean Allain, de pièces de terre sises à Cussy (1485); aveux ultérieurs des Le Petit aux Bureau. — Reconnaissance devant Jean Vauldry et Raulin Pouchin, tabellions en la sergenterie de Cheux, par Michel Gabriel, de la fieffe à lui faite par Richard de Laval, religieux et procureur de l'abbaye d'Ardennes (1494 v. s.). — Fieffe devant Lucas de La Lande et Guillaume Dommey, commis pour l'absence de Robert Le Saunier, tabellions à Caen, par frère Christophe du Monceel, prieur de Lebisey, membre dépendant de l'abbaye, procureur des abbé et religieux d'Ardennes, à Guillaume Perrelle, prêtre de St-Germain-la-Blanche-Herbe, d'une maison et dépendances à Cussy (1516). — Lots devant Martin Allain et Pierre Cauvet, tabellions en la sergenterie de Préaux et Thury, concernant les lots faits entre Pierre Jeanne, Michel Tupys, Pierre Cruchiot, Jean Thupys, à cause de leurs femmes, des biens de feu Simon Moulley (1520). — Distribution par Guillaume Le Grant, écuyer, lieutenant général du vicomte de Caen, des deniers provenant des biens décrétés à la requête de Pierre Gabriel pour paiement de 5 boisseaux de froment de l'obligation de Guillaume Du Moustier (1523). — Lots devant Guillaume Anfrye et Jean Vauquelin, tabellions en la vicomté de St-Sylvain et Le Thuit sous Charles Connart, écuyer, garde du scel de lad. vicomté, entre Pierre, Blaizot, Raoul, Robert, Jean, Étienne, Thomas et Guillaume Le Petit, des biens de Jean Le Petit, leur père (1526). — Fieffe devant Lucas de La Lande et Denis de La Haye, tabellions à Caen, par Gilles Cuyret (al. Cueuret), prieur de St-Germain, à Pierre Guillemette, demeurant à Buron, de maison et jardin (1531-1533). — Aveu aux abbé et religieux d'Ardennes par Pierre Gabriel (1540, v. s.). — Échange entre Pierre Gabriel, prêtre, Abel Gabriel, son neveu, et Gilles Morin, prêtre, de pièces de terre sises à Cussy (1544, v. s.). — Échange entre Simon du Vivier, prieur de St-Germain, et Michel Morin, de pièces de terre (1553). — Vente devant Guillaume Le Gras et Nicolas Le Lou, tabellions en la vicomté de St-Sylvain et Le Thuit au siège de Vaucelles près Caen, sous Laurent Du Bourg, écuyer, garde du scel de lad. vicomté, par Jacques Allain, bourgeois de Caen, à Nicolas Le Hérichon, bourgeois de Caen, de fonds à Cussy, tenus des fiefs de Venoix dits de Montenay, appartenant aux hoirs de Jean de La Ménardière (1564). — Reconnaissance devant Jean Le Maistre et Étienne Beccoq, écuyer, tabellions à Caen, par Cosme Le Brethon, du bail à lui fait par Pierre Halley, fermier de l'abbaye (1570). — Échange devant Jean Le Maistre et Jean de La Haye, tabellions à Caen sous Étienne Du Val, écuyer, sieur de Mondreville, garde des sceaux des obligations de la vicomté de Caen, entre Jean Herbeline, bourgeois de Caen, et Guillaume Le Maistre, aussi bourgeois, du droit de condition de remeré retenu sur la vente de 2/3 d'acre de terre sise à Cussy, contre un étal assis en la boucherie de Caen (1574). — Aveu à Baptiste de Villemor, abbé commendataire, et aux religieux, par Pierre Briant l'aîné (1578). — Fieffe devant Jean Le Maistre et Richard Martin, tabellions à Caen, par Pierre Briant l'aîné, à Jean Briant, fils Thomas, d'une pièce de terre à Cussy (1580).

H. 298. (Liasse.) — 16 pièces, parchemin; 26 pièces, papier.

1581-1629. — Cussy. — Procédure au présidial de Caen, entre Robert Herbelline, fils et héritier par moitié de Guillemette Le Hérisson, et Guillaume Le Maître, bourgeois de Caen, concernant la possession de terre aud. lieu (1581). — Vente devant François Paris et Guillaume Caillot, tabellions à Caen, par Robert Herbelyne, bourgeois de St-Étienne de Caen, à Nicolas Duchemin, bourgeois de Froiderue de Caen, de 2 boisseaux de froment assis à Cussy (1581). — Aveu par Marin Le Hérichon, fils Pierre, de St-Julien de Caen, à Robert de La Ménardière, sieur du lieu, Courbespine et Venoix, abbé de Ste-Colombe et prieur de Ste-Barbe en Auge (1582); copies pour l'abbaye. — Obligation devant Christophe Aubert et Pierre Bénart, tabellions à Caen, par Guillaume Le Maître, m^d, bourgeois de Caen, de satisfaire à la sentence rendue entre lui et Robert Herbeline (1591). — Aveu aux abbé et religieux d'Ardennes par Thomas Le Hérichon (1597). — Accord entre Guillaume Le Maitre, bourgeois de Caen, et Jean Brunet, lieutenant en l'Amirauté de Caen, ex-receveur de l'abbaye d'Ardennes, pour le paiement de 7 années de rente. — Cession devant Richard Martin et Mathieu Delalonde, tabellions à Caen sous Pierre de Bernières, écuyer, garde hérédital des sceaux de la vicomté, par Guillaume et Jean Ozenne, frères, bourgeois de St-Nicolas de Caen, hameau de la Maladrerie, aux religieux d'Ardennes, stipulés par frère Guillaume Le Turcq, prieur de St-Germain-la-Blanche-Herbe, de leurs droits sur héritages assis en la paroisse d'Authie, hameau de Cussy (1606). — Reconnaissance devant Mathieu Delalonde et Michel Le Sueur, tabellions à Caen, par Abel Lance, fils et héritier de Guillaume Lance, à Jean Le Paulmier, sieur de St-Louet, président en l'Élection de Caen, de 7 boisseaux de froment de rente foncière assise au hameau de Cussy, paroisse d'Authie, notamment jouxte les chanoines d' « Escouché » (lire: Écouis) (1620). — Procédures: au présidial de Caen, entre Raoul Le Sauvage, fermier de l'abbaye d'Ardennes, et Pierre Le Hérichon, bourgeois de Caen, pour paiement de 7 années d'arrérages de 40 sols de rente foncière (1621); devant Guillaume Vauquelin, écuyer, sieur de la Fresnaye, président et lieutenant général au bailliage et présidial de Caen, entre les religieux d'Ardennes et Richard Faucon, pour paiement de rente (1623). — Reconnaissance devant Germain Riboult et Martin Picquerel, tabellions en la sergenterie d'Ouistreham, par Jean, Abraham et Jacques Debleds, frères, de St-Germain-la-Blanche-Herbe, de la fieffe à eux faite par les religieux d'Ardennes stipulés par Guillaume Denis, sous-prieur, et Paul Rivière, aumônier, de maison et jardin (1626). — Vente devant Mathieu Delalonde et Michel Le Sueur, tabellions à Caen, par Marie Le Maitre, veuve de Bardin du Moustier, sieur de la Marche, bourgeoise de St-Jean de Caen, à Pierre Maiseray, m*d*, bourgeois de St-Pierre de Caen, de 2/3 d'acre de terre au terroir de St-Germain-la-Blanche-Herbe, hameau de Cussy, moyennant 300 l. t. de principal et 64 s. de vin (1626). — Reconnaissance devant Germain Riboult et Jacob de La Perrelle, tabellions en la sergenterie d'Ouistreham, par Jean Guillebert, de la fieffe à lui faite par les prieur et religieux d'Ardennes, stipulés par frère Jean Gires, procureur, d'une maison et jardin (1626). — Reconnaissance devant Mathieu Delalonde et Michel Le Sueur, tabellions à Caen, par Jacques Busnel, aux religieux d'Ardennes, stipulés par frère Bonaventure Le Febvre, de 40 sols de rente foncière (1628). —

Fieffe devant les mêmes par Pierre Le Neuf, écuyer, sieur de Montenay, demeurant à Caen, à Antoine Boisard, fils Jean, de terre (1628). — Vente devant les mêmes par Isabeau Du Moustier, veuve de Robert Le Cailletel, et Marie Du Moustier, sa sœur, bourgeoises de St-Jean de Caen, à Pierre Maizeray, mercier, bourgeois de Caen, de terre (1628). — Reconnaissance par forme de titre nouvel devant les mêmes par Marin Boisard, héritier de Michel Boisard, son père, envers les religieux d'Ardennes, stipulés par frère Bonaventure Le Febvre, de 10 sols, 1 chapon et 15 œufs de rente foncière (1628). — Reconnaissance par Madeleine Pinel, femme séparée de biens de Jacques Morin, du bail à elle fait par frère François Myffant, prieur de St-Germain, d'une vergée de terre à Cussy (1629). — Extrait du registre des tabellions d'Ouistreham concernant le partage en 2 lots des biens de la succession d'Isaac Morin, bourgeois de St-Nicolas de Caen, et de Marie Billard, sa femme (1629).

H. 249. (Liasse.) — 19 pièces, parchemin; 22 pièces, papier.

1630-1650. — Cussy. — Vente devant Mathieu Delalonde et Michel Le Sueur, tabellions à Caen, par Jacques Le Grand, sieur du Parc, archer du prévôt général de Normandie, demeurant à Morières, vicomté de Falaise, pour lui et sa femme, héritière d'Isaac Morin, son ayeul maternel, à Denis et Jean Mallet, frères, bourgeois de Caen, de 2 pièces de terre (1630). — Aveux rendus aux religieux d'Ardennes par: Jean-Jacques et Abraham de Bled (1630); Marie Le Maitre (1630). — Reconnaissance devant Mathieu Delalonde et Michel Le Sueur, tabellions à Caen, par Jacques Mallard, de Boulon, de la fieffe à lui faite par les religieux d'Ardennes, stipulés par frères Paul Rivière et Bonaventure Le Febvre (1631). — Aveux rendus aux religieux d'Ardennes, par: Jacques Eudes (1632); Jean Poullain, de la Maladrerie (1632). — Reconnaissance devant Germain Riboult et Jean Le Febvre, tabellions en la sergenterie de Bernières pour le siège de Cairon, par Jacques Briant, du bail à lui fait par les religieux d'Ardennes, stipulés par frère Bonaventure Le Febvre, d'une acre de terre (1633). — Extrait du registre du tabellionage de Caen concernant la reconnaissance par Richard et Clément Faulcon, de St-Germain-la-Blanche-Herbe, hameau de Cussy, du bail à eux fait par Jean-Michel Piédoue, sieur de la Moissonnière, à cause de Marie Du Moustier, sa femme, de fonds à Cussy (1634). — Ventes devant: Pierre Le Danois et Michel Toubel, tabellions à Vaucelles de Caen, par Nicolas Le

Grenier, bourgeois de Caen, à Pierre « Mezeré », bourgeois de Caen, de maisons et pièces de terre (1636); Mathieu Delalonde et Michel Le Sueur, tabellions à Caen, par Pierre de Morlière, bourgeois de Caen, et Marguerite Fresnel, sa femme, héritière d'Isaac Morin, son aïeul, à Robert Jemblain, sieur du Mesnil, bourgeois de Caen, de maison, cour, puits et jardin (1637). — Reconnaissance devant Mathieu Delalonde et Jean Crestien, tabellions à Caen, par Noël Morin, fils Jacques, bourgeois de Caen, du bail à lui fait par Robert Jemblain, sieur du Mesnil, bourgeois de Caen (1638. — Mémoire des rentes dues à Cussy (1641). — Ventes devant Mathieu Delalonde et Jean Crestien, tabellions à Caen : par Jean-Michel Piédoue, sieur des Illets, substitut du procureur général en la Cour des Aides de Normandie, et Marie Du Moustier, sa femme, aux religieux d'Ardennes stipulés par Robert Duhamel, sous-prieur et procureur de l'abbaye, de pièces de terre et jardin (1642); par Michel de La Caine, élu en l'Élection de Caen, Catherine Le Cointe, veuve de Pierre Le Sauvage, et Laurent Varembault, procureur au présidial de Caen, héritiers de Claude Le Cointe, veuve en dernières noces de Jean Brunet, auxd. Piédoue et Marie Du Moustier, sa femme, demeurant à Caen, de 200 livres t. de rente hypothèque transportée par Michel Piédoue, sieur de la Moissonnière, son père, aud. Brunet, pour partie du prix de vente de biens, à prendre sur Jacques Godes, sr d'Amblie (1642). — Obligation de Clément Faucon envers les religieux d'Ardennes, fondés au droit de Jean-Michel Piédoue, sieur des Illets, de 15 livres 11 sols 6 deniers, 8 boisseaux d'orge et 2 boisseaux de froment, mesure d'Arques, pour reste de fermages, etc. (1643). — État de distribution par Gilles Hue, écuyer, sieur de Luc, vicomte de Caen, des deniers provenant du décret requis par Nicolas Huet, bourgeois de Caen, de biens de Jacques Norin (1643). — Quittance devant Mathieu Delalonde et Michel Le Sueur, tabellions à Caen, par Jean-Michel Piédoue, sieur de la Moissonnière, à Renée Onfroy, veuve de Daniel Bernard, et à Henri Bertes, bourgeois de Caen, de 700 livres pour amortissement de 50 livres de rente qu'ils se sont obligés envers les religieux d'Ardennes d'acquitter (1645). — Échange entre Jean Le Neuf, écuyer, sr de Venoix dit Montené, lieutenant en la vicomté de Caen, et les religieux, de l'étendue de son fief de Venoix dit Montené en ce qu'il y en a dans la paroisse de St-Germain, contre les héritages appartenant aux religieux au terroir de Caen mentionnés au bail de Clément de Basly (1646). — Échange devant Michel Le Sueur et François Delaporte, tabellions à Caen, entre Robert Jemblain,

sieur du Mesnil, et les religieux d'Ardennes, stipulés par Robert Duhamel, sous-prieur, et Jean-Chrysostôme Touraine, procureur et religieux, de pièces de terre (1648). — Vente devant Michel Le Sueur et Jean Crestien, tabellions à Caen, par Pierre du Buisson, écuyer, sieur de Cristot, héritier de Robert Onfray, écuyer, son frère utérin, aux religieux d'Ardennes, de terre (1650). — Vente devant Jean Le Febvre et Vincent Lucas, tabellions en la haute justice d'Argences et St-Gabriel pour le siège d'Amblie et Cairon, par Jean-Lanfranc Dupont, écuyer, sieur de Brécy, conseiller en la Cour des Aides de Normandie, aux religieux d'Ardennes, stipulés par Robert Duhamel, sous-prieur, d'une pièce de terre (1650). — Procédure devant Gilles Hue, sieur de Luc, vicomte de Caen, pour les prieur et religieux d'Ardennes, sieurs du fief de Montenay, pour les tenures des héritages dépendant dud. fief assis à St-Germain-la-Blanche-Herbe, par le contrat fait entre eux et Jean Le Neuf, écuyer, sieur dud. fief, passé devant tabellions à Caen par échange du 20 février 1646, et en cette qualité présentant à l'état du décret des biens de Thomas Le Hericbon, fils Marin (1650). — Reconnaissance devant Jean Le Febvre et Vincent Lucas, tabellions en la haute justice d'Argences et St-Gabriel pour le siège d'Amblie et Cairon, par Guillaume Lance, de la Rotte à lui faite par les héritiers Briant, bourgeois de Caen, d'une maison avec jardin à Cussy (1650).

H 290. (Liasse.) — 14 pièces, parchemin; 37 pièces, papier.

1651-1679. — Cussy. — Procédures en Parlement entre : Robert Jemblin, sieur du Mesnil, md, bourgeois de Caen, appelant du bailli de Caen, Marguerite Fresnot, femme civilement séparée de Pierre de Morlière, et les religieux d'Ardennes, concernant la possession de 3 pièces de terre (1651); Judith Huet, veuve de Noël Morin, tutrice de ses enfants, et les religieux d'Ardennes au droit de Jean Le Neuf, sieur de Montenay, pour paiement d'arrérages de rente (1651). — Échange devant Jean Le Febvre et Jean Harivel, tabellions en la sergenterie de Bernières pour le siège de Cairon, entre Richard Poullain, bourgeois de Caen, et les religieux d'Ardennes, stipulés par Robert Duhamel, sous-prieur, et Basile Gombert, procureur, de pièces de terre, etc. (1652). — Reconnaissance par André Lance, de la paroisse d'Authie, hameau de Cussy, du bail à lui fait par les religieux (1653). — Vente devant Le Sueur et Crestien, tabellions à Caen, par Antoine et Jacques Boisard, père et fils, de la paroisse de St-Germain-la-Blanche-Herbe, hameau de Cussy, à Simon

Eudes, sieur de St-Germain, bourgeois de Caen, de terre en jardin (1656). — Échange devant les mêmes entre Isaac Briant, bourgeois de Caen, fils Jacques, et les religieux d'Ardennes, de pièces de terre (1658). — Réunion prononcée aux pied-des-fiefs, terres et tenures d'Ardennes, par Vincent Le Chevalier, sénéchal, au corps desd. fiefs, des maisons ayant appartenu à Pierre et Jean Porcelle, redevables d'arrérages de rente aux religieux (1658). — Vente devant Thomas Le Sueur et Jean Rougon, tabellions à Caen, par Robert Le Marignier, bourgeois de Caen, aux religieux d'Ardennes stipulés par frère Mathieu Trosseille, de 2 pièces de terre (1664). — Adjudication par Jean Blondel, écuyer, seigneur châtelain et patron de Tilly, lieutenant civil et criminel au bailliage et siège présidial de Caen, en la présence du procureur du Roi, à la requête des religieux d'Ardennes, acquéreurs des biens de Robert Le Marinier, stipulés par frère Mathieu Trosseille, des réparations à faire auxd. biens (1664). — Vente devant Jacques Le Danois, notaire à Caen, et Étienne Adeline, tabellion pris pour adjoint, par Jacques Le Grand, du Bruay, à Isaïe Marin, stipulé par Nicolas Huet, bourgeois de Caen, de fonds (1665). — Reconnaissance par Jacques Boisard du bail à lui fait par les religieux d'Ardennes, stipulés par frère Pierre Bouchard, d'une maison avec moitié de grange et jardin (1666). — Remise devant Jean Caumont, tabellion en la sergenterie de Cheux, et Jean Mauger, sergent aud. lieu, pris pour adjoint, par Jacques Mallard, aux religieux d'Ardennes stipulés par frère Norbert Noullinet, d'une vergée de terre (1670). — Reconnaissance par Pierre et Jacques Boisart de rente (1673). — Arpentage par Pierre Le Jeune, arpenteur royal juré au bailliage de Caen, de terre à Cussy, dette du Champ du Val, en conséquence de sentence du bailliage de Caen (1674). — Accord devant Jacques Caumont, tabellion en la sergenterie de Cheux, et Jean Mauger, sergent, pris pour adjoint, entre Pierre Morin, bourgeois de Caen, « vagmestre » général et capitaine des gardes de l'armée du Roi en Allemagne, tant pour lui que pour Anne Le Riche, sa mère, et Jacques Morin, son frère, et les religieux d'Ardennes stipulés par frère Louis Basset, sur l'échange fait entre eux (1675). — Reconnaissance devant Jacques Caumont et Nicolas Barbey, notaires à Cheux, par Jacques Faucon, du bail à lui fait par les religieux d'Ardennes, stipulés par les frères Grégoire Bonhomme et Mathieu Trosseille, d'une chambre et grenier à Cussy (1679) ; sur lad. pièce, actes de 1688 et 1697.

fl. 2H. (Liasse.) — 10 pièces, parchemin; 20 pièces, papier.

1680-1721. — Cussy. — Aveux aux abbé et religieux d'Ardennes par : Pierre Hue, Guillaume Lance, au droit de Zacharie Briand, Jacques Boisard, fils Antoine, et Jean Boisard, fils Noël (1680). — Reconnaissance devant Jacques Caumont et Nicolas Barbey, notaires à Cheux, par Thomas Tostain, Jean Lance, fils Pierre, et Jacqueline Lamy, veuve d'Augustin Briand, du bail à eux fait par frère Mathieu Trosseille, de la moitié d'une grange (1680). — Procédure en la juridiction des privilèges de l'Université de Caen, devant Nicolas Du Moustier, écuyer, sieur de la Motte, lieutenant général au bailliage et siège présidial de Caen, entre les religieux d'Ardennes au droit de Pierre Le Neuf, écuyer, sieur de Montenay, qui était seigneur du fief de Venoix, et Jean Jullian, adjudicataire par décret des biens de Simon Eudes dit St-Germain, pour paiement de 10 années d'arrérages de 2 chapons de rente foncière (1681). — Reconnaissance par François Le Guay du bail à lui fait par les religieux d'Ardennes (1683). — Reconnaissance devant Jacques Le Danois et Guillaume Jolivet, notaires à Caen, par Guillaume Lance, de la fiefe à lui faite par les religieux d'Ardennes stipulés par frère Nicolas Rosenin, procureur de l'abbaye (1684). — Aveu rendu aux prieur et religieux d'Ardennes par Simon Faucon, bourgeois de Caen (1686). — Reconnaissances devant : François Le Sénécal, notaire à Évrecy, et Bernardin Durand, notaire à Cheux, pris pour adjoint, par Denis Lance, fils Pierre, du bail à lui fait par lesd. religieux stipulés par frère Thomas Desplanches d'une chambre avec grenier (1691); led. Le Sénécal et Denis Godefroy, huissier en la vicomté de Caen, pris pour adjoint, par François Le Guay, du bail à lui fait par led. religieux (1692); Le Sénécal, notaire à Évrecy, par François Le Guay, du bail à lui fait par lesd. religieux stipulés par frère Proffichet, de la moitié d'une grange (1697). — Vente devant Antoine Basire, écuyer, et Guillaume Jolivet, notaires à Caen, par Catherine Maizeray, veuve de Georges de Lesnaudière, sœur et héritière de Pierre-Horace Maizeray, m⁰, bourgeois de Caen, en son nom et comme fondée de procuration de Gilles Bazire, maître tissutier passementier rubannier à Paris, et d'Olive de Lesnaudière, sa femme, aux religieux d'Ardennes stipulés par frère Louis Proffichet, de 2 acres de terre (1700). — Reconnaissance par Archange Tostain du bail à lui fait par les religieux d'Ardennes d'une maison avec cour, clos et jardin (1701). — Procédure en la juridiction des privilèges de l'Université de Caen, devant Jean Gohier, écuyer, lieutenant particulier civil et criminel au bailliage de Caen, entre les religieux d'Ardennes et Jean Faucon, concernant la tenure de 10 vergées de terre qu'il a vendues comme relevant des fiefs d'Écouis, et relevant en réalité de ceux d'Ardennes (1704). — Reconnaissance devant Jacques Gaumont, notaire à Caen, par François Tostain, du bail à lui fait par les religieux d'Ardennes stipulés par frère François Fleuriot, d'une maison avec portion de jardin (1706). — Autres reconnaissances de baux par: François Tostain (1717); Catherine Le Hérissier, veuve de Denis Lance, d'une maison avec le quart du quart de la grange sise dans la cour, le quart du quart du jardin fermé de murailles, la communauté des cour, puits, et des émondes des arbres de devant la maison, etc. (1717); Jacques Le Dordinier (1717). — Accord entre les religieux d'Ardennes et Charles Briand, concernant la possession d'un gable de maison (1718). — Reconnaissance devant Thomas-François Le Sénécal, notaire à Évrecy, par Archange Tostain, pour les religieux d'Ardennes, d'une maison avec cour, clos et jardin à Cussy, à charge de bien cultiver et aménager les vignes et autres arbres de dessus led. clos, de cueillir les fruits et raisins qui croîtront sur les arbres et vignes dans le clos, en fournir la moitié aux religieux et leur porter à leur abbaye, etc. (1721).

H. 122. (Liasse.) — 24 pièces, parchemin; 43 pièces, papier.

1722-1787. — Cussy. — Reconnaissances de baux par Jean d'Éterville et Anne Boisard (1722). — Fieffe devant [Gouye] et Jacques Faguet, notaires à Caen, par les religieux d'Ardennes stipulés par frère Gilles Héroult, à Pierre Lance, fils Denis, d'une petite portion de terre en friche (1723). — Reconnaissances de rentes devant Thomas-François Le Sénécal, notaire à Évrecy, par: Jeanne Le Roux, veuve de François Lance, et Jean Lance, son fils; Michel Philippe, Jean Lance, bourgeois de Caen, Jean Faucon et Michel Lance; Archange Heuzey, fils Pierre; Pierre Julien, s' du Mesnil, curé de Chicheboville, fils de feu Jean Julien, bourgeois de Caen; Pierre Hue, fils Pierre, et Pierre Lance, fils Denis; Pierre Lance (1725). — Reconnaissances de baux de maisons, granges, jardins, etc. par: Alexandre Lance, les religieux stipulés par frère Michel Piton (1726); Marie Hue, veuve de François Le Guay (1727); Jacques Le Dordinier (1727); Jeanne Lance (1736); Pierre Heuzé (1740); Marie-Madeleine Jeanne, femme d'Archange Le Dordinier (1740); Élisabeth Larcher, veuve d'Alexandre Lance (1740); Louis Bardel, au nom de Pierre Le Marchand (1747); Archange Le Dordinier, devant Philippe Duchesne, notaire royal et apostolique au diocèse de Bayeux, reçu et immatriculé au bailliage et officialité de Caen (1748). — Reconnaissance de rente devant Jean-Jacques Bénard et Florent Le Quesne, notaires à Caen, par Pierre et Charles Hunel, frères (1748). — Aveux rendus par: Laurent Le Pelletier (1754); Guillaume, Archange et Jacques Lance et la veuve Charles Heuzé, d'un quarteron de terre sur lequel il y a plusieurs combles de maisons (1754). — Bail devant Richard-François Hardy, notaire aux sièges de Trungy et Lingèvres, par les prieur et religieux d'Ardennes, stipulés par Louis-Charles Gautier, religieux et procureur de l'abbaye, à Laurent Le Pelletier, Pierre Heuzé, etc., demeurant à St-Germain, hameau de Cussy, d'une maison manable avec portion de grange, etc. (1757). — Baux: devant François Le Banels, notaire à Caen, par les religieux, stipulés par le P. François Pain, à Thomas et Guillaume Tostain, frères, du clos de Mezeray, à Cussy (1758); — devant Guillaume Fontaine, notaire à Caen, par: le P. Gabriel Arondel, procureur de l'abbaye, à Jacques-François Le Sénécal, d'une maison située dans la grande cour de Cussy, etc. (1760); Alliot, prieur, et Arondel, procureur, à Germain Lance, tailleur de pierre, de 3 vergées de terre, moyennant 82 l. de fermages par an (1761); Jacques-Alnobert Alliot, prieur, et Gabriel Arondel, procureur, à Anne Lance, veuve de Pierre Boisard, de 3 vergées de terre, moyennant 24 l. par an (1763); le P. Michel Bourget, procureur, à Étienne Le Tellier, d'une maison, cour, clos et jardin (1767); — par les prieur et religieux, stipulés par le P. Isaac Le Sage, procureur, à Marie Le Pelletier, veuve de Denis Lance, et à Pierre Heuzey, de 7 vergées 15 perches de terre en la delle du hameau Cocu, moyennant 60 l. en argent et 3 livres de cire jaune par an (1768); — par les prieur et religieux, stipulés par frère Isaac Le Sage, à Germain Lance, d'une maison avec la 8ᵉ partie d'une grange et la tierce partie d'un côté du jardin (1771); — devant Jacques-François-Hyacinthe Letourmy, notaire à Caen, par le P. Louis-Marie Delinchamps, procureur, à Anne Hue, veuve de Jacques-François Le Sénécal, d'une maison dans la grande cour de Cussy, etc. (1779); — par le P. Gabriel-Simon Bottey, procureur, à Pierre Chrétien, tailleur de pierre (1781); — par le P. Jacques Hottelay, procureur, à Françoise Samson, fille majeure, d'une maison avec jardin (1783); — par le même à Anne Hue, veuve de Jacques-François Le Sénécal, de maison et pièces de terre (1786); — par le P. Jean-Toussaint-Nicolas Lerois, procureur, à Marie Lance, fille majeure, de 3 vergées de terre, moyennant 45 livres de fermages par an (1787).

H. 203. (Liasse.) — 8 pièces, parchemin; 18 pièces, papier.

1494-1789. — Cuy. — Bail par Richard, abbé de la Luzerne et d'Ardennes, et les prieur et couvent d'Ardennes, à Robert Le Moulinet, de Cuy, des dîmes appartenant à l'abbaye d'Ardennes dans lad. paroisse, pour 9 années, moyennant 70 livres par an, outre la pension que prend sur lud. dîme l'abbaye de S¹-Martin de Séez; réserve du droit de patronage, le cas offrant (1494); copie collationnée par Egasse, tabellion de l'abbaye de S¹-Martin de Séez (1708). — Autre copie d'ordonnance de François Ferrault, écuyer, lieutenant ès vicomtés d'Argentan et de présent du bailliage d'Alençon, rendue en 1544 (v. s.) entre les abbé et couvent de S¹-Martin de Séez et d'Ardennes, concernant lesd. dîmes, collationnée par led. Egasse (1708). — Collation du prieuré-cure de S¹-Gervais et S¹-Prothais « de Cuy », diocèse de Séez, vacant « per discessum et fugam seu mortem civilem fratris Petri Labbé, phri. », à Jacques Marie, religieux d'Ardennes (1611). — Arrêt de deniers fait par Guillaume Feron, sergent royal à Caen, à la requête des prieur et religieux d'Ardennes, présents par Marc Sarrazin, l'un d'eux, entre les mains de Marin et Julien Gondouin, sur les deniers par eux dus à Guillaume Gallouis, ér., s' de Champfrulley, abbé d'Ardennes (1616). — Procédure en la juridiction des privilèges de l'Université de Caen, devant Hercule Vauquelin, écuyer, sieur des Yveteaux, lieutenant général au bailliage, entre frère Nicolas Thomas, prieur-curé du prieuré de Cuy, membre dépendant de l'abbaye d'Ardennes, et les abbé, prieur et religieux, auxquels il réclame le tiers des grosses dîmes de lad. paroisse ou une pension canonique (1631). — Procédure devant Jean Le Marchand, écuyer, sieur des Liguéries, lieutenant particulier assesseur criminel du bailli d'Alençon pour la vicomté d'Argentan et Exmes, entre l'abbé de S¹-Martin de Séez, Thomas Milton, fermier, et Gilles Le Fossier, sieur des Aulnés, fermier de la grosse dîme de la paroisse de Cuy appartenant aux religieux d'Ardennes, pour paiement de 48 boisseaux de froment, 56 boisseaux d'orge et 80 boisseaux d'avoine de pension, mesure ancienne d'Argentan (1659). — Ordonnance de frère André Fournereau, prieur de l'abbaye d'Ardennes, prescrivant, en conformité de sa visite faite avec Ambroise de S¹-Rémy, religieux de l'abbaye de S¹-Jean de Falaise, du prieuré de Cuy, à Norbert Le Haribel, prieur-curé dud. lieu, de rentrer dans 6 semaines dans lad. abbaye pour y faire une retraite et lui donner un acte fidèle de tout le revenu du bénéfice, de l'emploi qu'il en a fait, etc., et recevoir la correction qu'il mérite pour l'inobservance de ses vœux, règles et constitutions (1698); procédure au Parlement entre lesd. Fournereau, prieur d'Ardennes, et Norbert Le Haribel, prieur de Cuy, concernant l'exécution de lad. ordonnance (1698); suite de lad. procédure au Conseil privé et au Grand Conseil (1699-1701). — Baux: devant Richard-François Hardy, notaire aux sièges de Trouzy et Lingèvres, résidant à Juaye, par les prieur et religieux d'Ardennes, stipulés par Jean-Baptiste du Petit Bogg, prieur claustral, à Jacques-Antoine de Tinville et Meix, Jean Massuet, Guérant Valdoine l'aîné, bourgeois d'Argentan, des grosses dîmes de la paroisse de Cuy, pour 9 ans, moyennant 2,000 livres de fermages (1770); devant François-Jean Poignant, notaire à Caen, par Marie Hébert, prieur, Jean-Baptiste-Michel Alexandre, procureur, et Michel Olivier, maître des novices, de l'abbaye d'Ardennes, à Thomas Manoury, laboureur, de la Huguette, desd. dîmes, moyennant 2,400 livres de fermages et les charges (1789); annexé, engagement pris par Loriot de la Tour, caution de Manoury, d'acquitter les charges dud. bail (1789).

H. 204. (Liasse.) — 1 pièce, parchemin.

1193. — Démouville. — Confirmation par « Hugo de Cuzilbof » de la donation faite par « Hugo de Dumoville, de assensu Willelmi de Escapho, fratris sui primogeniti », à l'abbaye, de « terram in feodo meo apud Dumovillam », côtée moyennant 24 l. d'angevins pour lesd. Hugues de Démouville et 20 s. pour Hugues de Coulibœuf. « Actum... anno... M°C° nonag. V°, apud Caignarium, his presentibus Durando abbate de Troart, Roberto filio Comitis et Fulcone monachis suis, G., priore de Ard.., Fulcone de Vendovra et filio suo, militibus, Johanne Safreiio, Roberto filio Hugonis Capellani, et pluribus aliis. »

H. 205. (Liasse.) — 6 pièces, parchemin; 1 pièce, papier.

1224-1463. — Douvres. — Donations: par « Aelina, quondam uxor Rad. Labe », à l'abbaye, de rente de froment « ad mensuram de Lengronia », assise sur une pièce sise « juxta capellam Sancti Thome » et sur une terre sise « supra chiminum de Lu » (1084); au dos: « Beuvre, carta 1ᵉ »; — par « Willelmus de Curia, de Douvre », à l'abbaye, d'un setier de rente de froment à prendre « apud Doubram » (1238); « presentibus, Henrico, presbytero de Doubra », et autres exécuteurs de son testament; — de fonds aud. lieu par « Alexander Le Boteiller, de Doubra » (1240). — Reconnaissance de rente passée en faveur de l'abbaye par « Willelmus de Puteo, de Dobra » (1274). — Reconnaissance devant Jean et Richard Le Briant, tabellions à Caen sous Adam Roullant, garde du scel des obligations de la vicomté dud. lieu, par Robert de St-Croix, prêtre, demeurant à Douvres, acquéreur de biens décrétés à la requête de Rogier Rumont dit Ursnage, de rente due à l'abbaye d'Ardennes (1462, v. s.).

H. 216. (Liasse.) — 6 pièces, parchemin.

XIIIᵉ siècle-1494. — Ducy. — Donations à l'abbaye: par « Gervasius de Lucell. », de « quamdam terre particulam apud Duxeium (s. d.); — par « Oliverus de Chuig », de 3 vergées de terre « in territorio de Duxe sitas ad molendinum de Flael, inter terram decani Balov., et terram filii Sausus » (1242, avril); — par « Willelmus de Basvilla, miles », de 2 setiers d'orge de rente sur son moulin « de Russolo » (1251). — Vente par « Gaufr. de Insulis » à Mᵉ Pierre de Loucelles, chanoine de Bayeux, de 2 setiers de froment de rente assise aud. lieu (1250); portant au dos les cotes d'Ardennes. — Vente par « Aelicia, condam uxor Eudonis Bruisart defuncti, et Petrus dictus Bruisart », son fils, aud. Pierre de Loucelles, chanoine de Bayeux, de 2 pièces de terre « in territorio de Duxio », l'une sise « in dola que vocatur vadum Perroue, l'autre « in dola de veteri terra (1258). — Fieffe devant Jean Vaudry et Raulin Pouchin, tabellions en la sergenterie de Cheux sous Richard de Verdun, garde du scel des obligations de la vicomté de Caen, par frère Richard Delaval, prêtre, procureur des abbé et religieux d'Ardennes, à Martin Le Bouchier, de Stᵉ-Marguerite de Ducy, de cinq vergées de terre aud. lieu, moyennant 4 boisseaux de froment de rente, mesure de Caen (1494, v. s.).

H. 217. (Liasse.) — 11 pièces, parchemin; 40 pièces, papier.

1402-1766. — Épron. — Vente devant Colin de Vernay, tabellion juré commis et établi à Caen sous Gilles Gosselin, garde du scel de la vicomté de Caen, par Jouen Le Brun dit Du Bost, à Guillaume Le Landois, écuyer, demeurant paroisse de St-Pierre de Caen, d'une acre de terre (1402, 5 avril). — Fieffe devant Jean Hérouf et Henri Gast, tabellions en la sergenterie de Creully sous Adam Roland, garde du scel de la vicomté de Caen, par Jean de Manneville, écuyer, sieur du lieu et de Lantheuil, à Laurent Rondel, de la paroisse de St-Clair d'Hérouville, demeurant au hameau d'Épron, de 6 vergées de terre (1450). — Vente par Jean Le Cavelier, prêtre, de Cambes, à Jacques Hamery, de St-Gilles de Caen, de terre au terroir de St-Contest, hameau d'Épron, delle du bourg le Roi (1543); copie collationnée requête de Georges Sallet, abbé d'Ardennes (1640). — Copies de quittances de froment données par le receveur de l'abbaye (1555-1580), collationnées pour frère Bonaventure Le Fèvre (1630). — Signification à Jean Du Moncel, prieur de Coutombs, de mandement d'assignation requête de Guillaume Le Retours, curé de St-Ursin d'Épron, contenant que, bien que les dîmes appartiennent à son bénéfice, valant à peine 100 livres de revenu, cependant le prieur de St-Vincent de Lebisey, membre dépendant d'Ardennes, et le curé d'Hérouville, recueillent sur le terroir d'Épron plusieurs dîmes de grains à son préjudice (1560). — Reconnaissance de Jean Le Moyne, de la paroisse de St-Ursin d'Épron, du bail à lui fait par Jean Brunet, bourgeois de Caen, fermier général de l'abbaye, de 3 vergées de terre (1583). — Ratification devant Nicolas Rocque et Horace Le Forestier, tabellions à Caen sous Pierre de Bernières, écuyer, garde hérédital des sceaux des obligations de la vicomté dudit lieu, par Philippe Le Vavasseur, official de l'évêque de Bayeux, doyen de l'église collégiale du Sépulcre de Caen, Guillaume Champion, Samuel Lennard, « Fouery » Nouvel, Gaspard Le Vavasseur, Jacques Blouey et Jérémie de Laplace, chanoines dud. lieu, et André Hellouin, prêtre, à l'assistance de Baptiste de Villemor, abbé d'Ardennes, et Alphonse de Villemor, chapelain de la chapelle de St-Vincent de Lebisey, d'accord concernant la déclaration des terres assises aux paroisses et terroirs de St-Ursin d'Épron, de St-Pierre et St-Clair d'Hérouville, et hameau de Lebisey (1595). — Reconnaissance par Bertrand Le Boulengier, d'Épron, du bail à lui fait par André Bourdon, bourgeois de Caen, de 3 vergées de terre (1600). — Adjudication par Jacques Blondel, écuyer, lieutenant particulier civil et criminel du bailli de Caen, à la requête d'André Bourdon, fermier général de la terre et sieurie d'Ardennes, des récoltes d'Abraham Harel, saisies pour paiement de 5 années d'arrérages de rente (1608). — Sommation par Louis Le Moyne, sergent, à la requête des religieux

SÉRIE H. — ABBAYE D'ARDENNES.

d'Ardennes, stipulés par frère Bonaventure Le Febvre, à Pierre et Jean Harel, de payer 10 années d'arrérages de rente (1650). — Bail par Hélie Hadibert, écuyer, sieur du Manoir, à Richard Guérin, des terres et héritages dépendant du bénéfice d'Épron (1650). — Procédure au bailliage de Caen, devant Hercule Vauquelin, écuyer, sieur des Yveteaux, lieutenant général, et Guillaume Ruszot, écuyer, sieur de Janville, conseiller exerçant pour l'absence des lieutenants du bailli, entre Guillaume de Gallodé, abbé d'Ardennes, et Pierre et Jean Harel, pour paiement d'arrérages de rente. — Procédure aux privilèges de l'Université de Caen, devant Le Blais, conservateur desd. privilèges, entre Jacques Le Hare, Isaac Le Comte, curé de St-Ursin d'Épron, le doyen et chapitre de l'église collégiale du Sépulcre, patrons présentateurs, Jacques d'Angennes, évêque de Bayeux, frère Marc Sarrazin, prieur de St-Vincent de Lédisay, concernant la possession des dîmes de la paroisse d'Épron (1641). — Procédure au bailliage de Caen, devant Laurent du Bois, écuyer, sieur du Fer et de Villy, conseiller exerçant en l'absence des lieutenants du bailli, entre Jacques Hubot, économe de l'abbaye, et Gaspard de Melun, curé d'Hérouville, concernant la dîme sur biens à Épron (1650). — Reconnaissances : par Jean-François Le Boulenger du bail à lui fait par Gabriel Yver, sieur de la Garenne, procureur des religieux d'Ardennes, de 7 vergées de terre (1668); par Jacques Thyment, bourgeois de Caen, de 9 boisseaux d'avoine de rente (1671); devant Jacques Caumont et Nicolas Barboy, notaires à Cheux, par Jean-François Le Boulenger, du bail à lui fait par le frère Mathieu Trousselle, de 7 vergées de terre (1680). — Déclaration que baillent les prieur et couvent d'Ardennes des héritages qu'ils possèdent paroisse d'Hérouville, hameau d'Épron, dépendant de Jean-Baptiste Colbert, marquis de Seignelay, seigneur de Blainville, Hérouville, etc., contrôleur général des finances, etc. (1680). — Procédure au bailliage de Caen, entre les religieux d'Ardennes et Jacques Timent, sieur de Grimarais, concernant le paiement de 2 années de 9 boisseaux d'avoine, mesure d'Acques, de rente foncière (1685). Reconnaissance devant Jean-Jacques Bénard et Guillaume Fontaine, notaires à Caen, par Pierre Aubert, demeurant à Caen, paroisse N.-D., au Champ de la foire Royale, dans le pavillon de la Belle-Ville, par forme de titre nouveau et acte de revalidation des biens par lui acquis, aux religieux d'Ardennes, de 9 boisseaux 1/2 d'avoine de rente, sur vente aud. Aubert par François Pagny dit Duparc, bourgeois de St-Julien de Caen,

fils de feu Jacques Pagny, héritier de Marguerite Thiment, sa mère, fille de Jacques Thimont, s' de Grimaresy, et de Marie Challes, fille et héritière de Jacques Challes, s' du Parc (1700). — Déclaration du territoire d'Hérouville au hameau d'Épron, sur lequel se percevaient les traits de dîmes de St-Pierre et St-Clair d'Hérouville, St-Vincent de Lébisey, St-Ursin d'Épron et petites dîmes de St-Contest appartenant à l'abbaye d'Ardennes.

H. 292. (Liasse.) — 8 pièces, parchemin; 77 pièces, papier.

1508-1778. — Esquay. — Prise à fiefe par Roullin d'Olendon, fils Étienne, d'Esquay, demeurant à St-Nicolas de Caen, de l'abbaye, de fonds aboutant notamment Guillaume Bourgueville, le s' d'Esquay, etc. (1508). — Partages des successions : de Collas d'Ollendon entre ses fils Guillaume, Collas et Jean (1561); de Jean d'Ollendon, fils Guillaume (1571). — Vente par Nicolas d'Ollendon, fils Jean, d'Esquay, à Gilles Asselin, bourgeois de Caen, de terre à Esquay en la delle de la voie de Maltot (1600). — Remise devant Étienne Jouanne et Jean Carrey, tabellions à Préaux et Thury pour le siège de Vieux, par Germain Champion le jeune, bourgeois de St-Martin de Caen, à Collas d'Ollendon le jeune, sur clameur de marché de bourse, de terre à Esquay, delle de la Pasture (1601). — Procédure au bailliage de Caen, entre autres devant Isaac Le Porcher, écuyer, sieur de St-Christophe, conseiller exerçant la juridiction du bailli pour l'absence de ses lieutenants, entre les religieux d'Ardennes, Étienne Le Cornu, époux d'Hélène d'Ollendon, Marin Cardine, époux de Jeanne Blot, fille et héritière de Pierre Blot et de Marie d'Ollendon, et Colas d'Ollendon, pour paiement de rente (1630, ss). — Reconnaissance devant Thomas Vimont et Gilles Le Cordier, tabellions en la sergenterie de Préaux et Thury, sous Thomas Morant, chevalier, seigneur et baron du Mesnil-Garnier et de Courseulles, garde héréditaire des sceaux des obligations des vicomtés de Caen et d'Évrecy, par Jacques et Michel d'Olendon, d'Esquay, du partage fait entre eux des biens de Nicolas d'Ollendon, leur père (1649). — Procédure en la juridiction des privilèges de l'Université de Caen, devant Charles-Jacques Guhier de Jumilly, écuyer, lieutenant particulier au bailliage, entre les religieux d'Ardennes et Jean d'Ollandon, représentant Michel d'Ollandon, fils Nicolas, pour paiement de rente (1715). — Obligation par Jean et Thomas d'Olendon de payer la rente portée au contrat d'Hippolyte d'Olendon, aux religieux d'Ardonnées (1753). — Procédure au bailliage de Caen, devant Jean-Pierre-Nicolas-Anne Du Moustier de Canchy, lieutenant général, entre Pierre-Charles Colleville, fermier général de l'abbé d'Ardennes, et Jean Hourtin, acquéreur de Pierre d'Ollendon, prêtre, pour paiement de 5 années d'arrérages de rente (1756, ss.). — Transaction sur procès devant Thomas-François Le Pelletier, notaire à Évrecy, entre Jean-François Hourtin et Jean d'Ollendon, fils et héritier de Thomas (1757). — Reconnaissance devant Guillaume Fontaine et François Le Dupois, notaires à Caen, par Marie Patry, veuve de Jean-François Hourtin, et Pierre, Guillaume et Jean Hourtin, ses fils, et Jean Guillot, m[e] à Baron, représentant Pierre d'Ollendon, prêtre, fils et héritier de Jean d'Ollendon, envers l'abbé d'Ardennes, de rente (1773). — Titres, analyses, notes, généalogies, concernant la famille d'Ollendon ; extraits des journaux et papiers de recette de l'abbaye, procédures diverses.

(H. 299. (Liasse.) — 11 pièces, parchemin ; 7 pièces, papier.

1254-1551. — Éterville. — Donation par « Johanna de Crasmesnil, relicta Ricardi Bacon, militis, » de « Willelmum de Bosco cum toto tenemento quod tenebat de feodo meo apud Estarvill. » ; en outre, donation à l'abbaye de 2 setiers de froment de rente à percevoir « in masura quam Nicolaus de Astle tenet de me apud Estarvill. » (1253, février). — Reconnaissance (lacérée) devant Raoul Aligot, garde du scel de la vicomté de Caen, par Jean Le Mercier, de Brettevillesur-Odon, de la vente par lui faite à Me Robert Nuriote, d'une pièce de pré, etc. (1311). — Cession devant Guillaume du Teil, garde du scel de la vicomté de Caen, par « Gieffroy de Mondreville », écuyer, fils et hoir aîné de Robert, aux religieux d'Ardennes, de rente foncière à Éterville, pour les 3 setiers de froment que led. Robert de Mondreville, pendant sa vie, était tenu aux religieux « à cause d'une livreson que le dit Robert et sa fenne, mère du dit Gieffroy, avoient à leur vies, et que la dicte fame a encore et ara tant comme elle vivra en la dicte abbeye » (1335). — Reconnaissance devant le même par Thomas Du Bosc et Nicole, sa femme, et Roger Du Bosc et Perronnele, sa femme, d'Éterville, envers Jean Vaulart et Thomasse, sa femme, de rente (1343, lundi après la Notre-Dame en mars). — Remise devant Jean Le Brebenchon, tabellion sous Raoul Boillart, bourgeois de Caen, garde du scel des obligations de la vicomté, par Roger Godart, d'Éterville, aux religieux d'Ardennes, de terre « en la voie de Maletot » (1363). — Reconnaissances devant : Robert Le Monnier, tabellion à Caen sous Auberi Lévesque, garde du scel des obligations de la vicomté, par Thomas de Falaise, d'Éterville, envers les religieux d'Ardennes, de rente foncière (1392) ; — Guillaume Le Couvreur, tabellion à Caen, par Michel Le Gos, d'Éterville, envers les religieux, de rente (1392) ; — Pierre Valeren, tabellion à Caen, par Pierre Cahongnes, de Bretteville-sur-Odon, de la fieffe à lui faite par les religieux d'Ardennes, de pré (1423) ; — Guillaume Caudebec, tabellion à Caen sous Nicolas Bourgois, garde du scel des obligations de la vicomté, par Jean Le Gas, de St-Ouen de Caen, de la fieffe à lui faite par les religieux (1442, v. s.). — Accord devant Adam Roulant, garde du scel des obligations de la vicomté de Caen, Thomas Féron et Richard Le Couvreur, tabellions à Caen, entre les religieux d'Ardennes, stipulés par l'abbé Jean, Jean Cousin, prieur de Blay, Pierre Poitevin, prieur de Lébisey, et Jean Nouery, et Jean Morant, sur procès pour paiement d'arrérages de rente (1469, v. s.). — Ventes devant : Lucas de La Lande et Robert Le Saunier, tabellions à Caen, par Simon Le Saige, de Bretteville-sur-Odon, à fr. Christophe Du Moncel, prieur de Lébisey, de terre à Éterville (1513) ; — Jean Vaulry et Jean Rouxel, tabellions ès mettes de la sergenterie de Cheux, par le même, aud. Du Moncel, de terre (1514). — Cession devant Lucas de La Lande et Jacques Loyreux, tabellions à Caen sous Nicolas Le Vallois, écuyer, garde du scel des obligations de la vicomté, par Étienne Tiphaigne, d'Éterville, aux religieux d'Ardennes, de terres (1531). — Extrait du registre de Jouenne et Le Febvre, tabellions en la sergenterie de Préaux et Thury, concernant les lots faits entre les frères Gos (Gost), des biens de Guillaume, leur père (1550, 17 mars).

(H. 300. (Liasse.) — 6 pièces, parchemin ; 31 pièces, papier.

1555-1602. — Éterville. — Accord et marché entre Marguerin de La Bigne, abbé commendataire d'Ardennes, et Étienne Fernagu, concernant le bail à ferme des moulins d'Éterville et terres adjacentes, que tenait feu Raoullet Godefroy (1555). — Partage entre Jean, Me Blaise, Guillaume et Marc dits Morant, frères, fils Jean (1556, 9 mars). — Reconnaissance devant Charles Le Fournier, lieutenant général du vicomte de Caen, par Étienne Fernagu, avocat, et Jean du Moncel, religieux, bailli d'Ardennes, du bail fait par Marguerin de La Bigne, abbé d'Ardennes, des moulins d'Éterville (1557, 10 janvier). — Reconnaissance par Pierre Collette, de Louvigny, du bail desd. moulins, à lui fait par Baptiste de Villemor, abbé d'Ardennes (1567). — Extrait du registre de Jean Jouenne, tabellion en la sergenterie de Préaux et Thury, concernant le partage fait entre Henri Gost, prêtre, tuteur de Gervais Gost et ses sœurs, et led. Gervais (1571), collationné requête de Robert Duhamel, religieux d'Ardennes (1634). — Vente devant Jean Jouenne et Jean Tournemolle, tabellions ès mettes des sergenteries de Préaux et Thury, par Gervais Gost à Jean de La Court, s' de Maltot, de terre (1573). — Extrait du registre du tabellionage de Caen, concernant la vente faite par Henri Gost à Antoinette de Varignières, veuve de Charles d'Esterville, s' du lieu, stipulée par Thomas de La Rivière, de la condition de reméré de 3 vergées de terre (1590). — Procédure au bailliage de Caen, devant Jacques Blondel, écuyer, lieutenant, entre Clément de Vaux et Jacques Adam, fermiers de l'abbaye d'Ardennes, et Henry « Gost », prêtre, pour reconnaissance de rente (1591). — Procédure devant Jean de La Court, s' du Buisson, vicomte de Caen, entre les religieux d'Ardennes, Raulin Le Sauvage, Marc Morant, tuteur des enfants d'Allain Barbullée, Guillaume Morant, tuteur de la fille de Pierre Morant, et Gilles et Pierre Morant, concernant le paiement d'arrérages (1593). — Extraits du papier terrier rendu en l'abbaye d'Ardennes, par Clément de Vaux et Jacques Adam, fermiers, concernant les paiements de rentes faits par Blaise Morant, Henri et Gervais « Gost » représentant Thomas Fallaize (1594). — Procédure en la juridiction des privilèges de l'Université de Caen, devant Nicolas Vauquelin, écuyer, s' des Yveteaux, lieutenant général au bailliage de Caen, entre Jean Brunet, receveur de l'abbé et religieux d'Ardennes, et Henri « Gotz », pour paiement de rente (1595). — Extrait du registre du tabellionage de Caen, concernant la vente faite par Jean de La Court, sieur d'Ingreville, à Thomas Morant, receveur général des finances à Caen, de la condition de reméré de la vente faite à Raulin Le Sauvage (1595). — Déclaration des biens d'Henri « Gotz » et feu Gervais « Gotz », mis en décret à la requête de Jean Brunet, fermier de l'abbaye, pour paiement de rente (1597). — Instruction de la prétendue de Claude d'Acby, s' de St-Germain, pour lui et sa femme, fille et héritière de Charles d'Éterville, contre la veuve Gervais Gotz et son fils, concernant rente due à l'abbaye.

R. 301. (Liasse.) — 6 pièces, parchemin; 47 pièces, papier.

1603-1772. Éterville. — Copies de procédures devant Jean de Malfillastre, écuyer, sieur de Martinbosq, vicomte et maire de Falaise, entre Jean Brunet, lieutenant au siège de l'Amirauté de Caen, et devant fermier de l'abbaye d'Ardennes, et les héritiers Henri « Gosts », concernant paiement de rente (1603-1605). — Procédure devant Guillaume Vauquelin, écuyer, sieur de la Fresnaye, lieutenant général du bailli de Caen, entre led. Jean Brunet et la veuve de Gervais Gost, pour paiement de rente (1605). — Procuration par Jean de La Croix, prieur claustral, François Liays, Jacques Marie, Guillaume Denis, Jean Auber, Jean Honnoray, Laurent de Véchy, Augustin Panier, Marc Sarrazin, religieux, à Jean de La Croix, prieur, et Guillaume Denis, d'emprunter à François du Bouillonné, abbé du Mondaye, François Troussey, abbé de Blancbelande, et Antoine « de Cremmentoth », chantre de l'église de Bayeux, et extrait des délibérations capitulaires de l'abbaye, pour trouver argent afin de faire le reméré et remboursement des moulins d'Éterville, nommés les moulins d'Ardennes, vendus aux ventes ecclésiastiques, et les réunir à la mense conventuelle (1613). — Procédure devant Guillaume Vauquelin, écuyer, président et lieutenant général au bailliage et siège présidial de Caen, entre les religieux d'Ardennes stipulés par frère Guillaume Denis, Jean Du Thon, écuyer, sieur du Quesnay, et Isabelle Augustiny, veuve du s' d'Aubigny, chargée de garantie pour Jean de Croismare, conseiller au Parlement, concernant la remise desd. moulins (1614). — Échange devant Richard Mirey et Jean Carrey, tabellions en la vicomté de St-Sylvain et le Thuit au siège de Vieux, entre Claude d'Asché, sieur de St-Germain, et Anne d'Éterville, sa femme, civilement séparée, avec Jean Le Vallois, sieur de Fontaine-Étoupefour, gentilhomme ordinaire de la chambre du Roi, de terres à Éterville (1617). — Extrait de l'état de distribution des deniers provenant du décret requis par Gaspard Gosselin, sieur de Villons, d'une pièce de terre à Éterville ayant appartenu à Gervais Gost (1617). — Procédure au bailliage de Caen, devant Hercule Vauquelin, écuyer, sieur des Yveteaux, lieutenant général, entre les religieux d'Ardennes et Philippe Morant, pour paiement de 10 années d'arrérages de 4 boisseaux de froment de rente foncière à cause de 5 vergées de terre à Éterville, selon contrat de 1408 (v. s.) (1631). — Cession devant Mathieu Delalonde et Jean Crestien, tabellions à Caen, par Pierre Morant, fils de feu Guillaume, héritier de feu Blaize Morant, prêtre, son oncle, aux religieux d'Ardennes, stipulés par frère Robert Duhamel, de 2 pièces de terre, pour demeurer quitte de 4 boisseaux de froment de rente et de 14 années d'arrérages (1631). — Reconnaissance devant Mathieu Delalonde et Michel Lesueur, tabellions à Caen, par Jacques Cahaignes, d'Angueray, demeurant à Clopée, paroisse de Mondeville, du bail à lui fait par les religieux, stipulés par frère Bonaventure Lefebvre, de 2 moulins à eau nommés les moulins d'Ardennes, sis à Éterville, et dépendances, 4 acres 1/2 de terre en deux pièces nommées les grandes et petites « Ardaines », moyennant 300 boisseaux d'orge et 200 boisseaux de froment, mesure d'Arques, de fermages, outre les charges (1634). — Échange devant Pierre Vimont et François Clérice, tabellions en la sergenterie de Préaux et Thury pour le siège de Vieux, entre Chrétien Vimont, bourgeois de Vaucelles de Caen, pour lui et Thomasse Morant, sa femme, et Jacques Paul, bourgeois de Caen, de terres (1653). — Reconnaissance devant Mathieu Delalonde et Michel Lesueur, son adjoint, tabellions à Caen, par Esther Houel, veuve de Mathieu Robillard, et Robert Robillard, son fils, d'Éterville, du bail à eux fait par les religieux d'Ardennes, stipulés par Robert Duhamel et Antoine Fournier, des 2 moulins d'Ardennes et lesd. terres d'Éterville, moyennant 200 boisseaux de froment, mesure d'Arques, et 200 livres par an, outre les charges (1640 ; renouvellement dud. bail à Robert Robillard, par Robert Duhamel, sous-prieur (1646). — Reconnaissance par Thomas Du Velleroy, d'Éterville, du bail à lui fait par f. Pierre Bouchard, de 3 portions de terre (1666). — Procédure en la juridiction des privilèges de l'Université de Caen, devant Laurent Du Thon, écuyer, sieur du Quesnay, ancien conseiller du Roi au bailliage et siège présidial, exerçant la juridiction pour l'absence de Du Moustier, lieutenant général aud. siège, conservateur desd. privilèges, entre les religieux et Antoine Marc, écuyer, sieur de Lignerolles, fils et héritier de Jacques Marc, écuyer, sieur des Pallières, héritier d'Antoine Marc, curé d'Éterville, pour paiement de fermages dud. Velleroy, à la caution dud. curé (1676, s.d.) ; autres procédures y relatives. — Reconnaissance devant François Le Sénécal, notaire à Évrecy, et Thomas Foucher, sergent à Préaux, pris pour adjoint, par Gilles Rolland, du bail à lui fait par frère André Fournereau, de 3 pièces de terre (1680) ; renouvellements. — Vente devant Antoine Basire et Guillaume Jolivet, notaires à Caen, par Charles Du Thon, écuyer, sieur de Montcarville, demeurant à Caen, aux religieux d'Ardennes, stipulés par Pierre Le Compte, prieur, et Louis Prolichet, procureur, de terres (1700) ; quittances de treizièmes par Morant de Courseulles et F. de Launay Normandie. — Baux de terres devant les notaires de Caen : par frère Jean Callimache, procureur de l'abbaye, à Thomas Roullant (1741), par f. Isaac Lesage à Jacques Meury (1773), etc.

H. 302. (Liasse.) — 4 pièces, parchemin ; 8 pièces, papier.

1302-1505. — Évrecy. — Donation devant Robert Le Monnier, tabellion à Caen, par Alain Gondouin, écuyer, et Jean Gondouin, écuyer, son fils aîné, aux religieux d'Ardennes, de 40 sols t. de rente à prendre sur Colin Guillemin, Pierre Gondouin, père dud. Alain, Jeanne et Colette, filles de feu Colin Delamare, et feu Colette, jadis femme de feu Alain Gondouin, ayant eu intention et dévotion de donner pour faire leur obit, aux abbé et couvent d'Ardennes, deux setiers de froment de rente, dont l'assiette était encore à faire (1301, 22 janvier). — Reconnaissance devant Michel Valemont, tabellion commis sous Colin de Vornay, tabellion ès mottes des sergenteries de Villers et Évrecy, par Pierre de Laize, aux religieux, de rente (1400, 11 février). — Reconnaissance devant Bertrand Flageye et Pierre Prunier, tabellions ès mottes des sergenteries de Villers et d'Évrecy, par Michel Drouet, prêtre, de la paroisse d'Évrecy, de la fieffe à lui faite par frère Christophe Du Moncel, prieur de Lébisey, procureur des religieux (1508). — Reconnaissance par Colas Poucquet, de St-Pierre de Caen, pour frère Jean du Moncel, religieux, bailli et receveur de l'abbaye d'Ardennes (1550).

H. 303. (Liasse.) — 1 pièce, parchemin.

1255. — Falaise. — Donation à l'abbaye d'Ardennes par « Thomas, filius Johannis Bertini, de Falesia, » de 2 s. t. de rente « ad usum vero cerei ardendi ad missas in honore Dei et sanctæ Dei Genitricis Virginis Mariæ ibidem celebrandas », lad. rente assise « in quadam platea cum domo sita in parrochia Sancti Gervasii de Falesia », etc. (janvier 1255, v. s.).

H. 304. (Liasse.) — 2 pièces, parchemin.

1499-1517. — Ferrière-Hareng (La). — Accord devant Jean Le Briant et Jean Rouxel, tabellions à Caen sous Richard de Verdun, procureur en l'audience du Roi, garde du scel des obligations de la vicomté de Caen, entre les religieux d'Ardennes, stipulés par Richard Delaval, abbé, et Michel Le Roy, religieux et bailli de l'abbaye, et Guillaume Blanevillain, écuyer, seigneur de la Ferrière-Hareng, sur leur procès concernant possession de terre (1483 v. s.). — Lecture aux pieds de la baronnie de la Ferrière-Hareng, des lettres, chartes et mandements établissant les droits de l'abbaye dans les bois de la seigneurie (1517).

H. 304 bis. (Liasse.) — 2 pièces, parchemin ; 27 pièces, papier.

1679-1786. — Fervaques. « Liasse unique, savoir, un contrat de vente d'une office de jaugeur faite par de Coursières, une renonciation faite par la veuve de Coursières et son fils à la succession de son mary, du 19 Janvier 1728, un aveu informe rendu par led. de Coursières à la seigneurie de Fervaques par lequel il reconnoit devoir un chapon et un denier de rente seigneuriale, un extrait de contrat de mariage dud. Coursières du 14 X^{bre} 1730 », etc. — Annulation devant Gabriel Le Front, notaire en la vicomté d'Orbec pour la sergenterie de Bienfaite, par Guillaume Bertout, sieur de La Croix, et François de Coursières, sieur de Longchamp, du contrat de vente par Bertout aud. de Coursières de la charge et office de jaugeur royal des poids et mesures de cette vicomté (1679). — Extraits des registres des mariages de Fervaques et du registre plumitif du greffe de la basse justice de la seigneurie de Fervaques (1734). — Aveu à « Charles-Denis de Bullion, chevalier, seigneur marquis dud. lieu, Gallardon, Montainville, etc., baron de Fervaques, Prétreville, Cheffreville, La Crouple, St-Aubin et autres terres et seigneuries, conseiller du Roi en ses Conseils d'honneur et Parlement de Paris, prévôt de la ville et prévôté de Paris, par François-Jacques de Coursières, en sa seigneurie de Fervaques (s. d.). — Dossier provenant de l'abbaye d'Ardennes (chemise de la Révolution).

H. 305. (Liasse. — 13 pièces, parchemin ; 7 pièces, papier.

XIIIe siècle-1776. — Fontaine-Henry. — Donation par « Willelmus Sacerdos, filius Odonis de Fontibus », à l'abbaye, de fonds sis « apud Fontes juxta Molineaus, dimidiam acram terre sitam super cheminum... et totum campum meum qui dicitur Le Val Gislebert » (s. d.). — Vidimus en 1435, intitulé au nom d'Ysard Grippel, bailli de St-Sylvain et du Thuit, par Guillaume Le Couvreur, tabellion à Caen, d'une charte scellée du sceau de Robert de Fontaines, chevalier, portant donation à l'abbaye de rente sur son moulin de Fontaines (1214). — Donation par « Thomas Lesor, de Cadomo », de 3 pièces de terre « in territorio de Fontines », sises « apud Les Mesnil », « ad viam de Lespine », et « ante londam Domini » (1258). — Donation par « Philippa, uxor Unfridi de Caron », pour son anniversaire, d'une pièce de terre « in territorio de Fontibus, super Griavesne » (1273, février). Important fragment de sceau. — Confirmation par « Gervasius dictus Castel » de lad. donation de Philippa, sa mère (1275). — Donation par « Johannes de Tilleyo, miles, dominus de Fontibus Henrici », à l'abbaye, pour son obit, de rente à percevoir sur sa dime de Fontaine-Henri, « de Fontibus Henrici » (1297). — Reconnaissance devant Pierre Valleren, tabellion à Caen, par Colin Elies, de Fontaine-Henri, de la fieffe à lui faite par Benest Le Coutellier, conseiller du Roi, de 14 vergées de terre à Fontaine-sur-Amblie (1420). — Donation par Benest Le Coustellier, écuyer, conseiller du Roi, l'un des gens de sa Chambre des Comptes à Paris, aux religieux, de son droit sur 14 vergées de terre qui souloient appartenir à Thomas Dufour, à charge de services religieux (1421). — Donation devant Guillaume Caudebec, tabellion à Caen, par « Auvord Durant », curé de « Fontaines le Henry », aux religieux d'Ardennes, de rentes, à charge de services religieux (1445, v. s.). — Transaction devant Jean Douesnel et Pierre Corbol, tabellions en la sergenterie de Bernières, entre Jean Osmont l'aîné, de Bény, et Jean Girard l'aîné, sur leur procès en vicomté de Caen, concernant la saisie de récoltes sur 5 vergées de terre à Fontaines (1582). — Quittance par Jacques Adan, bourgeois de Caen, ci-devant l'un des fermiers de l'abbaye, à Guillaume Hellye, bourgeois de Caen, d'arrérages de rente (1594). — Reconnaissance devant Jacques Le Danois et Guillaume Jolivet, notaires à Caen, par Nicolas Hellie, bourgeois de Caen, aux religieux d'Ardennes, de 16 sols de rente foncière, pour fieffe de 14 vergées de terre faite à Colin Hélie, suivant contrat de 1420 (1683) ; procédure y relative au bailliage de Caen, entre les religieux et led. Hélie (1683). — Reconnaissance de Marguerite « Eslie » (elle signe Hellie), veuve de M. de Berville « Dunors », écuyer, tutrice de ses enfants, envers les religieux, de rente (1721). — Reconnaissance devant Fontaine et François Le Danois, notaires à Caen, par Guillaume Bedouel, aux religieux, stipulés par Philippe Dudouet, notaire royal apostolique à Caen, de 16 sols de rente foncière comprise dans la vente à lui faite par Jean-Baptiste Le Noble, écuyer, conseiller au bailliage de Caen, de plusieurs maisons et héritages à Fontaine-Henry, de laquelle rente Le Noble avait été chargé par Pierre Dunot, écuyer, seigneur de Berville (1766).

H. 306. (Liasse.) — 3 pièces, parchemin.

1482-1607. — Fontenay-le-Pesnel. — Vente devant Jean Desmaires, tabellion à Caen, par Gorat Jouin, de Fontenay-le-Pesnel, aux religieux, de 6 boisseaux de froment de rente, mesure ancienne de Caen, à prendre sur tous ses biens, moyennant 8 l. t. avec un pot de vin (1482, pénultième mars). — Reconnaissance devant Jean Le Briant, clerc, tabellion juré à Caen sous Jean Washeborne, écuyer, garde du scel des obligations de la vicomté de Caen, par Aubery de la Carière, de la paroisse d'Anisy, pour lui et Jean de la Carière, son frère, de la vente aux religieux d'Ardennes de 15 vergées de terre, à St-Martin de Fontenay, aboutant sur le terroir de Javigny, moyennant 20 saluts d'or du prix de 30 sols pièce et 8 sols de vin (1442). Il s'agit bien ici, non de St-Martin-de-Fontenay, canton de Bourguébus, mais de la paroisse St-Martin, une des deux de Fontenay-le-Pesnel, canton de Tilly-sur-Seulles. — Procédure au grand Conseil du Roi, entre Jean Le Chanteur, m⁰, bourgeois de Caen, opposant aux criées des biens saisis sur feu Jacques Du Val, sieur de « Mondreville », à la requête de François Brissonnet, conseiller au Parlement de Paris, Jacques Brette, notaire et secrétaire du Roi, et autres créanciers dudit Du Val, pour être payé avant eux de 24 boisseaux de froment, mesure de Bayeux, à prendre sur les biens sis à Fontenay (1607).

H. 307. (Liasse.) — 10 pièces, parchemin; 2 pièces, papier.

1261-1427. — Franqueville. — Cession par « Robertus dictus Quatresouz, de Franqua Villa », à « Guillelmo dicto Le Rossel, de Besachya, pro suo servicio », et moyennant 110 s. t., de 3 mines d'orge de rente, mesure de Franqueville, à prendre « in masnagio meo de Franquevill..., sito juxta queminum domini Regis » (1260, mars). — Vente par « Guills. dictus Le Roussel, de Casseio », à « Roberto dicto Escalegrain », moyennant 6 l. et 6 s. t., de 3 mines d'orge de rente sur led. fond, plus rente assise à Cussy (1277, avril). — Vente par « Robertus dictus Gemblin, de Francavilla », à l'abbaye, d'une pièce de terre « sitam ad molendinum venti », pour 40 s. t. (1293, v. s.). — Échange entre « Guills. de Bruecort, miles », et l'abbaye, de 2 acres de terre « apud Fouberfolie » et de 2 setiers d'orge que le monastère lui devait, contre 2 pièces de terre possédées par led. chevalier « apud Francam Villam in

parrochia Sancti Germani de Alba Herba, quarum una sedet in haute parvi muri de Ardena », etc. (1301). — Donation devant Guillaume Du Tell, garde du scel de la vicomté de Caen, par « Clémence, jadis fille Gieffroy de Venois », écuyer, de la paroisse de St-Pierre de Bréville, à l'abbaye, d'un quartier de froment de rente, à prendre sur un ménage assis paroisse de St-Germain-la-Blanche-Herbe, à Franqueville, etc., à charge de services religieux (1334). — Vente devant le même, par Guillaume Bréart et Agnès, sa femme, de Bréville, d'un quartier de froment de rente à la mesure de Caen (1337). — Vente par Philippe Le Roy, de « Quernet », Pierre Pachie et Pierre Paumier, de Couloinbs, à Martin Asson, de St-Nicolas de Caen, d'une pièce de terre (1351, v. s.). — Reconnaissance devant Jean Le Brebenchon, tabellion à Caen, par Raoul Jemblin, aux religieux d'Ardennes, d'un setier de froment, mesure de Franqueville, 1 géline, 10 œufs, 1 journée à faner près, avec un hommage, à cause d'une acre 1/2 de terre au terroir de Franqueville (1365); à la suite, aveu de Pierre Jemblin (1427), etc., copies collationnées sur le grand et petit chartrier de l'abbaye, représenté par frère Norbert Moulinet (Il signo Molinet), par Ledars, premier huissier à Caen (1665). — Vente devant le même par « Grégore de Ros », de Cairon, à Thomas de La Barre, de St-Germain-la-Blanche-Herbe, de 2 boisseaux de froment de rente de l'obligation de Guillaume de Buron (1374).

H. 308. (Liasse.) — 18 pièces, parchemin; 3 pièces, papier.

1387-1552. — Franqueville. — Vente devant Jean Quatrans, tabellion à Caen, par Thomas Le Creste, de St-Nicolas de Caen, à Raoul Davot, de St-Germain-la-Blanche-Herbe, de 1/2 acre de terre (1386, v. s.). — Reconnaissance devant Robert Le Monnier, tabellion à Caen, par Thomas Danjou à Thomas Guillebert, de rente avec un hommage, à cause de 7 vergées de terre au hameau de Franqueville (1393). — Vente devant Colin de Vernay, tabellion à Caen, par Thomas Tiphaine et Michelle, sa femme, de St-Pierre d'Hérouville, à Michel Le Normant, de rente (1398). — Reconnaissances devant : Michel Valemont, tabellion à Caen sous Colin de Vernay, tabellion à Caen, par Robert Danjou et Simone, sa femme, de la fieffe à eux faite par les religieux d'Ardennes (1403, 11 avril); Jean de La Fontaine, tabellion à Caen, par Robert Danjou, de la fieffe à lui faite par les religieux d'Ardennes (1405, 29 mars). — Donation devant Colin de Vernay, tabellion à Caen, par Jean Letrechie, curé de Quatre-

Mares, aux religieux d'Ardennes, de rente sur Jean Allain l'aîné (1410). — Vente devant Michel Valemont, tabellion ès mettes des sergenteries d'Ouistreham et Bernières, par Michel Le Normant à Guillebert de Lion, demourant à Franqueville, de 4 boisseaux de froment, 1 géline et 10 œufs de rente (1410, v. s.). — Vente devant led. de Vernay par Jean Briasri, à l'abbaye, de 3 vergées de terre (1418, v. s.), copie collationnée sur l'original, par Ledare, huissier à Caen (1687). — Vente devant Raoul Le Couvreur, tabellion à Caen, par Jean de Lion, de la paroisse de St-Germain-la-Blanche-Herbe, hameau de Franqueville, à l'abbaye, de 4 boisseaux de froment de rente avec 1 géline et 10 œufs (1431). — Cession devant Jean Desmaires, tabellion à Caen, par Jean de Cheux, douyer, aux religieux d'Ardennes, de son droit sur 6 boisseaux de froment et 1 géline de rente de l'obligation de Thomas Danjou (1434, v. s.). — Extrait du registre du tabellionage de Caen, concernant la fieffe faite par Jean de « Bally », bourgeois de St-Gilles de Caen, à Michel Jemblin, d'un manoir, eroutte et jardin (1442), collationné par Georges Le Bas, garde dud. registre, à la requête des prieur et religieux de l'abbaye d'Ardennes (1628). — Fieffe devant Jean Le Briant, tabellion à Caen, par Jean Le Pipperel, de Marigny, vicomté de Bayeux, et pour la veuve de Girot Le Sénéchal, demeurant paroisse St-Martin de Bayeux, et pour Guillaume de Branville, au droit de sa femme, demeurant à Asnelles, lesd. femmes sœurs dud. Le Pipperel, à Thomas Meheult, de St-Germain (1456). — Vente devant Jean Le Briant, tabellion à Caen, par Drouin Vallée, bourgeois de Caen, et Mariotte, sa femme, aux religieux d'Ardennes, d'une vergée de terre (1460). — Copie de reconnaissance devant Jean Le Briant, tabellion à Caen, par Thomas Maheult, de Franqueville, de la fieffe à lui faite par les abbé et religieux d'Ardennes (1460, v. s.). — Remise à droit de lignage et marché de bourse, devant Jean Le Briant, tabellion à Caen, par Richard Normant, à Raoul et Colin Le Bailli, frères, natifs d'Authie, de 3 vergées de terre (1461).

H. 309. (Liasse.) — 23 pièces, parchemin ; 20 pièces, papier.

1467-1568. — Franqueville. — Reconnaissance devant Thomas Féron et Richard Le Couvreur, tabellions à Caen, par Colin Le Bailli, de la fieffe à lui faite par les religieux (1467). — Aveu à Jean Bureau, archidiacre de Coutances et de Senlis, seigneur du fief, terre et sierrie de Venoix, par Thomas Morin, à cause de sa mère, d'une vergée de terre sise à Franqueville, etc. (1485). — Échange devant Jean Vauldry et Raoulin Pouchin, tabellions ès mettes de la sergenterie de Cheux, par Richard, abbé et administrateur perpétuel du monastère et abbaye d'Ardennes, et frères Pierre Le Bourgeois, prieur, Cauvel, Le Marchant, Le Gallet, La Bourse, Poyen et Quesnel, religieux, et Michel Meheult, de pièces de terre (1494). — Extrait d'un registre écrit en parchemin, relié en bois et couvert de cuir, « auquel n'y a d'intitullement », terminé en 1496, concernant les tenures de Michel Jemblin, Richard Maheust, Jean Allain l'aîné, Henri Bucellay, prêtre, collationné à la requête de Baptiste Caignard, Pierre et Martin Meheust, frères, par Calbrio, greffier ordinaire de l'abbaye (1629). — Vente devant Jean de La Lande et Robert Le Briant, tabellions à Caen, par Guillaume de Nouray, de St-Manvieu, à Jean Le Besivre, de St-Germain, de 6 vergées de terre (1501). — Aveu rendu à Jean Bureau, archidiacre et chanoine de Coutances, seigneur des fiefs, terres et seigneuries de Montenay et de Grentheville, par Germain Desblés, prêtre, pour lui et « Thiennotte », veuve de Noël Desblés, de St-Germain (1507, v. s.). — Vente devant Jean de Cussy et Nicolas Corpsderoy, tabellions ès mettes des sergenteries d'Ouistreham et Bernières, par Thomas Perrine, d'Authie, à Regnault Caignart, bourgeois de Caen, et sa femme, du droit de condition par lui retenu en vendant une demi-acre de terre (1510). — Vente devant Lucas de La Lande et Robert Le Saunier, tabellions à Caen, par Perrin Maheust, à Philippin Flambart, d'une acre de terre, etc. (1512, v. s.). — Vente devant Jean Vauldry et Jean Rouxel, tabellions ès mettes de la sergenterie de Cheux, par Guillaume de Villy, de Rots, tuteur de ses enfants, pour subvenir au mariage de Jeanne, sa fille, à Philippin Flambart, bourgeois de Caen, de terre (1514). — Vente par Philippin Flambart, bourgeois de St-Nicolas de Caen, à Martin Blondel, prêtre, de la paroisse de St-Germain-la-Blanche-Herbe, de terre (1523). — Vente par Jean Meheult, à Michel d'Éterville, de terre (1524), copie collationnée sur l'original représenté par frère Norbert Molinet par Ledare, premier huissier à Caen (1665). — Vente devant Lucas de La Lande et Guillaume Collibert, tabellions à Caen, par Martin Jemblin à Philippin Flambart, d'une maison avec jardin (1525). — Vente devant Lucas de La Lande et Guillaume Parisy, tabellions à Caen, par Jean Meheust le jeune, fils et héritier de Pierre Meheust, demeurant au Nombril-Dieu près Caen, à Philippin Flambart, de 6 vergées de terre (1526). — Transport devant Lucas de La

Lande et Jacques Leyreux, son adjoint, tabellions à Caen, par Martin Jembelin à Philippin Flambart, de condition retenue en vendant une maison avec jardin (1537). — Décharge donnée par Pierre Mahoust, aîné d'une vavassorie de 16 acres, à S¹-Germain, tenue des fiefs de l'abbaye de S¹-Étienne de Caen, à frère Gilles Cuirel, prieur de S¹-Germain-la-Blanche-Herbe, de la part de ce qu'il pourrait faire pour 2 pièces de terre (1533). — Remise à droit de condition devant Lucas de La Lande et Denis de La Haye, tabellions à Caen, par Michel d'Éterville à Philippin Flambart, de terres (1538). — Vente devant les mêmes par Michault Liebles, de S¹-Germain, à Philippin Flambart, de terre (1541).

H. 310. (Liasse.) — 23 pièces, parchemin ; 21 pièces, papier.

1542-1665. — Franqueville. — Aveu à Bertrand Ménard, seigneur de la Ménardière, Grentheville, Giberville et Venoix, par Gilles Morin, prêtre, Martin Jombelin et Jean Morin, « faicturier » de la confrérie S¹-Nicolas érigée en l'église de S¹-Germain-la-Blanche-Herbe, Roger Allain, « faicturier et entremetier » du luminaire de Notre-Dame, érigée en lad. église, etc. (1542). — Vente devant Denis Delahaye, et Richard Noël, tabellions à Caen, par Jean Debledz à Philippin Flambart, d'une vergée 1/2 de terre, moyennant 8 l. t. et 3 s. t. de vin (1542, v. s.). — Extrait d'aveu de la vavassorie de Raoul Jembelin, en la main de Gilles Morin, prêtre, concernant la tenure de Simon Le Paumier, de S¹-Louet près Authie (1543, v. s.). — Vente devant Guillaume Parisy, notaire à Caen, par Michel Morin, fils Jean, à Gilles Morin, prêtre, son oncle, demeurant paroisse de S¹-Germain-la-Blanche-Herbe, d'une vergée de terre à Franqueville, tenue du fief de Venoix, appartenant à Bertrand Ménard, sr de Giberville (1543, v. s.). — Lots devant Pierre Honorey et Jean Desobeaux, tabellions ès mettes des sergenteries d'Ouistreham et Bernières, entre « Gires Mourin », prêtre, de S¹-Germain, et Jean « Mourin », son frère, des biens de leurs père et mère (1543). — Ventes devant : Adrien Gosseaulme, écuyer, notaire à Caen, sous Louis Richart, écuyer, garde du scel des obligations de la vicomté, par Jean « Debleys » à Jean Flambart, bourgeois de Caen, de condition perpétuelle retenue en la vente de terre (1545); Guillaume Cueuret, notaire à Caen, par Alain « de Blez » à Jean Flambart, bourgeois, de 1/2 acre de terre, moyennant 9 l. t. (1547, v. s.); Adrien Gosseaulme, écuyer, et Guillaume Cueuret, tabellions à Caen, par Jean Blondel, fils Guillaume, à Robert Flambart, bourgeois, de 3 vergées de terre (1548, v. s.); Guillaume Cueuret et Nicolas Deslandes, tabellions à Caen, par Marin Blondel à Jean et Robert Flambart, bourgeois, de 1/2 5 vergées de terre (1549); les mêmes, par Jean Boesart l'aîné et Jean Boesart, son fils, Marin Estace, Thomine, sa femme, et Michelle, fille de feu Pierre Boysart, à Jean et Robert Flambart, bourgeois de Caen, d'une vergée de terre (1550, v. s.). — Extrait des registres du greffe de la vicomté de Caen, concernant la jurée faite faire par Jacques Varin, de biens à S¹-Germain, hameau de Franqueville, pour paiement de 5 années d'arrérages de 4 boisseaux de froment et de 11 années d'arrérages de 6 boisseaux de froment de rente de l'obligation de Jean Debledz (1551, v. s.). — Cession par Guillaume Le Paulmier, enchérisseur et adjudicataire des biens décrétés par Germain Jembelin, prêtre, « faicturier » de la confrairie S¹-Nicolas fondée en l'église de S¹-Germain-la-Blanche-Herbe, de son droit, à Guillaume Frogier (1557). — Fieffe devant Hugues Étienne et Jacques Pigache, tabellions à Caen sous Étienne du Val, écuyer, sieur de Mondrainville, receveur général des finances pour l'augmentation des gages et solde de la gendarmerie en Normandie, garde du scel de la vicomté de Caen, par Simon du Vivier, prieur de S¹-Germain, à Guillaume Frogier, bourgeois de Caen (1563). — Vente devant Étienne Le Coustelier et Michel de Quenchy, tabellions en la vicomté de S¹-Sylvain et Le Thuit au siège de Vaucelles de Caen, sous Jean Du Buisson, écuyer, garde du scel des obligations de lad. vicomté, par Allain de Bledz, à Thomas Le Sénécal, de Carpiquet, de maisons avec jardin (1566). — Quittance de 35 sols donnée par François Desmarquets, prieur de S¹-Germain-la-Blanche-Herbe, à Guillaume Froger, bourgeois de Caen, pour fieffe de biens dud. prieuré (1567). — Aveu aux abbé et religieux d'Ardennes, à cause de leur fief et sieurie Thiouf, par Germain Jemblin, prêtre (1578). — Accord sur procès en la vicomté de Caen, entre Baptiste de Villemor, aumônier du Roi, abbé d'Ardennes, et les frères Debledz, concernant le paiement de 126 boisseaux de froment dus par Allain Debledz, leur père (1579). — Aveu à Guillaume Novince, sieur d'Aubigny, Cahaignes, vicomte hérédital d'Esquay, baron de Crépon, président et trésorier général de France au bureau des finances de Caen, par Martin et Robert Le Paumier, fils Simon, Louis Le Paumier, fils Guillaume, pour lui et Denis Le Paumier, son frère, etc., de terres à Franqueville (1587), copie collationnée par Hue, tabellion en la sergenterie de Graye, à la requête de Jacques de Novince, chevalier de S¹-Jean de Jérusalem, seigneur baron et châtelain de Crépon (1585). — Fieffe par Martin Jemhelin, prêtre, de St-Germain, à Germain Boisard, de maisons, jardin et pièces de terres (1558). — Cession devant Pierre Bacon et Horace Le Forestier, tabellions à Caen, par François Allain à Marin Blondel (1589). — Vente devant François Paris et Pierre Fauger, tabellions au siège de Vaucelles de Caen, par Guillaume Boisard, fils Jean, à Marin Nourry et Jacques Nourry, son fils, de maison, jardin et pièces de terre (1591). — Remise à droit d'héritage, devant Richard Martin et Horace Le Forestier, tabellions à Caen, par Marin Boullaye, bourgeois de Caen, à Marie Massé, femme séparée de biens de Cardin Jemhelin, de 9 vergées 1/2 de terre (1593).

H. 311. (Liasse.) — 21 pièces, parchemin; 83 pièces, papier.

1594-1635. —Franqueville. Copie de choix de lots devant Louis « Radul », écuyer, lieutenant général du vicomte de Caen, entre « Abacu » et Pierre Blondel, frères, des biens de la succession de Jean Blondel, leur père (1594). — Obligation de Germain Trenchant, de Franqueville, envers Michel Le Foullon, sergent, de lui représenter 4 bêtes à laine avec 2 écuelles d'étain exécutées sur Jean de Bledz, fils Michel, « de lad. paroisse de Francqueville »; vente à la requête des religieux (1598). — Ventes devant : Nicolas Roque et Horace Le Forestier, tabellions à Caen, par Marin et Jacques Nourry, à Thomasse Flambart, veuve de Jean Froger, bourgeois de Caen, d'une portion de jardin avec maison (1598) ; Jean Boullaye et Jean Drouet, tabellions en la sergenterie de Bernières pour le siège de Cairon, par Jacques Boissard, fils Germain, à Thomas Le Révérend, fils Pierre, de terre (1604). — Partage entre Jean Germain, Thomas Germain, Martin et Jean Debleds, pour eux et Noël et Jacques Debleds, leurs frères, du consentement d' « Abacut » et Pierre Blondel, leurs oncles, des biens de Michel Debleds, leur père (1606) ; autre partage entre Jean et Robert Debleds, des biens de leur père (1608). — Vente devant Richard Martin et Mathieu Delalonde, tabellions à Caen, par : « Abacus » et Pierre Blondel, frères, à Thomasse Flambart, veuve de Jean Froger, bourgeois de Caen, de 7 vergées 1/2 de terre, moyennant 240 l. t. (1609); Marguerin Jemhelin, bourgeois de St-Ouen de Caen, à Guillaume Jemhelin, fils Cardin, d'une maison (1610). — Aveu aux abbé et religieux d'Ardennes, en leur noble terre et sieurie Thiouf, par Jacques Jemhlin, bourgeois de Caen (1610). — Fieffe devant Robert Caumont, notaire à Cheux, par Jean Dufour, bourgeois de Caen, à Charles Briand, de maisons avec granges et jardin (1612). Ventes devant : Nicolas Rocque et Gilles Potier, tabellions à Caen, par Jean Debleds, à Thomasse Flambart, veuve de Jean Froger (1612) ; Richard Martin et Nicolas Rocque, tabellions à Caen, par Pierre Blondel, à lad. dame, du droit de condition de réméré par lui retenu sur la vente de 7 vergées 1/2 de terre (1612) ; Nicolas Rocque et Gilles Potier, par Jacques Boissard, à lad. dame, de terre (1613) ; les mêmes, tabellions à Caen, par « Abacu » Blondel, à lad. dame, du droit de condition de réméré par lui retenu sur la vente de 7 vergées 1/2 de terre (1614). — Reconnaissance devant Jean Drouet et Hébert Louys, tabellions à Cairon, par Jacques Boissard, de la vente par lui faite à Guillaume Jemhelin, bourgeois de Caen, de terre (1616). — Vente devant Nicolas Roque et Richard Martin, son adjoint, tabellions à Caen, par Pierre Lamy, à lad. dame, d'une maison avec jardin et pièce de terre (1618). — Vente par « Habacu » (il signe : Abacus) et Pierre Blondel, frères, à Robert Jemhlin, bourgeois de Caen, de 1/3 acre de terre, moyennant 100 l. t. (1618). — Quittances par Jacques Morin à Guillaume Jemhelin, bourgeois de Caen, d'arrérages de rente (1620-1621). — Ventes devant : Mathieu Delalonde et Michel Le Sueur, tabellions à Caen, par Thomas Debledz, à lad. Thomasse Flambard, veuve de Jean Froger, sieur d'Albray, avocat, bourgeoise de Caen, tant pour elle que pour Georges Sallet, sieur de Quilly et Cintbeaux, maître des requêtes ordinaires de l'hôtel de la Reine, époux de la fille et héritière dud. Froger, d'une portion de jardin avec grange (1625) ; les mêmes, par Gilles Jemhelin, bourgeois de St-Ouen de Caen, du consentement de Germain Jemhelin, curé de Biéville, tuteur de Gracien Jemhelin, frère dud. Gilles, à Guillaume Jemhelin, bourgeois de St-Martin, de terre (1627). — Reconnaissance d'Olivier Orenge, tabellion, demeurant à Lantheuil, pour Bonaventure Le Febvre, religieux d'Ardennes, de la somme de 6 livres pour solde de frais (1630). — Vente devant Mathieu Delalonde et Michel Le Sueur, tabellions à Caen, par Thomas Jemhelin, fils Jean, à Guillaume Jemhelin, de partie de maison (1631). — Aveu à Jean Le Neuf, sr du fief de Venoix dit Montenay, lieutenant en la vicomté de Caen, par Pierre de Bledz (1632). — Remise à droit de sang devant Mathieu Delalonde et Michel Le Sueur, tabellions à Caen, par Robert Jemhelin, sieur du Mesnil, md, bourgeois de Caen, tuteur des enfants de feu Gilles Jemhelin, son frère et cohéritier en la succession de Jacques Jemhelin, leur père, à Pierre Blondel, fils « Abacus », et Jacques Blondel, fils Pierre, de terre (1633). — Vente devant Mathieu Delalonde et Michel Le Sueur, tabellions à Caen, par Pierre et Jacques Blondel, à Georges Sallet, sieur de Quilly, Cintheaux, Cauvicourt et Jacomesnil, procureur général au Parlement de Normandie, de la condition de réméré retenue par leur père, dans la vente faite à Jembelin, bourgeois de Caen, de 1/2 acre de terre (1633).

H. 312. (Liasse.) — 37 pièces, parchemin ; 63 pièces, papier.

1634-1652. — Franqueville. — Déclaration et vente des récoltes bannies à la requête de Louis Navince, seigneur et baron châtelain de Crépon, pour paiement de 50 boisseaux de froment, mesure ancienne de la baronnie de Crépon, sur les Le Faulmier (1634). — Remise à fin d'héritage devant Mathieu Delalonde et Michel Le Sueur, tabellions à Caen, par Nicolas Madeline, sieur de la Vallée, bourgeois de Caen, stipulant Georges Sallet, seigneur de Quilly, Cintheaux, Cauvicourt, Jacobmesnil et de la Heraudière, procureur général au Parlement de Normandie, et son épouse, fille et héritière de défunte Thomasse Flambart, dame d'Albray, à François et Sébastien Nourry, frères, stipulés par Jacques Nourry, leur père, du droit d'engagement fait à lad. dame d'Albray, par Marin et Jacques Nourry, père et fils, d'une portion de jardin (1637). — Reconnaissance par Thomas Debledz, du bail à lui fait par led. Sallet, stipulé par Robert Madeline, bourgeois de Caen, de terre (1639). — Procédure devant Le Conte, official de l'abbaye de St-Étienne de Caen, entre Suzanne de La Londe, de la paroisse St-Nicolas, hameau de la Maladrerie, demanderesse en promesse de mariage consommé, parlant par André Dégremont, prêtre, avocat, son conseil, et François Debledz, demeurant au hameau de Franqueville, paroisse de St-Germain-la-Blanche-Herbe (1639) : articles que baille à justice lad. Suzanne, par lesquels elle prétend prouver et vérifier : « 1, que depuis viron an et demy, led. Debledz l'a hantée et fréquentée lorsqu'elle demeuroit chez un nommé Geffroy Le Cocq en qualité de servante, aud. hameau de la Maladerie, et ce à dessein de l'espouser ; 2, que led. Debledz non content d'avoir recherché lad. de La Londe en la maison d'icelluy Le Cocq, il a encore pris occasion de la voir et visiter en la maison d'un nommé Simon Briant, aud. lieu de la Maladerie, par plusieurs foys, et a mesme couché en la maison dud. Briant à dessein d'avoir plus d'occasion de voir et visiter lad. de La Londe ; 3, que depuis viron quatre moys led. Debledz, ensuitte desd. recherches, a fait promesse à lad. de La Londe de l'espouzer ; 4, qu'ensuitte et soubs assurance desd. promesses led. Debledz a tellement sollicité lad. de La Londe qu'ils ont consommé le mariage entr'eux, en telle sorte qu'elle seroit devenue grosse de ses œuvres ; 5, que depuis encore deux jours led. Debledz a esté trouvé nuitamment couché avec lad. de La Londe en la maison dud. Briant, où elle fut obligée d'aller par la sollicitation dud. Debledz, et où il luy réitera encore pour lors lesd. promesses, l'assurant qu'il ne la quitteroit ny abandonneroit jamais ; 6, que pour plus grande assurance et confirmation de tout ce que dessus, led. Debledz voulut donner dix livres t. à lad. de La Londe un peu auparavant qu'il eust esté trouvé couché avec elle ; 7, qu'après que led. Debledz eut esté trouvé couché avec lad. de La Londe, il advoua qu'il avoit fait plusieurs choses qui n'estoient pas bonne à faire avec lad. de La Londe, tout ce que dessus offre prouver en cas de déniance » (15 février) ; forclusion de lad. de La Londe, faute d'avoir voulu conclure en cause, son avocat n'ayant voulu ou pu dire excuse pertinente pour défendre lad. conclusion, disant seulement qu'il n'avait vu depuis longtemps lad. de La Londe, etc. (10 juin). — Ventes devant Mathieu Delalonde et Michel Le Sueur, tabellions à Caen, par : Baptiste Caignard, bourgeois de Caen, à Guillaume Jembelin, de terre (1640) ; Charles Jembelin, bourgeois de Caen, à Guillaume Jembelin, bourgeois de Caen, de terre (1640). — Procédure aux plaids de la ville et banlieue de Caen, tenus par Gilles Huo, écuyer, sieur de Luc, vicomte de Caen, entre Alexandre Sallet, sieur de Colleville, fils et héritier de Georges Sallet, et de Thomasse Flambart, dame d'Albray, et Jean Blondel, pour paiement d'arrérages de rente (1642). — Inventaire des titres concernant la terre de Franqueville, mis aux mains des prieur et religieux par Alexandre Sallet, seigneur de Colleville et Quilly, suivant le contrat de vente passé devant Thomas Dubosc et Robert Le Picard, tabellions à Rouen, en 1642 ; à la suite, pièces concernant : la possession de 5 vergées de terre à St-Germain, delle de Longueraye ; l'engagement de 6 acres de terre fait à Philippine Froger par Charles Jembelin, et la vente d'Isaac Lamy ; les terres sises à Rots, à Authie, à St-Louet, à St-Contest ; inventaire des titres et pièces concernant les rentes vendues par M. de Colleville aux religieux d'Ardennes. — Aveux aux religieux d'Ardennes, à cause de leur fief, terre et seigneurie d'Ardennes, nommé le fief Thiouf, par Jean et Philippe Debledz, fils Thomas (1648). — Échange devant

Jean Le Febvre et Vincent Lucas, tabellions en la haute justice d'Argences et St-Gabriel au siège d'Amblie et Cairon, par Guillaume Méheust, bourgeois de Caen, et les religieux d'Ardennes, stipulés par Robert Du Hamel, sous-prieur, et Jean-Chrysostome Touraine, procureur de l'abbaye, de pièces de terre (1649-1650). — Échange devant les mêmes, entre Catherine Ozenne, veuve de Baptiste Guignard, et les religieux d'Ardennes, stipulés par Robert Du Hamel, sous-prieur, et Basile Gombert, procureur de l'abbaye, de pièces de terre (1650). — Reconnaissance par Guillaume Le Terrier du bail à lui fait par les religieux (1651). — Ventes devant : François Delaporte et Jean Crestien, tabellions à Caen, par Robert Jemblin, sieur du Mesnil, md, bourgeois de Caen, aux religieux d'Ardennes, de pièces de terre et jardin (1651) ; Jean Le Febvre et Pierre Longuetant, tabellions en la sergenterie de Bernières pour le siège de Cairon, par Claude Poutrel, sr du Clos, bourgeois de Caen, aux religieux d'Ardennes, stipulés par Robert Du Hamel, sous-prieur, de terre (1652) ; François Delaporte et Pierre Delacroix, tabellions à Caen, par Anne Debleds, fille et héritière de Robert Debleds, aux religieux d'Ardennes, stipulés par Robert Du Hamel, sous-prieur, et Basile Gombert, procureur de l'abbaye, de terre (1652). — Échanges de terres devant : Jean Le Febvre et Vincent Lucas, tabellions en la sergenterie de Bernières au siège de Cairon, entre Philippine Gibert, veuve de Raoulin Le Berger, fille et héritière de Girette Blondel, et les religieux d'Ardennes, stipulés par Robert Du Hamel, sous-prieur (1652) ; Jean Le Febvre et Hébert Louys, tabellions aud. siège, entre Gilles Jemblin, bourgeois de Caen, et les religieux d'Ardennes stipulés par Robert Du Hamel, sous-prieur, et Baptiste Jean, religieux (1652). — Procédure devant Jean Blondel, écuyer, sieur et châtelain de Tilly, lieutenant particulier au bailliage et siège présidial de Caen, entre les religieux d'Ardennes, et Jean et Philippe Debleds, pour paiement de 50 boisseaux de froment, mesure ancienne de Caen, revenant à 41 boisseaux 2/3, mesure d'Arques, de rente due au sr de Crépon, pour héritages assis à St-Germain-la-Blanche-Herbe, hameau de Franqueville (1652).

H. 913. (Liasse.) — 15 pièces, parchemin ; 32 pièces, papier.

1658-1670. — Franqueville. — Échanges devant : Thomas Le Sueur et Guillaume Delaporte, tabellions à Caen, entre Charles Jemblin, bourgeois de Caen, et Anne Le Queru, sa femme, pour eux et Gilles Jemblin, leur fils, et Anne Jemblin, leur fille, et les religieux d'Ardennes, stipulés par Robert Du Hamel, sous-prieur, et Basile Gombert, procureur de l'abbaye (1652) ; les mêmes, entre Madeleine Le Brethon, veuve de Pierre de Bernières, écuyer, sieur et baron de Louvigny, conseiller du Roi en son Grand Conseil, et les religieux d'Ardennes, de 25 boisseaux de froment de rente, mesure d'Arques, assis à Franqueville, contre 1 acre de terre à Louvigny, etc. (1653) ; Thomas Le Sueur et Jean Crestien, tabellions à Caen, entre Laurent Le Raguais, licencié aux droits, chanoine régulier et prieur de la maison-Dieu de Caen, et André Danjou, bourgeois de Caen, administrateur receveur du bien et revenu de la maison-Dieu, et les religieux d'Ardennes, représentés par Robert Du Hamel et Basile Gombert, de rente assise à Franqueville contre rente assise à Vendix (1653). — État de distribution par Siméon de Fontaines, écuyer, sieur de Neuilly, vicomte de Caen, des deniers provenant du décret requis par Michel Le Coq, sieur du Verger, bourgeois de Caen, des biens de Charles Jemblin, bourgeois de Caen, pour paiement d'arrérages de la rente dotale de feu Marie Jemblin, femme dud. Le Coq, sœur dud. Jemblin (1653). — Procuration par Augustin Guillard, prieur, André Le Roy, Baptiste Jean, Paul Lhermitte, Ambroise Deslandes, Bernard Cailly, Hugues Barbey, Simon Formage, Jacques Seron, Charles Chrestien, Bonaventura Désert, Philippe Malfillastre, Paul Terrier, Antoine Fournier, Gilles Le Hault et Jean Brec, religieux d'Ardennes, à Basile Gombert, religieux et procureur de l'abbaye, de recevoir de Gilles et Anne Jemblin le prix de l'adjudication de 2 pièces de terre faite à Robert Jemblin, sr du Mesnil, au décret des héritages de Charles Jemblin. Seeau ; signatures des religieux (1654). — Bannie et adjudication à titre du bail, par les trésoriers généraux de France au bureau des finances de Caen, en la salle des audiences du bailliage et siège présidial de Caen, présence de Siméon de Fontaine, écuyer, sieur de « Nueilly », vicomte de Caen, Gaspard Collin, procureur du Roi, et Jean de La Verge, contrôleur du domaine, à Noël Le Vieux, de la « ferme » de Franqueville ; contre lettre en blanc par led. Le Vieux, de St-Aubin d'Arquenay (1655). — Contrainte en la maison de Franqueville, relevant et dépendant de la baronnie de Crépon, par la prise d'un vieux manteau de bure grise, et assignation à Jacques Lamy, fermier, pour le voir vendre le lendemain aux vendues de « nanps » à Caen, si faire le veut, instance de Françoise de Mainbeville, dame de lad. baronnie de Crépon, tutrice des enfants mineurs de Louis

Novinée, seigneur et baron de Crépon et d'Aubigny, pour paiement de 3 années d'arrérages de 50 boisseaux de froment (1635). — Procédure au bailliage de Caen, devant M. du Bouillon, lieutenant, entre les religieux d'Ardennes et Pierre Canton, bourgeois de Caen, époux de Marguerite Richard, l'une des filles et héritières de feu Nicolas Richard, s' de Bonchamps, pour paiement de rente (1656). — Saisie à la requête du procureur général au Parlement de Rouen et de la Chambre souveraine établie par le Roi pour la levée du droit de francs-fiefs, nouveaux acquêts et amortissements en Normandie, poursuite et diligence d'Urbain Menant, qui a traité avec le Roi desd. droits, d'un cheval sur Charles-Jean Bellin », bourgeois de Caen, parlant à la femme de son fermier, taxé à 25 livres, avec les 2 s. p. l., pour une « fois à pigeons sels parc. de Franqueville »; procédure y relative devant Louis Le Pesnnier, procureur du Roi au bailliage et siège présidial de Caen, commissaire subdélégué par les commissaires généraux établis pour les francs-fiefs, nouveaux acquêts et amortissements, les religieux étant cédés, par échange, aux droits de Charles Jemblin (1658). — Accord devant Jean Crestien et Guillaume Delaporte, tabellions à Caen, entre Olivier Nicolle, sieur de la Martinière, bourgeois de Caen, fils de Martin Nicolle, sieur de la Martinière, et Guillaume Jemblin, bourgeois de Caen, ayant été établi tuteur dud. de La Martinière et de défunts Germain et Pierre Nicolle, ses frères, sur procès en Parlement concernant sa gestion (1660). — Décharge par la Chambre Souveraine établie par le Roi pour la liquidation des droits de francs-fiefs, nouveaux acquêts et amortissements en Normandie, aux religieux d'Ardennes, de leur taxe desd. droits, à cause de leur acquisition Charles Jemblin (1660). — Vente devant Pierre Desoulle et Jean Regnouf, tabellions aux sièges de Cairon et Fontaine-Henri, par Jean Debled, fils Thomas, de Carpiquet, aux religieux d'Ardennes, stipulés par le P. Mathieu Troseille, de 3 vergées de terre (1665). — Reconnaissances devant les mêmes, par François Nourry, du bail à lui fait par les religieux d'Ardennes, stipulés par frère Norbert Molinet, d'une chambre avec grenier et 2 étables, et par Salomon Debleds, du bail à lui fait par les religieux d'Ardennes, stipulés par led. frère Norbert Molinet, de maisons avec jardin (1665). — Transaction devant lesd. Pierre Desoulle et Jean Regnouf, entre Jacques de Novinée, chevalier, seigneur baron et châtelain de Crépon, et les religieux d'Ardennes, sieurs et patrons de la paroisse de St-Germain-la-Blanche-Herbe et autres, sur leur procès en vicomté de Caen, sur la réclamation par led. de Novinée des arrérages de 50 boisseaux de froment, mesure ancienne de Caen, de rente foncière par lui prétendue seigneuriale, assise sur fonds qu'il prétendait mouvant de son fief et baronnie de Crépon (1665). — Vente devant Guillaume Delaporte et Jean Rougen, tabellions à Caen, par Augustin de Longchamps, bourgeois de Caen, à Thomas Boupion, écuyer, sieur des Jumeaux, demeurant à Rosel, de terre (1670).

II. 214 (Liasse.) — 7 pièces, parchemin; 44 pièces, papier.

1671-1782. — Franqueville. — Reconnaissances devant Thomas Le Sueur et Jean Rougen, tabellions à Caen, par Charles Lamy, bourgeois de Caen, de la vente par lui faite à Gilles Jemblin, bourgeois de Caen, d'un bout de grange avec portion de jardin (1671); Jean Caumont, tabellion à Cheux, et Jean Mauger, sergent royal aud. lieu, pris pour adjoint, par François Nourry, du bail à lui fait par les religieux d'Ardennes, stipulés par fr. Norbert Du Saussoy, de chambre, grenier, étable et jardin (1672). — Vente devant Julien de La Croix, notaire tabellion royal à Caen, et Charles Hauge, greffier au bailliage et siège présidial de Caen, pris pour adjoint, par Gaspard de Cauvigny, écuyer, seigneur et patron de Coulomby, et Catherine Le Thanneur, son épouse, héritière en partie de Jean Le Paulmier, écuyer, sieur de St-Louet, à Gilles Jemblin, sieur de Francheville, bourgeois de Caen, et à Anne Gilles, sa femme, de 15 livres de rente sur Marie Lamy (1677). — Extrait d'aveu et dénombrement rendu au Roi par Charles-Maurice Le Tellier, archevêque duc de Reims, premier pair de France, abbé commendataire de St-Étienne de Caen, et les prieur et couvent, des biens sis à Franqueville (1678). — Reconnaissance devant Jacques Caumont et Nicolas Barbey, son adjoint, notaires pour la sergenterie de Cheux, par François Nourry, du bail à lui fait par les religieux d'Ardennes, stipulés par les P. Grégoire Bonhomme et Mathieu Troseille, prieur et procureur, d'une chambre avec grenier et 2 étables (1679). — Aveu aux abbé, prieur et religieux d'Ardennes, par Philippe de Bleds (1680). — Reconnaissance par Marguerite Paix, veuve de Pierre de Bled, du bail à elle fait par les religieux d'Ardennes, stipulés par fr. André Fournereau, d'une chambre haute avec étable faisant partie d'un corps de logis à Franqueville (1685). — Aveu aux prieur et religieux d'Ardennes par Guillaume Delaporte, bourgeois de Caen, de maisons avec cour, jardin et pièces de terre (1686). — Transaction devant Antoine

Basire, écuyer, et Guillaume Jolivet, notaires à Caen, entre les religieux d'Ardennes et Gilles Jemblin, Jacques et Thomas Mauger, bourgeois de Caen, héritiers de Nicolas Mauger, leur frère, sur leur procès concernant le paiement de 178 livres réclamées par led. Jemblin comme faisant partie de la vente de son tiers coutumier (1691). — Reconnaissance devant François Le Sénécal, notaire à Évrecy, et Jacques Caumont, ex-notaire à Cheux, pris pour adjoint, par Toussaint Nourry, du bail à lui fait par les religieux d'Ardennes, stipulés par le P. Thomas Desplanches, de salle, boutique, étable et la moitié du haut de la grange donnant sur la rue, moitié de jardin, la part de la cour et 6 vergées de terre (1698). — Extrait des registres d'états des décrets tenus aux plaids de la vitte et banlieue de Caen, au rapport de Charles Bellet, conseiller assesseur en la vicomté, des deniers provenants du décret requis par Supplix Caradeville, bourgeois de Caen, des biens de Cardin Jemblin (1699). — Reconnaissance par Charles Varignon, Jacques Lamy et Louis de Baly, du bail à eux fait par les religieux d'Ardennes, des maisons, jardins et terres ayant appartenu à Jacques Jemblin et depuis à Jean Hue, écuyer, héritier dud. Jemblin, religionnaire fugitif, et enfin auxd. religieux par droit d'adjudication définitive faite à Colleville Le Sueur, ancien conseiller au Parlement de Normandie (1701). — Vente par les commissaires généraux députés par le Roi pour la vente et aliénation de ses justices, domaines, cens, rentes et autres droits, aux religieux d'Ardennes, de la tiefferme de « Francheville » (1702). — Quittance par Le Saulnier, huissier des comptes à Rouen, au P. procureur de l'abbaye, pour frais d'un exécutoire obtenu contre les religieux pour l'enregistrement de lad. vente (1708). — Reconnaissance devant Robert Caumont, notaire à Cheux, par François Blouet, écuyer, héritier de Pierre Blouet, écuyer, secrétaire du Roi, maison couronne de France, demourant à Caen, de la vente à Pierre Moisson, sieur d'Urville, docteur agrégé aux droits en l'Université de Caen, avocat au bailliage et siège présidial, de maisons et pièces de terre (1712) ; contrelettre pour les religieux d'Ardennes. — Vente devant Jacques Andrey et Jacques Faguet, notaires à Caen, par Guillaume de Bieds, aux religieux d'Ardennes, stipulés par le P. Jean-Baptiste Froudemiche, de la 4e partie de 7 vergées de terre à Franqueville, nommée le jardin Moria (1713). — Requêtes à l'intendant Guynet par : François Blouet, écuyer, pour obtenir décharge de 70 livres à lui imposées au quadruple pour n'avoir déclaré la juste valeur d'une petite ferme (1718) ; les prieur et religieux d'Ardennes, ayant acquis un entretenant de Blouet, dont ils ont payé le droit d'amortissement, afin d'être déchargés de l'impôt du dixième dent. biens et obtenir la radiation du rôle du sam dud. Blouet (1717). — Reconnaissance devant Thomas-François Le Sénécal, notaire à Évrecy, par Pierre Lamy, du bail à lui fait par le P. Jean Du Houet, d'une maison, cour et jardin (1718). — Reconnaissance par Guillaume Lamy du bail à lui fait par les religieux d'Ardennes, stipulés par le P. Gilles Héroult, de maisons, cour et jardin (1718).

H. 915 (Liasse.) — 16 pièces, parchemin ; 41 pièces, papier.

1723-1790. — Franqueville. — Bail par Servais Néel de la Caillerie, prieur de l'abbaye d'Ardennes, au nom de toute la communauté, à Jean Lamy, pour lui et Judith Le Hérisser, sa mère, et Pierre Lamy, son frère, à Guillaume Lamy, fils Jean, etc., de terres (1723). — Reconnaissances devant : Thomas-François Le Sénécal, notaire à Évrecy, par Gilles Belhôte et Gilles Rahôte, son neveu, stipulant Nicolas Belhôte, son père, envers les religieux d'Ardennes, stipulés par le P. Gilles Héron, de rente foncière et seigneuriale (1725) ; — le même, par Guillaume Varignon, conjointement avec Marguerite Le Petit, sa mère, du bail à lui fait par led. Pilon, de maisons avec grange, la moitié d'une autre grange et un jardin (1726) ; — le même, par Charles Le Petit, du bail à lui fait par les religieux, stipulés par le P. Michel Pilon, d'une maison avec jardin (1727) ; — le même, par Anne Faulcon, veuve de Gilles d'Éterville, et Jean, son fils, du bail à eux fait par led. Pilon, d'une maison avec grange et jardin (1732) ; — le même, par Guillaume Varignon, du bail à lui fait par led. Michel Pilon, d'une maison avec grange et jardin (1736). — Reconnaissances devant : les notaires de Caen, par Jean d'Éterville, du bail à lui fait par led. Pilon, d'une maison avec cour, grange et jardin (1740) ; — les mêmes, par Guillaume Varignon, fils Charles, du bail à lui fait par le P. Guillaume-François Bizeon, de maisons, avec 2 étables, une grange et un jardin (1743) ; — Philippe Dudouet et François Boullin, notaires à Caen, par Robert Massieu, demourant à St-Contest, hameau de Buron, du bail à lui fait par lesd. religieux, de partie de maison avec 1 écurie, 4 petites étables, 2 granges, 1 charterie et 1 jardin (1745) ; — les notaires de Caen, par Charles Le Petit, du bail à lui fait par les religieux, stipulés par le P. Pierre Lacerel, de 3 vergées 3 perches de terre. maison, etc. (1748). — Aveux rendus aux prieur et religieux d'Ardennes, en leur noble fief, terre et seigneurie d'Ardennes nommé le fief Thibout, par : Edouard Le Pesant, Agnès Varin, veuve de Nicolas Boisard, André de Bailly, Jean et Guillaume « Mebley », frères, Noël Lair et Isaac Toutain (1754). — Baux devant : les notaires de Caen, par les religieux, stipulés par le P. Louis-Charles Gontier, à François Renouf, d'une maison avec jardin, etc. (1756) ; — Richard-François Hardy, notaire aux sièges de Treungy et Engeurre, résidant à Juaye pour l'exercice dud. offices, par led. Gontier, à la veuve de Michel Noury, de partie de maison, 1/6 de grange et 1/3 de jardin (1757) ; — François Le Danois, notaire à Caen, par le P. François Pain, procureur, à François Renouf, d'une maison avec jardin et pièces de terre (1758) ; — Guillaume Fontaine, notaire à Caen, par les P.P. Denis-Charles Alliot, prieur, et Gabriel Arondel, procureur, à Catherine Lamy, veuve de Charles Le Petit, et Nicolas Goude, son gendre, de 1/2 acre de terre, moyennant 13 livres d'argent et 4 livres de sucre fin (1761) ; Guillaume Fontaine, notaire à Caen, par le P. Michel Bourget, procureur de l'abbaye, à Madeleine Lamy, veuve de Thomas Le Bardinier, et à Charles Lance, son gendre, d'une maison avec jardin (1767 ; — les notaires de Caen, par le P. Isaac Le Sage, à Nicolas Goude, de 1/2 acre de terre (1770) ; les mêmes, par led. Le Sage à Archange Le Terrier (1771), à Nicolas Goude (1772), à François Renouf (1775). — Lettre d'Alliot, prieur d'Ardennes, concernant la saisie pour non enregistrement à la Chambre des Comptes de Rouen du contrat de la fieffe-ferme de « Francheville » (1778) ; à la suite, quittance donnée par Grancher, procureur en lad. Chambre des Comptes, à Bailleul, feudiste, de 37 livres 13 sols 6 deniers pour enregistrement dud. contrat de fieffe-ferme pour lesd. religieux (1780). — Baux devant les notaires de Caen, par le P. Louis-Marie Delinchamps à Jean Deblois, de partie de maison, de 1/3 de grange avec pièces de terre (1781) ; Jean d'Éterville (1781) ; Nicolas Goude, tailleur d'habits, au hameau de Franqueville, de 3 vergées de terre, moyennant 45 livres en argent et 12 livres de savon de Marseille (1781) ; par le P. Gabriel-Simon Bottey, à Guillaume Noury, tailleur de pierre, d'une maison avec grange, jardin et pièces de terre (1781) ; par le P. Jacques Mottelay à Nicolas Goude, de 3 vergées et 3 perches de terre (1782 ; par led. à Charles Lance, d'une maison avec jardin, le 1/3 de la petite grange et pièces de terre (1783) ; par le P. Jean-Baptiste-Michel Alexandre, à Jean d'Éterville, de pièces de terre (1790).

H. 816. (Liasse.) — 9 pièces, parchemin ; 13 pièces, papier.

1527-1790. — Franqueville. Hameau Caen. - Ventes devant : Lucas de La Lande et Jacques Loiseau, son adjoint, tabellions à Caen, par Martin Jambolin à Philippe Flambart, bourgeois de Caen, de 1/2 acre de terre avec un masure à « roselle » dessus étant, au terroir de St-Germain, « au hamel Cocqu » (1527) ; — les mêmes, par Jean Moleuil l'aîné, de St-Nicolas de Caen, demeurant au Nombril-Dieu, à Philippe Flambart, de 3 vergées de terre (1528, v. s.) ; — Michel Lesueur et Jean Crestien, tabellions à Caen, par Charles Jambelin, bourgeois de Caen, à Guillaume Jembelin, bourgeois de Caen, de 1/2 vergée de terre, au terroir de St-Germain-la-Blanche-Herbe, hameau de Franqueville, delle du « hamel Cuqu » (1637). — Reconnaissance par Jacques Lamy, fils Pierre, du bail à lui fait par les religieux d'Ardennes (1640). — Échange devant Jean Crestien et François Delaporte, tabellions à Caen, entre Pierre et Louis Fanet, père et fils, bourgeois de Caen, et Jacques Le Grand, héritiers d'Isaac Morin, bourgeois de Caen, et Nicolas Richard, sieur de Bouchamp, bourgeois de Caen, de pièces de terre (1640). — Remise par Pierre Cardon, sieur de la Garenne, bourgeois de Caen, à Louis Fanet, sergent, tuteur de ses enfants, de terres (1640). — Remise devant Jean Rougan et Jean Olivier, tabellions à Caen, par Philippe Hudierne, avocat, bourgeois de Caen, à Suzanne Lefort, veuve de Louis Fanet, bourgeois de Caen, épouse d'Hélie Ledrand, bourgeois de Caen, de terres (1672). — Reconnaissance par Jean de Bled du bail à lui fait par fr. Thomas Desplanches, procureur de l'abbaye, de terres (1691). — Baux de terres devant : les notaires de Caen, par le P. Louis-Charles Gontier à Laurent Le Pelletier (1756) ; François Le Danois, notaire à Caen, par le P. François Pain, procureur, à Jacques et Denis Lance et à Pierre Heusey (1758) ; Guillaume Fontaine, notaire à Caen, rue Caponière, par Denis-Charles Alliot, prieur de l'abbaye, et Gabriel Arondel, procureur, à Pierre Noury (1761) ; le même, par le P. Michel Bourget à Geneviève Anguehard, veuve de Pierre Hue (1767) ; les notaires de Caen, par le P. Isaac Le Sage à Laurent Le Pelletier (1768) ; les mêmes, par led. à Pierre Noury (1770) et à Jacques-François Le Sénécal (1776) ; — Jacques-François-Hyacinthe Letourmy, notaire à Caen, par le P. Louis-Marie Delinchamps à Marie-Madeleine Boisard, veuve de Jean Noury, fils Pierre (1779) ; — les notaires de Caen, par le P. Jacques Mottelay à Pierre Heuze et Marie Le Pelletier veuve de Denis

Lange (1788); — les notaires de Caen, par fr. Jean-Baptiste-Michel Alexandre, religieux, procureur de l'abbaye, à Nicolas Gouda (1780).

H. 317. (Liasse.) — 4 pièces, parchemin; 4 pièces, papier.

1310-1765. — *Fresné-Camilly* (le). — Donation par « Nacou de Crapon, autrement dit Marots, alors », à l'abbaye, de la nue propriété de deux pièces de terre « au terrouer de Quamille en la paroisse des Fresne », à charge de services religieux (1310, lundi devant la S¹⁰-Catherine vierge); donation de l'usufruit par led. « Maclou » (1312, mercredi après la S¹-Denis). — Donation par Georges « Le Marchault », écuyer, demeurant à Carpiquet, fils de défunts Hubert et Jeanne Gandouin, à l'abbaye, de 100 s. t. de rente sur la terre, fief et seigneurie du Fresne, pour la sépulture du donateur en l'abbaye, où ses père et mère ont été enterrés (1400). — Ordonnance rendue par Louis Le Vallois, écuyer, s¹ d'Escoville, notaire et secrétaire du Roi, vicomte de Caen, de l'avis de Pierre Le Neuf, lieutenant particulier, Guillaume de Bourgueville, etc., et Gilles Rouxel, avocats aud. siège, accordant à Guillaume Marie dit Vergla, décrétant de biens assis au Fresne, appartenant à Cardin Ballée, pour paiement de rentes à lui dues, les dépens par lui faits (1560), copie collationnée au greffe de la vicomté, à la requête de frère Jean du Moncel, religieux et bailli de l'abbaye (1560). — Reconnaissance par forme de titre nouveau et acte de revalidation devant François Le Danois et Guillaume Fontaine, notaires à Caen, par Pierre-François-Jean-Baptiste de Bernières, chevalier, seigneur et patron de Mondrainville, Gavrus, le Fresne-Camilly, etc., demeurant à Caen, aux religieux d'Ardennes, stipulés par le P. Michel Bourget, de 100 sols de rente foncière à prendre sur la terre, fief et seigneurie du Fresne, suivant la donation dud. Le Marchand, en conformité de sentences du bailliage de Caen, pour les prieur et religieux, en 1630 contre Jean Blouet, s¹ du Fresne, et en 1664 contre Gaspard Morel, éc., s¹ de Secqueville, époux d'Anne Blouet, fille de Jean (1765).

H. 318. (Liasse.) — 19 pièces, parchemin; 21 pièces, papier.

1344-1761. — *Galmanche*. — Reconnaissances devant: Guillaume Du Teil, garde du scel des obligations de la vicomté de Caen, par Michelle, fille de Pierre Noël, « de Galemanches en la paroisse Saint-Contest », de la vente par elle faite à Henri Hamelin d'une vergée de terre, moyennant 6 livres 10 sols tournois (1344); Jean Le Brebanchon, tabellion sous Raoul Rouillart, garde du scel des obligations de la vicomté de Caen, par Pierre Mullent et Thomasse, sa femme, à Michel Du Bois, de 2 boisseaux de froment de rente à cause d'une maison et jardin « au hamel de Galemanches » (1846). — Vente devant Jean Le Barbenchon, tabellion enraité en la ville et banlieue de Caen sous Thirart du Temple, garde du scel des obligations de la vicomté, par Emeri de la Palu, écuyer, de S¹-Contest, à Simon Picart, clerc, de 4 boisseaux de froment de rente, moyennant 8 livres t. avec un galon de vin (1376, 8 mars); lettre refaite par mandement de justice par Guillaume de Verdun, garde par justice des écrits et registres dud. tabellion; au dos, mandement y relatif de Jean de S¹-Froment, lieutenant général de Guillaume Blot, vicomte de Caen, à Guillaume de Verdun, garde par justice des écrits et registres de feu « Johan Barbenchon, ja pièça tabellion à Caen », requête de Simon Bavot, prêtre, pour la refection de lad. « lettre », « perdue ou adirée par fortune de la guerre ou autrement » (14...., date incomplète). — Procédure aux plaids de la ville et banlieue de Caen, tenus par Jean de S¹-Froment, lieutenant général du vicomte de Caen, entre Simon Bavoult, prêtre, et Jean Harene, concernant paiement de rente (1430). — Donation devant Guillaume de Verdun, tabellion à Caen, par Guillaume Le Varignois l'aîné, de S¹-Contest, à l'abbaye d'Ardennes, d'une vergée de terre à S¹-Contest « près le hamel de Galemanches, en la delle de la Varende »; reconnaissance devant le même, par led. Le Varignois, de la fieffe à lui faite par les religieux (1430). — Extrait du registre du tabellionage de Caen, concernant l'échange entre Pierre Benest, de S¹-Pierre de Caen, et les religieux, de 10 boisseaux de froment, 1 géline, 1 denier et 10 œufs de rente contre des pièces de terre (1503, v. s.). — Aveu aux abbé et religieux d'Ardennes, par Jean Le Bas, bourgeois de Caen, de 9 acres de terre nommée les Varendes (1568). — Bail par Baptiste de Villemor, abbé d'Ardennes, à frère Toussaint Desvaulx, prieur de S¹-Contest, du clos « de Galemanches », contenant 10 acres (1568). — Extraits du registre hérédital du greffe de la vicomté de Caen, concernant: l'échange fait entre François « Le Charetier » et Jean Hardy, de S¹-Contest, pour eux et les enfants de feu Rouland Hardy, et Jean Le Bas, bourgeois de Caen, de pièces de terre (1582); la vente par Madeleine Feray, veuve de Gilles Le Bas, sieur de Cambes, tutrice de Jean Le Bas, son fils mineur, Jacques Le Bas, lieutenant de l'Amiral de France au siège d'Quistreham, et André Le Bas, fils aîné, héritiers de Gilles Le Bas, bourgeois de St-Julien de Caen, à Mathieu de La Londe, bourgeois de Caen, du lieu et entretenant appelé le lieu de Gallemanche (1625). — Procédures contre Jeanne Le Fauconnier, veuve de Laurent Laisné, et Jean Godefroy, concernant paiement d'arrérages de rentes (1629-1631). — Lots et partage devant Germain Ribault et Jean Le Febvre, tabellions en la sergenterie de Bernières au siège de Cairon, entre Jeanne Le Fauconnier, veuve de Laurent Laisné, et Jean Godefroy, pour lui et Marguerite Le Fauconnier, sa femme (1632). — Extrait du registre du tabellionage de Vaucelles de Caen, concernant la vente faite à Jacques Blouet, écuyer, s' de Camilly, contrôleur général des finances en la généralité de Caen, tuteur des mineurs de feu Pable Barberys, écuyer, sieur de St-Contest, trésorier général des guerres en Normandie, Etienne Cahaignes, écuyer, s' de Vercières, Thomas Le Haguais, écuyer, receveur des tailles en l'Election de Caen, et Pierre Barberye, parents consulaires desd. mineurs, par Mathieu de La Londe, bourgeois de Caen, de pièces de terre (1647). — Extrait du registre du tabellionage de Caen, concernant les lots et partages des biens de Mathieu de La Londe, bourgeois de Caen, entre François et Pierre, ses enfants (1652). — Aveu aux abbé et religieux d'Ardennes, par Pierre de La Londe, s' de St-Pierre, bourgeois de Caen, de 13 acres 1/2 de terre nommée les Varendes, paroisse de St-Contest, terroir de Muslon, hameau de Gallemanche (1681). — Reconnaissance par Nicolas-Alexandre Le Grand, écuyer, sieur de Gallemanche, premier échevin de la ville de Caen, envers les religieux d'Ardennes, de rentes (1711). — Vente devant Charles Féron et François Boullin, notaires à Caen, par Nicolas-Alexandre Le Grand, trésorier de France à Caen, à Pierre Durel, avocat au bailliage et présidial de Caen, de l'entretenant de Galmanche, etc. (1719). — Lettre de Royer, religieux d'Ardennes, à Hubert, procureur au bailliage de Caen, demandant renvoi d'aveu commu__ né au sujet de la rente que fait M__ Blouet, pour compter des arrérages avec son fermier (1761).

H. 319. (Liasse.) — 26 pièces, parchemin; 13 pièces, papier.

1227-1575. — Gavrus. — Donation par « Willermus de Barun » à l'abbaye de « duas guerbas decime supra totum feodum meum de Gavrus » (1227). — Confirmation par « Paulus de Barun » de lad. donation faite par son père « Willermus de Barun » (1260), « presentibus Henrico fratre nostro et Guillermo de Sancto Laudo »). — Acte par Jean de Verrotot, bailli de Caen, aux assises d'Evrecy, que Simon Besnart, Michel Pigace, Thiébaut Des Cours, Henri, Robert et Jean Riette, Gabriel Le Picart, Jean Ferrant, Pierre Tardif, Robert Nurry, Guillaume Besnart et Guillaume Gautin, jurés, ont déclaré que les religieux d'Ardennes avaient depuis longtemps leu? gerbes des dîmes sur le fief Paido Baron, appartenant à l'évêque de Bayeux, à Gavrus; délivrance auxd. religieux (1366, jeudi après la S__ Clément). — Reconnaissances devant : Guillaume Le Couvreur, clerc, tabellion à Caen, par Sandrat Guéroult, du bail à lui fait par les religieux d'Ardennes des 2 parts de dîme du fief et terre de Gavrus (1386, date après lacération); Renouf Picot, tabellion à Caen, par Jean Le Blunt et Jean Pigache, de Gavrus, du bail à eux fait de lad. dîme (1380). — Reconnaissances devant : Colin de Verrny, tabellion à Caen, par Regnault Forteseu, du bail à lui fait par les religieux d'Ardennes des 2 parts de la dîme à prendre sur le fief et terre de Gavrus (1397); Michel Valemont, tabellion commis sous Colin de Verrny, tabellion aux sergenteries de Villers et Evrecy, par Pierre de Savenay, demeurant à Evrecy, du bail à lui fait par les religieux d'Ardennes de lad. dîme de Gavrus (1400, 7 février). — Sentence arbitrale de Jean de Beaumont, devant Jean Desmaires, tabellion à Caen, entre Robert, abbé, et le couvent d'Ardennes, et Richard Lombart, chanoine de Bayeux, prébendé de Gavrus, concernant led. droit de dîme sur le fief de l'évêque de Bayeux (1433). — Procédure aux assises d'Evrecy devant Eustache Quonivet, lieutenant général de Richard Harington, bailli de Caen, etc., entre les abbé et religieux d'Ardennes, et Raoul de Beaumont, fils et héritier de Jean de Beaumont, et Jean de Castillon, chanoine de Bayeux, prébendé de Gavrus, en la « chastellerie » d'Evrecy, vicomté de Caen, concernant les droits de dîme (1437, v. s.-1438). — Fieffe devant Philippe Le Bouchier, prêtre, et Georges Le Bouchier, clerc, tabellions ès mottes des sergenteries de Villers et d'Evrecy, par Robert Picot, prêtre, de la paroisse de Notre-Dame d'Evrecy, à Jean et Jacquet Le Sueur, de Gavrus, de terres aud. lieu (1493). — Procédures au siège présidial de Caen entre Baptiste de Villemor, abbé d'Ardennes, et François Le Febvre, chanoine de Bayeux en la prébende de Gavrus, et Jean de La Mare, sieur de Bouquency, concernant les dîmes (1568, ss.).

H. 320. (Liasse.) — 13 pièces, parchemin; 10 pièces, papier.

1669-1766. — Grainville-sur-Odon. — Cession de

SÉRIE H. — ABBAYE D'ARDENNES.

vant Jean Le Brohanchan, tabellion sous Raoul Guillart, garde du scel de la vicomté de Caen, par Jean Le Lane, de Grainville, aux religieux d'Ardennes, de son droit sur une vergée de terre (1368, v. s.). — Reconnaissances devant : Jean Duraines, tabellion en la vicomté de Caen, par Thomas Pigache, de la fieffe à lui faite par Henri de Colombières, à cause de Jeanne, sa femme, du « preyé » l'estant « A Grainville et Mondrainville (1378, v. s.); — Colin de Vernay, tabellion à Caen, par Renouf Beton, de la fieffe à lui faite par les religieux d'Ardennes, d'une acre de terre en la couture du grand hamel, etc. (1403) ; — Guillaume de Vernay, tabellion à Caen, par Jean Marienne le jeune, de la fieffe à lui faite par les religieux d'Ardennes, de 6 vergées de terre (1433) ; — Jean Le Briant, tabellion à Caen, par Jean Marienne le jeune, fils de feu Raoul, de Grainville, de la fieffe à lui faite par les religieux d'Ardennes (1462). — Sommation par Richard Le Febvre, sergent royal en la sergenterie de Louvigny, à la requête de frère Gilles Cuyrot, bailli et procureur de l'abbaye, en vertu d'un mandement de Pierre Le Bourgeois, écuyer, lieutenant général du bailli de Caen, à Jean de La Court, écuyer, sieur de Grainville, de remettre des lettres héréditales leur appartenant (1585). — Procédure au bailliage de Caen, devant Charles de Bourgueville, écuyer, lieutenant, entre les religieux d'Ardennes, stipulés par Denis Hérodes, leur procureur, et Guillaume de La Court, écuyer, et Raoul de La Court, pour paiement d'arrérages de rente (1550) ; semblable procédure devant Charles de Bourgueville, écuyer, lieutenant du duc d'Aumale, bailli de Caen, entre lesd. religieux, stipulés par Simon Du Vivier, prieur de St-Germain, et Guillaume de La Court, écuyer, sr de Grainville, et Philippe, Jean et Pierre de La Court, ses frères (1556). — État de distribution par Guillaume Artur, écuyer, sr d'Amayé, vicomte de Caen, d'une jurée faite faire par Jacques Le Fournier, écuyer, seigneur et baron de Tournebu, des biens de feu Jean et Regnault Marienne, etc. (1565). — Présentation aux pieds des sergenteries de Villers et Cheux, tenus par Louis Radul, écuyer, lieutenant du vicomte de Caen, de Jean Du Moncel, prieur de Coulombs, réclamant 19 livres sur le décret requis par Jean Le Varignon, conseiller assesseur en la vicomté de Caen, des biens de feu Jean Le Liepvre, écuyer, seigneur de Grainville (1585). — Quittance de rente par Pierre de La Fontaine, procureur de l'abbé, à Jean de La Court, écuyer (1622). — Procédure au bailliage de Caen, devant Jacques Blondel, écuyer, lieutenant particulier civil et criminel, entre Pierre de Villemor, ci-devant abbé d'Ardennes, et Jean de La Court, sieur du Marcq, Jacques Le Liepvre, écuyer, sieur du Vivier, Jean Mahias, écuyer, sieur de Masen, et Jean Huey, concernant l'affirmation des sommes et grains par eux dus à Guillaume de Galliolé, abbé d'Ardennes, pour le paiement des 1800 livres de sa pension (1623). — Procédure entre Antoine de Moranvilliers, abbé d'Ardennes, et Pierre de La Court, écuyer, sr du lieu, pour paiement de rente (1649). — Vente devant Jacques Bridel, notaire à Fresné-le-Puceux, par Jean-Baptiste Durand, sieur de Helval et du fief des Remarets, grand chantre en l'église cathédrale de Bayeux, fils et héritier de Pierre Durand, écuyer, sieur de Helval, à Charles Meriotte, de St-Manvieu, de maisons et pièces de terre à Grainville (1713). — Procédure en la juridiction des privilèges de l'Université de Caen, devant Thomas Du Moustier, écuyer, seigneur et patron de Cauchy, conseiller honoraire au Parlement de Normandie, lieutenant général au bailliage de Caen, conservateur desd. privilèges, entre les religieux et Jean-Baptiste Durand, grand chantre et chanoine de Bayeux, pour paiement de 20 années d'arrérages de 18 boisseaux de froment, 3 poules et 30 œufs de rente foncière (1714). — Reconnaissance par M. de La Court Grainville, envers l'abbé d'Ardennes, de 3 boisseaux 9 à de froment de rente (1765).

H. 321. (Liasse.) — 3 pièces, parchemin.

XIIIe siècle. — Grangues. — Donation par « Radulfus de Guerengues, miles », à l'abbaye d'Ardennes, d'un setier de froment de rente assis « apud Guerengues » (1216, novembre). Pièce endommagée et lacérée. — Donation par le même à l'abbaye d'Ardennes, de la dîme « molendini mei follarii », « apud Grengueis » (1229). — Donation par « Johannes de Guereng., filius domini Rad. de Guereng., militis », à l'abbaye d'Ardennes, en échange de la dîme des cens de Grangues et dud. fief qu'ils possédaient aud. lieu du don de son père, d'un setier de froment sur le tènement que Robert Turpin tient de lui à Grangues, 8 s. t. sur le tènement de « Radulfus Beaunies », 3 s. t. sur le tènement de Robert Gosselin (12.., date lacérée).

H. 322. (Liasse.) — 8 pièces, parchemin; 6 pièces, papier.

1176-1670. — Gruchy. — Donation par « Philippa, filia Hug. de Rosello, carens marito et libera ab omni matrimonio, tempore Henrici regis Angl. », à l'abbaye d'Ardennes, de 10 acres 1/2 de terre, en les offrant avec sa mère « Aeliz, per unum librum super altare Beate Marie, circumstante conventu ecclesie et laicis multis, scilicet Gaufr. de Cambernal, et Rad. de Taun, et Bertone de Buron. Willelmo filio Auberee, Rad. Ruffo, Rob. de Sechevill., et aliis pluribus... apud Grocedum in eis campis », etc. Les moines lui ont promis la sépulture après sa mort et lui ont donné 42 l. d'angevins, « scilicet de xxx libris adquisieverunt me ad sccacarium domini Regis, et duodecim libras alibi ad voluntatem meam persolverunt... Actum est hoc publice in aula domini Regis in castello Cadum., coram judicibus domini Regis ad sccacarium sedentibus, anno ab incarnatione Domini 1170. Super hoc autem testes sunt isti: Dominus S. Ric., Winton. episcopus, qui tunc temporis erat capitalis justicia, Rog. de Acre, Mag. Hug. de Gaiet, Ric. capellanus de Falesia, et de laicis Sym de Furneba, Gaufr. Monachus, Gillebertus Pipart, Ric. Gifart, Ran. de Grantval, Will. de Caliz, Sym. de Escuris et alii plures. L'an premier de Jean, roi d'Angleterre, « super prefata terra inter Rob. abbatem et conventum Ardene, ex una parte, et me prefatam Philipam, ex altera, in curia domini Regis mota est discordia coram Saosone, abbate Cad., et Rad. dicto Abbate, tunc capitali justicia, et magistro Henr., clerico domini Regis, in plenis placitis, et ad sccacarium domini Reg. in hunc modum est terminata »: elle renonce à lad. terre et reçoit de l'abbé Robert 4 l. et 15 s. d'angevins. Parmi les témoins : « Magistro Rad. de Luxov., Magistro Gaufr. de Curtunna, Johanne Ruffo, clericis, Rad. Maleherba, Gervasio de Locell., Walt. de Annell., Henr. de Calis », etc. — Confirmation par « Ranulfus, comes Cestr. », de lad. donation de « Philippa de Rosello » (s. d.); fragment de sceau, cire verte. — Donation par « Wlls. Gohier, de Grocie », de l'assentiment de son frère Hugues, à Geoffroy Le Bret, de Franqueville, « pro suo servicio et hominagio », et moyennant 4 l. t., d'une vergée 1/2 de terre « in masuagio quod fuit Sellonis Gocelini apud Grocie », sous la rente d'un tournois à Noël (1235). — Donation par « Hug. Le Prevost, de Groce », à l'abbaye, d'une pièce de terre sise « in territorio de Groce, versus Burom » (1238; ; « presentibus hiis, Thoma de Burce, canonico de Pleseiz, Willelmo de Solers, canonico de Ard., Rad., filio ejusdem Hug. », etc. — Donation par « Gaufridus Corsderrey, de Grocheio », à l'abbaye, d'un setier de froment de rente, mesure dud. lieu (1276). — Échange devant Jean Le Brebenchon, tabellion commis sous Raoul Rouillart, garde du scel des obligations de la vicomté de Caen, entre Ricart Le Briant, et Catherine,

sa femme, et Simon Guépin, et Thomasse, sa femme (1373). — Reconnaissance par Jean Lefebvre et Germain, son fils, de Rosel, du hameau de Gruchy, pour Marguerite Le Coq, veuve de Pierre de Cardonnel, m⁴, bourgeois de Caen, de prêt (1634). — Vente devant Germain Riboult et Abraham Adeline, tabellions au siège de Cairon, par Jean Lefebvre et Germain, son fils, à Marguerite Le Coq, veuve de Pierre de Cardonnel, de terre (1637). — Procédure en la vicomté de Caen, devant Urbain Dauchin, lieutenant général, entre Daniel de Cardonnel et Germain Lefebvre pour paiement de rente due à Marguerite Le Coq, veuve de Pierre de Cardonnel, mère dud. Daniel (1663). — Échange devant Guillaume Delaporte et Thomas Lesueur, tabellions à Caen, entre Robert Duhamel, prieur de l'abbaye, Gilles Le Than, sous-prieur, François Nyfant, Gabriel Binette, Pierre Le Compte, Norbert Moullinet, procureur, Louis Poisson, Jean Saillenfert, Pierre Hayeux, Pierre Lestelle, Norbert du Saussoy, sacristain, Denis Blin, et Alexis Pettres, religieux d'Ardennes, et Thomas Bourdon, écuyer, sieur des Jumeaux, demeurant à Rosel, hameau de Gruchy, de pièces de terre (1670).

H. 383. (Liasse.) — 3 pièces, parchemin.

XIII⁰ siècle. — Ham (le). — Confirmation à l'abbaye d'Ardennes par « Willelmus de Han » des donations faites par « Walterus filius Alulfi et ... (blanc), avia mea, et Aeliz, mater mea », des vignes données à l'abbaye par « Ascelina de Port et Thomas, fil. ejus », des donations de « Johannes et Osbertus et Gislobertus de Rua et Rad. de Kedevill. » (s. d.). — Remise à l'abbaye par « Johannes de Kefdevill. », de « totam porpartiam meam tenementi quod tenebam de dictis abbate et canonicis, de feodo domini de Ham...; dedi etiam eisdem canonicis totam porpartiam meam de maresc Gavai et masuram de porta, et Tosquam, et Peskeriam juxta », etc. (s. d.). — Donation à l'abbaye par « Robertus Le Roier » de 12 d. t. à la St-Léger, « in una acra terre quam Gocelinus Gauf. et Johannes fratres mei tenent de me, sita in valle de La Rote, cujus capud vergit super magnum cheminum de Ham in feodo nostro » (1250).

H. 324. (Liasse.) — 19 pièces, parchemin ; 1 pièce, papier.

XIII⁰ siècle-1499. — Hermanville. — Confirmation par « Sello de Hermenvilla, miles », à l'abbaye, de « medietatem unius peccie terre à la Marke, versus

SÉRIE H. — ABBAYE D'ARDENNES.

mare, quam dedit eis Hug. Gosselini, clericus » (s. d.).
— Donation par « Radulfus dictus Faber, de Cadomo »,
d'une mine de froment à percevoir « in majora mea
de Hermanvill. » (1243). — Donation par « Stephanus
de Valle, de Perers », d'un setier de froment de rente
sur une acre de terre sise aud. lieu, « inter terram domine de Lambertvill. et terram Johannis de Chaus »
(1245, mars) ; « testibus his. Willelmo de Solers
et Mich. de Noers, can. de Ardena, Rog. de
Perella,..., Osulpho, presbytero de Perers », etc. —
Cession par « Engerranus de Bilot et Vincenelus,
frater meus », à « Johannes de Bitot », leur frère,
moyennant 4 l. t., d'un setier de froment, 1 d. t. et 1
géline de rente que Guillaume Tostain, de Plumetot,
leur faisait d'une pièce de terre sise à Hermanville
(1273). — Donation par « Johannes dictus Bitoth, de
Lyon », de rente assise à Hermanville (1274, février).
— Vente de rente assise aud. lieu par « Radulfus
Lorfevre, de parrochia Sancti Patri Cadom. », à « Guillelmo de Hermanvilla, armigero, domino ejusdem ville »
(1289). — Reconnaissance devant : Henri Le Gay,
clerc, garde du scel de la vicomté de Caen ou la main
le Roi, par « Monseign. Henri de Hermanville, persone
de Gatranville », de sa donation aux religieux d'Ardennes de rente et terre à Colleville, à charge de services
religieux (1309); Pierre Le Sénescal, clerc, juré et commis
sous Raoul Rouillart, garde du scel des obligations de
la vicomté de Caen, par Ricart de Misouart et Isabelle,
sa femme, de vente de terre à Pierre Porée (1366, v. s.).
— Fieffe devant Michel Valemont, tabellion ès mettes
des sergenteries d'Ouistreham et de Bernières, par
Jean Hérault, d'Hermanville, à Colin Le Rouxel, de
lad. paroisse, de terre (1410, v. s.). — Quittance devant
Pierre Valeren, tabellion à Caen, par Thomas Martin,
fermier de la terre d'Hermanville, à Jean Porée, d'Hermanville, pour ce qu'il doit de rente à lad. seigneurie
(1420). — Délai de 3 ans donné devant Colin de Sauques, tabellion ès mettes des sergenteries d'Ouistreham
et Bernières, par Guillaume Viel à Jean Porée et
Cardette, sa femme, pour retirer 1/2 acre de terre à lui
vendue (1432). — Reconnaissance devant Colin Le
Nouvel, tabellion ès mettes des sergenteries d'Ouistreham et Bernières, par Jean Scelles et Jeanne, sa
femme, de Periers-en-Bessin, de la fieffe à eux faite
par Jean Porée et sa femme, d'Hermanville, de tous
leurs biens sis à Hermanville et Colleville (1441, v. s.).
— Donation devant Guillaume Morant, tabellion ès
mettes des sergenteries d'Ouistreham et Bernières, par
Jean Porée et Richarde, sa femme, aux religieux d'Ardennes, de pièces de terre et maisons à charge de ser-

vices religieux (1445, 2 avril, avant Pâques). — Reconnaissance devant Guillaume Morant, tabellion ès
mettes des sergenteries d'Ouistreham et Bernières, par
Evard Le Fevre, d'Hermanville, de la fieffe à lui faite
par les religieux d'Ardennes (1446); lettre refaite en
1494 (v. s.).

H. 395. (Liasse.) — 13 pièces, parchemin; 41 pièces, papier.

1526-1634. — Hermanville. — Procédures: en la
vicomté de Caen, devant Jean Le Bouchier, écuyer,
lieutenant, entre les religieux d'Ardennes et Georges
Le Fevre pour paiement d'arrérages de rente (1541,
v. s.); aux pieds des sergenteries d'Ouistreham, Bernières et Creully, tenus par Charles Le Fournier, lieutenant général du vicomte de Caen, entre les religieux
d'Ardennes et Guillaume Tesson, tuteur de ses enfants
mineurs, héritiers de Jacqueline Le Febvre, leur mère,
pour paiement d'arrérages de rente (1543-1544). —
Reconnaissance par Florent Aubert, de Colleville, du
bail à lui fait par les religieux d'Ardennes (1560). —
Obligation devant Hugues Estienne et Jean Le Maistre,
tabellions à Caen, par Robin Seron, d'Hermanville,
envers Jean Du Moncel, prieur de Coulombs, religieux
et naguères gouverneur de l'abbaye d'Ardennes, pour
transport à lui fait d'arrérages de rente à prendre sur
les biens de feu Jean Le Febvre (1564, v. s.). — Reconnaissance devant les mêmes par Florent Aubert, de
de Colleville-sur-Orne, du bail à lui fait par Baptiste de
Villemor, abbé d'Ardennes (1567). — Extrait de la déclaration du revenu de l'abbaye, baillé par l'abbé Baptiste de Villemor aux fermiers, concernant les rentes
payées à Hermanville par les Le Febvre de 1579 à 1599.
— Lots et partage devant Vigor de La Porte et Jean
Adeline, tabellions aux sergenteries d'Ouistreham et
Bernières, entre Jacques et Raoul Le Febvre, des biens
de François Le Febvre, d'Hermanville, leur père (1587).
— Adjudication devant Jacques Blondel, écuyer, lieutenant du bailli de Caen, des récoltes saisies à la requête d'André Bourdon, fermier receveur de l'abbaye,
sur Jacques Le Febvre, pour paiement de 21 boisseaux
de froment, 1 poule et 10 œufs en une partie et 6 boisseaux de froment en une autre partie (1603). — Extrait
du papier terrier ou journal de la recette faite en 16..
par Guillaume et Georges Bourdon, fermiers et receveurs généraux de l'abbaye, concernant les rentes
payées à Hermanville par Raoul, Pierre et Jacques Le
Febvre. — Extrait des registres du greffe du bailliage
de Caen, concernant les déclarations passées par
Richard Pierre, Pierre de Mallon, Jean Le Paumier et

Guillaume Le Sauvage, mesureurs jurés au tripot et halle à blé, de la valeur du boisseau de froment (1620-1625). — Quittance par Raoul Le Sauvage, ex-fermier de l'abbaye, à Laurent Liesst, d'Hermanville, de rente (1621). — Permission par Guillaume Vauquelin, écuyer, sieur de la Fresnaye, président et lieutenant général au bailliage et siège présidial de Caen, à Jean de La Porte, tuteur des enfants mineurs de Pierre Le Febvre, instance de Guillaume de Gallodé, abbé d'Ardennes, de recueillir l'apprécis de 10 boisseaux de froment restant de 27 boisseaux de rente (1625). — Bail par Guillaume de Gallodé, abbé régulier d'Ardennes, pour 9 ans, à Charles Le Lubays et à Clément Le Mays, d'Hermanville (1627). — Procédure au bailliage de Caen, devant Jean Le Blais, écuyer, sieur du Quesnay, lieutenant général au bailliage de Caen, pour Antoine de Sillans, seigneur et baron de Creully et d'Hermanville, demandeur, contre Jacqueline Le Febvre, veuve de Jean Sarrazin, pour paiement de 5 années d'arrérages de 7 boisseaux de froment, petite mesure, de 6 années de 37 sols 6 deniers, et de 6 années de 22 deniers obole de rente, les religieux d'Ardennes étant également créanciers (1630). — Reconnaissances par Laurent Sanxon (1649); par Jean et Jacques Pioplu (1657), etc., des baux à eux faits par les religieux. — Transaction entre les religieux d'Ardennes, stipulés par f. Norbert Molinet, procureur, et Jean Le Pouterel, s' de Perteville, bailli d'Argences et de St-Gabriel, et Michel Carel, bourgeois de Caen, tuteurs de leurs enfants héritiers de Sarazin, concernant le mode de paiement des arrérages de 5 boisseaux de froment pour leur quote-part de 27 boisseaux de froment, 1 poule et 10 œufs de rente, dus à l'abbaye par Le Febvre (1670). — Reconnaissance devant Pierre Jahart, notaire à Ouistreham, et Eustache Mériel, sergent royal aud. lieu, pris pour adjoint, par Louis Pain, du bail à lui fait par Hyacinthe Touraine, religieux d'Ardennes, prieur de la chapelle St-Thomas de Lion, d'une acre de terre à Hermanville, butant sur le terroir de Lion (1684).

H. 326. (Liasse.) — 12 pièces, parchemin; 9 pièces, papier.

1271-1640. — Hérouville. — Donation à l'abbaye par « Petronilla La Franceise, filia Fulconis Le Franceis », d'une rente de froment à prendre par an « in masnagio Radulfi Paisant sito in parrochia de Herovilla, videlicet Sancti Clari » (1271, avril). — Vente devant Guillaume de Vernay, tabellion à Caen, par Guillaume de Plumetot, de St-Pierre d'Hérouville, à

Colin Quennirot, bourgeois de Caen, de rente sur Guillaume Katherine, de St-Pierre d'Hérouville (1488). — Ventes devant: Robert Le Briant et Jean de La Lande, tabellions à Caen, par Jean Hurtault le jeune, de St-Clair d'Hérouville, au trésor et à la charité du pain de Pâques fondée en l'église dud. lieu, de terre à Hérouville, delle des Vignes (1493); Guillaume Cosurat, notaire à Caen, par Henri Ysorey, bourgeois de St-Julien de Caen, à Thomas Ouldart, bourgeois dud. lieu, de fonds delle de la Fosse Sibille, jouxte les religieux du Val (1540, v. s.). — Reconnaissance devant le même et Nicolas Deslandes, tabellions à Caen, par Jacques Baillehache, soi-disant écuyer, de St-Clair d'Hérouville, de la fieffe à lui faite par Rogier Baillehache (1555, v. s.). — Procédure à Caen, devant M. de Bourgueville, lieutenant, entre Guillaume d'Hérouville, héritier de Robert Le Landoys, écuyer, curé d'Hérouville, Isaac Cauche, à présent curé d'Hérouville, Guillaume Le Rebours, curé de St-Ursin d'Épron, etc., concernant la perception des dîmes d'Hérouville et de St-Ursin d'Épron (1560, v. s.). — Reconnaissance devant Jean Le Maistre et Jean Delahaye, tabellions à Caen, entre Jean Hurtault, trésorier de St-Clair d'Hérouville, et « Johenne » Guérard, veuve d'Olivier de Brunville, lieutenant général du bailli de Caen, de leur accord sur procès concernant le paiement d'arrérages de rentes (1576). — Procédure au bailliage de Caen, devant Jean Vauquelin, écuyer, lieutenant général, entre Marin de Monfroart (al. Monfriart), prieur d'Hérouville, Robert Berault, son fermier, Jean Du Moncel, docteur régent en la faculté des droits en l'Université de Caen, prieur de Lébisay, et Pierre Le Quesne, son fermier, récolleteur des fruits dud. prieuré, concernant les dîmes entre eux « descordables » (1581). — Déclaration des terres sur lesquelles Nicolas Le Quesne, ex-fermier des dîmes appartenant au prieur de St-Pierre d'Hérouville et au curé de St-Clair d'Hérouville, a recueilli pendant ses baux (1612). — Assignation par Pierre Blondel, sergent royal à Caen, à la requête de Guillaume Le Turc, prieur de St-Germain, à Jacques Brunet, curé d'Hérouville, à comparoir devant le premier des enquêteurs du Roi à Caen (1616).

H. 327. (Liasse.) — 12 pièces, parchemin; 3 pièces, papier.

1509-1752. — Hotot-en-Auge. — Reconnaissance de rente devant Jean Mauvoisin et Noël Ferey, tabellions au siège de Beuvron, par Jean et Simon de Grengues à Labbé (1503, v. s.). — Aveu à Jean

Labbey, seigneur de Hérouzart, de Lonbellon, la Rocque-Baignart, et du fief d'Auvillers assis à Hotot, par Claude Labbey, écuyer, s⁰ d'Auvillers (1549). — Bail devant Florent Le Cavellier et Pierre Le Petit, tabellions en la vicomté de Hotot sous Gabriel Le Bolley, écuyer, bailli et garde du scel aux obligations de lad. vicomté, par François Labey, s⁰ de la Rocque et du fieffe d'Auvillers assis à Hotot, à Marin Le Breton, servant domestique du seigneur châtelain de Hotot, de 3 pièces de terre à Hotot (1573). — Échange devant les tabellions au siège de Bonnebosq sous Isaac Lemoureux, écuyer, sieur des Rosiers, garde des sceaux de la vicomté d'Auge, entre Jean Duval et François Labey, s⁰ de la Roque et d'Auvillers, de pièces de terre (1598). — Vente devant Pierre de La Ville, avocat, et Jean Dagoumel, tabellions au siège de Beuvron sous René Pomeron, sieur de La Pataudière et de La Vrillaye, contrôleur provincial de l'extraordinaire des guerres en la généralité de Rouen et garde des sceaux de la vicomté d'Auge, par Eustace de Cordey, sieur du Pont, demeurant à Ouézy, pour lui et Hélène Labey, sa mère, fille de feu Grégoire Labey, écuyer, sieur du Bosc, à Robert Viel, de terre (1601). — Procédure aux assises de Conches, tenues par Louis Guillart, écuyer, sieur de la Motte, lieutenant ancien du bailli d'Évreux pour la vicomté de Conches, entre François Labbé, s⁰ de la Rocque, appelant du bailli-vicomtal de la haute-justice de « Hautot », le procureur-receveur de la seigneurie de Hotot, et Adrien Laillet, ci-devant procureur et receveur de lad. seigneurie, concernant le paiement de rentes seigneuriales (1606). — Reconnaissance devant François Drieu et Jean Dagoumel, tabellions au siège de Beuvron, par Michel Horsbel, de Hotot, du bail à lui fait par François Labey, sieur de la Rocque et d'Auvillers, de l'herbage des Perrelles (1609). — Vente devant Jean Vasse et Jean Bouteron, tabellions en la vicomté d'Auge au siège de Bonnebosq, par Pierre Morin et Marie Chauvin, sa femme, de Corbon, à Robert Viel, de la Rocque-Baignard, de terre (1614). — Vente devant Guillaume Le Cavellier et François Drieu, tabellions royaux pour le siège et sergenterie de Beuvron, par Guillaume et Laurent Gaugey, frères, à Adrien Bouchard, de terre (1615). — Bail devant Charles Le Chandellier et Gabriel Ancelle, tabellions pour les mettes des sergenteries d'Argences, Troarn et Varaville, par François Labbey, sieur de la Rocque et d'Auvillers, à Jacques Pesquel, de Cléville, de l'herbe seulement de l'herbage des Perrelles (1615). — Échange devant Jean Vasse et Jean Bouteron,

tabellions pour le siège de Bonnebosq et sergenterie de Pont-l'Évêque, par Hélène Gazel, veuve en 1ᵉˢ noces de Jean Le Roy, et Thomas Le Roy, son fils, et François Labey, sieur de la Rocque et d'Auvillers, de pièces de terre (1618). — Bail par Anne Labey de La Panty à Jean Tesson, de l'herbage de la Vassorie (1710). — Procédure en Parlement entre Anne Labbé, veuve de Charles de Vauborel, comte de La Penty, et les frères Cottin, concernant la possession de l'herbage des petits prés (1714). — Requête au lieutenant général civil et criminel du bailliage d'Auge, par Léonard Le Harivel, écuyer, seigneur haut justicier et patron honoraire de Sᵗᵉ-Honorine-du-Fay, Longchamp, La Londe, Vernay et autres lieux, et Françoise-Gabrielle de Turpin, fille et héritière de François de Turpin, écuyer, s⁰ de Caillouet, demeurant à Hotot, concernant la mouvance de pièces de terre réclamée par Archange de Vauborel, écuyer, seigneur du fief d'Auvillers (1752).

H. 328. (Liasse.) — 9 pièces, parchemin.

1650-1696. — Juaye. — Échange de rente devant Julien Verson, tabellion royal en la sergenterie de Briquessard pour le siège de Nonant, et Jean Le Fauconnier, ex-tabellion, à présent sergent aud. lieu, pris pour adjoint, sous Jean Gohier, garde des sceaux de la vicomté de Bayeux, entre Robert du Hamel, sous-prieur de l'abbaye d'Ardennes, au droit des héritiers de Georges Sallet, écuyer, avocat général au Parlement de Rouen, et Claude-Philippe Le Clerc, chanoine en l'église de Paris, abbé de Sᵗ-Martin de Mondaye, stipulé par Thomas Bonnet, prieur de la paroisse de « Tres Sainct », vicomté de Bretagne (1650). — Collation par les vicaires généraux de l'archevêque de Rouen, des chapelles de Sᵗ-Joseph ou Notre-Dame de Léguillon, de Sᵗ-André du Bocquet, de Sᵗ-Barthélemy entre les limites de la paroisse de Juaye, par résignation de Norbert Villey, pour André Fournereau (1696).

H. 329. (Liasse.) — 14 pièces, parchemin; 1 pièce, papier.

1410-1541. — Jurques. — Aveux aux religieux d'Ardennes par : Ricart Roussel (1410) ; — Thomas Le Guillart (1410) ; — Jean Marquier, de 2 acres de terre (1410); — Jean Le Guillart (1428); — Jean Liedé, prêtre, de 7 vergées de terre (1454); — Jean Le Breton (1491) ; — Raul Le Breton (1503); — Thomas Lebeuf, etc. — Extrait des pleds de la seigneurie d'Ardennes assise à Jurques, tenus par Guillaume Fournel, écuyer, sénéchal, concernant Nicolas de S¹-Croix, prêtre (1540, v. s.).

H. 390. (Liasse.) — 1 pièce, parchemin.

1281. — Landelles. — Donation par « Robertus Belservise, de Landell. », à l'abbaye, d'un quartier de froment de rente « in masura mea de Landell. ».

H. 391. (Liasse.) — 31 pièces, parchemin; 9 pièces, papier.

XIII° siècle-1725. — Langrune. — Donation à l'abbaye par « Aeliz de Broce, filia Roberti de Broce », de « medietatem acre terre que est ad pirum versus Sanctum Albinum que vertit super territorium de Berneris » (s. d.). Au dos : « Lengronne, 1° c°. ». — Reconnaissance devant Henri Le Gay, garde du scel de la vicomté de Caen, par « Perronnele, déguerpie Nicole Poucheit, de Lengronne », de l'échange fait au nom de « Hueit Poucheit », son fils, avec Michel Hurtaut, de terres à Luc et Langrune (1318, jeudi après la Chandeleur). — Procédure aux pleds des sergenteries d'Ouistreham et de Bernières, devant Robert Le Marchant, lieutenant du vicomte de Caen, entre les religieux d'Ardennes et Guillaume Pierres, concernant le paiement de rente à la mesure de Langrune (1348). — Donation devant Guillaume Robert, tabellion ès mettes des sergenteries d'Ouistreham et de Bernières, par « Erart de Hermenville », écuyer, seigneur dud. lieu, et « Aaliz », sa femme, de 20 boisseaux froment à prendre sur biens à Langrune, « ou fieu du Roy » (1385). — Vente devant Colin Valier, tabellion sous Jean Lestournel, garde du scel des obligations de la vicomté d'Auge, par « damoisele Marguet de Bemencourt », veuve de Jean de Montigny, écuyer, à Guillaume d'Hermanville, écuyer, d'un membre de noble fief de haubert tenu franchement et noblement à court et usage, assis paroisse de S¹-Martin de « Lengronne » (1392). — Reconnaissance devant Jean Richart, clerc, juré commis sous Simon de Vernay, clerc, tabellion ès mettes des sergenteries d'Ouistreham et de Bernières, par Jean Rouxelin et Jeanne, sa femme, de Langrune, de la fieffe à eux faite par Raoul Bouissel et Jeanne Pierres, sa femme, de terre (1423). — Donation par Michel Lorimier, « de la parroisse de Lengronne sur la mer », aux religieux d'Ardennes, d'une maison avec grange et jardin, à charge de services religieux (1423). — Vente par Jean Porée aux religieux d'Ardennes, de 3 boisseaux de froment de rente à prendre sur Guillaume Le Fèvre, de « Lengrounne » (1457). — Reconnaissance devant Jean Lucas et Pierre Malherbe, clercs, tabellions à S¹-Gabriel, par Michel Gaudion, de Langrune, de la fieffe à lui faite par Henri Le Bille, d'Amblie, d'une maison avec cour (1463). — Procédure aux pleds des sergenteries d'Ouistreham, Bernières et Creully, tenus par Jean Richart, lieutenant général de Louis de Fougières, vicomte de Caen, entre les religieux d'Ardennes et ceux du Plessis-Grimoult, concernant la possession d'une acre de terre comprise dans la saisie des biens de Jean Jadort, pour paiement d'arrérages de rente (1477). — Publication aux pleds des sergenteries d'Ouistreham, Bernières et Creully, devant Robert De La Hogue, écuyer, lieutenant général du vicomte de Caen, de la vente d'une acre de terre faite à la requête des religieux d'Ardennes, pour paiement de rentes de l'obligation de Guillaume Le Sueur (1505). — Procédure aux pleds des sergenteries d'Ouistreham, Bernières et Creully, devant Guillaume Le Grant, lieutenant général du vicomte de Caen, entre Pierre de Grevilly, écuyer, procureur des abbé et religieux d'Ardennes, et Richard Le Téllier, concernant la tenue de biens sis à Langrune (1522). — Reconnaissance devant Guillaume Cueuret et Nicolas Deslandes, tabellions à Caen, par Jean Picquesache l'aîné, du bail à lui fait de 5 acres de terre (1555). — Reconnaissance de Raoul Le Roux, de Langrune, du bail à lui fait par les religieux d'Ardennes, de 5 acres de terre (1561). — Distribution par Guillaume Artur, écuyer, s' d'Amayé, vicomte de Caen, d'une jurée faite faire à la requête de Georges de Monfault, s' de Fontenelles, pour lui et sa femme, fille et héritière en partie de n. h. Jean Le Chevalier, s' de Bernières, de biens qui furent aux Dupuys, pour paiement de 13 années d'arrérages de rente ; présentation du receveur de l'abbaye (1565). — Reconnaissances de baux de l'abbaye : devant Étienne Beccoq, écuyer, et Pierre Bacon, tabellions à Caen, par Raoul Mériel, de Langrune (1568) ; par « Raullin Picquesaiche », de Langrune (1600) ; par Pierre Le Lis, maréchal au bourg de la Délivrande (1625) ; devant Thomas Le Sueur et Guillaume Delaporte, tabellions à Caen, par Jacques Le Mazurier, de la Délivrande, vers Gabriel Yver, sieur de la Garenne, receveur de l'abbaye d'Ardennes (1664) ; devant Robert Caumont, tabellion aux sergenteries d'Ouistreham et Bernières, et Eustache Mériel, sergent royal à Ouistreham, pris pour adjoint, par led. Le Mazurier (1668) ; devant les notaires de Caen, par Pierre Du Val-Fleury, marchand à Caen, l'un des juges consuls à Caen, vers le P. Gilles Hérou, religieux d'Ardennes (1725).

H. 332. (Liasse.) — 49 pièces, parchemin; 11 pièces, papier.

1262-1603. — Lantheuil. — Charte lacérée et incomplète de vente par « Renaudus de H..... », à l'abbaye, de rente sise « in parrochia de Nantuil versus Magnevill » (1263, juin). — Vente devant le vicomte de Caen par « Macyeu de Grevesro », de la paroisse d'Amblie, à Henri Champion, « borg. de Caen », de fonds sis à « Lantuyl », jouxtant la terre de l'abbaye d'Aunay, plus des fonds à Amblie, jouxtant la terre de la Trinité de Caen, « et en est le bout joste la maladerie de Creulie et d'Amblie », etc. (1298). — Reconnaissances devant : Raoul Gloy, garde du scel de la vicomté de Caen, par « Guillaume Auberil, de Cuillie em Besin », de la vente par lui faite à Jouhan Le Capey, d'une vergée de pré (1305, jeudi devant la « Nre.-Dame Marchesque » v. s.); Jean Carville, garde du scel de la vicomté de Caen, par Michel Fortin, de la vente par lui faite aux religieux d'Ardennes de 1/2 acre de terre (1308) ; le même, par « Nichole Omffrey et Nichole, sa fame, de Lantieul », de la vente par eux faite aux religieux d'Ardennes de rente de froment à la mesure de « Lantieul » (1308). — Aveux aux religieux d'Ardennes, par Jean Artur, Jean Le Prinche, etc. (1406). — Extrait du registre de Guillaume Le Couvreur, tabellion à Caen, concernant la reconnaissance de Joret de Cussy, de Lantheuil, de la fieffe à lui faite par les religieux (1427, v. s.). — Aveux aux religieux d'Ardennes, par : Henri Le Fèvre (1430); Colin et Michel Les Plieurs, Louis Heulte (1456); Fouques Baudet, prêtre, Guillaume et Michel Le Plieur (1467); Jean de Cussy, boucher (1486); Sandrin Le Plieur, de 1/2 vergée de terre (1491) ; Nicolle Heulte, prêtre, Jacquet Le Plieur, aux pleds du fief, terre et seigneurie de Lantheuil tenus pour les abbé et couvent par Jean de Cheux, éc., sénéchal (1526, v.). — Procédures devant Guillaume Le Grant, écuyer, lieutenant général du vicomte de Caen, concernant l'état de distribution des deniers provenant d'une jurée requise par Philippe Guérard, bourgeois de Caen, de biens à Lantheuil (1528) ; acte y relatif concernant Artur de Mangneville, écuyer, aux assises de Caen, tenues par Jean Malerbe, écuyer, licencié aux lois, lieutenant général du bailli de Caen (1528). — Copie en 1630 pour Guillaume Hermerel, receveur des tailles en l'Élection de Bayeux, pour lui servir au procès contre les abbé et religieux d'Ardennes, d'aveu à Gervais Germain, chanoine de Vendes en la cathédrale de Bayeux, par Nicolle Heuste, prêtre, pour lui et comme tuteur des mineurs d'Étienne Heuste (1544). — Reconnaissance devant Guillaume Cacuret et Nicolas Deslandes, tabellions à Caen, par Jean Heuste, de Lantheuil, du bail à lui fait par les religieux d'Ardennes (1555, v. s.). Extrait du registre des appréciations faites au greffe du bailli de Caen, concernant la déclaration des mesureurs du tripot et halle à blé de Caen que le boisseau de blé froment a valu cette semaine 16, 15 et 14 sols, l'orge 10 s., 6 d. et 10 s., l'avoine 4 s., 6 d. et 4 s. (20 juillet 1560). — Reconnaissance devant : Pierre Bacon et Jean Delahaye, tabellions à Caen, par Gieffroy Duprey, du bail à lui fait par François Richart, sieur d'Hérouvillette, frère en loi et procureur de Baptiste de Villemor, abbé d'Ardennes, de terre (1564, 20 janvier) ; Denis Erhodes et Étienne Becocq, écuyer, tabellions à Caen, par Jean Fonteuil, fils Philippin, du bail à lui fait par Baptiste de Villemor, abbé d'Ardennes (1570). — Échange devant Jean Le Maistre et Christophe Aubert, tabellions à Caen, entre Baptiste de Villemor, abbé d'Ardennes, Jean Du Moncel, prieur de Coulombs et l'un des prieurs d'Ardennes, et Pierre Guérard, sieur de Manneville, de pièces de terre (1586). — Procédure au présidial de Caen, entre Jean Brunet, fermier des abbé et religieux d'Ardennes, et Guillaume Hermerel, chargé du fait de Guillaume Du Bourgueil, son fermier, pour paiement d'arrérages de rente (1597); extrait du registre du tabellionage de Bayeux, concernant l'accord fait entre les religieux, stipulés par Jean Brunet, leur fermier, et Guillaume Hermerel, concernant paiement d'arrérages (1603).

H. 333. (Liasse.) — 13 pièces, parchemin ; 52 pièces, papier.

1606-1722. — Lantheuil. — Procédure à Bayeux devant Charles Le Mercier, éc., lieutenant du bailli de Caen, entre Guillaume Bourdon, fermier de l'abbaye d'Ardennes, Guillaume Hermerel et Guillaume de Pierrepont, écuyer, pour paiement d'arrérages de rente (1606). — Extrait de la 25e partie du cahier de l'état fait devant Jean de La Court, vicomte de Caen, aux pleds des sergenteries d'Ouistreham, Bernières et Creully, des deniers provenant du décret requis par Jean de May, au droit par transport de feu Laurent Le Duc, avocat, de maisons et terres à Lantheuil et Cully, qui furent à feu Philippin Fontenil (1608). — Accord sur procès en bailliage de Bayeux, entre Guillaume de Pierrepont, sieur du lieu et de Trungy, et Geffroy Gohier, bourgeois de Caen, réclamant le nombre de rentes dues au chanoine de Vendes sur le fief de « Lantieux » (1603). — Vente devant

Jean Bayeux et Charles Herthault, tabellions en la sergenterie de Creully, par Jacques Gohier père et fils, de Donnay, à Olivier Orenge, bourgeois de Caen, de maisons et pièces de terre (1615). — Reconnaissance par Mathieu Caynet et Guillaume Bayeux, de Cainet, du bail à eux fait par « Rault » Le Sauvage, sieur de Dilot, procureur et receveur de l'abbaye (1619). — Reconnaissance par Georges Bourdon, du bail à lui fait par Guillaume de Gallodé, abbé d'Ardennes (1620). — Procédure au bailliage de Caen, entre Raoul Le Sauvage, officier en l'Université, bourgeois de Caen, ex fermier de l'abbaye d'Ardennes, M. de Pierrepont, etc., pour paiement d'arrérages de rente (1641-1643). — Reconnaissance devant Jean Bayeux et Charles Hermerel, tabellions en la sergenterie de Creully, par Jacques Angot, du bail à lui fait par Guillaume de Gallodé, sieur de Chambrullay, abbé d'Ardennes, de pièces de terre (1627). — Procédure au bailliage de Caen, devant Hermule Vauquelin, écuyer, sieur des Yveteaux, lieutenant général, et Jacques Blondel, écuyer, sieur de Tilly, lieutenant particulier civil et criminel, entre les religieux d'Ardennes et Guillaume Hermerel, receveur des tailles à Bayeux, Olivier Orenge et Guillaume de Cussy, pour paiement de rente (1630, ss.) ; autre procédure aud. bailliage contre Pierre Du Thon, concernant le paiement de 17 années d'arrérages de 12 boisseaux de froment, 1 poule et 10 œufs de rente foncière seigneuriale (1692). — Promesse devant Jacques Jean et Pierre Mahoust, tabellions à St-Gabriel pour le siège d'Amblie, par Philippe de Manneville, de Lantheuil, de payer aux religieux, pendant 6 ans, la somme de 18 livres de fermages par an de 7 vergées de terre (1633). — Extrait de plusieurs articles de l'aveu rendu par Gilles Trupel, de Lantheuil, représentant le droit de Guillaume de Pierrepont, sr du lieu, à François Léonard, chanoine de Bayeux, seigneur de la terre et sieurie de la prébende de Vendes, assise à Vendes et environs (1633). — Remise par Philippe de Manneville aux religieux de 7 vergées de terre qu'il tenait à loyer (1637). — Admission par Jean Blondel, écuyer, sieur et châtelain de Tilly, lieutenant particulier au bailliage de Caen, de Nicolas Turgot, seigneur de Lantheuil et Manneville, président au Parlement de Normandie, à l'état d'ordre des deniers provenant du décret requis par André Du Thon, sieur de Doumarescq, receveur des aides en l'Élection de Caen, des maisons et biens de Pierre Du Thon et Thomas Du Thon, fils de feu Richard Du Thon (1649). — Reconnaissances : par Michel Angot, Antoine de Cussy et Antoine Le Télier, du bail à eux fait par Gabriel Yver, sieur de la Garenne, receveur de l'abbaye (1658) ; par Abraham Bayeux, de Cainet (1663) ; devant Jacques Caumont et Nicolas Barbey, tabellions à Cheux, par Sébastien Le Regnard, Germain Legrand et Geoffroy Huc, du bail à eux fait par frères Grégoire Bonhomme, prieur, et Mathieu Tronsaille, procureur, de pièces de terre (1679). — Bail devant Jean-Baptiste Varin et René Noitté, notaires royaux apostoliques, gardes scel des titres ecclésiastiques à Caen, par Abraham Le Chanoine, greffier-secrétaire de la ville de Caen, procureur de Joachim Faultrier, abbé commendataire, à Sébastien Bénard et Ysabeau Bayeux, veuve de Geoffroy Huc, de terre (1683). — Reconnaissances devant : François Le Sénéval, notaire à Évrecy, par Jacques Huc et Jean Renard, du bail à eux fait par Jean-Baptiste Rozé, prêtre, procureur de l'abbaye, de terres (1719) ; les notaires de Caen, par Jacques Huc et Gabriel Adam, du bail à eux fait par le P. Gilles Héroult, de terres (1722).

H. 334. (Liasse.) — 7 pièces, papier.

1488-1681. — Lantheuil. — Liasse 16 de l'inventaire de la Révolution, concernant rente de 12 boisseaux de froment, mesure ancienne de Caen, 1 géline et 10 œufs. — Extrait du registre de Guillaume Le Couvreur, tabellion à Caen, concernant la reconnaissance par Joret de Cussy, de Lantheuil, de la fieffe à lui faite par les religieux d'Ardennes de terres moyennant lad. rente (1427, v. s.) ; copie collationnée pour Bonaventure Le Febvre, religieux et procureur de l'abbaye (1631). — Aveu aux abbé et religieux par Joret de Cussy (1456). — Bannie par Jacques Blondel, écuyer, lieutenant du bailli de Caen, à la requête de Jean Brunet, fermier et receveur de l'abbaye, des récoltes étant à Lantheuil sur les terres qui furent à Jean de Cussy, et depuis à Robert Fallot, Jean Heuste, et les héritages Jean Fontenil, pour paiement d'arrérages de lad. rente (1595). — État de distribution par Jean de La Court, écuyer, sieur du Buisson, vicomte de Caen, aux pieds des sergenteries d'Ouistreham, Bernières et Creully, des deniers provenant du décret requis par Jean de May, au droit de Laurent Le Duc, en son vivant avocat en la vicomté de Caen, ayant les droit cédés de Jacques et Charles Le Marchand, enfants et héritiers d'Étienne Le Marchand et de Robine Le Fontenil, des biens à Cully et « Lantieulx » qui furent à feu Philippin Fontenil, père de lad. Robine, et à Guillaume Fontenil, prêtre, frère dud. Philippin, et depuis à René et Jean Fontenil, etc. (1608).

— Assignation par Jean Blaschet, sergent, à la requête des religieux d'Ardennes, stipulés par Georges Bourdan, bourgeois de Caen, à Pierre Le Thon, sieur de Colmanche, de comparaître devant le bailli de Caen pour accepter ou refuser les arrêts de deniers faits entre les mains de Jacques Angot et Abraham Le Villain, pour paiement de 17 années d'arrérages de lad. rente (1631).

H. 315. (Liasse.) — 19 pièces, parchemin ; 21 pièces, papier.

1260-1641. — Lasson. — Donation par « Guillermus de Cortunne, miles », à l'abbaye, pour son anniversaire, de 10 s. t. de rente annuelle sur son moulin de « Lachon » (1260) ; confirmation par « Johannes de Corthone », de lad. donation de Guillaume, son père (1283). — Reconnaissances devant : Jean Le Brebenchon, tabellion sous Geffroy Le Clerc, garde du scel de la vicomté de Caen, par Jean Roger et Emmeline, sa femme, de la paroisse de « Lachon », à Guillaume Talebot et Jeanne, sa femme, pour « 4 roulx » d'or de bon or et de bon « pois », d'une mine de froment de rente, mesure de Caen (1360, v. s.) ; — Michel de La Sale, tabellion à Caen sous Michel Potier, garde du scel, par Philippot Maugier à Girard Grouassal, « maistre en ars », demeurant à Caen, de 4 boisseaux de froment de rente, mesure de Caen (1395) ; — Guillaume Le Couvreur, tabellion à Caen, par Étienne Blouet, et Jeanne, sa femme, de « Lachon », de fieffe de maisons avec jardin et terres (1421). — Déclaration des récoltes bannies à la requête de Jean Morin, sr d'Écageul, pour paiement d'arrérages de rente (1529). — Adjudication en la juridiction de l'extraordinaire de la vicomté de Caen, tenue par Pierre Richard, écuyer, lieutenant général, à la requête de Jean Morin, sr d'Écageul, des récoltes de Jean Blouet, saisies pour paiement de rente (1537). — Transport devant Fleury Bénart et François Paris, tabellions au siège de Vaucelles de Caen sous Jean Varin, écuyer, sr d'Espins, garde du scel des obligations de la vicomté de St-Sylvain et le Thuit, par Pierre Morin, sieur de Mondeville, à Robert de Thaon, bourgeois de Caen, de 1 écu 1/3 d'or sol, 4 poules et 10 œufs pour deux années d'arrérages de rente à prendre sur Jean Guillemette dit Le Fourrier, et autres rentes en grains à prendre sur Martin Blouet, de « Lachon », du hameau de Bray, etc. (1578). — Vente devant François Paris et Guillaume Caillot, tabellions à Caen, par Pierre Morin, écuyer, sieur de Mondeville, à Robert de « Tham », bourgeois de Caen, de 7 boisseaux de froment, petite mesure ancienne de Caen, à prendre sur les héritiers de Michel Méritte, de la paroisse de « Lachon », hameau de Neufmesl (1591). — Extrait des registres des minutes des tabellions en la sergenterie de Bernières pour le siège de Caicon, concernant les lots et partage entre Jean et Pierre Mauger des biens de Jacques Mauger, leur père (1608). — Reconnaissance devant Gervasin Ribault et Martin Pesquerel, tabellions en la sergenterie d'Ouistreham, par Thomas et Jacques Mauger, frères, fils d'Étienne, et Suzanne Mauger, fille et héritière de feu « Fleuren » Mauger, femme de Pierre Tocquet, tous de Lasson, envers les religieux d'Ardennes, stipulés par frère Jean Givres, de 4 boisseaux de froment de rente de l'obligation de Philippot Mauger, etc. (1627). — « Arbre de consanguinité pour entendre comme se payent 4 b. f. sur les Maugers de Lacon, hamel de Nemois » ; généalogie depuis Thomas Mauger (1627). — Procédure devant Gilles Hue, sieur de Luc, vicomte de Caen, entre Pierre Tocquet, pour lui et Suzanne Mauger, sa femme, et Jean Mauger, concernant le paiement des arrérages de 2 boisseaux de froment faisant partie des 4 dus aux abbé et religieux d'Ardennes représentant « un surnommé de Thaon » (1634). — État, devant led. Hue, des deniers provenant du décret requis par Louis de Croismare, conseiller au Parlement de Normandie, sr de Lasson, des maisons et héritages aud. lieu ayant appartenu à feu Thomas Melitte et à Guillaume Melitte, son frère et héritier (1639). — Sommation par Jacques Ruette, sergent à Caen, requête des religieux d'Ardennes, stipulés par frère Robert Duhamel, à « Fleuran Boulleys », jouissant d'une acre de terre à Lasson qui fut à Simon Meritte, dont ils ont été envoyés en possession, de leur en passer bail et leur payer une année de fermages échus, et assignation (1641).

H. 316. (Liasse.) — 27 pièces, parchemin ; 10 pièces, papier.

XIIIe siècle-1568. — Lébisey. — Vidimus devant Aubry Lévêque, garde du scel des obligations de la vicomté de Caen, par Jean Deslandes, clerc, tabellion juré commis et établi en la ville et banlieue de Caen, le 7 juin 1384, de la charte par laquelle Roger « Le Masuyer », chevalier, donne à l'abbaye d'Ardennes « masuram meam de Lebiseio et capellam Beate Marie et Sancti Vincentii, cum omnibus decimis et terris meis apud Lebiseium, pro uno presbytero canonico professo dictæ abbatiæ, qui cum uno vel pluribus fratribus perpetuo domino divinum officium in dicta capella cantare tenebitur » (1291). Témoins : « Henrico de

Valbadon, scutifero, Ricardo Le Masuyer, cognato meo, Gilberto, monacho Sancti Stephani de Cadomo, Ranulpho, canonico de Ardena, et aliis » ; annexée, copie scellée sur parchemin, de lad. charte de « Rogerus Le Masurier, miles, dominus de Leshisaye », datée de 1291. — Lots et partages : devant Guillaume Le Couvreur, tabellion à Caen, entre Jean Le Paumier, clerc, Philippot Le Paumier, son frère, Mahault, déguerpie de feu Jean Grouart, Pierre Le Coq et Jeanne, sa femme, pour eux et Simone Paumier, leur sœur, des biens de feu Daniel Le Paumier, leur père (1423); devant Pierre Honoré et Jean Le Fouivre, tabellions es mettes des sergenteries d'Ouistreham et Bernières, entre Mathieu Tiphaigne, prêtre, et Hamon Sevestre, mayeurs et gardains des enfants de Pierre Garnier, demourant au hameau de Lébisay, et Perrin Garnier, des biens de feu Rasplin « Guernier », de St-Pierre d'Hérouville (1523, v. s.). — Procédure entre Robert Le Landois, curé de St-Clair d'Hérouville, et Guillaume Fouques, licencié en chacun droit, prieur du Goullet et de Lébisay, représenté par Christophe Fouques, curé de Bernières, concernant le droit de dîme aud. lieu de Lébisay (1542); à l'appui, note sur la situation du terroir de Lébisay, etc. — Inventaire des pièces produites par led. curé d'Hérouville, appelant du bailli de Caen, contre led. prieur de Lébisay (1544). — Autre inventaire de pièces produites par led. Fouques. — Guillaume de Clinchamp, prieur de Lébisay en remplacement de feu René de La Bigne (1552). — Procédures pour Jean Du Moncel, religieux d'Ardennes, canoniquement pourvu du prieuré de St-Vincent de Lébisay, membre dépendant de l'abbaye d'Ardennes, contre Marguerin de La Bigne et Jacques de Villemor, concernant la possession dud. prieuré (1558 ss.). — Quittances de dîmes délivrées au prieur de Lébisay. — Procédure entre Guillaume de Rulermont et Guillaume Bauches, fermiers du prieur de Lébisay, et Jean Du Moncel, prieur de St-Nicolas-sur-Orne, bailli de l'abbaye, « gouverneur » et procureur général de l'abbaye, ayant fait la recette des deniers provenant du prieuré de Lébisay, concernant les réparations à faire aux granges et maisons en dépendant (1559). — Procédure au bailliage de Caen devant Charles de Bourgueville, écuyer, lieutenant, entre Jean Du Moncel, prieur de Lébisay, Nicolas Bardel, Jean Charles, ses fermiers, d'une part, Guillaume Hubermont, Guillaume Bauches, Guillaume Le Rebours, curé de St-Ursin d'Epron, et Guillaume d'Hérouville, écuyer, héritier de Robert Le Landoys, curé d'Hérouville, concernant les dîmes dud. lieu (1561, n. s.); transaction (1561). —

Ratification devant Hugues Étienne et Jacques Pigache, tabellions à Caen, par Jean et Colas Chemin, père et fils, du bail à eux fait par Jean Du Moncel, prieur de St-Vincent de Lébisay, des dîmes dud. lieu (1563). — Procédure devant Charles d'Auberville, seigneur du Verbosc, bailli de Caen, entre Jean Beaullart, sr de Lébisay, conseiller au présidial, et Jean Du Moncel, prieur de St-Vincent de Lébisay, concernant l'adjudication requise d'une acre de terre dépendant dud. prieuré ou chapelle (1563).

H, 87. (Liasse.) — 4 pièces, parchemin; 13 pièces, papier.

1564-1599. — Lébisay. — Requête aux commissaires députés par le Clergé de l'évêché de Bayeux pour le rachat du temporel vendu par les ecclésiastiques, par frère Jean Du Moncel, chapelain en la chapelle de Lébisay, simple bénéfice, pour être déchargé de la somme de 167 livres 10 sols montant de sa cotisation, et déclarer lad. chapelle exempte de droits (1564). — Quittances au prieur de Lébisay de sommes payées par ce qu'il peut devoir de la subvention accordée au Roi. — Attestation de Pierre Le Quesne, de Lébisay, de l'association faite avec lui de Jean Beaulart, sr de Lébisay, et Pierre Beaulart, sr de Maizet, à la recollection des dîmes qui se perçoivent aux terroirs de Lébisay et Epron, en grains, laines, agneaux, volailles et vardages, et toutes choses quelconques généralement, aux droits du prieur de Lébisay, de l'abbé d'Ardennes, du prieur de St-Pierre d'Hérouville et du curé de St-Clair dud. lieu (1574). — Accord devant Jean Le Maistre et Christophe Aubert, son adjoint, tabellions à Caen, entre Antoine de Mosle, docteur aux droits, doyen et communier du Sépulcre de Caen, Henri de Sendoux, Jean Le Maserier, Jacques Le Blanay, Guillaume Champion, etc., chanoines du Sépulcre, et Jean Du Moncel, prieur de Lébisay, sur leur procès concernant paiement de rente sur les dîmes de Lébisay (1579). — Procédure en la juridiction des privilèges de l'Université de Caen, entre Marin de Monfrinrt, al. Monfreaut, prieur-curé, al. vicaire perpétuel de St-Pierre d'Hérouville, stipulé par Charles de Fierville, avocat, son neveu, et Jean Du Moncel, docteur aux droits, prieur de Lébisay, concernant la perception des dîmes de Lébisay et d'Epron (1580-1581). — Quittances au prieur de Lébisay sur ce qu'il peut devoir de la subvention accordée au Roi par le Clergé de France (1582-1599). — Procès-verbal de visite faite par Simon Oton, prêtre, doyen de la Chrétienté, à la requête de Baptiste de Villemor, abbé commendataire d'Ardennes, de la chapelle et dépendances de S¹-Vincent de Lébisey (1594). — Extrait du registre du tabellionage de Caen concernant la ratification par Alphonse de Villemor, écuyer, chapelain de la chapelle de S¹-Vincent de Lébisey, de la déclaration des terres sur lesquelles le curé d'Épron prend des dîmes (1595). — Reconnaissance par Nicolas et Roger Le Quesne, frères, du bail à eux fait par Baptiste de Villemor, abbé d'Ardennes, stipulant le chapelain de Lébisey, de maison, jardin et pièces de terre (1598). — Moyens proposés pour l'échange de dîmes entre le curé d'Épron et le chapelain de Lébisey (1598). — Mémoire informe des sommes reçues de Roger Le Quesne, fermier des dîmes, terres et presbytère de la chapelle de Lébisey (1598).

H. 528. (Liasse.) — 13 pièces, parchemin; 70 pièces, papier.

1601-1624. — **Lébisey.** — Obligation de Nicolas Le Quesne, fermier de la terre dépendant de la chapelle de S¹-Vincent de Lébisey, envers Pierre de Villemor, conseiller en la Cour de Parlement, stipulant le chapelain, d'engranger à ses frais dans la grange dud. lieu toutes les récoltes, afin d'en éviter la bannie (1601). — Extrait du registre du tabellionage de Caen concernant la reconnaissance par Nicolas Le Quesne du bail à lui fait par Pierre de Villemor, stipulant led. chapelain (1604). — Quittance par Richard Le Marchant, prêtre, desservant en la chapelle de S¹-Vincent de Lébisey, à Pierre de Villemor, conseiller au Parlement de Paris, abbé d'Ardennes, de 60 livres t. pour 2 années de son service (1604). — Procédure au bailliage de Caen devant Guillaume Vauquelin, sieur de la Fresnaye, lieutenant général, entre Sigismond Hepiegne dit La Vallée, chapelain de la chapelle de Lébisey, stipulé par David Cuval, sieur de la Brière, et Nicolas Le Quesne, pour paiement de fermages (1605). — Procédures concernant la possession dud. prieuré : entre Eustache Du Lis, aumônier du Roi, évêque de Nevers, Baptiste Mannoury, religieux de S¹-Jean de Falaise, Sigismond Hepiegne dit La Vallée, et François Grealier (1606-1607); entre frère Michel Granet, religieux de l'ordre de Prémontré en l'abbaye de la Luzerne, et François Grealier (1612-1613). — Inventaire des pièces concernant le procès des dîmes dépendant du prieuré de S¹-Vincent de Lébisey, remises à fr. Michel Granet, prieur, par Guillaume de Gallodey, sieur de Chambrulley (1614). — Procédures au siège présidial de Caen entre : Guillaume de Gallodé, sieur de Chambrasié, abbé d'Ardennes, Jacques Burnel, curé de S¹-Clair d'Hérouville, Guillaume Graffard, prieur-curé de S¹-Pierre dud. lieu, et frère Michel Granet, prieur de S¹-Vincent de Lébisey, concernant la perception des dîmes des récoltes (1616-1617); Nicolas Le Quesne, fermier des dîmes de la paroisse d'Hérouville pour les hameaux de Lébisey et d'Épron, et Jean Canu, fermier des dîmes du prieuré de S¹-Vincent de Lébisey, concernant le rapport de la vraie valeur desd. dîmes. — Procuration en blanc devant Jacques Creation et Nicolas de Caumont, tabellions à Rouen, par frère Jacques Marie, religieux d'Ardennes, pour prendre possession en son nom du prieuré ou chapelle de S¹-Vincent de Lébisey, dont il a été pourvu par le chapitre de l'abbaye (1619). — Enregistrement devant Anne Du Buisson, conseiller au Parlement de Normandie, archidiacre et chanoine de Rouen, vicaire général de l'archevêque, requête de Jacques Marie, chanoine d'Ardennes, de signature en Cour de Rome contenant provision du prieuré de Lébisey pour la mort de Michel Granet (1620). — Procédure au bailliage de Caen devant Guillaume Vauquelin, sieur de la Fresnaye, président et lieutenant général, entre frère Jean-Baptiste de Mannoury, religieux de S¹-Jean de Falaise, Marin Heuetault, fermier général du revenu du prieuré de Lébisey, Jacques Marie et Jean Le Page, se prétendant respectivement titulaires dud. prieuré, pour paiement de 100 livres de pension dûment créée en Cour de Rome, et homologuée en Parlement (1620). — Procédure entre Jacques Burnel, curé de S¹-Clair d'Hérouville, et frère Jacques Marie, pourvu au bénéfice de la chapelle de S¹-Vincent de Lébisey, ayant repris le procès laissé par feu Michel Granet, prieur, Jean Canu, fermier, et Guillaume Graffard, prieur de S¹-Clair d'Hérouville, et Guillaume de Gallodé, sieur de Chambrulé, abbé d'Ardennes, concernant la perception des dîmes de Lébisey (1621). — Bail devant Mathieu de La Lande et Michel Le Sueur, tabellions à Caen, par Jacques Marie, religieux d'Ardennes, prieur de Lébisey, à Guillaume Le Pelletier, de Lantheuil, demeurant à Rots, des dîmes dud. prieuré pour 6 ans, en présence de Louis de Guyot, écuyer, premier sergent du château de Caen, et Simon Berthes, bourgeois de Caen, cautions dud. Le Pelletier (1622). — Extrait des registres du Conseil privé, concernant la requête de Guillaume Pucelle, écolier juré en l'Université de Paris, chapelain de la chapelle de Lébisey, à fin d'assignation à Jacques Marie en règlement de juges (1622); signification par Jean Marot, sergent royal à Caen (1623). — Arrêt du Conseil maintenant frère Jacques Marie en possession dud. prieuré (1624).

1623-1654. — Lébisay. — Procédure en Parlement entre Jacques Marie, religieux d'Ardennes, prieur de Lébisay, et Jean de La Croix, prieur claustral de l'abbaye, touchant le titre et possession du prieuré simple et sans charge de Lébisay, membre dépendant de l'abbaye d'Ardennes (1623). — Quittances par Regnault, chanoine et commandeur du Sépulcre de Caen, au prieur de Lébisay, signée par Louis de Guyot, écuyer, archer des gardes du corps du Roi et son premier sergent au château de Caen, d'arrérages de rente ou pension. — Requête à l'évêque de Bayeux par Jacques Marie, religieux profès d'Ardennes, chapelain de la chapelle de St-Vincent de Lébisay, pour être autorisé à faire construire dans son logement à Caen, où il s'est retiré par suite de ses infirmités corporelles, qui l'ont contraint de quitter la place de « supporieur » en l'abbaye de Silly, un autel pour y célébrer la messe et lui permettre d'administrer les sacrements de l'autel à ceux de sa famille qui le requerront (1628). — Bail devant Mathieu de La Lande et Michel Le Sueur, tabellions à Caen, par Jacques Marie, prieur de Lébisay, à Hélie Hadibert, écuyer, sieur du Manoir, des dîmes du prieuré; à la suite, obligation de François et Jacques Fauvel, écuyers, frères, sieurs de Lébisay et de Bonneville, de payer comme cautions dud. Hadibert, aud. prieur, la somme de 500 livres de fermage (1629). — Extrait de la déclaration du territoire de Lébisay (1629). — Procuration devant Mathieu de La Lande et Michel Le Sueur, tabellions à Caen, par frère Jacques Marie, prieur de Lébisay, à frère Bonaventure Lefebvre, prêtre, religieux d'Ardennes, pour recevoir ce qui peut lui être dû (1629). — Mémoire de tout ce que fr. Jacques Marie, prieur chapelain de Lébisay, possède et en a l'usage sa vie durant, en vertu de son prieuré, par permission de ses supérieurs, entre autres: un missel romain, un canon et un *in principio*, ornements d'église, 9 grandes planches enluminées et 4 autres plus petites servant à l'autel; pour les habits, une robe scapulaire, capuche, haut-de-chausses, deux paires de bas de chausses, et une camisole, le tout de serge de St-Lo forte, une robe serge de Caen doublée de revesche, un petit manteau fourré d'agneau, un manteau court de drap pour aller aux champs, qui est vieux, un manteau long de serge de Caen, deux robes de même serge avec les scapulaires et capuces, une desd. robes fort vieille, une camisole de futaine à grain doublé d'autres futaines, 4 chemises de serge, 4 chemises de toile servant en temps de maladie, 12 coiffes, 12 mouchoirs, 4 draps de lit fins et 3 traités plus grosse toile, 1 couche de bois de chêne, 1 matelas de lin laine sans « traversier », 1 « castelogne », 1 paillasse, 1 housse de lit de serge de Caen, une petite table et tapis, 1 tapis de drugget servant à couvrir la cheminée, 1 chapeau, 3 bonnets de nuit doublés de peau de lièvre, 1 autre petit capuchon doublé de revesche pour servir la nuit, etc. (1630). — Copie de la reconnaissance faite devant Mathieu de La Lande et Michel Le Sueur, tabellions à Caen, du b ail par Gaspard de Melan, curé de St-Clair d'Hérouville, à Hélie Hadibert, &c., sr du Manoir, des dîmes de Lébisay (1630). — Prise de possession du prieur Marc Sarrazin (1639). — Bail par led. Marc Sarrazin, prieur de Lébisay, à Pierre Regempied, de Lébisay, des dîmes du prieuré (1640). — Factum du procès entre Antoine St-Yves, commis et procureur d'Antoine Limouzin, chargé par le Roi du recouvrement des deniers provenant de l'exécution des déclaration et arrêts de 1642, et François de Fauvel, écuyer, sr de Lébisay, procureur du Roi en l'Élection de Caen, conseiller en la Cour des aides, en présence de Marc Sarrazin, prieur de Lébisay, concernant le paiement du 8e denier du principal de l'aliénation des biens d'église; à l'appui, significations et imprimés de déclaration et arrêts du Conseil. — Quittances au prieur de Lébisay, stipulé par Mathieu et Claude de La Rivière, des sommes payées sur ce qu'il doit des décimes accordées au Roi par le Clergé de France. — Reconnaissance par Toussaint Le Boucher, caporal de la garnison du château de Caen, ayant pris à ferme de Marc Sarrazin, prieur de Lébisay, les dîmes et revenu du prieuré, de la procuration à lui passée par ledit Sarrazin de faire la recollection desd. dîmes et revenu (1649). — Procédure au Bailliage de Caen devant Jacques Pennier, écuyer, sr d'Angerville, ancien conseiller exerçant pour l'absence des lieutenants, entre les religieux d'Ardennes et Marc Sarrazin, prieur de Lébisay, concernant les réparations de la chapelle et dépendances du prieuré (1651). — Provisions aud. prieuré de Robert Du Hamel, sous-prieur d'Ardennes 1653). — Déclaration des dîmes de St-Ursin d'Épron, dont frère Robert Du Hamel, prieur de St-Vincent de Lébisay, demande la restitution à cause de son prieuré, au préjudice de Bertrand Bellejambe, curé d'Épron, sans les autres dîmes non contestées (1654).

H. 530. (Liasse.) — 11 pièces, parchemin ; 163 pièces, papier.

1630-1783. — Lébisay. — Déclaration de frère

Robert Du Hamel, prieur de Lébisay, à Bertrand Bellejambe, curé d'Épron, en conformité du contrat d'échange fait entre eux concernant les dîmes; copie collationnée par De La Porte et Crestien, tabellions à Caen (1655). — Accord devant Thomas Le Sueur et Jean Crestien, tabellions à Caen, entre les mêmes sur leur procès au bailliage de Caen concernant restitution des dîmes (1655). — Lettre du frère de St Jean, religieux et procureur d'Ardennes, à M. de La Garenne, maître des postes à Caen, concernant la remise des couvertures par Étienne La Personne, destinées au prieur de Lébisay; fournitures pour les réparations du prieuré de Lébisay. — Obligation d'Étienne Léonard envers le prieur d'engranger dans sa grange les récoltes étant sur les terres dont il est son locataire, pour sûreté de ses fermages (1659). — Procédure au bailliage de Caen entre Robert Du Hamel, prieur de Lébisay, et Pierre et Richard de Maslon, concernant la remise des pailles provenant de la dîme dud. prieuré (1665; accord devant Thomas Le Sueur et Jean Rougon, tabellions à Caen 1667. — Reconnaissance de bail fait par Robert Du Hamel, prieur, des dîmes de son prieuré (1671). — Quittance donnée par Dumont au prieur de Lébisay, de 80 livres 10 sols pour sa part du million ordonné par le Roi être levé sur le Clergé de France (1676). — Collation du prieuré à Norbert Moulinet, chanoine de Prémontré, par l'évêque de Nesmond 1679). — Quittances: de P. de Baudement, de 15 livres pour célébration de la messe dans la chapelle de St-Vincent de Lébisay les dimanches, de la St-Jean 1681 au mois de janvier (1682); de Malzard au prieur, de 43 livres 13 sols pour célébration de la messe par lui et autres prêtres, les dimanches et fêtes de la St-Jean 1682 à la St-Jean dernière (1683). — Lettre du frère Jean Etheart au P. Molinet, prieur de St-Germain, à Ardennes, concernant l'union de Lébisay au couvent d'Ardennes (1696). — Ordonnance de François de Nesmond, évêque de Bayeux, supprimant à perpétuité le titre du prieuré ou chapelle de St-Vincent de Lébisay et en unissant les fruits et revenus à la mense conventuelle de l'abbaye d'Ardennes (1697); arrêt du Parlement pour enregistrement au greffe des lettres d'union pour être exécutées selon leur forme et teneur (1698). — Promesse de François Friley au P. Molinet, prieur de St-Vincent de Lébisay, de lui passer bail pour 6 ou 9 ans, à la volonté du prieur, des grosses et menues dîmes et terres en dépendant (1704). — Quittances par frères Molinet et Servais Néel à Des ..lières Foubert de sommes à valoir sur les fermages de St-Vincent de Lébisay (1716-1721). — Installation par

Robert Laignel de La Londe, notaire apostolique au diocèse de Bayeux, immatriculé au bailliage et siège de l'officialité de Caen, suivant les cérémonies requises, de Servais Néel au prieuré de St-Vincent de Lébisay, uni à l'abbaye d'Ardennes, et vacant par le mort de Norbert Molinet (1721). — Arrêt du Parlement prescrivant l'enregistrement au greffe de la Cour des lettres d'attache sur provisions de Cour de Rome accordées par le Roi à Olivier Jahouel, religieux de l'ordre de Prémontré, pour jouir du bénéfice simple du prieuré de St-Vincent de Lébisay (1725). — Procédures au bailliage de Caen: entre Louis Giot, fermier des dîmes de Lébisay, et Jacques Alexandre, fermier de M. de Malherbe, pour inexécution des règlements sur la perception des dîmes (1757); entre les religieux d'Ardennes et Jacques Le Duc, pour enlèvement de pommiers sur une pièce de terre au village de St-Esprit (1763). — Copie de l'ordonnance des trésoriers généraux de finances prescrivant aux fermiers bordiers des chemins de Lébisay, de les espacer chacun en droit soi (1785). — Pièces diverses, sans date.

H. 311. — .... — 12 pièces parchemin; 7 pièces papier.

1228-1462. — Lion. — Reconnaissance par « Robertus de Plumelot, filius Gilleb. Le Saintier », envers les moines, d'une rente de 7 setiers de froment, mesure de Lion, pour 4 pièces de terre qu'ils lui remirent, avec deux « in valle de Neauvill. », deux « at Peril »; « preterea tenebor dictis ecclesie et canonicis facere omnia opera sua fusilia ex ere, quandiu dictas terras michi tenere placuerit, ita videlicet quod nullam mercedem inde requiram, et secundum quod dicto terre post obitum meum libere et integre ... ad dictos canonicos revertentur » (1228, mai). — Reconnaissance par « Thomas dictus Faber, de Lyon », de 10 setiers de froment, mesure de Lion, 3 pains, 2 gélines, 1 chapon et 40 œufs de rente pour une acre de terre « apud Longam acram » et 4 acres « ad fossam Vandame, inter terram Willelmi Blancgernon et terram Philippi relicte Oliverii de Neauvill. » (1256, décembre). — Donation de rentes à Lion, à St-Aubin-d'Arquenay, de fonds à Épron, etc., par « Vincencius de Bitoht, clericus, filius Johannis de Bitoht... pro victu meo in dicta abbatia percipiendo, sicut unus ex ipsis... tam in pane quam in potu communi, et pietancia generali, et quadraginta solidos turon. pro vestitu et aliis necessariis meis in abbatis camera », etc. (1271, avril). — Donation par « Jehan de Quevrechie, fils et heir ainzné Guill. de Quevrechie, escuier, et Estienne de Quevrechie, son frère, de la parr. Saint-Contest, » « à l'église de Nostre Dame de Ardenne et as chanoygnes illeques servans », d'un setier de froment de rente, mesure de Lion, assis aud. lieu, etc. (1416). — Recounaissance devant le vicomte de Caen par Guy de Meullent, écuyer, envers l'abbaye, de 20 livres de rente « en fay » qui fut Pierre et Richard dits Les Chevaliers, à Lion, pour un des chanoines d'Ardennes, pour chanter en une chapelle qui sera faite et fondée par lui (1427, v. s.); donation devant Jean d'Esquetot, prêtre, garde du scel de la vicomté de Caen, par Raoul de Meullent, éc., « s' en propriété de Lyon », aux religieux, à charge de services dans la chapelle du manoir de Lion (1348). — « Ce sunt les pieches de terre » dud. dan.

H. 242. (Liasse.) — 32 pièces, parchemin ; 6 pièces, papier.

1431-1559. — Lion. — Procédures pour l'abbé d'Ardennes, écolier étudiant en l'Université de Paris(1431). — Résiliement devant Colin de Saugeques, tabellion ès mottes des sergenteries d'Ouistreham et Bernières, par Philippe Le Clerc, prêtre, ainé de la vavassorie qui fut Raoul Herbeline à Lion, aux fiefs de M. de Courseulles, de l'action intentée à Jean Le Clerc, de Lion, pour paiement de 6 deniers tournois de rente sur une pièce de terre relevant de l'abbaye d'Ardennes (1432). — Abandon devant James Dryland, écuyer, garde du scel de la vicomté de Caen, par Raoul Le Gaillart, aux religieux d'Ardennes, de pièces de terre, afin d'éviter un procès intenté par Jean Le Clerc, leur fermier, pour paiement de rente (1480). — Vente devant Raoulin Advisse et Sanxon Camail, tabellions ès mottes des sergenteries d'Ouistreham et Bernières, par Lucas Sorren, de Lion, à Guillaume Le Sens, écuyer, seigneur de Cresserons, de terre (1481). — Procédure aux pleds des sergenteries d'Ouistreham, Bernières et Creully, devant Robert de La Hogue, écuyer, lieutenant général du vicomte de Caen, entre Isaac Le Clerc, curé de « S¹ Jouvyn », Pierre du Vivier, abbé commendataire d'Ardennes, et Nicole Le Sens, curé de Lion, concernant la jouissance de biens sis à Lion (1515, v. s.). — Constitution devant Robert de La Hogue, lieutenant général du vicomte de Caen, par Jean Le Marchant, prieur de S¹-Thomas de Lion, de procureurs généraux pour soutenir ses intérêts (1515, v. s.). — Reconnaissance devant Lucas de La Lande et Guillaume Domey, tabellions à Caen sous Nicolas Le Valtois, écuyer, garde du scel de la vicomté dud. lieu, par Guillaume Le Sens, s' de Cresserons, de la fieffe à lui faite par Pierre du Vivier, abbé d'Ardennes, et Pierre de Grevilly, écuyer, procureur des religieux, de terre sise à Lion (1521). — Extrait d'un livre relié couvert de cuir noir, intitulé Les commémorations de l'abbaye d'Ardennes, concernant celles de divers prieurs de Lion, notamment Jean Le Marchant (1537). — Déclaration du temporel du bénéfice de Lion par Jean Galguant, vicaire de Lion, suivant l'ordonnance du Roi (1539). — Bail à ferme par Guillaume Moynet, religieux d'Ardennes, prieur ou chapelain de la chapelle et prieuré de S¹-Thomas de Lion-sur-Mer (1545). — Prise de possession dud. prieuré par Jean Du Moncel (1548); bulles y relatives. — Reconnaissance devant Guillaume Cucurel et Nicolle Deslandes, tabellions à Caen, par Jean du Moncel, religieux d'Ardennes, prieur de S¹-Thomas de Lion, du bail à Robert Marie, de pièces de terre (1552, v. s.). — Procédure en la vicomté de Caen devant Pierre Le Neuf, lieutenant, entre Robert Hélye, prieur de S¹-Thomas de Lion, et Jean Marie, fils Robert, pour paiement de rente (1558). — Reconnaissance par Jean Marie l'ainé du bail à lui fait par Robert Hélyes, prieur de Lion, de pièces de terre (1559).

H. 343. (Liasse.) — 27 pièces, parchemin ; 42 pièces, papier.

1559-1771. — Lion. — Engagement de Robert Hélyes, religieux d'Ardennes, prieur de S¹-Thomas de Lion, envers Jean Marie l'ainé, de l'acquitter de 90 boisseaux de froment, mesure d'Arques, d'arrérages de 2 années dus par Jean Marie, son père, fermier de Jean du Moncel (1510. — Procédure devant Charles d'Auberville, sire et baron de Verboze, Caux, Cautelou, bailli de Caen, entre Robert Hélyes, religieux d'Ardennes, et Robert Rogier, concernant la jouissance de terres dépendant de la chapelle de Lion (1563) — Procédure devant Charles Le Fournier, écuyer, lieutenant général du vicomté de Caen, entre Robert Hélyes, prieur de Lion, et François Lefebvre, concernant la possession de 1 2 acre de terre (1595). — Reconnaissance devant Hugues Etienne et Jean Le Maistre, tabellions à Caen, par Jean Le Cornu, du bail à lui fait par frère Robert Hélyes de 3 pièces de terre (1566). — Reconnaissance par Pierre Marie du bail à lui fait par ledit prieur de S¹-Thomas de Lion, de terre (1566). — Reconnaissances devant: Pierre Le Neuf, lieutenant du vicomte de Caen, par François Lefebvre, de l'accord fait avec le prieur Robert Hellyes, sur leur procès concernant la jouissance d'une acre de terre (1567, 13 février, « à compter suivant l'édict du Roy are. sire »); Pierre Bacon et Jean Delahaye, tabellions à Caen, par Guillaume Le Rebours, du bail à lui fait par Robert « Hellis », écuyer, prieur de Lion, de pièces de terre

(1574); Jean Le Maistre et Christophe Aubert, tabellions à Caen, par Guillaume Le Rebours, du bail à lui fait par Baptiste de Villemor, abbé d'Ardennes (1588). — Procédure devant Jean de la Court, écuyer, sieur du Buisson, vicomte de Caen, entre les religieux d'Ardennes et Jean Lecornu, pour paiement de fermages (1588). — Reconnaissances devant : Richard Martin et Raoul Caillot, tabellions à Caen, par Nicolas Le Rebours, du bail à lui fait par Baptiste de Villemor, abbé d'Ardennes, de pièces de terre (1580); Jacques Collette et Jean Adeline, tabellions aux sergenteries d'Ouistreham et Bernières, par Jean Le Cornu, du bail à lui fait par Baptiste de Villemor, abbé d'Ardennes (1586). — Procédure devant Jacques Blondel, écuyer, lieutenant particulier civil et criminel du bailli de Caen, entre les religieux d'Ardennes et Richard de La Perrelle, fils et héritier de Guérin de La Perrelle, pour paiement de 9 années d'arrérages de 3 boisseaux de froment de rente (1609). — Déclaration de terres de la chapelle St-Thomas de Lion faite à Guillaume Denis, prieur, par Benjamin Le Rebours, fermier (1612. — Reconnaissance devant Jacques Boisnelu et Fleury Gouet, tabellions en la vicomté de St-Sylvain et Le Thuit au siège de Colombelles, par Marin Lamy, du bail à lui fait par frère Guillaume Denis, prieur de Lion, de pièces de terre (1612). — Bail par l'abbé de Galloté à Pierre Le Clerc de 10 vergées de terre (1616). — Bail devant Mathieu Delalonde et Michel Le Sueur, tabellions à Caen, par Guillaume Denis, prieur de Lion, à Marin Lamy, de pièces de terre (1618). — Reconnaissance par Jacques Fanet du bail à lui fait par Guillaume de Galloté, abbé d'Ardennes, de 12 acres de terre (1620). — Procédure devant Jacques Blondel, écuyer, lieutenant au bailliage, entre les religieux d'Ardennes et Pierre Godefroy, Geffroy Jamet et Germain Champion, pour paiement de 8 années d'arrérages de rente (1629). — Collation du bénéfice ou prieuré simple non conventuel et sine cura de St-Thomas de Lion, vacant par le décès de Guillaume Denis, à Jean Demorey, religieux d'Ardennes, par l'abbé Guillaume de Galloté 1631). — Échange devant Isaac Vasnier et Pierre Moustier, tabellions en la sergenterie d'Ouistreham, entre Isaac Le Sens, écuyer, sieur de Lion, et les religieux d'Ardennes, stipulés par frères Bonaventure Lefebvre et Robert Du Hamel, de pièces de terre (1634). — Bail devant : Mathieu Delalonde et Michel Le Sueur, tabellions à Caen, par frère Bonaventure Hardy, prieur de la chapelle de St-Thomas de Lion, à Marin Lamy, de pièces de terre (1634); Mathieu Delalonde et Jean Crestien, tabellions à Caen, par Robert Du Hamel, prieur de Lion, à Marin Lamy, de 3 acres de terre (1637); Guillaume Bertot, tabellion en la sergenterie d'Ouistreham, et Hubert Louis, tabellion en la sergenterie de Bernières, pris pour adjoint, par les religieux d'Ardennes à Jacques Fanet, de pièces de terre (1641); Adeline et Cartil, tabellions en la sergenterie d'Ouistreham, par Robert Du Hamel, sous-prieur d'Ardennes, à Étienne Sautel, de pièces de terre (1644). — Échanges devant : François Delaporte et Jean Crestien, tabellions à Caen, entre Robert Du Hamel, sous-prieur d'Ardennes, prieur de Lion, et Jean Le Miere, écuyer, sieur de Basly, de pièces de terre (1650); Thomas Le Sueur et Guillaume Delaporte, tabellions à Caen, entre frère Baptiste Jean, prieur de Lion, et Jacques Le Sens, écuyer, sieur de Lion, de pièces de terre (1654); les mêmes, entre led. frère Jean et Jean de Baillehache, sieur de Fontenay, bourgeois de Caen, de pièces de terre 1656). — Reconnaissance par Isaac Recherre du bail par Hyacinthe Touraine, religieux profès d'Ardennes, prieur de Lion (1658). — Reconnaissance devant Robert Cadomel, tabellion à Bernières, et Jacques Fanet, sergent à Ouistreham, pris pour adjoint, par Jacques et Nicolas Vasnier, de Cresserons, du bail à eux fait par Pierre-Ambroise de Touraine, prieur de Lion, de 30 vergées de terre, 1661. — Échange devant Nicolas Bertot, tabellion en la sergenterie d'Ouistreham, et Jacques Fanet, sergent, pris pour adjoint, entre frère Norbert Molinet, procureur de l'abbaye de St-Jean de Falaise, et Jacques Le Sens, seigneur et châtelain de Lion et de Velligny, de pièces de terre (1672). — Reconnaissances : par Daniel Hodierne, sieur de la Place, du bail à lui fait par Hyacinthe Touraine, prieur de Lion, de 10 acres de terre 1683; par Pierre Hodierne, curé de Douttéville, du bail à lui fait par le même de 10 acres de terre (1685 ; devant François Le Sénécal, notaire à Évrecy, et Bernardin Durand, notaire à Cheux, pris pour adjoint, par Anne Autier, veuve de Jacques Sautel, et Michel et Jacques Sautel, ses fils, du bail à eux fait par le frère Thomas Desplanches, procureur de l'abbaye, de pièces de terre (1691); par Pierre de Baillehache, sieur de Bonneville, du bail à lui fait par le prieur de Lion de 10 acres de terre (1695); devant Louis Gonard et Charles de La Haye, notaires à Caen, par David Vasnier, de Lion, du bail à lui fait par le P. Guillaume Dubois, procureur de l'abbaye, de pièces de terre (1707); devant Laurent Asselin et François Boullin, notaires à Caen, par le P. Jean-Baptiste Froudenische, procureur de l'abbaye, du bail par lui fait à Guillaume Fanet de pièces de terre (1712; devant Guillaume Vimard, notaire à Ouistreham, par Michel et Jacob Lecerf, du bail à aux faits par le P. François Jean Dubourt, procureur de l'abbaye, de pièces de terre (1720); devant Charles Vimard, notaire à Ouistreham, par Jacob Lecerf, de bail (1731); devant Guillaume Fontaine, notaire à Caen, par Charles Alliot, prieur, et Gabriel Arondel, procureur, du bail par eux fait à Charles Le Coq, suisse de nation, du métier de vitrier, demeurant à La Délivrande, paroisse de Luc, et à René Morel, chandelier, demeurant à La Délivrande, paroisse de Bavent, de pièces de terre (1762); les notaires de Caen, par Pierre Lesage, procureur de l'abbaye, du bail par lui fait à Pierre Lecerf, fils Michel, de pièces de terre (1771).

H. 313. (Liasse.) — 7 pièces, parchemin; 21 pièces, papier.

1568-1766. — Loges-Saulces (les). — Inventaire des pièces données par Jean Du Moncel, prieur de St-Nicolas-sur-Orne, membre dépendant de l'abbaye d'Ardennes, à Thomas de Laulnay, de la paroisse des Loges-Saulces, pour se faire payer par les redevables de lad. paroisse des rentes dues aud. prieur (1568, v. s.). — Fieffe devant Jean Le Maistre et Pierre Hénart, tabellions à Caen, par Baptiste de Villemor, abbé d'Ardennes, Jean Du Moncel, docteur régent en la faculté des droits en l'Université de Caen, prieur de l'abbaye et de Lébisay, Toussaint Dessaulx, sous prieur et prieur de St-Contest, à Jacques Le Fevre, écuyer, sieur de la Boderie, proche voisin, d'un fief ou membre de fief noble sis aux Loges-Saulces (1581). — Procédure au bailliage de Caen, devant Jean Vauquelin, écuyer, lieutenant général, entre Baptiste de Villemor, abbé d'Ardennes, et Jacques Le Fèvre, écuyer, sieur de la Boderie, et Rouland Morchesne, sieur du Breuil, pour paiement de 5 années d'arrérages de 2 écus de rente pour fieffe (1586). — Procuration devant Mathieu Delalonde et Michel Le Sueur, tabellions à Caen, par Guillaume de Galloddé, sieur de Champbrûlé, abbé d'Ardennes, à Pierre de La Fontaine, bourgeois de Caen, pour recevoir 2 écus d'or sol sur le fief des Loges-Saulces, dus par Louis de Clinchamps (1622). — Procédure en la juridiction des privilèges de l'Université de Caen devant Hercule Vauquelin, sieur des Yveteaux, lieutenant général au bailliage de Caen, entre les religieux d'Ardennes et Tanneguy d'Ollienson, sieur de Possey et de St-Germain-Langot, pour paiement d'arrérages de 2 écus sol de rente (1627). — Quittance par frère Bonaventure Lefebvre, procureur de l'abbaye d'Ardennes, aud. d'Ollienson, de 42 livres pour 7 années de 2 écus sol de rente (1634). — Lettre, endommagée par l'humidité, dud. d'Ollienson, au P. Bonaventure Le Febvre, procureur de l'abbaye, concernant lad. rente (1634). — Mandements de: Jean de Mais, écuyer, sieur du Quesnay, lieutenant général du bailli de Caen, conservateur des privilèges royaux de l'Université, au premier huissier requis, d'assigner à la requête des religieux d'Ardennes M. de Possey pour paiement d'arrérages de 6 livres de rente (1688); Jacques Pannier, écuyer, sieur d'Angerville, ancien conseiller au bailliage, pour l'absence du bailli, conservateur des privilèges de l'Université, au premier huissier requis, d'assigner à la requête des religieux d'Ardennes Tanneguy d'Ollienson, chevalier, sr de Possey, pour paiement d'arrérages de 2 écus sol de rente (1651). — Lettre de M. de St-Germain de Possé au procureur de l'abbaye d'Ardennes, demandant une prolongation de délai pour s'acquitter (1657). — Consentement par M. d'Ollienson aux religieux d'Ardennes de se faire payer sur son fermier des Loges-Saulces de la somme de 90 livres, en diminution des arrérages de 6 livres de rente (1669). — Compte arrêté entre Pierre d'Ollienson, seigneur et marquis de St-Germain et de Caligny, et les prieur et religieux d'Ardennes, des arrérages de 6 livres de rente pour fieffe faite à ses ancêtres (1700). — Reconnaissances devant: Thomas Gouye et François Boullin, notaires à Caen, par Jean-François Rabache de La Lande, demeurant à St-Germain, fondé de Jacques-Gabriel-Alexandre d'Ollienson, chevalier, marquis de St-Germain, aux religieux d'Ardennes, stipulés par le P. Michel Pillon, procureur de l'abbaye, de 6 livres de rente (1726); Guillaume Fontaine, notaire, de lad. rente, par Jacques-Gabriel Alexandre, marquis d'Ollienson de St-Germain, demeurant à Caen, petit-fils de Tanneguy d'Ollienson, représentant Jacques Le Fèvre, écuyer, seigneur de la Boderye (1766).

H. 313. (Liasse.) — 2 pièces, parchemin; 1 pièce, papier.

XIIIe siècle-1702. — Longraye. — Donation à l'abbaye d'Ardennes par « Thomas Guernon, filius Willelmi Gernon, de assensu Hais de Insula, matris meæ,... apud Berrolæ, in parrochia de Longa Reia », de « totas terras istas, scilicet Rau. de Orallis com toto tenemento suo, Rog. Traines com toto feodo suo, Robertum de Orallis com campo de Perrella et campo de Campania », etc., moyennant une rente de 6 liv. d'angevins. « Hoc autem totum recitatum fuit et a me concessum apud Longam Reiam in ecclesia Sanctæ Mariæ, coram parrochia, in die Ascensionis dominicæ. » De l'assentiment dud. Thomas, Robert, abbé d'Ar-

SÉRIE H. — ABBAYE D'ARDENNES.

dennes, et le couvent, cédèrent lesd. terres à Gautier « de Agnell. », sous la rente de 5 s. t. Lesd. abbé et couvent, « respectum habentes ad beneficium meum prefatum et meæ paupertati compatientes, sexaginta et tres lib. turonen. exinde michi in caritate donaverunt. Actum est hoc apud Baioc., hiis presentibus in plena assisia, Renardo de Villa Tirri, tunc Justicia Baioc., Ric. de Argentiis, Ric. de Fontencio, Hug. de Tassis, Johanne de Esabaial, Willelmo de Longa Aqua, Rad. de Broilla, Ganf. de Crevlet, Rogerranno de Vaacaio », etc. (s. d.). — Reconnaissance par lad. *Mais de Insula* que son fils Thomas doit garantir contre tous et notamment contre « Ilasoulfus de Solignolo », à l'abbaye d'Ardennes, toutes les terres qu'il leur assigna aud. Berroles; sinon elle sera obligée de leur restituer sur sa terre « apud Novillam », ce qu'ils auraient perdu. « Hiis presentibus, Rob. de Humeto, Willelmo de Agnell., Ric. de Agnell., militibus », etc. — Mandement de Thomas du Moustier, seigneur de Canchy, lieutenant général au bailliage de Caen, au premier huissier ou sergent requis, d'assigner à la requête des religieux d'Ardennes les redevables de fermages et rentes, en la juridiction des privilèges de l'Université de Caen; à la suite, sommation par Jean Gervais, sergent à Longraye, à la requête des prieur et religieux de l'abbaye d'Ardennes, stipulés par Nicolas Eudes, leur domestique, ayant fait élection de domicile chez Richard Daniel à Longraye, aux héritiers et représentants de Jacques Jourdain, écuyer, sieur de Launey, et à Antoine Jourdain, de payer la somme de 246 livres 8 sols pour arrérages de 42 livres de rente (1702).

H. 346. (Liasse.) — 9 pièces, parchemin.

1201-1295. — Loucelles. — Donation par « Bartholomeus de Liveth », à l'abbaye, « apud Locellas », du tènement que « Robertus Benedictus » tenait de lui, etc. (1201). — Accord sur procès entre l'abbé et couvent de St-Étienne de Caen et « Barthol. de Livet, in præsisia domini Regis, super quibusdam terris et hominibus apud Locellas », qu'ils disaient leur appartenir « de donatione Hug. Villani, avunculi ipsius Barth. » (1207), « coram Petro de Teilleio, tunc senescallo Cadom., Ric. de Argentiis, Rad. de Rupperia, Rob. Pantol, Rad. Labbe et aliis pluribus ». — Donation à l'abbaye d'Ardennes par « Ricardus filius Odonis de Locellis », de deux pièces de terres aud. lieu, l'une « in Fruelle », l'autre « juxta la Caleniose » (s. d.). Confirmation de lad. donation par « Willelmus filius Ricardi de Locell. » (s. d.). — Donation par Guillaume de Loucelles

de « campum meum de Raminet », et d'une pièce de terre au-dessus, en tête dud. champ (1218). — Donation par « Rog. Larchier, filius Roberti filii Osane », d'une pièce de terre entre Andrieu et Loucelles, nommée « Le Wendine de la Cambre »; confirmation de 3 pièces de terre, « scilicet campum de Kaillouelo et campum de Veteri fossato et campum de Petit Tot, quas ipsi habent de veteri dono meo, unde habent cartas sigillatas alio sigillo » (1218). — Chartes de donation de « Renaudus ad Manseis, de Cadomo » (1225), et de « Alanus de Locellis » (1231, mai), de fonds sis aud. lieu. — Procès-verbal du vicomte de Caen, constatant que devant lui furent présents l'abbé d'Ardennes et Guillaume dit Fresnel, « procuratour au convent de cel lieu », et « Raol - Perdriel, » lequel avoit vouchié pour guarant frere Raol de Mahay, guarde de l'ostel lieu de Caen », de la demande de 4 s. t. de rente que l'abbaye lui avait faite pour raison d'un « masnage » assis à « Lonchetes », etc. (1295).

H. 347. (Liasse.) — 10 pièces, papier.

1621-1641. — Loucelles. — Cession devant Charles Boutery et Jacques de Villy, tabellions à Falaise, par Guillaume de Morchesne, sieur du lieu et de Montigny, conseiller au Parlement de Rouen, président aux Requêtes du Palais dud. lieu, et Marguerite de Flavigny, son épouse, fille et héritière de Jean de Flavigny, sieur de Loucelles, aux trésoriers et paroissiens de Loucelles, d'une pièce de terre, dolte des Cambrettes (1621). — Bail devant Pasquet Guillot, tabellion en la sergenterie de Cheux, et Thomas Du Rosier, ci-devant exerçant led. tabellionage, pris pour adjoint, par frère Robert Du Hamel, procureur de l'abbaye d'Ardennes, à Pierre Pasquet et à Michel Bordel, de Loucelles, de terres aud. lieu (1637). — Fieffe devant Thomas Du Rozier et Jean Caumont, tabellions en la sergenterie de Cheux, par Charles Le Gallier, curé et trésorier de la paroisse de Loucelles, Guillaume de Chaumontel, écuyer, sieur du Thuit, Philippe de Chaumontel, écuyer, Thomas Maresq, etc., paroissiens, à Robert et Gilles Le Crosnier, frères, prêtres de lad. paroisse, de terre (1638). — Bail par Pierre de St-Pol, écuyer, sieur de la Fauvelière, à Pierre Guerard, fils Colas, de biens à Loucelles (1639). — Vente devant Jean Bayeux, tabellion à Creully, et Thomas Maheust, tabellion à Graye, pris pour adjoint, par Guillaume de Vipart, seigneur marquis du Mont-Canisy, st de St-Croix, Tourgéville, Bénouville, Loucelles, Putot, etc., aux religieux d'Ardennes, stipulés par Robert Du

CALVADOS. — Série H.

Hamel et François Miffant, de terres (1640). — Réponse des frères Le Crosnier à la déclaration des prieur et religieux d'Ardennes concernant la possession d'une pièce de terre (1641).

H. 348. (Liasse.) — 15 pièces, parchemin ; 1 pièce, papier.

XII° siècle-1397. — Louvigny. — Donation et confirmation par Robert, comte de Leicester, à l'abbaye d'Ardennes, « apud Lovigneium », de « totam terram que fuit Walteri filii Aiulfi de Foro Cadomi... salvo antiquo curru aquæ molendini mei et salva tota multa hominum meorum. Hiis testibus, Gilleberto de Miner., tunc senescallo, Philipo de Auliga., Johanne de Aubevia, Eustach. de Hellenviler, Willelmo de Malloc, Henr. de Calvis », etc. — Donation par « Thomas dictus Campion, burgensis Cadomi », pour le repos de son âme et de celles de « Guillelmi sacerdotis de Bretevill. super Odonem et Matillidis filie Oherti Le Chevaler », d'une pièce de terre sise au territoire de « Luvigneye », apud Ruas », etc. (1285, juillet). Lacérations. — Lettres royaux au bailli de Caen, concernant le changement par les religieux d'Ardennes du moulin « quod habebant super ripariam d'Oulum », paroisse de « Lovigne » (1301). — Reconnaissances : devant Raoul Gloy, garde du scel de la vicomté de Caen, par : Jean Baudu, de Bretteville-sur-Odon, de la vente par lui faite à Thomas Le Court, de 2 pièces de terre à « Louvaignie » et « Estarvill » (1303) ; devant le même par Guillaume Maugier, de « Magnevill. », de la vente par lui faite à Robert de la Coulombe, bourgeois de Caen, de fonds assis au Mesnil, paroisse de Louvigny (1305, v. s.). — Procédures au bailliage de Caen : entre les religieuses de la Trinité de Caen, Guillaume de Bruecourt, chevalier, et les religieux d'Ardennes, concernant le moulin de Louvigny (1307-1308) ; entre les religieux d'Ardennes et Colin Champdavaine, procureur du couvent, et Thomas Alapenne et Henri Roussel, etc., concernant le moulin de Louvigny (1309). — Reconnaissance devant Robert Le Monnier, tabellion à Caen, par Jean Julienne, dit de la Vallée, et Jean Le Briant, de Bretteville-sur-Odon, aux religieux d'Ardennes, de rente (1393, 7 avril). — Reconnaissance devant Colin de Vernay, tabellion à Caen, par Raoul Jourdain et Robine, sa femme, de Bretteville-sur-Odon, qu'ils se sont donnés et rendus comme frère et sœur de l'église et moûtier de Notre-Dame d'Ardennes et pour être accueillis, associés et accompagnés en tous les bienfaits spirituels dud. hôtel, tant de nuit comme de jour, et en l'ordre de Prémontré, et pour demeurer à toujours en l'hôtel desd. religieux à Bretteville-sur-Odon, lequel hôtel et manoir est assis en la paroisse de Louvigny, et là seront tenus faire bien et convenablement le service et office de « lavanderie » dud. hôtel d'Ardennes, comme il a été accoutumé à faire pour le temps passé sans aucun défaut, soit par eux ou par autre, et avec ce seront tenus lesd. mariés tenir en état led. manoir et hôtel leurs vies durant ; donation de tous leurs biens meubles présents et à venir, sous réserve de l'usufruit ; si Raoul mourait avant sa femme, elle aurait sa part, et le douaire qui pourrait lui appartenir ; et sera tenu led. Raoul servir en l'hôtel d'Ardennes par quatre jours la semaine et tout au long de l'année, tout l'août, de tel office comme il lui sera ordonné par l'abbé dud. hôtel, et comme faire le pourra par santé de son corps, etc. ; les religieux seront tenus leur payer par jour 12 pains ou miches blanches et 4 bises et 2 gros pour leurs chiens, 3 pots de cervoise et de boire commun conventuels et un porc gras par an au temps de Noël, etc. (1397).

H. 349. (Liasse.) — 20 pièces, parchemin ; 15 pièces, papier.

1417-1589. — Louvigny. — Reconnaissances : devant Guillaume Le Couvreur, tabellion à Caen, par Jean Le Cordier, de Louvigny, de la fieffe à lui faite par l'abbaye (1417) ; — devant Raoul Le Couvreur, tabellion à Caen, par Jean Estienne, de Bretteville-sur-Odon, de la fieffe à lui faite par Denise, déguerpie de Colin Perrouse, de St-Ouen de Caen, d'une pièce de pré (1430). — Ventes devant : Guillaume Caudebec, tabellion à Caen, par Jean Vincent et sa femme, de St-Ouen de Caen, à Andrieu de Tremonville, de St-Ouen, de 4 boisseaux de froment de rente sur les hoirs Jean Estienne (1443). — Cession devant Jean Le Briant, tabellion à Caen, par Andrieu de Tremonville, aux religieux d'Ardennes, desd. 4 boisseaux de froment de rente (1444). — Reconnaissance devant le même par Jean Barbey de la fieffe à lui faite par les religieux d'Ardennes (1454, v. s.). — Copie de fieffe par les religieux du Mont St-Michel (1477). — Vente devant Samson Camail et Jean Dieulegard, tabellions à Caen, par Guillaume Philippe, à Jean Philippe, son frère, de 3 vergées de pré (1477). — Aveux aux religieux d'Ardennes par Martin Barbé (1491, v. s.-1494). — Reconnaissance devant Lucas de La Lande et Robert Le Saunier, tabellions à Caen, par Jacquet Fabullet, de la fieffe à lui faite par Jean de Foulloigne, seigneur du Londel (1512, v. s.). —

Procédure au bailliage de Caen entre les religieux d'Ardennes et Jean Barbey et Raulin Barbey, son fils, pour paiement d'arrérages de rente (1522). — Extrait des registres du tabellionage de Caen, concernant les lots des successions de Simon et Guillaume Falaise, entre Jean Rollin et Vigore, sa femme, fille de feu Simon Falaise, et Pierre Falaise, héritier de Guillaume, frère dud. Simon (1534). — Reconnaissance devant Denis Delahaye et Jessé Delalande, tabellions à Caen, par Martin et Jacques Le Blond, de la Cosse à eux faite par les religieux (1543). — Procédure en la vicomté de Caen devant Charles Le Fournier, écuyer, lieutenant général, entre les religieux d'Ardennes et Jean Mondebare, concernant la saisie d'un jardin (1549). — Reconnaissance devant Pierre Le Neuf, lieutenant du vicomte de Caen, par Jean Barbey, et Adrienne, sa mère, d'un accord fait entre eux (1568). — Obligation de Raoulet Du Vellerey, de payer à Guillaume Champion, curé de Louvigny et chanoine du Sépulcre de Caen, 45 sols pour livraison d'orge (1581). — Extrait du registre du greffe de la vicomté de Caen concernant le décret des biens de Hierosme Le Picard, fils de feu Hierosme Le Picard, lieutenant général criminel au bailliage de Caen, requis par Jeanne Guillebert, veuve de Guillaume « Dallemaigne » (1589).

H. 870. (Liasse.) — 10 pièces, parchemin; 25 pièces, papier.

1590-1789. — **Louvigny.** — Extrait de la 2ᵉ partie des biens compris à l'état tenu par Jean de La Court, sieur du Buisson, vicomte de Caen, concernant le décret requis par Jeanne Guillebert, veuve de Guillaume « Dallemaigne », de biens sis à Louvigny sur Le Picard (1590); présentation aud. décret des religieux d'Ardennes pour paiement de 11 années d'arrérages de 40 sols, 2 chapons et 8 œufs de rente. — Procédure en la vicomté de Caen devant Jean de La Court, sieur du Buisson, vicomte, entre les religieux d'Ardennes et Gabriel de La Vallette, sieur de Troismonts et du fief de Couillebeuf assis à Louvigny, concernant la perception du droit de treizième dud. décret (1592). — Procédure au bailliage de Caen entre Georges Bourdon, fermier de l'abbaye d'Ardennes, et Jean Du Thon, sieur du Quesné, bourgeois de Caen, concernant le paiement du treizième de l'acquêt par lui fait de M. de Croismare (1614). — Sommation à la requête des religieux d'Ardennes à Laurent Du Thon, écuyer, sieur du Quesné, conseiller au siège présidial de Caen, en paiement de 10 années d'arrérages de 40 sols 2 chapons et 15 œufs de rente (1630). — Reconnaissance devant Mathieu de La Lande et Michel Le Sueur, tabellions à Caen, par Laurent Du Thon, écuyer, sieur du Quesney, envers les religieux d'Ardennes, stipulés par Robert Du Hamel, l'un d'eux, de lad. rente, afin d'éviter un procès entre eux (1635); semblable reconnaissance devant Jean Ollivier, tabellion à Caen, et Philippe Le Febvre, contrôleur des titres, pris pour adjoint, par Laurent Du Thon, écuyer, sieur du Quesney, conseiller au bailliage et présidial de Caen, envers lesd. religieux (1673). — Fieffe devant Jacques Le Sueur et Jacques Légier, tabellions à Evrecy, par Robert Robillard à Charles Laisné, procureur au bailliage de Caen, d'une maison avec jardin (1663). — Procédure en la vicomté de Caen, devant Siméon de Fontaines, écuyer, sieur de Neuilly, vicomte, pour les religieux d'Ardennes, ayant requis le décret des biens de Robert Robillard, pour paiement de rente (1669). — Reconnaissance devant Jean Caumont et Charles Baron, tabellions en la sergenterie de Villers et Cheux, par Marie Couret, veuve de Robert Robillard, du bail à elle fait par les religieux d'Ardennes, stipulés par frère Norbert Moulinet (1670). — Compte entre les religieux d'Ardennes et Laisné, conseiller en l'Election de Caen, des arrérages de 25 livres de rente (1702). — Procédure au bailliage de Caen entre les religieux, Marie-Léonore de Frémont (al. Formont), veuve de M. de Bernières du Louvigny, conseiller en la grand'chambre du Parlement de Normandie, et Charles Osmont, trésorier de France, pour paiement du treizième de terres acquises relevant des fiefs de Louvigny; accord entre Mᵐᵉ de Louvigny et les religieux d'Ardennes stipulés par frère Jean-Baptiste Froudemiche sur leur procès concernant la mouvance des terres vendues par M. de Montearville du Thon à Osmont, et par lui revendues à Des Prés (1713). — Sommation par Guillaume Bellamy, huissier, à la requête des religieux d'Ardennes, stipulés par frères Gilles Hérou, à Pierre de Caen, sieur des Prés, de donner aveu par détail des terres qu'il possède à Louvigny (1726). — Reconnaissance devant François Le Danois et Guillaume Fontaine, notaires à Caen, par Jacques Moteley, procureur au bureau des finances, fils de feu Samuel Moteley, aux religieux d'Ardennes, stipulés par le P. Michel Bourget, de 25 livres de rente, de l'obligation de Charles Lainé envers Robert Robillard (1764). — Procédure au bailliage de Caen, devant Jean-Pierre-Nicolas-Anne Du Moustier de Canchy, lieutenant général, entre les religieux d'Ardennes et les héritiers Moteley, pour paiement d'arrérages de 25 livres de rente (1769). — Bail emphitéotique devant Poignant, notaire à Caen, par

Marin Hébert, prieur, Louis-Marin Delinchamps, sous-prieur, maître des novices et auditeur des comptes, Jean-Baptiste Binet, aussi auditeur, Jacques Motelay, procureur, Michel Le Pley, Jean Toussaint, Nicolas Lorois, cellérier, et Michel-François Le Vavasseur, sous-maître des novices, religieux de l'abbaye d'Ardennes, à Antoine Castillon, maître meunier, d'une perche et demie de terre moyennant 8 livres de rente (1783). — Bail devant François-Jean Poignant par Marin Hébert, prieur, Michel Olivier, sous-prieur et maître des novices, Pierre-Jacques-Thomas-Noël Le Munier, ces deux derniers auditeurs des comptes, Timothée Moral et Jean-Baptiste-Michel Alexandre, procureur, tous religieux d'Ardennes, à Pierre Catillon, meunier, et à Madeleine Gilles, son épouse, demeurant au hameau du Mesnil, paroisse de Louvigny, de 3 moulins et pièces de terre à Louvigny et Bretteville (1789).

H. 351. (Liasse.) — 11 pièces, parchemin; 8 pièces, papier.

1350-1777. — **Louvigny.** — Liasse 21 de l'inventaire de la Révolution, concernant rente assise à Louvigny, hameau de Bretheville. — Cession devant Robert Le Marchant, vicomte de Caen, par Guiffroy de Nuisy (?) (cote: Maizy) aux religieux, d'une acre de terre (1350). — Reconnaissances devant: Jean Quatrans, clerc, tabellion à Caen, par Thomas Repillé et Michelle, sa femme, de la fieffe à eux faite par les religieux d'Ardennes du pré ès Aufries (1386); — Jean Desmaires, tabellion à Caen, par Jean Estienne, de la fieffe à lui faite par les religieux d'Ardennes d'une pièce de terre delle des champs Yons (1435). — Cession devant Guillaume Caudebec, tabellion à Caen, par Pierre Daniel, et Michelle, sa femme, fille et héritière de Colin Vallée, aux religieux d'Ardennes, d'un clos nommé les champs Youf (1445). — Fieffe devant le même par les religieux d'Ardennes à Jean Agnèsdudit clos (1445). — Aveu aux religieux par Jean Mondehare (1551). — Mandement de Charles de Bourgueville, écuyer, lieutenant du bailli de Caen, autorisant les religieux à saisir les biens de Jean Mondebare pour paiement d'arrérages de 20 livres de rente (1554). — Procédure au bailliage de Caen devant Guillaume Vauquelin, écuyer, président, lieutenant général, entre Georges Bourdon, fermier du revenu de l'abbaye d'Ardennes, et Jean Du Thon, sieur du Quesné, concernant le paiement du treizième de l'acquêt fait de Nicolas de Croismare, conseiller au Parlement (1611). — Aveux aux religieux d'Ardennes par: Pierre de Caen, sieur des Prés, au droit de feu Charles Osmont, écuyer, trésorier de France, et de feu Charles Du Thon, écuyer, sieur de Montearville, de 3 pièces de terre (1738); Pierre-Charles-Gilles de Caen, sieur des Prés, fils de Pierre, François-Gilles de Caen, sieur des Prés, lieutenant au régiment de Bourgogne, fils François, qui était fils de Pierre, et Germain Lefèvre, époux de Louise de Caen, fille dud. François, de 3 pièces de terre ou pré et plant (1774). — Extrait du gage-plège d'Ardennes tenu en 1777, en ce qui concerne les biens des de Caen, sis à Louvigny. — Inventaire des titres dont se servent les religieux d'Ardennes pour réclamer la mouvance de 3 pièces de terre dépendant de leur fief Thiouf, dont l'abbé du Mont-St-Michel s'est fait rendre aveu par les enfants de Pierre de Caen, sieur des Prés; plans y relatifs.

H. 352. (Liasse.) — 11 pièces, papier.

1585-1619. — **Louvigny.** Ancienne liasse non cotée. — Procédure au bailliage de Caen, devant Louis Turgot, écuyer, conseiller au présidial, exerçant pour l'absence du bailli et de ses lieutenants, entre Baptiste de Villemor, abbé, et les religieux d'Ardennes, et Guillaume Barbey, pour lui et François Le Blond, sa femme, Jean et Martin Le Blond, héritiers de Martin et Jacques Le Blond, concernant la possession de 7 vergées de terre réclamées par l'abbaye en cassation de contrat; autre procédure au Parlement contre Jean Du Thon, s' du Quesney.

H. 353. (Rouleau.) — Parchemin, 61 centim. de long.

S. D. — **Magneville.** — Liste des tenanciers de l'abbaye d'Ardennes. *Incipit:* « Veci le tènement et la vavassorie que Ric. Guillot tient par hommage de home relig. Mons' l'abbé et convent d'Ardene », etc. — « Vesci ceuls qui doivet du cavelage, p' Raoul de La Fontaine », etc. — Additions.

H. 354. (Liasse.) — 3 pièces, parchemin; 1 pièce, papier.

1219-1767. — **Maisons.** — Donation par « Johanna de Moion, uxor quondam domini Geslani de Pomeria, in viduitate mea », à l'abbaye d'Ardennes, pour le salut de l'âme d'Henri « de Moion », son frère, et de Guillaume « de Corceio », son oncle, « totam decimam dominici mei de Nesons, ad pitantiam dictorum canonicorum in die obitus mei » (1219). — Donation « abbatie Sancte Trinitatis de Lucerna et canonicis Premonstratensis ordinis ibidem Deo servientibus », par « Emma, relicta Guillelmi de Muscha, militis », d'un setier de froment de rente sur tout le fief que « Guillelmus de Portu » tenait d'elle « in parrochia de Domibus » (1282, avril). Quoique concernant l'abbaye de la Luzerne, cette charte, comme le prouve la côte placée au dos, fait partie du fonds d'Ardennes. — Reconnaissance de rente assise à Maisons, pour l'abbé d'Ardennes, par Jacques-Gabriel Bazin, marquis de Bezons et de Maisons, lieutenant général des armées du Roi, représentant à droit successif à cause de sa mère Guillaume de Villiers, seigneur de Maisons, adjudicataire des fiefs, terres et seigneuries nobles de Maisons, fiefs et verges y réunis, suivant sentence d'ordre, état et distribution de deniers de 1648, led. marquis demeurant à Paris, et alors logé à Caen en l'hôtel du marquis d'Héricy, rue de Bernières (1767). Ampliation délivrée sur minute du notariat de Caen pour l'administration des domaines en l'an XIII. Pièce versée par le bureau d'enregistrement de Bayeux (actes judiciaires).

H. 355. (Liasse.) — 5 pièces, parchemin ; 3 pièces, papier.

1400-1561. — Maisons. — Liasse 3 de l'inventaire de la Révolution. — Copies de : reconnaissance devant Jean Néel, clerc, tabellion à Bayeux, par Philippot Escornevaque, de la fieffe à lui faite par les religieux d'Ardennes (1399, v. s.); mandement de Jean de la Rivière, écuyer, sieur de Roumilly, lieutenant général du vicomte de Bayeux, à Roger Le Roy, garde des registres des contrats héréditaux passés devant feu Thomas et Jean Néel, tabellions à Bayeux, de délivrer aux religieux copie de lad. fieffe (1560) ; lesd. copies collationnées par led. Roger Le Roy (1561). — Procédure en la vicomté de Bayeux, devant Jean Artur, écuyer, lieutenant, entre les religieux d'Ardennes et Pierre Normandie, pour paiement d'arrérages de 5 boisseaux de froment 1 géline de rente, à cause de lad. fieffe (1561).

H. 356. (Liasse.) — 8 pièces, parchemin ; 3 pièces, papier.

1219-1786. — Maisons. — Liasse 4. Rente sur pièce de terre aud. lieu. — Reconnaissance par Robert de Tour, pour lui et ses frères, d'un tènement de 10 acres sujet envers l'abbaye d'Ardennes en 12 setiers de froment de rente à la mesure de Maisons (1340). — Mémoire des religieux d'Ardennes, donné à Jean Baubygnon, avocat en la Cour du Roi au siège de Bayeux, dans leur procès avec le seigneur de Villiers-sur-Port, concernant la possession de 6 vergées de terre en la paroisse de Maisons; à la suite, copie de chartes de donations faites à l'abbaye d'Ardennes par Jeanne de Noon des dîmes de son domaine de Maisons (1319), lad. copie collationnée en 1410. — Procédure devant Thomas Desmaires, écuyer, lieutenant général du vicomte de Bayeux, entre Pierre de Villiers, seigneur de Maisons, fils et héritier en partie de Guillaume de Villiers, et les religieux d'Ardennes, pour paiement d'arrérages de rente (1543). — Reconnaissance devant Guillaume Fontaine et Jean-Jacques Bénard, tabellions à Caen, par Jacques-Gabriel Bazin, marquis de Bezons et de Maisons, lieutenant général des armées du Roi, représentant à cause de sa mère Guillaume de Villiers, seigneur de Maisons, aux religieux d'Ardennes, stipulés par Philippe Dudouet, notaire, de 12 boisseaux de froment mesure de Bayeux, à cause du pré Mallet (1767). — Vente devant Michel Poitevin, notaire au siège d'Étreham, par Jacques-Gabriel-Alexandre Bazin, marquis de Bezons et de Maisons, capitaine de dragons au régiment de la Reine, à Jacques Hairon, meunier, des moulins Girard, l'un à blé et l'autre à orge, avec la ferme et dépendances, à charge de rentes à l'hôtel-Dieu de Bayeux, aux abbayes d'Ardennes, Longues, Mondaye, aux Ursulines de Bayeux, au bas chœur de la cathédrale, etc. (1784).

H. 357. (Liasse.) — 1 pièce, parchemin.

1561. — Maizières. — Reconnaissance devant Guillaume Le Gras et Nicolas Le Boucher, tabellions à Caen, par Jean Belail, d'un bail à lui fait par Jean Le Crosnier, stipulant pour les abbé et religieux d'Ardennes, de biens sis à Maizières (mauvais état de conservation).

H. 358. (Liasse.) — 22 pièces, parchemin ; 10 pièces, papier.

1260-1533. — Malon. — Donation par « Petrus Bartholomei, filius Rob. Bartholomei, de Maslon », de rente assise aud. lieu (1260). — Vente devant Guillaume Du Teil, garde du scel de la vicomté de Bayeux, par Raoul Varon, de Douvres, à Guillaume Laurens, de 3 vergées de terre au terroir de Malon au moulin au Fanvetel (1334). — Ventes devant : Jean Le Brebenchon, tabellion sous Geffroy Le Clerc, garde du scel de la vicomté de Caen, par Thomas Salles et Jeanne, sa femme, aux religieux d'Ardennes, de 4 pièces de terre (1359, v. s.) ; Robert Le Monnier, tabellion en la vicomté de Caen, par Émery de La Pallu, de St-Contest, à Robert Des Moueulx, de Baron, de terre (1376); Colin de Vernay, tabellion à Caen, par Jean Leprince et Perrotte, sa femme, à Guillaume Courtois, de St-Contest (1412); le même, par Esmery Le Brun et Michel Le Brun, frères, d'Hérouville, à Jean Le Courtois l'aîné, de St-Contest (1413); Guillaume Le Couvreur, tabellion à Caen, par Richard Le Briant, de St-Germain-la-Blanche-Herbe, demeurant hameau de Franqueville, à Guillaume Le Courtois, de terre (1426). — Extrait d'un livre couvert de bois et cuir noir nommé le grand chartrier de l'abbaye d'Ardennes, concernant la reconnaissance devant Guillaume Le Couvreur, tabellion à Caen, par Guillaume Le Varignois, de la fieffe à lui faite par les religieux d'Ardennes de 9 acres de terre nommée les Varonles (1429). — Vente devant Jean Desmaires, tabellion à Caen, par Guillemin Poret le jeune, bourgeois de Caen, à Michel Hardy, de terre (1432). — Cession devant Jean Desmaires, tabellion à Caen, par: Michel Hardy et Raoul Hardy frères, de St-Contest, aux religieux d'Ardennes, de terre sous les fiefs desd. religieux (1433); led. Michel Hardy, aux religieux d'Ardennes, de terre à « Maallon » ou la delle de dessus le Carrel (1433). — Aveu par Henriot Varignois aux religieux d'Ardennes (1438, v. s.). — Copie des biens mis en jurée à la requête de Jean Nollant, bourgeois de Caen, en vertu des lettres d'obligation de feu Jean Leselenquier, prêtre, pour paiement d'arrérages de rente (1453, v. s.). — Bail devant Robert Le Briant et Jean de La Lande, clercs, tabellions à Caen, par frère Richard de Laval, religieux et procureur de l'abbaye, à Jean Le Boucher dit Le Cavelier, de 3 acres de terre à Malon, delle du Val d'Épron (1490). — Reconnaissance devant Guillaume Héribel et Nicolas Corsderoy, tabellions en la vicomté de St-Sylvain et le Thuit, par Rogier Hardy et Agasse, sa femme, de la fieffe à eux faite par les religieux d'Ardennes (1501, v. s.). — Vente devant Jean de Cussy et Nicolas Corsderoy, tabellions ès mettes des sergenteries d'Ouistreham et Bernières, par Gieffroy Hardy, de St-Contest, à Guillaume et Jean dits Ménart, frères, d'une maison avec jardin et colombier (1510). — Lots faits devant les mêmes entre Geffroy Le Cavelier, prêtre, Geffroy, Pierre et Jean Le Cavelier, frères, des biens de feu Pierre Le Cavelier, leur père (1513). — Adjudication en la vicomté de Caen devant Pierre Richart, écuyer, lieutenant général, de biens saisis à la requête des religieux d'Ardennes pour paiement d'arrérages de 20 boisseaux de froment, 2 gélines et 20 œufs de rente de l'obligation de Rogier Hardy et Agasse, sa femme (1533).

H. 359. (Liasse.) — 17 pièces, parchemin; 42 pièces, papier.

1534-1766. — Malon. — Procédure devant Charles de Bourgueville, écuyer, lieutenant général du vicomte de Caen, entre Jean Gardembas, héritier en partie de Jean Hardy, et Colas Blouran, aussi héritier dudit Hardy, et Jean Le Boucher, concernant le paiement d'arrérages de rente due aux religieux d'Ardennes (1534). — Aveu aux religieux d'Ardennes par Guillaume de Bally à cause de sa femme (1540, v. s.). — Procédure en la vicomté de Caen, devant Guillaume Artur, écuyer, sr d'Amayé, vicomte, entre Gilles Thouroude, Roulland Hardy et les religieux d'Ardennes, pour paiement d'arrérages de 4 boisseaux de froment, 1 géline et 10 œufs de rente de l'obligation de Jean Ménard (1568). — Accord devant Pierre Bacon et Étienne Recocq, écuyer, tabellions à Caen, entre Baptiste de Villemor, abbé d'Ardennes, et Louis de Nollant, prêtre, sieur et curé de Sassoy, conseiller et aumônier ordinaire du Roi, acquéreur de biens de Ron Hardy, pour éviter le procès mu entre eux pour paiement de 20 boisseaux de froment, 2 gélines et 20 œufs de rente (1573). — Aveux aux religieux d'Ardennes par: Pierre Le Bas, bourgeois de Caen (1580); Perrine, veuve de Gilles Le Révérend, fille et héritière de Colin Allain (1580); Colin La Loë, de maison, jardin et pièces de terre (1580). — Extraits du registre du tabellionage de Caen, concernant: la fieffe faite par Marin Janette et Jean Ledars, pour lui et sa femme, fille et héritière de Thomas Janette, à Tassin Loison, d'une maison avec jardin (1586); la vente faite par Pierre Jouenne à Julien Gervaise, du droit de condition de remére retenu dans la vente faite à Jean Le Maistre, bourgeois de Caen, de 1/2 acre de terre (1586); la vente faite par Philippe de Nollent, sieur de Bonbanville, et Charlotte de Nollent, à Georges Duquesnay, bourgeois de Caen, de maisons et pièces de terre, accord entre led. Duquesnay et Charles de Nollent, écuyer, sieur d'Ingy, ayant clamé à droit de sang et ligne lad. vente (1596); la vente par Marguerite « Jaennette », veuve de Robert de Bally, à Pierre et Gilles Le Cavelier frères, bourgeois de Caen, du droit de condition de remére, par elle retenu en faisant la vente audit Pierre d'une acre de terre au Val d'Épron (1603); la vente par Robert Le Beurrier, bourgeois de Honfleur, époux de Marie Duval, et Jacqueline Duval, sa sœur, héritières de Pierre Duval, leur père, bourgeois de Caen, à Marin Dupont, sieur de Brécy, contrôleur général des finances à Caen, de 5 vergées de terre, y compris maison, cour et jardin (1623). — Procédure au bailliage de Caen devant Hercule Vauquelin, écuyer, sieur des Yveteaux, lieutenant général, entre: les religieux d'Ardennes et les religieuses de la Trinité de Caen, représentant Jacques Bubot, concernant le remboursement du treizième de l'acquêt fait par led. linhot de 1/2 acre de terre de Jacques Deschamps, conseiller et élu à Caen (1630.; les religieux d'Ardennes et Pierre de Caumont, pour paiement de 59 livres 6 sols pour l'apprécie de 2 années de 20 boisseaux de froment, 2 poules et 20 œufs de rente (1631). — Fieffe devant Jean Vauldry et Raulin Pouchin, clercs, tabellions en la sergenterie de Cheux, par Richard Delaval, religieux d'Ardennes, à Jean Le Cavalier, de 2 acres de terre (1650). — Échange devant Pierre Desoulle et Jean Regnouf, tabellions aux sièges de Cairon et Fontaine-Henri, entre Pierre de Caumont, écuyer, sieur du Tremblé, et Jean Martin, bourgeois de Caen, de 3 vergées de terre delle du moulin à vaide, contre 3 vergées de terre delle de la Croizette (1000). — Vente devant Jean Olivier et Jean Bougon, tabellions à Caen, par la veuve de Pierre de Caumont et ses fils, Jacques et Jean de Caumont, à Alain Auber, de 7 vergées de terre (1673). — Accord devant Jacques Le Danois et Jean Olivier, tabellions à Caen, entre Lanfran Dupont, écuyer, sieur de Brény, conseiller en la Cour des Aides de Normandie, Jean Dupont, sieur du lieu, et Jacques Le Bourgeois, écuyer, sieur des Marets, époux de Marie Niard, et Catherine Osmont, veuve de Jean Niard, sur leur procès tant au Grand Conseil à Paris qu'au bailliage de Caen, concernant l'ouverture d'un chemin et le remboursement de 30 années de 4 boisseaux de froment payés aux religieux d'Ardennes (1670). — Bail devant Jacques Le Danois et Pierre Masson, notaires à Caen, par Roque Le Bourgeois, écuyer, sieur des Banqs, de Merville, tuteur de l'enfant de feu Jacques Le Bourgeois, écuyer, sieur des Marets, à Jacques Adam, de maisons, granges, jardin et pièces de terre (1678). — Compte entre les religieux d'Ardennes et Roque Le Bourgeois, sieur des Banqs, des arrérages de 4 boisseaux de froment (1681). Reconnaissances par : Henri Le Fauconnier, du bail à lui fait par les religieux d'Ardennes (1688); Louis Jameaux, sieur du Mey, changeur royal à Caen, tuteur de l'enfant de feu Cantel, du bail fait par les religieux (1691). — Procédure au bailliage de Caen devant Nicolas du Moustier, écuyer, sieur de la Motte, lieutenant général, entre les religieux d'Ardennes et Georges Le Bas, écuyer, seigneur et patron de Cambes, conseiller secrétaire du Roi maison couronne de France et de ses finances, concernant l'annulation de la vente à lui faite de 3 acres de terre par Pierre et Jacques Regnauld (1698). — Vente devant Guillaume Jolivet et Louis Gonard, notaires à Caen, par Pierre Bonnet, ci-devant syndic de la ville, à Guillaume Le Rebours, curé de S¹-Pierre de Caen, conseiller au bailliage et siège présidial dud. lieu, de maisons, granges, jardin et pièces de terre au hameau de Malon, paroisse de S¹-Contest (1700). — Vente devant Jacques Audrey et Noël Dasire, écuyer, notaires à Caen, par Louis-Vincent de Canteil, écuyer, sieur de S¹-Laurent, conseiller secrétaire du Roi, unique héritier de Jean de Canteil, procureur du Roi aux vicomtés de Caen et Évrecy, à Guillaume Hervieu, prévôt de la Monnaie de Caen, de maisons, jardin et pièces de terre (1713). — Aveux aux religieux d'Ardennes, par Pierre Hervieu, fils et héritier de Guillaume Hervieu, représenté par acquêt Vincent de Canteil, écuyer, sieur de S¹-Laurent, d'une pièce de terre nommée le clos du puis (1754), et du tènement nommé le Bon Hardi (1765). — Sommation par Jean Laie, sergent, à la requête de l'abbaye d'Ardennes, stipulée par Philippe Budouet, notaire, à Pierre Laillet, du hameau de Malon, de livrer à jour fixé au grenier de la mense abbatiale 60 boisseaux de froment, ancienne mesure de Caen, 2 chapons et 30 œufs de rente (1766).

H. 300. (Liasse.) — 5 pièces, parchemin; 4 pièces, papier.

XII° Siècle-1699. — Manoir (le. — Donation par « Roger..., de Croyle, filius Ric. filii com. Gloecestre. », à l'abbaye, de fonds sis aud. lieu. « Hiis testibus, Martino, abbate de Lung. (Longues), Huberto, priore de Petrasolan. (Pierre-Solain), Willelmo de Viana, Nicholao de Croyllet, Gaufrido de Croyllet, Magistro Willelmo de Engleschevile, Ricardo, Roberto, Willelmo et Henrico, fratribus meis, qui huic donationi et concessioni meæ assensum communem prebuerunt, et pluribus aliis ». Fragment de sceau. — Abandon devant Nicolas Loisel et Guillaume du Bousquet, tabellions à Bayeux, par Richard Adeline, et Marie, sa femme, héritier à cause d'elle de Jean Richard, son père, et d'Étienne Richard, prêtre, et Jeanne Richard, aussi fille dudit Jean, aux religieux d'Ardennes, de 4 acres de terre, suivant l'avis de Guillaume Fromond, curé de « Lesnault », oncle desdits héritiers, Jacquet Adeline, père dud. Richard, et Simone, veuve dud. Jean Richard (1518). — Défaut devant Charles d'Auberville, sieur et baron du Verbosc, Caux, Cantelou, bailli de Caen, au profit de l'évêque de Bayeux, des religieux d'Ardennes, et Girard Le Maistre, leur fermier, contre Lambert Hardy, pourvu d'un mandement pour enchérir 5 pièces de terre appartenant auxd. religieux en la paroisse du Manoir (1563). — Procédure devant Jacques Blondel, écuyer, lieutenant civil et criminel du bailli de Caen, entre les religieux d'Ardennes, stipulés par frère Marc Sarrazin, et Jean et Robert Le Marchand, au droit de Lambert Hardy, concernant le renvoi en possession desd. pièces de terre (1614). — Mandement des présidents trésoriers de France, généraux des finances à Caen, au premier des huissiers de la chambre ou sergent requis, de contraindre Jean Le Marchand, fils Robert, à payer à Rémy Saulnier, fermier général des domaines de la généralité de Caen, stipulé par Florant Travers, sieur de Beauvers, son procureur en la vicomté de Bayeux, 70 livres 10 deniers montant de la réduction des dépens adjugés aud. Saulnier (1697).

H. 301. (Liasse.) — 8 pièces, parchemin; 4 pièces, papier.

1412-1668. — Marcelet. — Vente devant Jean Noël, clerc, tabellion à Bayeux, par Sandrin Le Monnier, bourgeois de Caen, à Gervais de Larchamp, sous-doyen de Bayeux, de six setiers de froment de rente sur héritages acquis de Gieffroy Dubois, écuyer (1412). — Procédure devant Nicolas Potier, vicomte de Bayeux, entre led. Gervais de Larchamp, et Jean Le Monnier, ayant clamé à droit de lignage et marché de bourse lad. vente (1413). — Vente devant Guillaume Vauldry et Jean Boullie, tabellions en la sergenterie de Choux, par Marin Gyeffroy, de St-Manvieu, à Philippe Gyeffroy, fils Robert, d'un quartier de terre ou jardin (1580). — Constitution devant Jean Caumont et Thomas du Rozier, tabellions en la sergenterie de Choux, par Jean Le Prestre, fils de feu Hector, à Jean Eudes, fils Denis, de 4 livres de rente (1654). — Reconnaissance devant Jean Crestien, tabellion à Caen, et Adrien Poullain, ex tabellion, pris pour adjoint, par Jean Le Prestre, aud. Jean Eudes, de 48 livres par lui prêtées (1657). — Constitution devant Jean Caumont et Thomas Du Rozier, tabellions en la sergenterie de Choux, par Jean Le Prêtre, aud. Jean Eudes, de 12 livres de rente (1661). — Vente devant Thomas Le Sueur et Jean Bougon, tabellions à Caen, par Jean Le Prestre, fils Hector, aux religieux d'Ardennes, stipulés par frère Mathieu Trosseille, de 5 quartiers de terre (1664). — Reconnaissance devant Jean Caumont et Thomas Du Rozier, tabellions de Creully et Villers au siège de Vendes, par Nicolas Eudier, du bail à lui fait par Gilles Jamet, de maisons, jardin et dépendances (1665). — Vente devant Guillaume Delaporte et Jean Bougon, tabellions à Caen, par Marin et Mathieu Jamet, frères, héritiers de Jeanne Geffroy, leur mère, bourgeois de Caen, à Richard Bertot, bourgeois de Caen, de maison, jardin et dépendances, à St-Manvieu, hameau de Marcelet (1667). — Échange devant Guillaume Delaporte et Jean Bougon, tabellions à Caen, entre led. Bertot et les religieux d'Ardennes, stipulés par frères Robert Du Hamel, prieur, et Norbert Molinet, procureur de l'abbaye, de maisons, jardin et pièces de terre (1668). — Mandement de Nicolas Du Moûtier, écuyer, s' de la Motte, lieutenant général au bailliage et siège présidial de Caen, conservateur des privilèges de l'Université, d'assigner, à la requête des religieux d'Ardennes, Bertot, pour être présent à la visite du lieu par lui échangé à Marcelet pour y construire une grange dîmeresse (1668).

H. 302. (Liasse.) — 2 pièces, parchemin.

1348-1349. — Martragny. — Reconnaissances devant Jean de La Fontaine, juré et commis sous Guillaume du Teil, garde du scel de la vicomté de Caen, par Raoul Descorchebœuf, d'Audrieu, de la vente par lui faite à Macieu de La Porte, clerc, pour 3 florins d'or à l'écu et pour 1 florin à l'angelot, d'un setier de froment à la mesure de Martragny, due par Michel Le Diacre, pour raison de 3 vergées de terre « ou terroir de Martragny, en la Blanque Herbe » (1348); Guillaume du Teil, garde du scel de la vicomté de Caen, par Macieu de La Porte, de la cession par lui faite aux religieux d'Ardennes « pour l'assiete de quatre sextiers de fourment de rente à la mesure de Caen que il leur estoit tenu faire pour certaine cause et pour certaine livroison de pain et de boire que il a et prend par chascun jour et doit aver sa vie durante en la dicte abbaïe, si comme par lettres sur ce faictes peut plus à plain apparer » (1349).

H. 303. (Liasse.) — 14 pièces, parchemin.

1210-1358. — Mathieu. — Reconnaissance par « Willelmus de Viana, miles, et Grossa, uxor sua », que la terre tenue par eux depuis plusieurs années « in territorio de Matone », des abbé et couvent d'Ardennes, qu'ils avaient eue « de elemosina Willelmi Clerici de Croilleio », reviendra à l'abbaye, comme sa propre aumône, après leur mort (1210). — Donation par « Radulfus de Londa, miles », à l'abbaye, d'un setier de froment « apud Maton », sur une acre de terre arable que « Ricardus Burnelli » tenait de lui « ad firmam feodalem » (1216). — Donation par « Laurencia, filia Gaufridi de Rapendone, in viduitate mea », à l'abbaye, de 3 acres de terre « in Longarea » et d'une acre « ad maram de Kacie », que Oton et participes sui de Matone » tenaient d'elle « ad firmam feodalem » (1224, décembre). — Donation de rente à l'abbaye par

« Philippus de Gardinis, de Mathon », moyennant 22 s. 1/2 de manceaux (1238, avril). — Vente par Robert de Tron, de la paroisse de S¹-Nicolas de Caen, de l'assentiment de « Egydia », sa femme, à Guillaume « Le Françoys », bourgeois de Caen, pour 20 l. t., de l' « hommagium Johannis Guernon, de Mathono », 8 setiers de froment mesure dud. lieu et 2 chapons de rente que lui faisait led. Jean à cause de sad. femme « de quodam masnagio sito apud Mathonem » (1290, mai); reconnaissance y relative de lad. « Oires », devant le vicomte de Caen (1290). — Reconnaissance devant le vicomte de Caen par Pierre « Le Franchoys » de la vente par lui faite à « Emma », déguerpie Guillaume « Le Franchoys », d'un hommage, 3 setiers de froment à la mesure de Mathieu et 2 chapons de rente (1293). — Donation à l'abbaye devant Raoul Aligot, garde du scel de la vicomté de Caen, par Robert du Val de Vire, bourgeois de Caen, et Emme, sa femme, de rente (1312). — Délaissement à l'abbaye devant Guillaume Marie, pour le vicomte de Caen, par Guillaume et Robin dits Guernon, autrement dits Nicolas, de 5 vergées de terre en « masnage » qu'ils tenaient au fief des religieux, assises en la paroisse de « Mathuon » (1313). — Cession devant Robert Le Marchant pour le vicomte de Caen, par Colin Caruete et sa femme, de Périers, aux religieux d'Ardennes, d'une pièce de terre paroisse de « Mathoen », à la voie de Plumetot (1345). — Procédure aux pleds des sergenteries d'Ouistreham et Bernières devant Robert Le Marchant pour le vicomte de Caen, concernant le délaissement fait aux religieux par Colin Caruete et sa femme (1347). — Reconnaissance devant Geffroy Le Honnestre, juré commis de Guillaume du Tell, clerc, garde du scel de la vicomté de Caen, par Guillaume Nicolas, dit Guernon, de Mathieu, aux religieux (1353).

H. 364. (Liasse.) — 26 pièces, parchemin ; 18 pièces, papier.

1406-1622. — Mathieu. — Remise devant Jean de La Fontaine, tabellion à Caen sous Guillaume Potier, garde du scel des obligations de la vicomté, par « Guieffroy de Cabour, demourant en la parroisse de Mathieu », aux religieux, d'un « masnage » contenant demi-acre en la rue de la chapelle, jouxte Étienne de « Cabenguez » (1406). — Donation devant Colin Le Nouvel, tabellion aux sergenteries d'Ouistreham et Bernières, par Jeanne, déguerpie de Pierre Porée, d'Hermanville, à Jean Porée, son fils, et Richarde, sa femme, de tous ses biens meubles et immeubles (1418, v. s.). — Vente devant Simon de Vernay, tabellion ès mettes desd. sergenteries, par Jean Porée à Richart Fontaine, prêtre, d'un tiers d'acre de terre à Mathieu, en la voie de Bayeux (1429). — Transport devant Jean Richart, tabellion ès mettes desd. sergenteries, par Richart Fontaine, curé de Lantheuil, à Jean Porée, d'un tiers d'acre de terre (1429). — Reconnaissance devant Jean Le Briant, tabellion à Caen, par Pierre Jean, de Mathieu, de la fieffe à lui faite par les religieux d'Ardennes de pièces de terre (1460, v. s.). Procédure aux pleds des sergenteries d'Ouistreham et Bernières devant Robert de La Hogue, lieutenant général du vicomte de Caen, entre frère Rogier Lebret, procureur de l'abbaye d'Ardennes, et Jean de La Perrette (1491). — Reconnaissance par Jean Marot, de Mathieu, du bail à lui fait par Simon Du Vivier, prieur de S¹-Germain-la-Blanche-Herbe, bailli et administrateur de l'abbaye d'Ardennes, de pièces de terre, en présence de Gilles Marot (1549). — Reconnaissance par Jean Marot, fils Jean, de Mathieu, du bail à lui fait par les religieux d'Ardennes, de pièces de terre, dont l'une bornée par la chapelle de Creully (1560). — Reconnaissance devant Hugues Estienne et Jean de La Haye, tabellions à Caen, par Jean Marot, fils Jean, de Mathieu, du bail à lui fait par Baptiste de Villemor, abbé d'Ardennes, de pièces de terres (1566). — Obligation dud. Jean Marot envers Baptiste de Villemor, abbé d'Ardennes, de faire le service de son harnais durant son bail, pour aider à amener la « mueson » d'orge à lui due, de la ville de Caen ou en l'abbaye, etc. (1566). — Lots et partage devant Nicolas Rainfroy et Vincent Le Marchant, tabellions aux sergenteries d'Ouistreham et Bernières, entre Guillaume et Thoumin de Cahaignes, des biens de Raullin de Cahaignes, leur père, de Mathieu. Parmi les témoins, Gieffroy Marot (1570). — Quittance par Le Clerc, commis du receveur des décimes au diocèse de Bayeux, à Jean Philippe, avocat, de 430 livres, savoir 400 livres pour vente à lui faite par les commissaires députés à la vente du temporel des ecclésiastiques, de 9 acres de terre à Mathieu, pour la part de l'abbaye dans le million et demi de livres accordé au Roi par le Pape, 20 l. pour les 12 deniers pour livre pour les frais, et 10 l. pour le droit de collecte (1575). — Procédures devant Jean de La Court, s' du Buisson, vicomte de Caen : entre les religieux d'Ardennes, Jacques Adam et Noël Le Grand, en présence de Nicolas Jean, Jean Le Testu, Marin Marot le jeune, André Jean, Martin Le Grand et Gilles Cabourg, pour paiement d'arrérages de rente (1590) ; entre Jacques Adam et Clément de Vaulx, à jour passé fermiers des abbé et religieux, et les redevables de rentes, notamment la veuve Marin Marot (1612). — Procédure devant Éléazar Malesbe, écuyer, conseiller au siége présidial, exerçant la juridiction du bailli de Caen pour son absence et de ses lieutenants, comme le plus ancien conseiller du siége, entre les religieux et Antoine Philippe, s' de St-Imon, concernant la remise de 9 acres de terre (1613); suite de lui, procédure devant Jacques Blondel, écuyer, lieutenant particulier civil et criminel du bailli, et Guillaume Vauquelin, écuyer, lieutenant général (1614). — Remise devant Gilles Potier, tabellion royal à Caen, et François de La Porte, aussi tabellion royal, pris pour adjoint, par François Colin, écuyer, sieur de Sannerville, procureur d'Antoine Philippe, écuyer, sieur d'Espiney, aux religieux d'Ardennes, stipulés par frères Jacques Marie et Guillaume Denis, de 9 acres de terre (1614). — Publication au prône de la messe de Mathieu du bail à ferme de fond ci-devant vendus à M. d'Espiné, et retirés par les religieux (1616). — Quittance par Pierre de La Fontaine, procureur de l'abbé d'Ardennes, à « Bénédic Quehaigne », de Mathieu, de 8 boisseaux de froment, mesure ancienne de Caen (1622). — Reconnaissances devant: Jacques de Gastebley, écuyer, et Jean Dayeux, tabellions en la sergenterie de Creully, par Jean Le François, du bail à lui fait par les religieux d'Ardennes, stipulés par frère Guillaume Denis, d'une acre de terre (1622); Mathieu de La Londe et Michel Le Sueur, tabellions à Caen, par Jean Le Bouteiller, du bail à lui fait par les religieux d'Ardennes, stipulés par frère Jean Gires, de 2 pièces de terre (1622).

H. 325. (Liasse.) — 15 pièces, parchemin; 61 pièces, papier.

1623-1789. — Mathieu. — Quittance par frère Jean Gires, religieux en l'abbaye d'Ardennes, à Bénédic Cahaignes, de 6 boisseaux de froment, 1 géline et 10 œufs de rente (1623). — Procédure devant Guillaume Vauquelin, écuyer, président et lieutenant général au bailliage et siége présidial de Caen, entre Guillaume Gallodey, abbé commendataire d'Ardennes, et Pierre et Denis Le Grand, pour paiement de 22 boisseaux de froment, 2 chapons et 30 œufs de rente (1623). — Reconnaissances par: Jacob Cubourg, fils Thomas, de Mathieu, du bail à lui fait par les religieux d'Ardennes (1628); Pierre Chemin (1629). — Reconnaissance devant Nicolas Thouroude et Enoch Costil, tabellions en la sergenterie d'Ouistreham, par Noël « Quehagnes », fils Thomas, Jacques « Quehagnes », fils Siméon, led. Siméon fils Guillaume, de Mathieu, aux religieux d'Ardennes, stipulés par frère Bonaventure Lefebvre, de 8 boisseaux de froment, 1 poule et 10 œufs de rente (1631). — Remise par Jean Le Butillier, de Périers-en-Bessin, aux religieux d'Ardennes, de son bail, vu sa misère (1632). — Vente des récoltes de Jacques Cahaignes, à la requête des religieux, stipulés par Robert Madeline, sieur de Longprey, bourgeois de Caen, pour paiement de 8 boisseaux de froment, 1 poule et 10 œufs de l'obligation de Noël Cahaignes (1640). — Procédure devant Jean Le Blais, écuyer, sieur du Quesnay, lieutenant général au bailliage, entre les religieux d'Ardennes, et Jean-Jacques Le Canu, tuteur des enfants Jessé Le Canu, François Bardou, écuyer, conseiller aud. bailliage, Charles Denis, écuyer, sieur du Martel, Jean Le Masurier, sieur de St-André, élu en l'Élection de Caen, époux de Madeleine de Basly, héritière en partie de Jean Le Canu, sieur de la Chaussaye, Denis Le Grand, sieur de la Grand'Rue, pour paiement d'arrérages de rente (1645). — Lots et partage entre les susdits, devant Mathieu de La Londe et Michel Le Sueur, tabellions à Caen, des biens de feu Jean Le Canu, sieur de la Chaussaye (1640). — Procédures devant: Jacques Pennier, écuyer, sieur d'Angerville, ancien conseiller au bailliage, exerçant pour l'absence des lieutenants général et particulier, entre les religieux et les héritiers de Jacques Le Canu, sieur de St-Aubin, pour paiement de 55 boisseaux de froment, 7 chapons et 40 œufs d'arrérages de rente (1651); Siméon de Fontaines, écuyer, sieur de Neuilly, vicomte de Caen, entre les religieux et les héritiers Jessé Le Canu, sieur de la Chaussaye, pour paiement de la somme de 25 livres 10 deniers pour l'apprécie de 14 boisseaux de froment, 7 chapons et 150 œufs restant d'arrérages de rente (1653). — Compte entre les religieux d'Ardennes, stipulés par frère Joachim de St-Jean, et Gabriel Cliquet, sieur de St-Gabriel, époux d'Anne de Basly, héritier de Jean Le Canu, Denis Le Grand, sieur de la Grand'Rue, Claude Le Canu, sieur de la Chaussaye, Robert Cahaignes, fermier de Charles Jean, suivant la sentence rendue au bailliage entre eux (1658). — Reconnaissances: devant Pierre Desoulle et Jean Renouf, tabellions aux siéges de Cairon et de Fontaine-Henry, par Daniel Moutier, de la fieffe à lui faite par Adrien Le Grand, sieur de la Grand'Rue, et Claude Le Canu, sieur de la Chaussaye, et les héritiers Charles Jean, de 4 acres de terre (1661); par led. Moutier du bail à lui fait par les religieux d'Ardennes, stipulés par Mathieu Traseille, de pièces de terre (1665); devant: Gilles Buhours et Pierre Gast, tabellions au siége de Cairon et Fontaine, par André Chemin, du bail à lui fait par les religieux d'Ardennes, stipulés par Norbert du Saussey (1673); Jacques Caumont et Nicolas Darhoy, notaires à Choux, par Martin de La Perrelle, fils Pierre, du bail à lui fait par les religieux d'Ardennes, stipulés par frère Mathieu Trouville (1680); Jacques Caumont, notaire à Choux, par Gabriel Cahourg, fils Guillaume, du bail à lui fait par les religieux d'Ardennes, stipulés par frère François Flourial (1707); François Le Sénécal, notaire à Évrecy, par Guillaume Jeanne, fils Robert, du bail par les religieux d'Ardennes, stipulés par frère Jean-Baptiste Rozé (1710); Thomas-François Le Sénécal, notaire à Évrecy, par Nicolas Hamelin, du bail à lui fait par frère Gilles Hérault (1730); les notaires de Caen, par Louis de La Perrelle, du bail à lui fait par frère Louis-Charles Gautier (1750). — Bail devant Guillaume Fontaine, notaire à Caen, par Denis-Louis Alliot, prieur, et Gabriel Arondel, religieux d'Ardennes, à Anne Le Quesne, veuve d'Henri Le Fauconnier (1760). — Reconnaissance solidaire devant François Le Danois et Jean-Jacques Bénard, notaires à Caen, par Jacques Paisant, fils de feu Jean-Baptiste Paisant, Marie Le Cerf, veuve de Charles Paisant, Gilles de la Rue, écuyer, sieur de Rotot, pour lui et Nicolas-Alexandre de la Rue, écuyer, sieur de Rucqueville, fils et héritiers de Nicolas-Alexandre de la Rue, écuyer, trésorier de France à Caen, et Pierre Le Grand, fils et héritier de Pierre Le Grand, sieur de la Grand'Rue, à l'abbé d'Ardennes, stipulé par Philippe Dudouet, notaire, de 22 boisseaux de froment, mesure ancienne de Caen, revenant à 18 boisseaux 1/3 mesure actuelle de la halle à blé de Caen (1766). — Reconnaissance devant Guillaume Fontaine et Jean-Jacques Bénard, notaires à Caen, par Pierre-François, chevalier, marquis de Fresnel, demeurant à son château de Mathieu, représentant par acquêt les Cahagnes, aux religieux d'Ardennes, stipulés par Dudouet, notaire, de 8 boisseaux de froment, 1 poule et 10 œufs de rente (1766). — Résiliation devant Philippe Dudouet, notaire à Caen, par Jeanne Cabourg, veuve d'Adrien Guillard, du bail à elle fait par les religieux d'Ardennes, vu son grand âge et l'absence de son fils (1775). — Baux devant les notaires de Caen par Isaac Le Sage, religieux et procureur d'Ardennes, à: Guillaume Le Maine, charpentier, de Mathieu (1777); Guillaume Coltée (1778). — Sommation par Jacques-Marin-Louis Bellamy, huissier, à la requête des religieux d'Ardennes, aud. Coltée, de payer les fermages par lui dus (1789).

H. 366. (Liasse.) — 1 pièce, parchemin.

1359-1414. — Merville. — Vidimus par Michel Valemont, tabellion ès mottes des sergenteries d'Argences, Troarn et Varaville, sous Guillaume Potier, garde du scel des obligations de la vicomté de Caen, de la donation devant Jean Leglay, clerc, commis sous Guillaume du Teil, clerc, garde du scel de la vicomté de Caen, en 1339, par Guillaume de Cabourt, écuyer, demeurant à Hermanville, à l'église de Notre-Dame d'Ardennes, où laquelle il a élu sa sépulture, et pour y faire un obit annuel, quand le cas s'offrira, et trois tombes, une sur son père, l'autre sur sa mère, qui gisent en lad. église, et la troisième sur lui, quand le cas s'offrira, de 24 sols t., 1 chapon et 1 hommage de rente sur Robert Le Nepveu, à cause d'un pré à Merville.

H. 367. (Liasse.) — 3 pièces, parchemin; 21 pièces papier.

1325-1778. — Mesnil-de-Briouze. — Extrait d'un livre relié écrit en parchemin, intitulé le petit chartrier de l'abbaye d'Ardennes, concernant le procès entre Guillaume Du Mesle, chevalier, seigneur dud. lieu et de Briouze, et l'abbaye, au sujet du droit de patronage de l'église de Notre-Dame du Mesnil jouxte Briouze, à cause de la seigneurie de ses fiefs de Briouze; mention de confirmation à l'abbaye par Lisiard et Sevestre, évêques de Séez; production par l'abbaye de lettres scellées de Foucault Du Mesle, père dud. Guillaume, seigneur de Briouze et du Mesnil, leur confirmant les aumônes qu'ils avaient en ses fiefs, etc.; led. Guillaume veut et octroie que les religieux aient l'église du Mesnil, le cornage, la court et l'usage, les rentes et les aumônes, les rentes, le moulin, etc., en perpétuelle et franche aumône 1325, mercredi avant la conversion S‑Paul); led. extrait collationné par Jacques Truffault, prêtre, licencié aux lois, notaire apostolique, demeurant à Caen, requête des prieur et couvent, en présence et du consentement de Guillaume de Gallodé, abbé, Marc Sarrazin et Guillaume Denis, religieux de lad. abbaye, Pierre Le Turc, religieux de Belle-Étoile (1620). — Mandement du Parlement de Rouen concernant le rejet de l'invocation de la prescription par les redevables aux chapitres, abbayes, prieurés-cures, hôpitaux, chapelles, etc., dont les titres ont été détruits par les guerres civiles au diocèse de Coutances, comme il a été ci-devant fait en semblable cas aux évêque de Bayeux, abbé de Montebourg, chanoines de la S‑Chapelle de Paris, etc. (1598); copie authentique de copie sur l'original par Jean Deschamps et Nicolas Peley, tabellions royaux en la vicomté d'Avranches, sur l'original exhibé par frère Jean Ybert, chanoine régulier de l'abbaye de la Luzerne, et délivré à Marc Sarrazin, chanoine régulier de Prémontré prieur-curé du Mesnil près Briouze (1689) ; autre copie d'arrêt du Parlement (1613), concernant la perception des dîmes, collationnée à la requête de frère Marc Sarrazin, curé du Mesnil près Briouze, sur l'original imprimé, par Marguerin Abavent, tabellion royal en la vicomté d'Argentan, ordinaire à Nogris-Fontaine (1620). — Présentation à l'évêque de Séez par Guillaume de Gallodé, abbé commendataire d'Ardennes, de Pierre Le Turc, au prieuré-cure du Mesnil de Briouze ; mandement de Jacques Blondel, de Iver, sieur et châtelain de Tilly, lieutenant particulier civil et criminel du bailli de Caen, conservateur des privilèges royaux de l'Université, au premier huissier ou sergent requis, d'assigner en la juridiction des privilèges de l'Université, en cas de refus de l'évêque de Séez, ou ses vicaires généraux, de délivrer à Marc Sarrazin, religieux d'Ardennes, pourvu par le chapitre de lad. abbaye au prieuré de Notre-Dame du Mesnil près Briouze, et Guillaume Denis, aussi religieux, nommé coadjuteur, la collation dud. bénéfice ; — prise de possession par lesd. Sarrazin et Denis ; — procédure au bailliage de Caen, pour Marc Sarrazin, pourvu au prieuré-curé de N.-D. du Mesnil près Briouze, dépendant de l'abbaye d'Ardennes, lad. Denis, et les religieux de l'abbaye, concernant l'arrêt de deniers fait entre les mains de Jean Le Foucaudel, Martin Hébert, Jean Moulin, Georges Le Sage, Gabriel et Michel Le Rat, fermiers du revenu du prieuré sous le dernier titulaire (1620). — Procédure devant Guillaume Vauquelin, écuyer, président et lieutenant général au bailliage de Caen, entre les religieux d'Ardennes et Jean Gondouin et ses associés, fermiers du Mesnil près Briouze ; délivrance aux religieux, sur le tiers des charges (1622). — Attestation devant Marc Sarrazin, sieur et prieur-curé du Mesnil près Briouze, par les paroissiens, assemblés en général, en vertu de l'ordonnance du lieutenant général en la vicomté de Falaise, subdélégué des commissaires députés par le Roi pour la réunion, vente et revente de son domaine en Normandie, concernant les droits du Roi dans lad. paroisse (1628). — Réitérations, requête dud. prieur Sarrazin, aux abbé, prieur et religieux d'Ardennes, de compter à l'amiable des demandes et remboursements par lui prétendus suivant la sentence du 14 octobre 1651 (1652). — Quittance donnée par François et Alexis Chollet, maîtres maçons, de la paroisse du Mesnil près Briouze, à frère Marc Sarrazin, prieur-curé dud. lieu, de 4 livres t. pour 4 journées de chacun d'eux pour réparations (1652). — Visite par Gervais Bazire, archidiacre du Houlme, chanoine de Séez, en l'église paroissiale du Mesnil près Briouze, dépendant de l'abbaye d'Ardennes, à laquelle Marc Sarrazin, prieur-curé, paie par an 300 livres à cause des grosses dîmes ; saisie-arrêt de 300 livres pour contribuer aux réparations, auxquelles l'abbaye est tenue ; lad. copie signifiée aux religieux d'Ardennes, à la requête dud. Sarrazin, pour satisfaire aux réparations mentionnées dans le procès-verbal de visite dud. archidiacre (1659). — Extrait du registre du tabellionage de Caen, concernant la reconnaissance par Philippe Moulin, sieur de Beaupray, du Mesnil-de-Briouze, du bail à ferme à lui fait par les abbé et religieux d'Ardennes, led. abbé stipulé par Gabriel Yver, sieur de la Garenne, et les religieux par Robert Du Hamel, sous-prieur, et Charles Chrétien, procureur de l'abbaye, de toutes les grosses dîmes de la paroisse du Mesnil et des rentes seigneuriales du fief appartenant auxd. abbé et religieux (1661). — Attestations de la confection de 2 grandes portes neuves pour la grange dimeresse de la paroisse du bourg du Mesnil et du paiement par Yves Moulin (1679). — Remise par Jacques Deledin, seigneur et patron de la Challerie et Haute-Chapelle, maître des eaux et forêts et capitaine des chasses de la maîtrise de Domfront, aux religieux d'Ardennes, stipulés par fr. André Fournereau, procureur de l'abbé, de 10 acres de terre vaine et vague joignant le moulin appartenant à l'abbaye, au bord de la forêt du Monthéra, suivant l'arrêt du Conseil (1687). — Bail devant Fontaine et Le Danois, notaires à Caen, par Phillippe Dulouet, notaire royal et apostolique à Caen, stipulant Jean-Claude de La Croix de Chevrière de St-Vallier, docteur de la faculté de théologie de Paris, abbé commendataire de l'abbaye d'Ardennes, au frère Dupont, prieur-curé du Mesnil près Briouze, pour 9 années, des deux tiers de la grosse dîme de la paroisse, avec la rente du fief, du fief et du moulin du Buc et dépendances à prendre sur le baron de Briouze (1763). — Reconnaissances par Jean Gautier, à Pierre Dupont, prieur-curé du Mesnil, de prêt de 765 livres (1769); Pierre Rozel, aud. Dupont, du montant des frais d'un procès entre eux (1772). — Cession par led. Dupont à François-Louis Guérin, sieur de la Baittière, procureur fiscal de la haute justice de Joué-du-Bois, des dîmes de froment et seigle de la récolte (1772). — Bail devant Guillaume-Charles-François Toutain, notaire en la vicomté de Falaise au siège de Bellou, par Pierre-Julien-Silvestre Dupont, prieur-curé du Mesnil de Briouze, à Louis-Jacques Gibault, du tiers de la grosse dîme de lad. paroisse (1772). — Reconnaissance par led. Gibault, aud. Dupont, de 4.200 livres, argent prêté.

H. 852. (Liasse.) — 10 pièces, parchemin ; 1 pièce, papier.

XIIIe siècle-1678. — Mesnil-Patry. — Donation de « Gaufridus Gerardi, de Mesnillo-Patrie », à l'abbaye. « Actum est hoc anno Verbi Incarnati Mo CCo octavo… » (laceration), meuse maio. » — Lettres d'attache de Ricart Giraisme, pour le vicomte de Caen, concernant la reconnaissance d'une lettre annexée (ne figurant pas à la liasse), par Me Gervaise Mabile, autrement « don Clos », recteur de l'église du Mesnil-Patry (1311. — Fiefé par Pierre, abbé, et les religieux d'Ardennes, à Jean Le Véel, du Mesnil-Patry, de terres (1408). — Vente devant Jean de La Fontaine, tabellion ès mettes des sergenteries de Cheux et Creully, par Pierre Jouin, aux religieux, de 18 boisseaux de froment de rente (1431). — Vente devant Jean Desmaires, tabellion à Caen, par Étienne Le Véel, aux religieux d'Ardennes, de rente à prendre sur ses biens (1432, v. s.). — Vente devant Jean Desmaires, tabellion à Caen sous Henri d'Esquay, écuyer, garde du scel des obligations, par Jean Iris et Simone, sa femme, à Nicole Le Coustarier, prêtre, demeurant à Audrieu, de 20 sols t. de rente (1434). — Reconnaissance devant Colin Le Nouvel, tabellion en la sergenterie de Creully, par Colin et Philippin Paris, de la fiefé à eux faite par Aovrey Durant, curé de Fontaine-Henry, de tous les biens à lui échus dans la succession de Jeanne, jadis femme de Jean Roussel ; 1435). — Donation devant Guillaume Caudebec, tabellion à Caen sous Nicolas Bourgeis, garde du scel de la vicomté de Caen, aux religieux d'Ardennes, par « Auvers » Durant, curé de Fontaine-Henry, de 8 boisseaux de froment de rente, de l'obligation de Colin et Philippin Paris, en augmentation de sa précédente donation (1442, v. s.). — État de distribution aux pieds de la sergenterie de Villers et Cheux, tenus par Olivier Bellet, sr de Gourney, vicomte d'Évrecy, des deniers provenant du décret des biens ayant appartenu à feu Jean Le Picard, écuyer, sieur de Norrey, et depuis à Auguste Le Picard, son fils, requis par Madeleine Le Brethon, veuve de Pierre de Bernières, écuyer, sieur d'Acqueville, tutrice de ses enfants ; créanciers : Jean Le Petit, sr des Moulins, de Norrey, Guillaume de Verrolles, Pierre Le Fauconnier, éc., sr du Mesnil-Patry, Pierre de Prépetit, lieutenant général au bailliage de Condé, Jacques Turgot, chevalier, seigneur de Lantheuil, président au Parlement de Normandie, Jacques Cousin, sr de Gruchy, Anne Le Picard, veuve de Pierre Michel, éc., sr de St-Michel, Marguerite Le Paulmier, veuve du sr de Torteval, les doyen et chanoines du Sépulcre de Caen, etc. (1678).

H. 853. (Liasse.) — 1 pièce, parchemin.

1803. — Mesnil-Villement (le) et Oüilly-le-Basset. — Accord sur procès devant le bailli de Caen, aux assises de Falaise, entre l'abbé et convent d'Ardennes et « Jeh. Du Gardin », clerc, de la paroisse de « Cauchaseuill. » (Cossesseville), concernant deux vavassories ou fiefs assis es paroisses du Mesnil Vinement et d'Oyllie le Basset », tenues ded. religieux.

H. 854. (Liasse.) — 9 pièces, papier.

1618-1667. — Molay (le). — Extrait du gage-plège du franc-fief de Vaubadon appartenant à Philippe d'Espinay, seigneur du Molay, led. fief de Vaubadon dépendant de la terre et châtellenie du Molay, tenu par Robert Le Breton, avocat à Bayeux, lieutenant du sénéchal et verdier de lad. châtellenie (1618) ; led. extrait collationné par Jean Bidot, sergent ordinaire de la châtellenie et verderie du Molay, à la requête de Laurent Vechy, prieur du Breuil (1652). — Condamnation en 10 livres d'amende et aux dépens, prononcée par Pierre Potier, écuyer, sieur de Bspaulme, lieutenant général du bailli de Caen à Bayeux, à la requête de Charles Gallion, curé d'Agy, doyen de Campigny, contre divers particuliers qui ont vendu des marchandises, tant pain, viande que autres denrées, pendant la messe, tant en la paroisse de la Poterie du Molay, qu'à La Cambe et autres paroisses de cette vicomté (1652). — Reconnaissance devant Jean Sauxon, tabellion en la sergenterie de Cerisy au siège de Bernesq, et Pierre Hébert, tabellion en la haute justice de Cerisy, pris pour adjoint, par : Madeleine Le Grand, du Molay, veuve Noël Varignon, à Guillaume Du Hamel, curé du Molay, de 100 sols pour une année de la dîme de 2 pièces de terre (1660) ; Cardine Roger, veuve Noël Ravenel, de la somme de 50 sols pour dîme ; Pierre Rozer, de 7 livres 10 sols pour dîme (1660). — Obligation devant Jean Sauxon, tabellion à Bernesq, et Laurent Des Chevaux, sergent royal, pris pour adjoint, par Guillaume Desplanque, de payer à Guillaume Du Hamel, curé du Molay, 20 livres par an, pendant le reste de son bail, pour la dîme (1660). — Reconnaissance par Laurent Preaux, fils Nicolas, à Guillaume Du Hamel, curé du Molay, de 12 livres (1661). — Reconnaissance de la veuve d'Étienne Dubois, écuyer, sieur de St-Evroult, que Guillaume Du Hamel, curé du Molay, lui a remis une vache saisie (1667).

H. 371. (Liasse.) — 3 pièces, parchemin.

1403-1494. — **Mondrainville.** — Lettres du bailli de Caen, pour les religieux, porteurs de lettres de nouvelle dessaisine contre Guillaume d'Argences, écuyer, d'un setier d'orge de rente à la mesure de « Mondraville », à prendre sur le moulin de Normandel assis sur la rivière d'Odon, paroisse de Mondrainville, d'un setier de froment et deux setiers d'orge de rente à prendre sur un moulin appelé « le Vial Moulin », assis en lad. rivière à « Tormauville »; présentation en l'assise d'Évrecy devant Jean de Verrelot, bailli, 1403, le jour de mardi après la Ste-Catherine, de lettres de Robert de « Gouvix », de Roger de « Gouvix », dont la pièce donne les *factum* et *desinit*; reconnaissance du fait de ses ancêtres, par led. Guillaume, qui « gaia as dix religieux la ressaisine de toute loue rente dessus dite », etc. — Procédure aux pieds des sergenteries de Villers et Cheux, tenus par Robert de La Hogue, lieutenant général du vicomte de Caen, entre les religieux d'Ardennes et Pierre Blanchart, pour paiement de 20 années d'arrérages de 10 sols de rente à prendre sur le pré de l'étang sis à Mondrainville et Grainville (1494).

H. 372. (Liasse.) — 1 pièce, parchemin.

1307-1387. — **Montchauvet.** — Vidimus par Auberi Lévesque, garde du scel des obligations de la vicomté de Caen, en 1387, de la reconnaissance passée en 1307 devant Jean Du Castel, garde du scel de la vicomté de Caen, en la main le Roi, par « Richier Le Tonbeour », aux religieux d'Ardennes, de rente sur biens sis à Montchauvet, et du contrat fait en 1315 devant Henri Le Gay, garde du scel des obligations de la vicomté de Caen, entre led. « Le Tonbeour » et les religieux d'Ardennes.

H. 373. (Liasse.) — 11 pièces, parchemin; 35 pièces, papier.

1264-1771. — **Mouen.** — Accord entre Jean Martel, chevalier, et l'abbaye d'Ardennes, portant que le couvent ne pourra avoir, dans le tènement que Nicolas de Mouen, prêtre, et Gilles, son frère, leur donnèrent dans le fief dud. chevalier, que 5 setiers de froment, mesure du lieu; confirmation dud. don moyennant 3 l. t. (1264). — Rente devant Jean Le Brebenchon, tabellion sous Raoul Rouillart, garde du scel des obligations de la vicomté de Caen, par Ricart Albin et Mabire, sa femme, de « Moen », aux religieux, de rente sur 5 vergées de terre sise à Mouen (1373, v. s.). — Reconnaissance devant Robert Le Monnier, tabellion à Caen, par Philippot Onfroy, de Mouen, aux religieux, de rente (1394, v. s.). — Reconnaissance par Martin Onfroy, prêtre, de Mouen, du bail à lui fait par les religieux d'Ardennes, de 3 vergées de terre (1517). — Procédure en la vicomté de Caen, devant Guillaume Le Grand, écuyer, lieutenant général, entre les religieux d'Ardennes et François Mahias, sr de Mouen, pour paiement d'arrérages de rente (1520). — Reconnaissance devant Jean Rouxel et Nicolas de Billy, en l'absence de Jean Verrolles, tabellions en la sergenterie de Cheux, par Nicolle d'Esterville, prêtre, de Mouen, de la ffaffe à lui faite par les religieux d'Ardennes, de trois vergées de terre delle du champ d'Ardennes (1537). — Transaction entre les religieux et Olivier d'Esterville, bourgeois de Caen, sur leur procès en la vicomté de Caen pour paiement d'arrérages de rente (1578). — Vente devant Pierre Bacon et Horace Le Forestier, tabellions à Caen, par Jean Le Poitevin à Pierre Callais, de terres (1592). — Note informe des rentes dues à l'abbaye d'Ardennes par Jean Maheas, écuyer, sieur de Mouen, représentant Girard de Verson, écuyer, sieur de Mouen. — Extrait de l'état tenu aux pieds de Villers et Cheux des deniers provenant du décret requis par Jean Néel, écuyer, des biens de Jean Le Poitevin (1628). — Procédures: devant Le Blais, écuyer, sieur du Quesnay, lieutenant général au bailliage de Caen, entre les religieux d'Ardennes et Michel Poitevin pour paiement d'arrérages de rente (1641); au bailliage de Caen, entre les religieux d'Ardennes et Jean Le Franc pour paiement de 30 boisseaux de froment de rente (1651); devant la vicomte d'Évrecy, entre les religieux d'Ardennes et Jacqueline Vautier, veuve du sr de la Boullongère, concernant le paiement de 7 années d'arrérages de 5 boisseaux de froment de rente (1659). — Extrait du papier journal de la recette des rentes seigneuriales dues par Jean Maheas, sieur de Mouen, led. extrait collationné par Morice, huissier, sur le registre représenté par de la Garenne, gardien d'icelui (1667). — Procédure au bailliage de Caen entre les religieux et d'Anisy, adjudicataire par décret des biens du seigneur de Mouen, pour paiement d'arrérages d'un setier de froment et un setier d'orge, revenant chaque setier à 12 boisseaux mesure de Mondrainville (1692). — Bail devant Jacques Caumont, notaire à Cheux, par Siméon Le Poittevin, sieur de la Chesnée, bourgeois de Caen, à François d'Éterville, de maisons, jardin et dépendances (1708). — Procédure au bailliage de Caen, entre les religieux d'Ardennes et Destruissard, sr de la Pierre, marchand chandelier, représentant Michel Poittevin, pour paiement de 5 boisseaux de froment et un chapon de rente (1782). — Reconnaissance devant François Rouillis et Jacques Faguet, notaires à Caen, par led. Destruisard, aux religieux d'Ardennes, de 5 boisseaux de froment et 1 chapon de rente (1783). — Procédure en la juridiction des privilèges de l'Université de Caen devant Jacques-Charles Gohier de Jumilly, écuyer, lieutenant particulier au bailliage de Caen, entre les religieux d'Ardennes et Destruisard de la Pierre, pour paiement des arrérages de lad. rente (1733). — Vente devant François Chaumont, notaire à Cheux, par Louis Destruisard, marchand, bourgeois de Caen, fils de Louis, à François de Gouville, écuyer, sieur de Pantoger, de 10 pièces de terre (1738). — Reconnaissance devant Guillaume Fontaine et Jacques Bénard, notaires à Caen, par Jacques Noury, de Rots, fils de Louis et de Françoise de La Taille, et Pierre Regnault le jeune, pour lui et son frère Pierre, fils de Jacques et de Marie de La Taille, lesd. Françoise et Marie sœurs, héritières de François de La Taille, représentant Nicolas Le Lièvre, écuyer, sieur du Moulin, représentant Jacques Le Lièvre, sieur du Vivier, représentant Nicolas d'Esterville, prêtre, de Mouen, à l'abbé d'Ardennes, stipulé par Philippe Dudouet, notaire, de 6 boisseaux de froment de rente (1760). — Reconnaissance devant Guillaume Fontaine et François Le Danois, notaires à Caen, par Angélique-Adélaïde-Victoire de Gouville, épouse d'André de La Cour, seigneur de Grainville, Thorigny, la Comté et autres lieux, et Nicolas-Jacques André, seigneur de St-André, époux de Marie-Marguerite-Louise-Angélique-Léonore de Gouville, tous deux demeurant à Grainville et Cheux, se faisant fort pour Marguerite-Angélique-Françoise-Louise de Gouville, veuve de messire... (blanc) de Malherbe, chevalier, seigneur de Longvillers et de la chapelle Notre-Dame dud. lieu, lesd. dames sœurs et héritières de Louis-François de Gouville, fils et héritier de François-Charles de Gouville, écuyer, sieur de Pontoger, leur père, à l'abbé d'Ardennes, stipulé par Philippe Dudouet, notaire, de 5 boisseaux de froment et 1 chapon de rente, pour fieffe de biens en la delle du champ Cardon (1771).

H. 374. (Liasse.) — 9 pièces, parchemin ; 4 pièces, papier.

1312-1645. — Norrey. — Donation par Jeanne, déguerpie Laurent de « Noueroy », à Mahieu de Caudecote, écuyer, d'une mine de froment, mesure de Caen, sur une pièce de terre sise à Norrey (1312). — Donation devant Henri Le Gay, clerc, garde du scel de la vicomté de Caen, par Mahieu de Caudecote, aux religieux d'Ardennes, d'une mine de froment à charge de services religieux (1316). — Reconnaissances par Thomas Le Moine et Philippe Gervaise, de Norrey, de baux à eux faits par les religieux d'Ardennes (1558-1563). — Reconnaissance devant Gilles Vastine et Antoine Corpsderoy, tabellions ès mottes des sergenteries d'Ouistreham et Bernières, par Philippe Gervaise, de Norrey, du bail à lui fait par les religieux d'Ardennes (1570). — Quittance par Pierre de La Fontaine, procureur de l'abbé d'Ardennes, à Jean Le Blanc, de 15 livres pour fermages (1621). — Reconnaissance par Georges Bourdon du bail à lui fait par Guillaume de Galloday, abbé d'Ardennes, des terres ci-devant baillées à Jean Le Blanc (1628). — Reconnaissance par Thomas Le Painteur, fils Mathieu, du bail à lui fait par les religieux d'Ardennes (1645).

H. 375. (Liasse.) — 1 pièce, papier.

1712. — Orbois. — Reconnaissance par Gilles-Léon de Salen, écuyer, sr de Beaumont, et Roland Revel, commissaire aux saisies réelles à Caen, que le treizième porté dans le contrat d'acquêt par eux fait des srs d'Orbois de biens dépendant de l'abbaye d'Ardennes, n'a pas été payé par eux en entier, mais seulement 100 livres versées au P. procureur, remise ayant été faite du surplus, qui fait les trois quarts, etc.

H. 376. (Liasse.) — 22 pièces, parchemin.

1387-1488. — Ouffières. — Reconnaissance par Jean Le Fuyant, d'Ouffières, de fieffe faite par les religieux (1387). — Procédure aux assises d'Évrecy entre les religieux d'Ardennes, pour paiement de 20 années d'arrérages de 12 sols, 2 gélines, 20 œufs et 2 pains de rente de l'obligation de Jean Le Fiant, et René de La Vallée, écuyer, ayant requis la jurée des biens affectés à lad. rente (1485-1488).

H. 377. (Liasse.) — 39 pièces, parchemin ; 14 pièces, papier.

1256-1768. — Ouistreham. — Donation par « Bernardus de Oistrehan, filius Radulphi de Oistrehan », de « duas garbas decime totius feodi mei, ubicumque sit, in parrochiis Sancti Sansonis de Oistrehan, Sancti Albini et Sancte Marie de Portu, cum omnibus decimis que ratione dotis matris mee et Matildis de Oistrehan, avie mee, michi et heredibus meis poterant excidere ex morte earundem, vel qualibet alia cessione » (1256, avril), fragment de sceau; confirmation par « Ricardus de Corcelo, miles », de lad. donation faite par Bernard d'Ouistreham de « decimis de toto feodo suo laicali quod de me tenebat » auxd. paroisses d'Ouistreham, St-Aubin d'Arquenay et Bénouville (1230, avril); sceau dud. Richard. — Donation par « Guillermus de Asnerlis, decanus et canonicus Lexoviensis », à l'abbaye, de toute la dîme qu'il avait en son fief « apud Oistrehan », qu'il assigne pour son obit en l'église d'Ardennes (1259, juillet). — Confirmation des donations précédentes par « G., permissione divina Baiocensis ecclesie minister humilis » (Douvres, 1259, décembre). — Confirmation par Pierre Liehart, chevalier, aux religieux, de 11 vergées de terre et une mine de froment de rente en son fief, paroisse de « Ostrehan », par la raison d'une jurée qu'ils firent faire sur Robert Le Boidre et sur Agnès, sa femme (1315), témoins, « mon seignor Johan de Rochefort », chevalier, Michel Bonvallet, Guillaume « Tout Cuer », clerc, Thomas de « Anceles », clerc, Th. Coleville, et plusieurs autres. — Cession par Nichole, abbesse de la Trinité de Caen, et le couvent, à l'abbaye d'Ardennes, de 3 molds d'orge de rente à prendre sur leurs granges d'Ouistreham sur la mer (1317); procédures entre les deux abbayes concernant certaines dîmes assises paroisse d'Ouistreham « et en deulx autres villes prochaines d'icelle, c'est assavoir ès parroices de Saint Albin d'Arquenay et de Notre-Dame du Port ». — Reconnaissances devant: Jean Le Moulinier, commis sous Guillaume du Teil, garde du scel des obligations de la vicomté de Caen, par Jean de Villiers, écuyer, « de la parroisse d'Oystrehan », Oulne », de la vente par lui faite à Robert de « Mathoen », clerc, de rente (1340); led. Guillaume du Teil par Jean Lenglois de la vente faite à Jean Barbeullée, de terre (1347). — Procédure aux assises de Caen devant Jean Nicole, lieutenant général de Robert de Warignies, chevalier, bailli de Caen, entre les religieuses de l'abbaye de la Trinité de Caen et les religieux d'Ardennes, concernant le paiement d'arrérages de rente (1365, v. s.). — Reconnaissances devant: Guillaume La Dauche, tabellion commis sous Raoul Roillart, garde du scel des obligations de la vicomté de Caen, par Jean du Pont-Audemer, chevalier, sire du Quesney, de la fieffe par lui faite à Robert Pinel (1366, v. s.); Pierre Le Sénescal, juré et commis sous led. Rouillart, de la fieffe faite par Guillaume Buhorel, et sa femme, de « Bléville », à Étienne Ferey, d'un « masnage » (1367). —Reconnaissances devant: Jean Le Brebenchon, tabellion commis sous led. Rouillart, par Colin Fremont aux religieux d'Ardennes de 4 sols tournois de rente (1375); Jean Deslandes, tabellion à Caen, par « noble homme Mons. Loys Bourgoise, chevalier », demeurant à Caen, de la fieffe par lui faite à Étienne Ferey (1385); Jean Deslandes, tabellion à Caen, par Guillaume de Moncoq, demeurant paroisse St-Georges du Château de Caen, de la fieffe par lui faite à Étienne Ferey de 2 mesures (1388). — Ventes devant: Oudart Paisant, tabellion à Caen, par Jean Barbehullée à Étienne Ferey d'une vergée de terre (1390); Michel de La Sale, tabellion à Caen, par Robert Barbehullée dit Grain, d'Ouistreham, de la prise à fieffe par lui faite de Sandret Le Caretier et Jeanne, sa femme, d'Authie (1398, v. s.). — Reconnaissance devant Colin Desauques, tabellion ès mettes des sergenteries d'Ouistreham et Bernières, par Richart Tirebarbe, d' « Oistrehan sur Oulne », et Richarde, sa femme, de la fieffe à eux faite par Jean Beaujour, de « Ronouville », d'un « masnage » en la rue de la Vallée, et jardins (1430). — Vente devant Jean et Richart Le Briant, tabellions à Caen, par Jean Le Grain à Guiot Bisson de terre (1463). — Reconnaissance devant Thomas Feron et Richard Le Couvreur, tabellions à Caen, par Guiot Bisson, de Merville, de la fieffe à lui faite par les religieux d'Ardennes (1466). — Désistement par Guillaume Delanoe, « de certain procès pendant ès plès d'Oistrehan, Bernières et Creully, entre moy, d'une part, et la déguerpie de feu Jehan Regnoult et ou précédent femme Jehan Beaujour, d'autre, en matière d'exécucion et opposicion pour plusieurs arrérages de rente; c'est assavoir de six boisseaulx de fourment de rente de l'obligacion dud. Jehan, et de sept boisseaux de fourment auxi de rente de l'obligacion de Thomas et Guillaume ditz Beaujour, et de cent quinze soulz pour attaintes de despens que j'ay droit de prendre sur les dessusd. Beaujour, et avoye soustenu que lad. déguerpie estoit ou s'estoit portée héritière dud. Beaujour, son mary, en meuble ou héritage, et elle avoit soustenu le contraire, pour ce que je suy deuement adverti et informé qu'elle n'y est subgecte et ne a ce ne recueilli meuble ne héritage de sond. mary Beaujour, en aucune manière, promettant que jamais ne luy en feroy quelque poursuite ou demande, ne aux religieux d'Ardaine, ayans son droit, et généralement quitte et descharge lad. déguerpie et lesd. religieux de toutes choses quelxconques au droit desd. Beaujour, tant en meuble que en rente » (1466); vidimus et ratification par led. Delanoe, écuyer, devant Feron et Le Couvreur, tabellions en la ville et banlieue de Caen (1466). — Vente devant Robert Le Briant et Jean Delalande, tabellions à Caen, par Guyot Bisson, d'Ouistreham,

Jean Rondeau, de St-Pierre de Caen, de terre (1483). — Remise d'héritages par Guillaume Gillain, sr de Segrie et d'Ouistreham, à l'abbaye (1528). — Procédure devant Guérin de Villy, écuyer, lieutenant du bailli de Caen, entre Marin Halley, fermier de l'abbaye d'Ardennes, et Pasquet Le Révérent, la veuve Nicolas Legendre et Jean Martine, fermiers de la dîme d'Ouistreham, sujette à rente (1571). — Sommation par Antoine Honorey, sergent royal à Caen, à la requête de Jean Brunet, fermier de l'abbaye d'Ardennes, à Jacques Viel, bourgeois de Caen, de payer 3 années d'arrérages de 12 boisseaux de froment de rente (1590). — Reconnaissance devant Mathieu Delalonde et Michel Le Sueur, tabellions à Caen, par Robert Vimard, du bail à lui fait par les religieux d'Ardennes (1623). — Procédure au bailliage de Caen devant Blondel, écuyer, seigneur de Tilly, lieutenant particulier, entre les religieux d'Ardennes et les religieuses de la Trinité de Caen, pour paiement de rente ou maison sur leurs dîmes d'Ouistreham et St-Aubin (1663). — Consentement par Anne-Madeleine de Cochefilet de Vaucelles, abbesse de la Trinité, que les religieux d'Ardennes soient payés sur les grains de la ferme d'Ouistreham de 202 boisseaux d'orge, mesure d'Arques, qu'ils ont à prendre sur la dîme d'Ouistreham (1675). — Copie de bail devant Robert Le Tremançois, écuyer, sénéchal de l'abbaye de la Trinité, par Gabrielle-Françoise de Froulley de Tessé, abbesse, à Laurent Laquiton, de Colleville, des grosses et menues dîmes d'Ouistreham et St-Aubin d'Arquenay (1708), lad. copie délivrée par l'abbesse aux religieux d'Ardennes (1716); en marge, reconnaissance de la sœur de Belsunce, abbesse de Caen, en forme de titre nouveau, de la rente due aux religieux d'Ardennes mentionnée aud. bail (1763).

H. 378. (Liasse.) — 11 pièces, parchemin; 1 pièce, papier.

1193-1616. — Périers. — Donation à l'abbaye par « Rog. de Perrella », sa femme, Richard et Nicolas, ses fils, et ses autres fils, de fonds à Périers, et confirmation de la donation faite par son père Richard « apud Pireirs ». « Et ipsi canonici caritatis intuitu me in habitum religionis in abbatia sua venerabiliter susceperunt ». 1193. Témoins, Gislebert, prieur, et Eudes, chanoine, d'Ardennes, « Dionisio, sacerdote de Periers, Philippo, Dionisio et Rogero, clericis, de Periers ». etc. — Donation à l'abbaye, par « Matheus de Perrella, ad confirmationem cujusdam pacis facte inter me et dominum Robertum de Fonteneto et dominam Aeliciam uxorem suam », de 12 d. t. de rente sur une acre de terre à Périers aboutant à la terre desd. chanoines et à celle dud. Robert (1243, juin). — Donation par « Dionisius filius Huberti... (lacération) [de] « Perers », d'une 1/2 acre de terre sise sur le chemin d'Ouistreham « in territorio de Perrella », 1248. « Testibus hiis, Willelmo de Solera, Michaele de Noers, canonicis de Ardena, Osulfo, presbytero de Perera », etc. (lacérations). — Donation par « Dionisius Polain, de Periers », à « Stephano Olonis, pro servitio suo et pro triginta sex sol. turon. quos mihi donavit », d'une mine de froment de rente, mesure de Périers, que « Thomas Polanus » lui devait pour une vergée de terre qu'il tenait de lui aud. lieu (1248, janvier, v. s.). — Charte lacérée de « Johannes filius Ricardi et Helyas frater ejusdem Johannis de Rouivilla » (1281). — Reconnaissances devant : Henri La Gay, garde du scel de la vicomté de Caen, par Guillaume d'Escageul, écuyer, de Périers, aux religieux d'Ardennes, de rente (1319, mercredi après la Notre-Dame en mars); Colin de Vernay, tabellion à Caen, par Jean Hervieu le jeune, de Périers-en-Bessin, de la fieffe à lui faite par Guillaume d'Hermanville, écuyer, seigneur dud. lieu (1411). — Lots et partage devant Guillaume Le Couvreur, tabellion à Caen, entre Jean Serlle et Jeanne, sa femme, et Jean Porée, et sa femme, « ante » de lad. Jeanne, des biens de Guillaume Le Prévost, leur cousin germain (1427). — Fieffe devant Richard Martin et Mathieu Delalonde, tabellions à Caen, par Phlipine Allais, veuve de Robert de Tham, héritière de Charles Le Breton, écuyer, sieur de la Prarye, à Robert Deshayes, archer morte paie en la ville Française de Grace, d'une maison et jardin où pend pour enseigne la Croix Querpains, etc. (1609). — Signification par Pierre Fiant, premier huissier au bailliage de Caen, à la requête des religieux d'Ardennes, stipulés par frère Guillaume Denis, prieur de St-Thomas de Lion et de St-Nicolas-sur-Orne, à Robert Deshayes, bourgeois de Caen, d'un contrat de donation auxd. religieux, par Marin de Thaon, fils et héritier de Robert de Thaon, et Philippine Allais, ses père et mère, de rente à prendre sur led. Deshayes, avec défenses de n'en payer qu'à eux les arrérages (1616).

H. 379. (Liasse.) — 12 pièces, parchemin : 5 pièces, papier.

1377-1684. — Petiville. — Reconnaissance de rente devant Robert Berengier, tabellion commis sous Girard du Temple, garde du scel des obligations de la vicomté de Caen, par Ricart et Henri Poitevin, frères, de Petiville, à Jean « Ocuvrenier », de Petiville, de 100 sols, 1 chapon et 1 denier de rente (1377). — Vente de lad.

rente par Jean « Euvrenier ».d'Osmanville, à Renier Le Coutelier, clerc du Roi (1378). — Donation devant Guillaume Le Couvreur, tabellion à Caen, par Renier Le Coutelier, clerc du Roi, seigneur de Petiville, aux religieux d'Ardennes, de lad. rente sur Richard et Henri Poitevin, à charge de services religieux (1396). — Mandement de Robert de La Hogue, lieutenant général du vicomte de Caen, au premier sergent requis, de mettre à exécution les lettres patentes obtenues par Rogier Lebret, religieux d'Ardennes, contre Girard Bureau, écuyer, lieutenant général du bailli de Caen, concernant la possession de biens à Petiville (1492). — Procédures en la vicomté de Caen devant: Charles de Bourgueville, écuyer, lieutenant, pour les religieux d'Ardennes, stipulés par frère Gilles Cuyret, en paiement de rente due par les hoirs Yvon Pinye, de Petiville (1534); Guillaume Artur, sieur d'Amayé, vicomte, pour les religieux d'Ardennes, en paiement de 11 livres 11 sols 4 chapons et 60 œufs d'arrérages de 70 sols 2 chapons et 30 œufs de rente de l'obligation dud. Yvon Pynie, de la paroisse de Petiville (1564). — Procédures: au bailliage de Caen, devant Heroult Vauquelin, écuyer, sieur des Yveteaux, lieutenant général, entre les religieux et François Le Goupil, pour paiement de 5 années d'arrérages de 70 sols 2 chapons et 30 œufs de rente (1626); en la juridiction des privilèges de l'Université de Caen, devant Nicolas Du Moustier, écuyer, sieur de la Motte, lieutenant général au bailliage, entre les religieux d'Ardennes et Robert Marais, Jean Choyer et cohéritiers, pour paiement d'arrérages de 70 sols 2 chapons et 30 œufs de rente (1683-1684). — Extrait du journal des recettes faites par Jacques Buhot des rentes dues à l'abbaye d'Ardennes en la paroisse de Petiville (1683).

H. 380. (Liasse.) — 1 pièce, parchemin.

1248. — **Planquery.** — Donation à l'abbaye par « Rogerus Bachon, de Molsto, miles », « apud Planquerie Willermum Le Braconnier cum tenemento suo quod tenebat de me, et Thomam Le Prévost cum tenemento suo; apud Verquerol relictam Rad. Hernaut cum tenemento suo », etc. (1248, septembre). « Testibus hiis Thom. de Pert, Philippo de Columbères, Nich. de Lu, militibus », etc.

H. 381. (Liasse.) — 13 pièces, parchemin.

1316-1451. — **Plumetot.** — Vente par Ric. Nicolas, de Plumetot, à Thomas de Sainteaux le jeune, de terre (1316). — Reconnaissances devant: Jean Caperon, garde du scel de la vicomté de Caen en main de Roi, par Thomas de Sainteaux le jeune, de Lion, aux religieux d'Ardennes, de terre (1324); Jean Legay, clerc, commis sous Guillaume Du Teil, garde du scel de la vicomté de Caen, par Raoul Delacroix dit Torel, envers les religieux d'Ardennes, de rente (1345); Philippot Le Petit, juré commis dud. Du Teil, par Jean Jean à Jean Gervese, de terre (1352); Robert Berenger, tabellion à Caen, de la donation par Jean Mauvoisin, « personne de Bassilllie », à Jean Le Conte, de St-Pierre de Caen, sa vie durant, pour ses bons services, d'un setier de froment à prendre sur un manoir sis à Plumetot (1383). — Vente devant Guillaume Robert, tabellion ès mettes des sergenteries d'Ouistreham et de Bernières, par Jean Le Moingne, d'Hermanville, à Pierre Porée, de terre (1393). — Fieffe devant Jean Guignart, tabellion ès mettes des sergenteries d'Ouistreham et Bernières, par Michel d'Agnierville, écuyer, et Jeanne, sa femme, d'Angueray, à Pierre Porée, d'un « masnage » (1403). — Accord entre Pierre Moulin et Pierre Porée sur leur procès concernant la démolition d'un mur (1410). — Vente devant Pierre Valeron, tabellion à Caen, par Jean Porée, d'Hermanville, à Pierre Moulin, d'une maison et jardin (1420). — Remise de rente devant Guillaume Morant, tabellion ès mettes des sergenteries d'Ouistreham et Bernières, par Jean Le Normant, prêtre, de Douvres, aux hoirs de Pierre Porée (1451).

H. 382. (Liasse.) — 16 pièces, parchemin ; 37 pièces, papier.

1350-1681. — **Poussy.** — Vidimus devant Guillaume Potier, garde du scel des obligations de la vicomté de Caen, par Michel Valemont, tabellion, d'accord fait en 1350 devant Blesot de Léon, entre Jeanne, déguerpie de Guillaume Belhoste, bourgeois de Caen, et Jean Hellouin, demeurant à « Pouchie », et de donation de lad. Jeanne à l'abbaye (1352). — Reconnaissance devant Jean Richart, tabellion sous James Drylant, garde du scel des obligations de la vicomté de Caen, par Macieu et Jouen Piart, de « Poucy », envers les religieux d'Ardennes, de rente (1439). — Procédure aux pleds des sergenteries Morant et Bart devant Jean Richart, écuyer, lieutenant général du vicomte de Caen, concernant rente de l'obligation de Jean Helouyn pour paiement de 10 années de 10 sols de rente (1474, ss.). — Ordonnance de Charles d'Auberville, sire et baron du Verbose, Caux, Cantelou, bailli de Caen, concernant la vente d'une ferme à Poussy appartenant à l'abbaye (1563). — Vente par led. bailli, en présence d'André

Dumoullin, procureur, Pierre de Verigny, procureur du Roi, l'Évêque de Bayeux ou son délégué, et les religieux d'Ardennes, d'une vergée de terre, delle de la fosse Gosselin, et autres terres, à André Dalléchamps; à la suite, quittance par Étienne Duval, sieur de Mondrainville, receveur général en Normandie de l'augmentation des finances, à André Dalléchamps, avocat au présidial, pour l'acquêt par lui fait de la ferme d'Ardennes sise à Poussy (1563), copies collationnées à la requête des religieux d'Ardennes stipulés par frère Robert Du Hamel (1634). — Procédure au bailliage de Caen devant Jacques Blondel, écuyer, lieutenant particulier civil et criminel, entre les religieux d'Ardennes et André Dalléchamps, adjudicataire de la ferme d'Ardennes sise à Poussy, concernant le retrait de lad. ferme suivant l'édit du Roi (1614); remise devant Nicolas Roque, tabellion à Caen, et François Delaporte, aussi tabellion, pris pour adjoint, par Jacques Dalléchamps, sieur du lieu, aux religieux d'Ardennes, stipulés par frères Guillaume Denis et Marc Sarrazin (1615). — Bail par frère Guillaume Denis, religieux d'Ardennes, à Nicolas Guillouet, de 10 vergées de terre (1616). — Procédure en la juridiction des privilèges de l'Université de Caen devant Blondel, lieutenant, entre les religieux d'Ardennes et Jean Raplet, al. Rapelet, apothicaire, pour restitution d'un bail du fait de Nicolas Guillouet à la caution insolide de feu Jacques Dalléchamps, écuyer, et paiement de 6 livres de fermages (1627). — Déclaration de 10 vergées de terre appartenant aux religieux d'Ardennes, au moyen du retrait qu'ils en ont fait (1634). — Procédure devant Jacques Le Clerc, écuyer, sieur d'O, conseiller au bailliage et siège présidial de Caen, exerçant pour l'absence du bailli, de son lieutenant général, et la récusation du lieutenant particulier, entre les religieux d'Ardennes, Jacques Le Bourgeois, sieur de la Varende, lieutenant du vicomte de Caen, et Madeleine Dalléchamps, épouse d'Éléazar d'Esterville, concernant la possession de 10 vergées de terre (1635). — Reconnaissance devant Jean Le Neuf, écuyer, sieur de Montenay, lieutenant particulier du vicomte de Caen, de bail fait par les religieux (1641). — Reconnaissance par Jacques Le Queust du bail à lui fait par les religieux (1647). — Quittance par frère Charles Chrestien, religieux et procureur de l'abbaye, à M. de la Varende, pour arrérages de fermages (1650). — Lettres de M. de la Varende au procureur de l'abbaye d'Ardennes, concernant la remise de sommes dues (1655). — Assignation commise par François Du Moustier, sergent, à la requête de Jacques Le Bourgeois, écuyer, sieur de la Varende, à Cosme Douville, de comparaître devant le bailli de Caen pour être partie intervenante au procès entre lui et les religieux d'Ardennes (1665). — Assignation commise par Jacques Miray, sergent royal à Argences, à la requête des religieux d'Ardennes, à Jacques Le Bourgeois, sieur de la Varende, et à Catherine Hallay, veuve de Nicolas Le Bourgeois, d'être présents à jour fixé en la paroisse de Poussy pour indiquer les 10 pièces de terre dont lesd. religieux doivent prendre possession en vertu de l'ordonnance de Gohier, lieutenant particulier du bailli de Caen (1681).

H. 383. (Liasse.) — 23 pièces, parchemin; 30 pièces, papier.

1331-1648. — Putot. — Remise devant Garin Dumont, prêtre, garde du scel de la vicomté de Caen, par Raoul, Richard, Pierre et Pierre Néel, frères, aux religieux d'Ardennes, d'une masure qu'ils tenaient d'eux (1331, 6 avril). — Vente de rente à l'abbaye par Nicole Varignon, clerc, et Nicole, sa mère, de Putot (1334). — Vente devant Guillaume Du Teil, garde du scel de la vicomté de Caen, par Pierre Campion et sa femme, aux religieux d'Ardennes, de terre (1335). — Reconnaissances devant le même par : Richard Néel, envers les religieux, d'une mine de froment à la mesure de Putot et 1 géline de rente (1337); Jeanne, déguerpie Renouf Le Pelerin, de la vente par elle faite aux religieux d'Ardennes, de 4 boisseaux de froment de rente à la mesure de Caen, assise sur fonds « eu terroir devant la maladerie de Putot en la dele de la carière » (1344). — Vente devant Blesot de Léon, tabellion sous Jean Salles, clerc, garde du scel de la vicomté de Caen, par Jean Vimont dit Potier, à Guillaume de Grouchie et sa femme, de terres à Putot et Bretteville-l'Orgueilleuse (1350). — Échange devant Geffroy Le Honnestre, juré commis sous Guillaume Du Teil, clerc, garde du scel de la vicomté de Caen, par Pierre Goudoin, de Carpiquet, aux religieux d'Ardennes (1352). — Reconnaissance devant Guillaume Le Couvreur, tabellion à Caen, par Colin, Pierre, Jean, Richard et Raoul Varignon, débiteurs de 50 boisseaux de froment, mesure ancienne de Caen, de rente, avec 8 gélines et 80 œufs, sur 8 acres de terre à Putot et Brouay, ayant intention de délaisser lesd. terres, n'étant plus de si bonne valeur pour les guerres et mortalités qui ont été et sont de présent, de la remise à eux faite par les religieux d'Ardennes de 18 boisseaux de froment, 3 gélines et 30 œufs du nombre de lad. rente (1423, v. s.). — Procédures devant Pierre Richart, écuyer, lieutenant du vicomte de Caen, entre les religieux d'Ardennes et Jean Varignon, pour paiement d'arrérages de rente (1537); en la vicomté de Caen, devant Charles Le Fournier, écuyer, lieutenant général, entre les religieux d'Ardennes, stipulés par frère Jean Du Moncel, et Jean Le Varignon, pour paiement des arrérages de lad. rente (1557). — Procédure au siège présidial de Caen, devant Guérin de Villy, conseiller, exerçant la juridiction du bailli, entre Baptiste de Villemor, abbé d'Ardennes, et Jean Le Varignon, avocat, pour paiement de 64 boisseaux de froment, 5 gélines et 50 œufs d'arrérages de rente (1587 1588). — Compte devant Thomas Du Rozier et Pierre Labbey, tabellions en la sergenterie de Cheux, entre Georges Sallet, écuyer, sieur de Quilly et de Cintheaux, procureur général en la Cour de Parlement, stipulé par Nicolas Madeline La Vallée, et Jacques Le Varignon, fils Abraham, des boisseaux de froment dus pour fermages (1638). — Reconnaissance par Marin Bouilly, de Putot-en-Bessin, du bail à lui fait par Georges Sallet, seigneur de Quilly, stipulé par Nicolas Madeline La Vallée, bourgeois de Caen, de maisons et dépendances (1636). — Reconnaissance devant Thomas Du Rozier et Jean Caumont, tabellions en la sergenterie de Cheux, par Jacques et Yves Le Varignon, père et fils, du bail à eux fait par Georges Sallet, sieur de Quilly, etc., d'une maison avec jardin (1636). — Transaction devant Mathieu de La Londe et Michel Le Sueur, tabellions à Caen, entre Georges Sallet, sieur de Quilly, Cintheaux, Cauvicourt, Jacobmesnil et Colleville, procureur général au Parlement de Normandie, et Denis Goudin, époux de Marie Euldes, fille de feu Denis Euldes, sur leur procès concernant le possession de certains biens (1638). — Obligation d'Yves Le Varignon envers Alexandre Sallet, sieur de Colleville et Quilly, de mettre dans la grange louée à Jean Eudes les récoltes provenant des terres louées dud. Sallet (1642). — Echange devant Mathieu de La Londe et Michel Le Sueur, tabellions à Caen, entre Jacques Buhot, secrétaire de la Chambre du Roi, stipulant Antoine de Morainvilliers, abbé d'Ardennes, les religieux de lad. abbaye, stipulés par frère Robert Du Hamel, sous-prieur, et Alexandre Sallet, écuyer, seigneur de Colleville, Quilly, Cintheaux, Cauvicourt et Jacobmesnil, du fief de Brébeuf et dépendances sis à Coulombs, contre maisons, jardins et pièces de terre sises à Putot, Bretteville, etc. (1644). — Ordonnance imprimée de Charles Le Roy, sieur de la Potherie, intendant de la généralité de Caen, concernant l'exécution des arrêts du Conseil pour le paiement des taxes par les possesseurs de biens vendus et fieffés par les communautés séculières, signifiée à Marin Le Lubois, vicaire de Putot, parlant à sa nièce, et divers, avec sommation d'y satisfaire (1645). — Sommation requête d'Antoine de Morainvilliers, abbé d'Ardennes, et à la diligence de Jacques Buhot, économe, aux frères Le Varignon, pour paiement d'arrérages de rentes (1648).

H. 324. (Liasse.) — 9 pièces, parchemin; 39 pièces, papier.

1649-1766. — Putot-en-Bessin et Putot-en-Auge. — Reconnaissance de bail par Philippe Bouilly à Jean de Quenchy (1649). — Extrait du registre de Robert Gaillard et Jean Picquot, tabellions à Lisieux, concernant la fieffe faite par Charles Auber, écuyer, sieur de la Motte, docteur en la faculté de théologie de Paris, chanoine et haut doyen en l'église cathédrale de Lisieux, et les chanoines de lad. église, à Claude Clément, conseiller au Parlement de Normandie, chanoine prébendé en lad. église, des fiefs de Putot, terres, rentes seigneuriales, etc. (1653). — Reconnaissance devant Thomas Du Rozier et Jean Caumont, tabellions en la sergenterie de Cheux, par Philippe Bouilly et Isaac de Quenchy, du bail à eux fait par Antoine de Morainvilliers, abbé commendataire d'Ardennes, stipulé par Gabriel Yver, sieur de la Garenne, bourgeois de Caen, de maisons à Putot (1654). — Procédure au bailliage de Caen devant Laurent Du Thon, écuyer, sieur du Quesné, conseiller au bailliage de Caen, entre les religieux d'Ardennes, et François de Cairon, écuyer, sieur de Putot, et André Guillebert, son fermier, et Philippe Bouilly et Isaac de Quenchy, fermiers, concernant la possession de 6 vergées de terre (1660). — Reconnaissance devant Thomas Du Rozier et Jean Caumont, tabellions en la sergenterie de Cheux, par Jacques Habel, de Bretteville-l'Orgueilleuse, du bail à lui fait par l'abbé commendataire d'Ardennes, stipulé par Gabriel Yver, sieur de La Garenne, bourgeois de Caen, de maisons et pièces de terre appartenant à l'abbaye, au droit de Sallet, conseiller en la Cour de Parlement (1669). — Bail devant Marin Barbey et Robert Lesnaut, tabellions à Villers, par Abraham Le Chanoine, procureur de Joachim Faultrier, abbé commendataire d'Ardennes et secrétaire général de l'artillerie, à François Michel, de maisons et pièces de terre (1674); prolongation pour 9 ans dud. bail par Abraham Le Chanoine, contrôleur au grenier à sel de Caen, stipulant Prat, procureur au Parlement de Paris, agent de l'abbé Faultrier (1679). — Obligation devant Jacques Caumont et Nicolas Barbey, tabellions à Cheux et à St-Manvieu, par Thomas et Jean Queudeville, père et fils, charpentiers, de faire les réparations nécessaires aux maisons de l'abbé Faultrier (1680). — Procédure au bailliage de Caen devant Nicolas Du Moustier, écuyer, sieur de la Motte, lieutenant général, entre les doyen, chanoines et chapitre de St-Pierre de Lisieux et Joachim Faultrier, abbé commendataire d'Ardennes (1683). — Bail devant Jacques Le Danois et Guillaume Jolivet, notaires à Caen, par Abraham Le Chanoine, bourgeois de Caen, stipulant Joachim Faultrier, abbé commendataire d'Ardennes, à François Michel, de maisons et pièces de terres (1683). — Lettre d'Hyacinthe Touraine, prieur d'Ardennes, à un chanoine de Lisieux, concernant l'acceptation des propositions du chapitre: « Nous avons tant d'inclination à la paix et nous désirons si fortement n'avoir aucun procès, particulièrement avec un chapitre aussi illustre que le vostre », etc. (1683). Cote d'Ardennes. — Bail devant Caumont, notaire à Cheux, et Nicolas Harbey, ex-notaire à Cheux, pris pour adjoint, par Louise de Vernay, veuve d'Abraham Le Chanoine, fondé de procuration de Joachim Faultrier, abbé commendataire d'Ardennes, à Guillaume Gibert, de maisons et pièces de terre (1701). — Procuration devant Robert Caumont par Gaspard de Fogasse de La Bastie, prêtre, docteur de Sorbonne, abbé commendataire d'Ardennes, grand archidiacre et vicaire général de Chartres, à Olivier Jahouel, sous-prieur et maître des novices de lad. abbaye, de fieffer en son nom des fonds à Putot (1709). — Fieffe devant Jacques Andrey et François Boullin, notaires à Caen, par le P. Jahouel, fondé de Gaspard de Fogasse, abbé d'Ardennes, à Jean Bouilly, d'une vergée de terre nommée le Varignon (1712). — Extrait du registre des certificats faits dans la paroisse de Putot concernant l'assemblée des habitants en général devant Philippe Haulard, curé de Bretteville-l'Orgueilleuse et Putot, concernant l'action intentée à M. du Mesnil-Patry, au bureau des finances, pour le chemin de Bayeux à Cheux et au bac d'Athis (1716). — Reconnaissance devant les notaires de Caen par Jacques Gibert du bail à lui fait par les religieux d'Ardennes, stipulés par fr. Gilles Hérout, de maisons et pièces de terre sises tant à Putot qu'à Brouay, Bretteville-l'Orgueilleuse, Ste-Croix-Grand'Tonne, Norrey et St-Manvieu (1724); semblables reconnaissances: devant Thomas-François Le Sénécal, notaire à Évrecy (1727); en 1736, du bail fait par Gaspard de Fogasse; en 1739, du bail fait par frère Michel Pillon, stipulant Gaspard Fogasse de la Bastie. — Reconnaissance devant Guillaume Fontaine et Jean-Jacques Bénard, notaires à Caen, par Julien Renouf, envers l'abbé d'Ardennes, de 32 boisseaux de froment, mesure ancienne, revenant à 26 boisseaux 2/3 mesure de la halle à blé de Caen, 5 gélines et 50 œufs, à cause de fieffe faite à Charles et Raoul Le Varignon, écuyers, de 8 acres de terre (1768).

H. 883. (Liasse.) — 1 pièce, parchemin.

1808. — Ranville. — Donation devant le bailli de Caen par « Henri de Cabourg », écuyer, aux religieux, « pour le salut de s'ame et de l'ame Monseign. Ansel de Cabourg, chevalier, son père, et pour l'obit du dit chevalier faire dorénavant chascun an en lour iglise », de 22 sols t. de rente avec un hommage à prendre sur 3 pièces de terre que tient en fief Henri Guillain, « assises en terreour de Costeinville en la parroisse de Ranville, vers les grans acres », à charge de services religieux pour lui et sa famille (1307, mardi devant la Chandeleur).

H. 886. (Liasse.) — 41 pièces, parchemin. 25 pièces, papier.

XIIIe siècle-1660. — Rosel. — Donation à l'abbaye par « Will. de Rosel, miles », de 4 vergées 1/2 de terre sises « ad puteum de La Vilete » (s. d.). — Confirmation par Jean Bougon, fils Philippe, de Rosel, des donations faites à l'abbaye par Guillaume, son frère (1240, v. s., janvier). Lacérations. — Donation de rente assise aud. lieu, par « Elaisia dicta Lagrosse » (1275, avril). Lacérations. — Vente devant Jean Le Brebenchon, tabellion commis sous Raoul Rouillart, garde du scel des obligations de la vicomté de Caen, par Robert de Feugueroles et Jehenne, sa femme, de la paroisse de « Rossel », aux religieux, de 3 vergées « tant en masnage que en croute, uss. en la parroisse de Rossel, eu hamel de Grouchie » (1375, v. s.). — Remise devant Colin de Vernay, tabellion à Caen, par Ricart Godart aux religieux d'Ardennes, de terre qu'il ne voit pas son profit à plus tenir (1403). — Reconnaissance devant Jean Desmaires, tabellion à Caen, par Jean Alain, de fieffe à lui faite de maison avec jardin (1434). — Donation devant Samson Camill et Jean Dieulegard, tabellions à Caen sous Adam Roland, secrétaire du Roi, garde du scel des obligations de la vicomté, par Thomas Le Marchant, aux religieux d'Ardennes, de diverses rentes à charge de services religieux pour lui et sa famille (1479). — Extrait du registre de Pierre Hamelin et Henri Gast, tabellions ès meltes des sergenteries d'Ouistreham et Bernières, concernant le choix des lots entre Denis et Colin Lithehaire des biens de feu Gieffroy Lithehaire (1498). — Présentation des religieux d'Ardennes, stipulés par Pierre de Grevilly, à l'état de distribution faite par

Guillaume Le Grant, lieutenant général du vicomte de Caen, des deniers provenant du décret requis par Michel Yvore, bourgeois de Caen, pour paiement de rente de l'obligation de Thomas et Robert Le Marchant (1521). — Procédure aux assises de Caen devant Gerard d'Esquay, écuyer, lieutenant du bailli, entre les religieux d'Ardennes et Robert Lilohaire, prêtre, de la paroisse de Rosel, pour paiement d'arrérages de rente (1527, v. s.), etc. — Procédures aux assises de Caen tenues par Jean Malorhe, écuyer, licencié en lois, lieutenant général du bailli, entre Michel Le Marchant, fils puîné de feu Thomas Le Marchant, et les religieux, pour paiement d'arrérages de rente (1531). — État de distribution par Pierre Richart, écuyer, lieutenant général du vicomte de Caen, des deniers provenant du décret requis par Robert Boullaye, prêtre, pour paiement d'arrérages de rente (1539, v. s.). — Procédure en la vicomté de Caen devant Pierre Le Neuf, écuyer lieutenant, entre les religieux d'Ardennes et Guillaume Violette (1562). — Reconnaissance devant Pierre Bacon et Étienne Becroq, écuyer, tabellions à Caen, par Pierre Le Bonnoye, serrurier à Rosel, du bail à lui fait par les religieux d'Ardennes, de terre (1570). — Extrait du registre des ventes des biens des ecclésiastiques par le bailli de Caen (1575), ledit extrait collationné par Marc, garde dud. registre, à la requête des religieux d'Ardennes (1635). — Remise devant Christophe Aubert et Pierre Bénart, tabellions à Caen, par Robert Violette et Marie Potron, sa femme, à Guillaume Froger, de la fieffe par lui faite de 3 quartiers de terre, vu qu'ils ne peuvent en faire leur profit (1584). — Aveu rendu au Roi par Georges Sallot, sieur de Quilly et de Cintheaux, avocat au Parlement de Normandie, époux de Philippe Froger, et Thomasse Flambart, sa mère, veuve de Jean Froger, avocat, bourgeois de Caen, de pièces de terre à Rosel, sergenterie de Bernières (1607). — Procédure devant Guillaume Vauquelin, écuyer, lieutenant général au bailliage, entre les religieux d'Ardennes et Thomas Heuste, Robert Marin et Thomas Cousin, concernant l'envoi en possession de 55 boisseaux de froment, 2 chapons et 2 poules de rente (1614). — Reconnaissance devant Mathieu de La Londe et Michel Le Sueur, tabellions à Caen, par Jean Lavoisne, du bail à lui fait par les religieux d'Ardennes, stipulés par frère Robert Du Hamel, de 5 vergées 1/2 de terre (1624). — Déclaration des biens tenus et mouvants du fief, terre et sieurie de Rosel appartenant à Jacques Blondel, seigneur châtelain de Tilly, d'Outrelaize, de la Rivière et de Rosel, lieutenant civil et criminel au bailliage de Caen, saisis au dernier gage-plège, en la main dud. seigneur, faute d'aveu et hommage rendus (1635). — Vente devant Mathieu de La Londe et Michel Le Sueur, tabellions à Caen, par Philippe et Robert Le Chanteur, frères, bourgeois de Caen, aux religieux d'Ardennes, stipulés par frère Robert Du Hamel, sous-prieur, et frère Antoine Fournier, religieux, de 5 vergées 1/2 de terre (1640). — Extrait du registre de Claude Le Bas, sergent, concernant la vente de récoltes de Germain Lefebvre, faite à la requête des religieux d'Ardennes, pour paiement de fermages (1653). — Vente devant Jean Crestien et Thomas Le Sueur, tabellions à Caen, par Thomas Le Mesle, sieur des Parcs, fils de feu Jean-Baptiste Le Mesle, receveur du taillon en l'Élection de Caen, et de feu Jeanne Allain, à Guillaume Delaporte, tabellion, de maisons et pièces de terre (1660).

H. 397. (Liasse.) — 16 pièces, parchemin; 6 pièces, papier.

1403-1662. — Rots. — Reconnaissance par Olivier Clavel de la fieffe à lui faite par les religieux d'Ardennes (1403), copie collationnée par Le Lou, garde du registre, à la requête de Jean Brunet, sieur de la Rozière, lieutenant de l'Amiral de France au siège de Caen (1603). — Remise aux assises de Caen, tenues par Jean de St-Froment, lieutenant général du bailli, par Jean de Cheux, écuyer, à Michel d'Authie, par bourse et lignage, de 2 pièces de terre mises en décret à la requête des religieux d'Ardennes pour paiement de 12 boisseaux de froment de l'obligation de Colin Noël et Fleurie, sa femme (1434). — Échange devant Jean Desmaires, tabellion à Caen, entre Michel d'Authie, de St-Germain-la-Blanche-Herbe, et les religieux (1434). — Procédure aux pieds de la sergenterie de « Ros » pour les abbé et couvent de St-Ouen de Rouen, devant Robin de La Mote, lieutenant du sénéchal, entre lesd. religieux et ceux d'Ardennes, concernant les redevances de 10 vergées de terre, delle des « Septacres » (1442). — Ventes devant: Jean Vaudry et Jean Rouxel, tabellions ès mettes de la sergenterie de Cheux, par Gervais Mériel, de St-Germain-la-Blanche-Herbe, et Perrette, sa femme, à Philippe Flambart, bourgeois de Caen, de terre à Rots, delle des Courtes Pièces (1508); Lucas Delalande et Philippe Le Chanteur, tabellions à Caen, par led. Mériel à Philippin Flambart, de St-Nicolas de Caen, de terre (1510); Antoine Le Roy et Lancelot Loison, tabellions au siège de Ste-Paix près Caen, sous Hugues Bureau, seigneur de Giberville, sénéchal et garde des sceaux, terre et haute justice d'Argences et St-Gabriel, par Jean Le Pillon, de Rots, à Philippin

Flamhart, de terre (1513); Guillaume Anfrie et Jean Vauquelin, tabellions sous Charles Connart, garde du scel des obligations de la vicomté de St-Sylvain et Le Thuit, par François Dessillons, de Rots, à Philippin Flamhart, bourgeois de Caen, de terre (1516); Lucas Delalande et Jacques Leireux, tabellions à Caen, par Guillaume Johanne, de Carpiquet, à frère Gilles Cuyrel, prieur de St-Germain-la-Blanche-Herbe, de terre (1520). — Désistement devant Lucas Delalande et Jacques Leyreux, tabellions à Caen, par François Dessillons, de Rots, de la clameur par lui faite vers Philippin Flamhart, bourgeois de Caen, pour de lui avoir et retirer des terres par lignage et marché de bourse (1532). — Vente devant François Parys et Fleury Rénard, tabellions au siège de Vaucelles de Caen sous Jacques Varin, écuyer, sieur d'Espins, garde du scel des obligations de la vicomté de St-Sylvain et Le Thuit, par Guillaume de Billy, fils Pierre, de Rots, à Michel et Pierre Briant frères, bourgeois de Caen, de terres (1573). — Aveu à Baptiste de Villemor, abbé commendataire d'Ardennes, et aux religieux, à cause du fief Thiouit, par Martin Blondel, de St-Nicolas de Caen, hameau de la Maladrerie, pour terres en la delle de la fosse St-Ouen (1577). — Remise à droit de condition devant Jean Le Maistre et Christophe Aubert, tabellions à Caen, par Michel et Pierre Le Briant, à Jean Froger, bourgeois de Caen, avocat au présidial, de terre, au droit de Guillaume de Billy, fils Pierre (1585). — Inventaire des pièces produites au greffe du bailliage de Caen par Jean Brunet, lieutenant de l'Amirauté de France au siège de Caen, ci-devant procureur receveur de l'abbaye d'Ardennes, contre Bosquain, Blouet, de Billy, Thomas et Jean Dessillons et François Gaucher, pour paiement d'arrérages de rente (1602).

H. 388. (Liasse.) — 10 pièces, parchemin ; 56 pièces, papier.

1603-1789. — Rots. — Bail au nom de Guillaume Héroult, fermier de la ferme et campart de Rots, à Noël Lamy, des terres, prairies et moulin dépendant dud. campart (1603). — Procédure au bailliage de Caen entre Jean Brunet, lieutenant au siège de l'Amirauté de Caen, ex-receveur de l'abbaye, et Samson Boscain, pour paiement d'arrérages de rente (1604). — Échange devant Nicolas Roque et Gilles Potier, tabellions à Caen, sous Pierre de Bernières, écuyer, garde hérédital des sceaux des obligations de la vicomté, entre Thomasse Flambart, veuve de Jean Froger, bourgeois de Caen, et Michel Gibert, curé de l'église de Rots, et Philippe Regnault, prêtre et obitier de lad. église, de pièces de terre (1613). — Procédure en la juridiction des privilèges de l'Université de Caen tenue par Jacques Blondel, écuyer, sieur et châtelain de Tilly, lieutenant particulier civil et criminel du bailli de Caen, entre les religieux d'Ardennes et Robert Jembelin, tant en son nom que comme tuteur des enfants de Gilles Jembelin, pour paiement d'arrérages de rente (1630). — Reconnaissance devant Germain Riboult et Jean Le Febvre, tabellions en la sergenterie de Bernières pour le siège de Cairon, par Jean Masselin l'aîné, de Rots, du bail à lui fait par Guillaume Gallodé, abbé d'Ardennes (1631). — Reconnaissance par Thomas Masselin du bail à lui fait par les religieux d'Ardennes (1641). — Reconnaissances : devant Jean Le Febvre, tabellion au siège de Cairon, par Jean Le Marchand, du bail à lui fait par les religieux d'Ardennes 1647); par Martin Noury, « de la part, de la Blancheherbe », du bail à lui fait par Martin Crevel, bourgeois de Caen (1664). — Échange entre Charles de Touchet, écuyer, sieur de Courseulles (il signe: de Touchet Courcelles), de Rots, et frère Nicolas Roscain, procureur de l'abbaye d'Ardennes, de pièces de terre delles des Acres Massiennes et du champ d'Ardennes (1682). — Reconnaissance par Guillaume L'Esperon, du bail à lui fait par frère André Fournereau, procureur de l'abbaye d'Ardennes (1688). — Fieffe devant Guillaume Jolivet et Jean Trenchevent, notaires à Caen, par Jean Crevel, sieur de la Guère, procureur en l'Élection, grenier et magasin à sel de Caen, à Marin Bize, de Rots, d'une maison et jardin (1691). — Baux : par frère Guillaume Dubois, procureur de l'abbaye, à Georges Mouville (1708); devant Thomas-François Le Sénécal, notaire à Évrecy, par Gilles Héron, religieux, procureur, à Guillaume et Pierre Nourry, frères, d'Authie, hameau de Cussy, héritiers de Guillaume Lamy (1724). — Reconnaissances devant les notaires de Caen par: Anne Lefebvre, veuve d'Antoine Mouville, du bail à elle fait par le P. René-Pierre du Pontrocher, procureur de l'abbaye (1744) ; — le P. Gontier, procureur de l'abbaye, du bail par lui fait à Michel et Gilles Degron père et fils (1752). — Échange entre les religieux d'Ardennes et Urbain-François-Michel Dauchin, chevalier, seigneur de St-Louet, de pièces de terre delles du haut et du bas des Sept-Acres (1756). — Reconnaissances devant: Michel Bourgnaize, notaire au siège de Bény, sergenterie de Bernières, par Pierre Morin, du bail à lui fait par frère Louis-Charles Gontier (1757); Richard-François Hardy, notaire aux sièges de Trungy et Lingèvres, résidant à Juaye, par led. Gontier, du bail fait à Nicolas Anne et André de Basly, de St-Germain-la-Blanche-Herbe (1757); François Caumont, notaire à Cheux, par Perrine Renault, veuve de Jacques Degron, du sous-bail par elle fait à Nicolas Guillemette, son gendre (1759); Guillaume Fontaine, notaire à Caen, par frères Louis-Charles Alliot, prieur, et Gabriel Arondel, procureur de l'abbaye, du bail fait à Georges Mouville fils Antoine (1760); les notaires de Caen, par frère Jean Le Sage, procureur de l'abbaye, à Robert et Antoine Nassien, père et fils (1769); Jacques-François-Hyacinthe Letourmy, notaire à Caen, par frère Louis-Marin Delinchamps, procureur de l'abbaye (1779); les notaires de Caen, par frère Gabriel-Simon Bolley, procureur de l'abbaye, à Gilles Duval, de St-Contest (1781); les notaires de Caen, par frère Marin Hébert, sous-prieur et procureur de l'abbaye, à Georges Mouville (1787); les notaires de Caen, par Jean-Baptiste-Michel Alexandre, procureur de l'abbaye, à Gilles Duval (1789), etc.

H. 389. (Plan.) — 0-64 sur 1-14, sur toile.

1757. — Rots. — « Plan de plusieurs portions de terre seize paroisse de Rost deppendantes en partie de labbaie de Notre Dame Dardaine, faisant jouxte au midy la delle du Pisseux, dautre au nord le chemin de Franqueville à Rost, butte dun bout au levant le terroir de Saint Germain la Blanche Herbe, dautre au couchant la plaine de Rost. »

H. 390. (Liasse.) — 7 pièces, parchemin; 1 pièce, papier.

1494-1518. — Rucqueville. — Vente devant Robert Le Briant et Samson Camail, tabellions à Caen sous Richard de Verdun, garde du scel des obligations de la vicomté, par Raoullin Le Court, de St-Germain-la-Blanche-Herbe, à Denis et Philippin Planchon frères, de Rucqueville, de rente (1493, v. s.). — Reconnaissance devant Colin de Vernay, tabellion à Caen, par Michel Rubin, de la fieffe à lui faite par les religieux d'Ardennes (1517, v. s.). — Procédure aux pleds des sergenteries d'Ouistreham, Bernières et Creully, devant Robert de La Hogue, écuyer, lieutenant général du vicomte de Caen, et Jean Mallerbe, écuyer, lieutenant, entre les religieux d'Ardennes, stipulés par frère Gervais Le Moulinet, et Philippin Planchon, pour paiement d'arrérages de rente (1517-1518).

H. 391. (Liasse.) — 1 pièce, papier.

1564-1615. — Ryes. — Extrait du registre du tabellionage de Grays concernant la reconnaissance devant Jean Le Sueur et Jean Raimbaud, tabellions aud. siège, par François Louchard, receveur des abbé et religieux d'Ardennes, de la fieffe par lui faite à Jacques de La Haire, de Ryes, de terres aud. lieu (1564, 28 mars); led. extrait délivré par Gilles Le Sueur, tabellion, garde du registre pour le décès de Jean Le Sueur, son père, à Guillaume Denis, religieux de lad. abbaye (1615).

H. 392. (Liasse.) — 4 pièces, parchemin.

1333-1485. — St-André du Val-Jouas. — Collation par Guillaume, évêque de Coutances, sur présentation des abbé et couvent d'Ardennes, à Jean Durand, de l'église paroissiale « Sancti Andreæ de Valle Juas juxta Guavreium », vacante par la mort de Robert « Fouquout » (1333). — Procès en l'Échiquier de Normandie entre Richard, abbé, et le couvent d'Ardennes, Robert de Coquerel, « curé de St-Audrieu du Val Jouas », Thomas Lours, éc., sr dud. lieu, etc., concernant 20 s. t. de pension annuelle que l'abbaye prétendait lever sur les fruits et revenus de la cure de St-André du Val Jouas, appartenant aud. Robert; accord devant Jean Vetier et Jean Godeffroy, tabellions en la vicomté de Rouen (1485).

H. 393. (Liasse.) — 1 pièce, parchemin; 7 pièces, papier.

1607-1725. — St-Aubin-d'Arquenay. — Reconnaissance par Robert Vymart, de St-Aubin, du bail à lui fait par Georges Bourdon, bourgeois de Caen, de terre aud. lieu (1607). — Procédures: au bailliage de Caen, devant Hercule Vauquelin, entre les religieux d'Ardennes et Eustache Lefebvre, pour paiement d'arrérages de rente (1631); en la vicomté de Caen devant Gilles Hue, écuyer, sr de Luc, vicomte, entre les religieux et Eustache Lefebvre, pour paiement d'arrérages de rente (1636). — Reconnaissances: par Jacques Vimard l'aîné, du bail à lui fait par frère Jean Touraine, procureur de l'abbaye (1649); par Nicolas Vimard, fils Jacques, du bail à lui fait par Pierre Bouchard, procureur de l'abbaye (1667); devant Jacques Caumont et Nicolas Barbey, notaires à Cheux, par Nicolas Vimard, fils Jacques, du bail à lui fait par frère Denis Blin, procureur de l'abbaye (1680); devant les notaires de Caen, par Jacques Vimard, fils Nicolas (1692); devant les notaires de Caen, par Jacques Vimard du bail à lui fait par Louis Héroult, religieux (1725).

H. 394. (Liasse.) — 27 pièces, parchemin ; 3 pièces, papier.

XII° siècle-1348. — St-Contest. — Donation par « Walt. de Agnellis », à l'abbaye, d'une pièce de terre « que est inter Lesanagaillandes et viam que vadit juxta masnagium Ric. presbyteri », et confirmation de 1/2 acre de terre que possède l'abbaye « in parva Lunda, ex dono Ric. de Agnellis » (s. d.). — Donation et confirmation par led. Gautier, à l'abbaye, du droit de patronage de l'église de St-Contest et de toutes ses dîmes possédées par lui et ses ancêtres, « videlicet omnes decimas de Buron et de Bitot et de Maslon et de Quevrechie, et decimam Sancti Contesti que vocatur parva decima », sauf celles de l'abbaye d'Aunay ; l'abbaye d'Ardennes aura l' « advocatio » de lad. église (1207). — Confirmation par Robert, évêque de Bayeux, de la donation dud. Gautier (s. d.). — Donation par Robert, évêque de Bayeux ; « divine pietatis intuitu et sancte religionis qua prefulgent canonici de Ardena favore », de la dîme du blé de la paroisse de St-Contest, de 20 s. t. « in altalagio quos eisdem canonicis annuatim reddet vicarius qui ad eorum presentationem a nobis vel successoribus nostris in eadem ecclesia instituetur » (1210). — Confirmations : par « Philippus de Agnellis » des donations de son père Gautier (1224) ; par « Petrus de Agnellis » de la donation à l'abbaye faite par son père Henri, de « quoddam tenementum quatuor acrarum et unius virgate terre situm inter villam Sancti Contesti et Londam » (1231, février). — Collation par Guy, évêque élu de Bayeux, à « magistro Andree dicto Cappellano », clerc, à la présentation des religieux d'Ardennes, de l'église de St-Contest, vacante (1240, août). — Donation à l'abbaye par « Johannes Ade, de Sancto Contesto », moyennant 66 s. t., d'une mine de froment de rente sur une pièce de terre au territoire de St-Contest, « in dela que vocatur Cultura, inter terram Johannis de Costentin et terram Radulfi Herberti » (1272). — « Inquesta per bos milites et presbiteros juratos super jure patronatus ecclesie Sancti Contesti », s'il appartient à l'abbaye ou à Guillaume d'Aigneaux : « Guillelmus dictus Pimor, curatus ecclesie de Rosel, Gabriel, persona ecclesie Sancti Ursini et curatus, Symon, presbiter de Bello-Loco, Henricus dictus Pileoysel, presbiter, dominus Gauffr. de Mesoart, miles, dominus Robertus de Corceulia, miles, dominus Guill. de Quevrechie, miles », etc. (1272). — Reconnaissance par « Bartholomeus de Fontibus », de rente assise aud. lieu (1275, avril). — Donation par Rogier Le Masnier, de St-Contest, aux religieux d'Ardennes, d'une pièce de terre à St-Contest, aboutant « la terre Gervaise Barbete, rector de l'église de Saint-Contest », à charge de services religieux (1283 v. s.) — Donation par « Alanus de Rosel, armiger », à l'abbaye, pour son obit, de 20 s. t. de rente (1288). — Collation par P. évêque de Bayeux, à lad. présentation, de lad. église vacante par le décès de Gervais « Barbeite », à Henri « de Tylleio », chanoine de Bayeux (1290). — Reconnaissance envers l'abbaye, devant le vicomte de Caen, par Pierre et Raoul dits Renaut, des « Bissons » (1301). — Procédure devant Robert Recuchon, bailli de Caen, entre les religieux d'Ardennes et Jean de Bitot, concernant la possession de 2 pièces de terre (1313). — Chartes de l'évêque, du chapitre de Bayeux, bulles du pape Jean XXII (17 des calendes de juin, an 4), pour l'union de l'église de St-Contest à l'abbaye. — Renonciation devant Guillaume Marie, « tenant le lieu du bailli de Caen, ycelui bailli aubsent de la dicte baillie et estant devers la court de France », par Guillaume d'Agneaux, écuyer, seigneur de St-Contest, pour les religieux d'Ardennes, à son opposition au droit de patronage de l'église de St-Contest, vacante par le décès de « Nicole Copagin » (1328). — Copies de pièces (XIII° siècle). 1er rouleau : Donation de « Walterus de Agnellis » (1207) ; confirmation de la donation de Gautier par Raoul Tesson (s. d.) ; confirmation par Robert, évêque de Bayeux ; confirmation par Philippe, fils dud. Gautier (1224). — Autre rouleau : chartes de Philippe et Gautier « de Agnellis », etc. — Vidimus par l'official de Bayeux (1306) et par Robert de Thaon, sénéchal de la terre de St-Contest, de chartes concernant les possessions d'Ardennes aud. lieu : lettre de « Johannes dictus Salvator », bailli de Caen, à l'évêque de Bayeux, concernant le procès de l'abbaye d'Ardennes et de « Guillaume de Aigneaux, armigerum », sur le droit de patronage de l'église de St-Contest (1271). — Copies de chartes de Gautier d'Aigneaux et Raoul Tesson pour l'abbaye de Barbery, collationnées en 1646, requête de Pierre Pesnelle, procureur de Jeanne Le Révérend, veuve du sr de St-Contest, femme de Jacques de Montgommery, chevalier, seigneur de Lorges, pour lui servir qu'il appartiendra, et ce comme de production instance de Jacques Le Corsonnois, procureur des abbé, prieur et religieux d'Ardennes.

H. 395. (Liasse.) — 40 pièces, parchemin ; 2 pièces, papier.

1352-1452. — St-Contest. — Procédures aux pleds de la ville et banlieue de Caen, devant Jean Du Bois, lieutenant du vicomte de Caen (1352). — Donation devant Robert Bérenger, tabellion sous Girard Du Temple, garde du scel des obligations de la vicomté de Caen, par Ricart de Bitot, écuyer, de St-Contest, aux religieux, de rente (1389). — Reconnaissance devant Robert Le Monnier, tabellion à Caen, par Pierre Tardif, de St-Contest, aux religieux, de 8 boisseaux de froment de rente (138..., lacération, v. s.). — Ratification devant Jean Quatrans, tabellion à Caen, par Renouf Le Grant, et Beatrix, sa femme, de St-Sauveur de Caen, et Thomas Courage et Perrette, sa femme, de St-Martin de Caen, de la donation faite par feu Jean Guernier, aux religieux d'Ardennes, d'une acre de terre, à charge de services religieux (1385). — Délaissement devant Robert Le Monnier, tabellion à Caen, par Simon Pilet, de St-Pierre de Caen, aux religieux, d'une acre de terre qu'il ne voit pas son profit à plus tenir (1390 v. s.). — Donation devant Guillaume Le Couvreur, tabellion à Caen, par Guillot Le Jugleour à Jeannette, fille de Thomas Le Jugleour, sa nièce, de terre (1395 v. s.). — Échange devant Colin de Vernay, tabellion à Caen, entre Jean Du Bosc, clerc, de St-Contest, et les religieux d'Ardennes (1403). — Reconnaissances devant Colin de Vernay, tabellion à Caen, par : Jean Fagot, de la fieffe à lui faite par Martine, déguerpie de Jean Du Pont, de St-Pierre de Caen (1403) ; Pierre Tardif, de la fieffe à lui faite par les religieux (1410) ; Guillaume Bart, de la fieffe à lui faite par les religieux (1413). — Vente devant Guillaume Le Couvreur, tabellion à Caen, par Guillemette, déguerpie de Colin Savoise, de Mathieu, à Raoul Davot, « personne de Saint-Louuet » (1426). — Échange devant Guillaume Le Couvreur, tabellion à Caen, entre Guillaume Bretton, chevalier, seigneur de « Condé-sur-Noire-eaue », et Raoul Davot, curé de St-Louet-sur-Seulles, de terres (1428). — Vente devant Raoul Le Couvreur, tabellion à Caen, par Raoul Davot, curé de « St-Louet », à Jean Harent, de rente (1429). — Abandon devant Raoul Le Couvreur, tabellion à Caen, par Jean de « Queuvrehye », écuyer, de St-Pierre de Caen, d'une exécution par lui requise sur les biens de feu Simon Le Picart, contre Raoul Davot, curé de St-Louet (1429 v. s.). — Vente devant Jean Desmaires, tabellion à Caen, par Robin Regnault, de Ranville, aux religieux, de terre (1432). — Ventes devant : Guillaume de Vernay, tabellion à Caen, par Simon Davot, prêtre, et Guillaume Davot, son frère, de St-Louet-sur-Seulles, héritiers de Raoul Davot, prêtre, leur oncle, aux religieux d'Ardennes, d'un manoir avec ses dépendances (1437) ; Jean Eude, tabellion au siège d'Argences sous Guillaume Le Picart, sénéchal et garde de la haute justice d'Argences et St-Gabriel, par Jean Le Conte, aux religieux, de rente (1440 v. s.). — Donation devant Guillaume Caudebec, tabellion à Caen, par « Auveré » Durant, curé de « Fontaines-la-Henry », à l'abbé et couvent d'Ardennes, d'une pièce de terre à charge de services religieux (1442 v. s.). — Vente devant le même par Robin Sachon, de « Caron », aux religieux, de 1/3 d'acre de terre (1443). — Reconnaissance devant le même par Thomas Frontin de la fieffe à lui faite par Sandrin Le Monnier, bourgeois de Caen, « postullant en court laye » (1443). — Cession devant Guillaume Morant, tabellion ès mottes des sergenteries d'Ouistreham et Bernières, par Jean Dupont, bourgeois de Caen, aux religieux d'Ardennes, d'une acre de terre afin d'éviter un procès entre eux (1447). — Donation devant Jean Le Briant, tabellion à Caen, par Thomas Frontin, aux religieux d'Ardennes, stipulés par frère Jacques de Gueron, prieur de St-Contest, membre de l'abbaye, de 10 vergées de terre, à charge de services religieux (1448). — Accord entre les religieux et Richart Apris, écuyer, ayant obtenu don du Roi des terres, manoirs, maisons, jardins, rentes, revenus, que défunt Guillaume Breton, chevalier, acquit en la paroisse et terroir de St-Contest, qui furent défunt Guillaume Le Landeys, bourgeois de Caen (1448). — Donations devant Alain Hardy, tabellion à Caen, par Sandres Le Monnier, demeurant à Bayeux, aux religieux d'Ardennes, stipulés par Jacques de Gueron, prieur de St-Contest, de rente à charge de services religieux (1451). — Reconnaissances : devant Jean Le Briant, tabellion à Caen, par Richard Le Baillif, de la fieffe à lui faite par les religieux (1452) ; devant Robert Thoumassin, tabellion ès mottes des sergenteries de Cheux et Creully, par Guillaume Guesnier, fils et hoir aîné d'Étienne Guesnier, de St-Contest, tant pour lui que pour Jean, Colin et Jean Guesnier, ses frères, à Perrote, leur sœur, de plusieurs pièces, à l'occasion de son mariage avec Thomas Durant, clerc (1452) ; devant Guillaume Delougy, tabellion commis sous Colin Sereur, tabellion au siège d' « Escouchie » sous Girot Droullin, garde du scel des obligations de la vicomté d'Argentan, par Guillaume Le Courtois, de St-Contest, aux religieux, d'une pièce de terre, à charge de services religieux (1452 v. s.).

H. 396. (Liasse.) — 42 pièces, parchemin ; 7 pièces, papier.

1453-1520. — St-Contest. — Procédure aux plods de la ville et banlieue de Caen, tenus par Eustace Quenivet, lieutenant général du vicomte de Caen, entre

Jean Saalles, bourgeois de Caen, fils et héritier aîné de Jean Saalles, Jean Du Fay, et les religieux d'Ardennes, pour paiement d'arrérages de rente (1453). — Fieffe devant Jean Le Briant, tabellion juré du Roi à Caen, par Jean Nollant, avocat du Roi et bourgeois de Caen, à Guillaume Baulart, d'une maison avec colombier, jardin, etc. (1454). — Vente par Marguerite de Loucelles, abbesse de St-Laurent de Cordillon, et le chapitre, à frère Jacques de Gueron, religieux d'Ardennes, prieur de St-Contest, de 2 acres de terre (1456). — Reconnaissance devant Jean Le Brehenchon, tabellion commis sous Raoul Roillart, bourgeois de Caen, garde du scel des obligations de la vicomté de Caen, par Michel Dubosc, à Alis, déguerpie Guillaume Auberée, de 10 boisseaux de froment de rente (1465). — Vente devant Sauxon Camail et Robert Le Briant, tabellions à Caen, par Guillaume Baullart à Perrin Vaultier, de son droit sur une maison, avec colombier et jardin (1473). — Procédure devant Jean Artur, écuyer, lieutenant général du vicomte de Bayeux, pour Roger Lebret, religieux d'Ardennes, procureur de l'abbaye (1487). — Signification par Girard Quiedeville, sergent ordinaire du Roi en la ville et bailliage de Caen, à la requête de Roger Lebret, religieux et bailli de l'abbaye, contre Girard Nollant, écuyer, d'une clameur de gageplège pour empêcher « qu'il ne levaast, fossaast ou feist lever fossear ou estoupper en aucun endroict » un chemin, paroisse de St-Contest, nommé la Carrière Masson, tendant de St-Contest aux champs vers le terroir de Caen, etc. (1487, v. s.). — Vidimus devant Richard de Verdun, garde du scel des obligations de la vicomté de Caen, par Robert Le Briant et Jean de La Lande, tabellions à Caen, de la vente faite en 1456, devant Roger de La Vallette, lieutenant général de Jacques de Clermont, écuyer, bailli de Caen, par Jean de Brieux, écuyer, fils et hoir aîné de Guillaume de Brieux, à Jean de Nollant, bourgeois de Caen, du fief, terre et seigneurie de St-Contest (1489 v. s.). — Fieffe devant Robert Le Briant et Jean de La Lande, tabellions à Caen, par frère Richard de Laval, procureur de l'abbaye, à Jean Le Boucher dit Le Cavelier, de St-Contest, de terre (1496). — Héritages à St-Contest, mis en jurée à la requête de Guillaume Regnault, procureur de Louis de Fougières, chevalier, sieur de Reneville, d'Argences et Franqueville, pour paiement de 75 livres de rente de l'obligation de feu Jacques d'Harcourt, baron d'Échaufour et de Beuvron, et pièces y relatives, copie collationnée à la requête de Charles de Carnoisin, sieur de Sougeons, Sassey et St-Contest, stipulé par Georges Du Quesnay, bourgeois de Caen, en l'absence de Quesnel, procureur de Nicolas Le Pelletier, sieur de la Fossa, par Richard, huissier au présidial de Caen, en 1584. — Échanges devant les tabellions de la vicomté sous Jean Moges, écuyer, garde du scel des obligations de la vicomté de St-Sylvain et le Thuil, entre Christophe du Moncel, religieux et bailli de l'abbaye, et Richard Le Paulmier, d'Authie, de terres (1506); Jean de Cussy et Nicolas Corpsderoy, tabellions ès mattes des sergenteries d'Ouistreham et Bernières, entre ledit du Moncel, prieur de Léhisey et du Mesnil-Briouze, bailli de l'abbaye, et Fleury Quiesdeville, de terres (1512). — Échange entre les religieux, stipulés par Christophe « du Moncheel », prieur de Léhisey et du Mesnil-Briouze, bailli, et Thomas Gardembas et Jean de Cussy, trésoriers de l'église paroissiale de St Contest, au nom du trésor (1512). — Collation par les vicaires généraux de Louis de Canossa, évêque de Bayeux, à Guillaume Perrelle, alias Le Fauconnier, religieux d'Ardennes, du prieuré ou église paroissale de St-Contest, vacante par la résignation de Jean Quesnel, religieux d'Ardennes (1518). — Procédure aux assises de Caen, notamment devant Jean Mallerbe, lieutenant du bailli de Caen, entre les religieux d'Ardennes, stipulés par Pierre Du Vivier, abbé, et par Pierre de Grevilly, et Jean de Nollant, chevalier, sr de St-Contest, concernant la possession de terres (1519-1520).

H. 397. (Liasse.) — 55 pièces, parchemin; 13 pièces, papier.

1520-1523. — St-Contest. — Extrait du registre du tabellionage de Cheux concernant la vente faite par Denis Varin à Cardot Le Bas, de Cambes, de terre (1520), led. extrait collationné par Delahaye, commis à la garde dud. registre, en 1546, et en 1580 par le notaire de Cheux, sur l'original représenté par Pierre Delalonde, sr de St-Pierre, bourgeois de Caen. — Procédure aux assises de Caen devant Jean Mallerbe, écuyer, lieutenant général du bailli de Caen, entre les religieux d'Ardennes, stipulés par frère Du Vivier, abbé, et Jean de Nollant, chevalier, sr de St-Contest, concernant un sépulcre élevé de grande hauteur et largeur en proportions de personnages et bêtes établi au chœur de St-Contest, avec écritures, fait par nouvelle et indue entreprise par led. chevalier, l'abbaye étant patronne du bénéfice. — Copie d'aveu rendu à Louis de Canossa, évêque de Bayeux, à cause de sa baronnie de Douvres, par Jean Nollant, chevalier, seigneur de St-Contest, du fief, terre et seigneurie dud. lieu (1521 v. s.). — Échange devant les tabellions à St-Lô, entre

Gilles de Caumont, écuyer, seul fils et héritier de Richard de Caumont, écuyer, et Jean de Caumont l'ainé, seigneur du Tremblé, son cousin germain, de son droit à la succession de son père et à celle de Jacques de Caumont, curé du Mesnil-Rousselin, leur oncle, contre un manoir et jardin, à St-Contest (1573). — Procédure entre les religieux d'Ardennes et Jean de Nollant, écuyer, concernant les réparations de la grange dimeresse.

H. 398. (Liasse.) — 42 pièces. parchemin; 28 pièces, papier

1524-1549. — St-Contest. — Suite de procédure entre les religieux d'Ardennes, stipulés par Pierre de Grevilly, et Jean de Nollant. — Procédures pour Thomas Chauvay, abbé, et les religieux, à l'encontre du trouble et empêchement que par nouvelle et indue entreprise fr. Jean Bardel, prieur de St-Contest, s'efforçait faire contre eux à la perception des dimes de « voesde » et autres. — Défaut prononcé aux assises de Caen, par Jean Malherbe, lieutenant général du bailli de Caen, à la requête des religieux d'Ardennes, contre Guillaume Dauguet, Contest Baudouin, Jean Nyart, les hoirs Quentin Challes, Jean Baudouin, Guillaume Guernyer, Henri Hardy, Jean Hardy fils Geffroy, Lyot Hardy, Marguerin de Cussy, Annibal de Gron, Jean Guernyer, Jean Gorel, tous hommes et « esliseurs » de la prévôté de St-Contest (1526). — Vente devant Jean Vaultier et Jean Lermitte, tabellions à Bayeux sous François Guerin, garde du scel des obligations de la vicomté de Bayeux, par Jean Le Véel, bourgeois de Caen, à Pierre Le Bas, de Cambes, de 9 vergées de terre, delle des Varendes (1527). — Aveu rendu au Roi par les abbé et religieux de Barbery, de fiefs nobles à cour et usage en basse justice à eux aumônés par Robert de Marmion, Philippe de Creully, Gaultier et Philippe d'Agneaux, et autres (1527 v. s.), copie collationnée par Letac, huissier en la cour de Parlement de Rouen, à la requête de Pierre Pesnelle, procureur de Jeanne Le Révérend, veuve de M. St-Contest, épouse de Jacques de Montgommery, chevalier, seigneur de Lorges, comme production faite instance de Jacques Le Corsonnois, procureur des religieux d'Ardennes (1645). — Procédure aux assises de Caen, devant Jean Malherbe, écuyer, lieutenant général du bailli de Caen, entre les religieux d'Ardennes, stipulés par frère Gilles Guiret, bailli de l'abbaye, et Jean de Nollent, chevalier, sr de St-Contest, pour empêcher led. de Nollent de mettre, apposer et afficher aucuns écussons d'armoiries autour du maître autel et au chœur de l'église de St-Contest, led. de Nollent prétendant pouvoir le faire comme seigneur de St-Contest (1537, v. s.). — Procédure devant Jean Malherbe, écuyer, lieutenant général du bailli de Caen, entre Thomas Chauvay, abbé d'Ardennes, et frère Jean Bardel, prieur de St-Contest, concernant la perception des dimes et verdages dud. lieu (1537). — Transaction devant François Bisson et Thomas Aubourg, tabellions au siège de Thury sous Pierre Baudouin, garde du scel des obligations de la vicomté de Falaise, entre Jean de Nollant, seigneur de St-Contest, et Denis, abbé de Barbery, Étienne Auvray, prieur claustral, Mathieu de Chifretel, chantre, Guillaume Voisin, bailli, Jean Le Boutillier, Marguerin Gervaise, Michel Belot, sous-prieur, Robert Quiryé, Lucas Yon, et autres religieux, sur leur procès pour paiement de rente (1533). — Reconnaissance devant Jean de Queuteville et Thomas Grosparmy, tabellions au siège de Ste-Paix, par Thomas Marc, du bail à lui fait par Denis, abbé de Barbery, du fief de Barbery, sis à St-Contest (1534). — Procédure entre les religieux d'Ardennes et Sandres Ménard pour paiement d'arrérages de rente (1534). — Reconnaissance devant Jean de Queuteville et Thomas Grosparmy, tabellions ès mettes de la sénéchaussée de Ste-Paix de Caen sous Denis Regnault, écuyer, bailli, sénéchal et garde du scel des obligations de la terre et haute justice d'Argences et St-Gabriel, par Thomas Marc, du bail à lui fait par Annibal de Gron, prêtre, du fief de Barbery à St-Contest (1534). — Échange devant Guillaume Desobeaux et Jean de Foulongue, tabellions à Caen, entre Denis, abbé de Barbery, et M. de Nollant, sr de St-Contest et de Sassey, de 12 boisseaux de froment 1 chapon de rente, contre 1 acre de terre delle du clos de la Croisette (1537). — Reconnaissance devant Guillaume Parisy, notaire à Caen, par Rogier Le Besyvre à Michelle, sa fille, de 8 boisseaux de froment de rente, pour sa dot (1543 v. s.). — Adjudication en la vicomté de Caen devant Charles Le Fournier, lieutenant général, à la requête des religieux d'Ardennes, des récoltes de Jean Le Cavelier, pour paiement de rente (1549).

H. 399. (Liasse.) — 37 pièces, parchemin ; 13 pièces, papier.

1550-1560. — St-Contest. — Procédure aux pieds de la ville et banlieue de Caen entre Louis de Nollant, curé de Sassey, et les religieux d'Ardennes, concernant paiement de rente (1550 s s.). — Mandement de Charles Le Fournier, écuyer, lieutenant général du vicomte de Caen, au premier huissier requis, de contraindre, à la requête de frère Jean du Moncel, bailli de l'abbaye d'Ardennes, Florent de Nollant, s' de S¹-Contest, représentant Nicolas Bisson, adjudicataire de partie des biens de Jean Le Cavelier, de lui payer le treizième de son adjudication (1552). — Aveu rendu au Roi par les religieux de Barbery, de fiefs nobles à court et usage, à eux donnés par Robert de Marmion, Philippe de Creully, Gautier et Philippe d'Aignaux et autres (1555), copie collationnée par Jean Guérin, tabellion au bailliage et haute justice de Thury (1645), et Letac, huissier en la Cour de Parlement, à la requête de Pierre Pesnelle, procureur de Jeanne Le Révérend, veuve de M. de S¹-Contest, et épouse de Jacques de Montgommery, seigneur de Lorges (1646). — Transaction entre Hugues Étienne, bourgeois de Caen, et Raoul Sevestre, prêtre, et Marie Sevestre, pour lui et comme tuteur de ses frères, sur leur procès pour paiement d'arrérages de rente (1559). — Reconnaissance devant Guillaume Cucurel et Guillaume Legras, tabellions à Caen, par François Degron, bourgeois de Caen, et Félix Fromyn, du bail à eux fait par Richard-François Richart, s' d'Hérouvillette, frère en loi et procureur de Baptiste de Villemor, abbé commendataire d'Ardennes, de la dîme de S¹-Contest (1560).

H. 400. (Liasse.) — 22 pièces, parchemin; 17 pièces, papier.

1561-1593. — S¹-Contest. — Procédure aux pleds de la ville et banlieue de Caen devant Charles Le Fournier, écuyer, lieutenant général du vicomte, entre les religieux d'Ardennes et Jean Le Besivre et Guillaume Delaunay, tuteur de l'enfant de feu Jean Le Besivre, pour paiement de rente (1561). — Mandement d'Olivier de Brunville, écuyer, lieutenant général du bailli de Caen, au premier sergent requis, de sommer à la requête de Bardel, bourgeois de Caen, fermier de la dîme des verdages, novales et jardinages, François de Gueron, de remettre la clef de la grange dimeresse (1561). — Reconnaissance devant Jacques Pigache et Alexis Le Coq, tabellions à Caen, par Martin Faucon, du bail à lui fait par les religieux d'Ardennes de 2 acres de terre (1564). — Procédure au bailliage de Caen devant Charles de Bourgueville, écuyer, lieutenant, entre Baptiste de Villemor, abbé commendataire, et Jean Chales, concernant la continuation de la jouissance par lui prise du bail des dîmes de S¹-Contest (1566). — Aveu par Jean Le Bas, bourgeois de Caen (1568). — Extrait de registre en forme de délibération prise par les parents et amis des enfants mineurs de Florent et Gilles de Nollent, sur le fait de la vérification de leur garde-noble, donnée à Charles de Nollent, sieur de Borzan, gentilhomme de la Chambre du Roi, oncle desd. mineurs (1568), led. extrait collationné par Letac, huissier en Parlement, à la requête de Pierre Pesnelle, procureur de Jeanne Le Révérend, veuve de M. de S¹-Contest, et épouse de Jacques de Montgommery, chevalier, seigneur de Lorges (1646). — Collation à Toussaint « Des Vaulx », religieux d'Ardennes, du prieuré-cure de S¹-Contest, vacant par le décès de Jean Bardel (1568). — Abandon par Toussaint de Vaulx, prieur de S¹-Contest, à Baptiste de Villemor, abbé d'Ardennes, du revenu du prieuré de S¹-Contest, afin d'éviter un procès entre eux concernant pension canonique (1570). — Procédure au Parlement de Rouen entre Baptiste de Villemor, abbé d'Ardennes, représentant Toussaint de Vaulx, religieux, pourvu au prieuré de S¹-Contest, et Jean Faucon, archidiacre de Caen, subrogé au droit de Pierre de Cambezac, au précédent archidiacre, concernant le paiement de 12 livres d'arrérages de pension dues pour led. prieuré (1573 s s.). — Procédure au bailliage de Caen devant Guérin de Villy, écuyer, lieutenant, entre Gilles Hardouin, scelleur de l'évêque de Bayeux, et frère Toussaint de Vaulx, prieur de S¹-Contest, concernant le paiement de 2 années de 10 livres de pension ordinaire sur led. prieuré (1576). — Reconnaissance par Julien Savygne l'aîné, du bail à lui fait par frère Toussaint de Vaulx, religieux d'Ardennes, prieur de S¹-Contest, du revenu dud. prieuré (1577). — Accord entre Baptiste de Villemor, abbé d'Ardennes, et frère Toussaint de Vaulx, prieur de S¹-Contest, concernant paiement de pension canonique (1577). — Reconnaissance de Nicolas Le Fauconnier, fils de Colas Le Fauconnier, bourgeois de Caen, du bail à lui fait par Baptiste de Villemor, abbé d'Ardennes, de la dîme de S¹-Contest, autant qu'il en appartient à lad. abbaye, moyennant 266 écus 2/3 d'écu d'or sol et 1 millier de paille et estrain fourmentas (1578). — Procédure en la vicomté de Caen, devant Jean de La Court, écuyer, sieur du Buisson, vicomte, entre Laurent Hallé, ex-procureur et receveur d'Ardennes, et Pierre Le Cavelier, pour paiement d'arrérages de rente de l'obligation de Jean Le Boucher, dit Le Cavelier (1580). — Bail devant Guillaume Caillot et Christophe Aubert, tabellions à Caen, par Baptiste de Villemor, abbé d'Ardennes, à Nicolas Le Fauconnier, de la dîme de S¹-Contest (1581). — Reconnaissance devant Pierre Le Neuf, écuyer, lieutenant du vicomte de Caen, par Jean Duval, Gilles Le Sauvage et Pierre Degron, du bail à eux fait par Baptiste de Villemor, abbé d'Ardennes, de la dîme de S¹-Contest, moyennant 400 écus d'or sol et 1200 de paille et estrain fourmontas (1586). — Procédure au bailliage de Caen devant Jean Beaulfort, écuyer, conseiller du Roi, exerçant la juridiction du bailli ou son absence et de ses lieutenants, entre Baptiste de Villemor, abbé d'Ardennes, et Nicolas Le Fauconnier, pour paiement de fermages de la dîme de St-Contest (1587). — Échange entre Jean Niart le jeune et Nicolas Le Pelletier, sieur de La Fosse, de maisons, jardin et pièces de terre (1591). — Ordonnance de Jean Vauquelin, lieutenant général du bailli de Caen, prescrivant à Baptiste de Villemor, abbé d'Ardennes, de déposer au greffe, à la disposition de Charles de Carnoisin, sieur de Sougeons, Sassey et St-Contest, le testament de Fleurent de Nollent, sr de St-Contest (1592). — Mandement de Richard Thomas, avocat à Caen, sénéchal de la terre et sieurie de St-Contest pour led. Charles de Carnoisin, au premier des hommes et tenants de lad. seigneurie à ce requis, de saisir tous les biens désignés pour être réunis au domaine non fieffé faute de devoirs seigneuriaux (1593).

H. 401. (Liasse.) — 10 pièces, parchemin; 47 pièces, papier.

1594-1623. — St-Contest. — Extrait du papier journal de Jean Brunet, fermier général de l'abbaye d'Ardennes, concernant les rentes dues et payées en 1594. — Bail à François Macquerel, sr des Porches, bourgeois de Vaucelles (1595). — Cession devant Richard Martin et Horace Le Forestier, tabellions à Caen, par Georges du Quesney, bourgeois de Caen, au droit de Philippe de Nollant, sieur de Bonbanville, et de Charlotte de Nollent, à Martin Noël, bourgeois de Caen, stipulant Charles de Nollent, écuyer, sieur d'Ingy, de 4 acres de terre, à charge de rente à l'abbaye (1596). — Extrait de l'état du décret des biens de feu Nicolas Le Pelletier, écuyer, sieur de la Fosse, requis par Jean Dupuis, marchand, bourgeois de la ville de Bordeaux (1596). — Reconnaissance par François Macquerel, sr des Porches, bourgeois de Caen, et Martin Le Conte, du bail à eux fait par Baptiste de Villemor, abbé d'Ardennes, de la dîme de St-Contest, moyennant 450 écus d'or sol et 1200 de paille de froment pour les chevaux dud. abbé (1597). — Transaction devant Jean Le Gabilleur et Pierre Pauger, tabellions au siège de Vaucelles de Caen, entre Nicolas de Saint-Aulady, bourgeois de Bordeaux, représentant Jean Dupuis, et Pierre Raoul et Marguerite Nyart, sa femme, pour éviter procès entre eux concernant la possession d'une maison avec jardin (1597). — Reconnaissance par Mathieu Duchesne, du bail à lui fait par Baptiste de Villemor, abbé d'Ardennes, de la dîme de St-Contest (1598). — Vente devant Richard Martin et Nicolas Rocque, tabellions à Caen, par Guillaume Le Fauconnier l'aîné, à Pierre Duthon, receveur des aides et quatrièmes en l'Élection de Caen (1602). — Procédure au bailliage de Caen, entre Laurent de La Planque, vitrier, et Gilles Poret, serrurier, et François Macquerel, sieur de Tilly, tenant en partie les dîmes de St-Contest, dépendant de l'abbaye d'Ardennes, pour solde de paiement de travaux (1602). — Bail par Pierre de La Fontaine, procureur de l'abbé d'Ardennes, à Jacques Houel, de la dîme de St-Contest (1603). — Extrait du registre du tabellionage de Vaucelles de Caen concernant la vente faite par Jacques Quirié, sieur des Vallées, bourgeois de Caen, à Guillaume Thiret, greffier du bailli de Caen, de pièces de terre (1604). — Procédure au bailliage de Caen devant Jacques Blondel, écuyer, lieutenant particulier civil et criminel, entre André Bourdon, fermier des abbé et religieux d'Ardennes, et Baptiste Le Melle, Jean Charles et Guillaume Mondehare, concernant le paiement de 96 boisseaux de froment restant de 9 années d'arrérages de 16 boisseaux de rente (1610). — Contrats devant les tabellions de Caen entre : Jacques Le Petit, bourgeois de Caen, et Marin Dupont, receveur des deniers communs de la ville de Caen (1611); Jacques de Caumont, sieur de Soquence, tuteur des enfants de Pierre de Caumont, son frère, procureur du Roi au bailliage de Caen, et led. Dupont (1611); Thomas Du Thon, conseiller en l'Élection de Vire, et led. Dupont (1612); Jacques Le Chanoine, bourgeois de Caen, et led. Dupont (1614); led. Dupont et Pierre Le Cavelier (1617). — Baux : devant Mathieu Delalonde et Michel Le Sueur, tabellions à Caen, par Guillaume de Gallodé, sieur de Champbrûlé, abbé d'Ardennes, à Gaspard Girard, soldat au château de Caen, de la moitié de la dîme de St-Contest (1619); par l'abbé de Gallodé à Jacques de la Gohaigne, de 2 acres de terre (1620). — Reconnaissance par Robert Le Court, bourgeois de Caen, du bail à lui fait par Guillaume de Gallodé, du quart de la dîme de St-Contest (1620). — Procédure au bailliage de Caen devant Jacques Blondel, écuyer, et châtelain de Tilly, lieutenant particulier civil et criminel, entre les religieux d'Ardennes et Gilles Le Cavelier, pour paiement de 2 années d'arrérages de rente (1623).

H. 402. (Liasse.) — 14 pièces, parchemin; 47 pièces, papier.

1624-1640. — St-Contest. — Bail devant Germain Riboult et Jacob de la Perrelle, tabellions aux sergenteries d'Ouistreham et de Bernières sous Thomas

Morant, seigneur et baron du Mesnil-Garnier, garde du scel des obligations de la vicomté de Caen, par Guillaume de Gallodé, abbé régulier d'Ardennes, à Toussaint Ravenel, de St-Contest, pour les paroissiens dud. lieu, de la moitié des dîmes, etc. (1624). — Échange devant Mathieu Delalonde et Michel Le Sueur, tabellions à Caen, entre Pierre Du Thon, sr de Colmanche, bourgeois de Caen, et Jacques Deschamps, élu en l'Élection de Caen, de pièces de terre (1624). — Procédure au bailliage de Caen devant Jacques Blondel, écuyer, lieutenant particulier, entre frère Paul Rivière, aumônier de l'abbaye, et l'abbé Guillaume de Gallodé, concernant le paiement de diverses rentes en grains, pour quoi les dîmes de St-Contest ont été saisies (1625). — Transaction devant Germain Riboult et Martin Picquerel, tabellions en la sergenterie d'Ouistreham, entre Guillaume de Gallodé, abbé d'Ardennes, Étienne Laisné, bourgeois de Caen, et frère Paul Rivière, aumônier de l'abbaye, sur leur procès concernant le paiement de rentes en grains (1626). — Procédures au bailliage de Caen devant: Hercule Vauquelin, lieutenant général, entre les religieux, les commissaires au régime du revenu de l'abbaye d'Ardennes par le procureur général au Grand Conseil du Roi, Antoine de la Forge, receveur des amendes dud. Conseil, et l'abbé Guillaume de Gallodé, concernant la vente de récoltes saisies pour paiement de rentes (1628); Jacques Blondel, lieutenant particulier civil et criminel du bailli, entre les religieux d'Ardennes et Jean Maxienne, sieur de Gesmare, concernant le privilège sur le paiement des deniers arrêtés entre les mains de divers fermiers à la requête des religieux (1628). — Procédure au bailliage de Caen devant Hercule Vauquelin, écuyer, sieur des Yveteaux, lieutenant général, entre frère Bonaventure Lefebvre, aumônier de l'abbaye d'Ardennes, et Étienne Laisné, ex fermier, pour paiement de 38 boisseaux de froment (1630). — Copie de reconnaissance devant Germain Riboult et Jacob de la Perrelle, tabellions en la sergenterie d'Ouistreham, par Gilles Le Cavelier, fils Pierre, bourgeois de Caen, envers les religieux d'Ardennes, de 50 boisseaux de froment, 2 chapons et 30 œufs de rente (1630). — Procédure devant Hercule Vauquelin, écuyer, sieur des Yveteaux, lieutenant général du bailli de Caen, entre Pierre de Villemor, ex-abbé d'Ardennes, et Guillaume de Gallodé, abbé dud. abbaye, pour le paiement des arrérages de 6 livres tournois de pension due à l'archidiacre de Bayeux (1631). — Reconnaissance devant Germain Riboult et Jean Lefèvre, tabellions au siège de Cairon, par Thomas Le Paulmier, de la fieffe à lui faite par frère Bonaventure Lefebvre, religieux d'Ardennes, de 7 acres de terre (1631). — Caution par Pierre de Caumont, écuyer, de François Ménard, fermier de la dîme de St-Contest, pour le paiement pendant 5 ans de la moitié du prix de son bail (1635); autre caution de Charles de St-Germain, bourgeois de Caen (1635). — Reconnaissance devant Guillaume Bertot et Jacob de la Perrelle, tabellions en la sergenterie d'Ouistreham, par Jean Hervieu, du bail à lui fait par la veuve Laurent Le Sauvage, en présence de Jacques Deschamps, élu en l'Élection de Caen, créancier dud. Le Sauvage, de maisons avec jardin (1640).

H. 403. (Liasse.) — 6 pièces, parchemin; 48 pièces, papier.

1641-1669. — St-Contest. — Procédure devant Jean Le Biais, écuyer, sieur du Quesné, lieutenant général au bailliage de Caen, entre les religieux d'Ardennes, André Luard, peintre, Pierre de La Planche, vitrier, et Jeanne Le Révérend, veuve de Tobie Barberie, sr de St-Contest, concernant les défenses de mettre une ceinture funèbre et des écussons aux armoiries du défunt dans ni alentour de l'église de St-Contest (1641); avertissement donné par les abbé et religieux d'Ardennes contre lad. veuve concernant la possession du patronage et droits honoraires de l'église paroissiale, en laquelle ils prétendent être maintenus conformément à leurs titres (1642). — Reconnaissances par: Jean Hervieu, du bail à lui fait par les religieux d'Ardennes, stipulés par Robert Du Hamel (1642); Toussaint Niard, du bail à lui fait par Jacques Buhot, procureur receveur de l'abbaye (1646). — Échange devant les tabellions de Rouen, entre Louis Guinet, abbé de Barbery, et les religieux d'Ardennes, d'un fief noble sis à St-Contest, contre un autre fief sis à Maizières, vicomté de Falaise (1646). — Quittance devant Michel Le Sueur et Jean Crestien, tabellions à Caen, par Perrine Mareschaux, veuve de Philippe Paris, et ses fils, aux religieux d'Ardennes, de 500 livres payées par frères Robert Du Hamel, sous-prieur, et Jean-Chrysostome Touraine, procureur, pour amortissement de 50 livres de rente de l'obligation de Pierre Allain, sieur de la Bertinière (1650). — Vente devant Pierre Desoulle et Jean Regnouf, tabellions au siège de Cairon et Fontaine-Henry, par Élisabeth Onfroy, veuve de Georges « de Chaslou », écuyer, sieur des Fossés, aux religieux d'Ardennes, stipulés par frère Charles Chrestien, de 9 vergées de terre (1659). — Compte entre les religieux d'Ardennes, stipulés par frère Mathieu Trosseille, et Pierre de Caumont, écuyer, sieur du Tremblé, d'arrérages de rente (1662). — Reconnaissance devant Guillaume et Thomas Le Sueur, tabellions à Caen, de bail fait par Gabriel Yver, sieur de la Garenne, procureur d'Antoine de Moraimvilliers, abbé d'Ardennes (1663). — Extrait du papier journal des rentes dues à l'abbé d'Ardennes pour la paroisse de St-Contest (1665). — Échange devant Thomas Le Sueur et Jean Bougon, tabellions à Caen, entre frères Guillaume Fossart, prieur, François Minfant, sous-prieur, Mathieu Troseille, Alexis Chastel, Joseph Thorel, Pierre Bouchard, Nicolas Lanquetot, Norbert Molinet, procureur, Jacques Hutrel, Jacques Le Bon, Norbert Haribel, Eustache Valier, Martin Laugeois, Hilaire Pigny et autres religieux d'Ardennes, et Michel de Barberye, chevalier, seigneur de St-Contest, conseiller du Roi en ses Conseils d'État et privé, m⁰ des requêtes ordinaires de l'hôtel, stipulé par Pierre Advenel, son procureur, de terre (1666). — Procédure en la juridiction des privilèges de l'Université de Caen, devant Nicolas du Moustier, écuyer, sieur de la Motte, lieutenant général au bailliage de Caen, entre les religieux d'Ardennes et Pierre Marie, pour paiement de rente (1669).

H. 401. (Liasse.) — 12 pièces, parchemin ; 87 pièces, papier.

1670-1788. — St-Contest. — Échange devant Jean Bougon et Jean Olivier, tabellions à Caen, entre Guillaume Deschamps, écuyer, sieur du Mesnil, conseiller au présidial, et Pierre Deschamps, écuyer, sieur de St-Marc, fils de Jacques Deschamps, écuyer, élu à Caen, et les religieux d'Ardennes, stipulés par Robert Du Hamel, prieur, de terres (1670). — Quittance devant les mêmes par Jean-Lanfranc Dupont, sieur de Brécy, conseiller en la Cour des Aides de Normandie, et Jean Dupont, sieur du lieu, son frère, à Georges Niard, bourgeois de Caen, demeurant au hameau de la Folie, d'arrérages de rente (1672). — Aveu aux abbé et religieux d'Ardennes par Pierre Regnault, officier de l'Université et bourgeois de Caen, fils et héritier d'Henri Regnault, sieur du Cardronney, marchand, bourgeois de Caen, de pièces de terre (1681). — Reconnaissance par Abraham Le Chanoine, contrôleur au grenier à sel, du bail à lui fait par les religieux d'Ardennes, stipulés par frère André Fournereau, des grosses dîmes de St-Contest (1688). — Reconnaissance devant François Le Sénécal, notaire à Évrecy, et Gilles Pennel, huissier en vicomté à Caen, pris pour adjoint, par Pierre-François Le Sauvage, sieur de Bitot, bourgeois de Caen, Jeanne-Marie Le Tourniant, veuve de Jacob Paris, aux religieux d'Ardennes, stipulés par frère Thomas Desplanches, pour éviter un procès entre eux concernant 10 boisseaux de froment et 1 poule et 10 œufs de rente (1693). — Vente devant Guillaume Jollivet et Antoine Bazire, écuyer, notaires à Caen, par Pierre et Jacques Renault, fils de feu Pierre Renault, bourgeois de Caen, à Georges Le Bas, écuyer, sieur de Cambes, conseiller au bailliage de Caen, d'une pièce de terre, delle du Val d'Épron, tenue des fiefs de l'abbaye (1698). — Reconnaissance devant François Le Sénécal, notaire à Évrecy, par Jean Lance, François Le Guay, Archange Tostain, Pierre Lance, Jacques Niard, Pierre Adam et Gilles Marin, du bail à eux fait par les religieux d'Ardennes, stipulés par frère Jean-Baptiste Rozé (1709). — Reconnaissance par Gilles Le Coq, avocat, docteur aux droits de l'Université de Caen, aux religieux d'Ardennes, de 26 boisseaux de froment, mesure ancienne, 2 livres, 1 chapon, 1 geline et 25 œufs de rente foncière, plus 2 chapons et 30 œufs pour une année de rente seigneuriale (1711). — Reconnaissances devant : les notaires de Villers et Évrecy, par Noël et François Hamelin, du bail à eux fait par les religieux d'Ardennes, fermiers généraux de Gaspard de Forgasse de la Bastie, abbé commendataire, stipulés par frère Jean Du Douet, des grosses dîmes de St-Contest (1719) ; — François Le Sénécal, notaire à Évrecy, par François Milon, du bail à lui fait desd. dîmes (1738). — Délibération des habitants taillables de St-Contest concernant leur acception de la proposition des religieux d'Ardennes, stipulés par fr. René-Pierre Dupont-Rocher, de leur payer chaque année la somme de 75 livres pour la faisance du clos Bitot, afin de n'être point portés au rôle à taille (1745). — Aveux aux religieux de l'abbaye : en leur noble fief, terre et seigneurie dud. lieu nommé le fief Thiouf, par Thomas Foucher et Anne Boudray, veuve de Jean-Louis Hue, représentant par acquêt Jacques-Pierre Laillet (1765) ; par Robert Gaugain, à cause d'Esther Gaugain, sa grand' tante, représentant les Gardembas, de plusieurs pièces de terre (1765) ; par Marie de Mathan, veuve de Jean-Baptiste de Bernières, dame et patronne de Brécy, héritière de Georges Le Bas, écuyer, sieur de Cambes, représentant par acquêt Pierre et Jacques Regnault, etc. (1766) ; par Jean-Jacques Néel, chevalier, seigneur de Tierceville, époux d'Agnès de Baillehache, de la moitié de 6 vergées de terre (1767). — Bail devant François-Jean Poignant, avocat au Parlement, notaire à Caen, par Marin Hébert, prieur, Jean-Baptiste-Michel Alexandre, procureur, Michel Olivier, maître des novices, et Timothée Morel, religieux d'Ardennes, à Gilles Duval, de maisons et dépendances (1788).

H. 405. (Liasse.) — 9 pièces, parchemin; 9 pièces, papier.

1462-1635. — St-Contest. Liasse 1 de la Révolution, concernant rente pour la fieffe Gardembas. — Reconnaissance devant Jean et Richard Le Briant, tabellions à Caen, par Pierre Gardembas, de la fieffe à lui faite par les religieux d'Ardennes (1462). — Procédure au bailliage de Caen devant Jacques Blondel, écuyer, lieutenant, entre Guillaume Goffrey et les religieux d'Ardennes, concernant le remboursement de la moitié de 15 années de 8 boisseaux 1 poule de rente (1602). — Procédure au bailliage de Caen devant Jacques Blondel, écuyer, sieur et châtelain de Tilly, lieutenant particulier civil et criminel, entre les religieux d'Ardennes et Robert Geffrey, héritier de Simonne Gondouin, sa mère, pour paiement de 3 années d'arrérages de 8 boisseaux de froment et 1 poule de rente (1631). — Obligations envers les religieux d'Ardennes par Guillaume Marie et Raoul Harel, fermiers de Robert Geffrey et Daniel Prevel, de leur livrer à la St-Michel les rentes en froment dues, afin d'éviter la saisie de leur récolte (1635).

H. 406. (Liasse.) — 3 pièces, papier.

1429. — St-Contest et Cambes. Liasse 3, concernant rente sur la terre des Varendes. — Extrait d'un livre couvert de bois et cuir noir nommé le grand chartrier de l'abbaye d'Ardennes, concernant la reconnaissance devant Guillaume Le Couvreur, tabellion à Caen, par Guillaume Le Varignois, de St-Contest, de la fieffe à lui faite par les religieux d'Ardennes, de 9 acres de terre nommées les Varendes, sans la place du moulin à vent avec le tour d'échelle, etc.

H. 407. (Liasse.) — 7 pièces, parchemin; 9 pièces, papier.

1495-1765. — St-Contest. Liasse 5. Rente pour fieffe à Buron. Fieffe devant Jean Vaudry et Raulin Pouchin, tabellions en la sergenterie de Cheux sous Richard de Verdun, garde du scel des obligations en la vicomté de Caen, par frère Richard de Laval, procureur de l'abbaye, à Raoul Gardembas, de 5 vergées de terre (1494, v. s.). — Échange devant Jean de Cussy et Nicolas Corpsderoy, tabellions ès mettes des sergenteries d'Ouistreham et Bernières, entre Raoul et Thomas Gardembas (1505, v. s.). — Distribution par Jean de La Court, écuyer, sieur du Buisson, vicomte de Caen, des deniers provenant du décret requis par Raoul Gardembas, des biens de Jean Gardembas (1585). — Aveu aux religieux d'Ardennes par Robert Gardembas, fils Robert, pour lui et les héritiers de Jean Gardembas (1589). — Sentence de Jacques Blondel, écuyer, lieutenant du bailli de Caen, ordonnant, à la requête de Jean Brunet, fermier receveur de l'abbaye d'Ardennes, la vente des récoltes étant sur les biens de Raoul Gardembas (1596). — Procédure devant Guillaume Vauquelin, écuyer, président au siège présidial et lieutenant général au bailliage, entre Jean Regnouf, officier de l'Université, Richard Le Sauvage, pour lui et sa femme, au précédent veuve de Raoul Gardembas, et Guillaume Queudeville, tuteur des enfants dud. Raoul, pour paiement de somme arrêtée aux mains de Jean Gardembas (1608). — Reconnaissance devant Mathieu Delalonde et Michel Le Sueur, tabellions à Caen, par Siméon Gardembas, fils de feu Raoul, aux religieux d'Ardennes, stipulés par frère Bonaventure Lefebvre, de 20 boisseaux de froment, 1 géline et 10 œufs de rente seigneuriale, comme possesseur de 5 vergées de terre (1631). — Procédure au bailliage de Caen, devant Hercule Vauquelin, écuyer, sieur des Yveteaux, lieutenant général, entre les religieux d'Ardennes et Simon Gardembas, bourgeois de Caen, pour paiement de 20 boisseaux de froment, 1 poule et 10 œufs de rente (1631). — Obligation d'Abraham Gardembas, fils Simon, bourgeois de Caen, envers les religieux d'Ardennes, de 105 livres pour arrérages de lad. rente (1662). — Sentence de réunion prononcée aux pleds et gage-plèges des fiefs, terre et seigneurie de l'abbaye d'Ardennes, par Jean Le Courtois, docteur et professeur aux droits, sénéchal de lad. sieurie, en présence de Gilles Hébert, procureur, pris pour greffier, et de frère Mathieu Trosseille, de biens, au fief Thiouf, pour non paiement de lad. rente (1680). — Reconnaissance par Thomas Vermont, marchand orfèvre, bourgeois de Caen, époux de la fille de Gardembas, aux religieux d'Ardennes, de lad. rente (1723).

H. 408. (Liasse.) — 3 pièces, parchemin; 28 pièces, papier.

1652-1776. — St-Contest. Liasse 8. Rente au hameau de Buron suivant contrat de fieffe de 1462. — Procédure en la vicomté de Caen entre les religieux d'Ardennes et Michel Marie, pour paiement de 52 livres pour arrérages de 8 boisseaux de froment et 1 poule de rente foncière (1683). — Procédure en la juridiction des privilèges de l'Université de Caen, devant Jean Gohier, écuyer, lieutenant particulier au bailliage de Caen, entre Pierre Marie, fils Michel, et Laurent Le Provost, curateur d'Étienne Le Courtois, héritier en partie de Jean Le Courtois, docteur professeur aux droits en l'Université de Caen, et les religieux d'Ardennes, pour paiement de rente (1699). — Fieffe devant Robert Caumont, notaire à Cheux, par Jean Dufour, bourgeois de Caen, à Charles Briand, de Franqueville, de maisons, grange, jardin et terres (1712). — Vente devant Jacques André et Jacques Faguet, notaires à Caen, par François Delaporte, bourgeois de Caen, à Jean-François Le Courtois, procureur du Roi en la vicomté de Caen, de 3 acres de terre (1718). — Note concernant la contribution des héritiers Le Normand, notaire à St-Martin de Sallen, dans la rente de 8 boisseaux de froment, mesure ancienne, revenant à 6 boisseaux 2/3, et 1 poule, dus à la mense abbatiale d'Ardennes (1730). — Fieffe devant Thomas Gouye et Philippe Dudouet, notaires à Caen, par Guillaume-Denis-Étienne Le Courtois, conseiller au bailliage de Caen, époux d'Anne-Madeleine Le Cerf, à Pierre Chrétien, de 2 corps de maisons avec dépendances et jardin (1749). — Aveux aux religieux d'Ardennes par: Thomas Marie, de 3 vergées de terre (1761); N. de Tierceville, seigneur et marquis de Tierceville, époux de M⁽ˡˡᵉ⁾ « Belhache », de 6 vergées de terre (1765). — Note informe concernant le transport devant le notaire de la Délivrande par Marc-Antoine-Denis Le Courtois, officier du génie, et Denis Le Courtois, son frère, à Jacques Rast, garde de la connétablie au bailliage de Caen, de 40 livres et 2 chapons gras de rente (1773), led. transport treizièmé par le procureur d'Ardennes en 1776. — Plan visuel de partie du hameau de Buron.

H. 409. (Liasse.) — 2 pièces, parchemin ; 2 pièces, papier.

1524-1541. — St-Contest. Liasse 10. Rente assise au hameau de Malon — Aveux aux religieux d'Ardennes par: Roger Hardy, de terre sujette en 20 boisseaux de froment, 2 poules et 20 œufs de rente (1524); — Bon Hardy, de terre sujette en lad. rente (1540, v. s.).

H. 410. (Liasse.) — 1 pièce, parchemin ; 7 pièces, papier.

1580-1717. — St-Contest. Liasse 13. Rente assise au hameau de Malon. — Aveux aux religieux d'Ardennes, par Perrine, veuve de Gilles Le Révérend, et par Colin La Loe, époux de Mariette Le Révérend, filles de Colin Allain et de Jeanne Philippine (1580). — Extrait du papier terrier de Clément de Vaux et Jacques Adam, fermiers et receveurs généraux de l'abbaye d'Ardennes, concernant les redevances de Colin La Loe, pour lui et sa femme, héritière de Colin Allain, et Catherine Roger, au droit de Perrine, veuve de Gilles Le Révérend (1584). — Extrait des plads et gage-plèges de la terre et seigneurie Thiouf pour la verge de Cambes et Malon, tenus par François de Cairon, sénéchal, en présence de Jean Le Crosnier, procureur des religieux d'Ardennes, et Jacques Euldes, tabellion, pris pour greffier, concernant l'aveu de Jean Boultée, d'une pièce de terre (1608). — Extrait du tabellionage de Caen concernant la vente faite par Gilles Le Chapelain, à Marin Dupont, sieur de Brécy, contrôleur général des finances en la généralité de Caen, de 1/2 acre de terre avec maison (1626). — Procédure au bailliage de Caen devant Hercule Vauquelin, écuyer, sieur des Yveteaux, lieutenant général, entre les religieux d'Ardennes et Catherine Pilton, veuve de Marin Dupont, tutrice de ses enfants, pour paiement de 5 années d'arrérages de rente (1631). — Vente devant les notaires du Châtelet de Paris par Pierre Tostain, compagnon marbrier, et Marie Charon, son épouse, à François Tostain, frère et beau-frère, de sa part en une maison et 2 jardins de la succession de Thomas Tostain (1717).

H. 411. (Liasse.) — 2 pièces, papier.

1655-1702. — St-Contest. — Liasse non cotée. — Arrêt imprimé du Parlement permettant aux religieux d'Ardennes de vendre leurs pailles à prix raisonnables, leur défendant d'engranger leurs dîmes qu'en la paroisse de St-Contest et leur enjoignant de préférer les paroissiens pour la vente desd. pailles (1655). — Avis de Duval, avocat, à Rouen, concernant le mode de vente par les gros décimateurs de leurs pailles (1702).

H. 412. (Cahier.) — Grand format, 16 feuillets, parchemin.

1518. — St-Contest. — Charge de prévôt receveur de la terre et seigneurie de St-Contest, donnée par Nicolas Fauvel, écuyer, sénéchal, à Geffroy Hardy, prévôt, pour opérer le recouvrement des rentes dues. Redevables: cens au hamel de « Quevrechief », les héritiers de Marie de Ferrières, à présent Charles d'Harcourt, seigneur et baron de Beuvron; rentes en deniers, Jean de Gueron, Jean de Bally, de Malon; fermages de maisons et jardins, Henri de Laplace; noms des messiers, Jean Hardi dit Becquet, Marguerin de Cussy, Quentin Challes et Henri Hardi; poivre dû au Carême prenant; éprons de fer dus au terme St-Michel, Jean de Gueron pour le tènement de la Poterie, 1 épron; gelines et œufs; lièvres, « connins », perdrix, « vitecoqs », « ouses », etc., au terme de la St-Contest, etc. — Bitot, Gallemanche, Hâlon, hameau de « Queuvrechief », La Folie, etc.

H. 413. (Cahier.) — Grand format, 50 feuillets, papier.

1569. — St-Contest. — Copie de la présentation faite devant Guillaume Artur, écuyer, vicomte de Caen, commissaire de la Chambre des comptes du Roi, en présence de Jean Basire, écuyer, procureur du Roi, du receveur du domaine de la vicomté et de Richard Maloisel, greffier ordinaire, par Claude Du Buisson, docteur ès droits, parlant pour Michel Marie, procureur de Charles de Nollent, sieur de Moraan, oncle des enfants mineurs de Florent et Gilles de Nollent, ses frère et neveu, de deux lettres patentes et un mandement de la Cour des Comptes, concernant la garde noble desd. mineurs. Revenus et biens de la terre de St-Contest; charges de la succession, etc. — Incomplet de la fin.

H. 414. (Registre.) — Moyen format, 70 feuillets, papier.

1599-1629. — St-Contest. — Mémoire des audiences faites à l'issue de la messe paroissiale de St-Contest: vente par Romain Hardy à Pierre de Caumont, écuyer, d'une acre de terre, led. contrat contenant 100 écus de principal et 2 écus de vin (1599); acquêt par Richard Du Thon de Jean Mondehare, fils Blaise, de 3 vergées de terre, moyennant 30 écus et 2 écus de vin (1600); échange entre Étienne Onfroy, s^r de Buron, et Jean Picquot, de maisons, jardin et pièces de terre (1600); échange devant Nicolas Rocque et Gilles Potier, tabellions à Caen, entre Thomas Degron et Marin Dupont, receveur des deniers communs de la ville de Caen, de pièces de terre (1614); fieffe devant Germain Pipart et Philippe Le Nepveu, tabellions en la sergenterie d'Ouistreham et Bernières, par les héritiers de Pierre Hardy, fils Roulland, à Guillaume Valleran, d'une maison avec portion de terre (1615); vente devant Nicolas Rocque et Richard Martin, par Mardochée Litehaire, bourgeois de Caen, à Jean Guérard, aussi bourgeois, de 5 quartiers de terre (1616); vente devant Germain Riboult et Jacques de La Perrelle, tabellions aux sergenteries de Bernières et Ouistreham, à Cambes, par: Jacques Deschamps, écuyer, s^r de St Marc, à Jacques de Caumont, sieur du lieu, de 12 boisseaux de froment, mesure d'Arques (1621), Guillaume Le Fauconnier à Olivier Le Sauvage, prêtre, sieur de Grandmont et bourgeois de Caen, d'une portion de terre (1622); vente devant Michel Le Sueur et François Hamard, tabellions à Caen, par Pierre Du Thon à Jean-Baptiste Le Melle de 2 pièces de terre (1628), etc. — Dans la couverture, acte du 14 janvier 1551 (v. s.).

H. 415. (Liasse.) — 5 pièces, parchemin.

1232-1256. — Ste-Croix-Grand'Tonne. — Donation par « Ranulfus Taillebois, de Sancta Cruce », à l'abbaye, d'une pièce de terre « in via de Columbo, inter terram filie Ric. Taillebois et terram Willi. Braiose », et autres fonds « super fossam Godeheldis », « in Londella », « in Leiblei », etc. (1231, mars). — Cession par « Willi. Le Pastor, de Culle », à « Ranulfo Taillebois, de Sancta Cruce, cognato meo », moyennant 4 l. t., d'une pièce de terre aud. lieu, qu'il tenait de lui (1240, v. s., février), « coram parrochia de Sancta Cruce super Grentone ». — Vente par « Radulfus dictus Gaullart, de Culleio », à « Ranulfo Taillebois », de Ste-Croix, pour 4 l. t., d'une vergée 1/2 de terre aud. lieu, « apud Les Routix », « inter terram domino de Vilers et terram dicti Ranulfi, quam emit de Wito, Lepastor », avec garantie sur 3 vergées de terre « apud Lebarboet, in territorio de Culleio, inter terram Roulandi et terram Johannis Oslac », de l'assentiment de la fille de « Radulfus Lepastor », femme dud. Gaullart (1248, juin), « coram parrochia Sancte Crucis ». — Donation par « Gillebertus de Verson », à l'abbaye, d'une mine de froment mesure de Ste-Croix assise aud. lieu, « apud La Fontenele », « inter terram abbatis Sancti Stephani de Cadom. et terram Ricardi de Versone, fratris mei » (1255, mars). — Donation à l'abbaye par « Ricardus filius Roberti, de Sancta Cruce », de 3 setiers de froment, mesure de Ste-Croix, assis « in masura mea de Sancta Cruce sita inter manerium domini Henrici Militis de Anneilis et masuram Henrici Galopin » (1256).

H. 416. (Liasse.) — 35 pièces, parchemin; 2 pièces, papier.

1317-1398. — Ste-Croix-Grand'Tonne. — Échange entre « Jehan de Tillie, chevalier, seignor de Tillie et de Fontaines », et l'abbé et couvent d'Ardennes, de toutes les rentes qu'il possédait « en la parroisse et el terrecour de Sainte Croix de Grentonne », en terres, en hommages, en court et en usage, et en toutes autres rentes, justices et seigneuries de quelque condition, contre 1/2 muid de froment de rente que l'abbaye prenait « en mon moulin deu Haletel » assis à Tilly, et 100 sols de rente qu'ils prenaient en sa foire de Tilly, « à la Saint Pierre entrant aoust », 7 livres t. qu'ils prenaient en sa prévôté « de Escouchie », et 1 muid d'orge de rente qu'ils prenaient en sa dîme de Fontaines, que les religieux avaient des dons de ses ancêtres (1317). Au dos : « Sainte-Croix. Le franc fieu de Tillye ». — Ventes devant : Henri Le Gay, garde du scel de la vicomté de Caen, par Jean Hue, « de Villie », à l'abbaye, de « boisseaux de froment, mesure de S¹ᵉ-Croix de Grentonne, et fonds aud. lieu (1317); — le même, par Robert Du Fou, clerc, à l'abbaye, pour 130 l., de 14 setiers de froment, mesure de S¹ᵉ-Croix, et 3 mines d'orge pour 1 setier de froment de rente annuelle à lad. mesure, valant à la mesure de Caen 10 setiers, y énumérés (1320); — Laurent Nicolas, garde du scel de la vicomté de Bayeux, par Jean Germont, de S¹ᵉ-Croix de Grentonne, à noble homme Guillaume Du « Plessels », chevalier, seigneur de « Damaigny », d'un setier de froment de rente (1322); — Jean d'Esquetot, prêtre, garde du scel de la vicomté de Caen, par Jean Le Norrois, de S¹-Julien de Caen (1322, février); — Henri Hay, juré commis de Guillaume Du Teil, clerc, garde du scel de la vicomté de Caen, par Richard de la Hese, et Florence, sa femme, de S¹ᵉ-Croix de Grentonne, moyennant 60 s. t. et 1 galon de vin, à l'abbaye, d'une mine de froment de rente assise à S¹ᵉ-Croix, « en la dele de Bretellonde, près Jeh. Erneis et Pierr. Vimont, abut. sur le quemin du duc nostre sire alant à Caen », pour tourner et convertir en l'usage des obits de l'abbaye pour l'obit de M⁰ Philippe Hallebout, jadis archidiacre de « Gacey » (1348). — Reconnaissance de rente, les héritages étant de moindre value que précédemment tant pour cause des guerres que des mortalités qui ont couru, comme on disait (1369, v. s.). — Donation devant Jean Le Brebenchon, tabellion commis sous Girart Du Temple, garde du scel des obligations de la vicomté de Caen, par le procureur de « Mons. » Lucas Henri et Samson Henri, son frère, à l'abbaye, de fonds aud. lieu et à Coulombs (1380). — Reconnaissance de rente par « Mons⁰ » Thomas Renart, personne d'une des porcions de Sainte-Croix de Grentonne », pour Richard Le Villain, de Fontenay-le-Pesnel (1383 n. s.). — Vente de rente devant Guillaume Le Couvreur, clerc, tabellion à Caen, par Martin Rogier dit d'Ardaine, de de S¹ᵉ-Croix de Grentonne, à Ardennes (1392). — Reconnaissance de rente devant Jean Quatrans, tabellion ès mettes des sergenteries de Cheux et Creully par « Ricart Daguerny », de S¹ᵉ-Croix de Grentonne, pour Thomas Philippe et Rogière, sa femme, de Brouay (1393). — Reconnaissances par Thomas Briouze (1396); Pierre Le Gruel, procureur de ..... (lacération) Pain, écolier à Paris (1396); Pierre Cornart (1397); Richard Le Villain, de Fontenay-le-Pesnel (1398). — Actes concernant les familles Beauvalet, La Loigny et La Longny, etc.; abornements : Vaintras, le seigneur d'Aigneaux, les religieux de S¹-Évroult, le prieur et les frères de la maison-Dieu de Caen, etc.

H. 417. (Liasse.) — 88 pièces, parchemin; 17 pièces, papier.

1402-1583. — S¹ᵉ-Croix-Grand'Tonne. — Vente devant Guillaume Des Maires, clerc, tabellion à Bayeux, par Thomas Nicolle, demeurant à S¹ᵉ-Croix de Grentonne, et Guillaume Bellenguier, de Bretteville l'Orgueilleuse, héritiers de Martin Rogier dit d'Ardaine, de la vente par eux faite à Raoul Pellerin, seigneur de S¹ᵉ-Croix, de 3 boisseaux de froment de rente (1402). — Échange devant Colin de Vernay, clerc, tabellion à Caen, entre Thomas Philippe, et Rogière, sa femme, de Brouay, et l'abbaye d'Ardennes (1403 v. s.). — Échange de rentes entre Pierre, abbé d'Ardennes, et le couvent, et Pierre de Verson (1408). — Vente de rente par Guillaume Béranger, et Jeanne, sa femme, à Raoul Pellerin, écuyer, s⁰ de S¹ᵉ-Croix de Grentonne (1409). — Aveu aux abbé et couvent d'Ardennes, en leur terre de S¹ᵉ-Croix de Grentonne, par « Lucasse », déguerpie de Pierre Le Gruel (1413). — Reconnaissance devant Guillaume Le Couvreur, tabellion à Caen, par Thomas Viart, de S¹ᵉ-Croix de Grentonne, de la fieffe à lui faite par l'abbaye de fonds aud. lieu, jouxte le duc d'Orléans, les religieux de S¹-Évroult, etc. (1424); lettres y relatives de Pierre, abbé d'Ardennes (1424). — Reconnaissance devant Guillaume Le Couvreur, tabellion à Caen, par Étienne Pipendey, de Loucelles, de la fieffe à lui faite par les religieux d'Ardennes d'une maison avec jardin (1424); réfection desd. lettres par Jacques Richeart, curé de Périers, en vertu de mandement de justice (1556). — Vente de rente devant Jean de La Fontaine, tabellion ès mettes des sergenteries de Cheux et Creully, par Jean Le Soir, et Agnès, sa femme, de Mondrainville, à Jean Le Bourgeois, de Cheux, de 6 boisseaux de froment (1425, v. s.). — Vente de rente par Robert Galeren, curé de Secqueville-la-Campagne, à Pierre Le « Franchoix », d'Audrieu (1426). — Transaction sur procès au Châtelet de Paris, entre l'abbé d'Ardennes, écolier à Paris, et Pierre Le Touzé, écuyer, de la paroisse de S¹ᵉ-Croix de Granthonne (1427, v. s.). — Vente par Laurent Du Manoir, écuyer, à Richard Godeheust, de S¹ᵉ-Croix de Grantonne, de 2 pièces de terre aboutant le grand chemin de Caen (1435); remise desd. fonds à l'abbaye (1435, v. s.). — Fieffe devant Colin Le Nouvel, tabellion ès mettes de la sergenterie de Creully, par Laurent Du Manoir, écuyer, demeurant à

Ste-Croix de Grantonne, à Pierre de Verson le jeune (1430) — Échange devant Richard de Roviers, clerc, tabellion sous Jean Hazart, prêtre, garde du scel des obligations de la haute justice de St-Gabriel appartenant à l'abbé et couvent de Ste-Trinité de Fécamp, entre Guillaume Le Gruel et Pierre de Verson, de pièces de terre (1436). — Héritages assis à Ste-Croix de Grantonne mis en jurée requête de Raoul Pellerin, écuyer, seigneur dud. lieu, pour paiement de rente (1452-1455). — Reconnaissance devant Jean Le Briant, tabellion à Caen, par Philippin Droué, de Ste-Croix, de la fieffe à lui faite par les religieux d'Ardennes, d'un ménage et jardin jouxte la carrière du Tot et la rue du Moustier (1461). — Accord entre Jean, abbé d'Ardennes, Pierre Le Poitevin, Jean Cousin et autres religieux, et Guillaume de Briqueville, écuyer, seigneur de Bourneville, faisant fort pour n. h. Raoul Pélerin, écuyer, seigneur de Ste-Croix (1463, v. s.). — Prise à fieffe de l'abbaye de divers fonds, notamment de terre en la delle du Loup pendu (1477). — Reconnaissance devant de La Fontaine, tabellion ès mottes des sergenteries de Cheux et Creully, par Guillaume Le Petit, de Ste-Croix, de la fieffe à lui faite par Pierre Le Touzé, écuyer, demeurant aud. lieu (1484). — Aveu aux religieux d'Ardennes en leur noble fief, terre et sieurie de Ste-Croix de Grantonne, par Simon de Verson (1486). — Aveux aux religieux par Jean Le Gruel (1492), le chapelain de la chapelle de Fontaine-Henri, etc.— Procuration de Richard, abbé de Ste-Trinité de La Luzerne et de N.-D. d'Ardennes et prieur de Segrie-Fontaine, et du couvent d'Ardennes (1492). — Abornements : l'abbé de Caen, la charité de Pâques, etc.; familles Bellenger, Benest, Coudray, Galleren, Nicolle, Regnart, etc.

H. 418. (Liasse.) — 93 pièces, parchemin; 14 pièces, papier.

1493-1526. — Ste-Croix GrandTonne. — Procédure aux pleds des sergenteries d'Ouistreham, Bernières et Creully, tenus par Robert Delahogue, lieutenant général du vicomte de Caen, entre frère Rogier Lebret, bailli et procureur de l'abbaye d'Ardennes, et Mathieu Sandret, pour paiement d'arrérages de rente; transaction (1493). — Fieffe devant Jean Vaudry et Raulin Pouchin, tabellions en la sergenterie de Cheux, par frère Richard de Laval, religieux, procureur du couvent, à Laurent de Chartres, autrement dit Sandret, de terres (1493).— Rôle des amendes et exploits faits en la juridiction du fief, terre et seigneurie de Ste-Croix de Grantonne pour les abbé et couvent d'Ardennes, du 12 juillet 1493 au 27 juin 1494, par Martin Lemaire, écuyer, lieutenant du sénéchal desd. religieux, baillé à cueillir à Jean Benest, prévôt de lad. seigneurie; autre rôle d'amende du 19 septembre 1495 au 10 juin 1496. — Aveux rendus aux religieux d'Ardennes: par Jean Penon, prêtre (1505); par Laurent de Chartres dit Sandret (1508). — Extrait des registres du greffe de la vicomté de Caen concernant l'état d'une jurée faite faire par les religieux d'Ardennes pour paiement de 15 boisseaux de froment de rente (1517). — Reconnaissance devant Pierre Honoré et Jean Vaultier, tabellions en la sergenterie de Creully, par Pierre Durand, de la fieffe à lui faite par les religieux d'Ardennes (1518, v. s.). — Extrait de l'état fait devant Guillaume Le Grand, lieutenant général du vicomte de Caen, des deniers provenant du décret requis par Raoul Villé, prêtre, de biens sis à Ste-Croix (1523, v. s.). — Adjudication aux pleds des sergenteries d'Ouistreham, Bernières et Creully, tenus par Jean Le Boucher, lieutenant du vicomte de Caen, à la requête des religieux d'Ardennes, de biens saisis sur Jean Corspel pour paiement de 4 boisseaux de froment (1525).

H. 419. (Liasse.) — 92 pièces, parchemin; 30 pièces, papier.

1526-1560. — Ste-Croix GrandTonne. — Aveu aux religieux par Guillaume « Benetsq », de Ste-Croix (1526). — Procédure au bailliage de Caen devant Jean Malherbe, écuyer, licencié ès lois, lieutenant général, entre les religieux d'Ardennes et Guillaume de Bricqueville, chevalier, sr de Ste-Croix, concernant le décret de vergée 1/2 de terre pour paiement de 4 boisseaux de froment, et les torts faits auxd. religieux par Guillaume Le Grant, lieutenant général du vicomte de Caen (1526). — Procédure en la vicomté de Caen, devant Charles de Bourgueville et Pierre Richard, écuyers, lieutenants généraux, et Jean Le Boucher, lieutenant, entre : les religieux, comparant par frère Gilles Cuyret, bailli, et Pierre de La Haulte, pour paiement de rente (1534); lesd. religieux et Guillaume Fossé, pour paiement d'arrérages de rente (1535). — Déclarations: du temporel du bénéfice de Ste-Croix pour la petite portion (1535); du temporel des obits de l'église paroissiale de Ste-Croix faite par les prêtres dudit lieu (1535); du dû et du revenu du trésor, par Pierre Le Gruel, prêtre, et Pierre Villey, trésorier (1535). — Transaction entre frère Simon Du Vivier, prieur de l'Hermitage, et Pierre Le Brun, prieur de Breuil, religieux d'Ardennes, fermiers et administrateurs de partie du revenu de l'abbaye, et Ursin Penon, prêtre, sous Marguerin de La Bigne, abbé commendataire, concernant cession de bail (1541, v. s.).

— Aveux aux religieux par messire Jean Regnel, de terres tenues de la terre et seigneurie de S¹ᵉ-Croix. — Distribution par Charles Le Fournier, écuyer, lieutenant général du vicomté de Caen, des deniers provenant de jurée faite faire pour paiement d'arrérages de rente (1542 ss.). — Extrait des registres de Louis des Essards, écuyer, et Jean Gast, tabellions ès mettes de la haute justice de S¹-Gabriel, concernant la vente de Marguerin Le Gruel à Urain Penon, doyen de Maltot, de terre sise à S¹ᵉ-Croix (1549). — Extrait d'un registre de Jean Lefebvre, tabellion à Creully, et Étienne Penon, son adjoint, concernant les lots faits entre les frères Penon des biens de Gilles, leur père (1550). — Extrait de l'état tenu par Charles Le Fournier, lieutenant général du vicomté de Caen, des deniers provenant du décret requis par François Le Touzé, écuyer, des biens de feu Nicolas Le Gruel (1551). — Aveu aux religieux d'Ardennes par Gilles Penon (1551). — Signification par Jean Lefebvre, sergent royal, à la requête des religieux d'Ardennes, à François Le Toussy, s⁺ de Maillot, à comparaître devant le vicomte de Caen pour la réfection d'un contrat de fieffe contenant 18 boisseaux de froment, mesure ancienne de Caen, 1 chapon et 15 œufs de rente (1555). — Adjudication aux pieds des sergenteries d'Ouistreham, Bernières et Creully, tenus par Charles Le Fournier, écuyer, lieutenant général du vicomté de Caen, à la requête des religieux d'Ardennes, de biens saisis pour paiement de rente (1556, v. s.). — Procédure en la vicomté de Caen devant Charles Le Fournier, écuyer, lieutenant général, entre les religieux d'Ardennes stipulés par frère Du Moncel, bailli, et Léon Fallet, écuyer, concernant le décret des biens de Mariette, veuve de Mathieu Touroude, et Jean Thouroude, son fils, pour paiement de rente (1560).

H. 420. (Liasse.) — 4 pièces, parchemin; 51 pièces, papier.

1561-1646. — S¹ᵉ-Croix Grand Tonne. — Remise devant Guillaume Cueuret et Guillaume Le Gras, tabellions à Caen, par Charles de Laulne, demeurant à Laulne, bailliage de S¹-Sauveur-Lendelin, aux religieux d'Ardennes, stipulés par frère Jean Du Moncel, prieur de Coulombs, d'une pièce de terre tenue d'eux (1561). — Mandement de Charles d'Auberville, écuyer, sieur et baron de Verbosq, bailli de Caen, au premier sergent requis, d'assigner à la requête de Guy de Bricqueville, s⁺ de S¹ᵉ-Croix, les religieux d'Ardennes, pour représenter les titres de la terre et fief noble tant en domaine fieffé que non fieffé de S¹ᵉ-Croix (1563). — Extrait du registre des ventes et aliénations faites par le bailli de Caen, commissaire du Roi, de partie du temporel des ecclésiastiques du diocèse de Bayeux: 1563, 31 août, vente à Guy de Bricqueville, sieur de S¹ᵉ-Croix, d'un fief assis aud. lieu, du temporel de l'abbaye d'Ardennes, à lui adjugé à 662 l. 10 s.; copie pour les religieux en 1613, collationnée par Maro, commis par justice pour le décès d'André Maro, ci-devant greffier du bailli de Caen. — Lots et partage devant Robert Viel et Jean Bouillye, tabellions en la sergenterie de Cheux, des biens de Jean Briouze (1580). — Extrait de l'état fait devant Jean de La Court, écuyer, sieur du Buisson, vicomte de Caen, des deniers du décret requis par Guillaume Penon, fils Gilles, des biens de feu Jean Sandret, pour paiement de rente (1580). — Reconnaissance de rente devant Gilles Le Sueur et Allain Mosque, tabellions à Creully, par Jean Le Gruel, fils Marguerin, Pierre et Simon Le Gruel, fils et héritiers de Pierre Le Gruel, aussi fils Marguerin, envers Guy de Bricqueville, chevalier de l'ordre du Roi, sieur de S¹ᵉ-Croix, représentant les abbé et religieux d'Ardennes, en vertu de lad. vente (1587). — Aveu à l'abbé et aux religieux d'Ardennes par Thomas de Chartres dit Sandret (1590). — Extrait du registre du tabellionage de Caen concernant la vente faite par Pierre Briouze à Gaspard Penon, bourgeois de Caen, de la condition de réméré retenue dans la vente faite aud. Penon d'une acre de terre (1595). — Reconnaissance devant Nicolas Rocque et Gilles Pottier, tabellions à Caen, par Jacques Deschamps, marchand, bourgeois de S¹-Sauveur de Caen, du dépôt à lui fait de 1150 livres par les religieux d'Ardennes par les mains de Philibert Planchon, avocat en la Cour de Parlement de Paris, pour lui et Denise Vinot, sa femme, pour assurer le don par eux fait aux religieux, pour la fondation d'un obit et la nourriture et entretien de Nicolas, leur fils, et aider au retrait du fief, terre et sieurie de S¹ᵉ-Croix, vendu aux ventes ecclésiastiques en 1564 (1614). — Extrait des registres du greffe du bailliage de Caen, concernant l'apprécie des grains rapportée par Pierre de Mallon et Pierre Aze, mesureurs jurés au tripot et halle à blé de Caen (1614). — Procédure en la juridiction des privilèges de l'Université de Caen, notamment devant Jacques Blondel, écuyer, lieutenant particulier civil et criminel du bailli de Caen, entre les religieux d'Ardennes, stipulés par Couillard, leur procureur solliciteur, et frères Guillaume Denis et Marc Sarrazin, religieux, et Gilles Vippart, sieur de Silly, époux de Catherine de Bricqueville, petite-fille et héritière de Guy de Bricqueville, chevalier, sieur de S¹ᵉ-Croix, concernant le retrait, suivant l'édit, du fief, terre et sieurie de S.-Croix, vendu aux ventes ecclésiastiques (1614 ss.); autre procédure entre les mêmes devant Guillaume Vauquelin, écuyer, président et lieutenant général au bailliage et siège présidial, etc., concernant la déclaration à fournir de l'étendue et intégrité du fief, terre et sieurie de Ste-Croix Grand'Tonne. — Sommation par Jean Marot, sergent royal à Caen, requête des prieur et religieux d'Ardennes, aud. Gilles de Vipart, tuteur de ses enfants, et de défunte Catherine de Bricqueville, de leur délivrer 80 boisseaux de froment, mesure d'Arques, rendu à l'abbaye, de fermage de terre dépendant de leur terre et sieurie de Ste-Croix en une partie, et 151 boisseaux de froment, petite mesure, réduits à 123 boisseaux 3/3, mesure d'Arques, 7 boisseaux d'orge, 2 chapons, 13 poules, 110 œufs, 1 livre de poivre, 65 sous, et autres rentes et redevances dues à lad. sieurie de Ste-Croix dépendant de lad. abbaye, dont led. de Silly jouit par attentat, etc., et assignation à comparoir en bailliage de Caen (1618). — Extrait du registre de Jean Bouteron et André Delauney, tabellions au siège de Pont-L'Évêque, concernant la succession de Guy de Bricqueville, gentilhomme ordinaire de la Chambre du Roi, seigneur de Ste-Croix, Cully, Audrieu et Loucelles, époux de Marguerite de Recusson, dame et propriétaire des fiefs et sieuries de Montcanisy, Bénouville et Le Hamel (1629). — Remise devant Jean Baieulx, tabellion en la sergenterie de Creully, et Thomas Maheust, tabellion à Graye, pris pour adjoint, par Guillaume de Vipart, seigneur et marquis de Montcanisy, sieur de Ste-Croix, Tourgeville, Bénouville, Cully, Loucelles, Putot, etc., aux religieux d'Ardennes, stipulés par frères François Niffant et Robert Duhamel, du fief, terre et sieurie appartenant à l'abbaye dans la paroisse de Ste-Croix (1637). — Échange entre les prieur et couvent d'Ardennes, et Jacqueline de « Givierville », femme de Guillaume de Vippart, s^r et châtelain de Ste-Croix, etc., du fief et terre appartenant à l'abbaye en la paroisse de Ste-Croix de « Granthomme », d'autant qu'il en avait été vendu à Guy de Bricqueville, aux ventes ecclésiastiques, contre une pièce de terre et maisons à Loucelles, délaissée à lad. dame par Jacques Guehalles aux charges y énumérées, autre terre à Loucelles et paiement de 1.000 l. t. aux religieux (1637). — Instruction que baillent les prieur et religieux d'Ardennes à lad. Jacqueline de « Givierville », femme de Guillaume de Vipart, dans le procès avec Marie Poullain, femme d'Alexandre Desobeaux, s^r de Fontenay, héritière en sa partie de Pierre Poullain, s^r de Calix, créancière de Jacques et Nicolas Cahalles, père et fils,

d'une part, et Charles de Cauvigny, écuyer, s^r de Beauxamis, d'autre, etc. (1648).

H. 421. (Liasse.) — 1 pièce, parchemin.

1313. — **St-Gabriel.** — Donation à l'abbaye par « Will., filius Gauf. de Valdairie », de 3 acres 1/2 de terre à St-Gabriel, savoir 1/2 acre « in campis ferie », 3 vergées « super la Faleis », et 3 vergées « in pratis Manerii », 1/2 acre « juxta clausum Sancti Thome », etc. », « quam terram de me tenebant Petrus et Reginaldus fratres mei jure hereditario » (1313, janvier).

H. 422. (Liasse.) — 4 pièces, papier.

1666-1712. — **St-Germain d'Ectot.** — Vente aux namps de Briquessart d'objets saisis sur Jacques Jourdain, écuyer, sieur de Launé, de la paroisse de St-Germain d'Ectot, à la requête des religieux d'Ardennes, pour paiement d'arrérages de rente (1666). — Signification par Gilles Pennel, huissier audiencier en la vicomté de Caen, à la requête des religieux d'Ardennes, à Jacques Jourdain, écuyer, sieur de Launay, héritier de son père, d'un contrat de reconnaissance de 42 livres de rente, avec sommation de payer 298 livres 6 sols d'arrérages de lad. rente (1705). — Sommations par led. Pennel, huissier, à la requête des religieux, à Gilles Léonard, écuyer, sieur d'Orbois, pour le paiement d'arrérages de 50 livres de rente (1710-1712).

H. 423. (Liasse.) — 1 pièce, parchemin.

XIIIe siècle. — **St-Germain de Livet.** — Reconnaissance par « Guillermus Tyrel, armiger, de Liveto le Baudoin », sur procès « in curia domini Regis » entre lui et l'abbaye d'Ardennes, sur la vavassorie de « Fresne Chargie, sita in parrochia Sancti Germani de Livet », que Richard Tirel, chevalier, leur avait donnée par testament, de l'accord conclu entre lui et l'abbaye, qui lui remet lad. vavassorie moyennant une rente de 104 s. t. « apud Maceriss, apud Argenthen », etc. « ctum anno gratie M° CC° sex... (lacération), mense octobr., in assisia domini Regis ». — Cote postérieure : 1206.

H. 424. (Liasse.) — 11 pièces, parchemin; 1 pièce, papier.

XIIe siècle-1295. — **St-Germain-la-Blanche-Herbe.** — Fieffe par Guillaume, chambrier de Tancarville, à Guillaume de St-Jean, du tènement que « Galterus filius

Ainsi » tenait de lui à S¹-Germain (s. d.). — Donation à l'abbaye par « Thomas Gouher, de Autheia, filius Alani Gouher de Autheia, clericl », d'une pièce de terre sise « in territorio Sancti Germani de Blanca Herba » (1263, avril). — Fieffe par « Gaufridus, filius Roberti Renfrei », à Richard « Rachinel », de terre aud. lieu (1266, décembre). — Donation à l'abbaye par « Osmondus Gouher, de Franquavilla », d'une vergée de terre sise « juxta molendinum venti eorumdem canonicorum » (1267, juin). — Amortissement de rente à « Gaufridus, filius Roberti filii Renfredi », par Richard Rachinel, de S¹-Germain la-Blanche-Herbe (1267, février). — Fieffe par « Albinus Rufus seu de Vallibus », à « Ranulfo dicto Trenchemer », d'un jardin aud. lieu (1287). — Vente par « Ranulphus Trenchemer » à Raoul Lebas, bourgeois de Caen, pour 40 s. t., d'une vergée de terre « ad pertam de Cad. sitam, in territorio Sancti Germani, ad fossam Reinfrei » (1293). — Vente par le même à l'abbaye d'un ménage sis aud. lieu, aboutant au chemin royal de Bayeux (1295). — Donation par « Robertus dictus Loubleer », prêtre, de 3 vergées de terre pour fondation d'obit (1295). — Reconnaissance de Renouf Tranchemer devant Thomas Le Seneschal, « en lieu au viscunte de Caen » (1295).

H. 425. (Liasse.) — 27 pièces, parchemin; 2 pièces, papier.

1302-1403. — S¹-Germain-la-Blanche-Herbe. — Cession par Sanson Le Tousé à Martin de « Grochie » et à Jeanne, sa femme, sœur dud. Le Tousé, d'un « masnage » (1302). — Ventes devant : Jean du Castel, garde du scel de la vicomté de Caen, par Jean Le Carpentier, à Colin Gautier, de rente (1307); Henri Le Gay, garde du scel de la vicomté de Caen, par Jean Toussé, à Guillaume de « Quevrechie », de la paroisse de S¹-Martin de Caen, de terre (1316). — Remise devant le même par Renouf Trenchemer, aux religieux d'Ardennes, de 3 vergées de terre dont il ne pouvait payer les arrérages (1317, v. s.). — Vente devant Guillaume du Teil, garde du scel de la vicomté de Caen, par Thomas Baart, à Raoul Bérart le jeune, d'une maison (1336, v. s.). — Transaction entre les religieux d'Ardennes et Raoul de La Fosse, concernant la possession d'un « masnage » qui fut à Colin Filleul (1337). — Reconnaissance devant Guillaume du Teil, garde du scel de la vicomté de Caen, par Thomas Baart, aux religieux d'Ardennes, de 2 boisseaux d'orge de rente (1338). — Donation devant le même par Gautier Restout, de la paroisse « Saint Germain de la Blanque Herbe », à l'église N¹-D⁵ d'Ardennes, de maison et pièce de terre,

à charge de services religieux (1339). — Reconnaissances devant le même par : Jean Abrehan, aux religieux, de rente (1340); Guillaume Davout, du bail à lui fait par les religieux d'Ardennes du ménage qui fut Raoul Godefroy (1352). — Donation devant Jean Le Brehenchon, tabellion à Caen, par Hamon Chauchebœuf, écuyer, et Guillemette, sa femme, fille de Robin Du Buat, aux religieux d'Ardennes, de tous leurs biens sis à S¹-Germain, à charge de services religieux (1362). — Vente devant le même par Pierre Le Resagu et Colette, sa femme, à Geffroy Dudoit, pour 60 sols t. et 1 galon de vin, de 2 vergées 1/2 de terre (1365, v. s.). — Vente par James Robart, de S¹-Sauveur de Caen, à Renier Le Coutellier, clerc du Roi, de terre à S¹-Germain (1368, janvier). — Donation devant Richard Lenglois, tabellion à Caen, par Renier Le Coutellier, clerc du Roi, et Luce de Mitry, sa femme, aux religieux d'Ardennes, de terre (1379), original et copie collationnée par Jean Bougon, tabellion commis par ordonnance de l'intendant Chamillart, sur l'original représenté par frère Norbert Molinet (1667). — Vente devant Robert Bérengier, tabellion commis sous Girard du Temple, garde du scel des obligations de la vicomté de Caen, par Colin Le Prince et Robine, sa femme, de S¹-Étienne de Caen, aux religieux d'Ardennes, de terre (1380, février). — Reconnaissance devant Jean Deslandes, tabellion à Caen, par Raoul de La Fosse, à Jeanne, fille de feu Thomas Le Sénescal, veuve d'Alexandre de La Ferté, de rente (1385). — Cession devant Oudart Paisant, clerc juré commis et établi en la ville et banlieue de Caen, sous Auberi Lévesque, garde du scel de la vicomté, par Philippot Petres et Clérisse, sa femme, de S¹-Martin de Caen, aux religieux, de tous leurs biens à S¹-Germain, en compensation des rentes par eux dues (1388, v. s.). — Donation devant Oudart Paisant, tabellion à Caen, par Jeanne, fille de feu Thomas Le Sénécal, veuve d'Alexandre de La Ferté, aux religieux d'Ardennes, d'un boisseau de froment de rente à tourner à l'office de l'obitier, à charge de services religieux (1389, v. s.). — Donation devant Colin de Vernay, tabellion à Caen, par Guillaume de Buron, de S¹-Germain, aux religieux, de 2 boisseaux de froment de rente à charge de services religieux (1399, v. s.). — Reconnaissance devant le même par Jouen Paris de la fieffe à lui faite par les religieux (1403).

H. 426. (Liasse.) — 32 pièces, parchemin ; 2 pièces, papier.

1404-1454. — S¹-Germain-la-Blanche-Herbe. — Reconnaissance devant Michel de La Salle, tabellion à

Caen, par Guillaume de « Martraigne », de la donation faite par feu Thomas, son père, de 4 boisseaux de froment aux prêtres et clercs de l'église S¹-Germain (1404). — Donation devant Guillaume Le Couvreur, tabellion à Caen, par la veuve (nom lacéré) de Colin Le Pelletier dit Hennot, à la charité du pain de Pâques établie en l'église de S¹-Germain, de terre (1406). — Reconnaissance devant le même, par Thomas Danjou, de la fieffe à lui faite par Jean Paris et « Pole », sa femme, de tous leurs biens sis en la paroisse de S¹-Germain (1409). — Vente devant Colin de Vernay, tabellion à Caen, par Jean Brisart dit Chauvin, demeurant à Verson, aux religieux, de terres (1418, v. s.). — Vente devant Simon de Vernay, tabellion à Caen, par Simon de la Carière, d'Anisy, aux religieux, de terre (1420). — Remise devant Pierre Valeron, tabellion à Caen, par Pierre Groucy et Guillaume Le Masnier, pour sa femme, héritiers de Perrotte, veuve de Jouen Guion, à Guillaume Le Hérichon, d'Authie, de terre (1421 v. s.). — Vente devant Guillaume Le Couvreur, tabellion à Caen, par Jean Alain, de Cussy, aux religieux d'Ardennes, de terre (1427, v. s.). — Fieffe devant Jean Richart, tabellion ès mettes des sergenteries d'Ouistreham et Bernières, par Thomas de la Carière à Jean Alain (1428). — Donation devant le même, par Michel Normant, aux religieux, de 5 vergées de terre à charge de services religieux (1428, v. s.). — Reconnaissance devant Raoul Le Couvreur, tabellion à Caen, par Guillaume Ledrene, fils de feu Robin Ledrene, de la fieffe à lui faite par les religieux (1429). — Donation devant le même par Jean Marguerie, de S¹-Germain, aux religieux, de terres, à charge de services religieux (1430). — Cession devant le même, par Étienne Le Fauconnier à Jean Le Fauconnier, d'une maison avec jardin (1430, v. s.). — Ventes devant: Michel Valemont, tabellion ès mettes des sergenteries d'Ouistreham et de Bernières, par Jean Alain, aux religieux, de terre (1431); Raoul Le Couvreur, tabellion à Caen, par Jean Le Hérichon, d'Authie, aux religieux, de terre (1432). — Échange devant Jean Desmaires, tabellion à Caen, entre Jean Alain et Jean Le Hérichon (1433). — Publication sur pleds de la ville et banlieue de Caen tenus par Guillaume Rouxel, lieutenant général du vicomte, de la vente de biens saisis à la requête des religieux d'Ardennes pour paiement de 25 boisseaux de froment de l'obligation de Robert Danjou (1433). — Reconnaissance devant Jean Desmaires, tabellion à Caen, par Fleurie, veuve de Jean Le Briant, qu'elle s'est « rendue du tout en tout avecques religieulx hommes et honnestes l'abbé et couvent de Nre.-Dame d'Ardaine », et leur donna et délaissa tous ses biens meubles et héritages, etc., pour être participante aux biens faits, messes, prières et oraisons de l'abbaye, et pour que lesd. abbé et couvent lui soient tenus aider et supporter son vivre et état (1433, 5 mars). — Vente devant le même par Michel d'Authie, demeurant à S¹-Germain, aux religieux, de terre (1434).

H. 417. (Liasse.) — 59 pièces, parchemin; 6 pièces, papier.

1435-1505. — S¹-Germain-la-Blanche-Herbe. — Transport devant Michel Valemont, tabellion ès mettes des sergenteries d'Argences, Troarn et Varaville, par Jean Houel, aux religieux d'Ardennes, de son droit sur 5 boisseaux de froment et 1 geline de rente (1435). — Ventes de terres aux religieux devant Guillaume de Vernay, tabellion à Caen, par: Pierre de Groucy, de S¹-Nicolas de Caen (1436); Guillaume Blondel (1436, v. s.). — Échange devant le même entre les religieux et Raoulin Le Hérichon de pièces de terre delles du camp du Val, des petits murs et du moulin à vent (1436, v. s.). — Ventes devant le même aux religieux, par: Colin Potée et Collette, sa femme, demeurant à Authie, paroisse de Cussy, de terre (1437); Maxieu Peluquet, et Jeanne, sa femme, de S¹-Jean de Caen, de 6 boisseaux de froment de rente (1437, v. s.). — Vente devant Guillaume Caudebec, tabellion à Caen, par Jean Dupont, bourgeois de S¹-Pierre de Caen, aux religieux, d'une pièce de terre au terroir d'Ardaine, derrière les petits murs (1441, v. s.). — Échange devant le même entre Aubery de La Carière, Jean de La Carière, son frère, et les religieux (1442). — Procédures contre Richard de Mondehare. — Vente devant Jean Le Briant, tabellion à Caen, par Guillaume Scelles, de la paroisse S¹-Michel de la Pallu d'Angers, et Robine, sa femme, héritière de Pierre Triboesne, de la paroisse de S¹-Sauveur de Caen, natif d'Authie, hameau de Cussy, aux religieux, de terre (1451). — Reconnaissance devant le même par Cardot Le Petit, de la fieffe à lui faite par Jeanne, veuve de Guillaume de S¹-Lô, d'Authie (1453). — Vente devant le même par Raoulin Lefevre, bourgeois de Caen, aux religieux, d'une acre de terre jouxte les hoirs Richart Le Cappellier, grand archidiacre de Bayeux (1454). — Copie de donation par Jean de Trechie, curé de Quatremaires, aux religieux, de 22 sols 6 deniers de rente de l'obligation de Jean Allain l'aîné, à charge de services religieux (1457). — Vente devant Thomas Le Gascoing et Richard Bunel, tabellions en la sergenterie de Cheux, par Richart et Jean Le Briant, frères, à Robin Boullongne, de terre (1465). — Fieffes devant Sanson Camail et Guillaume Le Sor, tabellions à Caen : par Girard Bureau, écuyer, seigneur de Venoix, à Richard Le Petit (1470); par Jean Alain le jeune et Geoffroy Saalles, trésoriers de l'église de St-Germain-la-Blanche-Herbe, et les paroissiens, à Jean du Moustier, de la moitié de 5 vergées de terre, moyennant 8 boisseaux de froment de rente à la charité du pain de Pâques fondée en lad. église (1470); par les prieur et frères de l'hôtel-Dieu de Caen à Martin Blondel (1470, v. s.). — Échange devant Robert Le Briant et Jean Delalande, tabellions à Caen, entre Jean d'Authie, prêtre, demeurant à Authie, et Pierre Le Bourgeois, prieur de St Germain, et Michel Jemblin l'aîné, pour eux et les autres prêtres et clercs, d'un boisseau de froment (1482). — Extrait du registre de tabellionage de Caen concernant la reconnaissance par Jean Le Besivre que les pièces de terre par lui prises en fief des gardes des malades de Beaulieu relèvent du fief, terre et seigneurie de Venoix dont est seigneur temporel Jean Bureau, archidiacre et chanoine de Coutances (1486), led. extrait collationné par Guillaume Lelou, fils Nicolas, garde dud. registre, à la requête de Jean Le Neuf, écuyer, lieutenant du vicomte de Caen (1602). — Vente devant Jean Le Briant et Jean Rouxel, tabellions à Caen, par Raoul Le Court, bourgeois de Caen, aux religieux d'Ardennes, de terres (1498, v. s.). — Remise à droit de condition devant Jean Vaudry et Jean Rouxel, clercs, tabellions ès mettes de la sergenterie de Cheux, par Jean Le Besivre, à Guillaume de Nouray, de 6 vergées de terre (1503, v. s.); présent Yves Guibert, curé de Rots. — Échange devant les mêmes entre led. de Nouray, de St-Manvieu, et Philippe Flambart, bourgeois de Caen, de tous ses biens sis à St-Germain, contre 30 boisseaux de froment de rente (1503, v. s.). — État de distribution par Robert de La Hogue, écuyer, lieutenant général du vicomte de Caen, des deniers provenant de la vente des récoltes saisies à la requête de Michel Maheult sur Cardot Maheult, pour paiement d'arrérages de rente (1505). — Procédures contre l'abbaye de St-Étienne de Caen, pour possession de biens, contre des débiteurs, etc.; acte lacéré de prise à ferme de Jean Du Vivier, curé du Nombril-Dieu, près Caen.

H. 428. (Liasse.) — 45 pièces, parchemin; 18 pièces, papier.

1506-1541. — St-Germain-la-Blanche-Herbe. — Aveu à Jean Bureau, archidiacre et chanoine de Coutances, seigneur du fief, terre et seigneurie de Montenay et Grentheville, par Jean Allain (1506). — Reconnaissance devant Nicolas Corpsderoy et Jean de Cussy, clercs, tabellions ès mettes des sergenteries d'Ouistreham et Bernières sous Jean de Verdun, garde du scel des obligations de la vicomté de Caen, par Germain Desblés, prêtre, « Tienote », veuve de Noël Desblés, et Jean Desblés, de St-Germain, de la fieffe à eux faite par les religieux d'Ardennes, stipulée par frères Michel Normant, prieur, et Thomas Bontevillain, Jean Le Marchant, sous-prieur, Olivier Le Gallot, Jean Le Révérent, Jean Pouyen, religieux, de 7 vergées de terre (1507). — Vente devant Lucas Delalande et Robert Patry, tabellions à Caen, par Perrin Meheult à Philippin Flambart, bourgeois de St-Nicolas de Caen, de 3 vergées de terre moyennant 15 l. t., avec faculté de rachat (1508 v. s.). — Copie d'aveu à Hugues Bureau, licencié aux lois, lieutenant général du bailli de Caen, seigneur des fiefs, terres et sieuries de Montenay, Giberville et Grentheville, par Jean Le Petit (1510). — Échanges de pièces de terre devant : Jean Vaudry et Jean Rouxel, clercs, tabellions en la sergenterie de Cheux, entre Christophe du Moncel, prieur de Lébisay, stipulant les religieux d'Ardennes, et Pierre Meheult (1512); Antoine Le Roy et Lancelot Loison, clercs, tabellions au siège de Ste Paix, entre Cardin Jembelin et led. du Moncel (1512); Jean Vaudry et Jean Rouxel, tabellions ès mettes de la sergenterie de Cheux, entre Michel Le Normant, religieux d'Ardennes, prieur de l'église de St-Germain, Germain Desbleys et Robert Mesheult, prêtres, partants aux rentes et obits fondés en lad. église, et l'abbaye (1512). — Vente devant Robert Le Saunier et Guillaume Domey, commis pour l'absence de Lucas de La Lande, tabellions à Caen, par Martin Jembelin à Philippin Flambart, de terre (1513). — Échanges devant Lucas de La Lande et Robert Le Saunier, tabellions à Caen, entre : Guillaume de Billy, de Rots, et frère Christophe du Moncel, religieux d'Ardennes, prieur de Lébisay, de la condition du retrait de 2 pièces de terre (1513); Richard Gabriel et led. du Moncel, de pièces de terre (1515). — Vente devant Lucas de La Lande et Guillaume Domey, commis pour l'absence de Robert Le Saunier, tabellions à Caen sous Nicolas Le Vallois, écuyer, garde du scel des obligations de la vicomté de Caen, par Richard Meheust aux religieux d'Ardennes, de Lébisay, stipulés par frère Christophe du Moncel, prieur de Lébisay, de 3 vergées de terre moyennant 10 l. t. et 2 s. 6 d. de vin (1516). — Échange devant Antoine Le Roy et Pierre Picquet, tabellions au siège de Ste-Paix sous Hugues Bureau, sénéchal et garde des sceaux de la terre et haute-justice d'Argences et St-Gabriel, entre Richard Mallesars, prêtre, bourgeois de Caen, et les religieux d'Ardennes, stipulés par frère Gervais Le Moullynel, prieur de N.-D. du Mesnil jouxte Briouze, de pièces de terre (1517). — Lots devant Pierre Honorey et Jean Lefebvre, clercs, tabellions ès mettes des sergenteries d'Ouistreham et Bernières, entre Jean Marc et Thomas Morin, pour Perrine, sa femme, des biens de Rogière, femme de Robin Baudouin (1523, v. s.). — Vente devant Bertrand Flagaye et Simon Lorfevre, tabellions ès mettes des sergenteries de Villers et Évrecy, par Jean Mesheult à Philippin Flambart, de terre (1525). — Aveux de Marin Blondel et Richard Le Petit à Bertrand Ménard, s' de la Ménardière, s' de Montenay, Giberville et Grentheville (1527). — Ventes devant Lucas de La Lande et Jacques Lairoux, tabellions à Caen, par : Martin Jembellin et Robine, sa femme, à Philippin Flambart, bourgeois de Caen, de terre (1527); Jean Mehoust l'aîné, à Philippin Flambart, de 3 vergées de terre (1528, v. s.); — le même, aud. Flambart, de la condition par lui retenue dans la vente desd. 3 vergées de terre (1531). — Ventes devant : Macé Huberson et Jean de Fouloigne, adjoints de Lucas de La Lande, tabellion à Caen, par Michel de Blez à Philippin Flambart, de terre (1533); — Jean de Fouloigne et Denis de La Haye, adjoints de Lucas de La Lande, tabellion à Caen, par Richard Jembelin, demeurant à St-Julien de Caen, à Gilles Morin, prêtre de St-Germain, de terre (1540, v. s.). — Aveux aud. Bertrand Ménard. — Famille Blondel, etc.

H. 429. (Liasse.) — 56 pièces, parchemin; 24 pièces, papier.

1541-1564. — St-Germain-la-Blanche-Herbe. — Ventes devant : Lucas de La Lande et Jean de Fouloigne, tabellions à Caen, par Robin Blondel à Philippin Flambart, bourgeois de Caen, de vergée 1/2 de terre (1541); — Lucas de La Lande et Denis de La Haye, tabellions à Caen, par Michel Valles et Germaine, sa femme, sœur et héritière de feu Richard Jembellin, à Gilles Morin, prêtre, de St-Germain, de la condition retenue par led. Jembellin en lui vendant vergée 1/2 de terre en la delle de Chiendent (1541); — Guillaume Parisi, notaire à Caen sous Louis Richart, écuyer, garde du scel de la vicomté de Caen, par Rogier Allain aud. Flambart, de 1 acre de terre, delle de Longueraye, moyennant 30 l. t. et 5 s. de vin, lad. terre du nombre des heritages qui font « l'assemblement de la vavassorerie au Flamant » (1543); — le même, par Jean Morin, Guillaume Blondel, Michel Dabledz, Jean Boysart, Jean Lamy, Robin Blondel, etc., pour les autres paroissiens de St-Germain, en forme de commun, à Marguerin Le Paulmier, de St-Louet près Authie, de vergée et demie de terre, delle du Bout des Jardins vers Authie, tenue des fiefs de St-Ouen de Rouen, moyennant 10 l. t. et 7 s. 6 d. de vin, avec condition de retrait, lad. vente faite pour subvenir au paiement de leur taille de lad. paroisse, sans laquelle ils n'eussent su y fournir, suivant la conclusion et délibération qu'ils ont faite devant leur prieur à l'issue de la grand'messe paroissiale, en date du 21 décembre 1544, y insérée (1544). — Reconnaissance par Marie Du Val, veuve de Lucas de La Lande, bourgeois de Caen, du bail à elle fait par Simon Du Vivier, prieur de St-Germain, bailli et fermier de l'abbaye, de terres au champ « aux puchettes », au Val, etc. (1547). — Copie de donation par Martin Jembelin, prêtre, de St-Germain, à l'église dud. lieu, de 1 acre de terre, etc., à charge de services religieux (1547). — Vente par Allain de Bleds à Nicolas Le Coûturier, bourgeois de Caen, de terre (1548). — Reconnaissances devant : Adrien Gusseaulme, écuyer, et Guillaume Cueuret, tabellions à Caen, par Jean Mondehare, bourgeois de Caen, du bail à lui fait par Simon Du Vivier, prieur de St-Germain (1550); — Pierre Honorey et Jean Desobeaux, tabellions ès mettes de St-Gabriel au siège de Cairon, par Jean Boisart et Jean, son fils aîné, de la fieffe à eux faite par Pierre Billy, de Rots, de terre (1551). — Aveux à Jean Ménard, seigneur de La Ménardière, Courbépine et Venoix, panetier ordinaire du Roi et commissaire de toutes les mortes-paies de Normandie, entre autres par Robert Flambart (1551). — Reconnaissance par Guillaume Neufville, de St-Nicolas de Caen, du bail à lui fait par frère Jean du Moncel, prieur de Lion, bailli, religieux et fermier de l'abbaye (1552). — Vente devant Guillaume Cueuret et Nicolas Deslandes, tabellions à Caen sous Étienne Duval, sieur de Mondrainville, receveur général des finances de l'augmentation des gages et solde de la gendarmerie de Normandie, garde du scel aux obligations de la vicomté de Caen, par Abel Martin et Vigor dits Gabriel, bourgeois de Caen, héritiers de Pierre Gabriel, prêtre de St-Germain-la-Blanche-Herbe, à Germain Jembelin, prêtre dud. lieu, de la condition de réméré retenue par led. Gabriel dans la vente par lui faite aud. Jembelin de 1/2 5 vergées de terre (1555). — Arpentage de la pièce des Croisettes par Jean Borel, mesureur « agrimasseur » des terres et bois du Roi et autres, à la requête de frère Jean Du Moncel, bailli d'Ardennes et prieur de St-Nicolas (1556). — Échange devant Nicolas Deslandes et Nicolas Le Lou, tabellions à Caen, entre Germain Blondel et Jean Blondel (1556). — Reconnaissances : par Fremyn Perrelle, du bail à lui fait par les abbé et religieux d'Ardennes de 5 vergées de terre (1560); par Robert Myette, de St-Martin de Caen, de terre (1560).

— Reconnaissance devant Guillaume Cueuret et Guillaume Le Gras, tabellions à Caen, par Jean Blondel, du bail à lui fait par Jacques Varin, sergent royal à Caen, de terres (1561). — Reconnaissance devant les tabellions de Caen, en la maison des abbé et religieux d'Ardennes vis-à-vis le pilori en lad. ville, par: Martin Le Vavasseur, bourgeois de St-Nicolas de Caen, hameau du Nombril-Dieu, du bail à lui fait par Jacques de Villemor, frère et procureur de l'abbé d'Ardennes, de terre (1563) ; — frère Robert du Rosel, écuyer, prieur de Cuy, religieux d'Ardennes, du bail à lui fait par led. Jacques de Villemor, de terre (1563-1564). — Reconnaissance devant Hugues Étienne et Jacques Pigache, tabellions à Caen sous Étienne Duval, sieur de Mondrainville, garde du scel des obligations de la vicomté de Caen, par Jean de Livot, sergent royal à Caen, du bail à lui fait par led. Jacques de Villemor, de terres (1563-1564).

H. 430. (Liasse.) — 32 pièces, parchemin ; 29 pièces, papier.

1564-1579. — St-Germain-la-Blanche-Herbe. — Aveux à Robert de La Ménardière, sr dud. lieu et de Venoix (1564). — Reconnaissance par Fremyn Perrelle, du bail à lui fait par Robert du Rosel, prieur de Cuy, religieux d'Ardennes, ayant droit de l'abbé dud. lieu, de 5 acres 3 vergées de terre (1564). — Caution devant Michel Raul et Jacques Pigache, tabellions à Caen, par Jean Le Hérichon, d'Authie, de Jean Herbeline, pour le bail à lui fait par les religieux d'Ardennes, de terre (1564). — Vente devant Jean Le Maistre et Jean de La Haye, tabellions à Caen, par Jean l'aîné et Germain dits Boisart, père et fils, demeurant ensemble en « communité » de biens, aux enfants mineurs de Robert Jembelin, de 23 sols tournois de rente (1565). — Commission baillée par Baptiste de Villemor, abbé commendataire d'Ardennes, à Robert Le Febvre, bourgeois de Caen, de faire la recette de ses rentes tant en argent, que grains et volailles (1565). — Reconnaissance par Guillaume Le Roux, de St-Nicolas de Caen, du bail à lui fait par les abbé et religieux, de 10 vergées de terre (1565). — Accord entre François Desmarquestz, prieur de St-Germain, et les paroissiens, concernant des héritages dépendant de l'église aliénés et engagés par les paroissiens (1566). — Remise à droit de condition devant Étienne Le Coustellier, écuyer, et Robert de Grandouet, tabellions en la vicomté de St-Sylvain et Le Thuit au siège de Vaucelles de Caen, par Raoul Le Hérichon, prêtre, d'Authie, à Germain Jembelin, prêtre, de St-Germain-la-Blanche-Herbe, d'une acre de terre (1566). — Reconnaissances de baux à eux faits par l'abbé Baptiste de Villemor, devant : Hugues Étienne et Pierre Bacon, tabellions à Caen, par Julien Selles, bourgeois de St-Martin de Caen (1567) ; Hugues Étienne et Jean Le Maistre, tabellions à Caen, par Cosme Le Brethon, de St-Germain (1567) ; Jacques Pigache et Pierre Bacon, tabellions à Caen, par Louis Miette, bourgeois de St-Martin de Caen (1567). — Mise en possession par Louis Labbey, doyen rural de Maltot, de Nicolas Ringuet au prieuré-curé de St-Germain-la-Blanche-Herbe, vacant par la résignation de François Desmarquets, religieux profès de Fécamp (1568). — Reconnaissance par Cardin Hallot et Gervais Mehault, bourgeois de St-Nicolas de Caen au hamel du Nombril-Dieu, du bail à eux fait par l'abbé Baptiste de Villemor de la pièce de terre du champ des Paslières (1569). — Reconnaissance devant Jean Le Maistre et Étienne Beccoq, écuyer, tabellions à Caen, par Denis Sorrey, bourgeois de St-Nicolas de Caen, du bail à lui fait par Pierre Halley, fermier de l'abbaye d'Ardennes (1570). — Ventes devant : Jean Delahaye et Étienne Beccoq, tabellions à Caen, par Guillaume Billy, de Rots, à Michel Morin, bourgeois de St-Martin de Caen, de 50 sols t. 2 chapons 50 œufs et 2 poules de rente foncière à prendre sur les biens de feu Jean Boisart père et fils, moyennant 30 l. t. et 20 s. t. de vin (1574) ; — Pierre Bacon et Jean Delahaye, tabellions à Caen, par led. de Billy aud. Morin, de la condition de réméré retenue pour lad. vente (1575). — Quittance par Robert Helix, prieur de St-Thomas de Lion, obitier de l'abbaye d'Ardennes, d'arrérages de 13 sols, 6 estoufs et 1 poule de rente due par les frères de Bledz (1577). — Vente devant Jean Delahaye et Richard Martin, tabellions à Caen, par Jean Le Petit, d'Authie, à Guillaume Le Brethon, bourgeois de Caen, hameau de la Maladrerie, de terre (1577). — Aveu aux abbé et religieux d'Ardennes en leur noble terre et sieurie Thiouf par Michel Morin, fils Thomas (1579). — Ventes devant : Richard Martin et Pierre Bénard, tabellions à Caen, par Guillaume Le Brethon à Jean Foubert, bourgeois de Caen, de terre (1579) ; — Christophe Aubert et Pierre Bénard, tabellions à Caen, par Simon Nicolle, sieur et curé de Trembley, stipulant Robert de La Ménardière, sieur du lieu, de Montenay et de Venoix, abbé de St-Colombe et prieur de Ste-Barbe-en-Auge, à Michel et Blaise dits de Bledz frères, de 6 pièces de terre (1579).

H. 431. (Liasse.) — 13 pièces, parchemin ; 31 pièces, papier.

1580-1602. — St-Germain-la-Blanche-Herbe. — Vente

devant Pierre Bénard et Christophe Aubert, tabellions à Caen, par Yvon Le Petit, de Carpiquet, à Michel Morin, bourgeois de Caen, de la condition de reméré par lui retenue en lui vendant la moitié de 3 vergées de terre (1580). — Lots et partages entre les enfants de feu Bieves Desblés, et Michel Deshlés (nombreux « mercs ») (1581). — Remise à droit de sang et ligne, par clameur et marché de bourse, devant Richard Martin et Christophe Aubert, tabellions à Caen, par Louis Vastel, bourgeois de Caen, à Jacques Jemblin, bourgeois, de terre (1581). — Ventes devant : Jean Le Maistre et Richard Martin, tabellions à Caen, par Jean Le Petit, d'Authie, hameau de Cussy, à Jean Foubert, bourgeois de S‑Nicolas de Caen, de la condition de reméré par lui retenue dans la vente faite à Guillaume Le Brethon de vergée 1/2 de terre, delle du Champ du Val (1581); — François Paris et Guillaume Caillot, tabellions à Caen, par Robert Herbeline, bourgeois de S‑Étienne de Caen, à Nicolas Duchemin, bourgeois de Froide-rue, de 2 boisseaux 1/2 de froment de rente (1581). — Aveux : à Robert de La Ménardière, s' du lieu, Courbépine, Venoix, abbé de S‑Colombe et prieur de S‑Barbe-en-Auge, par Marin Le Hérichon, fils Pierre, bourgeois de S‑Julien de Caen, de terres (1582), etc.; à Baptiste de Villemor, abbé d'Ardennes, par Pierre Desobeaux, bourgeois de Caen (1590). — Extraits du registre du tabellionage de Caen concernant les ventes de terres faites par: Thomas Perrelle à Thomasse Flambart, bourgeoise de Caen, stipulée par Jean Vaultier (1591); Pierre Le Hérichon, fils André, d'Authie, à Jean Foubert, bourgeois de Caen (1592). — Fieffe par les paroissiens de S‑Germain-la-Blanche-Herbe et de Venoix, de terre dépendant des maladreries desd. paroisses, assis au hameau de la Maladrerie; parmi les abornements, la maison des maladreries de S‑Nicolas et S‑Ouen de Caen (1592). — Choix devant Louis « Radul », écuyer, lieutenant général du vicomte de Caen, entre Abacuc et Pierre Blondel, des lots faits entre eux de la succession de Jean Blondel, leur père (1594). — Quittance devant Richard Martin et Horace Le Forestier, tabellions à Caen, par Jean Hignault, Marin Le Paulmier, Thomas Lenglois, Michel Busnel, d'Authie, à Thomas Le Hérichon, fils Marin, bourgeois de Caen, de 20 écus sol de principal et de 30 sols de vin, par augmentations des prix contenus aux contrats des engagements faits par les paroissiens en commun d'Authie, tant aud. Le Hérichon qu'à ses prédécesseurs, de terre à S‑Germain dépendant du trésor de l'église d'Authie (1595). — Consentement devant Richard Martin et Nicolas Rocque, tabellions à Caen, par Martin Blondel, bourgeois de S‑Nicolas de Caen, au hameau du Nombril-Dieu, âgé de 86 ans, attendu son antiquité, à Louis Blondel, son fils puiné, et à Zacharie Simon et Martin dits Blondel, pour eux et Jean Blondel, leur frère, enfants de feu Jean, fils aîné dud. Martin, de faire 2 lots de tous ses biens et rentes (1599). — Vente devant Horace Le Forestier et Nicolas Rocque, tabellions à Caen, par Guillaume Briant, fils Thomas, à Jean Machon l'aîné, de terre (1599). — Extrait du registre du tabellionage de Caen, concernant la vente faite par Jean Briant et Cardine Caignard, sa femme, à Charles Jemblin, bourgeois de Caen, de terre (1600). — Vente devant Pierre Pauger et Philippe Le Mercier, tabellions au siège de Vaucelles de Caen, par Zacharie Simon et Martin Blondel, frères, à Jacques Jemblin, bourgeois de Caen, de 4 pièces de terre (1602).

H. 439. (Liasse.) — 17 pièces. parchemin; 61 pièces. papier.

1603-1629. — S‑Germain-la-Blanche-Herbe. — Extrait du registre de lad. paroisse, concernant la déclaration faite, suivant le mandement des élus de l'Élection de Caen, par les paroissiens, qu'il n'y a de possédants fiefs dans lad. paroisse que les religieux d'Ardennes et quelques portions ou dépendances du fief de Montenay appartenant à Pierre Le Neuf, de Caen, l' « outre plus » desd. fiefs dépend des fiefs de S‑Ouen de Rouen; ont pareillement déclaré qu'il y a le hameau de Franqueville avec une partie du hameau de Cussy dépendant de lad. paroisse, avec l'abbaye d'Ardennes, située en lad. paroisse, et qu'il n'y a que 10 vergées de terre dépendant du domaine du Roi, dont jouit Habacuc Blondel, par bail à lui fait par le receveur du domaine de Caen, et n'ont connaissance qu'il y ait aucun qui jouisse du quatrième de Caen, et qu'il y a 12 ou 15 « feufx » dans la paroisse payant taille, desquels aucuns imposés au rôle se sont absentés de la paroisse, entre lesquels Jacques Nourry et Thomas Le Hérisson, soi disant bourgeois de Caen, et en cette qualité exempts de l'impôt avec les abbé et religieux d'Ardennes (1603). — Reconnaissance devant François Le Sénécal, notaire à Évrecy, et Martin Gervais, ci-devant notaire à Graye, pris pour adjoint, par Jacques Fremont, Michel Bazin, Pierre Aimée, Perrin Le Roy, Thomas Moullin et Robert Le Roy, de S‑Nicolas de Caen, hameau de la Maladrerie, du bail à eux fait par les prieur et religieux d'Ardennes, stipulés par Thomas Desplanches, l'un d'eux, et leur procureur, de terres (1604). — Vente devant Richard Martin et Mathieu Delalonde, tabellions à Caen, par Thomas Le Hérichon, d'Authie, à Robert

Lamenday, bourgeois de Caen, de terre (1606). — Bail par Guillaume Le Turc, religieux, prieur-curé de St-Germain, premier et principal des obitiers de lad. paroisse, à Jacques Nourry (1606). — Délibération des paroissiens pour la réparation de la nef de leur église, qui menace ruine (1606). — Procédure au Parlement de Rouen entre Pierre de Villemor, abbé commendataire, et Guillaume Le Turc, prieur de St-Germain de La Blanche-Herbe, concernant la jouissance des menues dîmes, bordages et novales, etc. (1608). — Ventes : par Nicolas Blondel, sergent, natif de Grainville, à présent demeurant à Caen, à Jean Poullain, bourgeois de Caen, de 6 vergées de terre (1609) ; — par André Noury à Nicolas Bizay, son beau-frère, de terre (1613) ; devant Jean Drouet et Hébert Louys, tabellions au siège de Cairon, par Isaac Blondel à Guillaume Jembelin, bourgeois de Caen, de terre (1616). — Extrait du registre du tabellionage de Caen, concernant la transaction faite entre Cardine Meheult, veuve de Guillaume Le Tellier, bourgeois de St-Nicolas de Caen, et Thomas Le Hérichon, bourgeois, sur leur procès pour la possession de pièces de terre (1618). — Vente devant Mathieu Delalonde et Le Sueur, son adjoint, tabellions à Caen, par Jacques Desobeaux, sieur de St-Germain, à Jacques Jemblin, sieur de Franqueville, bourgeois de Caen, de terres (1618). — Vente devant Mathieu Delalonde et Michel Le Sueur, tabellions à Caen, par Jacques Varin et Jeanne Le Marchand, sa sœur utérine, veuve de Jean Varin, héritiers de leur mère, à Marin Dupont, sieur de la Folie, contrôleur général des finances à Caen, de terre (1621). — Transaction entre frère Pierre Le Turc, prieur de St-Germain, et Gilles et Robert Jembelin, frères, pour éviter le procès entre eux pendant au bailliage de Caen concernant la possession de 1/2 acre de terre (1622). — Reconnaissance devant Guillaume Vauquelin, écuyer, président et lieutenant général au bailliage et siège présidial de Caen, par Simon Blondel, du bail à lui fait par Raoul Le Sauvage, sieur de Bitot, bourgeois de Caen, procureur et receveur de l'abbaye d'Ardennes, de 6 vergées de terre (1622). — Reconnaissance par Simon Briant du bail à lui fait par Bertrand Le Rouge, fermier d'Ardennes (1623). — Procédure devant Guillaume Vauquelin, écuyer, sieur de la Fresnaye, président et lieutenant général au bailliage et siège présidial de Caen, entre les religieux d'Ardennes, stipulés par frère Jean Gires, et Thomas de Bledz, fils Michel, et Jean de Bledz, fils Biefves, pour eux et leurs cohéritiers, concernant la déclaration exacte des biens sujets en 12 boisseaux de froment, 1 geline et 1 hommage de rente (1623). — Extrait du registre des expéditions, audiences et autres actes faits par Guillaume Le Turc, prieur de St-Germain, concernant la déclaration des habitants qu'ils n'ont rien en commun, pas de terres vaines ni vagues (1626). — Reconnaissance devant Germain Riboult et Martin Picquerel, tabellions en la sergenterie d'Ouistreham, par Simon Berthes, bourgeois de Caen, du bail à lui fait par les religieux d'Ardennes, des maisons sises dans la cour de l'enclos de l'abbaye et dépendances, et les grosses et menues dîmes de la paroisse (1627). — Vente devant Mathieu Delalonde et Michel Le Sueur, tabellions à Caen, par Jacques Morin, bourgeois de Caen, à Georges Sallet, sieur de Quilly et Cintheaux, stipulé par Nicolas Madeline, sr de la Vallée, bourgeois de Caen, de 50 sols, 2 chapons, 50 œufs et 2 poules de rente foncière (1629).

H. 438. (Liasse.) — 17 pièces, parchemin ; 50 pièces, papier.

1619-1638. — St-Germain-la-Blanche-Herbe. — Baux de terres dépendant des fabrique et trésor de St-Germain, par François Myffant, prieur-curé et trésorier. — Aveu aux prieur et religieux d'Ardennes, à cause de leur fief, terre et sieurie Thiouf, dont le chef est assis à St-Germain, par Jean Perrelle (1630). — Publication à l'issue de la messe paroissiale de St-Germain par Georges Bourdon, prévôt de la terre et sieurie du fief Thiouf, appartenant aux religieux d'Ardennes, de la saisie de divers biens faute d'hommages rendus (1630). — Extrait des pleds dud. fief tenus par Pierre Hébert, avocat au siège présidial de Caen, en présence de Germain Riboult, tabellion en la sergenterie d'Ouistreham et Bernières, pris pour greffier, à Cussy, en la maison de Jean Perrelle, homme et tenant de la sieurie, concernant la représentation faite par Georges Bourdon, prévôt, de la saisie de biens faute d'hommages rendus, et l'adjudication desd. biens au domaine non fieffé des religieux d'Ardennes (1630). — Vente devant Germain Riboult, tabellion à Cairon, et Jean Le Febvre, ex tabellion aud. lieu, pris pour adjoint, par Jacques Eudes, aux religieux d'Ardennes, stipulés par frère Bonaventure Le Febvre, de terre (1630). — Reconnaissance par Michel Le Roy du bail à lui fait par les religieux (1631). — Procédure devant Hercule Vauquelin, écuyer, sieur des Yveteaux, lieutenant général au bailliage et siège présidial de Caen, entre Pierre de Bernières, sieur d'Acqueville, conseiller au Grand Conseil du Roi, et Jean de Bernières, sieur de Deux-Jumeaux, trésorier général de France à Caen, et Michel Lair, époux de Marie Blondel, fille de Louis Blondel, Jacques Blondel, fils Pierre, l'aîné, Pierre

SÉRIE H. — ABBAYE D'ARDENNES.

Blondel, fils Abacuc, Jacques Mallet, époux de Gillette Blondel, fille de Martin Blondel, Jean Mallet et Jacques Morin le jeune, héritiers à cause de leurs femmes de Pierre Blondel le jeune, leur père, et autres, pour paiement de 9 années d'arrérages de 28 boisseaux de froment, mesure d'Arques (1632). — Aveux divers à Jean Le Neuf, sr du fief de Venoix dit Montenay, lieutenant en la vicomté de Caen (1632-1633) ; déclaration des héritages que Georges Nicollet, curé d'Authie, maître aux arts en l'Université de Caen, tient dud. Le Neuf, à St-Germain, à cause de son fief de Montenay, pour lui et les autres prêtres de lad. paroisse (1633). — Extrait du registre du tabellionage de Caen concernant la remise à droit de sang et ligne par Robert Jembelin, sieur du Mesnil, bourgeois de Caen, comme tuteur des mineurs de feu Gilles Jembelin, son frère, cohéritiers de Jacques Jembelin, leur père, à Pierre Blondel, fils Abacuc, et à Jacques Blondel, fils Pierre, de terre (1633). — Vente devant Mathieu Delalonde et Michel Le Sueur, tabellions à Caen, par Charles Jembelin, bourgeois de Caen, à Robert Jembelin, sieur du Mesnil, son frère, bourgeois de Caen, de 10 vergées de terre (1634) ; Michel Le Sueur et Jean Chrestien, tabellions à Caen, par Jacques Euldes à Simon Barthes, bourgeois de Caen, de la condition de reméré retenue par lui en vendant à Pierre Malvoray 3 vergées de terre (1634); Germain Riboult et Jean Le Febvre, tabellions au siège de Cairon, par Claude et Jacques Briant, frères, aux religieux d'Ardennes, stipulés par frère Robert Duhamel, de terre (1634). — Copie de l'ordonnance des commissaires députés par le Roi pour les francs-fiefs et nouveaux acquêts en la province de Normandie, déchargeant les paroissiens de St-Germain de la somme de 22 livres, et 44 sols pour les 2 sols pour livre, de leur taxe pour communes, comme n'en possédant pas (1636). — Vente devant Mathieu Delalonde et Michel Le Sueur, tabellions à Caen, par Isaac Blondel à Guillaume Jembelin, bourgeois de Caen, de terre (1638).

H. 434. (Liasse.) — 35 pièces, parchemin; 32 pièces, papier.

1640-1647. — St-Germain-la-Blanche-Herbe. — Vente devant Mathieu Delalonde et Michel Le Sueur, tabellions à Caen, par Charles Jembelin, bourgeois de Caen, à Guillaume Jembelin, bourgeois, de terre (1640). — Accord entre les prieur et religieux d'Ardennes, stipulés par frère Robert Du Hamel, sous-prieur, et Guillaume Challes, bourgeois de Caen, concernant les contributions de taille, subsistance ou sel, pour les biens à lui loués (1641). — Reconnaissance devant Mathieu Delalonde et Michel Le Sueur, tabellions à Caen, par Guillaume Challes, bourgeois de St-Martin de Caen, du bail à lui fait par frère Robert Du Hamel, sous-prieur de l'abbaye d'Ardennes, de la maison dans la cour de l'enclos, avec jardin et dépendances, et les grosses et menues dîmes de St-Germain, moyennant 2,000 livres par an (1641). — Copie de l'ordonnance de décharge accordée par la chambre souveraine établie par le Roi pour le recouvrement des droits d'amortissement, aux paroissiens de St-Germain, de la somme de 65 livres et des 2 sols pour livre pour leur taxe desd. droits (1641). — Vente par Pierre Blondel, fils Abacuc, fondé des paroissiens de St-Germain, et du consentement de frère François Miffant, prieur-curé et seul obitier de lad. paroisse, aux religieux d'Ardennes, stipulés par frère Robert Du Hamel, de 1/3 d'acre de terre appartenant aux prêtres et clercs obitiers de St-Germain (1641). — Donation devant Delalonde et Le Sueur, tabellions à Caen, par Nicolas Madeline, sieur de la Vallée, bourgeois de Caen, procureur et intendant de Philippe Froger, veuve de Georges Sallet, seigneur de Quilly, Cintheaux, Cauvicourt, Jacobmesnil et la Héraudière, procureur général au Parlement de Normandie, et Alexandre Sallet, seigneur de Colleville, aux religieux, de 100 livres tournois de rente, à charge d'être inhumés dans le caveau de la chapelle dédiée à St-Aubin et St-Norbert, sépulture dud. Georges Sallet et de Georges Sallet, son fils, abbé commendataire (1641); copie collationnée par François Le Sénécal, notaire à Évrecy, à la requête de Thomas Desplanches, religieux (1692). — Vente devant les mêmes par Henri Regnault, sieur de Cardonné, marchand, bourgeois de Caen, à Guillaume Jemblin, de 3 vergées de terre (1641). — Procédure aux pieds de la ville et banlieue de Caen devant Gilles Hue, écuyer, sieur de Luc, vicomte de Caen, entre Alexandre Sallet, sieur de Colleville, et les héritiers de Guillaume Daniel, pour paiement de 5 années d'arrérages de 15 livres de rente de l'obligation de Jean Blondel envers la dame d'Albray, mère dud. Sallet (1642). — Aveu aux prieur et couvent d'Ardennes par Jacques Mallard (1643). — Vente devant Delalonde et Le Sueur, tabellions à Caen, par Simon Masson, bourgeois de Caen, aux religieux d'Ardennes, stipulés par frère Robert Du Hamel, sous-prieur, du droit d'engagement à lui fait par Jean Poullain, bourgeois de Caen, de 6 vergées de terre (1643). Échange devant Mathieu Delalonde et Jean Chrestien, tabellions à Caen, entre Jean Le Neuf, écuyer, sieur de Venoix dit Montenay, lieutenant en la vicomté de Caen, et les religieux d'Ardennes, stipulés par frères Robert Du Hamel, sous-prieur, et Baptiste Jean, religieux, de l'étendue de son fief de Venoix dit Montenay, en ce qu'il y en a dans la paroisse de S¹-Germain-la-Blanche-Herbe, contre héritages à Caen (1646). — Lettres patentes séparant du fief de Venoix dit Montenay toutes les rentes seigneuriales et droits échangés par led. Jean Le Neuf, avec les religieux d'Ardennes, et les incorporant au fief d'Ardennes nommé le fief Thiout (1646). — Déclaration des rentes foncières et seigneuriales dud. Jean Le Neuf, écuyer, sieur de Montenay, faite aux religieux d'Ardennes en conséquence du contrat d'échange passé entre eux (1646). — Inventaire des titres, aveux et enseignements de l'étendue du fief de Venoix dit Montenay, en ce qu'il y en a dans la paroisse de S¹-Germain-la-Blanche-Herbe, baillé aux religieux par led. Le Neuf. — Vente devant lesd. tabellions par led. Le Neuf aux religieux de 8 acres de terre à S¹-Germain (1646). — Ordonnance de la Chambre des Comptes de Normandie, prescrivant l'enregistrement au greffe desd. lettres patentes obtenues par les religieux d'Ardennes pour la séparation du fief de Venoix dit Montenay des rentes seigneuriales et droits échangés par Jean Le Neuf avec les religieux, et réunion d'iceux au fief d'Ardennes nommé le fief Thiout (1647).

H. 435. (Liasse.) — 14 pièces, parchemin; 40 pièces, papier.

1647-1653. — S¹-Germain-la-Blanche-Herbe. — Aveu rendu aux prieur et couvent d'Ardennes par Philippe de Blés, fils et héritier de Thomas (1648). — Échange devant François Delaporte et Jean Chrestien, tabellions à Caen, entre Charles de Bellemare, prieur claustral de l'abbaye de S¹-Étienne de Caen, Guillaume Morin, prieur de S¹-Léonard, François de Sillans, sous-prieur et grènetier, Antoine de La Croix, prieur de Septvents et de Parthenay, bailli de l'abbaye, Mathieu de la Dangie de Renchy, docteur en théologie, cellérier, Gilles Poerier, chambrier, Charles Fortin, sacristain et courtillier, Jean de Mabray, chantre et prieur d'Audrieu, Jacques Rouault, aumônier, Pierre de Mabray, prieur de Bavent, et Jacques Morel, prêtres, Louis Gaudin, bachelier en théologie, et Jacques Le Maistre, tous religieux profès de lad. abbaye, sous le bon plaisir de l'archevêque de Lyon, abbé commendataire, et les religieux d'Ardennes, stipulés par frères Robert Du Hamel, sous-prieur, et Jean-Chrysostôme Touraine, procureur, de pièces de terre (1648). — Ratification dud. échange devant Jean Le Febvre et Vincent Lucas, tabellions en la haute justice d'Argences et S¹ Gabriel pour le siège d'Amblie et Cairon, par Jean de la Croix, prieur claustral de l'abbaye d'Ardennes, André Le Roy, Baptiste Jean, Bernardin Boisard, Ambroise Deslandes, Basile Gombert, Bernard Cailly, Hugues Barbey, Joseph Torel, François Hébert, Bonaventure Désert, Jérôme Dumont, Frédéric Dupont, Alexandre Chalet, Jacques Saon, Philippe de Malfilâtre, Luc Hommais, Charles Chrestien, Toussaint de S¹-Léger, Gilles Le Bault, Antoine Fournier, Jean Broc, tous religieux profès de l'abbaye d'Ardennes (1648). — Ratification dud. échange devant les notaires du Châtelet de Paris par Michel Le Masle, seigneur et prieur des Roches, conseiller du Roi en ses Conseils, chantre et chanoine en l'église de Paris, grand vicaire et procureur général d'Alphonse-Louis Du Plessis de Richelieu, cardinal, archevêque et comte de Lyon, primat des Gaules, grand aumônier de France, abbé commendataire de l'abbaye S¹-Étienne de Caen (1649). — Vente devant Jean Le Febvre et Vincent Lucas, tabellions en la haute-justice d'Argences et de S¹-Gabriel pour le siège d'Amblie et Cairon, par Michel Lair, bourgeois de S¹-Nicolas de Caen, et Marie Blondel, sa femme, à Jean Mallet, aussi bourgeois de Caen, de la condition de reméré retenue sur 2 pièces de terre (1649). — Échanges devant les mêmes entre : Jean Mallet, bourgeois de S¹-Nicolas de Caen, et les religieux d'Ardennes, stipulés par frères Robert Du Hamel, sous-prieur, et Jean-Chrysostôme Touraine, procureur, de pièces de terre (1649); Georges Nicolet, curé et obitier d'Authie, et les religieux d'Ardennes, stipulés par frères Robert Du Hamel, sous-prieur, et Basile Gombert, procureur, de pièces de terre (1650). — Échange devant François Delaporte et Jean Crestien, tabellions à Caen, entre Michel Briant, bourgeois de Caen, par lui et ses frères, et les religieux d'Ardennes, stipulés par frère Robert Du Hamel, sous-prieur, et Baptiste Jean, de pièces de terre (1651). — Remise à droit de condition devant Jean Chrestien et Pierre Delacroix, tabellions à Caen, par Geoffroy Le Pelletier, bourgeois de Caen, aux religieux d'Ardennes, stipulés par frères Robert Du Hamel, sous-prieur, et Basile Gombert, procureur, de 1 vergée de terre (1652). — Remise à droit de lettre et comme acquéreur perdant devant Thomas Le Sueur et Guillaume Delaporte, tabellions à Caen, par Gilles Jemblin, bourgeois de Caen, subrogé à Pierre Le Queru, adjudicataire des biens décrétés sur Charles Jemblin, à Guillaume Jemblin, bourgeois de Caen, d'une vergée de terre (1653).

H. 436. (Liasse.) — 16 pièces, parchemin; 49 pièces, papier

1654-1669. — S¹-Germain-la-Blanche-Herbe. —

Avertissement que baillent devant le vicomte de Caen les religieux d'Ardennes contre Nicolas, Jacques et Thomas Mauger, frères, bourgeois de Caen, concernant la possession de 6 acres de terre vendues par Charles Jemblin à Philippine Froger, veuve de Sallet, procureur général au Parlement (1654). — Vente devant Thomas Le Sueur et Jean Crestien, tabellions à Caen, par Philippe Debledz à Olivier Nicolle, sieur de la Martinière, demeurant à Caen, de 15 livres tournois de rente (1655). — Échange devant Guillaume Delaporte et Jean Crestien, tabellions à Caen, entre Judith Huet, veuve de Noël Morin, et les religieux, de pièces de terre (1656). — Échange devant Lambert Lucas et Jean Harivel, tabellions aux sièges d'Amblie et Cairon, entre Guillaume Jemblin, bourgeois de St-Martin de Caen, et frère Baptiste Jean, religieux d'Ardennes, prieur-curé et trésorier de l'église de St-Germain, de pièces de terre (1657). — Quittance devant les tabellions de Caen par Olivier Nicolle, sieur de la Martinière, bourgeois de Caen, aux religieux d'Ardennes, stipulés par frère Pierre Bouchard, de la somme de 364 livres tournois pour l'amortissement de 25 livres 14 sols 3 deniers de rente hypothèque, de la constitution de Philippe Debledz (1658). — Quittance par Degron, receveur général de l'abbaye de St-Étienne de Caen, aux prieur et religieux d'Ardennes, de 60 boisseaux d'orge, mesure ancienne, revenant à 55 boisseaux, mesure d'Arques, et 12 boisseaux de froment, revenant à 10 boisseaux, d'une année de rente qu'ils font à lad. abbaye à cause de la muaison de la dîme de St-Germain (1661). — Quittance devant Jean Crestien et Thomas Le Sueur, tabellions à Caen, par Marguerite Fresnot, fille et héritière d'Isaac Morin, son aïeul maternel, veuve de Pierre de Morières, aux religieux d'Ardennes, stipulés par frère Charles Crestien, de la somme de 1.200 livres pour la valeur de 3 pièces de terre (1661). — Transaction entre Abraham Le Tellier, prêtre en l'église St-Ouen de Caen, et Suzanne Le Hérichon, épouse de Jean Hurel, bourgeois de Caen, sur leur procès concernant la clameur de 3 vergées de terre à St-Germain (1662). — Vente devant Thomas Le Sueur et Guillaume Delaporte, tabellions à Caen, par Jean Hurel et Suzanne Le Hérichon, sa femme, aux religieux d'Ardennes, stipulés par fr. Mathieu Trossaille, procureur de l'abbaye, de 3 vergées de terre (1663). — Bail par frère François Myffant, prieur-curé et trésorier de l'église de St-Germain, à Marin Lamy, de 3 pièces de terre (1664). — Vente devant Pierre Desoulle et Jean Regnouf, tabellions en la vicomté de St-Sylvain et Le Thuit pour les sièges de Cairon et Fontaine-Henry, par Jean Debled aux religieux d'Ardennes, stipulés par Mathieu Trossille, religieux, leur procureur, de 3 vergées de terre (1665). — Inventaire des pièces produites par les prieur et religieux d'Ardennes au greffe de l'intendant Chamillart suivant l'assignation à eux donnée pour faire apparoir des titres et enseignements en vertu desquels ils jouissent de deux pièces de terre à St-Germain, jouxte le chemin de Bayeux. — Déclaration devant Jean Rougon, tabellion à Caen, et Charles Boullard, contrôleur des titres, pris pour adjoint pour l'absence de Georges Le Cesne, commis par l'intendant Chamillart, par les religieux d'Ardennes, de pièces de terre données et aumônées à leur abbaye, à St-Germain (1667). — Reconnaissance devant Jean Caumont, tabellion à Cheux, et Jean Mauger, sergent aud. lieu, pris pour adjoint, par Philippe Debledz, du compte par lui fait avec les religieux d'Ardennes (1669).

H. 437. (Liasse.) — 10 pièces, parchemin; 50 pièces, papier.

1670-1685. — St-Germain-la-Blanche-Herbe. — Distribution devant Siméon de Fontaines, écuyer, sieur de Neuilly, vicomte de Caen, des deniers provenant du décret requis par Thomas Blondel de biens à St-Germain qui furent à Jean Debledz (1670). — Reconnaissance devant Jean Caumont, tabellion à Cheux, et Jean Mauger, sergent royal aud. lieu, pris pour adjoint, par Thomas Moullin, bourgeois de Caen, du bail à lui fait par frère Norbert du Saussay de terre (1672). — Procuration devant Jacques Lefebvre et Jean Barouet, tabellions en la vicomté de Falaise, par frère Norbert Molinet, procureur de l'abbaye de St-Jean près Falaise, à frère Norbert Le Haribel, chanoine régulier de l'ordre de Prémontré en l'abbaye d'Ardennes, de prendre en son nom possession du bénéfice ou prieuré-cure de St-Germain, auquel il a été pourvu en remplacement de Myffant, décédé; collation y relative de l'évêque de Nesmond (1672). — Copie du procès-verbal de réparations de la clôture de l'abbaye en ce qui concerne le métier de charpentier; procès-verbal de Siméon de Fontaines, sr de Neuilly, vicomte de Caen, attestant que les bâtiments de l'abbaye consistent en plusieurs corps et combles de maisons, savoir l'église, cloître, dortoirs, réfectoire et autres bâtiments attenant à l'église, qu'au devant d'icelle il y a une grande balustrade de bois avec pilastres de pierre de taille, séparant l'église et lesd. bâtiments d'autres bâtiments de basse cour et à usage de « mesnage » de campagne, lesquels bâtiments environnent une grande cour et consistent en une grande grange, écuries, greniers, une autre grange plus petite, bergerie, étables à vaches, maison pour le fermier, etc.; la charpente de l'église, ruineuse, ne peut plus subsister, d'autant que depuis longtemps les eaux du larmier tombant dans les gouttières de pierre ayant regorgé contre les sablières, les ont toutes pourries, ainsi que partie des poutres, etc. (1672). — Vente devant Jean (une des copies porte Julien) Caumont, tabellion à Cheux, et Jean Mauger, sergent, pris pour adjoint, par Jean Debleds, fils Thomas, à Marie Debleds, veuve de Guillaume Adeline, sa sœur, de 2 pièces de terre (1673). — Remise à droit de sang et ligne, clameur de marché de bourse, devant les mêmes, par lad. veuve, à Philippe, Guillaume, Jean et Gilles Debleds, enfants de Jean fils Thomas, desd. pièces de terre (1674). — Échange devant Jacques Caumont, tabellion à Cheux, et Nicolas Barboy, sergent royal aud. lieu, pris pour adjoint, entre Pierre Morin, bourgeois de Caen, « vogmaistre » général et capitaine des guides de l'armée du Roi en Allemagne, tant pour lui que pour Anne Le Riche, sa mère, et Jacques Morin, son frère, et les religieux d'Ardennes, stipulés par frère Louis Basset, de pièces de terre (1675). — Reconnaissance devant Jacques Caumont et Nicolas Barbey, notaires à Cheux, par François Nourry et François Lamy, du bail à eux fait par les religieux d'Ardennes, stipulés par frères Grégoire Bonhomme et Mathieu Trosseille, prieur et procureur, de 6 vergées de terre (1679). — Aveux aux religieux d'Ardennes par: Jean Fromont, Jean Debleds (1680); Laurent Blouet, curé de la paroisse de Dromme, au droit de Guillaume Nicolle, héritier d'Olivier Nicolle, à la représentation de Guillaume Jemblin, fils Cardin; Jean Blondel, fils Pierre, bourgeois de Caen (1681). — Reconnaissance devant Nicolas Le Vacher et Guillaume Jolivet, notaires à Caen, par Guillaume Noury, à l'instance de Jacques Blouet, marchand droguiste, bourgeois de Caen, avancé à la succession dud. Laurent Blouet, son oncle, du bail à lui fait de 8 pièces de terre (1680); procédure au bailliage de Caen, entre Georges Blouet, curé de Reviers, tuteur des enfants de Jacques Blouet, bourgeois de Caen, et les religieux d'Ardennes, concernant le paiement d'arrérages de rente (1682-1683). — Mandements de Jean Le Courtois, docteur professeur royal aux droits en l'Université de Caen, sénéchal des fiefs appartenant aux prieur et religieux d'Ardennes, au premier des hommes ou tenants de la sieurie, de publier issues des messes paroissiales la tenue des pleds de lad. sieurie (1684). — Vente devant Jacques Le Danois et Guillaume Jolivet, notaires à Caen, par Philippe, Guillaume et Jean Debleds, frères, fils de Jean et de Judith Mallet, tant pour eux que pour Gilles, leur frère mineur, aux religieux d'Ardennes, stipulés par frère Hyacinthe Touraine, prieur de l'abbaye, Norbert Molinet, prieur-curé de St-Germain, et André Fournier]eau, procureur de l'abbaye, de 6 vergées 1/2 de terre (1685).

H. 488. (Liasse.) — 6 pièces, parchemin; 47 pièces, papier.

1686-1719. — St-Germain-la-Blanche-Herbe. — Procès-verbaux de Jean Le Chapelain et Michel Brodon, maîtres maçons, Sébastien Noury et Hélie Auber, maîtres charpentiers, tous bourgeois de Caen, et devis pour la démolition et la reconstruction des voûtes de l'abbaye; — ordonnance d'Edmond Maclot, abbé de L'Estanche, vicaire général de la congrégation de l'étroite observance de l'ordre de Prémontré, assisté d'Hilarion Baslo, prieur de Bucilly, définiteur assistant de visites, prescrivant lesd. travaux, la voûte de l'église menaçant une ruine prochaine et les religieux n'étant pas en sûreté de leurs vies (1686). — Marché devant Jacques Le Danois, notaire à Caen, et Pierre Dalléchamps, contrôleur, pris pour adjoint, avec Hélie Auber, maître charpentier, bourgeois de St-Pierre de Caen, qui s'oblige de construire tout de neuf dans l'église sept arcades ou autant qu'il en faudra, réservé celle qui est sur l'orgue, de bois de chêne bon et suffisant, de pareille structure et façon que celles de pierre qui y sont de présent, et de fournir toutes les petites courbes qui seront posées entre les grandes pour recevoir le lambris, lesquelles auront 2 pouces 1/2 d'épaisseur et 3 pouces de largeur, éloignées l'une de l'autre d'un pied, lesquelles seront enmanchées à tenon et à mortaise dans des pavés qui seront portés sur les grands arcs d'ogive, ayant 3 pouces 1/2 d'épaisseur et 4 pouces 1/2 de largeur, et de fournir les clefs pendantes autant qu'il en faudra pour assembler les grands arcs d'ogive, de fournir une pièce de bois de plusieurs longueurs qui sera posée sur les sommiers, dans laquelle les clefs pendantes seront assemblées à tenon et à mortaise, lad. pièce de 5 pouces d'épaisseur et 6 pouces de largeur, de fournir une pièce de bois, laquelle sera posée à la ligne des culs de lampe et entretoise dans les clefs pendantes sur toute la longueur de l'église, de 3 pouces d'épaisseur et de 4 pouces de largeur, et portera le bout des petites courbes qui seront à tenon et mortaise dedans et sur chacune desd. courbes de la naissance des ogives au bout de celles qui demeureront de pierre, sera fait une manière de semelle qui entrera un pied dans le mur, et seront faites de la même structure des ogives, comme aussi fournir le lambris, etc., à charge de nourrir Auber lorsqu'il travaillera à placer l'ouvrage et les collations ordinaires aux ouvriers, moyennant 3.000 l. de principal et 200 l. de vin, etc. (1686). — Autre marché avec Sébastien Noury, bourgeois de Caen, maître charpentier, qui s'oblige envers les prieur et religieux d'Ardennes, stipulés par André Fournereau, procureur, de démolir et abattre les voûtes de leur église prête à cabler, suivant le devis dressé par Hélie Aubert, maître charpentier, moyennant 400 livres et 10 livres de vin, sa nourriture pendant l'ouvrage et les collations ordinaires des ouvriers (1686); quittances de Noury, de Thomas Tostain et François Le Gué, de la paroisse de St-Germain-la-Blanche-Herbe, etc. — Devis des réparations pour l'ancien dortoir (1687); marché avec Robert et Clément Quédeville ou Queudeville, maîtres charpentiers de Carpiquet; quittances. — Ordonnance de Jean Gohier, écuyer, lieutenant particulier civil et criminel au bailliage et siège présidial de Caen, prescrivant, à la requête du procureur du Roi, parlant par Nicolas de Vauquelin, écuyer, sieur de Néey, premier et ancien avocat du Roi, concernant les réparations nécessaires aux voûtes de l'église de l'abbaye; experts: Thomas Queudeville, de Carpiquet, et Sébastien Noury, de St-Martin de Caen, maîtres charpentiers, Jacques Busnel et François Lance, d'Authie, maîtres maçons, Jean Bouttraye, de St-Nicolas de Caen, et Antoine Seigneurie, de St-Julien de Caen, maîtres serruriers, Augustin Moullinet, de St-Sauveur, et Marin Delaplanche, de Notre-Dame de Caen, vitriers, Jacques-François Gosse, de St-Pierre, et Nicolas Rouxel, de Notre-Dame de Caen, peintres (1688). — Procès-verbal de visite par Jacques-François Gosse et Nicolas Rouxel, peintres à Caen, des nouvelles voûtes en bois de l'église de l'abbaye, estimant les frais de peinture en blanc, de « seruze de Holande » avec l'huile de noix à deux couches, à 400 livres (1688); quittances d'Agnès Gaucher, veuve de Nicolas Le Hullier, bourgeois de Caen, maître vitrier et plombier, et d'Antoine Néron, bourgeois de Caen, marchand de bois. — Devis des ouvrages à faire au côté du cloître tenant à l'église (1689). — Reconnaissances devant François Le Sénécal, notaire à Évrecy, et Jacques Caumont, ci-devant notaire, pris pour adjoint, par Jean de Bledz, du bail à lui fait par les religieux d'Ardennes des grosses dîmes de la paroisse St-Germain (1690); — les mêmes, par Bon et Julien Le Tellier, frères, du bail à eux fait par les religieux d'Ardennes, stipulés par le P. Des Planches, de 10 vergées de terre (1692); — Le Sénécal, notaire à Évrecy, et Pigache, notaire ci-devant à Noyers, adjoint, par Charles de Varignon, de Putot, domestique des prieur et religieux d'Ardennes, du bail à lui fait des grosses dîmes de St-Germain (1696). — Vente devant led. Sénécal par Thomas Gibert, fils Jacques, aux religieux d'Ardennes, stipulés par le P. Louis Protichet, de terre (1697). — Transaction entre les prieur et religieux d'Ardennes et Louise de Vernay, veuve d'Abraham Le Chanoine, secrétaire de l'hôtel-de-ville de Caen, fermier général de l'abbé Faultrier, sur leur procès au bailliage de Caen concernant les réparations de l'église et des bâtiments de l'abbaye en raison des dommages causés par la tempête du 30 décembre 170.. (1704). — Bail à ferme par Jacques Oursin, sieur du Mesnil, receveur payeur des rentes de l'hôtel-de-ville de Paris, époux de Marie Vicaire, veuve de Jacques Blouet, à Charles Briand, de terres à St Germain (1708, terres acquises postérieurement de Blouet). — Procès-verbal par Nicolas Du Moûtier, écuyer, seigneur de Coutranville, lieutenant général au bailliage et siège présidial de Caen, en conséquence du traité fait entre les religieux et Gaspard de Fogasse de la Bastie, grand archidiacre et vicaire général de Chartres, abbé commendataire, de la situation du bâtiment abbatial, d'un lieu convenable et commode pour construire par les religieux un autre bâtiment abbatial; Pierre Cauvet, notaire à Caen, faisant les fonctions de notaire arpenteur juré, Archange Tostain, de St-Germain-la-Blanche-Herbe, et Pierre Lance, d'Authie, maîtres maçons et tailleurs de pierre; l'ancienne abbatiale est ruineuse et en état de cabler, à moins de réparations considérables, les appartements sont très incommodes et hors d'état d'y pouvoir habiter à moins d'en changer la construction; l'abbatiale et ses dépendances sont enclavées dans les lieux claustraux, et on ne peut y arriver qu'en passant sous la cuisine et dans les lieux de clôture et réguliers de l'abbaye, etc.; arrêt du Conseil homologuant la transaction entre l'abbé et les prieur et religieux concernant la construction d'un nouveau bâtiment abbatial, et la démolition et changement de l'ancien (1711). — Reconnaissance devant Thomas-François Le Sénécal, notaire à Évrecy, par Germain et Robert de Basly, du bail à eux fait par les religieux d'Ardennes, stipulés par frère Jean Dudouet, d'une maison avec jardin et pièces de terre (1718). — Lettre de frère Jean Dudouet à Hébert, procureur au bailliage de Caen, concernant le compte des fermages de Bon Le Tellier (1719).

H. 439. (Liasse.) — 7 pièces, parchemin; 80 pièces, papier.

1720-1760. — St-Germain-la-Blanche-Herbe. — Reconnaissance devant Thomas-François Le Sénécal, notaire à Évrecy, par Charles Varignon, du bail à lui fait par les religieux d'Ardennes, stipulés par le P. Jean Dudouet, prêtre, des grosses et menues dîmes de lad. paroisse (1720). — Baux de terres par le P. Gilles Héroult à : Barbe Aimée, bourgeoise de Caen (1721); Guillaume et Richard Guillouet, frères (1722), etc. — Requête à la Cour des comptes, aides et finances de Rouen, par Jean-Jacques-Philippe Cauchard de La Houssaye, prieur-curé de St-Germain, religieux d'Ardennes, pour obtenir l'extrait de la déclaration faite en 1679 du revenu temporel de la mense conventuelle afin de reconnaître les bornes des terres de son prieuré (1723); suit le texte de lad. déclaration, collationné par Le Nouvel, auditeur en lad. Cour; procédure entre led. prieur-curé et les religieux, concernant les dîmes en général de sa paroisse (cf. H. 441). — Attestation de Guillaume Gosselin, bourgeois de Caen, que pour des considérations particulières les religieux d'Ardennes n'ont reçu que 9 livres 18 sols 6 deniers pour droit de 13e d'une vergée de terre par lui acquise de François Lair, bourgeois de Caen (1723). — Reconnaissance devant Thomas-François Le Sénécal, notaire à Évrecy, par Germain et Robert de Basly, frères, du bail à eux fait par frère Gilles Héroult de pièces de terre (1726). — Fieffe devant le même par Jacques Morel, prieur de l'abbaye, et Michel Pilon, religieux, procureur ordinaire de l'abbaye, à François Lair, bourgeois de Caen, de terre (1726). — Transaction devant les notaires à Paris entre Pierre-René de Brizay, chevalier, seigneur comte de Denonville, baron du Puis et seigneur d'Avesnes, lieutenant général pour le Roi au gouvernement du pays Chartrain, et brigadier des armées du Roi, demeurant à Paris, stipulant Gaspard de Fogasse de la Bastie, docteur de Sorbonne, abbé commendataire de l'abbaye d'Ardennes, et Jacques Morel, prieur de lad. abbaye, pour les autres religieux, afin de terminer le procès entre eux au Grand Conseil concernant la pension congrue du prieur de St-Germain-la-Blanche-Herbe; charges affectées sur la dîme de St-Contest; sacristie, gages de l'organiste, décimes, etc. (1726). — Reconnaissances de baux devant Thomas-François Le Sénécal, notaire à Évrecy, par : Catherine Tostain, veuve de Jean Lance, et Pierre Lance, son fils, de St-Germain; Jacques Nourry, Michel Nourry (1727); Archange Tostain, Barbe Aimée, Guillaume et Richard Guillouet, Jacques et Guillaume Le Lièvre, Richard Le Roy, Pierre Lamy (1732), etc. — Transaction entre Servais Néel, prieur, Michel Pilon, procureur de l'abbaye, et Philippe Cauchard de La Houssaye, prieur de Ste-Croix, ci-devant prieur de St-Germain, concernant le règlement des dépens auxquels il a été condamné envers les religieux à cause du procès intenté pour les dîmes de la paroisse St-Germain (1732). — Collation par l'évêque Paul d'Albert de Luynes du prieuré-cure régulier de St-Germain, vacant par le décès de Jean Madeline et par la répudiation d'Étienne Basset, présenté, à Pierre Hélouin, chanoine régulier de Prémontré (1738). — Reconnaissances de baux par : Pierre et Charles Le Roy, frères, Pierre Debled, Pierre Boisard, Guillaume Lamy (1740), Guillaume, Richard et Jacques Guillouet (1741), etc. — Procuration devant André Lambert, notaire en la prévôté, terre et seigneurie de Roissy en France, Élection de Paris, par Pierre Le Marchand, tailleur de pierres, demeurant à St-Germain-la-Blanchambre près Caen, à Louis Pibardel, cuisinier à l'abbaye d'Ardennes, de prendre en son nom à loyer des religieux de lad. abbaye 2 arpents de terre (1747). — Aveux aux prieur et religieux par François Lair, Jean Bayeux, Isaac Tostain et Madeleine Bayeux, veuve de Germain Lance (1754). — Baux devant les notaires de Caen par le P. Louis-Charles Gontier, à Thomas Le Dordinier et à Pierre Heuzey (1755). — Bail devant Guillaume Fontaine, notaire à Caen, rue Caponière, par frères Charles Alliot et Gabriel Arondel, religieux, prieur et procureur, à Jacques Duval (1760).

H. 440. (Liasse.) — 27 pièces, parchemin; 50 pièces, papier.

1761-1790. — St-Germain-la-Blanche-Herbe. — Baux devant Guillaume Fontaine, notaire à Caen, par Charles et Jacques-Alnobert Alliot, prieurs, et Gabriel Arondel, procureur de l'abbaye d'Ardennes, à : Archange Le Dordinier (1761); Pierre Guillouet et Marie Debled (1762); Élisabeth Langlois, veuve de Marin Noury (1763); Louis Lemoine (1763). — Vente devant Jean Caumont et Thomas Du Rozier, tabellions en la sergenterie de Cheux, par Jean Briand, fils Simon, bourgeois de Caen, à Martin Crevel, bourgeois (1765). — Aveux à l'abbaye par Léonard Le Pesant, Agnès Varin, veuve de Nicolas Boisard, tutrice de ses enfants, André de Basly, Jean et Guillaume Debled frères, Catherine Blondel, veuve de Noël Lair, Jean Bayeux, Madeleine Bayeux, veuve de Germain Lance, Isaac Totain (1765). — Extrait des minutes du greffe du bailliage de Caen concernant le procès-verbal des réparations à faire aux couvertures des bâtiments endommagées par l'ouragan du 4 octobre 1765; Boisard et Dros, experts architectes; copie dud. procès-verbal continué en 1756. — Ordonnance de l'intendant de Fontette, sur requête de François Pain, prieur-curé de St-Germain, que les possédants fonds soient tenus lui fournir par augmentation à son presbytère un cellier, une chambre, un cabinet, une écurie, un puits, une cour, un jardin et une boulangerie (1768). — Baux à : Pierre Houzey (1768); la veuve Pierre Boisard (1771); la veuve Denis Lance (1773); Guillaume Nourry (1774); Pierre Lamy, Nicolas Goude, tailleur d'habits, Gilles Le Compte (1779); Jacques Lamy, Pierre Guillouet et Pierre Delavigne (1781); Pierre Heuzé, maître maçon (1781); Anne Le Pelletier, veuve de Marin Boisard (1781); Jacques et Jean Guillouet et Pierre Poulain (1782); François Renouf (1784); Anne Hue, veuve de Jacques-François Le Sénécal (1784), etc. — Mandement de François-Jacques Picard de Prébois, avocat au Parlement de Paris, postulant au bailliage et siège présidial du Caen, sénéchal des fiefs, terres et seigneurie d'Ardennes, appartenant aux religieux de l'abbaye, au premier des hommes et tenants desdits fiefs dont le chef est assis à St-Germain, de publier la tenue des pieds et gages-pieds dud. fief Thiouf pour le mardi 5 juillet (1785). — Bail devant les notaires de Caen par frère Jean-Toussaint-Nicolas Lorois, procureur de l'abbaye, à Pierre Lamy (1787). — Transaction entre Richard Le Clerc, prieur-curé de St-Germain, et les religieux d'Ardennes, sur leur procès concernant le paiement de la pension congrue dud. prieur (1787). — Baux devant les notaires de Caen par : Marin Hébert, prieur, et Jean-Baptiste-Michel Alexandre, procureur de l'abbaye, à Marie Le Dordinier, veuve de Jacques Duval (1788); Jean-Baptiste-Michel Alexandre, procureur de l'abbaye, à François Masson (1789); à Pierre Le Pelletier, maçon, et Jean Lamy, son gendre (1790).

H. 411. (Liasse.) — 4 pièces, parchemin ; 50 pièces, papier.

1722-1724. — St-Germain-la-Blanche-Herbe. — Ancienne liasse. « Procédure pour la dîme de St-Germain La Blanche Herbe entre le prieur curé et les relligieux d'Ardennes, terminée en faveur de ces derniers par un arrêt du Conseil. Inutile. » Cf. H. 439. — Mémoire pour les chanoines réguliers de l'abbaye d'Ardennes, défendeurs. Contre frère Jean-Jacques-Philippe Cauchard, prieur-curé de St-Germain de la Blanche-Herbe, demandeur. La principale question qui divise les parties, est de savoir à qui appartiennent les dîmes de lad. paroisse, ou à Cauchard, prieur-curé, ou aux religieux d'Ardennes? Le curé a pour lui le droit commun, on en convient; mais ce droit commun ne doit-il pas céder à la possession immémoriale des abbés commendataires et des religieux d'Ardennes ; possession de plusieurs siècles, possession contradictoire avec les curés; possession d'autant plus respectable, qu'après avoir été troublée une seule fois par un prieur de St-Germain, elle a subsisté malgré cette vaine tentative. Cauchard parviendra-t-il à dépouiller aujourd'hui l'abbaye d'un droit qu'un de ses prédécesseurs lui a contesté sans succès il y a plus d'un siècle ; d'un droit qui est entré, à peu près dans le même temps, dans le partage des biens de l'abbaye fait entre l'abbé commendataire et les religieux ; c'est ce qui n'a pas même d'apparence ; les ordonnances du Royaume et les maximes constantes de tous les tribunaux ne permettent pas de donner atteinte à une possession si précieuse. L'abbaye d'Ardennes, fondée au commencement du XIIe siècle dans la paroisse de St-Germain, a été successivement enrichie de différentes libéralités; on ne lui accorda d'abord que quelques portions de dîmes de cette paroisse, mais ensuite l'église même de St-Germain, par conséquent toutes les dîmes, lui furent données, comme il est encore énoncé dans une bulle du pape Lucius III, 1144. Elle a joui en conséquence de toutes les dîmes, en faisant desservir la cure par un des chanoines réguliers de la maison ; cette possession a continué dans la personne des abbés commendataires: les preuves de cette possession sont en si grand nombre depuis près de 200 ans, que Cauchard est réduit à supposer qu'elle a été l'effet de quelques conventions avec les curés, et par conséquent qu'elle n'a été que précaire; mais comme il ne rapporte point les prétendus traités, l'autorité de la possession ne peut souffrir d'une supposition si téméraire. Au XVIe siècle, on ne voit point quel était le revenu du prieur-curé ; il y a lieu de présumer qu'il avait quelques portions dans les menues dîmes, les domaines anciens de la cure, et des terres chargées d'obits et de fondations. Ces revenus étaient modiques, en sorte que l'abbé d'Ardennes était exposé tous les jours comme décimateur à une demande en portion congrue ; c'est pourquoi par trois baux de 1585, 1591 et 1599, en affermant les dîmes, il stipula que si le prieur optait sa portion congrue, le fermier serait tenu de lui payer 120 livres par an, et au moyen de cela jouirait des revenus du prieuré. Cette demande ne fut point formée, mais Guillaume Le Turc, chanoine régulier de l'abbaye d'Ardennes, s'étant fait pourvoir de la cure de St-Germain par dévolu sur un religieux de Fécamp qui en était en possession, ne fut pas plutôt maintenu par arrêt du Parlement de Rouen de 1605, qu'il fit un procès à André Bourdon, fermier de l'abbé d'Ardennes, et forma contre lui deux chefs de demande: l'un, pour qu'il eût à lui abandonner une maison qu'il prétendait être le presbytère ; l'autre, pour qu'il eût à lui payer la dîme d'agneaux et de laine ; c'est ce qu'il fit ordonner par deux sentences de 1605. Il ne portait point encore ses vues ambitieuses jusqu'à s'emparer de toutes les dîmes de la paroisse : cette chimère ne lui vint à l'esprit qu'en 1607. Cela fit la matière d'une instance portée au bailliage de Caen, dans laquelle Guillaume Le Turc prétendait qu'outre la dîme « des Voides, Filasses, Laines et Agneaux », qu'il avait enlevée, il devait encore avoir les autres dîmes de la paroisse ; l'abbé d'Ardennes soutenait au contraire qu'il devait être maintenu en la possession « en laquelle lui et ses prédécesseurs de tout temps avoient esté desdites maisons et dixmes, comme ayant esté de tout temps du corps de ladite abbaye, appartenant à icelle », et ajoutait « que le revenu d'icelle abbaye consiste esdites dixmes, sans lesquelles ladite abbaye ne pourroit estre entretenue, les religieux nourris, les décimes dues au Roy payées, et autres charges ne pourroient estre faites ; que si les prieurs ou vicaires perpétuels des autres prieurez et églises dépendantes de ladite abbaye estoient reçus à prendre et percevoir les dixmes des paroisses, comme prétend faire ledit Le Turc, ladite abbaye et couvent seroit déserte et ne pourroit plus subsister ; estant chose certaine que les abbez de ladite abbaye d'Ardennes sont primitifs prieurs ou curez des paroisses de S. Contest et de S. Germain de la Blanche-Herbe, proches et adjacentes de ladite abbaye, les dixmes desdites paroisses par réunions et concessions Apostoliques de tout temps faites et observ'* sont jointes et appartiennent au corps de ladite abbaye, et que lesdites églises ont coutume d'estre desservies par aucuns desdits religieux de ladite abbaye comme vicaires perpétuels, ausquels pour ce faire est donnée certaine pension ». Guillaume Le Turc ne put rien produire pour établir sa prétention sur les dîmes de la paroisse. C'est ce qui l'obligea apparemment à réduire ses vastes idées, et à demander seulement « les menuës Dixmes, Verdages et Novales, et 120 livres de pension ». Sentence du bailliage de Caen, le 30 juin 1608, disant que faute par l'abbé d'abandonner à Le Turc les menues dîmes, verdages et novales, et de lui payer 120 livres de pension, il lui paierait par provision 240 livres par an. L'Abbé appella de cette sentence au Parlement de Rouen, où, par arrêt du 16 août suivant, il fut ordonné qu'il paierait seulement 150 livres de provision. Le Turc s'en tint à cette décision, et, abandonnant un procès trop légèrement entrepris, se contenta de la provision adjugée, pour lui tenir lieu de sa pension ou portion congrue. Il mourut en 1619,

ou du moins eut alors pour successeur Pierre Le Turc, qui abandonna entièrement cet objet, se contenta sans retour et sans réserve des 150 livres, et même forma une demande directement contraire à celle de son prédécesseur. Guillaume Le Turc avait prétendu jouir d'une partie des dîmes, et par conséquent des autres domaines de sa cure, soit libres, soit chargés d'obits ; mais son successeur, se regardant comme réduit à la portion congrue, reconnut que les anciens domaines de sa cure devaient rester à l'abbé d'Ardennes, décimateur, qui lui payait sa portion congrue ; mais, à l'égard des terres chargées d'obits et fondations, il les réclama, ce qui fit la matière d'un procès tout différent, porté au bailliage de Caen. Les dîmes de Saint-Germain furent comprises dans les lots de partage faits en 1633 entre l'abbé et les religieux ; elles se trouvèrent dans le premier lot qui échut d'abord à l'abbé, mais qui fut depuis adjugé aux religieux : c'est ainsi qu'ils ont passé des mains de l'abbé commendataire, qui jusque-là en avoit joui seul, en celles des religieux, qui depuis ce temps en ont joui sans souffrir le moindre trouble jusqu'en 1721. Affaires avec l'abbé Fr.ultrier. Le frère Cauchard ayant été pourvu en 1720 de la cure de St-Germain, a voulu tout changer ; ses prédécesseurs demeuraient ordinairement dans l'abbaye d'Ardennes, comme étant au milieu de la paroisse de Saint Germain, et par conséquent se trouvant en état de porter partout les secours que l'on devait attendre de leur ministère : Cauchard, au contraire, a fait faire une procédure sous le nom des habitants de St-Germain, en l'officialité de Bayeux, pour l'obliger de sortir de l'abbaye ; et de concert entre eux est intervenue une sentence, le 30 juin 1721, qui ordonné qu'il se retirerait en son presbytère, proche l'église de St-Germain. Il n'y a pas été plutôt retiré que, la moisson ayant commencé, il a voulu s'emparer de toutes les dîmes sans aucune formalité, et au mépris d'une possession aussi ancienne et aussi paisible que celle des religieux ; ceux-ci s'y opposèrent : Cauchard les fit assigner au bailliage de Caen le 21 juillet 1722. Les religieux évoquèrent cette demande au Conseil par exploit du 27, au préjudice duquel il fut rendu le 29 une sentence à son profit ; et, poussant encore la témérité plus loin, il surprit le 7 août un arrêt du Parlement de Rouen qui le chargea de l'assignation donnée au Conseil, et ordonna l'exécution de la sentence du 29 juillet ; cela a donné lieu à un règlement de juges au Conseil du Roi, la témérité de Cauchard y a été condamnée, et par arrêt contradictoire du 16 mars 1723, les parties ont été renvoyées au Conseil, et Cauchard condamné aux dépens. Les guerres civiles qui ont désolé la province de Normandie, et dont l'abbaye d'Ardennes a plus éprouvé les fureurs qu'aucune autre, ont fait perdre un grand nombre de titres anciens dans lesquels se serait conservée la preuve de la possession pour les temps les plus éloignés; mais ceux qui subsistent font voir la possession constante de l'abbaye depuis près de 200 ans. Pendant plus de 40 ans on ne trouva pas de chanoine régulier dans l'abbaye d'Ardennes qui voulût se charger de cette cure, et l'on fut obligé de prendre des religieux de Fécamp, etc. — De l'imprimerie d'André Knapen, à l'entrée de la rue St André des Arcs, au Bon Protecteur, 13 p. in-f°.

H. 442. (Liasse.) — 3 pièces, parchemin; 5 pièces, papier.

1390-1740. — St-Germain-la-Blanche-Herbe et St-Contest. Liasse 9, inventaire de la Révolution. — Extrait informe d'aveu rendu au Roi par les abbé et religieux d'Ardennes, d'un membre de fief appelé « le fieu Youf du Marché, fondeur » de l'abbaye, lequel il tenait du chambellan de Tancarville, dont le chef est assis paroisse St-Germain (1390). — Aveux rendus aux religieux par : Roger Frigot, Laurent Champion et Guillaume Le Prévost le jeune, d'un tènement qui fut Thomas Talbot, assis à Venoix (1577) ; Salomon Asselin, bourgeois de Caen, fils et héritier en sa partie de Pierre Asselin, contrôleur général du taillon en la généralité de Caen (1642). — Échange devant Thomas Le Sueur et Jean Crestien, tabellions à Caen, entre Laurent Le Haguais, chanoine régulier et prieur de la maison-Dieu de Caen, et André Danjou, bourgeois de Caen, administrateur receveur du bien et revenu de lad. maison-Dieu, et les prieur et religieux d'Ardennes, stipulés par Robert Du Hamel, sous-prieur, et Basile Gombert, procureur de l'abbaye, de 9 boisseaux de froment à prendre sur lesd. religieux représentant Sallet et sur Guillaume Jemblin, 14 boisseaux de froment, 1 chapon et 15 œufs de rente à prendre sur Philippe et Jean Debledz, etc., contre diverses rentes à cause d'héritages sis à Venoix (1653). — Note informe indiquant que par contrat passé devant les notaires de Caen Françoise « Le Chevalier », veuve de Laurent Meurdrac, bourgeois de Caen, héritière de Clément « Le Chandelier », son frère, a vendu à Noël de Pantl.ou, écuyer, plusieurs maisons à St-Ouen de Caen déclarées des fiefs de l'abbaye St-Étienne de Caen, et 5 vergées de terre, mouvant et relevant des fiefs de l'abbaye d'Ardennes (1740).

H. 443. (Cahier.) — Grand format, 10 feuillets, papier. 1 pièce annexée.

1750. — St-Germain-la-Blanche-Herbe. — Explication de la carte ou plan de lad. paroisse et des environs dépendant en partie des religieux de l'abbaye d'Ardennes, lad. paroisse bornée au midi par le grand chemin de Caen à Bayeux, au nord, les paroisses d'Authie et St-Contest, au levant, St-Nicolas de Caen, au couchant les paroisses de Rots et de St-Louet.

H. 444. (Liasse.) — 1 pièce, papier.

XVIIe siècle. — St-Germain-la-Blanche-Herbe. — Plan de l'abbaye, avec légende explicative.

H. 445. (Liasse.) — 10 pièces, parchemin; 25 pièces, papier.

XIIIe siècle-1766. — Ste-Honorine-du-Fay. — Donation par « Radulfus de La Broise », « Beate Marie apud Sanctam Onorinam », de 7 vergées de terre « super maram Broteville », « concessu Radulfi de Tribus Montibus », que Robert de Troismonts, frère dud. Raoul, tiendra par 6 tournois de rente annuelle (s. d.). — Reconnaissance devant Guillaume Le Monnier et Richard Pouquet, tabellions ès mettes de la sergenterie de Préaux, par Jean Mallerbe, de Ste-Honorine-du-Fay, que les biens sujets envers les religieux d'Ardennes en 12 boisseaux d'orge, 2 gélines, 20 œufs, 2 deniers de rente, ont été par lui vendus à Colin Pouquet; reconnaissance dud. Pouquet (1471 v. s.). — Obligation de Nicolas Pouquet de payer aux religieux d'Ardennes les arrérages de la rente assise à Ste-Honorine (1546, v. s.). — Mémoire lacéré concernant le bénéfice de Ste-Honorine dont a été pourvu Nicolas Du Quesnay en 1550, contre Germain Le Gris, pourvu à raison de l'incapacité dud. Quesnay. — Procédure au présidial de Caen entre les religieux d'Ardennes et Nicolas Pouquet, bourgeois de Caen, pour paiement d'arrérages de rente (1579-1581). — Échange devant Jean Le Monnier et Gilles Revel, tabellions royaux en la vicomté de Caen au siège de Préaux et Thury, entre Denis Le Noble, bourgeois de Caen, et Hugues Le Febvre le jeune, et Marguerite Langlois, sa femme, de Ste-Honorine, de maisons et pièces de terre tenues de la sieurie de Lonchamps sujettes en 16 boisseaux d'orge avec 1 ou 2 gélines à l'abbaye d'Ardennes, contre 2 pièces de terre tenues de la sieurie de Bretteville (1589). — Procédure devant Guillaume Vauquelin, écuyer, président au siège présidial de Caen, entre Raoul Le Sauvage, sieur de Bitot, ex-fermier d'Ardennes, et Christophe Lefebvre, pour paiement de 7 années d'arrérages de 12 boisseaux d'orge, 1 géline et 10 œufs de rente (1623). — Transaction devant Jean Eudyne et Jacques Seigle, tabellions en la sergenterie et siège de Bernières, entre les religieux d'Ardennes et Christophe Lefebvre, fils Hugues, sur leur procès, pour paiement de 10 années d'arrérages de 12 boisseaux d'orge, mesure ancienne d'Évrecy, 1 poule et 10 œufs (1631). — Procédure en la juridiction des privilèges de l'Université de Caen, devant Jean Blondel, écuyer, seigneur de Tilly, lieutenant particulier, entre les religieux d'Ardennes, incorporés en lad. Université, et Richard Lefebvre, sergent, fils de feu Christophe Lefebvre, fils Hugues, pour paiement de rente (1667). — Reconnaissance devant Jean-Jacques Bénard et Guillaume Fontaine, notaires à Caen, par Marie-Madeleine Lefèvre, épouse de Jacques Le Héricey, sieur de la Morandière, demeurant à Landes, lad. dame fille de Denis Lefebvre, bourgeois de Caen, et Louis-Henri Bourse, sieur d'Aumont, bourgeois de Caen, époux de feu Michelle-Catherine Lefebvre, aussi fille dud. Denis, en conséquence d'une sentence obtenue par Charles Colleville, ex-fermier de l'abbé d'Ardennes, de 12 boisseaux d'orge, mesure ancienne d'Évrecy, revenant à 8 boisseaux, mesure actuelle de la halle à blé de Caen, 1 poule et 10 œufs de rente foncière pour fieffe faite par l'abbaye d'Ardennes d'héritages à Ste-Honorine-du-Fay (1766).

H. 416. (Liasse.) — 11 pièces, parchemin ; 13 pièces, papier.

1456-1755. — St-Louet. — Reconnaissance de prise à fieffe par Jean Jemblin (1405, 29 mars). — Ventes devant : Lucas Delalande et Robert Le Saunier, tabellions à Caen, par Pierre Meheult à Philippin Flambart, bourgeois de Caen, de 1/2 acre de terre moyennant 12 l. t. et 5 s. l. de vin (1511) ; — Lucas Delalande et Jacques Leireux, tabellions à Caen, par Martin Jemblellin et Robine Morin, sa femme, aud. Flambart, de 1/2 5 vergées de terre (1526 v. s.). — Lots devant Nicolas Le Lou et Fleury Bénard, tabellions en la vicomté de St-Sylvain et Le Thuit au siège de Vaucelles de Caen, entre Pierre, Siméon, Guillaume et Me Robert Le Paulmier, frères, bourgeois de Caen, des biens de feu Thomas Le Paulmier fils Marguerin (1564). — Aveu par Alain Debledz aux abbé et religieux (1565). — Remise à droit de condition devant Pierre Bacon et Jean Delahaye, tabellions à Caen, par Martin et Jean Blondel, père et fils, à Pierre Briant et à Michel Briant, son frère, de 6 vergées de terre (1574). — Quittance par le grand vicaire du cardinal de Farneze, abbé commendataire de St-Étienne de Caen, à Jean Frogier, bourgeois de Caen, de 119 livres 18 sols 6 deniers pour vente de 3 acres et 1 vergée de terre à Rots et St-Louet (vente des biens ecclésiastiques) ; acte de lad. vente (1576). — Reconnaissance devant Jean Le Maître et Christophe Aubert, tabellions à Caen, par Jean Froger, avocat au siège présidial de Caen, Germain et Jacques Jemblelin, de l'accord fait sur un procès entre eux concernant saisie de récoltes (1578). — Vente devant Guillaume Caillot et Pierre Bacon, tabellions à Caen, par Jean Blondel, Marin Nourry, Germain Lamy, Germain Trenchant, Marin et Noël Lamy, Jean Jemblelin et Thomas Perrelles, pour eux et les autres paroissiens de St-Germain-la-Blanche-Herbe, à Thomasse Flambart, veuve de Jean Froger, avocat, stipulée par Jean Vautier, de 1 vergée de terre à St-Louet près Authie (1591). — Extrait du registre du tabellionage de Caen concernant l'échange fait entre Thomas Le Hérichon fils Marin et Jean Le Paulmier, écuyer, président en l'Élection de Caen, de pièces de terre (1599). — Aveu rendu au Roi par Georges Sallet, sieur de Quilly et de Cintheaux, avocat au Parlement de Normandie, époux de Philippe Froger, fille et héritière de Jean et Guillaume Froger, ses père et oncle, et Thomasse Flambart, veuve de Jean Froger, mère de lad. Philippe, de terres (1607). — Reconnaissance devant Germain Riboult et Martin Picquerel, tabellions, par Jacques de la Gohengne, d'Authie, du bail à lui fait par les religieux d'Ardennes, stipulés par frère Jean Gires, de 3 acres de terre (1627). — Donation devant Robert Le Picard et Jacques Maurice, tabellions à Rouen, par Alexandre Sallet, écuyer, sieur de Colleville, aux religieux d'Ardennes, stipulés par frère Robert Duhamel, de terres de St-Louet, à charge de services religieux (1642). — Échange devant Michel Le Sueur et Jean Crestien, tabellions à Caen, entre Jacques Debleds, bourgeois de Caen, et Robert Jemblin, sieur du Mesnil, bourgeois de Caen, de pièces de terre (1647). — Reconnaissance devant Jean Crestien et Pierre de La Croix, tabellions à Caen, par Robert Jemblin, sieur du Mesnil, marchand, bourgeois de Caen, de la vente faite aux religieux d'Ardennes de pièces de terre (1651). — Reconnaissance par Salomon Debleds du bail à lui fait par les religieux d'Ardennes, stipulés par frère Charles Crestien, leur procureur, de 2 acres de terre (1658). — Reconnaissances devant : François Le Sénécal, notaire à Évrecy, et Denis Godefroy, huissier en vicomté à Caen, pris pour adjoint, par Jean Le Révérend, du bail à lui fait par le P. Thomas Desplanches, procureur de l'abbaye, de 2 acres de terre (1692); les notaires de Caen, par les prieur et religieux d'Ardennes, stipulés par le P. Louis-Charles Gontier, du bail fait à Pierre Nourry de 5 vergées t 2 de terre (1755).

H. 447. (Plan.) — 0m60r sur 0m90r, papier.

XVIIIe siècle. — St-Louet. — Plan de la paroisse : delles de Tirepoule, de la Fosse Mamelinne, du Carrel, anciennement Long champ, des Bissonnets, etc. ; échelle de 45 perches de 24 pieds pour perche et de 12 pouces au pied, pour réduire les pièces en acre de 100 perches de 24 pieds ou de 90 perches, qui fait la même mesure de 160 perches de 18 pieds pour perche.

H. 448. (Liasse.) — 21 pièces, parchemin ; 21 pièces, papier.

1406-1588. — St-Manvieu. — Extrait d'un registre relié couvert en parchemin intitulé le Petit Chartrier du revenu de l'abbaye d'Ardennes, concernant la tenure de pièces de terre par « Benest » et Colin Le Prêtre (1405, v. s.); copie collationnée sur led. registre par Germain Champion, sergent royal à Louvigny, à la requête de frère Jean Gires, religieux d'Ardennes (1627); au-dessous de la date : 31e janvier 1405, placée en marge, note : « cette datte paroit contraire aux lots faits en 1470 par lesd. » (cf. plus loin, même article). — Vente devant Jean de La Fontaine, tabellion à Caen, par « Guieffroy » Dubois, écuyer, seigneur de « Marchellet » (Marcelet), à Sandrin Le Monnier, bourgeois de Caen, de rentes (1406 v. s.). — Reconnaissance devant Jean de La Fontaine, tabellion ès mottes des sergenteries de Cheux et de Creully, par Jean et « Guieffroy » dits de « Massely », de St-Manvieu, de la fieffe à eux faite par Jean Le Gascoing, de Cheux, de terre paroisse de St-Manvieu, à Lormelet (1430). — Procédure aux assises d'Évrecy, tenues à Caen par Eustace Quenivet, lieutenant général de Richart Haryngton, bailli de Caen, entre Gervais de Larcham, sous-doyen en l'église cathédrale de Bayeux, porteur d'un bref de nouvelle dessaisine pour le partage ou rendition aud. lieu de Bayeux de 30 l. t. de rente ou pension qu'il a droit de prendre au droit de sond. bénéfice sur les abbé et couvent d'Ardennes, et lesd. religieux (1435). — Extrait de registre héréditat passé devant Pierre Vauldry et Richard Bunel, tabellions en la sergenterie de Cheux, concernant les lots faits entre « Benest » et Colin Le Prêtre, frères, de St-Manvieu, des biens de Robin, leur père, et Michelle, leur mère (1470. v.s.). — Ratification devant Guillaume Desobeaux et Jean de Fouloigne, tabellions à Caen, par Thomas Richart, époux de la fille de Benoit Le Prêtre, et Jean Le Prêtre, de St-Manvieu, de leur obligation envers Thomas, abbé d'Ardennes, de rente (1534, v. s.). — Reconnaissance devant Jean Paugier et Alexis Le Coq, tabellions au siège de Vaucelles près Caen, sous Laurent Dubourg, écuyer, garde héréditat du scel des obligations de la vicomté de St-Sylvain et Le Thuil, par Massieu, Robert et Marin Gieffray, frères, du choix des lots faits entre eux (1559). — Reconnaissance par Jacques de La Court de prise à ferme pour 6 ans, de François Richard, sr d'Hérouvillette, frère en loi et procureur de Baptiste de Villemor, abbé d'Ardennes, des dîmes de la paroisse de St-Manvieu, d'autant qu'il en appartient à lad. abbaye, moyennant 65 l. t. et 30 boisseaux d'avoine blanche, mesure d'Arques, bonne et suffisante, « per » à la meilleure du tripot, par an (1560, v. s.). — Collation du vicariat perpétuel de St-Manvieu à Denis Blouet, pour la résignation de Pierre Lavalley (1563); prise de possession. — Procédure au bailliage de Caen entre les religieux d'Ardennes, Denis Blouet, curé ou vicaire perpétuel de St-Manvieu, et Bénédic de Citadins, chanoine et sous-doyen de Bayeux, concernant les dîmes de lad. paroisse et la pension canonique dud. curé (1564); semblables procédures au bailliage de Caen devant « Tangy » Sorin, écuyer, docteur aux droits, conseiller au présidial, exerçant pour l'absence du bailli et de ses lieutenants (1566); appel en Parlement dud. « Citadyn », à cause de sad. dignité de sous-doyen se disant sr patron et curé primitif de la paroisse de St-Manvieu, et à ce droit prenant la tierce partie des grosses dîmes (1568). — Reconnaissance par Tassin Blouet, fils Simon, bourgeois de Caen, que l'adjudication faite à Jean du Boislambert de 25 boisseaux de froment provenant des biens du temporel de l'abbaye d'Ardennes, et qui lui a été transportée, était pour Robert Le Marchand, seigneur de St-Manvieu, auquel il n'a fait que prêter son nom (1564 v. s.) — Quittance par Jean Ribault, écuyer, sr du Mesnil, commis à la recette des deniers des ventes faites sur le temporel des ecclésiastiques du diocèse de Bayeux pour faire le rachat des premières ventes faites sur lesd. ecclésiastiques, à Jean du Boislambert, avocat, de 150 livres t. pour l'acquisition par lui faite de 25 boisseaux de froment à prendre sur Robert Le Marchand, lad. acquisition dépendant de l'abbaye d'Ardennes (1564, v. s.). — Échange devant Richard Hamel et Étienne Rivey, tabellions en la sergenterie de Cheux, entre Robert Le Marchand, sieur de St-Manvieu, et Jean et Brix Le Petit (1566). — Reconnaissance par Marin Le Vaillant, de

Vaux-sur-Seulles, du bail à lui fait par Baptiste de Villemor, abbé d'Ardennes, des 2 parts des grosses dîmes et verdages de lad. paroisse (1573). — Procédure au présidial de Caen, devant Jean Vauquelin, écuyer, lieutenant général, entre Bénédic Citadin, sous-doyen en l'église cathédrale de Bayeux, comparant par Augustin Ravascher, « mᵉ d'escolle » et chanoine en lad. église, Baptiste de Villemor, abbé d'Ardennes, Denis Blouet, curé ou vicaire perpétuel de Sᵗ-Manvieu, et Jacques et Colas de La Court, concernant 8 années d'arrérages de 20 livres de pension dues aud. Citadin sur l'abbaye pour les deux parties des dîmes de Sᵗ-Manvieu (1574). — Procédure aux assises d'Évrecy tenues par Jean Vauquelin, écuyer, lieutenant général du bailli de Caen, entre les religieux d'Ardennes et Jean Richard l'aîné et Benoît Richard, pour paiement d'arrérages de rente (1576). — Procédure devant Guillaume Artur, éc., sʳ de Fougerolles, mᵉ d'hôtel de la Reine de Navarre, vicomte de Caen, concernant la rente Le Prêtre (1579). — Vente devant Nicolas Picquot et Nicolas Roque, son adjoint, tabellions aux sergenteries de Villers et Évrecy, par Jean Ollivier, à Jean Le Prestre, de terre à Sᵗ-Manvieu (1583).

H. 449. (Liasse.) — 8 pièces, parchemin; 32 pièces, papier.

1584-1626. — Sᵗ-Manvieu. — Procédure devant Jean de La Court, écuyer, sʳ du Buisson, vicomte de Caen, entre les religieux d'Ardennes et Jean Richard le jeune, Jean Richard l'aîné et Marguerin Richard, pour paiement d'arrérages de rente (1584). — Copie, collationnée en 1626, de quittance par J. Durand, curé de Sᵗ-Manvieu, aux héritiers de Jean Maingot, de 16 écus 2/3 pour moitié de la pension à lui due à cause de sad. cure (1588). — Procédure en Parlement entre Jean Durant, curé et prétendu vicaire de lad. paroisse, Charles Tillard, sous-doyen en l'église cathédrale de Bayeux, patron et curé primitif, et Baptiste de Villemor, abbé commendataire d'Ardennes, concernant la perception des dîmes de la paroisse (1590). — Extrait du registre du tabellionage de Caen concernant la reconnaissance par Guillaume Hullin, bourgeois de Caen, de bail à lui fait par Baptiste de Villemor, conseiller aumônier ordinaire du Roi, abbé d'Ardennes, de 2 parts de grosses dîmes et verdages, et autres dîmes, d'autant qu'il lui en appartient en lad. paroisse (1591). — Engagement à Guillaume Hullin, chirurgien, bourgeois de Caen, de la dîme de Sᵗ-Manvieu appartenant à l'abbaye, pour satisfaire à la taxe de l'abbaye à cause de la subvention accordée au Roi par le Clergé de France, aucun adjudicataire ne s'étant présenté après proclamations de quelques parties du temporel de l'abbaye (1592). — Vente à droit de condition de rachat perpétuel devant les tabellions de Caen par Pierre de Villemor, conseiller au Parlement de Paris, abbé d'Ardennes, successeur dud. Baptiste de Villemor, à Guillaume Hullin, bourgeois de Caen, de 2 parts des grosses et menues dîmes de lad. paroisse (1601). — Reconnaissance par Jacques Brandin du bail à lui fait par Julien Libot, sous-doyen et chanoine de Bayeux, des dîmes lui appartenant en lad. paroisse (1603). — Procédure au bailliage de Caen devant Guillaume Vauquelin, écuyer, président et lieutenant général au bailliage et siège présidial de Caen, entre les prieur et religieux d'Ardennes et Julien de Fierville, chirurgien en la Ville et Université de Caen, concernant le retrait des grosses et menues dîmes de lad. paroisse à lui engagées par l'abbé Pierre de Villemor (1614). — Bail devant Jean Genas et Lucas Nantier, tabellions à Bayeux, par Julien Libot, sous-doyen et chanoine de Bayeux, à Richard Ouzouf, de Villiers-le-Sec, des dîmes lui appartenant en lad. paroisse (1615). — Procédure au Parlement entre Guillaume Blouet, vicaire perpétuel de lad. paroisse, et Julien Libot, sous-doyen de Bayeux, patron et curé primitif de lad. paroisse, et Guillaume de Gallodé, abbé, concernant les dîmes (1619). — Remise, en conformité d'arrêt du Grand Conseil, devant Mathieu de La Londe et Michel Le Sueur, tabellions à Caen, par Marthe Thiment, veuve de Julien de Fierville, et ses enfants, aux religieux d'Ardennes stipulés par frères Jacques Marie et Jean Gires, religieux, des 2/3 des grosses et menues dîmes de la paroisse (1622). — Procédure entre Guillaume Blouet, vicaire perpétuel de Sᵗ-Manvieu, et les religieux d'Ardennes, pour paiement d'arrérages de sa pension (1622). — Bail devant lesd. tabellions à Caen par frères Jacques Marie et Antoine Fournier, religieux, à Georges Hurtault, de Savenay, des 2/3 des grosses et menues dîmes de la paroisse (1623). — Suite de la procédure entre les religieux d'Ardennes, Guillaume Blouet, vicaire perpétuel de Sᵗ-Manvieu, Julien Libot, sous-doyen en l'église cathédrale de Bayeux, curé primitif de lad. paroisse, et l'abbé Guillaume de Gallodé, concernant les dîmes (1625).

H. 450. (Liasse.) — 5 pièces, parchemin; 30 pièces, papier.

1627-1667. — Sᵗ-Manvieu. — Procédure devant Jacques Blondel, écuyer, lieutenant particulier civil et criminel du bailli de Caen, entre Guillaume Blouet, vicaire perpétuel de S¹-Manvieu, et Georges Heurtault, fermier des 2/3 des dîmes de la paroisse, pour paiement des arrérages de sa pension (1637). — Procédure au Grand Conseil entre Guillaume Gallodé, abbé d'Ardennes, et les prieur et religieux, concernant la possesion des dîmes de la paroisse. — Bail devant Mathieu de La Londe et Jean Crestien, tabellions à Caen, par frère Robert Du Hamel, religieux profès en l'abbaye, à Jacques La Personne, de Savenay, stipulé par Pierre Heurtault, chirurgien, bourgeois de Caen, des 2/3 des grosses et menues dîmes et autres droits en dépendant (1637). — Copies de quittances par les curés et obitiers de S¹-Manvieu, de rente foncière de froment. — Procédure en la vicomté de Caen entre Yves Le Varignon et Denis Cairon, concernant le paiement de 10 boisseaux de froment (1653). — Obligation par Jean Le Compte l'aîné, de Loucelles, envers Jean Eudes, pour prêt (1658). — Requête des prieur et religieux à l'intendant Chamillart en décharge de taxe et d'imposition pour leur part de la dîme (1667).

H. 451. (Liasse.) — 11 pièces, parchemin; 38 pièces, papier.

1669-1786. — S¹-Manvieu. — Extrait du registre des mises ordinaires de l'abbaye d'Ardennes, concernant la construction de la grange dîmeresse de S¹-Manvieu (1669). — Reconnaissance devant Jean Caumont, tabellion à Cheux, par Louis Varin, sieur de Vieux, procureur des religieux d'Ardennes, que ceux-ci lui ont baillé la grange et dépendances en bon état (1672). — Reconnaissance devant Jacques Le Danois et Étienne Adeline, tabellions au siège de Vaucelles de Caen, en présence de Georges Le Paulmier, curé d'Authie, par Louis Varin, bourgeois de Caen, du bail à lui fait par les religieux d'Ardennes, stipulés par frères Grégoire Bonhomme, prieur, et Louis Basset, procureur, des 2/3 des grosses et menues dîmes et droits en dépendant de la paroisse de S¹-Manvieu (1672). — Procédure devant Jean Blondel, écuyer, seigneur châtelain et patron de Tilly, lieutenant particulier civil et criminel au bailliage et siège présidial de Caen, entre les religieux d'Ardennes, Philippe Taron, chanoine et sous-doyen de Bayeux, et Jacques Le Hericy, écuyer, s¹ de Marcelet, concernant la réouverture d'un chemin par lui bouché (1673). — Reconnaissances devant : Jean Bougon, tabellion à Caen, et Philippe Lefebvre, contrôleur des titres à Caen, pris pour adjoint, par Marie Thinard, veuve de Thomas Auvray, sieur de la Bataille, receveur des tailles en l'Élection de Caen, du bail à elle fait par les religieux d'Ardennes, stipulés par frères Norbert Molinet et Pierre Yvon, desd. 2/3 des dîmes (1674) ; — Marin Barbey, notaire à Villers, et Jean Mauger, sergent à Cheux, pris pour adjoint, par Jacques Caumont, notaire, bourgeois de S¹-Nicolas de Caen, du bail à lui fait par frère Mathieu Trosseille, des 2/3 des grosses et menues dîmes de lad. paroisse (1681); — Pierre Morel, notaire aux paroisses de la sergenterie d'Ouistreham résidant à Biéville, et Jacques Lisse, sergent royal en la sergenterie d'Ouistreham, pris pour adjoint, par Simon Trevet, bourgeois de Caen, du bail à lui fait par André Fournereau, religieux et procureur de l'abbaye, des 2/3 desd. dîmes (1687). — Accord entre les religieux d'Ardennes, Le Guerrier, curé de Verson, et Marin Bouquerel, bourgeois de Caen, son associé, fermiers des dîmes de Verson, sur leur procès concernant la possession de la dîme sur trois vergées de terre à S¹-Manvieu (1701). — Remise devant Guillaume Jolivet et Antoine Basire, écuyer, notaires à Caen, par Jean Drouard, marchand, bourgeois de S¹-Pierre de Caen, aux religieux d'Ardennes stipulés par frère Guillaume Du Bois, procureur de l'abbaye, des 2/3 des dîmes par lui prises à ferme (1702). — Reconnaissance devant Robert Caumont, notaire à Cheux, par Jean Gaugain, sieur du Parc, de Verson, du bail à lui fait de partie des dîmes de S¹-Manvieu par Adjutor Jossel, docteur de la maison et société de Sorbonne, chanoine et sous-doyen de Bayeux (1716). — Procédure au Conseil du Roi, entre François-Louis d'Axy, sous-doyen de Bayeux, curé primitif et décimateur en partie de S¹-Manvieu, et les trésoriers, paroissiens et possédants fonds de S¹-Manvieu, concernant les réparations à faire à la tour de l'église (1728-1732) ; mémoire pour les gros décimateurs; plan de l'église, suivant expertise. — Baux des 2/3 des grosses et menues dîmes et des novales de lad. paroisse et droits en dépendant à : Guillaume Eudes (1734) ; — Guillaume Le Bailly, d'Hérouville (1742) ; — Louis Bardel, marchand, de S¹-Germain-la-Blanche-Herbe (1751) ; — au même, demeurant à S¹-Manvieu (1760 et 1769); — à Marie-Anne Gobillet, veuve de Louis Bardel, et à Louis, son fils aîné (1778 et 1786). — Signification, requête de Jacques Barbot, curé de S¹-Manvieu, aux prieur et religieux d'Ardennes, gros décimateurs en partie, de l'ordonnance de l'évêque de Rochechouart pour l'établissement d'un vicaire en lad. paroisse, et sommation de payer les quartiers de sa pension (1770).

H. 452. (Liasse.) — 10 pièces, parchemin ; 25 pièces, papier.

1524-1672. — S¹-Martin-des-Besaces. — Aveu aux

abbé et religieux, en leur franc-fief de l'Hermitage, par Sandrin Bertran, de la masure de Loraille (1523, v. s.). — Extrait des registres de la réformation des forêts de Normandie, sur requête de Marguerin de La Bigne, abbé d'Ardennes, et Simon Du Vivier, commis au lieu de l'Hermitage dépendant de lad. abbaye, à fin d'avoir délivrance des droitures par eux prétendues en la forêt de la Ferrière-Hareng, dépendant de l'évêché de Bayeux (1545). — Extrait des pleds de la baronnie de la Ferrière-Hareng, tenus par Philippe Lenglois, lieutenant du sénéchal (1546, v. s.) — Extrait du registre de Noël Le Sieur et Alexandre des Brières, tabellions royaux en la sergenterie du Tourneur, vicomté de Vire, concernant le bail fait par Nicolas de Baudre, écuyer, curé de S! Martin de La Besace, à Léonard Cauchard, des dîmes de l'Hermitage (1611). — Procédure au bailliage de Caen entre Jean de La Croix, prieur claustral de l'abbaye d'Ardennes et prieur du prieuré et office de S¹-Sauveur de l'Hermitage, membre dépendant de l'abbaye, et Léonard Cauchard, concernant la possession des dîmes dud. prieuré (1616). — Obligation devant Alexandre des Brières et François Pinel, tabellions au Tourneur, par Nicolas de Baudre, curé de S¹ Martin de la Besace, de payer à Jean de La Croix, prieur de S¹-Sauveur de l'Hermitage, 9 livres pour les dîmes contestées entre eux (1617). — Procédure en Parlement entre les religieux d'Ardennes, stipulés par frères Jacques Marie et Guillaume Denis, et Nicolas de Baudre, curé, et Pierre Deschamps, fermier du domaine de S¹-Sauveur de l'Hermitage dépendant de l'abbaye, concernant le paiement des dîmes des blés et fruits dud. domaine (1618, ss.). — Accord devant Robert Le Sieur, tabellion au Tourneur, et Sébastien Doublet, tabellion en la haute justice de Thorigny, pris pour adjoint, entre Nicolas de Baudre, curé, et Jean de La Croix, prieur, stipulé par frère Guillaume Denis, concernant les dîmes de l'Hermitage (1619). — Avis que le total revenu du prieuré de l'Hermitage assis en la paroisse de la Besace, dépendant de l'abbaye d'Ardennes, est exposé en vente par l'abbé de lad. abbaye pour recouvrer partie du paiement de sa cotisation faisant partie de 25,000 livres en quoi les ecclésiastiques du diocèse de Bayeux ont été cotisés; énumération dud. biens (1621). — Procédure au bailliage de Caen devant Jacques Blondel, écuyer, lieutenant particulier civil et criminel, et Guillaume Vauquelin, écuyer, sieur de La Fresnaye, président et lieutenant général au bailliage et siège présidial, entre les religieux de l'abbaye d'Ardennes et Robert Le Sieur, concernant usurpation de terrain (1621). — Aveu à Jean de La Croix, prieur de l'abbaye d'Ardennes et de la sieurie de l'Hermitage, par Thomas Bertrand fils Colas, tant pour lui que ses puinés, de la masure de Loraille (1632). — Sentence rendue aux pleds de la sieurie de la Trinité de l'Hermitage à S¹-Martin de la Besace, dont sont seigneurs et propriétaires les abbé et religieux d'Ardennes, et les fruits et usufruits appartiennent à frère François Miffant, prieur et titulaire dud. prieuré simple, tenus par François de Banville, écuyer, avocat au siège de Thorigny, sénéchal, assisté de Jean Dupont, sergent au comté et haute-justice de Thorigny, concernant la réunion au fief de la sieurie de l'Hermitage des biens saisis sur Jacques Le Comte à cause de sa femme, héritière de Thomas Bertrand, faute d'aveu rendu et devoirs sieuriaux accomplis (1672).

H. 453. (Liasse.) — 7 pièces, papier.

« 1615-1732. — S¹-Martin-des-Besaces. 2ᵉ liasse. « Extraits collationnés des déclarations des biens et revenus du prieuré simple de Sainte-Trinité de l'Hermitage dépendant de la cy devant abbaye d'Ardennes, compris le détail des rentes dues par les différentes mazures ou vavassories relevant dudit prieuré. » — Copies : de l'extrait de la déclaration des terres, rentes et revenus du franc fief, terre et sieurie de la Trinité de l'Hermitage dépendant de l'abbaye d'Ardennes, mis en vente par permission du Roi le 13 mars 1575, donnée à Pierre Deschamps, procureur général et receveur de la sieurie, etc. (1615). — Charge des rentes seigneuriales du fief, terre et seigneurie de la Trinité de l'Hermitage, dont est titulaire Eustache « Retou », prieur de l'abbaye de Mondaye, donnée à Thomas Drieu l'ainé, prévôt, pour opérer le recouvrement des rentes dues (1732).

H. 454. (Liasse.) — 2 pièces, parchemin.

1501-1508. — S¹-Martin-des-Besaces. 4ᵉ liasse, concernant le transport de rente par Philippe Gohier, au profit de l'abbaye.

H. 455. (Liasse.) — 6 pièces, parchemin ; 7 pièces, papier.

1455-1772. — S¹-Martin-des-Besaces. 8ᵉ liasse. Déclarations et aveux rendus au prieur de l'Hermitage du tènement Varignière et de la masure Loraille. — Désignation du premier lot des héritages partagés entre Guillaume de La Haye l'ainé, de Plasy, et Guillaume et Jean de La Haye le jeune, des biens de Jean de La Haye, leur père (1453). — Aveu aux religieux d'Ardennes en leur franc-fief de l'Hermitage par Sandrin Bertran de la masure de Loraille contenant 30 acres de terre (1523, v. s.). — Reconnaissance devant Sanxon Camail et Jean Dieu-le-gard, tabellions à Caen, par Jean et Sandres Varin, envers les religieux d'Ardennes, à cause du fief, terre et seigneurie de l'Hermitage, de 2 tènements, afin d'éviter un procès entre eux (1534). — Déclaration des terres, rentes et revenus du franc-fief, terre et sieurie de S¹-Sauveur de l'Hermitage, appartenant aux religieux d'Ardennes, donnée à Pierre Deschamps, procureur général et receveur de lad. sieurie, pour en faire faire le recouvrement par le prévôt (1615). — Aveux aux religieux d'Ardennes à cause des terres et sieurie de l'Hermitage dont est prieur frère François Myffant, par : René Vincent, à cause de Jacqueline Vaultier, sa femme, de la masure du « Val lard » (1671); — René Le Chartier, marchand bourgeois de Caen, fils et héritier de Gilles Le Chartier, sieur du Moulin, de la masure de la Varignière (1672); — Jacques Le Comte, de la masure de Loraille (1673). — Déclarations de Jean Deschamps, Nicolas Gaultier, Jeanne Hemery, veuve et héritière de Michel Gaultier, procureur aux juridictions de Thorigny, et Nicolas Flaust, notaire, fils et héritier en partie de Jeanne Mahieu, veuve de Jacques Flaust, huissier, de tènements dépendant de la seigneurie de l'Hermitage (1741). — Aveu à Étienne Amiot, chanoine régulier de l'ordre de Prémontré, prieur de la chapelle S¹-Sauveur de l'Hermitage, par Nicolas Le Chartier, fils Claude, lequel était fils de Nicolas Le Chartier, sieur du Moulin, et Jacques, autre fils dud. du Moulin, de la masure de la Varignière (1772).

H. 456. (Liasse.) — 2 pièces, papier.

1701. — S¹-Martin-des-Besaces. 10ᵉ liasse. — Signification par Jacques Flaust, huissier audiencier au siège de Thorigny, à la requête des abbés et religieux de l'abbaye de S¹-Martin de Mondaye, stipulés par Charles Deschamps, laboureur de la paroisse de S¹-Martin-de-la-Besace, ayant constitué en la juridiction des privilèges de l'Université de Caen François Fanet, procureur, à Jean Billery, jouissant des héritages du seigneur de Brémoy, d'un mandement obtenu de Gohier, écuyer, lieutenant particulier civil et criminel au bailliage et siège présidial de Caen, par lesd. religieux, en faisant arrêt entre ses mains des deniers par lui dus avec défenses de s'en dessaisir afin d'obtenir le paiement de 12 années d'arrérages de 12 boisseaux d'avoine de rente.

H. 457. (Liasse.) — 3 pièces, parchemin; 2 pièces, papier.

1615-1740. — S¹-Martin-des-Besaces. 11ᵉ liasse. — Collations : par Pierre de Villemor, abbé d'Ardennes, à François Greslier, du diocèse de Nevers, de la « capellam sive capellaniam aut forsan prioratum Sancti Salvatoris de Eremitagio, gallice de l'Ermitage, intra limites parrochiæ Sancti Martini de la Besace » (1615); par Louis de Fourbin de La Marthe, abbé d'Ardennes, à Norbert Molinet, prêtre, religieux d'Ardennes, de lad. chapelle vacante par le décès de François « Minfand » (1672) (son sceau); de lad. chapelle vacante par la résignation d'Eustache Retout, prêtre, chanoine régulier de l'ordre des Prémontrés de l'étroite observance, à Mathieu Bunot, chanoine régulier dud. ordre de Prémontré de l'étroite observance en l'abbaye de S¹-Martin de Mondaye (1740). — Y joint, collation par François de Nesmond, évêque de Bayeux, à Ambroise Deslandes, du prieuré-cure de S¹-Vigor de Coulombs, à la présentation de l'abbaye d'Ardennes (1663); sceau.

H. 457 bis. (Liasse.) — 48 pièces, papier.

1775-1781. — S¹-Martin-des-Besaces. 12ᵉ liasse. — « Procédure exercée tant au bailliage de Thorigny qu'au Grand Conseil, entre Étienne Amiot, prêtre, prieur de la Trinité de l'Hermitage, et Marin-Charles-Antoine Daniel, prêtre du diocèse de Bayeux, relativement à la possession du bénéfice dudit prieuré, ladite procédure depuis 1775 jusqu'au 28 février 1777, sur laquelle est intervenu arrêt qui envoye Daniel en possession du prieuré, qui condamne Amiot et l'abbaye d'Ardennes aux dépens, à la restitution des fruits, à la remise des titres concernant ledit prieuré. » Mémoire pour Daniel, prieur, contre les prieur et religieux : sont-ils tenus de faire faire les réparations dud. prieuré, dans la possession et jouissance duquel a été maintenu Daniel, qui l'avait impétré en Cour de Rome, par dévolu sur Amiot, religieux, qui le possédait depuis 13 ans. In-4ᵉ de 24 pages. A Paris, chez Knapen et fils, lib. imp. de la Cour des Aides, pont S¹-Michel, 1781.

H. 457 ter. (Liasse.) — 2 pièces, parchemin; 1 pièce, papier.

1398-1399. — S¹-Martin-des-Besaces. 14ᵉ liasse. — Transport devant Thomas Le Paumier, tabellion ès mettes des sergenteries de Cheux et Creully, par Sandret Queunivet, de La Ferrière-Hareng, ayant pris en fieffe de Bertrand d'Anfernet, et de Jeanne, sa femme, certains héritages à La Ferrière-Hareng, à Raoul Davout, prêtre, personne de S¹-Loup, desd. héritages (1693, v. s.).

H. 458. (Liasse.) — 8 pièces, parchemin; 6 pièces, papier.

1599-1778. — S¹-Pierre-du-Mont. — Fieffe devant Roger Sauvegrain et Nicolas Le Vieil, ecuyer, tabellions à Bayeux sous François Guérin, écuyer, garde du scel des obligations de la vicomté, par Marguerin de La Bigne, abbé commendataire d'Ardennes, et Simon Du Vivier, prieur de l'Hermitage, à Richard Guérard, d'un fief ou membre de fief noble dépendant de l'abbaye, assis à S¹-Pierre-du-Mont (1612 v. s.). — Extrait du registre d'Étienne Rence, sergent royal au bailliage de Caen, concernant la vente aux champs de Deux-Jumeaux d'un manteau de drap gris saisi sur Jean Guérard, fils Richard, à la requête de Baptiste de Villemer, abbé d'Ardennes, stipulé par Pierre Dumesnil, pour paiement d'arrérages (1597). — Extraits d'aveux rendus au Roi en 1390, 1420, 1463, concernant le fief de Bequoville à S¹-Pierre-du-Mont, et de copie de l'échange devant Mathieu Després et Jean Leffroy, tabellions en la sergenterie des Vez, entre Michel de Douvre, sieur de la Bouaiserie, contrôleur et élu à Bayeux, et Jean de Selles, écuyer, sieur de Saux, Létanville et Clouay, du fief d'Ardennes assis à S¹-Pierre-du-Mont, Criequeville, Englesqueville, Létanville, etc., contre 8 boisseaux de froment de rente (1649), lesd. extraits collationnés par frère Molinet sur les originaux déposés au chartrier (1682). — Reconnaissance devant Guillaume Nativelle et Pierre Le Brun, notaires à Bayeux, par Louis de Scelles, écuyer, sieur de Létanville, demeurant à S¹-Lo, fils et héritier de Jean de Scelles, seigneur du Saux, aux religieux d'Ardennes, stipulés par frère Nicolas Bosquain, prêtre, procureur de l'abbaye, de 7 livres 10 sols de rente pour le fief noble dont il jouit à S¹ Pierre (1683). — Obligation de Jean Guérin, marchand à Bayeux, de 7 livres 10 sols de rente aux religieux d'Ardennes, à cause de la terre d'Ardennes sise à S¹-Pierre, acquise par son père de M. de Fontenelle Totain (1711). — Reconnaissance de la d. rente par M. H. de Subles, fondé de Moreau, trésorier des Invalides, acquéreur des biens de Guérin, marchand, bourgeois de Bayeux (1724). — Aveu aux abbé, prieur et religieux d'Ardennes par Pierre-Jacques Moreau, chevalier, seigneur de Nassigny, châtelain de Beaumont, seigneur d'Englesqueville, S¹-Pierre-du-Mont, Criequeville, Deux-Jumeaux, Longueville, Saonnet, etc., ancien président et conseiller d'honneur au Parlement de Paris, du fief d'Ardennes sis à S¹-Pierre du Mont et environs (1760); contrôlé à Caen par Levasseur sur le certificat de collation de Fontaine et Bénard, notaires (1778).

H. 459. (Liasse.) — 6 pièces, parchemin.

1441-1670. — Salten. — Ventes : devant Jean Le Briant, tabellion à Caen, par Olivier de Vassy, chevalier, seigneur de la Forêt-Auvray, aux religieux d'Ardennes, du fief de la Mare, paroisse de S¹-Mahieu de Sallen (1441); devant le même par Robert, abbé d'Ardennes, frères Jean Prondhomme, prieur, Robert Soulley, Philippe Canu, Guillaume Gabriel, Pierre Poitevin, Michel Le Fauconnier, religieux, à Pierre de Cantelou, curé de S¹-Gervais de Falaise, de leur droit aud. fief de la Mare (1459), présent Richard Du Moutier, docteur en lois et décret, etc.; devant Guillaume de Rocquancourt et Girard Nordant, tabellions au siège du Thuit sous Charles Connart, écuyer, garde du scel des obligations de la vicomté de S¹-Sylvain et le Thuit, par Olivier de Vassy, s¹ de Garsalle, à Pierre Baratte, diacre, curé du Fossoy, du fief de la Mare de Sallen (1517); devant Adrien Gosseaulme, écuyer, et Guillaume Canouret, tabellions à Caen, par Pierre Baratte, curé du Fossoy et s¹ de la Mare, à Pierre Frollet, s¹ de Beaumais, dud. fief (1531); devant Michel Bertrand et Toussaint Thourondo, tabellions à Briquessart, par Philippe Rogue, procureur en la vicomté de Caen et bourgeois dudit lieu, à Thomas Loisel, sieur des Lonchamps, secrétaire du seigneur de Matignon, d'une pièce de terre nommée le parc de la Mare, à Sallen (1670).

H. 460. (Liasse.) — 3 pièces, parchemin.

1297-1510. — Saon. — Vidimus devant Jean de Foulogues, écuyer d'écurie du Roi, garde du scel des obligations de la vicomté de Bayeux, par Germain Durel et Guillaume Le Gras, tabellions, d'accord sur procès en l'assise de Bayeux, entre Roger Bacon, chevalier, sieur du Molay, et Henri Gohier, de Blay, sur un bref de nouvelle dessaisine (1297); de la reconnaissance en 1339, samedi après la S¹°-Agathe, devant Laurent Nicolas, garde du scel des obligations de la vicomté de Bayeux, par Selles Le Gay et Jean Le Gay, son fils, de Saonnet, de la fieffe à eux faite par Roger Bacon, chevalier, seigneur du Molay, de l'office de la verge de la prévôté de Saon (1471). — Extrait mutilé des pieds du fief, terre et seigneurie de Saon et Quetteville pour Jacques, sire d'Argouges et du Molay Bacon, et desd.

seigneuries, tenus par Jean Le Bachelor, lieutenant ; ratification d'accord avec le prieur de Bluy (1610).

H. 461. (Liasse.) — 18 pièces, parchemin.

XII° siècle-1872. — Secqueville-en-Bessin. — Donation par « Willelmus de Maizeio et Gauf. filius meus primogenitus », à l'abbaye, « apud Siccam villam », de 5 acres 1/2 de terre (s. d.), « His presentibus, Roberto tunc abbate de Ardena, Johanne Nanzello, milite, Rad. de Landa, Symone de Monbrai, Willelmo de Moret. », etc. — Donation par « Will. de Waudari, filius Gaufr. de Waudari », du tènement que « Robertus Mabon, de Siccavilla », tenait de lui aud. lieu, une acre de terre « juxta villam, in via de Spina », 1/2 acre « in capite dicte acre », 3 vergées « in valle juxta terram Rad. de Bruill., et ad ruellas à la Batalle », etc. (s. d.). — Donations à l'abbaye : par « Will. Eschivart, de Guilelo », prêtre, d'une rente de froment assise aud. lieu (1231, août); — par « Richardus de Rosel, filius Willi. de Rosel, militis », de 1/2 acre de terre aud. lieu, « super vallem de Lachon, juxta terram Rad. de Karon, quo dimidia acra vertit super dolium de Siraine » (1238); — par « Ricardus dictus Blanquedent, de Siccavilla », d'un setier de froment assis aud. lieu « super marisicum de Lachon, juxta terram Johannis de Grocelo et terram leprosorum Cadomens.; pro hac autem donatione mea et concessione, dicti canonici miam inopiam atque penuriam attendentes, quatuor lib. turon. mihi caritatis intuitu donaverunt » (1238, avril); par « Ricardus dictus Blanche Dent, de Sicca villa », de terre aud. lieu (1263, mars); — par « Avelina, uxor Rogeri Bordun », d'une mine d'orge de rente assise aud. lieu « apud longam ream » (1267, octobre). — Assignation par le vicomte de Caen, à Pierre Porte, bourgeois de Caen, de terres à Secqueville, en raison de la dette de Guillaume Le Rebors, débiteur de rente (1290, v. s.). — Echange devant Henri Le Gay, garde du scel de la vicomté de Caen, entre Denis Le Rebors et les religieux d'Ardennes, de 9 quartiers d'orge à la mesure de Secqueville contre deux acres de terre (1320). — Donation devant Guillaume Du Teil, garde du scel de la vicomté de Caen, par Nicole Le Cordier, bourgeois de Caen, aux religieux, de terres (1335). — Mandement de Robert Le Marchant, vicomte de Caen (1350, 1ᵉʳ avril). — Cession devant Jean Le Brebenchon, tabellion à Caen, par Colin Le Proux, bourgeois de Caen, héritier de Nicole Le Cordier, qui avait donné à l'abbaye deux setiers de rente, aux religieux d'Ardennes, de terres (1372).

H. 462. (Liasse.) — 10 pièces, parchemin ; 20 pièces, papier.

1423-1683. — Secqueville-en-Bessin. — Reconnaissance devant Guillaume Denis, tabellion ès mettes des sergenteries d'Oulstreham et Bernières, par Richard Symonne, de la Haffe à lui faite par les religieux d'Ardennes (1423). — Vidimus devant Robert de La Hogue, écuyer, lieutenant général du vicomté de Caen, de la reconnaissance par Jean Thiery, bourgeois de Caen, boucher, héritier en partie de Guillemine, fille de Jean Le Rebors et femme de Martin Denis, de rente envers les religieux (1518, v. s.). — Aveu à noble et scientifique personne Thomas Guillebert, sᵉ de Secqueville-en-Bessin, par les abbé et religieux (1539). — Procédure en la vicomté de Caen devant Pierre Richart, écuyer, lieutenant général, entre les religieux d'Ardennes, stipulés par frère Gilles Cuirot, et Jean Thierry, pour paiement d'arrérages de rente (1539). — Reconnaissances par : Vincent Champion, du bail à lui fait par les religieux, de pièces de terre (1541); — Guillaume Champion l'aîné, du bail à lui fait par Baptiste de Villemor, abbé commendataire d'Ardennes, de pièces de terre (1567); — Robert Villey, du bail de pièces de terre (1580); — Robert Renouf, du bail à lui fait par Jean Brunet, bourgeois de Caen, fermier général de l'abbaye, de pièces de terre (1593). — Déclaration du revenu des obits fondés et nommés en l'église de « S¹-Suplix » de Secqueville-en-Bessin. — Reconnaissance par Jean Lespée du bail à lui fait par Bourdon, bourgeois de Caen, fermier et receveur de l'abbaye, de pièces de terre bornées en partie par MM. de Secqueville et de Colombières (1607). — Reconnaissance devant Mathieu de La Londe et Michel Le Sueur, tabellions à Caen, par Jean Lespée, du bail à lui fait par les abbé et religieux, stipulés par Nicolas Madeline, sᵉ de la Vallée, bourgeois de Caen, de pièces de terre (1610). — Lettres de clameur accordées aux religieux d'Ardennes pour revendiquer la possession de 5 vergées de terre usurpées par Bernard de Garaby, sᵉ de la Luzerne, héritier à cause de sa femme de Jacques de Guerville, sᵉ de Colombières (1645). — Procédure au bailliage de Caen devant Jean Anzeray, écuyer, sieur de Bourguébus-la-Hogue, ancien conseiller exerçant la juridiction du bailli et de ses lieutenants absents, entre les religieux d'Ardennes et Bernard de Garaby, sᵉ de la Luzerne, concernant le renvoi en possession en leur faveur de lad. terre usurpée (1647). — Reconnaissances devant : Thomas Du Rosier et Jean Caumont, tabellions en la sergenterie de Cheux, par Adam Godefray, du bail à lui fait par les religieux d'Ardennes stipulés par Gabriel Yver, sieur de la Garenne, bourgeois de Caen, leur agent, de pièces de terre (1659); — Jacques Caumont et Nicolas Barbey son adjoint, notaires pour la sergenterie de Cheux, par Jean Planchon, du bail à lui fait par frères Grégoire Bonhomme et Mathieu Trousillo, prieur et procureur de l'abbaye, de pièces de terre (1680).

H. 462. (Liasse.) — 3 pièces, parchemin.

1484-1538. — **Sollers.** — Reconnaissance devant Colin de Vornay, tabellion à Caen sous Guillaume Paitre, garde du scel des obligations de la vicomté, par Guillaume de Magneville, écuyer, de Sollers, de la fieffe à lui faite par les religieux (1484). — Fieffe par Pierre Du Vivier, abbé commendataire et administrateur perpétuel de l'abbaye d'Ardennes, et les religieux assemblés au chapitre, à Raoullin Machon, bourgeois de Caen, de pièces de terre (1513 v. s.). — Reconnaissance devant Guillaume Desobeaux et Jean de Foulaigne, son adjoint, tabellions à Caen, par les héritiers Le Machon et Nicolas Maingot, tuteur, aux religieux d'Ardennes, de rente pour cause de fieffe (1538), présent Adam Baudart, s' de Périers.

H. 464. (Liasse.) — 3 pièces, parchemin.

1231-1251. — **Sourdeval.** — Donations à l'abbaye : par « Robertus Ansgeri » d'une pièce de terre « inter Sordeval et Tornai juxta... campum de La Huel », que les chanoines d'Ardennes ont du don de Michel de Sourdeval (1231, avril); — par « Hugo Le Folle, de Sordevalle », d'une pièce de terre aud. lieu contigue à la précédente (1234, mai); — par « Petrus filius Thome Roberti » de trois setiers d'orge, mesure d'Evrecy, sur deux pièces de terre, jouxtant « terram Ernaudi de Sordeval, terram Willi Le Pael, terram Roberti filii Gervasii de Sordeval », « quas terras Rads. Mustel, Ernaudus et Sello de Sordeval, fratres, tenebant de me », etc., en échange de quoi Guillaume, abbé d'Ardennes, lui a donné 7 l. t. (1251). — Cf. H. 468.

H. 465. (Liasse.) — 1 pièce, papier.

1627-1680. — **Subles.** — Copies de : l'accord fait devant Thomas Bertrand et Jacques Le Mière, tabellions en la sergenterie de Briquessart, pour le siège de Castillon, sous Jacques Gobier, garde des sceaux en la vicomté de Bayeux, entre Michel Du Bourg, curé de Subles, et Martin Le Prothon, sieur de la Guerterie, fermier des prés Suhard, sous les héritiers Beauley, concernant le paiement des dîmes (1627); sentence de Thomas Le Mesnier, écuyer, lieutenant ancien civil et criminel du bailli de Caen à Bayeux, au profit de Robert Richard, vicaire de Subles, contre Martin Becquet, en paiement de 9 années de la dîme d'un héritage (1645), lesd. copies collationnées par Robert Richard, curé de Subles, et délivrées au prieur du Breuil (1680).

H. 466. (Liasse.) — 2 pièces, parchemin; 6 pièces, papier.

1638-1761. — **Sully.** — Liasse concernant rente foncière de 80 livres, commune de Sully-lès-Bayeux. — Fieffe devant François Daon et Augustin Mahout, tabellions à Bayeux, par Germain d'Escrammetot, sieur de St-Georges, demeurant à Bayeux, stipulant Philibert Planchon, avocat au Parlement de Paris, au s' de Montaval, avocat à Bayeux, de maison, jardin et dépendances bornées en partie par le chanoine de Bretteville, Jean de Foulongnes, écuyer, s' de Castillon et de Bretteville (1638). — Transaction devant Charles de Henaut et Michel Groyn, notaires au Châtelet sous Louis Séguier, baron de St-Brisson, seigneur des Ruaulx et de St-Firmin, garde de la prévôté de Paris, entre Robert Du Hamel, sous-prieur de l'abbaye d'Ardennes, stipulant les religieux, et Catherin Henry, conseiller et secrétaire du Roi, époux d'Anne Langlois, Jean-Baptiste Langlois, écuyer, sieur des Bruières, commissaire ordinaire de l'artillerie de France, André Decolle, procureur en la Cour de Parlement, époux de Marie Langlois, Pierre Brunet, bourgeois de Paris, époux de Marie Guyonnet, tous stipulant Denise Vinot, veuve de Philibert Planchon, sur leur procès concernant la réalisation de la donation à eux faite par led. Planchon de ses meubles et de l'usufruit de ses immeubles (1640). — Fieffe devant François Daon et Thomas de Lanquetot, tabellions à Bayeux, par Antoine Fumée, écuyer, sieur de Montaval, conseiller du Roi à Bayeux, à Jacques d'Hérouville, avocat à Bayeux, de maison, jardin et dépendances (1664). — Lettres de : frère Callimache, procureur d'Ardennes, à M. d'Hérouville, en sa terre de Sully, lui réclamant 175 livres d'arrérages de rente (1741); — de Decerrès au frère Laceret, procureur de l'abbaye, lui annonçant son voyage à Caen pour régler des affaires en litige (1746); — du même au frère Lemaître, procureur de l'abbaye, concernant le paiement de rente due (1749). — Reconnaissance dud. Decerrès, représentant par acquêt Charles d'Hérouville, fils

Michel, fils Jacques, aux religieux d'Ardennes, de 80 livres de rente (1785).

H. 427. (Liasse.) — 1 pièce, parchemin.

1681. — Tailleville. — Reconnaissance devant Jean Le Sirant, tabellion à Caen sous Adam Hulant, secrétaires du Roi, garde du scel des obligations de la vicomté de Caen, par Raoul Hyault dit Lamy, de la paroisse de Langrune, de la Reffe à lui faite par les religieux de terre au terroir de Tailleville.

H. 428. (Liasse.) — 65 pièces, parchemin; 2 pièces, papier.

1180-1287. — Tesnières (baronnie de), à Noyers. — Donation à l'abbaye par Richard-Cœur-de-Lion, roi d'Angleterre, duc de Normandie, etc., de « totam terram quam habebamus super Noyers juxta montem de Manbram, scilicet Taisnerias » (27 mars an I du règne, 1190), vidimus du XV° siècle, copies authentiques du XVII° siècle d'après le grand chartrier; confirmation par Jean-Sans-Terre (Barfleur, 6 février an I). — Accord devant Henri, évêque de Bayeux, et Guillaume, évêque de Coutances, entre l'abbé d'Ardennes, le prieur du Plessis-Grimoult et Robert et Guillaume « de Peirariis », clericis ecclesie de Noers, super decimis totius feodi in parrochia ejusdem ecclesie consistentis, quod abbati et canonicis de Ardena a rege Ric. collatum esse dinoscitur »; « abbas et canonici de Ardena medietatem decime omnium terrarum memorati feodi tam culturarum quam earum que adhuc inculte sunt, et virgultorum in eodem feudo nu se existentium, et predicta ecclesia de Noers alteram medietatem in perpetuum percipiet, ita quod salva erit ex integro abbati et canonicis predictis decima animalium suorum et totius nutriture sue et orti sui et virgultorum, si que eis nova sua plantatione provenerint ». 1190, « ap. Cadum., his presentibus Henr., precentore Baioc., Roger. Bouel, Gaufrido de Burgo Achardi, Ganfrido Cheminant, Roberto Nepote, Odone de Piris, Iberto canonico Ardene, et pluribus aliis. Hoc etiam recitatum fuit in claustro Baioc. ecclesie et ex utriusque predicte partis assensu concessum, his presentibus », etc. — Donation à l'abbaye par « Hugo de Noers, filius Rad.,..... in villa de Noers juxta Thaisnerias », du bois qu'il y avait, « sicut partitus fui illum com Ric. Thesart et Henr. fratre meo, et com tota terra circomadjacente quam Serlo de Londa de me tenuit ad firmam ad terminum unius mariature », etc. « Actum hoc apud Thaisnerias, anno ab. inc. Dni. M. CC.., presentibus hiis, Ricardo de Veignes, presbytero, Anrquetillo de Sancto Vedasto, senescall. domini Rad. Thaisson, Rog. Abbadarve, Gervas. Abadarve, Symone de Montsai, Rob. Rossel de Broilo, Ran. can. de Ardena, Rob. et Ranulfo canversis, et aliis multis. Et prefati abbas et canonici Ardene dederunt predicto Hug. in caritate decem lib. andeg. ». — Confirmation par « Hug. de Noers » des donations du bois de Noyers faites par « Ric. Tesart et Ranulfus, filius ejus et nepos meus », et par lui-même. — Confirmation par H., évêque de Bayeux, de la donation par « Hugo de Noiers, miles », de la terre que Roger et Gervais frères tenaient de lui « apud Tesnerias ». — Donation par « Ric. Tesart, miles, assensu Huberge uxoris mee et Ranulfi filii primogeniti et heredis mei », de « totum tenementum quod Jordanus Kapigan et participes sui tenebant de me in hamello de Tesneriis », moyennant 13 l. t.; confirmation par « Ranulfus Tesart, miles », et par « Wills. de Noers » Cession par Roger de Brotteville à « Rogero filio Anquetilli Sacerdotis et Huberge uxori ejus », de « totum feodum Chouquerart situm in parrochiis de Noiers », qu'il réclamait, pour tenir à rente de son domaine à titre héréditaire, et à charge de « habere « le ble mei molendini, sicut mei ceteri homines, et ad feudum congreganda et ad plena templa semel in anno, et debent annuatim preces arrare et hercei si habuerint ante natale et post. « 1219, janvier, « in assisia domini Regis apud Cad. ». — Donation de terre « in latis exempla » par « Ranulfus Gislebert, de Landellis » (1226, mars). — Cession à l'abbaye par « Gervasius Gislebert et Robertus Gilleberti, de Landelles », qui reçoivent 7 l. et 10 s. t., d'une pièce de terre de 5 vergées, « in territorio de Noers versus Bordel, sitam inter terram Ranulfi de Cruce Anles et terram Johannis Beollant » (1235); autre donation des mêmes et confirmation de « Willelmus de Noers, miles » (1235). — Donation par « Tustinus de Londa » de 3 vergées de terre (1238). — Vente de rente aud. lieu par « Radulfus Le Puel, de Noers », à André, fils « Dionisii de Cheus » (1249). — Remise par « Willelmus Ruffus » à Hugues « Vernei », moyennant 15 l. t., du fief et tènement qu'il tenait de lui « apud Seneveres, in parrochia de Noiers, sicut in hominagiis in partionariis et in omnibus aliis redditibus, videlicet hominagium Roberti filii Willi. de Bordello, et quinque sextaria ordei ad mensuram de Noiers que dictus Robertus mihi faciebat de reddito annuali, quita et libera ad manum meam remanentia, et hominagium Willelmi Gaufridi et novem quarteria ordei ad mensuram de Noiers... que mihi faciebat dictus Wills. de redditu annuali de dotalicio matris mee » (1249). — Donations à l'abbaye : par Jean Pigache, fils Richard, pour la pitance du couvent à l'anniversaire de son père, du tènement que Martin Muriel, de « Vennes » (Vendes), tenait de lui aud. lieu, et rentes sises à Noyers (1250) ; — par « Hugo Vernel, filius Philippi Vernel, militis », de rente sise aud. Noyers « apud Senovières, in mazura inter feodum Gervasii de Rantel », etc. (1251) ; — par « Rogerus de Cultibus » d'une vergée de terre « in territorio de Noers, juxta Tainerias, inter maximum limitem et terras dictorum canonicorum » (1252). — par « Johannes Abadorus, de Noiers », de rente à prendre « in mazura mea de Tesnières, sita in feodo abbatis et conventus de Ardena » (1252, mars) ; — par led. « Hugo Vernel », du fief qu'il avait « apud Senovières in parrochia de Noiers » (1253) ; — par « Radulfus filius Pauli de Loupla », de rentes (1251, avril-1258). — Remise à l'abbaye par « Muriel, relicta Gaufridi dicti Episcopi de Noers, de la moitié de 5 vergées de terre qu'elle tenait d'eux, in territorio de Noiers, apud spinam de Sorteval », jointant la terre qui fut « Ilyonilis de Laudel » (1250). — Donation à l'abbaye par « Wille, Magister » de rente à la mesure de « Noers », etc. (1262). — Fieffe par « Rogerus Emmelot, de Senovières », à Robert de Sermentot, d'une pièce de terre « apud Bartel » (1262. — Confirmation par Jean Martel, chevalier, des donations faites à l'abbaye par « Ric. Tesart, miles, de assensu Robergie uxoris sue, et Hugo filius Radulfi, de Noers, in parrochia de Noers », de son fief (1268). Sceau dud. Martel, non compris à l'« Inventaire des sceaux de la Normandie » de M. Demay. — Vente par « Nicholaus Hubert et Radulfus Hubert, frater meus..., Johanni Savari, de Fay, d'une pièce de terre à Noyers, « ad Espiganeriam, inter terram Ricardi Espigan et terram nemoris de Tesnariis » (1272). — Ventes de terres aud. lieu aud. Savari : par « Rogerus de Mesnil » (1272) ; par « Gaufridus Espigan » (1273). — Donations et ventes à l'abbaye de terres et de rente aud. lieu par « Rogerus de Mesnillo » (1273-1275). — Ratification devant l'officiel de Bayeux par « Mabilia, uxor Guillelmi Varnier », de la vente par lui faite à l'abbaye de fonds aud. lieu (1274. — Donations de rentes : par « Rogerus Madion » (1276) ; par « Muriel, relicta Jordani Bessin » (1274, mars). — Vente par « freire Th., abbé d'Ardenne par la deine grace, el dyocèse de Baex, et tout le covent de ladite abbeie », à « Robert Lengleis, bourgeis de Caen, de la parrosse Saint Estiene Le Viel de Caen », de 7 acres de leur bois de Tesnières (1282). — Vente par « Jordanus dictus Madyou... Nicholao Savarici », de « homagium Juhannis Savarici » et trois quartiers d'orge de rente que led. Jean lui faisait pour une pièce de terre à Noyers (1280). — Jugement condamnant Robert Savari et Jean, son père, en faveur de l'abbaye, à raison d'un marché de borse de la vente Jordain Madyou » (1287).

H. 459. (Liasse.) — 17 pièces, parchemin ; 23 pièces, papier.

1190-1697. — Tesnières. — Fieffe par « Guillermus et Philippus dicti Abadorus, et Alicia senior et Alicia junior dicte Abadorus », à « Ristrici, relicte Ric. Tyon », de rente et fonds à Noyers (1302). — Echange de terres entre l'abbaye et « Guillermus de Noiers, armiger » (1304). — Ordonnance du bailli de Caen, sur la requête des abbé et religieux, concernant une vache « gayve » trouvée en leurs landes de Tesnières, dont ils disaient que la délivrance et la « cognition » leur appartenait par dor de prince, savoir du Roi Richard, qui leur avait don ic lad. terre aussi franchement comme onques plus franchement l'avait tenue ; reconnaissance de leur droit, après délibération avec Robert de Caudebec, procureur du Roi en Normandie, Nicole de Pont-Audemer et « Ph. de Girant doit », avocats en Normandie aux causes dud. seigneur (1309). — Vente à l'abbaye par « Robertus dictus Angelus », de rente aud. lieu (1310, février). — Mandement de Jean Braque, chevalier, et Robert Asaire, maîtres et enquêteurs des eaux et forêts, au maître du Bur-le-Roi, maintenant les religieux d'Ardennes en la possession du bois de Tesnières, conformément à la donation de Richard, roi d'Angleterre, duc de Normandie, dont vidimus y inséré (1384). — Mandement de Guillaume Hébert, lieutenant en Basse-Normandie des maîtres des eaux et forêts, aux sergents requis, de contraindre, à la requête des religieux d'Ardennes, ceux qui ont fait paître le gland du bois de Tesnières, au paiement des droits dus (1413, v. s.). — Aveu aux religieux par Sandrin Mahomet dit Rubelien (1422). — Aveux à « Bertran de Nouiers », éc., en son fief et seigneurie dud. lieu (1464). — Enquête par Jean Parisy, sénéchal, en la baronnie, terre et seigneurie de Tesnières appartenant aux religieux, concernant l'existence d'un chemin (1471). — Aveu aux religieux par Robin et Jean Mesnil et Jean de Bures (1500). — Bail par Thomas, abbé d'Ardennes, à frère Jean Bardel, prieur-curé de St-Contest, du domaine de la baronnie de Tesnières (1535). — Ordonnance de Nicolas Le Prêtre, avocat juré en la Cour épiscopale de Bayeux, délégué par l'official, concernant les oblations de la chapelle du manoir de Tesnières, entre l'abbé Marguerin de la Bigne et Michel Avril, « vicario de Miseariis » (1554). — Reconnaissance par

Jean Du Moncel, religieux et bailli d'Ardennes, du bail à lui fait par François Richart, s' d'Hérouvillette, stipulant Catelin Auvray, commissaire établi au régime, gouvernement et recette de l'abbaye, du domaine non fieffé de la terre et baronnie de Tesnières (1589). — Reconnaissance devant Guillaume Artur, s' d'Amayé, vicomte de Caen, d'accord fait entre Baptiste de Villemor, abbé, stipulant ses religieux d'Ardennes, et Nicolas Hogex, sieur de Buron, procureur d'Adrien de Paula, sieur de Jecuville et de Buron (1605, 9 mars). — Reconnaissance par Philippe Le Tellier, bourgeois de St-Étienne de Caen, du bail à lui fait par Baptiste de Villemor, abbé d'Ardennes, du domaine non fieffé de la terre et baronnie de Tesnières (1605, 10 mars). — Copie d'extrait du registre de Gilles Angot et Guillaume Beauvoisin, tabellions au siège et sergenterie du St-Jean-le-Blanc, concernant la transaction entre Guillaume de St-Germain, prieur commendataire du Plessis-Grimault, et Baptiste de Villemor, abbé commendataire de l'abbaye d'Ardennes, sur leur procès concernant la prétention dud. prieur de la droiture du dime ou la 10e gerbe dans l'enclos de la baronnie de Tesnières (1579); à la suite, sentence du bailliage de Caen entre Pierre Le Longin, fermier des menues dîmes de Noyers, demandeur pour la dîme des laines, agneaux, pommes, poires, lins, chanvres, cochons et autres menues dîmes dépendant de la terre et sieurie de « Tenières », et Denis Blanvillain, fermier de lad. baronnie, l'abbé Pierre de « Villemeure » approché (1600); bail par Jacques Le Ber, prieur de Noyers, des menues dîmes lui appartenant à cause de son prieuré dans la terre de Tesnières (1637); transaction entre Joachim Faultrier, abbé d'Ardennes, demeurant à Paris au Grand Arsenal, et Blaise Fleuriot, chanoine régulier de l'abbaye de St-Geneviève-du-Mont, à Paris, procureur de Nicolas Du Bois, prieur de Noyers (1607). — Autres copies de pièces y relatives (Richard-Cœur-de-Lion, Jean-Sans-Terre, etc.) — Accord et marché entre Baptiste de Villemor, abbé d'Ardennes, et Pierre Dajon, de Landes, pour le paiement de la levée sur le Clergé de France, d'un lot de bois de haute futaie à prendre dans l'enclos de la baronnie de Tesnières (1576). — Reconnaissance par Philippin et Pierre Briant, père et fils, bourgeois de Caen, du bail à eux fait par led. abbé d'Ardennes, du domaine fieffé et non fieffé de la terre et baronnie de Tesnières (1578). — Obligation par Thomas Porée, fermier de la baronnie de Tesnières, de payer à l'abbé d'Ardennes 191 boisseaux de froment, pair au meilleur du tripot de Caen (1590). — Apprécie de Caen: boisseau de froment, 25, 23 et 10 sous; orge, 19 et 10 sous; avoine, 8 s., 6 d. et 7 s. 6 d.; petite avoine, 4 s., 6 d. (7 nov. 1599). — Reconnaissance par Jean et Jean Coutances, père et fils, d'Esquay, demeurant à Rougy, du bail à eux fait par Baptiste de Villemor, abbé d'Ardennes, du domaine fieffé et non fieffé de la terre et baronnie de Tesnières (1599).

H. 174 (Liasse.) — 3 pièces, parchemin; 33 pièces, papier.

1593-1627. — Tesnières. — Extrait du papier journal de Pierre Beauvais, sergent royal à Caen, concernant la vente au marché aux neufs à Caen, d'une assiette d'étain saisie sur Baptiste de Villemor, abbé d'Ardennes, à la requête de Louis Le Cuehu, prieur du Plessis-Grimault, stipulé par Jean Du Thou, bourgeois de Caen, pour paiement de 4 années de 30 boisseaux de froment et 30 boisseaux d'orge de rente, en vertu de sentence de Blondel, écuyer, lieutenant du bailli de Caen (1593). — Vente d'une coupe d'argent doré, saisie sur Robert Rogier, sieur de Lion, secrétaire du Roi, à la requête dud. abbé d'Ardennes, pour paiement des fermages de la baronnie de Tesnières (1595). — Autre vente d'une assiette d'étain saisie sur Baptiste de Villemor, à la requête dud. prieur du Plessis-Grimault (1596), etc. — Reconnaissances : devant Jacques Blondel, lieutenant du bailli de Caen, par Denis de Blanvillain, du bail à lui fait par Pierre de Villemor, conseiller au Parlement de Paris, abbé d'Ardennes, du domaine fieffé et non fieffé de la baronnie de Tesnières (1601); — par Jean Saint, du bail à lui fait par led. abbé (1608); — devant Mathieu Delalande et Michel Le Sueur, tabellions à Caen, par Jacques du Breuil, de St-Patrice de Bayeux, du bail à lui fait par Guillaume de Gallodé, s' de Chambrolé, abbé d'Ardennes, de la terre et seigneurie de Tesnières (1619). — Désistement des religieux d'Ardennes, signifié par Antoine Honoray, sergent à Caen, à Jacques Brosset, conseiller et secrétaire du Roi, Jean Brunet, lieutenant de l'Amiral de France au siège de Caen, à Robert de Launey, sieur de Cricqueville, et à Jean Coutances, pour lui et son frère, ex-fermiers de la terre de Tesnières, des arrêts de deniers faits entre leurs mains (1602). — Arrêt du Parlement de Rouen défendant à Guillaume de Gallodé, abbé commendataire d'Ardennes, à la requête des religieux, de couper du bois dans le bois de Tesnières (1621). — Sentence de Guillaume Rouxel, écuyer, sieur de « Jehanville », conseiller au siège présidial de Caen, exerçant la juridiction du bailli en son absence et celle de ses lieutenants, ordonment, au profit des religieux d'Ardennes, contre Guillaume de Galludé, abbé, la visite des bois de Tesnières (1626). — Résiliation entre Guillaume de Galludé, abbé d'Ardennes, et Vincent Lair, du bail de la terre et baronnie de Tesnières (1627).

H. 171. (Liasse.) — 3 pièces, parchemin ; 30 pièces, papier.

1628-1782. — **Tesnières.** — Reconnaissance devant Hiérosme de Cheux, écuyer, et Thomas de La Lande, tabellions en la sergenterie de Villers, par Étienne Rollejambe, de Noyers, du métier de chandelier, du bail à lui fait par Guillaume de Galludé, abbé d'Ardennes, du domaine non fieffé de sa terre et baronnie de Tesnières (1628). — Échange entre l'abbé de Galludé et Jacques Le Clerc, s' d'O, conseiller au présidial de Caen (1632). — Procédure devant Hercule Vauquelin, écuyer, sieur des Yveteaux, lieutenant général au bailliage et siège présidial de Caen, et devant Jacques Mondel, écuyer, sieur et châtelain de Tilly, lieutenant civil et criminel du bailli de Caen, entre les religieux d'Ardennes et Auguste Le Petit, sieur des Iles et de Vacognes, concernant les dégradations faites au bois de Tesnières (1633). — Extrait du registre mobil de Hiérosme de Cheux, écuyer, et Pierre « Rocamps », tabellions en la sergenterie de Villers, concernant le bail fait par Guillaume de Galludé, abbé d'Ardennes, à Gervais et Jean Bénard, frères, du domaine non fieffé de la terre et baronnie de Tesnières (1634). — Bail aud. domaine par l'abbé de Galludé à Mathias Cardine, de Portbail en Cotentin (1637. — Bail devant Mathieu Roinlande et Michel Le Sueur, son adjoint, tabellions à Caen, par Jacques Huhot, bourgeois de Caen, économe de l'abbaye d'Ardennes, suivant les commissions du Roi, à Guillaume Sanson, de Missy, de toutes les terres de l'enclos de la baronnie de Tesnières (1652). — Bail devant Charles de La Mare et Jacques Léger, tabellions au siège de Noyers, Grainville et Mondrainville, enclavé dans la sergenterie de Villers, par Gabriel Yver, sieur de la Garenne, bourgeois de Caen, procureur receveur général de l'abbé d'Ardennes, à Nicolas Bougon, fils Pierre, de Tessel, demeurant au Locheur, de toutes les terres et enclos de la baronnie de Tesnières (1661). — Autres baux devant : Charles Le Baron et Robert Lesnault, tabellions à Villers, par led. receveur de l'abbé d'Ardennes à Jean Paris, fils Laurent (1670) ; Maria Barbey et Denis-Gilles Le Picard, notaires à Villers, par frère Mathieu Trosseille, procureur de l'abbaye, à Jean et Michel Paris, père et fils (1689). — Procédure en bail-

liage et siège présidial de Caen devant Jean Gohier, lieutenant particulier civil et criminel, entre Laurent Collet, M. d'Anhay-Villons et les religieux d'Ardennes, concernant le paiement d'un boisseau de froment de rente, mesure ancienne d'Évrecy (1693). — Reconnaissance devant François Le Sénécal, notaire à Évrecy, par Pierre Paris, du bail à lui fait par frère Jean-Baptiste Razé, des terres de la baronnie de Tesnières (1710). — Charge des rentes foncières et seigneuriales dues à l'abbé Gaspard de « Forgeous » de La Bastie, à cause de sa terre et baronnie de « Tenières » (1710). — Bail de la ferme et baronnie de Tesnières et des deux tiers des bois, tant taillis que des hales, l'autre tiers appartenant aux religieux, par Philippe Dudouet, ancien conseiller du Roi, notaire à Caen, porteur de procuration de l'abbé Edmond Booth, à Pierre Guillot (1782).

H. 173. (Liasse.) — 30 pièces, parchemin ; 10 pièces, papier.

1288-1769. — **Tesnières. Ancienne liasse.** — Vente par « Guille, dictus Espigan, de Talanières in parrochia de Noiers », à « Ruberto dicto Rossel, de Fay la parrochia de Montibus », de terre « apud Lespiganière in terrario de Noiers ». (1288). — Vente devant le vicomte de Caen par Jean, Robert et Guillaume dits « dou Puchot », frères, de Noyers, aux religieux d'Ardennes, d'une pièce de terre (1293) ; engagement devant le vicomte de Caen par « Geneviève, femme Johan dou Puchot, et Esmeraude, femme Robert dou Puchot », de ne jamais réclamer pour droit de mariage encombré, douaire ou autre chose, sur une pièce de terre au territoire de Noyers, que lesd. Jean et Robert ont vendue à l'abbaye (1293 v. s.). — Reconnaissance devant Jean Le Brebencheu, tabellion sous Raoul Rouillart, garde du scel des obligations de la vicomté de Caen, par Jean Du Mesnil, de Noyers, aux religieux, de 15 boisseaux d'avoine à la mesure d'Évrecy (1375). — Aveu aux religieux par Sandrin Du Mesnil (1403 v. s.). — Fieffe par les religieux à Jean Du Mesnil (1434). — Main levée accordée par Jean Crespin, baron du Bec-Crespin, seigneur de Mauny, d'« Avranches » (sic) et de Plasnes, maréchal héréditaire de Normandie, maître enquêteur et réformateur des eaux et forêts au duché de Normandie et pays de Picardie, aux religieux d'Ardennes, de l'empêchement mis sur la jouissance de la terre de Noyers et bois de Tesnières, à eux donnés par Richard, roi d'Angleterre (1451) ; ordonnance de Pierre de Mignard, éc., s' de Bellincourt et de « Neelle », maître enquêteur et réformateur des eaux et forêts en Normandie et Picauville (1459). — Aveu aux religieux par Sandres Mesnil, prêtre, et « Raul » de Bures, à cause de sa femme (1491). — Vente par Colin Mesnil &..., (prénom enlevé) du Vivier, écuyer, s° du Prey, de 16 boisseaux de froment de rente, mesure d'Arques (1518). — Partage entre Jean et Jacquet de Bures, fils de feu Raoul de Bures, des biens de Laurent de Bures, leur frère (1523). — Reconnaissance devant Charles Le Fournier, lieutenant général du vicomte de Caen, par Guillaume Yon, du bail à lui fait par Christophe Poterin, prieur de Coulombs, Jean du Hamel, prieur de Lion, religieux d'Ardennes, administrateurs et gouverneurs de l'abbaye sous Marguerin de la Rigne, abbé commendataire, de 3 vergées de terre (1531). — Reconnaissances par : Laurent Poignant, de Noyers, du bail à lui fait par les religieux de 3 vergées de terre (1540) ; le même, devant Richard Hunot et Nicolas Guérard, son adjoint, tabellions en la sergenterie de Villers, du nouveau bail dud. 3 vergées (1568). — Vente devant Jacques Haniel et Jean Le Chevalier, tabellions en la sergenterie de Villers et d'Évrecy pour le siège de Vendes, par Marguerin Gires, de Villy, et sa femme, fille de feu Nicolas Paris, à Jeanne Le Monnier, veuve de Jacques Collet, pour elle et son fils, bourgeois de Caen, de la condition de remeré de la moitié d'un jardin sis au hamel de Bourdel (1597). — Procuration devant Jacques Baron et Pierre Bellissent, tabellions royaux à Noyers pour la vicomté de St-Sylvain et le Thuit, par les paroissiens et habitants de Noyers, de les représenter en Parlement, sur le procès intenté par les religieux d'Ardennes pour les landes et bois de Moutbroc (1641). — Procédure devant Denis Le Pionnier, procureur du Roi au bailliage et siège présidial de Caen, docteur et professeur aux droits en l'Université, commissaire subdélégué par la Chambre Souveraine des francs-fiefs et nouveaux acquêts et amortissements dud. bailliage, entre les paroissiens de Noyers et les religieux d'Ardennes, concernant leur taxe à cause des landes et pâtures en commun de la paroisse de Noyers (1655). — Bail devant Marin Barbey et André Le Cat, tabellions à Villers, par Abraham Le Chanoine, bourgeois de Caen, procureur-receveur de l'abbé d'Ardennes, à Jean et Michel Paris, père et fils, des maisons, prés, bois, rentes et 13° appartenant aud. abbé (1675). — Procédure devant Pierre Larcher, écuyer, lieutenant général en la vicomté d'Évrecy, entre Charles Pennel, avocat du Roi aud. siège, et les religieux d'Ardennes, concernant les réparations du chemin tendant de Landelles au bourg de Villers (1684). — Vente par les religieux, en exécution de la sentence du vicomte d'Évrecy, les condamnant à réparer led. chemin, à Robert et Julien Le Savary, père et fils, bourgeois de Caen, de tous les arbres étant sur led. chemin (1684). — Reconnaissance par Michel Paris du bail à lui fait par continuation par les religieux stipulés par frère Mathieu Tresville, procureur de l'abbaye (1697). — Signification par Jacques Robillard, sergent à Caen, à la requête des religieux, à Anne Paris, veuve de Pierre Collet, fils Laurent, du bail par elle fait devant Le Sénécal, notaire à Évrecy, en 1730, de ferme à Noyers, avec sommation de payer les arrérages de fermages dus (1739). — Avis de conseil d'avocats sur la contestation de M. de St-Vallier, abbé d'Ardennes, et Vautier, prieur de Noyers, concernant le paiement des novales (1743). — Aveu à Édouard Routh, vicaire général du diocèse de Narbonne, abbé commendataire de l'abbaye d'Ardennes, par : Jean Nanant, au droit par Hoffé de Jean Bénard (1707) ; Michel Ybert, fils Michel, Anne Le Jeune, veuve de Jean Collet, Pierre-André Bellissent, époux de Marie Collet, et Madeleine Gardembas, fille et héritière de Martin Gardembas (1769).

H. 673. (Liasse.) — 10 pièces, parchemin ; 1 pièce, papier.

1329-1557. — « Tesnières. Anciennes rentes seig⁻¹ˢ. » — Reconnaissances devant : Jean d'Esquelot, prêtre, garde du scel de la vicomté de Caen, par Sevestre Hubert, de Noyers, aux religieux, de 2 setiers d'orge à la mesure de Noyers, 1329, lundi avant la St-Urbain ; — Guillaume Guernon, tabellion sous Guillaume Du Teil, garde du scel de la vicomté de Caen, par Robert Du Mesnil l'aîné, de Noyers, aux religieux, de 3 quartiers d'orge de rente à la mesure de Noyers (1336). - Mandement de Robert de La Hogue, lieutenant général du vicomte de Caen, aux sergents et sous-sergents de la vicomté, de faire payer les arrérages de 21 boisseaux de l'obligation de Pierre Le Breton aux religieux d'Ardennes (1493). — Bannie par Jean Le Boucher, lieutenant du vicomte de Caen, des récoltes saisies à la requête des échevins, prévôts et frères de la charité de St-Étienne-le-Vieux de Caen, sur Richard Le Sage le jeune, pour paiement de 10 années d'arrérages de 5 boisseaux de froment de rente (1531). — Vente devant Bertrand Flagaye et Léonard Le Rebours, tabellions aux sergenteries de Villers et Évrecy, par Gabriel Le Sage à Louis Dubois, écuyer, d'une portion de terre en jardin (1533). — Adjudication devant Charles de Bourgueville, écuyer, licencié en lois, lieutenant général du vicomte de Caen, des récoltes saisies à la requête de frère Gilles « Cearet », religieux d'Ardenues, pour paiement d'arrérages de rente (1534). — Plaids devant Bertrand Fiagaro et Jean Gastray, tabellions en la vicomté de St-Sylvain et le Thuit, par Adam Le Sage à Noël Regnault, prêtre, et à Marguerin Regnault, son frère, d'une pièce de terre (1597 v. s.). — Ordonnance de Pierre Richard, écuyer, lieutenant général du vicomte de Caen, pour l'admission à la répartition des deniers provenant du décret des biens de Richard Le Sage, de Thomas Chauvel, abbé d'Ardennes, pour arrérages de rente (1589). — Aveu rendu aux pieds du fief, terre et sieurie de Noyers pour Catigny tenus par Jean Le Lièvre, écuyer, sénéchal, par messire Noël Regnault, pour lui et les enfants mineurs de feu Marguerin Regnault, des biens tenus de ladite sieurie (1537).

H. 472. (Liasse.) — 2 pièces, parchemin ; 2 pièces, papier.

1680-1767. — Tesnières. Liasse 2. — Tènement Barbey, qui fut Abel Langlois, sujet à 32 boisseaux d'orge, ancienne mesure de Caen (titre d'inféodation du 28 mars 1410). — Lettre de Néel à l'abbé d'Ardennes concernant le paiement d'une rente de 32 boisseaux d'orge (1680). — Distribution par Jacques Pennier, écuyer, sieur d'Angerville, ancien conseiller du Roi, exerçant pour la récusation volontaire du lieutenant général du bailliage, des deniers provenant du décret des maisons et héritages assis à Noyers de feu Michel Néel, écuyer, sieur du Manoir, requis par Michel de Bourgy Le Révérend, conseiller aumônier ordinaire du Roi, abbé de St-Urbain, à laquelle se sont présentés les religieux d'Ardennes stipulés par Gabriel Yver, bourgeois de Caen, pour paiement d'arrérages de rente (1635). — Aveu à Édouard Booth, vicaire général du diocèse de Narbonne, abbé commendataire d'Ardennes, par MM. Barbey, fils et héritiers de Gilles-Marin Barbey, lieutenant criminel à Caen, représentant Michel Néel, écuyer, sieur du Manoir, au droit du sr du Quesnay de Blais et d'Abel Langlois, de 12 vergées de terre en la baronnie de Tesnière (1767).

H. 473. (Liasse.) — 1 pièce, parchemin ; 2 pièces, papier.

1769-1791. — Tesnières. Liasse 10. — Tènement à Noyers sujet en 3 bx d'avoine, mesure de Caen. 1 poule et 10 œufs de rente, à cause de 3 vergées de terre. — Reconnaissance devant Guillaume Fontaine et Jean-Jacques Bénard, notaires à Caen, par François Aude, époux de Marguerite Blanvillain, Marie Blanvillain, sa sœur, filles et héritières de Jean Blanvillain, fils Jean, et Jean Collet, époux d'Élisabeth Blanvillain, fille de Gabriel Blanvillain, autre fils dud. Jean, aux religieux d'Ardennes, stipulés par Louis-Léonard Bailleul, procureur fondé d'Anne Le Jaune, veuve de Jean Collet, fermière de la baronnie de Tesnières, de 3 boisseaux d'avoine, mesure de Caen, 1 poule et 10 œufs de rente à cause de 3 vergées de terre (1769). — Signification par Jacques-François Picard, sergent royal au tribunal du district de Caen, y reçu et immatriculé pour la sergenterie de Breteuil, demeurant paroisse de Noyers (1791).

H. 475. (Liasse.) — 1 pièce, parchemin ; 2 pièces, papier.

1768. — Tesnières. Liasse 13. — Liasse 3 de la Révolution. — Reconnaissance devant Jacques Piguet, notaire à Noyers, par Jacques Roger, tailleur, demeurant à Noyers, hameau de Bardel, en forme de titre nouveau, aux religieux d'Ardennes, à cause de leur baronnie de Tesnières, stipulés par Louis-Léonard Bailleul, porteur de procuration d'Anne Le Jeune, veuve de Pierre Collet, fermière de lad. baronnie, de 100 sols de rente sur une vergée de terre.

H. 477. (Liasse.) — 1 pièce, parchemin ; 1 pièce, papier.

1347. — Tesnières. Inventaire du XVIIIe siècle. Liasse 7. — Vente devant Blesot de Léon, commis sous Guillaume du Teil, garde du scel de la vicomté de Caen, par Pierre Richard, de Noyers, aux religieux, de 3 setiers d'orge de rente à la mesure de Noyers, affectée sur 2 pièces de terre (1346, lundi après la St-Grégoire en mars).

H. 478. (Liasse.) — 2 pièces, parchemin ; 1 pièce, papier.

1335-1347. — Tesnières. Liasse 8. — Reconnaissance devant Guillaume du Teil, garde du scel des obligations de la vicomté de Caen, par Nicole Bérart, de Noyers, de la fieffe à lui faite par les religieux de 8 vergées de terre pour 7 setiers d'orge, 2 setiers de froment, mesure de Noyers, 2 chapons, 2 gélines et 50 œufs de rente (1335). — Remise aux pieds de la sergenterie de Villers devant Robert Le Marchant, pour le vicomte de Caen, par le conseil de famille du mineur Ricart Clérisse, de lad. fieffe (1346, jeudi après la St-Grégoire en mars).

H. 479. (Liasse.) — 1 pièce, parchemin ; 1 pièce, papier.

1394. — Tesnières. Liasse 9. — Reconnaissance

devant Thomas de La Haye, commis et établi au nom de Jean Deslandes, tabellion ès mottes des sergenteries de Villers et Évrecy sous Auberi Lévesque, garde du scel des obligations de la vicomté de Caen, par Raoul Le Maigne, demeurant en la paroisse de Noyers, hameau de Tesnières, de la fieffe à lui faite par les religieux d'Ardennes de 3 acres de terre (1394, 9 mars).

H. 480. (Liasse.) — 1 pièce, parchemin; 2 pièces, papier.

1398. — Tesnières. Liasse 10. — Reconnaissance devant Guillaume Le Couvreur, tabellion à Caen sous Michel Potier, garde du scel des obligations de la vicomté, par Sandrin du Bourdel, écuyer, demeurant à Noyers, de la fieffe à lui faite par les religieux, d'une pièce de terre, moyennant 2 boisseaux d'avoine, mesure de Noyers, 1 géline et 10 œufs de rente.

H. 481. (Liasse.) — 1 pièce, parchemin; 1 pièce, papier.

1389. — Tesnières. Liasse 11. — Reconnaissance devant Oudart Paisant, tabellion à Caen, par Jean Mahomet, de Noyers, aux religieux, de 6 boisseaux de froment, 1 chapon, 1 denier et 15 œufs avec un hommage (1389, v. s.).

H. 482. (Liasse.) — 2 pièces, parchemin; 1 pièce, papier.

1422-1427. — Tesnières. Liasse 14. — Aveu aux religieux, par Jean Mahomet dit Robetien, à cause de leur fief et baronnie de Tesnières (1422). — Reconnaissance aux pleds de Tesnières, tenus par Jean Guerart, lieutenant du sénéchal, par Jean Mahomet, de la fieffe à lui faite par les religieux (1426, 30 mars).

H. 483. (Liasse.) — 4 pièces, parchemin; 1 pièce, papier.

1402-1516. — Tesnières. Liasse 15. — Aveu aux religieux par Denis Le Moygne de 5 vergées 1/2 de terre (1402). — Fieffe par Pierre, abbé, et les religieux, à Denis Le Moigne, de 5 vergées 1/2 de terre (1412). — Aveu par Étienne Bouissel de 17 vergées 1/2 de terre (1435, v. s.). — Reconnaissance devant Bertrand Flagaye et Simon Lorfèvre, tabellions ès mottes des sergenteries de Villers et Évrecy, par Jean Decaye dit Despaulx, et Girette, sa femme, Jean Decaye et Jeanne, sa femme, héritiers, au droit desd. femmes, de Jean Le Grand, aux religieux, de 12 boisseaux d'avoine de rente (1516).

H. 484. (Liasse.) — 2 pièces, parchemin; 1 pièce, papier.

1604-1627. — Tesnières. Liasse 16. — Aveux aux abbé et religieux d'Ardennes à cause de leur baronnie de Tesnières, par : Gervaise Canu (1604) et Thomas de Bourdel, « manoir donné par justice » de Jean Du Mesnil, fils de feu Guillaume Du Mesnil (1627).

H. 485. (Liasse.) — 1 pièce, parchemin; 2 pièces, papier.

1419. — Tesnières. Liasse 17. — Fieffe par Pierre, abbé, et les religieux, à Pierre Le Breton, de Noyers, de 9 vergées de terre (1418, v. s.). — Copie informe moderne de reconnaissance devant Jean de La Fontaine, tabellion ès mottes des sergenteries de Choux et de Cevilly sous Pierre Le Verrier, licencié en droit canon, garde du scel des obligations de la vicomté de Caen, par led. Pierre Le Breton, de lad. fieffe.

H. 486. (Liasse.) — 2 pièces, parchemin; 1 pièce, papier.

1503-1536. — Tesnières. Liasse 18. — Aveu aux abbé et religieux en leur noble fief, terre et baronnie de Tesnières, par Pierre Regnauld, tant pour lui que ses puinés, pour la vavassorie au Roi, à cause de laquelle ils sont sujets en rente, à aider à « foner » les foins et mettre en « mullon », « gastel de mariage », reliefs, treizièmes, service de prévôté, etc. (1503). — Mandement de Pierre Le Bourgeois, écuyer, lieutenant du bailli de Caen en la vicomté dud. lieu, à chacun des sergents, concernant l'exécution d'une saisie des récoltes de Regnault sur biens sujets en rente (1536).

H. 487. (Liasse.) — 1 pièce, parchemin; 1 pièce, papier.

1587. — Tesnières. Liasse 19. — Aveu aux abbé et religieux par Pierre Rôty, à cause de sa femme, de 1 acre de terre au bas Motey, au hamel de Sanevières, sujette en 11 boisseaux d'orge, mesure ancienne de Caen, 2 gélines et 20 œufs.

H. 488. (Liasse.) — 1 pièce, parchemin; 1 pièce, papier.

1615. — Tesnières. Liasse 20. — Aveu à l'abbé de Gallodé, en son noble fief, terre, seigneurie et baronnie de Tesnières, par Abel et Jacques La Couldre, frères, de 1/2 5 vergées de terre à Noyers, delle de la Planque de Bourdel, sujette en 2 boisseaux d'avoine, mesure de Noyers, 6 deniers, 2 gélines et 20 œufs.

H. 489. (Liasse.) — 1 pièce, parchemin; 1 pièce, papier.

1491. — Tesnières. Liasse 21. — Aveu aux abbé et religieux par Jean Ozenne, prêtre, d'une pièce de terre sujette en 8 boisseaux d'orge, mesure ancienne de Caen, et 2 poules de rente (1490, v. s.).

H. 490. (Liasse.) — 2 pièces, parchemin; 1 pièce, papier.

1503-1508. — Tesnières. Liasse 22. — Aveux aux abbé et religieux par Raoul Collet, d'une acre de terre paroisse de Noyers, dette de l'Épine au Vesque (1503 et 1507, v. s.).

H. 491. (Liasse.) — 2 pièces, parchemin; 1 pièce, papier.

1544. — Tesnières. Liasse 23. — Reconnaissance aux pieds des sergenteries de Villers et Cheux, tenus par Charles Le Fournier, écuyer, lieutenant général du vicomte de Caen, par Jean Mesnil et Thomas Dobet, procureur des abbé et religieux d'Ardennes, d'un appointement fait entre eux sur leur procès pendant auxd. pieds pour paiement d'arrérages de rente de l'obligation de Thomas Mesnil (1543 v. s.). — Déclaration des biens tenus par Jacques Mesnil, tant pour lui que pour les enfants de feu Regnault Mesnil, comme puînés d'un tènement qui fut de Bures et dont sont aînés les abbé et religieux d'Ardennes (s. d.).

H. 492. (Liasse.) — 1 pièce, parchemin; 1 pièce, papier.

1260. — Tesnières. Liasse sans cote. — Accord sur procès entre Henri, prieur du Plessis-Grimoult, et son couvent, Guillaume, abbé, et le couvent d'Ardennes, sur les dîmes des terres de l'abbaye à « Teisneres, intra parrochiam nostram de Noiers ».

H. 493. (Liasse.) — 2 pièces. parchemin; 1 pièce, papier.

1513-1514. — Tesnières. Liasse sans cote. — Échange devant Bertrand Flagaye et Simon Lorfèvre, tabellions ès mettes des sergenteries de Villers et d'Évrecy, entre frère Thomas Chauvay, religieux d'Ardennes, receveur et procureur de l'abbaye, et Massé Hamelin, de terres (1513). — Fieffe devant Lucas de La Lande et Robert Le Saunier, tabellions à Caen, par Massé Hamelin, de Noyers, et Catherine, sa femme, à frère Massé Du Vivier, commendataire de l'abbaye d'Ardennes, de 9 vergées de terre (1514).

H. 494. (Liasse.) — 7 pièces, parchemin; 1 pièce, papier.

1324-1453. — Tesnières. Liasse sans cote. — Aveux aux abbé et religieux par: Mathieu Du Mesnil (1324); Guillaume Regnart (1388 v. s.); Jean Du Mesnil; Robert Regnauf (1406); Marquet Le « Querpentier » (1453). — Extraits des plaids de Tesnières.

H. 495. (Liasse.) — 12 pièces, parchemin; 1 pièce, papier.

1331-1711. — Tesnières. Liasse sans cote. — Traité devant Henri Du Cange, prêtre, garde du sceau des obligations de la vicomté de Caen, entre les religieux, Robert Valory et Germaine, sa femme (1331). — Cession devant Guillaume Le Couvreur, tabellion à Caen, par Robert Le Saige, de Noyers, aux religieux, de 2 « masnages » avec jardins sis au hameau de Tesnières (1391). — Pouvoir de retrait donné pour 20 ans devant Antoine Le Roy et Lancelot Loyson, tabellions ès mettes de la sénéchaussée d'Argences au siège de Ste-Paix près Caen, par Laurent du Vivier, écuyer, demeurant à Ardennes, à Richard Le Sage le jeune, de Noyers, de rente vendue (1514). — Échanges de terres devant Bertrand Flagaye et Simon Lorfèvre, tabellions ès mettes des sergenteries de Villers et d'Évrecy, entre Christophe du Moncel, prieur de Lébisay, religieux, bailli, et Thomas du Mesnil, de Noyers (1514); entre led. du Moncel, prieur de Lébisay, religieux, procureur de l'abbé et couvent, et Thomas Le Sage, fils Jean (1516). — Remise par Guillaume Malerbe, écuyer, à Pierre du Vivier, abbé commendataire d'Ardennes, de 3 pièces de terre à lui acquises par décret pour paiement d'arrérages de 4 livres de rente de l'obligation de Jacques Despreys (1518). — Échange devant Bertrand Flagaye et Jean Canu, tabellions ès mettes des sergenteries de Villers et d'Évrecy, entre Geoffroy Le Sage et Thomas Chauvay, abbé d'Ardennes, de pièces de terre (1530). — Procédures entre Baptiste de Villemor, abbé d'Ardennes, et Robert de Mannoury, prieur de Noyers, concernant le paiement de dîmes prétendues dues par Philippe Le Tellier, « metaier » dud. abbé (1569). — Requête au bailli de Caen par les abbé et religieux pour obtenir mandement afin de faire saisir des biens et récoltes pour paiement d'arrérages de rente (1711).

H. 496. (Liasse.) — 17 pièces, parchemin; 5 pièces, papier.

1331-1748. — Tesnières. Liasse sans cote. — Reconnaissances devant: Jean Caperon, garde du sceau de la vicomté de Caen, par Robert Valori et Germaine, sa femme, de S¹-Gilles de Caen, de la vente de terres par eux faite aux religieux d'Ardennes (1331); — Renouf Pigot, clerc, juré commis et établi sous Jean Quatrans, clerc, tabellion à Caen, par Guillaume Renart et Catherine, sa femme, de Noyers, de la fieffe à eux faite par les religieux (1388). — Vente devant Jean Quatrans, tabellion à Caen, par Simon Le Rascais, de S¹-Pierre de Caen, aux religieux, d'une maison et dépendances (1390). — Lots devant Robert Guillemin, tabellion ès mottes des sergenteries de Villers et d'Évrecy, entre Ricart Motet, de Fouguerolles-sur-Seulles, époux de Jeanne, fille de feu Denis Le Moigne, et Girot Rémon, de Préaux, époux de Gervaise, autre fille dud. Denis (1445 v. s.). — Ventes devant : Viel Dupont, tabellion, et Gervais Dupont, son adjoint, ès mottes des sergenteries de Villers et Évrecy, par Pierre Motet, de Savenay, à frère Guillaume Gabriel, religieux d'Ardennes, des biens ayant appartenu à Jean Le Moigne (1462 v.s.); — Jean et Richard Le Briant, tabellions à Caen, par Pierre Motet, pour lui et Jeannotte, sa sœur, enfants de Jeanne, fille et héritière de Denis Le Moine, aux religieux, des biens à eux échus de leur mère (1465); — Pierre Vauldry et Richard Bunel, tabellions en la sergenterie de Cheux sous Simon Anzère, écuyer, vicomte et garde du scel des obligations de la vicomté d'Évrecy, par Gervais Deney à frère Michel Le Normand, religieux d'Ardennes, de terre (1477); — Bertrand Flagaye et Simon Lorfèvre, tabellions aux sergenteries de Villers et d'Évrecy, par Guillaume Regnaut, à Philippe de Courtelaye, s¹ du lieu, de terre (1524). — Reconnaissance devant les mêmes par frère Thomas Chauvay, prieur de Lébisay, de la vente à lui faite par Nicolas Deney, de terre (1524). — Déclaration des biens tenus par Jacques Mesnil, tant par lui que par les enfants mineurs de feu Regnaut Mesnil, comme puinés du tènement de Bures sis à Noyers (1610). — Aveu devant André Le Cat, notaire au siège de Noyers, et Richard Regnouf, sergent royal à Villers, pris pour adjoint, à Joachim de Faultrier, secrétaire général de l'artillerie, intendant du Hainaut, abbé d'Ardennes, seigneur de la baronnie de Tesnières sise à Noyers, par Laurent Collet, Louis Paris et autres (1699). — Procédure entre Jean-Claude de la Croix de Chevrière de S¹-Vallier, abbé commendataire d'Ardennes, et Jean-Jacques Nantier, prieur de Noyers, concernant les novales et menues dîmes à prendre sur la ferme de la baronnie de Tesnières (1743).

H. 497. (Liasse.) — 1 pièce, parchemin; 1 pièce, papier.

1344. — Tesnières. Liasse sans cote. — Reconnaissance devant Guillaume Guernon, tabellion sous Guillaume du Teil, garde du scel de la vicomté de Caen, par Jean Du Mesnil le jeune, vers Colin Rerart, de 70 boisseaux d'orge à la mesure de Noyers, pour fonds aud. lieu (1340, mercredi avant la Typhaine).

H. 498. (Liasse.) — 3 pièces, parchemin.

1370-1434. — Tesnières. Liasse sans cote. — Reconnaissances devant : Jean Le Brebenchon, tabellion commis et établi sous Raoul Rouillart, garde du scel des obligations de la vicomté de Caen, par Colin Hubert, de Noyers, de la fieffe à lui faite par les religieux (1369 v. s.); — Robert Le Monnier, tabellion à Caen sous Auberi Lévesque, garde du scel des obligations de la vicomté, par Jean « Malhommet », de Noyers, aux religieux, de rente (1391); — Godart Paisant, tabellion à Caen sous Gilles Gosselin, garde du scel des obligations de la vicomté, par Colin Rubelien dit Mahommet, de la fieffe à lui faite par les religieux (1402).

H. 499. (Liasse.) — 7 pièces, parchemin; 1 pièce, papier.

1381-1491. — Tesnières. Liasse sans cote. — « Aveux rendus aux pieds de la baronnie de Tesnières, des années 1381, 1382, 1490, 1491, contenant les noms des tenants héritages relevant de ladite baronnie », etc. Extraits des pieds tenus à Tesnières pour les religieux. — Mandement d'Eustache Marie, lieutenant général du vicomte de Caen, aux sergents de la vicomté, de mettre à exécution le contenu de la réquisition de Jean Parisy, sénéchal du fief, terre et seigneurie de la baronnie de Tesnières, appartenant aux religieux d'Ardennes (1490). — Amendes et exploits faits en la juridiction du fief, terre et seigneurie de Tesnières par Jean Fauvel, écuyer, lieutenant de Jean Parisy, sénéchal (1491).

H. 500. (Liasse.) — 13 pièces, parchemin; 31 pièces, papier; 1 plan.

1190-1770. — Tesnières. Liasse sans cote « concernant les bois de Tesnières situés à Noyers, qui sont titres et sentences en différentes époques, qui décharge les abbés et religieux d'Ardennes du droit de tier et dangers sur lesdits bois en vertu de leur chartre de donnation par eux représentée ». — Mandement de Jean Braque, chevalier, et Robert Assire, maîtres et enquêteurs des eaux et forêts, pour maintenir les religieux dans la possession des bois de Tesnières, à eux donnés par Richard, roi d'Angleterre, suivant sa charte y vidimée (1384), copie collationnée sur l'original demeuré au chartrier de l'abbaye, par Bouchard, secrétaire du chapitre (1684). — Ordonnance rendue aux pleds des Londes tenus à Cormolain par Jean Marie, maître du Bur-le-Roi, déchargeant les religieux d'Ardennes des poursuites faites contre eux pour enlèvement de 2 charretées de branches de chêne dans le bois de Tesnières (1389). — Mandement de Simon Morhier, chevalier, seigneur de « Villrs. », garde de la prévôté de Paris, commissaire, gardien et conservateur général donné et député aux maîtres, régents et écoliers de l'Université de Paris, pour les abbé et couvent d'Ardennes, led. abbé écolier étudiant en lad. Université en la faculté de décret, contre Henri de Bretoville, Richard Foubert, Jean Pigache et autres qui, au mépris des droits de l'abbaye, ont coupé et abattu grande quantité de bois, etc. (1427, 13 janvier). — Extrait des pleds du fief, terre et seigneurie de Tesnières, tenus par Jean Guérart, lieutenant du sénéchal, concernant le procès entre les religieux d'Ardennes et Jean Mahommet dit Rublieu pour coupe et enlèvement de bois (1433 v. s.). — Ordonnances de : Pierre de Cuignac, écuyer, seigneur de Bellincourt et de « Néella », maître enquêteur et réformateur des eaux et forêts au duché de Normandie et pays de Picardie, permettant aux religieux, en présence de Jean Janvier, procureur du Roi aux bailliages de Caen et Cotentin sur le fait des eaux-et-forêts, etc., de jouir et user des lettres à eux données par Jean Crespin, son prédécesseur (1458); Rogier Pieffort, écuyer, lieutenant aux vicomtés de Caen et Falaise du grand maître des eaux et forêts de Normandie et Picardie, permettant auxd. religieux de jouir des bois de Tesnières suivant les lettres à eux octroyées (1487 v. s.). — Procès-verbal d'enquête de témoins devant Tangy Sorin, écuyer, docteur aux droits, conseiller au siège présidial de Caen, pris pour adjoint Michel Surirey, greffier ordinaire du bailli de Caen, pour exécution de la commission du Roi pour les ruines, démolitions, dégradements et pilleries faites aux temples, maisons, bois et biens de l'abbaye : dépose Bastien Richard, de Noyers, charpentier, qu'au mois de mars, quelque peu de temps avant que le camp de l'Amiral vînt en ce pays, il arriva des soldats au manoir de la baronnie de Tesnières, qui vinrent en sa maison, et par menaces de le tuer et lui mettant et appuyant « la pistolle contre l'estomac », le contraignirent aller à Tesnières et lui firent couper plusieurs gros et petits chênes sur le domaine non fieffé de la baronnie, et firent crier par les marchés prochains que led. bois était à vendre, et invitaient au cri public les ouvriers et marchands de le venir couper et acheter, tant auxd. marchés qu'à l'issue du sermon des églises paroissiales ; que lesd. soldats se couvraient de l'autorité de l'Amiral et vendirent grande quantité de bois à beaucoup de personnes ; qu'il y a dommage aud. bois de plus de 500 écus, tant à cause du jeune bois coupé que de gros chênes qui n'étaient aucunement secs ; que le pressoir, les charrettes et charrues, et généralement tous les ustensiles étant aud. manoir, furent vendus par lesd. soldats ; que comme lesd. soldats étaient à Tesnières, il vint un homme inconnu au déposant qui leur dit qu'il leur fallait se retirer, et assez tôt après ils se retirèrent à Caen, etc. (juillet 1563). — Copie des lettres patentes permettant à tous bénéficiers de faire couper des bois de haute futaie ou vieux baliveaux des taillis de leurs bénéfices jusqu'à concurrence de leurs taxes seulement (1568); vente de bois de l'abbaye (1569). — Monitoire de l'officialité de Bayeux en faveur des religieux d'Ardennes pour faire informer contre les auteurs de vol de bois à Tesnières (1612). — Procès-verbal d'arpentage par Pierre Le Jeune, arpenteur royal au bailliage de Caen, à la requête d'Henri Laisné, abbé d'Ardennes, des bois tant en taillis que haute futaie de la terre et baronnie de Tesnières (1663). — Ordonnance de Jacques Favier, chevalier, seigneur du Boulay, commissaire général député par le Roi pour la réformation des eaux et forêts en la province de Normandie, déclarant les bois de Tesnières appartenant aux religieux d'Ardennes exempts du droit de tiers et danger, etc. (1663). — Autorisation par Alexandre Girot, sieur de Breteil, lieutenant des eaux et forêts en la maîtrise de Caen et verderies en dépendant, subdélégué de Du Boulay Favier, intendant d'Alençon, commissaire général pour la réformation des eaux et forêts de la province de Normandie, aux religieux d'Ardennes, de couper les arbres de la haie d'un chemin pour en faire la réparation (1665). — Ordonnance de Guy Chamillart, intendant de Caen, et Paul Mascrany, seigneur de la Verrière, grand maître enquêteur et général réformateur des eaux et forêts de France au département de Normandie, commissaires pour la recherche des droits de tiers et danger, renvoyant les religieux d'Ardennes devant le Roi pour obtenir la confirmation de leurs chartes en les maintenant au droit d'exemption de tiers et danger des bois de Tesnières (1673). — Arpentage par Pierre Le Vavasseur, professeur en mathématique, arpenteur royal au bailliage et siège présidial de Caen, à la requête des prieur et religieux d'Ardennes, pour satisfaire à l'assignation à eux commise par Gilles de La Perrelle, garde des eaux et forêts de la maîtrise de Caen, des bois de Tesnières (1689). — Ordonnance d'Antoine-Nicolas Ferrand, chevalier, grand maître enquêteur et général réformateur des eaux et forêts de France au département de Caen et Alençon, prescrivant à tous prélats, abbés, prieurs, tant séculiers que réguliers, économes, administrateurs, recteurs et principaux des collèges, hôpitaux et maladreries, commandeurs et procureurs de l'ordre de St-Jean de Jérusalem, de faire arpenter, dans le délai d'un mois, les bois dépendants de la maîtrise de Bayeux et d'en remettre les procès-verbaux au greffe de lad. maîtrise (1698), lad. ordonnance signifiée à la requête des prieur et religieux d'Ardennes à Louise Du Vernay, veuve d'Abraham Le Chanoine, procuratrice de l'abbé d'Ardennes, pour y satisfaire (1698). — Arrêt du Conseil autorisant la délivrance aux religieux d'Ardennes de 300 chênes dans la baronnie de Tesnières (1717); procès-verbal dressé en conséquence dud. arrêt par Pierre des Asnières, sieur de Fontenelles, seigneur et patron de Jurques, Franqueville et Chicheboville, maître particulier des eaux et forêts de la maîtrise de Caen, en présence d'Olivier Cailly, sieur de Launay, lieutenant, Martin Crevel, garde-marteau, Jean-François-Olivier Le Marchand, procureur du Roi, et Jacques Du Quesney, greffier (1718). — Procès-verbal de visite par Claude-François Le Roy, chevalier, grand maître enquêteur général réformateur des eaux et forêts au département de Caen, assisté du procureur du Roi, du garde général de la maîtrise, et du greffier, du bois des religieux d'Ardennes sis à Tesnières (1739). — Arrêt du Conseil déchargeant les religieux d'Ardennes de l'amende de 200 livres prononcée contre eux par Le Roy, grand maître des eaux et forêts du département de Caen, pour enlèvement de 2 pieds corniers marqués en 1718 (1740). — Requête au comte de La Serre, lieutenant général des armées du Roi, inspecteur général de l'infanterie, gouverneur de l'hôtel des Invalides, par Guillaume Savary, canonnier invalide de la compagnie de la Chassagne, en garnison à Caen, sollicitant sa protection pour le faire payer de 450 livres pour ses gages de 3 ans de garde chasse et des bois de la baronnie de Tesnières par Le Boursier, chanoine de Bayeux, chargé des affaires de l'abbé d'Ardennes, qui l'a remplacé sans motif et refuse de le payer (1760). — Réception par Louis Pinçon, garde-marteau en la maîtrise particulière des eaux et forêts de Caen, de Louis Cluche, bas-officier, demeurant à Caen, comme garde-chasse, pêche et bois des religieux d'Ardennes de leurs fief, terre et seigneurie de Tesnières (1770).

H. 501. (Liasse.) — 2 pièces, papier.

1390-1638. — Tesnières. Liasse sans cote. — Extrait d'aveu rendu par les religieux d'Ardennes à Aubery Lévesque, lieutenant du vicomte de Caen, commissaire député par le Roi pour faire rendre les aveux du temporel des ecclésiastiques, concernant la terre de Tesnières, sise à Noyers, et par extension à Monts, Livry, Tournay et Évrecy, du don de Richard, roi d'Angleterre et duc de Normandie (1390); led. extrait collationné sur l'original à la requête de Georges Sallet, conseiller du Roi et protonotaire apostolique, abbé d'Ardennes, par frère Robert Duhamel (1638).

H. 502. (Liasse.) — 1 pièce, parchemin; 1 pièce, papier.

1415. — Tesnières. Liasse sans cote. — Sentence de Tannegay du Chastel, chevalier, conseiller chambellan du Roi, garde de la prévôté de Paris, commissaire gardien et conservateur général donné aux maîtres, régents et écoliers étudiant en l'Université de Paris, maintenant les religieux d'Ardennes en la chapelle ou oratoire situé au manoir de Tesnières, à laquelle avait été pourvu comme prieur frère Michel Le Boust, religieux de Belle-Étoile, écolier étudiant à Paris, par le cardinal de Pise, Tesnières n'étant ni bénéfice ni prieuré.

H. 503. (Liasse.) — 4 pièces, parchemin; 1 pièce, papier.

1422-1496. — Tesnières. Liasse sans cote. — Reconnaissance devant Thomas de Mallon, tabellion aux sergenteries de Villers et Évrecy, sous Jean « Briquelay », garde du scel des obligations de la vicomté de Caen, par Jean Le Roy, de la fieffe à lui faite par Guillaume et Pierre Fleury, pour eux et les enfants de feu Philippot Fleury, d'un tènement par eux tenu de l'abbaye d'Ardennes (1421 v. s.). — Vente devant Raoul de Beaumont, tabellion auxd. sergenteries, sous Thomas Gougon, tabellion sous Jean Brinkelé, garde du scel des obligations de la vicomté de Caen, par Gervais Fleury, d'Évrecy, à Guillaume Fleury, de Noyers, de rente (1423). — Cession devant Guillaume Le Couvreur, tabellion à Caen, par Guillaume Fleury, aux religieux d'Ardennes, de rente de l'obligation de Jean Le Roy (1489). — Procédure aux plaids de la ville et banlieue de Caen devant Robert de La Hague, lieutenant général du vicomte de Caen, pour les religieux d'Ardennes, demandeurs en paiement d'arrérages de rente de l'obligation de Jean Le Roy (1498).

H. 344. (Liasse.) — 11 pièces, parchemin ; 1 pièce, papier.

1488-1525. — Tesnières. Liasse sans cote. — Vente par Jean Grosparmy, écuyer, seigneur « des Monys », et Cardine, sa femme, à « Andreu » Le Sage, de rente (1488). — Extrait du registre de Viel Dupont, tabellion, et Gervais Dupont, son adjoint, aux sergenteries de Villers et d'Évrecy, concernant la fieffe faite par Richard Hue à Jean Avoleau, de Noyers (1494). — Ventes devant : Jean Vauldry et Guillaume Le Sage, tabellions ès mettes des sergenteries de Villers et d'Évrecy, par Michel Monart et Guillemette, sa femme, à Jean Bosquain et à Jeanne, sa femme, de rente (1498) ; — Antoine Le Roy et Lancelot Loyson, tabellions au siège de St Paix près Caen, par Macé Hamelin à Laurent du Vivier, seigneur du Pray, de rente (1514) ; — Bertrand Flagaye et Pierre Prunier, tabellions ès mettes des sergenteries de Villers et d'Évrecy, par Guillaume Pourret à Nicolas Collet, de rente (1516). — Échange devant les mêmes entre Christophe du Moncel, prieur de Léblisay, procureur des religieux d'Ardennes, et Guillaume Pourret l'aîné, de Noyers, de pièces de terre (1516). — Ventes devant : Bertrand Flagaye et Simon Lorfèvre, tabellions ès mettes des sergenteries de Villers et d'Évrecy, par Nicolas Collet, fils Bertrand, à Robin Bedel, bourgeois de Caen, de terre (1516) ; — Re   d Flagaye et Jean Le Bastard, tabellions aux s genteries de Préaux et Thury, par Richard Bosquain à Christophe Turgis, de St Clément près Mortain, de rente (1519) ; — Bertrand Flagaye et Simon Lorfèvre, tabellions ès mettes des sergenteries de Villers et Évrecy, par Jean Rogier à Philippe de Courtelaye, sieur du lieu, de terre (1524 v. s.).

H. 346. (Liasse.) — 16 pièces, parchemin; 9 pièces, papier.

1440-1600. — Tesnières. Liasse sans cote. — Mandement lacéré du lieutenant de Richard Harington, bailli de Caen, concernant le procès entre Jean Le Sage, prieur de [Noyers], membre du Plessis-Grimoult, et les religieux d'Ardennes, concernant la dîme d'héritages au hameau de Tesnières (1440, date lacérée). — Mandement de Jean Vivien, lieutenant de May de Houllefort, écuyer, seigneur de Hamars et de Vienne, bailli de Caen, aux sergents et sans-sergents du bailliage, d'assigner les religieux d'Ardennes à la requête de Laurent Le Conte, religieux du prieuré de St-Étienne du Plessis-Grimoult et prieur du prieuré de Noyers, en dépendant, sur leur contestation dans la perception de dîmes sur biens à Noyers (1481, v. s.). — Procédure au bailliage de Caen entre les religieux d'Ardennes et Louis Bateste, prieur de Noyers, concernant la clameur de haro faite de la part des religieux pour la dessaisine que Bateste avait fait faire de 10 boisseaux de froment pris au manoir seigneurial (1503, s.). — Déclaration des biens sis à Noyers dans l'enclave de Tesnières dont la dîme appartient au prieur dud. lieu (15XX). — Procédure au bailliage de Caen, devant Guerin de Villy, écuyer, conseiller au présidial, exerçant pour l'absence du bailli et de ses lieutenants, entre Robert de Mannoury, prieur de Noyers, et Philippe Le Tellier, bourgeois de Caen, fermier de la baronnie de Tesnières appartenant aux religieux d'Ardennes, concernant la dîme des pommes et poires sur 8 pièces de terre en closage du domaine non fieffé de lad. baronnie (1569). — Arrêt du Parlement de Rouen confirmant la sentence du bailliage de Caen exemptant la terre de Tesnières de payer les menues dîmes (1571). — Sommation par Étienne Talbot, sergent royal à Caen, à la requête du sr de « Villetierry », procureur receveur du prieur du Plessis-Grimoult, aux religieux d'Ardennes, de payer 30 boisseaux de froment et 30 boisseaux d'orge, mesure d'Arques, pour la dîme de l'enclos de la baronnie de Tesnières (1590). — Assignation par Lubin Collet, sergent royal à Villers, à la requête de Baptiste de Villemor, aumônier du Roi, abbé d'Ardennes, à Thomas Porée, fermier de Tesnières, pour être reçu partie intervenante dans son procès avec le prieur du Plessis-Grimoult (1590). — Transaction devant Richard Martin et Nicolas Rocque, tabellions à Caen sous Pierre de Bernières, écuyer, garde hérédital des sceaux des obligations de la vicomté de Caen, entre Baptiste de Villemor, abbé d'Ardennes, et Robert de Mannoury, religieux profès du Plessis-Grimoult, prieur-curé de Noyers, sur leur procès au sujet des menues dîmes (1596). — Mandement de Claude Patrix, écuyer, conseiller au présidial de Caen, exerçant la juridiction du bailli de Caen en son absence et celle de ses lieutenants, au premier sergent requis, d'assigner à la requête de Marin Le Marinyer, sergent et bourgeois de Caen, Pierre de Villemor, abbé d'Ardennes, héritier de Baptiste de Villemor, abbé d'Ardennes, pour remboursement de sommes payées à feu Robert de Mannoury, écuyer, curé de Noyers (1600).

H. 506. (Liasse.) — 9 pièces, parchemin; 3 pièces, papier.

1448-1573. — Tesnières. Liasse sans cote. — Procédure aux assises d'Évrecy tenues à Caen par Jean Lenoir, lieutenant de Richard Harington, bailli de Caen, entre les religieux du Plessis-Grimoult et les religieux d'Ardennes, concernant la perception de dîmes sur biens sis à Noyers (1448); autre procédure au bailliage de Caen devant Jean Vauquelin, écuyer, lieutenant général (1571). — Transaction devant Guillaume Honvoisin et Gilles Angot, tabellions à St-Jean-le-Blanc, entre Guillaume de St-Germain, prieur commendataire du prieuré du Plessis-Grimoult, et Baptiste de Villemor, abbé commendataire d'Ardennes, concernant les dîmes (1573).

H. 507. (Liasse.) — 9 pièces, parchemin; 1 pièce, papier.

1454-1549. — Tesnières. Liasse sans cote. — Fieffe devant Robert Guillemin, tabellion ès mettes des sergenteries de Villers et Évrecy, par Guillaume de Noyers, écuyer, seigneur du lieu, à Heart et Thomas Le Boscain, frères, de terre (1454, v. s.). — Vente par Jean de Noyers, s' du lieu, à Gabriel Hunot, docteur en chacun droit, curé de St-Gervais et St-Prothais de Falaise, de rente de l'obligation de Richard et Thomas Bosquain, frères (1519). — Vente devant Pierre Prunier et Bertrand Flagaye, tabellions ès mettes des sergenteries de Villers et d'Évrecy, par Laurent de La Haye, bachelier en lois, curé de la grande portion de Vendes, neveu dud. Hunot, conservateur des privilèges ecclésiastiques de l'Université de Caen, officiai des « abbayes » de St-Étienne de Caen, de l'exemption de Rots, Martin Lair, chapelain de St-Fiacre, et autres prêtres « partans » aux obits, à Guillaume Malherbe, écuyer, de leur droit à rente de l'obligation de Richard et Thomas Le Boscain (1524). — Ratification devant Nicolas Picquot et Thomas Le Noble, tabellions ès mettes de la sergenterie d'Évrecy, par Guillaume Malherbe, sieur de Lébisay, demeurant à St-Étienne de Caen, de la vente par lui faite à Pierre du Vivier, abbé d'Ardennes, de son droit sur les 50 sols de rente acquise de Laurent de La Haye, curé de Vendes, Martin Lair, chapelain de St-Fiacre, et autres prêtres de Vendes (1549, v. s.).

H. 508. (Liasse.) — 37 pièces, parchemin ; 63 pièces, papier.

1453-1649. — Tesnières. Liasse sans cote. — Transaction devant Adam Rolant, notaire et secrétaire du Roi, garde du scel des obligations de la vicomté de Caen, et Jean Le Briant, tabellion, entre Jean Le Sage, prieur de Noyers, et les religieux d'Ardennes, sur leur procès concernant la dîme en pommes et fruits au hameau de Tesnières (1453). — Procédure aux assises d'Évrecy tenues par : Pierre Le Sénéchal, lieutenant du bailli de Caen, entre les religieux et Louis Baptiste, prieur de Noyers, concernant la dîme (1494) ; Hugues Bureau, écuyer, lieutenant général du bailli de Caen, entre les religieux d'Ardennes et Louis Baptiste, religieux du Plessis-Grimoult, prieur de Noyers, entre autres concernant l'administration des sacrements des gens résidant en leur manoir de Tesnières. — Extrait des pleds de la baronnie et haute justice de Tesnières tenus par : Jean Auvrey, sénéchal, pour appréciation de la levée des héritages que Martin Guerault, prêtre, tenait de lui, sieurie (1510). — Extraits des pleds des sergenteries de Villers et Évrecy tenus par Jean Le Boucher, écuyer, et Pierre Richart, lieutenants-généraux de vicomté de Caen, concernant la demande des religieux d'Ardennes du paiement du montant d'une vente de biens faite à la requête de Jean Houvel, de l'obligation de Richard Le Sage (1538 v. s.-1539). — Procédure au bailliage de Caen et en Parlement entre Baptiste de Villemor, abbé d'Ardennes, et Robert de Mannoury, prieur de Noyers, concernant la perception de la dîme (1568-1571). — Transaction devant Guillaume Honvoisin et Gilles Angot, tabellions à St-Jean-le-Blanc, entre Guillaume de St-Germain, prieur commendataire du Plessis-Grimoult, et Baptiste de Villemor, abbé commendataire d'Ardennes, sur leur procès concernant la droiture de dîme de la 10e gerbe dans l'enclos de la baronnie de Tesnières (1573). — Procédure au bailliage de Caen devant Jean Vauquelin, écuyer, lieutenant général, entre Jacques Bellet, fermier de la baronnie de Tesnières, et Gosselin et Canu, fermiers des dîmes de Monts, concernant la restitution de 18 gerbes d'avoine prises par lesd. fermiers dans l'enclos de la baronnie de Tesnières (1573). — Quittance par Marie Dégremont, veuve de Jacques Chemin, fils Guillaume, de Fontenay-le-Pesnel, de 7 écus 1/3, à Baptiste de Villemor, abbé d'Ardennes, pour solde du service de Bastien Le Courtois, son verdier de la terre de Tesnières, et de sa femme (1589). — Procédure au bailliage de Caen devant Jean Vauquelin, écuyer, président au siège présidial et lieutenant général du bailli, entre Baptiste de Villemor, abbé d'Ardennes, et Robert Roger, sieur de Lion, trésorier général au bureau des finances, caution de Thomas Porée, concernant le paiement de 20 écus, 244 boisseaux de froment, 60 livres de beurre et les réparations et édifices étant sur la terre de Tesnières (1624). — Reconnaissance par Robert de Mannoury, prieur de Noyers, du transport par lui fait à Étienne Aufray, sieur de Baron, docteur en médecine à Caen, de 10 écus à lui dus par Baptiste de Villemar, abbé d'Ardennes, pour 2 années d'arrérages (1628). — Procédure au Parlement à Rouen entre Pierre de Villemar, abbé d'Ardennes, et Pierre La Longuy, fermier du revenu du prieuré de Noyers, concernant le paiement des menues dîmes de la baronnie de Tesnières (1608). — Procédure au bailliage de Caen devant Jean de Blais, écuyer, lieutenant général, entre Gaspard Gosselin, écuyer, s' de Villons, Michel Hublart et Michel Yon, élus pour faire l'assiette et recollection des deniers destinés à la réparation de l'église de Noyers, et Georges Sallot, abbé d'Ardennes, pour paiement de la somme de 220 livres montant de sa cotisation à cause de sa terre de Tesnières (1640). — Procédure au bailliage de Caen devant Jacques Poulier, écuyer, s' d'Angerville, ancien conseiller au bailliage, exerçant la juridiction du bailli en son absence et de ses lieutenants, entre Jean et Gervais Bénard, frères, fermiers de la terre et baronnie de Tesnières, et le prieur de Noyers, concernant le paiement de dîmes par lui réclamées.

H. 509. (Liasse.) — 14 pièces, parchemin ; 6 pièces, papier.

1491-1540. — Tesnières. Liasse sans cote. — Transports de rentes devant : Lucas Dupont et Jean Auvrey, tabellions aux sergenteries de Villers et Évrecy, sous Richard de Verdun, garde du scel des obligations de la vicomté de Caen, par Thoumin Mesnil à Philippin Mallecouronne et à Marguerite, sa femme, fille de Thoumin Mesnil, de rente (1491) ; par led. Mesnil à Pierre Hamelin, époux d'Alips, fille dud. Mesnil (1491). — Ventes de rentes ; devant Bertrand Flagaye et Simon « Le Fèvre », tabellions ès mettes des sergenteries de Villers et d'Évrecy, par Thoumin Mesnil, de Noyers, à Jean Néel, écuyer, dud. lieu, de rente (1502, pénultième mars) ; devant Bertrand Flagaye et Simon Lorfèvre, tabellions auxd. sergenteries, par Marin Hamelin à Laurent du Vivier, s' du Prey (1515). — Présentation à la jurée faite aux pieds des sergenteries de Villers et Cheux, tenus par Jean Le Boucher, lieutenant du vicomte de Caen, à la requête de Jean Le Marchant, sieur du Rozel, de biens sis à Noyers, pour paiement de 15 années d'arrérages de 6 boisseaux de froment de rente, de Thomas Chauvey, abbé d'Ardennes, pour paiement

de 13 années d'arrérages de 13 boisseaux de froment, 1 géline et 10 œufs de rente (1532, v. s.). — Transaction entre Robin Malcouronne, procureur de Thomas Malcouronne, son oncle, et Thomas Chauvey, abbé d'Ardennes, sur leur procès concernant sa demande en paiement de 20 années de 80 sols de rente de l'obligation de Thomas Mesnil (1535). — Reconnaissance devant Jean Le Boucher, lieutenant du vicomte de Caen, de lad. transaction (1540).

H. 510. (Liasse.) — 5 pièces, parchemin ; 1 pièce, papier.

1491-1535. — Tesnières. Liasse sans cote. — Reconnaissance devant Dupont et Auvrey, tabellions aux sergenteries de Villers et d'Évrecy, par Thoumin Mesnil, de 30s. de rente à Pierre Hamelin, de St-Georges d'Aunay, époux d'Alips, sa fille (1491). — Procédure aux pieds des sergenteries de Villers et Cheux, tenus par Charles Le Fournier, écuyer, lieutenant général du vicomte de Caen, entre les religieux d'Ardennes et Jean Mesnil, Nicolas Collot, etc., pour paiement d'arrérages de lad. rente (1503). — Ventes devant Bertrand Flagaye et Simon Lorfèvre, tabellions aux sergenteries de Villers et d'Évrecy, par : Marc Hamelin, fils de feu Pierre Hamelin et d'Alips, à Jean Néel, s' d'Anisy, de rente (1515) ; — le même, à Laurent du Vivier, s' du Prey, de rente (1515). — Adjudication devant Pierre Richard, écuyer, lieutenant général du vicomté de Caen, de récoltes saisies pour paiement d'arrérages de rentes (1535).

H. 511. (Liasse.) — 1 pièce, parchemin ; 2 pièces, papier.

1497. — Tesnières. Liasse sans cote. — Obligation de Jacques Després envers les religieux d'Ardennes pour rente à cause des biens qui furent à Jean Le Roy ; reconnaissance de lad. obligation devant Robert de La Hoque, lieutenant général du bailli de Caen.

H. 512. (Liasse.) — 2 pièces, parchemin ; 1 pièce, papier.

1503-1560. — Tesnières. Liasse sans cote. — Cession devant Jean Vaudry et Jean Rouxel, tabellions en la sergenterie de Cheux sous Jean de Verdun, garde du scel de la vicomté de Caen, par Richard, abbé de l'église et monastère d'Ardennes, frère Guillaume Turquetil, prieur, Jean Payen, Michel Le Roy, bailli, Jean Quesnel et François du Vivier, religieux, à Jean Guéroult, de rente à prendre sur les représentants Étienne Ozenne et sa femme (1503). — Reconnais-

SÉRIE H. — ABBAYE D'ARDENNES.

sance devant Pierre Prunier, tabellion ès mottes des sergenteries de Villers et d'Évrecy, par Guillaume Von, de la flesse à lui faite par Thomas Le Pautelier, de terre tenus du flef de Caligny (1560).

H. 513. (Liasse.) — 4 pièces, parchemin.

1512-1516. — Tesnières. Liasse sans cote. — Ratification devant Bertrand Flagaye et Simon Lorfèvre, tabellions ès mottes des sergenteries de Villers et Évrecy, par Geoffroy Le Sage, de transport de rente fait par Jean Le Sage, son fils, à Jean Pajon, de Landes (1513). — Vente devant les mêmes par Massé Hamelin à Du Vivier, écuyer, demeurant à Ardennes, de terre (1513). — Ratification devant Alexis Le Coq et Marin Pelley, tabellions en la sergenterie de Cheux, par Jean Hairel, Marin Jehenne, Gilles et Nicolas Hairel, de partage fait entre eux (1516).

H. 514. (Liasse.) — 1 pièce, parchemin ; 1 pièce, papier.

1521. — Tesnières. Liasse sans cote. — Acte lacéré de vente devant Ambroise La Personne et ......, tabellions sous Charles Cannard, écuyer, garde du scel de la vicomté de St-Sylvain et le Thuit, par Pierre Moges, écuyer, sieur de Montenay, demeurant à Savenay, à Pierre Du Vivier, de 2 boisseaux d'orge de rente mesure de Bayeux, à prendre sur les religieux d'Ardennes, à cause d'héritages à Noyers, par suite d'échange avec Geoffroy Le Sage.

H. 515. (Liasse.) — 5 pièces, parchemin.

1522-1542. — Tesnières. Liasse sans cote. — Ventes devant Bertrand Flagaye et Jean Le Bastard, tabellions aux sergenteries de Préaux et Thury, par : Jean Rogier à Nicolas Deney et à Perrette, sa femme, de rente (1521, v. s.); Nicolas Deney à Adam Deney, bourgeois de Caen, de rente (1521, v. s.). — Adjudication par Pierre Richard, écuyer, lieutenant général du vicomte de Caen, des récoltes saisies sur Regnault Deney à la requête de Gilles Cuearet, religieux d'Ardennes (1536). — Ratification devant Lucas Delalande et Denis Delahaye, tabellions à Caen, par Perrine, veuve de Nicolas Deney, de Noyers, demeurant à Paris, de la vente de 20 sols de rente faite par son mari à Adam Deney, son cousin (1542).

H. 516. (Liasse.) — 5 pièces, parchemin.

1522-1545. — Tesnières. Liasse sans cote. — Reconnaissance devant Bertrand Flagaye et Jean Le Bastard, tabellions aux sergenteries de Préaux et Thury, par : Laurence, fils de feu Raoul de Rures, de la flesse par elle faite à Thomas Vaultier de 6 quarterons de terre ; la même, de la vente faite à Christophe Turgis, de St-Clément près Mortain, de rente à prendre sur Thomas Vaultier ; par Thomas Vaultier, de Noyers, de la vente faite par lui à Christophe Turgis de 6 quarterons de terre (1521, v. s.). — Extraits des plaids des sergenteries de Villers et Cheux, tenus par Charles Le Fournier, écuyer, lieutenant général du vicomte de Caen, concernant le décret requis par Pierre Le Sage de biens qui furent Jean de Rures pour paiement d'arrérages de rente (1544-1545).

H. 517. (Liasse.) — 3 pièces, parchemin ; 1 pièce, papier.

1530. — Tesnières. Liasse sans cote. — Échange devant Bertrand Flagaye et Jean Caen, tabellions ès mottes des sergenteries de Villers et Évrecy, entre Thomas Chauvey, abbé d'Ardennes, et le couvent, et Gervais Le Sage, de pièces de terre. — Vente devant les mêmes par Gervais Le Sage à Nicolas Collet, d'une vergée de terre. — Remise à droit seigneurial et encachée de bourse devant les mêmes par Nicolas Collet à Thomas, abbé d'Ardennes, des contrats de biens par lui acquis de Geoffroy et Gervais Le Sage.

H. 518. (Liasse.) — 2 pièces, papier.

1515. — Tesnières. Liasse sans cote. — Copie informe d'échange devant Adrien Gosseaulme, écuyer, notaire à Caen sous Louis Richard, écuyer, garde du scel des obligations de la vicomté de Caen, entre Marguerin de la Ligne, licencié en chacun droit, abbé commendataire et administrateur perpétuel, de l'autorité apostolique, de l'abbaye et monastère d'Ardennes, et official de Bayeux, Simon du Vivier, bailli et procureur de l'abbaye, prieur de St-Germain-la-Blanche-Herbe, Jean Bardel, prieur de St-Contest, et Nicolas Cottart, sieur de la Motte et de Cristot, d'un membre de fief nommé le fief d'Audrieu, contre des rentes en grains et en deniers, contre rentes à Noyers, Bény, La Folie et Caen (Gémare), en présence de Gilles de Foulognes, s^r du Londel, Jacques Radul, curé de Cahagnolles, etc. (1515). Lad. copie collationnée en l'audience du bailliage de Caen sur l'original représenté par Philippe Cottard, sieur de la Motte, dans son procès avec les religieux d'Ardennes (1614) ; sur ladite copie représentée par frère Jean Gires à la requête de Guillaume de Gallodé, abbé commendataire.

H. 519 (Liasse.) — 4 pièces, papier.

1449-1578. — Tesnières. Liasse sans cote. — Copies des reconnaissances devant : Geoffroy de Mongaubert et Richard Salles, tabellions ès mottes des sergenteries de Villers-Bocage, par Pierre Collet, de la vente faite à Olivier Poignant, de terre (1449) ; — Richard Hanot et Philippe Pigache, tabellions ès mottes de la vicomté du Thuit, de Noyers et Grainville, par Pierre Collet à Olivier Poignant, de terre (1552) ; — Nicolas Gérard et Jean Le Sage, tabellions ès mottes du Thuit pour les parties de Noyers, Grainville et Mondrainville, par Abel Collet à Olivier Poignant, de Noyers, de terre (1576) ; lesd. copies collationnées par Jean Roger, tabellion à St-Sylvain et le Thuit pour le siège de Noyers, Grainville et Mondrainville, à la requête de Martin Poignant (1615).

H. 520 (Liasse.) — 2 pièces, parchemin ; 3 pièces, papier.

1579-1605. — Tesnières. Liasse sans cote. — Déclaration d'une pièce de terre contenant 6 acres faite au Roi par les abbé et religieux d'Ardennes, Martin Caval, Jean Le Sage fils Sandrin, et Richard Le Sage fils Geoffroy, comme tenants de lad. pièce sujette en 20 sols tournois à la recette du domaine du Roi, à Caen, devant Guillaume Artur, écuyer, sr de Fenguerolles, maître d'hôtel ordinaire de la reine de Navarre et vicomte de Caen (1599) ; autre déclaration de lad. terre par les abbé et religieux d'Ardennes, Marguerite Le Sage, Salomon Le Sage et Jean Caval, devant Jean de La Court, écuyer, sr du Buisson, vicomte de Caen (1605).

H. 521. (Liasse.) — 6 pièces, parchemin ; 39 pièces, papier.

1612-1611. — Tesnières. Liasse sans cote. — Lettres attribuant au Grand Conseil la connaissance du procès entre Pierre de Villemor, abbé d'Ardennes, et Gaspard Girard, Julien Dauffy, Christophe Bernard et Simon Berdel, fermiers de la dîme des verdages de Noyers, concernant le paiement de la dîme du bois coupé en 1610 (1612). — Assignation par Jean Beaujour, huissier pour le Roi aux eaux et forêts en la vicomté de Caen, a la requête du procureur du Roi et suivant la charge à lui donnée par Jean de Beauvois, avocat pour le Roi en lad. juridiction, aux abbé et religieux d'Ardennes, pour représenter leurs droits au bois de Tesnières (1615). — Mandement de Charles de Vernay, écuyer, sieur de la Rivière, lieutenant général des eaux et forêts au bailliage de Caen, au premier sergent requis, de se transporter au bois de Tesnières dont se prétendent propriétaires les religieux d'Ardennes, afin de le saisir faute de production de pièces (1616). — Ordre de M. de Champrullé, abbé, au verdier de Tesnières, de délivrer 1000 fagots et 800 buches aux religieux d'Ardennes (1621). — Assignations par Collet, François Ballet, Germain Champion et Pierre Blondel, sergents royaux, à divers particuliers, de comparaître devant le bailli de Caen pour déclarer le nombre de fagots faits faire dans le bois de Tesnières et les noms des personnes auxquelles ils ont été livrés (1621). — Accord entre frères Jacques Marie et Guillaume Henri, procureurs des religieux de l'abbaye d'Ardennes, et Guillaume de Gallodé, abbé commendataire, concernant le bois à prendre à Tesnières pour diverses constructions et réparations (1621). — Attestation des frères Gilles Le Bault et Jean Gires, religieux d'Ardennes, et Nicolas Savarin, de Manta, servi[teur] domestique et stipulant Guillaume de Gallodé, abbé commendataire, de la marque par eux faite de 43 chênes propres aux constructions (1621). — Déclaration par les religieux d'Ardennes, en conséquence de sentence du siège présidial, à Guillaume de Gallodé, abbé, de la coupe des bois de Tesnières (1622). — Procédure en la juridiction des privilèges royaux de l'Université de Caen tenus par Jacques Blondel, écuyer, sieur et châtelain de Tilly, lieutenant civil et criminel du bailli de Caen, entre les religieux d'Ardennes, stipulés par frères Bonaventure Lefebvre et Robert Duhamel, et Augustin Le Petit, sieur de Vacognes et des Ifs, concernant la réparation de dégradations commises aux bois de Tesnières (1633) ; suite de lad. procédure, notamment devant Hercule Vauquelin, écuyer, sieur des Yvetaux, lieutenant général au bailliage et siège présidial de Caen, où ont été convenus à l'adjonction du procureur du Roi, Étienne Lainey, Laurent Le Sauvage, Guillaume Canu, Guillaume Bessin, Michel et Jean Néal, sieurs du Manoir et de la Bouillonnière, Marie Follet, veuve de François de Guerville, écuyer, sieur de La Londe, Isaac Le Sens, sieur de Lion, de Gallodé, abbé commendataire, et Georges de Launey (1633). — Autre procédure devant Guillaume Vauquelin, président au siège présidial et lieutenant général du bailli, entre Guillaume de Gallodé, abbé d'Ardennes, et les religieux de l'abbaye, concernant l'enlèvement de bois coupé (1641).

H. 522. (Liasse.) — 1 pièce, parchemin ; 8 pièces, papier.

1626-1627. — Tesnières. Liasse sans cote. — Procé-

SÉRIE H. — ABBAYE D'ARDENNES.

dure au présidial de Caen entre Guillaume de Gallodé, abbé d'Ardennes, et Olivier Paris, tuteur des enfants de feu Richard Paris, et Marie Paris, veuve d'Abel Aubin, pour paiement d'arrérages de rente.

H. 523. (Liasse.) — 1 pièce, parchemin ; 3 pièces, papier.

1678-1688. — Tesnières. Liasse sans cote. — Extrait du procès-verbal de 1678 concernant les réparations des maisons de la baronnie de Tesnières. — Procédure devant Nicolas du Moustier, écuyer, sieur de la Motte, lieutenant général au bailliage et siège présidial de Caen, entre Michel Paris, fermier de la baronnie de Tesnières dépendant de l'abbaye d'Ardennes, et les religieux, concernant les réparations à faire à la maison manable, qui menace ruine (1688).

H. 524. (Liasse.) — 12 pièces, papier.

1527-1682. — Tesnières. Liasse sans cote. Rente de l'abbaye à la charité du pain de Pâques de Noyers. — Procédure devant Nicolas du Moustier, écuyer, sieur de la Motte, lieutenant au bailliage de Caen, entre Denis-Gilles Le Picard, trésorier de l'église paroissiale de Noyers, et l'abbé Faultrier, intendant du Hainaut, et les religieux d'Ardennes, pour paiement de 5 années d'arrérages de 2 boisseaux 1/2 de froment de rente (1681-1682). — A l'appui, transaction devant Simon Lorfèvre et Richard Bollet, tabellions en la sergenterie de Villers et Évrecy, entre Jean de Bures, fils et héritier de Raoul de Bures et de Robine du Mesnil, et Philippe Denis et Clément Le Maçon, trésoriers de l'église Notre-Dame de Noyers, sur le paiement de 6 boisseaux de froment de rente due à la charité du pain de Pâques fondée en lad. église suivant donation de Thomin du Mesnil du 1386 (1527) ; compte baillé par dom Antoine Le Harivel, prieur de Noyers, à Denis-Gilles Le Picard, bourgeois de Caen, et Jacques Heljambe, trésoriers de l'église de Noyers, de l'administration du revenu du trésor de 1675 à 1679, pendant lequel temps les paroissiens n'avaient voulu nommer de trésorier et avaient supplié le prieur de vouloir continuer lad. charge (1681). — Reconnaissance de 2 boisseaux 1/2 de froment, mesure ancienne d'Évrecy, revenant à 2 boisseaux mesure d'Arques, par Denis Blin, religieux d'Ardennes, procureur de l'abbaye.

H. 525. (Liasse.) — 3 pièces, papier.

1684. — Tesnières. Liasse sans cote. — Attestation par Jean et Michel Paris, père et fils, de Noyers, fermiers receveurs des terres et rentes de l'abbaye d'Ardennes, que depuis 20 ans ils ont reçu 4 années d'arrérages de partie de rente de 12 boisseaux d'avoine, 2 gélines et 20 œufs, à cause de 9 vergées de terre, lesd. arrérages payés par David Blanchvillain, dont Jacques Collet a épousé la veuve, et par Pierre Gallissant, tuteur de Pierre Ménard, ayant épousé la mère dud. Ménard. — Autre attestation par Hébert, procureur au bailliage et siège présidial de Caen, que Pierre Ménard lui a remis 10 livres pour le procureur de l'abbaye d'Ardennes, en exécution d'une sentence du bailliage le condamnant avec Gilles Collet envers les religieux d'Ardennes au paiement de 15 années d'arrérages de 12 boisseaux d'avoine, 2 poules et 20 œufs de rente.

H. 526. (Liasse.) — 4 pièces, papier.

1725-1729. — Tesnières. Liasse sans cote. — Procédure au Grand Conseil entre les religieux d'Ardennes et Nicolas Alexandre de La Rue, avocat au Parlement, veuf de Marguerite de Longchamp, tuteur de ses enfants, héritiers de Gilles Le Dars, concernant le paiement par privilège de sommes dues par led. Le Dars (1728-1729). — A l'appui, inventaire dressé à la requête de Nicolas Alexandre de La Rue, avocat au Parlement de Rouen, par Jacques Faquet, notaire à Caen, des meubles, effets et écritures de feu Gilles Le Dars, ex-fermier général de l'abbaye d'Ardennes (1720).

H. 527. (Liasse.) — 2 pièces, papier.

1771. — Tesnières. Liasse sans cote. — Reconnaissance du fondé de pouvoir de l'abbé d'Ardennes, de la cession faite aux prieur et religieux de l'abbaye des 2/3 de l'ancien quart en réserve des bois de la ferme et baronnie de Tesnières, sous diverses conditions, ladite reconnaissance signée par fr. J. Chevalier, prieur, fr. J. Le Sage, procureur d'Ardennes, et Duduoet, notaire.

H. 528. (Cahier.) — Grand format, 30 feuillets, papier.

XVIIIᵉ siècle. — Tesnières. — Inventaire des titres concernant lad. baronnie.

H. 529. (Liasse.) — 1 pièce, parchemin ; 2 pièces, papier.

1725-1769. — Tesnières. Commune de Noyers. Liasse 1 (inventaire de la Révolution), relative à 17 boisseaux d'avoine, ancienne mesure d'Évrecy, 1 poule et 10 œufs de rente foncière, réduite à 8 boisseaux suivant reconnaissance de 1725, etc. — Aveu devant Jacques Faguet et François Roullin, notaires à Caen, à Gaspard de Fargasse de la Baslie, docteur de Sorbonne, grand vicaire de Chartres, abbé commendataire d'Ardennes, stipulé par Pierre Paris, son fermier à Noyers, par Michel Ybert, fils Charles, au droit de Pierre Mesnil, fils et héritier d'Abel Mesnil, Pierre Collet, fils de Laurent Collet, fils et héritier de Thomas, fils de Colas Collet, et Marguerite Hache, veuve de Louis Paris, fils Pierre, représentant David, fils Guillaume, du tènement qui fut « Rault » de Bures, etc. (1725) ; — aveu à Édouard Booth, vicaire général du diocèse de Narbonne, abbé commendataire d'Ardennes, par René Léault, au droit par fieffe de Madeleine Gardembas, de 4 sillons de terre sous le tènement « Rault » de Bures (1769).

H. 530. (Liasse.) — 6 pièces, parchemin; 13 pièces, papier.

1586-1769. — Noyers. Liasse 2, relative à 3 boisseaux d'avoine, mesure de Caen, 1 poule et 10 œufs de rente foncière, due à la ci-devant baronnie de Tesnières, restant de 12 boisseaux d'avoine, 2 poules et 20 œufs, pour cause de fieffe de 9 vergées de terre à Noyers, delle du Val Quesnel, faite par les religieux le 22 février 1555, etc. — Fragment de fieffe Collet (1535, v. s.). — État des rentes en deniers, œufs, poulailles et cens, dues à la baronnie de Tesnières pour 1590. — Charge des rentes seigneuriales et foncières dues à la baronnie de Tesnières pour les abbé et religieux d'Ardennes, baillée à Jacques Richard, prévôt adjudicataire de lad. baronnie, pour en opérer le recouvrement (1694). — Rôle des amendes prononcées aux pleds et gage-pleds de la baronnie de Tesnières par Michel Lescalley, écuyer, avocat à Caen, sénéchal (1617). — Sentence rendue en la juridiction des priviléges royaux de l'Université de Caen, tenue par Jean Gohier, lieutenant particulier civil et criminel au bailliage et siège présidial de Caen, envoyant en possession les religieux d'Ardennes des fonds sectés à 12 boisseaux d'avoine, 2 poules et 20 œufs de rente (1683). — Sentence de Nicolas du Moustier, écuyer, sieur de la Motte, lieutenant général au bailliage de Caen, condamnant Pierre Ménard, Jacques Collet et Gilles Collet, sieur de Lisley, à payer solidairement aux religieux d'Ardennes 15 années d'arrérages de 12 boisseaux d'avoine, 2 poules et 20 œufs de rente (1683). — Reconnaissances de rentes devant : Jacques Pihan, notaire à Noyers, et Richard Regnouf, sergent royal à Villers, pris pour adjoint, par Pierre Ménard, de St-

Vaast, aux abbé, prieur et religieux d'Ardennes, seigneurs en partie de Noyers (1689) ; Pierre-François Dubosq, notaire à Noyers, par Augustin Ménard, fils et héritier de Pierre Ménard, auxd. religieux (1724), etc. — Procédure au bailliage de Caen pour Marguerite-Louise de la Houssaye, veuve du sr de Bellemont Collet, fermière des religieux d'Ardennes, concernant paiement de rentes (1787, ss.). — Réponse informe de M. de Manneville aux religieux d'Ardennes concernant la mouvance d'une vergée de terre dépendant à Noyers de la vavassorie Bertelle Collet, delle de la Vallée Quesnel, vendue par Mauvillain à la dame de Bellemont Collet en 1740 ; citations d'aveux au fief de Cinchamps par les Collet, de Launay, Mauvillain, depuis 1699.

H. 531. (Liasse.) — 6 pièces, parchemin ; 13 pièces, papier.

1487-1787. — Noyers. Liasse 3, relative à deux parties de rentes, la première de 10 boisseaux d'orge, ancienne mesure de Caen, 4 poules et 40 œufs, suivant le contrat de fieffe de 6 vergées de terre, delle du Bas Notey, à présent en herbage, la 2e de 10 boisseaux d'orge à tel. mesure, 1 chapon, 1 géline et 25 œufs, à cause de 6 autres vergées, même delle, lesd. pièces à présent en pré et réunies, possédées par les srs Barboy, qui ont reconnu solidairement lesd. parties de rente en 1767. — 1. Rente sur le tènement Paris. Reconnaissance devant Jean de La Fontaine, tabellion ès mottes des sergenteries de Cheux et Creully, par Ricart de Baron dit Balley, de Noyers, de la fieffe à lui faite par les religieux d'Ardennes de 6 vergées de terre (1410, 28 mars). — Aveux aux abbé et religieux par : Pierre Paris, du tènement qui fut Richard de Baron (1503) ; Richard et Jean Paris frères (1513) ; Jean, Guillaume et Nicolas Paris (1567). — Aveu à Guillaume de Gallodé, abbé d'Ardennes, par Abel de La Coudre, à cause de sa femme, fille et héritière de Jean Paris, et la fille mineure de feu Richard Paris (1622). — Echange devant Jérôme de Cheux, écuyer, et Jean Roger, tabellions en la sergenterie de Villers pour le siège de Vendes, entre Abel de La Coudre et Olive Paris, sa femme, et Jean Néel, sr de Noyers, de pièces de terre (1624). — 2. Rente aud. lieu pour le tènement qui fut Langlois. Aveux aux abbé et couvent par : Bertrand Vassal (1494) ; Bertrand Vassal et Jean Lengloys (1508) ; Adam et Jean Lengloys, frères, Simon Paris, Nicolle Bellejambe, prêtre (1545) ; Jean Lengloys, prêtre, et Collas Lengloys, cousins germains (1567). — Extraits des journaux de recette de l'abbaye : de Michel Néel, éc., sr du Manoir, Olivier Pellehaye, verdier des bois de Tesnières, etc. —

SÉRIE H. — ABBAYE D'ARDENNES.

Extrait des registres du greffe du bailliage de Caen, concernant la présentation des abbé et religieux d'Ardennes au décret des héritages de feu Michel Néel, écuyer, sieur du Manoir, pour paiement de 60 boisseaux d'orge, 6 chapons, 19 poules, 205 œufs d'arrérages de rente (1634).

H. 532. (Liasse.) — 6 pièces, parchemin; 9 pièces, papier.

1487-1777. — Noyers, Liasse 9, relative à 2 boisseaux d'avoine, mesure de Noyers, 2 poules et 10 œufs de rente à cause de 2 vergées 1/2 de terre, dette de la Planque ou planche de Bourdel, dont est propriétaire Gosselin, de Noyers; rente contestée, et sans titre en temps de droit. — Aveux aux abbés et religieux par: Jaquet de La Coudre (1487); Jacquet La Couldre (1600, v.s.); Louis La Couldre (1567); Abel et Jacques La Couldre (1608). — Aveu à Guillaume de Gallotte, abbé d'Ardennes, par Abel et Jacques La Coudre, frères (1615). — Lettre de M. de Noyers au frère procureur de l'abbaye d'Ardennes concernant le paiement des petites rentes qu'ils se doivent réciproquement (1723). — Extrait du compte rendu par Louis-Gaspard Gosselin, écuyer, seigneur et patron de Noyers, aux trésoriers de la paroisse dud. lieu, en 1721, accepté en 1723. — Aveu à Édouard Booth, vicaire général du diocèse de Narbonne, abbé commendataire d'Ardennes, par Jean-Robert Gosselin, écuyer, chevalier, seigneur et patron de Noyers, Manneville et autres lieux, de 2 vergées 1, 2 de terre de la Planche de Bourdel (1760). — Compte fait et arrêté avec M. de Manneville de 2 boisseaux d'avoine, ancienne mesure, revenant à 1 boisseau 1 3, mesure actuelle de Caen, 2 poules, 20 œufs et 6 deniers de cens, dus à la baronnie de Tesnières, de 1746 à 1770, contenant pour chaque année l'apprécis du boisseau d'avoine, ledit compte envoyé en 1777, pour 6 années, à Cotelle.

H. 533. (Liasse.) — 2 pièces, papier.

1787. — Noyers, Liasse 12. — État informe des pièces concernant les rentes dues à la baronnie de Tesnières, remises par Pierre Collet, ex-fermier de lad. baronnie, à Pierre Guillet, fermier entrant, en présence et du consentement de Dudouet, stipulant l'abbé d'Ardennes, redevables: tènements Bacon de Bures, Gosselin, écuyer, sieur de la Bretonnière, Gosselin, écuyer, seigneur de Noyers, vavassorie Vincent, sujette en rente suivant reconnaissance de Le Vaillant, seigneur de Tournay, en 1782, etc.

H. 534. (Liasse.) — 1 pièce parchemin; 1 pièce, papier.

1562. — Tesnières (bois de). Liasse sans cote. — Procédure au bailliage de Caen devant Charles de Bourgueville, lieutenant général, entre Robert de Manoury, prieur de Noyers, et Jean Du Moulin, acquéreur de Baptiste de Villemor, abbé d'Ardennes, de certaine quantité du bois de Tesnières, concernant le paiement de la dîme dud. bois.

H. 535. (Cahier.) — Moyen format, 7 feuillets, papier.

1560. — Tesnières. — Pieds et gage-plège de la baronnie de Tesnières, appartenant aux abbé et religieux d'Ardennes, tenus par Robert Le Chevalier, en présence de Jean Du Moncel, prieur de Coulombs, l'un des religieux. Tenants: Abel Langlois, Jean et Guillaume Paris, Thomas Mesnil, Olivier Poignant, etc.; à Tournay, Marin Bellenger, Jean Le Faucheur, veuve Marin Sénescal, Richard Le Bourgeois, éc., s' de Tournay, etc.; Monts, héritiers Pierre Gosselin, Clément et Pierre Larchant, etc.

H. 536. (2 cahiers.) — Moyen format, 22 feuillets, papier.

1566. — Tesnières. — Semblables pieds tenus par Laurent Liégard, sénéchal, en présence de l'abbé de l'abbaye d'Ardennes. Tenants: Jean Paris, Olivier Poignant, Marin Bellenger, Michel Le Chevalier, les héritiers Pierre Gosselin, Louis de La Coudre, Guillaume Bellissant, Guillaume Sénécal, Pierre Larchier, écuyer, etc.

H. 537. (Cahier.) — Moyen format, 8 feuillets, 1 pièce annexée, papier.

1567. — Tesnières. — Semblables pieds tenus par Laurent Liégard, sénéchal. Tenants: à Noyers, François Rogier, s' d'O, Fleury Le Sage; à Tournay, Regnauld Hamelin, Richard Le Bourgeois, éc., s' de St-Julien de Mébarenc; à Monts, Marin Martine, Collas Larchant, etc. — Mandement dud. Liégard au premier des hommes de lad. baronnie à ce requis d'en publier la tenue issue de la messe paroissiale de Noyers.

H. 538. (Cahier.) — Moyen format, 12 feuillets, 3 pièces annexées, papier.

1568. — Tesnières. — Semblables pieds tenus par

Laurent Liégard, sénéchal, en présence de Nicolle Avoyne, procureur de lad. sieurie. Tenants : à Noyers, François Rogier, Jacques Collet, les hoirs Nicolle Bellejambe, Abel Collet ; à Tournay, Regnauld Hamelin, Michel Le Chevallier, Julien de Miharons, éc., Jean Richard dit Gabriz ; à Monts, Pierre Gosselin, Colas Larchant, etc. — Attestation par Abel Langlois, prévôt de la baronnie de Tesnières, de publication de la tenue desd. pieds suivant le mandement de Liégard, sénéchal, etc.

H. 539. (Cahier.) — Moyen format, 20 feuillets, papier.

1402-1871. — Tesnières. — Copie en 1571 des pieds et aveux de la baronnie, terre et seigneurie de Tesnières appartenant aux abbé et religieux d'Ardennes, lesd. pieds tenus en *1568 par Laurent Liégard, sénéchal, en présence de Nicolle Lavoyne, procureur. Tenants : à Noyers, Fleury Le Sage, Michel Mesnil, Louis Paris, Jean Rossain ; à Tournay, Marin Bellenger, Marin Le Faucheur, Richard Le Bourgeois, écuyer, Guillaume Regnault ; à Monts, Pierre Gosselin, Marin Martynne, Colas Larchant, les hoirs Jean Canu, etc. — Copie des aveux rendus en lad. baronnie par : Pierre Regnault, Jacquet Desprais, Perceval de Bourdel, prêtre (1503) ; Marin Gallopin (1507, v. s.) ; Sandres Mesnil, prêtre, Raoul de Hures (1491); Louis Caval ; Richard Le Sage ; Thomas Goullart ; Jean Le Foullon le jeune, de Livry ; Jacquet de La Couldre (1427), etc.

H. 510. (2 cahiers.) — Moyen format, 14 feuillets, papier.

1569. — Tesnières. — Pieds et gage-plège de la terre et sieurie d'Ardennes en la baronnie de Tesnières, tenus par Thomas Jenne ou Jehenne, sénéchal, en présence de Nicolle Advaine, procureur du seigneur. Tenants : Colas Langlois, les hoirs Nicolle Bellejambe, la veuve Guillaume Paris, les hoirs de Clément Larchant, Louis La Coudre, Olivier Poignant, Guillaume Bellissent, Richard Le Bourgeois, etc.

H. 541. (Cahier.) — Moyen format, 6 feuillets, papier.

1588. — Tesnières. — Pieds, gage-pieds, élection de prévôt de la terre, sieurie et baronnie de Tesnières, tenus par Pierre Angot, sénéchal, suivant la commission de Baptiste de Villemor, conseiller et aumônier ordinaire du Roi, abbé d'Ardennes, en présence de Lubin Collet, sergent pris pour adjoint, et de Thomas Porée, fermier de lad. terre et baronnie. Tenants :

Jeanne Porée, veuve Collas Bellenger, Charles Le Bourgeois, sieur de Beausoville, Martin Le Faucheur, Michel Le Chevallier, Noël Le Sénéchal, Richard Le Couvreur, Pierre Larcher, Pierre Canu, les hoirs Raoullet Le Moigne, Patrice Varin ou ses héritiers, Abel Poignant, Louis La Couldre, Robert Rogier, s' de Lion, etc.

H. 542. (Cahier.) — Moyen format, 8 feuillets, papier.

1609. — Tesnières. — Semblables pieds tenus par François de Cairon, écuyer, sénéchal, en présence de Denis Blanvillain, fermier et procureur de l'abbaye, pris pour greffier et adjoint. Tenants : Marguerin Paris, fils Sandrin, la veuve Collas Mesnil et Jacques Mesnil, son fils, Jean et Marguerin Le Sage, Etienne Le Terrier, les héritiers de Fulcren de Bonnefons, éc., Jacques Dubois, sieur de Noyers, Abel et Jacques La Couldre, Richard Le Houx, Robert Le Bourgeois, écuyer, Louis Voisin, les hoirs Pierre Caval, éc., Antoine Richard, Denis Bertaut, les héritiers Geffroy Le Hériey, écuyer, Michel Le Chevalier, Jacques Yon, les hoirs Richard Le Couvreur, etc.

H. 543. (Cahier.) — Moyen format, 10 feuillets, papier.

1615. — Tesnières. — Semblables pieds de lad. baronnie appartenant à Guillaume de Gallodé, sieur de Chambruley, abbé d'Ardennes, seigneur de Tesnières et Coulombs, tenus par Michel Lescallay, écuyer, sieur de Buccél, avocat à Caen, sénéchal, en présence dud. abbé et de Guillaume Roulland, praticien, pris pour greffier. Tenants: Abel et Richard Langlois, Richard Paris, les veuve et héritiers Marguerin Paris, Jacques Mesnil, Etienne Terrier, Michel Martino, Robert Le Bourgeois, écuyer, Charles de Parfouru, écuyer, les héritiers de Geffroy Le Hériey, écuyer, Jean Caval, Jacques Le Clerc, Abel de La Coudre, etc.

H. 544. (Cahier.) — Moyen format, 10 feuillets, papier.

1618. — Tesnières. — Semblables pieds de lad. baronnie appartenant à Guillaume de Gallodé, s' de Champbruslé, abbé d'Ardennes, seigneur dud. lieu de Tesnières, tenus par Michel Lescallay, écuyer, sénéchal, en présence de Laurent Thomas, praticien juré, pris pour greffier et adjoint, et de Pierre de La Fontaine, procureur de lad. baronnie. Tenants: Pierre Collet, Abel et Richard Langlois, Jean Néel écuyer, Collas Macé, Simon Louvel, Abel de La Couldre, Philippe

Pigache, Jean Cavu, les héritiers Robin Douard, Martin Poignand, le sieur de Tournay, Richard Le Roux, Pierre Cristino du Texel, Gervais Pratel, Louis Voisin, Denis Bertrand, les héritiers de Pierre Caval, éc., Nicolas Rosvain, tuteur des mineurs d'Abel Rosquain, le s' de Vilodon, Robert Le Bourgeois, s' de Tournay, Samson Bellissent, Jean Caval, etc. — Nomination de Richard Le Roux comme prévôt.

H. 545. (Cahier.) — Moyen format, 18 feuillets, papier.

1628. — **Tesnières.** — Semblables pieds de lad. baronnie, appartenant à Guillaume de Gallodé, sieur de Champbrulé, abbé d'Ardennes, tenus par Pierre Fontaine, écuyer, sieur de Neuilly, avocat au siège présidial de Caen, sénéchal, en présence de David Collet, huissier et sergent royal, pris pour greffier et adjoint, et de Pierre de La Fontaine, procureur dud. abbé. Tenants: Laurent Collet, Ollivier Paris, tuteur de la fille mineure de Richard Paris, Abel La Coudre, Daniel Le Sage, Jacques et Thomas Mesnil, cousins, les héritiers de Fulcran de Bonnefons, Michel Martine, Richard Le Bourgeois, Richard Bellenger, Robert Le Bourgeois, représentant Michel Bellissent, Charles Le Héricy, éc., Pierre Gosselin, écuyer, sieur de la Brethonnière, vicomte de St-Sylvain, etc.

H. 546. (Cahier.) — Moyen format, 10 feuillets, papier.

1628. — **Tesnières.** — Semblables pieds de lad. baronnie, appartenant à Guillaume de Gallodé, sieur de Champbruslé, abbé d'Ardennes, tenus au manoir seigneurial par Pierre Fontaine, écuyer, sieur de Neuilly, avocat au siège présidial de Caen, sénéchal, en présence de David Collet, huissier sergent royal, pris pour greffier et adjoint. Tenants: Laurent Collet, Collas Massé, Jean Néel, écuyer, avocat, Daniel Le Sage, Philippe Pigache, Charles, Jean et Gilles Rouxel, frères, héritiers de « Clerc » Autin, leur mère, les héritiers Robin Douart, Martin Poignand, les enfants de Colas Poignand, Antoine Richard, Jacques Le Mercier, éc., Guillaume Bellisent, Jean Caval, Richard Le Houx, au droit de Jean Le Couvreur, Jacques Le Clerc, écuyer, conseiller du Roi au bailliage et siège présidial de Caen, etc.

H. 547. (Cahier.) — Moyen format, 12 feuillets, papier.

1629. — **Tesnières.** — Semblables pieds de lad. baronnie, appartenant à Guillaume de Gallodé, abbé d'Ardennes, tenus au manoir seigneurial par Pierre Fontaine, écuyer, sieur de Neuilly, présence de David Collet, huissier, pris pour adjoint et greffier. Tenants: Richard Langlois, Henri Hay, Jean Néel, au droit entre autres d'Abel La Coudre, Guillaume Paris, fils Jean, Nicolas Collet et Oliva Mesnil, sa femme, Étienne Le Terrier, Michel Martine et Jean Cavu, Charles, Jean et Gilles Rouxel, frères, Marie Le Mesle, veuve de Jean Blanevillain, François Le Roux, écuyer, sieur de Gonfreville, à cause de sa femme, fille et héritière de Robert Le Bourgeois, sieur de Tournay, Antoine Richard, Guillaume Voisin, au droit des mineurs Louis Voisin, Jacques Le Mercier, écuyer, s' de St-Évrou, au droit de Denis Bertault, Jean Flagaye, bourgeois de Caen, Samson Bellissent, les mineurs de Jacques La Couldre, etc.

H. 548. (Cahier.) — Moyen format, 15 feuillets, papier.

1632. — **Tesnières.** — Semblables pieds de lad. baronnie, membre dépendant de l'abbaye d'Ardennes, appartenant à Guillaume de Gallodé, abbé, tenus devant la porte du manoir seigneurial de Tesnières par Pierre Hébert, avocat au siège présidial de Caen, sénéchal, en présence de Jacques de Pellevey, praticien en court laye, pris pour adjoint et greffier. Tenants: Jacques Gueroult, sieur de Lignerolles, prévôt élu pour l'année présente, Georges de Laulney, Jacques Collet, fils Jacques, les héritiers de Jean Néel, écuyer, avocat à Caen, Marie Mareschaux, épouse séparée de biens de Philippe Pigache, les héritiers de Fulcran de Bonnefonds, à présent Robert de Bonnefonds, éc., Jacques Poignant, fils Martin, Marie Le Mesle, veuve de Jean Blanvillain, au droit par échange de Philippe Thorel, les mineurs de Jacques de La Couldre, Jacques Le Clerc, conseiller au siège présidial de Caen, Charles Le Mercier, sieur de St-Évroult, François Le Roux, s' de Gonfréville, Richard Le Houx au droit de Jean Le Couvreur, Collas Caval, etc.

H. 549. (Cahier.) — Moyen format, 10 feuillets, papier.

1633. — **Tesnières.** — Semblables pieds de lad. baronnie appartenant à Guillaume de Gallodé, abbé d'Ardennes, tenus par Pierre Hébert, sénéchal, en présence de David Collet, sergent en la sergenterie de Villers, pris pour adjoint et greffier, et dudit abbé, Tenants: Jacques Gueroult, s' de Lignerolles, Augustin Collet, Thomas Mesnil, David Paris, fils Guillaume, Étienne Le Terrier, Pierre Richard, fils Raoul, André Voisin, Guillaume Le Lièvre, etc.

H. 550. (Cahier.) — Moyen format, 12 feuillets, papier.

1634. — Tesnières. — Semblables pleds de lad. baronnie, appartenant à frère Guillaume de Gallodé, abbé d'Ardennes, tenus devant la porte du manoir seigneurial par Robert Regnauld, avocat au bailliage de Caen, sénéchal, présence de Jacques Baron, tabellion royal à Évrecy, pris pour adjoint et greffier. Tenants: Thomas Mesnil, David Paris, Michel Néel, sieur du Manoir, entre autres aux droits de la fille Richard Paris et d'Abel de La Gouldre, à cause de sa femme, fille de Jean Paris, Robert de Bonnefons, écuyer, Jean Savary, Pierre Gosselin, sr de la Bretonnière, les mineurs de Jacques de La Gouldre, Jacques Le Clerc, conseiller au siège présidial de Caen, Charles Le Hericy, écuyer, sieur des Grottes, etc.

H. 551. (Cahier.) — Moyen format, 10 feuillets, 1 pièce annexée, papier.

1635. — Tesnières. — Semblables pleds de lad. baronnie, appartenant à Guillaume de Gallodé, abbé d'Ardennes, tenus par Pierre Hébert, sénéchal, en présence de Jacques Baron, tabellion royal à Évrecy, pris pour adjoint et greffier. Tenants: Collas Collet et Olive Mesnil, sa femme, Abel Paris, pour lui et Jeanne Paris, sa femme, fille et héritière de Richard Paris, Étienne Le Terrier, Michel Martine, Pierre Richard, fils Raoul, à cause de sa défunte femme, Jean Le Flagais, bourgeois de Caen, Charles Le Héricy, écuyer, sr des Grottes, Collas Caval, Georges de Launey, etc. — Mandement de Pierre Hébert, sénéchal, au premier des hommes ou prévôt de la sieurie, à ce requis, de publier issue de la messe paroissiale de Monts la tenue desd. pleds.

H. 552. (Cahier.) — Moyen format, 15 feuillets, papier.

1638. — Tesnières. — Semblables pleds de lad. baronnie appartenant à Guillaume de Gallodé, abbé d'Ardennes, tenus devant la porte du manoir seigneurial par Pierre Hébert, avocat au bailliage de Caen, en présence de Jacques Baron, tabellion royal à Évrecy, pris pour adjoint et greffier, suivant le rapport à lui fait par Gilles Blanvillain, homme et tenant de lad. sieurie, de Marie Le Mesle, veuve de Jean Blanvillain, sa mère, nommée en l'année dernière et élue prévôte par les hommes et tenants de lad. sieurie. Tenants: Thomas Mesnil, David Paris fils Guillaume, Michel Martine, Jean Savary, les mineurs de feu Jacques de La Gouldre, Berthelle Richard, fils Guillaume, Richard Langlois, les représentants Thomas Goullard, Jean Le Flagais, bourgeois de Caen, Jacques Guérould, sieur de Lignerolle, Charles et Marin Vaintras, etc.

H. 553. (Cahier.) — Moyen format, 14 feuillets, papier.

1639. — Tesnières. — Semblables pleds de lad. baronnie, appartenant à Georges Sallet, protonotaire apostolique et abbé d'Ardennes, tenus dans le manoir seigneurial de Tesnières par Vincent Le Chevalier, licencié aux lois, avocat à Caen, sénéchal, assisté de Robert Madeline, pris pour greffier, en présence de Nicolas Madeline, sieur de la Vallée, procureur dud. abbé. Tenants: Michel Néel, écuyer, sieur du Manoir, Étienne Le Terrier, Robert de Bonnefons, éc., Pierre Gosselin, sieur de la Bretonnière, Richard Langlois, Jacques Collet, Charles Le Mercier, sr de St-Évroult, au droit de Denis Berthauld, Pierre « Bellisen », les représentants Richard Le Houx, etc.

H. 554. (Cahier.) — Moyen format, 18 feuillets, papier.

1640. — Tesnières. — Semblables pleds de lad. baronnie, appartenant à Georges Sallet, abbé commendataire, tenus par Vincent Le Chevalier, sénéchal, assisté de Robert Madeline, pris pour greffier, en présence de Nicolas Madeline, sieur de la Vallée, procureur dud. abbé. Tenants: Thomas Mesnil, Collas Collet, et Olive Mesnil, sa femme, Étienne Le Terrier, Jacques Poignant, fils Martin, Georges de Launey, Denis et Jean Richard, fils Antoine, Collas Caval, etc.

H. 555. (Cahier.) — Moyen format, 22 feuillets, papier

1642. — Tesnières. — Semblables pleds. — Mandement de Le Chevalier, sénéchal, au prévôt et à chacun des hommes et tenants, de faire publier issues des messes paroissiales de Noyers, Monts, Tournay et Livry, la tenue desd. pleds; attestations y relatives de Thomas Mesnil, l'un des hommes tenants à Noyers, Philippe Pigache, à Monts, Étienne Le Terrier.

H. 556. (Cahier.) — Moyen format, 20 feuillets, papier.

1645. — Tesnières. — Semblables pleds de lad. baronnie de Tesnières sise à Noyers, Monts, Tournay et Livry, appartenant aux abbé et religieux d'Ardennes, tenus au manoir seigneurial par Vincent Le

Chevalier, sénéchal, en présence de Jacques Baron, tabellion à Noyers, pris pour greffier, et de Jacques Ruhot, conseiller secrétaire de la chambre du Roi, économe de lad. abbaye. Tenants : Jacques Poignant, fils Martin, François Malherbe, sieur du « Bouillon », trésorier général de France à Caen, représentant Jacques Le Clerc, les représentants Thomas Goulard, Denis Richard, fils Antoine, les héritiers de François Le Roux, sieur de Gonfreville, et de Jeanne Le Bourgeois, son épouse, fille aînée et héritière de Robert Le Bourgeois, sieur de Tournay, Pierre Gosselin, s' de la Brethonnière, etc.

H. 557. (Cahiers.) — Moyen format, 23 feuillets, papier.

1648. — Tesnières. — Semblables pleds de lad. baronnie, tenus au manoir seigneurial par Vincent Le Chevalier, sénéchal, en présence de Charles Boullard, sergent royal à Caen, et de Jacques Ruhot, économe de l'abbaye. Tenants: Pierre Paris fils Marguerin, David Paris fils Guillaume, les héritiers de Jacques Poissy, au droit par échange de Philippe Féret, Pierre Richard, fils Raoul, Michel Martine, les héritiers de François Le Roux, sieur de Gonfréville, Anne Bellissant, Germain Radu, huissier, etc.

H. 558. (Cahier.) — Moyen format, 18 feuillets, papier.

1660. — Tesnières. — Semblables pleds du fief, terre et baronnie de Tesnières dépendant de l'abbaye d'Ardennes, appartenant à Henri Laisné, aumônier du Roi, abbé, tenus devant le manoir seigneurial par Jean Bayeux, avocat à Caen, sénéchal, en présence de Jean Morice, huissier, greffier de lad. sieurie, et de Jean Paris, fermier. Tenants : Jean Le Blais, s' du Quesnay, les représentants des héritiers Michel Néel, écuyer, s' du Manoir, Marie Marchand, femme séparée de biens de Philippe Pigache, René Canu, Jacques de La Couldre, David Blanvillain, les héritiers Jacques Collet, Pierre Bellisent, Du Thon, écuyer, sieur de Tournay, président en l'Élection de Caen, héritier du s' de Roncheville Du Thon, acquéreur des héritiers de Jeanne Le Bourgeois, veuve de François Le Roux, sieur de Gonfreville, héritière de Robert Le Bourgeois, écuyer, sieur de Tournay, au droit de Guillaume Bellisent, les représentants Charles Le Hericy, écuyer, sieur des Crettes, les représentants Nicolas Caval, Germain Raduf, huissier en la Cour des aides, acquéreur de Jacques Guéroult, sieur de Lignerolles, Charles Le Mercier, s' de S'-Évroult, etc.

H. 559. (Cahier). — Moyen format, 14 feuillets, 2 pièces intercalées, papier.

1668. — Tesnières. — Semblables pleds de lad. baronnie, appartenant à Henri Laisné, aumônier du Roi, abbé d'Ardennes, tenus par Jean Bayeux, sénéchal, en présence de Jean Morice, huissier, greffier de lad. sieurie, et de Jean Paris, fermier. Tenants : Abel Mesnil, David Paris, fils Guillaume, bourgeois de Caen, Olivier Gosselin, écuyer, représentant les héritiers d'Étienne Le Terrier, Ollivier Pigache, Pierre Gosselin, écuyer, sieur de la Bretonnière, Denis Richard, fils Antoine, M. du Bouillon, président au présidial de Caen, François Du Thon, écuyer, sieur de Tournay et Moulineaux, président en l'Élection de Caen, héritier du s' de Roncheville Du Thon, Charles « Vingt tras », fils Charles, les héritiers de Robin Douard, etc. — Mandement de Jean Bayeux, sénéchal, au prévôt ou premier des hommes de lad. baronnie, de publier issue de la messe paroissiale de Livry la tenue desd. pleds. — Recouvert de parchemin lacéré de 165..., procédure devant François de La Rivière, vicomte d'Évrecy.

H. 560. (Cahier.) — Moyen format, 12 feuillets, papier.

1676. — Tesnières. — Semblables pleds de lad. baronnie, appartenant à Joachim de Faultrier, secrétaire général de l'artillerie, abbé d'Ardennes, tenus par Jacques Le Chanoine, avocat à Caen, sénéchal, en présence d'Yves Blascher, procureur commun aux vicomtés de Caen et d'Évrecy, et de Jean Paris, fermier de lad. sieurie. Tenants : Louis Gosselin, écuyer, sieur de Silly, fils Olivier, les héritiers Robert de Bonnefond, écuyer, les veuve et enfants de Julien Richard, héritiers de la femme de Pierre Richard, François Aze, époux de Philippine Le Maître, au droit de Marie Le Roux, fille Richard, Pierre Fiant, représentant Denis Richard, fils Antoine, Charles Le Mercier, sieur de S'-Évrou, au droit de Denis Bertault, François Du Thon, écuyer, s' de Moulineaux et Tournay, Christophe Sevestre, représentant Charles Le Héricy, écuyer, Thomas Vassal, époux de la fille de Nicolas Caval, etc. — Recouvert de parchemin lacéré, procédure en vicomté de Caen, famille Malcouronne.

H. 561. (Cahier.) — Moyen format, 16 feuillets, papier.

1681. — Tesnières. — Semblables pleds de lad. baronnie, appartenant à Joachim de Faultrier, abbé d'Ardennes, secrétaire général de l'artillerie, intendant du Hainaut, tenus par Louis de La Verge, avocat au bailliage de Caen, sénéchal, en présence de Marin Barbey, notaire royal à Villers, pris pour greffier, et du P. Denis Blin, procureur de l'abbaye. Tenants: Thomas Collet, au droit par échange de M. d'Anisy Gosselin, David Paris, Jean Le Blais, s' du Quesnay, représentant les héritiers de Michel Néel, écuyer, sieur du Manoir, Louis Gosselin, écuyer, s' de Silly, au droit des héritiers d'Olivier Pigache, René Canut, fils Guérin, Pierre Gosselin, écuyer, sieur de la Bretonnière, le sieur des Parcs Panel, représentant Jacques Poignant, fils Martin, Louis Gosselin, s' d'Anisy, au droit d'Étienne de la Coudre, fils Jacques, les héritiers Philippine Ferou, veuve de Jacques Collet, la veuve de Mathan, au droit par décret de François du Thon, écuyer, s' de Moulineaux et Tournay. Robert du Couldré, Charles Vaintras, fils Charles, représentant François Guéroult, Pierre Roger, époux de Jeanne Paris, etc.

H. 502. — 1 pièce, papier.

1681. — Tesnières. — Rôle des amendes jugées aux pleds et gage-plèges du fief, terre et seigneurie de Tesnières, dépendant de l'abbaye d'Ardennes, appartenant à Joachim de Faultrier, secrétaire général de l'artillerie, intendant du Hainaut, abbé de lad. abbaye, par Louis de La Verge, sénéchal, en présence de Marin Barbey, notaire à Villers, et du P. Denis Blin, procureur de l'abbaye: David Paris, le s' du Quesné, Louis Gosselin, écuyer, sieur de Silly, Nicolas Angot, les héritiers du s' de Launay Bonnefond, Pierre Gosselin, sieur de la Bretonnière, Louis Gosselin, écuyer, sieur d'Anisy, Mme de Mathan, Thomas Vassard, etc., condamnés chacun en 5 sols pour non comparence, led. rôle remis au prévôt pour en opérer le recouvrement.

H. 563. — 1 pièce, papier.

1697. — Tesnières. — Signification par Richard Regnouf, sergent royal à Villers, à la requête de Joachim Faultrier, abbé d'Ardennes, stipulé par Mlle Le Chanoine, sa procuratrice et agent de ses affaires, et Michel Paris, son fermier, à Jean Picard, de la paroisse de Tournay, d'un extrait des gage-plèges de la baronnie de Tesnières, avec assignation à comparaître au bailliage de Caen pour se voir condamner au paiement de 3 années d'arrérages de 8 boisseaux d'avoine, mesure ancienne de Caen, à cause d'un tènement de 12 vergées.

H. 504. (Cahier.) — Moyen format, 7 feuillets, papier.

1708. — Tesnières. — Pleds, gages-plèges et élection de prévôt du fief, terre et baronnie de Tesnières, appartenant à Joachim Faultrier, lieutenant général des armées du Roi, abbé commendataire de l'abbaye d'Ardennes, tenus par Jacques de La Rocque, avocat au bailliage de Caen, sénéchal de lad. baronnie, assisté de Jean Le Cordier, procureur au présidial de Caen, greffier, en présence de Michel Paris, fermier dud. abbé. Tenants: les veuve et héritiers d'Abel Mesnil, David Paris, fils Guillaume, bourgeois de Caen, Nicolas Angot, époux de Renée Pigache, Louis Gosselin, s' de Silly, fils d'Olivier, au droit d'Adrienne Le Marchand, femme Pigache, Gilles Pennel, sieur des Parts, Pierre Richard, Marguerite Bauquain, veuve de Bartolle Richard, Pierre Fiant, représentant Denis Richard, fils Antoine, Thomas du Coudrey, fils Robert, Charles Le Mercier, sieur de S'-Évrou, au droit de Denis Bertaut, etc. — Incomplet de la fin.

H. 505. (Cahier.) — Moyen format, 11 feuillets, papier.

1702. — Tesnières. — Semblables pleds de lad. baronnie, appartenant à Joachim Faultrier, abbé commendataire d'Ardennes, tenus par « Jouasin » Langlois, sénéchal, assisté de Simon Trevest, sergent à l'hôtel-Dieu, pris pour greffier, en présence de Pierre Guérard, fermier dud. abbé. Tenants: les veuve et héritiers d'Abel Mesnil, Guillaume Pigache, Marin Canu, fils et héritier de René Canu, Gilles Pennel, sieur des Parts, représentant Jacques Poignant, Louis Le Monnier, à cause de Madeleine du Coudray, sa femme, les veuve et héritiers du s' de Mathan, au droit par décret de François du Thon, s' de Moulineaux et Tournay, Charles Vintras, fils Charles, représentant François Guéroult, représentant Germain Radulp, huissier, celui-ci représentant Jacques Guéroult, représentent Jean et Gilles Rouxel, Pierre Roger, époux de Jeanne Paris, etc.

H. 566. (Cahier.) — Moyen format, 12 feuillets, 3 pièces intercalées, papier.

1715. — Tesnières. — Semblables pleds de lad. baronnie, appartenant à Gaspard de Forgasse de La Bastye, abbé commendataire, tenus par Joachim Langlois, garde-scel en la vicomté d'Évrecy, sénéchal, en présence de Pierre-François Dubosq, huissier en lad.

vicomté, greffier, et de Pierre Paris, fermier des religieux, procureur. Tenants: Michel Ybert, les héritiers de Robert de Bonnefons, écuyer, sieur de Launay, le s' de Cingal, époux de d^{lle} Gosselin, héritière du s' de Silly, représentant Michel Martine, Étienne et Moïse Richard, au droit de Gilles Hallot, Louis-Gaspard Gosselin, écuyer, seigneur de Noyers, représentant Étienne de La Coudre, Thomas du Coudray, fils Robert, le s' de Mathan, les représentants Richard Le Houx, au droit de Jean Le Couvreur, Charles Michel, au droit de Christophe Sevestre, les héritiers de Robin Douard, etc. — Mandements de Joachim Langlois, sieur du Perrey, sénéchal, au premier des hommes et tenants de lad. baronnie, d'en publier la tenue issues des messes paroissiales de Noyers et Tournay.

H. 567. (Cahier.) — Moyen format, 12 feuillets, 5 pièces intercalées, papier.

1719. — Tesnières. — Semblables plaids de lad. baronnie, appartenant à Gaspard de Forgasse de la Bastye, docteur de Sorbonne, grand vicaire de Chartres, abbé commendataire, tenus par Joachim Langlois, sieur du Perrey, sénéchal, en présence de Pierre-François Dubosq, notaire à Noyers, greffier, l'abbé représenté par Jean Dudouet, religieux, procureur de l'abbaye. Tenants: les héritiers Louis Paris, Gilles de Cingal, écuyer, au droit de Guillaume Pigache, les héritiers de Robert de Bonnefonds, écuyer, sieur de Launay, Jacques Pigache, Gilles Pennel, sieur des Parts, représentant Jacques Poignant, Louis-Gaspard Gosselin, écuyer, seigneur de Noyers, représentant Étienne de La Coudre, Charles Berthault, bourgeois de Caen, au droit des représentants Thomas du Coudray, François Leprest, représentant Jean Bellissent, Pierre Michel, fils Charles, au droit de Christophe Sevestre, Guillaume Guérout, au droit de Charles Vaintras, Jessé-François Roger, fils de Pierre et de Jeanne Paris, Jean Blanvillain, etc. — Mandements du sénéchal au prévôt ou au premier des hommes et tenants de lad. baronnie sur ce requis, de publier la tenue desd. plaids issues des messes paroissiales de Noyers, Livry, Monts et Tournay.

H. 568. (Cahier.) — Moyen format, 16 feuillets, 6 pièces intercalées, papier.

1744. — Tesnières. — Semblables plaids de lad. baronnie, appartenant à Jean-Claude de la Croix de Chevrière de Saint-Vallier, abbé commendataire d'Ardennes, tenus par Robert Caumont, avocat au bailliage de Caen, sénéchal, en présence de Jacques Dubosq, huissier audiencier au bailliage et siège présidial de Caen, greffier ordinaire, et led. abbé, stipulé par Philippe Dudouet, notaire à Caen. Tenants: les filles mineures et héritières de Martin Gardembas, Gilles de Cingal, écuyer, époux de Claude Gosselin, héritière du s' de Silly, son frère, représentant Michel Martine, Léonor Gosselin, écuyer, fils de Nicolas Gosselin, écuyer, s' de la Bretonnière, Thomas Pennel, s' du Motel, fils de Gilles Pennel, sieur du Parc, Charles Bertrand, bourgeois de Caen, etc. — Charge des rentes foncières et seigneuriales dues à lad. baronnie par les vassaux et tenants, que baillent les abbé, prieur et religieux, représentés par Pierre Paris, leur fermier, à Charles Berthaut, élu prévôt receveur d'icelle, pour en opérer le recouvrement. — Mandement dud. sénéchal au prévôt ou au premier des hommes et tenants sur ce requis de publier la tenue desd. plaids issues des messes paroissiales de Noyers, Tournay, Monts et Livry; publications. — Recouvert de parchemin de 1606, ratification devant Le Baron et Berard, tabellions aux sergenteries de Villers et Évrecy, par Louis Sevestre, sieur du Mesnil, bourgeois de Caen, de compte et regard fait avec Guillaume Pierre, sieur de La Fontaine, bourgeois de Caen, fils de feu Jean Pierre, s' des Closets, bourgeois de Caen, touchant arrérages de rente.

H. 569. (Registre.) — Moyen format, 12 feuillets, 7 pièces intercalées, papier.

1758. — Tesnières. — Semblables plaids de lad. baronnie, appartenant à Jean-Claude de la Croix de Chevrière de St-Vallier, abbé commendataire de l'abbaye d'Ardennes, tenus par Guillaume-Jacques Riboult, avocat au bailliage et siège présidial de Caen, sénéchal, assisté de François Savary, huissier audiencier aud. bailliage, greffier ordinaire d'icelle, en présence de Jean-Baptiste Le Bourcier, chanoine de Bayeux pour la prébende de Monts, représentant ledit abbé. Tenants: Anne Lejeune, veuve Jean Collet, Denis-Gilles-Marin Barbey, lieutenant criminel à Caen, représentant Marin Barbey, au droit du s' Du Quesnay de Blais, Jacques de Cingal, curé de Monts, Thomas Pennel, s' du Motel, bourgeois de Caen, Jacques Pépin, représentant à cause de Madeleine Bertault, sa femme, Charles Bertault et Jean Jamard, Pierre Le Vaillant, seigneur de Tournay, représentant par acquêt Bernardin de Mathan, écuyer, Marguerite-Louise de La Houssaye, veuve du s' de Bellemont Collet, au droit par acquêt de Gabriel Blanvillain, Jacques Roger, etc. Attestations des publications de la tenue desd. pleds isques des messes paroissiales de Monts, Tournay, Noyers et Livry.

H. 570. (Cahier.) — Moyen format, 14 feuillets, 2 pièces intercalées, papier.

1766. — Tesnières. — Semblables pleds de lad. baronnie appartenant à Jean-Claude de la Croix de Chevrière de St-Vallier, abbé commendataire, tenus par Mathieu Hardy, avocat au bailliage de Caen, pour l'absence du sénéchal ordinaire, assisté de François Savary, ancien huissier, greffier ordinaire, led. abbé représenté par Jean-Baptiste Le Bourcier, chanoine de Bayeux pour la prébende de Monts. Tenants: Pierre-André Bellissent, à cause de Marie Collet, sa femme, Thomas Lesage, tuteur des filles mineures de Martin Gardembas, bourgeois de Caen, les héritiers ou représentants Thomas Brion, au droit de Robert de Bonnefonds, écuyer, s' de St-Louet, Jean Perrotte, à cause de Marie Richard, sa femme, Blanchet, bourgeois de Caen, au droit de Pierre Paris, fils Michel, Robert Houdier, fils Robert, à cause de Jeanne Fiant, sa mère, Geneviève Fiant, veuve de Guillaume Le Tulle, Jacques Picard, époux de Marie Fiant, et Pierre Denis, fils de Gillette Fiant, Guillaume Guéroult, etc. — Table alphabétique des tenants du gage-plège de lad. baronnie.

H. 571. (Cahier.) — Moyen format, 16 feuillets, 5 pièces intercalées, papier.

1767. — Tesnières. — Semblables pleds de lad. baronnie, appartenant à Édouard Booth, vicaire général de Narbonne, abbé commendataire, tenus par François-Jacques Picard de Prébois, avocat au Parlement de Paris, postulant au bailliage de Caen, sénéchal, assisté de Jacques Diguet, notaire de Noyers, greffier, led. abbé stipulé par Philippe Dudouet, notaire royal et apostolique. Tenants: MM. Barbey, fils et héritiers de Gilles-Marin Barbey, lieutenant criminel à Caen, représentant Michel Néel, écuyer, sieur du Manoir, au droit du s' Du Quesné Le Blais, Jean-Robert Gosselin, seigneur de Noyers, représentant Étienne de La Couldre, fils Jacques, Étienne Paris, bourgeois de Caen, Blanchet, bourgeois de Caen, au droit de Pierre Paris, fils Michel, représentant Richard Blanvillain et Madeleine Bosquain, les enfants et héritiers de Jean Le Bidois, Pierre Le Vaillant, seigneur de Tournay, représentant par requêt Bernardin de Nathan, écuyer, qui était au droit par décret de François du Thon, écuyer,

sieur de Montineaux, etc. Mandement, dud. sénéchal au prévôt ou au premier des hommes et tenants sur ce requis de publier la tenue desd. pleds; attestations y relatives de Pierre Le Chevalier, Gosselin La Bretonnière, Jacques Diguet et André Bellissent.

H. 572. (Cahier.) — Moyen format, 12 feuillets, papier.

1768. — Tesnières. — Pleds de gage-plège et élection de prévôt du fief, terre et baronnie de Tesnières, assis en la paroisse de Noyers et s'étendant en celles de Tournay, Monts, Livry et aux environs, appartenant à Édouard Booth, vicaire général du diocèse de Narbonne, abbé commendataire, tenus par Jean-Pierre-Simon Le Breton, avocat en Parlement, exerçant au bailliage et siège présidial de Caen, sénéchal de lad. baronnie, présidence de Jean Le Robours, sergent royal des domaines du Roi, reçu et immatriculé au bailliage de Caen, résidant à Tournay, pris pour greffier, l'abbé stipulé par Philippe Dudouet. Tenants. Tènement qui fut Raoult de Bures: les veuve et enfants Michel Hibert, Anne Le Jeune, veuve Collet, Pierre-André Bellissent, époux de Marie Collet, les représentants Madeleine Gardembas, MM. Barbey, fils de Gilles-Marin Barbey, lieutenant criminel à Caen. Tènement Pierre Larchant ; Jacques Poignant, seigneur de « Mont ». Tènement Michel Martine et René Canu: led. Poignant, Pigache, etc. Tènement Gosselin: Léonard Gosselin, éc., s' de la Bretonnière, fils Nicolas, qui était fils Pierre, Thomas Pesnel, s' du Motel, Marie Richard, veuve Jean Perrotte, Jean-Robert Gosselin, seigneur et patron de Noyers, Hanneville et autres lieux. Vavassorie au Roi, à Tournay ; Richard, Jacques Diguet, notaire à Noyers, etc. Tènement de 11 vergées à Tournay : Houdier, Pépin, etc. Vavassorie Vincent, à Tournay: le seigneur de Tournay, Bellissent, Moisant, Angélique Collet de Bellemont, veuve de François de Gouville, fille de Marguerite-Louise de La Houssaye, la dame de Pontauger, etc. Tènement à Livry: Guillaume Guéroult de Baulieu, notaire à Livry.

H. 573. (Liasse.) — 17 pièces, parchemin; 35 pièces, papier.

1190-1671. — Tesnières. « Liasse... concernant la propriété des landes et bruyères de Montbroc, contenant 352 acres, situées sur les paroisses de Noyers, Monts, Tournay, Villy, Parfouru, etc., aumônées à la cy devant abbaye d'Ardennes par les Rois d'Angleterre, ducs de Normandie ; procédures à ce sujet, terminées à l'avantage de lad. abbaye par sentences, arrêts du Conseil et du Parlement de Rouen, lad. liasse envoyée à Monsieur le Directeur des Domaines le 4 brumaire an 14 », renvoyée au Préfet le 29 mars 1808. — Extrait du registre en parchemin intitulé le Grand Chartrier de l'abbaye d'Ardennes, contenant copie de la donation faite par Richard-Cœur-de-Lion, roi d'Angleterre, duc de Normandie, etc., à l'abbaye, de la terre de Tesnières (Lyons, 27 mars an 1, 1190), led. extrait collationné par fr. Bouchard, secrétaire du chapitre de l'abbaye 1684). — Autre extrait du Grand Chartrier concernant la confirmation de Jean-Sans-Terre (Barfleur, 6 février an 1). — Copie d'ordonnance du bailli de Caen, rendue aux assises dud. lieu (1309). Cf. H. 469. — Copie de mandement de Jean Braque, chevalier, et Robert Assire, maîtres et enquêteurs des eaux et forêts, au maître du Pur-le-Roi ou son lieutenant, pour le maintien des religieux d'Ardennes dans la possession du don à eux fait par Richard, roi d'Angleterre, duc de Normandie, de la terre de Tesnières à Noyers « jouxte la montagne de Manbroue », avec vidimus de lad. donation (1384). Ind. copie collationnée par les notaires du Châtelet de Paris, à la requête de frère Guillaume Denis, sous-prieur de l'abbaye (1629). — Extrait d'aveu rendu au Roi en 1420 (v. s.) par les abbé et religieux d'Ardennes de la terre et baronnie de Tesnières et dépendances, collationné à la requête de Georges Sallet, abbé d'Ardennes, sur l'original représenté par frère Robert Du Hamel, par Denis, sergent royal à Caen (1638). — Déclaration par Marguerin de La Bigne, abbé d'Ardennes, et les prieur et religieux, pour empêcher que les commissaires députés par le Roi ne procèdent à fieffer les landes et bruyères de Montbroc, que lesd. biens leur appartiennent par les donations des rois d'Angleterre, ducs de Normandie, Richard et « Ranulphe Thessard et Raould de Noiers » (1551). — Requête aux commissaires députés par le Roi pour la fieffe, vente et aliénation des terres vaines et vagues, bruyères et communes, aux bailliages de Caen et Cotentin, par les abbé et religieux d'Ardennes, de leur donner mandement pour obliger Jean Le Bailly, greffier en 1551 de feu Trexot, commissaire pour tel effet, à leur remettre leurs titres des brières et landes de Montbroc (1575). — Ordonnance des commissaires généraux députés par le Roi pour la réunion, vente et revente de son domaine, réunissant aud. domaine les landes de Noyers, faute par les paroissiens de production de titres (1629) ; requête au Conseil du Roi par les religieux d'Ardennes pour obtenir la réformation de lad. ordonnance (1629) ; arrêt du Conseil maintenant l'abbaye en la possession des landes de Montbroc (1630). — Procuration devant Jacques Baron et Pierre Bellissant, tabellions en la vicomté de St-Sylvain pour le siège de Saint-Aignan-le-Malherbe, par les paroissiens de Noyers, issus de la grand'messe, pour soutenir en Parlement de Rouen leur procès contre les religieux d'Ardennes concernant lesd. landes et bruyères (1611) ; procédures y relatives. — Ordonnance de Charles Le Roy, sieur de la Potherie, intendant de la généralité de Caen, commissaire député pour la vente et aliénation des terres vaines et vagues, etc., des bailliages de Caen et Cotentin, portant main levée à l'abbaye des landes de Montbroc (1645). — Inventaire des pièces produites en Parlement par les abbé et religieux d'Ardennes contre les habitants de Monts et Noyers, dans leur procès concernant les landes de Montbroc (1640). — Obligation de Pierre Le Moutardier, sieur du Ruaudé, premier conseiller et élu en l'Élection de Caen, de payer aux abbé et religieux d'Ardennes 7 livres 10 sols t. pour l'herbage et pâturage de 150 moutons dans lesd. bruyères et landes (1651). — Procédure devant Denis Le Piounier, procureur du Roi au bailliage de Caen, docteur et professeur aux droits de l'Université dud. lieu, commissaire subdélégué de la Chambre souveraine des francs-fiefs, nouveaux acquêts et amortissements dud. bailliage, entre les paroissiens de Noyers, l'abbaye, Louis Gosselin, écuyer, sieur de Noyers, et Pierre Tison, commis d'Urbain Ménant, adjudicataire des droits de sixième et d'amortissement, concernant le paiement de la taxe des 352 acres de landes et bruyères de Montbroc (1655). — Ordonnance de Jacques Favier, seigneur du Boulay, maître des requêtes ordinaire de l'hôtel, départi pour le service du Roi en Normandie, généralité d'Alençon, commissaire général député pour la réformation des eaux et forêts de lad. province, maintenant l'abbaye en possession des 352 acres de landes et bruyères faisant partie de la baronnie de Tesnières jusqu'à la montagne de Montbroc, suivant l'arpentage du 12 octobre 1575 (1665) ; procédures y relatives. — Mandement au premier huissier requis de vendre, à la requête des religieux d'Ardennes, des bestiaux trouvés en pâture dans leursd. landes (1671).

H. 571. (Liasse.) — 16 pièces, papier.

1809-1630. — Tesnières. — Landes de Montbroc. Liasse sans cote. — « Procédure exercée tant devant les maîtres des requêtes qu'au Conseil du Roy, depuis 1625 jusqu'en 1630, entre les abbé et religieux d'Ardennes, les commissaires du Roy pour la revente des domaines, et Maître Jacques Garnier, sieur du Plessis, comme ayant traité avec Sa Majesté de ses domaines, de laquelle procédure est intervenu sentence de réunion au Domaine des landes de Mombroc, appel de ladite sentence au Conseil par ladite abbaye, arrêt définitif du Conseil privé du Roy qui maintien ladite abbaye dans la propriété et possession des landes jusqu'à la montagne de Mombroc, contenant 352 acres, conformément à leur charte de donnation par Henry (sic) roy d'Angleterre. » — Copie de l'ordonnance de Jean-Baptiste de Bermond, maître des requêtes ordinaires de l'hôtel, commissaire en cette partie, mandant au premier huissier requis d'assigner à la requête des abbé et religieux d'Ardennes Jacques Garnier, sieur du Plessis, et Robert Le Jay, son avocat et conseil, à comparoir en son hôtel, rue St-Landry (1629); lettres de fr. Denis à « Monsieur d'Ardaine » (1620), etc. — Sur une des pièces (1630), sceau plaqué du couvent de l'abbaye d'Ardennes, différent des deux signalés par M. Demay, dans son « Inventaire des sceaux de la Normandie, recueillis dans les dépôts d'archives, musées et collections particulières des départements de la Seine-Inférieure, du Calvados », etc., n°⁵ 2619-2630; légende : « SIGILLVM CONVENTVS ABBATIE B. MARIE DE ARDENA ». — Y joint, copie authentique d'ordonnance du bailli de Caen (1309). Cf. H. 400.

H. 575. (Liasse.) — 2 pièces, parchemin.

1890. — Landes de Montbroc. Liasse sans cote. — Aveu au Roi par l'abbé et couvent d'Ardennes, du fief Thiouf, sis à St-Germain-la-Blanche-Herbe, et de la baronnie de Tesnières, sise à Noyers, des landes de Montbroc, s'étendant dans les paroisses de Livry, Monts, etc.; réception dud. aveu par Aubery Lévêque, lieutenant du vicomte de Caen.

H. 576. (Liasse.) — 3 pièces, parchemin ; 10 pièces, papier.

1551-1646. — Landes de Montbroc. Liasse sans cote. — Copie collationnée de l'opposition par Marguerin de la Bigne, abbé d'Ardennes, et les religieux, à l'aliénation desd. landes, à eux données par Richard et Jean, rois d'Angleterre, et par Richard et « Ranulphe Tessard et Raould de Noyers » ; à la suite, ordonnance de communiqué au procureur du Roi de lad. opposition, par Rouland Trexot, écuyer, conseiller au Parlement de Rouen, commissaire en cette partie (1551), lad. copie collationnée par les notaires du Châtelet de Paris (1629). — Production devant led. commissaire par nobles hommes Louis Du Bois et Jean de Noyers, tant pour eux que pour les paroissiens de Noyers, de 2 cautions signées Malherbe et Mesnil, pour empêcher la saisie, au profit du Roi, desd. landes (1551). — Ordonnance de mainlevée de l'abbaye en la possession desd. landes (1551). — Extrait du Grand Chartrier d'Ardennes concernant l'attestation des commissaires députés par le Roi pour le fait des landes, bruyères, pâturages, paluds, terres vides, vagues et communes, dans les bailliages de Caen et Cotentin, de la visite et de l'arpentage des landes de Montbroc, assises à Noyers, Monts, Tournay, Parfouru et Villy, vicomté de Caen, sergenterie de Villers, jouxte la baronnie de Tesnières, contenant 352 acres (1578). — Procès-verbal d'arpentage des landes de Montbroc, par Pierre Roussel, sieur de St-Gilles, conseiller au Parlement de Normandie, « estant partis le 4° jour de ce présent mois de nre. abbaye de Bellestoille », en conséquence d'arrêt rendu entre l'abbaye et les habitants de Monts et Noyers (5 décembre 1610).

H. 577. (Liasse.) — 3 pièces, parchemin ; 35 pièces, papier.

1630-1683. — Landes de Montbroc. Liasse sans cote. — Procédure au bailliage de Caen, au Parlement de Rouen et « à Conseil, entre l'abbaye, les commissaires du Roi pour la taxe des francs-fiefs et nouveaux acquêts, les habitants de Monts et Noyers, comme ces derniers prétendaient avoir en propriété 100 acres de terre des landes de Mombroc ; arrêt et jugement souverain et en dernier ressort rendu par les commissaires du Roi pour la réformation des eaux-et-forêts, maintenant l'abbaye en propriété et possession des 352 acres de landes et bruyères faisant partie de la baronnie de Tesnières, etc. — Inventaire des pièces produites au Conseil par les abbé et religieux d'Ardennes appellants du jugement des commissaires députés pour la revente du domaine du Roi, de la réunion aud. domaine de 100 acres de landes faisant partie des 352 acres 1/2 dépendant de l'abbaye, contre Jacques Garnier, sieur du Plessis, ayant traité avec le Roi pour la revente du domaine de Normandie (1630). — État des bestiaux mis au pâturage des bruyères et landes de Montbroc (1631). — Signification par Michel Le Picard, huissier pour le Roi au bailliage et vicomté de Caen, à la requête des abbé et religieux d'Ardennes stipulés par Bonaventure Le Febvre et Antoine Fournier, religieux, aux paroissiens de Monts, de la date fixée par Hercule Vauquelin, sieur des Yveteaux, lieutenant général au bailliage, pour l'arpentage des landes de Montbroc (1631). — Requête aux commissaires députés par le Roi pour la recherche des droits de francs-fiefs et nouveaux acquêts, par Georges Sallet, abbé d'Ardennes, ayant à cause de l'abbaye la pleine propriété et jouissance des bruyères et pâturages des landes de Montbroc, pour décharger les paroissiens de Noyers de leur taxe pour lesd. landes, n'y ayant aucun droit, ou du moins ordonner que ce ne pourra être au préjudice des droits de l'abbaye (1639). — Procédure au Conseil entre Georges Sallet, abbé d'Ardennes, et les paroissiens de Monts, concernant possession des landes (1639-xx.); inventaire de pièces produites par l'abbé Sallet (1640); affirmation de voyage faite au greffe du Conseil privé du Roi par Pierre Lefebvre, sieur de St-Germain, avocat aud. Conseil, assisté d'Alexandre Sallet, écuyer, sieur de Colleville, stipulant l'abbé Sallet (1640). — Inventaire des pièces et écritures produites par les abbé et religieux d'Ardennes en la Chambre Souveraine des francs-fiefs et nouveaux acquêts (1645). — Ordonnance de Charles Le Roy, sieur de la Potherie, intendant de la généralité de Caen, commissaire pour l'exécution de la déclaration et arrêt du Conseil de la vente et aliénation des terres vaines et vagues, etc., des bailliages de Caen et Cotentin, accordant main levée à l'abbaye des 352 acres des landes de Montbrocq, et ordonnant qu'en vertu de ses titres de possessions desd. landes, elles seront retranchées des affiches des ventes des terres vaines et vagues (1645). — Copies d'arrêts de la Chambre Souveraine établie pour le recouvrement des droits d'amortissements dus au Roi par les gens de main morte, signifiés à la requête des paroissiens de Noyers aux religieux d'Ardennes, afin de s'opposer à la prise de possession de leurs communes (1645). — Signification à la requête de Pierre Pesnelle, procureur d'Antoine de Moraiuvilliers, abbé d'Ardennes, et des religieux de l'abbaye, en présence de frère Robert Duhamel, l'un des religieux, aux procureurs des paroissiens de Monts et de Noyers, qu'ils reprennent le procès laissé par feu Georges Sallet, abbé d'Ardennes, concernant lesd. landes (1640). — Procuration devant Charles Le Baron et Jean Caumont, tabellions aux sièges de Noyers et Cheux, par les paroissiens de Noyers, assemblés issue de messe paroissiale, à Pierre Le Normand, écuyer, demourant à Caen, de se présenter devant M. de Breteuil, lieutenant des eaux et forêts de la maîtrise de Caen, en la cause pendante entre le procureur du Roi et les religieux d'Ardennes concernant la main levée des landes de Montbroc (1665). — Requête à Du Boulay Favier, intendant d'Alençon, commissaire pour la réformation des eaux et forêts de la province de Normandie, par Louis Gosselin, écuyer,

seigneur et patron de Noyers, et les habitants de ladite paroisse, y relative (1665).

H. 578. (Liasse.) — 12 pièces, papier.

1655-1678. — Landes de Montbroc. Liasse sans cote. — Procédure entre les habitants de Noyers, Gosselin, seigneur dud. lieu, et l'abbaye, au sujet des droits d'usage et de pâturage prétendus par les habitants dans lesd. landes. — Signification par Louis de Rovière, sergent à Caen, à la requête des abbé et religieux d'Ardennes, stipulés par frère Athanase de La Court, leur procureur, à Louis Gosselin, écuyer, s' de Villons, d'arrêt de la Chambre souveraine de Rouen, avec protestation de nullité sur son assignation à comparoir devant le vicomte d'Evrecy (1655). — Mandement de Denis Le Plomier, procureur du Roi au bailliage et siège présidial de Caen, député par les Commissaires généraux établis à Rouen pour les francs-fiefs, nouveaux acquêts et amortissements, au premier huissier requis, de faire payer la somme de 30 livres, tante à M. de Beaumont, pour son rapport du procès entre l'abbaye et Louis Gosselin, écuyer, sieur de Noyers, et Pierre Tison, commis pour le recouvrement du droit de C° et amortissements (1655). — Assignation à la requête du procureur du Roi de la Commission, poursuite et diligence de Pierre de Champaigne, chargé du recouvrement des deniers dus et covenants bons au Roi amendes, restitutions de biens usurpés et provenant de la réformation des eaux et forêts, aux abbé et religieux d'Ardennes, de représenter les titres en vertu desquels ils empêchent la jouissance du pâturage de la terre et bruyère aux paroissiens de Noyers (1667). — Signification de pièces par Crepel, huissier à Bayeux, à la requête de Jacques de Tallevast, écuyer, avocat et conseil des abbé et religieux d'Ardennes, à René Lefort, avocat, conseil des paroissiens de Monts et de Noyers, pour être jointes à leur procès (1673). — Y joint, copie d'aveu, sans date, des paroissiens de Noyers, aux abbé et religieux.

H. 579. (Liasse.) — 6 pièces, papier.

1704-1788. — Landes de Montbroc. Liasse sans cote. — Signification par Richard Regnouf, sergent à Villers, résidant à Grainville, à la requête de Joachim Paultrier, abbé commendataire, et des religieux d'Ardennes, aux paroissiens de Noyers, d'une requête à l'intendant de La Briffe, avec assignation à comparoir pour nier ou déclarer s'il est seigneur tréfoncier de la baronnie de Tesnières en la paroisse de Noyers, afin d'obtenir la décharge de la taxe demandée par Regnault pour les landes et communes (1704). — Requête à l'intendant par les abbé et religieux d'Ardennes pour obtenir la décharge de leur taxe pour droits d'usage et main levée de la vache saisie sur leur fermier (1711); à la suite, ordonnance de l'intendant de La Briffe déchargeant dud. droits les abbé et religieux, comme maintenus par l'intendant Chamillart en la possession de 332 acres de landes et communes (1711). — Déclaration par les religieux d'Ardennes des terres qu'ils possèdent dans la baronnie de Tesnières, au sujet de la réédification de la tour de l'église paroissiale, dont les propriétaires doivent contribuer au pied perché, en laquelle ne sont point comprises les landes de Montbray, n'ayant pas été arpentées, lad. paroisse participant aux usages (1753).

H. 560. (Liasse.) — 13 pièces, parchemin; 3 pièces, papier.

1200-1769. — Tesnières, Livry. — Liasse 1, « contenant les titres de propriété et possession de la chapelle et oratoire de St-Sulpice de Livry, appartenante à la cy-devant abbaye d'Ardennes, chartres de fondation et donations d'ycelles et du bois et terre dans lad. paroisse de Livry en dépendant; présentations, collations aux bénéfices des titulaires, prises de possessions d'iceux, baux à ferme et autres titres relatifs à lad. chapelle et biens. » — « Extraict d'un registre exscript en parchemin, nommé le Chartrier d'Ardaine » : donation par Jean-Sans-Terre, roi d'Angleterre et duc de Normandie, à l'abbaye d'Ardennes, de « bruillium de Liverio et molendinum quod rex Rich. frater noster habuit apud Cadomum in Gamiara.... et totam terram quam il. rex Richardus habuit apud Noiers... scilicet Tesnerias.... sicut charta sependicti regis Richardi quas inde habent rationabiliter testantur » (Barfleur, 6 février an 1). — Extraict d'ung livre relié couvert de cuir noir, nommé et intitulé les Commémorations de l'abbaye d'Ardaine » : au 5 mai, « commemoratio fratris Toussani de Vaux, canonici hujus ecclesiæ et prioris Sancti Contesti et Beatæ Mariæ de Brolio et Sti Sulpicii »; au 2 mai, celle de François Osmont, prieur de St-Sulpice de Livry et de Lébissey, sous-prieur du couvent. — Accord entre « Rainaldus », abbé, et le couvent de St-Wandrille, Robert, abbé, et le couvent d'Ardennes, concernant le bois de Livry. — Procédure au Châtelet de Paris, devant Tanneguy du Chastel, chambellan du Roi, garde de la prévôté de Paris, commissaire gardien et conservateur général des maistres, régents et écoliers de l'Université, entre frère Michel Le Roux, religieux de Bellétoile, écolier étudiant en l'Université de Paris, et Nicolas Brouart, procureur des abbé et couvent d'Ardennes, concernant la possession de la chapelle ou oratoire ou l'hôtel ou manoir de Tesnières, suivant nomination dud. Le Roux par le cardinal de Pise, légat en France; mutation de l'abbaye (1415). — Bulle d'Eugène IV, concernant Jean Goufouin, curé de Livry, et ses différends avec l'abbaye (Florence, 1439). « pridie idus novembris », an 9 du pontificat). — Procédure en la jurisdiction des privilèges de l'Université de Caen, tenue par Hugues Bureau, écuyer, lieutenant général du bailli, entre Richard, abbé des abbayes de La Luzerne et d'Ardennes, et le prieur, étudiants en lad. Université, l'abbé commendataire et le couvent de St-Wandrille, et Jean Le Paulmier, curé du Hôtot et de Livry, concernant la chapelle St-Sulpice de Livry (1488 n. s.). — Clameur de gage-plège mise par Robert Nourf, sergent royal en la vicomté de Bayeux, en la sergenterie de Briquessart, à la requête de Jean Le Paulmier, curé de Hotot et de N.-D. de Livry, tant pour lui que comme procureur des abbé et couvent de St-Wandrille, vers et contre les abbé et religieux d'Ardennes, Guillaume de Manneville, et tous autres qui voudraient édifier une chapelle au bois d'Ardennes ou ailleurs à Livry (1501). — Nomination par l'abbé Marguerin de La Bigne et le couvent, de Toussaint de Vaulx, religieux d'Ardennes, à la chapelle, chapellenie ou prieuré de St-Sulpice, membre dépendant de l'abbaye d'Ardennes, en remplacement d'Ursin Pecoun, décédé (1550). — Inventaire des pièces produites au greffe du bailli de Caen par Toussaint de Vaulx, religieux profés d'Ardennes, chapelain de la chapelle de St Sulpice de Livry, contre Denis « Le Meauffais », curé de Chouain, prétendant droit à lad. chapelle (1573); sentence maintenant led. de Vaulx (1573). — Marché entre Baptiste de Villemor, abbé d'Ardennes, et Louis Cauvin, de Livry, fermier des pâturage et herbage du bois de Livry, dépendant de lad. abbaye, concernant la réédification de la chapelle St-Sulpice dud. lieu (1578); ratification de Toussaint de Vaulx, chapelain (1578). — Reconnaissance devant Richard Martin et Horace Le Forestier, tabellions à Caen, par Jean Quevennes, de Foulognes, du bail à lui fait par André Bourdon, procureur receveur général de l'abbaye d'Ardennes, d'une pièce de terre sise à Livry, nommée le bois d'Ardennes, sur laquelle il y a une chapelle fondée de « St-Suplix » (1592). — Visa de lad. chapelle pour Jean Honoré, chanoine d'Ardennes (1611). — Sentence de Guillaume Vauquelin, président et lieutenant général au bailliage et siège présidial de Caen, maintenant frère Jean Honoray, prêtre, religieux en l'abbaye d'Ardennes, en la possession du prieuré de St-Sulpice de Livry, malgré l'opposition de Richard Housel et Martin Busquet, de lad. paroisse (1613). — Reconnaissances devant : Mathieu de La Lande et Michel Le Sueur, son adjoint, tabellions à Caen, par Guillaume Le Liepvre, du bail à lui fait par Jean Honoray, prieur titulaire du prieuré et chapelle « de Saint-Sépulchre » de Livry, du revenu dud. prieuré (1620); Marguerin Lair et Pierre Mulot, tabellions en la sergenterie de Thorigny pour le siège de Cahagnes, de semblable bail aud. Guillaume Le Liepvre (1621). — Reconnaissance par Charles Beny et Romain La Ligois, de Livry, du bail à eux fait par led. Honoray, du revenu du prieuré et chapelle de St-Sulpice de Livry (1629). — Autres baux dud. revenu par : frère Jean Lhonoray à Marie Caudon, veuve de Daniel Boullaye (1630) ; — l'abbé de Gallodé à Jacques Guéroult, de Livry, pour 3 ans, moyennant 40 livres pour les 2 premières années et 50 livres pour les suivantes (1636). — Acte des prieur et religieux d'Ardennes, portant qu'ils ont prié Rivière, prêtre de Juaye, de desservir la chapelle de St-Sulpice de Livry pendant 4 ans, aux conditions y portées (1714). — Reconnaissance devant les notaires de Caen par Louis Rivière, prêtre, demeurant paroisse de « Longrais », du bail à lui fait par le prieur et religieux d'Ardennes, stipulé par Olivier Jahouel, prieur, des terres et dépendances de la chapelle St-Sulpice pour 9 ans moyennant 70 livres de fermages (1717). — Bail devant Thomas-François Le Sénécal, notaire à Évrecy, par les prieur et religieux d'Ardennes, porteurs de la procuration générale et spéciale de Gaspard de Fogasse de La Bastie, abbé commendataire, par Michel Pilon, religieux, leur procureur, aud. Rivière, du revenu de la chapelle de Livry pour 9 ans moyennant 70 livres de fermages (1726) ; autre bail devant les notaires de Caen (1736). — Mémoire à consulter sur la chapelle de St-Sulpice possédée par les religieux d'Ardennes, qui n'est qu'un lieu de dévotion, tel que N.-D. de Liesse, excepté que le pèlerinage n'est pas si considérable : affaire Rivière : délibération y relative de Cochin, à Paris (1738). — Reconnaissance de l'abbé de St-Vallier que le P. La Cour, prieur d'Ardennes, lui a remis un mémoire des charges qu'il prétend être dues sur le tiers lot de l'abbaye, etc. (1756). — Recepissé par Dudouet, notaire, porteur de pouvoir de Booth, abbé d'Ardennes, de pièces et titres du chartrier d'Ardennes, boîte de Livry (1769).

H. 521. (Liasse.) — 7 pièces, parchemin; 6 pièces, papier.

1673-1690. — Livry. Liasse 2, concernant « la propriété, possession et jouissance des bois, landes, pâturages, maisons, oratoire, rentes et revenus » appartenant à l'abbaye dans la paroisse de St-Sulpice de Livry, baux à ferme, sentences et transactions au bénéfice de l'abbaye contre les délinquants dans lesd. bois, etc. — Lettres de Richard du Vivier, écuyer, lieutenant général du maître et verdier de Bar-le-Roi, pour les religieux, en vertu des lettres obtenues de Thibault Le Lenteron, lieutenant général aux bailliages de Caen et Cotentin du souverain maître et enquêteur général et réformateur des eaux et forêts (1673). — Procédure aux assises de Bayeux, tenues par Girard Bureau, écuyer, lieutenant général du bailli de Caen, entre les religieux d'Ardennes et Robin Houart, de Livry, concernant la saisie d'une vache dans le bois de Livry (1683). — Reconnaissance de Marie Caudon, veuve de Daniel Boullaye, de Livry, du bail à elle fait par Guillaume de Gallodé, abbé d'Ardennes, de tout le domaine non fieffé lui appartenant dans la paroisse de Livry, tout et ainsi que Jean, d'heureuse mémoire, roi d'Angleterre et duc de Normandie, le donna en lad. abbaye et baronnie de Tesnières (1630). — Sentence d'Hercule Vauquelin, écuyer, sieur des Yveteaux, lieutenant général au bailliage de Caen, maintenant, en conformité d'arrêt du Parlement, l'abbé d'Ardennes en la possession et jouissance des bois, landes, pâturages, maisons, oratoires, rentes et revenus de St-Sulpice de Livry, et condamnant frère Jean Lhonoray à la restitution des fruits par lui perçus (1630). — Reconnaissances : devant Germain Ribault et Jean Lefebvre, tabellions en la sergenterie de Barnières pour le siège de Cairon, par Jean Boullaye, de sa signature apposée au bas du bail fait à Marie Caudon, veuve de Daniel Boullaye, par l'abbé de Gallodé (1631 ; devant Mathieu de La Londe et Michel Le Sueur, tabellions à Caen, par Jacques Boullaye, du bail à lui fait par Guillaume de Gallodé, abbé d'Ardennes, des terres, brières, maisons et oratoire et tout le domaine non fieffé de la paroisse de Livry dépendant de la terre et baronnie de Tesnières (1632) ; par Jacques Guéroult, du bail à lui fait par l'abbé de Gallodé desd. biens (1636) ; devant Jacques Caumont et Nicolas Barbey, notaires à Cheux, par Georges de Vaussy, curé de Livry, du bail à lui fait par Joachim Faultrier, abbé d'Ardennes, stipulé par frère Mathieu Trosseille, desd. biens (1679).

H, 552 (Liasse.) — 6 pièces, parchemin ; 10 pièces. papier.

1402-1633. — Livry. Liasse 3, concernant un tènement ou vavassorie contenant 80 vergées, sujet à 18 s., 5 chapons, 2 poules, 96 œufs, etc., de rente foncière. — Reconnaissance devant Jean Quatrans, tabellion ès mettes des sergenteries de Villers et Evrecy, par Jean Le Foullon le jeune, de la fieffe à lui faite par les religieux ; autre reconnaissance devant le même par Jean Vimont, pour terre à Livry, dette des « Saleries » (1402, v. s.). — Fieffe devant Jean Le Painteur et Pierre Lermite, tabellions en la sergenterie de Cerisy, par Philippot Bailleul, pour lui et ses frères, à Simon Fougier de *, *ces de terre (1403). — Donation devant Pierre Lermite et Jean Le Painteur, tabellions en lad. sergenterie, par Philippot et Guillaume Bailleul, aux prêtres et clercs de Livry, de rente à charge de services religieux (1403). — Procédures devant : Jacques Le Boley, écuyer, sieur de Vaux, vicomte de Bayeux, entre Toussaint Adam, fermier de la chapelle et bois d'Ardennes assis à Livry, et Claire Authin, veuve de Grégoire Roussel, concernant le paiement des sommes par elle dues (1618). — Extrait du registre de Jean Halley, huissier à Bayeux, concernant le défaut donné aux manps de Bayeux à la veuve Poitevin et à Richard Poitevin, son fils, fermiers des religieux d'Ardennes, contre Jean Collardin, écuyer, sieur de Bois-Olivier, de la représentation d'un cheval saisi pour paiement de 7 années d'arrérages de rente (1620). — Procédures devant Thomas Le Mercier, écuyer, lieutenant ancien civil et criminel, et Pierre Potier, écuyer, sieur de Bapaume, lieutenant général du bailli de Caen au siège de Bayeux, entre Jacqueline Onfroy, veuve de Guillaume Le Midou, et Jean Roussel, pour paiement de 5 années d'arrérages de lad. rente (1632-1633) ; — caution devant Michel Thouroude et Thomas Bertres, pris pour adjoint, tabellions en la sergenterie de Briquessard, par Jacques Gueroult, s' de Lignerolles, de Livry, de Jean Roussel, fils Grégoire, concernant la remise d'une vache saisie à la requête de Jacqueline Onfroy, fermière des religieux d'Ardennes (1633).

H. 553. (Liasse.) — 2 pièces, parchemin ; 2 pièces, papier.

1422-1473. — Livry. Liasse 4, relative à 5 s. et 1 géline de rente à cause d'une pièce de terre à Livry. — Reconnaissance devant Thomas Goujon, tabellion commis et établi ès mettes des sergenteries de Villers et d'Evrecy, par Guillaume Erart, écuyer, de Livry, de la fieffe à lui faite par les religieux d'Ardennes d'une pièce de terre tant en pré qu'en bois (1422). — Vidimus par Jean Artur, lieutenant général de Jean Du Plessis, écuyer, vicomte de Bayeux, et extrait des plaids des sergenteries de Briquessard et de Graye, concernant lad. fieffe (1473).

H. 554. (Liasse.) — 4 pièces, parchemin ; 67 pièces, papier.

1409-1787. — Livry. Liasse 7, relative à rente aud. lieu pour fieffes du 13 mars 1409. — Notes extraites du grand cartulaire d'Ardennes concernant lesd. fieffes à Vimont et Le Foullon. — Procédure à Bayeux, devant Pierre Suhard, écuyer, sieur et patron de St-Germain et St-Aquilin, lieutenant général et particulier civil du bailli de Caen, entre les abbé et religieux d'Ardennes et Charles Vaintras pour paiement d'arrérages de lad. rente sur 2 pièces de terre à Livry (1683) ; suite de lad. procédure devant Édouard Hélyes, écuyer, sieur de Clinchamps, lieutenant général (1684). — Procédure en la juridiction des privilèges royaux de l'Université de Caen, devant Charles-Jacques Cohier de Jumilly, écuyer, lieutenant particulier au bailliage de Caen, entre les religieux d'Ardennes et Guillaume Gueroult pour paiement de 10 années d'arrérages de lad. rente (1712). — Aveu à Gaspard de Forgasse de la Bastye, docteur de Sorbonne, abbé commendataire de l'abbaye d'Ardennes, par Guillaume Gueroult, d'une pièce de terre à Livry nommée le bois d'Ardennes (1719). — Lettre de Gueroult de Beaulieu, notaire à Livry, à Bailleul, à Tesnières, concernant la reconnaissance de pièces de terre (1760). — Procédure au bailliage de Bayeux entre les religieux d'Ardennes, Anne Le Jeune, veuve de Jean Collet, stipulée par Bailleul, et Gueroult de Beaulieu, notaire, concernant le paiement de lad. rente (1767-1778) ; lettre de Bailleul, feudiste et géomètre, au château du comte de Tavannes, à Aunay, à de La Chesnée Rost, huissier à Bayeux, y relative (1768).

H. 555. (Liasse.) — 3 pièces, parchemin ; 1 pièce, papier.

1330-1384. — Livry. Liasse sans cote. — Attestation de Jean Du Tot, maître du Bur, sur le bois des religieux d'Ardennes à Tesnières, de l'information par lui faite vers grand nombre « de bonnes gens anciens et sachans de cen », concernant la délivrance dud. bois sans paiement de droits de tiers et danger (1330) ; semblable attestation de Guillaume de Cantelou, lieutenant du Bur, « sur bois appelay le bruil de Lyvrie »

(1333). — Mandement de Robert Assire, maître enquêteur des eaux et forêts, à Jean Marie, maître du Bur-le-Roi, ou à son lieutenant, de procéder à semblable information et donner auxd. religieux l'autorisation de couper leurs bois comme au temps passé (1344).

H. 546. (Liasse.) — 8 pièces, parchemin; 1 pièce, papier.

1333-1493. — Livry. Liasse sans cote. — Copie d'information par Guillaume de Cantelou, lieutenant du maître du Bur, sur le bois appelé le « Bruël » de Livry, appartenant à l'abbaye d'Ardennes, concernant la délivrance dud. bois sans paiement de droits (1333) ; à la suite, mandement par Robert Assire, maître enquêteur des eaux et forêts, à Jean Marie, maître du Bur-le-Roi, ou son lieutenant (1344). — Copie de déclaration au nom de Jean Crespin, baron du Bec-Crespin, seigneur de Mauny, « Avranches » et de « Plans », maréchal héréditaire de Normandie, maître enquêteur et réformateur des eaux et forêts au duché de Normandie et pays de Picardie, devant Pierre Nivelet, son lieutenant général, par les religieux d'Ardennes, que le bois de Livry leur fut donné et aumôné par Jean, roi d'Angleterre, seigneur d'Irlande, duc de Normandie, d'Aquitaine et comte d'Anjou, etc. (1451). — Procédure aux pleds de la baronnie de Tesnières pour les religieux d'Ardennes, tenus par Raoul Fauvel, écuyer, sénéchal, entre lesd. religieux et Robin Douart, pour réparation de dommages causés par ses bêtes dans le bois de Livry (1493).

H. 547. (Liasse.) — 6 pièces, parchemin ; 2 pièces, papier.

1494-1663. — Livry. Liasse sans cote. — Aveu aux religieux d'Ardennes par Robin Douart (1494). — Reconnaissance devant Olivier de Branville, écuyer, lieutenant général du bailli de Caen, par Richard Austin, envers les religieux, de rente, à cause de pièces de terre à Livry (1568). — Procédure devant Charles Le Mercier, lieutenant général du bailli de Caen à Bayeux, entre les veuve et héritiers de Jean Poitevin, stipulés par Richard Poitevin l'aîné, fermiers des abbé et religieux d'Ardennes, et Jean Collardin, écuyer, sieur de Bois-Olivier, concernant le paiement d'arrérages de lad. rente (1619). — Procédure en la vicomté de Bayeux devant Pierre Potier, écuyer, lieutenant général du bailli de Caen, entre Jacqueline Onfroy, veuve de Guillaume Le Midou, ci-devant fermier de l'abbaye d'Ardennes, et Jean Rouxel, pour paiement d'arrérages de rente (1633). — Extrait du registre de Philippe Gavare, sergent royal à Briquessard, des ventes de

nappes faites au marché de Caumont, concernant la vente d'une vache saisie sur Étienne Boullaye, de Livry, à la requête de Jean Guffroy, prieur de Blay, pour paiement d'arrérages de rente (1648).

H. 548. (Liasse.) — 4 pièces, papier.

1634-1688. — Livry. Liasse sans cote. — Extraits des gages-plèges de la sieurie de Tesnières, concernant les tenures de : Jacques Guérault, sieur de Ligneroltes, représentant Jean et Gilles Rousset (1635, 1640, 1648); Germain Radu, huissier en la Cour des aides, acquéreur de Jacques Guerault, sieur de Ligneroltes (1659); Charles Vinteau, fils Charles (1674), et contenus divers de pièces, collationnés sur les originaux au chartrier de l'abbaye par Isaac Mulinet, secrétaire, et Nicolas Bocain, procureur de l'abbaye (1688).

H. 549. (Liasse.) — 12 pièces, parchemin ; 5 pièces, papier.

XII° siècle-1769. — Livry. — Accord devant H., évêque de Bayeux, entre Renaud, abbé de St-Wandrille, et Robert, abbé d'Ardennes, « super quibusdam querelis ad bruilleium de Liberiaco pertinentibus » : l'abbé de St-Wandrille remet à Ardennes « totam illam particulam nemoris que est inter vetus fossatum ejusdem bruillelli et viam regiam que de Sancto Germano de Escheiot ducit ad Torigneium, et totam decimam ejusdem bruillelli »; l'abbaye d'Ardennes pourra en outre avoir « capellam suam in bosco illo, et cimiterium, et ibi divina celebrare, et quoslibet mortuos ibi sepelire », sauf ses paroissiens, le tout moyennant une rente d'une livre de poivre. Témoins, Henri, chantre de Bayeux, Roger Bouet, chancelier de l'évêque, « Rad. de Valle », chanoine de Bayeux, etc. (s. d.). — Ordonnance rendue aux pleds de Cormolain par Guillaume de Cantelou, pour le maître du Bur, concernant le bois de Livry (1336). — Cession devant Jean Le Brebenchon, tabellion à Caen, par Guillaume Erart et Jeanne, sa femme, de Livry, aux religieux d'Ardennes, de 7 acres et 1 vergée de terre prises à fieffe de l'abbaye et dont lad. femme a hérité (1364 v. s.). — Vidimus devant Guillaume Potier, garde du scel des obligations de la vicomté de Caen (1405), de l'autorisation donnée par Jean Braque, chevalier, et Robert Assire, maîtres des eaux et forêts, aux religieux d'Ardennes, d'exposer en coupe et en vente une casse de bois en la paroisse de Livry. — Amende à justice devant Guillaume Hébert, lieutenant en Basse-Normandie des maîtres des eaux et forêts, par Richard

Vitart, de Parfouru-l'Éclin, d'avoir pris, coupé ou emporté du bois des religieux assis à Livry et d'avoir fait « recours à force et à clameur de haron » aux serviteurs ou gardes dud. bois, etc.; transaction y relative devant Colin de Varnay, tabellion à Caen, entre Ricart Vitart et les religieux (1618). — Mandement de Richard Defen, lieutenant général de Jacob Poulet, écuyer, maître et verdier du Bur-le-Roi, aux sergents de lad. verderie, de laisser jouir les religieux d'Ardennes de leurs bois de Livry, vu la représentation de leurs titres de propriété à Robert Lévesque, lieutenant au bailliage de Caen, de Jean de Robessard, chevalier, maître enquêteur et général réformateur des eaux et forêts en Normandie (1409). — Mandement de Simon Morhier, chevalier, garde de la prévôté de Paris, commissaire gardien et conservateur général député de par le Roi aux maîtres, régents et écoliers étudiants en l'Université de Paris, au premier sergent requis, d'informer contre les auteurs des dégâts commis dans les bois de Livry, où il y a chapelle et hermitage appartenant aux religieux d'Ardennes, 1432). — Mandement de Jean Crespin, baron du Bec-Crespin, sr de Mauny, d'Aurichier et de Plasnes, maître enquêteur et réformateur des eaux et forêts au pays de Normandie et Picardie, à Jean de Loucelles, écuyer, maître du Bur-le-Roi, ou son lieutenant, de faire maintenir les religieux d'Ardennes dans les privilèges à eux accordés par le roi Jean d'Angleterre, seigneur d'Irlande, duc de Normandie et d'Aquitaine, sur le Breuil de Livry (1451). — Procédure en la juridiction des privilèges de l'Université de Caen, devant Pierre Muges, écuyer, lieutenant du bailli, entre frère Pierre Du Vivier, abbé commendataire d'Ardennes, l'un des écoliers et suppôts de l'Université, et Nicolle Denis, vicaire de Livry, concernant la perception des offrandes faites en la chapelle St-Sulpice de Livry (1517 v. s.-1518). — Procédure en la vicomté de Bayeux entre les religieux d'Ardennes et Jean Collardin, sieur de Bois-Olivier, concernant paiement de rente sur 2 pièces de terre à Livry (1601). — Extrait du registre de Salomon Du Rozier et Noël Hélie, tabellions en la sergenterie de Cheux, concernant les lots et partage des biens de feu Christophe Le Varignon, sieur de Putot, par Gédéon Le Varignon, sieur des Lignières, et donnés à choisir à Pierre Le Varignon, sieur de Taillebosq, pour lui et comme tuteur des enfants de Denis Le Varignon, sr de Valdery, et Jean et Jacques Le Varignon, sieurs de Langueray et d'Aspremont, enfants et héritiers dud. sr de Putot (1622). — Assignations commises par: Sigismond Le Dare, premier huissier au bailliage de Caen, à la requête des religieux d'Ardennes, stipulés par le P. Bouchard, à Pierre Le Varignon, écuyer, sr de Langueroy, de comparaître devant le bailli pour y passer titre nouveau de rente (1687); Pierre Besnière, huissier du Roi en la Cour des Comptes de Normandie, à la requête du procureur général en la Cour des Comptes, aides et finances de Normandie, à Louis Rivière, titulaire de la chapelle St-Suplix de Livry, de fournir au Roi en lad. Cour déclaration par dénombrement du revenu temporel de lad. chapelle (1743). — Vente devant les notaires de Caen par Philippe Dudouet, notaire à Caen, stipulant Édouard Booth, vicaire général de Narbonne, abbé commendataire d'Ardennes, à Louis-Armand d'Amaye, conseiller du Roi maître en la Cour des Comptes, aides et finances de Normandie, de la ferme de St-Sulpice située à Livry, consistant en une chapelle ou oratoire sans titre ni dotation, bâtiments à divers usages, 20 acres de terre labourable, etc. (1776).

H. 500. (Liasse.) — 2 pièces, parchemin; 1 pièce, papier.

XIIIe siècle-1532. — Tesnières. Missy. Liasse sans cote. — Charte de H., évêque de Bayeux, concernant la donation par « Hervous de Misselo et filii ejus, scilicet Phil., Rob., et Herveus », à l'abbaye, de terres « apud Misseium in campo de Mesniz, in Glaea terra, apud Buisson Fernet, apud Caeium, super Roseium »; R., abbé, et les chanoines d'Ardennes, leur donnèrent 6 livres d'angevins. — Reconnaissance de rente aux religieux par Jean de Caye dit Despréaux et Gyrette, sa femme, Jean de Caye et Jeanne, sa femme, héritiers de Jean Le Grand, devant Bertrand Flagaye et Simon Lorfèvre, tabellions ès mottes des sergenteries de Villers et Évrecy (1532). Cf. H. 483.

H. 501. (Liasse.) — 5 pièces, parchemin.

1246-1395. — Tesnières. Monts. — Donation par « Matildis La Francoise, de Cheus », veuve, de rente assise « in territorio de Montibus, apud doitum de Faius » (1245, mars). — Vente par « Willelmus de Brakeville, et Ricardus, frater meus, filii Henrici de Brakeville », à Rémy Morel, bourgeois de Caen, d'une pièce de terre sise à Monts, « supra nemus de Taisnières » (1246). — Donations à l'abbaye: par « Hugo Vernei », d'une pièce de terre (1248); par « Stephania filia Roberti Poutrel », de rente (1257). — Remise devant Jean Guerry et Jean Tillart, notaires au Châtelet de Paris sous Jean, seigneur de Foleville, garde de la prévôté de Paris, par Jean de Troismonts, écuyer, et Colin de Troismonts, écuyer, son fils, aux religieux, de terres à Monts « ou franc fieu de Tesnières », qu'ils ne soient pas leur profit à plus tenir (1385).

H. 592. (Liasse.) — 2 pièces, parchemin ; 13 pièces, papier.

1403-1780. — Tesnières. Monts. Liasse 1, n° 10, relative à 32 boisseaux d'avoine, mesure ancienne de Caen, 2 chapons et 80 œufs de rente à cause d'une pièce de terre contenant 6 acres, nommée la Couture, suivant fieffe faite par l'abbaye à Saudrin et Vincent Le Sage, suivant leur reconnaissance au Grand Cartulaire, du 6 juin 1403. — Procédure au bailliage de Caen devant Jacques Blondel, écuyer, sieur et châtelain de Tilly, lieutenant particulier civil et criminel, entre Guillaume de Gallodé, abbé d'Ardennes, et Pierre Gosselin, éc., sieur de la Bretonnière, pour paiement d'arrérages de lad. rente au droit de Sandrin et Vincent Le Sage (1637). — Aveu aux abbé et religieux par Pierre Gosselin, écuyer, sieur de la Bretonnière, à cause du fief, terre et seigneurie de Tesnières, d'une pièce de terre à Monts (1683). — Aveu devant Pierre-François Dubosq, notaire à Noyers, à Gaspard de Forgasse de La Rastie, docteur de Sorbonne, grand vicaire de Chartres, abbé commendataire d'Ardennes, par Nicolas Gosselin, écuyer, sieur de la Bretonnière, fils et héritier de Pierre Gosselin, d'une pièce de terre (1724). — Procédure au bailliage de Caen entre Léonor Gosselin de la Bretonnière, écuyer, et Anne Le Jeune, veuve de Jean Collet, et Pierre Collet, son fils, de Noyers, fermiers de la baronnie de Tesnières, pour paiement d'arrérages de rente (1779). — Note informe du compte de 32 boisseaux d'avoine, ancienne mesure de Caen, revenant à 26 boisseaux 2/3 mesure actuelle, 2 chapons et 30 œufs.

H. 593. (Liasse.) — 3 pièces, parchemin ; 11 pièces, papier.

1403-1767. — Monts. Liasse 10. n° 4, rentes dues par Poignant, représentant les Pigache. — Analyses et copies par extraits des fieffes faites par l'abbaye à Gervais Canu en 1403 et 1410. — Aveux aux abbé et religieux par Michel Martine et Jean Canu fils Richard (1612). — Reconnaissance devant Pierre Berard, tabellion à Villers pour le siège de Vendes, et Charles Le Baron, tabellion à St-Sylvain pour le siège de Noyers, pris pour adjoint, par Olivier Pigache, de Monts, de l'échange fait avec Olivier Gosselin, écuyer, sieur de Silly, de pièces de terre (1665). — Aveu devant André Le Cat, notaire au siège de Noyers, et Richard Regnouf, sergent en la noble sergenterie du pied de l'épée, pris pour adjoint, à Joachim de Faultrier, secrétaire général de l'artillerie, intendant du Hainaut, abbé d'Ardennes, par Louis Gosselin, écuyer, sieur de Silly, de 11 vergées de terre (1698). — Extrait des titres du tènement Pierre Larchant, sis à Monts; autre note informe indiquant que la terre de feu M. de Cingal à Monts fut vendue à Jean Guillot en 1743, et revendue à Poignant en 1764. — Obligation par Poignant de payer à Anne Le Jeune, veuve de Jean Collet, fermière de la baronnie de Tesnières, 24 livres au lieu des rentes par lui dues (1767).

H. 594. (Liasse.) — 6 pièces, parchemin ; 1 pièce, papier.

1403-1769. — Monts. Liasse n° 9. — Reconnaissance devant Colin de Vernay, tabellion à Caen, par Gervais Canu, de Monts, des fieffes à lui faites par l'abbaye (1403-1410). — Fieffe à Thomas Canu (1410). — Aveux à l'abbaye par : Gervais Canu (1413) et Marin Galopin et ses frères (1507). — Aveu à Édouard Booth, vicaire général de Narbonne, abbé d'Ardennes, par Jacques Poignant, seigneur de Monts, au droit par acquêt du s' de Cingal, représentant le s' de Mont Silly (1769).

H. 595. (Liasse.) — 1 pièce, parchemin.

1368. — Monts. Liasse sans cote. — Fieffe par Guillaume, abbé d'Ardennes, et le couvent, à Robert Le Roi, du tènement que tenait « Michael Regis », son père, « apud Fay, de vavassoria Johannis Rogeri, de feodo nostro in parrochia de Montibus » (1367, 11 février, v. s.).

H. 596. (Liasse.) — 1 pièce, parchemin ; 1 pièce, papier.

1527. — Monts. Liasse sans cote. — Fieffe devant Bertrand Flaguye et Simon Lorfèvre, tabellions aux sergenteries de Villers et Évrecy, par Colas Lefèvre, de La Ferrière-au-Doyen, à Raulet Michel, de Monts, de 9 pièces de terre provenant du décret des biens de Jean Galopin (1526 v. s.).

H. 597. (Liasse.) — 5 pièces, parchemin ; 6 pièces, papier.

1403-1767. — Monts. Liasse sans cote. — Reconnaissance devant Jean Quatrans, tabellion ès mettes des sergenteries de Villers et d'Évrecy, par Sandrin et Vincent Le Sage, de Noyers, envers les religieux, de rente avec un hommage, à cause de 6 acres de terre (1403). — Aveu aux abbé et religieux d'Ardennes par Robert Le Sage le jeune, de la pièce de terre nommée la Couture de « Rooo ». — Aveu à Baptiste de Villemor, abbé d'Ardennes, par Pierre Gosselin, pour lui et ses frères, bourgeois de Caen, de 32 vergées de terre (1571). — Procédure au bailliage de Caen devant Jacques Blundel, écuyer, sieur et châtelain de Tilly, lieutenant particulier civil et criminel, entre Guillaume de Galloché, abbé d'Ardennes, et Pierre Gosselin, écuyer, sieur de la Bretonnière, concernant paiement d'arrérages de rente (1637). — Aveu à Édouard Booth, vicaire général du diocèse de Narbonne, abbé commendataire de l'abbaye d'Ardennes, par Léonor Gosselin, sieur de la Bretonnière, fils Nicolas, d'une pièce de terre sujette en 32 boisseaux d'avoine, 30 œufs et 2 chapons (1767).

H. 598. (Liasse.) — 5 pièces, parchemin ; 2 pièces, papier.

1410-1571. — Monts. Liasse sans cote. — Reconnaissances devant : Colin de Vernay, tabellion à Caen, par Gervais Canu, de la fieffe à lui faite par les religieux d'Ardennes (1410); Raoul Le Couvreur, tabellion à Caen, de la fieffe faite à Simon Conart, curé de St-Martin de Monts, par Auvré Durant, curé de Notre-Dame de Fontaine Henri, d'un manoir avec jardin (1430 v. s.) (acc...itions). — Cession par Guillaume Durant à Jean Durant, son fils, de Monts, à charge de rente à l'abbaye (1451). — Obligation de Claude Canu de satisfaire à une sentence du vicomte de Caen concernant le paiement d'arrérages de rente (1570).

H. 599. (Liasse.) — 3 pièces, parchemin ; 2 pièces, papier.

1414-1622. — Monts. Liasse sans cote. — Cession devant Jean « Bencet », tabellion ès mettes des sergenteries de Villers et Évrecy sous Garin Auber, garde du scel des obligations de la vicomté de Caen, par Auvrey Durant, prêtre, de la paroisse de Monts, à Perrette, veuve de Thomas Durant, des biens par lui acquis de Pierre Ponssart (1414). — Vente devant le même par Pierre La Factie, de Villy, à Auverey Durant, prêtre, de rente (1415 v. s.). — Partage devant Jean Quatrans, tabellion à Caen, entre Thomas, Jean et Auvray Durant, frères, de terres à Monts (1419 v. s.). — Extrait du registre héréditai de Thomas de La Lande et Jean Rogier, tabellions à Villers et Évrecy pour le siège de Vendes, concernant la vente faite par Jean Canu, fils Richard, à Jean Savary, fils Jean, de terre (1622).

H. 600. (Liasse.) — 1 pièce, parchemin ; 1 pièce, papier.

1431. — Monts. Liasse sans cote — Reconnaissance devant Jean de La Fontaine, tabellion ès mettes des sergenteries de Cheux et Creully, par Sandrin Gosselin, de Noyers, de l'échange par lui fait avec Guillaume Durant le jeune, de Monts, de 17 sols 1 géline de rente acquise de Guillaume Dajon, contre les biens à lui échus de la succession de Jean Durant.

H. 601. (Liasse.) — 12 pièces, parchemin ; 1 pièce, papier.

1461-1529. — Monts. Liasse sans cote. — Vente devant Jean Le Briant, tabellion à Caen, par Catherine Guérin, dame de Monts, veuve de Guillaume de Brieux, écuyer, seigneur dud. lieu de Brieux, à Thomas de La Haye, bourgeois de Caen, de 10 livres de rente (1461 v. s.). — Extrait du registre de Viel Dupont, tabellion, et Gervais Dupont, son adjoint, ès mettes des sergenteries de Villers et d'Évrecy, concernant la vente faite par lad. dame à Thomas de La Haye, bourgeois de Caen, de 40 sols de rente (1465). — Transport devant Lucas et Gervais Dupont, tabellions ès mettes desd. sergenteries, par Raoulin Paulmier à Pierre de Brieux, écuyer, de son droit à 36 livres 4 sols 3 deniers de rente (1478 v. s.). — Ventes devant : Raul Daguelle et Christophe Giret, tabellions au siège de Bréhal, par Ferrand de Garaulle, curé de Bricqueville-sur-la-mer, à Guillaume Montailly, seigneur de « Gathemoul », de rentes (1517) ; Bertrand Flayaye et Simon Lorfeyre, tabellions ès mettes des sergenteries de Villers et Évrecy, par Raoulin Le Paulmier à Guillaume de Mautaillye, écuyer, de Noron en l'évêché de Bayeux, de rente (1517, v. s.). — Ratification devant Robert Le Saunier et Guillaume Dommey, commis pour l'absence de Lucas de La Lande, tabellions à Caen, de traité concernant rente entre Thomas de La Haye, seigneur de La Mallardière, fils et héritier de Thomas de La Haye, seigneur de Broville, et Guillaume de Mautailley, écuyer, seigneur de « Gastemol » (1519 v. s.). — Ordonnance de Guillaume Le Grand, lieutenant général du vicomte de Caen, concernant la possession de rente comprise au décret de biens requis par Desbuas, prêtre, fils de Jean Desbuas, relevant de la terre et seigneurie de Monts appartenant à feu Pierre de Brieux, adjugés à François de Loucelles, prêtre, et revendiquée par Thomas Chauvey, abbé d'Ardennes, au droit de Pierre du Vivier, représentant Raoulin Le Paulmier (1529).

H. 603. (Liasse.) — 17 pièces, parchemin ; 1 pièce, papier.

1477-1518. — Monts. Liasse sans cote. — Constitution devant Lucas et Gervais Dupont, tabellions ès mottes des sergenteries de Villers et Évrecy, par Pierre de Brieux, écuyer, seigneur de Mesley, demeurant à Monts, vers Robinet des Vaulx, bourgeois de Rouen, de 100 sols de rente (1477). — Transport devant Robin de St-Saire et Raoul Éliez, tabellions en la vicomté de Rouen, par Robinet des Vaulx à Jean de Marandes, curé de « Mellay », de 100 sols de rente de l'obligation de Pierre de Brieux (1477). — Constitutions et transport de rentes : devant Lucas et Gervais Dupont, tabellions aux sergenteries de Villers et d'Évrecy, par Catherine Guérin, dame de Monts, veuve de Guillaume de Brieux, écuyer, à Ferrand de Garsalle, curé de Monts et de « Brahal » (1488) ; Robert Le Briant et Jean de La Lande, tabellions à Caen, par lad. dame et Pierre de Brieux, écuyer, son fils, à Louis de Fougères, écuyer, vicomte de Caen, de rente (1488 v. s.) ; Robert Le Briant et Jean de La Lande, tabellions à Caen, par Jean Richard, écuyer, seigneur d'Hérouvillette, à Thomas Basin, écuyer ; seigneur de Lanquetot, époux de Jeanne Richard, sa fille, de 30 livres de rente à prendre sur Jean Jacquesson, écuyer, seigneur de Vieux, Jean Bénard, Hugues Anzerey, écuyer, seigneur de la Hogue, la dame de Monts et son fils (1489 v. s.). — Ratification devant Gervais Quentin et Martin Courtomer, tabellions au siège de Balleroy, Cormolain et environs, sous Jean Bayn, écuyer, vicomte et garde du scel des obligations de la vicomté de Condé-sur-Noireau, par Pierre de Brieux, sr de Monts, du traité de mariage de Samson Poullain, de Planquery, avec Catherine de Brieux, sa fille (1510). — Donation par led. Pierre de Brieux, en faisant le marché et traité de mariage de Jean Du Behier, éc., et Perrette de Brieux, sa fille, de 4 l. t. de rente, rachetables par 50 l. t. (1510 v. s.) ; procédures y relatives aux plods des sergenteries de Villers et Cheux, tenus par Jean Malerbe, éc., lieutenant du vicomte de Caen (1516). — Ventes et transports devant : Lucas de La Lande et Guillaume Dommey, commis pour Robert Le Saunier, tabellions à Caen, par Jeanne Richard, veuve de Robert Heilart, et auparavant de Thomas Basin, écuyers, à Robert Le Saunier, bourgeois de Caen, de rente (1514, 31 mars) ; les mêmes, par Robert Le Saunier, bourgeois de Caen, à Georges Bourget, curé de Landes, de rente (1517) ; Jean Colleville et Guillaume Vitard, tabellions en la sergenterie de Briquessart, par Sanxon Poulsin, et Catherine de Brieux, sa femme, à Guillaume de Mautailly, écuyer, demeurant à Noron, de 100 sols de rente sur les héritiers de Pierre de Brieux, écuyer, sieur de Monts (1517) ; — Bertrand Flagaye et Simon Lorfèvre, tabellions ès mottes des sergenteries de Villers et d'Évrecy, par Jean Dubehier, écuyer, de St-Germain-du-Crioult, et Perrette de Brieux, son épouse, à Guillaume « du Mautailles », de rente (1517), en présence de Thomas Chauvet, prieur de l'Hermitage. — Procuration devant Jean Le Moigne, notaire juré du scel aux contrats de la châtellenie de Thoury en « Sauloigne », par Jean de Marandes, marchand à Thoury, Robin Dynocheau, époux de Marion de Marandes, à Jean de Marandes, bachelier en droit, prêtre, leur frère, pour recueillir la succession de Jean de Marandes, curé de Mesley, demeurant à Caen (1518).

H. 603. (Liasse.) — 1 pièce, parchemin ; 3 pièces, papier.

1524-1529. — Monts. Liasse sans cote. — Procédure au bailliage de Caen devant Gerard d'Esquay, écuyer, lieutenant, entre Guillaume de Brieux, sieur de Monts, sa mère, et Allain Le Terrier, prévôt receveur de la seigneurie de Monts, et Pierre de Grévilly, écuyer, procureur de Pierre Du Vivier, abbé d'Ardennes, concernant le paiement d'arrérages de rente dus par les héritiers de Pierre de Brieux (1524). — Arrêt de deniers par Jean Canu, sergent royal en la sergenterie de Villers-Bocage, à la requête de l'abbé d'Ardennes, sur le revenu de la seigneurie de Monts, pour paiement d'arrérages de 44 livres 8 sols 4 deniers de rente dus par défunts Pierre de Brieux, écuyer, et Catherine Guérin, sa mère (1527). — État des terres plantées en pommiers sur lesquelles l'abbé a fait arrêt pour paiement de la somme de 77 livres restant de plus grosse somme due à Guillaume de Brieux, naguères sr de Monts (1529).

H. 604. (Liasse.) — 1 pièce, parchemin ; 2 pièces, papier.

1643-1685. — Monts. Liasse sans cote. — Aveu à Antoine de Moranvillier, abbé d'Ardennes, par Philippe Pigache et Marie Mareschaux, sa femme (1643). — Vente par Jean Herviou et Anne Pigache, sa femme, et Marie Pigache, Marguerite et Jeanne Pigache, filles et héritières d'Olivier Pigache, à Louis Gosselin, écuyer, sieur de « Monsilly », de tous les biens de leur père sis à Monts (1685).

H. 605. (Liasse.) — 2 pièces, papier.

1670. — Monts. Liasse sans cote. — Échange devant

Robert Lesnant, notaire royal à Villers, et Jean Langlois, ci-devant tabellion aud. lieu, pris pour adjoint, entre René et Marin Canu, père et fils, et Louis Gosselin, écuyer, sieur de « Mont Silly », de pièces de terre en diverses dettes.

H. 606. (Liasse.) — 6 pièces, parchemin ; 17 pièces, papier.

1440-1767. — Tesnières, Tournay. Liasse 5, concernant rente de 8 b^r d'avoine. — Reconnaissance devant Colin Le Nouvel, tabellion en la sergenterie d'Ouistreham et Bernières sous James « Durant », écuyer, garde du scel des obligations de la vicomté de Caen, par Marquet Le Carpentier, de Tournay, envers les abbé et religieux d'Ardennes, de 8 boisseaux d'avoine et 1 fourche à faner les foins en leur baronnie de Tesnières, ainsi que des devoirs de fief (1440). — Aveu de Pierre Bellissent, héritier à cause de sa femme, fille de Denis Berthaut, Denis Richard, héritier à cause de sa mère, fille de Marin Le Faucheur, Jean Voisin, fils Louis, héritier à cause de sa mère, fille de Martin Le Faucheur, et autres (1648). — Procédure en la juridiction des privilèges de l'Université tenus par Jean Gohier, lieutenant particulier civil et criminel au bailliage de Caen, entre les religieux d'Ardennes et Robert du Coudré, héritier de Noël Bellissent, et Pierre « Fiens », représentant Denis Richard, pour paiement de 3 années d'arrérages de 8 boisseaux d'avoine et 10 deniers de cens (1683). — Aveu devant André Le Cat, notaire au siège de Noyers, et Richard Regnouf, sergent à Villers, pris pour adjoint, à Joachim de Faultrier, secrétaire général de l'artillerie, intendant du Hainaut, abbé d'Ardennes, par Louis Le Monnier, Michel Picard et Pierre Fiant (1697). — Procédure au Grand Conseil entre les abbé et religieux d'Ardennes et Geneviève Fiant et ses cohéritiers, pour paiement d'arrérages de rente ; arrêt de 1726 en faveur de l'abbaye. — Aveu à Édouard Booth, vicaire général du diocèse de Narbonne, abbé commendataire d'Ardennes, par Jean Le Bidois (corrigé en : les enfants et héritiers de), au droit de Joachim Bertaut, fils Charles, bourgeois de Caen, de 3 vergées de terre (1767).

H. 607. (Liasse.) — 4 pièces, parchemin ; 21 pièces, papier.

1421-1782. — Tournay. Liasse 6, relative à rente de 100 s., 2 poules et 20 œufs, due par Le Vaillant à cause de son acquêt de la terre de Tournay. — Reconnaissances devant : Guillaume Le Porcher, clerc juré commis par justice sous Thomas Goujon, tabellion ès mettes des sergenteries de Villers et d'Évrecy, par Robert Émerit et Guillemette, sa femme, de Tournay, de la fieffe à eux faite par l'abbaye (1421) ; — Pierre Prunier et Pierre Cauvet, tabellions en la sergenterie d'Évrecy, par François Bellenger, de la fieffe à lui faite par Jean Caval, écuyer, de Tournay, d'une maison avec jardin (1525 v. s.) ; — Jean et Pierre Canu, tabellions aux sergenteries de Villers et Évrecy, par Guillaume Bellissent le jeune, de la fieffe à lui faite par l'abbaye de pièces de terre (1535). — Déclaration par Guillaume Bellissent à Marin Bellenger, aîné de la vavassorie Robert Esmery, de pièces de terre (1567). — Extrait de registre du greffe de la vicomté de Caen concernant le partage des biens de feu Michel Bellissent, entre Roulland Bellissent, époux d'« Advoue » Bellissent, fille aînée dud. Michel, Collas Guillaume, époux d'Anne Bellissent, et Jacqueline Bellissent, autres filles du défunt (1604). — Extrait du registre héréditai de Pierre Bellissent et Pierre Roucamp, tabellions en la vicomté de Caen aux sergenteries de Villers et Évrecy, concernant la vente faite par Thomas Le Chevalier à Gabriel Demoueux (la cote en marge porte : de Morel), de terre (1620). — Procédure au présidial de Caen entre Guillaume de Gallodé, abbé d'Ardennes, et Olivier Paris, tuteur de la fille de Richard Paris, pour paiement d'arrérages de rentes (1627). — Déclaration par Richard et Pierre Bellissent des biens tenus de la vavassorie de Tournay qui fut autrement à Robert Esmery, dont est aîné François Le Roux, s^r de Gonfreville, pour lui et « Jenne » Le Bourgeois, son épouse, fille de Robert, s^r de Tournay (1632). — Vente par Nicolas Busnel, sieur de « Sicrefeuille », bourgeois de Caen, à Étienne Bellissent et à Jacques et Pierre, ses frères, de terre (1633). — Procédure au bailliage de Caen devant Jean Blondel, écuyer, seigneur châtelain et patron de Tilly, lieutenant particulier civil et criminel, entre Jean Paris, fermier de la terre de Tesnières, et Anne du Petitpas, veuve de François Du Thon, s^r de Moulineaux, François de Carbonnel, comte de Canisy, en présence d'Henri Laisné, abbé d'Ardennes, concernant paiement d'arrérages de rente (1671). — Distribution par Nicolas du Moustier, écuyer, sieur de la Motte, lieutenant général au bailliage de Caen, des deniers provenant du décret des biens de feu François Du Thon, écuyer, sieur de Moulineaux, président en l'Élection de Caen, requis par Anne Le Blanc, chevalier, seigneur de la Croisette, gouverneur des ville et château de Caen, et bailli dud. lieu, où les abbé et religieux d'Ardennes ont été colloqués pour arrérages de rente (1675). — Aveu devant Pierre-François Dubosq, notaire à Noyers, à

SÉRIE H. — ABBAYE D'ARDENNES.

Gaspard de Forgesse de la Bastie, docteur de Sorbonne, grand vicaire de Chartres, abbé d'Ardennes, par Gabriel Michel, de 3 vergées de terre (1724). — Note informe concernant le fieffe faite par Jean Bellenger et Marie Michel, son épouse, à Gilles Michel, d'une pièce de terre (1736), et la vente devant Le Bidois, notaire à Noyers, par les mêmes, à Thomas Frigault, de 6 livres de rente (1737). — Extrait du gage-plège de la baronnie de Tesnières, tenus en 1762 par Jacques Picard de Prébois, sénéchal, concernant la vavassorie Vincent, contenant 52 vergées de terre, sise à Tournay, etc.

H. 608. (Liasse.) — 6 pièces, parchemin ; 11 pièces, papier.

1539-1767. — Tournay. Liasse 11, relative à 10 s. 2 poules et 20 œufs de rente à cause du Clos Bosquain, due par Blanchet, teinturier. — Reconnaissance devant Étienne Bellet et Alexis Le Coq, tabellions ès mettes des sergenteries de Villers et d'Évrecy, par Richard Boscain, de Noyers, de la fieffe à lui faite par Thomas Chauvey, abbé d'Ardennes, de 6 vergées de terre, delle des « Angleys », jouxtant le chemin tendant à Villers (1538 v. s.). — Aveu à Pierre de Villemor, conseiller au Parlement de Paris, abbé d'Ardennes, par Collas Bosquain, de terre (1610). — Déclaration par Bertolle Richard, époux de Marguerite Boscain, et Pierre Richard, pour lui et ses enfants, héritiers de Marie Boscain, leur mère, des biens tenus de la terre et seigneurie de Tesnières appartenant à l'abbé d'Ardennes (1632). — Procédure au bailliage de Caen devant Nicolas du Moustier, écuyer, sieur de la Motte, lieutenant général, entre Gilles Hébert, procureur des prieur et religieux d'Ardennes, et Marin Langlois, de Noyers, pour paiement d'arrérages de rente (1683) ; signification de baux par Louis Gosselin, éc., seigneur de Noyers, conseiller secrétaire du Roi, maison couronne de France (1674) ; par Louis Gosselin, seigneur et patron de Noyers et d'Anisy (1683). — Aveu à Joachim Faultrier, lieutenant général des armées du Roi, abbé commendataire d'Ardennes, baron de Tesnières, par Michel Paris, de terres (1701). — Compte d'arrérages de rente entre Blanchet et Bailleul, stipulant la veuve Collet, fermière de la baronnie de Tesnières (1766). — Note informe : suivant le gage-plège de 1767, Blanchet, bourgeois de Caen, au droit de Pierre Paris, fils Michel, représentant Richard Blanvillain et la dame Bosquain, tient 7 vergées 1/2 de terre.

H. 609. (Liasse.) — 1 pièce, parchemin ; 1 pièce, papier.

1254. — Tournay. Liasse sans cote. — Donation par « Ricardus Vernei, de Reignie », du « masnagium » qu'il avait « apud Reignie » (Regny), qu'il tiendra par hommage des religieux sous la rente de 5 quartiers de froment, mesure d'Évrecy, 1 géline et 10 œufs (1259, mars).

H. 610. (Liasse.) — 1 pièce, parchemin ; 1 pièce, papier.

1325. — Tournay. Liasse sans cote. — Reconnaissance devant Jean d'Esquetot, prêtre, garde du scel de la vicomté de Caen, par Guillaume Salles, de Tournay, de la vente par lui faite aux religieux, moyennant 8 livres 4 sols, d'un setier de froment de rente à la mesure de Caen (1325, lundi après la St-Clément).

H. 611. (Liasse.) — 3 pièces, parchemin ; 1 pièce, papier.

1342-1346. — Tournay. Liasse sans cote. — Acte lacéré de vente par Jean « Quieldefer » et Ysabel, sa femme, de Parfouru-sur-Odon, à Raoul de Hamars, écuyer, de rente (1341, en mars). — Vente par Jean « Boesart », de Tournay, à Raoul de Hamars, écuyer, d'un « masnage » sis à Tournay (1345). — Cession devant Guillaume Guernon, tabellion sous Guillaume Du Teil, garde du scel de la vicomté de Caen, par Raoul de Hamars, à l'abbaye, des marchés contenus auxd. lettres (1346).

H. 612. (Liasse.) — 1 pièce, parchemin ; 1 pièce, papier.

1367. — Tournay. Liasse sans cote. — Reconnaissance devant Pierre Le Sénescal, juré et commis sous Raul Rouillart, garde du scel des obligations de la vicomté de Caen, par Patrice Varin, de St-Étienne-le-Vieux, à l'abbaye, de 6 boisseaux d'orge pour raison d'un « masnage » assis paroisse de Tournay, hameau de la Valée, jouxte les hoirs Pierre de La Valée et la voie du Moustier, qu'il a pris en fieffe des religieux.

H. 613. (Liasse.) — 5 pièces, parchemin ; 1 pièce, papier.

1381-1433. — Tournay. Liasse sans cote. — Donation devant Jean Quatrans, clerc, juré commis et établi pour et au nom de Robert Bérenger, tabellion en la ville et banlieue de Caen sous Girard Du Temple, garde du scel des obligations de la vicomté de Caen, par Arnaut de La Valée, et « Ales », sa femme, de St-Étienne-le-Vieux de Caen, aux religieux, de 5 s. t. de rente sur Ricart Labbé, de Tournay (1380 v. s.) ; reconnaissance devant Robert Béranger, tabellion à Caen, par Ricart Labbé, aud. de la Valée, de lad. rente (1380 v. s.) — Fieffe devant Guillaume Crespin, tabellion ès mettes des sergenteries de Villers et Évrecy, par Jean Labbé, bourgeois de Caen, à Pierre Fleury, de Neuilly-le-Malherbe, des biens à lui échus dans la succession de Richard Labbé, son père (1411). — Vente devant Pierre Valeren, tabellion à Caen, par Jean Labbé, aux religieux, de rente (1420 v. s.).

H. 614. (Liasse.) — 1 pièce, parchemin.

1409. — Tournay. Liasse sans cote. — Renouvellement de fieffe par Pierre, abbé, et les religieux d'Ardennes, à Pierre Boisart, de Tournay (1408, 13 mars).

H. 615. (Liasse.) — 4 pièces, parchemin.

1408-1431. — Tournay. Liasse sans cote. — Vente devant Jean Quatrans, tabellion ès mettes des sergenteries de Villers et Évrecy, par Robert Renouf, de Tournay, à Colin Le Carpentier, de son droit sur une vergée de terre « eu roquier de Rangny » (1407 v. s.). — Transport devant Jean de La Fontaine, tabellion ès mettes des sergenteries de Cheux et Creully, par Colin Le Carpentier, aux religieux, de lad. vergée de terre (1408). — Vente devant le même par Sandrin Ricart, de Noyers, en son nom et pour Michel Hébert, Ernaut et Thomas de Launay, du Locheur et de Tournay, aux religieux, de terre (1431).

H. 616. (Liasse.) — 13 pièces, parchemin ; 3 pièces, papier.

1428-1538. — Tournay. Liasse sans cote. — Reconnaissance devant Jean de La Fontaine, tabellion ès mettes des sergenteries de Cheux et Creully, par Thomas et Robin dits Les Baveis, frères, de la fieffe à eux faite par Sandrin Ricart et Jeanne, sa femme, de terres (1428). — Vente devant le même par Sandrin Ricart, Michel Hébert et les de Launay, aux religieux d'Ardennes, de rente (1431). — Échange devant Bertrand Flagaye et Pierre Prunier, tabellions ès mettes des sergenteries de Villers et Évrecy, entre frère Christophe du Moncel, prieur de Lébisay et procureur de l'abbaye, et Guillaume Pourée, de Noyers (1516). — Mandement de Jean Le Bouchier, lieutenant du vicomte de Caen, aux sergents et sous-sergents de la vicomté, de contraindre, à la requête des religieux d'Ardennes, Barrey, représentant Jacquet Eudier, de Tournay, au paiement d'arrérages de rente (1529). — Procédure en la vicomté de Caen entre les religieux d'Ardennes et Michel Eudier, pour paiement d'arrérages de rente (1538).

H. 617. (Liasse.) — 2 pièces, parchemin ; 5 pièces, papier.

1428-1568. — Tournay. Liasse sans cote. — Aveu aux abbé et religieux par Robert « Boyssart » et ses puinés (1428). — Reconnaissance devant Robert Le Briant et Sausson Camail, tabellions à Caen sous Richard de Verdun, procureur en l'audience du Roi, garde du scel des obligations de la vicomté de Caen, par Louis Caval, de Tournay, de la fieffe à lui faite par Richard de Laval, religieux et procureur de l'abbaye (1495). — Déclaration de ce que tient Martin Le Faucheur en la vavassorie « Boessart » dont est aîné Marin Bellengier, assise à Tournay (1567). — Aveu de Julien de Miharent, écuyer, et sa femme, de 5 vergées de terre à Tournay (1567). — Déclaration de Guillaume Regnauld de biens par lui tenus de la vavassorie dont est aîné Marin Bellengier (1568).

H. 618. (Liasse.) — 2 pièces, parchemin ; 1 pièce, papier.

1491-1497. — Tournay. Liasse sans cote. — Déclaration par Thomas Hamelin de biens tenus en la baronnie de Tesnières (1491). — Transaction devant Jean Vauldry et Guillaume Le Sage, tabellions ès mettes des sergenteries de Villers et Évrecy, entre Marin Hamelin, pour lui et ses frères, et les religieux d'Ardennes, sur leur procès pour paiement de rente (1497).

H. 619. (Liasse.) — 1 pièce, parchemin ; 1 pièce, papier.

1514. — Tournay. Liasse sans cote. — Vente devant Bertrand Flagaye et Pierre Prunier, tabellions ès mettes des sergenteries de Villers et Évrecy, par Thomas Du Mesnil, de Noyers, à Pierre Du Vivier, abbé commendataire d'Ardennes, de terre.

H. 620. (Liasse.) — 1 pièce, parchemin ; 1 pièce, papier.

1516. — Tournay. Liasse sans cote. — Vente devant Bertrand Flagaye et Simon Lorfèvre, tabellions ès mottes des sergenteries de Villers et Évrecy, par Thomas Le Sage, fils et héritier de Jean, à Robin Bedel, demeurant à Caen, de terre.

H. 621. (Liasse.) — 1 pièce, parchemin; 1 pièce, papier.

1825. — Tournay. Liasse sans cote. — Vente devant Pierre Prunier et Pierre Cauvel, tabellions en la sergenterie d'Évrecy sous Nicolas Le Vallois, écuyer, garde du scel des obligations de la vicomté de Caen, par François et Roullin Bellengier, frères, de Tournay, pour eux et leurs frères, à Jean Le Bourgeois, seigneur de Tournay, de 3 vergées de terre à Tournay, moyennant 7 livres 10 sols et 5 sols de vin.

H. 622. (Liasse.) — 1 pièce, parchemin; 1 pièce, papier.

1767. — Tournay. Liasse sans cote. — Aveu à Édouard Booth, vicaire général de Narbonne, abbé commendataire d'Ardennes, par Étienne Bertaut, époux de Madeleine Michel, héritière de Gilles Michel, son frère, qui était au droit par fieffe de Jean Bellenger et Marie Michel, son épouse, de 3 vergées de terre delle des Longchamps.

H. 623. (Liasse.) — 1 pièce, parchemin; 1 pièce, papier.

1769. — Tournay. Liasse sans cote. — Aveu rendu aud. abbé Édouard Booth par Jean Paris, bourgeois de Caen, fils Jean, fils Michel, représentant Jean Richard, au droit de Julien Richard, d'une pièce de terre sujette en reliefs, treizièmes, aides coutumiers, service de prévôté, à son tour et degré, et autres devoirs seigneuriaux. led. aveu reconnu devant François-Jacques Picard de Prébois, avocat au Parlement de Paris, postulant au bailliage de Caen, sénéchal de la seigneurie de Tesnières, en présence de Jacques Diguet, notaire à Noyers, greffier d'icelle.

H. 624. (Liasse.) — 1 pièce, parchemin; 4 pièces, papier.

1773-1785. — Tournay. Liasse sans cote. — Vente devant Robert Langlois, notaire au siège de Villers-Bocage, par Pierre Paris à Jean Richard, pensionnaire du Roi, à Noyers, de 3 pièces de terre au Clos Bosquain (1774). — Extrait de la vente devant le notaire de Villers par Jacques Diguet à Jean Richard, de 2 pièces de terre (1777). — Aveu rendu aud. abbé Édouard Booth par Jean Richard, au droit de Pierre Paris, représentant André Blanchet, et Marie-Anne Miray,

veuve Pierre Richard, représentant Pierre Yon, marchand tanneur à Noyers, de pièces de terre (1785).

H. 625. (Liasse.) — 3 pièces, papier.

1773-1784. — Tournay. Liasse sans cote. — Extraits des ventes faites : devant Diguet, notaire à Noyers, en 1775, par Jean Paris, bourgeois de Caen, à Pierre et Jean Ledru, frères, de terre; devant Langlois, notaire à Villers, en 1779, par Jacques Diguet, notaire à Noyers, auxd. frères, de terre, lesdits extraits conformes aux originaux remis à Pierre Le Bru (1784).

H. 626. (Liasse.) — 3 pièces, parchemin; 3 pièces. papier.

1300-1783. — Tournay. Ancienne liasse. « Rente seigneuriale ». — Vente par « Baldonus de Aureo Bosco » (Orbois, à l'abbaye, de rente sur Jean « Roysart » et Richard Salle (1299, vendredi après les cendres, « coram parrochia de Tornay »). — Reconnaissance devant Colin Le Nouvel, tabellion aux sergenteries d'Ouistreham et Bernières, par Marquet Le Carpentier, aux religieux, de 4 livres t. pour les arrérages de 8 boisseaux d'avoine de rente (1440). — Déclaration des héritages que Pierre Bellissent, pour lui et Suzanne Bertault, sa femme, fille et héritière de Denis Bertault, tient en puînesse de tènement assis à Tournay qui fut Bertaut, contenant 12 vergées de terre, sujette en 8 boisseaux d'avoine petite mesure d'Évrecy (1611). — Aveux à Édouard Booth, vicaire général de Narbonne, abbé d'Ardennes, par : les enfants et héritiers de Jean Le Bidois, au droit par acquêt de Joachim Bertaut, fils Charles, bourgeois de Caen, et autres (1767). Pierre et Jean Le Bru, de Monts, représentant par acquêt Jacques Diguet, ancien notaire (1785).

H. 627. (Liasse.) — 1 pièce, papier.

1683. — Tessy. — Extrait de l'état des deniers provenant de la vente par décret du fief noble, terre et seigneurie de Tessy, tenus en bailliage à Bayeux : paiement adjugé à Michel Feron, sieur des Motheaux, de 320 livres pour 8 années d'arrérages de rente, arrêt fait sur lad. somme par les religieux d'Ardennes pour paiement d'arrérages de 20 boisseaux de froment 1 chapon et 15 œufs, etc.

H. 628. (Liasse.) — 17 pièces, parchemin; 5 pièces, papier.

1406-1702. — Thaon. — Copie de donation devant

Michel Valemont, clerc, tabellion ès mettes des sergenteries d'Argences, Troarn et Varaville, par Georges Le Marchand, écuyer, demeurant à Carpiquet, fils et héritier de défunts Robert Le Marchand et Jeanne Gondouin, aux religieux, de 100 sols de rente sur la terre, fief et seigneurie du Fresne à Thaon (1405). — Confirmation de lad. donation devant Colin de Vernay, tabellion à Caen, par Colin Du Val, écuyer, huissier d'armes du Roi, héritier dud. Georges Le Marchant (1412). — Reconnaissance devant Colin Le Nouvel, tabellion en la sergenterie de Creully, par Robert de « Ruefville », de la fieffe à lui faite par « Jones Le Plenc », prêtre, d'un jardin à Thaon (1415). — Accord devant Jean Desmaires, clerc, tabellion à Caen, entre Pierre de La Roque, lieutenant général du bailli de Caen, Guillaume Le Picart, Guillaume de Cabourg, écuyer, d'Ouvéville, garant d'Henri de Bretteville, et sa femme, concernant le paiement des 100 sols de rente du don de Georges Le Marchant (1432 v. s.). — Vidimus par : Jean Eude, tabellion à Argences, en 1435, de la procuration donnée à Rouen par Robert Rampston, écuyer, à Jean Randolf, vicomte de Caen, et à Michel de Riéville, pour soutenir ses intérêts (1435); — Guillaume Le Picart, sénéchal de Fécamp et garde de la haute justice d'Argences, en 1438, de la donation de Georges Le Marchant. — Vente devant Jean Baudet, tabellion ès mettes des sergenteries de Cheux et Creully, par Richard Dagon et Guillaume Yon, de Landes, à Auvrey Durant, prêtre, demeurant à Thaon, de leur droit sur une rente (1456 v. s.). — Bail par Henri de Bretteville, écuyer, sieur du lieu, à Thomas « Bouetart », bourgeois de Caen, Geoffroy Le Gabilleur, Geoffroy Le Marchant et Philippot Rouxel, de la paroisse du Fresne, du fief, terre et seigneurie de Thaon lui appartenant à cause de sa femme (1469), présent, Thomas de Borran, curé de Bretteville. — Reconnaissances : devant Jean Vauldry et Guillaume Le Sage, clercs, tabellions ès mettes des sergenteries de Villers et Évrecy, par Guillaume Lamy, de Thaon, de la fieffe à lui faite par les religieux (1497, v. s.) ; — devant Jean Vauldry et Raulin Pouchin, tabellions en la sergenterie de Cheux, par « Geffin d'Anquectoville », écuyer, de la paroisse de « Traichy-sur-la-mer », de la fieffe à lui faite par lesd. religieux (1519). — Extrait du papier terrier de l'abbaye rendu par Clément de Vaulx et Jacques Adam, fermiers, constatant que Michel de Bretheville, sieur de Thaon et du Fresne, a toujours payé une rente de 100 sols (1594). — Reconnaissance devant Blefves Gires et Jean Boullaye, tabellions en la sergenterie de Bernières au siège de Cairon, par Michel Rayens, du Fresne, à Michel de Bretheville, sieur de Thaon, de 19 boisseaux de froment, mesure d'Arques (1672). — Procédure au bailliage de Caen, devant Jacques Blondel, écuyer, sieur et châtelain de Tilly, lieutenant civil et criminel, entre les religieux et Jean Blouet, sieur du Fresne et Cainet, pour paiement d'arrérages de rente (1690). — Procédure au présidial de Caen entre les religieux et Gaspard Morel, écuyer, sieur de Sacqueville, époux d'Anne Blouet, fille de feu Jean Blouet, pour paiement d'arrérages de rente (1694). — Compte d'arrérages de 5 livres de rente entre Pierre-Louis de Morel, seigneur du Fresne, et les prieur et religieux, stipulés par frère Louis Protichet (1702).

H. 689. (Liasse.) — 1 pièce, parchemin.

XIIIe siècle. — Tierceville. — Donation par « Herbertus de Agnellis », « ecclesie Sancti Sulpicii de Livreio, et monachalibus ibidem Deo et Sancto Sulpicio servientibus », de toute la dime de lin qu'il avait « apud Tergevillam juxta Crevila ». S. d. Témoins : « Galterus de Agnellis », etc.

H. 690. (Liasse.) — 9 pièces, parchemin ; 1 pièce, papier.

1221-1527. — Tilly-sur-Seulles. — Donation à l'abbaye par « Juliana, filia Rog. Cardier », pour le salut de son âme et de « Gondrede, quondam domine mee », de tout ce qu'elle avait « apud Tillieum, in campo de Mara parva, de feodo Roberti Odart » (1221, octobre). — Donation à l'abbaye par Johannes de Tilleyo, miles, pro salute anime mee et anime Henrici de Tilleyo, militis, deffuncti, fratris mei », de 20 s. t. « percipiendos in prepositura mea de Eschocheyo » (1252, « die festo beati Luce Evangeliste, qua die decessit dictus Henricus de Tilleyo, miles »). — Vidimus en 1304 par Raoul Rouillart, bourgeois de Caen, garde du scel des obligations de lad. vicomté, de la donation à l'abbaye par « Johannes, dominus de Tilleio, miles », de 40 s. t. de rente pour son obit, à percevoir « in prepositura mea de Eschocheto » (1288, mai), « apud Fontes ». — Échange entre les « prior et confratres domus Dei de Cadomo » et « Guillelmo dicto de Clauso, de Verrol. », de fonds sis à Tilly, contre deux pièces de terre que led. Guillaume avait à Louvigny, « in dela des Buissonneaus, juxta terram Guill. Le Herichye », et l'autre « desuper viam herbosam » (1288, octobre). — Confirmation par « Johannes de Tylleio, dicti loci et de Fontibus Henrici dominus, miles », de la donation faite par son oncle « Henricus, dominus tunc de Tylleio », archidiacre en l'église de Bayeux, « laborans in extremis cogitantique de supernis », à l'abbaye d'Ardennes, pour son obit, de 100 s. t. de rente à percevoir à Tilly, « supra feriam seu nundinas Sancti Petri ad vincula » (1309, « die Jovis post resurrectionem Domini »). — Donation à l'abbaye par « Magister Gervasius de Clauso, alias dictus Mabire, rector ecclesiæ de Mesnillo Patrie », d'un jardin « cum crofta », sis à Tilly, nommé le Clos Pariée (1311). — Reconnaissance par Jean Tullou, de Tilly, demeurant au hameau de Vorvilles, du bail à lui fait par les religieux de terres (1523, v. s.). — Quittance par Thomas, abbé d'Ardennes, à Jean Tullou, son fermier, de Tilly (1527). — Procédure en la Vicomté de Caen, devant Guillaume Le Grant, lieutenant général, entre les religieux d'Ardennes et les trésoriers de l'église Saint-Jean de Caen, concernant le paiement d'une rente affectée sur une pièce de terre décrétée à la requête de Nicolas de Bourgueville (1527).

H. 611. (Liasse.) — 4 pièces, parchemin. 1 pièce, papier.

1758-1773. — Tocqueville. — Vente devant François Le Veel et Nicolas Duval, notaires à Valognes, par Marie-Marguerite Roger, fille de Thomas Roger, écuyer, sieur de Launay, native de Barfleur et demeurant à Alleaume, veuve de Jean-Louis Simon, écuyer, seigneur de Briquebolle, à Jacques Le Loney, de Gatteville, demeurant à Tocqueville, du moulin à Tocqueville, appelé le Moulin neuf ou de Launay (1758). — Reconnaissance par forme de titre nouveau devant Guillaume Fontaine et François Le Danois, notaires à Caen, par Jacques Le Loy, de Tocqueville au « Val de Caire », stipulé par Guillaume Antouard, marchand, de Valcanville, aux religieux d'Ardennes, de 10 livres de rente foncière (1772).

H. 612. (Liasse.) — 3 pièces, parchemin.

1390-1763. — Tourmauville. — Vidimus devant Michel Valemont, tabellion ès mettes des sergenteries d'Argences, Troarn et Varaville, d'accord devant Oudard Paisant, tabellion à Caen, entre les religieux et Jean de Verson, chevalier, concernant une rente affectée sur un moulin appartenant au seigneur de Mouen, sis à Tourmauville (1390). — Reconnaissance par forme de titre nouveau devant Jean-Jacques Bénard et François Le Danois, notaires à Caen, par Pierre-François de Bernières, chevalier, seigneur et patron de Mondrainville, Gavrus et autres lieux, héritier de son père, au droit de Louis Gosselin, seigneur et patron de Noyers, représenté par décret Jean Mahéas, écuyer, sieur de Mouen, héritier de Jean de Verson, écuyer, aux religieux d'Ardennes, d'une rente affectée sur le vicdame ou moulin de Normandel sis à Tourville ou Tourmauville sur la rivière d'Odon, lequel moulin a été détruit et sur ses ruines et partie du terrain en dépendant a été planté un bois en futaie (1763. — Cf. H. 172.

H. 613. (Liasse.) — 4 pièces, parchemin.

1317. — Tourneles et Mesnil-Hubert. — Confirmation par « magister Johannes de Fontibus, rector ecclesiæ de Tornebutot et dominus de Pomereia et de Mesnillo Huberti », des donations faites à l'abbaye par « Gelinus de Pomereia et Robertus de Fontibus, suus pater ».

H. 614. (Liasse.) — 4 pièces, parchemin. 1 pièce, papier.

XIIIe siècle-1573. — Vaussieux. — Donation et confirmation par « Hugo de Vauxeio », à l'abbaye d'Ardennes, de deux acres de terre sises aud. lieu, que « Willelmus de Vauxeio et Grossa, uxor sua, de suo tenevali sunt per decem lib. auden. », et qu'ils donnèrent à lad. abbaye, s. d. Témoins : Martin, abbé de Longues, « Willelmus de Giron, monachus suus, magister Willelmus de Anglicavilla », etc. — Reconnaissance devant Adrien Gosscaulme, écuyer, et Guillaume « Goutet », tabellions à Caen, par Pierre Guidart, aux religieux, d'arrérages de rente (1539). — Assignation par Geoffroy Denaye, sergent royal en la sergenterie de Creully, à la requête de Baptiste de Villemer, abbé d'Ardennes, à Pierre Odart, de se présenter aux plaids d'Ouistreham, Bernières et Creully, pour reconnaître ou nier son fait (1573) ; défaut prononcé auxd. plaids par Guillaume Artur, écuyer, seigneur d'Amayé, vicomte de Caen (1573).

H. 615. (Liasse.) — 2 pièces, parchemin.

1126-1436. — Vaux-sur-Seulles. — Reconnaissance devant Jean Desmaires, tabellion à Bayeux sous Pierre Taillebois, garde du sceau des obligations de la vicomté de Bayeux, par Cardin de La Fontaine, de Vaux-sur-Seulles, de la fieffe à lui faite par Guillaume Hue, des biens pouvant lui revenir de la succession de Guillaume Hue, son père (1426). — Vente devant Colin Le Nouvel, tabellion ès mettes de la sergenterie de Creully sous Henri d'Esquay, écuyer, garde du sceau des obligations de la vicomté de Caen, par Guillaume Huc, natif de Vaux-sur-Seulles, demeurant à la Ronde Haie, diocèse de Coutances, aux religieux, de rente (1480).

H. 634. (Liasse.) — 10 pièces, parchemin; 3 pièces, papier.

1201-1366. — Venoix. — Donation à l'abbaye par « Henricus filius Henrici filii Herberti », de deux acres de terres à Venoix, dont l'une aboute au mur des lépreux de Caen et l'autre « vertitur versus Bretevillam desuper viadum, quem Will. Coronatus aliquando de me tenuit ut firmum ». 1201. Témoins. « Will. de Francavilla, camerarius, Will. de Mozelun., Husbertus dictus Rex, de Venoix », etc. — Vente par « Robertus dictus Lernier, de Sancto Germano de Alba Herba », à Pierre Le Picart, bourgeois de Caen, pour 8 l. t., de 2 setiers d'orge mesure de Caen, de rente annuelle à percevoir notamment « in messuagio meo sito inter muram leprosarie de Bello Loco et feudum abbatis de Ardenis » (1232, mars). — Donation de lad. rente à l'abbaye par Pierre Le Picart, bourgeois de Caen (1262, décembre). — Chartes entre date de donations et confirmations par « Herbertus Fouchere et uxor mea Richeut », « Durandus, filius Roberti Le Vilain », « Henricus filius Ricardi filii Henrici », etc. — Copie de pièces: 1. Donation à l'abbaye par « Robertus Villanus, de l'assentement de Guillaume de Claville, son seigneur de ce tenement, de deux acres de terre au territoire de Venoix (s. d.); 2° confirmation dud. Guillaume de Claville (s. d.); 3° extrait des pieds du seigneur de Fauguernon tenus à Venoix par Jean Nichole, sénéchal dud. seigneur, en 1318, concernant les fonds que l'abbaye tient de Robert Bertran, chevalier, sire de Fauguernon, au terroir de Venoix, à la Croix Alexandre, jouxte les religieux de St-Ouen de Rouen, etc. — Extrait du Grand Chartrier de l'abbaye d'Ardennes concernant la reconnaissance devant Henri Le Gay, garde du scel de la vicomté de Caen, par « Liéceline », Clémence et Jeanne, filles de feu Geffroy de Venoix, de la cession par elles faite aux religieux de leur droit sur 13 acres de pré assis aux prés le Roi de Caen (1318). — Reconnaissance devant Jean d'Esquetot, prêtre, garde du scel de la vicomté de Caen, par Clémence de Venoix, de la paroisse de St-Pierre de Bréville, de la vente par elle faite aux religieux, de terres (1328). — Rôle des terres du fief des religieux de St-Ouen de Rouen, dont les 2 gerbes de la dime appartiennent aux religieux d'Ardennes, etc. (1366).

H. 635. (Liasse.) — 11 pièces, parchemin; 13 pièces, papier.

1377-1541. — Venoix. — Reconnaissances: de rente devant Jean Quatrans, tabellion à Caen, par Jean Angot, « de St-Gerbout de Venoix », aux religieux (1390); — devant Colin de Vernay, tabellion à Caen, par Jean Lirose, de St-Nicolas de Caen, de la fieffe à lui faite par les religieux (1404); — Jean de La Fontaine, tabellion à Caen, par Jean Tallebot, de Venoix, de la fieffe à lui faite par les religieux (1407); — Colin de Vernay, tabellion à Caen, par Thomas d'Authie, demeurant à Venoix, de la fieffe à lui faite par les religieux (1410). — Aveu aux abbé et religieux par Guillaume Angot (1412). — Lots entre Jean et Colin Godefroy, frères, des biens de feu Jean Godefroy, leur père (1461, v. s.). Reconnaissance par Colette, veuve de Guillaume Allain, du bail à elle fait par les religieux (1499). — Lots et partages devant Jean Vaultier et Pierre de Vorson, tabellions ès mettes de la sergenterie de Chouz, des biens de Thomas Tallebot, de St-Ouen de Caen, entre ses enfants (1505). — Fieffe par Pierre, abbé d'Ardennes, à Colette, veuve de Guillaume Allain, et à Philippin Allain, son fils (1508). — Reconnaissance devant Lucas de La Lande et Guillaume Dommey, tabellions à Caen, par Jacob Mondehare, de St-Ouen de Caen, du bail à lui fait par Thomas de La Porte, prieur de Venoix, d'un trait de pré, nommé le trait St-Gerbout (1518). — Assignation par Thomas Clément, sergent royal à Caen, à la requête de frère Gilles Cucurel, stipulant les religieux d'Ardennes, à Jean Yon, à comparaître en la vicomté de Caen pour procéder sur son opposition à la saisie de ses biens pour paiement d'arrérages de rente de l'obligation de Jean Lirose (1530). — Aveux aux abbé et religieux par: Philippot Allain (1537); Thomas et Jacquet dit Tallot (1540); Thomas Olivier, bourgeois de Caen (1540, v. s.).

H. 636. (Liasse.) — 10 pièces, parchemin; 7 pièces, papier.

1542-1561. — Venoix. — État de distribution par Jean Le Bouchier, écuyer, lieutenant du vicomte de Caen, des deniers provenant d'une jurée requise par Jacques Marie, bourgeois de Caen, d'héritages à Venoix, pour paiement d'arrérages de 6 boisseaux de froment de l'obligation de Jean Tallebot (1541 v. s.). — Extrait du registre du tabellionnage de Caen, concernant la vente par Sanxon Godefray à Pol Vaultier, bourgeois de St-Ouen de Caen, de pré (1542 v. s.). — Procédure aux pieds de la ville et banlieue de Caen, tenus par Charles Le Fournier, écuyer, lieutenant général du vicomte, entre l'abbaye et Pierre Robert et Thomas Dessillons, tuteur des enfants de feu Jamin Tallebot, pour paiement d'arrérages de rente (1542. — Distribution faite par led. Le Fournier des deniers provenant d'une jurée requise par Jean Gibert, curé de Rots, de Mon- ais à Venoix, pour paiement d'arrérages de rente de l'obligation de Philippot Allain (1548 v. s.). — Procédure aux pleds du fief, terre et sieurie de Venoix, tenus par Jean Le Lièpvre, écuyer, sénéchal de la sieurie appartenant à Bertrand Ménard, sieur de la Ménardière et de Venoix, concernant le paiement d'arrérages de rente (1549 v. s.). — Présentation des religieux d'Ardennes, stipulés par frère Jean du Moncel, aux pleds de la ville et banlieue tenus par Charles Le Fournier, lieutenant général du vicomte de Caen, pour être compris au décret requis par Noël Bolin, bourgeois de Caen, pour paiement d'arrérages de rente de l'obligation de Jamin Talbot (1552). — Reconnaissance par Germain Blandel et Louis Boisart du bail à eux fait par frère Jean du Moncel, religieux, bailli d'Ardennes (1554). — Procès-verbal d'enquête de témoins faite par Robert Le Maistre, enquêteur en la vicomté de Caen, assisté de Claude Du Buisson, licencié aux droits, avocat, pris pour adjoint, à la requête de Jacqueline de Ste-Marie, veuve d'Antoine Le Chevallier, écuyer, s[r] de Venoix et maréchal de la prairie de Caen, contre les religieux d'Ardennes, concernant la possession de parties de prés (1554). — Procédure en la vicomté de Caen devant Charles Le Fournier, lieutenant général, entre Noël Belin, bourgeois de Caen, et les religieux, concernant leur présentation au décret d'héritages par lui requis, pour paiement d'arrérages de rentes 1555. — Reconnaissances de baux par : Jean Gaignard, bourgeois de St-Nicolas de Caen (1559, v.s.); Thomas Le Tellier, de St-Nicolas de Caen, de Jean du Moncel, religieux d'Ardennes, de 1 acre de terre (1560, v. s.); Julien Le Roy, de St-Nicolas de Caen 1560, v. s., etc.

H. 69. (Liasse.) — 17 pièces, parchemin ; 15 pièces, papier.

1562-1611. — Venoix. — Reconnaissance devant Hugues Estienne et Hugues Estienne, tabellions à Caen, par Gilles Du Bois, de St-Nicolas de Caen, du bail à lui fait par l'abbaye (1564, v. s.). — Reconnaissances de baux par Benest et Roger Le Febvre, Thomas Le Tellier, bourgeois de Caen, etc., de terres à Venoix, delle du mur des malades, etc. (1566). — Vente devant François Paris et Richard Martin, tabellions en la vicomté de St-Sylvain et Le Thuit au siège de Vaucelles de Caen, par Jean Mesnil, bourgeois de St-Ouen de Caen, à Pierre Toubel, de terre (1570). — Procédure en la vicomté de Caen devant Jean de La Court, écuyer, sieur du Buisson, vicomte, entre l'abbaye et la veuve

Huault, pour paiement d'arrérages de rentes (1580). — Sommation par Gilles Le Chanoine, sergent royal à Caen, à la requête de Baptiste de Villemor, abbé d'Ardennes, à Nicolas Le Faulconnier, en paiement d'arrérages de rentes (1587). — Procédure devant led. de La Court, vicomte de Caen, entre l'abbaye et Roger Friget et Guillaume Le Prevost, pour paiement d'arrérages de rente de l'obligation de Thomas Tallebot (1588). — Vente devant Pierre Jacquet et Richard Martin, tabellions à Caen, par Alluin Toubel, curé de Bretteville-la-Pavée, à Michel Le Prevost, bourgeois de Caen, de terre (1594). — Reconnaissances par : Martin Guillouet, Vigor Ballot et Jean Le Tellier, de St-Nicolas, du bail à eux fait par Jean Brunet, bourgeois de Caen, fermier général de l'abbaye d'Ardennes (1585); Jacques Brise, bourgeois de Caen, d'un trait du dique (1584). — Extrait des cahiers des pleds de gage-plege du fief et sieurie de Venoix dit Montenay, en ce qu'il s'étend à St-Germain-la-Blanche-Herbe (1594-1611). — Adjudication devant Jacques Blondel, écuyer, lieutenant du bailli de Caen, en présence des officiers du Roi, à la requête de Jean Brunet, fermier procureur et receveur des abbé et religieux d'Ardennes, des récoltes croissant sur les biens ayant appartenu à feu Jamin Talbot, et depuis à Roger Friget, Colas et Macé Vaultier, saisies pour paiement d'arrérages de rente (1596). — Reconnaissance par Jean de La Salle, de St-Nicolas de Caen, du bail à lui fait par Baptiste de Villemor, abbé d'Ardennes (1597). — Procédure au bailliage de Caen devant Jacques Blondel, écuyer, lieutenant, entre Jean Brunet, lieutenant au siège de l'Amirauté de Caen, ci-devant procureur receveur de l'abbaye d'Ardennes, et Guillaume Champion, concernant la saisie de récoltes pour paiement d'arrérages de rente (1601). — Vente par Geffroy Bellamy, bourgeois de St-Ouen de Caen, à Marin Vassel, bourgeois de Caen, de la condition retenue dans l'engagement fait à feu Jean Vassel, bourgeois, de 3 vergées de terre (1604). — Suite du procès entre Jean Brunet, ci-devant fermier de l'abbaye d'Ardennes, Guillaume Champion, Nicolas et Macé Vaultier, pour paiement d'arrérages de rente (1605).

H. 60. (Liasse.) — 1 pièce, parchemin ; 36 pièces, papier.

1610-1640. — Venoix. — Procès devant Guillaume Vauquelin, écuyer, président et lieutenant général au bailliage et siège présidial de Caen, entre André Bourdon, fermier général de l'abbaye, et Roch Le Tellier, pour paiement d'arrérages de rente (1610). — Vente par Georges Boudon, bourgeois de St-Nicolas de Caen, à Claude Beauvallet, bourgeois de Caen, de terre (1617). — Reconnaissance par « Simon Barthes », bourgeois de Caen, fermier de la baronnie de Rots, Norrey et Venoix, et terres dépendant de lad. baronnie, appartenant à l'abbaye de S¹-Ouen de Rouen, du bail fait à Louis Bellamy, de Venoix, des terres de Venoix avec 8 vergées de pré dans la grande prairie de Caen (1619); caution de Gabriel du Monstier, lieutenant en l'Élection de Caen (1620). — Extraits du registre du tabellionage de Caen concernant : la donation par Jean Le Fauconnier, sieur et patron du Mesnil-Patry, sieur de Feuguerolles, et Nicolas Le Fauconnier, sieur du Carrel, frères, fils Nicolas, demeurant à S¹-Étienne de Caen, au trésor de l'église paroissiale de S¹-Étienne-le-Vieux de Caen, stipulé par Guillaume Guilbert, curé, Pierre Féron, Jean Le Peltier et Baullin Carlel, prêtres, participants aux obits et revenu, et Jean de Beauvais, avocat du Roi aux eaux et forêts du bailliage de Caen, et Cardin Le Roy, bourgeois de Caen, trésoriers, de 2 pièces de terre près la Maladrerie (1624); — la transaction entre Pierre de Bernières, sieur et baron de Louvigny, et d'Acqueville, président et trésorier général de France au bureau établi à Caen, et Jacques Le Chevalier, s¹ de S¹-Marie, sur leur procès concernant la cassation de la vente de la terre et seigneurie de Venoix pour non jouissance de terres (1624). — Procédure devant Guillaume Vauquelin, écuyer, sieur de la Fresnaye, président et lieutenant général au bailliage et siège présidial de Caen, entre les prieur et religieux d'Ardennes et Nicolas Le Fauconnier, sieur du Carel, curateur de Marguerite Le Fauconnier, pour paiement d'arrérages de rente (1625) ; autre procédure entre lesd. religieux et les Fauconnier, s¹⁹ d'Ifs, du Mesnil-Patry, de Feuguerolles et du Carrel (1626.). — Procédure devant Jacques de La Niepce, sénéchal de la terre et sieurie de Venoix et de la grande prairie de Caen, entre Pierre de Villemor, ci-devant abbé d'Ardennes, Simon Berthes, fermier de l'abbaye, et Gilles Du Douit, prieur-curé et trésorier de l'église de S¹-Gerbold de Venoix, et Louis Bellamy, aussi trésorier, concernant la possession de pré aud. lieu (1628). — Vente par Thomas Le Picquier, bourgeois de S¹-Nicolas de Caen, à Olivier Le Febvre, bourgeois de Caen, de terre (1635). — Procédure devant Jean Le Blais, écuyer, sieur du Quesney, lieutenant général au bailliage et siège présidial de Caen, entre les prieur et religieux d'Ardennes, stipulés par frère Robert Du Hamel, et Jean Martin, bourgeois de Caen, pour paiement d'arrérages de rente (1636). — Vente par Guillaume Féron, fils de feu Pierre Féron, bourgeois de Caen, à Thomas Durand, bourgeois de S¹-Jean de Caen, de terre (1638). — Devis des réparations du cours de l'Odon près le moulin de Venoix, suivant la visite faite par Gondouin, voyer pour le Roi au bailliage de Caen, en vertu de l'ordonnance de Jean Le Blais, lieutenant général (1639). — Déclaration baillée à Robert Vigan, prieur de Venoix, par les abbé et religieux d'Ardennes, des héritages sur lesquels ils ont droit de percevoir les 2/3 de la dîme (1640).

H. 611. (Liasse.) — 11 pièces, parchemin ; 20 pièces, papier.

1442-1783. — Venoix. — Procédure au bailliage de Caen, devant Jacques Le Clerc, écuyer, s¹ d'O, conseiller du Roi exerçant la juridiction en l'absence du bailli et de ses lieutenants, entre les abbé, prieur et religieux d'Ardennes et Robert Vigan, religieux de la maison-Dieu de Caen, prieur-curé de Venoix, concernant la possession d'un trait de dîme relevant du fief des religieux de S¹-Ouen de Rouen (1641) ; suite de lad. procédure devant Jean Le Blais, écuyer, sieur du Quesnoy, lieutenant général au bailliage et siège présidial (1641); déclaration des terres du domaine fieffé du fief de S¹-Ouen de Rouen dans la paroisse de Venoix, etc. — Aveu par Salomon Asselin, bourgeois de Caen, fils et héritier de Pierre Asselin, contrôleur général du taillon en la généralité de Caen, aux abbé et religieux d'Ardennes (1641). — Échange devant Mathieu de La Londe et Jean Crestien, tabellions à Caen, par Jean Le Neuf, écuyer, sieur de Venoix dit Montené, lieutenant en la vicomté de Caen, et les prieur et religieux d'Ardennes, stipulés par frères Robert Du Hamel, sous-prieur et procureur, et Baptiste Jean, religieux, de l'étendue de son fief de Venoix, en la paroisse de S¹-Germain-la-Blanche-Herbe, contre les héritages à Caen contenus au bail de Clément de Baffy, de S¹-Martin de Caen ; déclaration des rentes foncières et seigneuriales appartenant aud. Le Neuf dans lad. paroisse ; lettres patentes concernant led. échange (1646), vérification et enregistrement (1647). — Procédure en la juridiction des privilèges royaux de l'Université de Caen tenue par Jacques Pennyer, écuyer, sieur d'Angerville, ancien conseiller du Roi au bailliage et siège présidial, exerçant pour l'absence du bailli et de ses lieutenants, entre les prieur et religieux d'Ardennes incorporés en lad. Université, stipulés par frères Robert Du Hamel et Jean-Chrisostome Touraine, religieux, et Jean Martin, bourgeois de Caen, opposant à une saisie de récoltes pour paiement d'arrérages de rente (1648). — Lettres d'amortissement de l'étendue du fief de

Venois dit Montant dans la paroisse de S*-Germain-la-Blanche-Herbe, réuni aux biens des religieux d'Ardennes (1654). — Reconnaissance par Germaine Le Roy, veuve de Thomas Larcher, du hameau de la Maladrerie, du bail à elle fait par les religieux d'Ardennes (1655). — Enregistrement en la Chambre des comptes de Normandie desd. lettres patentes obtenues en 1651 par les religieux d'Ardennes (1659). — Reconnaissance par Denis Lance, de la Maladrerie, du bail à lui fait par les religieux d'Ardennes, stipulés par frère Mathieu Trousseille (1663). — Déclaration baillée par Marie des Illes, veuve de Richard Crestien, bourgeois de S*-Ouen de Caen, aux abbé et religieux, de 5 vergées de terre relevant du fief Thiout en la paroisse de Venoix (1676). — État des terres dépendant des fiefs de Ruts et Norrey appartenant au cardinal duc de Bouillon, abbé de S*-Ouen de Rouen, assises à Venoix (1679). — Reconnaissances devant : Jacques Caumont et Nicolas Barbey, notaires à Cheux, par Denis Lance, fils Abel, et par Pierre Desbleds, des baux à eux fait par les religieux (1681) ; — Jacques Le Danois et Guillaume Jolivet, notaires à Caen, par François Mahieu, bourgeois de S*-Ouen de Caen, de la vente par lui faite à Pierre Dorey, bourgeois de S*-Pierre, de terre (1685) ; — François Le Sénécal, notaire à Évrecy, et Jacques Caumont, ci-devant notaire royal, pris pour adjoint, par Hélène Le Coq, veuve de Denis Lance, fils Abel, du bail à elle fait par frère Thomas Desplanches, religieux et procureur des religieux d'Ardennes, de terre (1691). — Mémoire des abornements des terres en litige entre les religieux d'Ardennes, ceux de S*-Etienne de Caen et le prieur de Venoix (1694) ; signification aux religieux d'Ardennes, en 1694 : d'extrait des pieds de l'abbaye de S*-Etienne de Caen, tenus par Jean Le Picard, sénéchal, en 1643, entre Michel Chastel, prêtre, ci-devant commis à faire la recette des rentes et treizièmes, et Thomas du Moustier, éc., s* de Mirebel, frère et héritier de Gabriel du Moustier, éc., lieutenant en l'Election de Caen ; d'aveux à l'abbaye de S*-Etienne depuis 1442, etc. ; extraits, collationnés par Hunot, sergent royal à Caen, en 1694, d'actes de ventes et échanges de biens à Venoix (1694). — Vente par Pierre Dorey, de Bougy, à Guillaume Le Chaudelier, bourgeois de Caen, de terre (1708). — Reconnaissances devant : Thomas-François Le Sénécal, notaire à Évrecy, par Jean Lance, fils Denis, du bail à lui fait par Jean Du Douet, religieux d'Ardennes (1718) ; — le même, par Gilles Hérou, religieux d'Ardennes, procureur ordinaire du couvent, du bail fait à Nicolas Giot et Jean Debleds, fils Jacques, bourgeois de Caen (1725) ; — les notaires de Caen, par Jean Callimache, religieux et procureur, du bail fait à Marie Desbleds, veuve de Nicolas Ticot, de S*-Nicolas de Caen (1741) ; — Guillaume Fontaine, notaire à Caen, par Jacques Desbleds, tisserand à la Maladrerie, du bail à lui fait par Gabriel Aroundel, religieux et procureur (1759) ; — les notaires de Caen, par Isaac Le Sage, religieux et procureur, du bail fait à François Le Petit, chandelier à Venoix, hameau de la Maladrerie, d'une maison avec jardin et dépendances (1771) ; le même, à dom Jacques-Louis de La Fontaine, prieur-curé de Venoix, des 2/3 des grosses dîmes sur 107 vergées 1/2 de terre du domaine non fieffé de S*-Ouen de Rouen et 43 vergées du domaine fieffé du lad. abbaye, appartenant aux prieur et religieux d'Ardennes en la paroisse de Venoix, conformément à la sentence rendue entre les bailleurs et preneur au bailliage de Caen en 1761, moyennant 113 livres de fermage par an, sans que le preneur puisse prétendre diminution pour peste, famine, guerre, stérilité, inondation, ou autres accidents prévus que ne puisse être (1770) ; — les notaires de Caen, par Jacques Mottelay, religieux et procureur, du bail fait à Michel Lance, de la Maladrerie, Jean Lance et Thomas Guillot, de Carpiquet, tous trois carriers, du droit de tire pendant l'année de la pierre dans la carrière de l'abbaye de S*-Gerbold de Venoix, etc. (1781) ; — les mêmes, par frère Jacques Mottelay, religieux et procureur de l'abbaye, à Pierre-François Le Sénécal, charpentier, gendre de Jacques Desbleds, de terre (1785). — Découvert d'affiche de maison neuve à vendre, rue Écuyère, à Caen.

H. 642. (Liasse.) — 2 pièces, parchemin ; 3 pièces, papier.

1642-1758. — Venoix. — Liasse 1. — Procédure devant Jacques Le Bourgeois, écuyer, sieur de Beauville, conseiller au bailliage et siège présidial de Caen, entre les abbé et religieux d'Ardennes et Robert Vigan, prieur-curé de Venoix, concernant la possession d'un trait de dîme relevant du fief des religieux de S*-Ouen de Rouen (1642) ; autre procédure devant Jean Anzeray, écuyer, sieur de Bourguébus-la-Hogue, ancien conseiller aud. bailliage, exerçant la juridiction pour l'absence des lieutenants (1647). — Déclaration des héritages dépendant du fief de l'abbaye de S*-Ouen de Rouen (1649). — Accords : entre le P. Prolichet, procureur d'Ardennes, et Lisleman, prieur de Venoix, sur leur contestation concernant la perception de dîmes (1696) ; entre la veuve Miton, Jacques Le Tourneur, Jean Jouvrin, d'une part, et Gilles Desillons, sur leur

1707-1745. — Venoix. — Liasse 2. — Accord devant Louis Gosnard et Jean Bidel, notaires à Caen, entre le P. Guillaume Imbois, procureur de l'abbaye d'Ardennes, et dom Clément Lisieman, prieur de Venoix, sur leur procès concernant la perception des dîmes (1707). — Reconnaissance devant Thomas-François Le Sénécal, notaire à Évrecy, par Jean Le Battard, chanoine régulier de la maison de l'hôtel-Dieu de Caen, prieur-curé de Venoix, du bail à lui fait par les religieux d'Ardennes, stipulés par frère Gilles Héron, des grosses et menues dîmes appartenant à l'abbaye dansland. paroisse moyennant 60 livres de fermages (1721); renouvellement dud. bail devant le même par frère Michel Pilon (1732). — Autre bail devant les notaires de Caen par René-Pierre du Pont Rocher, religieux et procureur de l'abbaye d'Ardennes, aud. Jean Le Battard, desd. dîmes (1745).

H. 644. (Liasse.) — 9 pièces, papier.

1632-1644 — Venoix. — Liasse 3. — Reconnaissance par Jean Blondel du bail à lui fait par Charles de St-Germain et Nicolas Dumont, bourgeois de Caen, procureurs-receveurs de la baronnie de Rots, de 2 pièces de terre à Venoix (1632). — Bail devant Michel Le Sueur et Jean Crestien, tabellions à Caen, par Nicolas Le Marchand, bourgeois de Caen, procureur spécialement fondé de Raulin Robert, fondé de procuration d'Antoine Chevreau, fermier général de l'abbaye de St-Ouen de Rouen, à Nicolas Clabel, bourgeois de Caen, de terre à Venoix (1637); copie collationnée à la requête des abbé et religieux d'Ardennes, en 1641; autres baux à Simon Laur, Nicolas Le Marchand, bourgeois de St-Ouen de Caen, Pierre Lairondel, de Venoix, Jean Le Roux, de la Maladrerie, Pierre et Jacques Le Cornu, frères, bourgeois de St-Ouen de Caen, et Étienne Roger (1637).

H. 645. (Liasse.) — 12 pièces, papier.

1565-1643. — Venoix. — Liasse 4. — Extraits des registres de : Jean Le Maistre et Jean de La Haye, tabellions à Caen, concernant la vente par Édouard Sanxon, de St-Ouen de Caen, à Pierre Le Prévost, bourgeois de Caen, de terre à Venoix (1564, v. s.); — Nicolas Le Lou et Jean de La Haye, tabellions à Caen, concernant l'échange entre Jean Sanxon et André Sanxon de maisons et jardins sis à St-Ouen de Caen et à Venoix (1565); — Hugues Étienne et Nicolas Le Lou, tabellions royaux à Caen, concernant : la flotte faite par Germain Bunel, bourgeois de Caen, à Jean Mesnil, fils de feu Richard, bourgeois, de 5 vergées de terre (1565); la vente faite par Pierre Le Roy, de St-Ouen, à Léonard Cousin, bourgeois de St-Nicolas de Caen, de 3 vergées de terre (1565); — François Paris et Richard Martin, tabellions au siège de Vaucelles de Caen, concernant la vente par Jean Mesnil, bourgeois de Caen, à Pierre Toubel, de terre (1570); — Étienne Hecoq, écuyer, et Jean de La Haye, tabellions à Caen, concernant la vente par Griboult du Londel, bourgeois de St-Nicolas de Caen, à Perrine Féron, fille de Jean Féron et de Colette Revel, stipulée par son père (1574); — Jean de La Haye et Pierre Bacon, tabellions à Caen, par Thomas Prime, bourgeois de Caen, et Pasquette, sa femme, fille et héritière de Denis Damours, bourgeois de Caen, concernant la vente par eux faite à Fremin Le Febvre, bourgeois, de la condition héréditale et perpétuelle retenue dans la vente à lui faite, et pouvant être réclamée à cause du décès dud. Damours (1574); — Pierre Bacon et son adjoint, tabellions à Caen, concernant la vente par Nicolas Baulte et Jacques Le Bouchier, bourgeois, trésoriers de St-Martin de Caen, selon le certificat de Jacques de Tassilly, vicaire, à Martin Massé, bourgeois de Caen, de pièces de terre à Venoix (1574); — les tabellions de Caen, concernant la vente par Geoffroy Bellamy, bourgeois de St-Ouen de Caen, à Marin Vassel, bourgeois, de la condition et droit propriétaire retenus dans la vente faite à feu Jean Vassel (1604); — les tabellions de Vaucelles de Caen, concernant la vente par Georges Bourdon, bourgeois de Caen, à Claude Beauvallet, bourgeois, de terre (1617); — les tabellions de Caen, concernant : la vente par Thomas Le Picquier, bourgeois de St-Nicolas, à Olivier Le Febvre, bourgeois, de terre (1635); la vente par Guillaume Feron, fils et héritier de Pierre Feron, bourgeois, à Thomas Durand, bourgeois de St-Jean de Caen, de terre (1636). Copies collationnées en 1642 et 1643 pour l'abbaye.

H. 646. (Liasse.) — 1 pièce, parchemin; 1 pièce, papier.

1447. — Venoix. — Inventaire de la Révolution. Liasse 17. — Vente devant Guillaume Morant, tabellion ès mettes des sergenteries d'Ouistreham et Bernières sous Nicolas Bourgeois, garde du scel des obligations de la vicomté de Caen, par Jean Du Pont, bourgeois de Caen, aux religieux d'Ardennes, de 2 acres 1/2 de terre au terroir de Venoix entre les murs de la Maladrerie et St-Germain-la-Blanche-Herbe, moyennant 9 livres tournois et 2 sols de vin.

H. 647. (Liasse.) — 1 pièce, parchemin; 1 pièce, papier.

1390-1517. — Venoix. — Liasse 18. Reconnaissance devant Jean Quatrans, tabellion à Caen sous Aubry Lévesque, garde du scel des obligations de la vicomté de Caen, par Jean Angot, de Venoix, aux religieux d'Ardennes, de 2 sols, 2 chapons et 30 œufs de rente à cause d'une maison et d'un jardin (1390). Copie authentique de 1516 (v. s.), sur mandement de Robert de La Hogue, lieutenant général du vicomte de Caen.

H. 648. (Liasse.) — 1 pièce, parchemin ; 2 pièces, papier.

1541-1676. — Venoix. — Liasse 19. Rente sur fonds à V...oix. — Aveu aux abbé et religieux d'Ardennes par Thomas Olivier, bourgeois de St-Martin de Caen (1540, v. s.). — Extrait des minutes héréditales du tabellionage de Cheux concernant la vente faite à Carpiquet devant Jean Caumont, tabellion à Cheux, et Jacques Le Sueur, tabellion à Évrecy, pris pour adjoint, par Michel Mahieu, bourgeois de St-Ouen de Caen, à Richard Chrestien, bourgeois de St-Nicolas de Caen, de terre (1676), ledit extrait collationné à la requête des religieux d'Ardennes par Caumont, tabellion.

H. 649. (Liasse.) — 3 pièces, parchemin ; 2 pièces, papier.

1289-1403. — Venoix. — Liasse 20. Rente sur fonds à Venoix. — Acte par lequel « Savarinus dictus Pihou » livre en contreplège à « Guillelmo dicto de Ros » une pièce de terre à Louvigny, « retro Mesnilleium, super aquam que dicitur le doit ad mesiaus de Estarvill.., pro quodam masnagio sito apud Venoix », lequel ménage lui a été remis par led. Guillaume en fief hérédital, moyennant 9 s. t. de rente annuelle (1288, janvier. — Reconnaissance de rente aux Croisiers de Caen par Guillaume de « Ros », de la paroisse de St-Étienne de Caen (1348, jeudi fête St-Maur). — Accord entre frère Guillaume Le Charpentier, « prieur de l'ostel de sainte † † de Caen », et le convent des Croisiers dud. lieu, et l'abbaye d'Ardennes, concernant rente assise à Venoix (1403).

H. 650. (Liasse.) — 1 pièce, parchemin.

1411. — Ver. — Reconnaissance devant Michel Valemont, tabellion aux sergenteries d'Ouistreham et Ber-

nières sous Guillaume Potier, garde du scel des obligations de la vicomté de Caen, par Jean Isabal, de Neuvaines, aux religieux, de la somme de 20 sols tournois, pour la parpaie de 2 boisseaux de froment, mesure de Bayeux, en quoi il est tenu aux religieux, à cause de terre à Ver, delle des Longs Fossés (1410, 7 février).

H. 651. (Liasse.) — 5 pièces, parchemin.

1261-1442. — Verson. — Donation par « Oliverius Legendre » à « Helye Cauvin, pro suo servicio et hommagio, et pro sex lib. tur. », d'une pièce de terre à Verson, « apud les Roulates » (1261, juin). — Vente par « Nicholas La Fatée, de Turville », veuve, à « Guillelmo de Columbelo, presbytero, pro suo servicio et pro sex lib. et sept. solid. turon. », d'une pièce de terre à Verson, « in dela que appellatur Fossa Fermen » (1271, janvier). — Ratification par Nicole, femme d' « Heliot de Verson » (1361), de vente par Guillaume de Verson à l'abbaye (1360). — Donation devant Guillaume Caudebec, tabellion à Caen sous James Driland, écuyer, garde du scel des obligations de la vicomté, par Guillaume Gabriel, fils légitime de Germain Gabriel, à présent prêtre, demeurant à Verson, aux religieux, de terre, à charge de services religieux (1441, v. s.).

H. 652. (Liasse.) — 16 pièces, papier, 2 plans.

1628-1741. — Vienne. — Liasse 1, lots et partages, baux, et un plan terrier de la paroisse. — Reconnaissances devant : Guillaume Hellye et Robert Le Forestier, tabellions en la sergenterie de Graye sous Jacques Gohier, garde des sceaux de la vicomté de Bayeux, par Robert Le Marchand, du Manoir, du bail à lui fait par les religieux (1628); — Robert Le Forestier et Thomas Maheust, tabellions pour la sergenterie de Graye, par Robert Le Marchand, du bail à lui fait par les religieux, de terres au Manoir et à Villiers-le-Sec (1647). — Vente devant Thomas Maheust et Allain Robert, tabellions en la sergenterie de Graye, par Robert Le Marchand à Jacques de La Breche, sr du Couldray, bourgeois de Caen, de terre (1649). — Lots et partages de la succession de Robert Le Marchand, du Manoir, échus à Jacques Le Marchand, curé de Fresné-le-Crotteur, Jean Le Marchand, François Le Marchand, curé de Vaussieux, et Gilles Le Marchand, fils du défunt (1662). — Reconnaissances : par Jean Le Marchand, du bail à lui fait par les religieux (1685); — devant Louis Bosquain, tabellion en la haute justice de S¹-Gabriel, et Jacques Le Prince, sergent, pris pour adjoint, par Jean Le Marchand, envers les religieux d'Ardennes, de 33 livres pour reste de fermages (1660) ; — Jean Caivon, tabellion à Creully, et Pierre Le Cerf, sergent aud. lieu, pris pour adjoint, par Jacques et François Le Marchand, frères, du bail à eux fait par frère Louis Basset, religieux d'Ardennes, de terre (1675) ; — François Le Sénécal, notaire à Evrecy, et Jacques Caumont, ci-devant notaire à Cheux, pris pour adjoint, par François Le Marchand, du Manoir, du bail à lui fait par les religieux d'Ardennes, stipulés par frère Thomas Desplanches, de terre (1693). — Reconnaissance par François Le Marchand du bail à lui fait par les religieux d'Ardennes, stipulés par frère Louis Le Paulmier, de terre (1716) ; — devant les notaires de Caen : par Robert Le Marchand, fils François, du bail à lui fait par frère Michel Pillon, religieux d'Ardennes, de 4 pièces de terre (1731) ; — le même, du bail à lui fait par frère Pierre Chassier, religieux et procureur de l'abbaye d'Ardennes (1744). — Plans de pièces de terre appartenant à Demours et aux Le Marchand.

H. 653. (Liasse.) — 1 pièce, parchemin ; 3 pièces, papier.

1394-XVII° siècle. — Vienne. — Liasse 3, à 13 pièces, qui sont baux, contrats et autres pièces différentes qui regardent le Manoir de Vienne. — Reconnaissance devant Pierre Taillebois, tabellion en la sergenterie de Graye sous Ernouf Vauchis, prêtre, garde du scel des obligations de la vicomté de Bayeux, par Guillaume de « Beufvillier », écuyer, seigneur du Manoir, aux religieux d'Ardennes, de rente (1394) ; vidimus en 1414 par Michel Valemont, tabellion ès mettes des sergenteries d'Argences, Troarn et Varaville. — Arrêt de deniers entre les mains de Jean et Martin Adelinne, sur ce qu'ils peuvent devoir à François d'Harcourt, sieur de Beuvron et vicomte de Caen, pour paiement de lad. rente (1545, v. s.). — Mémoire des terres appartenant aux religieux d'Ardennes au Manoir de Vienne et de Bazenville.

H. 654. (Liasse.) — 2 pièces, parchemin.

1252-1811. — Villers-Bocage. — Donation par « Robertus de Vilers, miles », à l'abbaye, de « unam masuram in mercato meo de Vilers, in spatio sexticsviginti pedum in longitudine et sexticsviginti pedum similiter in latitudine » ; il accorde également aux chanoines « et servientibus ipsorum quos habebunt de propria familia », la libre quittance de vendre et acheter en son, marché de Villers, « in omnibus ad usum eorumdem canonicorum pertinentibus » (1252). — Confirmation desd. privilèges par « Johannes, dominus de Vilers, canonicus Baioc., et archidiac. Oximen. » (1311, août).

H. 655. (Liasse.) — 4 pièces, parchemin ; 5 pièces, papier.

1517-1676. — Villiers-le-Sec. — Vente devant Charles Lamerey et Nicolas Goville, tabellions ès mettes de la vicomté de S¹-Sylvain sous Charles Connart, écuyer, garde du scel des obligations de lad. vicomté, par Jean Launier et Jeanne, sa femme, de S¹-Pierre de Caen, à Nicolas Ganget, frère de lad. Jeanne, de son droit sur les biens à elle échus de sa mère (1517). — Vente par les commissaires députés par le Roi et subdélégués par les commissaires généraux du Clergé de France pour l'aliénation de partie du temporel des ecclésiastiques du diocèse de Bayeux, en présence de Germain du Val, grand doyen de Bayeux, Louis Houel, abbé de N.-D. de Longues, et Charles Marguerie, prieur de S¹-Vigor-le-Grand, députés pour les chapitres, abbayes, prieurés et autres bénéficiers du diocèse, à Antoine de Fierville, de Villiers-le-Sec, de 3 vergées de terre appartenant à l'abbaye d'Ardennes, pour le montant contribuer au paiement de la somme de 1700 livres t. de la cotisation de l'abbaye à la somme de 25,000 livres ordonnées être levées sur les ecclésiastiques dud. diocèse (1575). — Remise afin d'héritage devant Nicolas Roque et Richard Martin, tabellions à Caen, par Jean Hue, sieur de Lherondel, et Pierre Dubreuil, chirurgien et bourgeois de Caen, du consentement de Pierre de Fierville, fils Antoine, aux religieux d'Ardennes, de la pièce de terre aliénée aud. Antoine (1617). — Reconnaissance devant les tabellions de S¹-Gabriel par Jean La Niepce, de Villiers-le-Sec, du bail à lui fait par les religieux d'Ardennes, stipulés par frère Pascal Bosquain, de 3 vergées de terre (1676).

H. 656. (Liasse.) — 11 pièces, parchemin.

1179-1307. — Villons. — Confirmation par « Rannulfus de Aisieio » de la donation d'une acre 1/2 de terre par « Gondoinus filius David », à l'abbaye d'Ardennes, moyennant 70 sous de manceaux (1179). — Donation par « Basiria, filia Nigelli Talebot », à l'abbaye, de 3 vergées de terre « in valle Pinchart », jouxtant la terre qu'elle tient de Robert de « Karon », etc.; confirmation des « Rogerus filius Tustini, de Willon » (1238, septembre).

— Donation par « Nicholaus Heout, de Mathon », de rente assise aud. lieu, « in vicomonasterii » (1270, mai). — Donation par « Thomas de Villon » d'une vergée de terre aud. lieu (1270, févr.). « Presentibus istis : Domino Johanne de Villon, chanico Sancti Sepuleri de Cadom., Domino Johanne dicto Le Rous, presbytero, Thom. Capud auri, Willelmo Mignot, Nicolao Le Verrier, Willelmo Hervel, Symone Carpentario, Georgio Lucas », etc. — Donation par Johanna, uxor Radulphi dicti Boissel, de Quernet », de la moitié de 5 vergées de terre « in territorio de Villon, in dela que vocatur la Crois Nikint » (important fragment du sceau dud. Boissel ; confirmation de Jean de « Villon », chanoine du Sépulcre de Caen (1272, nid). — Vente par Michel Le Lorimier, bourgeois de Caen, à Jean de « Catcholle dit Prieur », bourgeois, d'une terre terroir de « Willon, en la dele du Viel Buisson » (305). — Vente par « Johan de Nully, Giefroi Aoustin et Th. Bonhoule, avans cause de Raoul Le Grant par vertu d'une cession que il avoit faite à eus et à Martin Manclerc, Symon, Germain et à Nich. diz Le Prestre, de tou ses biens moebles et héritages », pour cause d'un gage ou il les avait mis vers le prieur de St-Vigor joxte Bayeux, de certaines sommes d'argent en quoi il étaient tenus à lui, en présence d' « Henc. Joh. », sergent du Roi, aux abbé et couvent d'Ardennes, sur paiement à « frère Engerran Le Prevost, prieur de la Chapelle Haynel, moine de Saint Vigor », au nom du sieur de rente assise à Villons (1307).

H. 657. (Liasse.) — 11 pièces, parchemin ; 21 pièces, papier.

1379-1786. — Villons. — Transport devant Jean Le Brebenchon, tabellion sous Girart du Temple, garde du scel des obligations de la vicomté de Caen, par Jean Le Bas, de la paroisse des Buissons, aux religieux d'une rente assise à Villons (1378, 28 mars). — Procès-verbal d'enquête de témoins faite par Robert Le Maitre, écuyer, enquêteur en la vicomté de Caen (1547). — Procédure aux pleds des sergenteries d'Ouistreham, Bernières et Creully, devant Charles Le Fournier, lieutenant général du vicomte de Caen, entre les religieux et Raoulin Frigot, pour paiement d'arrérages de rente (1547 v.s.). — Avis de ventes de terres à Villons et Cairon appartenant aux abbé et religieux d'Ardennes, pour le montant servir en partie au paiement de leur cotisation comme ecclésiastiques du diocèse de Bayeux (1575) ; quittance à André Mare, bourgeois de Caen, de 97 l. 1 s. 6 d. t., savoir 81 l. pour vente de 5 vergées 1/2 de terre à Villons et Cairon du temporel de l'abbaye, plus les droits et frais (1575). — Sommation par Jean Fauvel, sergent royal en la sergenterie de Bernières, requête de Jean Brunet, fermier général de l'abbaye d'Ardennes, aux héritiers de Roland Ameline, fils Jean, de payer les arrérages de rente en froment dus (1595). — Remise devant Nicolas Roque et Gilles Potier, tabellions à Caen sous Pierre de Bernières, écuyer, garde hérédital du scel des obligations de la vicomté de Caen, par Gilles Mare, contrôleur ordinaire de la maison du prince de Condé, bourgeois de Caen, fils et héritier d'André Mare, greffier du bailli de Caen, aux prieur et religieux d'Ardennes, desd. terres vendues lors de l'aliénation du temporel (1614). — Reconnaissance devant Jacques de Gastebley, écuyer, et Olivier Le Mazurier, tabellions en la sergenterie de Creully, par Jean Gires, du bail à lui fait par les religieux d'Ardennes stipulés par frères Gilles Denis (1610). — Choix de lots devant Nicolas Roque et Richard Martin, tabellions à Caen, par Marie Berot, femme Robert Larcher, et Florence Berot, femme de Jean Le Courtois, filles de feu Simon Berot, bourgeois de Caen, de ses biens (1617). — Reconnaissances : de Hiérosme Ameline, fils Guérin, de Villons, du bail à lui fait par les religieux d'Ardennes 1624 ; — devant Mathieu de La Lande et Michel Le Sueur, tabellions à Caen, par Ozée Pesurelle, du bail à lui fait par les religieux d'Ardennes, stipulés par frère Bonaventure Le Febvre 1629 ; — de Guillaume Marie, fils Noël, des Buissons, du bail à lui fait par les religieux d'Ardennes 1635 ; — devant Jean Le Febvre et Hébert Louis, tabellions en la sergenterie de Bernières, par Jean Berot, du bail à lui fait par les religieux d'Ardennes 1646 ; — Pierre de Soulle et Jacques Jouvin, tabellions aux sièges de Cairon et de Fontaine-Henri, par Mathieu Marie, du bail à lui fait par lesdits religieux 1657 ; — Pierre de Soulle et Jean Regnouf, tabellions auxd. sièges, par le même 1663 ; — Gilles Buhours et Pierre Gast, tabellions aud. siège, par le même 1669 ; — Jean Caumont, tabellion à Cheux, et Jean Estienne, sergent aud. lieu, pris pour adjoint, par le même 1675 ; — Jacques Caumont et Nicolas Barbey, tabellions en la sergenterie de Cheux, par le même (1681) ; — François Le Sénécal, notaire à Évrecy, par Jacques Marie, de Villons, du bail à lui fait par frère Thomas Desplanches, de terre (1693) ; — les notaires de Caen, par Jacques Marie, du bail à lui fait par frère Gilles Héroult, de terre 1722 ; — Thomas-François Le Sénécal, notaire à Évrecy, par le même 1732 ; — les notaires de Caen, par François Marie, du bail à lui fait par frère Jean Callimache (1741) ; les mêmes, par Pierre Langlois, de Villons, du bail à lui fait par frère Nicolas Lemaistre (1749) ; — Guillaume Fontaine, notaire à Caen, par Louis Colleville, d'Aulsy, du bail à lui fait par frère Gabriel Arondel (1759). — Sommation par Jean-Baptiste-Marin Le Marchand, huissier audiencier pour le Roi, visiteur des vaisseaux au siège de l'Amirauté de Caen, à la requête d'Edouard Booth, abbé d'Ardennes, stipulé par Philippe Dudouet, notaire à Caen, à François Briant, de payer 19 années d'arrérages de rente (1775). — Bail devant les notaires de Caen par les prieur et religieux d'Ardennes, stipulés par Isaac Le Sage, l'un d'eux, procureur de l'abbaye, à François Le Monnier, de St Conteat, de 1 acre de terre (1776) ; bail renouvelé en 1786.

H. 658. (Liasse.) — 9 pièces, papier.

XVIIIe siècle. — Villons-les Buissons. Ancienne liasse. — « Rente de 8 ^{bx} de froment, ancienne mesure de Caen, 1 poulle et un hommage, due par Mr de Tierceville, Thomas Marie, des Buissons, Pierre Crétien, fieffataire de M^r Le Courtois, et les nommés Briand, au droit du s^r Lenormand, bourgeois de Caen. » — Minute de sommation à Jean-Jacques Néel, chevalier, seigneur et patron de Brémoy, Angoville, Tierceville et autres lieux, comme époux d'Agnès de Baillehache.

H. 659. (Liasse.) — 6 pièces, parchemin ; 1 pièce, papier.

1227-1685. Villy. — Donation par « Martinus, filius Gaufridi de Dut, de Feins », à l'abbaye, d'une pièce de terre « ad prata de Fai, in parrochia de Villie » ; confirmation par « Helyas de Feins » (1227). — Remise à l'abbaye par « Johannes Richer, de Fai », de fonds « aout Fy » (1246). — Vente par Guillaume Le Petit à Jean Legendre, de rente d'un setier de froment, mesure de « Villie, super duas pecias terre sitas ad prata de Faloet in virgatis » (1252). — Donation de lad. rente par Jean Legendre à l'abbaye (1253, v. s., février). — Confirmation devant Tyébaut de La Bruère, clerc commis sous Jean d'Esquetot, prêtre, garde du scel de la vicomté de Caen, par Jean Lefèvre, écuyer, de Villers-Bocage, aux religieux, de ce qu'ils possedent en son fief de Villy (1329). — Reconnaissance par Jacques Le Marchand, de Villy, du bail à lui fait par les religieux, stipulés par frère André Fournereau, de 3 vergées de terre à Villy (1685).

TABLE DES ARTICLES

ABBAYE D'ARDENNES

1re PARTIE. — TITRES GÉNÉRAUX.

Articles		Pages
1	Fondation (1138-1687)................	1-2
2	Privilèges. Richard-Cœur-de-Lion (1190).............................	2
3	Privilèges. Université de Caen (1448-1758)............................	2-3
4-5	Papes. Bulles et brefs (1140-XVIIIe s.)	3-4
6	Abbés (1122-1673)...................	4-5
7	Prieurs (1581-1605).................	5
8	Religieux (1500-1791)...............	5-6
9	Correspondance des prieurs et religieux (1617-1682).........................	6-8
10	Oblats (1634-1655)..................	8
11	Chapitre (1612-1613)................	8
12	Église (1230-1620)...................	8-9
13	Visites (1372-1639).................	9
14	Charités (1298-1582)................	10
15-30	Ordre de Prémontré, affaires religieuses (1154-1772)......................	10-24
31-46	Procédures et affaires des abbés (1560-1770).............................	24-44
47-62	Procédures diverses (1310-1790).....	44-52
63-78	Comptabilité (1560-1791)............	52-60
79-84	Mense abbatiale (1766-an III).......	60-61
85-88	Bâtiments (1686-1767)...............	61
89-95	Rentes (1227-1789)..................	61-65
96-155	Biens et droits, cartulaires, pieds du fief Thiouf (XIIe siècle-1793)...........	65-85

2e PARTIE. — BIENS ET DROITS, PAR LOCALITÉS.

156	Allemagne (XIIIe siècle-1634)........	85-86
157	Amayé-sur-Orne (1218-1681).........	86
158	Amblie (1317-1785)..................	86-87
159	Anguerny (1216-1779)................	87-88
160	Anisy (XIIe siècle-1418)............	88
161	Annebey (1260-1442).................	88
162-163	Asnelles (1542-1670)................	89
164	Athis (XIIe siècle-1655)............	89-90
165	Audrieu (XIIe siècle-1629)..........	90-91
166-170	Authie (1210-1785)..................	91-95
171	Avenay (1407-1545)..................	95
172	Baron (1214-1607)...................	95
173	Basly (1209-1515)...................	95-96
174	Bayeux (XIIIe siècle-1777)..........	96
175	Beaucoudray (1425)..................	96
176-180	Bény-sur-Mer (1268-1765)............	96-100
181	Berjou (XIIe siècle-1686)...........	100
182	Bernesq (1612)......................	101
183	Bernières-sur-Mer (1320-1770).......	101
184	Bernières-Bocage (1485-1670)........	101-102
185	Beuville (1306-1415)................	102
186	Biéville (1394-1727)................	102
187-188	Bitot (1229-1770)...................	102-104
189	Blagny (1615-1675)..................	104
190	Blay et Le Breuil (XIIe siècle-1678)	104
191-193	Blay (1238-1756)....................	104-107
194	Bois-d'Elle (1277-1620).............	107
195	Brécy (1307-1587)...................	107-108
196	Bretteville-l'Orgueilleuse (1413-1682)	108
196-201	Bretteville-sur-Odon (XIIIe siècle-1779)	108-110
202-206	Breuil (le) (XIIe siècle-1758)......	110-115
207	Brocottes (1610-1645)...............	115
208-210	Brouay (1222-1706)..................	115-117
211	Buissons (les) (XIIIe siècle-1763). Cf. 658..................................	117
212	Bully (1521)........................	117-118
213-217	Buron (1196-1782)...................	118-122
218-248	Caen (XIIe siècle-1786).............	122-152
249	Cahagnolles (XIIIe siècle-1554).....	152-153
250	Cainet (1285-1630)..................	153
251-252	Cairon (1305-1785)..................	153-154
253-257	Cambes (1338-1785). Cf. 406.........	154-158
258	Canon (1236-1304)...................	158

259	Carcagny (1305-1470)	158	
260	Cardonville (1333-1248)	159	
261-263	Carpiquet (1120-1788)	159-160	
264	Chéville (1574)	160	
265-266	Colleville (1218-1680)	160-161	
267	Colombelles (1246-1652)	161-162	
268-269	Colomby, Colombières (1246-1705)	162-163	
270	Cossesseville (1230)	163	
271-279	Coulombs (1109-1788)	163-173	
280	Courseulles (1434-1705)	173-174	
281	Couvrechef (1217-1697)	174-175	
282	Crépon (1572-1675)	175	
283	Cresserons (1238-1788)	175	
284	Cully (1341-1707)	175-176	
285-292	Cussy (1302-1787)	176-181	
293	Cux (1494-1789)	181	
294	Démouville (1187)	181	
295	Douvres (1224-1663)	181-184	
296	Ducy (XIIIᵉ siècle-1485)	184	
297	Épron (1402-1760)	184-185	
298	Esquay (1548-1773)	185-186	
299-301	Éterville (1234-1771)	186-188	
302	Évrecy (1382-1365)	188	
303	Falaise (1299)	188	
304	Ferrière-Hareng (la) (1430-1517)	188-189	
304 bis	Fervaques (1679-1759)	189	
305	Fontaine-Henry (XIIIᵉ siècle-1776)	189-190	
306	Fontenay-le-Pesnel (1432-1697)	190	
307-316	Franqueville (1334-1730)	190-192	
317	Fresne-Camilly (le) (1340-1785)	192	
318	Galmanche (1314-1761)	193-200	
319	Gavrus (1227-1575)	200	
320	Grainville-sur-Odon (1328-1705)	200-201	
321	Granges (XIIIᵉ siècle)	201	
322	Gruchy (1176-1670)	201-202	
323	Ham (le) (XIIIᵉ siècle)	202	
324-325	Hermanville (XIIIᵉ siècle-1663)	202-203	
326	Hérouville (1271-1610)	203	
327	Hotot-en-Auge (1549-1752)	204-205	
328	Juaye (1650-1820)	205	
329	Jurques (1410-1541)	205-206	
330	Landelles (1231)	206	
331	Langrune (XIIIᵉ siècle-1725)	206	
332-334	Lantheuil (1334-1722)	206-209	
335	Lasson (1300-1641)	209	
336-340	Lébisey (XIIIᵉ siècle-1785)	209-213	
341-343	Lion (1228-1771)	213-216	
344	Loges-Soulces (les) (1510-1705)	216	
345	Longraye (XIIIᵉ siècle-1702)	216-217	
346-347	Loucelles (1201-1641)	217-218	
348-352	Louvigny (XIIᵉ siècle-1784)	218-220	
353	Magneville	220	
354-356	Maisons (1219-1788)	220-221	
357	Maizières (1561)	221	
358-359	Mâlon (1230-1760)	221-223	
360	Manoir (le) (XIIᵉ siècle-1680)	223-224	
361	Marcelet (1434-1668)	224	
362	Martragny (1348-1849)	224	
363-365	Mathieu (1246-1789)	224-227	
366	Merville (1534-1444)	227	
367	Mesnil-de-Bricuze (1345-1730)	227-228	
368	Mesnil-Patry (XIIIᵉ siècle-1689)	229	
369	Mesnil-Villement et Cuilly-le-Basset (1380)	229	
370	Molay (le) (1618-1697)	229	
371	Montrainville (1381-1693)	230	
372	Montchauvet (1397-1867)	230	
373	Mouen (1341-1771)	230-231	
374	Norrey (1342-1655)	231	
375	Orbois (1512)	231	
376	Ouffières (1387-1689)	231	
377	Ouistreham (1250-1769)	231-234	
378	Pérlers (1184-1640)	234	
379	Putville (1377-1684)	234-235	
380	Planquery (1248)	234	
381	Plumetot (1316-1551)	234	
382	Poussy (1590-1684)	234-235	
383-384	Putot (1349-1705)	235-237	
385	Rauville (1388)	237	
386	Rosel (XIIIᵉ siècle-1680)	237-238	
387-389	Rots (1184-1789)	238-240	
390	Rucqueville (1494-1518)	240	
391	Ryes (1503-1675)	240	
392	S‑André du Val-Jouas (1343-1487)	240	
393	S‑Aubin-d'Arquenay (1607-1725)	240	
394-414	S‑Contest (XIIᵉ siècle-1786)	241-251	
415-420	S‑Croix Grand Tonne (1242-1646)	251-255	
421	S‑Gabriel (1214)	255	
422	S‑Germain d'Ectot (1606-1712)	255	
423	S‑Germain de Livet (XIIIᵉ siècle)	255	
424-444	S‑Germain-la-Blanche-Herbe (XIIᵉ siècle-1780)	255-271	
445	S‑Honorine du Fay (XIIIᵉ siècle-1705)	271-272	
446-447	S‑Louet (1406-1755)	272-273	
448-451	S‑Manvieu (1406-1780)	273-275	
452-457 ter	S‑Martin-des-Besaces (1338-1781)	275-278	
458	S‑Pierre-du-Mont (1390-1773)	278	
459	Sallen (1441-1670)	278	
460	Saon (1297-1510)	278-279	
461-462	Secqueville-en-Bessin (XIIᵉ siècle-1685)	279-280	
463	Soliers (1414-1596)	280	
464	Subles (1627-1680)	280	
465	Sully (1634-1705)	280-281	
466	Tailleville (1461)	281	
468-572	Tesnières (baronnie de), Noyers (1190-1791)	281-306	
197	— Noyers, Bordel (1219-1255)	108	
464	— Noyers, Sourdeval (1234-1251)	280	

TABLE DES ARTICLES.

575-579	— Landes de Montbroc (1490-1789)	306-310
580-589	— Livry (XII° siècle-1789)	310-314
590	— Missy (XIII° siècle-1582)	314
591-605	— Monts (1246-1780)	314-318
606-626	— Tournay (1854-1760)	318-321
627	Tessy (1035)	321
628	Thaon (1106-1702)	321-322
629	Tierceville (XIII° siècle)	322
630	Tilly-sur-Seulles (1221-1525)	322-331
631	Tocqueville (1574-1777)	331
632	Tourmauville (1346-1765. Cf. 371)	331

633	Tournebu et Mesnil-Hubert (1317)	332
634	Vaussieux (XIII° siècle-1573)	332
635	Vaux-sur-Seulles (1425-1585)	332
636-639	Vendes (1504-1765)	324-326
640	Ver (1111)	329
641	Verson (1091-1112)	329
642-653	Vienne (1294-1781)	329-331
654	Villers-Bocage (1255-1341)	331
655	Villiers-le-Sec (1517-1636)	331
656-658	Villons (1170-1780)	331-332
659	Villy (1227-1680)	332

Caen. — Imprimerie H. DELESQUES, rue Froide, 2 et 4.

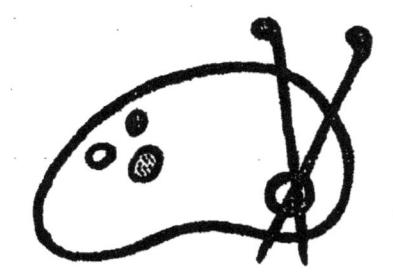

Original en couleur
NF Z 43-120-8

www.ingramcontent.com/pod-product-compliance
Lightning Source LLC
Chambersburg PA
CBHW072018150426
43194CB00008B/1158